知識を深め 考える力を育む

完全理解

小学社会

文英堂

この本の構成と使い方

この本は，中学入試に必要な社会の内容を，地理・歴史・公民の3編にまとめています。くわしい解説と豊富な入試問題で，合格への実力をつけることができます。

1 課題と解説で理解を深める

小学校の社会の総仕上げと，中学入試に必要な内容をとり上げ，わかりやすくまとめています。「学習のポイント」には各単元の学習課題を示しています。

用語 でことばのくわしい意味，注意 参考 で補足事項などを，必要に応じて示しています。

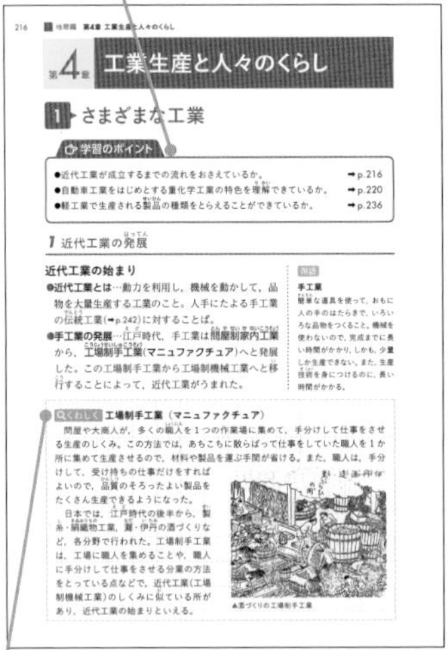

216 地理編 第4章 工業生産と人々のくらし

第4章 工業生産と人々のくらし

1 さまざまな工業

学習のポイント

- 近代工業が成立するまでの流れをおさえているか。 ➡p.216
- 自動車工業をはじめとする重化学工業の特色を理解《りかい》できているか。 ➡p.220
- 軽工業で生産される製品《せいひん》の種類をとらえることができているか。 ➡p.236

1 近代工業の発展《はってん》

近代工業の始まり

●**近代工業とは**…動力を利用し，機械を動かして，品物を大量生産する工業のこと。人手にたよる手工業の伝統《でんとう》工業(➡p.242)に対することば。

●**手工業の発展**…江戸《えど》時代，手工業は問屋制家内工業から，工場制手工業《こうじょうせいしゅこうぎょう》(マニュファクチュア)へと発展した。この工場制手工業から工場制機械工業へと移《い》行《こう》することによって，近代工業がうまれた。

用語 手工業

簡単な道具を使って，おもに人の手のはたらきで，いろいろな品物をつくること。機械を使わないので，完成までに長い時間がかかり，しかも，少量しか生産できない。また，生産技術を身につけるのに，長い時間がかかる。

くわしい 工場制手工業（マニュファクチュア）

問屋や大商人が，多くの職人を1つの作業場に集めて，手分けして仕事をさせる生産のしくみ。この方法では，あちこちに散らばって仕事をしていた職人を1か所に集めて生産させるので，材料や製品を運ぶ手間が省ける。また，職人は，手分けして，受け持ちの仕事だけをすればよいので，品質《ひんしつ》のそろったよい製品をたくさん生産できるようになった。

日本では，江戸《えど》時代の後半から，製糸・絹織物工業，灘・伊丹の酒づくりなど，各分野で行われた。工場制手工業は，工場に職人を集めることや，職人に手分けして仕事をさせる分業の方法をとっている点などで，近代工業(工場制機械工業)のしくみに似ている所があり，近代工業の始まりといえる。

▲酒づくりの工場制手工業

さまざまな工業 217

近代工業の発展

●**政府《せいふ》が工業化を推進《すいしん》**…明治《めいじ》時代の初め，政府は，殖産興業《しょくさんこうぎょう》(➡p.441)の政策《せいさく》を進めた。国の費用で工場を建て，外国から機械を買い入れ，技術者を招《まね》いたりした。このような工場を官営《かんえい》工場といい，民間の工場に比《くら》べて大規模《だいきぼ》で，設備《せつび》が整っており，全国に紡績《ぼうせき》・造船《ぞうせん》・精錬《せいれん》などの工場がつくられた。これらの官営工場の多くは1880年代から，民間に払《はら》い下げられた。

▲おもな官営工場

▲官営工場の富岡製糸場(群馬県)

●**軽工業の発展**…日清《にっしん》戦争(1894～95年)のころになると，すでに輸出の中心であった生糸《きいと》に加え，綿織物を中心としたせんい工業がさかんになり，輸出も増えた。

●**重工業の発達**…1901年，官営の八幡製鉄所《やはたせいてつしょ》(➡p.454)が生産を始め，日露《にちろ》戦争(1904～05年)後は，重工業がさかんになった。第一次世界大戦(1914～18年)では，外国からの注文が増え，化学工業も発達した。そのため重化学工業はより発展し，4つの工業地帯が成立した。

参考 富岡製糸場

日本で最初の官営工場は，群馬県の富岡につくられた富岡製糸場。近隣県の士族(もとの武士)の子女たちが工員となって，高品質の生糸が生産された。現在は世界文化遺産に登録されている。

参考 産業革命《さんぎょうかくめい》

生産のしくみが，手工業(工場制手工業)から，機械を使った大量生産の方式(工場制機械工業)に変わり，それにともなって社会や経済のしくみが大きく変わったことをいう。18世紀後半，まずイギリスで，蒸気機関の改良や，新しい機械の発明などによって始まり，やがてヨーロッパの国々やアメリカに広まった。日本では明治政府が産業革命を推進し，軽工業から重工業へと発達する形で各種の工業がさかんになった。それにともなって，商業や交通もさかんになり，工業都市がおこり，都市への人口集中が進んだ。

入試ポイント 〈日本の工業化〉

▶江戸時代の工場制手工業(マニュファクチュア)→明治の初めに官営工場→日清戦争のころに軽工業→官営の八幡製鉄所→日露戦争後に重工業

Q くわしく でことがらの解説，史料 で条文や文書をまとめています。

「入試ポイント」として大切なことがらやまちがいやすい点などを書き出しました。

1 日本の歴史整理年表

2 テーマ別ポイント整理

●政治のしくみの移りかわり

歴史編の終わりには，「得点アップゼミ」として歴史の全体の流れがわかる整理年表や，テーマ別・人物別などの入試に出やすいことがらをまとめました。

2 問題で知識を確認&実力をつける

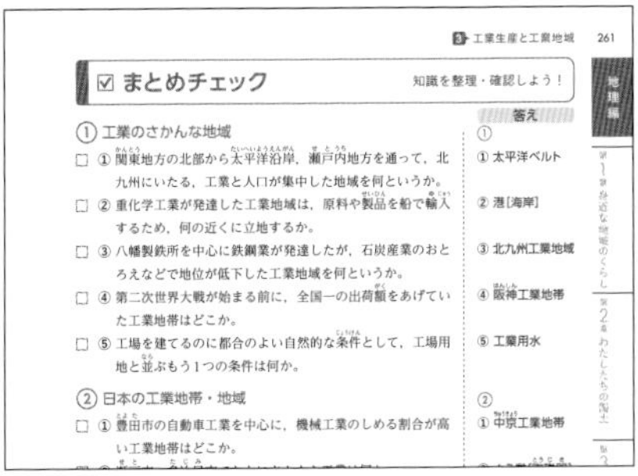
3 工業生産と工業地域 261

☑ まとめチェック 知識を整理・確認しよう！

答え

① 工業のさかんな地域

□ ① 関東《かんとう》地方の北部から太平洋沿岸《たいへいようえんがん》，瀬戸内《せとうち》地方を通って，北九州にいたる，工業と人口が集中した地域を何というか。 ① 太平洋ベルト

□ ② 重化学工業が発達した工業地域は，原料や製品《せいひん》を船で輸入《ゆにゅう》するため，何の近くに立地するか。 ② 港［海岸］

□ ③ 八幡製鉄所を中心に鉄鋼業が発達したが，石炭産業のおとろえなどで地位が低下した工業地域を何というか。 ③ 北九州工業地域

□ ④ 第二次世界大戦が始まる前に，全国一の出荷額《がく》をあげていた工業地帯はどこか。 ④ 阪神《はんしん》工業地帯

□ ⑤ 工場を建てるのに都合のよい自然的な条件《じょうけん》として，工場用地と並《なら》ぶもう1つの条件は何か。 ⑤ 工業用水

② 日本の工業地帯・地域

□ ① 豊《とよ》田市の自動車工業を中心に，機械工業のしめる割合が高い工業地帯はどこか。 ① 中京《ちゅうきょう》工業地帯

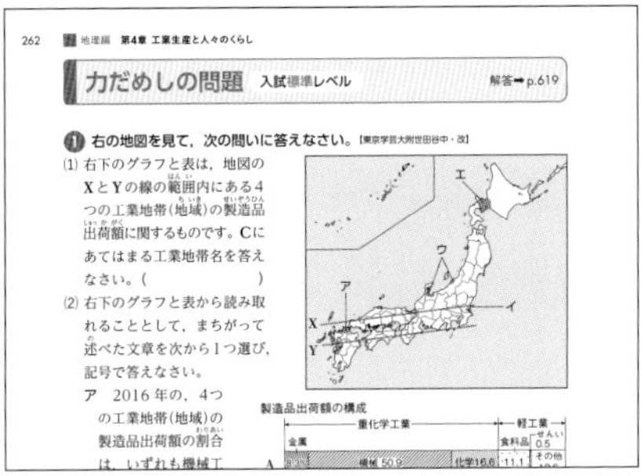
262 地理編 第4章 工業生産と人々のくらし

力だめしの問題 入試標準レベル 解答➡p.619

1 右の地図を見て，次の問いに答えなさい。【東京学芸大附世田谷中・改】

(1) 右下のグラフと表は，地図のXとYの線の範囲《はんい》内にある4つの工業地帯（地域《ちいき》）の製造品《せいぞうひん》出荷額《しゅっかがく》に関するものです。Cにあてはまる工業地帯名を答えなさい。(　　　　)

(2) 右下のグラフと表から読み取れることとして，まちがって述《の》べた文章を次から1つ選び，記号で答えなさい。

ア　2016年の，4つの工業地帯（地域）の製造品出荷額の割合《わりあい》は，いずれも機械工

単元末 まとめチェック

本文の勉強が終わったあとに，どれだけ覚えられたかをチェックしてみましょう。

力だめしの問題

標準レベルの入試問題です。知識を確認したあとは，どのくらい力がついたか，テストしてみましょう。

章末 チャレンジ問題

各章末には，ハイレベルな問題をまとめています。答えられなかった問題は，本の終わりの「解答と解き方」でくわしく解説していますので，しっかり読みましょう。

編末 総合問題

各編末には，いくつかの単元にわたる総合的な問題を中心に掲載しています。ここが解ければ，中学入試に合格する実力がついたと考えてもよいでしょう。

3 巻末のテストで最終仕上げ

中学入試 総仕上げテスト

3つの編の終わりには，模擬テスト形式の問題を2回分載せてあります。決められた時間を守り，実際に中学の入学試験を受けているつもりで，合格点を目指してとり組んでください。

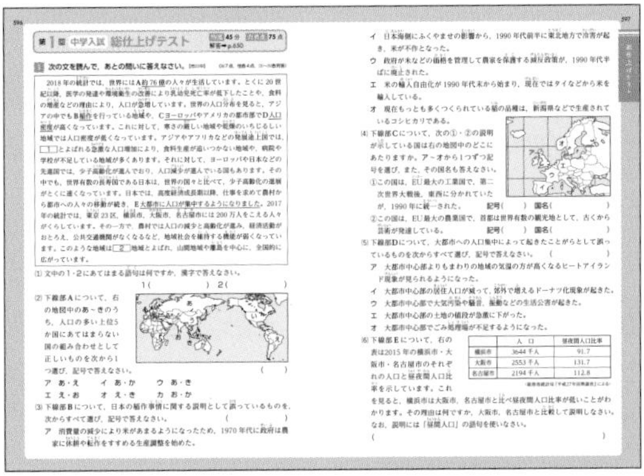

もくじ

第2章 わたしたちの国土

第3章 食料生産と人々のくらし

第4章 工業生産と人々のくらし

第5章 情報産業とわたしたちのくらし

歴史編

第1章 原始・古代の日本

第2章 中世・近世の日本

第3章 近代の日本

第4章 現代の日本

得点アップゼミ

公民編

第1章 国民の生活と政治

資料の読みとり方と使い方

社会では，地図を始めグラフや表など，さまざまな資料が出てきます。初めての資料でも，見るポイントがわかれば，必要な情報を読みとることができます。

1 統計資料

グラフ

折れ線グラフ 線のかたむきで量の増減の変化を表す。

日本の貿易額の移り変わり

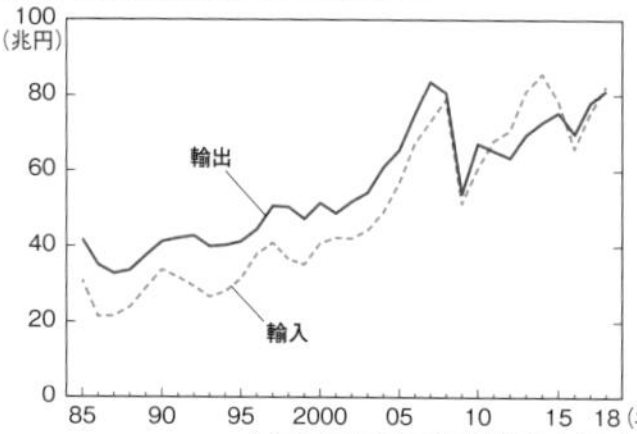

（2019/20年版「日本国勢図会」などによる）

読みとり➡線のかたむきが急なところは変化の割合が大きい。折れ線が大きく上下した時期に何があったかを考える。

使うとき➡「まちの人口」「1日の気温」「毎日の体重」の変化など。

棒グラフ 棒の高さで，量の大小を比べる。

木材自給率の変化

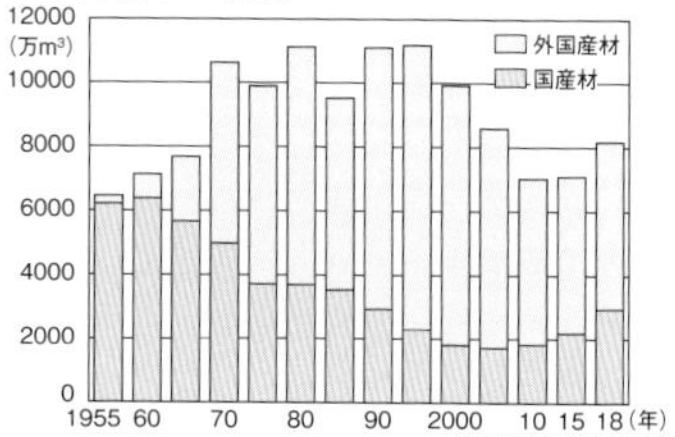

（「木材需給表」による）

読みとり➡最高値・最低値に着目する。量の変化を見る。

使うとき➡「都道府県別の人口」「年ごとの生産量」「クラス全員の 50 m走タイム」など。

帯グラフ 割合を他と比べる。

三大工業地帯の出荷額

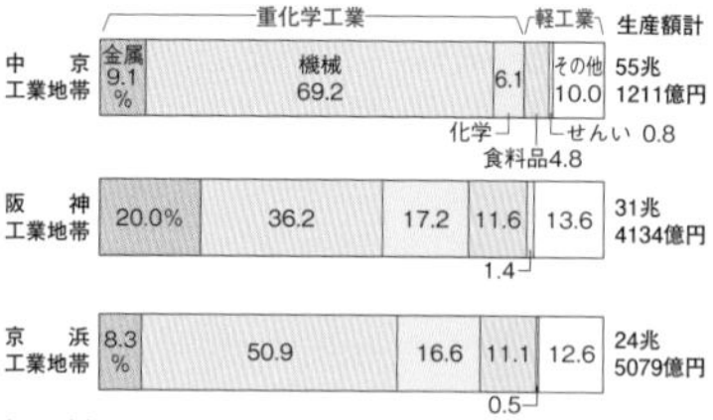

（2016年） （2019/20年版「日本国勢図会」による）

読みとり➡全体量の大小にかかわらず，100%を表す幅は同じ。割合の大きさ・変化に着目する。

使うとき➡「年代別アンケート」「地域別の生産物」の割合など。

円グラフ 全体の中での構成比を表す。

小麦の輸入相手国

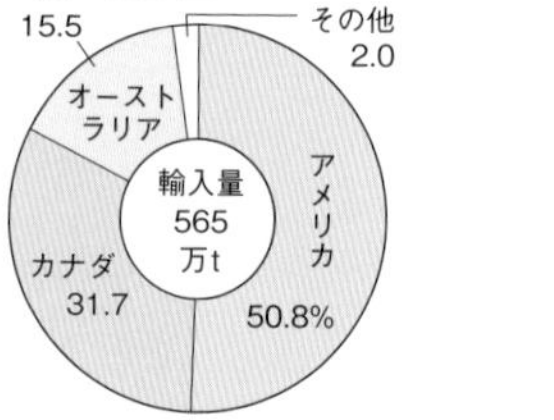

（2018年） （2019/20年版「日本国勢図会」による）

読みとり➡扇形の面積から，全体にしめる割合をつかむ。

使うとき➡「賛成反対のアンケート結果」「品物の輸入国の割合」「クラスの男女の割合」など。

組み合わせグラフ(雨温図の場合)

折れ線で気温の変化をまとめて比べる。

気温と降水量の年平均

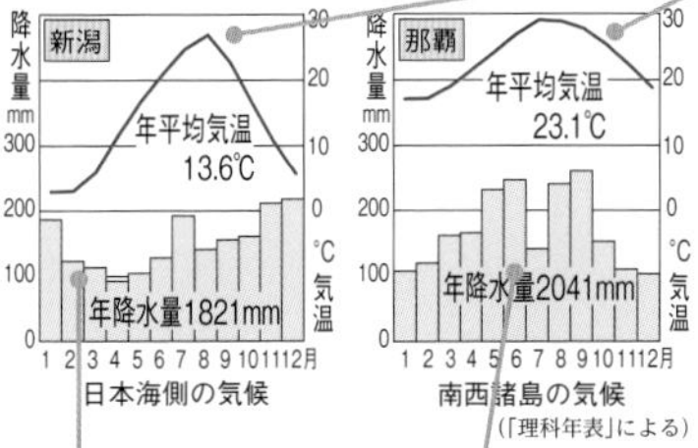

棒グラフで月の降水量を比べる。

読みとり➡新潟：降雪で冬に多い。
　　　　那覇：台風の時期に多い。

読みとり➡新潟：冬は寒いが 0℃以下にはならない。
　　　　那覇：1年を通してあたたかい。

散布図

日本のおもな貿易相手国

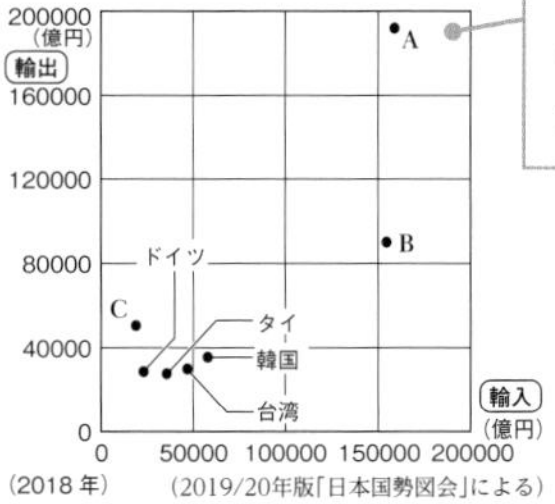

縦軸の数と横軸の数が交わるところに，点が置かれている。

読みとり➡それぞれの数が大きいものほど右上，小さいものほど左下にくる。

統計表

府県の人口や産業

	人口(万人)	輸送用機械*出荷額(億円)	畜産産出額(億円)	卸売業販売額(十億円)
鹿児島県	163	163	2958	2796
大阪府	882	11880	23	49708
福岡県	511	32091	406	16971
高知県	71	417	90	874

＊自動車などがふくまれる。　(2019年版「データでみる県勢」による)

問題の時は，都道府県名や項目名をかくして問われることが多い。

読みとり➡それぞれの項目で，もっとも数が大きい，あるいは小さいものに着目する。
使うとき➡単位や出典をかならず書く。

2 年表

織田信長のころのできごと

年	できごと
1534	信長が生まれる
1543	鉄砲が伝わる
1560	桶狭間の戦い
1568	信長が京都にのぼる
1571	延暦寺焼き打ち
1573	室町幕府を滅ぼす
1575	長篠の戦い
1576	安土城を築く
1580	石山本願寺が降伏
1582	武田氏を滅ぼす
	本能寺の変

これまでのできごとを，古い順に書き表したもの。

読みとり➡できごとの前後の関係，移り変わりに着目する。
使うとき➡重要なできごとを，短い文で書く。

3 しくみ図

鎌倉幕府のしくみ

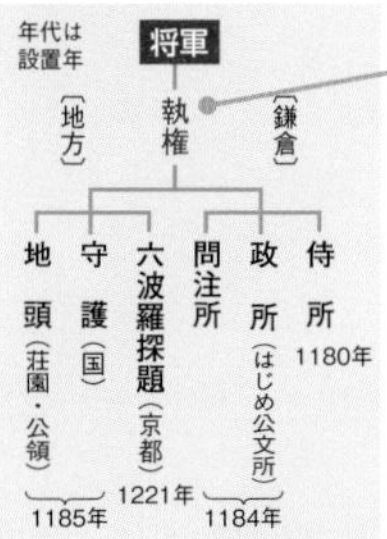

組織のようすやものごとのしくみなどを表したもの。

読みとり➡重要な役職の名称や，時代による変化，関係性に着目する。

使うとき➡関係がわかりやすくなるよう，配置や線の引き方に注意する。イラストを入れてもよい。

○本文中の統計データや順位などは，年度により変わることがあります。最新のデータは，統計資料集などをご確認ください。

○この本に掲載している入試問題は，編集上の都合で元の問題から一部変更した点がありますが，問題の内容やねらいを変更するものではありません。

地理編

第1章 身近な地域のくらし

1 わたしたちのまち

学習のポイント

- 自分たちのまちの様子を，わかりやすい地図にまとめることができるか。 ➡p.17
- 地図記号や縮尺《しゅくしゃく》，等高線《とうこうせん》など，地形図のきまりを理解《りかい》できているか。 ➡p.18
- まち全体の様子を大きくとらえることができているか。 ➡p.21

1 学校のまわりの様子

高い所からながめよう

●**方位の確《たし》かめ方**…方位磁針《じしん》で，赤い針《はり》が示《しめ》す方位が北。北の反対側は南，右側は東，左側は西である。

▲方位磁針

▲外で方位を確かめる方法

●**学校の屋上から見たまちの様子**

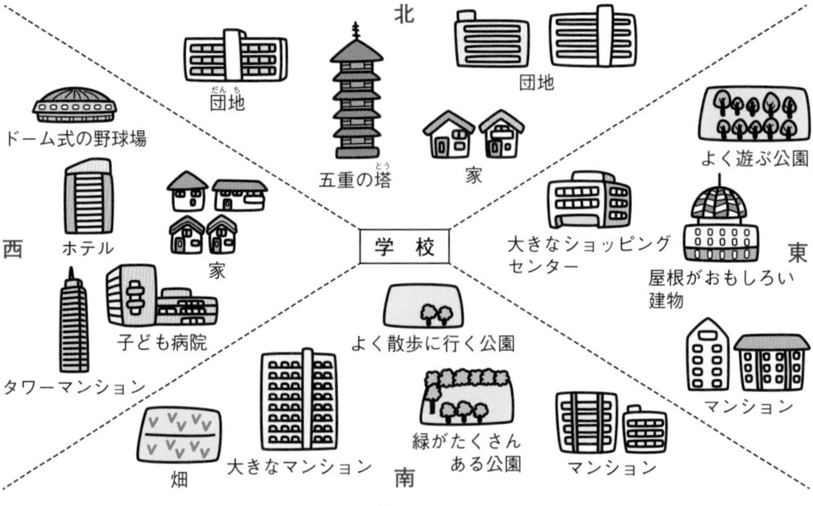

▶**北・東・南・西**の方位ごとに，4枚《まい》のスケッチをかこう。

▶特色のある建物，よく行く場所をとらえよう。

▶道路や川が走っている方向を確《たし》かめよう。

まちを探検《たんけん》しよう

●探検の計画を立てよう

- 見たい場所に●のマークをつけよう。
- マークをつけた場所を見て回るためのコースを，－－－で書きこもう。

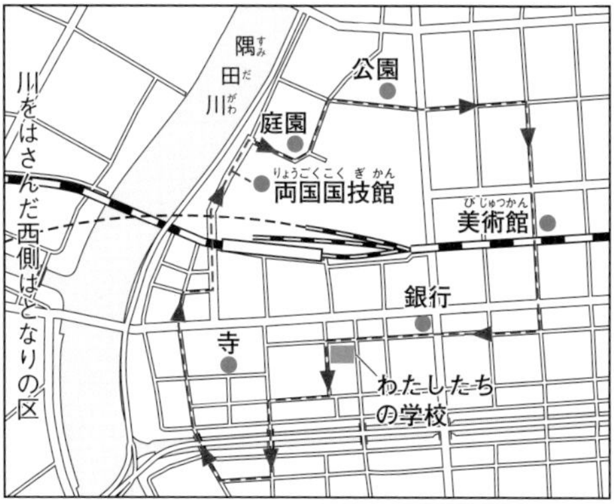

▲まち探検のコース

●準備《じゅんび》をしよう

- **もちもの**…地図，バッグ，えんぴつ，消しゴム，メモ用紙，方位磁針，デジタルカメラ，水とうなど。
- **調べ方**…建物の種類をとらえる。自動車の数や人の通行量を観察する。土地の傾《かたむ》き，使われ方を確かめる。わからないことはまちの人たちに**インタビュー**する。
- **気をつけること**…交通ルールを守る。危険《きけん》な所に近づかない。横に広がって歩かない。

> 用語
> **インタビュー**
> 調査する人が，相手と対話する形で質問《しつもん》して，知りたいことを聞き出すこと。

> 用語
> **絵地図**
> 建物や土地の様子を絵で表した地図。

●絵地図をつくろう…メモをもとに，みんなの気づいたことを集めて1枚の**絵地図**にまとめる。

- **土地の様子**…店の多い所，工場の多い所などに色分けする。
- **特色ある建物**…建物ごとに記号をつくって，交番，病院，神社などの場所を書きこむ。
- **地図の約束ごと**…それぞれの色や記号が何を表しているか，地図の下にまとめる。北の方向はどちらか，方位記号を入れる。スケールバーを入れる。
- **気づいたこと**…「交通量が多い」などの気づいたポイントも，地図に書きこむ。
- **調査《ちょうさ》を深める**…まちのあゆみや自然について，図書館で調べてみる。

▼絵地図にまとめる

2 地図の読み方・書き方

地形図のきまり

● **国が発行する地形図**…土地の高さ，川や海岸線，境《きょう》界線《かいせん》，道路や鉄道，建物，土地利用などを表した地図で，**国土地理院《こくどちりいん》**が発行している。

● **地図記号**…国土地理院では，記号の大きさや線の太さを決めて，記号をつくっている。

記号	記号のもとになったもの	記号	記号のもとになったもの
田	稲《いね》を刈《か》り取ったあとの切りかぶ	老人ホーム	高齢者《こうれいしゃ》が使う杖《つえ》
畑	種から芽を出したふた葉	博物館《はくぶつかん》 美術館《びじゅつかん》	東京《とうきょう》国立博物館の入り口がモデル
果樹園《かじゅえん》	りんごなどの果実	図書館	本を開いた形
茶畑	茶の実を半分に切った様子	神社	神社の入り口にある鳥居《とりい》
針葉樹林《しんようじゅりん》	針葉樹の木の形	寺	仏教でよろこびを表す記号
郵便局《ゆうびんきょく》	昔の役所「てい信省」の「テ」から	城あと	城を建《た》てるときに縄《なわ》をはった形
消防署《しょうぼうしょ》	消防用具のさすまたの形	漁港	船のいかり
警察署《けいさつしょ》	警棒《けいぼう》が交差した形	橋	橋を上から見た形
工場	歯車《はぐるま》	鉄道	線路の形
税務署《ぜいむしょ》	そろばんの玉を形どったもの	トンネル	かくれた部分を点線で表している

▲地形図で使われる土地利用や建物の地図記号

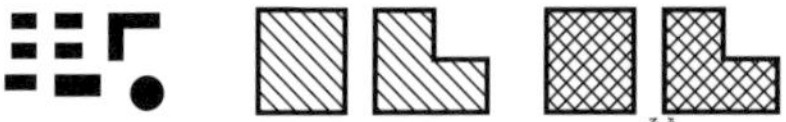

小さな建物　大きな建物　中高層《そう》建物

▲建物のまとまりを表す地図記号

岩のがけ　くぼ地　湿地《しっち》　滝《たき》

▲特色ある地形を表す地図記号

参考

地形図以外の地図記号

市でつくっている観光マップや交通マップでは，独自《どくじ》の地図記号が使われていることが多い。

参考

新しい地図記号

2006年から，老人ホームの地図記号とともに，風車《ふうしゃ》の地図記号がとり入れられた（右図）。これは，地球環境《かんきょう》にやさしい風力発電所が各地でつくられるようになったことと関係がある。

また，2019年には，自然災害《さいがい》伝承碑《でんしょうひ》の地図記号が新しく生まれた（右図）。これは，過去に起きた津《つ》波《なみ》や洪水《こうずい》，火山災害，土砂災害など，自然災害の情報を伝える石碑《せきひ》やモニュメントを表すもので，従来《じゅうらい》の記念碑の記号に碑文を表す縦線《たてせん》を加えた形。過去の災害の教訓を生かし，地域防災《ちいきぼうさい》に役立てるためとり入れられた。

● **方位のきまり**…右の**方位記号**で，矢印の方向が北を示《しめ》す。方位記号がない場合は，**地形図の上が北**となる。

● **縮尺《しゅくしゃく》のきまり**…実際《じっさい》の距離《きょり》を，地形図上に縮《ちぢ》めた割合《わりあい》のことを**縮尺**という。国土地理院の発行する地形図には，**5万分の1**，**2万5千分の1**，1万分の1の3種類がある。

▶交通マップなどには，実際の距離を表す，右のような**ものさし（スケールバー）**が書かれているものがある。

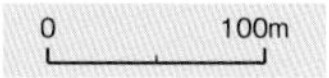

縮尺	地形図上の1 cm	実際の1 km
5万分の1	実際の距離は 500 m	地形図上の長さは 2 cm
2万5千分の1	実際の距離は 250 m	地形図上の長さは 4 cm
1万分の1	実際の距離は 100 m	地形図上の長さは 10cm

▲地形図上の長さと実際の距離の関係

▶**実際の距離の求め方**…地形図上の長さに，縮尺の分母をかける。上の表の5万分の1地形図の場合，地形図上の1cmは，

1(cm)×50000＝50000(cm)

単位をmに直すと500(m)となる。

● **等高線《とうこうせん》のきまり**…土地の高さが同じ地点を結んだ線を**等高線**という。

▶**細い線**…2万5千分の1地形図では高さ10mごと，5万分の1地形図では高さ20mごとに引かれている。

▶**太い線**…2万5千分の1地形図では高さ50mごと，5万分の1地形図では高さ100mごとに引かれている。

▶**土地の傾《かたむ》き**…等高線の間隔《かんかく》が広い所はゆるやか，間隔がせまい所は急。

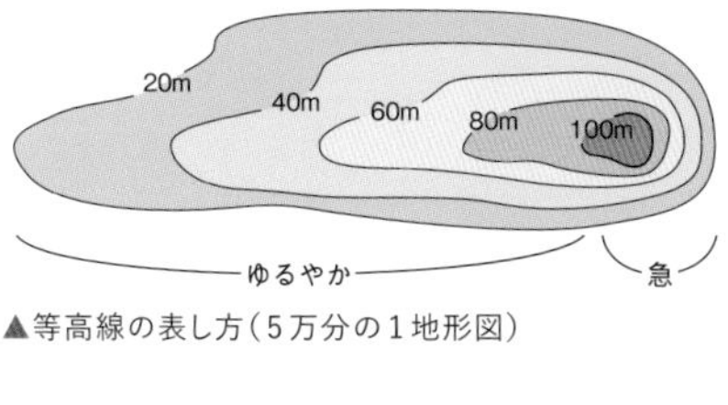

▲等高線の表し方（5万分の1地形図）

用語

方位

東西南北の**四《し》方位**のほか，北と東の中間などを加えた**八《はち》方位**などがある。

▲四方位

▲八方位

参考

断面《だんめん》図のつくりかた

- 地形を調べたい所に，直線を引く。
- 引いた直線と等高線が交わる点から，垂直《すいちょく》に線をおろす。
- 断面図の高さと等高線の高さがあう所に印をつける。
- 印をなめらかに結ぶ。

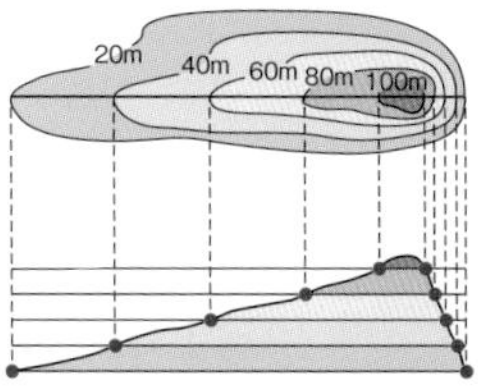

断面図

入試対策 古い地形図と新しい地形図を比べよう

まちはどのように変わったのだろう

●**地域《ちいき》の変化**…昔に発行された地形図を手に入れ，今の地形図と比《くら》べると，地域の変化を読み取ることができる。下の地形図を比べてみよう。

▶**自然**…川の流れはほとんど変わっていない。

▶**土地利用**…どちらも建物が集まった地域が広がっている。

▶**道路**…川沿《ぞ》いに新しい高速道路が通った。

参考

昔の地形図を手に入れる方法

- 国土地理院《こくどちりいん》に郵送《ゆうそう》やホームページから申しこんで，送ってもらう。
- 図書館で探《さが》す。

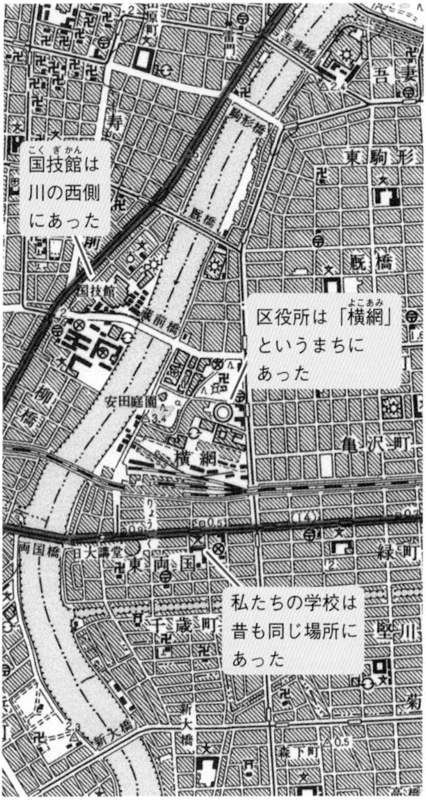

▲1960年代の様子

▲2010年代の様子

(国土地理院1967年発行2万5000分の1地形図「東京首部」，電子地形図25000を92%に縮《ちぢ》めたもの)

入試ポイント

〈地形図の約束〉

次の4つの面から読み取り方をおさえておこう。

方位・縮尺《しゅくしゃく》・等高線《とうこうせん》・地図記号

3 まち全体の様子

まちの全体のすがたを見てみよう

●**展望台《てんぼうだい》からまちをながめる**…学校の北東にある東京《とうきょう》スカイツリーの高さ 450 m の展望台から，学校の方角を見てみる。
- ▶いろいろな高さの建物が建っている。
- ▶川はくねくねと曲がり，いくつかの橋がかかっている。
- ▶博物館《はくぶつかん》や美術館《びじゅつかん》が多い。

▲東京スカイツリーから見たわたしたちのまち

図書館で調べる

●**あゆみ**…**関東大震災《かんとうだいしんさい》**や**第二次世界大戦**で，まちは大きな被害《ひがい》を受けた。戦後は多くの工場がつくられ，**商業**も発達した。

●**人口**…まちの人口は 1960 年代初めまで増《ふ》え続けたが，その後のびなやんだ。近年はまた人口が増えてきている。

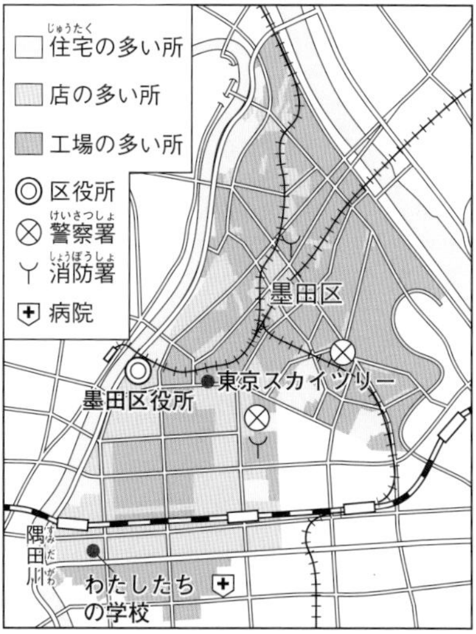

▲わたしたちのまちの様子：土地利用

紹介《しょうかい》ポスターをつくる

●**まち全体の大きな地図を用意する**
- ▶**まち全体の地形を説明する**…「川の下流にできた**三角州《さんかくす》**(➡p.111)に位置し，ほとんどが低い土地です。」
- ▶**写真をはりつけ，博物館，神社などの説明を書きこむ**…「歴史，美術，工芸など，いろいろな種類の**博物館**，**美術館**があります。」

●**まちの未来を話し合う**…安心してくらせるまちづくりや，まちにつくってほしいものについて話し合う。

☑ まとめチェック

知識を整理・確認しよう！

① 学校のまわりの様子

□ ① 赤色の針《はり》が示《しめ》す方位が北となる道具を何というか。

□ ② 調査《ちょうさ》する人が，相手と対話する形で質問《しつもん》して，知りたいことを聞き出すことを何というか。

□ ③ 建物や土地の様子を絵で表した地図を何というか。

答え ①
① 方位磁針《じしん》
② インタビュー
③ 絵地図

② 地図の読み方・書き方

□ ① 土地の高さ，川や海岸線，境界線《きょうかいせん》，道路や鉄道，建物，土地利用などを表した地形図を発行している機関はどこか。

□ ② 方位記号がない場合は，地形図の上がどの方位を示しているか。

□ ③ 実際《じっさい》の距離《きょり》を，地形図上に縮《ちぢ》めた割合《わりあい》のことを何というか。

□ ④ 5万分の1の地形図上で表される1cmは，実際の距離では何mになるか。

□ ⑤ 土地の高さが同じ地点を結んだ線を何というか。

□ ⑥ 土地の高さが同じ地点を結んだ細い線は，2万5千分の1の地形図では高さ何mごとに引かれているか。

□ ⑦ 土地の高さが同じ地点を結んだ細い線は，5万分の1の地形図では高さ何mごとに引かれているか。

□ ⑧ 土地の高さが同じ地点を結んだ線の間隔《かんかく》がせまい所は，傾《かたむ》きは急か，ゆるやかか。

□ ⑨  の地図記号は何を表しているか。

□ ⑩  の地図記号は何を表しているか。

□ ⑪  の地図記号は何を表しているか。

□ ⑫  の地図記号は何を表しているか。

□ ⑬  の地図記号は何を表しているか。

答え ②
① 国土地理院《こくどちりいん》
② 北
③ 縮尺《しゅくしゃく》
④ 500m
⑤ 等高線《とうこうせん》
⑥ 10m
⑦ 20m
⑧ 急
⑨ 畑
⑩ 果樹園《かじゅえん》
⑪ 郵便局《ゆうびんきょく》
⑫ 消防署《しょうぼうしょ》
⑬ 図書館

③ まち全体の様子

□ ① ビルやタワーにある，高い所からまち全体の様子をながめることができる施設《しせつ》を何というか。

□ ② まちの様子を紹介《しょうかい》するには，大きな地図に写真をはったり，建物の説明を書きこんだりした紹介(　　)をつくるとよい。(　　)にあてはまることばを答えなさい。

答え ③
① 展望台《てんぼうだい》
② ポスター

力だめしの問題　入試標準レベル

解答➡p.608

1 探検《たんけん》コースを書いた右の地図を見て，次の問いに答えなさい。

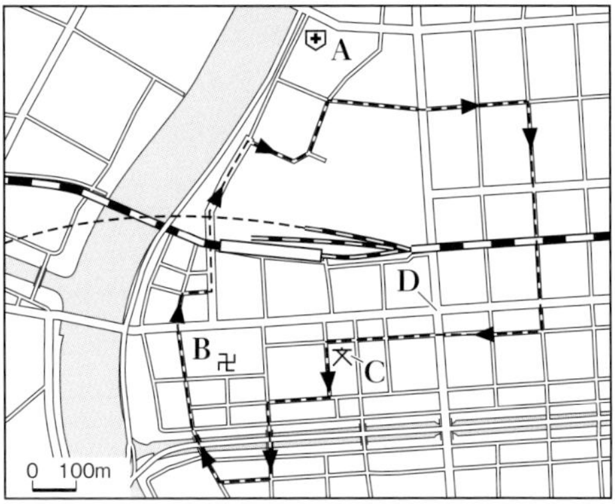

⑴ 地図中のA～Cが示す建物を，次から1つずつ選び，記号で答えなさい。

A（　　　）　B（　　　）　C（　　　）

ア　消防署　　イ　学校
ウ　交番　　エ　寺
オ　病院　　カ　工場

⑵ 地図中のCの建物からDの交差点までの直線距離を，次から1つ選び，記号で答えなさい。（　　　）

ア　約100 m　　イ　約200 m　　ウ　約300 m　　エ　約400 m

⑶ まち探検で気をつけなければならないことを，次から1つ選び，記号で答えなさい。（　　　）

ア　まちの人に話しかけない。　　イ　写真をとらない。
ウ　交通ルールを守る。　　エ　500円以内でおやつを買っておく。

2 右の地形図を見て，次の問いに答えなさい。

（国土地理院発行の電子地形図25000を65%に縮めたもの）

⑴ 地形図中のAから見たBの方位を答えなさい。
（　　　　）

⑵ 地形図中のAの展望台からまちをながめると，いちばん多く見られるものを，次から1つ選び，記号で答えなさい。
（　　　）

ア　畑　　イ　建物
ウ　公園　　エ　湿地《しっち》

⑶ 等高線に注目すると，地形図中の地域《ちいき》はどのような地形だと考えられますか。
（　　　　　　　　　　）

2 働く人たちの様子

学習のポイント

- ●店で働く人たちのくふうと，かしこい買い物のしかたを理解《りかい》しているか。 ➡p.24
- ●作物の特色と産地の自然の様子を結びつけておさえているか。 ➡p.26
- ●安全でおいしい食品をつくるための工場のくふうをとらえているか。 ➡p.28

1 店で働く人たち

買い物調べ

●**1週間の買い物**…自分や家の人が行った店，買った品物を表にまとめよう。

買い物の日	店	品物
5月27日（月）	パン屋 コンビニエンスストア	パン，牛乳《ぎゅうにゅう》 おかし，ガム
5月28日（火）	スーパーマーケット 魚屋	肉，野菜，調味料 魚
5月29日（水）	デパート 通信販売《はんばい》	衣服，ケーキ ゲーム，本，犬のえさ

▶**店ごとに家の人が行った回数をグラフにまとめよう**…回数が多い順に，左から店を並《なら》べる。たてじくは，いちばん多い回数に合わせる。

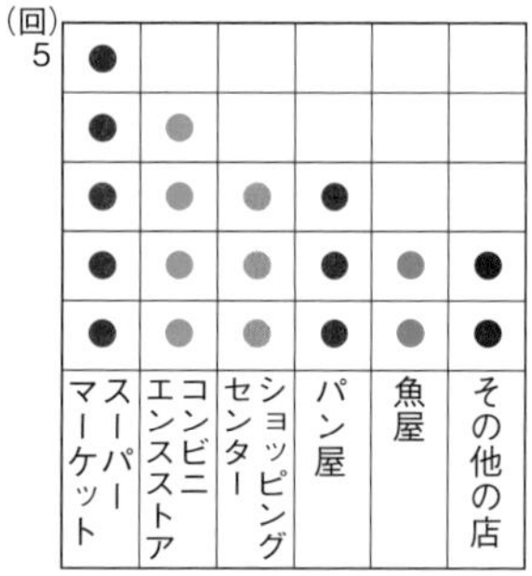

買い物地図

●**買い物調べの結果をまとめる**…どこの店で買い物をしているか，地図にまとめる。

▶家の人が行った店を，まちの地図に書きこむ。

▶家の人がその店へ行くわけを聞いてみる。

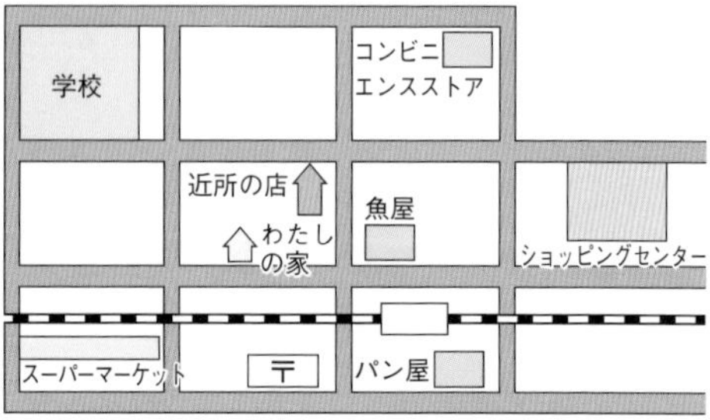

用語

通信販売

インターネットや電話を通じて注文し，宅配便《たくはいびん》で品物を届《とど》けてくれるしくみ。

参考

店に行くわけを聞こう

- 近所の店…家に近いから。
- 駅前の商店街…仕事帰りに買い物ができるから。
- スーパーマーケット…いろいろな品物をまとめて安く買うことができるから。
- コンビニエンスストア…おそい時間まで開いているから。

スーパーマーケットの仕事

● **スーパーマーケットを見学する**…売り場を見て歩き，気づいたことをメモしよう。

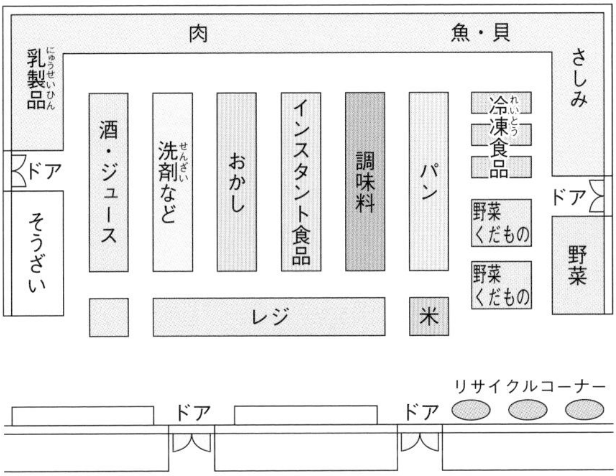

▶ **売り場で働く人**…品物を見やすい場所に置く。足りない品物を注文する。温度を管理する。

▶ **作業場で働く人**…魚をさばいて切り身にする。そうざいを盛《も》りつける。

▶ **仕入れの人**…トラックで届《とど》けられた品物を，店に運び入れる。

品物はどこからくるか

● **産地を確《たし》かめる**…値札《ねふだ》や段《だん》ボール箱に書いてある産地を調べる。

▶ 1年を通して品物がそろうように，季節ごとに産地を入れかえている。

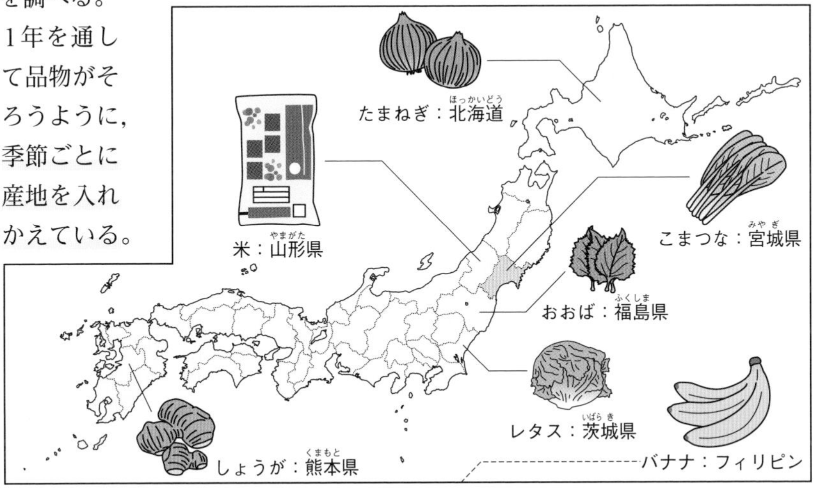

▲宮城《みやぎ》県のスーパーマーケットの仕入先（例）

注意

店を見学するときの注意

- 相手を見ながらあいさつや質問《しつもん》をする。
- 商品にさわらない。
- ほかのお客のじゃまにならないようにする。
- 写真をとるときには，店の人にことわる。

参考

スーパーマーケットのくふう

- どのたなにどの品物を置いているか，案内板をわかりやすく書く。
- たなの札（ポップ）に，大きな文字で値段《ねだん》を書く。
- 通路を広くして歩きやすくする。
- リサイクルコーナーで牛乳パックや空き缶《かん》を回収《かいしゅう》する。

2 農業で働く人たち

身近な所でつくられる野菜

●香川《かがわ》県でつくられているブロッコリー

- ▶香川県のほとんどの市町村で栽培《さいばい》されている。
- ▶香川県の生産量は11100t《トン》(2017年)で，全国第4位である。
- ▶香川県の雨が少なく，あたたかい気候が栽培に適《てき》している。
- ▶1960年代に，ぶどうの栽培が終わったあとの畑でつくる作物としてとり入れられた。

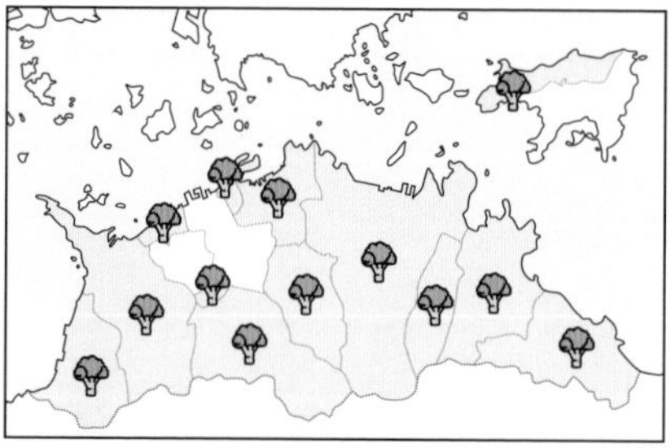

▲香川県でブロッコリーをつくっている所

(2019年版「データでみる県勢」による)

▲香川県で1年間につくられるブロッコリー

ブロッコリーができるまで

●ブロッコリーづくりのカレンダー

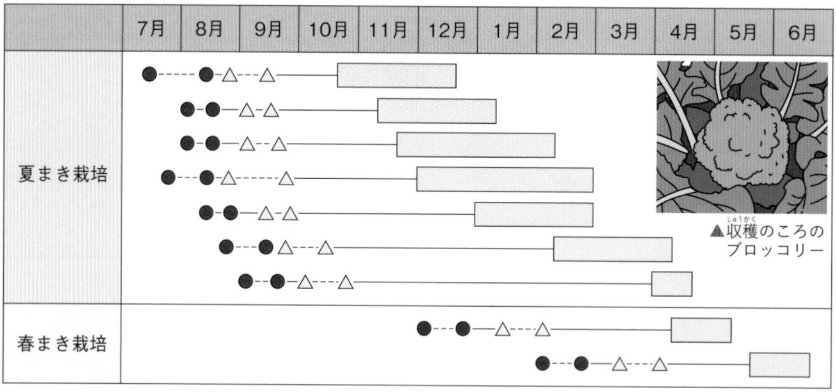

▲収穫《しゅうかく》のころのブロッコリー

●：種まき　△：苗《なえ》どこから畑へ移《うつ》す　□：収穫

- ▶もともと，秋から冬にかけてつくる野菜だが，**品種改良**でいろいろな季節に栽培できるようになった。今では7月～9月を除《のぞ》く9か月間，ブロッコリーを出荷《しゅっか》している。
- ▶プラスチックなどでつくられた**苗どこ**に種をまき，1か月近く育てる。
- ▶苗を畑へ移す前に，畑の**土づくり**を進めておく。苗を機械で畑に植えかえる。

用語

品種改良

いろいろな質《しつ》の作物をかけあわせ，寒さに強い，収穫量が多いなどの特色をもつ新しい品種をつくること。

●栽培・収穫のくふう

- ▶春には虫が発生しやすいので，ネットをかける。
- ▶ブロッコリーは，花《か》らいという花のつぼみの部分を食べる。花らいが大きく育ちすぎると，形がくずれて味が落ちるので，収穫時期をのがさないようにする。
- ▶収穫は朝に行われる。あたたかい季節には夜中の2時ごろから収穫することもある。
- ▶同じ畑でつくり続けると病気になりやすくなるなどするので，他の作物と交互《こうご》につくる。

ブロッコリーが運ばれる様子

●ブロッコリーの出荷のくふう

- ▶農家から集荷場に集められたブロッコリーは，大きさを選別される。
- ▶花らいが縮《ちぢ》まっているときに収穫され，その状態《じょうたい》を保《たも》つために，吸水《きゅうすい》シートをしいた段《だん》ボールにつめ，氷で表面をおおい，冷蔵《れいぞう》しながら市場へ出荷する。

▲花らいの大きさをはかる道具

▲氷でおおわれたブロッコリー

●香川県のブロッコリーの出荷先…半分以上は関東《かんとう》地方に出荷される。

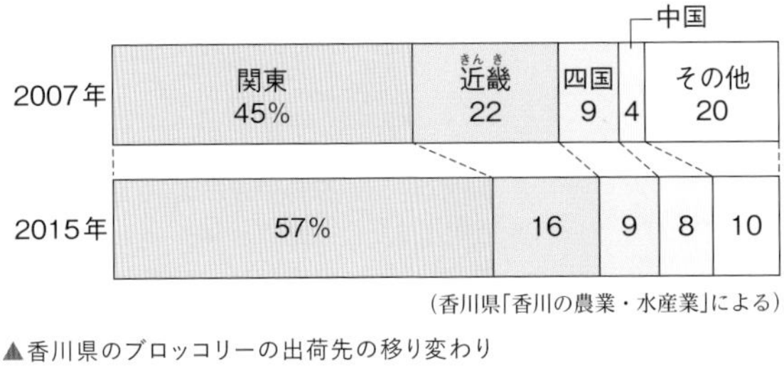

▲香川県のブロッコリーの出荷先の移り変わり

参考

病気の予防

ブロッコリーは根が病気になりやすいので，次のような対《たい》策《さく》をしている。

- 苗を移しかえる前の畑に農薬を混《ま》ぜる。
- 土の質をかえる。
- おとりの作物を植えて，病気の胞子《ほうし》を発芽《はつが》させ，ブロッコリーには感染《かんせん》しないようにする。

参考

ブロッコリーの産地

多くの産地では，冬でもあたたかい気候を利用して栽培されている。すずしい北海道《ほっかいどう》や長野《ながの》県の高原では，夏に栽培される。

▲ブロッコリーの出荷時期

注意

帯グラフ

左右のはばを100%として，全体にしめる割合を表す。

3 工場で働く人たち

ハム工場を見学しよう

●工場見学のしかた

見学のお願い		見て調べる		聞いて調べる
・調べることを決める。 ・質問《しつもん》を考えておく。	➡	・工場の中をよく見る。 ・デジタルカメラで撮影《さつえい》する。	＋	・インタビューすることを決めておく。 ・聞いてわかったことはメモをする。

●ハムはどのようにつくられているのだろう

（下の⦿は工場の人が気をつけていること）

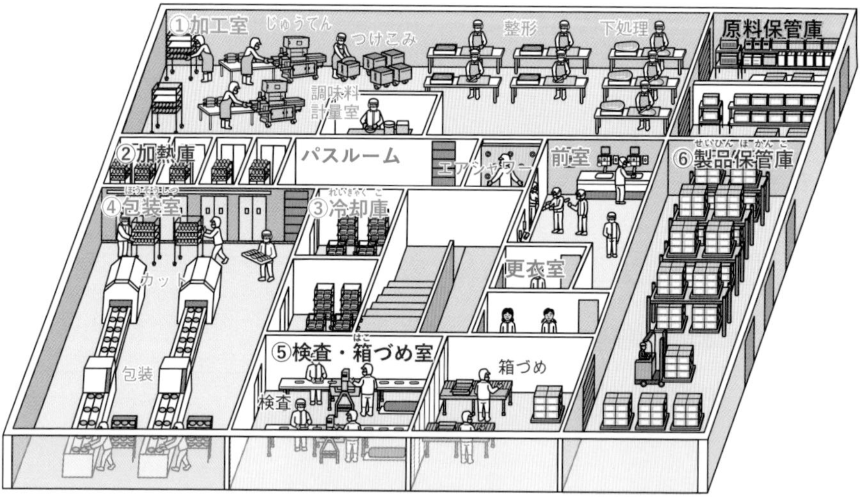

①肉を切る→塩や発色剤《はっしょくざい》などを入れた調味液《ちょうみえき》につける（塩《えん》せき）→肉をセルロースの薄《うす》い袋《ふくろ》につめる。

⦿肉に骨《ほね》のかけらが残らないようにする。つけこむ液《えき》にごみが入らないようにする。

②**加熱庫**に入れる。

⦿いくつかとり出し，肉の中の温度をはかる。

③**冷却庫**で冷やす。

⦿フィルターにかけたきれいな空気を送る。

④スライスする→**包装**する。

⦿ほこりが入らないよう，室内の圧力《あつりょく》を調節する。

⑤**検査《けんさ》**する→箱づめする。

⦿金属《きんぞく》などが混《ま》ざっていないか確《たし》かめる。

用語

セルロース

植物などからつくられるせんい。

参考

塩せきするわけ

いたみにくくしたり，色をよくしたりするはたらきがある。

参考

加熱のきまり

法律《ほうりつ》によって，ハムは「中心部を温度63℃で，30分以上加熱すること」と定められている。

●**ハムはどのように保管されているのだろう**…**製品保管庫**(図の⑥)では，箱ごとに，製品がつくられた順に番号をふり，包装された時間を書いている→問題が見つかったとき，すぐ見つけることができる。

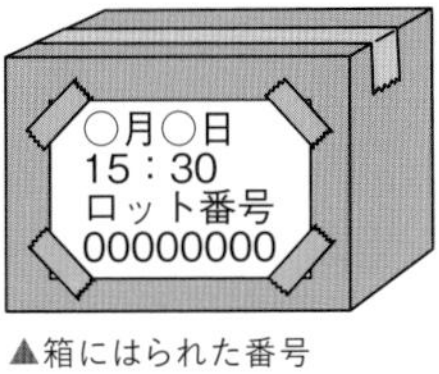

▲箱にはられた番号

●**清潔《せいけつ》さを保《たも》つためのくふう**

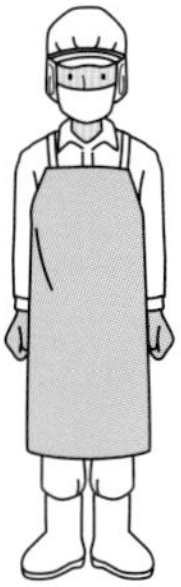

◀原料をあつかう人の服装

- ▶**クリーン服**…よごれたらとりかえられるエプロンをつける。破《やぶ》れたらわかりやすい色の手袋《てぶくろ》をする。かみの毛は帽子《ぼうし》からはみ出さないようにする(右図)。
- ▶**ほこりとり**…ローラーで体じゅうのほこりをとる。
- ▶**手洗《てあら》い**…すみずみまで洗って，最後に消毒《しょうどく》する。
- ▶**エアシャワー**…きれいな空気を体にふきつける。
- ▶**トラックへ積《つ》みこむ**…製品保管庫のとびらとトラックのとびらをくっつけて，虫などが入らないようにする。

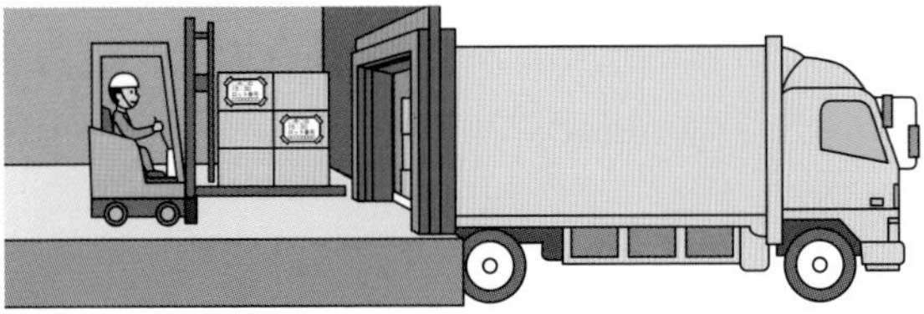

▲フォークリフトで製品をトラックに積みこむ

●**原料のぶた肉はどこからくるのか**…アメリカ・カナダ・スペイン・オランダ・デンマーク・ハンガリー・メキシコ・チリなど。

●**安心してハムを買うことができるようにするために**…**インターネット**を使って，ハムの出荷《しゅっか》・加工・原料の流れをさかのぼって確かめることができる，「**トレーサビリティ**」のしくみがとり入れられ始めた。

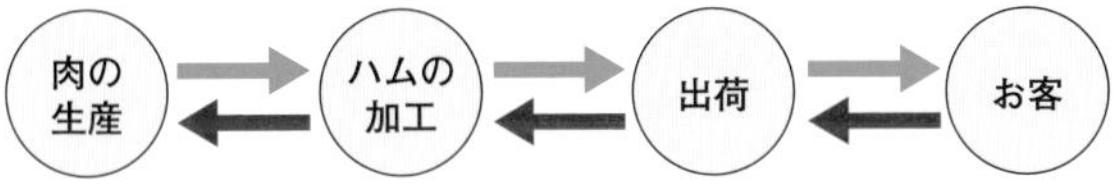

▲トレーサビリティのしくみ

参考

日本のハムの歴史

明治《めいじ》時代の初めに，長崎《ながさき》で日本初のハムがつくられた。20世紀の初めに第一次世界大戦が終わると，日本で収容《しゅうよう》されたドイツ人捕虜《ほりょ》によってドイツ式のつくり方が伝えられた。

用語

エアシャワー

フィルターできれいにされた高速ジェットエアを体にふきつけて，ほこりや毛をとり除《のぞ》く。

用語

トレーサビリティ

製品につけたIC《アイシー》タグに，加工日や産地が記録されている。製品に問題が起きたときは，すぐに原因《げんいん》をさぐりあて，回収《かいしゅう》することができる。

☑ まとめチェック

知識を整理・確認しよう！

答え

① 店で働く人たち

	答え ①
□ ① スーパーマーケットで魚をさばいて切り身にするのは，売り場で働く人，作業場で働く人のどちらか。	① 作業場で働く人
□ ② スーパーマーケットで品物を見やすい場所に置くのは，売り場で働く人，仕入れる人のどちらか。	② 売り場で働く人
□ ③ スーパーマーケットでトラックで届《とど》けられた品物を，店に運び入れるのは，売り場で働く人，仕入れの人のどちらか。	③ 仕入れの人

② 農業で働く人たち

	答え ②
□ ① ブロッコリーはもともと，夏に栽培《さいばい》する野菜か，冬に栽培する野菜か。	① 冬
□ ② いろいろな質《しつ》の作物をかけあわせ，寒さに強いなどの特色をもつ新しい品種をつくることを何というか。	② 品種改良
□ ③ 畑に植える前に苗《なえ》を育てる，プラスチックなどでつくられた容器《ようき》を何というか。	③ 苗どこ
□ ④ 虫が発生しやすい春には，ブロッコリー畑に何をかけるか。	④ ネット
□ ⑤ 出荷《しゅっか》時に花《か》らいが縮《ちぢ》まっている状態《じょうたい》を保《たも》つため，段《だん》ボールにつめたブロッコリーの表面を何でおおうか。	⑤ 氷
□ ⑥ 香川《かがわ》県のブロッコリーの半分以上が出荷されるのは，何という地方か。	⑥ 関東《かんとう》地方

③ 工場で働く人たち

	答え ③
□ ① ハム工場で切った肉は，最初おもに何が入った液体《えきたい》につけられるか。	① 塩
□ ② セルロースの薄《うす》い袋《ふくろ》につめた肉を，長い時間あたためるための部屋を何というか。	② 加熱庫
□ ③ 加熱が終わったハムを，冷やしておく部屋を何というか。	③ 冷却庫《れいきゃくこ》
□ ④ 完成して箱づめされたハムを，保管《ほかん》しておく部屋を何というか。	④ 製品《せいひん》保管庫
□ ⑤ 清潔《せいけつ》さを保《たも》つため，工場の人が着ているエプロンや帽子《ぼうし》，手袋《てぶくろ》などをまとめて何というか。	⑤ クリーン服

力だめしの問題　入試標準レベル　解答➡p.608

❶ 次の問いに答えなさい。

(1) おそい時間になっても買い物ができる店を，次から1つ選び，記号で答えなさい。　(　　)

ア　コンビニエンスストア　　イ　近所の魚屋　　ウ　スーパーマーケット

(2) スーパーマーケットのくふうとしてあてはまるものを，次から1つ選び，記号で答えなさい。　(　　)

ア　たなの札(ポップ)には，小さな文字で価《か》格《かく》を書く。

イ　通路はせまくしてできるだけ多くの商品を置く。

ウ　リサイクルコーナーで牛乳《ぎゅうにゅう》パックや空き缶《かん》を回収《かいしゅう》する。

エ　野菜は少ない数の県からまとめて仕入れるようにする。

❷ 次の問いに答えなさい。

(1) 香川県のどのような気候が，ブロッコリーづくりに適《てき》していますか。次から1つ選び，記号で答えなさい。　(　　)

ア　雨が多く，あたたかい気候　　イ　雨が少なく，あたたかい気候

ウ　夏でもすずしい気候　　エ　冬に多くの雪が降《ふ》る気候

(2) ブロッコリーを出荷するときは，右の写真のように表面を氷でおおいます。そのわけを答えなさい。

(　　　　　　　　　　)

(3) ブロッコリーの農家は，ブロッコリーを他の作物と交《こう》互《ご》につくっています。そのわけについて次の文の[　　　]にあてはまることばを答えなさい。

(　　　　　)

同じ畑でブロッコリーをつくり続けると[　　　]になりやすくなるから。

❸ 右の図を見て，次の問いに答えなさい。

①

②

(1) ハム工場で行われる図①のような作業を，次から1つ選び，記号で答えなさい。

ア　製品保管庫へ入れる。　(　　)

イ　製品を検査《けんさ》する。

ウ　塩などの液体につけこむ。　　エ　加熱庫に入れる。

(2) 図②は，ハム工場で原料をあつかう人の服装《ふくそう》を示《しめ》そうとしたものです。足りないものは何ですか。　(　　　　)

3 くらしのうつりかわり

学習のポイント

- 昔の道具の使いみちと生活の様子に関心をもっているか。 ➡p.32
- 昔の人たちの願いや努力が生活を変化させていったことをおさえているか。 ➡p.33
- 地域《ちいき》で昔から行われている行事は，どのように支《ささ》えられているか。 ➡p.34

1 昔のくらしの様子

昔と今の道具のちがい

	水	照明	暖房《だんぼう》	炊飯《すいはん》	調理	洗濯《せんたく》
約100年前	井《い》戸《ど》 	ランプ 	火《ひ》鉢《ばち》 	かまど 	七《しち》りん 	洗濯板 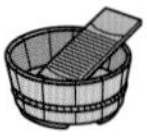
約50年前	水道 	蛍光灯《けいこうとう》 	ストーブ 	炊飯器 	ガスコンロ 	洗濯機 
今	水道 	LED《エルイーディー》照明 	エアコン 	炊飯器 	IH《アイエイチ》調理器 	ドラム式洗濯乾燥機《かんそうき》 

▲昔と今の道具の比較《ひかく》

▲約100年前の台所

用語
井戸
今でも地域によっては，水を地下水にたよっている所がある。

用語
LED照明
発光ダイオード(LED)を使用した照明器具のこと。これまでの蛍光灯の約4倍長持ちし，発熱が少ない。

昔のくらし

- **約100年前のくらし**…電気やガスにたよらず，人の力で家事を行っていた。女性《じょせい》の負担《ふたん》は大きく，子《こ》供《ども》も井戸から水をくむなど手伝いをした。
  - ▶**井戸**…ハンドルを上下させて，ポンプで地下水をくみ上げる。水はおけに入れて家まで運んだ。

- **ランプ**…灯油を燃《も》やして明かりをともした。手に持って歩くこともできた。
- **火鉢**…灰《はい》の上に焼いた炭をのせ，あたたまった。お湯をわかすこともできた。
- **かまど**…まきで火をおこし，かまに米と水を入れてたいた。
- **七りん**…土の焼き物に木の切れ端《はし》や新聞紙を入れて火をつけ，炭を焼いた熱で調理した。
- **洗濯板**…水を入れたたらいに衣服を入れてぬらし，せっけんをつけて，洗濯板のみぞの上でこするようにして洗《あら》った。

用語

かまど

ご飯がたき上がるまで，人が火の番をしなければならなかった。

●**約50年前のくらし**…昔の人の知恵《ちえ》をもとに，電気・ガス器具がつくられ，水道が広まった。女性が家事に使う時間が減《へ》った結果，働きに出る女性が増《ふ》えた。

- **灯油ストーブ**…マッチで火をつけて，火の強さはつまみで調節した。北国では石炭ストーブも使われた。
- **炊飯器**…スイッチを入れるだけでご飯がたけるようになった。電気のほか，ガスでたく製品《せいひん》もあった。
- **洗濯機**…底についた皿が回って，衣服を洗った。2槽式《そうしき》で，脱水《だっすい》ができるようになった。

▲約50年前の台所

▲今の台所

●**今のくらし**…省エネルギーの技術《ぎじゅつ》が進み，少ない電力で多くの働きをする電気製品が増えた。多くの製品で，インターネットに結びつくIoT《アイオーティー》化が進んでいる。

- **エアコン**…電気の力であたためる。夏は冷房《れいぼう》に使うこともできる。
- **ＩＨ調理器**…コンロのようにガスを使わず，電気の力で料理をする。
- **ドラム式洗濯乾燥機**…洗い終わった衣服をそのまま脱水し，乾《かわ》かせるようになった。

用語

IoT

Internet of Thingsの略《りゃく》。製品をインターネットにつなげ，スマートフォンなどを通してはなれた所から動かすことができる。

2 昔から受けつがれてきた文化や行事

昔から伝わる行事について知りたいこと

●神輿《みこし》渡御《とぎょ》行列のおこり…岐阜《ぎふ》県恵那《えな》市には，鎌倉《かまくら》時代に**源頼朝《みなもとのよりとも》**に仕えた加藤景廉《かとうかげかど》と，その子景朝《かげとも》をまつる神社があり，江戸《えど》時代の岩村《いわむら》藩主《はんしゅ》によって建てかえられた。そのときに開かれた祭礼が今に受けつがれている。

神輿渡御行列（恵那市）▶

●メモにまとめよう

●興味《きょうみ》をもったこと	岐阜県恵那市岩村町の秋祭の行事で行われる神輿渡御行列。
●調べてわかったこと	▶**いつごろ始まったのか**…400 年ほど前。 ▶**いつ，どこで行われるのか**…毎年 10 月初め，岐阜県恵那市岩村町で行われる。昔の武士《ぶし》がまつられている武並《たけなみ》神社から八幡《はちまん》神社まで，みこしをかついで約 300 人が行列する。 ▶**どのような行列が行われるのか**…古い時代の服装《ふくそう》をして，大だいこ・小だいこ・笛・拍子木《ひょうしぎ》などを鳴らしながら練り歩く。 ▶**伝統《でんとう》を守るため，どのようなことを行っているのか**…行列の御神馬《ごしんめ》の馬具は，江戸時代のものが使用されている。衣装《いしょう》や様式は，江戸時代末に書かれたきまりをもとに再現《さいげん》されている。
●みんなに伝えたいこと	昔から伝わる行事は，世代をこえて受けつがれる大切なものだと思う。わたしも行列に参加してみたい。

●発表をしよう

▶自分がいちばん伝えたいことを決めておく。

▶ことばだけでなく，写真や資料などを見せながら説明する。

▶聞く人がわかりやすいよう，ゆっくり話す。

用語

源頼朝

12世紀に鎌倉幕府《ばくふ》を開いた武士（➡p.370）。

参考

地域《ちいき》の行事を調べよう

- 調べる行事を決める…一連の行事をリストアップし，その中から選ぶ。
- 調べることを決める…いつ，どこで，どのようなことが行われるのか。
- 調べる方法…市役所，まちの神社や寺，家の人に話を聞く。保存会《ほぞんかい》に教えてもらう。図書館で本を調べる。市役所でパンフレットを集める。

行列のおもな役どころ

▲そうじ　▲つゆばらい　▲大はらい　▲ししがしら　▲打ちばやし　▲ご案内役

伝統を守るとりくみ

●神輿渡御行列を守る

▶道具や衣装は昔のまま受けつがれているが，傷《いた》んでくるので修理《しゅうり》が必要である。

⇨市が**補助金**《ほじょきん》を出している。

▶昔からの行事を若《わか》い世代に受けついでいってほしい。

⇨地域で**保存会**《ほぞんかい》をつくり，小学校や中学校で行事について教えている。

▲小学生も参加する神輿渡御行列

●岩村町の歴史的街並《まちな》みを守る

▶**城下町**《じょうかまち》である岩村町の通り…**重要伝統的建造物群**《けんぞうぶつぐん》**保存地区**に指定されている。

▶岩村城下まちなみ保存事業…歴史的な建物の修理に対して，国が補助金を出している。

▶景観を守る…電線を地下に埋《う》めることで，歴史的街並みを保存している。

▶市が定めた方針《ほうしん》

◉新しくつくる建物は，高さや色を制限《せいげん》する。

◉新しくつくる建物・広告は，はでなデザインを規制《きせい》する。

◉自然を破壊《はかい》しないような開発をする。

参考

重要伝統的建造物群保存地区

市町村が伝統的な建物を保存している地区のうち，文化財保《ぶんかざいほ》護法《ごほう》によってとくに重要だと指定されたもの。

▲電線がなくなった街並み（恵那市岩村町）

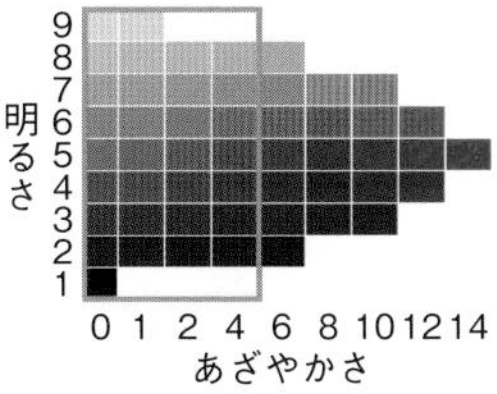

▲建物に使う赤色のうち，恵那市で認可《にんか》されている色（　）

用語

城下町

戦国《せんごく》時代から江戸時代にかけて，大名《だいみょう》の城を中心につくられた都市。

☑ まとめチェック

知識を整理・確認しよう！

① 昔のくらしの様子

- □ ① 昔の人たちが使っていた，ハンドルを上下させて，ポンプで地下水をくみ上げるしくみを何というか。
- □ ② 昔の人たちが使っていた，灯油を燃《も》やして明かりをともす照明を何というか。
- □ ③ 昔の人たちが使っていた，灰《はい》の上に焼いた炭をのせ，あたたまるしくみを何というか。
- □ ④ 昔の人たちが使っていた，土の焼き物に木の切れ端《はし》や新聞紙を入れて火をつけ，炭を焼いた熱で調理した器具を何というか。
- □ ⑤ 電気やガスの力を使って，スイッチを入れるだけでご飯がたける製品を何というか。
- □ ⑥ 水《すい》そうの底についた皿が回って，衣服を洗《あら》う製品《せいひん》を何というか。
- □ ⑦ 電気の力で部屋をあたためたり，冷やしたりすることができる製品を何というか。
- □ ⑧ ガスコンロと同じ役割《やくわり》の製品だが，ガスではなく，電気の力のみを利用する製品を何というか。

② 昔から受けつがれてきた文化や行事

- □ ① 神輿渡御《みこしとぎょ》行列が行われる恵那《えな》市岩村《いわむら》町は，何県にあるか。
- □ ② 神輿渡御行列で，参加者がかついで練り歩く，神などをまつったものを何というか。
- □ ③ 神輿渡御行列で使われている馬具や衣装《いしょう》，様式は，何という時代のころにつくられたものか。
- □ ④ 神輿渡御行列で，先頭に近い役どころはつゆばらい，打ちばやしのどちらか。
- □ ⑤ 昔からの行事である神輿渡御行列を，若《わか》い世代に受けついでもらうための活動を行っている団体《だんたい》は何か。
- □ ⑥ 岩村町は，戦国《せんごく》時代から江戸時代にかけて，大名《だいみょう》の城《しろ》を中心につくられた都市である。このような都市を何というか。
- □ ⑦ 岩村町の通りは，重要(　　　)的建造物群《けんぞうぶつぐん》保存《ほぞん》地区に指定されている。(　　　)にあてはまることばは何か。

答え

①

① 井戸《いど》

② ランプ

③ 火鉢《ひばち》

④ 七《しち》りん

⑤ 炊飯器《すいはんき》

⑥ 洗濯機《せんたくき》

⑦ エアコン

⑧ IH《アイエイチ》調理器

②

① 岐阜《ぎふ》県

② みこし

③ 江戸《えど》時代

④ つゆばらい

⑤ 保存会《ほぞんかい》

⑥ 城下町《じょうかまち》

⑦ 伝統《でんとう》

力だめしの問題　入試標準レベル

解答➡p.608

❶ 右の写真を見て，次の問いに答えなさい。

⑴ 右のア～ウは，約100年前，約50年前，今の台所の様子です。これらを，古いものから順に記号で答えなさい。

(　→　 → 　)

⑵ AとBは，同じ役割《やくわり》を果たす道具です。この役割を，次から1つ選び，記号で答えなさい。 (　　)

ア　体をあたためる。

イ　ご飯をたく。

ウ　食べ物を冷やす。

⑶ CとDは，同じ役割を果たす道具です。Dを何といいますか。 (　　)

⑷ Eは部屋をあたためたり，冷やしたりする製品です。これは何の力を利用していますか。 (　　)

⑸ 右の絵は，ア～ウのいずれかの時期に使われていた道具です。この道具の使い方を答えなさい。

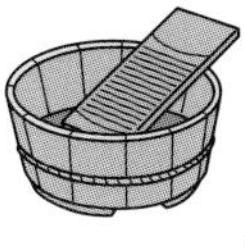

(　　)

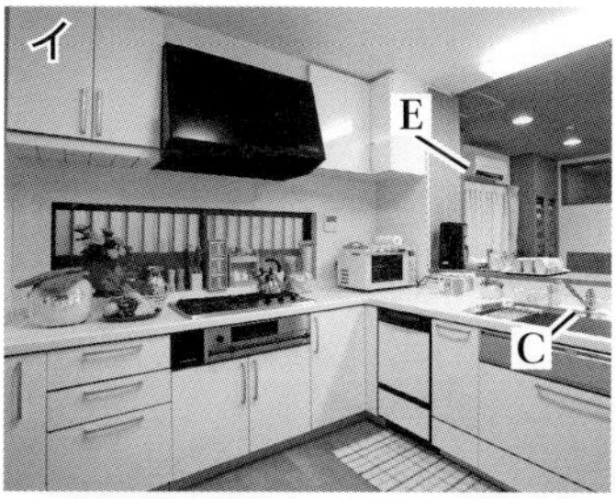

❷ 次の問いに答えなさい。

⑴ 次の文中の①～③から正しいものを1つずつ選び，記号で答えなさい。

神輿渡御行列は，毎年①{ア　8月　イ　10月}初め，昔の武士《ぶし》がまつられている神社の間を，みこしをかついで②約{ア　100人　イ　300人}が行列する行事で，始まったのは③{ア　400年　イ　200年}ほど前である。

①(　　)　②(　　)　③(　　)

⑵ 岩村町のある恵那市では，城下町の歴史的街《まち》並《な》みを保存するため，新しい建物に対してどのような制限《せいげん》を行っていますか，答えなさい。

(　　)

4 安全なくらし

学習のポイント

- ●火事を防《ふせ》ぐしくみや人々の働きに関心をもっているか。 ➡p.38
- ●交通事故《じこ》が起こる原因《げんいん》と警察署《けいさつしょ》の仕事の様子をとらえているか。 ➡p.41
- ●地震《じしん》による被害《ひがい》を防ぐために必要なことを理解《りかい》しているか。 ➡p.44

1 火事を防ぐ

わたしたちの市の消防《しょうぼう》と火事

●消防設備《せつび》

- ▶学校では…消火器，**消火栓《しょうかせん》**，けむり感知器，熱感知器，**防火《ぼうか》シャッター**，非常《ひじょう》ベル，救助袋《きゅうじょぶくろ》など。
- ▶地域《ちいき》では…消火栓，**防火水槽《すいそう》**など。

●相模原《さがみはら》市の火事の様子をとらえよう

- ▶市で起こる火事全体の件数《けんすう》は減《へ》ってきている(グラフ①)。
- ▶火事全体のうち，建物で起こる火事が半分以上をしめる(グラフ①)。
- ▶火事全体の件数は減っているが，2017年には死者が多く，2018年にはけが人が多い(グラフ②)。いずれの年も，被害の大きい火事が起こったと考えられる。
- ▶火事の原因は**たばこ**と**放火**がとくに多く，全体の約30%をしめている。電気機器(電気ストーブ・コード・コンセントなど)や，コンロなどがこれに続いている(グラフ③)。
- ▶暖房《だんぼう》器具の近くや家のまわりに燃《も》えやすいものを置かない，火遊びをしない，といった心がけで火事を防ぐことができる。

▲ある地域の消防施設

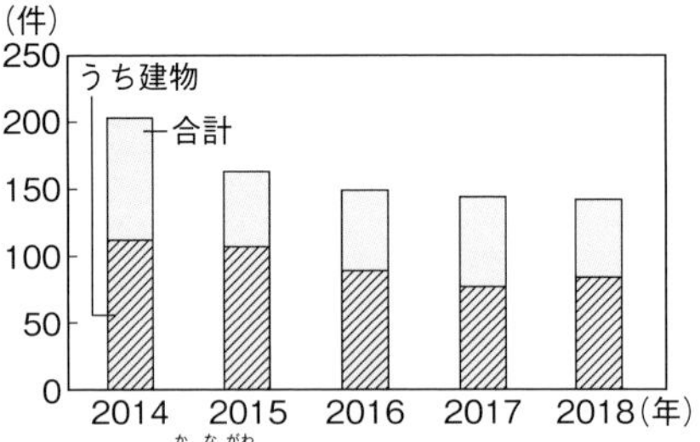

▲相模原市(神奈川《かながわ》県)の火事の件数(①)

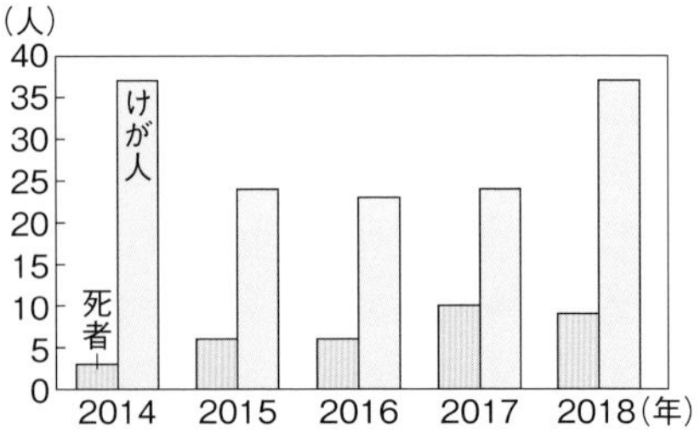

▲相模原市の火事による被害(②)

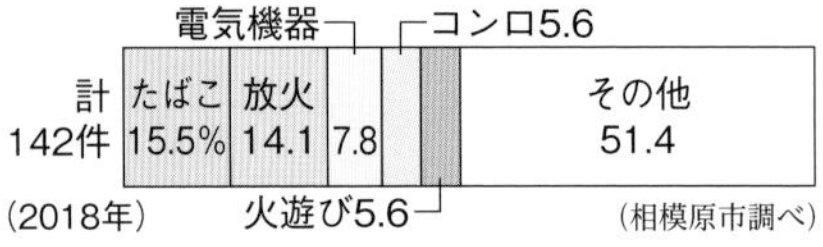

▲相模原市の火事の原因(③)

消防署の仕事

●家以外の建物で火事になったときの行動

人が火事を発見
- 「火事だー」と大きな声でさけぶ。
- 非常ベルを鳴らす。
- 119番に電話。

➡

初期の消火
- 消火器や消火栓を使い，できる範囲《はんい》内で火の勢《いきお》いを止める。

＋

119番通報《つうほう》で知らせること
- 火事であること
- 住所
- 燃えている場所
- 逃《に》げおくれた人の数
- 近くの目印
- 自分の名前と電話番号

➡

避難《ひなん》へみちびく
- 出火場所を避《さ》けて，安全な逃げ道を選ぶ。
- エレベーターは停電することがあるので使用しない。
- 避難後に人数を確《たし》かめる。

●**119番のしくみ**…火事のときに電話する119番は，市の消防局の**消防指令センター**につながる。

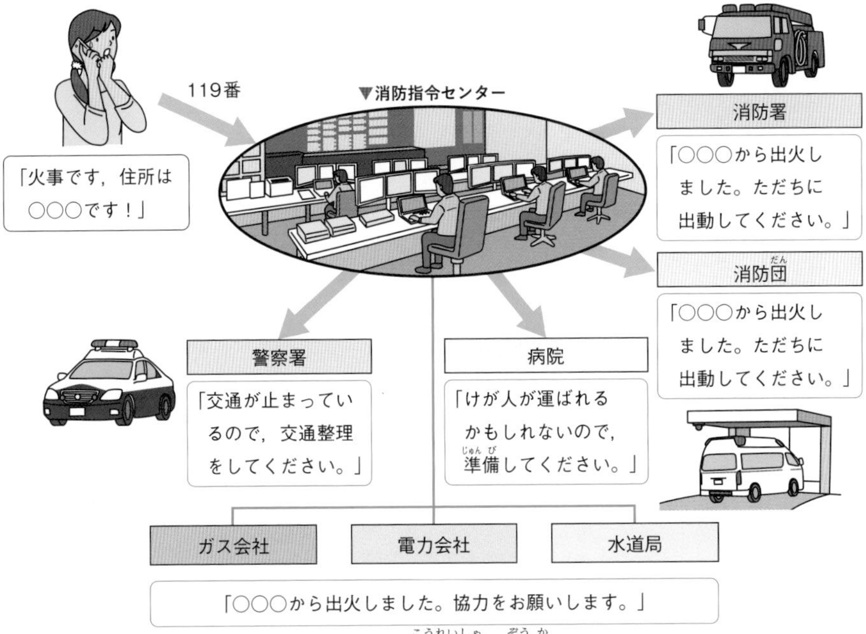

●**消防指令センター**…設備を整えて，高齢者《こうれいしゃ》の増加《ぞうか》など社会の変化によって増《ふ》えてきている119番通報を，すばやく処理《しょり》できるようにしている。また，災《さい》害《がい》が発生したときには，ふだんの3倍の体制《たいせい》で対応《たいおう》にあたる。

●**救急隊員の仕事**…けがをした人や病気の人を，救急車で病院まで運ぶ。運んでいる最中に，本人や家族から，けがの状態やぐあいが悪くなったときの様子を聞いて，手当てをしたりする。

注意

119番通報のしかた

119番は救急の場合にも使われるので，まず火事なのか救急なのかを伝える。あわてず，落ち着いて係員の質問《しつもん》に答える。固定電話の場合は，係員が通報者の住所を確かめられる。スマートフォンからの通報も119番にかければよい。

消防署《しょうぼうしょ》で働く人たち

●**消防士の仕事**…火事は24時間，365日いつ起こるかわからない。そのため，ある自治体では，3グループに分けた**交代制《こうたいせい》**で，21日間を1つのサイクルとして働いている。

1	2	3	4	5	6	7	8	9	10	11	12	13	14	15	16	17	18	19	20	21
当番	非番	休み	当番	非番	休み	当番	非番	休み	当番	非番	休み	当番	非番	休み	当番	非番	日勤	当番	非番	休み

▲消防士の交代制の勤務《きんむ》

▶「**当番**」の日には，午前9時20分から次の日の午前9時10分まで働く。

▶「**日勤《にっきん》**」の日には，午前8時30分から午後5時15分まで働く。

▶「**非番《ひばん》**」の日は完全に休みではなく，人員が足りなくなったときによばれることもある。

▼「当番」の日の仕事

9:20～12:15		13:00～17:15		18:00～22:00		5:10～9:10
引きつぎ 勤務《きんむ》	休けい	勤務	休けい	勤務	仮眠《かみん》時間	勤務 引きつぎ

引きつぎ…前の日の当番の人から消防車などを引きつぐ。

打ちあわせ…今日行う仕事について話し合う。

点検《てんけん》…はしご車などの調子を確《たし》かめる。

訓練…放水をする，2階から人を助け出すなどの訓練を行う。

予防ささつ…いろいろな建物に行って安全を検《けん》査《さ》する。

●**消防士の服装《ふくそう》**…火から身を守るための**防火衣《ぼうかい》**と，無線機などの器具を合わせると，10kg近くの重さになる。防火衣をできるだけ速く着るための訓練も，ふだんから行っている。

参考

消防車の種類

救助工作車（人を助ける道具を積む），はしご車（高いビルの火事を消す），ポンプ車（放水する）などがある。

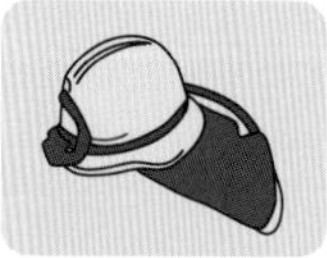

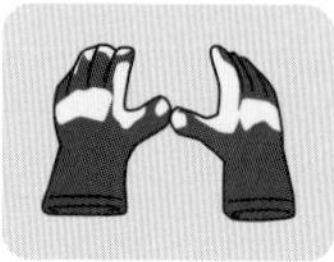

2 事故《じこ》や事件《じけん》を防《ふせ》ぐ

わたしたちの県の警察《けいさつ》と交通事故

●警察のおもな仕事

▶**交通**…交通違反《いはん》をとりしまる。交通事故を処理《しょり》する。運転免許《めんきょ》を交付する。

▶**刑事《けいじ》**…犯罪《はんざい》をとりしまる。

▶**警備《けいび》**…地域《ちいき》をパトロールする。災害《さいがい》で救助をする。

●岐阜《ぎふ》県の交通事故の様子をとらえよう

▶自動車保有《ほゆう》台数は増《ふ》えた(グラフ①の——)が，交通事故の死者数は減《へ》ってきている(グラフ①の▭)。これは，交通の法律《ほうりつ》が厳《きび》しくなったこと，運転者の交通安全への意《い》識《しき》が高くなったことが理由として考えられる。

▶子供《こども》の交通事故が発生する時間帯は，いずれの年代も，15時～18時がいちばん多い。高学年になると，午前中の早い時間帯の事故は減っている(グラフ②)。

▶自転車の交通事故で死亡《しぼう》する人は，高齢者《こうれいしゃ》がいちばん多い。軽いけがを負う人は，子供や高校生で多くなる(グラフ③)。

▶自転車の交通事故の原因《げんいん》では，出会い頭《がしら》のときがいちばん多い。左折・右折のときも注意が必要である(グラフ④)。

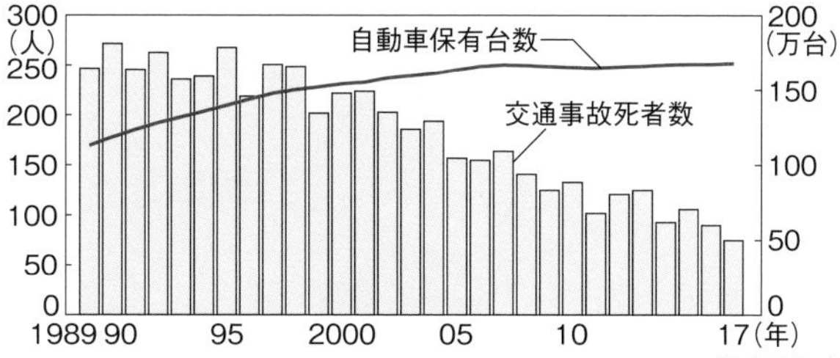

▲岐阜県の交通事故による死者数と自動車保有台数の変化(①)

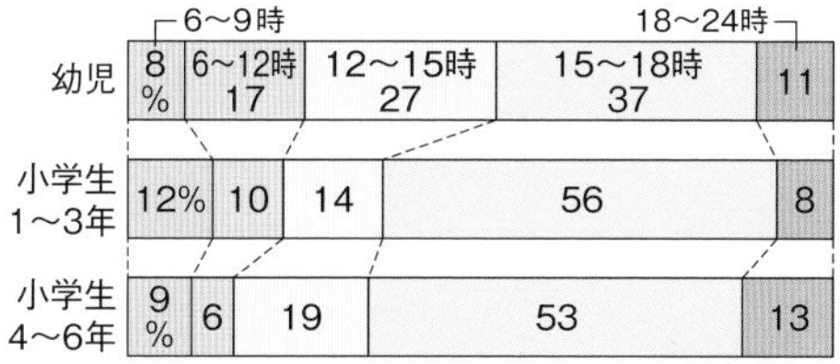

▲子供の交通事故が発生する時間帯(岐阜県，死傷者《ししょうしゃ》数)(②)

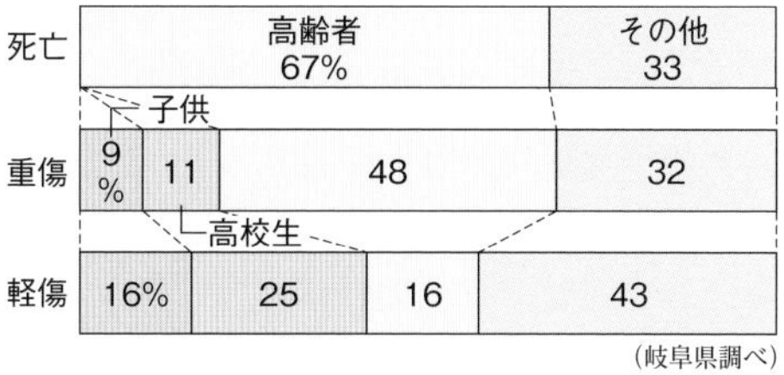

▲自転車の交通事故の年代別の割合(岐阜県，死傷者数)(③)

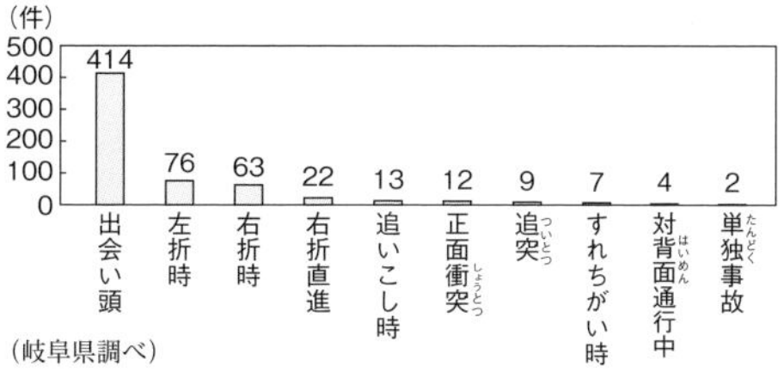

▲自転車の交通事故の原因(④)

警察署《けいさつしょ》の仕事

●**交通事故《じこ》のときの通報《つうほう》**…事故にあった，事故を起こした，事故を見た，ひき逃《に》げにあったときには，いずれもただちに**110番**に電話する。

●**110番のしくみ**…交通事故のときに電話する110番は，警察本部の**通信指令課**につながる。

▶**通信指令課とのやりとり**…「交通事故です」→「それはいつですか」→「○分前くらいです」→「場所はどこですか」→「○○交差点です」。

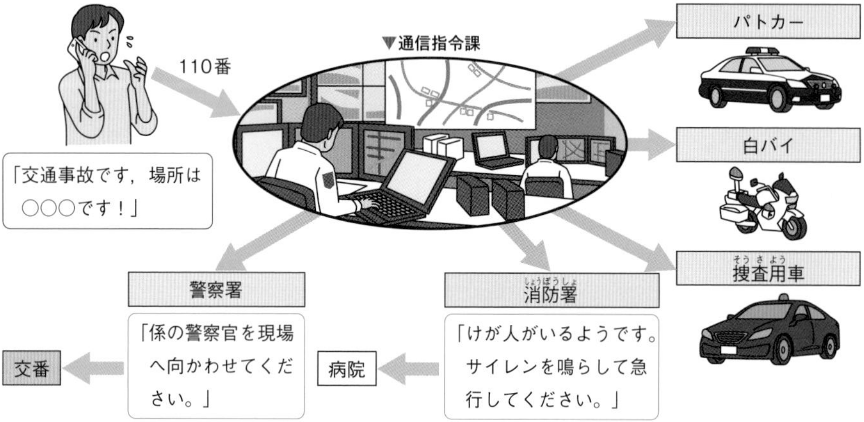

●**交通事故の現場での警察官の仕事**

▶連続した事故を防《ふせ》ぐため，交通整理をする。

▶救急《きゅうきゅう》隊員といっしょにけが人を助ける。

▶事故にあった自動車を道路の端《はし》へ動かす。

▶事故を見た人から話を聞く。

▶現場を調べる。

●**交通管制《かんせい》センターの仕事**

▶交通事故で道路が混《こ》んできたときなど，**道路情《じょう》報板《ほうばん》**やラジオ，カーナビを通して運転中の人に知らせる。

▲交通管制センター

▶交通量にしたがって信号機を調整する。

注意

住所がわからないとき

まちの中にある，場所を示《しめ》す管理番号を確《たし》かめる。

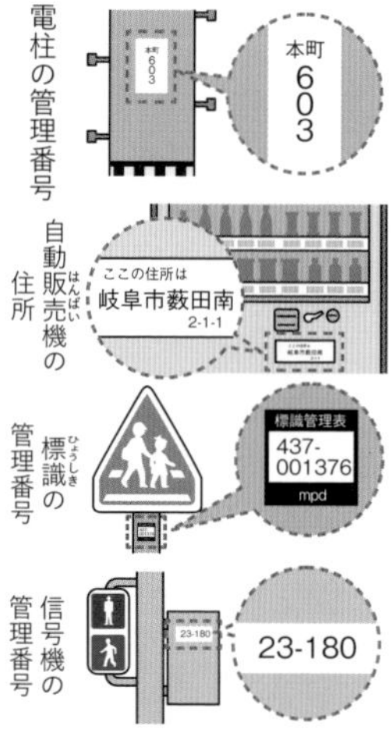

警察署で働く人たち

●交通事故を防ぐための活動

▶信号機や横断《おうだん》歩道などの設備《せつび》を整える。

▶交通違反《いはん》をとりしまる。

▶**交通安全教室を開く**…学校や，交通事故が多い場所で開く(交通安全協会の仕事)。

●安全なまちづくり

…自動車のスピードが出すぎないよう，カーブをつけた道路などを設《もう》けて，歩行者を守っている。

▲カーブをつけた道路

●交番で働く警察官の1日

…消防署と同じように，3グループに分けた**交代制《こうたいせい》**の勤務が一般的で，**当番**→**非番《ひばん》**→休みをくり返している。

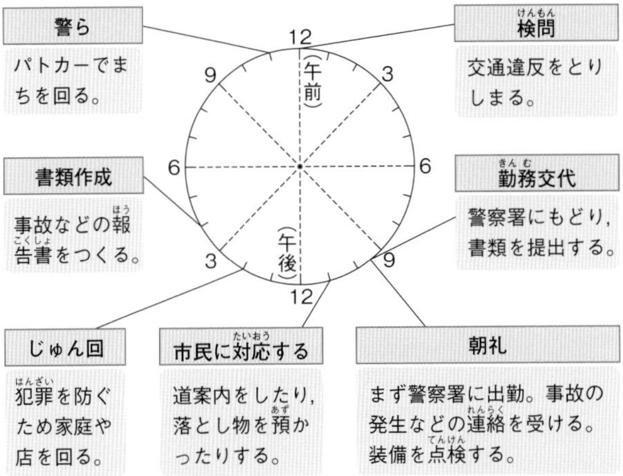

●警察官の服装《ふくそう》

…制服《せいふく》の警察官は，警察手帳，ピストル，警棒《けいぼう》，手じょう，警てき，警察無線，メモ帳，印鑑《いんかん》などを，いつも持っている。

参考

警察が取り組む犯罪の起きにくい社会づくり

- **児童虐待《ぎゃくたい》**…児童相談所などと情報《じょうほう》を共有している。
- **ストーカー**…防犯《ぼうはん》カメラやドライブレコーダーを貸《か》し出して被害者を守っている。
- **サイバー犯罪**…セキュリティ対策《たいさく》のための講習会《こうしゅうかい》を開く。不正アプリを売った者だけでなく買った者もとりしまる。

参考

「子ども110番」

市町村やＰＴＡ《ピーティーエー》を中心とするボランティアによって行われている，子供《こども》を守るための活動。「子ども110番の家」のマークがついている家には，子供が危険《きけん》な目にあったり，困《こま》ったことが起こったりしたときに立ち寄《よ》ることができる。

3 地震《じしん》からくらしを守る

日本で起こった大きな地震

●**阪神《はんしん》・淡路《あわじ》大震災《だいしんさい》**…神戸《こうべ》市の中心部で大きな火災が起こり，住宅《じゅうたく》やビル，高速道路がこわれるなどの被《ひ》害《がい》が出た。

●**東日本大震災**…東北《とうほく》地方の沿岸《えんがん》部が**津波《つなみ》**におそわれ，住宅やビルがこわれ，火災も発生した。**福島《ふくしま》県の原子力発電所**で原子炉《げんしろ》がこわれ，放射性物質《ほうしゃせいぶっしつ》が放出された。東京湾岸《とうきょうわんがん》では**液状化《えきじょうか》現象**により，建物に大きな被害が出た。震源《しんげん》から遠くはなれた大阪《おおさか》市などの高層《こうそう》ビルでも，大きなゆれが起きた。

参考

日本で地震が多い理由

プレートの境《さかい》で，火山の活動が活発な環太平洋造山帯《かんたいへいようぞうざんたい》(➡p.100)に位置しているため。

用語

液状化現象

地震のゆれで地中の土砂が液体《えきたい》のようになり，その上の建物などが傾《かたむ》いたり，うきあがったりすること。

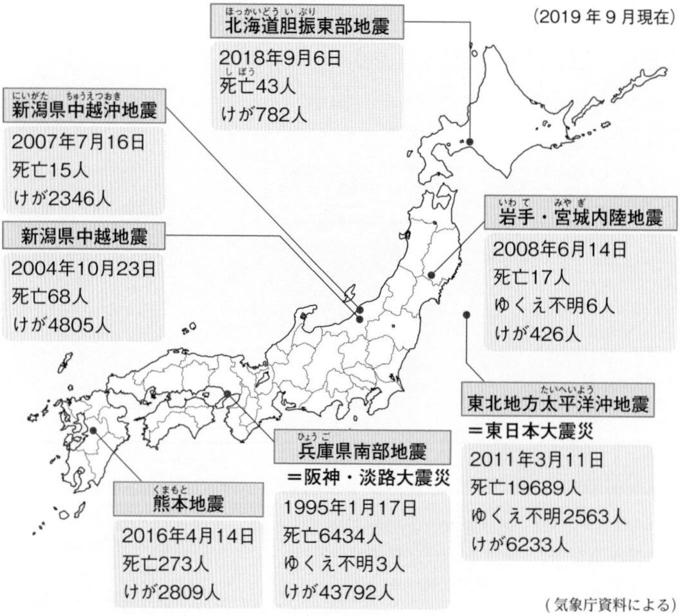

▲近年のおもな地震

●**地震にともなうおもな被害**

▶**建物がこわれる**…人が下じきになる。家具がたおれて下じきになることもある。

▶**火災**…台所などから出火する。

▶**土砂《どしゃ》くずれ**…山の斜面《しゃめん》などがくずれる。

▶**津波**…海面が盛《も》り上がり，大きな波がおし寄《よ》せる。

地震への備《そな》え

●新宮《しんぐう》市(和歌山《わかやま》県)と県の防災《ぼうさい》への取り組み

▶**防災訓練**…サイレンを鳴らしたうえで避難《ひなん》する訓練，救援《きゅうえん》物資の輸送《ゆそう》訓練，給水車での給水・配水訓練など。

▶**物資の蓄《たくわ》え**…社会福祉《ふくし》施設《しせつ》と協力して，紙おむつや粉ミルクなど，施設が日ごろから使う物資を補充《ほじゅう》しながら蓄え，災害時に避難所へ配る態勢《たいせい》をとっている。

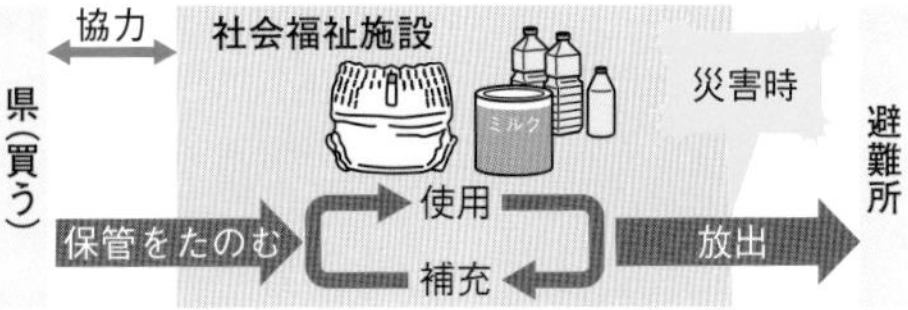

▲物資をたくわえるしくみ

▶**防災のための標識《ひょうしき》**…避難所などを示《しめ》している。

▶**防災マップ(ハザードマップ)**…津波や洪水《こうずい》など，災害ごとに被害を予測《よそく》し，避難場所などの情報《じょうほう》を示している。

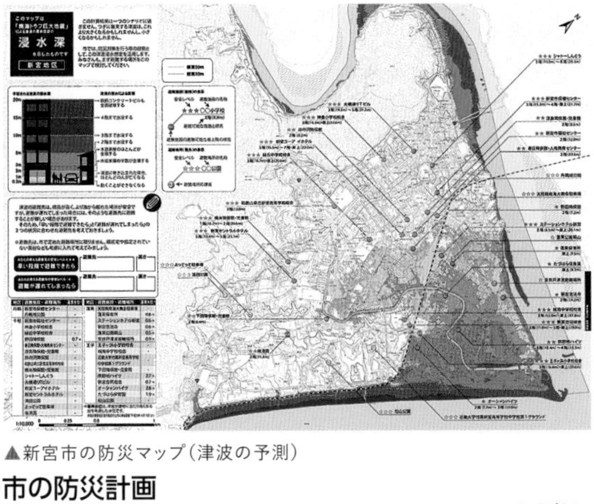

▲新宮市の防災マップ(津波の予測)

●市の防災計画

▶**市役所がすること**…防災施設を整備する。消防署《しょうぼうしょ》などと協力して災害の広がりを防《ふせ》ぐ。被災した地《ち》域《いき》の復旧をすみやかに進める。

▶**市民がすること**…家族の間で連絡《れんらく》方法を決めておく。食料を用意しておく。防災訓練に参加する。

用語

防災マップ(ハザードマップ)
自然災害による被害をできるだけ小さくおさえることを目的につくられる。市町村のホームページなどで見ることができる。

☑ まとめチェック

知識を整理・確認しよう！

① 火事を防《ふせ》ぐ

□ ① 学校の消防設備《しょうぼうせつび》のうち，手に持って火を消すことのできる道具は何か。

□ ② 地域《ちいき》の消防設備のうち，消火用の水をためておく所を何というか。

□ ③ 火事の原因《げんいん》となる機器のうち，ガスを使って火を起こすものを何というか。

□ ④ 火事のときに連絡《れんらく》する電話番号は何番か。

□ ⑤ 消防士は，いくつのグループに分けた交代制《こうたいせい》で働いているか。

□ ⑥ 消防士が，火から身を守るために身にまとう服装《ふくそう》を何というか。

② 事故《じこ》や事件《じけん》を防ぐ

□ ① 警察のおもな仕事のうち，犯罪《はんざい》をとりしまる仕事は交通・警備《けいび》・刑事《けいじ》のどれか。

□ ② 岐阜《ぎふ》県で減《へ》ってきているのは自動車保有《ほゆう》台数か，交通事故の死者数か。

□ ③ 交通事故のときに連絡する電話番号は何番か。

□ ④ 交通事故で道路が混《こ》んできたときなど，道路情報板《じょうほうばん》やカーナビを通して運転中の人に知らせる施設《しせつ》を何というか。

□ ⑤ 学校や，交通事故が多い場所で開かれ，自転車の乗り方や道路の歩き方などを指導《しどう》する集まりを何というか。

□ ⑥ 警察官の持ち物のうち，警察官である身分を証明《しょうめい》するものは何か。

③ 地震《じしん》からくらしを守る

□ ① サイレンを鳴らしたうえで避難《ひなん》したり，給水車での給水・配水を行ったりする訓練をまとめて何というか。

□ ② 災害《さいがい》ごとに被害《ひがい》を予測《よそく》し，避難場所などの情報を示《しめ》している地図を何というか。

□ ③ 1995年の大地震で，神戸《こうべ》市の中心部で大規模《だいきぼ》な火災が起こり，住宅《じゅうたく》やビルがこわれるなどの被害が出た震災《しんさい》を何というか。

答え

①
① 消火器
② 防火水槽《すいそう》
③ コンロ
④ 119番
⑤ 3つ[2つ]
⑥ 防火衣《ぼうかい》

②
① 刑事
② 交通事故の死者数
③ 110番
④ 交通管制《かんせい》センター
⑤ 交通安全教室
⑥ 警察手帳

③
① 防災《ぼうさい》訓練
② 防災マップ[ハザードマップ]
③ 阪神《はんしん》・淡路《あわじ》大震災

力だめしの問題　入試標準レベル

解答➡p.609

1 次の問いに答えなさい。

(1) 右の①～③は，消防指令センターが火事のときに行う連絡の様子です。

①「交通が止まっているので，交通整理をしてください。」

②「水をたくさん使うことになるので，お願いします。」

③「けが人が運ばれるかもしれないので，準備《じゅんび》してください。」

それぞれの連絡先を次から1つずつ選び，記号で答えなさい。

①(　　)　②(　　)　③(　　)

ア 病院　イ ガス会社　ウ 警察署　エ 水道局　オ 消防団《だん》

(2) 警察官や消防士は，おもに3グループに分けた交代制で働いています。「当番」の次の日は何ですか，次から1つ選び，記号で答えなさい。　(　　)

ア 休み　イ 日勤《にっきん》　ウ 非番《ひばん》

(3) 右のグラフは，岐《ぎ》阜《ふ》県の交通事故の死者数と，自動車保有《ほゆう》台数の変化を示《しめ》しています。自動車保有台数は増《ふ》えているのに交通事故の死者数が減っている理由として考えられることを1つ答えなさい。

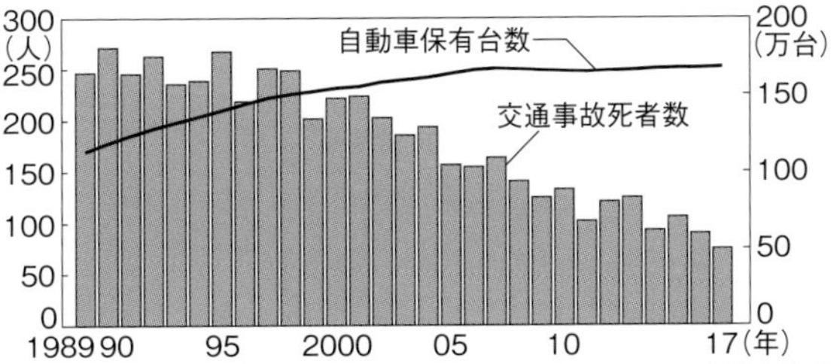

(岐阜県調べ)

(　　　　　　　　　　　　)

(4) 自動車のスピードが出すぎないようにするくふうを，次から1つ選び，記号で答えなさい。　(　　)

ア 道はばを広くする。　イ カーブをつける。

ウ 一方通行にする。　エ 横断《おうだん》歩道をなくす。

2 次の問いに答えなさい。

(1) 次の県を，あとから1つずつ選び，記号で答えなさい。

① 阪神・淡路大震災の震源《しんげん》にもっとも近い県。　(　　)

② 東日本大震災の震源にもっとも近い県。　(　　)

ア 宮城《みやぎ》県　イ 新潟《にいがた》県　ウ 兵庫《ひょうご》県

(2) 右の図は，新宮《しんぐう》市に見られる標識《ひょうしき》です。[A]にあてはまる自然災害は何ですか。　(　　)

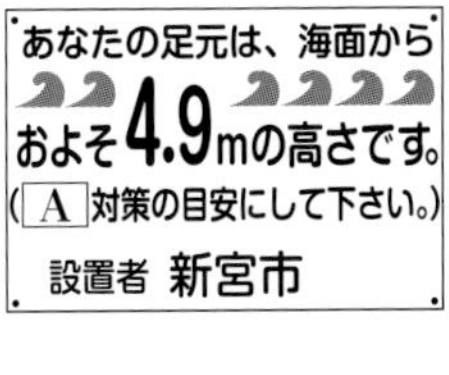

5 健康なくらし

学習のポイント

- ●ふだんの生活での水の使いみちをおさえているか。 ➡p.48
- ●きれいな水はどのようにつくられているのかをとらえているか。 ➡p.49
- ●健康な生活はごみ処理《しょり》に支《ささ》えられていることを理解《りかい》しているか。 ➡p.51

1 くらしと水

どれだけ水を使っているのだろう

●水の使いみち

▶**学校では**…プール，給食室，手洗《てあら》い場，トイレ，理科室，家庭科室など。

▶**家では**…トイレ，風呂《ふろ》，台所，洗濯《せんたく》，洗面所《せんめんじょ》など。

●埼玉《さいたま》県の給水量の変化をとらえよう

▶埼玉県の給水量は，1960年代から1995年ごろにかけて，増《ふ》え続けた(右図の　　)。

◉**原因《げんいん》**…利用人口が増え，電気洗濯機や水洗《すいせん》トイレが広まったため。

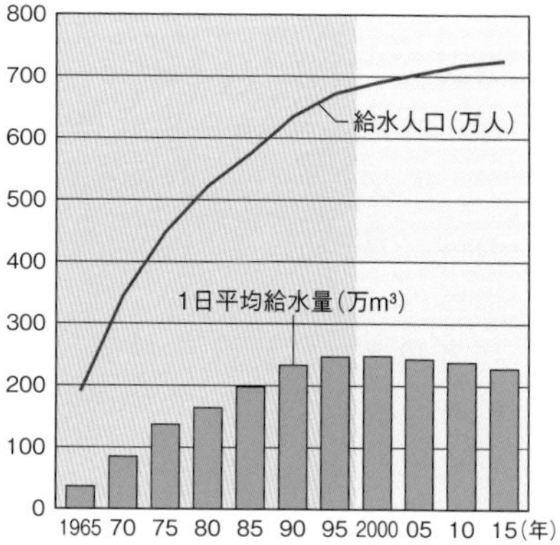

(埼玉県調べ)

▲埼玉県の給水人口と給水量の変化

▶1995年ごろから，給水人口の増加《ぞうか》に比べて1人あたり給水量は減《へ》っていった(右上図の　　)。

◉**原因**…節水ができるじゃ口や，水を流す量が少ないトイレが使われるようになったため。

▲節水の取り組み

●水道水の値段《ねだん》は安い…埼玉県全体を平均《へいきん》すると，500mLのペットボトル約2000本分の水が，113円。

注意

1日1人あたりの水使用量

上の図の1日平均給水量を，給水人口で割って求める。2015年度では，228(万m³)÷725(万人)より，約314Lとなる。

参考

排水《はいすい》の影響《えいきょう》

みそしる200mLをきれいな水にするのには約1470L，牛乳200mLをきれいな水にするのには約3120Lの水が必要。

水はどこから

- **じゃ口の向こう側**…学校やマンションなど高い建物では，屋上の**給水タンク**につながっている→地面にあるポンプ室で水道水を屋上まで上げている→ポンプ室は地下の**水道管**につながっている。
- **浄水場《じょうすいじょう》**…川からとり入れた水に，まず薬品を入れ，**沈《ちん》でん池《ち》**でにごりをとり除《のぞ》く。さらに砂《すな》に通して**ろかし**，送水ポンプで各地の**配水場**へ送られる。

用語

沈でん

水をそっと置いておくと，混《ま》じり物が分かれて底へ沈《しず》んでいくこと。

用語

ろか

砂などに水を通して，混じり物をとり除くこと。

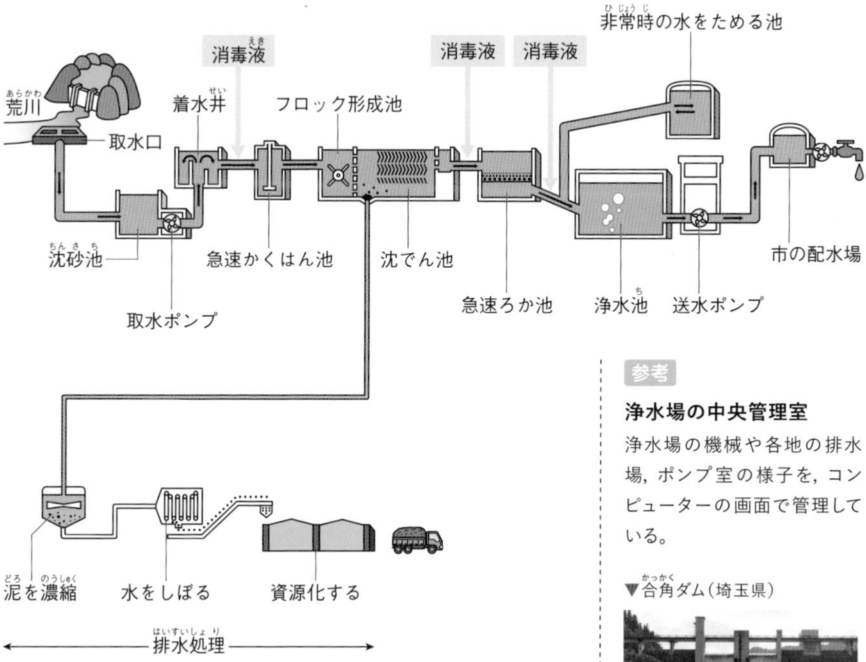

▲浄水場のしくみ

参考

浄水場の中央管理室

浄水場の機械や各地の排水場，ポンプ室の様子を，コンピューターの画面で管理している。

▼合角《かっかく》ダム(埼玉県)

- **水源《すいげん》**…埼玉県の水道水は，約5分の1を**地下水**から，残りを荒川や利根川《とねがわ》から取水している。これらの川につくったダムで水量を調節する。
- **森林の役割《やくわり》**…森林の土のすき間に雨水がたまりながら，少しずつ川へ流れ出すため，水をろかしたり，洪水《こうずい》を防《ふせ》いだりする(**緑のダム**)。
- **再資源化**…排水処理で生まれた沈でん物は，園芸用の土やセメントの原料などとして再利用されている。

▲埼玉県のおもな水源

使われた水の処理《しょり》

●**排水口《はいすいこう》の向こう側**…家や工場などで使われたよごれた水が排水口へ流される→地下に埋《う》められた下水管《げすいかん》を通る→**下水処理場**へ集められる。

●**下水処理場**…下水管から送られてきた水を，**沈《ちん》でんやろか**，**消毒《しょうどく》**によって，川や海へ流すことのできる水質《すいしつ》まできれいにする。

参考

埼玉県の下水管の長さ

合計すると約439km（2019年度）。さいたま市から神戸《こうべ》市（兵庫《ひょうご》県）までの距離《きょり》にあたる。

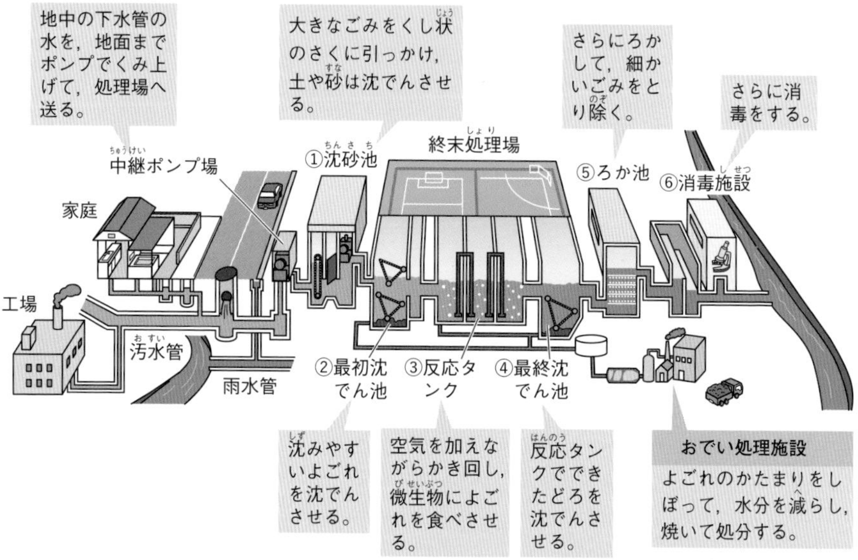

▲下水処理場のしくみ

●**処理された水のゆくえ**…下水処理水の多くは，川を通じて東京湾《とうきょうわん》へ流れていく。**さいたま新都心《しんとしん》**では，「水のリサイクル」をめざし，高度処理された下水処理水を，トイレの水などに再利用している。

●**再資源化《さいしげんか》**…埼玉《さいたま》県では，下水処理で沈でんさせたどろをもとに，**再生可能《かのう》エネルギー**であるバイオガスを発生させ，そのガスを燃料《ねんりょう》とする**バイオガス発電**を行っている。また，一部のどろは，むし焼きにして固形燃料にして，石炭のかわりに使われている。

参考

埼玉県で1日に処理される下水

合計すると約180万m^3（2019年度）。50mプール約750杯《ばい》分の量にあたる。

▲バイオガス発電のタンク（桶川《おけがわ》市）

2 くらしとごみ

どれだけごみを出しているのだろう

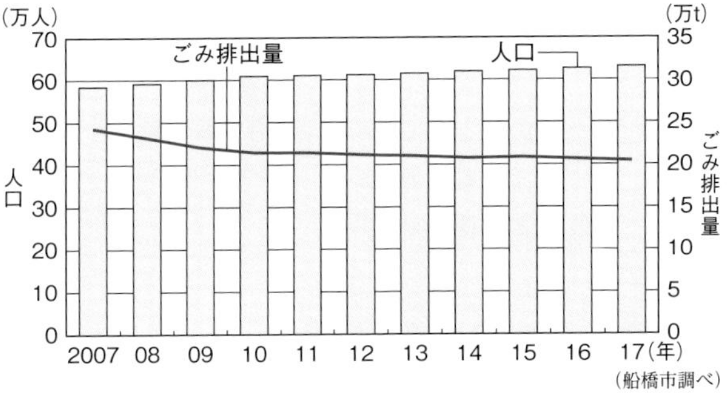

(船橋市調べ)

▲船橋市(千葉県)の人口とごみ排出量の変化(①)

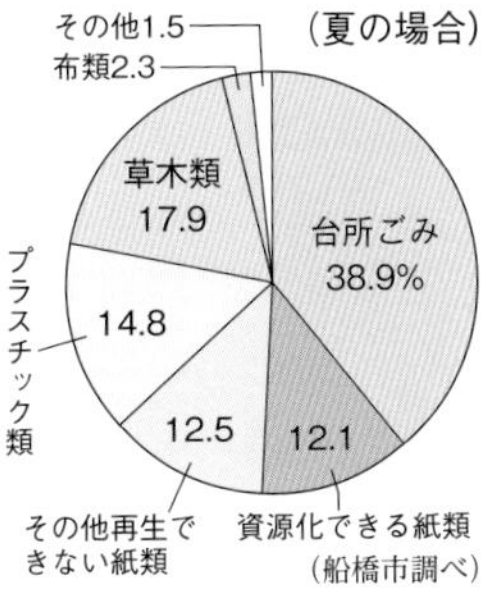

(船橋市調べ)

▲船橋市の家庭の可燃ごみ(②)

●船橋市《ふなばし》(千葉県《ちば》)のごみ排出量《はいしゅつりょう》の変化をとらえよう

▶船橋市の人口は増《ふ》え続けているが，ごみ排出量は減《へ》ってきている(グラフ①)。

◉**原因《げんいん》**…各種**リサイクル法**の制定《せいてい》で，ごみの排出が規制《きせい》された。市民の環境《かんきょう》問題に対する意識《いしき》が高まった。正しく分別回収《かいしゅう》されているかを調べる検査《けんさ》が厳《きび》しくなった。

▶家庭から出る可燃《かねん》ごみの量のうち，台所のごみがいちばん多い(グラフ②)。

◉**対策**…台所のごみは水分が多いので，水を切ることでごみを減らすことができる。また，再資源化《さいしげんか》できる紙はリサイクルに出すようにする。

注意

1日1人あたりの可燃ごみ

2017年度までの10年間で，家庭から出る可燃ごみは855gから721gへ，工場や商店から出る可燃ごみは258gから211gに減ってきた。

参考

リサイクル法

リサイクルの対象ごとに，現在は容器包装《ようきほうそう》・家電・小型家電・建設《けんせつ》・食品・自動車の6種のリサイクル法が定められている。

●**ごみの分別**…ごみを数種類に分けて，回収する曜日や方法を変えて分別している。

▶**可燃ごみ**…生ごみ，プラスチック，革《かわ》製品《せいひん》など。

▶**不燃ごみ**…ガラス，金属《きんぞく》など。

▶**資源ごみ**…ペットボトル，缶《かん》，びん，紙など。

(ごみの分別は船橋市の例。分別は市町村により異なる。)

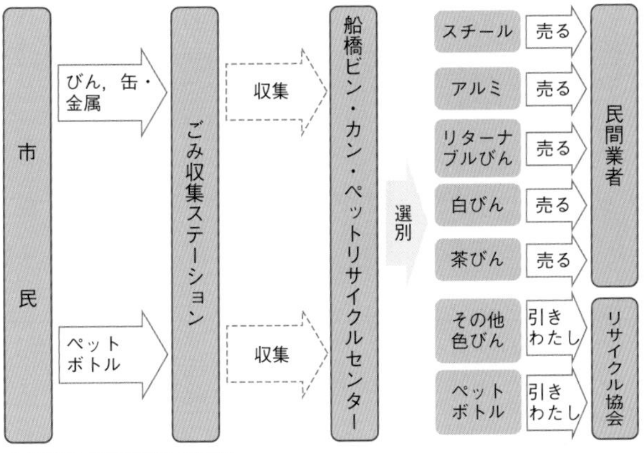

▲船橋市の資源ごみの回収

ごみの処理《しょり》

●**ごみの出し方**…船橋《ふなばし》市が指定したごみ袋《ふくろ》に入れ，指定された曜日に**収集《しゅうしゅう》ステーション**に置く。大きなものは**粗大《そだい》ごみ**の日に出す。

●**清掃《せいそう》工場**

▶**可燃《かねん》ごみ**…ごみ収集車が収集ステーションのごみを集め，清掃工場の**ごみピット**へ投げこむ。清掃工場にも**中央制御室《せいぎょしつ》**があり，工場全体の機械の運転，排出《はいしゅつ》ガスの状態《じょうたい》を確《たし》かめている。

参考

ごみ袋

有料にすることで，ごみ処理の経費《けいひ》とする市町村もある。

参考

清掃工場で発電された電力の使いみち

入浴施設やプールなどで発電のために使われている。

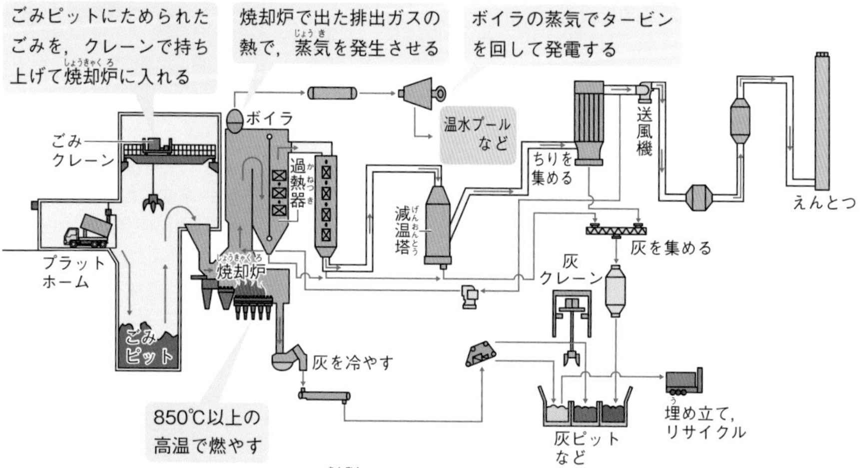

▲清掃工場のしくみ（可燃ごみ）：可燃ごみに金属《きんぞく》やガラスなどの不燃ごみが混《ま》ざっていると，機械を傷《きず》つけるので，しっかり分別する必要がある。

▶**粗大《そだい》ごみ**…船橋市では，20L以上の大きさのあるごみは粗大ごみとされ，可燃ごみと別に回収される。清掃工場には粗大ごみ処理施設《しせつ》もある。

◉**粗大ごみ処理の流れ**…燃《も》えるものと燃えないものに分けてくだく→磁石《じしゃく》などで鉄やアルミニウムを回収する→燃えるものはごみピットへ送られ燃やされる。

参考

ごみの処理能力《のうりょく》

船橋市北部清掃工場（上の図）の場合，1日最大で381t（ごみ収集車254台分）のごみを処理できる。

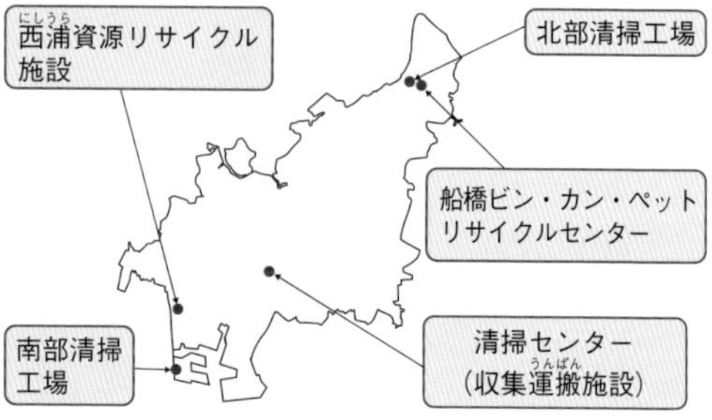

▲船橋市の清掃工場

●**ごみを燃やして発生した灰《はい》**…船橋市には最終処分場がないため，市外の施設にたのんで，埋め立て地での利用や再資源《さいしげん》化《か》を行っている。

うまれ変わるごみ

- **3R《スリーアール》の考え方**…ごみを減《へ》らす，資源を再使用・再生利用する「**3R**」の考え方が広まっている。
- **資源ごみのリサイクル**…ペットボトル，ガラスびん，空き缶《かん》など，数種類に分けて回収される。

ペットボトル	ガラスびん	空き缶

キャップをはずしてラベルをはがす→すすいで水を切る→つぶす。	ふたをはずす(金属のふたは不燃ごみへ)→すすいで水を切る。	すすいで水を切る(つぶさなくてもよい)。
↓	↓	↓
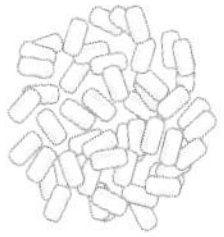		
薄《うす》くつぶ状《じょう》にしたペレットに加工する。	細かくくだいたカレットに加工する。	鉄とアルミニウムに分けてとかす。
↓	↓	↓

500mLのペットボトル12本で，スポーツウェア1着がつくれる。	色別に再びびんの原料にされる。	鉄は缶や建築材料，アルミニウムは缶や車のホイールにする。

- **資源ごみの見分け方**…再利用できる容器には，材質を示す「**リサイクルマーク**」が印刷されている。

スチール	アルミ	1 PET	プラ	紙
スチール(鉄)の缶	アルミニウムの缶	ペットボトル	プラスチック製の容器	紙だけでできた容器

▲分別回収を進めるためのリサイクルマーク

用語

3R

むだなごみの量をできるだけ少なくすることをreduce《リデュース》，一度使ったものをすぐに捨てないでくり返し使うことをreuse《リユース》，ごみを分別して再資源化することをrecycle《リサイクル》といい，あわせて3Rとよぶ。

参考

スプレー缶

中身が残っていると火災《かさい》につながるので，穴《あな》を開けずに使い切ってから，資源ごみとして出す。

参考

小型家電のリサイクル

小型家電リサイクル法にもとづき，パソコンや携帯《けいたい》電話，デジタルカメラなどの回収が進められている。これらの家電の部品には貴重《きちょう》なレアメタルが使われていることが多く，レアメタルは金属原料として再利用できる。

注意

びんの再利用

ガラスびんの中には，カレットに加工せず，きれいに洗《あら》ってそのままびんとして再利用する「リターナブルびん」もある。

参考

環境ラベル

環境にやさしい製品につけられる①エコマークや，原料に古紙を使用していることを示す②グリーンマーク，③再生紙使用マークなどがある。

① ② ③

グリーンマーク　R100 古紙パルプ配合率100%再生紙を使用

☑ まとめチェック

知識を整理・確認しよう！

答え

① くらしと水

□ ① 家でよく水が使われる場面は，トイレ，台所，洗濯《せんたく》，洗面《せんめん》所《じょ》ともう1つはどこか。

□ ② じゃ口にとりつけることで，水を節約することができる道具を何というか。

□ ③ 学校やマンションなど高い建物の屋上に置かれ，水をためておく設備《せつび》を何というか。

□ ④ 川から浄水場《じょうすいじょう》にとり入れた水の，混《ま》じり物を底へ沈《しず》める設備を何というか。

□ ⑤ 森林がもつ，水をろかしたり，洪水《こうずい》を防《ふせ》いだりするはたらきを何というか。

□ ⑥ 排水口《はいすいこう》へ流された水は，地下に埋《う》められた下水管《げすいかん》を通ってどこへ集められるか。

□ ⑦ 下水処理で沈でんさせたどろをもとに発生させたガスを燃《ねん》料《りょう》とする発電を何というか。

答え ①

① 風呂《ふろ》

② 節水こま

③ 給水タンク

④ 沈《ちん》でん池《ち》

⑤ 緑のダム

⑥ 下水処理場《しょりじょう》

⑦ バイオガス発電

② くらしとごみ

□ ① 家庭から出る可燃《かねん》ごみの量のうち，いちばん多いのはどこから出るごみか。

□ ② 生ごみ，金属《きんぞく》，プラスチック，革製品《かわせいひん》のうち，不燃ごみはどれか。

□ ③ 燃《も》やせるごみであっても，通常よりも容量やサイズが大きいため可燃ごみと別に回収《かいしゅう》されるごみを何というか。

□ ④ 清掃《せいそう》工場の機械の運転や，排出《はいしゅつ》ガスの状態《じょうたい》を確《たし》かめている場所を何というか。

□ ⑤ ごみを減《へ》らしたり，資源《しげん》の再使用・再生利用をうながす3つの考え方をまとめて何というか。

□ ⑥ 資源ごみのうち，薄《うす》くつぶ状にしたペレットに加工され，再利用される容器《ようき》は何か。

□ ⑦ 資源ごみのうち，細かくくだいたカレットに加工され，再利用される容器は何か。

□ ⑧ 再利用できる容器に印刷されている，その材質《ざいしつ》を示《しめ》すマークを何というか。

答え ②

① 台所

② 金属

③ 粗大《そだい》ごみ

④ 中央制御室《せいぎょしつ》

⑤ 3R《スリーアール》

⑥ ペットボトル

⑦ ガラスびん

⑧ リサイクルマーク

力だめしの問題 入試標準レベル

解答➡p.609

1 浄水場のしくみを示《しめ》した次の図を見て，あとの問いに答えなさい。

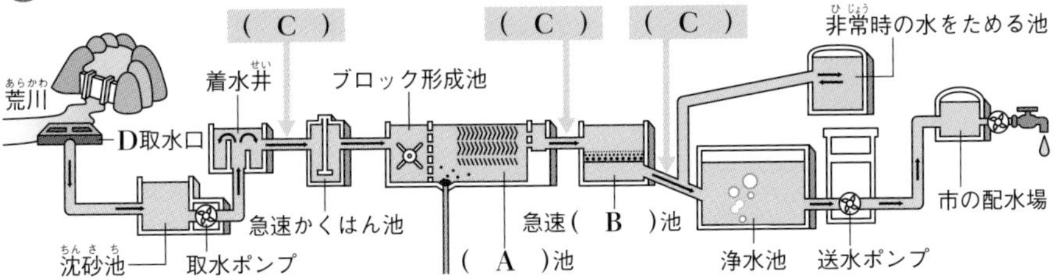

(1) 図中のA～Cにそれぞれ共通してあてはまることばを，次から1つずつ選び，記号で答えなさい。　A(　　)　B(　　)　C(　　)

ア　消毒液《しょうどくえき》　イ　ろか　ウ　脱水《だっすい》　エ　沈でん　オ　水溶《すいよう》

(2) 図中のDについて，埼玉《さいたま》県が水道水用に取水している荒川以外の川を，次から1つ選び，記号で答えなさい。　(　　)

ア　信濃川《しなのがわ》　イ　北上川《きたかみがわ》　ウ　利根川《とねがわ》　エ　木曽川《きそがわ》

(3) 下水処理場では，図中の(A)池，(B)池のほか，微生物《びせいぶつ》によごれを食べさせる□があります。□にあてはまることばを答えなさい。

(　　)

2 右の図を見て，次の問いに答えなさい。

(1) 船橋《ふなばし》市の人口は増《ふ》え続けていますが，ごみ排出量《はいしゅつりょう》は減《へ》ってきています。その理由として考えられることを1つ答えなさい。

(　　)

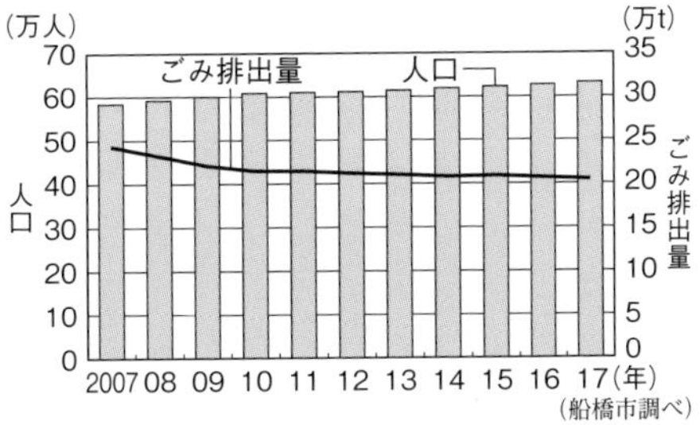

▲船橋市(千葉《ちば》県)の人口とごみ排出量の変化

(2) 生ごみ，プラスチック，革製品などは，何というごみに分けられますか。次から1つ選び，記号で答えなさい。　(　　)

ア　不燃ごみ　イ　資源ごみ　ウ　可燃ごみ

(3) 粗大ごみの処理の中でおもに回収される金属は，鉄ともう1つは何ですか。

(　　)

(4) ペットボトルについているマークを，右のア～エから1つ選び，記号で答えなさい。　(　　)

ア　イ　ウ　エ

6 地域の開発につくした人たち

学習のポイント

- ●開発が行われるまで，地域《ちいき》がかかえていた問題点を理解《りかい》しているか。 ➡p.56
- ●開発を進めるために行われたくふうや努力をおさえているか。 ➡p.57
- ●開発による地域の人たちのくらしの変化をとらえているか。 ➡p.58

1 用水路をつくる

那須野ヶ原《なすのがはら》

●始まり…栃木《とちぎ》県の北部に広がる**那須野ヶ原**は，砂《すな》や小石が厚《あつ》く積もった**扇状地**《せんじょうち》(➡p.111)である。川のほとんどは，地下にもぐりこむ水無《みずなし》川《がわ》となり，水を手に入れにくかった。農民は飲み水を求めて，数kmはなれた川へ水をくみに行かなければならなかった。

●開発

- ▶まずは農民の飲み水が必要だということで，明治《めいじ》時代の1882年に取水口が引かれ，初めて荒《あ》れ地に水が流れた。
- ▶この水路を，かんがい用水として延長《えんちょう》するため，**矢板武**《やいたたけし》・**印南丈作**《いんなみじょうさく》らがねばり強く国にうったえかけた。この結果，1885年，水路を延《の》ばす工事が行われ，16.3kmの**那須疏水**《そすい》がわずか5か月という早さで開かれた。
- ▶翌年《よくねん》には，各農場へ水を送る95.7kmの分水路も完成した。

●結果…開発はめざましく進み，「開《かい》墾社《こんしゃ》」という団体《だんたい》を中心に多くの村落がつくられた。約4300ha《ヘクタール》もの耕地《こうち》をかんがいするほか，生活用水，発電にも利用された那須疏水は，日本三大疏水の1つに数えられる。

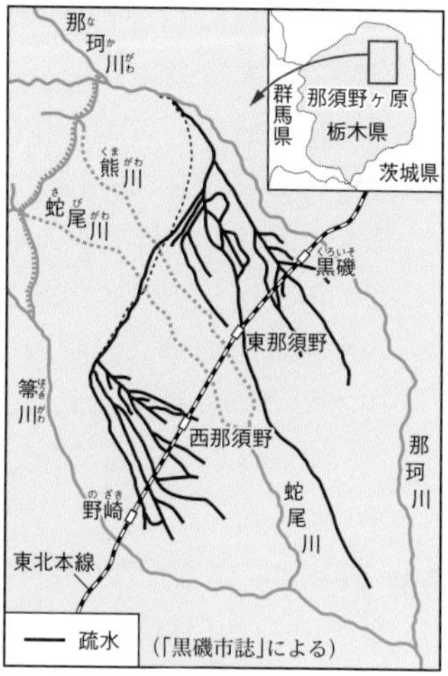

▲那須野ヶ原と那須疏水

▲矢板武

▲印南丈作

参考

那須野ヶ原の清水《しみず》

那須野ヶ原には，那須疏水のほか，江戸《えど》時代に開かれた蟇《ひき》沼《ぬま》用水や木ノ俣《きのまた》用水も残り，そこに生活排水《はいすい》を流すことは禁《きん》じられている。水が貴重《きちょう》だった那須野ヶ原では，「水の一《いっ》滴《てき》は血の一滴」とたとえられるほど貴重なものだ，とする考えが受けつがれている。

通潤橋《つうじゅんきょう》

●始まり…熊本《くまもと》県阿蘇山《あそさん》のすそ野の**白糸《しらいと》台地**は，四方を笹原川《ささはらがわ》・千滝川《せんたきがわ》・緑川《みどりがわ》・五老ヶ滝川《ごろうがたきがわ》に囲《かこ》まれている。しかし，それらの川は低地に流れているため，水不足になやまされていた。

●開発

▶農民の声を聞いた惣庄屋《そうじょうや》の**布田保之助《ふたやすのすけ》**は，五老ヶ滝川に高い橋をかけて，その上にサイフォンのしかけをつくることで，川より高い土地に水を送る計画を立てた。そして，橋のしくみや資金《しきん》の予定を藩《はん》に提出した。

▶藩からの質問《しつもん》に，保之助は熱心に答え，江戸幕府《ばくふ》の役人の中にも保之助に協力を申し出る者が現れた。

▶1853年，藩の許《ゆる》しを得て工事が始まった。保之助は，熊《くま》本城《もとじょう》の石垣《いしがき》をつくった石工《いしく》たちに協力を求め，じょうぶな石橋をつくりあげた。

▶工事では，地元の人たちを中心に延《の》べ5万人以上が働き，1854年に**通潤橋**と通潤用水が完成した。

▶通潤橋の上流には**円形分水**が設《もう》けられた。ここで分水することで，通潤橋を通った水は白糸台地の各地域へ平等に分配された。

●結果…用水の完成によって，大規模な開発が行われ，新たにつくられた**棚田《たなだ》**に水が送られた。通潤用水の完成前からあった水田は「古田」，完成後に開かれた水田は「新田」とよばれている。

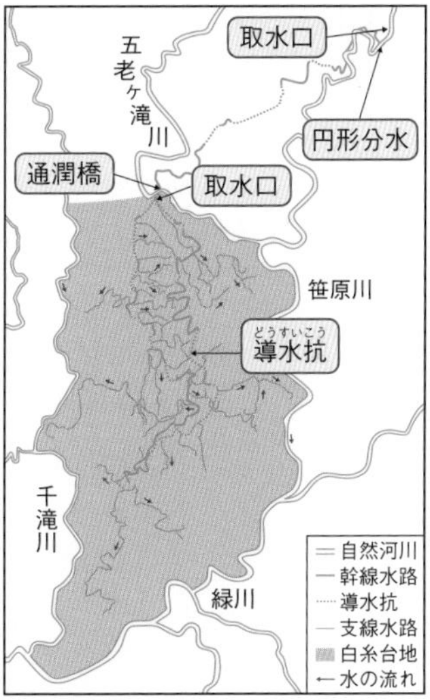

▲白糸台地と通潤橋

▲布田保之助

注意

サイフォンの原理

下の図の高い所(左側)から流された水は，一度下に流れても，水圧《すいあつ》によってそれより高い所(右側)へ自然とおし上げられて流れていく。

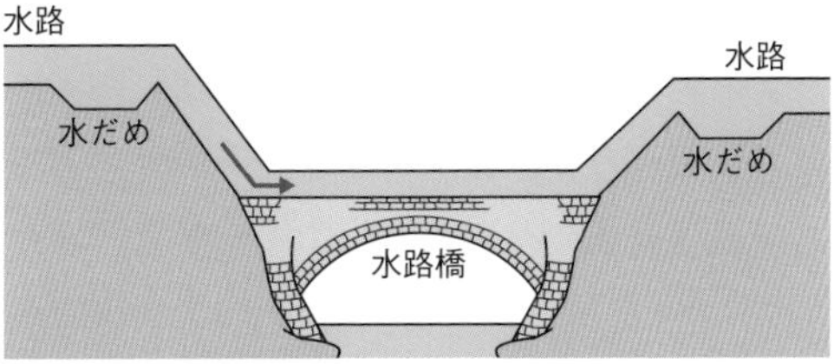

▲通潤用水で利用された「サイフォンの原理」

▲通潤橋の放水：水路の中にたまった土砂《どしゃ》を流し出すために，放水が行われていた。

見沼代《みぬまだい》用水

●**始まり**…さいたま市(埼玉《さいたま》県)とその周辺は，縄文《じょうもん》時代には東京湾《とうきょうわん》とつながる入《い》り江《え》だったが，弥生《やよい》時代には海面が下がり，やがて多くの沼《ぬま》がうまれた。江戸《えど》時代には，「見沼」とよばれる沼の水で米づくりが行われていたが，水があふれたり，逆《ぎゃく》に水不足になるなどの問題があった。

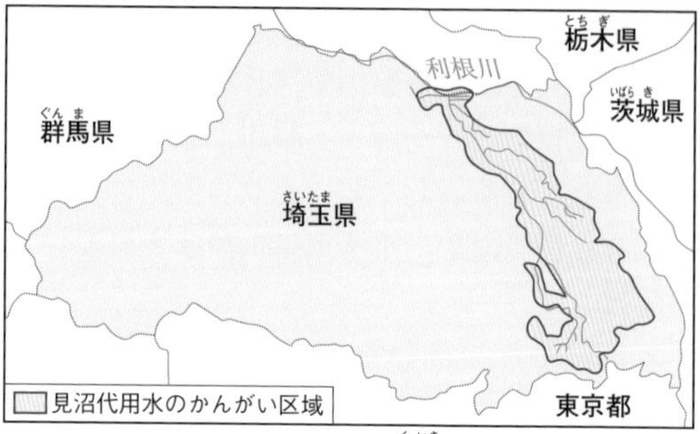

▲見沼代用水によってかんがいされた区域《くいき》

●**開発**

▶江戸幕府《ばくふ》の技術者《ぎじゅつしゃ》・**井沢弥《いざわや》惣兵衛《そべえ》**は，見沼を干拓《かんたく》して**新田《しんでん》**をつくり，これにかわる農業用水として，水量の安定した**利根川《とねがわ》**の水を引くことを計画した。

▲井沢弥惣兵衛

▶下流の村では，「遠すぎて水が行き届《とど》かないのでは」と反対の声が上がったが，弥惣兵衛は農民たちを説得し，1727年に工事を始めた。

▶用水は標高の高い所から低い所へ流さなければならないので，測量《そくりょう》の必要があった。弥惣兵衛は簡《かん》単《たん》な器具と竹ざおで，土地の高さをはかった。途《と》中《ちゅう》で川と交差する所では，用水を川の下へくぐらせたり，川の上に橋をかけて通したりした。通潤《つうじゅん》橋《きょう》と同じサイフォンのしくみもとり入れられた。

▶延《の》べ90万人の人手《ひとで》を使い，1728年に約60kmにわたる用水が完成し，「見沼に代わる用水」という意味で**見沼代用水**と名づけられた。用水の完成で1200ha《ヘクタール》もの広大な新田がうまれた。

▲今も残る見沼代用水

参考

新田

江戸幕府8代将軍徳川吉宗《しょうぐんとくがわよしむね》(➡p.421)のころ，収入《しゅうにゅう》を増《ふ》やして財政《ざいせい》を立て直すため，全国各地で新田開発がさかんに行われた。見沼新田の開発もその1つである。

参考

世界かんがい施設遺産《しせついさん》

2019年，見沼代用水は国際《こくさい》かんがい排水《はいすい》委員会(ICID《アイシーアイディー》)により世界かんがい施設遺産に登録《とうろく》された。

2 新しい土地をひらく

吉田新田《よしだしんでん》

●始まり…江戸時代に入って社会が安定するようになると，人口も増《ふ》え，各地で新しい耕地(**新田**)の開発が進められた。神《か》奈川《ながわ》県横浜《よこはま》市のかつて「**吉田新田**」とよばれていた地域《ちいき》も，その1つである。

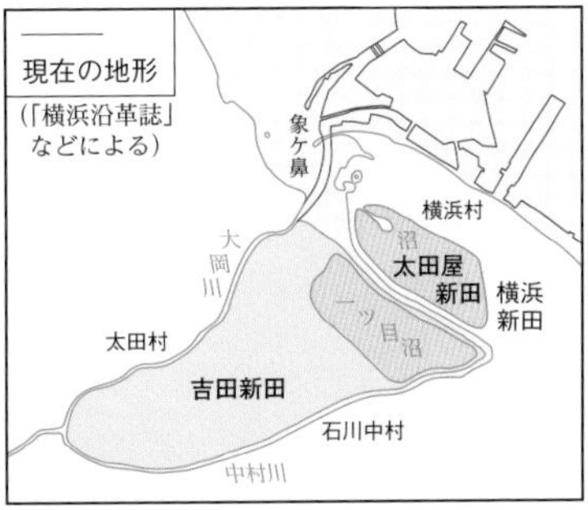

▲吉田新田

●開発

▶大岡川《おおおかがわ》と中村川《なかむらがわ》に囲《かこ》まれた，つりがね型の土地は，もともと，内陸まで深く入りこむ入《い》り海《うみ》だった。江戸の石材・材木商の**吉田勘兵衛《かんべえ》**は，商売を広げるため，この地域を埋《う》め立てて新田を開発する計画を立てた。

▲吉田新田の堤防をつくる作業の模型

▶幕府《ばくふ》の許《ゆる》しを得て，工事は1656年7月に始まった。まず，大岡川の河口に堤防《ていぼう》をつくったが，翌年《よくねん》5月の長雨の影響《えいきょう》で，堤防はくずれてしまった。

▶勘兵衛は計画を練《ね》り直し，入り海の両岸まで堤防をのばして，埋め立て地の形をつくっていくことにした。堤防を築《きず》くための石は安房《あわ》(千葉《ちば》県)や伊《い》豆《ず》(静岡《しずおか》県)から，埋め立てる土や砂は天神山《てんじんやま》(野《の》毛《げ》)や大丸山《おおまるやま》(石川《いしかわ》町)から運ばれた。

▶約17万m^3(今の横浜スタジアム5.7杯《はい》分)にのぼる土砂《どしゃ》を運び，8037両(今の約6億円)の費用をかけた大工事の末，1667年に工事は完了した。

参考

吉田新田の開発方法

堤防の内側では，土砂で土地を埋める埋め立てだけでなく，潮《しお》の干満《かんまん》に応じて堰《せき》を調節して水をぬく干拓も行われた。

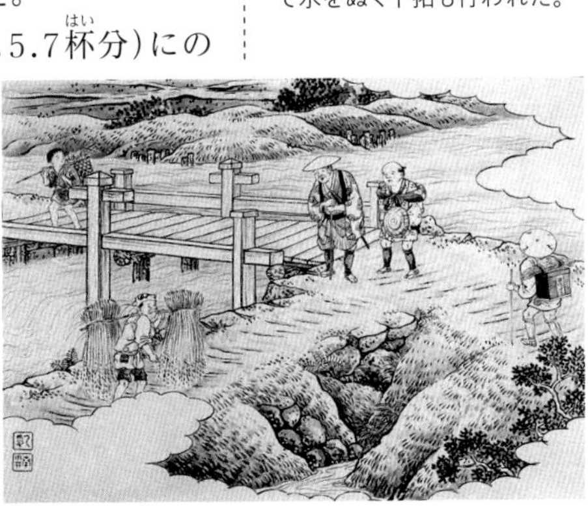
▲吉田新田の端《はし》にあった取水口

●結果…約7kmの堤防に囲まれた，約115.5万m^2におよぶ広大な新田がうまれた。勘兵衛は将軍《しょうぐん》にたたえられ，刀を持つ特権《とっけん》などをあたえられ，新田の名にも吉田の名がつけられた。

☑ まとめチェック

知識を整理・確認しよう！

	答え
① 那須野ヶ原《なすのがはら》	①
□ ① 那須野ヶ原に見られる，おうぎの形に広がるゆるやかな傾《けい》斜地《しゃち》を何というか。	① 扇状地《せんじょうち》
□ ② 那須野ヶ原の荒《あ》れ地にかんがい用水を引くため，国にうったえかけた人物は，矢板武《やいたたけし》，吉田勘兵衛《よしだかんべえ》のどちらか。	② 矢板武
□ ③ 1885年に完成し，のちに日本三大疏水《そすい》の1つに数えられるようになった栃木《とちぎ》県の水路を何というか。	③ 那須疏水
② 通潤橋《つうじゅんきょう》	②
□ ① 四方を笹原川《ささはらがわ》・千滝川《せんたきがわ》・緑川《みどりがわ》・五老ヶ滝川《ごろうがたきがわ》に囲《かこ》まれ，水不足になやまされていた台地を何というか。	① 白糸《しらいと》台地
□ ② 農民たちのうったえを受けて，通潤橋の計画を立てた人物は，吉田勘兵衛，布田保之助《ふたやすのすけ》のどちらか。	② 布田保之助
□ ③ じょうぶな石橋をつくるために協力した石工《いしく》たちは，何という城《しろ》の石垣《いしがき》をつくったことがあったか。	③ 熊本城《くまもとじょう》
□ ④ 1854年に完成した，通潤橋を通るかんがい用水を何というか。	④ 通潤用水
□ ⑤ 通潤橋を通った水が，白糸台地の各地域《ちいき》へ平等に分配されるようにするために設《もう》けられたしかけを何というか。	⑤ 円形分水
③ 見沼代《みぬまだい》用水	③
□ ① さいたま市(埼玉《さいたま》県)に広がっていた沼《ぬま》を干拓《かんたく》して新田《しんでん》をつくった江戸幕府《えどばくふ》の技術《ぎじゅつ》者は，井沢弥惣兵衛《いざわやそべえ》，布田保之助のどちらか。	① 井沢弥惣兵衛
□ ② 見沼代用水は，何という川から水を引いているか。	② 利根川《とねがわ》
④ 吉田新田《よしだしんでん》	④
□ ① 江戸時代に幕府や藩《はん》，町人《ちょうにん》によって進められた，新しい耕地を開く事業を何というか。	① 新田開発
□ ② 吉田新田を囲むように流れている川は，中村川ともう1つは何か。	② 大岡川《おおおかがわ》
□ ③ 入り海の両岸までのばした堤防《ていぼう》の中で進められた作業は，埋《う》め立てともう1つは何か。	③ 干拓
□ ④ 吉田勘兵衛によってつくられた，広大な新田を何というか。	④ 吉田新田

力だめしの問題　入試標準レベル

解答➡p.609

❶ 次の問いに答えなさい。

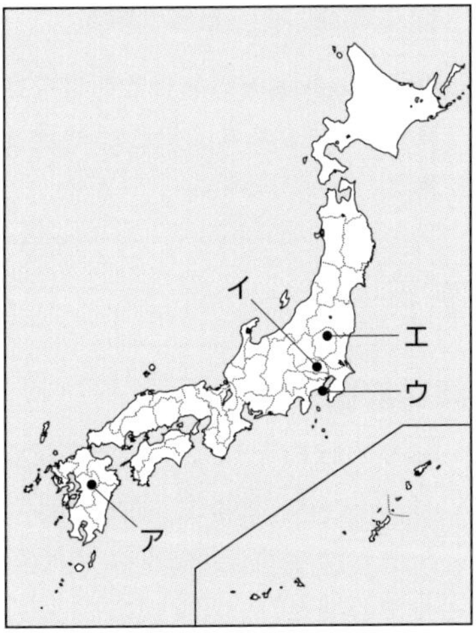

⑴ 右の①～④の開発が行われた地域を，右の地図中のア～エから1つずつ選び，記号で答えなさい。

①	見沼代用水
②	通潤橋
③	那須野ヶ原
④	吉田新田

①(　　) ②(　　)
③(　　) ④(　　)

⑵ ①～④のうち，3つは江戸時代に開発されました。明治《めいじ》時代に開発されたものを①～④から1つ選び，番号で答えなさい。(　　)

⑶ 那須野ヶ原に見られる地形の特色を，次から1つ選び，記号で答えなさい。(　　)

ア　台地　　イ　扇状地　　ウ　山脈《さんみゃく》　　エ　三角州《さんかくす》

⑷ 那須疏水の使いみちとしてあてはまらないものを，次から1つ選び，記号で答えなさい。(　　)

ア　生活用水　　イ　農業用水　　ウ　船の通行　　エ　発電

❷ 右の写真を見て，次の問いに答えなさい。

⑴ ①・②の工事でとり入れられたくふうを，次から1つずつ選び，記号で答えなさい。

①(　　) ②(　　)

ア　簡単《かんたん》な水準器《すいじゅんき》を使って，取水口から終点までわずか5mの標高差に水を流した。

イ　高い所から流された水は，一度下に流れても，水圧《すいあつ》によってそれより高い所へ自然とおし上げられて流れていく働きを使った。

ウ　埋め立てだけでなく，潮《しお》の干満《かんまん》に応じて堰《せき》を調節して水をぬく干拓も行われた。

⑵ ②の用水の完成によってかんがいされた白糸台地に広がる，階段状《かいだんじょう》にひらかれた田を何といいますか。(　　)

7 日本の諸地域

学習のポイント

- ●日本の各地方における都道府県の位置を理解《りかい》しているか。 ➡p.62
- ●生産のさかんな工業製品《せいひん》や農水産物をおさえているか。 ➡p.63〜89
- ●ほかの地方との結びつきをとらえているか。 ➡p.63〜89

1 日本の都道府県

都道府県

地方の政治《せいじ》を行う単位として，**47の都道府県**が置かれている(1都1道2府43県)。県庁《けんちょう》が置かれている都市を**県庁所在地《しょざいち》**といい，その県の政治や経済《けいざい》，文化の中心地となっている。

北海道《ほっかいどう》(札幌《さっぽろ》市)，岩手《いわて》県(盛岡《もりおか》市)，宮城《みやぎ》県(仙台《せんだい》市)，茨城《いばらき》県(水戸《みと》市)，栃木《とちぎ》県(宇都宮《うつのみや》市)，群馬《ぐんま》県(前橋《まえばし》市)，神奈川《かながわ》県(横浜《よこはま》市)，山梨《やまなし》県(甲府《こうふ》市)，石川《いしかわ》県(金沢《かなざわ》市)，愛知《あいち》県(名古屋《なごや》市)，三重《みえ》県(津《つ》市)，滋賀《しが》県(大津《おおつ》市)，兵庫《ひょうご》県(神戸《こうべ》市)，島根《しまね》県(松江《まつえ》市)，香川《かがわ》県(高松《たかまつ》市)，愛媛《えひめ》県(松山《まつやま》市)，沖縄《おきなわ》県(那覇《なは》市)

▲県名と名前がちがう県庁所在地(埼玉《さいたま》県〔さいたま市〕は除《のぞ》く)

地域区分

都道府県をもとに，**北海道**，**東北《とうほく》**，**関東《かんとう》**，**中部《ちゅうぶ》**，**近畿《きんき》**，**中国《ちゅうごく》・四国《しこく》**，**九州《きゅうしゅう》**の7地方に区分される。**東日本**と**西日本**に大きく分ける方法もある。

▲7地方区分

注意

海に面していない内陸の県

奈良《なら》県・滋賀県(近畿地方)，岐阜《ぎふ》県・長野《ながの》県・山梨県(中部地方)，群馬県・栃木県・埼玉県(関東地方)の8つ。

参考

細かい地域区分

中国地方→山陰《さんいん》・山陽《さんよう》
中部地方→北陸《ほくりく》・中央高地《ちゅうおうこうち》・東海《とうかい》

参考

東日本と西日本の文化のちがい

雑煮《ぞうに》に入れる餅《もち》の形は，東日本では角型，西日本では丸型が多い。

入試ポイント

〈東日本と西日本〉

中部・関東地方を通る**フォッサマグナ**(➡P.109)というみぞ状《じょう》の地形を境《さかい》に，**東日本**と**西日本**では地形が大きく異《こと》なる。

北海道地方，東北地方のすがた

◆地形

- ▶北海道地方は，**日高山《ひだかさん》脈《みゃく》**を中心に西側には**石《いし》狩《かり》平野**，東側には**十勝《とかち》平野**などの大きな平地が広がる。
- ▶東北地方を南北に走る**奥羽《おうう》山脈**は，日本一長い山脈。この山脈を中心に西側には出羽《でわ》山地や**白神《しらかみ》山地**，東側には北上《きたかみ》高地や阿武隈《あぶくま》高地が広がる。
- ▶**洞爺湖《とうやこ》**や十和田湖《とわだこ》は，火山の噴火《ふんか》でできた湖である。

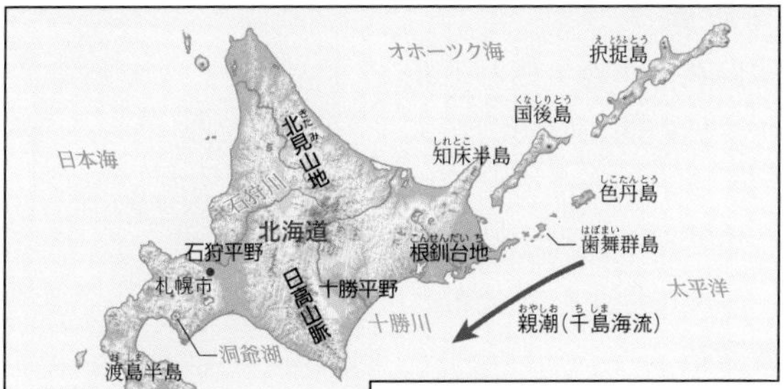

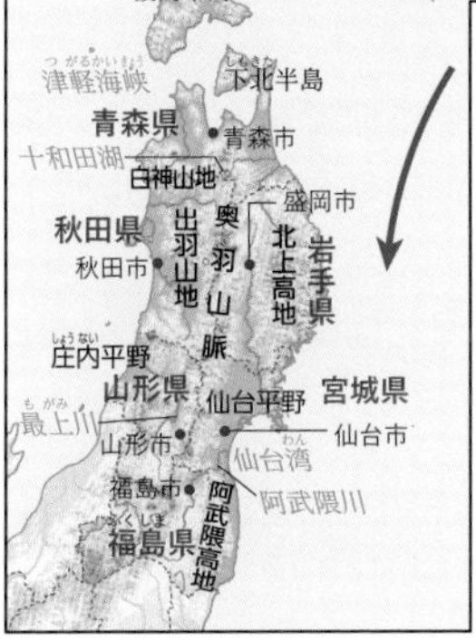

◆気候

- ▶北海道地方は，**冷帯（亜《あ》寒帯）**に属《ぞく》し，冬の寒さが厳《きび》しい。
- ▶青森《あおもり》県から日本海側の秋田《あきた》県，山形《やまがた》県にかけては，世界有数の豪雪《ごうせつ》地帯である。

2 北海道地方

北海道

●**自然**…太平洋側では，寒流の**親潮（千島海流）**によって空気が冷やされて**濃霧《のうむ》**が発生。冬はオホーツク海沿岸に**流氷《りゅうひょう》**がおし寄《よ》せる。

●**産業**

- ▶地元で生産した農林水産物を原料に，乳製品《にゅうせいひん》・水産加工品などを生産する食料品工業，パルプ・製紙工業がさかん。
- ▶石狩平野・上川盆地《かみかわぼんち》で**稲作《いなさく》**，十勝平野で**畑作**，根釧《こんせん》台地で**酪農《らくのう》**がさかん。農家1戸あたりの耕地《こうち》面積が広く，大型の農業機械を使用。

●**歴史**…明治《めいじ》時代に**屯田兵《とんでんへい》**による開拓《かいたく》が進められ，先住民のアイヌの人たちは土地をうばわれた。

●**生活**…ロードヒーティングや温水パイプで，道路の凍結《とうけつ》を防《ふせ》いでいる。**札幌市**は碁盤《ごばん》の目の形に区画された計画都市で，**さっぽろ雪まつり**が開かれる。

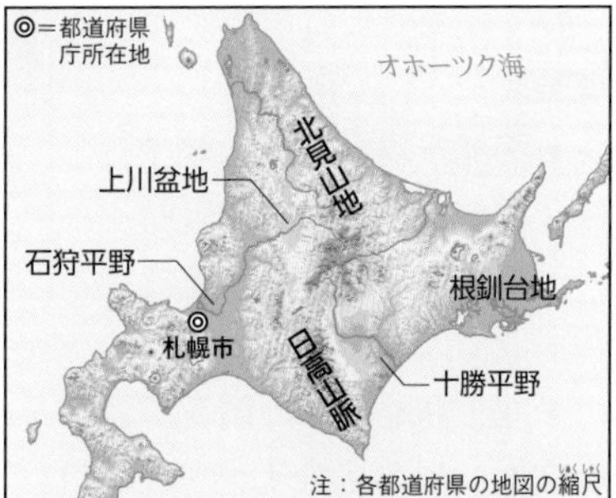

注：各都道府県の地図の縮尺《しゅくしゃく》は同じではありません。

北海道のマーク	
面積(km^2)	78421
人口(万人)	529
世界遺産《いさん》	●知床

▲北海道のすがた

*面積・人口は2018年。

3 東北《とうほく》地方

青森《あおもり》県

●**自然**…津軽《つがる》半島と下北《しもきた》半島の間に陸奥湾《むつわん》が広がる。南西部の県境《けんざかい》にまたがる**白神《しらかみ》山地**にはぶなの原生林が分布。

●**産業**

▶**津軽塗《ぬり》**などの伝統《でんとう》産業。

▶津軽平野でりんご，三本木原《さんぼんぎはら》でにんにく・ごぼう・ながいもを栽培《さいばい》。陸奥湾でほたての養殖《ようしょく》。

●**文化**…青森市で**ねぶた祭《まつり》**。

●**結びつき**…**東北新幹線《しんかんせん》**と**東北自動車道**で首都圏《しゅとけん》と結ばれる。

青森県のマーク	
面積(km²)	9646
人口(万人)	126
世界遺産《いさん》	・白神山地

▲青森県のすがた

用語

東北自動車道

1987年に全線開通した，埼玉《さいたま》県から青森県までを結ぶ高速道路。東北地方ではおもに奥羽山脈より東側を通っている。

岩手《いわて》県

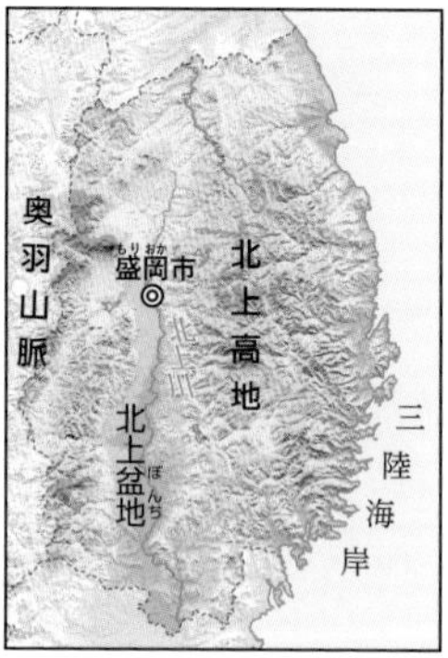

●**自然**…**奥羽《おうう》山脈**と北上《きたかみ》高地の間を**北上川**が流れる。**リアス海岸**の続く**三陸《さんりく》海岸**で津波《つなみ》の被害《ひがい》が多い。

●**産業**

▶**南部鉄器《なんぶてっき》**などの伝統産業がさかん。東北自動車道沿《ぞ》いに自動車組み立て工場が進出。

▶北上高地で牛の飼育《しいく》がさかん。

●**文化**…馬の労をねぎらう祭りの**チャグチャグ馬《うま》コ**，居間《いま》と馬屋《うまや》がつながった**曲家《まがりや》**など，家畜《かちく》と結びついたくらし。

●**環境《かんきょう》**…木材を利用したバイオマス発電が行われている。

岩手県のマーク	
面積(km²)	15275
人口(万人)	124
世界遺産	・平泉《ひらいずみ》 ・明治《めいじ》日本の産業革命《さんぎょうかくめい》遺《い》産《さん》

▲岩手県のすがた

参考

津波の教訓

「津波てんでんこ」…地震《じしん》のあとには津波が来るので，家族で集合するなどせずに，それぞれに避難《ひなん》するべきである。

入試ポイント

〈東北地方の自然災害《さいがい》〉

地形や気象が原因《げんいん》で起こる自然災害の被害が多い地域《ちいき》をおさえよう。

▶東部のリアス海岸で**津波**，東部で**やませ**という冷たい風による**冷害《れいがい》**。

宮城県《みやぎけん》

- **自然**…**仙台《せんだい》平野**を北上川が流れる。沖合《おきあい》に東日本大震災《だいしんさい》の震源《しんげん》がある。
- **産業**
  - ▶**宮城伝統《でんとう》こけし**などの伝統産業。高速道路沿いの**工業団地《だんち》**に自動車・電子部品工場が進出。
  - ▶「ひとめぼれ」などの**銘柄米《めいがらまい》**(➡p.165)を生産。松島湾《まつしまわん》でかきの養殖。
- **文化**…仙台市秋保《あきう》の田植《たうえ》踊《おどり》は**ユネスコ無形文化遺産**。仙台市で**七夕《たなばた》まつり**。
- **結びつき**…県庁所在地《けんちょうしょざいち》の**仙台市**は人口100万人をこえる東北地方の中心。

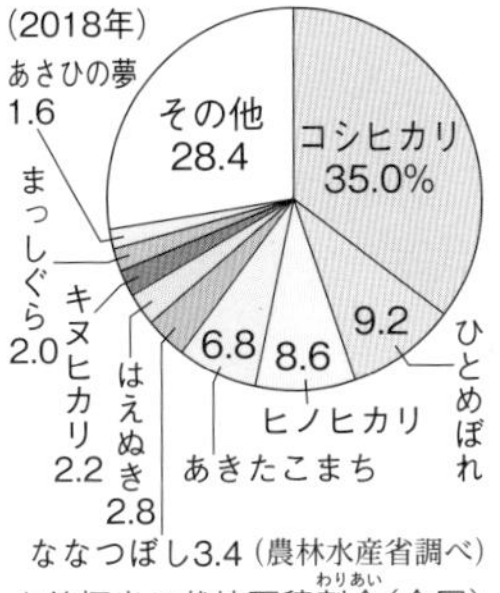

▲銘柄米の栽培面積割合《わりあい》(全国)

宮城県のマーク	
面積(km^2)	7282
人口(万人)	232

▲宮城県のすがた

用語

ユネスコ無形文化遺産

国際連合の専門《せんもん》機関であるユネスコが2003年に採択《さいたく》した無形文化遺産保護条約《ほごじょうやく》にもとづき，古くから伝わる祭礼や芸能などが登録されている。

秋田県《あきたけん》

- **自然**…田沢湖《たざわこ》は日本一深い湖。冬は季節風《きせつふう》の影響《えいきょう》で雪が多い。
- **産業**
  - ▶**大館《おおだて》曲げわっぱ**などの伝統産業がさかん。東北自動車道の開通により工場が進出した結果，農家の出かせぎは減《へ》った。
  - ▶新潟《にいがた》県・北海道《ほっかいどう》と並《なら》ぶ米の大生産地。「あきたこまち」などの**銘柄米**で知られる。
- **文化**…秋田市で**竿燈《かんとう》まつり**。きりたんぽ・いぶりがっこという郷土《きょうど》料理。なまはげ・かまくらという伝統行事。
- **結びつき**…**秋田新幹線**で岩手県と結ばれる。

▲いぶりがっこ

秋田県のマーク	
面積(km^2)	11638
人口(万人)	98
世界遺産	・白神山地

▲秋田県のすがた

用語

出かせぎ

家計を助けるため，地元をはなれて遠い土地で働くこと。冬に雪が多い地域では，農作業のできない冬の間に，工場の多い都市部へ出かせぎに行く人が多かった。

山形県《やまがたけん》

●**自然**…鳥海山《ちょうかいさん》のふもとに**庄内平野《しょうないへいや》**が広がる。

●**産業**

▶伝統《でんとう》産業の**天童将棋駒《てんどうしょうぎこま》**。工業の中心はせんい・木工から，電子部品や情報《じょうほう》通信機器へ。

▶**銘柄米《めいがらまい》**の「はえぬき」などを庄内平野などで生産。山形盆地《ぼんち》などの内陸で，夏の昼夜の気温差を利用したさくらんぼ・もも・西洋なしの栽培《さいばい》。

山形県のマーク	
面積（km^2）	9323
人口（万人）	109

▲山形県のすがた

注意

果樹《かじゅ》栽培に適した自然

- 日照時間が長い。
- 夏に昼夜の気温差が大きい。
- 1年の降水量《こうすいりょう》はあまり多くない。

●**文化**…さといもが入ったなべをみんなで囲《かこ》む芋煮会《いもにかい》。山形市で**花笠《はながさ》まつり**。

●**結びつき**…**山形新幹線《しんかんせん》**で福島《ふくしま》県と結ばれる。

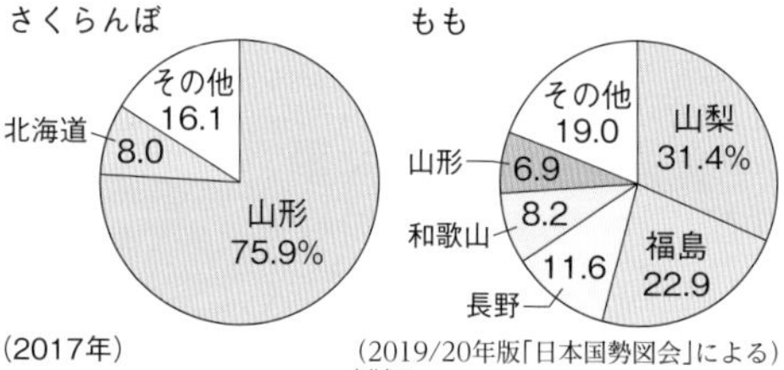

▲さくらんぼ・ももの生産量割合《わりあい》

福島県

●**自然**…磐梯山《ばんだいさん》の噴火《ふんか》で川がせき止められ，湖ができた。

●**産業**

▶**会津塗《あいづぬり》**などの伝統産業がさかん。明《めい》治《じ》から栄《さか》えた常磐《じょうばん》炭田の石炭産業はおとろえ，テーマパークの経営《けいえい》に転じた。高速道路が整備《せいび》され，郡山《こおりやま》市などに電気機械などの工場が進出。

▶**もも**・なし・りんごの栽培がさかん。

▶2011年の東日本大震災《だいしんさい》で福島第一原子力発電所の事故《じこ》が発生し，多くの住民が避難《ひなん》を強いられた。猪苗代湖《いなわしろこ》の南側などに風力発電所がある。

●**文化**…相馬《そうま》市で相馬野馬追《のまおい》。

福島県のマーク	
面積（km^2）	13784
人口（万人）	186

▲福島県のすがた

▲相馬野馬追

入試ポイント

〈東北地方への工場の進出〉

電子部品・自動車部品・電気機械などの**機械工業**が中心。

▶県や市町村が高速道路のインターチェンジ周辺に**工業団地《だんち》**をつくったため。

関東地方のすがた

◆地形

▶日本最大の平野である**関《かん》東《とう》平野**が広がり，利根川《とねがわ》・荒川《あらかわ》・多摩川《たまがわ》などの河川《かせん》が流れる。

▶武蔵野《むさしの》台地・下総《しもうさ》台地などの台地には，富士山《ふじさん》・浅間山《あさまやま》などの火山灰《かざんばい》が積もった**関東ローム**という赤土が広がる。

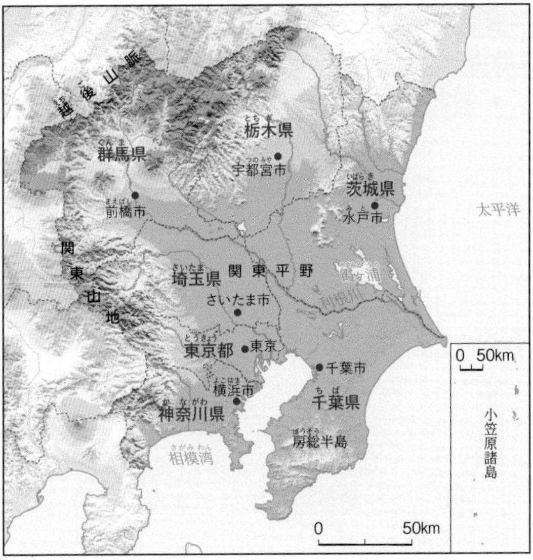

◆気候

▶夏は蒸《む》し暑く，冬は乾燥《かんそう》する。

▶亜熱帯《あねったい》にふくまれる**小笠《おがさ》原諸島《わらしょとう》**には，貴重《きちょう》な自然環境《かんきょう》が残され，世界遺産《いさん》に登録されている。

4 関東地方

茨城県《いばらき》

●**自然**…日本第2位の面積をもつ湖の**霞ケ浦《かすみがうら》**があり，南側を**利根川**が流れる。

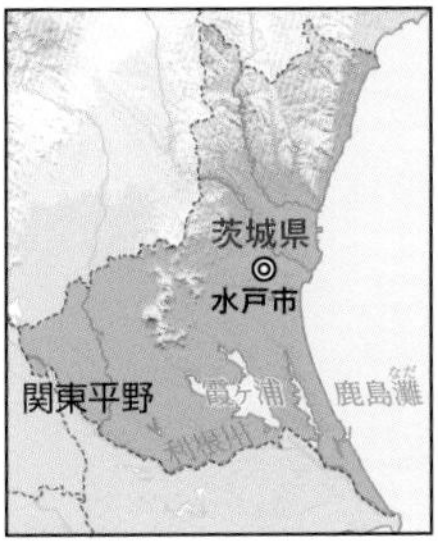

●**産業**

▶北関東工業地域《ちいき》にふくまれる。砂丘《さきゅう》につくられた掘《ほ》りこみ港を中心に**鹿島《かしま》臨海《りんかい》工業地域**が成立。

▶大消費地に近い条件《じょうけん》を生かして，都市向けに野菜を出荷する**近郊《きんこう》農業**がさかん。露地《ろじ》栽培ではくさいやれんこん，キャベツ，レタスを生産。

●**結びつき**…**筑波《つくば》研究学園都市**には大学や研究機関が集まる。大型のアウトレットモール(高級品を低価《ていか》格《かく》で売る商業施設《しせつ》)が出店。

茨城県のマーク	
面積(km^2)	6097
人口(万人)	288

▲茨城県のすがた

用語

筑波研究学園都市

筑波山の台地につくられた計画的な都市。教育・研究機関のほか，住宅《じゅうたく》やショッピングセンターが建設《けんせつ》され，職場と住宅が近い都市づくりが進められた。

栃木《とちぎ》県

●**自然**…華厳《けごん》の滝《たき》や中禅寺《ちゅうぜんじ》湖《こ》に多くの観光客。

●**産業**

▶**北関東《きたかんとう》工業地域《ちいき》**ではこれまでのせんいや航空機に加え，自動車や電気機械の工場も進出。

▶いちご・かんぴょうの全国有数の生産県。那須《なす》高原《こうげん》で高原野菜を栽培《さいばい》。

●**歴史**…足利《あしかが》学校がつくられた(日本最古の学校)。那須野ヶ原をかんがいするため，明治《めいじ》初期に**那須疏水《そすい》**(➡p.56)がつくられた(日本三大疏水の1つ)。

●**結びつき**…**利根川《とねがわ》**を水源《すいげん》として利用(利根川水系《すいけい》)。工業製品《せいひん》を北関東自動車道で運び，茨城《いばらき》港などから輸出《ゆしゅつ》している。

栃木県のマーク	
面積(km^2)	6408
人口(万人)	195
世界遺産《いさん》	・日光の社寺

▲栃木県のすがた

用語

疏水

農地のかんがいや発電，飲用水のため，湖や川から水の不足する地域へ引かれた水路のこと。那須疏水(栃木県)のほか，安積《あさか》疏水(福島県)，琵琶《びわ》湖《こ》疏水(京都《きょうと》府・滋賀《しが》県)が日本三大疏水とされる。

群馬《ぐんま》県

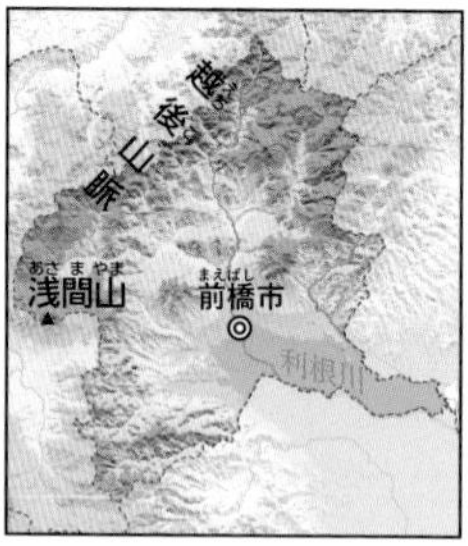

●**自然**…冷たく乾燥《かんそう》した北西風の**からっ風**を防《ふせ》ぐため，屋敷森《やしきもり》という防風林《ぼうふうりん》が見られる。群馬・新潟《にいがた》・福島《ふくしま》の3県にまたがる尾瀬《おぜ》は，花や紅葉《こうよう》の豊かな観光地。

●**産業**

▶**北関東工業地域**にふくまれる。関越《かんえつ》自動車道などのインターチェンジ周辺に**工業団地《だんち》**がつくられた。

▶**嬬恋《つまごい》村**では夏でもすずしい気候を利用して，キャベツやレタスなどの**高原野菜**の**輸送《ゆそう》園芸農業**がさかん。こんにゃくいもの全国有数の生産県。

▲キャベツを運ぶ大型トラック

●**結びつき**…大泉《おおいずみ》町では，自動車・電機などの工場で働く日系《にっけい》ブラジル人が多く住み，**多文化共生**のさまざまな取り組みが行われている。

群馬県のマーク	
面積(km^2)	6362
人口(万人)	195
世界遺産	・富岡製糸場《とみおかせいしじょう》と絹《きぬ》産業遺産群《ぐん》

▲群馬県のすがた

用語

輸送園芸農業

高速道路や保冷車《ほれいしゃ》など交通機関の発達によって，大都市から遠い地域でもさかんになった園芸農業。

▼ポルトガル語で書かれた大泉町の広報誌「ガラッパ」

埼玉県《さいたま》

●**自然**…熊谷《くまがや》市は夏に高温になりやすい。夏に雷雨《らいう》，秋には霧《きり》が多い。

●**産業**

▶印刷業がさかん。岩槻《いわつき》区の人形，川口《かわぐち》市の鋳物《いもの》などの伝統《でんとう》産業も受けつがれている。

▶都市向けに出荷《しゅっか》する**近郊《きんこう》農業**として，ねぎ・ほうれんそう・きゅうり・さといもなどを栽培。

●**結びつき**…多くの人たちが東京都心《とうきょうとしん》へ通勤《つうきん》するため，昼間の人口が減《へ》る。鉄道の施設《しせつ》あと地に**さいたま新都心**がつくられ，国の機関や企業《きぎょう》が集まり，巨大《きょだい》なショッピングセンターが出店。多摩川《たまがわ》水系では，首《しゅ》都圏《とけん》の水源として山口貯水池《やまぐちちょすいち》がつくられた。

埼玉県のマーク	
面積(km^2)	3798
人口(万人)	733

▲埼玉県のすがた

用語

鋳物

型にとかした金属《きんぞく》を流しこみ，冷やして固めたもの。

用語

夜間《やかん》人口と昼間《ちゅうかん》人口

夜間人口はそこで寝起きしている人の数。昼間人口は，夜間人口から通勤や通学で移動した人を増減させた数。

入試ポイント

〈関東地方の昼夜間《ちゅうやかん》人口比率《ひりつ》〉

東京都で高く，周辺の埼玉・千葉・神奈川県で低い。

▶昼夜間人口比率＝昼間人口÷夜間人口× 100

会社や学校が多い(昼間の人口が多い)都市部で数字が大きく，住居が多い(夜間の人口が多い)周辺部で数字が小さくなる。

千葉県《ちば》

●**自然**…流域《りゅういき》面積が最大の利根川が流れる。**九十九《くじゅうく》里浜《りはま》**に砂浜《すなはま》海岸が発達。

●**産業**

▶原料の原油の輸入《ゆにゅう》に便利な**京葉《けいよう》工業地域**で，化学工業が発達。

▶都市向けにねぎ・ほうれんそう・だいこんなどの野菜を出荷する**近郊農業**がさかん。冬でも温暖《おんだん》な**房総《ぼうそう》半島**の南部では，花の栽培が1年じゅう行われている。

●**結びつき**…**成田《なりた》国際空港**(成田空港)は国際線《こくさいせん》の中心で，貨物輸送の面では日本最大の貿易額《ぼうえきがく》をほこる。**幕張《まくはり》新都心**が開発され，企業のオフィスや商業施設が集まる。

千葉県のマーク	
面積(km^2)	5158
人口(万人)	626

▲千葉県のすがた

用語

流域面積

降《ふ》った雨が川に流れこむ範囲《はんい》の面積。流域面積が世界最大の川はアマゾン川。

参考

利根川水系

利根川の本流と支流をあわせたよび名。東京都と群馬・栃木・茨城・埼玉・千葉県にまたがる。

東京《とうきょう》都

●**自然**…武蔵野《むさしの》をはじめ関東《かんとう》平野の広い範囲《はんい》に**関東ローム**という赤土の層《そう》が広がる。都心《としん》で**ヒートアイランド現象**。

●**産業**
- ▶**京浜《けいひん》工業地帯**で機械工業や印刷業がさかん。工業用地の不足で多くの工場が北関東などへ移転《いてん》。
- ▶第三次産業人口の割合《わりあい》が高く，卸売業《おろしうりぎょう》や小売業の販売額《はんばいがく》は日本一。

●**人口**…首都《しゅと》の東京に国会議事堂《ぎじどう》や中央省庁《しょうちょう》が集まる。大気汚染《おせん》や交通渋滞《じゅうたい》などの過密《かみつ》にともなう都市問題から，以前は郊外《こうがい》の人口が増《ふ》える**ドーナツ化現象**，近年は都心の人口がふたたび増える**都心回帰《かいき》現象**が見られる。都心では夜間人口より昼間人口が多くなる。

●**結びつき**…東京国際《こくさい》空港（羽田《はねだ》空港）は国内線の中心。

東京都のマーク	
面積（km^2）	2194
人口（万人）	1382
世界遺産《いさん》	• 小笠原諸島《おがさわらしょとう》 • ル・コルビュジエの建築《けんちく》作品* *国立西洋美術館

▲東京都のすがた

用語

ヒートアイランド現象

エアコンなどの排熱《はいねつ》，アスファルトの舗《ほ》そうなどの影響《えいきょう》で，都市部の気温が周辺よりも高くなること。

神奈川《かながわ》県

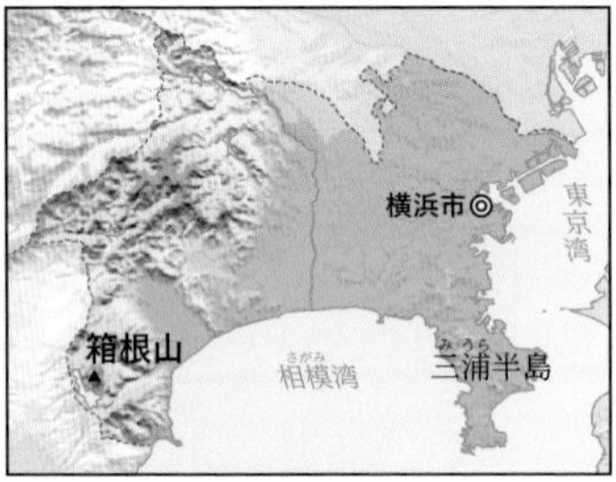

●**自然**…箱根山《はこねさん》は火山活動が活発で，大涌谷《おおわくだに》で噴《ふん》煙《えん》が上がる。

●**産業**
- ▶臨海部《りんかいぶ》には製《せい》鉄所《てつじょ》や製油所が並《なら》ぶ**京浜工業地帯**が発達。
- ▶箱根寄木細工《よせぎざいく》・鎌倉彫《かまくらぼり》などの伝統《でんとう》産業がさかん。
- ▶遠洋漁業の基地《きち》である三崎《みさき》漁港で，まぐろなどを水あげする。

●**結びつき**…**横浜《よこはま》市**は古くからの港町《みなとまち》で，現在は**政令《せいれい》指定都市**の1つ。再開発《さいかいはつ》によって，**みなとみらい21**に商業施設《しせつ》や国際《こくさい》会議場などが集まる。相模原《さがみはら》市には物資《ぶっし》が集まる物流センターがある。

▲みなとみらい21（横浜市）

神奈川県のマーク	
面積（km^2）	2416
人口（万人）	918

▲神奈川県のすがた

用語

政令指定都市

ふつうの市よりも多くのことを独自《どくじ》に決めることができる人口50万以上の都市。東京大都市圏《けん》には，横浜市・川崎《かわさき》市・さいたま市・千葉《ちば》市・相模原市の5つの政令指定都市がある。

中部地方のすがた

◆地形

▶日本アルプスから多くの河《か》川《せん》が流れ出し，信濃川《しなのがわ》下流には越後《えちご》平野，木曽川《きそがわ》下流には濃尾《のうび》平野が広がる。

◆気候

▶日本海《にほんかい》側の北陸《ほくりく》は，暖流《だんりゅう》の対馬《つしま》海流の上をわたってくる北西の季節風《きせつふう》の影響で，冬に雪が多い。

▶内陸の中央高地《ちゅうおうこうち》は，降水量《こうすいりょう》が少なく，夏と冬の気温差が大きい。

▶太平洋《たいへいよう》側の東海《とうかい》は，暖流の黒潮《くろしお》の影響で冬でも温暖《おんだん》。

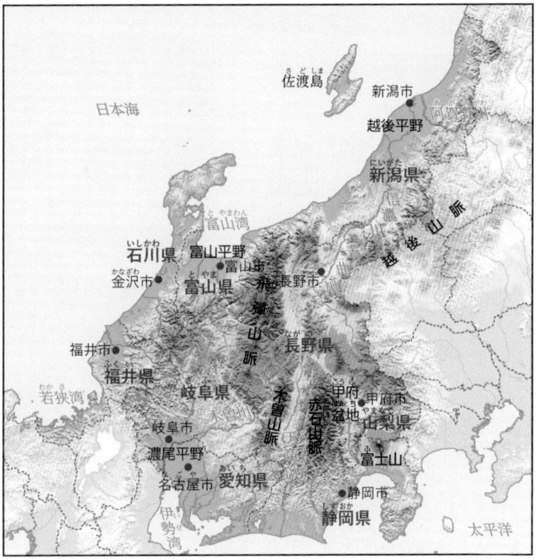

5 中部《ちゅうぶ》地方

新潟《にいがた》県

●**自然**…越後平野海岸部に砂丘《さきゅう》が広がる。2004年には**新潟県中越地震《ちゅうえつじしん》**が発生。商店街には雪よけのアーケード。

●**産業**

▶金属《きんぞく》・機械工業が発達。米を原料におかしや日本酒をつくる食料品工業もさかん。**小千谷《おぢや》ちぢみ**などの伝統《でんとう》産業，燕《つばめ》市の金属洋食器などの地場産業が発達。

▶越後平野を水害から守るため**大河津《おおこうづ》分水路**(➡p.115)を整備《せいび》。**水田単作《たんさく》**で，**銘柄米《めいがらまい》**の「コシヒカリ」を生産。

●**結びつき**…日本海に面する国々と交流があり，新潟港ではロシアから液化《えきか》天然ガスや木材などを輸入《ゆにゅう》。

新潟県のマーク	
面積(km²)	12584
人口(万人)	225

▲新潟県のすがた

(2018年)

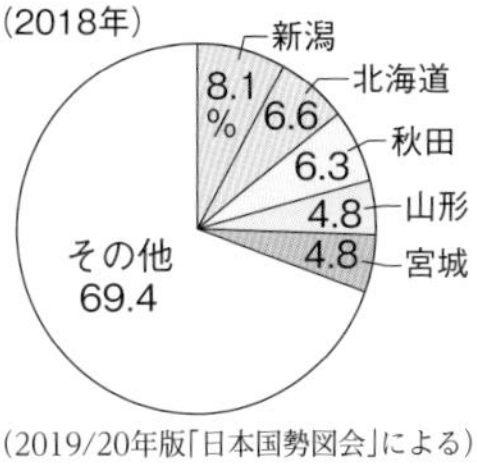

(2019/20年版「日本国勢図会」による)

▲米の生産量割合

用語

水田単作の地域

雪が積もる期間が長く，冬の農業が難《むずか》しいため，1年に1度，米だけを収穫《しゅうかく》している地域。

富山《とやま》県

●**自然**…神通川《じんづうがわ》などの流域《りゅういき》に富山平野。雪どけの水を工業用水などに利用。

●**産業**

▶黒部《くろべ》ダムで**水力発電**を行い，おもに近畿《きんき》地方へ送電。高岡《たかおか》市の銅器《どうき》の技術《ぎじゅつ》を生かして**アルミニウム加工業**が発達。

▶富山の薬売りなどの地場産業がさかん。

▶耕地《こうち》面積にしめる田の割合《わりあい》が高い。黒部川流域の扇状地《せんじょうち》では，土地改良で米を増産《ぞうさん》。チューリップの栽培《さいばい》がさかん。

▲黒部ダム：地面からの高さは186mで，日本一である。

●**文化**…富山湾《わん》の寒《かん》ぶりと大根をにつけたぶり大根が，郷土《きょうど》料理として受けつがれる。

●**結びつき**…ＪＲ《ジェイアール》線の乗客が減《へ》っていた富山市では，ＬＲＴ《エルアールティー》という路面電車に切りかえた。

富山県のマーク	
面積(km^2)	4248
人口(万人)	105
世界遺産《いさん》	・五箇山《ごかやま》の合《がっ》掌造《しょうづく》り集落

▲富山県のすがた

参考

アルミニウム

アルミニウムは精錬《せいれん》のときに多くの電気を必要とするため，「電気のかんづめ」とよばれる。現在《げんざい》の富山県では，輸入《ゆにゅう》したアルミニウムをサッシなどに加工する工業へ変化した。

用語

地場産業

資本《しほん》や原料の面で，地元と深く結びついた産業。

石川《いしかわ》県

●**自然**…北部に能登《のと》半島がのびている。南部は白山《はくさん》を中心とする山岳《さんがく》地帯。

●**産業**

▶**輪島塗《わじまぬり》**・金沢《かなざわ》はくなどの伝統《でんとう》産業，せんい工業が発達している。

▶稲作《いなさく》中心の農業を行う**水田単作《たんさく》**の地域《ちいき》。

▶ぶりの水あげは全国有数。

●**文化**…寒《かん》ぶりとかぶを，こうじにつけて熟成《じゅくせい》させたかぶら寿司《ずし》が，郷土料理として受けつがれる。

●**結びつき**…2015年に**北陸新幹線《ほくりくしんかんせん》**が金沢《かなざわ》市まで開通した。

石川県のマーク	
面積(km^2)	4186
人口(万人)	114

▲石川県のすがた

用語

ぶり

成長するにしたがってよび名が変わる「出世魚」の1つ。養殖《ようしょく》ものは一般《いっぱん》に「はまち」とよばれる。

福井県《ふくい》

●**自然**…**若狭湾《わかさ》**に海岸線が入り組んだ**リアス海岸**が見られる。勝山市《かつやま》は恐竜《きょうりゅう》の化石発掘量《はっくつりょう》が日本一である。

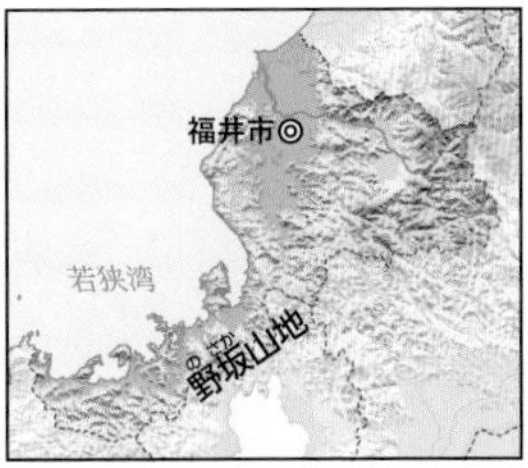

●**産業**

▶越前《えちぜん》和紙などの伝統産業。鯖江市《さばえ》のめがねフレームが，世界的な生産量を上げる地場産業に発展《はってん》。

▶**原子力発電所**の数がもっとも多い。

●**文化**…かにが学校給食に出て，生徒は食べ方を教わる。さばを塩づけにした後，ぬかづけにする「さばのへしこ」が，郷土料理として受けつがれる。

●**結びつき**…中部《ちゅうぶ》地方の県であるが，名古屋《なごや》市へ行くより大阪《おおさか》市へ行くほうが交通の便がよい。原子力発電所の電力は，近畿地方へ送電されている。

山梨県《やまなし》

●**自然**…甲府盆地《こうふぼんち》には**扇状地《せんじょうち》**が広がる。静岡《しずおか》県との県境《けんざかい》に**富士山《ふじさん》**があり，多くの登山客が訪《おとず》れる。

●**産業**

▶電子部品や自動車部品の工場が，中央自動車道沿《ぞ》いの山梨県から長野《ながの》県にかけて集まっている。

▶富士山や赤石山脈《あかいしさんみゃく》に囲《かこ》まれているため地下水が豊富《ほうふ》で，ミネラルウォーターの生産量は日本一。

▶甲府盆地の扇状地でぶどう・ももなどの果樹《かじゅ》栽培がさかん。観光農園も多く見られる。

●**結びつき**…関東《かんとう》地方との結びつきも強い。東京－名古屋間のリニアモーターカーが，2020年代に開通予定。

福井県のマーク	
面積(km²)	4191
人口(万人)	77

▲福井県のすがた

用語

原子力発電所

法律《ほうりつ》によって，岩盤《がんばん》が堅固《けんご》で，冷却水《れいきゃくすい》の得やすい海岸または大規模《だいきぼ》河川《かせん》沿いに建設することになっている。

山梨県のマーク	
面積(km²)	4465
人口(万人)	82
世界遺産	•富士山

▲山梨県のすがた

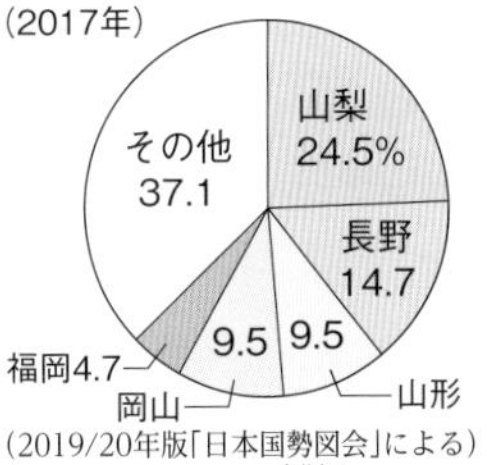

(2019/20年版「日本国勢図会」による)

▲ぶどうの生産量割合《わりあい》

参考

関東甲信越《こうしんえつ》

関東地方の1都6県と中部地方の山梨県・長野県・新潟《にいがた》県を，あわせて関東甲信越とよぶことがある。

入試ポイント

〈山梨県の果樹栽培〉

水はけのよい**扇状地**の中腹《ちゅうふく》でさかん。果樹園の地図記号（　）も重要。

▶甲府盆地の**昼夜の気温差が大きい**気候が，果樹栽培に適《てき》している。

長野《ながの》県

- **自然**…日本アルプス(飛騨《ひだ》山脈《さんみゃく》・木曽《きそ》山脈・赤石《あかいし》山脈)と，その間に盆地《ぼんち》がある。
- **産業**
  - ▶諏訪《すわ》盆地に情報《じょうほう》通信機械・電気機械の工場。
  - ▶長野盆地の扇状地《せんじょうち》では，養さんのためのくわの栽《さい》培《ばい》から，りんご・ぶどう・ももの栽培へ変化。
  - ▶**八ヶ岳**《やつがたけ》や**浅間山**《あさまやま》のふもとで，高原野菜のレタスを栽培。早朝に収穫《しゅうかく》した野菜を保冷車《ほれいしゃ》で東京《とうきょう》や大阪《おおさか》，名古屋《なごや》へ出荷《しゅっか》する。
- **環境**《かんきょう》…**上高地**《かみこうち》では自然を守るために自家用車の乗り入れを規制《きせい》し，バスで観光客を輸送《ゆそう》する。
- **結びつき**…高原にある軽井沢《かるいざわ》は避暑地《ひしょち》。

長野県のマーク	
面積(km²)	13562
人口(万人)	206

▲長野県のすがた

用語

上高地

飛騨山脈の南部にある観光地。氷河《ひょうが》がつくった地形や，さまざまな種類の樹木《じゅもく》が見られる。

> **入試ポイント**
> **〈長野県の高原野菜〉**
> **レタス**の出荷時期が問われやすい(夏から秋にかけて出荷)。
> ▶平地の茨城《いばらき》県では冬から春にかけて出荷。

岐阜《ぎふ》県

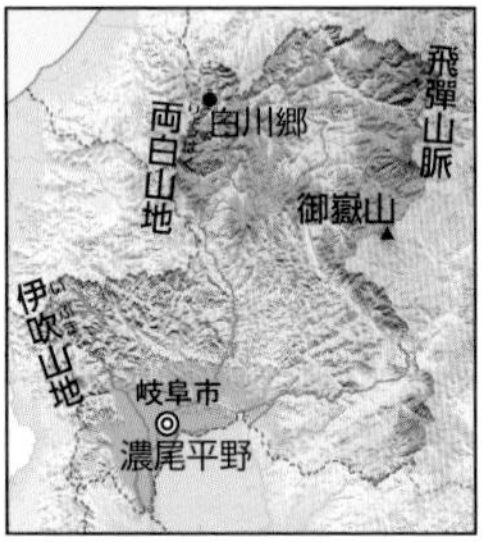

- **自然**…岐阜県・長野県の県境《けんざかい》にある御嶽山《おんたけさん》が，2014年に噴火《ふんか》。
- **産業**
  - ▶陶磁器製《とうじきせい》食器の全国一の生産県。陶磁器の技《ぎ》術《じゅつ》を発展《はってん》させファインセラミックスを生産。南部で航空宇宙《うちゅう》産業が発達。
  - ▶北部ではすずしい気候を利用した野菜栽培，南部では稲作《いなさく》や畜産《ちくさん》がさかん。
- **文化**…白川郷《しらかわごう》には合掌造《がっしょうづく》りの家が建ち並《なら》ぶ。濃尾《のうび》平野の西部では，水害からくらしを守るため，家や耕《こう》地《ち》を堤防《ていぼう》で囲《かこ》んだ**輪中**《わじゅう》がつくられた。
- **結びつき**…東海北陸《とうかいほくりく》自動車道が南北を結びつける。

岐阜県のマーク	
面積(km²)	10621
人口(万人)	200
世界遺産《いさん》	・白川郷の合掌造り集落

▲岐阜県のすがた

用語

合掌造り

はりを山の形に組み，屋根をかやでふいた建築《けんちく》様式。雪が積もりにくいよう，屋根は急角度になっている。

静岡《しずおか》県

●自然…沖合《おきあい》を暖流《だんりゅう》の**黒潮《くろしお》（日本海流）**が流れるため，冬も温暖《おんだん》。

●産業

▶**東海工業地域《ちいき》**では機械工業が中心。浜松《はままつ》市で二輪車や楽器，富士《ふじ》市で紙・パルプを生産。

▶日当たりと水はけがよい牧ノ原《まきのはら》の斜面《しゃめん》で茶を栽培。温暖な気候を生かしてみかんを冬に出荷。メロンの温室栽培もさかん。

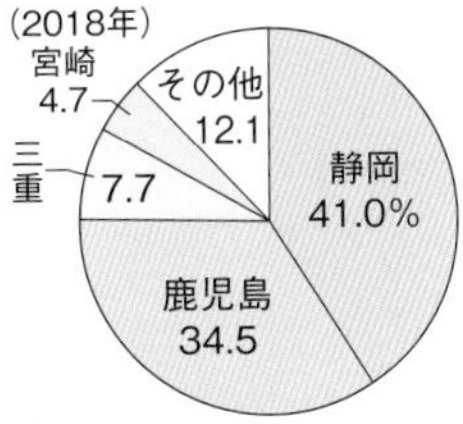

(2019/20年版「日本国勢図会」による)
▲茶の生産量割合《わりあい》

▶**焼津《やいづ》港**は遠洋漁業の基地《きち》で，まぐろを水あげ。

●結びつき…関東《かんとう》と近畿《きんき》を結ぶ**東海道新幹線《とうかいどうしんかんせん》**や**東名《とうめい》高速道路**などの交通網《もう》が通る。

静岡県のマーク	
面積（km^2）	7777
人口（万人）	366
世界遺産	・富士山 ・明治《めいじ》日本の産業革命《さんぎょうかくめい》遺産

▲静岡県のすがた

参考

いちごの石垣《いしがき》栽培

静岡市の有度山《うどやま》では，コンクリート板を積み上げ，切りこみにいちごの苗《なえ》を植えて栽培している。初めは石を積んだ石垣で栽培した。日当たりをよくするためのくふうである。

愛知《あいち》県

●自然…濃尾平野の南部に「木曽三川《さんせん》」とよばれる**木曽川**・**長良川《ながらがわ》**・**揖斐川《いびがわ》**が流れる。

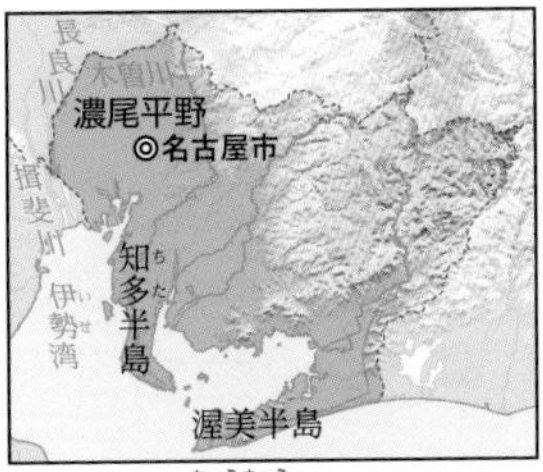

●産業

▶日本最大の工業出荷額《しゅっかがく》を上げる**中京《ちゅうきょう》工業地帯**で，豊田《とよた》市の自動車工業，東海市の鉄鋼業《てっこうぎょう》が発達。

▶水が不足しやすい台地や半島に，**明治《めいじ》用水**・**愛知用水**・**豊川《とよがわ》用水**が引かれた。

▶黒潮《くろしお》の影響《えいきょう》で温暖なため，露地《ろじ》栽培のキャベツを冬に出荷。渥美《あつみ》半島できくの電照《でんしょう》栽培。

●結びつき…**名古屋大都市圏《けん》**が広がる。海上の埋《う》め立て地に24時間発着可能な**中《ちゅう》部国際《ぶこくさい》空港**がある。名古屋港では自動車を輸出《ゆしゅつ》。

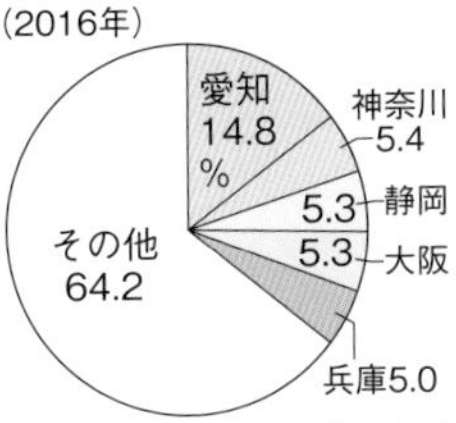

(2019年版「データでみる県勢」による)
▲全国の工業出荷額割合

愛知県のマーク	
面積（km^2）	5173
人口（万人）	754

▲愛知県のすがた

用語

電照栽培

温室の中で，夕方あるいは夜に電灯を照らすことで開花時期をずらし，出荷時期を調整する栽培方法。

近畿地方のすがた

◆**地形**

▶**琵琶湖《びわこ》**から流れ出た河川《かせん》が，京都盆地《きょうとぼんち》や大阪《おおさか》平野など中央部の低地を流れ，大阪湾《わん》に注ぐ。

▶北部にはなだらかな丹波《たんば》高地，南部には高く険《けわ》しい**紀伊《きい》山地**が広がる。

◆**気候**

▶北部は北西の**季節風《きせつふう》**の影響《えいきょう》で，冬に雪や雨が多い。

▶南部は南東の季節風の影響で，夏に温暖《おんだん》で雨が多い。

6 近畿《きんき》地方

三重《みえ》県

●**自然**…**志摩《しま》半島**に入り組んだ**リアス海岸**がある。

●**産業**

▶北部は中京《ちゅうきょう》工業地帯にふくまれ，四日市《よっかいち》市に石油化学コンビナート，鈴鹿《すずか》市に自動車工場，亀山《かめやま》市に液晶《えきしょう》パネル工場が立地する。

▶志摩半島で真《しん》珠《じゅ》・はまち・たいの養殖《ようしょく》。

▶高級牛肉の松《まつ》阪牛《さかうし》を飼育《しいく》。

▲志摩半島の英虞《あご》湾での真珠の養殖

▶紀伊山地で**尾鷲《おわせ》ひのき**を生産。

●**文化**…伊勢神宮《いせじんぐう》の参道《さんどう》に門前町《もんぜんまち》が栄えた。

●**結びつき**…愛知《あいち》県とのつながりが強く，東海《とうかい》の一部とされることもある。

三重県のマーク	
面積(km²)	5774
人口(万人)	179
世界遺産《いさん》	・紀伊山地の霊場《れいじょう》と参詣《さんけい》道

▲三重県のすがた

参考

「○日市」という地名

毎月決まった日に，市場(定期市➡ p.377)が開かれていたことに由来する地名。四日市では毎月4日，14日，24日が市場の開催日《かいさいび》だった。

滋賀《しが》県

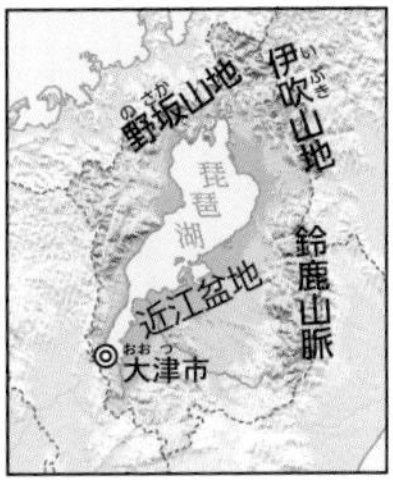

●**自然**…日本で最大の湖である**琵琶湖**が，県の面積の約6分の1をしめている。流れ出る河川が少ないため水が汚染《おせん》されやすい。

●**産業**

▶地場産業として，薬の生産・販売《はんばい》がさかん。
▶近江《おうみ》盆地で稲作《いなさく》がさかん。
▶県東部で近江牛を飼育。

●**結びつき**…琵琶湖は「近畿の水がめ」とよばれ，琵琶湖・淀川水系《よどがわすいけい》の水を利用している人たちは，近畿地方の約7割《わり》におよぶ。

●**環境《かんきょう》**…琵琶湖では1970年代以降《いこう》，赤潮《あかしお》やアオコの被害《ひがい》が増《ふ》えた。県ではリンをふくむ合成洗剤《せんざい》の使用を禁止《きんし》したり，工場廃水《はいすい》を制限《せいげん》したりして環境を改善《かいぜん》した。

滋賀県のマーク	
面積(km²)	4017
人口(万人)	141
世界遺産	・古都京都の文化財

▲滋賀県のすがた

▲市民による琵琶湖の清掃《せいそう》活動

京都府

●**自然**…北部は**丹波高地**など山がちな地形。南部は京都盆地が広がり，夏に高温となる。

●**産業**

▶西陣織《にしじんおり》・京友禅《きょうゆうぜん》・清水焼《きよみずやき》などの伝統産業がさかん。清水焼の技術《ぎじゅつ》はファインセラミックスに利用されている。
▶朝に収穫《しゅうかく》した賀《か》茂《も》なすや九条《くじょう》ねぎを，その日のうちに出荷《しゅっか》(**近《きん》郊《こう》農業**)。

▲京都市の町家

●**文化**…京都市では，歴史的街並《まちな》みを守るため，昔ながらの低層《ていそう》の木造住宅《もくぞうじゅうたく》である**町家《まちや》**の保存《ほぞん》や，はでな広告の規制《きせい》などを行っている。

●**結びつき**…京都市は国際観光都市。

京都府のマーク	
面積(km²)	4612
人口(万人)	259
世界遺産	・古都京都の文化財

▲京都府のすがた

参考

古都・京都

京都市には，かつて1000年以上も都として栄えた平安京《へいあんきょう》があった。そのため数多くの国《こく》宝《ほう》・重要文化財《ぶんかざい》が保存されてきた。その碁盤《ごばん》の目のような街路は，今も残されている。日本を代表する祭りの1つ，祇《ぎ》園祭《おんまつり》も開かれている。

大阪府《おおさか》

●**自然**…平地が多く，人が住むことのできる土地の面積割合《わりあい》が，日本でもっとも高い。

●**産業**

▶**阪神《はんしん》工業地帯**で重化学工業が発達。大阪湾岸《わんがん》の埋《う》め立て地に化学・金属，内陸部に電気製品《せいひん》の工場が建ち並《なら》ぶ。自転車部品，日用品などの中小工場も多い。

▶**卸売《おろしうり》業**がさかんで，主要道路沿《ぞ》いに金物・せんいなどの**問屋《とんや》**が集まっている。

●**結びつき**…大阪から神戸《こうべ》，京都《きょうと》まで**大阪(京阪神《けいはんしん》)大都市圏《けん》**が広がる。大阪市を中心に鉄道や道路がのび，千里《せんり》・泉北《せんぼく》などの**ニュータウン**が建設《けんせつ》された。南部の泉州沖《せんしゅうおき》にある**関西国際《かんさいこくさい》空港**は24時間利用できる。

大阪府のマーク	
面積(km²)	1905
人口(万人)	881
世界遺産《いさん》	•百舌鳥《もず》・古《ふる》市《いち》古墳群《こふんぐん》

▲大阪府のすがた

参考

江戸《えど》時代の大阪

商業の中心地として発展《はってん》し，「天下の台所」とよばれていた。

入試ポイント

〈大阪府の工業〉

工場の規模《きぼ》が問われやすい(1工場あたりの出荷額《しゅっかがく》が少ない)。

▶東大阪市や八尾《やお》市などの内陸部に**中小工場**が多い。

兵庫《ひょうご》県

●**自然**…北部は日本海《にほんかい》側の気候で，スキー場がある。瀬《せ》戸内海《とないかい》に面する南部は雨が少なく，かんがい用のため池の数は日本一。

●**産業**

▶神戸市では，くつなどをつくる中小工場が多い。

▶高級牛肉(神戸ビーフ)となる但馬牛《たじまうし》が飼育《しいく》されている。

▲神戸市の異人館

●**文化**…神戸市には洋風建築《けんちく》の異人館《いじんかん》が残る。

●**開発**…六甲《ろっこう》山地をけずった土を利用して，人工島の**ポートアイランド**を造成《ぞうせい》した。

兵庫県のマーク	
面積(km²)	8401
人口(万人)	548
世界遺産	•姫路城《ひめじじょう》

▲兵庫県のすがた

参考

ボランティア元年

1995年の阪神・淡路大震災《あわじだいしんさい》のとき，全国からたくさんの人たちがボランティアとして集まり，その数は100万人をこえた。この中には，初めてボランティア活動をした人も多かったため，1995年は「ボランティア元年」とよばれた。

奈良県《なら》

自然…北部は奈良盆地《ぼんち》などの平地，南部は**紀伊山地**《きい》が広がる。

産業

- 南部の紀伊山地では，**吉野《よしの》すぎ**などの良質《りょうしつ》な木材が生産される。
- ため池を利用した金魚の養殖《ようしょく》がさかん。

▲歴史的景観に気を配ったコンビニエンスストアのつくり（明日香《あすか》村）

文化…かつて都が置かれた**平城京**《へいじょうきょう》（奈良市）などに，史跡《しせき》や文化財《ぶんかざい》が集中し，歴史的景観の保存《ほぞん》が進められている。

結びつき…国際《こくさい》観光都市である奈良市では，伝統《でんとう》料理などが観光資源《しげん》として生かされている。

和歌山県《わかやま》

自然…県の大部分をしめる**紀伊山地**から，紀《き》の川《かわ》・有《あり》田川《だがわ》・熊野川《くまのがわ》が流れ出る。

産業

- 和歌山市は阪神工業地帯の南端《なんたん》に位置し，化学・金属《きんぞく》工業がさかん。
- 温暖《おんだん》な気候を生かして，山の斜面《しゃめん》でみかんやうめを栽培《さいばい》。
- 都市部の企業《きぎょう》が，紀伊山地の森林を育てる活動にかかわっている。

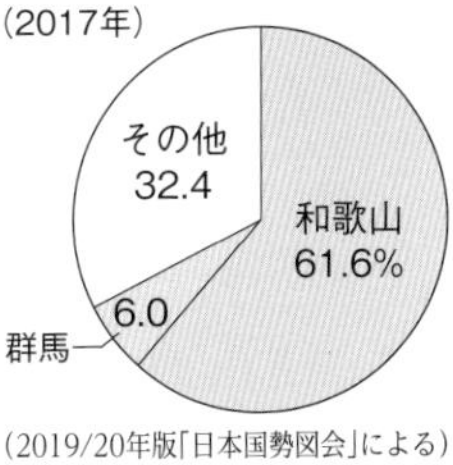

（2019/20年版「日本国勢図会」による）

▲うめの生産量割合

文化…太地《たいじ》町では，江戸時代からくじら・いるかの漁が続けられてきたが，批判的《ひはんてき》な意見もある。

結びつき…熊野三山と伊勢《いせ》神宮を結ぶ**熊野古道**《こどう》。

奈良県のマーク	
面積（km²）	3691
人口（万人）	134
世界遺産	・古都奈良の文化財 ・紀伊山地の霊場《れいじょう》と参詣《さんけい》道 ・法隆寺地域《ほうりゅうじちいき》の仏教建造《ぶっきょうけんぞう》物

▲奈良県のすがた

用語

紀伊山地

温暖で雨が多いため，樹木《じゅもく》の生長が早い。かつては山で伐《ばっ》採《さい》されたすぎが，いかだで熊野川などを下って下流へ運ばれ，河口《かこう》で製材《せいざい》された。

和歌山県のマーク	
面積（km²）	4725
人口（万人）	94
世界遺産	・紀伊山地の霊場と参詣道

▲和歌山県のすがた

参考

飛び地の北山村《きたやま》

紀伊半島南部の北山村は，林業の面で古くから和歌山県新《しん》宮《ぐう》市との結びつきが強かった。このため，奈良県と三重《みえ》県に囲《かこ》まれているにもかかわらず，和歌山県に属《ぞく》することを選び，「飛び地」となった。

中国・四国地方のすがた

◆地形

- 中国《ちゅうごく》地方はなだらかな**中国山地**が広がり，これより北側を**山陰《さんいん》**とよぶ。
- 四国《しこく》地方は険《けわ》しい**四国山地**が連なる。

◆気候

- 中国山地と四国地方にはさまれた**瀬戸内《せとうち》地方**は，季節《きせつ》風《ふう》がさえぎられるため，降《こう》水量《すいりょう》が少なく温暖《おんだん》である。
- 南四国は黒潮《くろしお》(日本海流)の影響《えいきょう》で1年を通じて温暖。
- 山陰は北西の季節風の影響で，冬も降水量が多い。

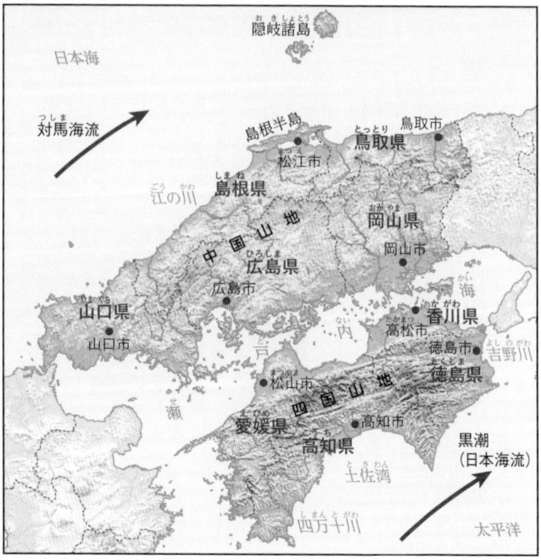

7 中国・四国地方

鳥取《とっとり》県

●自然…日本海《にほんかい》に面し，日本有数の砂《さ》丘《きゅう》である**鳥取砂丘**が広がる。島根《しまね》県との間にまたがる中海《なかうみ》は，ラムサール条約《じょうやく》に登録されている。

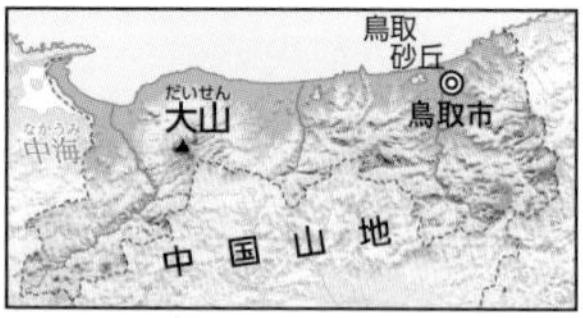

▲鳥取砂丘

●産業

- **日本なし**の栽培《さいばい》がさかん。鳥取砂丘では，スプリンクラーなどのかんがい施設《しせつ》を使った，らっきょうやメロンの栽培がさかん。
- **境港《さかいみなと》市**にある境港《さかいこう》は全国有数の水あげ量をほこる。

●文化…有名なまんが家の出身地である境港市や北栄《ほくえい》町では，まんがのキャラクターを地域《ちいき》おこしに活用している。

鳥取県のマーク	
面積(km²)	3507
人口(万人)	56

▲鳥取県のすがた

用語

鳥取砂丘

鳥取砂丘では，スプリンクラー(自動的に水をまく機械)や，点滴《てんてき》かんがい(養分の入った水のしずくを農作物の根元に送る方法)，砂《すな》の移動《いどう》を止めるための防砂林《ぼうさりん》などがとり入れられ，畑作がさかんになった。これらの技術《ぎじゅつ》は，世界の砂漠《さばく》化《か》の解決《かいけつ》にも役立てられている。

島根県

● **自然**…風が強い出雲《いずも》平野には，築地松《ついじまつ》とよばれる四角い防風林《ぼうふうりん》が見られる。

● **産業**

▶漁業がさかんで，かに・ぶり・あじなどの水あげが多い。

▲築地松

● **文化**…出雲大社は「縁《えん》結びの神様」として知られる。石見《いわみ》地域では，神話などを題材に舞《まい》をまう石見神楽《かぐら》が受けつがれている。

● **結びつき**…少子化と高齢化《こうれいか》で**過疎化《かそか》**が進む市町村が多く，観光開発に力を入れている。浜田《はまだ》自動車道の開通で，瀬戸内地方との交通の便がよくなった。

島根県のマーク	
面積(km^2)	6708
人口(万人)	68
世界遺産《いさん》	• 石見銀山遺《い》跡《せき》とその文化的景観

▲島根県のすがた

用語

石見銀山
豊臣秀吉《とよとみひでよし》(➡p.403)や徳川家《とくがわいえ》康《やす》によって開発された銀山。当時は世界の銀の生産量のうち，日本が約3分の1をしめ，石見銀山はその中心的な生産地だった。

岡山《おかやま》県

● **自然**…中国山地の山間に津山盆地《つやまぼんち》があり，その南に吉備《きび》高原が広がる。岡山平野が瀬戸内海《せとないかい》に面している。

● **産業**

▶**瀬戸内工業地域**の中心地域。倉敷《くらしき》市では遠浅《とおあさ》の海岸を埋《う》め立てて，化学・鉄鋼《てっこう》などの**水島《みずしま》コンビナート**(➡p.258)を建設《けんせつ》。

▶丘陵《きゅうりょう》でぶどう(中でもマスカット)・ももの栽培がさかん。

● **文化**…倉敷市では美観地区が設《もう》けられ，伝統的《でんとうてき》な街《まち》並《な》みが保存《ほぞん》されている。

● **結びつき**…岡山県倉敷市と香川《かがわ》県坂出《さかいで》市との間に**瀬《せ》戸《と》大橋《おおはし》**が開通し，瀬戸内海をこえる通勤者《つうきんしゃ》が増加《ぞうか》。

岡山県のマーク	
面積(km^2)	7114
人口(万人)	190

▲岡山県のすがた

用語

瀬戸大橋
本州《ほんしゅう》四国連絡橋《れんらくきょう》の1つ。鉄道と自動車の両方が通れる。

広島県《ひろしま》

広島県のマーク	
面積(km^2)	8480
人口(万人)	282
世界遺産《いさん》	●原爆《げんばく》ドーム ●厳島《いつくしま》神社

▲広島県のすがた

●**自然**…中国《ちゅうごく》山地から瀬《せ》戸内海《とないかい》へ向かって，階《かい》段状《だんじょう》に低くなった地形。太田川《おおたがわ》の下流に**三角州《さんかくす》**。

●**産業**

▶広島市とその周辺で自動車，福山《ふくやま》市・呉《くれ》市で鉄鋼《てっこう》を生産。

▶波の静かな広島湾《わん》でかきを養殖《ようしょく》。

●**人口**…広島市で過密《かみつ》が進む一方，県全体では高齢者《こうれいしゃ》の割合《わりあい》が高く，**過疎化《かそか》**が進んでいる。

●**文化**…**鞆《とも》の浦《うら》**(福山市)が海上交通の拠点《きょてん》として発展《はってん》。

●**結びつき**…瀬戸内海沿岸《えんがん》を**東海道《とうかいどう》・山陽新幹線《さんようしんかんせん》**や**山陽自動車道**が通る。広島県尾道《おのみち》市と愛媛《えひめ》県今治《いまばり》市を，本州四国連絡橋《ほんしゅうしこくれんらくきょう》の**瀬戸内しまなみ海道**が結んでいる。

用語

広島市

城下町から発展した。第二次世界大戦では原子爆弾《げんしばくだん》を投下されたが，戦後に復興《ふっこう》し，中国・四国地方の政治《せいじ》・経済《けいざい》・文化の中心地となった。人口は100万人をこえている。

入試ポイント

〈広島市の特色〉

人口，地形，工業の特色が問われやすい。

▶地方の中心となる100万都市，三角州にある，自動車工業がさかん，など。

山口県《やまぐち》

山口県のマーク	
面積(km^2)	6113
人口(万人)	137
世界遺産	●明治《めいじ》日本の産業革命《さんぎょうかくめい》遺産

▲山口県のすがた

●**自然**…秋吉台《あきよしだい》に日本最大の**カルスト台地**。

●**産業**

▶周南《しゅうなん》市・岩国《いわくに》市に**石油化学コンビナート**がある。宇部《うべ》市では医薬品や化学肥料《ひりょう》，防府《ほうふ》市で自動車を生産。下松《くだまつ》市ではかつての造船《ぞうせん》工場を利用して鉄道車両を生産。

▶下関《しものせき》市でふぐの水あげ。

▲萩市の歴史的街並み

●**文化**…江戸《えど》時代の城下町《じょうかまち》・萩《はぎ》市で，武家屋敷《ぶけやしき》などの歴史的な街並《まちな》みを保存《ほぞん》。

●**結びつき**…古くから，都のある近畿《きんき》と大陸を結ぶ交通の要地として栄えてきた。

用語

カルスト台地

石灰岩が地下水などで侵食《しんしょく》されてできた地形。地上にはすりばち状《じょう》のくぼ地や岩柱が，地下には鍾乳洞《しょうにゅうどう》が見られる。

徳島《とくしま》県

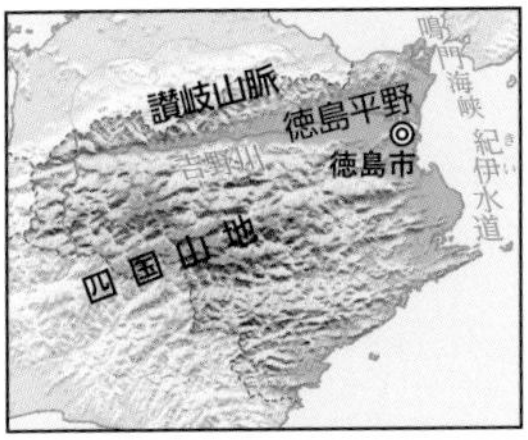

- **自然**…讃岐《さぬき》山脈の南側を**吉野川《よしのがわ》**が流れる。鳴《なる》門《と》海峡《かいきょう》ではうず潮《しお》が発生する。
- **産業**
  - ▶すだちの日本一の生産県。**上勝《かみかつ》町**では日本料理にそえる葉や草(つまもの)の生産・販売《はんばい》で，高齢者が活躍《かつやく》している。
- **文化**…徳島市で阿波《あわ》おどり。樫原《かしはら》(上勝町)の**棚田《たなだ》**は重要文化的景観に指定されている。
- **結びつき**…**大鳴門《おおなると》橋《きょう》・明石《あかし》海峡大橋《かいきょうおおはし》**(本州四国連絡橋の神戸《こうべ》－鳴門ルート)の開通により，大阪《おおさか》大都市圏《けん》への移動時間が短くなった。
- **開発**…交通量が増《ふ》えた徳島市では，線路を高架化《こうかか》。人口減少《げんしょう》が進む山間部の神山《かみやま》町では，高速通信網《もう》を整備して情報技術《じょうほうぎじゅつ》関連企業《きぎょう》の進出をうながした。

徳島県のマーク	
面積(km^2)	4147
人口(万人)	74

▲徳島県のすがた

注意

本州四国連絡橋の影響《えいきょう》

本州四国連絡橋の通行量が増えたことで，瀬戸内海のフェリー航路《こうろ》の廃止《はいし》が相次いだ。また，本州の大都市に人がすい寄《よ》せられて四国の商店の売上が減《へ》る，人口の流出が加速するなどのストロー現象《げんしょう》が起きている。

香川《かがわ》県

- **自然**…降水量《こうすいりょう》の少ない**讃岐平野**には，多くの**ため池**が残されている。吉野川の水をダムでせき止め，トンネルで香川県まで引く**香川用水**が建設《けんせつ》された。
- **産業**
  - ▶うちわ・手ぶくろなどの地場産業がさかん。
  - ▶小豆島《しょうどしま》でオリーブを生産。
- **文化**…**讃岐うどん**で知られる。空海《くうかい》の開いた寺などをめぐる「お遍路《へんろ》」で，四国各地をまわる人が多い。
- **結びつき**…**瀬戸大《せとおお》橋《はし》**の開通で，自動車や鉄道で瀬戸内海をわたって通《つう》勤《きん》・通学する人が増えた。

▲瀬戸大橋(香川県側から)

香川県のマーク	
面積(km^2)	1877
人口(万人)	96

▲香川県のすがた

参考

香川県のため池

讃岐平野を中心に，14000以上のため池がある。その中には，平安《へいあん》時代に空海《くうかい》が整備《せいび》したと伝えられる満濃池《まんのういけ》もふくまれる。

愛媛県《えひめ》

●**自然**…宇和海《うわかい》に面した西側は**リアス海岸**が広がり，海岸線が長い。降水量《こうすいりょう》は瀬戸《せと》内《うち》側で少ない。

●**産業**

▶新居浜《にいはま》市で医薬品や化学肥料《ひりょう》を生産。四国中央《しこくちゅうおう》市は紙・パルプの出《しゅっ》荷額《かがく》が日本一。今治《いまばり》市で高級タオルを生産。

▶日当たりのよい段々畑《だんだんばたけ》でみかんを栽培《さいばい》。ほかの産地との競争が激《はげ》しく，出荷時期の調整，品種改良などのくふうをしている。

▶リアス海岸でぶり・たいの養殖《ようしょく》がさかん。

●**結びつき**…**瀬戸内しまなみ海道**沿《ぞ》いの島々が自然や食文化を体験できるツアーを組んでいる。

愛媛県のマーク	
面積(km^2)	5676
人口(万人)	135

▲愛媛県のすがた

参考

今治市のタオル

温暖で雨の少ない気候が綿《めん》花《か》に適《てき》していたため，江戸《えど》時代から綿花栽培がさかんだった。その綿花を使って発達した伝統《でんとう》産業が伊予《いよ》かすりで，織《お》りや染《そ》めの技術《ぎじゅつ》が今治タオルに受けつがれている。

入試ポイント

〈愛媛県のみかん栽培〉

国内産地との競争，外国産との競争が問われやすい。

▶和歌山《わかやま》・静岡《しずおか》県との競争。1991年にオレンジの輸入自由化。

高知県《こうち》

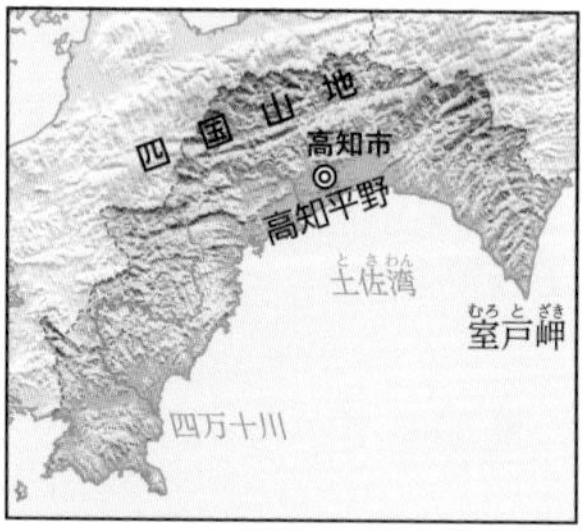

●**自然**…黒潮《くろしお》と季節風《きせつふう》の影響《えいきょう》により温暖《おんだん》で雨が多い。雨の少ない香川《かがわ》県などへ香川用水を通じて水を送る**早明浦《さめうら》ダム**がある。

●**産業**

▶高知平野では，ビニールハウスを利用して生長を早める**促成《そくせい》栽培**で，大都市向けのなすなどを栽培し，**本州《ほんしゅう》四国連絡橋《れんらくきょう》**を通じて出荷。

▶馬路《うまじ》村でゆずを使ったジュースなどを生産。

●**開発**…高知市では，鉄道の高架化《こうかか》などで渋滞対策《じゅうたいたいさく》。**過疎化《かそか》**の進む四万十《しまんと》町では，廃校《はいこう》となった学校の建物を，高齢者《こうれいしゃ》の介護施設《かいごしせつ》として利用している。

高知県のマーク	
面積(km^2)	7104
人口(万人)	71

▲高知県のすがた

参考

棚田《たなだ》オーナー制度《せいど》

高知県西部の檮原《ゆすはら》町では，山の斜面《しゃめん》を利用した階段状《かいだんじょう》の棚田を保存《ほぞん》するため，都市部の人たちなどを対象に棚田のオーナーを募集《ぼしゅう》し，米づくりを体験してもらっている。

九州地方のすがた

地形

- いちばん大きな九州島《きゅうしゅうとう》をはじめ，対馬《つしま》・五島《ごとう》列島・南西諸島《しょとう》など多くの島々が連なっている。
- **阿蘇山《あそさん》**・**桜島《さくらじま》(御岳《おんたけ》)**・**雲仙岳《うんぜんだけ》**・霧島山《きりしまやま》・くじゅう連山《れんざん》など，火山活動が活発な山が多い。

気候

- **梅雨《つゆ》**が始まる夏から秋にかけて降水量が多く，**台《たい》風《ふう》**の通り道となることも多い。
- 東西に暖流が流れているため温暖。北部では，冬には北西の季節風の影響で雪が降《ふ》ることもある。

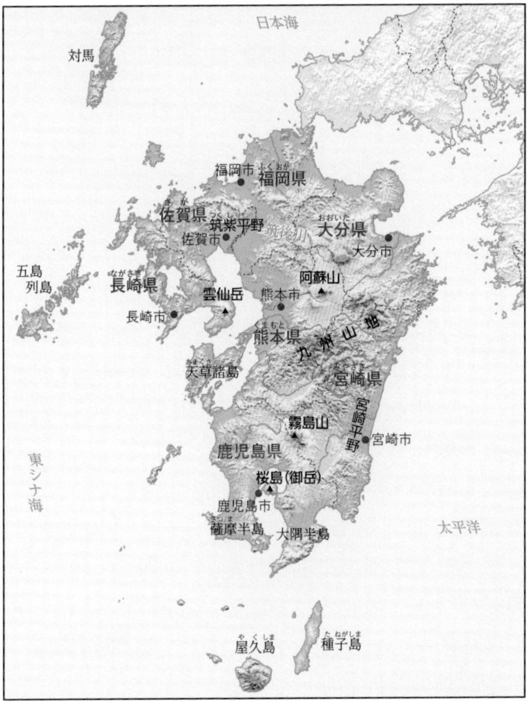

南西諸島
大隅《おおすみ》半島より南にある鹿《か》児島《ごしま》県の島々と，沖縄《おきなわ》県の島々を，まとめて南西諸島とよぶ。

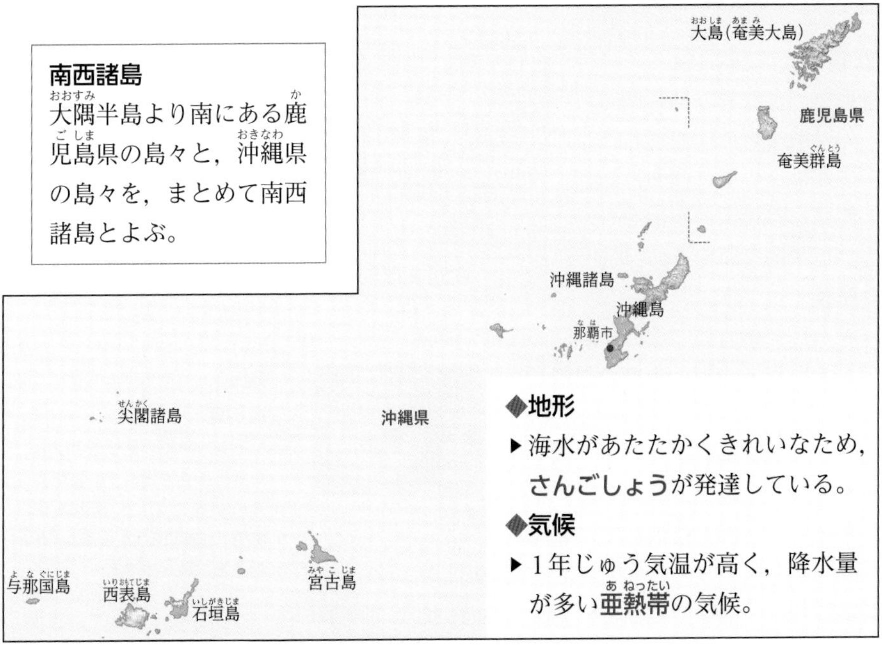

地形

- 海水があたたかくきれいなため，**さんごしょう**が発達している。

気候

- 1年じゅう気温が高く，降水量が多い**亜熱帯《あねったい》**の気候。

8 九州《きゅうしゅう》地方

福岡《ふくおか》県

●**自然**…県庁所在地《けんちょうしょざいち》の**福岡市**では，都市の周辺部と比《くら》べて中心部の気温が上がる**ヒートアイランド現《げん》象《しょう》**が発生。

●**産業**

▶明治《めいじ》時代に**八幡製鉄所《やはたせいてつじょ》**が北九州《きたきゅうしゅう》につくられ，鉄鋼《てっこう》業が発達。**北九州工業地域《ちいき》**ではエネルギーの中心が石炭から石油へ移《うつ》るにつれ，鉄鋼業はおとろえ，自動車などの機械工業が進出した。

▶**筑紫《つくし》平野**は九州第一の米の生産地。いちごの栽培《さいばい》もさかん。

●**環境《かんきょう》**…北九州市は大気汚染《おせん》などの公害を乗りこえ，**環境モデル都市**に選ばれた。

●**結びつき**…福岡市は韓国《かんこく》と高速船で結ばれ，アジア各都市への航空便も多い。また，**山陽新幹線《さんようしんかんせん》**，**九州新幹線**の起点となっている。

福岡県のマーク	
面積(km²)	4987
人口(万人)	511
世界遺産《いさん》	●明治日本の産業革命《さんぎょうかくめい》遺産 ●「神宿る島」宗像《むなかた》・沖ノ《おきの》島《しま》と関連遺産群《ぐん》

▲福岡県のすがた

参考

エコタウン

北九州市など，環境に優《やさ》しいまちづくりに積極的な都市で進められている事業。北九州市には，廃棄物《はいきぶつ》をリサイクルする工場が集められている。

佐賀《さが》県

●**自然**…となりの福岡県との県境《けんざかい》を**筑後川**が流れる。北部は玄界灘《げんかいなだ》に面し，南部は日本最大の干潟《ひがた》をもつ**有明海《ありあけかい》**に面する。

●**産業**

▶有田《ありた》・伊万里《いまり》などの陶磁器《とうじき》の産地がある。

▶有明海の沿岸《えんがん》でのりの養殖《ようしょく》がさかん。また，干拓《かんたく》(➡p.163)により耕地《こうち》を広げた。

▲有田焼

●**環境**…「太陽光王国・佐賀」をかかげ，一部の自治体では**太陽光発電**のパネルつき住宅《じゅうたく》に補助金《ほじょきん》を出している。

●**結びつき**…福岡県とともに大陸への窓口《まどぐち》として発展。

佐賀県のマーク	
面積(km²)	2441
人口(万人)	82
世界遺産	●明治日本の産業革命遺産

▲佐賀県のすがた

用語

有田焼

16世紀，朝鮮《ちょうせん》半島に攻《せ》め入った豊臣秀吉《とよとみひでよし》が連れ帰った朝鮮人の職人《しょくにん》によって，優《すぐ》れた陶磁器の技術《ぎじゅつ》がもたらされ，九州各地に産地がうまれた。

長崎《ながさき》県

●自然…人が住む島の数がもっとも多い県。**リアス海岸**が多いため海岸線も長い。島原《しまばら》半島の**雲仙岳**《うんぜんだけ》は，噴火《ふんか》による火砕流《かさいりゅう》で大きな被害《ひがい》をもたらした。

●産業

▶長崎市で古くから造船業《ぞうせんぎょう》が発達。

▶**大陸棚**《たいりくだな》（➡p.174）をもつ東シナ海に面するため，漁《ぎょ》獲量《かくりょう》は北海道《ほっかいどう》に次ぐ第2位。

▶有明海に面した諫早《いさはや》市で干拓が進められたが，のりの養殖などへの影響《えいきょう》が出ている。

●文化…広島《ひろしま》市とともに，原子爆弾《げんしばくだん》による被爆地《ひばくち》としての平和学習が活発である。

●結びつき…対馬《つしま》は朝鮮半島まで約 50 km の距離《きょり》。長崎市には横浜《よこはま》市・神戸《こうべ》市と並《なら》ぶ大きな中華街《ちゅうかがい》。

長崎県のマーク	
面積（km^2）	4131
人口（万人）	134
世界遺産	• 明治日本の産業革命遺産 • 長崎と天草《あまくさ》地方の潜伏《せんぷく》キリシタン関連遺産

▲長崎県のすがた

用語

火砕流

火山の噴火で，高温の火山ガスや溶岩《ようがん》，火山灰《かざんばい》，軽石《かるいし》などが高速で流れくだること。

熊本《くまもと》県

●自然…水資源《みずしげん》にめぐまれ，熊本市の水道水はすべて地下水でまかなわれている。**阿蘇山**《あそさん》には噴火によってできた大きなくぼ地（カルデラ）が見られる。2016 年には熊本地震《じしん》が発生した。

●産業

▶熊本市をはじめ県内に IC《アイシー》（集積回路）（➡P.234）の工場が進出。電子工業がさかんになった九州は「シリコンアイランド」とよばれるようになった。

▶トマトやすいか，い草の栽培がさかん。

▶肉牛・乳牛《にゅうぎゅう》ともに飼育《しいく》頭数は全国有数。阿蘇山周辺で放牧される肉牛は阿蘇あか牛とよばれる。

●環境…化学工場からの廃水《はいすい》で**水俣病**《みなまたびょう》が発生。その後，海をきれいにする努力が行われ，水俣市は現在《げんざい》，**環境モデル都市**に指定されている。

熊本県のマーク	
面積（km^2）	7410
人口（万人）	176
世界遺産	• 明治日本の産業革命遺産

▲熊本県のすがた

参考

阿蘇山のカルデラ

南北約25km，東西約18kmの大きさをもつ。牧草地が荒《あ》れ地になるのを防《ふせ》ぐため，草原を焼きはらう野焼きが定期的に行われている。

▲水俣市の細かいごみの分別

大分県《おおいた》

●**自然**…火山活動が活発で，温泉《おんせん》の源泉数《げんせんすう》が日本一。豊後《ぶんご》水道に面する南部には**リアス海岸**が発達している。

●**産業**

▶大分市では石油化学工業，鉄鋼業《てっこうぎょう》がさかん。

▶九重《ここのえ》町では，火山活動で熱せられた水と蒸気《じょうき》で発電する**地熱《ちねつ》発電**がさかん。日田《ひた》市では，生ごみや家畜《かちく》のふん尿《にょう》を利用した**バイオマス発電**。

▶佐賀関《さがのせき》地区ではあじ・さばを水あげ。

●**結びつき**…市町村ごとに特色ある地場産業を育てる「**一村一品《いっそんいっぴん》運動**」が行われた。

大分県のマーク	
面積（km^2）	6341
人口（万人）	114

▲大分県のすがた

用語

再生可能《さいせいかのう》エネルギー

地球環境《かんきょう》に対する負担《ふたん》が少なく，くり返し利用が可能な太陽光・地熱・風力などのエネルギー。

八丁原《はっちょうばる》地熱発電所（九重町）▶

入試ポイント

〈再生可能エネルギー〉

発電所ごとの立地条件《じょうけん》に注意しよう。

▶地熱…火山が近い。太陽光…日照時間が長い。風力…風が強い。

宮崎県《みやざき》

●**自然**…九州《きゅうしゅう》山地から流れ出た川が宮崎平野を流れ，日向《ひゅうが》灘《なだ》にそそいでいる。2011年に霧島山《きりしまやま》の新燃岳《しんもえだけ》が噴火《ふんか》した。日照時間が長い。

●**産業**

▶延岡《のべおか》市で化学工業がさかん。

▶宮崎平野では，ビニールハウスを使ったきゅうり・ピーマンの**促成栽培《そくせいさいばい》**がさかん。

▶肉牛・ぶた・肉用若鶏《わかどり》の飼育数《しいくすう》が，鹿児島《かごしま》県と並《なら》んで多い。宮崎牛・地鶏《じどり》などの食肉がブランド化されている。

●**結びつき**…陸上交通の整備《せいび》が進んでいないため，航《こう》空機《くうき》を利用する観光客が多い。

宮崎県のマーク	
面積（km^2）	7735
人口（万人）	108

▲宮崎県のすがた

▲きゅうりの生産量割合《わりあい》

鹿児島県

鹿児島県のマーク	
面積(km²)	9187
人口(万人)	161
世界遺産《いさん》	• 屋久島 • 明治《めいじ》日本の産業革命《さんぎょうかくめい》遺産

▲鹿児島県のすがた

- **自然**…**桜島**《さくらじま》から噴出《ふんしゅつ》する火《か》山灰《ざんばい》の影響《えいきょう》を受ける。古い火山の噴出物によってできた**シラス台地**は，水はけがよく，大雨による土砂《どしゃ》くずれが起きやすい。**屋久島**《やくしま》にすぎの原生林がある。
- **産業**
  - 鹿児島市に巨大《きょだい》な**太陽光発電所**(メガソーラー)がある。喜入《きいれ》に輸入《ゆにゅう》した原油をためておく基地《きち》がある。
  - シラス台地で，さつまいも・茶などの栽培がさかん。
  - 奄美大島《あまみおおしま》にはさとうきびからつくる黒糖《こくとう》，大島つむぎなどの特産物がある。
- **結びつき**…鹿児島市に**九州新幹線**《しんかんせん》の起点となる駅。

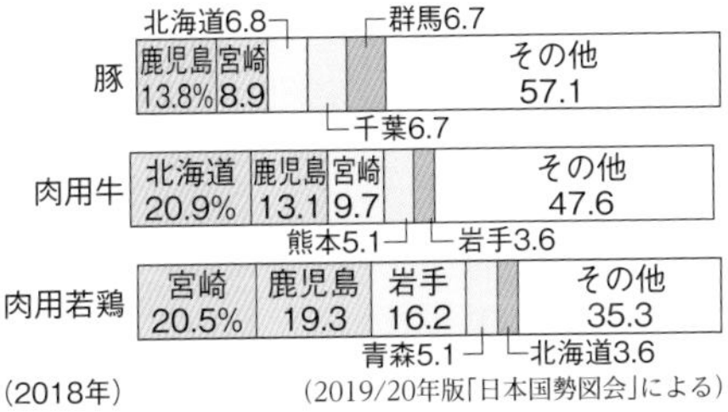

▲豚・肉用牛・肉用若鶏の飼育頭数割合

沖縄《おきなわ》県

沖縄県のマーク	
面積(km²)	2281
人口(万人)	145
世界遺産	• 琉球王国のグスクおよび関連遺産群《ぐん》

▲沖縄県のすがた

- **自然**…1年を通して温暖《おんだん》で，桜《さくら》は1月に開花する。**台風**《たいふう》の通り道にあたり，強風や集中豪雨《ごうう》による被害《ひがい》が多い。
- **産業**
  - さとうきび・パイナップルの栽培がさかん。
  - 紅型《びんがた》・琉球漆器《りゅうきゅうしっき》などの伝統《でんとう》産業。楽器の三線《さんしん》。
  - **さんごしょう**などを活用した観光産業がさかん。
  - 電話で問いあわせに答えるコールセンターが多い。
- **歴史**…第二次世界大戦で戦場となった(沖縄戦)。戦後はアメリカ軍の占領下《せんりょうか》に置かれたが，1972年にアメリカから日本へ返還《へんかん》された。
- **結びつき**…沖縄県の面積の約8％(沖縄島だと約15％)がアメリカ軍施設《しせつ》。那覇《なは》空港で貨物輸送《かもつゆそう》がさかんで，沖縄県の国内航空貨物輸送量は東京《とうきょう》都に次いで2位。

用語

さんごしょう

海底で生きるさんごが集まってつくられる地形。沖縄県ではリゾート開発によって土が海に流れ出し，さんごしょうが死滅《しめつ》する被害が出ている。

☑ まとめチェック

知識を整理・確認しよう！

	答え
① 日本の都道府県	①
□ ① 県庁《けんちょう》が置かれている都市を何というか。	① 県庁所在地《しょざいち》
□ ② 7地方のうち，近畿《きんき》地方と九州《きゅうしゅう》地方にはさまれた地方はどこか。	② 中国《ちゅうごく》・四国《しこく》地方
□ ③ 7地方のうち，北陸《ほくりく》・中央高地《ちゅうおうこうち》・東海《とうかい》に分けられる地方はどこか。	③ 中部《ちゅうぶ》地方
② 東日本	②
□ ① 日高山脈《ひだかさんみゃく》の東側の山麓《さんろく》に広がり，畑作がさかんな平野を何というか。	① 十勝《とかち》平野
□ ② 三陸《さんりく》海岸の南部の，出入りの多い海岸地形を何というか。	② リアス海岸
□ ③ 人口100万人をこえる東北《とうほく》地方の中心都市を何というか。	③ 仙台《せんだい》市
□ ④ 関東《かんとう》平野を流れる，流域《りゅういき》面積が日本最大の川を何というか。	④ 利根川《とねがわ》
□ ⑤ 大都市の近くで，都市向けの野菜や花などを栽培《さいばい》する農業を何というか。	⑤ 近郊《きんこう》農業
□ ⑥ 冬に雪が多いため，1年に1度，米だけを収穫《しゅうかく》している地《ち》域《いき》を何というか。	⑥ 水田単作《たんさく》の地域
□ ⑦ 愛知《あいち》県を中心に発達した工業地帯を何というか。	⑦ 中京《ちゅうきょう》工業地帯
③ 西日本	③
□ ① 京都《きょうと》市に残る，昔ながらの低層《ていそう》の木造住宅《もくぞうじゅうたく》を何というか。	① 町家《まちや》
□ ② 大阪《おおさか》府の泉州沖《せんしゅうおき》の人工島にある，24時間利用可能な空港を何というか。	② 関西国際《こくさい》空港
□ ③ 和歌山《わかやま》県の山の斜面《しゃめん》で栽培がさかんな果物は，うめと何か。	③ みかん
□ ④ 山間部や離島《りとう》で進んでいる，人口減少《げんしょう》により産業がおとろえ，地域社会を支《ささ》えるしくみが弱まる現象《げんしょう》を何というか。	④ 過疎《かそ》(化)
□ ⑤ 3つのルートで本州《ほんしゅう》と四国《しこく》を結んでいる連絡橋《れんらくきょう》を何というか。	⑤ 本州四国連絡橋
□ ⑥ 波の静かな広島湾《ひろしまわん》で養殖《ようしょく》されている水産物は何か。	⑥ かき
□ ⑦ 雨の少ない瀬戸内海沿岸《せとないかいえんがん》で昔からつくられていた，農業用水をためておく施設《しせつ》を何というか。	⑦ ため池
□ ⑧ 大分《おおいた》県などでさかんな，火山活動で熱せられた水と蒸気《じょうき》を利用した発電を何というか。	⑧ 地熱《ちねつ》発電
□ ⑨ カルデラ内で肉牛が飼育《しいく》されている，熊本《くまもと》県の火山は何か。	⑨ 阿蘇山《あそさん》

力だめしの問題　入試標準レベル

解答➡p.610

1 右の表を見て，次の問いに答えなさい。

①	北海道《ほっかいどう》(札幌《さっぽろ》市)
②	沖縄《おきなわ》県(那覇《なは》市)
③	岩手《いわて》県(盛岡《もりおか》市)，宮城《みやぎ》県(仙《せん》台《だい》市)
④	茨城《いばらき》県(水戸《みと》市)，栃木《とちぎ》県(宇《う》都宮《つのみや》市)，［A］県(前橋《まえばし》市)，神奈川《かながわ》県(横浜《よこはま》市)
⑤	島根《しまね》県(松江《まつえ》市)，［B］県(高松《たかまつ》市)，愛媛《えひめ》県(松山《まつやま》市)
⑥	山梨《やまなし》県(甲府《こうふ》市)，石川《いしかわ》県(金《かな》沢《ざわ》市)，愛知《あいち》県(名古屋《なごや》市)
⑦	三重《みえ》県(津《つ》市)，滋賀《しが》県(大津《おおつ》市)，［C］県(神戸《こうべ》市)

(1) 右の表は，7地方ごとに県名と県庁所在地名がちがう都道府県をまとめたものです。①～⑦にあてはまる地方名をそれぞれ答えなさい。

①(　　　　　　)　②(　　　　　　)
③(　　　　　　)　④(　　　　　　)
⑤(　　　　　　)　⑥(　　　　　　)
⑦(　　　　　　)

(2) 都道府県のうち「都」がふくまれる地方を，表中の①～④から1つ選び，番号で答えなさい。

(　　　　　　)

(3) 東日本と西日本を分けるフォッサマグナの西の端《はし》が通る地方を，表中の⑤～⑦から1つ選び，番号で答えなさい。

(　　　　　　)

(4) 表中のA～Cにあてはまる県名をそれぞれ答えなさい。

A(　　　　　　)　B(　　　　　　)　C(　　　　　　)

2 右の地図を見て，次の問いに答えなさい。

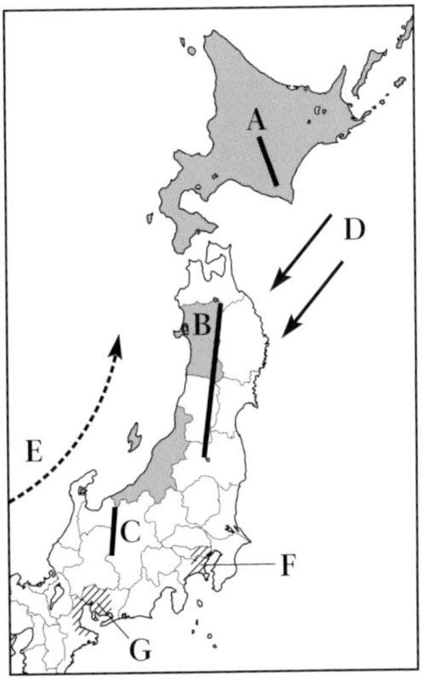

(1) 地図中のA～Cの山脈名を，次から1つずつ選び，記号で答えなさい。

A(　　　)　B(　　　)　C(　　　)

ア　奥羽《おうう》山脈　　イ　越後《えちご》山脈
ウ　日高《ひだか》山脈　　エ　鈴鹿《すずか》山脈
オ　飛驒《ひだ》山脈

(2) 地図中のDの方向から初夏にふくことがある，冷たい風を何といいますか。

(　　　　　　)

(3) 地図中のEは，暖流《だんりゅう》が流れる方向を示《しめ》しています。この海流を何といいますか。

(　　　　　　)

⑷ 地図中の　　の道県が生産量の1～3位をしめる農産物を，次から1つ選び，記号で答えなさい。 (　　)

ア りんご　イ 米　ウ キャベツ　エ みかん

⑸ 右のグラフは，地図中のF・Gの工業地帯の工業製品《せいひん》出荷《しゅっか》額割《がくわり》合《あい》を示《しめ》しています。aに共通してあてはまる工業を次から1つ選び，記号で答えなさい。

(　　)

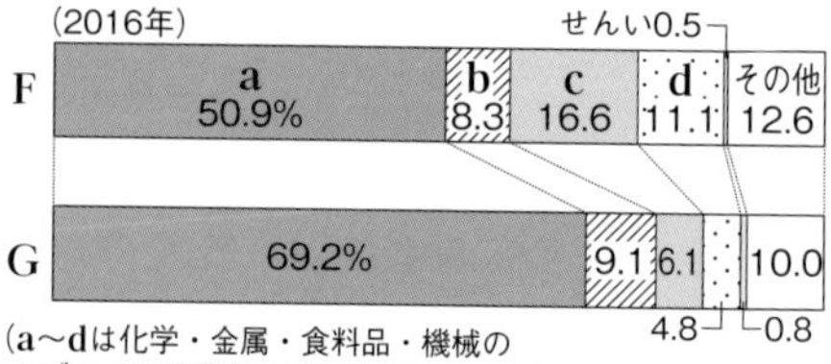

(a～dは化学・金属・食料品・機械のいずれかの工業を示す)　(2019/20年版「日本国勢図会」による)

ア 機械　イ 食料品　ウ 化学　エ 金属《きんぞく》

③ 右の地図を見て，次の問いに答えなさい。

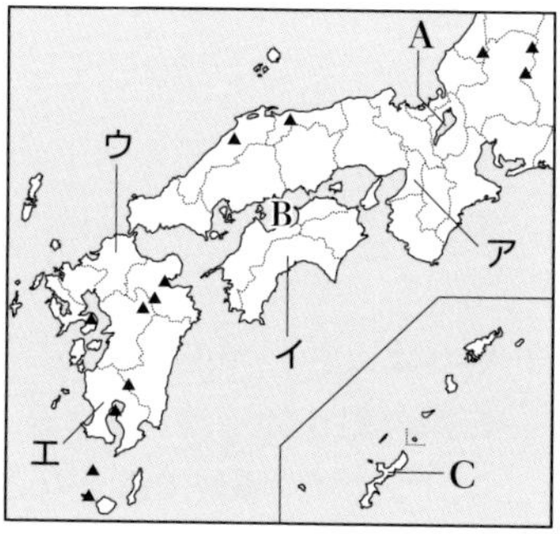

⑴ 日本一の面積をもつ地図中のAの湖を何といいますか。 (　　)

⑵ 本州《ほんしゅう》と四国《しこく》の間に広がる地図中のBの海を何といいますか。 (　　)

⑶ 地図中のBの海にかかる本州四国連絡橋《れんらくきょう》が結ぶ県の組み合わせとして正しいものを，次から1つ選び，記号で答えなさい。 (　　)

ア 兵庫《ひょうご》県と香川《かがわ》県　イ 山口《やまぐち》県と愛媛《えひめ》県
ウ 広島《ひろしま》県と香川県　エ 香川県と岡山《おかやま》県

⑷ 地図中の▲は何を示していますか。次から1つ選び，記号で答えなさい。 (　　)

ア 石油化学コンビナート　イ ニュータウン
ウ 火山　エ 原子力発電所

⑸ 右の表は，地図中のア～エのいずれかの府県の人口や産業について示しています。①～③にあてはまる府県を地図中のア～エから1つずつ選び，記号で答えなさい。

①(　　)　②(　　)　③(　　)

	人口(万人)	輸送《ゆそう》用機械*出荷額(億円)	畜産《ちくさん》産出額(億円)	卸売業《おろしうりぎょう》販売額《はんばいがく》(十億円)
①	163	163	2958	2796
②	882	11880	23	49708
③	511	32091	406	16971
④	71	417	90	874

*自動車などがふくまれる。　(2019年版「データでみる県勢」による)

⑹ 地図中のCは，沖縄《おきなわ》県で最大の島です。この島の約15%の面積をしめているのは，何という国の軍事基地《きち》ですか。 (　　)

チャレンジ問題 入試発展レベル

解答➡p.610

★は最高レベル

1 次の地形図（大分《おおいた》県臼杵《うすき》市）を見て，あとの問いに答えなさい。【芝浦工大柏中】

（国土地理院の電子地形図 25000 を 58％に縮《ちぢ》めたもの）

⑴ 地形図の北部の「かきえ」の集落には老人ホームがありますが，老人ホームの地図記号として正しいものを，次から1つ選び，記号で答えなさい。（　　）

ア 　イ 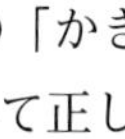　ウ 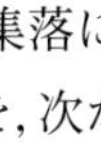　エ 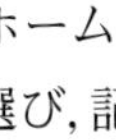

⑵ この地形図から読み取れる内容として誤《あやま》っているものを，次から1つ選び，記号で答えなさい。（　　）

ア　地形図中の日豊《にっぽう》本線は，単線である。
イ　地形図中には，果樹園《かじゅえん》が広く分布《ぶんぷ》している。
ウ　市役所は，うすき駅から見て北東方向にある。
エ　臼杵の中心市街地は，標高5ｍ未満の地域《ちいき》に広がっている。

2 次の問いに答えなさい。

⑴ 人々に水を届《とど》ける仕事について，次の中からあてはまらないものを1つ選び，記号で答えなさい。【湘南学園中】 (　　)

ア　水道ではなく，自分で井戸をほって出た水を利用してくらす人たちもいる。

イ　都道府県や市町村の多くが，水を供給《きょうきゅう》するために水道事業を行っている。

ウ　水がなければ人は生きていけないので，水を売ることは禁止《きんし》されている。

⑵ 日常《にちじょう》生活の中で使う「水」の循環《じゅんかん》について，じゃ口の水はどこからきて，どこに行くのでしょうか。次の資料《しりょう》は茨城《いばらき》県企業局《きぎょうきょく》の「浄水場《じょうすいじょう》のしくみ」を表しています。この図の説明としてふさわしい内容《ないよう》を，あとから2つ選び，記号で答えなさい。【渋谷教育学園渋谷中】 (　　)(　　)

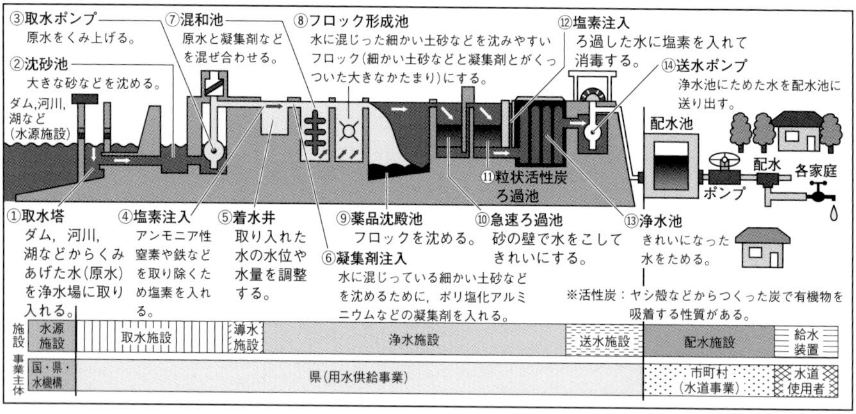

(茨城県企業局webサイト「水道水ができるまで」による)

ア　茨城県では，くみあげた淡水《たんすい》と海水を水源《すいげん》として利用している。

イ　茨城県では，凝集剤《ぎょうしゅうざい》や塩素《えんそ》を入れて水を浄化《じょうか》するくふうをしている。

ウ　茨城県の水道水は最終的には市町村と民間企業が販売《はんばい》している。

エ　茨城県の水道施設《しせつ》は取水・導水《どうすい》・浄水・配水・送水の順である。

オ　茨城県では砂《すな》の壁《かべ》を利用して不純物《ふじゅんぶつ》を取り除《のぞ》くくふうをしている。

⑶ ごみ処分《しょぶん》の一般的《いっぱんてき》な説明として，正しいものを2つ選び，記号で答えなさい。【女子学院中】 (　　)(　　)

ア　ごみ減量《げんりょう》のため，家庭ごみの回収《かいしゅう》有料化を実施《じっし》する市区町村が増《ふ》えている。

イ　燃《も》えるごみは清掃《せいそう》工場で焼却灰《しょうきゃくばい》にし，必ず埋《う》め立てなければならない。

ウ　燃えないごみの中からも，鉄やアルミをとり出してリサイクルしている。

エ　テレビやエアコンなどは資源化《しげんか》できるので，無料で市区町村が回収する。

オ　市区町村で出たごみは，それぞれの市区町村の中で焼却や埋め立てを行うことが決められている。

3 **県について説明した次のA～Hを読んで，あとの問いに答えなさい。**【頌栄女子学院中】

A	らっかせいやしょうゆの生産高が全国1位(2017年)のこの県は昼夜間人口比率《ひりつ》が89.7と全国で2番目に低い(平成《へいせい》27年国勢調査《こくせいちょうさ》による)。臨海部《りんかいぶ》には大規模《だいきぼ》な製鉄所《せいてつじょ》や石油コンビナートもある。
B	県の中央部に日本標準時子午線《ひょうじゅんじしごせん》が通るこの県は北部と南部で気候が大きく異《こと》なる。県庁《けんちょう》所在地《しょざいち》周辺では造船業《ぞうせんぎょう》もさかんである。
C	この県の最高地点は世界遺産《いさん》にも指定されている島にある山の山頂《さんちょう》となっている。この県の火山灰《かざんばい》の堆積《たいせき》した台地では，この県の旧《きゅう》国名の名がついた産物などが生産されている。
D	島の数が全国でもっとも多いこの県の最高地点は平成3年に火砕流《かさいりゅう》で大きな被害《ひがい》を出した火山の山頂である。2018年にはこの県の潜伏《せんぷく》キリシタン関連遺産11か所が日本で22番目の世界遺産として登録された。
E	この県は律令制下《りつりょうせいか》の旧国名では3つに分かれており，そのうちのいちばん東側の旧国名は半島名ともなっている。県西部の都市では楽器・オートバイの生産がさかんである。
F	この県は太平洋《たいへいよう》戦争後，長らくアメリカの統治下《とうちか》(施政権下《しせいけんか》)にあったが，1972年に日本に復帰《ふっき》を果たした。日本にある米軍基地《きち》の約70%がこの県に集中している。
G	この県の中央部の湖の周辺では精密《せいみつ》機械工業や電子工業がさかんである。この県の北東部を流れる河川《かせん》は隣県《りんけん》に入ると，この県の旧国名を冠《かん》した名称《めいしょう》に変わる。
H	県庁所在地周辺には扇状地《せんじょうち》が広がり，果樹栽培《かじゅさいばい》がさかんなこの県はリニアモーターカーの実験線もあり，2027年予定の営業《えいぎょう》開始時にはこの実験線がそのまま営業線になる予定である。

★(1) 右の表はA～Hの8つの県の最高地点の標高(国土地理《こくどちり》院《いん》「都道府県別最高地点」，単位はm)，政令《せいれい》指定都市の数，隣接《りんせつ》する都道府県の数(陸地のみ，架《か》橋《きょう》等による隣接は除く)を表したものです。表のあ～くはA～Hのどの県のものですか，それぞれ記号で答えなさい。

	最高地点の標高	政令指定都市の数	隣接都道府県数
あ	3190	0	8
い	3776	0	5
う	3776	2	4
え	1483	0	1
お	408	1	3
か	526	0	0
き	1936	0	2
く	1510	1	4

あ(　　　)　い(　　　)　う(　　　)　え(　　　)
お(　　　)　か(　　　)　き(　　　)　く(　　　)

(2) 県の形をイメージした県章を制定《せいてい》している県もあります。右の県章はA～Hのどの県のものですか。記号で答えなさい。

(　　　)

第2章 わたしたちの国土

1 世界の中の日本の国土

学習のポイント

- 地球儀《ちきゅうぎ》を使って世界のすがたをとらえることができるか。 ➡p.96
- 世界地図で大陸や大洋，州の位置を理解《りかい》しているか。 ➡p.99
- 日本の位置と領土《りょうど》の広がりをとらえているか。 ➡p.102

1 地球をながめて

地球儀

地球の形と表面の様子をそのまま縮《ちぢ》めた模型《もけい》。陸地や海などの形や距離《きょり》・面積・方位の関係が正しく表されている。また，**緯度《いど》**・**経度《けいど》**によって，地球上の位置が正しくわかる。

地球儀を使った方位・距離の調べ方

●方位の調べ方

▶まず，2本の紙テープを用意して直角に交わるようにはりつけ，その交点を調べたい地点(東京《とうきょう》からの方位を調べたいときは東京)に合わせる。

▶次に，紙テープの一方を**北極《ほっきょく》**・**南極《なんきょく》**に合わせると，もう一方の紙テープが東西の方位を示《しめ》すことになる。

▲方位の調べ方

用語

緯度と経度

緯度は赤道《せきどう》を0度として，南北を90度ずつに区切った角度。経度はイギリスのロンドンにある旧《きゅう》グリニッジ天文台を通る本初子午線《ほんしょしごせん》を0度として，東西に180度ずつ区切った角度。

参考

地球に関するデータ

表面積…約5.1億km^2
赤道の周囲…約40075km
赤道半径…約6378km
子午線の周囲…約40008km
極半径…約6357km
緯度1度・赤道上の経度1度の弧《こ》の長さ…約111km
地球はほぼ球形だが，正確《せいかく》には南北に少しおしつぶされた形をしている。

参考

地球の分け方

赤道を境《さかい》に北半球と南半球に分けられ，本初子午線を境に東半球と西半球に分けられる。

● **距離の調べ方**…ひもや紙テープを使って地球儀上の２点を測り，それを**赤道**《せきどう》にあてて，赤道上の経度で何度分にあたるかを調べる。赤道上の経度１度分がおよそ 111 km なので，測った経度をかければ実際《じっさい》の２点間の距離が計算できる。また，紙テープに，その地球儀の縮尺《しゅくしゃく》の目盛《めも》りをつけておけば，２点間の実際の距離がすぐにわかる。

参考

地球の傾《かたむ》き

地球の北極と南極を結ぶ地軸《ちじく》は，地球が太陽を回る面（公転面）に垂直《すいちょく》な線に対して約23.4度傾いている。そのため，夏至《げし》・冬至《とうじ》では太陽はそれぞれ北緯《ほくい》・南緯《なんい》の約23.4度上を通る。これらの緯線《いせん》を北回帰《きたかいき》線《せん》，南回帰線（➡ p.101）という。また，90－23.4＝66.6という計算により，北緯・南緯約66.6度以上の地域では，夏に太陽が一日中沈《しず》まない白夜《びゃくや》という現象が起こり，その地域を北極圏《けん》，南極圏という。

時差

● 地球は 24 時間で１回転（自転）しているから，太陽が南中《なんちゅう》する（真南にくる）正午は，360 ÷ 24 ＝ 15 という計算により，経度 15 度について１時間ずつずれていく。このような時刻《じこく》のずれを**時差**といい，国や地域《ちいき》ごとに，**標準時**《ひょうじゅんじ》が定められている。

● 日本では，**東経**《とうけい》 **135 度**（兵庫《ひょうご》県明石《あかし》市を通る）を基《き》準《じゅん》（**日本標準時子午線**）にしているので，東経 135 度の位置で太陽の高度がもっとも高くなったときを正午（昼の 12 時）としている。標準時子午線が０度のイギリスの首都ロンドンとは，135 ÷ 15 ＝９という計算から，９時間の時差があることになる。日本のほうが東にあるから，日本で正午のとき，ロンドンでは，同じ日の午前３時になる。

注意

赤道の位置

地図上の赤道の位置は必ず覚えよう。ユーラシア大陸は面積が最大の大陸だが，赤道は通っていない。

入試ポイント

〈時差の計算と日付変更線《ひづけへんこうせん》〉

経度 15 度について**１時間の時差**がある。

▶ **日付変更線**を東から西へこえる→日付を１日進める，西から東へこえる→１日もどす

いろいろな世界地図

● 世界地図は，球体である地球の表面を，平面に写しとったものである。目的に合わせていろいろな図法の世界地図が使えるようくふうされている。

▶ **長所**…折りたためて，持ち運びに便利である。

▶ **短所**…地図に必要な距離・面積・陸や海などの形・方位を，すべて同時に正しく表すことはできない。

用語

日付変更線

経度０度の経線《けいせん》（本初子午線）から180度の所に，日付変更線が引かれている。地球１周分の角度360度で24時間（１日）のずれが起こる。日付変更線は，このずれを調整するために設《もう》けられている。ほぼ180度の経線に沿《そ》って，陸地をさけて引かれている。

●いろいろな図法

▶ **正積図法**…面積を正しく表すようにくふうされた**モルワイデ図法**などがある。分布図《ぶんぷず》に適《てき》している。

▶ **正方位図法**…方位を正しく表す図法。**正距方《せいきょほう》位《い》図法**は図の中心からの方位と距離《きょり》が正しい図法で，2点間の最短コース(**大圏《たいけん》《だいけん》航路《こうろ》**という)が直線で示《しめ》される。航空図に適している。

▶ **正角図法**…緯線《いせん》と経線《けいせん》が直角に交わり，角度の関係が正しく表された図法で，**メルカトル図法**が代表的。等角《とうかく》航路が直線で示されるので，航海のときの海図などに利用される。

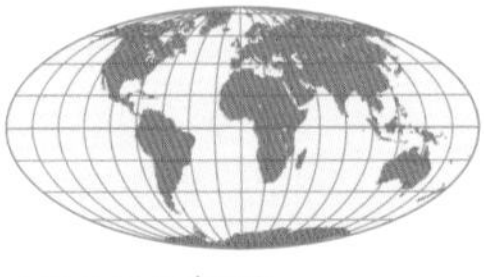

▲モルワイデ図法

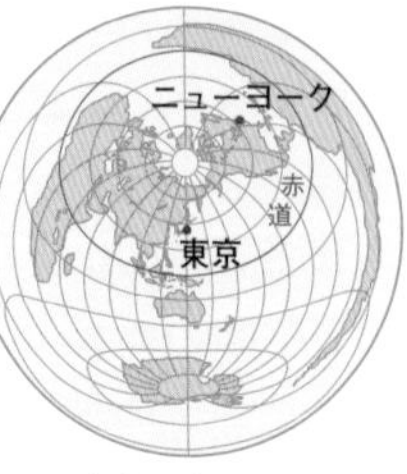

▲正距方位図法

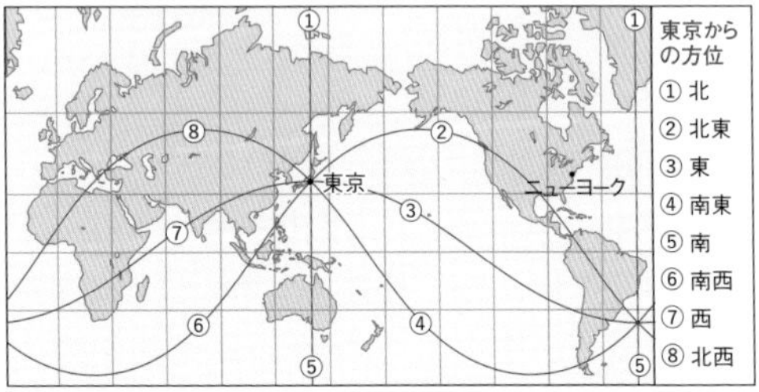

▲メルカトル図法

注意 **図法の特色**

上のメルカトル図法の①～⑧の番号は，東京《とうきょう》からの8方位の方向を示したものである。ニューヨークは東京の東にあるように見えるが，実際は北東の方向にあることが，正距方位図法からわかる。いずれの図法でも，中心・中央部分からはなれるにしたがって形のゆがみが大きくなる。

●メルカトル図法の世界地図

●メルカトル図法の世界地図…赤道《せきどう》や本初子午線《ほんしょしごせん》の位置と，次の欠点を知っておく。

▶ **方位が正しくない**…同じ経度上の南北方向と，赤道上の東西方向を除《のぞ》いて，方位は正しくなく，2点間の最短コース(大圏航路)は曲線になる。

▶ **高緯度《こういど》ほど面積・形が拡大《かくだい》される**…実際《じっさい》は南アメリカ大陸の8分の1ほどのグリーンランドは高緯度にあるため，南アメリカ大陸とほぼ同じ大きさに表され，オーストラリア大陸より大きく見えてしまう。

用語

等角航路

地球上の2点間で，経線と常《つね》に一定の角度で交わりながら進むコースのこと。

参考

メルカトル

16世紀のベルギーの地理学者。メルカトル図法をうみ出し，近代地図学の祖《そ》とたたえられている。

入試ポイント

〈地図の図法〉

▶ **メルカトル図法**＝高緯度ほど実際より拡大される，大圏航路が曲線となる，等角航路は直線→海図に利用。

▶ **正距方位図法**＝図の中心からの方位・距離が正しい→航空図に利用。

2 世界の自然・気候と国々

世界の陸と海

●**陸と海の分布**…地球の表面積は約5.1億km^2であり，その約3割《わり》が陸，約7割が海である。

●**世界の陸**…次の六大陸と多くの島々がある。

▶**ユーラシア大陸**…アジアとヨーロッパを合わせた最大の大陸。

▶**アフリカ大陸**…2番目に広い大陸。全体が高原状《じょう》の大陸である。

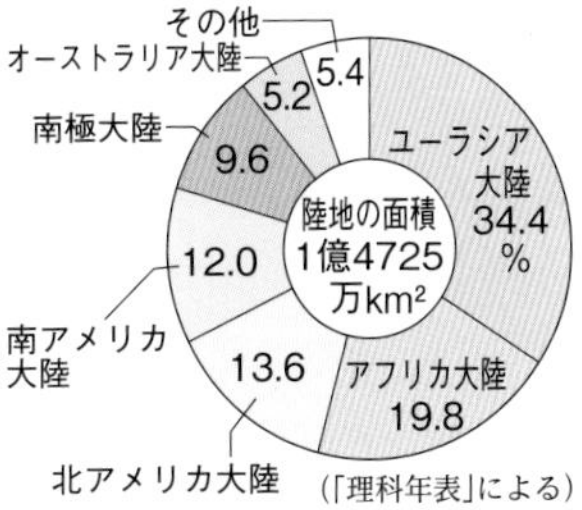

▲世界の陸地の面積割合

▶**北アメリカ大陸**…中央アメリカをふくむ。

▶**南アメリカ大陸**…アメリカ大陸のうち，パナマ地《ち》峡《きょう》より南を指す。

▶**オーストラリア大陸**…もっとも小さな大陸。

▶**南極大陸**…厚《あつ》い氷におおわれた大陸。各国の観測《かんそく》基地《きち》が置かれ，どこの国にも属《ぞく》さない。

●**世界の海**…**太平洋《たいへいよう》**・**大西洋《たいせいよう》**・**インド洋**の3つの大きな海を三大洋という。このうち太平洋が最大。このほかに地《ち》中海《ちゅうかい》や日《に》本海《ほんかい》などの小さな海がある。海流が流れ，暖流《だんりゅう》と寒流に分かれている。

●**世界の州**…**アジア州**・**ヨーロッパ州**・**アフリカ州**・**北アメリカ州**・**南アメリカ州**・**オセアニア州**の6州に分けられる(南極大陸はどの州にもふくまれない)。ユーラシア大陸はウラル山脈を境界《きょうかい》として，そこから西を**ヨーロッパ州**，東を**アジア州**とする。

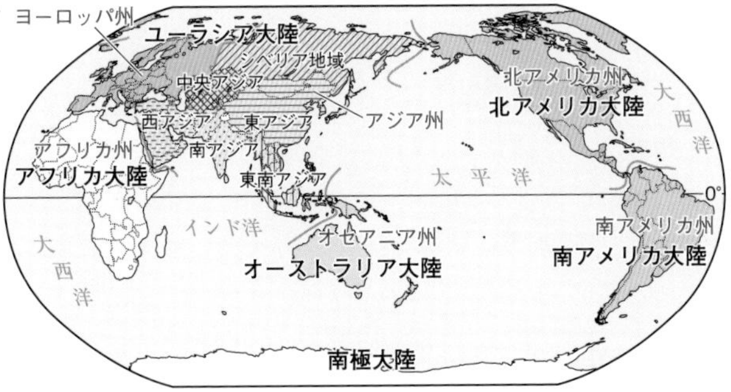

▲大陸と大洋，州の区分

参考

島

大陸以外の陸地は島とよばれる。世界でもっとも大きな島はグリーンランド(デンマーク領《りょう》)で，次いでニューギニア島，カリマンタン島が大きい。日本の本州《ほんしゅう》は，世界で7番目に大きな島である。

世界の地形

●**山地・山脈《さんみゃく》**…太平洋《たいへいよう》をとりまく山脈の連なり(**環太《かんたい》平洋造山帯《へいようぞうざんたい》**)と，ユーラシア大陸の南部を走る山脈の連なり(**アルプス・ヒマラヤ造山帯**)の，2つの大きな造山帯がある。造山帯が走る地域《ちいき》は火山が多く，地震《じしん》が発生しやすい。

●**川と平野**…大きな川は，アジアの黄河《こうが》《ホワンホー》・長江《ちょうこう》《チャンチアン》・ガンジス川・インダス川・メコン川，ヨーロッパのドナウ川・ライン川，アフリカの**ナイル川**・ニジェール川・コンゴ川，北アメリカのミシシッピ川，南アメリカの**アマゾン川**・ラプラタ川などがある。これらの川の流域《りゅういき》には広い平野が開け，肥《こ》えた土と豊《ゆた》かな水により，昔から農業が発達している。

▶**古い時代に川や風などで侵食《しんしょく》されてできた平野**…東西ヨーロッパ・北アメリカ中央部の平野など。

▶**大きな川が運ぶ土砂《どしゃ》などが積もってできた平野**…中国《ちゅうごく》東部・インド北部・北アメリカ南東部・エジプトの平野など。

●**海底の地形**…大陸のまわりには，深さがおよそ200mまでの浅い海底(**大陸棚《たいりくだな》**)があり，その先は深さ2000～6000mの平らな海底(大洋底)となっている。また，海底には深い谷となっている**海溝《かいこう》**(➡p.113)も見られる。

用語

造山帯

- 環太平洋造山帯…北アメリカのロッキー山脈，南アメリカのアンデス山脈がふくまれ，日本列島やニュージーランドもその一部を形づくっている。
- アルプス・ヒマラヤ造山帯…ヨーロッパのアルプス山脈からアジアのヒマラヤ山脈に続く。「世界の屋根」とよばれるパミール高原や世界最高峰《ほう》のエベレスト山(チョモランマ，標高8848m)などがある。

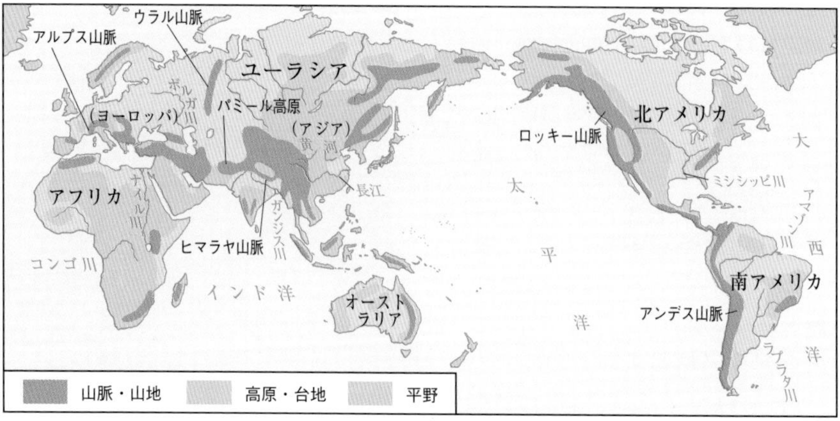

▲おもな地形

世界の気候

●熱帯《ねったい》の気候…1年じゅう高温で，気温の年較差《ねんかくさ》が小さく，四季の変化が少ない。

- ▶**熱帯雨林気候**…赤道《せきどう》付近にあって，1年じゅう雨が多く，密林《みつりん》におおわれている地域。
- ▶**サバナ気候**…雨の多い時期(雨季《うき》)と少ない時期(乾季《かんき》)に分かれ，熱帯草原(サバナ)が広がる地域。

●温帯《おんたい》の気候…1年じゅう温暖《おんだん》で，四季の変化があり，雨も適度に降《ふ》る。人間の生活にもっとも適《てき》した気候で，人口が集中する。日本の大部分は温帯。

- ▶**温暖湿潤《しつじゅん》気候**…季節風《きせつふう》(モンスーン)の影響《えいきょう》で雨が多く，冬と夏の気温の差が大きい。
- ▶**西岸海洋性気候**…偏西風《へんせいふう》と暖流《だんりゅう》の影響を受け，1年を通して気温や降水量《こうすいりょう》の差が小さい。
- ▶**地中海性《ちちゅうかいせい》気候**…冬は比較的《ひかくてき》温暖で雨も多いが，夏は暑く乾燥《かんそう》する。

●冷帯《れいたい》(亜寒帯《あかんたい》)の気候…温帯と寒帯の中間の気候で，気温の年較差が大きく，冬の寒さは厳《きび》しい。針葉樹《しんようじゅ》の森林(タイガ)が見られる。

●寒帯の気候…1年を通して気温が低く，氷や雪にとざされて樹木はほとんど育たない。

●乾燥帯の気候…降水量がきわめて少なく，砂や岩石ばかりの砂漠《さばく》やたけの短い草の生えた草原(ステップ)地帯。回帰線《かいきせん》の周辺に広がる。

用語

気温の年較差・日較差《にちかくさ》

1年のうちの最高気温と最低気温の差(夏と冬の気温の差)を年較差，1日のうちの気温の差を日較差という。

用語

偏西風

中緯度《ちゅういど》の高圧帯《こうあつたい》から高緯度に向かってふく風で，地球の自転の関係で常《つね》に西寄《よ》りの風となっている。この偏西風と暖流の北大西洋海流の影響で，大陸の西岸では冬でも気温はあまり下がらない。

用語

回帰線

北緯《ほくい》23.4度，南緯《なんい》23.4度の緯線。太陽は，夏至《げし》のときに北回帰線の真上に，冬至《とうじ》のときに南回帰線の真上にくる。

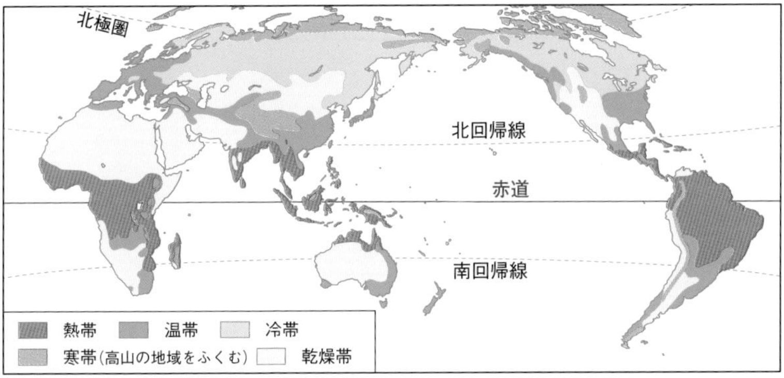

▲世界の気候帯

3 日本の領域《りょういき》

世界の中の日本の位置

●**東と北東**…太平洋《たいへいよう》をへだてて，東に南アメリカ大陸のチリなど，北東に北アメリカ大陸のアメリカやカナダなどがある。

●**西**…日本海《にほんかい》や東シナ海をへだてて，朝鮮《ちょうせん》民主主義人民共和国(北朝鮮)や大韓民国《だいかんみんこく》(韓国《かんこく》)，中華人民共和《ちゅうかじんみんきょうわ》国《こく》(中国《ちゅうごく》)などがある。

●**南**…太平洋をへだてて，フィリピンやインドネシア，オーストラリアなどがある。

●**北**…日本海・オホーツク海をへだててロシアなどがある。

注意

緯度と経度

緯度が同じ地域《ちいき》では，気候が似《に》ている。日本と同じ緯度の範囲《はんい》には温帯の国が多い。経度が同じ地域では同じ標準《ひょうじゅん》時《じ》子午線《しごせん》が通っているため，時《じ》刻《こく》が同じになる。

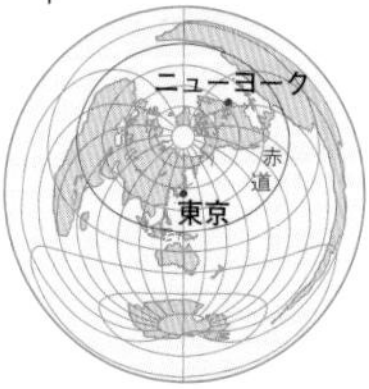

▲日本からの方位が正しい地図

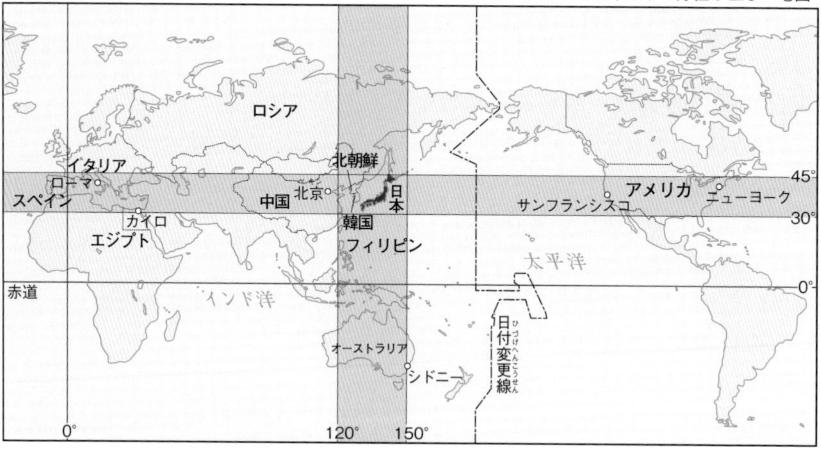

▲日本と同じ緯度・経度の国・都市

日本の位置とまわり

●**日本列島**…日本は，ユーラシア大陸の東側にあり，太平洋に面する島国。**北海道《ほっかいどう》・本州《ほんしゅう》・四国《しこく》・九州《きゅうしゅう》**の4つの大きな島をはじめ，大小約6900もの島々が，およそ3000kmにわたり，弓形に連なっている。

▶**東の端《はし》**…東京《とうきょう》都の**南鳥島《みなみとりしま》**(およそ東経《とうけい》154度)。

▶**西の端**…沖縄《おきなわ》県の**与那国島《よなぐにじま》**(およそ東経123度)。

▶**南の端**…東京都の**沖ノ鳥島《おきのとりしま》**(およそ北緯《ほくい》20度)。

▶**北の端**…千島《ちしま》列島の**択捉島《えとろふとう》**(およそ北緯46度)。

● **日本の位置のとらえ方**…日本の東・西・南・北の端の島の名と，おもな緯度《いど》・経度《けいど》を結びつける。

▶ **緯度**…北緯 35 度，40 度，45 度の緯線が目安。北緯 40 度線は秋田《あきた》県・岩手《いわて》県を通る。

▶ **経度**…東経 130 度，135 度(日本標準《ひょうじゅん》時《じ》子《し》午《ご》線《せん》➡P.97)，140 度の経線が目安。東経 140 度線は千葉《ちば》県・秋田県を通る。

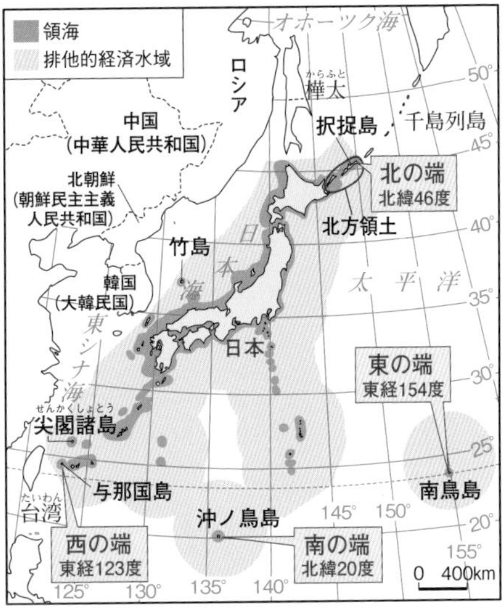

▲日本列島の位置とまわりの国々

日本の範囲《はんい》

● **国の領域**…領土《りょうど》・領海《りょうかい》・領空《りょうくう》から成り立つ。

▶ **領土**…国の主権《しゅけん》がおよぶ陸地。

▶ **領海**…国の主権がおよぶ海の部分。日本の領海は沿岸《えんがん》から 12 海里《かいり》(約 22km)。

▶ **領空**…国の主権がおよぶ空の部分。領土と領海の上空の人工衛《えい》星《せい》が飛んでいる高さあたりまで。

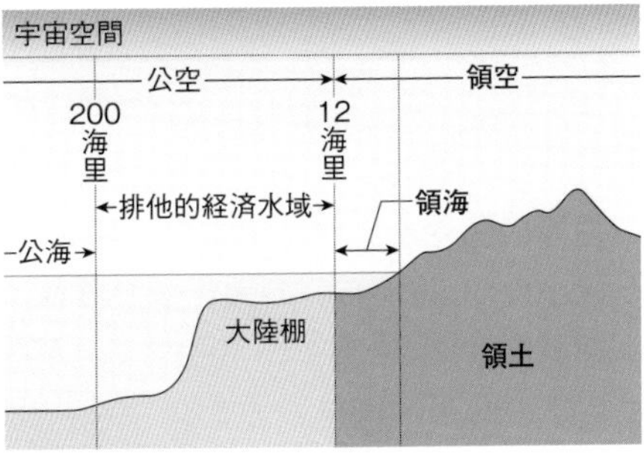

▲国の領域

● **排他的経済水域《はいたてきけいざいすいいき》**…海岸線から **200 海里**(約 370km)までの海(領海を除《のぞ》く)。沿岸の国が魚などの水産資源《しげん》や，海底にある鉱産《こうさん》資源を利用する権利をもつ。

▶ 沖ノ鳥島は満潮《まんちょう》時には，大小2つの島が海上に 1m ほど顔を出すだけになり，これが波にけずられて水没《すいぼつ》すると，周辺約 40 万 km^2 の排他的経済水域が失われる。そこで政府は，鉄製《てつせい》ブロックなどで島を囲《かこ》いこむという護岸《ごがん》工事を行った。

用語
主権
他国に対して国家のもつ固有の権利。

▲沖ノ鳥島

入試ポイント
〈日本の位置〉 日本は，**ユーラシア大陸**の東にある弓形の**島国**。北東にアメリカ，西に中国，南にオーストラリア，北にロシアがある。

●**国土面積**…約38万km^2(北方領土《りょうど》をふくむ)。おもな4島の面積は，**本州**《ほんしゅう》(総《そう》面積の約60%)の3分の1が**北海道**《ほっかいどう》，北海道の2分の1が**九州**《きゅうしゅう》，九州の2分の1が**四国**《しこく》という割合《わりあい》になっている。

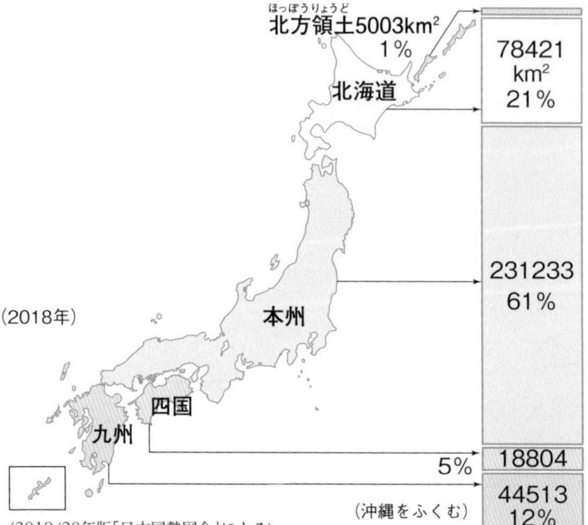

(2019/20年版「日本国勢図会」による)

▲日本の国土と面積

●**世界の国々と比《くら》べた日本の面積**…世界の約190か国中の60位ぐらいの大きさである。同じくらいの面積をもつ国として，ドイツなどがあげられる。ロシアの約45分の1，カナダ・アメリカの約26分の1，中国《ちゅうごく》の約25分の1，オーストラリアの約20分の1の面積である。オランダと比べると，日本は約9倍の面積がある。

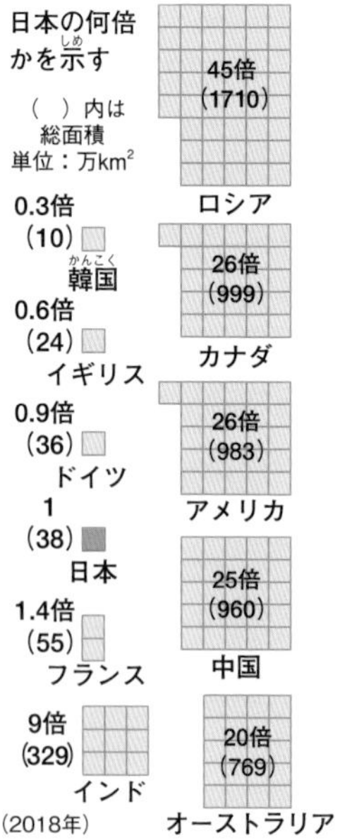

▲世界のおもな国の面積

●**国土面積の移《うつ》り変わり**…日本は明治《めいじ》時代から戦争などによって領土《りょうど》を広げ，第二次世界大戦(1939～45年)前のころには，国土面積が約69万km^{2}もあった。しかし，戦争に負けて樺太《からふと》(サハリン)南部・朝鮮《ちょうせん》・台湾《たいわん》などを返《へん》還《かん》し，現在は約38万km^{2}となっている。

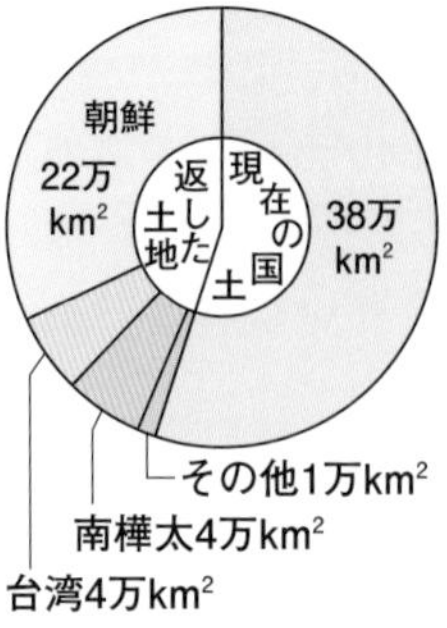

▲過去・現在《げんざい》の日本の国土面積

領土をめぐる問題…島がどの国の領土であるかをめぐり，まわりの国々との間で問題が起きている。

▶**北方領土**…北海道の北東に連なる**国後島**《くなしりとう》**・択捉島**《えとろふとう》**・歯舞**《はぼまい》**群島・色丹**《しこたん》**島**《とう》の4島。日本固有の領土であるが，第二次世界大戦後，ソ連(現在《げんざい》はロシア)が占領《せんりょう》し，ソ連が解体した後は，ロシアが引きついでいる。日本は固有の領土として返還を要求している。

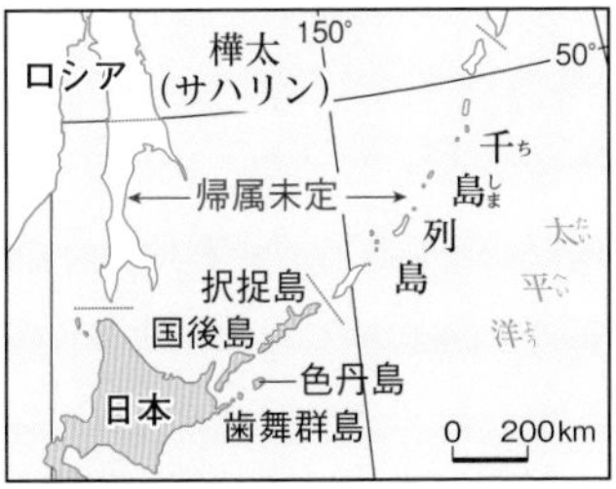

▲北方領土とそのまわり

▶**竹島**《たけしま》…1905年に日本政府《せいふ》が国際的《こくさいてき》な法にもとづいて島根《しまね》県に組み入れた日本固有の領土。1952年からは，韓国《かんこく》が領土として主張するようになり，灯台をつくるなど不法に占拠《せんきょ》している。

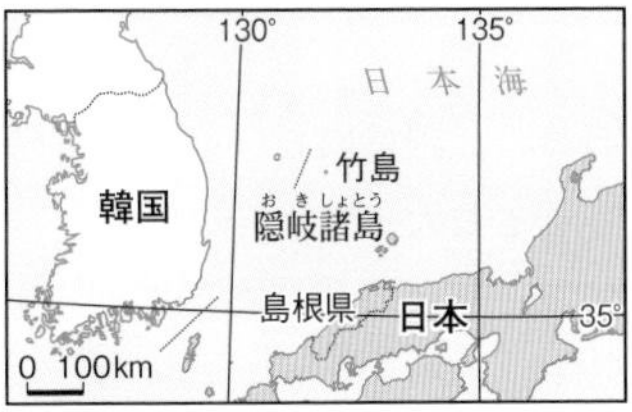

▲竹島

▶**尖閣**《せんかく》**諸島**…1895年に日本政府が沖縄《おきなわ》県に組み入れた日本固有の領土。第二次世界大戦後にアメリカに占領されたが，1972年の沖縄返還のときに日本に復帰《ふっき》した。1970年代から，中国などが領有を主張《しゅちょう》し始めた。

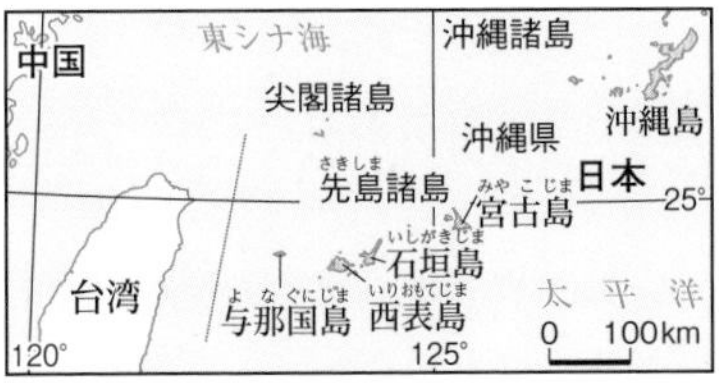

▲尖閣諸島

新しい領土…小笠原《おがさわら》諸島の**西之島**《にしのしま》の近くで，2013年に海底火山が噴火《ふんか》して，旧島と新島がつながった。この結果，面積は旧島の約10倍の2.89km^{2}になった。また，排他的経《はいたてきけい》済水域《ざいすいいき》も約46km^{2}広がった(2018年現在)。

用語

択捉島

本州などおもな4島を除《のぞ》くと，日本の領土で最大の島である。

参考

竹島問題

日本は韓国に対して国際《こくさい》連合の国際司法裁判所《しほうさいばんしょ》での話し合いを提案《ていあん》してきたが，韓国は応《おう》じていない。

▼西之島の旧島(左)と新島(右)(2013年)

▲2019年1月の西之島

☑ まとめチェック

知識を整理・確認しよう！

	答え
① 地球をながめて	①
□ ① 地球の形と表面の様子をそのまま縮《ちぢ》めた模型《もけい》を何というか。	① 地球儀《ちきゅうぎ》
□ ② 地球上の時刻《じこく》は，経度《けいど》何度ごとに1時間ずれていくか。	② 15度
□ ③ 正方位図法のうち，中心からの距離《きょり》と方位が正しく表される図法を何というか。	③ 正距方位《せいきょほうい》図法
□ ④ 正角図法のうち，緯線《いせん》と経線《けいせん》が直角に交わり，高緯度《こういど》ほど実際《じっさい》より大きく表される図法を何というか。	④ メルカトル図法
② 世界の自然・気候と国々	②
□ ① 世界の陸と海の面積を比《くら》べると，地球の表面積の約7割《わり》をしめているのはどちらか。	① 海
□ ② 六大陸のうち，氷におおわれ，国に属《ぞく》さない大陸は何か。	② 南極《なんきょく》大陸
□ ③ 三大洋のうち，面積がもっとも大きい大洋は何か。	③ 太平洋《たいへいよう》
□ ④ ユーラシア大陸の西側はヨーロッパ州であるが，東側は何という州か。	④ アジア州
□ ⑤ ユーラシア大陸の南側に連なる造山帯《ぞうざんたい》を何というか。	⑤ アルプス・ヒマラヤ造山帯
□ ⑥ 大陸のまわりに広がる，深さが200 mまでの浅い海底地形を何というか。	⑥ 大陸棚《たいりくだな》
□ ⑦ 日本の南西諸島《しょとう》や北海道《ほっかいどう》を除《のぞ》く大部分がふくまれる気候帯を何というか。	⑦ 温帯《おんたい》
□ ⑧ 降水量《こうすいりょう》がきわめて少なく，砂《すな》と岩石ばかりの砂漠《さばく》やたけの短い草原となっている気候帯を何というか。	⑧ 乾燥帯《かんそうたい》
③ 日本の領域《りょういき》	③
□ ① 日本から見てフィリピンやインドネシア，オーストラリアなどの国々が位置するのは，東西南北のうちどれか。	① 南
□ ② 日本の南の端《はし》に位置し，排他的経済水域《はいたてきけいざいすいいき》などを守るために護岸《ごがん》工事が行われた島を何というか。	② 沖ノ鳥島《おきのとりしま》
□ ③ 北緯《ほくい》40度の緯線が通る県は，岩手《いわて》県ともう1つはどこか。	③ 秋田《あきた》県
□ ④ 国の権力《けんりょく》がおよぶ海の部分で，沿岸から12海里《かいり》の範囲《はんい》を何というか。	④ 領海《りょうかい》
□ ⑤ 日本の総《そう》面積の約60%をしめる最大の島を何というか。	⑤ 本州《ほんしゅう》

力だめしの問題 入試標準レベル

解答➡p.611

1 右の図を見て，次の問いに答えなさい。

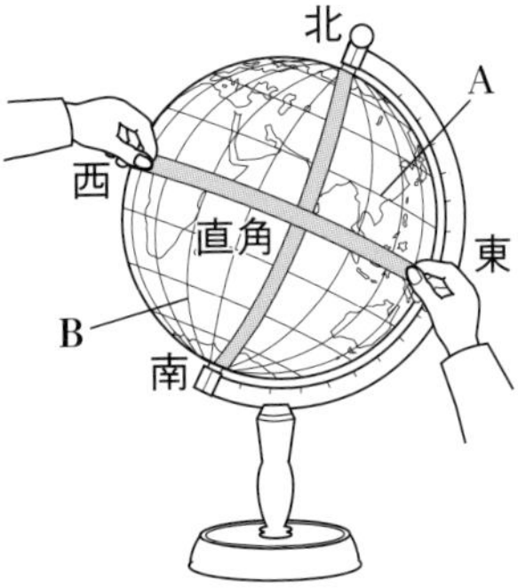

(1) 図中のAをはじめとする，地球上の南北の位置を表す線を何といいますか。

( )

(2) 図中のBをはじめとする，地球上の東西の位置を表す線を何といいますか。

( )

(3) 図中で，2本のテープが交わる地点に広がる大洋を次から1つ選び，記号で答えなさい。

( )

ア 太平洋　イ 大西洋《たいせいよう》　ウ インド洋

2 右の地図を見て，次の問いに答えなさい。

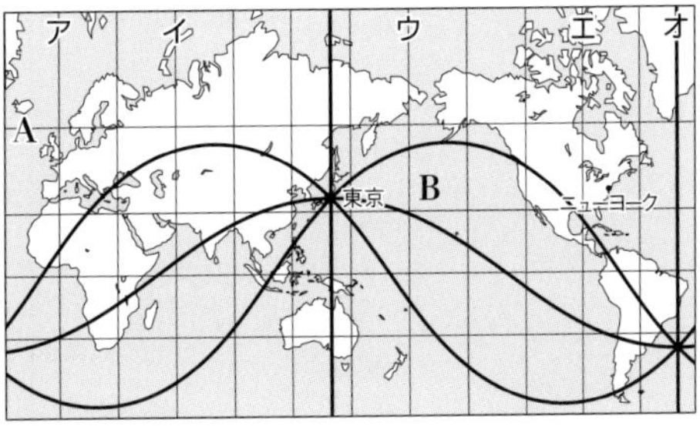

(1) 地図中の──は，東京《とうきょう》から見た8方位を示《しめ》しています。次の方位へ進むと，最初に着く大陸をそれぞれ答えなさい。

① 北東( )
② 北西( )
③ 東 ( )

(2) 次の①・②にあたる線を，地図中のア～オから1つずつ選び，記号で答えなさい。

① 本初子午線《ほんしょしごせん》( )　② 日付変更線《ひづけへんこうせん》が通る線( )

(3) 世界の6つの州のうち，地図中のAの線が通る州を次から3つ選び，記号で答えなさい。

( )( )( )

ア アジア州　イ アフリカ州　ウ 北アメリカ州
エ オセアニア州　オ ヨーロッパ州　カ 南アメリカ州

(4) 地図中のBの大洋をとりまくように連なる，火山や地震《じしん》の多い地域を何といいますか。

( )

(5) この地図の特色を，次から選び，記号で答えなさい。

( )

ア 中心からの方位が正しい。　イ 等角航路《とうかくこうろ》が直線で示される。
ウ 中心からの距離が正しい。　エ 面積が正しい。

③ 右の地図を見て，次の問いに答えなさい。

⑴ 地図中のA～Dの気候帯を次から1つずつ選び，記号で答えなさい。

A（　　　）
B（　　　）
C（　　　）
D（　　　）

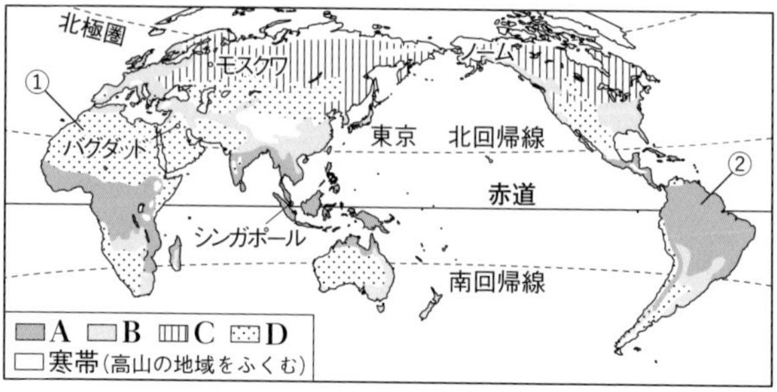

ア 温帯《おんたい》　イ 乾燥帯《かんそうたい》　ウ 熱帯《ねったい》　エ 冷帯《れいたい》(亜寒帯《あかんたい》)

⑵ 地図中の①・②の大陸を流れる川を次から1つずつ選び，記号で答えなさい。

①（　　　）②（　　　）

ア ナイル川　イ 長江《ちょうこう》《チャンチアン》　ウ ミシシッピ川　エ アマゾン川

④ 右の地図を見て，次の問いに答えなさい。

⑴ 次の①・②にあてはまる島を，地図中のア～エから1つずつ選び，記号で答えなさい。

① 北方領土《ほっぽうりょうど》にふくまれる。
② 満潮時《まんちょうじ》は小さな2つの岩が，海面上に顔を出すだけの島だったため，護岸《ごがん》工事が行われた。

①（　　　）②（　　　）

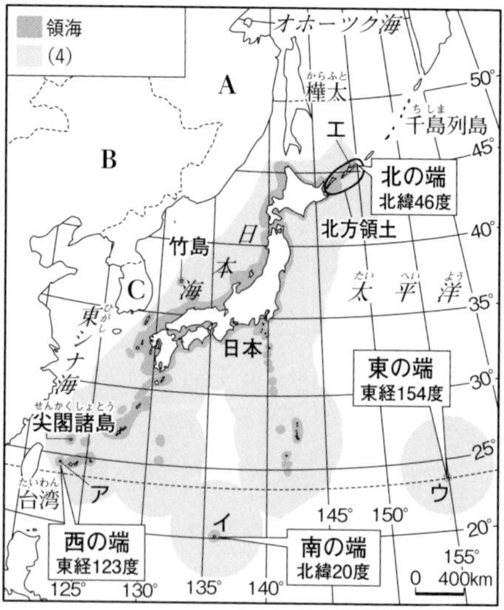

⑵ 日本のまわりに位置する地図中のA～Cの国の名をそれぞれ答えなさい。

A（　　　）
B（　　　）
C（　　　）

⑶ 地図中の竹島《たけしま》は，日本固有の領土です。この島を占拠《せんきょ》している国を，地図中のA～Cから1つ選び，記号で答えなさい。（　　　）

⑷ 地図中の　　　は，海岸線から200海里《かいり》までの海のうち，領海《りょうかい》を除《のぞ》く部分です。この範囲《はんい》を何といいますか。（　　　）

⑸ 地図中の　　　の海では，日本に［　　］や鉱産資源《しげん》を管理する権利《けんり》が認《みと》められています。［　　］にあてはまることばを答えなさい。（　　　）

2 地形の特色と人々のくらし

学習のポイント

●おもな山地・山脈《さんみゃく》・川・湖・平野・盆地《ぼんち》の名前と位置を理解しているか。 ➡p.109
●低い土地で行われてきた自然災害《さいがい》を防《ふせ》ぐ努力をとらえているか。 ➡p.114
●高い土地のくらしの様子と気候を結びつけておさえているか。 ➡p.115

1 日本の地形の特色

山地・山脈

日本の山地の特色

▶山地は高い山が集まった所，山脈は山の頂上《ちょうじょう》が細長く連なっている所。日本では，高くて険《けわ》しい山々が多く，国土の約4分の3は山地(山地と丘《きゅう》陵地《りょうち》〔山地よりも規模《きぼ》の小さいなだらかな起伏《きふく》〕の合計)がしめる。また，約3分の2は森林である。

▶日本列島は**環太平洋造山帯《かんたいへいようぞうざんたい》**(➡P.100)の一部にあたり，険《けわ》しい山脈が多い。

参考

フォッサマグナ

東日本と西日本を分けるみぞ状《じょう》の地形。西の端《はし》は，糸魚川《いといがわ》－静岡構造線《しずおかこうぞうせん》とよばれる断層《だんそう》で区切られる。断層は，新潟《にいがた》県糸魚川市から長野《ながの》県の諏《す》訪湖《わこ》を通り，静岡県の安倍川《あべかわ》にいたる。東の端は富士山《ふじさん》などの噴火《ふんか》があったためはっきりしない。

▼日本の山脈・山地・高地と山

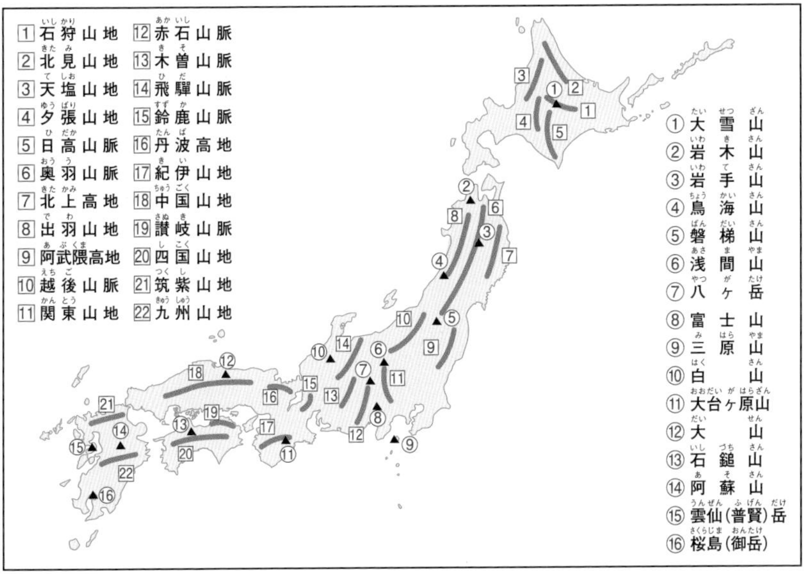

▶山地は，国土の中央部を背骨《せぼね》のように連なり，西南日本では東西に2列，東北日本では南北に3列の山地が走っている。

▶火山が多く，地形をいっそう複雑《ふくざつ》にしている。

●**火山**…地下深い所にあるマグマ(とけた岩石)がふき出すのが火山で，火山がひと続きになっている所を火山帯という。日本には100以上の火山がある。今でも，桜島《さくらじま》(御岳《おんたけ》)・阿蘇山《あそさん》・新燃岳《しんもえだけ》・御嶽山《おんたけさん》など，多くの火山が火山灰《かざんばい》やけむりをふき出したり，大小の噴火《ふんか》を起こしたりしている。

入試ポイント

〈日本の山地の割合《わりあい》〉

日本の国土の**4分の3が山地。**

川

●日本の川の特色

▶**短い川**…日本列島の背骨のように走る山地から，海までの距離《きょり》は短い。このため，外国の川に比《くら》べて日本の川は短い。もっとも長い**信濃川《しなのがわ》**(367km)でも，世界最長のナイル川の約18分の1である。

▶**流れが急**…山がちであるため川の流れは急で，洪《こう》水《ずい》をおこしやすい。水力発電に利用される。

▶**流量の変化が大きい**…季節によって流れる水の量が大きく変化する。流量は，太平洋《たいへいよう》側では梅雨《つゆ》や台風《たいふう》の季節に多くなり，日本海《にほんかい》側では雪どけの春に最大となる。

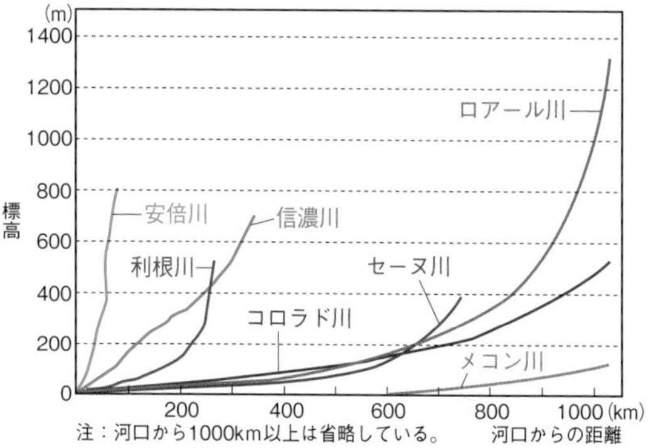

▲世界と比べた日本の川

参考

川のさまざまな利用

- 水力発電…高い山地から流れ落ちる川の水のエネルギーを利用。只見川《ただみがわ》・信濃川・阿賀野川《あがのがわ》・利根川《とねがわ》・黒部《くろべ》川《がわ》・神通川《じんづうがわ》・庄川《しょうがわ》・木曽川《きそがわ》・天竜川《てんりゅうがわ》などでさかん。
- 用水…農業用水・工業用水・飲料水などに利用されている。
- 養殖《ようしょく》…あゆ・ますなどの淡《たん》水魚《すいぎょ》の養殖に利用されている。
- 観光…奥入瀬川《おいらせがわ》(十和田《とわだ》湖《こ》)・黒部川(黒部峡谷《きょうこく》)・天竜川(天竜峡)・木曽川(日本ライン)・熊野川《くまのがわ》(瀞八《どろはっ》丁《ちょう》)・吉野川《よしのがわ》(大歩危《おおぼけ》・小歩《こぼ》危《け》)などが人気を集めている。

▶流れ方の変化…蛇行《だこう》・三日月湖《みかづきこ》・天井川《てんじょうがわ》などが見られ，川の流れに変化がある。

湖

●日本の湖の特色

▶数は多いが面積は小さい。滋賀《しが》県の面積の約6分の1をしめる日本最大の**琵琶湖《びわこ》**(669 km^3)でも，世界最大の湖であるカスピ海と比《くら》べると，その約560分の1にすぎない。

▶火山活動によってできた湖が多く，湖水は酸性《さんせい》を示《しめ》すことが多い。大都市に近い湖は，人々の生活によって汚《よご》れてきている。

平地(平野と盆地《ぼんち》)

●日本の平野の特色

▶平地は国土面積の4分の1ほどしかない。

▶日本の平野は，ほとんどが川の作用によって土砂《どしゃ》が堆積《たいせき》してできたもの。そのため，どれも小規模《きぼ》で不連続であり，海岸沿《ぞ》いに広がっている。

●さまざまな地形

▶**扇状地《せんじょうち》**…川が山地から平地に出る谷口《たにぐち》を頂点《ちょうてん》に，扇《おうぎ》を広げた形に土砂が堆積してできた地形。

▶**三角州《さんかくす》**(デルタ)…川が上流から運んできた土砂が河口《かこう》に積もってできた平らな地形。川は網《あみ》の目状《めじょう》に分かれて流れ，三角形の低地を形づくる。

▶**河岸段丘《かがんだんきゅう》**…川の両側(ときには片側《かたがわ》だけ)に見られる階段状の地形。土地の表面は平らである。

▶**氾濫原《はんらんげん》**…川の中・下流部で，洪水時の川の氾濫によってつくられた，起伏の小さな土地。天井川や蛇行が見られることが多い。

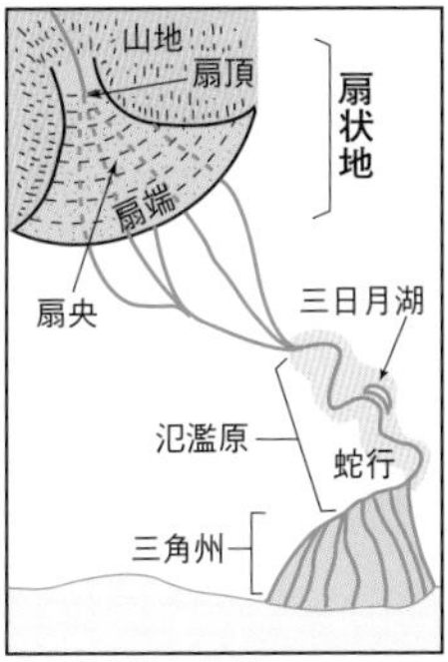

▲さまざまな地形

用語

蛇行

川が左右にくねり，連続したS《エス》字状に流れること。曲流ともいう。

三日月湖

蛇行した川が洪水をきっかけに流路を変え，三日月形の湖が旧河道《かどう》として残されてできたもの。河跡湖《かせきこ》ともいう。

天井川

川の底がまわりの平野面よりも高い所にある川。人工の堤《てい》防《ぼう》により流路が固定された結果，土砂が河床《かしょう》に積もってできる。富山《とやま》県の常願寺川《じょうがんじがわ》，滋賀県の百瀬川《ももせがわ》の川が典型的。

参考

湖のでき方

- 火口湖《かこうこ》・火口原湖《かこうげんこ》…火山の火口や火口原にできた湖。芦ノ湖《あしのこ》(火口原湖)。
- カルデラ湖…火山のカルデラ(➡ p.87)に水がたまってできた湖。十和田湖《とわだこ》・洞爺《とうや》湖《こ》など。
- せき止め湖…火山の噴火や土砂くずれなどにより川の一部がせき止められてできた湖。中禅寺湖《ちゅうぜんじこ》・富士五《ふじご》湖《こ》など。
- 断層湖《だんそうこ》…断層によってできたさけ目に水がたまったもの。琵琶湖など。
- 潟湖《せきこ》(ラグーン)…砂州《さす》などにより海の一部が切りはなされてできた湖。汽水湖《きすいこ》(淡《たん》水《すい》と海水の混合している湖)となっていることが多い。サロマ湖・宍道湖《しんじこ》など。

●盆地《ぼんち》と台地

▶**盆地**…まわりを山に囲《かこ》まれた平地。甲府《こうふ》盆地・京《きょう》都《と》盆地など，内陸に位置する。

▶**台地**…まわりの平地(平野・盆地)より高くなった台状《じょう》の土地。武蔵野《むさしの》(東京《とうきょう》都・埼玉《さいたま》県)・牧ノ原《まきのはら》(静岡《しずおか》県)など。更新世《こうしんせい》(約 260 万年前から1万年前)の平野が盛《も》り上がってできたものが多い。

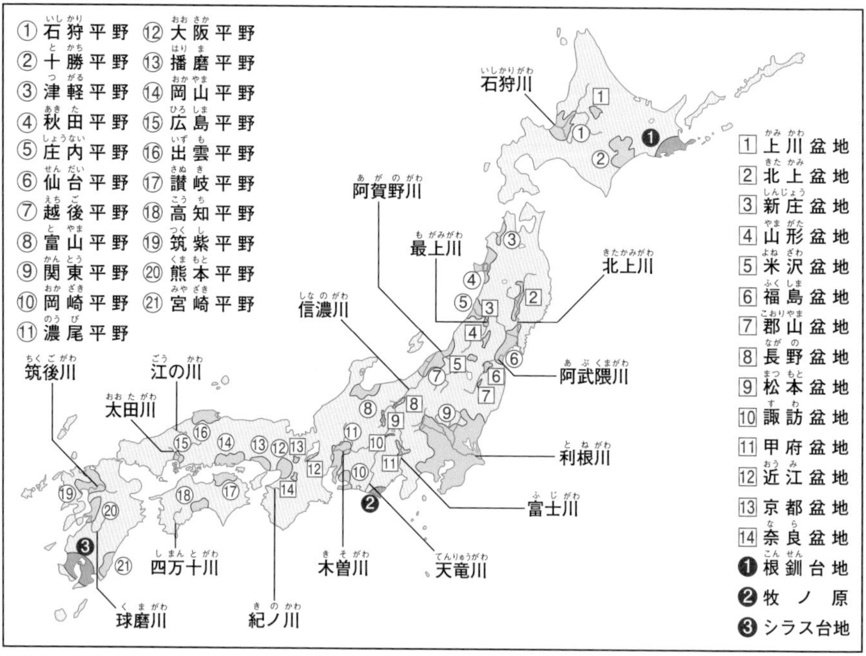

▲日本の平野・盆地・台地・川

海岸とまわりの海

●日本の海岸の特色

▶**海岸線が複雑《ふくざつ》で長い**…とくに太平洋《たいへいよう》側で半島や湾《わん》などの出入りが多い。日本の海岸線の総延長《そうえんちょう》は約35000 km もある。

▶**天然の良港が発達**…湾や入《い》り江《え》は風・波を避《さ》けることができ，港として利用されることが多い。

●海岸のでき方

▶**離水《りすい》海岸**…海面が下がるか陸地が盛り上がるかしてできた海岸。浅い海底が盛り上がって陸地となった海岸平野，海岸が何回も盛り上がって陸地となった階段状の**海岸段丘《だんきゅう》**が見られる。

▶ **沈水《ちんすい》海岸**…海面が上がるか陸地が下がるかしてできた海岸。**リアス海岸**はこの典型的《てんけいてき》な例である。これがさらに進むと，瀬戸内海《せとないかい》や松島《まつしま》のような多《た》島海《とうかい》となる。

▶ **砂浜《すなはま》海岸**…海岸の砂が沿岸《えんがん》を流れる海水によって流され，特色ある海岸線をつくる。沿岸の砂が風によってふき飛ばされて積もってできた地形を**砂《さ》丘《きゅう》**といい，日本海側の鳥取《とっとり》砂丘など，冬の季節風《きせつふう》の強い地方で典型的に見られる。

▶ **岩石海岸**…山地が海岸までせまった地域に見られる，岩石がむき出しになった海岸。海水によって海食洞《かいしょくどう》・海食崖《がい》・波食棚《はしょくだな》などをつくる。

●海底の地形

▶ **大陸棚《たいりくだな》**…深さ200mぐらいまでの浅い海底。大陸棚のうち，とくに浅い部分を**バンク(浅堆《せんたい》)**という。日本海や東シナ海には大陸棚が発達しており，よい漁場となっている。また，海底で石油・天然ガスなどの鉱産資源《こうさんしげん》の開発も進められている。

▶ **海溝《かいこう》**…細長く続く深い谷で，もっとも深い所が6000mをこえるもの。海溝のうち，とくに深い部分を海淵《かいえん》ということもある。太平洋西部にあるマリアナ海溝のチャレンジャー海淵は－10920mで世界最深。

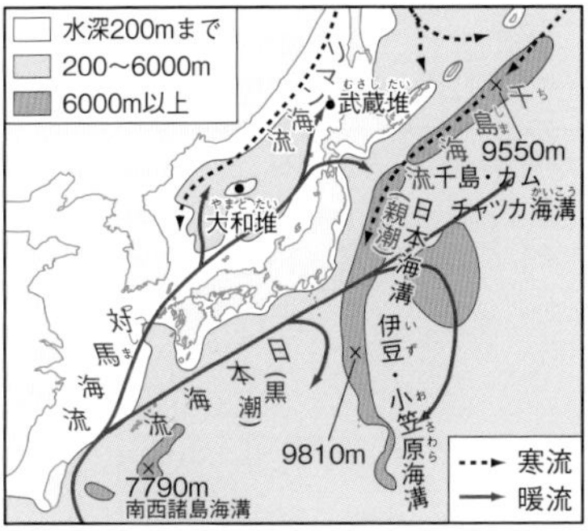

▲日本近海の海底地形

用語

リアス海岸

海面が上がったり，山地が海に沈《しず》んだりしてできた，のこぎりの歯のように入り組んだ海岸。三陸《さんりく》海岸・志摩《しま》半島・若狭《わかさ》湾・大村《おおむら》湾などが典型的。

参考

プレートテクトニクス

地球表面の固い岩盤《がんばん》は十数枚《まい》のプレートに分かれており，それぞれがその下の物質《ぶっしつ》の動きに乗ってぶつかったり，はなれたり，ずれたりしているという考え方。これは，1960年代の後半ごろにおこった考え方である。大地震はプレートの境界で起こる。また，プレートがぶつかっている所では，環《かん》太平洋造山帯《たいへいようぞうざんたい》(➡p.100)のように山脈や海溝をつくる。

入試ポイント

〈日本列島のまわり〉

浅い**大陸棚**と深い**海溝**。プレートがぶつかり，地震《じしん》が多い。

▶ 東側はプレートが沈みこむ地帯にあたり，世界有数の海溝がある。

2 低い土地のくらし

岐阜《ぎふ》県海津《かいづ》市

▲木曽三川(左から，揖斐川・長良川・木曽川)

- **川に囲《かこ》まれた土地**…揖斐《いび》・長良《ながら》・木曽《きそ》の3つの川が集まった下流につくられた，堤防《ていぼう》で囲まれた地域《ちいき》を**輪中《わじゅう》**という。
- **洪水《こうずい》への備《そな》え**…土を盛《も》ったり，石垣《いしがき》を積んだりして，その土地の上に家を建てている。また，いちばん高い土地の上に水屋《みずや》という建物を建てて，洪水のときの避難《ひなん》場所にしてきた。
- **洪水を防《ふせ》ぐ努力**…明《めい》治《じ》時代になると，オランダ人技師《ぎし》のヨハネス=デ=レーケが3つの川を調査《ちょうさ》し，これらを分流させる大工事が行われた。
- **現在《げんざい》の農業**…水はけのよい広い農地になり，大型機械を使った米づくりがさかん。また，米のほかに，小麦やだいず，野菜などもつくられるようになっている。

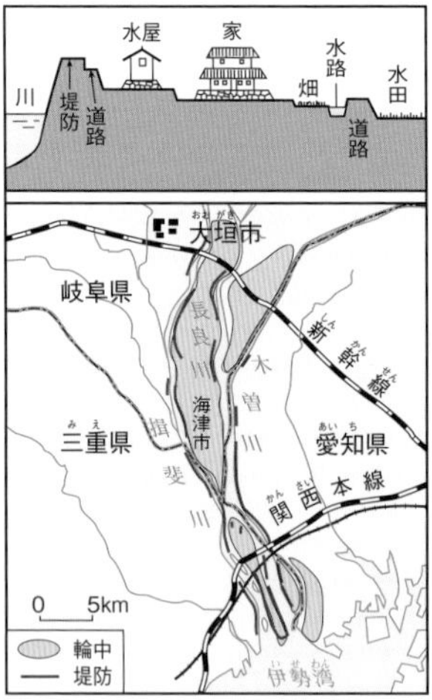

▲輪中の断面図と輪中地帯

> **参考**
>
> **輪中の歴史**
>
> 3つの川が入り組んでいて，たびたび洪水を起こした。江《え》戸《ど》時代に，幕府《ばくふ》は薩摩藩《さつまはん》(今の鹿児島《かごしま》県)に命じて，長良川と揖斐川の間に千本松原《せんぼんまつばら》の堤防を築《きず》いた。しかし，洪水はなかなか減《へ》らなかった。

新潟《にいがた》県新潟市(白根《しらね》)

- **川の増水《ぞうすい》**…信濃川《しなのがわ》が流れる**越後《えちご》平野**はなだらかな土地で，川の水が流れにくい。雨が続き，川の水が増《ふ》えると，白根の町は水びたしになることが多かった。

▲越後平野と大河津分水路

- **放水路の建設《けんせつ》**…そこで，増水した川の水を，河口《かこう》の手前で日本海《にほんかい》へ流す**大河津分水路**がつくられた。工事は明治時代に始まり，1931年にようやく完成した。

▲大河津分水路と信濃川

- **分水路のしくみ**…信濃川と分水路の両方に堰《せき》が設《もう》けられ，水の量にしたがって2つの堰を開け閉《し》めすることで，信濃川の水量を調節している。
- **農業の変化**…水びたしになることの多かった湿田《しつでん》は，水はけのよい乾田《かんでん》に変わった。耕地《こうち》整理も進んで，農業機械が使いやすくなった。この結果，コシヒカリのようなおいしい米が生産されるようになった。また，梅雨《つゆ》のときでも日照時間の多い条件《じょうけん》を生かして，もも・ぶどう・なしなどの果物の栽培《さいばい》もさかんになっている。

3 高い土地のくらし

群馬《ぐんま》県嬬恋《つまごい》村

- **すずしい気候**…標高2000 mをこえる山々のすそ野に広がる高原にあるため，夏でも30℃をこえる日はほとんどない。また，昼と夜の気温の差が大きい。
- **気候を利用した野菜づくり**…平地では暑さで栽培できない夏をふくむ7～10月に，高原野菜の夏秋キャベツをつくり出《しゅっ》荷《か》している。農作物の生長をおさえて，出荷時期をおくらせる栽培方法を**抑制《よくせい》栽培**という。

▲嬬恋村のキャベツ畑

- **高さのちがい**…嬬恋村は標高が700～1400mにわたっているため，場所によって季節の訪《おとず》れがずれている。この自然を利用して種をまく時期をずらし，長い期間，収穫できるようにしている。
- **野菜の出荷**…嬬恋村の野菜は，保冷《ほれい》トラックを使い，東京《とうきょう》や大阪《おおさか》，名古屋《なごや》などの大都市を中心に出荷

用語

高原野菜

高原の夏のすずしい気候を利用してつくる，はくさい・キャベツ・レタスなどの野菜。長野《ながの》県の野辺山原《のべやまはら》の高原野菜も有名。

注意

すずしい気候に向いているキャベツ

平地の産地である愛知《あいち》県や神奈川《かながわ》県では，秋から冬にかけてキャベツを多く出荷している。

参考

コールドチェーン

野菜の新鮮《しんせん》さを保《たも》つため，保冷トラックや保冷コンテナなどを使って，産地から消費地まで運ぶ流通のしくみ。

されている。

●**さかんな観光**…夏にはハイキング，冬にはスキーを楽しむ人々が多く訪《おとず》れる。火山に近いので温泉《おんせん》が多い。

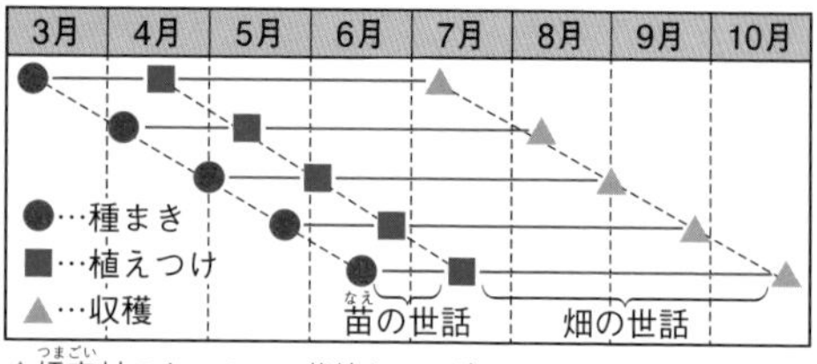

▲嬬恋《つまごい》村のキャベツの栽培カレンダー

青森《あおもり》県田子《たっこ》町

●**山がちな地形**…田子町は岩手《いわて》県と秋田《あきた》県に接《せっ》する山《さん》岳《がく》地帯に位置し，町の面積の約8割《わり》を林野がしめている。おもに東部の川沿《ぞ》いの平地に田畑や住居《じゅうきょ》が広がる。

●**気候を利用した農業**…山あいにあるためすずしいが，夏の気温は高くなる。昼と夜の気温差が大きい。この気候を利用して，にんにくの栽培《さいばい》がさかんである。

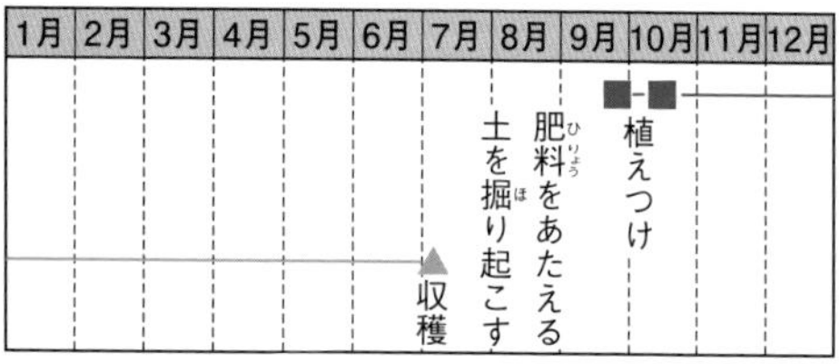

▲田子町のにんにくの栽培カレンダー

植えつけの用意は8月から始まり，土づくりや種選びが進められる。とくに土づくりは大切な作業で，よく肥《こ》えたたい肥《ひ》を使う。

●**冬をこすにんにく**…9月から植えつけられたにんにくは，葉が数枚《まい》出た状態《じょうたい》で冬をむかえる。雪がとけ始める3月から茎《くき》がのびて，夏の初めに収穫《しゅうかく》される。この間約8か月かかり，しかも年に1度しか収穫できない。

●**にんにくの収穫**…収穫直後のにんにくは水分が多いためくさりやすい。そこで，ボイラーのついた農家の小屋などで乾燥《かんそう》させる。さらに，農業協同組合の冷蔵庫《れいぞうこ》で酸素《さんそ》の量を調節して発芽をおさえ，収穫後1年間にわたり，計画的に出荷するようにしている。田子町のにんにくは「たっこにんにく」というブランドで知られている。

●**伝統《でんとう》文化を守る**…田子町には，水車のある昔ながらの田園風景や，古い歴史をもつ芸能《げいのう》の「田子神楽《かぐら》」が残されている。これらの景観・文化を守り，地域《ちいき》を活性化《かっせいか》するため，田子町は「日本で最も美しい村」連合に加わっている。

▲田子町の田園風景

☑ まとめチェック

知識を整理・確認しよう！

① 日本の地形の特色

	答え
	①
□ ① 東日本と西日本とを分ける，みぞ状《じょう》の地形を何というか。	① フォッサマグナ
□ ② 地下深い所にあるマグマがふき出す山を何というか。	② 火山
□ ③ 日本の川は世界の川と比《くら》べると，山地から海までの距離《きょり》は長いか，短いか。	③ 短い
□ ④ 滋賀《しが》県の面積の約6分の1をしめる，日本最大の湖を何というか。	④ 琵琶湖《びわこ》
□ ⑤ 川が山地から平地に出る谷口を頂点《ちょうてん》に，扇《おうぎ》を広げた形に土《ど》砂《しゃ》が堆積《たいせき》してできた地形を何というか。	⑤ 扇状地《せんじょうち》
□ ⑥ 川が上流から運んできた土砂が，河口《かこう》に積もってできた平らな地形を何というか。	⑥ 三角州《さんかくす》[デルタ]
□ ⑦ 武蔵野《むさしの》や牧ノ原《まきのはら》に代表される，まわりの平地より高くなった台状の土地を何というか。	⑦ 台地
□ ⑧ 山地が海に沈《しず》んでできた，のこぎりの歯のように入り組んだ海岸地形を何というか。	⑧ リアス海岸
□ ⑨ 日本海《にほんかい》や東シナ海に発達している，深さ200mくらいまでの浅い海底を何というか。	⑨ 大陸棚《たいりくだな》

② 低い土地のくらし

	答え
	②
□ ① 揖斐《いび》・長良《ながら》・木曽《きそ》の3つの川が集まった下流につくられた，堤防《ていぼう》で囲《かこ》まれた地域を何というか。	① 輪中《わじゅう》
□ ② 信濃川《しなのがわ》の水を，河口《かこう》の手前で日本海へ流すためにつくられた分水路を何というか。	② 大河津《おおこうづ》分水路
□ ③ 水びたしになることの多い田に対して，水はけのよい田のことを何というか。	③ 乾田《かんでん》

③ 高い土地のくらし

	答え
	③
□ ① 嬬恋《つまごい》村などで，夏でもすずしい気候を利用してつくられている，キャベツなどの野菜を何というか。	① 高原野菜
□ ② 野菜の新鮮《しんせん》さを保《たも》つため，保冷《ほれい》トラックなどを使って産地から消費地まで運ぶ流通のしくみを何というか。	② コールドチェーン
□ ③ 青森県田子町でにんにくの植えつけが行われるのは，冬か，夏か。	③ 夏

力だめしの問題 入試標準レベル

解答➡p.612

1 右の地図を見て，次の問いに答えなさい。

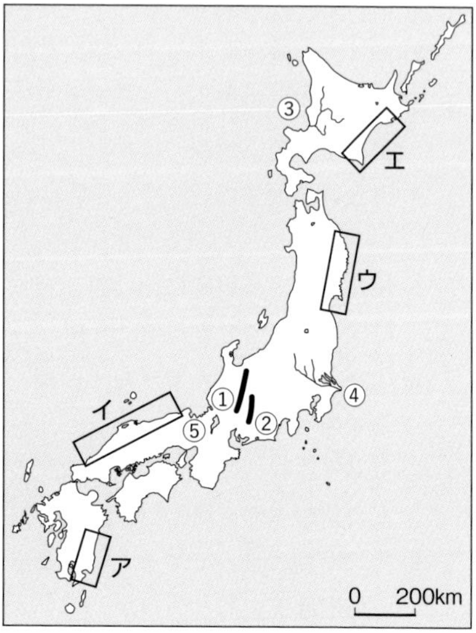

⑴ 地図中の①と②の山脈，③と④の川，⑤の湖の名を，次から1つずつ選び，記号で答えなさい。

①（　　）②（　　）
③（　　）④（　　）
⑤（　　）

ア 越後《えちご》山脈　イ 十和田湖《とわだこ》
ウ 飛驒《ひだ》山脈　エ 木曽《きそ》山脈
オ 奥羽《おうう》山脈　カ 石狩川《いしかりがわ》
キ 霞ヶ浦《かすみがうら》　ク 利根川《とねがわ》
ケ 十勝川《とかちがわ》　コ 琵琶湖《びわこ》
サ 吉野川《よしのがわ》

⑵ リアス海岸が見られる地域《ちいき》を，地図中のア～エから1つ選び，記号で答えなさい。（　　）

2 右の地図を見て，次の問いに答えなさい。

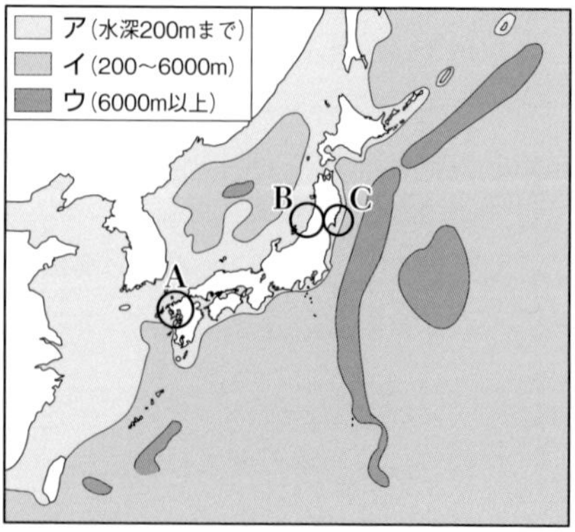

⑴ 地図中の**A**～**C**の地域に広がる平野と，そこを流れる川を，次から1つずつ選び，記号で答えなさい。

A 平野（　　）川（　　）
B 平野（　　）川（　　）
C 平野（　　）川（　　）

ア 庄内《しょうない》平野　イ 北上川《きたかみがわ》
ウ 仙台《せんだい》平野　エ 筑後川《ちくごがわ》
オ 筑紫《つくし》平野　カ 最上川《もがみがわ》

⑵ 日本の国土面積にしめる平地のおよその割合《わりあい》を，次から1つ選び，記号で答えなさい。（　　）

ア 約4分の3　イ 約2分の1
ウ 約3分の1　エ 約4分の1

⑶ 地図中のア～ウのうち，大陸棚《たいりくだな》とよばれる海底地形の深さを1つ選び，記号で答えなさい。（　　）

3 右の地図を見て，次の問いに答えなさい。

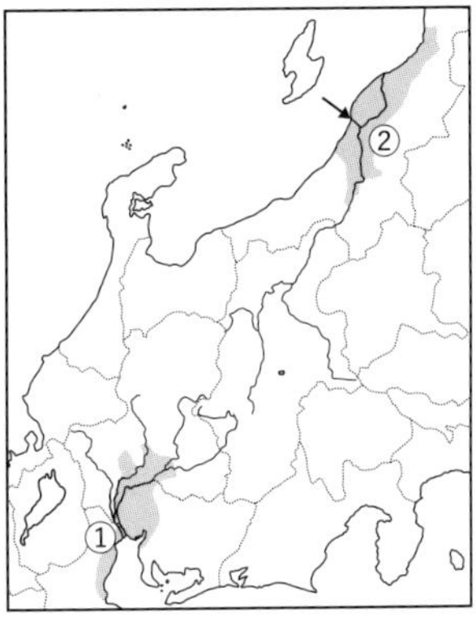

(1) 地図中の①・②の平野の名をそれぞれ答えなさい。

①(　　　　　　)　②(　　　　　　)

(2) 地図中の①・②の平野を流れている川を，次から1つずつ選び，記号で答えなさい。

①(　　　)　②(　　　)

ア　北上川　　イ　信濃川《しなのがわ》　　ウ　淀川《よどがわ》
エ　長良川《ながらがわ》　　オ　阿武隈川《あぶくまがわ》

(3) 地図中の①の平野の西部に見られる，堤防《ていぼう》に囲《かこ》まれた低い土地を何といいますか。

(　　　　　　)

(4) 地図中の②の平野につくられた，→で示《しめ》した分水路を何といいますか。

(　　　　　　)

(5) (3)と(4)は，同じ目的でつくられました。その目的を答えなさい。

(　　　　　　　　　　　　　　)

4 右の図を見て，次の問いに答えなさい。

A　嬬恋村《つまごい》のキャベツの栽培カレンダー

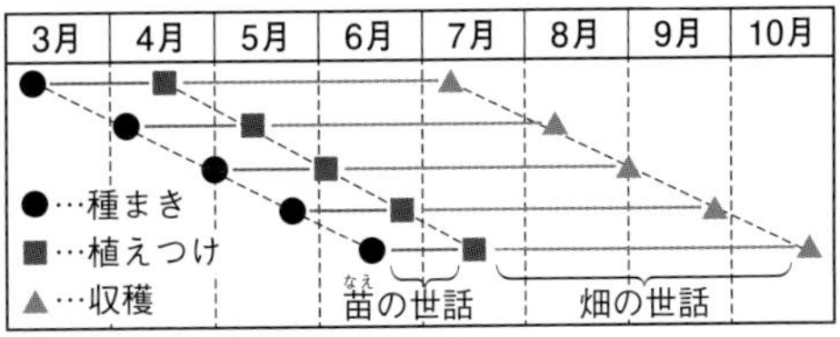

B　田子町のにんにくの栽培カレンダー

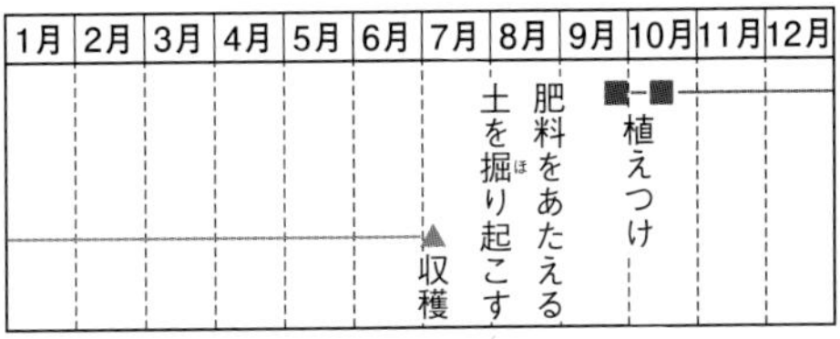

(1) Aの嬬恋村《つまごい》とBの田子《たっこ》町に共通する点を，次から1つ選び，記号で答えなさい。　(　　　)

ア　海岸から近い。
イ　標高が高い。
ウ　大きな川が流れる。
エ　標高が低い。

(2) 次の説明にあてはまる産地を，図中のA・Bから1つずつ選び，記号で答えなさい。

①芽が出た状態《じょうたい》で，畑は雪におおわれ冬をこす。(　　　)

②平地では秋から冬にかけて収穫《しゅうかく》される農作物を，すずしい夏に収穫している。　(　　　)

③収穫された農作物は，ボイラーなどでしばらく乾燥《かんそう》させる。　(　　　)

④種をまく時期をずらすことで，収穫できる時期をのばしている。　(　　　)

⑤冷蔵庫《れいぞうこ》で発芽をおさえ，収穫後1年間にわたって計画的に出荷《しゅっか》している。

(　　　)

3 気候の特色と人々のくらし

学習のポイント

- ●各地の気候の特色を, 風や海流の影響《えいきょう》を結びつけて理解《りかい》しているか。 ➡p.120
- ●日本の気候区分とその特徴《とくちょう》を理解しているか。 ➡p.124
- ●気温のちがいが人々のくらしにもたらす影響をおさえているか。 ➡p.125

1 日本の気候の特色

気候

気候とは各地域《ちいき》の長期間(30年間ほど)にわたる大気(天気)の平均状態《へいきんじょうたい》をいう。**気温・風・降水量《こうすいりょう》**の気候要素《ようそ》によって，さまざまな気候が表れてくる。気候要素は，**緯度《いど》・標高・海流・地形**などに左右される。

用語

気候要素
気温・風・降水量が三大要素。このほか, 湿度《しつど》・気圧《きあつ》・日照時間などがある。

日本の気候の特色

- **温帯《おんたい》にある**…日本の大部分は，人間がいちばんくらしやすい**温帯**(➡p.101)にふくまれ，春夏秋冬の四季の変化がはっきりしている。
- **変化に富《と》む気候**…日本は南北に細長いので，冷帯《れいたい》(➡p.101)から亜熱帯《あねったい》まで，地域によって気候がさまざまである。また，地形が複雑《ふくざつ》なので，各地で特色ある気候が見られる。
- **季節風《きせつふう》の影響を受ける**…夏は南東から**季節風**がふき，太平洋《たいへいよう》側で高温多湿《たしつ》となる。冬は北西から季節風がふき，日本海《にほんかい》側に雪を降《ふ》らせる。
- **海流の影響**…日本はまわりを海に囲《かこ》まれているので，近くを流れる暖流《だんりゅう》や寒流により気温が左右される。
- **降水量が多い**…**梅雨《つゆ》**や**台風《たいふう》**によって雨が多く, 年平均降水量は1700～1800mm。ヨーロッパ(600～700mm)に比《くら》べ，非常《ひじょう》に多いが，1か月あたりでは少なく，季節によるかたよりも大きい。

用語

季節風
大陸と海洋との間で約半年ごとに(夏と冬で), 風向きが変化する風。モンスーンともいう。

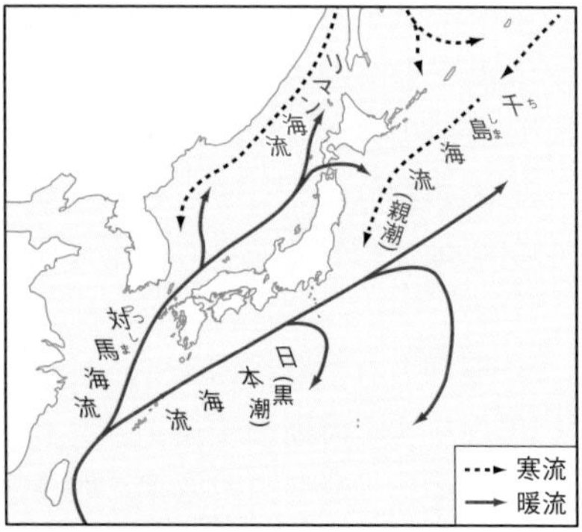

▲日本近海の海流

●大陸の影響を受ける…ユーラシア大陸のすぐ東にあるため，ほかの温帯に比べ，暑さ寒さの差が大きい(東岸気候)。

●気象災害《さいがい》が多い…**風水害・冷害《れいがい》・雪害・干《かん》ばつ**(ひでりの害)などの気象災害が起きやすい。地形的な原因《げんいん》に加え，都市化など人間の活動が災害の発生に影響をおよぼすこともある。

季節風と梅雨・台風

●夏の季節風…太平洋のほうから南東の季節風がふき，高温で湿度が高くなる。山脈《さんみゃく》の風上にあたる太平洋側で比較的《ひかくてき》雨が多い。尾鷲《おわせ》(三重《みえ》県)では年降水量が約4000mmもあり，日本有数の多さ。

●冬の季節風…アジア大陸のほうから北西の季節風がふき，風上《かざかみ》にあたる日本海側に大雪を降らせる。とくに雪の多い北陸《ほくりく》地方は豪雪《ごうせつ》地帯といわれる。風下《かざしも》にあたる太平洋側は，乾燥《かんそう》した晴天の日が続く。

●梅雨…6月から7月にかけて続く長雨の季節。梅雨の末期には，しばしば**集中豪雨《ごうう》**が起こる。北海道《ほっかいどう》では，梅雨は見られない。

▶**稲作《いなさく》に必要**…稲《いね》の生育の時期と重なり，大切な水となる。空《から》梅雨のため雨が少ないと干ばつの原因となる。

▶**洪水《こうずい》を起こす**…梅雨の末期の集中豪雨は，川の氾《はん》濫《らん》を引き起こす。

▶**かび・食中毒の原因となる**…気温と湿度が急に高くなるため，食べ物が傷《いた》みやすくなる。

●台風…南の熱帯の海で発生し，夏から秋にかけて日本を襲《おそ》う熱帯低気圧《ていきあつ》(最大風速17.2m/秒以上)。激《はげ》しい雨や風をともなう。

▶**台風の影響**…台風による雨は大切な水資源《みずしげん》となるが，大雨や強風で農作物や建物などに被害《ひがい》をあたえることが多い。

▶**熱帯低気圧のよび名**…日本では台風というが，インド洋からベンガル湾《わん》ではサイクロン，カリブ海やメキシコ湾では**ハリケーン**などとよばれる。

参考

東岸気候と西岸気候

大陸の東岸では，季節風の影響を受けて気温の年較差《ねんかくさ》(➡p.101)が大きくなる。これを東岸気候という。これに対して，大陸の西岸は偏西風《へんせいふう》(➡p.101)の影響により，気温の年較差が小さい。これを西岸気候という。

参考

季節風がふくわけ

夏は大陸のほうが海洋より高温となり，低気圧となる。そのため，海洋から大陸に向かって風がふく(夏の季節風)。冬は大陸のほうが海洋よりも低温となり，高気圧となる。そのため，大陸から海洋に向かって風がふく(冬の季節風)。

参考

梅雨が起こるわけ

梅雨は，オホーツク海方面(オホーツク海気団)からの冷たい空気と，太平洋方面(小笠原気団)からの湿《しめ》った高温の空気が日本付近でぶつかり，そこにできた梅雨前線《ばいうぜんせん》上に，大陸方面から低気圧が進んでくるために起こる。

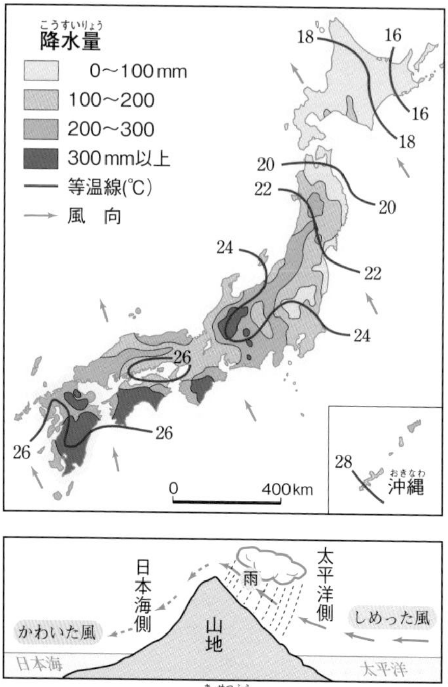

▲夏(7月)の気候と南東季節風《きせつふう》

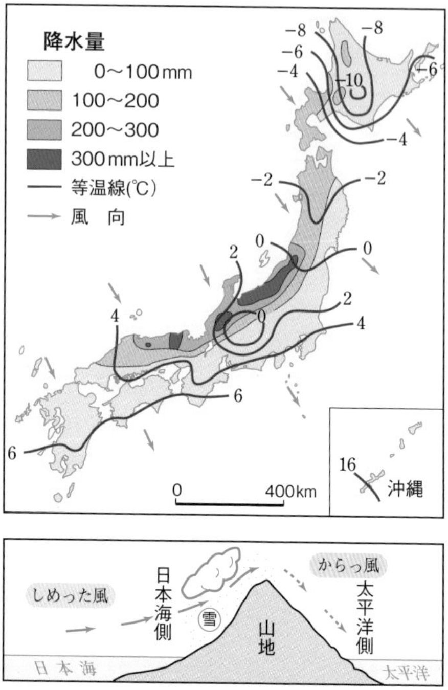

▲冬(1月)の気候と北西季節風

参考

台風《たいふう》の大きさと強さ

気象庁《ちょう》では，台風の大きさと強さを次の表のように決めて，「大型で強い」などと組み合わせて表現している。

大きさ	風速 15m／秒以上の半径 〈風速：1秒間に進む風の距離《きょり》〉
大 型	500km以上〜800km未満
超大型	800km以上

強さ	最大風速
強い	33m／秒以上〜44m／秒未満
非常《ひじょう》に強い	44m／秒以上〜54m／秒未満
猛烈《もうれつ》な	54m／秒以上

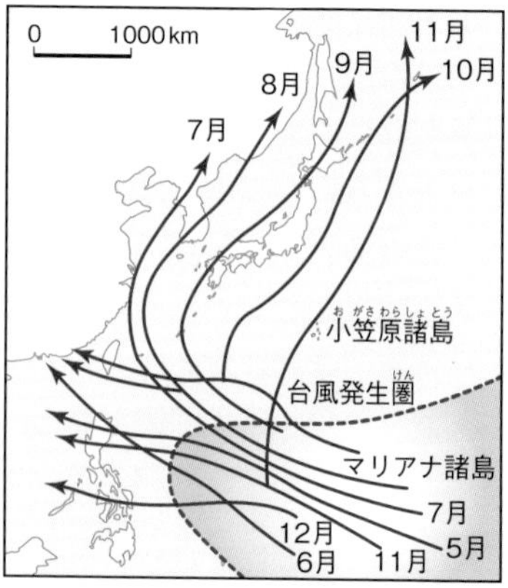

▲台風のおもな通り道

入試ポイント

〈日本の気候の特色〉

▶ **温帯《おんたい》**の温暖《おんだん》な気候(冷帯の北海道を除《のぞ》く)で，**四季の変化**が明らか。

▶ **季節風《きせつふう》**・**梅雨《つゆ》**・**台風**の影響《えいきょう》を受け，雨が多い。

四季の変化

▲日本付近の気団

春…立春《りっしゅん》(2月4日ごろ)が過《す》ぎ，春一番がふくと，シベリア気団《きだん》の勢《いきお》いもおとろえてくる。移動性高気圧《いどうせいこうきあつ》と温帯低気圧が交《こう》互《ご》に通り，天気が変化しやすい。日本海の低気圧に向かって南風がふくと，**フェーン現象**が起こって，日本海《にほんかい》側に高温をもたらす。

夏…初夏(6～7月)は梅雨の季節なので，もっとも昼の長い夏至《げし》(6月21日ごろ)をふくむ季節でありながら，6月の日照時間はかなり短い。7月下旬《じゅん》に梅雨が明けると(沖縄では6月下旬)小笠原気団の影響で，晴天の日が続く。オホーツク海気団の勢いが強い年は，東北《とうほく》地方の太平洋《たいへいよう》岸に**やませ**とよばれる北東風がふき，**冷害**《れいがい》にみまわれる。

秋…夏の終わりから秋にかけては，台風が多い。この時期は秋雨《あきさめ》(秋《しゅう》りん)とよばれる秋の長雨のため，1年のうちでもっとも雨の多い季節となる。10月になると，移動性高気圧におおわれ，秋晴れの日が続く。

冬…冬は木枯《こがらし》(北西季節風のふき出し)とともに始まる。シベリア気団からふき出す季節風が日本海上で**対馬**《つしま》**海流**(暖流《だんりゅう》)から水蒸気《すいじょうき》をもらい，日本海側に大雪をもたらす。太平洋側は降水《こうすい》が少なく，乾燥《かんそう》した晴天の日が続く。

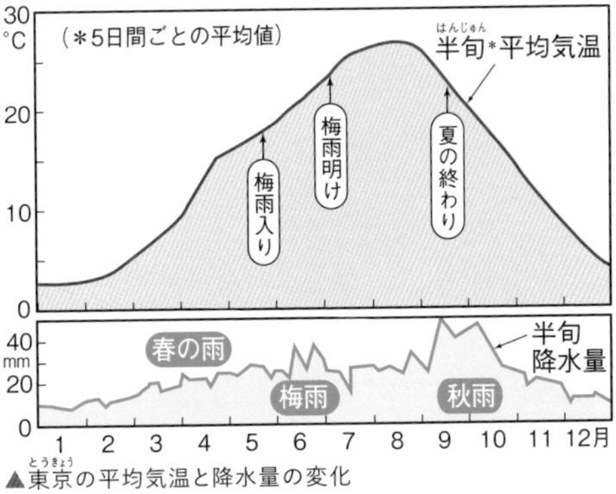

▲東京《とうきょう》の平均気温と降水量の変化

用語

気団

同じ性質《せいしつ》をもつ空気のかたまりのこと。

用語

春一番

立春～春分の間にふく，その年最初の南寄《よ》りのあたたかい風。日本海で低気圧が発達したときに起こる。

用語

フェーン現象

山地をこえてふき下ろす高温で乾燥した風をフェーンという。日本海を発達した低気圧が通ると，日本海側にフェーンがふく。たとえば，しめった空気が山に沿《そ》って上ると，100mにつき約0.5°C～0.6°Cの割合《わりあい》で温度が下がり雨を降《ふ》らせるが，これが山を下りるときは100mにつき約1.0°Cの割合で温度が上がる。このため，風上側で15°Cの空気は，1000mの山をこえると風下側では19°C～20°Cになっている。

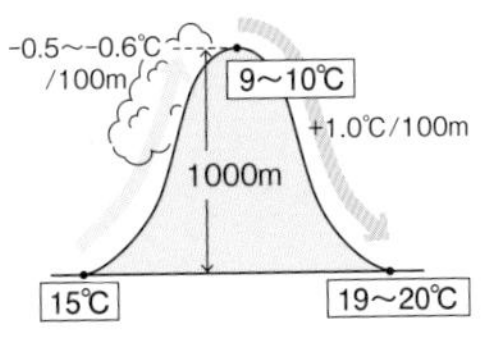

日本の気候区分

●**北海道《ほっかいどう》の気候**…夏は短く，冬は長く厳《きび》しい。梅雨《つゆ》や台風《たいふう》の影響《えいきょう》が少なく，1年を通じて降水量《こうすいりょう》が少ない。

●**太平洋《たいへいよう》側の気候**…冬は雨が少なく乾燥《かんそう》。夏は雨が多く，蒸《む》し暑い。東海《とうかい》・関東《かんとう》地方は1年を通じて温暖《おんだん》。四国《しこく》・九州《きゅうしゅう》地方は夏に雨がとくに多い。東北《とうほく》地方はやませの影響で，夏に気温が上がらないことがある。

●**日本海《にほんかい》側の気候**…冬は北西季節風《きせつふう》の影響で雨や雪が多い。夏は太平洋側ほどは雨が降《ふ》らない。

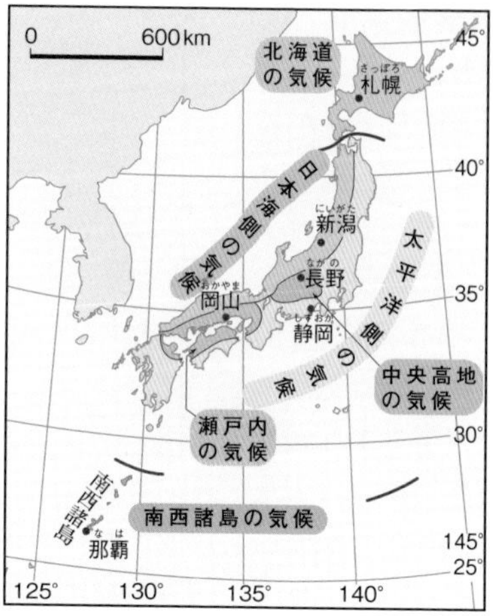

▲日本の気候区分

●**中央高地《ちゅうおうこうち》の気候**…海から遠く山あいにあるので，雨は1年を通じて少ない。内陸にあるため，気温の年較差《ねんかくさ》(➡p.101)が大きい。

●**瀬戸内《せとうち》の気候**…夏冬とも季節風が山地にさえぎられ，雨は少なく，冬も温暖である。

●**南西諸島《しょとう》の気候**…亜熱帯《あねったい》の気候。1年を通じて気温は高く，雪は見られない。雨は多めである。

用語

やませ

寒流の親潮《おやしお》(千島《ちしま》海流)の影響で，6～8月ごろの東北地方の太平洋側でふくことがある，冷たく湿《しめ》った北東風。

参考 **気候グラフ(雨温図)の見方**

- 折れ線グラフ…冬の気温が0°C以下→北海道(4か月)と中央高地。冬でも10°C以上→南西諸島。
- 棒《ぼう》グラフ…山型→太平洋側，W《ダブリュー》型(冬に雪や雨が多い)→日本海側。全体に低め→北海道・中央高地・瀬戸内。

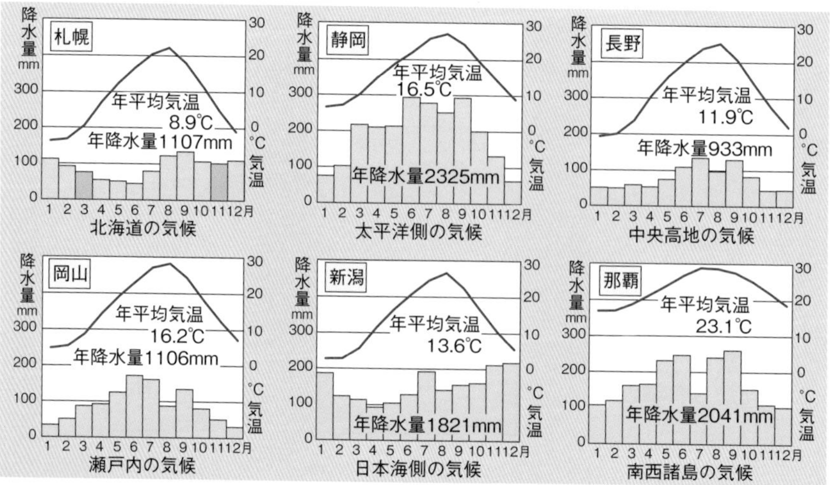

(「理科年表」による)

2 あたたかい土地のくらし

沖縄《おきなわ》県

- **1年じゅう気温が高い**…日本でもっとも南西に位置する。台風が多く通り，夏から秋にかけて雨が多い。

（気象庁調べ）

地方区分	梅雨入り	梅雨明け
東北北部	6月14日	7月28日
関東甲信	6月 8日	7月21日
東　　海	6月 8日	7月21日
北　　陸	6月12日	7月24日
近　　畿	6月 7日	7月21日
中　　国	6月 7日	7月21日
四　　国	6月 5日	7月18日
九州北部	6月 5日	7月19日
沖　　縄	5月 9日	6月23日

▲梅雨入り・梅雨明けの平年値《ち》

- **くらしのくふう**…**台風**の通り道にあるので，伝統的《でんとうてき》な民家では，屋根がわらをしっくいで固めたり，家のまわりを防風林《ぼうふうりん》や石垣《いしがき》などで囲《かこ》ったりしている。最近ではコンクリートづくりの家も多い。

▲沖縄の伝統的な民家

- **水不足への備《そな》え**…川は短く，流れが速いので，雨水はほとんど海に流れてしまう。また，土地が石灰岩《せっかいがん》でできているので，雨水が地下にしみこみやすい。このため，**地下ダム**をつくって水を確保《かくほ》している。屋根に貯水《ちょすい》タンクをつける家もある。
- **農作物**…あたたかい気候を利用した**さとうきび**や**パイナップル**が多くつくられている。にがうり・オクラなどの野菜のほか，近年はきくや洋らんなどの花づくりもさかんになり，航空機を使って東京《とうきょう》などへ出荷《しゅっか》されている。
- **美しい自然と文化**…青い空や**さんごしょう**の海が広がる。**紅型**《びんがた》の染《そ》め物，**エイサー**というおどりなどを目当てに多くの観光客が訪《おとず》れる。

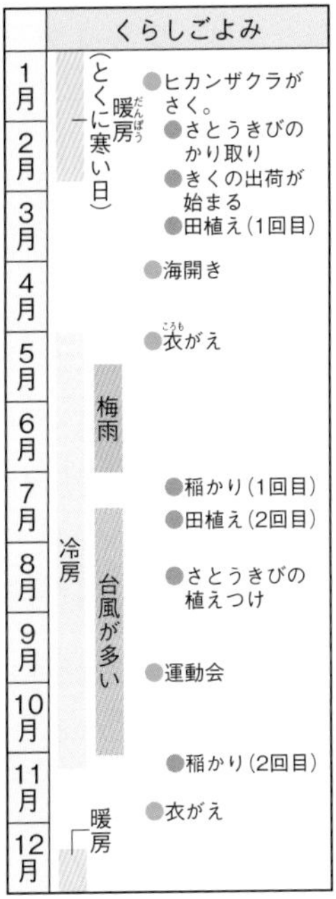

▲沖縄県の１年間

用語

地下ダム

地下水の流れを壁《かべ》でせき止め，地下水をためる施設《しせつ》のこと。沖縄県の地質《ちしつ》は，地下ダムの建設《けんせつ》に向いている。

▲毎年６月〜９月に行われるエイサー

●**多い軍用地**…第二次世界大戦で戦場となり，戦後はアメリカ軍に占領《せんりょう》された。1972年に日本へ復帰《ふっき》したあとも，多くのアメリカ軍基地《きち》が残されている。

▲沖縄県の土地利用

●**自然の保護《ほご》**…ホテルなどの開発で山がけずられたり，大雨で農地の赤土が海に流れこんだりしたことによって，さんごしょう(➡p.565)が被害《ひがい》を受けている。

参考

沖縄県のアメリカ軍基地

日本にあるアメリカ軍基地の面積のうち，約7割《わり》が沖縄県にある。また，沖縄島の面積の約15%の土地にアメリカ軍基地が広がっている。

入試ポイント

〈沖縄《おきなわ》県のくらしのくふう〉

- ▶台風《たいふう》による雨や風の被害→しっくいで固めた屋根がわら，石垣《いしがき》を使用。
- ▶雨は多いが水不足→屋根に貯水タンク，地下ダムを設置《せっち》。

3 寒い土地のくらし

北海道《ほっかいどう》十勝《とかち》地方

●**低い気温**…月平《へい》均《きん》気温0℃以下の月が4か月もあり，真冬には−20℃になる日もある。

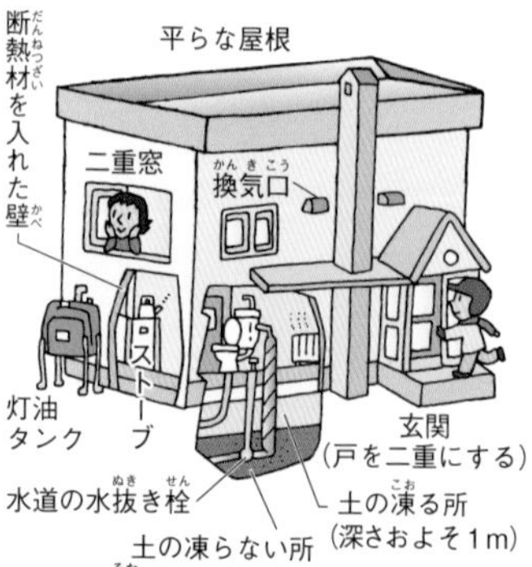

▲寒さに備《そな》えた家のつくり

●**寒さへの対策《たいさく》**…家の窓《まど》や玄関《げんかん》を二重にして，外の寒気を入れないようにしている。暖房《だんぼう》は灯油ストーブが中心で，外にすえつけたタンクにタンク車が給油しにくる。

●**雪への対策**…屋根は平らで，積もった雪を太陽熱や電熱でとかし，中央のへこみから排水《はいすい》するしくみになっている。

参考

暖房手当

北海道の会社員や公務員《こうむいん》は，10月からの半年間，燃料代などの負担《ふたん》を軽くするため暖房手当を支給《しきゅう》されている。

●**畑作中心の農業**…**火山灰土**《かざんばいど》が広がり，夏はそれほど高温にならないので，畑作や**酪農**《らくのう》がさかん。とくに豆類を多くつくっている。作物の病気を防《ふせ》ぐため，**輪作**《りんさく》が行われている。

	1年目	2年目	3年目	4年目	5年目	6年目
畑A	小麦	あずき	てんさい	じゃがいも・さつまいも・とうもろこし	小麦	
畑B	小麦	てんさい	あずき	じゃがいも・さつまいも・とうもろこし	小麦	
畑C	小麦	てんさい	飼料用とうもろこし（交換耕作《こうかんこうさく》）	あずき	じゃがいも・さつまいも・とうもろこし	小麦

▲十勝平野の輪作の例

秋田《あきた》県横手《よこて》市

●**雪への対策**…横手市では8月に**降水量**《こうすいりょう》がもっとも多くなるが，冬の降水量も同じくらい多い。

▶**民家の雪おろし**…高齢者《こうれいしゃ》に対しては，雪おろしを業者に依頼《いらい》する際《さい》の費用《ひよう》を市が援助《えんじょ》している。

▶**市街地**…おもな道路のわきに**流雪溝**《りゅうせつこう》をほり，ここに落とされた雪は，横手川から引いた水とともに横手川へ流される。地下水を使った消雪パイプや，電気を使った**ロードヒーティング**で，道路の雪をとかしている。

●**雪とともにくらす**

▶**伝統**《でんとう》**行事**…毎年2月に開かれる伝統行事「**かまくら**」は，400年以上の歴史をもつ。

▶**「雪となかよく暮**《く》**らす条例**《じょうれい》**」**…雪を生かすまちづくりを進めている。「雪と親しむ日」を定め，雪中宝《たから》探《さが》しなどの行事を行っている。

▲かまくら

用語

輪作

畑では，毎年同じ作物をつくり続ける連作を行うと，養分のバランスがくずれ，農作物の出来が悪くなる。そこで，1つの畑でつくる作物を順番にかえている。これを輪作という。

用語

てんさい

ビートあるいは砂糖大根ともよばれ，さとうきびとならぶ砂糖のおもな原料。寒さに強いので中高緯度地帯で栽培される。日本では北海道がおもな産地。

用語

ロードヒーティング

地面に埋《う》めた電熱線の熱で，路面の雪をとかすしくみ。民家の駐車場《ちゅうしゃじょう》などでもとり入れられている。

☑ まとめチェック

知識を整理・確認しよう！

① 日本の気候の特色

- □ ① 気候の三大要素《ようそ》は，気温・風ともう1つは何か。
- □ ② 夏と冬で向きが変わる風を何というか。
- □ ③ 6月から7月にかけて続く，長雨の季節を何というか。
- □ ④ 南の熱帯《ねったい》の海で発生し，夏から秋にかけて日本を襲《おそ》う熱帯《ねったい》低気圧《ていきあつ》を何というか。
- □ ⑤ 夏の時期，東北《とうほく》地方の太平洋《たいへいよう》岸に北東からふき，冷害《れいがい》をもたらすことがある冷たく湿《しめ》った風を何というか。
- □ ⑥ 内陸にあるため，気温の年較差《ねんかくさ》が大きく，1年を通じて雨が少ない日本の気候区分は何か。
- □ ⑦ 冬は雨が少なく乾燥《かんそう》するが，夏は雨が多く蒸《む》し暑い日本の気候区分は何か。
- □ ⑧ 夏冬とも季節風《きせつふう》が山地にさえぎられ，雨は少なく，冬も温《おん》暖《だん》な日本の気候区分は何か。
- □ ⑨ 夏は短いが冬は長く厳《きび》しく，梅雨や台風の影響《えいきょう》が少ないため1年を通じて降水量が少ない日本の気候区分は何か。

② あたたかい土地のくらし

- □ ① 水不足にみまわれやすい沖縄《おきなわ》県では，民家の屋根に何が設《もう》けられているか。
- □ ② 雨水が地下にしみこみやすい沖縄県では，水を確保《かくほ》するために地下に何をつくっているか。
- □ ③ 沖縄県であたたかい気候を利用して古くから栽培《さいばい》されているくだものは何か。
- □ ④ 赤土が海に流れこんだことなどによって被害《ひがい》を受けている，沖縄県の海底の美しい自然を何というか。

③ 寒い土地のくらし

- □ ① 冬の寒さが厳しい北海道の十勝《とかち》地方では，家の窓《まど》や玄関《げんかん》をどのようなつくりにしているか。
- □ ② 十勝地方では，農作物の病気を防《ふせ》ぐため，1つの畑でつくる作物を順番にかえている。この方法を何というか。
- □ ③ 横手《よこて》市などに見られる，道路のわきにほられた雪を落とすための溝《みぞ》を何というか。

答え

①
- ① 降水量《こうすいりょう》
- ② 季節風《きせつふう》
- ③ 梅雨《つゆ》
- ④ 台風《たいふう》
- ⑤ やませ
- ⑥ 中央高地《ちゅうおうこうち》の気候
- ⑦ 太平洋側の気候
- ⑧ 瀬戸内《せとうち》の気候
- ⑨ 北海道《ほっかいどう》の気候

②
- ① 貯水《ちょすい》タンク
- ② 地下ダム
- ③ パイナップル
- ④ さんごしょう

③
- ① 二重
- ② 輪作《りんさく》
- ③ 流雪溝《りゅうせつこう》

力だめしの問題　入試標準レベル

解答➡p.612

1 右の地図を見て，次の問いに答えなさい。

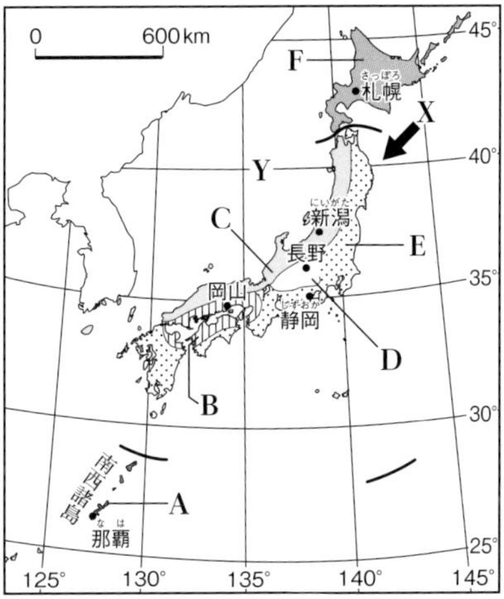

(1) 地図中のA～Fの各地域《ちいき》の気候を表したグラフを，右下のア～カから1つずつ選び，記号で答えなさい。

A（　　）　B（　　）
C（　　）　D（　　）
E（　　）　F（　　）

(2) 地図中のXの方向から初夏にふくことがある，冷たい風を何といいますか。

（　　　　）

(3) 地図中のYの海を北東へ向かって流れる暖流を何といいますか。

（　　　　）

(4) 梅雨について説明した文として正しいものを，次から1つ選び，記号で答えなさい。

（　　）

ア　稲《いね》の収穫《しゅうかく》の時期と重なる。
イ　集中豪雨《ごうう》により洪水《こうずい》がもたらされることがある。
ウ　日本のすべての地域で梅雨が訪《おとず》れる。
エ　北アメリカではハリケーンとよばれる。

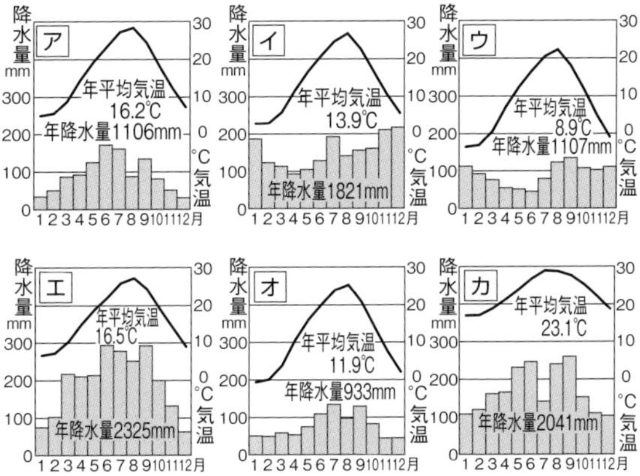

（「理科年表」による）

(5) 右の図のような伝統的な住まいが見られる気候を，地図中のA～Fから1つ選び，記号で答えなさい。（　　）

(6) フェーン現象により高温がもたらされることがある地域を，地図中のA・C・E・Fから1つ選び，記号で答えなさい。

（　　）

2 右の図を見て，次の問いに答えなさい。

⑴ **図1**は，沖縄《おきなわ》島の土地利用を示《しめ》したものです。**A**にあてはまるくだもの名，**B**にあてはまる国名を次から1つずつ選び，記号で答えなさい。　**A**（　　）**B**（　　）

ア　りんご　　イ　もも
ウ　パイナップル　　エ　ロシア
オ　中国《ちゅうごく》　　カ　アメリカ

図1

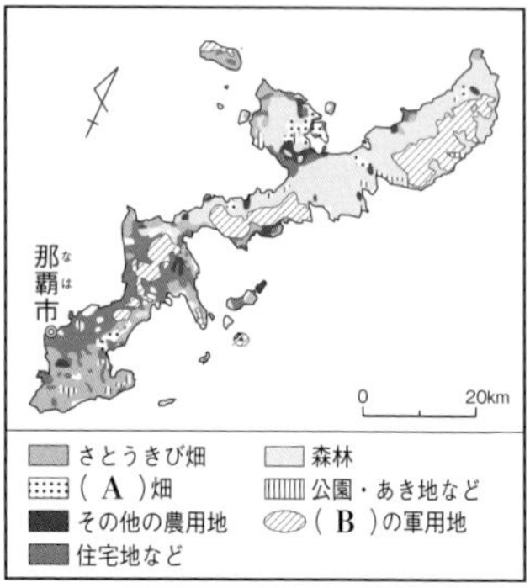

⑵ **図1**の地域《ちいき》では，水不足にみまわれることが多いですが，その理由を「川」のことばを使って説明しなさい。
（　　　　　　　　　　　　　　　　　　　　）

⑶ 右の写真は，**図1**の地域で行われるおどりです。このおどりを何といいますか。
（　　　　）

⑷ **図1**の地域で，観光開発などによって破《は》壊《かい》が進んでいるものを，次から1つ選び，記号で答えなさい。　（　　）

ア　ぶなの原生林《げんせいりん》　　イ　さんごしょう
ウ　カルデラ　　エ　カルスト

⑸ **図2**中で，次の気候条件《じょうけん》にあてはまる地域では，どのような生活が見られますか。あとの**ア**～**エ**から1つずつ選び，記号で答えなさい。
①（　　）②（　　）

① 1月の平均降水量《へいきんこうすいりょう》が100～200mmで，平均気温が－2℃前後
② 1月の平均降水量が0～100mmで，平均気温が－8℃前後

ア　土を盛《も》ったり，石垣《いしがき》を積んだりして，輪中《わじゅう》がつくられた。
イ　作物の病気を防《ふせ》ぐため，輪作《りんさく》が行われている。
ウ　きくや洋らんなどの花づくりがさかんで，航空機を使って東京《とうきょう》などへ出荷《しゅっか》されている。
エ　400年以上の歴史をもつ伝統《でんとう》行事「かまくら」が行われている。

図2　1月の平均気温と月降水量

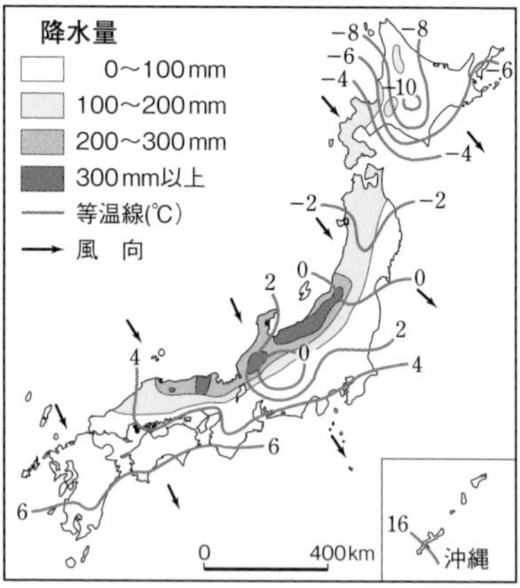

チャレンジ問題 入試発展レベル

解答➡p.613

★は最高レベル

1 次の問いに答えなさい。

(1) **図1**を見て，次の問いに答えなさい。【慶應普通部】

① 地図中の線**ア**～**オ**のうち，線**X**と実際《じっさい》の地球上でほぼ同じ距離《きょり》となる線を，すべて選んで記号で答えなさい。(　　　　　)

② 点**Y**は南緯《なんい》35度，西経《せいけい》65度です。地球上で点**Y**の真裏《まうら》にあたる地点の緯度《いど》と経度《けいど》を答えなさい。

緯度(　　　　　)　経度(　　　　　)

図1

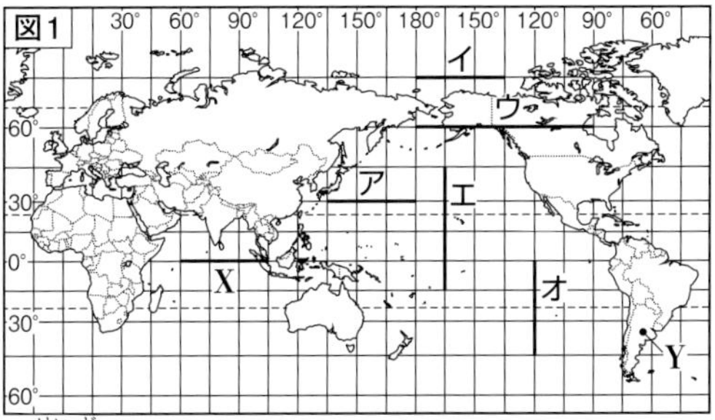

(2) **図2**の国際連合《こくさいれんごう》の旗にえがかれていない大陸名を1つ書きなさい。【東京学芸大附世田谷中】(　　　　　)

図2

(3) ロシアとの間で，解決《かいけつ》されていない領土《りょうど》問題を「○○領土問題」といいます。○○に入る漢字2字を答えなさい。【女子聖学院中】(　　　　　)

(4) 右の文を読んで，次の問いに答えなさい。【慶應中等部】

> 日本の領土は，北海道《ほっかいどう》，本州《ほんしゅう》，四国《しこく》，九州《きゅうしゅう》の大きい4つの島と，その他の小さな島で構成《こうせい》されます。日本は **A** 大陸の東に位置しており，東 **B** とよばれる地域にあります。また，太平洋《たいへいよう》，オホーツク海，日本海《にほんかい》，東シナ海に囲《かこ》まれています。東端《とうたん》は南鳥島《みなみとりしま》，西端《せいたん》は与《よ》那国島《なぐにじま》，南端《なんたん》は沖ノ鳥島《おきのとりしま》，北端《ほくたん》は択捉島《えとろふとう》です。気候帯を見ると，ほとんどの地域は明確《めいかく》な四季のある温帯《おんたい》ですが，沖縄は **C** ，北海道は **D** に属《ぞく》しています。そのため，多種多様な動植物が生息しています。

① 下線部の中で，もっとも小さい島はどれですか。(　　　　　)

② **A**と**B**に入る語《ご》句《く》の組み合わせとして正しいものを次から1つ選び，記号で答えなさい。(　　)

ア　A－アジア　B－シベリア　　**イ**　A－ユーラシア　B－アジア
ウ　A－アジア　B－ユーラシア　　**エ**　A－ユーラシア　B－シベリア

③ **C**と**D**に入る語句の組み合わせを次から1つ選び，記号で答えなさい。

ア　C－亜熱帯《あねったい》　D－冷帯《れいたい》(亜寒帯《かんたい》)　　**イ**　C－亜熱帯　D－寒帯
ウ　C－熱帯　D－冷帯　　**エ**　C－熱帯　D－寒帯　(　　)

2 次の問いに答えなさい。

⑴ 青梅《おうめ》は多摩川《たまがわ》がつくる扇状地《せんじょうち》の扇頂《せんちょう》に位置する都市です。扇状地について述《の》べた文として正しいものを，次から1つ選び，記号で答えなさい。【城北中】

ア　扇頂部は水を確保《かくほ》しにくいため，集落は少なくなる。　（　　）

イ　扇央部は水はけがよいため，水田が広がりやすくなる。

ウ　扇端《せんたん》部は水はけが悪いため，果樹園《かじゅえん》が多く見られる。

エ　標高の高い傾斜《けいしゃ》の扇状地では針葉樹林《しんようじゅりん》や広葉樹林《こうようじゅりん》が見られる。

⑵ 次の文は，津波《つなみ》の被害《ひがい》について述べた文です。**a**～**c**にあてはまる語句《ごく》をそれぞれ答えなさい。ただし**a**・**b**は漢字2字で答えなさい。【普連土学園中】

東北《とうほく》地方太平洋沖地震《たいへいようおきじしん》のときの津波《つなみ》は，太平洋プレートと北アメリカプレートの境界《きょうかい》で起きた［ **a** ］型の津波でした。太平洋側の海底には，8000mをこえる［ **a** ］があり，これが津波の原因《げんいん》となります。岩手《いわて》県・宮城《みやぎ》県沖の［ **b** ］海岸は，気仙沼《けせんぬま》や石巻《いしのまき》などの良港が多く，［ **c** ］海岸という特殊《とくしゅ》な地形であったため，とくに大きな被害を受けました。

a（　　　）　**b**（　　　）　**c**（　　　）

⑶ 次の文は，日本で発生した自然災害《さいがい》について説明したものです。このうち，適当《てきとう》ではないものをア～エから1つ選び，記号で答えなさい。【芝中】　（　　）

ア　四国《しこく》地方は，火山が多く分布《ぶんぷ》している地域《ちいき》であることから，たびたび大規模《きぼ》な火山災害が発生している。

イ　本州《ほんしゅう》の中央付近を縦断《じゅうだん》しているフォッサマグナでは，断層《だんそう》が集中するため直下型の地震が多く発生している。

ウ　東北地方で見られる巨大《きょだい》地震の震源《しんげん》は，日本海《にほんかい》側よりも太平洋側のプレート境界付近に多く見られる。

エ　多くの台風《たいふう》が方向転換《てんかん》する地域にあたる南西諸島《しょとう》は，長時間にわたって暴風《ぼうふう》被害にみまわれることが多い。

★⑷ 日本周辺には4枚《まい》のプレートがあります。その中で伊豆《いず》半島が乗っているプレートの名称《めいしょう》を答えなさい。【青山学院中等部】　（　　　）

⑸ 右の図は，日本と海外のおもな河川《かせん》の，河口からの長さと標高を表したものです。この図から，日本のおもな河川の特徴《とくちょう》を説明しなさい。【東京純心女子中】

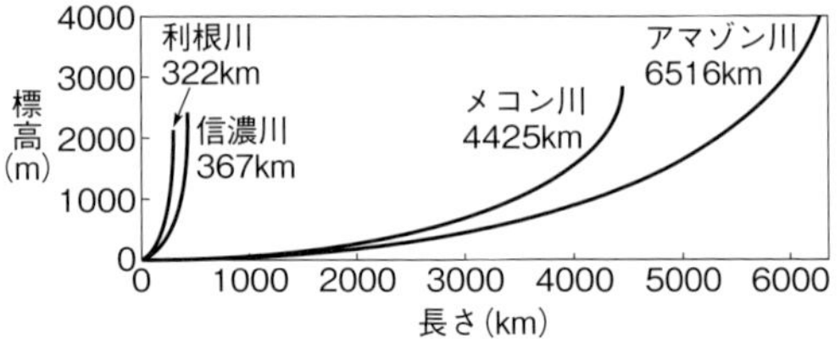

（「理科年表」などによる）

（　　　　　　　　　　　　　　　）

3 次の問いに答えなさい。

(1) 次の文中の□に適《てき》する語をカタカナで答えなさい。【山陽学園中】

豪雪《ごうせつ》地帯などでは，雪の冷たさを□として利用する試みがあります。たとえば，雪を夏場まで保存《ほぞん》して，おもに物を冷やす「雪冷蔵《ゆきれいぞう》(雪室《ゆきむろ》)」や，空気を冷やす「雪冷房《れいぼう》」などがこれにあたります。このような雪氷熱《せっぴょうねつ》や太陽熱などは「自然□」とよばれています。　(　　　)

(2) 右の雨温図のうち，東北地方以外の都市のものを1つ選び，記号で答えなさい。【藤嶺学園藤沢中】

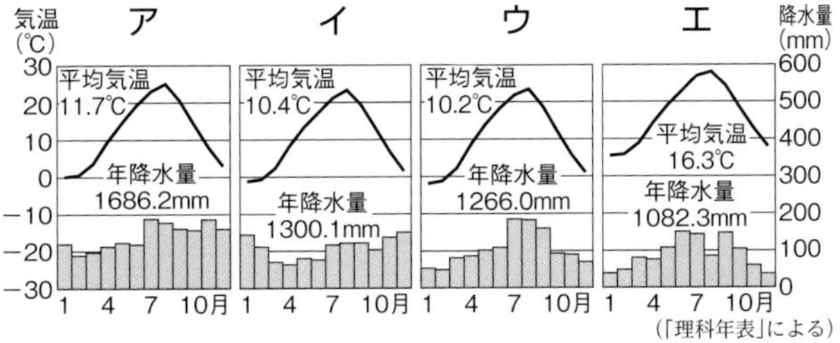

(「理科年表」による)

(　　　)

(3) 台風について説明した文章として正しいものを次から1つ選び，記号で答えなさい。【帝京大中】　(　　　)

ア　小笠原気団《おがさわらきだん》とオホーツク海気団との間に停滞《ていたい》する前線に沿《そ》って，大陸から低気圧《ていきあつ》が次々と日本に近づくことによって発生する。

イ　地球の自転のはたらきにより，太平洋の南西部に集まった温かい海水にたくわえられた熱がもとになって発生する。

ウ　東北地方太平洋岸の寒冷な海水と，沖縄《おきなわ》地方太平洋岸の温暖《おんだん》な海水との温度差がうみ出すエネルギーによって発生する。

エ　夏に太平洋側から南東季節風《きせつふう》が日本列島の中央にある山地をこえてふき下ろしてくるときに生じる，高温の風のはたらきによって発生する。

(4) 右の雨温図は奈《な》良《ら》市・札幌《さっぽろ》市・富《と》山《やま》市・高知《こうち》市のものです。奈良市の雨温図を1つ選び，記号で答えなさい。【桐光学園中】

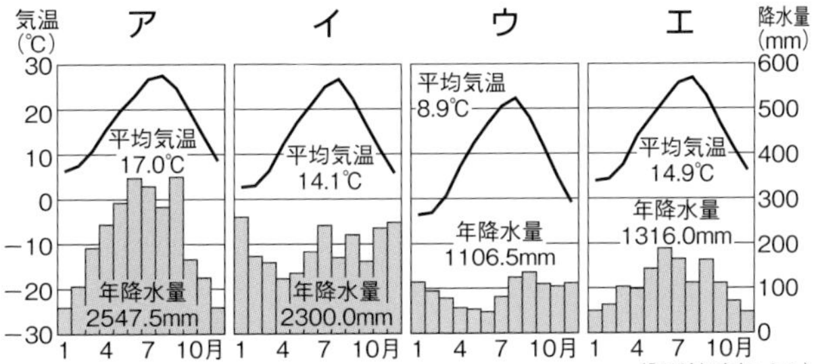

(「理科年表」による)

(　　　)

(5) 島根《しまね》県など日本海側では，山地・山脈《さんみゃく》に北西からふく季節風がぶつかることで，どの季節にどのような気候上の特色がうまれるかを説明しなさい。【山陽学園中】

(　　　　　　　　　　　　　　　　　　　　)

第3章 食料生産と人々のくらし

1 農業と人々のくらし

学習のポイント

- ●米や野菜，くだものの栽培《さいばい》がさかんな地域《ちいき》をおさえているか。 ➡p.134
- ●豆類・雑穀《ざっこく》・いも類・工芸作物の食用以外の使いみちを理解《りかい》できているか。 ➡p.146
- ●畜産業《ちくさんぎょう》の変化と日本の農業の問題点をとらえているか。 ➡p.151

1 稲作《いなさく》(米づくり)

稲作のさかんな地域

●米の生産と消費《しょうひ》

▶**減《へ》ってきた米の消費**…日本人1人が1年間に消費する米の量は，昭和《しょうわ》時代の初めには約130kgであったが，現在《げんざい》では，55kg以下に減っている。これは，洋風化に代表される食生活の多様化によって，小麦を原料とするパンやめん，肉類，乳《にゅう》製品《せいひん》などの消費量《しょうひりょう》が増《ふ》えて主食の米の量が減ってきたためと考えられる。

▶**余《あま》る米への対策《たいさく》**…生産が増えて消費が減った結果，米が余るようになった。そのため国は，1970年ごろから米の**生産調整**を実《じっ》施《し》し，稲作農家に奨励金《しょうれいきん》を出して，米づくりを休ませる休耕《きゅうこう》や，米以外の作物へ切りかえる転《てん》作《さく》などの**減反《げんたん》政策**を進めた。

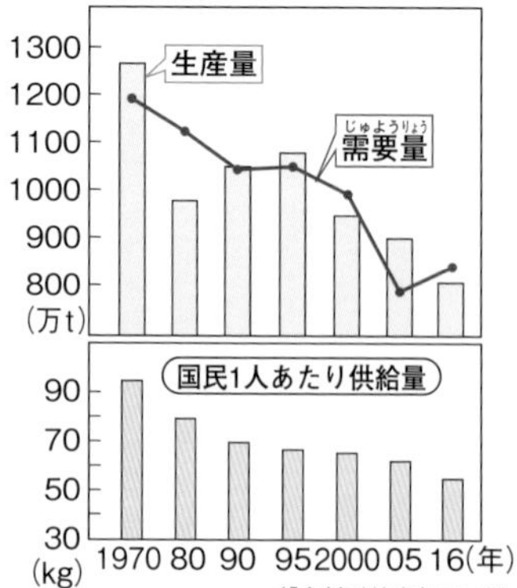

(「食料需給表」による)

▲米の生産量と消費量の移《うつ》り変わり

参考

日本で米の生産量がのびた理由

- 栽培技術《ぎじゅつ》の進歩…育苗器《いくびょうき》で発芽を早めたり，保温苗代《ほおんなわしろ》で苗《なえ》を育てたりする。
- 品種改良…寒さに強い品種の開発。東北《とうほく》地方や北海道《ほっかいどう》で生産量が増えた。
- 農業技術の進歩…農業の機械化で農作業の効率《こうりつ》が高まった。農薬・化学肥料《ひりょう》も進歩した。
- 耕地の開発や改良…用水路の建設《けんせつ》，かんがい，土地の改良など。

●稲作がさかんな地域

- 日本では全国で稲作が行われている。
- 東北・北陸《ほくりく》地方でとくにさかん。
  - ◉平野や盆地《ぼんち》が広く，流量の多い川や豊《ほう》富《ふ》な雪どけ水など水にもめぐまれている。
  - ◉夏の気温が高くなる。
  - ◉**水田単作《たんさく》**の地域であり，稲作にたよるため，肥料やり，雑草とりなどをこまめに行うなど，集約的な農業が行われている。
  - ◉積雪のため裏作《うらさく》ができず，冬は田に肥料を入れて休ませるので土地が肥《こ》える。
  - ◉寒さに強い品種の開発や，土地改良などの努力を続けている。
- **北海道の稲作**…夏の短い北海道の気候に合った品種の開発や，栽培技術の進歩によって，石狩《いしかり》平野や上川《かみかわ》盆地を中心に水田が広がった。現在では，夏に気温が上がらない北部と東部の一部を除《のぞ》いて稲作ができる。
- **各地方の稲作**…関東《かんとう》から西の地域は温暖《おんだん》多雨で，九州《きゅうしゅう》の筑紫《つくし》平野のように**二毛作《にもうさく》**が行われている所もある。冬も温暖な高知《こうち》平野では，かつて米の**二《に》期作《きさく》**が行われていたが，手間がかかるわりには生産量が増えず，米も余ってきたため，現在では，収入《しゅうにゅう》の多い野菜の**促成栽培《そくせい》**(➡p.138)などに変わっている。また，長野《ながの》県などの山間部では**棚田《たなだ》**による稲作が行われている所もある。

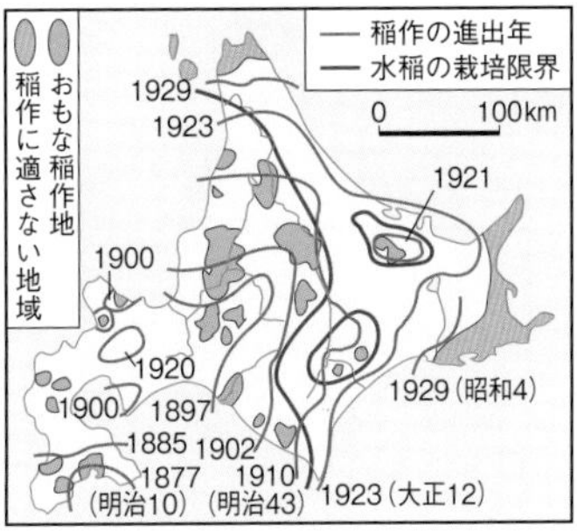

▲北海道での稲作の発達

用語

単作
同じ耕地で1年に1種類だけの作物をつくる農業。米だけをつくる地域を水田単作の地域という。

●世界の米の生産…世界の米の生産量の90%近くが，アジアでつくられている。また，米は自給的な性格《せいかく》が強く，貿易《ぼうえき》にまわされる量は少ない。米のおもな輸出《ゆしゅつ》国はタイ・インド・ベトナム・パキスタン・アメリカなどである。

用語

二毛作
同じ耕地で1年に2種類の作物をつくること。

二期作
同じ耕地で1年に同じ作物を2回つくること。米の場合，たとえば1回目は4月に田植えをして8月に収穫《しゅうかく》し，すぐに田植えをして11月半ばにまた収穫する。

入試ポイント

〈米の生産地域〉
- 米の生産量が多いのは，**東北・関東・北陸地方**。
- 道県別では，新潟《にいがた》や北海道・秋田《あきた》・山形《やまがた》・宮城《みやぎ》の各県。

米づくりの様子

●1年間の農作業

月	11月～3月	4月	5月	6月	7月	8月	9月	10月
おもな作業	◎肥料《ひりょう》をやる ◎土づくり	◎種をまく ◎苗《なえ》を育てる	◎代《しろ》かき ◎田植え 草とり	◎中干《なかぼ》し	◎水の管理	◎穂《ほ》が出る・開花	◎水をぬく ◎稲刈《いねか》り	◎乾燥《かんそう》・出荷

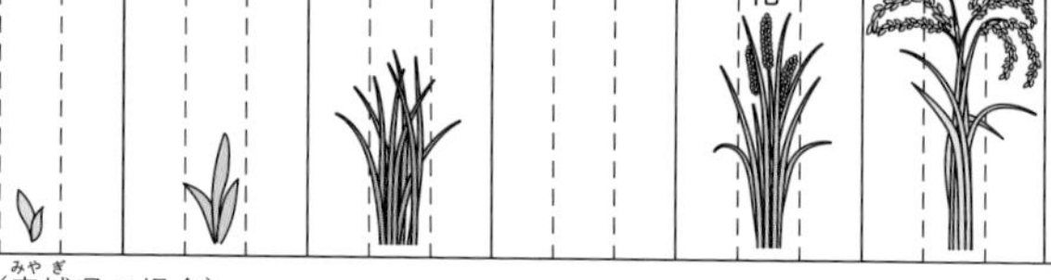

▲米の栽培《さいばい》カレンダー（宮城《みやぎ》県の場合）

▶**田おこし**…耕《こう》うん機やトラクターを利用して土を掘《ほ》り返す。

▶**代かき**…田おこしをした後，水田に水を入れて，土をくだき，田植えの準備《じゅんび》をする。

▲トラクターに器具をつけて行われる代かきの作業

▶**苗づくり**…稲《いね》の種（種もみ）は，水田にそのままくと生長が遅《おそ》いので，別の場所である程度《ていど》の大きさになるまで育てる。現在《げんざい》では育苗《いくびょう》ハウスなどで苗をつくる。

▶**田植え**…苗を水田に移植《いしょく》する。現在は田植え機を利用。

▶**中干し**…稲が育ってきたら，稲が十分に根をはり，栄養を吸《きゅう》収《しゅう》できるように一度水田の水を抜《ぬ》く（6，7月ごろ）。

▲中干しが行われた田

▶**稲刈り**…米を収穫《しゅうかく》する作業。現在は刈りとり，脱《だっ》穀《こく》（穂からつぶの部分をとり外すこと），選別まで，コンバインで行う。

参考

苗半作《なえはんさく》

苗をどのようにつくるかで，その年の作がらの大部分が決まるということ。それだけ苗づくりは大切な作業である。

参考

早場米《はやばまい》

ふつうより早い時期に収穫できる米のこと。早稲種《わせしゅ》の苗を3～5月ごろに植え，6～8月ごろに収穫することにより前年の米が少なくなる端境期《はざかいき》に出荷できる。生育期間の短い東北《とうほく》・北陸《ほくりく》地方で多くつくられている。また，利根《とね》川下流でも台風《たいふう》の被害《ひがい》をさけるため，早場米がつくられている。

●農作業の機械化

▶かつて，米づくりは人間や動物の力のみで行われていた。今は**農業機械**を使った効率《こうりつ》のよい農作業が行われている。

	昔	今
田おこし	 牛とすき	 トラクター
苗づくり	 保《ほ》温《おん》折衷《せっちゅう》苗代《なわしろ》	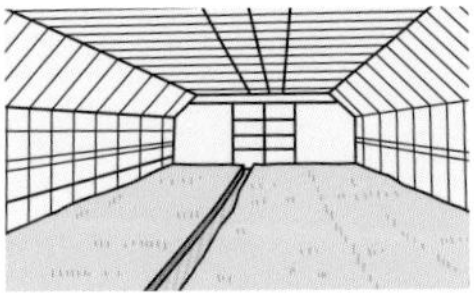 ビニールハウスでの育苗
収穫	 鉄のかま	 コンバイン

▲昔（1960年代以前）と今の農作業

▶農家は**高齢《こうれい》化《か》**が進み，就業者《しゅうぎょうしゃ》数も減《へ》っている。農業機械は農作業の負《ふ》担《たん》を軽くし，労働時間も短くなるため，農家の助けとなっている。

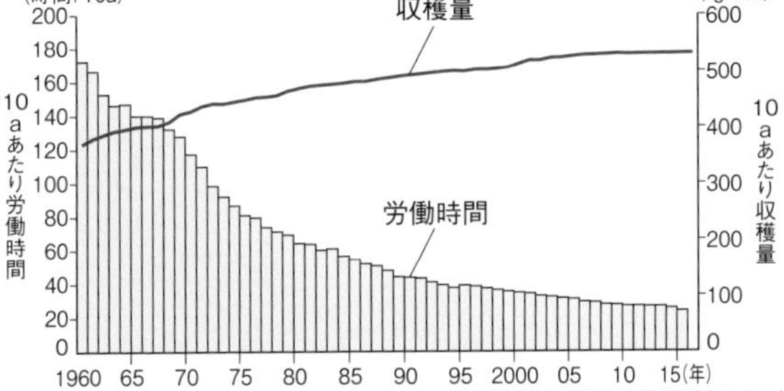

(「作物統計」「米生産費統計」による)

▲稲作農家の労働時間と収穫量の変化

●有機農業…化学肥料や農薬を使わない土づくりや稲作が研究されている。害虫を食べるあいがもを水田に放す「**あいがも農法**」も行われている。

参考

農作業の共同化

農家ごとに大型の農業機械を買うのは負担が大きい。そこで，多くの農家が集まって共同で機械を買い，作業計画をつくって苗づくりから稲刈り，出荷までの仕事を効率よく行っている地《ち》域《いき》がある。

参考

農家の変化

1990年と比《くら》べ，2018年の農業従事者数は約3分の1に減った。また，農業従事者にしめる65歳《さい》以上の割合《わりあい》は，2018年には7割近くにおよんでいる。

2 野菜づくり

野菜の生産

●**野菜の生産と消費**…野菜は，かつては100％近い自給率《じきゅうりつ》だったが，食生活の多様化や円高《えんだか》などの影響《えいきょう》で中国《ちゅうごく》野菜や西洋野菜が利用されるようになったこともあり，外国からの輸入《ゆにゅう》が増《ふ》えている。また，それぞれの産地で特色ある野菜が生産されている。近年は施設栽培《しせつさいばい》もさかんで，季節にかかわらず，1年じゅう収穫《しゅうかく》されるものが多い。一方で，有機農業などによる露地《ろじ》栽培も行われている。

種　類	生産量（万t）	生産地　上位３県と割合（%）
だいこん	132.5	北海道 13，千葉 11，青森 10
キャベツ	142.8	群馬 18，愛知 17，千葉 8
はくさい	88.1	茨城 28，長野 27，北海道 3
たまねぎ	122.8	北海道 65，佐賀 8，兵庫 8
きゅうり	56.0	宮崎 12，群馬 10，埼玉 8
トマト	73.7	熊本 17，北海道 9，茨城 7
にんじん	59.7	北海道 32，千葉 17，徳島 9
レタス	58.3	長野 38，茨城 15，群馬 8

（2017年）　（2019年版「データでみる県勢」による）

▲おもな野菜の生産量と生産地

●**近郊《きんこう》農業**…大消費地の近くでは，輸送費《ゆそうひ》を安くでき，新鮮《しんせん》なうちに市場に出荷《しゅっか》できるので，野菜や草花の生産がさかんである。東京《とうきょう》・大阪《おおさか》・名古屋《なごや》などの大都市の周辺では，何種類もの野菜がかわるがわる栽培されている。近年では，その農地は都市部の緑地帯としての役割《やくわり》ももつようになっている。

用語

西洋野菜

明治《めいじ》時代以降《いこう》に，欧米《おうべい》から日本に伝わってきた野菜のこと。アスパラガス・レタス・トマト・セロリなど。

●**気候を生かした農業**…各地方の気候を生かして，農作物の出荷時期を市場の入荷量が少ない時期にずらせば，高く売れて有利である。こうした農業は，大都市から遠い地方で行われることが多い。新鮮さを保《たも》つため，**コールドチェーン**（➡p.115）とよばれる，農作物を低温で流通させるしくみが利用される。温度調節のできる倉庫や，高速道路，保冷《ほれい》トラックなどの発達で可能《かのう》になった。

▶**促成《そくせい》栽培**…冬でも温暖《おんだん》な気候とビニールハウスを利用して，ほかの産地より早く出荷できる（早づくり）。

▶**抑制《よくせい》栽培**…高原などで，夏のすずしさを利用して栽培・出荷をおくらせる（おそづくり）。

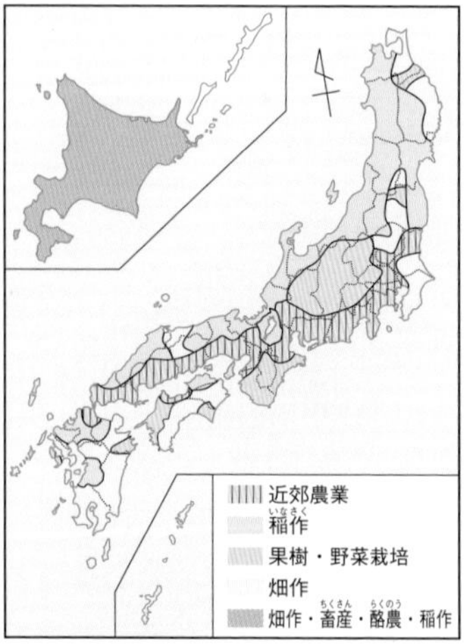

▲大まかな農業区分

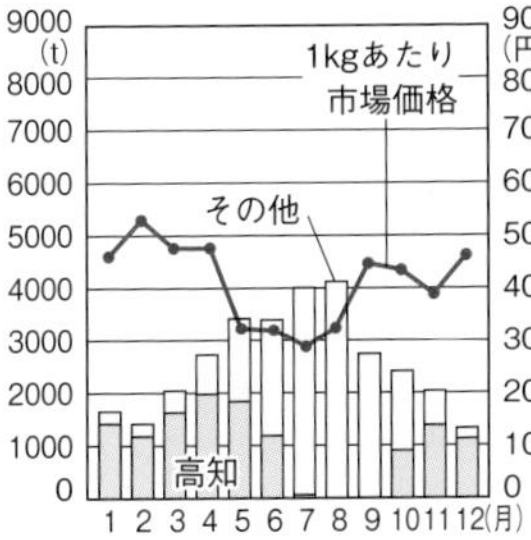

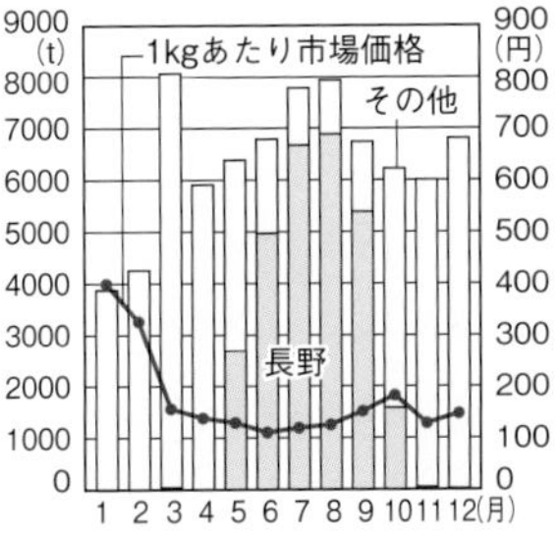

(2018年)　(「東京都中央卸売市場年報」による)

▲なすの生産量と値動き(促成栽培)　▲レタスの生産量と値動き(抑制栽培)

● **施設を使った農業**…ビニールハウスやガラス温室などの施設を利用して作物をつくることを**施設園芸農業**という。これに対し，施設を使わず，自然のままに栽培する昔ながらの方法を**露地栽培**という。

▲高知《こうち》平野のビニールハウス

▲レタスの露地栽培(茨城《いばらき》県)

● **野菜づくりの問題点**…次のような問題点を解《かい》決《けつ》するため，国は野菜の指定産地制度《せいど》をとり入れ，野菜の供給《きょうきゅう》や価《か》格《かく》の安定をはかっている。

- ▶野菜の生産は，天候に左右される。
- ▶大量に生産できても，価格が下がり，「豊作貧乏《ほうさくびんぼう》」となり，値段《ねだん》が変わりやすい。
- ▶施設園芸農業は，温室の建設《けんせつ》や燃料《ねんりょう》に費用がかかる。

用語

野菜の指定産地制度

野菜生産出荷安定法にもとづく制度で，国の指導《しどう》のもと，決められた野菜を指定された地《ち》域《いき》でまとまってつくる。指定産地でつくられた野菜が値下がりした場合は，国がその損失《そんしつ》を補《おぎな》う。

入試ポイント

〈促成栽培と抑制栽培の区別〉

- ▶ **促成栽培**…**冬の温暖な気候**と**ビニールハウス**を利用し，ピーマン，なす，トマト，きゅうりなどをつくる→高知《こうち》平野・宮崎《みやざき》平野でさかん。
- ▶ **抑制栽培**…**夏のすずしい高原**で，キャベツ，レタス，はくさいなどの高原野菜をつくる→八ヶ岳山麓《やつがたけさんろく》の野辺山原《のべやまはら》(長野《ながの》県)，浅間《あさま》山麓の嬬恋《つまごい》村(群馬《ぐんま》県)でさかん。

各地の野菜・草花づくり

●高知《こうち》県の野菜づくり

▶**促成栽培《そくせいさいばい》**…高知平野は，日本でもとくに日照時間が長い地域《ちいき》で，冬でもあたたかい気候を利用して野菜の**促成栽培**がさかんである。

▶**エコシステム栽培**…高知県では自然環境《かんきょう》にやさしい野菜づくりを進めている。

◉害虫の天敵《てんてき》の虫を使う。
◉粘着《ねんちゃく》シートで害虫をつかまえる。
⇨農薬の量を減《へ》らす

◉古いビニールハウスのビニールを，リサイクルする。

▶**輸送園芸農業**…収穫《しゅうかく》された野菜はトラックに積みこまれ，四国《しこく》の高速道路と**本州《ほんしゅう》四国連絡橋《れんらくきょう》**を通って，本州の大消費地《しょうひち》へ出荷《しゅっか》されている。

●草花づくり

…神奈川《かながわ》県の三浦《みうら》半島，静岡《しずおか》県の伊豆《いず》半島，千葉《ちば》県の房総《ぼうそう》半島，愛知《あいち》県の渥美《あつみ》半島，兵庫《ひょうご》県の淡路島《あわじしま》などの大都市に近い気候の温暖《おんだん》な所では，草花の栽培がさかんである。また，富山《とやま》県の砺波《となみ》平野では水田の裏作《うらさく》として，チューリップの球根栽培がさかんである。

▶砺波平野は，冬に雪が多いため，1つの畑で年に1度米をつくる**水田単作《たんさく》**の地域だった。

▶しかし，冬の間は地中の温度は一定に保《たも》たれること，雪どけ水と日照時間にめぐまれていることから，砺波平野はチューリップの球根栽培に向いていることがわかり，大正《たいしょう》時代から栽培が始まった。

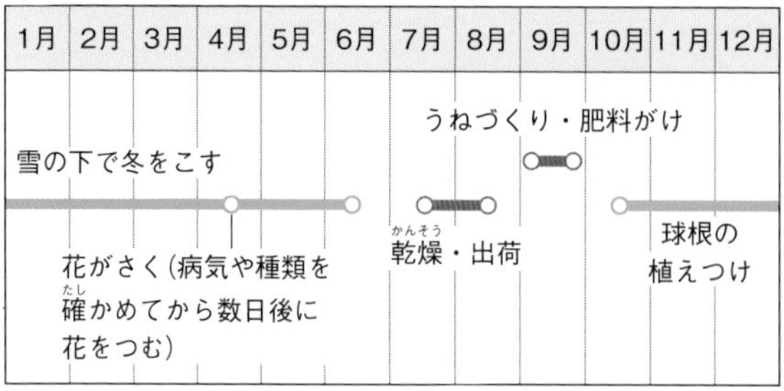

▲チューリップの球根の栽培カレンダー(富山県の場合)

用語

日照時間
雲や霧《きり》にさえぎられず，太陽が照っている時間。日照時間が長い地域では，太陽光発電所が建設《けんせつ》されている。

参考

花の売れる時期
花は祝い事など特別な意味をもって使われることがあるため，一定の時期に売れゆきが多くなる。カーネーションは母の日がある5月に，きくは春や秋の彼岸《ひがん》，夏のお盆《ぼん》の時期に多く売れる。

3 くだものづくり

くだものの生産

●くだものの栽培の広がり…日本は南北に細長く，気候が各地でちがうため，栽培されるくだものの種類が多い。また，米にかわる農作物として栽培が始まり，その地域の特産物になったくだものもある。

種　類	生産量（万t）	生産地　上位３県と割合(%)
日本なし	24.5	千葉 13，茨城 10，栃木 8
ぶどう	17.6	山梨 25，長野 15，山形 10
かき	22.5	和歌山 21，奈良 15，福岡 8
もも	12.5	山梨 31，福島 23，長野 12
さくらんぼ	1.9	山形 76，北海道 8，山梨 6

(2017年)　(2019年版「データでみる県勢」による)

▲おもなくだものの生産量と生産地

●国産品と輸入品《ゆにゅうひん》

▶国産品は約4割《わり》で，輸入品は約6割である。

▶国産品のうち約9割は生で食べるもの，輸入品の約6割は果汁《かじゅう》などに加工されるものである。

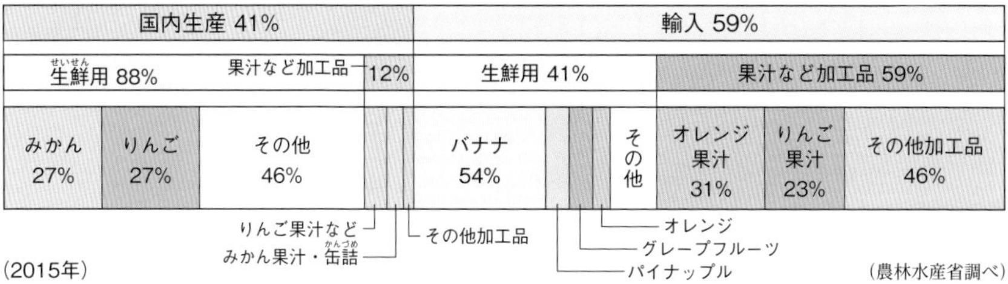

(2015年)　(農林水産省調べ)

▲くだものの国産品と輸入品の割合

●くだものの価格《かかく》…くだものには次のような特色があり，価格が不安定なため，品種を見直したり，出荷時期を調整したりする努力が行われている。

▶くだものは，年によって実がよくなったり，ならなかったりする。

▶台風《たいふう》などの自然災害《さいがい》によって被害《ひがい》を受けやすい。

▶収穫後すぐに出荷するため，市場に多くのくだものが集まりやすい。

参考

表年《おもてどし》と裏年《うらどし》

みかんやかきなどの実がなると，実の中に花ができるのをじゃますするホルモンがうまれる。これが枝《えだ》の中を流れるため，翌《よく》年《ねん》には実がなりにくくなる。こうして実がよくなる表年と，実がならない裏年が交互《こうご》に訪《おとず》れる。

くだものの生産地

▶ **みかん**…あたたかい西日本に多い。日照時間が長く水はけのよい山の斜面《しゃめん》で栽培《さいばい》されている。1960年代半ばから生産量が増《ふ》えすぎたため，のちに生産調整が行われた。1990年代にオレンジの輸入《ゆにゅう》が自由化されると，国産品の売れゆきが落ちこんだ。そこで，でこぽんなどへの品種改良や加工向けみかんの生産を進めてきた。

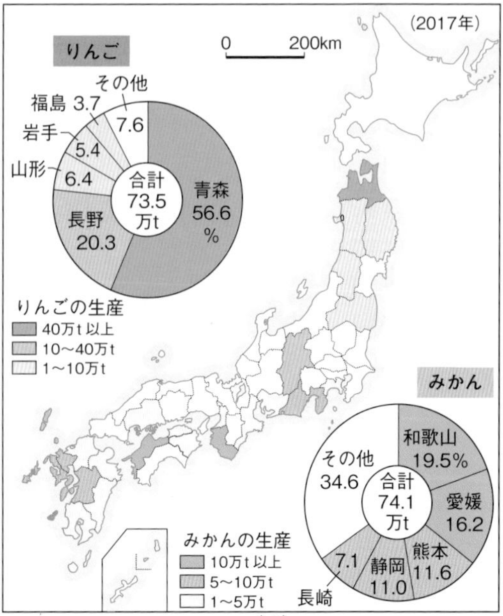

▲みかんとりんごの生産のさかんな地域《ちいき》（「農林水産統計」による）

▶ **りんご**…すずしくて雨が少なく，適度《てきど》に乾燥《かんそう》した気候の東北《とうほく》日本で栽培されている。近年は夏の猛《もう》暑《しょ》と雨不足によって，不作となることが多い。全国の生産量の約6割《わり》を青森《あおもり》県がしめ，その中でも「ふじ」という品種が5割近くにのぼっている。

▶ **ぶどう**…収穫期《しゅうかくき》の夏に気温が高く雨が少ない気候で，水はけのよい土地での栽培に向いている。また，1日の昼夜の気温差が大きいと色づきがよくなる。とくに品種の数が多いくだもので，日本では甲州《こうしゅう》・巨峰《きょほう》・マスカットなど100以上の品種が栽培されている。種がないもの，皮ごと食べられるものも開発されている。世界的にはワインの原料として用いられることが多く，ぶどう生産量の多いイタリアやフランスは，ワインの有数の生産国でもある。

参考

水はけのよい土地

たまった雨水が地下へ流れやすく，ぬかるみにくい土地。

入試ポイント

〈くだものの生産地域〉

▶ みかん…**あたたかい地域**（和歌山《わかやま》県・愛媛《えひめ》県）。

▶ りんご…**すずしい地域**（青森県・長野《ながの》県）。

▶もも…栽培条件《じょうけん》はぶどうと共通していて，全国一の生産県も同じ山梨《やまなし》県である。しかし，ももは福《ふく》島《しま》県が生産量上位をしめている点が特色である。福島県では，大正《たいしょう》時代に養蚕業《ようさんぎょう》がおとろえたことをきっかけに，桑畑《くわばたけ》からくだもの畑への切りかえが進んだ。最初はりんごが中心だったが，収穫期がおそいりんごは台風《たいふう》の被害《ひがい》を受けやすいため，ももを栽培する農家が増えていった。

▶日本なし…日照時間が長く湿気《しっけ》が少ない気候と，水はけのよい火山灰土《かざんばいど》の地域で栽培されている。ほかのくだものと同じように，太陽の光がたっぷりあたると甘《あま》みが強くなる。おもな産地は関東《かんとう》地方の県がしめている。鳥取《とっとり》県の「二十世紀」は，明治《めいじ》時代に発見され，「これからむかえる新世紀を代表する品種となる」という願いをこめて名づけられた。

▲鳥取県の日本なし「二十世紀」

▶さくらんぼ…日照時間が長く，水はけがよい土地での栽培に向いている。秋から冬にかけての低い気温が，翌年《よくねん》に多く実をつけるための条件《じょうけん》となるので，東日本で生産が多い。山形《やまがた》県では，温室内で冷房《れいぼう》と暖房《だんぼう》を切りかえて，早い春の訪《おとず》れをつくり出し，冬にさくらんぼを出荷する促成《そくせい》栽培も行われている。

▶うめ…日照時間の長い気候に適しているが，寒さにも強く，全国にわたって栽培されている。実は塩や砂糖《さとう》，酒につけて利用される。花が美しく，古くから絵画にえがかれてきた。

▶かき…うめとほぼ同じ栽培条件である。甘《あま》がきと渋《しぶ》がきに分かれるが，昔はすべてのかきが渋がきで，干《ほ》したり酒につけたりして利用していた。その後，品種改良を重ねて甘がきがうまれた。

参考

五果《ごか》

日本なしは古代の「五果」の1つ。奈良《なら》時代半ばの淳仁天《じゅんにんてん》皇《のう》は，かんきつ・なつめ・なし・かき・くりを五果として定め，道ばたに植えるよう命じた。現代では，もも・すもも・あんず・なつめ・くりが五果をさすようになっている。

参考

ももくり3年かき8年

「ものごとを成しとげるためには，時間がかかる」という意味のことわざ。かきは実がなるのがおそい木だが，実際《じっさい》には植えてから実がなるまで8年もかかるということはない。

各地のくだものづくり

●愛媛《えひめ》県のくだものづくり

▶愛媛県では，海岸に沿《そ》った斜面《しゃめん》と瀬戸内海《せとないかい》の島々で，みかんがつくられている。長い日照時間と水はけのよい土地がみかんの栽培《さいばい》に向いている。

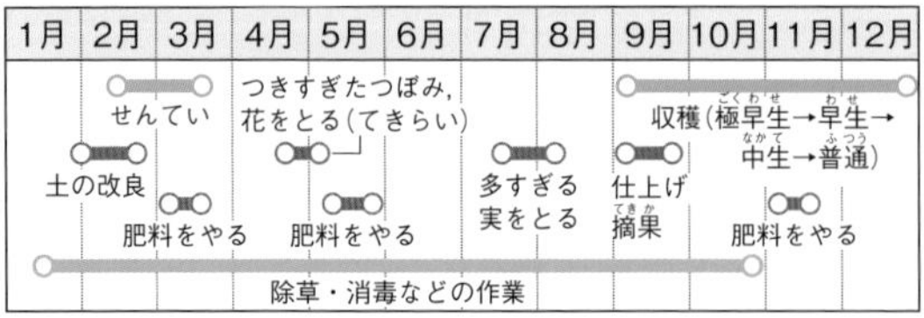

▲みかんの栽培カレンダー

参考

斜面の耕地《こうち》

斜面に階段状《かいだんじょう》につくられた畑を段々畑という。稲《いね》をつくる棚田《たなだ》も同じつくりだが，水路が設《もう》けられている点が段々畑と異《こと》なる。

◉**除草《じょそう》**…畑の雑草《ざっそう》をくり返しとる。

◉**肥料《ひりょう》**…季節ごとに肥料をあたえる。

◉**てきらい**…木の根からの栄養素《えいようそ》を実へ送りこむため，芽生えてきたつぼみの数を調整する。

◉**せんてい**…どの枝《えだ》も太陽の光を浴びることができるよう，枝を切って調整する。

●福島《ふくしま》県のくだものづくり

▶福島盆地《ぼんち》では，阿武隈川流域《あぶくまがわりゅういき》の肥《こ》えた水はけのよい土地と，盆地の夏の蒸《む》し暑い気候を利用して，ももの栽培《さいばい》がさかんである。

▶ももは実がやわらかいため，機械化しにくく，ほとんど手作業で育てられている。てきらい・せんていなど多くの作業が，みかんと共通している。

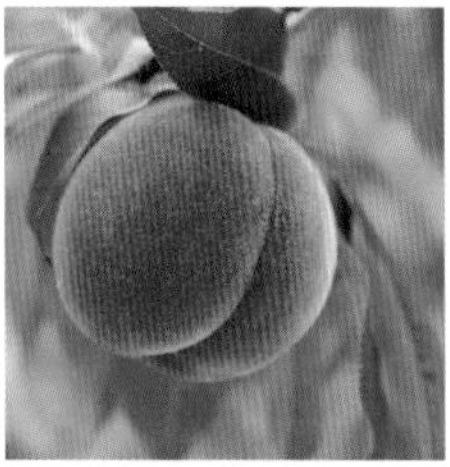
▲福島県を代表するももの品種「あかつき」：福島県で生産されるももの約半分をしめている。

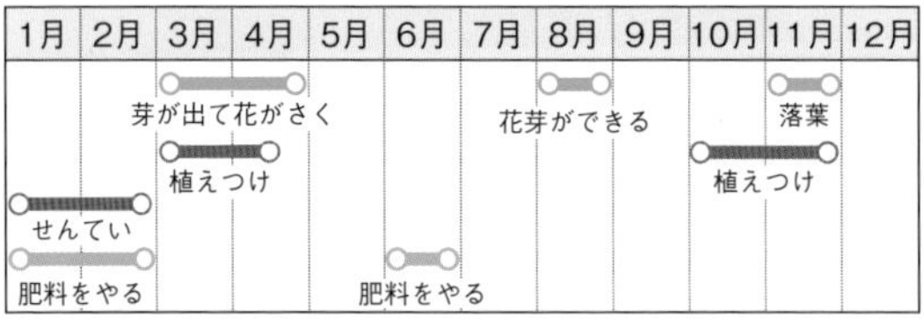

▲ももの栽培カレンダー

◉**交配**…開花したら花をとり集め，綿《めん》ぼうなどを使って花粉を授粉《じゅふん》させる。

◉**袋《ふくろ》かけ**…害虫や強風から守るため，実に袋をかける。袋をかけない品種もある。

◉**出荷**…販売《はんばい》されるころに食べごろとなるよう，ほどよいかたさで収穫《しゅうかく》し，ていねいに箱詰《はこづ》めする。

徳島《とくしま》県のくだものづくり

▲徳島県のすだち

▶すだちは徳島県では古くから庭木として植えられてきた植物で，絞《しぼ》った汁《しる》を料理にかけて使われる。ポン酢《ず》の原料ともなる。徳島県の雨が多く昼夜の気温差が大きい気候と，水はけや風通しのよい土地がすだち栽培に向いている。

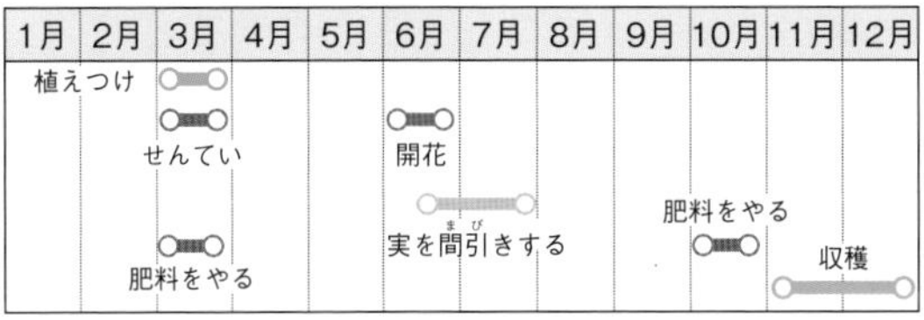

▲すだちの栽培カレンダー

◉**防風《ぼうふう》**…すだちは見た目が重んじられるので，風で実が傷《きず》つかないよう**防風林**が設《もう》けられる。

▶すだちは全国の生産量のほぼすべてを徳島県がしめている。産地間の競争がないため，安定した価《か》格《かく》を保《たも》つことができる。

▶**徳島県神山《かみやま》町のすだち栽培**…神山町はもともと，林業がさかんだったが，木材の価格が下がったことからすだち栽培へ切りかえた。

和歌山《わかやま》県のくだものづくり

▲石垣のみかん畑

▶和歌山県では，有田川《ありだがわ》のまわりの山や海岸沿いの斜面でみかんが栽培されている。

◉斜面の畑は，石垣《いしがき》の階段《かいだん》のようなつくりになっている。石垣は保温《ほおん》や排水《はいすい》の効果《こうか》がある。

◉みかんも機械化しにくい作物で，ほとんど手作業で育てられている。

◉時期をずらして多くの品種のみかんを生産している。いちばん早い10月に収穫するものを極早生，11月になって収穫するものを早生という。

参考

みかんからの転作《てんさく》

国の保護《ほご》を受けて栽培されてきたみかんは，つくり過《す》ぎにより1970年代初めに値段が下落した。そこで，各地のみかん産地でほかの作物への切りかえが進み，徳島県ではすだちの栽培面積が増《ふ》えていった。

用語

神山町

かつての徳島県は，大阪《おおさか》からの電波でアナログ放送のテレビを視聴《しちょう》していた。しかし，21世紀になってテレビがデジタル放送に切りかわると，テレビが見られなくなるため，光ファイバーを用いた高速通信網《もう》の整備《せいび》を進め，ケーブルテレビを見られるようにした。この通信網を利用して，神山町は積極的に情報《じょうほう》技術《ぎじゅつ》産業の受け入れを進め，多数のＩＴ《アイティー》企業《きぎょう》が進出するようになった。

4 そのほかの作物づくり

豆類・雑穀《ざっこく》・いも類の生産

●**豆類**…日本ではだいず・あずき・らっかせいなどの生産がさかん。

種　類	生産量(万t)	生産地　上位3県と割合(%)
だいず	25.3	北海道 40，宮城 6，佐賀 6
あずき	5.3	北海道 93
らっかせい	1.5	千葉 79，茨城 11
じゃがいも	239.5	北海道 79，長崎 4，鹿児島 4
さつまいも	80.7	鹿児島 35, 茨城 22，千葉 13

(2017年)　(2019年版「データでみる県勢」による)

▲豆類・いも類の生産

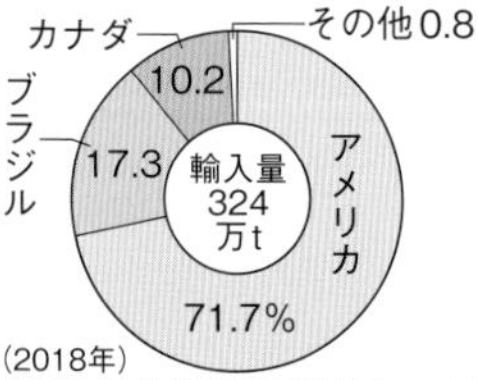

(2018年)
(2019/20年版「日本国勢図会」による)

▲だいずの輸入相手国

▲あずき(左)とだいず(右)

▶**だいず**…「畑の肉」といわれるだいずは，たん白質《ぱくしつ》に富《と》み，多くは食用油となるほか,みそ・しょう油・とうふ・納豆《なっとう》など日本を代表する食品の原料となっている。しかし，国内での生産は少なく，自給率《じきゅうりつ》は7％前後である。

▶**あずき**…煮《に》て練《ね》ったものに砂糖《さとう》を加えたのがあんこで，和菓子《わがし》の材料として用いられる。つぶあんとこしあんではちがった品種が使われることもある。だいずとともに北海道《ほっかいどう》が主産地となっている。

▶**らっかせい**…からをとったものをピーナッツという。外国では，だいず・ひまわりと並《なら》ぶ油料《ゆりょう》作物(油をとるための作物)となっている。

▶**えんどう**…生長の段階《だんかい》ごとに，いろいろな利用をされる。未熟《みじゅく》なさやはさやえんどうとして，完熟《かんじゅく》前のやわらかい豆はグリーンピースとして，完熟した種子は乾燥豆《かんそうまめ》として食べられる。

参考

だいずの名前のおこり

豆類の中では，えんどうやそらまめのほうがだいずよりも大きいにもかかわらず,「大豆」と名づけられたのは,「大切な豆」という意味からといわれる。

参考

あずきの名前のおこり

「あ」は「赤色」，「ずき」は「とける」の意味をもち，赤くて煮ると皮がやぶれて豆がくずれやすいことから名づけられたといわれる。

●**雑穀**…とうもろこし・あわ・ひえ・きび・そばなどの作物で，食用のほか，大部分は飼料《しりょう》(家畜《かちく》のえさ)として使われる。国内生産は非常《ひじょう》に少ない。

▶ **とうもろこし**…米・小麦と並んで「世界の三大穀《こく》物《もつ》」の1つとされる。日本の自給率は0％に近く，多くをアメリカから輸入《ゆにゅう》している。人の食べるものはスイートコーンとよばれ，飼料・シロップ・**バイオ燃料《ねんりょう》**の原料とされるものはデントコーンとよばれる。

▲そばの実

▶ **そば**…自給率は20数％と高めで，大部分が北海道で栽培《さいばい》されている。めんに加工して食べるのは日本独自《どくじ》の文化で，世界ではクレープなどに加工される。

●**いも類**…いも類は自然条件《じょうけん》の厳《きび》しい土地でも栽培することができる。北海道で80％近くとれるじゃがいも(ばれいしょ)と，鹿児島《かごしま》県で多くとれるさつまいも(かんしょ)とが代表的なものである。

▶ **じゃがいも**…やせた土地でも育つため，世界で広く栽培されてきた。生育が早いため，下の図のように年2回収穫《しゅうかく》することができる。自給率は6割《わり》台と高めだが，ポテトチップス用の品種は国内で開発され，多くを国内産でまかなっている。

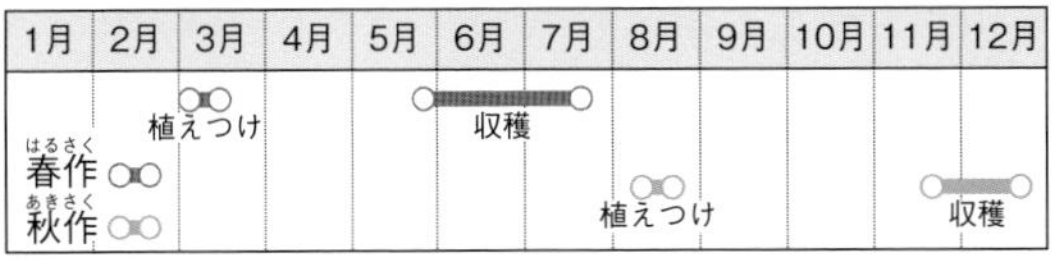

▲じゃがいもの栽培カレンダー

▶ **さつまいも**…江戸《えど》時代に薩摩《さつま》(今の鹿児島県)に伝わったことから，さつまいもとよばれる。乾燥《かんそう》に強くて収穫量が多いため，江戸時代にはききんを救う作物として全国的に広がった。食用とされるほか，じゃがいもと同じくでんぷんをとるために用いられる。

参考

工業原料としてのとうもろこし

とうもろこしは化しょう品・接《せっ》着剤《ちゃくざい》・歯みがき粉など，数えきれない工業製品《せいひん》の原料として使われている。とうもろこしを原料とする食器・衣服は，捨《す》てると自然に分解《ぶんかい》するので，石油を原料とする製品よりも環《かん》境《きょう》にやさしい。

用語

バイオ燃料

さとうきび・とうもろこし・アブラやしなどを原料としてつくられる燃料。ガソリンに混《ま》ぜて自動車の燃料として使われる。植物は生長するとき二酸化炭《にさんかたん》素《そ》を吸収《きゅうしゅう》しているため，燃料を燃やして二酸化炭素を出してもその排出《はいしゅつ》量はプラス・マイナスゼロとみなされる。

麦類の生産

●**大きく減《へ》ってきた麦の生産**…麦の生産は1960年代から大きく減り始めた。その後，米から麦への転作《てんさく》が進められたこともあって，作付面積・生産量とも極端《きょくたん》な減少は見られない。しかし，生産量は最盛期《さいせいき》に比《くら》べて約5分の1であり，作付面積も最盛期の8分の1にすぎない。

●**輸入《ゆにゅう》にたよる小麦**…麦類(小麦・大麦・はだか麦)の中でも，とくに小麦は食生活の変化(洋風化など)で需要《じゅよう》が増《ふ》えている。しかし，その大部分を安くて品質《ひんしつ》のよい外国産小麦にたよっている。そのため小麦の自給率《じきゅうりつ》は低く，10～15%で横ばいとなっている。

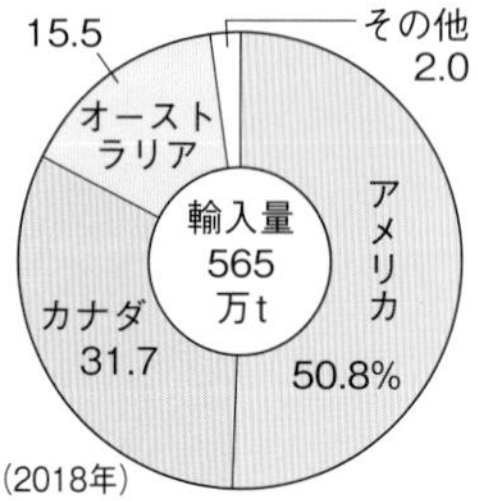

(2018年)
(2019/20年版「日本国勢図会」による)
▲小麦の輸入相手国

▶**小麦**…米と並《なら》んで世界で食べる人が多い穀物《こくもつ》であり，パンやめん類の原料となる。日本では北海道《ほっかいどう》で全国の半分以上を生産し，九州《きゅうしゅう》地方でも比較的《ひかくてき》多い。

▶**大麦**…寒さや乾燥《かんそう》に強く，世界でもっとも広い地《ち》域《いき》で栽培《さいばい》されている穀物である。そのままパンなどの食用にするほか，ビール・みそ・麦茶などの原料になったり，飼料《しりょう》にも利用されたりする。日本では，佐賀《さが》県・栃木《とちぎ》県を中心とする九州地方や関東《かんとう》北部で栽培が多い。

▶**はだか麦**…大麦の一種で，粒《つぶ》ともみとがはなれやすいものをいう。食用に利用されるほか，茎《くき》は麦《ばっ》かん真田《さなだ》(麦わらをひものように編《あ》んだもの)という工芸材料に使われる。寒さに弱く，日本では愛《え》媛《ひめ》・香川《かがわ》・大分《おおいた》県を中心とする西日本で多い。

▶**えん麦《ばく》**…オート麦・からす麦ともいう。ほとんどが飼料用であるが，オートミールとして食用にも利用される。すずしい気候での栽培に適《てき》し，北海道に多い。

参考

麦の生産が減った理由

- 外国産小麦のほうが安い。
- 生産しても収益《しゅうえき》が低い。
- 農家の減少《げんしょう》と人手不足。

参考

小麦の種類

(性質《せいしつ》で分けると)

- 硬質《こうしつ》小麦…かたい小麦でたん白質《ぱくしつ》が多く，粘着力《ねんちゃくりょく》があってパンをつくるのに適している。
- 軟質《なんしつ》小麦…実がやわらかく，おもに菓子《かし》に利用される。

(時期で分けると)

- 冬小麦…秋の終わりに種をまいて初夏から夏に刈《か》りとる小麦。世界で栽培されている小麦の大半が冬小麦である。
- 春小麦…春に種をまき，秋に収穫《しゅうかく》する。冬の寒さの厳《きび》しい高緯度《こういど》地域で栽培されている。

工芸作物の生産

●**工芸作物**…加工されて製品《せいひん》となるような農作物のこと。せんい原料となる綿《めん》・麻《あさ》，食用油の原料であるなたね・オリーブや，砂糖《さとう》の原料のさとうきび・てんさい，塗料《とりょう》となるうるし・あい・べにばな，和紙の原料のこうぞ・みつまた，ほかにこんにゃくいも・茶・たばこ・はっか・わさびも工芸作物である。

▶**茶**…あたたかくて水はけのよい台地や山の斜《しゃ》面《めん》で栽培される。芽が出る春に霜《しも》がおりると，芽が死んでしまうため**防霜《ぼうそう》ファン**を設《もう》けて，上空の温かい空気を地上へ送り，霜の発生を防《ふせ》ぐ。日本産の多くは緑茶に加工され，紅《こう》茶《ちゃ》・中国《ちゅうごく》茶は多くが輸《ゆ》入《にゅう》されている。静岡《しずおか》県が国内生産量の1位をしめ，下位の産地でも京都《きょうと》府の宇治《うじ》茶，埼玉《さいたま》県の狭山《さやま》茶などは上質《じょうしつ》の茶として知られている。

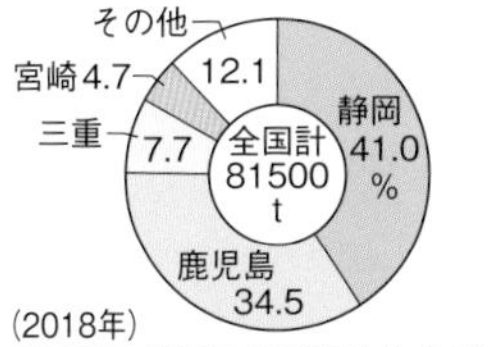

(2018年)
(2019/20年版「日本国勢図会」による)
▲茶の生産量割合

▲防霜ファン（静岡県）

▶**い草**…たたみ表《おもて》の原料。産地として熊本《くまもと》県八代《やつしろ》平野が有名。近年はたたみを使う住宅《じゅうたく》が減っていること，中国産の安い輸入品におされつつあることから，生産をやめる農家も多く，自給率は2割《わり》ほどに低下している。

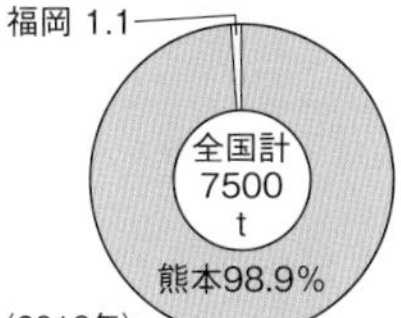

(2018年)
(2019/20年版「日本国勢図会」による)
▲い草の生産量割合

▶**こんにゃくいも**…日差しが強くなく，水はけのよい地域で栽培される。虫や病気に弱いため，ていねいに育てる

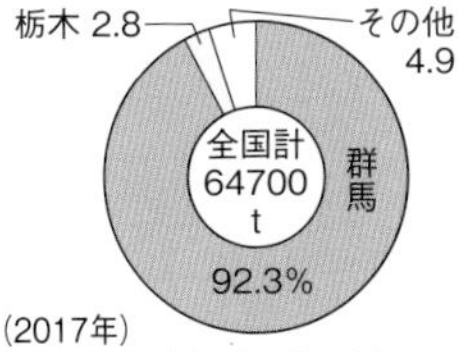

(2017年)
(2019/20年版「日本国勢図会」による)
▲こんにゃくいもの生産量割合

参考
四木三草《しぼくさんそう》
江戸《えど》時代には，生活に役立つ7種類の商品作物を「四木三草」とよんでいた。四木とは桑《くわ》（かいこのえさとなる），こうぞ（和紙の原料となる），茶，うるし（漆器《しっき》にぬられる），三草とは麻《あさ》（衣類の材料となる），あい・べにばな（染《そ》め物に使われる）である。

必要がある。いもをうすく切って乾燥《かんそう》させ，さらに細かい粉にしたものに石灰《せっかい》と水をまぜてとくと固まっていく。

▶**さとうきび**…熱帯《ねったい》・亜《あ》熱帯の作物で，日本では沖《おき》縄《なわ》県や鹿児島《かごしま》県で栽培《さいばい》されている。茎《くき》の汁《しる》に糖分《とうぶん》をふくみ，砂糖《さとう》の原料となる。汁を煮《に》つめて固めた，鉄・カルシウムなどの不純物《ふじゅんぶつ》がふくまれたままのものが黒砂糖である。不純物をとり除《のぞ》いたものは白砂糖やグラニュー糖となる。

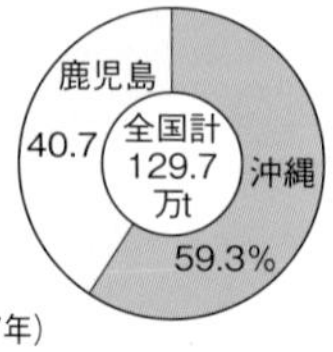

(2017年)
(2019/20年版「日本国勢図会」による)
▲さとうきびの生産量割合《わりあい》

▲さとうきび畑(沖縄県)

▶**てんさい**…すずしい気候に向いており，日本では北海道《ほっかいどう》のみで生産されている。「さとうだいこん」ともよばれ，根の部分の糖分をとり出して砂糖をつくる。葉を切り落としてから機械で根を収穫《しゅうかく》し，葉はそのまま畑の養分となる。

(2018年)
(2019/20年版「日本国勢図会」による)
▲てんさいの生産量割合

▶**なたね**…水はけがよく，肥《こ》えた土地での栽培に向いている。日本では江《え》戸《ど》時代に天ぷらなどの料理の発達にともない，**商品作物**(➡p.417)としての栽培が広がった。欧米《おうべい》では燃料《ねんりょう》としての利用が多い。日本で使われる食用油としては，なたね油が1位をしめる。貿易《ぼうえき》自由化によって国内の栽培はおとろえた。

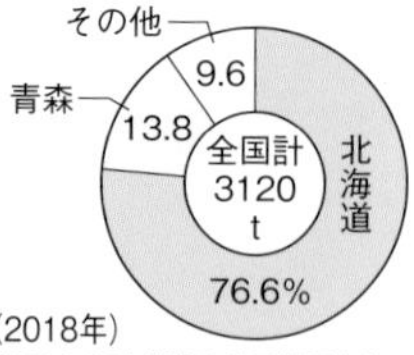

(2018年)
(2019/20年版「日本国勢図会」による)
▲なたねの生産量割合

用語

石灰

こんにゃくを固めたり，あくをぬいたりするために使われる。ほかにも水道水のろ化，コンクリートの原料などさまざまな用途《ようと》がある。日本の自給率《じきゅうりつ》は100%で，国産品でまかなえる数少ない鉱産資源《こうさんしげん》である。

用語

商品作物

売ることを目的に栽培される作物。中世に貨幣《かへい》の使用が広まるにつれて，生産がさかんになった。今の日本では，ほとんどすべての農作物が商品作物といえる。

5 畜産《ちくさん》

畜産業の発達

● **畜産業の変化**…日本では，江戸時代までは畜産業が発達しなかった。その理由は，仏教《ぶっきょう》の影響《えいきょう》でけものの肉を食べず，もっぱら魚や貝などの水産物から動物性たん白質《ぱくしつ》をとっていたこと，高温多湿《たしつ》な気候で牧草地が少なかったこと，などがあげられる。しかし明治《めいじ》時代から，西洋文化の影響で，畜産が行われるようになった。

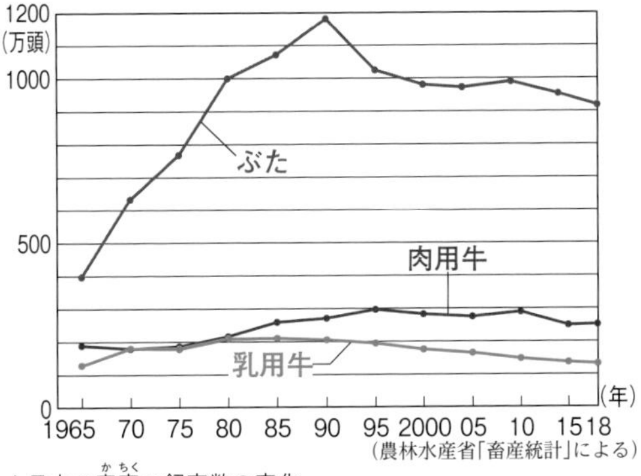

▲日本の家畜《かちく》の飼育数の変化

● **増《ふ》えてきた肉類の消費《しょうひ》**…第二次世界大戦後には，食生活の洋風化が進み，肉類や乳製品《にゅうせいひん》の消費量が増えるとともに，畜産業もさかんになってきた。しかし，欧米諸国《しょこく》と比《くら》べると日本の消費量はかなり少ないといえる。

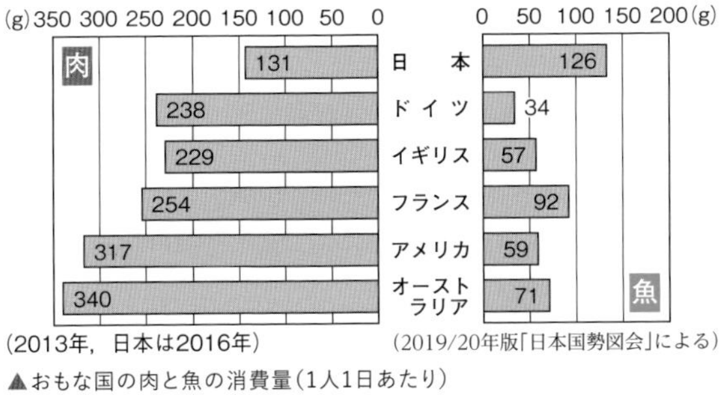

▲おもな国の肉と魚の消費量(1人1日あたり)

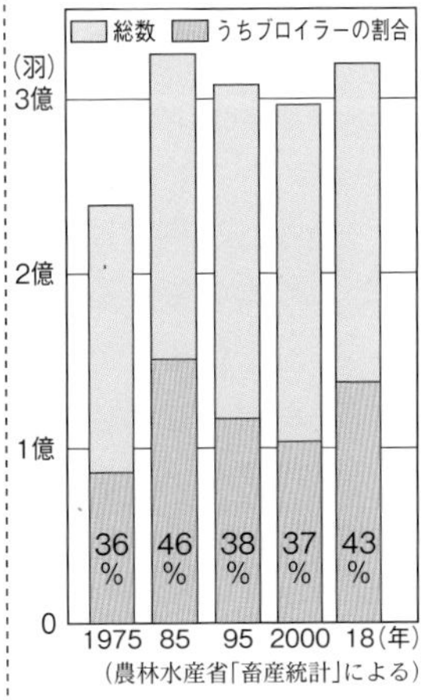

▲にわとりの飼育数の変化

● **日本の農業にしめる地位**…かつて日本の農業は，米づくりが中心だったが，米の生産額《がく》・割合《わりあい》はともに減《へ》り続けている。一方で，畜産業は生産額はのびなやんでいるものの，農業全体にしめる割合は第1位となっている。

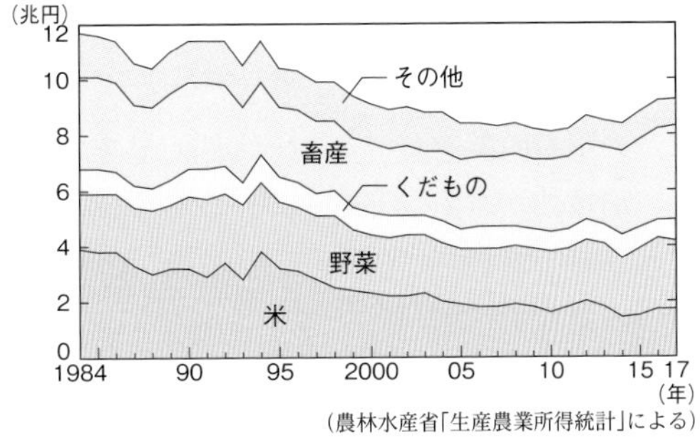

▲農業別の生産額の変化

畜産業《ちくさんぎょう》のさかんな地域《ちいき》

（2018年）

乳用牛（万頭）		肉用牛（万頭）		ぶた（万頭）		採卵鶏《さいらんけい》（百万羽）		ブロイラー（百万羽）	
北海道	79.1	北海道	52.5	鹿児島	127.2	茨城	13.9	宮崎	28.4
栃木	5.2	鹿児島	32.9	宮崎	82.2	千葉	12.4	鹿児島	26.7
熊本	4.3	宮崎	24.5	北海道	62.6	鹿児島	10.7	岩手	22.4
岩手	4.2	熊本	12.7	千葉	61.4	岡山	10.5	青森	7.0
群馬	3.5	岩手	9.1	群馬	61.2	群馬	9.6	北海道	5.0
全国	132.8	全国	251.4	全国	918.9	全国	182.0	全国	138.8

▲おもな家畜の飼育数の多い県　（2019年版「データでみる県勢」による）

●**乳用牛《にゅうようぎゅう》(乳牛)**…北海道《ほっかいどう》でとくに多く，酪農《らくのう》として飼《し》育《いく》が行われている。牧場には，牧草やとうもろこしなど家畜《かちく》のえさをたくわえておくサイロが見られる。また，関東《かんとう》・中部《ちゅうぶ》・近畿《きんき》の大都市の周辺では，大消費地に近い条件《じょうけん》を利用して，しぼってからすぐ出荷する必要がある生乳の生産が多い。

▶**酪農**…農家が牧草を育て，乳牛を飼育し，牛乳や乳製品をつくることを目的とする畜産《ちくさん》。乳製品《にゅうせいひん》には，バター・チーズ・クリーム・粉ミルクなどがある。日本では，乳製品の多くは別の工場でつくられるので，酪農家としては，牛乳をとるまでがおもな仕事である。国民の乳製品の消費《しょうひ》は増《ふ》えているが，安い輸入品《ゆにゅうひん》におされて日本の酪農家の経《けい》営《えい》は苦しい状況《じょうきょう》にある。

●**肉用牛(肉牛)**…北海道と九州《きゅうしゅう》地方南部で多く飼育され，東北《とうほく》・中国《ちゅうごく》地方にも比較的《ひかくてき》多い。火山のふもとや高原で多く飼《か》われている。また，但馬牛《たじまうし》や松阪牛《まつさかうし》などは，しもふり肉で知られる黒毛和牛の代表的な品種で，高級牛肉のブランドとして名高い。

▶**狂牛病《きょうぎゅうびょう》**…牛海綿状脳症《うしかいめんじょうのうしょう》(BSE《ビーエスイー》)のことで，牛の脳がスポンジ状になって死んでいく病気。BSEの牛の脳や内臓《ないぞう》を食べると，人間も感染《かんせん》するといわれ，治療法《ちりょうほう》がない。1986年にイギリスで初めて確認《かくにん》され，2001年に日本でも感染があり，一時牛肉の売り上げが大きく落ちこんだ。

用語

但馬牛と神戸ビーフ

兵庫《ひょうご》県北部の地域《ちいき》で飼育される肉牛が但馬牛で，明治《めいじ》時代以来ていねいに品種改良が続けられ，品質《ひんしつ》を保《たも》ってきた。「神戸ビーフ(神戸肉)」とよばれるものは，但馬牛《ぎゅう》の中からさらによりすぐった上質の肉である。

●**ぶた**…南九州《みなみきゅうしゅう》や関東《かんとう》地方に多い。ぶた肉は牛肉に比《くら》べて価格《かかく》が安く，よく売れるため，飼育数は安定している。

●**にわとり**…以前はほとんどの農家の庭先で副業として飼われていた。今では，たまごをとるためのにわとり(採卵鶏《さいらんけい》)とブロイラーとよばれる食肉用若鶏《わかどり》とに分けて，大規模《だいきぼ》な経営《けいえい》が行われている。

●**馬**…かつては，運搬《うんぱん》・農耕《のうこう》などに利用したり，軍用などの目的で飼育されていたが，トラックや耕うん機を利用するなどの農作業の機械化で，大きく減《へ》っている。現在《げんざい》では北海道が中心で，競走馬が多い。

参考

多角的な農業

愛知《あいち》県の安城《あんじょう》市を中心とする岡崎《おかざき》平野では，ぶたを飼《か》う養豚《ようとん》，にわとりを飼《か》う養鶏《ようけい》，乳牛を飼《か》う酪農などを，畑作と結びつけて行う農家が多かった。このため，農業先進国のデンマークになぞらえて，「日本のデンマーク」とよばれたこともあった。

入試ポイント

〈家畜の飼育地域〉

▶ 肉牛・ぶた…**九州南部(シラス台地)**
▶ 乳牛…**北海道(根釧《こんせん》台地)**

●**北海道の畜産**…北海道は次のような理由から，日本一の畜産地域となっている。

▶ **牧畜《ぼくちく》に適《てき》した自然**…牧場に利用できる広い土地があり，すずしく適度な雨が降《ふ》る北海道の気候は牧草の生長に適している。

▶ **大規模な経営**…土地が広いため，1戸あたりの経営面積が全国平均《へいきん》よりはるかに大きい。このため経営の効率《こうりつ》がよい。

▶ **国の指導《しどう》**…根釧台地に**パイロットファーム**(実験農場)や**新酪農村《しんらくのうそん》**をつくるなど，国も北海道の畜産の発展《はってん》に力を入れてきた。

用語

新酪農村

パイロットファームよりさらに規模を広げ，1970年代から別海《べっかい》町などにつくられた酪農村。安い輸入品におされるなどして，入植した酪農家の約半分が村を去っていった。別海町には今も大手の乳製品会社が工場を置いている。

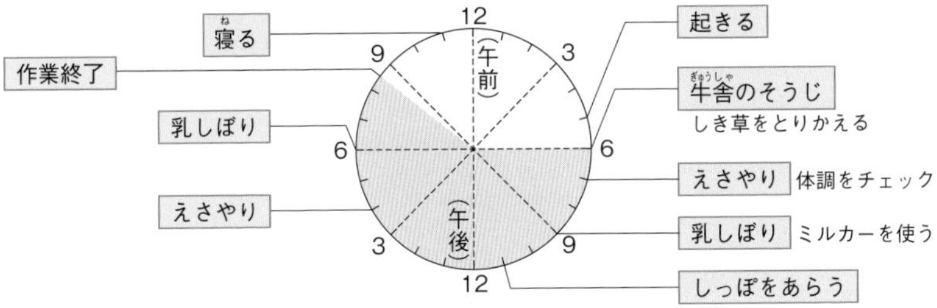

▲北海道の酪農家の1日

日本の畜産業《ちくさんぎょう》の問題点

● **経営規模《けいえいきぼ》が小さい**…日本はヨーロッパやアメリカなどの国々と比《くら》べて家畜《かちく》の頭数が少なく，規模が小さいため，設備《せつび》や機械化がおくれ，経営の効率《こうりつ》が悪い。

▶農家の戸数が減少《げんしょう》してきたことや，企業《きぎょう》が畜産の経営に参加してきたことから，国内の畜産農家の1戸あたりの飼育数は増《ふ》えてきている。

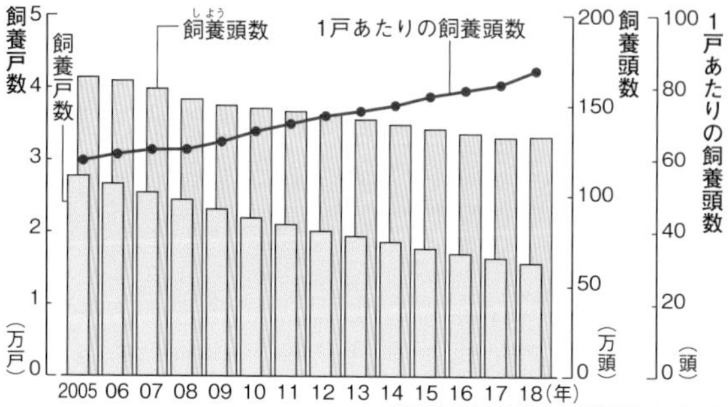

(2019/20年版「日本国勢図会」による)

▲乳牛の農家数と飼育数の変化

● **輸入《ゆにゅう》にたよる飼料**…日本の畜産は，外国に比べて集約的な傾向《けいこう》が強く，濃厚《のうこう》飼料を多く使うが，その飼料は大部分を輸入にたよっている。

● **生産が不安定**…日本の畜産は，世話が大変なわりに収入《しゅうにゅう》が少ない。また，猛暑《もうしょ》などの気候の変化で牛の乳《ちち》の出が悪くなったり，家畜の病気が流行して多くの家畜を処分《しょぶん》しなければならなくなるなど，農家への負担《ふたん》が大きくなっている。

● **働く人の高齢化《こうれいか》**…農家をつぐ若《わか》い人が減《へ》り，働く人の年齢《ねんれい》が上がっている。農家戸数も減り続けている。

● **畜産公害**…家畜の排《はい》せつ物による悪臭《あくしゅう》や，河川《かせん》の汚《よご》れが問題となった。そのため，住宅地《じゅうたくち》からはなれた場所に畜産団地《だんち》がつくられた。

● **牛肉の輸入自由化**…1991年からの牛肉の輸入自由化によって，外国産の安い牛肉が大量に輸入されるようになった。これをきっかけに，日本の肉類の自《じ》給率《きゅうりつ》は大きく低下した。

用語

濃厚飼料

とうもろこし・だいず・麦類・油かす・魚粉など，炭水化物・脂《し》肪《ぼう》・たん白質《ぱくしつ》の多い飼料。

参考

家畜の病気

鳥インフルエンザや口蹄疫《こうていえき》，豚熱《ぶたねつ》(CSF《シーエスエフ》，豚《とん》コレラ)などで大量の家畜が処分され，大きな被害《ひがい》が出た。病気への対策《たいさく》は大きな課題となっている。

参考

減少する畜産農家

牛肉の輸入自由化などで小規模な畜産農家は経営が苦しくなり，畜産農家数は大きく減少している。国内農家は，多頭飼育や共同化を進めたり，松阪牛《まつさかうし》などの高級ブランド牛をつくったりして，安い輸入牛肉に対抗《たいこう》している。

☑ まとめチェック

知識を整理・確認しよう！

① 稲作《いなさく》(米づくり)

- □ ① 1970年から国が進めてきた，米づくりを休ませる休耕《きゅうこう》や，米以外の作物へ切りかえる減反《げんたん》をまとめて何というか。
- □ ② 筑紫《つくし》平野のように，稲《いね》を収穫《しゅうかく》したあとの同じ耕地《こうち》で別の農作物を栽培《さいばい》する農業を何というか。
- □ ③ 田おこしに使われる農業機械は，耕《こう》うん機ともう1つ何か。
- □ ④ 6，7月ごろ，稲の根に十分な栄養をいきわたらせるために，水田の水をぬくことを何というか。
- □ ⑤ 害虫を食べるあいがもを水田に放す「あいがも農法」など，化学肥料《ひりょう》や農薬を使わない農業を何というか。

② 野菜づくり

- □ ① 都市周辺の農村で野菜などをつくり，その日のうちにとれた新鮮《しんせん》な野菜を都市へ出荷する農業を何というか。
- □ ② 冬でも温暖《おんだん》な気候とビニールハウスを利用して，野菜などをほかの産地より早く出荷する栽培《さいばい》方法を何というか。
- □ ③ ビニールハウスなどの施設《しせつ》を使わず，自然のままに栽培する方法を何というか。

③ くだものづくり

- □ ① 雨が少なく，適度《てきど》に乾燥《かんそう》してすずしい気候の東北《とうほく》日本でよくとれるくだものは，みかん・りんごのどちらか。
- □ ② 世界的にはワインの原料として用いられることが多く，日本では山梨《やまなし》県が生産量1位となっているくだものは何か。

④ そのほかの作物づくり

- □ ① みそ・しょう油・とうふ・納豆《なっとう》の原料となる豆類は何か。
- □ ② 乾燥に強くて収穫量が多いため，江戸《えど》時代にはききんを救《すく》う作物として全国的に広がったいも類は何か。

⑤ 畜産

- □ ① 牧草を育てて乳牛《にゅうぎゅう》を飼育《しいく》し，牛乳や乳製品《にゅうせいひん》をつくることを目的とする畜産を何というか。
- □ ② 火山のふもとや高原で多く飼われ，「但馬《たじま》」や「松阪」などのブランドで知られる家畜は何か。

答え

①
- ① 生産調整
- ② 二毛作《にもうさく》
- ③ トラクター
- ④ 中干《なかぼ》し
- ⑤ 有機農業

②
- ① 近郊《きんこう》農業
- ② 促成《そくせい》栽培
- ③ 露地《ろじ》栽培

③
- ① りんご
- ② ぶどう

④
- ① だいず
- ② さつまいも

⑤
- ① 酪農《らくのう》
- ② 肉牛

力だめしの問題 入試標準レベル

解答➡p.614

❶ 次の文を読んで，あとの問いに答えなさい。【東洋英和女学院中等部・中央大附横浜中・改】

〈生活の変化〉 わたしたちの生活は，a 時代によって大きく変化します。とくに，食生活は米や魚を中心とした伝統的《でんとうてき》な食事に加えて，b パンや c 肉も多くとり入れられるようになりました。食生活の変化は，農林水産業に大きな影響《えいきょう》をあたえます。農林水産業で働く人々は，これまで d 機械化や効率化《こうりつか》などの努力を重ねて，豊《ゆた》かな食生活を支えてきました。

⑴ 下線部 a について，日本の農林水産業は，戦後から現在《げんざい》までの間に大きく変化しました。食生活の変化により，米の消費量《しょうひりょう》が減少したため，1970 年以降，ある政策《せいさく》が行われるようになりました。この政策を何といいますか。

( )

⑵ 下線部 b について，パンの原料である小麦は，輸入《ゆにゅう》にたよっています。右のグラフは，その輸入国と割《わり》合《あい》を表しています。グラフ中の A にあてはまる国を答えなさい。 ( )

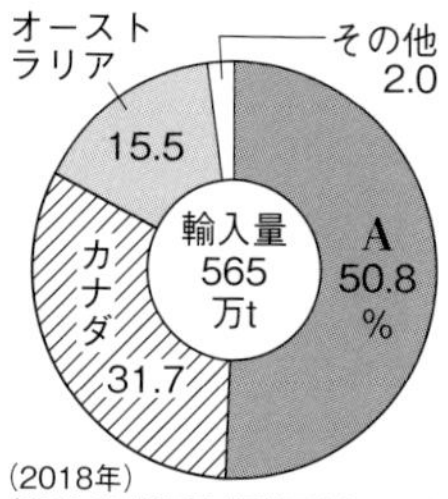

(2018年)
(2019/20年版「日本国勢図会」による)

⑶ 下線部 c について，輸入される農作物が増《ふ》える中，国内の畜産《ちくさん》農家はくふうや努力を重ね，生産量を維持《いじ》しています。右の表は肉牛・乳牛・ぶた・にわとり(肉用)の飼育《しいく》頭数の上位3県を表したものです。肉牛にあてはまるものを1つ選び，記号で答えなさい。

	ア	イ	ウ	エ
1 位	宮崎県	北海道	鹿児島県	北海道
2 位	鹿児島県	鹿児島県	宮崎県	栃木県
3 位	岩手県	宮崎県	北海道	熊本県

(2018年) (2019/20年版「日本国勢図会」による)

( )

⑷ 下線部 d について，米づくりを行っている人たちは食の安全性を考えたり，効率よく生産したりするためにさまざまなくふうをしています。そのくふうについて説明した文として誤《あやま》っているものを，次から1つ選び，記号で答えなさい。 ( )

ア 化学肥料《ひりょう》にたよらず，牛やぶたのふんやわらなどを混《ま》ぜて発酵《はっこう》させたたい肥を肥料として使っている。

イ 広い耕地《こうち》を数個に分割して，小型の農業機械を複数《ふくすう》台使用できるように農地を整理している。

ウ トラクターや稲刈《いねか》り機などの農業機械をとり入れ，手作業で行うよりも作業時間を短くしている。

エ 農薬を使用せず，かもを水田に放《はな》ち害虫や雑草《ざっそう》をとり除《のぞ》いている。

2 次の問いに答えなさい。

(1) 米の産地には，平野に大きな川が流れている場合が多いです。右の表で，都道府県名・平野名・河川《かせん》名の組み合わせとして，正しくないものはどれですか。1つ選び，記号で答えなさい。【十文字中】　(　　)

おもな米の生産地

	都道府県名	おもな生産地	
		平野名	河川名
ア	新潟県	越後《えちご》平野	信濃川《しなのがわ》
イ	北海道	石狩《いしかり》平野	石狩川
ウ	秋田県	秋田平野	雄物川《おものがわ》
エ	山形県	筑紫《つくし》平野	最上川《もがみがわ》

(2) 東北地方や北陸地方で稲作がさかんになった理由として誤った説明を次から1つ選び，記号で答えなさい。【関東学院中】　(　　)

ア　広い平野や盆地《ぼんち》があり，雪どけ水をふくむ豊富《ほうふ》な水が得られる河川があるため。

イ　肥料をあたえた土地を冬の間に休ませることで土地が肥《こ》えるため。

ウ　品種改良や土地改良の努力を長年続けてきたため。

エ　裏作《うらさく》の小麦や野菜づくりが稲の生育を助けるため。

(3) 近郊《きんこう》農業についての次のア～エの説明の中から，誤っているものを1つ選び，記号で答えなさい。【青稜中】　(　　)

ア　都市から遠くはなれた地域《ちいき》で，都市向けの野菜などをつくる農業は近郊農業に対して輸送園芸農業とよばれる。

イ　近郊農業は，都市へ出荷する野菜や草花などをつくる園芸農業の1つである。

ウ　近郊農業では，おもに都市で消費される米・小麦を中心に生産している。

エ　近郊農業では，野菜や草花などを多毛作で栽培《さいばい》することが多い。

(4) 次の3種類の野菜の主産地を見て，あとの問いに答えなさい。【城西川越中】

はくさい	t	%
茨　城	243700	27.7
(あ)	235200	26.7
北海道	28800	3.3
群　馬	27900	3.2
栃　木	24400	2.8
全　国	880900	100.0

キャベツ	t	%
群　馬	261000	18.3
愛　知	245100	17.2
千　葉	111100	7.8
茨　城	110900	7.8
神奈川	76700	5.4
全　国	1428000	100.0

レタス	t	%
(あ)	221000	37.9
茨　城	87300	15.0
群　馬	49100	8.4
長　崎	31600	5.4
兵　庫	26100	4.5
全　国	583200	100.0

(2017年)　(2019/20年版「日本国勢図会」などによる)

① (あ)に共通してあてはまる県名を答えなさい。　(　　)

② 表の群馬《ぐんま》県や(あ)県では，高原などで夏のすずしさを利用して，ほかの産地よりも農産物の生育をおくらせて出荷する方法がとられています。この方法を何というか，答えなさい。　(　　)

3 次の問いに答えなさい。

⑴ 山形《やまがた》県が全国生産量の約76%(2017年)をしめているくだものは何ですか。次から1つ選び，記号で答えなさい。【藤嶺学園藤沢中】（　　）

ア かき　イ さくらんぼ　ウ マンゴー　エ みかん

⑵ 日本のくだものを求めて観光農園を訪《おとず》れる外国人も増《ふ》えています。都道府県とその主要なくだものの組み合わせとして誤《あやま》っているものを次から1つ選び，記号で答えなさい。【東海大付相模高中等部】（　　）

ア 山梨《やまなし》県－ぶどう　イ 栃木《とちぎ》県－いちご
ウ 和歌山《わかやま》県－みかん　エ 山口《やまぐち》県－もも

⑶ 次のア～エの工芸作物と産地の組み合わせのうち，誤っているものを1つ選び，記号で答えなさい。【逗子開成中】（　　）

ア こんにゃくいも－群馬《ぐんま》県　イ オリーブ－香川《かがわ》県
ウ てんさい－沖縄《おきなわ》県　エ い草－熊本《くまもと》県

⑷ 右の表は，家畜《かちく》の都道府県別頭数と全国にしめる割合を示《しめ》したものです。**A**・**B**にあてはまる家畜の組み合わせとして，正しいものを次から1つ選び，記号で答えなさい。【芝浦工大柏中・改】（　　）

（単位：万頭）

A		B	
頭数	%	頭数	%
鹿児島 127.2	13.8	北海道 79.1	59.6
宮崎 82.2	8.9	栃木 5.2	3.9
北海道 62.6	6.8	熊本 4.3	3.2
千葉 61.4	6.7	岩手 4.2	3.2
群馬 61.2	6.7	群馬 3.5	2.6

（2018年）　（2019/20年版「日本国勢図会」による）

ア **A**－肉牛　**B**－乳牛《にゅうぎゅう》
イ **A**－肉牛　**B**－ぶた
ウ **A**－ぶた　**B**－肉牛　エ **A**－ぶた　**B**－乳牛
オ **A**－乳牛　**B**－肉牛　カ **A**－乳牛　**B**－ぶた

⑸ 日本の畜産業《ちくさんぎょう》の現状《げんじょう》について説明している文として誤っているものを，次から1つ選び，記号で答えなさい。【東京都市大付中】（　　）

ア 2017年の畜産業の産出額《がく》は，多い順ににわとり(鶏卵《けいらん》ふくむ)，乳牛《にゅうぎゅう》(生《せい》乳《にゅう》ふくむ)，肉牛，ぶたの順となっている。

イ 畜産業は，農村地域《ちいき》の人口減少《げんしょう》から深刻《しんこく》な後継者《こうけいしゃ》不足におちいっており，働く人の高齢化《こうれいか》が進んでいる。

ウ 世界全体で進む飼料価格《かかく》の高騰《こうとう》や，家畜の伝染病対策《でんせんびょうたいさく》などの費用《ひよう》の増加《ぞうか》で，畜産農家の負担《ふたん》は年々大きくなっている。

エ 政府《せいふ》による畜産業の振興策《しんこうさく》として，日本産畜産物を証明《しょうめい》する統一《とういつ》マークを定めて高品質《こうひんしつ》な畜産物の輸出《ゆしゅつ》を後押《あとお》しするとともに，外国産畜産物の輸入制限《せいげん》を始めている。

2 かわっていく日本の農業

学習のポイント

●日本の農業の特色と問題点をおさえているか。➡p.159
●耕地《こうち》や品種，機械の開発によって生産力を上げるくふうを理解《りかい》しているか。➡p.163
●農業を発展《はってん》させるための新しい試みをとらえているか。➡p.168

1 日本の農業の様子

日本の農業の特色

●**せまい農地と多い農家**…日本の国土は山がちで，農地は国土全体のおよそ12%にすぎない。そのせまい農地を多くの農家が耕作しているので，農家1戸あたりの耕地面積は約2.5ha《ヘクタール》しかない。

▶ 1965年の耕地面積は約600万haあったが，田畑がつぶされて住宅《じゅうたく》地や工場用地などになることも多く，2018年現在《げんざい》では442万haとなっている。

▶ 耕地1ha未満の小さな農家(零細《れいさい》農家)が約半数をしめるが，自給的農家を加えると，この割合はさらに高くなる。

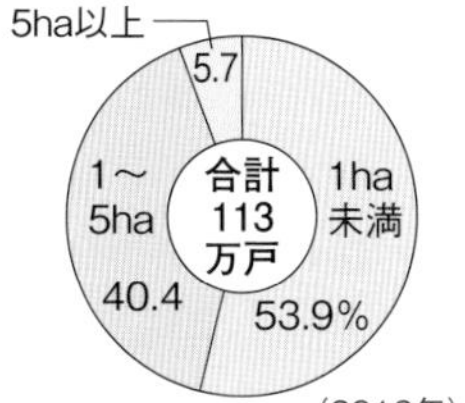

(2018年)
(2019/20年版「日本国勢図会」による)
▲日本の農家の規模別の割合

用語

集約農業
多くの人手や肥料《ひりょう》を使い，せまい土地から多くの生産をあげようとする農業。単位労働時間あたりや1人あたりの生産量である労働生産性《せいさんせい》は低いが，単位面積あたりの生産量である土地生産性は高い。

●**手間をかける集約農業**…耕地面積がせまいので，家族中心の小規模《しょうきぼ》な農業経営《けいえい》が行われる。多くの手間をかけて，草とり・肥料《ひりょう》やり・農薬まきなどを行い，年に何回も耕作する多毛作《たもうさく》なども行って，せまい土地から多くの収穫《しゅうかく》を上げる集約農業となっている。

●**日本の土地利用**…日本は国土がせまいうえに，森林面積が広いため，耕地面積はいちだんと少なくなる。農業人口1人あたりの農地面積は，アメリカやヨーロッパの国々，オーストラリアと比《くら》べるとはるかにせまい。

▼日本の土地利用の様子(2016年)

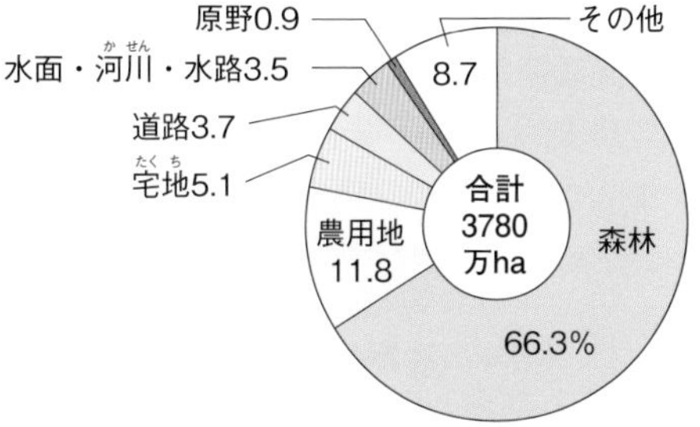

注：北方領土《りょうど》[歯舞群島《はぼまいぐんとう》，色丹島《しこたんとう》，国後島《くなしりとう》，択捉島《えとろふとう》]と竹島《たけしま》をふくむ。
(2019/20年版「日本国勢図会」による)

● **稲作《いなさく》(米づくり)が中心**…米は日本人の**主食**であり，日本の農業は昔から稲作が中心であった。食糧《しょくりょう》管理制度《せいど》が米づくりを有利にしていた。

▶ **農地改革《かいかく》の果たした役割《やくわり》**…第二次世界大戦後の1946年，農地調整法・自作農創設《じさくのうそうせつ》特別措置《そち》法などによる**農地改革**が行われ，農業の民主化・合理化が進められた(➡p.474)。これにより，地主の土地を政府《せいふ》が買い上げ，小作農に安く売りわたして，多くの自作農をつくり出した。農地改革で自作農となった人々の労働意欲《いよく》の高まりが，その後の発展《はってん》の基礎《きそ》となった。一方でこれが，農家1戸あたりの経営《けいえい》面積がせまい原因《げんいん》の1つともなっている。

▶ **食糧管理制度**…第二次世界大戦中の1942年に成立した食糧管理法にもとづいて，おもな食料を政府が管理統制《とうせい》する制度。主食である米の増産《ぞうさん》と安定した供給《きょうきゅう》をはかるために，政府が生産者からできるだけ高い価格《かかく》(生産者米価《べいか》)で買い入れ，消費《しょうひ》者にできるだけ安い価格(消費者米価)で売りわたす二重米価のしくみになっていた。初めは，消費者米価より生産者米価のほうが高かったが，国の赤字が大きくなったため，しだいに消費者米価のほうが高くなっていった。そして，実状《じつじょう》に合わなくなったため，1995年に廃止《はいし》された。

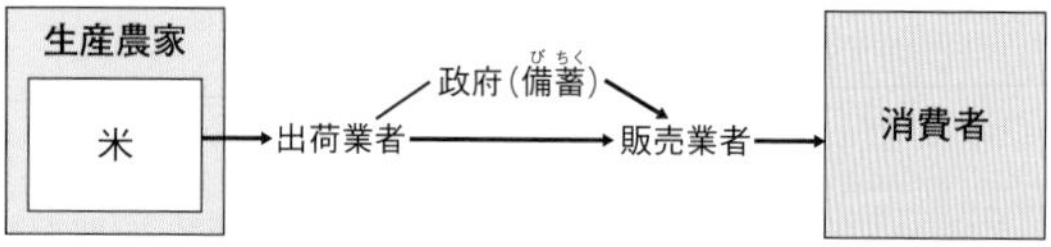

▲現在の米の流通

● **兼業《けんぎょう》農家が多い**…近年は農家の数が年々減《へ》り，しかも農業以外の仕事もしている**兼業農家**の割合《わりあい》が高まった。これは，外国産の安い農産物との競争などのため，農業だけでは収入《しゅうにゅう》が上がらないからである。

参考

新食糧法

現在の米の流通は，1995年に制定されたこの法律《ほうりつ》にしたがって行われている。それまでの「政府管理米」は「計画流通米」といいかえられ，新食糧法により農家による米の生産と流通が大きく自由化された。

入試ポイント

〈日本の農業の特色〉

▶ 耕地《こうち》がせまいわりに農家数が多い→**1戸あたりの経営面積は小さい。**

▶ 稲作が中心。**農家の減少《げんしょう》と兼業化が進む。**

農家のくらし

- **少ない収入**…農業による収入は，一般《いっぱん》にほかの産業に比《くら》べて少ない。国は**農業基本《きほん》法**を定めて，農業の地位の向上をはかったが，期待どおりには進まなかった。そこで，これにかえて，1999 年に**食料・農業・農村基本法**が定められ，農業の新しいあり方が示《しめ》された。
- **農業人口の減少《げんしょう》**…自然相手の農業では，決まった休日もなく，労働がきついわりに収入は多くない。そのため若《わか》い人は都市へ出て働くようになり，農業はあとつぎが不足し，農業就業《しゅうぎょう》人口・農家数ともに大きく減少した。
- **兼業農家の増加《ぞうか》**…農業収入だけでくらしを支《ささ》える**専業農家**よりも，農業以外にも収入を得る兼業農家のほうが多く，農家戸数の半分以上をしめている。次のような理由で兼業農家が増《ふ》えた。
  - ▶収入以上に農業にかかる出費が増えた。
  - ▶農作業の機械化で，時間や労働力をほかの労働にも使えるようになった。
  - ▶農業以外の産業が発達して，大都市などを中心に働く場所が増えた。
- **農家の高齢化《こうれいか》**…高度経済《けいざい》成長期以降《いこう》，若い人が減って，「おじいちゃん・おばあちゃん・

用語

食料・農業・農村基本法

それまでの農業基本法にかえて，1999年に制定《せいてい》された。国内の農業生産の増大をはかり，食料を安定して供給する方針《ほうしん》や，担《にな》い手の育成や輸出の促《そく》進《しん》による農業の持続的な発展などがかかげられている。

参考

増えた農家の出費

農業の生産性を高めるためには，農業機械・農薬・肥料《ひりょう》などを買う必要があり，農家の出費が増えていった。とくに，高い農業機械のために経営が苦しくなることを「機械化貧《びん》乏《ぼう》」という。

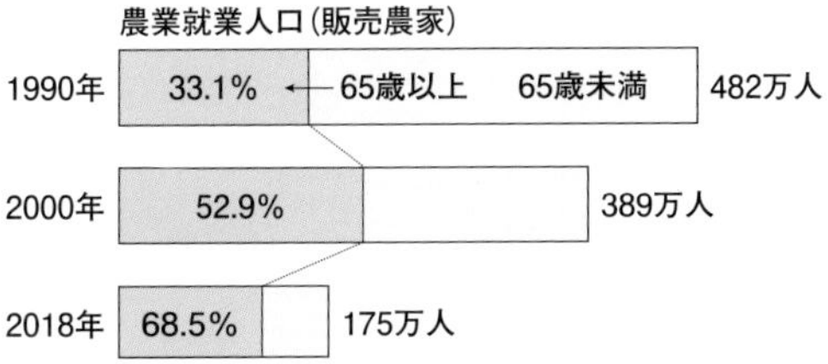

(2019/20年版「日本国勢図会」による)
▲農家の年齢《ねんれい》別人口の変化

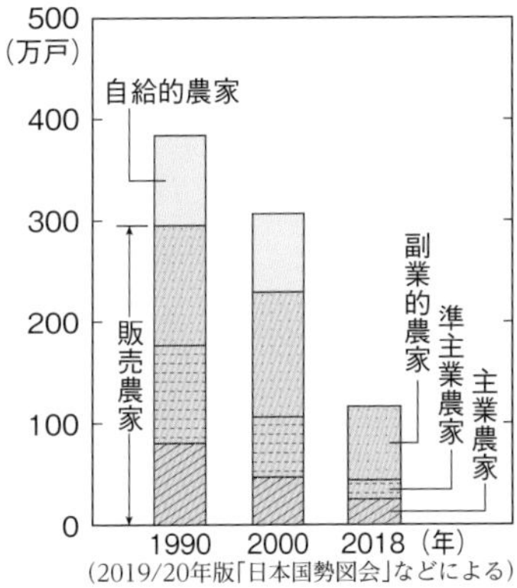

(2019/20年版「日本国勢図会」などによる)
▲農家数の変化

(2019/20年版「日本国勢図会」などによる)
▲新しく農業に従事した人の割合《わりあい》

おかあちゃんが中心となる3ちゃん農業」などといわれた。さらに近年は高齢化《こうれいか》が進んで，農業従事者《じゅうじしゃ》にしめる65歳《さい》以上の高齢者の割合《わりあい》は，3分の2をこえている。

●**増《ふ》える耕作放棄地《こうさくほうきち》**…農村部では人口の減少《げんしょう》と高齢化が進んだ結果，一定期間以上耕作が行われない**耕作放棄地**が広がっている。耕地面積にしめる耕作放棄地の割合は，中国《ちゅうごく》・四国《しこく》地方でとくに高くなっている。

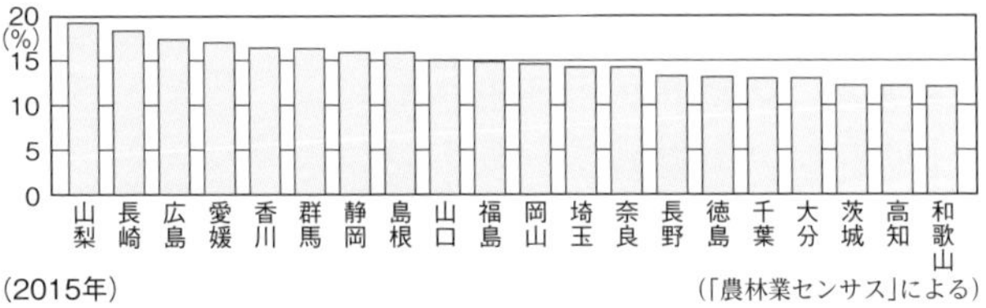

▲耕地面積にしめる耕作放棄地の割合が高い県

●**新しい農家の分類**…これまでの専業《せんぎょう》農家・兼業《けんぎょう》農家という分類は実状《じつじょう》に合わず，新しい分類を使うようになった。まず，農家を販売《はんばい》農家と自給的農家に分け，販売農家をさらに，**主業農家**(農業所得が主)，**準《じゅん》主業農家**(農業外所得が主で，65歳未満の働き手がいる農家)および，副業的農家(65歳未満の働き手がいない農家)に分けた。この分類によって日本の農家の高齢化の様子が改めて明らかになった。

●**新しい農業経営《けいえい》の形**…小規模《きぼ》農家などは農作業を委託《いたく》し，余裕《よゆう》のある専業農家などがそれを引き受け，うけ負い農業をすることも増えてきた。

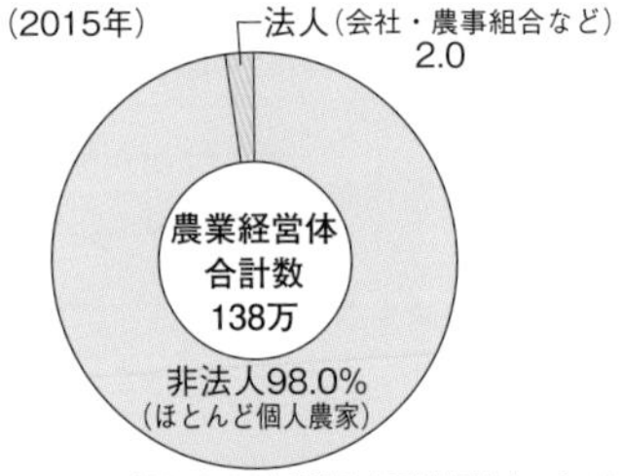

(2019/20年版「日本国勢図会」による)
▲農業の経営のかたち

また，新たに地域《ちいき》で共同で農業を行ったり，会社(農業生産法人)として農業経営を行うようになった。この農業生産法人の数は，急速に増えてきている。

参考
限界《げんかい》集落
人口の半分以上を，65歳以上の高齢者がしめる集落のこと。限界集落の増加《ぞうか》と耕作放棄地の広がりは同時に進んでいる。

入試ポイント
〈兼業化・高齢化が進む日本の農家〉
▶ **食料・農業・農村基本《きほん》法**＝食料の安定供給《きょうきゅう》，農業の持続的な発展《はってん》。
▶ **農業の委託や会社経営が増加**＝新しい農業経営の形。
▶ **農家の分類**…**販売農家**(主業農家・準主業農家・副業的農家)，**自給的農家**。

2 農業生産を高めるくふう

耕地開発と土地利用

●**干拓《かんたく》**…浅い海や湖沼《こしょう》などに堤防《ていぼう》を築《きず》いて，内側の水を干《ほ》し上げること。岡山《おかやま》県の児島湾《こじまわん》や九州《きゅうしゅう》の有明海《ありあけかい》では江戸《えど》時代から行われた。第二次世界大戦後は秋田《あきた》県の八郎潟《はちろうがた》で大規模《だいきぼ》な干拓が行われた。

●**開墾《かいこん》**…これまで条件《じょうけん》が悪くて手をつけられていなかった荒《あ》れ地などを切り開いて，耕地にすること。北海道《ほっかいどう》の根釧《こんせん》台地のパイロットファームなど。

●**湿田《しつでん》の改良**…**湿田**は，信濃川《しなのがわ》下流の越後《えちご》平野など大きな川の下流の低地に多いが，排水《はいすい》工事をして，農作業や機械化のしやすい**乾田《かんでん》**にかえてきた。越後平野の排水工事では，**大河津《おおこうづ》分水路**(➡p.115)をつくって水の流れを分け，暗きょ排水によって水はけをよくした。また，排水機場をつくってポンプで排水できるしくみを整えた。

▲土地改良後の越後平野の豊《ゆた》かな水田

●**客土《きゃくど》**…石狩《いしかり》平野に広がる**泥炭地《でいたんち》**は，水田には向かない土地だったが，よそからよい土を運んできて土壌《どじょう》を改良した。これを客土という。

●**耕地整理**…田の形や広さがふぞろいで，田のもち主が分散している所では，機械を使って能率的《のうりつてき》な作業をすることが難《むずか》しい。そこで，農道や用水路を整えて田を四角く区切ったり，大きくしたりする耕地整理が行われている。

●**用水の確保《かくほ》**…水不足になやむ地方では，農業用水を確保するために，ため池をつくったり，用水路を開いたりしている。明治《めいじ》用水・愛知《あいち》用水(愛知県)，両《りょう》

用語

干拓と埋《う》め立て

干拓は海や湖を堤防でしきって，その内側の水を排水し，干し上げて農地にかえること。埋め立ては土砂《どしゃ》やごみを海や湖に埋めていき，工業用地などにすること。東京湾岸《とうきょうわんがん》の臨《りん》海副都心《かいふくとしん》や神戸《こうべ》港のポートアイランドなども埋め立て地である。

用語

暗きょ排水

地中に土管などを通して，余《よ》分《ぶん》な水をよそに流すしくみ。

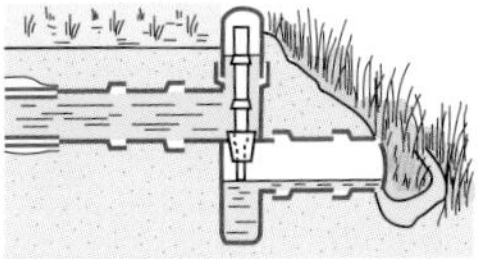

▲暗きょ排水のしくみ

用語

泥炭地

北海道のように寒い土地では，沼地《ぬまち》や川岸にはえた植物がくさりきらないまま，長い年月の間に厚く積もっていく。これを泥炭（ピート）といい，でい炭がおおっている土地を，でい炭地という。泥炭地は，酸性《さんせい》が強くて水はけも悪く，作物づくりにはまったく向かない土地であるが，客土をすれば，水の便がよくなるので農地にすることができる。

総《そう》用水(千葉県《ちば》)，吉野《よしの》川の水を讃岐《さぬき》平野に引いた香《か》川《がわ》用水(➡p.83)などが有名である。

●**換地《かんち》**…耕地《こうち》整理の方法。もち主が異《こと》なり散らばっている田畑を交換《こうかん》して，農用地を整え直す。そのとき，形を整えたり，広い農道をつくったりして，機械を使いやすくしている。

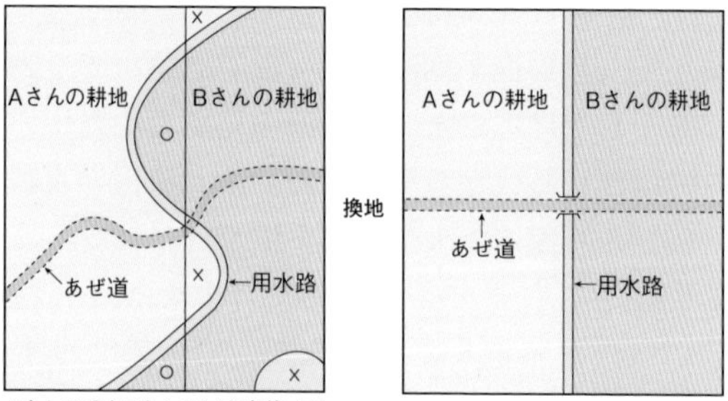

Aさんの○とBさんの×を交換する

▲換地のしくみ

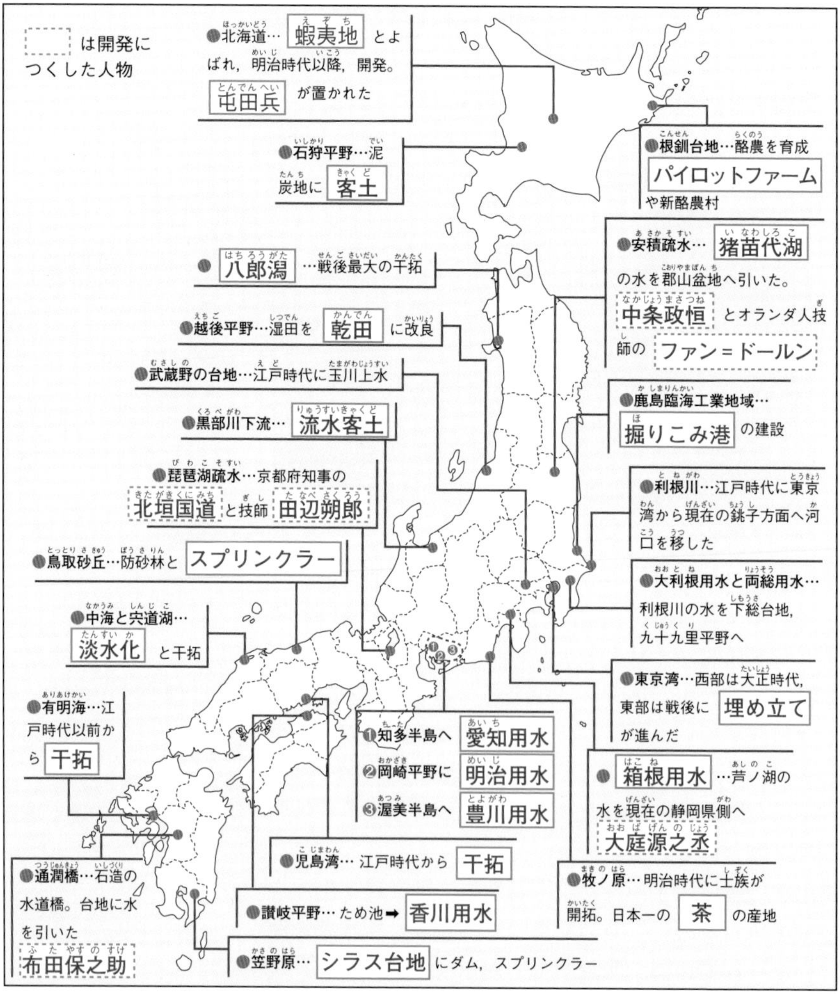

▲各地の土地開発

農業技術《ぎじゅつ》の進歩

●**品種改良**…干害《かんがい》(ひでりの害)・冷害《れいがい》や病虫害などに強い品種に改良する研究が進んだ。とくに稲《いね》は，明治時代以降に寒さに強いものへの品種改良が進み，冷害を受けやすい東北《とうほく》・北海道に広まった。また，味のよい品種への改良もさかんである。最近ではクローン技術やバイオテクノロジーによる新品種も生まれている。

●**栽培《さいばい》のくふう**

▶**ぬるめ**…冷水が流れる水路をう回させて太陽熱であたためてから水田へ水を入れる設備《せつび》。北日本や中央高地《ちゅうおうこうち》にみられ，北アルプスのものが有名。

▶**保温折衷苗代《ほおんせっちゅうなわしろ》**…苗《なえ》が5cmくらいになるまで，苗代にわらをしき，油紙やビニールなどでおおって育てる。その後は水をはり，ふつうの水田とする。これによって，苗が早く育ち，よい苗ができる。第二次世界大戦中に長野《ながの》県で考え出され，戦後，寒冷地を中心に広まった。

▶**育苗器《いくびょうき》**…苗を，田植え機にとりつける苗箱《なえばこ》に入れたまま，蒸気《じょうき》で適当《てきとう》な温度と湿度《しつど》をあたえる器具。発芽がうながされ，その間，病虫害にもあいにくい。

●**化学肥料《ひりょう》**…日本は集約農業のため，世界のうちでも肥料を使う量は多いほうである。とくに，ききめの早い化学肥料を多く使っている。しかし，土中に有《ゆう》機質《きしつ》が少なくなり，地力が低下するという短所がある。化学肥料には，ちっ素《そ》・りん酸《さん》・カリがあるが，これらをうまく混《ま》ぜ合わせた複合《ふくごう》肥料の使用が多い。たい肥やきゅう肥などの有機質肥料は，手間がかかり，その分農産物の価格《かかく》も高くなるので使用が減《へ》っていたが，最近では安全性や環境《かんきょう》を考えて見直されている。

(2015年度)

国名	消費量
中国	444kg
日本	262
フランス	154
インド	153
アメリカ	136
オーストラリア	47

(2019/20年版「世界国勢国会」による)

▲耕地1haあたりの肥料消費量

参考

ブランド米(銘柄米《めいがら》)

「あきたこまち」「ヒノヒカリ」「ひとめぼれ」「コシヒカリ」など，名前がつけられている上質米《じょうしつまい》のこと(➡p.65)。農家にとっては，高く売ることができ，収入《しゅうにゅう》が増《ふ》える。

用語

クローン技術

同じ遺伝子《いでんし》をもつ生物を人工的につくる技術。1997年に羊の例が明らかになり，注目されるようになった。良質の肉を得るために，クローン牛などに応用《おうよう》されるが，道徳的《どうとくてき》な問題や安全性《あんぜんせい》など，課題も多い。

用語

バイオテクノロジー

農作物の遺伝子を操作《そうさ》して，害虫に強い遺伝子や味のよい遺伝子に組みかえて生産する。健康への影響《えいきょう》など不明なことが多い。すでに遺伝子組みかえ作物として，だいず・とうもろこし・じゃがいも・なたねがある。加工されて菓子《かし》などになるとわかりにくくなるので，遺伝子組みかえ作物を使用する場合は，表示《ひょうじ》することが義務づけられている。

用語

たい肥・きゅう肥

たい肥は，わら・雑草《ざっそう》・落ち葉などを積み重ねてくさらせたもの。きゅう肥は，家畜《かちく》のふん尿《にょう》を，しきわらとともにくさらせたもの。ともに有機質肥料。

●**農薬**…農作物の病虫害を防《ふせ》いで多くの収穫《しゅうかく》を上げるための殺虫剤《さっちゅうざい》・殺菌剤《さっきんざい》や，除草剤《じょそうざい》などのさまざまな農薬が使用されている。しかし，農業公害が生じやすく，公害を起こすおそれのある農薬は，使用を禁《きん》止《し》されたり，制限《せいげん》されたりしている。

●**農業の機械化**…すべての産業で機械化が進んでいるが，農業でもさまざまな機械が開発されて，広まり，生産性《せいさんせい》を高め，人手不足を補《おぎな》っている。

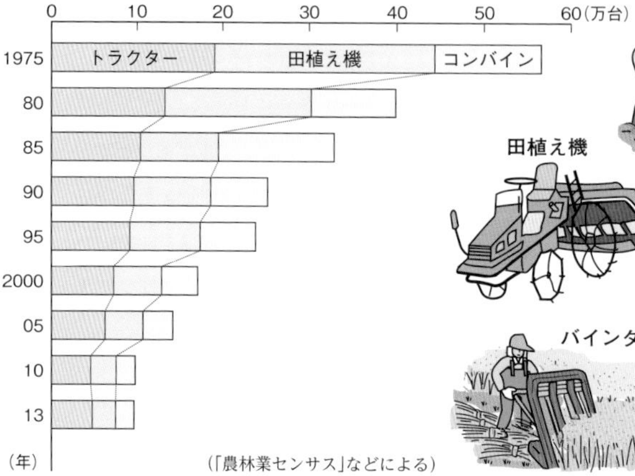

▲農業機械の使用台数

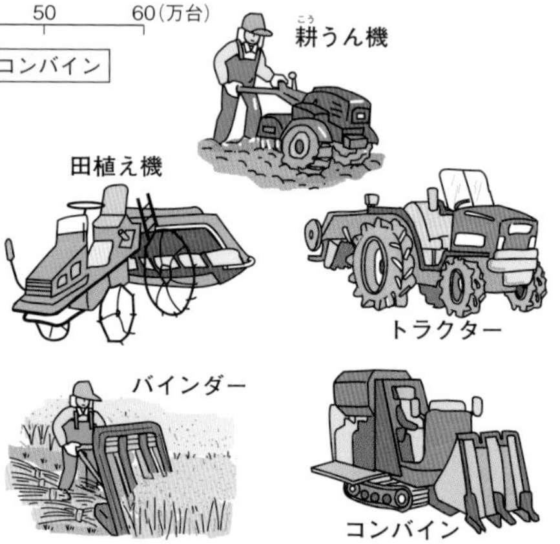

●**新しい農業の技術《ぎじゅつ》**…工場の人工の光の中で，水と肥料《ひりょう》だけで野菜をつくる農業を**植物工場**という。コンピューターで管理し，土を使用しないで農作物を生産する。

▲植物工場：光と水，養分はコンピューターで調整し，短期間で多くの野菜を育てて出荷する。

●**環境《かんきょう》にやさしい農業**

▶**有機《ゆうき》農業**…農薬は，収穫後に輸送《ゆそう》や保存《ほぞん》のためにも使われ，これをポストハーベストという。大量に使用された農薬が家庭で洗《あら》ってもとれず，残留《ざんりゅう》農薬となって，人体に影響《えいきょう》をあたえる心配もある。そこで，環境問題への意識《いしき》の高まりからも有機農業が注目されている。人工の化学肥料や農薬を使わず，自然の材料だけを使う有機農業は，自然のバランスをこわしにくく，人体にもやさしい。

▶**あいがも農法**…田植えをした水田に，あいがもと

参考

無洗米《むせんまい》

精米《せいまい》するときに，表面に残っているぬかをとり去ってしまうので，炊飯《すいはん》のときに米をとぐ必要がない米のこと。とぎ汁《じる》による水の汚染《おせん》を防《ふせ》ぐ効果《こうか》が期待されている。

いう水鳥を放す農法。あいがもが，雑草《ざっそう》や害虫を食べてくれるので，農薬を使わなくてもよい。

▶ **産地直送(産直)**…生産者(農家)が自分のつくった農作物を，市場を通さずに直接《ちょくせつ》，消費《しょうひ》者に届《とど》けるしくみ。有機農業による作物は，消費者の人気がとくに高い。

▲産地直送の市場

災害対策《たいさく》

▲いもち病になった稲

● **病虫害に対して**…いもち病やウンカの害などの病虫害に強い品種に改良したり，農薬をまいたりするほか，あいがもなどの天敵《てんてき》を利用して害虫を防いでいる。

● **干《かん》ばつに対して**…ため池や用水路・ダムなどをつくって，日照りによる水不足に備《そな》えている。

● **冷害《れいがい》に対して**…品種改良をしたり，苗《なえ》を早く育てるくふうをしたりしている。東北《とうほく》地方では，冷害の危険《きけん》度を地域《ちいき》別に区分し，危険度別に安全な田植えの時期，実りの時期を定めている。

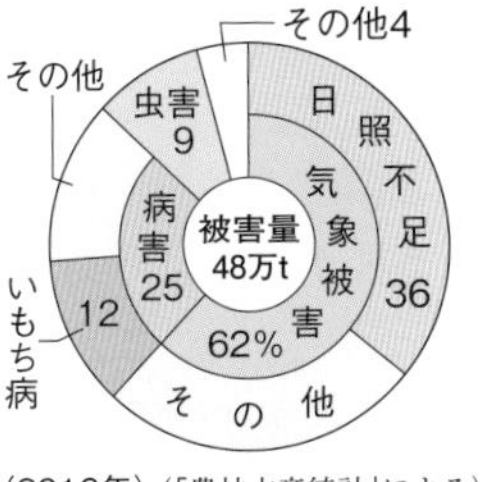

(2016年)(「農林水産統計」による)

▲災害別の稲の被害

● **風水害に対して**…梅雨《つゆ》のときの増水《ぞうすい》で稲《いね》が水の中に沈《しず》まないようにしたり，秋の台風《たいふう》による洪水《こうずい》で被害《ひがい》を受けたりしないようにするため，台風の時期の前に収穫する**早場米《はやばまい》**をつくったりしている。千葉《ちば》県では，利根川《とねがわ》の洪水に備えて，水田を守る「囲《かこ》い」とよばれる堤防《ていぼう》がつくられてきた。

参考

有機JAS《ジャス》マーク

国は有機農業でつくられた農産物に関する規格《きかく》を定め，その規格に合格《ごうかく》した農産物には，下の有機JASマークをはることを認《みと》めている。

参考

早場米

千葉県では，ふつうより早い時期に刈《か》りとる早生《わせ》の品種を2月初めに植え，5月末には収穫する「超《ちょう》早場米」が生産されている。新米が出回る前なので，高く売れるという利点もある。

これからの日本の農業

●**自立経営《けいえい》農家を育てる**…農業の大切さをうったえ，魅力《みりょく》ある農業のすがたを示《しめ》し，農業で生計《せいけい》が立つようにすることで，若《わか》い人の農業ばなれを防《ふせ》ぐ。

●**国内の農業を守る**…国民の食料は，国内で生産することを基本《きほん》とし，自《じ》給率《きゅうりつ》を高め，経営規模《きぼ》の拡大《かくだい》，機械化や共同化などを進め生産性《せいさんせい》の向上をはかり，国際《こくさい》競争力を高める。

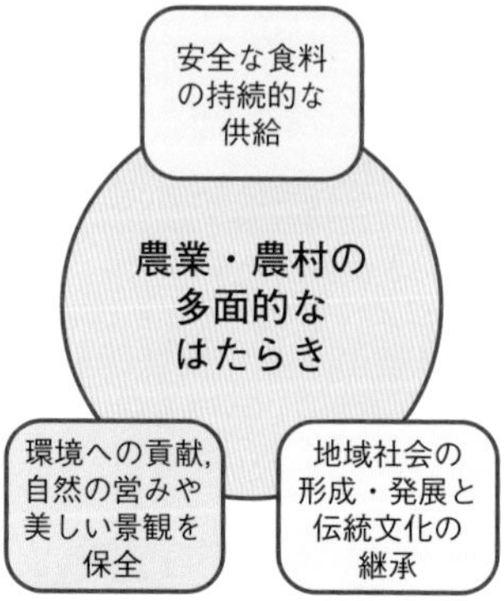

▲農業や農村のはたらき

●**地産地消《ちさんちしょう》**…地域《ちいき》で生産されたものを遠くへ出荷《しゅっか》せず，その地域内で消費《しょうひ》すること。次のような利点がある。

▶輸送《ゆそう》に時間がかからないため，新鮮《しんせん》なものを出荷し，消費することができる。

▶輸送距離《きょり》が短いため，トラックから排出《はいしゅつ》される二《に》酸化炭素《さんかたんそ》の量を減《へ》らすことができる。

▶農作物をどの生産者がつくったか，たどりやすく，消費者は安心できる。

●**六次産業化**…農林水産業がふくまれる**第一次産業**だけでなく，それらを加工する**第二次産業**，販売《はんばい》する**第三次産業**までを農林水産業者が手がける試み。

第一次産業×第二次産業×第三次産業＝第六次産業
（農林水産業）（工業）（商業）

▶農家は新しい価値《かち》をつけて農作物を売り出すため，安定した収入《しゅうにゅう》を得やすい。

▶販売所や観光農園などにより観光客を農村へよびこみ，地域の活性化《かっせいか》につながる。

参考

競争力を高めるために

国内産の農作物が外国産に負けない競争力をつけるには，高い品質《ひんしつ》を保《たも》ち，それを消費者に保証《ほしょう》する必要がある。この点から，厳《きび》しくとりしまるべき問題が，「食品偽装《ぎそう》問題」である。卸売《おろしうり》業者や小売業者が，ふつうの肉をブランド品と，安い輸入品を高い国産品と偽《いつわ》って販売したりする事件《じけん》があとをたたない。これに対して国は，JAS《ジャス》法（農林物資《ぶっし》の規格《きかく》等に関する法律《ほうりつ》）などにもとづき，原材料・産地などの品質表示を義務《ぎむ》づけている。

入試ポイント

〈農業生産を高める努力〉

▶耕地《こうち》を広げる…**干拓《かんたく》・埋《う》め立て・客土《きゃくど》・用水の整備。**

▶収穫量《しゅうかくりょう》を上げる…**品種改良・化学肥料《ひりょう》・農薬の使用・機械化。**

☑ まとめチェック

知識を整理・確認しよう！

① 日本の農業の様子

□ ① アメリカと日本のうち，農業人口1人あたりの農地面積が大きいのはどちらか。

□ ② 第二次世界大戦後に行われた，地主の土地を政府《せいふ》が買い上げ，小作農に安く売りわたした政策《せいさく》を何というか。

□ ③ 食糧《しょくりょう》管理法にもとづいて，おもな食料を政府が管理することとしてきた制度《せいど》(現在は廃止《はいし》)を何というか。

□ ④ 農業基本《きほん》法にかえて1999年に定められた，食料を安定して供給《きょうきゅう》する方針《ほうしん》などをかかげた法律《ほうりつ》を何というか。

□ ⑤ 日本の農家の大部分をしめている，農業以外の仕事もしている農家(現在の副業的農家と準《じゅん》主業農家)を何というか。

□ ⑥ 農村部で人口の減少《げんしょう》と高齢化《こうれいか》が進んだ結果広がっている，一定期間以上耕作《こうさく》が行われない耕地を何というか。

② 農業生産を高めるくふう

□ ① 浅い海や湖沼《こしょう》などに堤防《ていぼう》を築《きず》いて，内側の水を干《ほ》し上げて土地を広げることを何というか。

□ ② 田のうち，人の手で水を抜《ぬ》きにくく，いつも地面がしめった状態《じょうたい》にある田を何というか。

□ ③ 耕作に向かない土地に，よそからよい土を運んできて土壌《じょう》を改良することを何というか。

□ ④ 小さな田をまとめて農道で区切って，大きな四角い田にかえることを何というか。

□ ⑤ 水不足になやまされてきた讃岐《さぬき》平野に，吉野川《よしのがわ》の水を引いた用水を何というか。

□ ⑥ よい性質《せいしつ》をもつ農作物どうしをかけあわせて，新しい特長をもつ農作物をつくり出すことを何というか。

□ ⑦ 鉱物《こうぶつ》などを原料とする，効《き》き目の早い肥料《ひりょう》を何というか。

□ ⑧ 農家がつくった農作物を，市場を通さずに直接《ちょくせつ》，消費者《しょうひしゃ》に届《とど》けるしくみを何というか。

□ ⑨ 台風《たいふう》をさけるなどの目的で，ふつうより早い時期に収穫《しゅうかく》できるようにした米を何というか。

□ ⑩ 地域で生産されたものを地域内《ちいきない》で消費することを何というか。

答え

①

① アメリカ

② 農地改革

③ 食糧《しょくりょう》管理制度

④ 食料・農業・農村基本法

⑤ 兼業《けんぎょう》農家

⑥ 耕作放棄地《ほうきち》

②

① 干拓《かんたく》

② 湿田《しつでん》

③ 客土《きゃくど》

④ 耕地《こうち》整理

⑤ 香川《かがわ》用水

⑥ 品種改良

⑦ 化学肥料

⑧ 産地直送[産直]

⑨ 早場米《はやばまい》

⑩ 地産地消

力だめしの問題 入試標準レベル

解答➡p.615

❶ 次の問いに答えなさい。

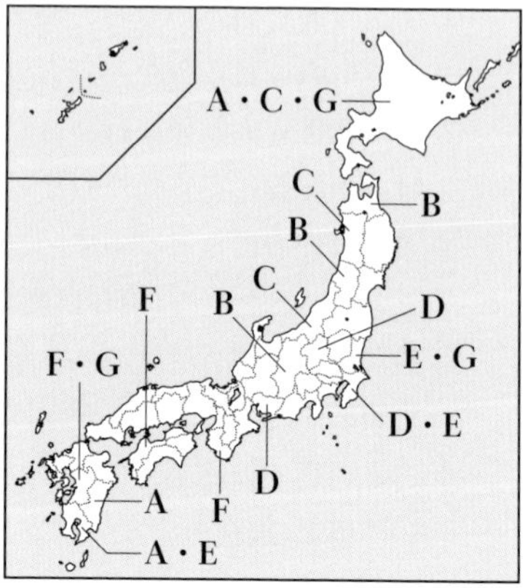

⑴ 右の地図は，おもな農畜産物《ちくさんぶつ》の生産量または飼育《しいく》頭数の上位3道県(2017年)を示《しめ》したものです。地図中の**A**～**G**にあてはまる農畜産物を，次の**ア**～**ケ**から1つずつ選び，記号で答えなさい。

【学習院女子中等科】

A（　　　）　**B**（　　　）　**C**（　　　）
D（　　　）　**E**（　　　）　**F**（　　　）
G（　　　）

ア　さつまいも　　**イ**　キャベツ
ウ　米　　**エ**　茶
オ　トマト　　**カ**　肉用牛(飼育頭数)　　**キ**　みかん
ク　もも　　**ケ**　りんご

⑵ 右の表は，おもな野菜の生産量上位4位(2017年)までの都道府県を示したものです。表中の

	キャベツ	ブロッコリー	ほうれんそう	ピーマン
1位	群　馬	北海道	千　葉	イ
2位	ア	ウ	ウ	宮　崎
3位	千　葉	ア	群　馬	高　知
4位	イ	香　川	イ	鹿児島

(2019/20年版「日本国勢図会」による)

ア～**ウ**には，「埼玉《さいたま》県」「茨城《いばらき》県」「愛知《あいち》県」のいずれかがあてはまります。「埼玉県」にあてはまるものを1つ選び，記号で答えなさい。【栄東中】

（　　　）

⑶ 集約的な農業について述《の》べた文として誤《あやま》っているものを，次から1つ選び，記号で答えなさい。【鷗友学園女子中】　（　　　）

ア　大型の農機具を用いて，広い農地を少ない人数で耕作《こうさく》する。
イ　多くの収穫量《しゅうかくりょう》を得られるように，たくさんの人を使って耕作する。
ウ　せまい農地を有効《ゆうこう》に利用するために，多くの肥料《ひりょう》を使って栽培《さいばい》する。
エ　収穫量を増《ふ》やすために，ビニールハウスや温室などを用いて栽培する。

⑷ 近年，卸売《おろしうり》業者を通さずに，生産者が農作物を販売《はんばい》したり，消費者《しょうひしゃ》へ直接《ちょくせつ》配送したりする流通形態が増えています。このような流通のあり方を何といいますか，漢字4字で答えなさい。　（　　　　　）

2 次の問いに答えなさい。

(1) 右の表はいちご・茶・みかん・なすの各農産物の生産量上位4都道府県を示したものです。同じ記号の所には同じ都道府県名が入ります。熊本《くまもと》県と静岡《しずおか》県にあたるものを，表中のア～サから1つずつ選び，記号で答えなさい。【聖光学院中】

	1位	2位	3位	4位
いちご	ア	イ	ウ	エ
茶	エ	オ	カ	キ
みかん	ク	ケ	ウ	エ
なす	コ	ウ	サ	イ

（2019/20年版「日本国勢図会」などによる）

熊本県（　　　）　静岡県（　　　）

(2) 国土がせまい日本では少しでも陸地を広げるために干拓《かんたく》や埋《う》め立てを進めてきました。右の図で干拓を表しているものをア・イから1つ選び，記号で答えなさい。【実践女子学園中】

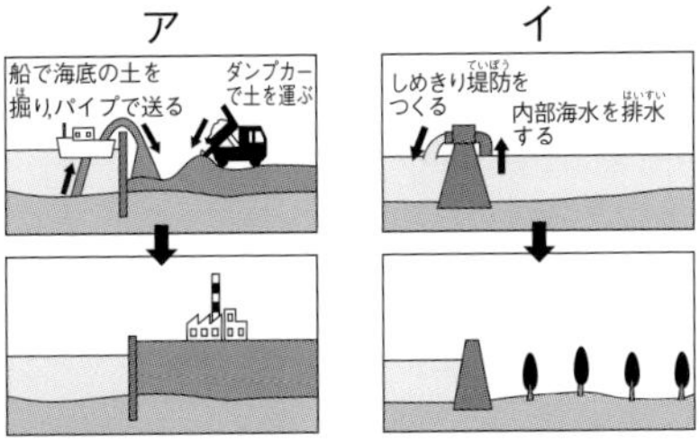

（　　　）

(3) 日本の農家が機械を導入《どうにゅう》する理由は，大規模化《だいきぼか》だけではありません。日本の農家が，農地がせまくても機械を導入しなければならなかった理由を，右の2つの表を参考にして説明しなさい。【森村学園中等部・改】

年齢階層別に見た農業就業《しゅうぎょう》人口

年齢階層	実数(千人)			割合(%)		
	1990年	2000年	2010年	1990年	2000年	2010年
15～29歳	281	247	90	5.8	6.3	3.5
30～39	470	192	87	9.8	4.9	3.3
40～49	552	365	147	11.5	9.4	5.6
50～59	1077	523	358	22.3	13.4	13.7
60～64	841	507	319	17.5	13.0	12.2
65～	1597	2058	1605	33.1	52.9	61.6
計	4819	3891	2606	100.0	100.0	100.0

（農林水産省「農林業センサス」による）

農家世帯員と農業従事者の推移

	1960年	1970年	1980年	1990年	2000年	2010年
農家世帯員数	34411	26282	21366	13878	10467	6503
農業就業人口	14542	10252	6973	4819	3891	2606

（単位：千人）　（農林水産省「農林業センサス」による）

（　　　　　　　　　　　　　　　　）

3 日本の水産業

学習のポイント

- ●日本で水産業がさかんだった理由とおとろえた理由がわかっているか。➡p.172
- ●とる漁業の技術《ぎじゅつ》とつくり育てる漁業のくふうを理解《りかい》できるか。➡p.177
- ●日本の漁業の問題点をおさえているか。➡p.184

1 日本の水産業の様子

日本の水産業の特色

●**世界有数の漁獲量《ぎょかくりょう》**…日本は，1970年前後に一時ペルーにぬかれたものの，長い間漁獲量は世界1位をしめ，毎年1千万t《トン》をこえていた。しかし，**200海《かい》里《り》問題**(➡p.184)などから漁獲量は減少《げんしょう》し，中国《ちゅうごく》などに抜《ぬ》かれていった。

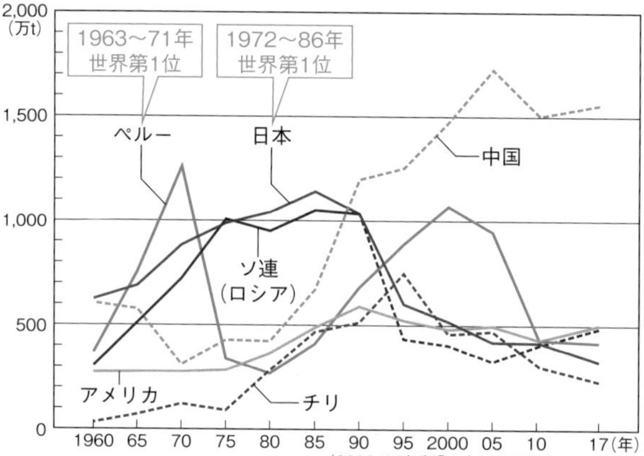

(2019/20年版「日本国勢図会」などによる)

▲おもな国の漁獲量の変化

●**豊富《ほうふ》な水産物の種類**…水産物の種類は非常《ひじょう》に多い。魚類のほか，えび・いかなどの水産動物，あさり・ほたて貝・さざえなどの貝類，こんぶ・わかめなどの海《かい》藻類《そうるい》がある。

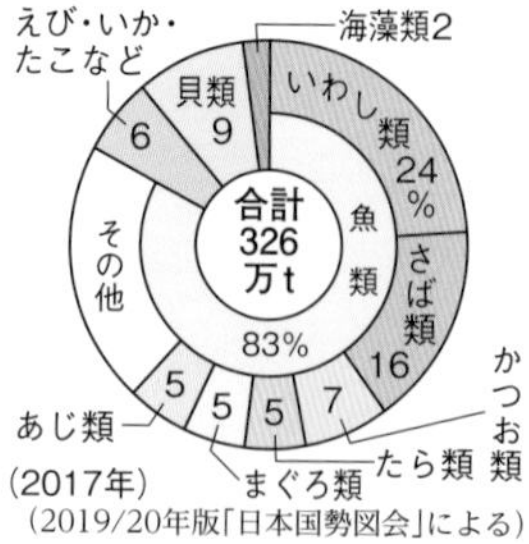

▲日本でとれる水産物の種類

参考

世界の四大漁場

北西太平洋《たいへいよう》(日本近海)，北東大西洋《たいせいよう》(北海《ほっかい》)，北西大西洋(北アメリカ東海岸)，南東太平洋(ペルー沖)が四大漁場で，近年は，中西太平洋漁場(フィリピン沖)での漁獲も増《ふ》えている。

▶かつて400万t以上とれていたいわしが，あまりとれなくなったことが，漁獲量が減《へ》った理由の1つである。

▶かつてよく食べられていた魚はあじ・さばなどだったが，まぐろ・さけ・えびなどの消費《しょうひ》が増《ふ》えたため，国内産だけではまかなえず，輸入《ゆにゅう》にたよるようになった。

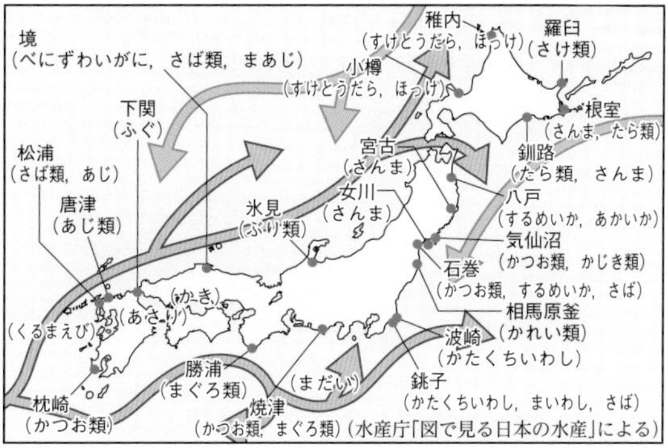

▲各地で水あげされるおもな水産物（⇨は暖流，⇨は寒流）

●**水産物の消費量**…水産物を多く食べるのは，北ヨーロッパやアジアの国々である。日本の消費量はノルウェーと同じくらい。

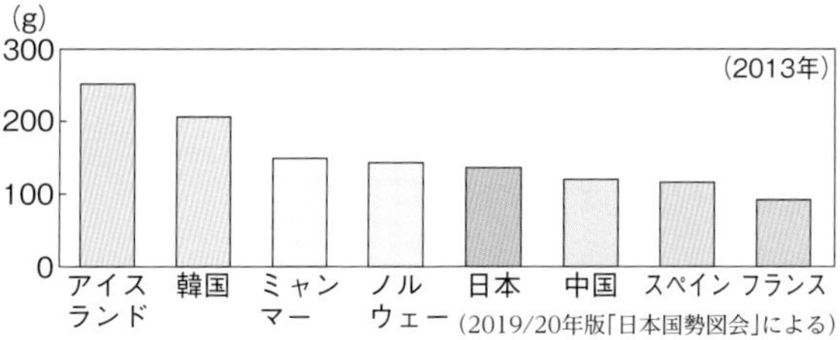

▲おもな国の1日1人あたり水産物消費量

参考

種類が多い日本の魚

ヨーロッパのノルウェーでは，さば・にしんなど5～6種類の魚が漁獲の大半をしめる。一方で，ノルウェーより低緯度《ていいど》の日本近海では暖流《だんりゅう》と寒流がぶつかっていることもあり，数多くの種類の魚が集まっている。

●**世界的な水産物輸入国**…かつて日本の水産物の自給《じきゅう》率《りつ》は100％をこえていたが，今は50％台まで落ちこんでいる。多くの水産物を輸入にたよる日本は，アメリカに次ぐ水産物輸入国となっている。

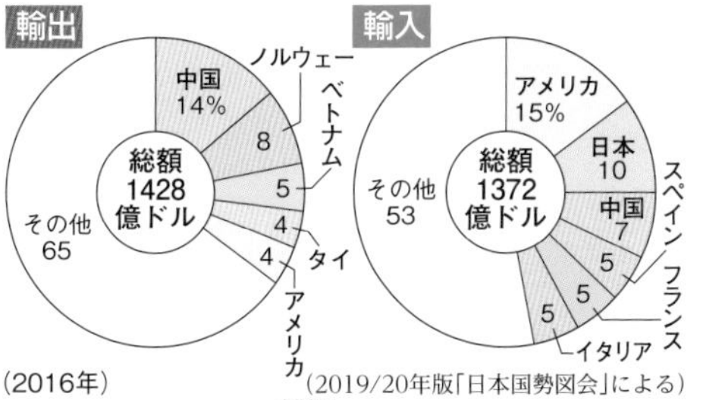

▲水産物の輸出・輸入額割合《わりあい》

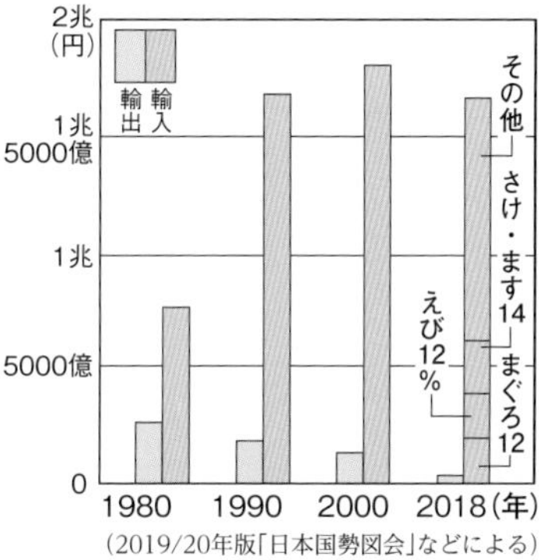

▲日本のおもな水産物の輸出・輸入額

地理編
第1章 身近な地域のくらし
第2章 わたしたちの国土
第3章 食料生産と人々のくらし
第4章 工業生産と人々のくらし
第5章 情報産業とわたしたちのくらし

日本で水産業がさかんになった理由

●近海がよい漁場で，水産物が多い

▶**大陸棚《たいりくだな》**…東シナ海を中心に日本近海では，深さが200mまでの浅い大陸棚が広がる。大陸棚には魚のえさとなるプランクトンが多く，魚も多い。

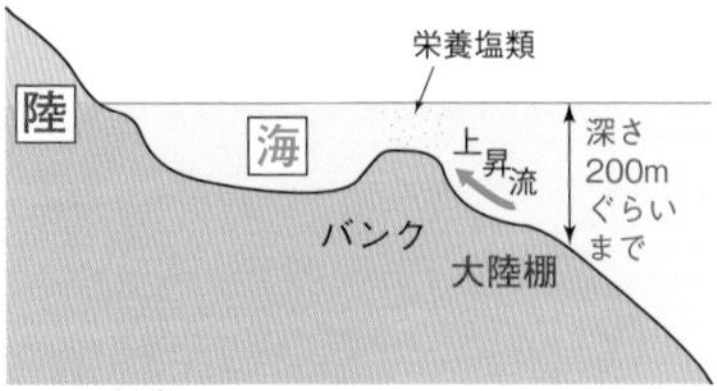

▲大陸沿岸《えんがん》の海底地形

▶**バンク**…大陸棚には，各所にバンク(浅堆《せんたい》)とよばれる浅い部分があり，潮目《しおめ》に位置していることが多いため，魚が集まりやすい。

▶**潮目(潮境《しおざかい》)**…三陸沖《さんりくおき》など日本近海では，寒流の親《おや》潮《しお》(千島海流《ちしまかいりゅう》)と暖流《だんりゅう》の黒潮《くろしお》(日本《にほん》海流)などがぶつかる潮目があって，魚の量も種類も多い。

●よい漁港が多い

よい漁港が多い…三陸海岸のような**リアス海岸**が発達しているなど，海岸線の出入りが多く，よい漁港が多い。漁港は次のような所に成立する。

▶よい漁場が近くにある。

▶船のとまりやすい入《い》り江《え》がある。

▶干潮《かんちょう》と満潮《まんちょう》の潮位の差が小さい。

▲三陸海岸 (国土地理院発行20万分の1地勢図を28％縮小)

●魚の消費《しょうひ》が多い

魚の消費が多い…日本人の魚の消費量は，世界のおもな国々の中でも上位に入る。

▶太平洋《たいへいよう》・日本海・オホーツク海・東シナ海の4つの海に囲《かこ》まれた**島国**なので，古くから水産資源《しげん》を利用してきた。

▶日本では，仏教《ぶっきょう》の影響《えいきょう》もあって明治《めいじ》時代になるまで家畜《かちく》の肉を食べる習慣《しゅうかん》がなく，おもに水産物を動物性《どうぶつせい》たん白質源《ぱくしつげん》としてきた。

用語

プランクトン

水中にすむ生物で，植物プランクトンと動物プランクトンに分けられる。植物プランクトンが増《ふ》えすぎると，海水が赤く染《そ》まる「赤潮《あかしお》」が発生し，魚を窒息《ちっそく》させるなどの被害《ひがい》が生じる。

用語

潮目

暖流と寒流が出会う所。潮境ともいう。プランクトンが多く発生し，よい漁場となっている。

用語

干潮・満潮

月や太陽の引力によって，地球の海面が上がったり下がったりすること。海面がもっとも下がる干潮ともっとも上がる満潮は，それぞれ1日に2度おとずれる。干潮と満潮の高さの差は，太平洋側で大きく，日本海側で小さい。

●**すぐれた漁獲《ぎょかく》技術《ぎじゅつ》**…昔から漁業がさかんで，さまざまな漁法がくふうされてきた。

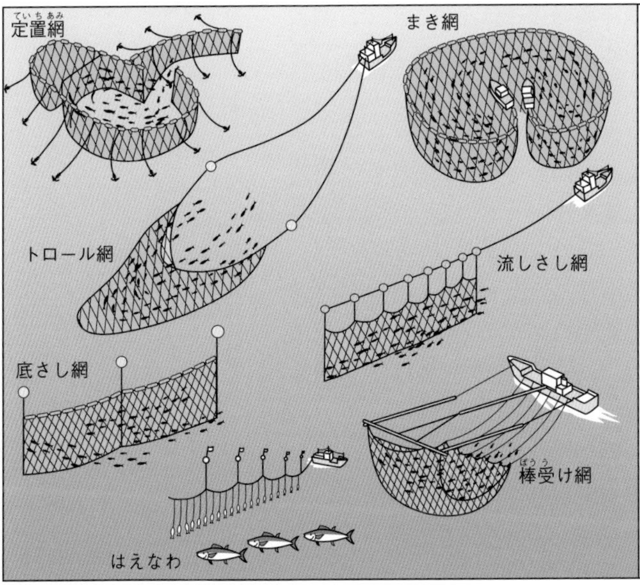

いろいろな網漁法と対象となる水産物

- ●定置網
  - ▶ぶり・にしん
- ●トロール網
  - ▶たい・すけとうだら・えび・かに・あじ・いか
- ●まき網
  - ▶あじ・さば・いわし
- ●流しさし網
  - ▶さけ・ます
- ●底さし網
  - ▶かれい・えび・かに
- ●棒受け網
  - ▶いわし・さんま・あじ
- ●はえなわ
  - ▶まぐろ・さけ・たら

▶**定置網**…魚の群《む》れが通りそうな沿岸に網を固定し，入った魚をとる。

▶**トロール網**…底引き網の一種で，ネットを沈《しず》めて，海底にすむ魚をすくってとる。

▶**まき網**…魚の群れを網で包囲《ほうい》して，網の下をしぼってとる。

▶**流しさし網**…魚の群れをさえぎるように網をはり，そこにささった魚をとる。

▶**底さし網**…網をいかりなどで固定して漁を行う。

▶**棒受け網**…棒の先に網をつけて，集魚灯《しゅうぎょとう》などで魚を引き寄《よ》せてすくいとる。

▶**はえなわ**…太いなわに針《はり》とえさのついた枝《えだ》なわを一定間隔《かんかく》でとりつけてとる。

参考

釣《つ》りによる漁法

- 一本釣り…さおの先に釣り糸をつけて釣り上げる方法。かつおの一本釣りが有名。
- はえなわ…一本の長い糸に，たくさんの枝糸をつけて，その先に釣り針をつけてとる方法。おもにまぐろなどをとる。

用語

集魚灯

魚は光に向かって集まってくる習性《しゅうせい》があるので，その習性を利用して魚を集める器具。いか漁，さんま漁などでよく使われる。

入試ポイント

〈日本で水産業がさかんな理由〉

▶自然条件《じょうけん》…**広い大陸棚，潮目**→よい漁場。　**出入りの多い海岸**→よい漁港。

▶社会条件…**水産物の消費が多い**（世界有数の水産物輸入国《ゆにゅうこく》）。

漁家のくらし

●漁業の経営《けいえい》の形…日本では，企業的《きぎょうてき》に大規模《だいきぼ》な漁業を行っているのは遠洋漁場などほんの一部で，個人《こじん》経営体が大部分をしめ，およそ半数は兼業《けんぎょう》漁家である。かつては農業と兼業する「半農半漁」が大部分だったが，その数は大きく減った。

●漁村のもつ役割《やくわり》…魚や貝にとって有害な生物を退治《たいじ》するなど，近海の生態系《せいたいけい》を守っている。不審船《ふしんせん》を見つけて通報《つうほう》するなど，海の国境《こっきょう》を守っている。

●あとつぎ問題…農業同様に漁業も，小規模経営・兼業化・高齢化《こうれいか》などの問題をかかえている。漁業就業者《しゅうぎょうしゃ》にしめる60歳《さい》以上の就業者の割合は年々増《ふ》え，高齢化が進んでいる。

▶小規模経営で1人あたりの漁獲量《ぎょかくりょう》が少なく，収入《しゅうにゅう》も少ないため，担《にな》い手が減ってきている。

▶深夜・早朝などのきつくて危険《きけん》な作業も多いため，敬遠《けいえん》される傾向《けいこう》がある。

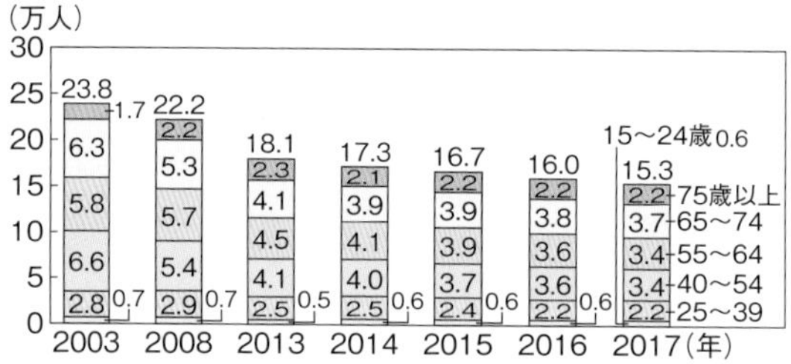

(農林水産省「漁業センサス」などによる)

▲漁業で働く人の数と年齢《ねんれい》

●新しく漁業の仕事につく人たち…都市に住む人たちの中に，漁業の仕事に関心をもつ人が増えている。

▶国は漁業の知識《ちしき》や技術《ぎじゅつ》を教える漁業学校をつくるなど，支援《しえん》を進めている。

▶漁業での就労《しゅうろう》を希望する人と，漁家を引き合わせる相談会を国が開いている。

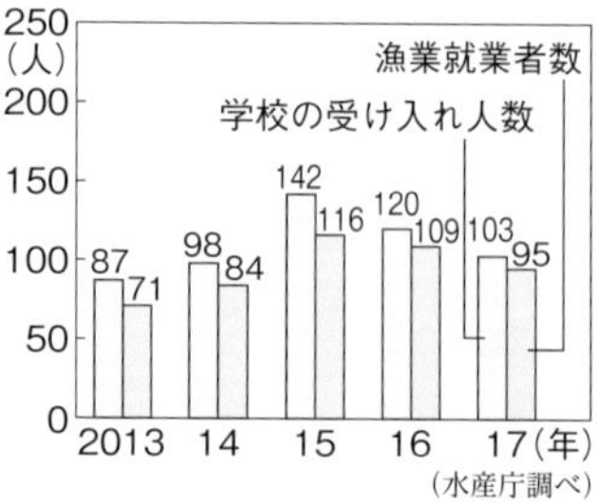

(水産庁調べ)

▲漁業学校の成果

用語

個人経営体

沿岸《えんがん》漁業や養殖業《ようしょくぎょう》を小規模に行っている漁家のこと。動力漁船を使用するとしても，10t《トン》未満の小さな漁船である。

参考

漁場による分類

漁業は，とる場所によって海面漁業と内水面《ないすいめん》漁業に分けられる。

- 海面漁業…海で行う漁業。遠洋漁業・沖合《おきあい》漁業・沿岸漁業がある。
- 内水面漁業…湖や河川《かせん》を漁場とする漁業。中国《ちゅうごく》・ロシア・アメリカなどでさかん。日本では，総《そう》漁獲量の1％ほどしかない。

参考

海技士《かいぎし》の不足

大型の漁船を航行する免許《めんきょ》をもつ者を海技士という。この海技士の高齢化と不足が問題となっている。国では研修《けんしゅう》を行ったり，免許をとるのに必要な費用《ひよう》を援助《えんじょ》したりしている。

2 漁業の種類と漁場

「とる漁業」の種類

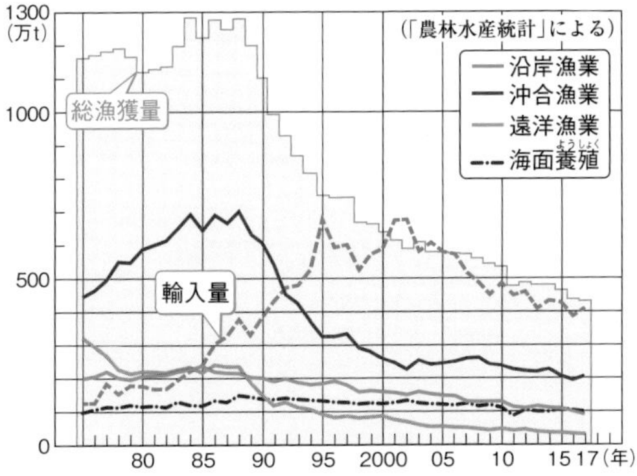

▲漁業の種類別漁獲量の変化

(2017年)　(2019/20年版「日本国勢図会」などによる)

▲漁業の種類別漁獲量の割合

●**沿岸漁業**…日帰りできる範囲《はんい》の沿岸の漁場で，10t《トン》未満の小さな漁船で行う漁業。日本の漁家の約9割を沿岸漁業がしめ，そのうち約9割が家族だけで出漁する個人経営体である。たい・あじ・さば・いか・貝・海藻類《かいそうるい》などをとる。

▶魚のとりすぎや海のよごれにより，漁獲量は減《げん》少《しょう》している。

▶人工的に育てた小さな魚を放流して，水産資《し》源《げん》を増やしている。

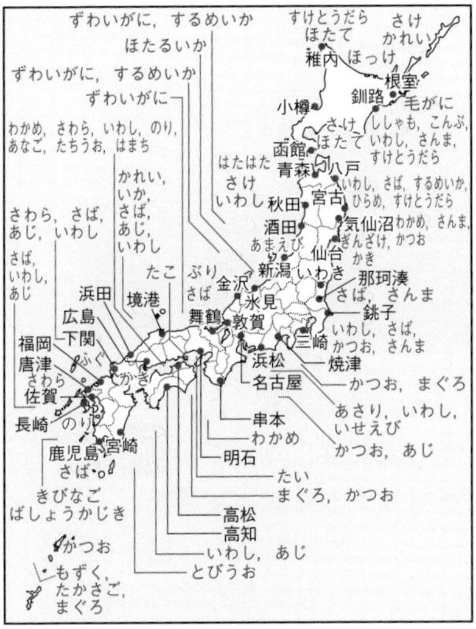

▲沿岸漁業でとれるおもな魚

参考

日本の漁業の変化

高度経済《けいざい》成長のころは，漁場が沿岸から沖合，遠洋へと広がり，1956年からの15年間で漁獲量は倍増《ばいぞう》した。しかし，1973年の石油危機で燃料代《ねんりょうだい》が上がると，まず遠洋漁業ののびが止まった。それとともに，多くの国が排他的《はいたてき》経済水域《すいいき》を設《もう》けたため，漁場がせばまった。1985年ごろからは円高《えんだか》が進んだため，水産物の輸入《ゆにゅう》が増え，国内の漁業は輸入品におされるようになった。

参考

沿岸漁業の漁

漁場が近いため，夜が明ける前に出港して，朝のせり市に間に合うように水あげすることも多い。また，1日に何度も漁に出ることもある。

参考

沿岸の環境《かんきょう》

沿岸は，沖合や遠洋にすむ魚の子が育つ海域でもある。このため，国や県は沿岸の環境を守る活動を行っている。

● **沖合漁業**《おきあいぎょぎょう》…10t《トン》以上の船で30～50km沖合まで出漁し，数日で帰ってくる漁業。さば・かつお・さんまなどをとる。最近は，漁業会社や漁業協同組合単位で大規模《だいきぼ》に行われている所もある。

▶遠洋漁業にかわって見直されてきた。漁獲量《ぎょかくりょう》は減《へ》ってきているものの，今も第1位をしめている。

▶沿岸《えんがん》とちがって，沖合は小さな魚を放流するなどして水産資源《しげん》を増《ふ》やすことがむずかしい。そのため，海底に人工魚しょうをつくるなど，魚がすみやすい環境《かんきょう》をあたえている。

▲沖合漁業と遠洋漁業の基地《きち》

● **遠洋漁業**…大型の漁船で，遠くはなれた漁場で行う漁業。船団《せんだん》を組み，数か月～1年以上かかるものもある。まぐろ・かつお・さけ・ますなどをとる。大きな水産会社が行っているが，200海里《かいり》時代になって，漁のできる大《たい》陸棚《りくだな》が減《へ》った。

▶遠洋漁業の多くは，外国の沿岸の大陸棚で漁をしていたが，200海里時代になって，その水域内での漁が禁止《きんし》されたり制限《せいげん》されたりしたので，漁獲量は大きく減ってきた。

▲遠洋漁船から水あげされるまぐろ：水あげ量がもっとも多いのは静岡《しずおか》県。

▶200海里の外であっても，水産資源の保護の立場から，漁獲量を制限している場合も多く，遠洋漁業はおとろえている。

参考

遠洋漁業の漁場

日本が面する太平洋《たいへいよう》だけでなく，インド洋や大西洋《たいせいよう》まで出かけて漁を行う。

おもな漁場

漁場の成立条件《じょうけん》

- **自然条件**…プランクトンが繁殖《はんしょく》するうえで必要な栄養塩類《えんるい》は寒流と海底に多いので，寒流が流れ，水深の浅い大陸棚が広がっていることが条件となる。とくに，暖流《だんりゅう》とぶつかる潮目《しおめ》(潮境《しおざかい》)や，大陸棚の中でもバンクはよい漁場となる。
- **社会条件**…水産物を消費《しょうひ》する国民かどうか，水産物を輸出《ゆしゅつ》できるかなども，漁場の成立に影響《えいきょう》する。

世界の四大漁場

世界の四大漁場…いずれも大陸棚が広がり，潮目が見られる。

- **北西太平洋漁場**…日本近海の太平洋北西部をいう。親潮と黒潮がぶつかる潮目があり，寒流魚のにしん・たら・さけ・ます，暖流魚のいわし・さば・まぐろ・かつおなどの漁獲が多い。ロシア・中《ちゅう》国《ごく》・韓国《かんこく》などからも出漁する。
- **北東大西洋漁場**…北海《ほっかい》を中心にヨーロッパ大陸の沿岸に広がり，北西ヨーロッパ漁場ともいう。北《きた》大西洋《たいせいよう》海流(暖流《だんりゅう》)と東グリーンランド海流(寒流)がぶつかる。北海のドッガーバンクはとくによい漁場として名高い。トロール漁業が活発で，たら・にしんの漁獲が多い。ノルウェー・イギリス・デンマーク・スペインなどの国から出漁する。

参考

寒流に栄養塩類が多い理由

寒流は，暖流に比《くら》べて海面と海底の水温差が小さく，むしろ暖流とは逆《ぎゃく》に海面のほうが水温が低くなることが多いので，上下が混《ま》ざりやすい。そのため，海底に沈《しず》んだ大量の無機物がまきあげられて，暖流に比べて，栄養塩類(養分)が多くなる。

用語

トロール漁業

トロール網《あみ》という袋状《ふくろじょう》の底びき網で海底を広くかきまわし，大量に魚をとる。19世紀からイギリスで発達し，日本では明治《めいじ》時代に導入《どうにゅう》された。小さな魚までとりつくすため，使用制限がある。

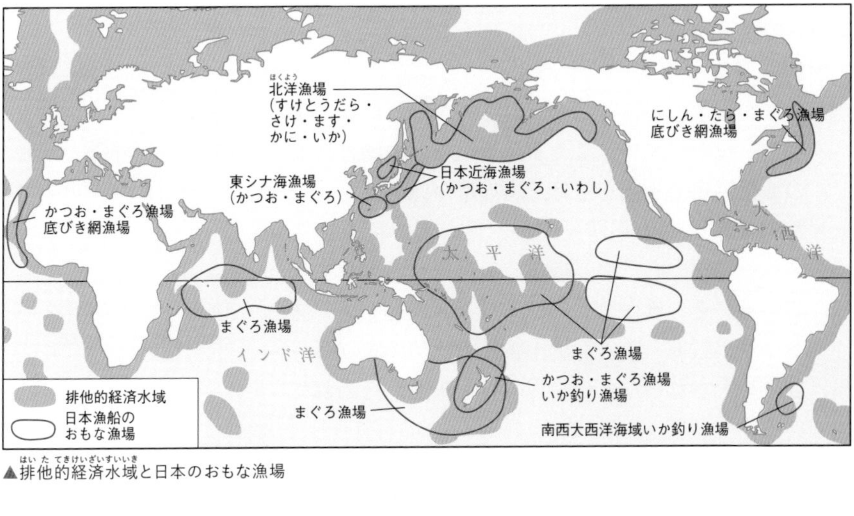

▲排他的経済水域《はいたてきけいざいすいいき》と日本のおもな漁場

- ▶**北西大西洋《たいせいよう》漁場**…カナダのニューファンドランド島近海を中心にした海域《かいいき》で，北アメリカ北東岸漁場ともいう。メキシコ湾流《わんりゅう》(暖流《だんりゅう》)とラブラドル海流(寒流)が接《せっ》し，にしん・たら・さばの漁獲《ぎょかく》が多い。アメリカとカナダがおもに出漁。
- ▶**南東太平洋《たいへいよう》漁場**…ペルーからチリ北部にかけての沿岸《えんがん》海域で，ペルー海流(寒流)と海底からまきあげられる栄養塩類により，よい漁場となる。**アンチョビー**の漁獲が多い。

▲かつおの一本釣《づ》り

●日本近海の漁場

- ▶**北部太平洋漁場**…千島列島《ちしまれっとう》付近から三陸沖《さんりくおき》にかけての漁場。親潮《おやしお》(千島海流)と黒潮《くろしお》(日本海流)の接する金華山《きんかざん》(宮城《みやぎ》県)沖《おき》の三陸《さんりく》漁場は古くからのよい漁場。さんま・かつお・たら・まぐろ・いわしなどがとれる。
- ▶**西部太平洋漁場**…九州《きゅうしゅう》・四国《しこく》沖の漁場。黒潮にのってかつお・まぐろ・かじきなどがとれる。
- ▶**東シナ海漁場**…東シナ海は広い大陸棚《たいりくだな》をもつ。トロール漁業がさかんで，いわし・さば・あじ・いかなどがとれる。
- ▶**日本海《にほんかい》漁場**…暖流の対馬《つしま》海流と寒流のリマン海流が流れる。魚の種類が多い。大和堆《やまとたい》・隠岐堆《おきたい》などのバンクはよい漁場である。いわし・さば・いか・たらなどがとれる。

●日本の遠洋漁業

- ▶**北洋《ほくよう》漁業**…オホーツク海・ベーリング海などで，さけ・ます・かに・たら・ひらめ・かれいなどをとる。ロシア・アメリカ・カナダなどの国との間の漁業協定で制限《せいげん》を受け，漁獲量が減《へ》った。
- ▶**南方漁業**…南太平洋・インド洋などで行う漁業。まぐろ漁が中心だが，近年，漁獲量が減少《げんしょう》してきている。そのほかニュージーランド近海・オーストラリア近海・アフリカ沿岸などで，いか・たい・ひらめ・かれいなどの遠洋トロール漁が行われている。

用語

アンチョビー

かたくちいわしのこと。ほとんどが魚粉に加工され，肥料《ひりょう》や飼料《しりょう》(動物のえさ)になる。一時，ペルーの沖合《おきあい》でたくさんとれたが，乱獲《らんかく》や海流の変化でとれなくなり，ペルーの漁獲量は大きく減ってしまった。

参考

地球温暖化の影響《えいきょう》

近年は，日本近海で南方の魚が水あげされるようになり，釣《つ》り上げた漁師《りょうし》たちも「名前がわからない」と困《こま》っている。温暖化のため海水温が上がったことが原因《げんいん》と考えられる。

日本の漁港

●日本は，海岸線の出入りが多く，全国の海岸に漁港がある。とくに，北海道《ほっかいどう》，本州《ほんしゅう》の太平洋岸，九州の西部海岸に多い。

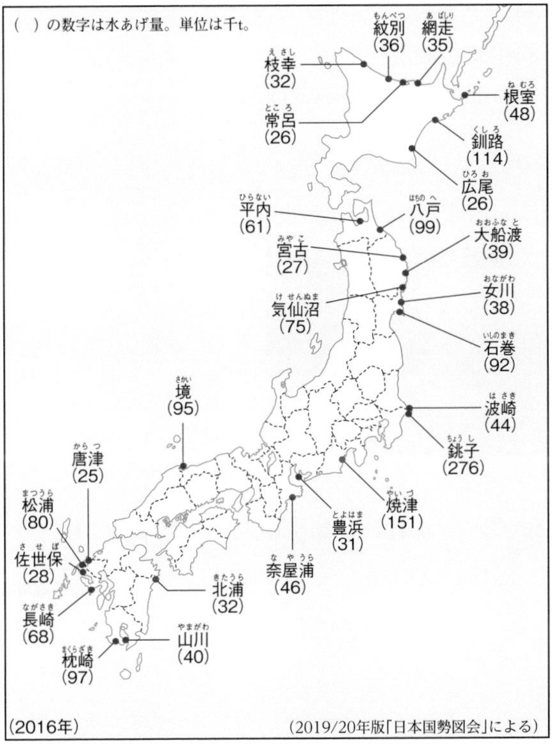

▲日本のおもな漁港

▶**水あげ量の多い漁港**…**釧路**・根室(北海道)，**八戸**(青森《あおもり》県)，石巻(宮城県)，**銚子**(千葉《ちば》県)，**焼津**(静岡《しずおか》県)，**境**(鳥取《とっとり》県)，枕崎(鹿児島《かごしま》県)など。

▶**北洋漁業の基地《きち》**…オホーツク海・ベーリング海などの北洋漁業では，釧路・根室《ねむろ》・函館《はこだて》(北海道)などが基地になっている。

▶**南方漁業の基地**…南太平洋などへは，焼津や三浦《みうら》(三崎《みさき》港＝神奈川《かながわ》県)などを基地として，出漁する。

参考

漁村

漁業にたずさわっている人たちが住んでいる集落を，漁村といい，日本には約6000の漁村がある。漁村の魅力《みりょく》を人々に知らせるため，歴史的・文化的に価値《かち》の高い漁村が「漁業漁村百選」として選定されている。

参考

「境」の名前

境は，漁港としては境港《さかいこう》，都市名としては境港《さかいみなと》市とよぶ。

入試ポイント

〈日本で水あげ量の多い漁港〉

▶銚子・焼津・釧路・八戸・枕崎・境・石巻など。

▶東シナ海トロール漁業の基地《きち》…福岡《ふくおか》・長崎《ながさき》・下関《しものせき》(山口《やまぐち》県)など。

●**漁港の種類**

▶漁港のまわりにくらす漁家が中心に利用する漁港…いちばん数が多く2000以上ある。

▶全国から訪《おとず》れる漁家が利用する漁港…銚子《ちょうし》・焼《やい》津《づ》・八戸《はちのへ》などの大漁港があてはまり，その数は100余《あま》りしかない。

●**魚が小売店に届《とど》くまで**

▶漁獲《ぎょかく》された魚や貝，海藻《かいそう》は，漁港で水あげされる。

▶漁港から市場へ運ばれ，種類や大きさ別に箱詰《はこづ》めされ，**せり**にかけられる。

▲魚のせり

▶産地の出荷者がせり落とした水産物は，近くの消費者《しょうひしゃ》市場へ出《しゅっ》荷《か》され，問屋《とんや》・魚屋・スーパーマーケットなどを相手に，ふたたびせりにかけられる。

▶せり落とされた水産物が，魚売り場に並《なら》ぶ。

●**漁港の防災《ぼうさい》**…2011年の東日本大震災《だいしんさい》では，東北《とうほく》地方をはじめとする太平洋《たいへいよう》側の多くの漁港，養殖業《ようしょくぎょう》，水産加工場が大きな被害《ひがい》を受けた。

▶被災地で生産された農林水産物を，優先的《ゆうせんてき》に利用しようという取り組みが広がった。

▶多くの漁村は海と山に囲《かこ》まれた平地にあり，海からはなれた場所に住むことは難《むずか》しい。そのため，地震《じしん》にたえることのできる防潮堤《ぼうちょうてい》の整備《せいび》，高い所への避難路《ひなんろ》や津波《つなみ》避難ビルの指定などが進められている。

▲防潮堤(岩手《いわて》県釜石《かまいし》市)

用語

せり

卸売《おろしうり》業者または小売業者が市場に集まり，競い合って価《か》格《かく》を決めるしくみ。ほしい人が多いと価格は高くなり，ほしい人が少ないと価格は安くなる。

用語

津波避難ビル

近くに高い所がない場所で，津波などの災害時に避難できるビル。町役場やマンション，ホテルなどが指定されることが多い。

▲津波避難ビルの標識

水産物を原料とする工業

●**水産加工業(水産製造《せいぞう》)**…大きな漁業基地となっている漁港には，水産物を加工する工場が集まっており，水産業都市であるとともに，工業都市の機能《きのう》ももっている。

▶水産加工品には，食料品としての干《ひ》もの・缶《かん》詰《づ》め・冷凍《れいとう》製品・つくだ煮《に》・かまぼこなどの練り製品のほか，魚肥《ぎょひ》・魚油《ぎょゆ》・飼料《しりょう》などがある。

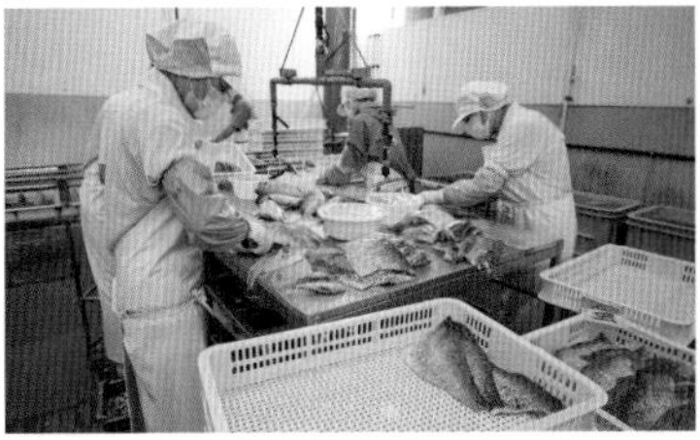

▲水産加工場

▶かつては，水あげされた魚のうち，生で使いきれなかったものを原料としていた。今では日本の水産物のうち約3分の2が加工へまわされている。

●**製塩業《せいえんぎょう》**…岩塩(地中にかたまっている塩)がとれない日本では，昔から海水から塩をとってきた。

▶海水から塩をとるには，塩分のこい海水をつくり，それを煮《に》つめて塩の結晶《けっしょう》を得る方法がとられる。塩分のこい海水をつくるのは，かつては塩田によって行われたが，1971年以《い》降《こう》は工場でのイオン交換膜法《こうかんまくほう》に変わり，塩田は消えた。

▲イオン交換膜法の機械

▶塩は，食料用として使われるのは1割《わり》ほどで，大部分は工業用として使われている。国内産の塩は大部分が食用であるが，工業用の塩はオーストラリアやメキシコから輸入《ゆにゅう》されている。

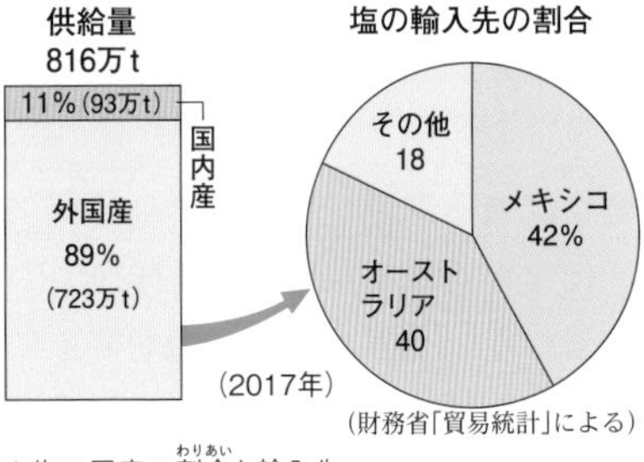

▲塩の国産の割合《わりあい》と輸入先

用語

塩田

塩田は，太陽熱や風を利用して海水中の水分を蒸発《じょうはつ》させ，塩分を濃縮《のうしゅく》させて塩をつくる施設《しせつ》。日本では，晴天の日が多く，遠浅で塩田に適《てき》した砂《すな》浜《はま》もあった瀬戸内《せとうち》地方に大規《だいき》模《ぼ》な塩田がつくられた。赤穂《あこう》(兵庫《ひょうご》県)・坂出《さかいで》(香川《かがわ》県)・児《こ》島《じま》(岡山《おかやま》県)などが名高い。しかし，現在《げんざい》はすがたを消し，観光用のものが残っているにすぎない。

3 これからの水産業

200海里《かいり》の時代

●**領海《りょうかい》に対する考え方**…18世紀にオランダで唱えられた着弾距離説《ちゃくだんきょりせつ》(大砲《たいほう》のたまが届《とど》く距離)がもとになって，領海3海里が広くとり入れられてきた。しかし，4海里・6海里・12海里などや，中には200海里を領海として主張《しゅちょう》する国もあって，一定の領海の範囲《はんい》を決めようという動きが高まった。この問題は国連海洋法会議でとり上げられ，何度も話し合われた。各国の主張が対立したが，最終的には，1982年に領海を12海里(約22km)とする**国連海洋法条約《じょうやく》**が採択《さいたく》された。

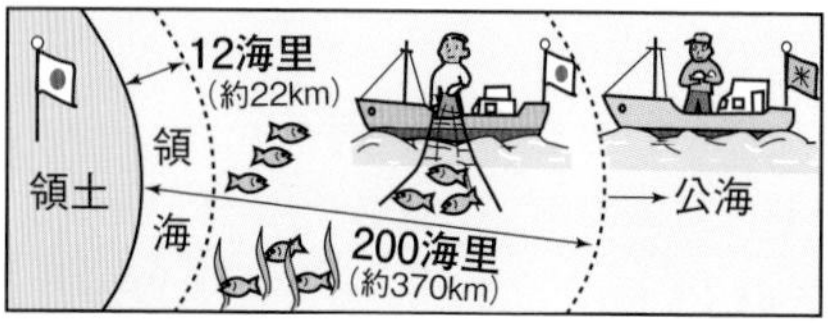

▲領海と200海里水域

●**排他的経済水域《はいたてきけいざいすいいき》**…沿岸《えんがん》から200海里(約370km)までの海域の水産物や海底・地下の鉱産資源《こうさんしげん》などは，その沿岸国のものであるとすること。日本も1977年に排他的経済水域を設《もう》けた。1996年には，日本も国連海洋法条約へ加入した。

	国名	排他的経済水域など
1位	アメリカ	762万km^2
2位	オーストラリア	701万km^2
3位	インドネシア	541万km^2
4位	ニュージーランド	483万km^2
5位	カナダ	470万km^2
6位	日本	447万km^2

▲排他的経済水域が広い国　(「海洋白書」による)

●**せばまる漁場**…各国が排他的経済水域を設けるようになったため，日本の遠洋漁業の漁場は著《いちじる》しくせばまった。その水域内で漁をするには沿岸国と漁業協定を結ばなければならず，日本は漁業協定によって，漁獲量《ぎょかくりょう》を制限《せいげん》されたり，多額《たがく》の入漁料を支払《しはら》うようになった。これまでも日本は，海をへだてて向かい

参考

大陸棚《たいりくだな》領有説

国連海洋法会議では，アメリカがメキシコ湾《わん》の大陸棚の地下資源《しげん》の領有を主張し，アルゼンチンも大陸棚水域の権利《けんり》を主張した。しかし，大陸棚がほとんどないチリ・ペルー・エクアドルは，ペルー海流の幅《はば》にあたる200海里を領海にするよう主張し，多くの中南米諸国《しょこく》もこれを支持《しじ》した。こうした対立の中で，領海から資源だけを切りはなした排他的経済水域の考え方がうまれた。

用語

領海

ある国の力がおよぶ(支配《しはい》することのできる)範囲の海域のこと。領海と排他的経済水域の外の海は公海という。

用語

国連海洋法会議

国際連合《こくさいれんごう》が中心になって行っている，海洋について国際的なとりきめを結ぶ会議。1958年に始まり，その後，領海12海里，排他的経済水域200海里などを定めた国連海洋法条約が採択された。

用語

海里

海上での距離の単位。1海里は赤道《せきどう》上の1分(1度は60分)で，約1852mにあたる。

あうアメリカ・カナダやロシア・中国《ちゅうごく》・韓国《かんこく》などとはそれぞれ漁業協定を結んでいたが，各国からの規《き》制《せい》はますます厳《きび》しくなっている。

- **排他的経済水域の影響《えいきょう》**…日本は**公海**でもさかんに漁をしていたが，排他的経済水域の設定《せってい》でしめ出されることが多くなり，遠洋漁業は大きな打撃《だげき》を受けた。また，竹島《たけしま》は韓国との，尖閣諸島《せんかくしょとう》は中国との問題があり，排他的経済水域を設定できない所もある。ロシアとの間で問題となっている北方領土《ほっぽうりょうど》の近海では，日本漁船がロシアにつかまることもある。

入試ポイント

〈日本の領域と経済水域〉

▶ **領海**は沿岸から**12海里**，その外側に**排他的経済水域**。

▶ 排他的経済水域によって，**日本の遠洋漁業は大きな打撃**を受けた。

つくり育てる漁業

- 日本の漁業は，とるだけの漁業から，人の手で水産物を成長させてからとる漁業へと変化してきた。
- **養殖業《ようしょくぎょう》**…水産物の卵《たまご》を人工的にふ化させたり，稚魚《ちぎょ》をとってきて，大きくなるまで人の手で育てたりすること。

▶ **内水面養殖業**…湖・沼《ぬま》・川などで行う養殖のこと。森林面積の広い日本では「**緑のダム**(➡p.49)」としての森林のはたらきにより，きれいな水にめぐまれているため，湖や川での養殖が発達した。佐久《さく》のこい，十《と》和田湖《わだこ》のひめます，浜《はま》名湖《なこ》周辺のうなぎ，琵《び》琶湖《わこ》のあゆなど，和食に関連する魚が多い。また，食用以外で奈良《なら》県の大和郡山《やまとこおりやま》の金魚《きんぎょ》も有名である。

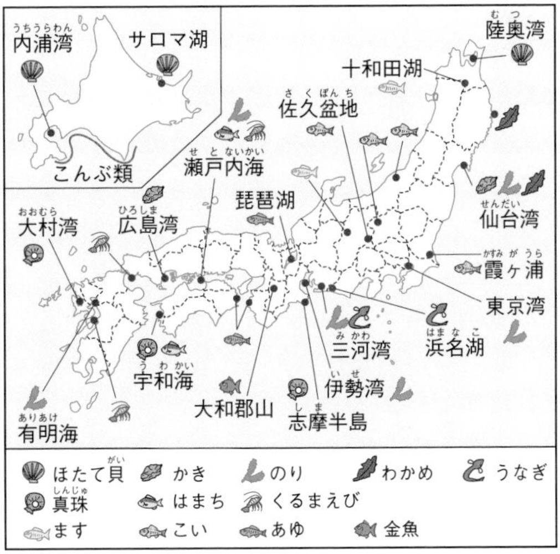

▲養殖がさかんな地域《ちいき》

参考

出世魚《しゅっせうお》

成長とともに，名前が変化する魚のこと。天然のぶりの場合は，成長するにつれ，わかなご→わかし→いなだ→わらさ→ぶりなどとよばれる。このうち，養殖されたわかし・いなだを「はまち」とよぶこともある。

▶**海面養殖業《ようしょくぎょう》**…海での養殖は，1920年代に野網和《のあみわ》三郎《さぶろう》が香川《かがわ》県で始めたぶりの養殖が最初。各地の湾《わん》や，瀬戸内海《せとないかい》など陸地に囲《かこ》まれた波のおだやかな水域《すいいき》で行われる。はまち・たい・くるまえび・かき・ほたて貝や真珠《しんじゅ》・のりなどの養殖物が，各地の特産物となっている。

◉**まだい**…1960年代に，陸上での水槽《すいそう》で稚魚《ちぎょ》を育てることに成功した。その後，近畿《きんき》大学が品種改良に取り組み，天然のまだいで体重が1kgになるまで3～4年かかるところを，2年足らずで成長するようになった。

◉**かき**…卵《たまご》からふ化した幼生《ようせい》が，波の静かな海の中に入れた採苗器《さいびょうき》につくのを待ち，1cmほどになると沖《おき》のいかだにつるして1，2年育てる。

◉**真珠**…水槽で母貝を育て，2～3mmに成長したところで海のいかだにつり下げて，その後，養殖ネットに移す。3，4年後，貝がらを球体に加工した「核《かく》」を母貝に入れ，ふたたび海に戻《もど》す。さらに2年後，真珠の収獲《しゅうかく》が行われる。

用語

野網和三郎

当時の瀬戸内海の漁業は，たい・さわらなどを昔ながらの漁法でとっていたが，漁獲量《ぎょかくりょう》が増《ふ》えずのびなやんでいた。和三郎は地元の漁業の将来《しょうらい》を考え，水産学校で学び，約2年の試験の末，ぶりの養殖に成功した。

用語

稚魚

卵からかえった後，ひれ・骨《ほね》など体の基本的なしくみが見えるようになった幼《おさな》い魚のこと。

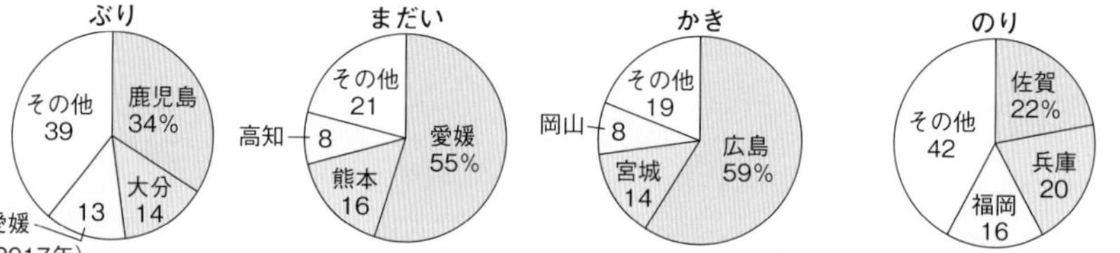

(2017年)
(2019/20年版「日本国勢図会」による)

▲養殖水産物の収獲量割合

●**栽培《さいばい》漁業**…卵を人工的にふ化させてから，ある程度《ていど》までいけすで育て，海や川に放流し，自然の中で大きくなったものをとる漁業である。種をまいて作物を育て，それを収穫《しゅうかく》する農業と似《に》ている。海に放流する稚魚は，農業でいえば種や苗《なえ》にあたる。本格的《ほんかくてき》な栽培漁業は，1960年代の瀬戸内海でまだいを生産したのが始まりである。1970年代からは全国に栽培漁業センターが設《もう》けられた。

▶**種苗《しゅびょう》生産**…卵から稚魚になるまで育てること。親魚は天然の魚をとって用いる場合と，天然の稚魚をとって飼育《しいく》する場合がある。

▶ **えさ**…育苗《いくびょう》の間は，成長段階《だんかい》に応《おう》じてえさの種類をかえていく。えさのやりかたを失敗すると，稚魚の大きさに差がうまれ，共食《ともぐ》いをしてしまう。

▶ **種苗放流**…自然の海で生きていけるだけの大きさになった魚を容器《ようき》に入れ，ロープで海底までおろして放流する。その後は，釣《つ》り人などが漁獲できる大きさになるまでとらないよう，注意をうながす。

▶ **さけの栽培漁業**…さけはうまれた場所まで，川をさかのぼってもどってくる性質《せいしつ》がある。これを利用して，成長したさけを捕獲場《ほかくじょう》でとり，卵を受精《じゅせい》させて，きれいな水を使ってふ化させる。それから稚魚になるまで育てて放流すると，3～5年後にまた元の川にもどってくる。

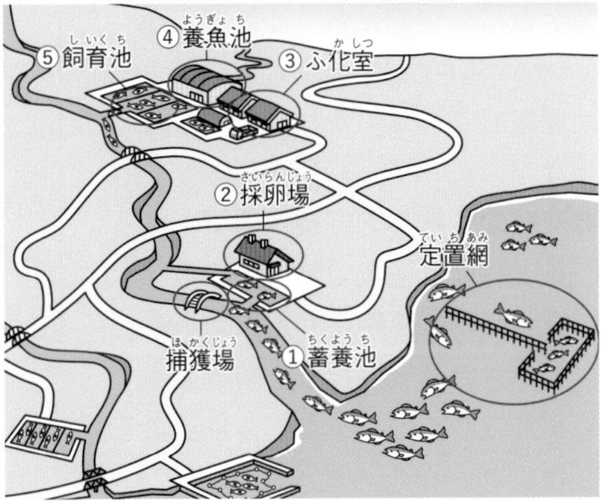

▲さけの栽培漁業

▶ **場づくり**…海藻《かいそう》がしげる藻場《もば》をつくったり，人工魚しょうを入れるなど，魚などのすむ場所をつくること。養殖業，栽培漁業と並《なら》ぶ，つくり育てる漁業の柱の1つとなっている。大分《おおいた》県佐賀関《さがのせき》地区では，水深ごとに人工魚しょうを沈《しず》めている。こうした，人工的につくられた魚の成育環境《かんきょう》を**海洋牧場**という。

▲沈められる人工魚しょう

用語

藻場

わかめ・あまもなどがまとまって生えている海底。沿岸《えんがん》が開発されたことによって，この30年ほどの間で約4割の藻場が消えている。

入試ポイント

〈とるだけの漁業から，育てて増《ふ》やす漁業へ〉

▶ **養殖業**→大きくなるまで人の手で育てる。

▶ **栽培漁業**→卵から稚魚になるまで育てて放流し，自然の中で成長させる。

日本の漁業の課題

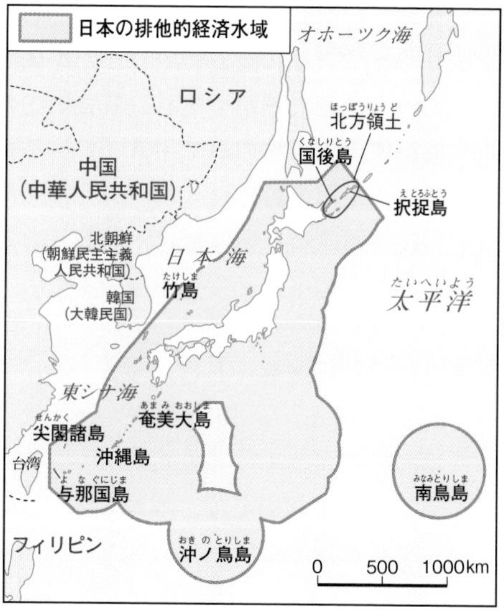

▲日本の排他的経済水域

●**漁場を守る**…水産資源《しげん》の保護《ほご》などを目的として排他的経済水域《はいたてきけいざいすいいき》が設《もう》けられたことによって，漁場がせばまり，つくり育てる漁業の必要も高まってきた。日本も水産資源の保護に取り組むとともに，すでにある漁場で**赤潮**《あかしお》（➡p.258）などが発生しないよう，環境《かんきょう》を守っていかなければならない。

●**漁家のくらしを守る**…農業と同じように，漁業で働く人の数は減《へ》り続け，**高齢化**《こうれいか》も進んでいる。若《わか》い人の漁業ばなれを防《ふせ》ぎ，漁業だけでくらしがたてられるようにしなければならない。

●**水産物の輸出《ゆしゅつ》を増《ふ》やす**…2013年に「和食」が，ユネスコ無形文化遺産《いさん》に登録された。これを機会に，品質《ひんしつ》がよく高く売れる水産物を海外へ輸出しようという動きが高まっている。

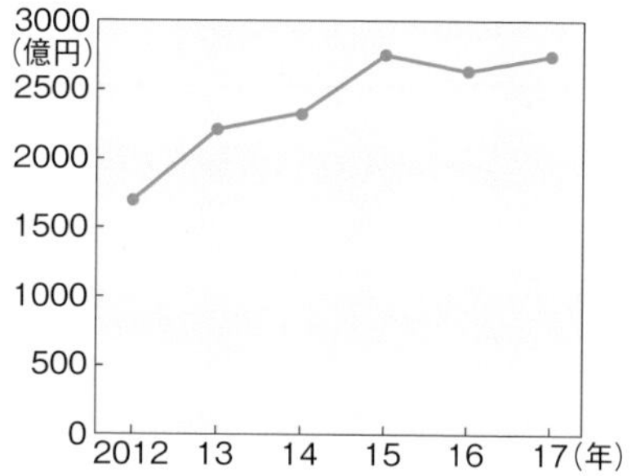

（財務省「貿易統計」による）
▲日本の水産物輸出額の変化

●**水産資源を管理する**…世界の漁場では，20世紀の人口増加《ぞうか》や漁業技術《ぎじゅつ》の発達を背景《はいけい》に「乱獲《らんかく》」が進んでいった。そこで，漁獲可能量《ぎょかくかのうりょう》(TAC《タック》)や漁業許可制度《きょかせいど》を設けたりするなど，資源管理が行われてきた。

▶**漁獲可能量**…魚ごとに年間に漁獲できる量を定める制度。漁業の種類に応《おう》じて，漁家は漁獲量を国や都道府県へ報告《ほうこく》しなければならない。

▶**漁業許可制度**…漁業の種類に応じて，漁船の数や大きさが国や都道府県によって定められている。また，漁業協同組合も漁期や道具をとり決める。

▶**地域ごとの資源管理**…あんこうの産地である青森《あおもり》県風間浦《かざまうら》村では，産卵《さんらん》するあんこうを保護するため禁漁《きんりょう》期間を設ける，小型のあんこうは逃《に》がす，なべの材料として高く売れる冬を中心に漁を行うなどの制限をした結果，大型のあんこうがとれるようになった。

▶**水産エコラベル**…海の環境や，将来《しょうらい》も水産資源がとれるよう気をつけている方法でとられた水産物には，「海のエコラベル」などのマークをつけている。

▲水産エコラベル

▶**魚《うお》つき林《りん》**…水産物の成育を助けるはたらきをもつ森林。かつては海岸の斜面《しゃめん》に生えた森林が海面にかげをつくり，魚のすみかとなっていた。川の上流の森林も，きれいな水を海に流すはたらきをもつことから，魚つき林として保護されるようになった。

▲魚つき林のはたらき

●**捕鯨《ほげい》**…食生活は国や地域によってさまざまである。たこを食べない国もあれば，古くからくじらを食べてきた日本のような国もある。かつて南氷洋《なんぴょうよう》での捕鯨は日本の遠洋漁業を代表する漁業だった。国際《こくさい》捕鯨委員会(IWC《アイダブリュシー》)では，商売としてくじらをとって売る商業捕鯨を1986年に禁止した。くじらを水産資源として保護することが理由で，資源調査のための調査《ちょうさ》捕鯨はその後も行われている。日本は商業捕鯨の再開を求めてきたが，動物愛護《あいご》などを理由に，くじらを食べる習慣《しゅうかん》のないアメリカなどの反対で実《じつ》現《げん》しなかった。日本は，生活文化のちがいを主張してきたが，2018年，ついに国際捕鯨委員会を脱退《だったい》し，翌年《よくねん》から商業捕鯨を再開した。

参考

漁家による魚つき林の保護

明治《めいじ》時代以前から，漁を行う人たちが村のおきてをつくって，魚つき林への立ち入りや伐採《ばっさい》を禁止した例がある。今でも，各地の漁業協同組合が中心となって，沿岸《えんがん》の魚つき林が荒《あ》れていないか見回ったり，植林を進めたりしている。

参考

捕鯨に反対する理由

欧米《おうべい》の国々の反対派《は》は，くじらは哺乳類《ほにゅうるい》であり魚のように多くの卵《たまご》をうめないこと，漁獲方法が残酷《ざんこく》であることなどを理由としてあげている。

☑ まとめチェック

知識を整理・確認しよう！

① 日本の水産業の様子

- □ ① 大陸棚《たいりくだな》に多く見られる，魚のえさとなる小さな生物は何か。
- □ ② 三陸沖《さんりくおき》に見られる，暖流《だんりゅう》と寒流がぶつかり，魚の量も種類も多い海域《かいいき》を何というか。
- □ ③ 魚の群《む》れが通りそうな沿岸《えんがん》に網《あみ》を固定し，入った魚をとる漁法を何というか。
- □ ④ 太いなわに針《はり》とえさのついた枝《えだ》なわを一定間隔《かんかく》でとりつけてとる漁法を何というか。

② 漁業の種類と漁場

- □ ① 日帰りできる範囲《はんい》の沿岸の漁場で，10t《トン》未満の小さな漁船で行う漁業を何というか。
- □ ② 大型の漁船で，遠くはなれた漁場で数か月～1年以上かけて行う漁業を何というか。
- □ ③ オホーツク海・ベーリング海などで，さけ・ます・かに・たら・ひらめ・かれいなどをとる漁業を何というか。
- □ ④ 卸売《おろしうり》業者や小売業者が市場に集まり，競い合って価格《かかく》を決めるしくみを何というか。

③ これからの水産業

- □ ① 1982年の国連海洋法条約《じょうやく》によって，領海《りょうかい》は海岸線から何海里《かいり》と定められたか。
- □ ② 沿岸から約370kmまでの海域の水産物や海底の鉱産資源《こうさんしげん》は，その沿岸国のものであるとする水域を何というか。
- □ ③ 水産物の卵《たまご》を人工的にふ化させたり，稚魚《ちぎょ》をとってきて，大きくなるまで人の手で育てる漁業を何というか。
- □ ④ 水槽《すいそう》で母貝を育て，成長したところで海のいかだにつり下げ，約5年かけて収穫《しゅうかく》される宝石《ほうせき》を何というか。
- □ ⑤ 卵を人工的にふ化させてからいけすで育て，海や川に放流し，自然の中で大きくなったものをとる漁業を何というか。
- □ ⑥ うまれた場所まで川をさかのぼってもどる性質《せいしつ》があり，⑤の漁業で生産がさかんな魚は何か。
- □ ⑦ 魚がすむ場所をコンクリートなどでつくり，海底に沈《しず》めたものを何というか。

答え

①
- ① プランクトン
- ② 潮目《しおめ》[潮境《しおざかい》]
- ③ 定置《ていち》網
- ④ はえなわ

②
- ① 沿岸漁業
- ② 遠洋漁業
- ③ 北洋《ほくよう》漁業
- ④ せり

③
- ① 12海里
- ② 排他的経済水域《はいたてきけいざいすいいき》
- ③ 養殖業《ようしょくぎょう》
- ④ 真珠《しんじゅ》
- ⑤ 栽培《さいばい》漁業
- ⑥ さけ
- ⑦ 人工魚しょう

力だめしの問題 入試標準レベル

解答➡p.615

1 次の問いに答えなさい。

(1) 次の文はまぐろ漁の様子を説明したものです。もっとも適当《てきとう》でないものを下線部ア～エから1つ選び，記号で答えなさい。また，それにかわる語句を答えなさい。【自修館中等教育学校】

記号(　　　)　語句(　　　　　)

> 遠洋で行うまぐろ漁は，ア<u>大型漁船</u>にイ<u>冷凍庫《れいとうこ》</u>を備え，世界の海にまたがって漁をしています。漁法はウ<u>はえなわ漁</u>とよばれる漁法をとり入れているので，漁にかける作業時間が長時間になっています。平成《へいせい》29年にまぐろがもっとも多く水あげされたのはエ<u>高知《こうち》県</u>です。

(2) 右のイラストはいか釣《つ》り漁船を表しています。いかの習性《しゅうせい》を利用するためにほどこされているくふうとその効果《こうか》を答えなさい。【自修館中等教育学校】

くふう(　　　　　　　　　　　　)

効果(　　　　　　　　　　　　)

(3) 日本の水産業の説明として正しくないものを，次から1つ選び，記号で答えなさい。【お茶の水女子大附中】　(　　　)

ア　かつおやまぐろをとる遠洋漁業の漁獲量《ぎょかくりょう》は，燃料《ねんりょう》の値《ね》上《あ》げや各国の制限《せいげん》などのため減《へ》った。

イ　えびやまぐろなどの輸入量《ゆにゅうりょう》が多く，世界でも有数の水産物の輸入国である。

ウ　ほたて貝やかき，さんまやいわしなどを育てる漁業がさかんになってきている。

エ　魚介類《ぎょかいるい》の水あげの多い漁港では，缶詰《かんづ》めなどの加工食品の製造《せいぞう》もさかんである。

(4) 右の図のア～オは，「遠洋漁業」，「沿岸漁業」，「沖合《おきあい》漁業」，「海面養殖業」，「内水面漁業・養殖業」の生産量を示《しめ》しています。遠洋漁業の変化を示したものを1つ選び，記号で答えなさい。【公文国際学園中等部】

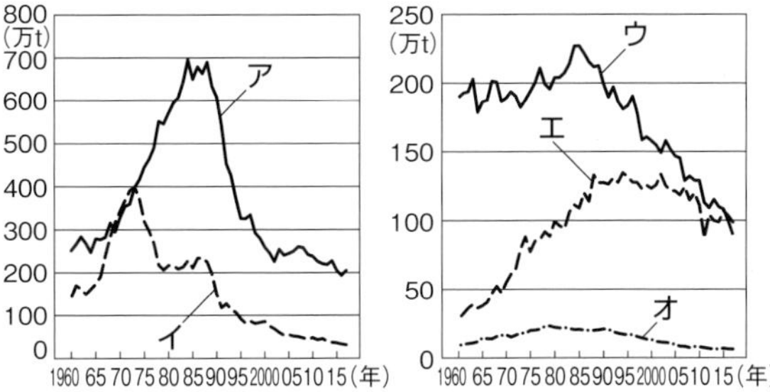

(2019/20年版「日本国勢図会」などによる)

(　　　)

❷ 次の問いに答えなさい。

⑴ 右の地図中のAとBは，ともによい漁場となっています。その共通する理由を説明しなさい。【東洋英和女学院中等部】

(　　　　　　　　　　　　　　)

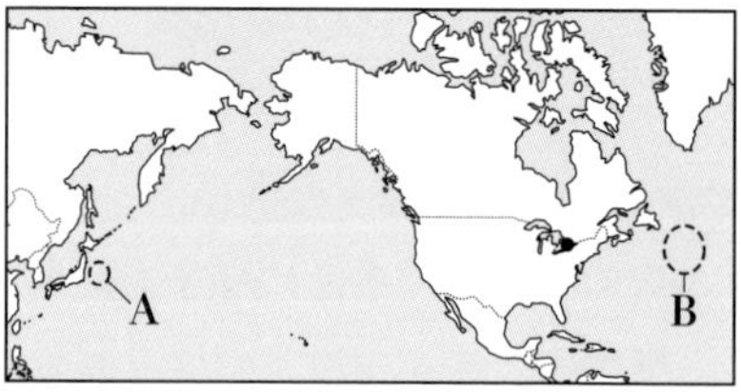

⑵ 右の表は養殖業《ようしょくぎょう》で収獲《しゅうかく》される魚種別の収獲量とおもな産地の割合《わりあい》を表しています。a～eにあてはまる魚を次から1つずつ選び，記号で答えなさい。【市川中・改】

魚種	収獲量(千t)	おもな産地の割合(%)
a	139	鹿児島 34，大分 14
b	63	愛媛 55，熊本 16
c	135	青森 58，北海道 36
d	174	広島 59，宮城 14
e	304	佐賀 22，兵庫 20

(2017年)　(2019/20年版「日本国勢図会」による)

a(　　) b(　　) c(　　) d(　　) e(　　)

ア まだい　イ ほたて貝　ウ のり
エ かき　オ ぶり

⑶ 瀬戸内海《せとないかい》では養殖がさかんです。日本の養殖について述《の》べた次の文のうち，正しいものを1つ選び，記号で答えなさい。【日本女子大附中】　(　　)

ア 魚や貝をある程度《ていど》の大きさまで育てて，海に放流する方法が成果をあげている。

イ 貝類の養殖には，あたたかい海が適《てき》しているので，北海道《ほっかいどう》・東北《とうほく》地方では行われない。

ウ 海藻類《かいそうるい》の生産量の割合は，「天然もの」より「養殖もの」のほうが多い。

エ 養殖がさかんになった水産物は，一般的《いっぱんてき》にその価格《かかく》は高くなる。

⑷ 日本の漁業や漁業環境《かんきょう》について述べた次のア～オの文のうち，正しいものを1つ選び，記号で答えなさい。【開成中】　(　　)

ア 沿岸《えんがん》・沖合《おきあい》・遠洋漁業のうち，ここ30年でもっとも漁獲量《ぎょかくりょう》が減少《げんしょう》しているのは，沿岸漁業である。

イ 遠洋漁業では，定置網《ていちあみ》やさし網を利用して，大型の回遊魚を漁獲する漁法が中心に行われる。

ウ いけすを利用し稚魚《ちぎょ》や稚貝《ちがい》を成魚や成貝になるまで育てる栽培《さいばい》漁業は，漁獲・収入が安定するメリットがある。

エ 魚《うお》つき林《りん》は，熱帯《ねったい》や亜《あ》熱帯地域《ちいき》の海岸沿《ぞ》いや河口《かこう》に育つ森林で，沖縄《おきなわ》県や鹿児島《かごしま》県などで見られる。

オ 海藻の育成や人工魚しょうの設置《せっち》などによって，人工的につくられた魚の成育環境を，海洋牧場とよぶ。

4 日本の資源

学習のポイント

- ●森林のはたらきと林業の仕事の内容《ないよう》や問題点をおさえているか。➡p.193
- ●木材以外の林産資源《しげん》について理解《りかい》しているか。➡p.196
- ●自然環境《かんきょう》と文化財《ぶんかざい》の保護《ほご》，自然災害《さいがい》の防止《ぼうし》の取り組みを理解しているか。➡p.197

1 日本の森林資源

資源としての森林

●日本の森林…日本の森林面積は国土の約3分の2をしめ，世界の中でも森林面積比《ひ》の高い国である。また，**針葉樹《しんようじゅ》**のまつ・すぎ・ひのき・ひばなどから**広《こう》葉樹《ようじゅ》**のかし・なら・ぶな・くぬぎ・けやきまで種類も多い。ところが，日本は需要《じゅよう》の3分の2ほどを輸《ゆ》入《にゅう》する世界最大級の木材輸入国となっている。その理由として，次のような点があげられる。

- ▶第二次世界大戦後に植林した木が多い。
- ▶急な斜面《しゃめん》が多く，開発が困難《こんなん》。
- ▶**保安林《ほあんりん》**(水源や土砂《どしゃ》くずれを防《ふせ》ぐための林)が多い。
- ▶山村の過疎化《かそか》が進み，働き手が減《へ》っている。

参考

木材の輸入先

カナダやアメリカ，ロシア，それに熱帯林《ねったいりん》のマレーシアやインドネシアが多くをしめる。この輸入のための熱帯林の伐《ばっ》採《さい》は，環境問題となることもある。日本の木材の使いみちは約3分の1が製材《せいざい》用で，ほかに合板用・チップ用・パルプ用になる。

●森林のはたらき

- ▶空気をきれいにする。
- ▶水をたくわえる(**緑のダム**➡p.49)。
- ▶土砂くずれなど自然災害を防ぐ。
- ▶防風林《ぼうふうりん》・防砂林《ぼうさりん》・防雪林《ぼうせつりん》・防《ぼう》潮林《ちょうりん》などになる。
- ▶海に栄養をあたえて魚を守る(**魚《うお》つき林《りん》**➡p.189)。
- ▶野生生物のすみかとなる。
- ▶木材とされる。
- ▶きのこやたけのこを育てる。

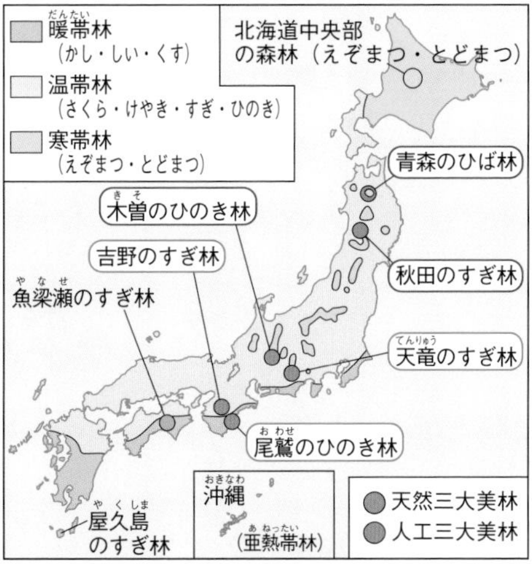

▲日本の森林

日本の林業

●**林業とは**…森林で木材，燃料《ねんりょう》，きのこなどの林産物を生産する仕事。林業にたずさわる人々は，長い時間をかけて木を育て，木材として出荷《しゅっか》している。

●**林業の仕事**…すぎ，ひのきなどは，植えてから木材として出荷するまでに50年以上もかかる。その間，いろいろな仕事がある。

- ▶**地あげ**…苗木《なえぎ》を植える場所をつくる。
- ▶**植林**…苗木を植える。
- ▶**下草《したくさ》がり**…苗木のまわりの草をかりとる。
- ▶**雪起こし**…雪などでたおれた苗木を，起こしてやる。
- ▶**枝《えだ》打ち**…余分《よぶん》な枝を切りとり，まっすぐに育つようにする。
- ▶**間伐《かんばつ》**…木が1本ずつじゅうぶん育つように間引《まび》きをする。植林してから10年おきぐらいに行う。間伐をしないと，細い木ばかりになってしまう。
- ▶**伐採《ばっさい》**…電動のこぎり(チェーンソー)などで，木を切りたおす。

参考

森林の種類

日本では天然林よりも人の手の加わった人工林のほうが多く，約3分の2をしめる。また，人工林では針葉樹《しんようじゅ》が多く，天然林では広葉樹《こうようじゅ》が多い。

▲林業の仕事

入試ポイント

〈森林のはたらき〉

▶緑のダム，森林資源《しげん》，海の魚を育てること(魚《うお》つき林《りん》)など。

林業の問題点

●行き届《とど》かない森林の管理

▶ **従事者《じゅうじしゃ》の高齢化《こうれいか》**…林業の仕事は急な斜面《しゃめん》で行われる重労働である。山村では若《わか》者《もの》の都市への流出が続き，就業《しゅうぎょう》者《しゃ》の減少《げんしょう》と高齢化が進んだ。

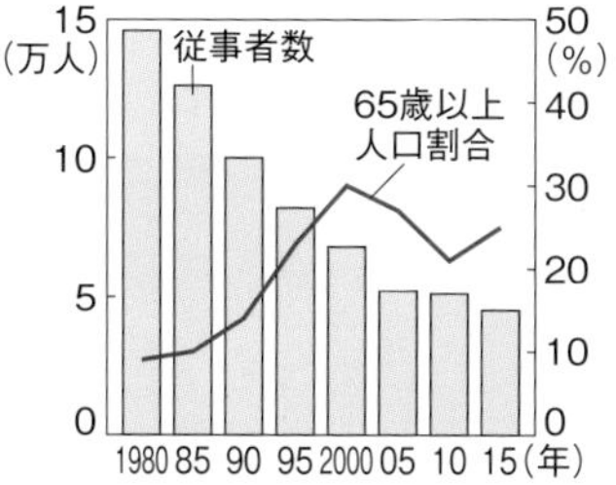

(林野庁調べ)

▲林業従事者数と年代の変化

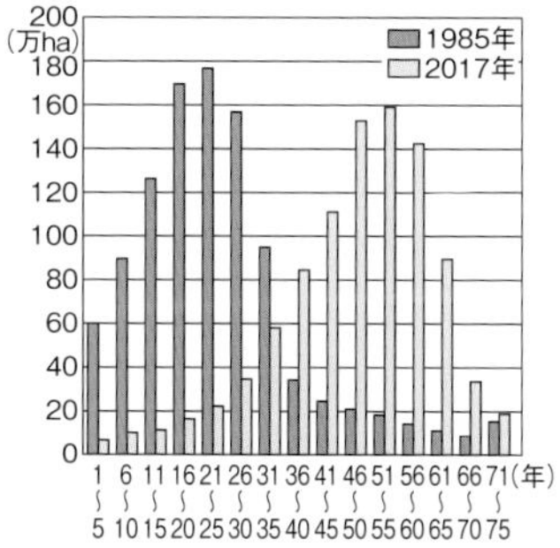

(林野庁調べ)

▲樹齢《じゅれい》別の面積の変化（人工林）

▶ **森林の高齢化**…人手不足に加え，山村に住んでいない者が所有する森林が増《ふ》え，管理が行き届《とど》かなくなった。この結果，収穫期《しゅうかくき》をむかえたにもかかわらず伐採されず，放置された森林が増《ふ》え，「森林の高齢化」も進んでいる。手入れのされていない森林は，大雨が降《ふ》ると土砂《どしゃ》くずれを起こしやすくなる。

●林業の新しい取り組み

▶ **人材の育成**…国は，林業大学校などで学ぶ若者に学費を支給《しきゅう》するなど，「緑の雇用《こよう》」事業を進めている。この結果，若者の林業従事者の減少に歯止めがかかってきた。

▶ **木材以外の産物**…きのこやしいたけのブランド化をはかっている。林業でうまれた木くずを，「**木質《もくしつ》バイオマス**」として発電のエネルギーに利用している。

▲木質バイオマス発電所（高知県宿毛《すくも》市）：間伐材などを利用して発電を行う。

参考

木材価格《かかく》の変化

1964年に木材輸入《ゆにゅう》が自由化されると，国産材より安い外国産材におされるようになった。この結果，林業従事者は減り，森林は荒《あ》れていった。しかし，今では世界的に木材の需要《じゅよう》が高まった結果，木材の価格が上がり，日本のすぎ材は世界でもっとも安い水準《すいじゅん》となっている。

木材以外の林産資源《しげん》

●**きのこ**…胞子《ほうし》で繁殖《はんしょく》する菌類《きんるい》で，木の切り株《かぶ》などに生えることから「木の子」とよばれるようになった。日本では，約 100 種類のきのこが食用とされている。

▶**しいたけ**…かつては，山から切り出した木に菌を植えつけ，きのこを育てる原《げん》木《ぼく》しいたけが中心だった。今は，おがくずなどを固めたものに菌を植えつける菌床栽培《きんしょうさいばい》が大部分となっている。

▲原木しいたけ

▶**まつたけ**…ビニールハウスなどを使った人工的な菌床栽培が難《むずか》しく，屋外の特定の樹木《じゅもく》のみに生えるため，1本あたりの価格《かかく》が非常《ひじょう》に高い。

●**竹**…縄文《じょうもん》時代の遺跡《いせき》から竹細工《たけざいく》が出土するように，日本人は古くから竹を利用してきた。

▶**たけのこ**…竹が芽を出したときに収穫《しゅうかく》し，食用にする。竹は生長が早いため，土から芽を出すか出さないかのわずかな期間に収穫する。主産地はあたたかい地域《ちいき》に集まっている。

▶**竹**…じょうぶでしなやかなせんいをもち，建築《けんちく》材料やかご・ざるなどの道具に用いられる。ほかに，竹炭《ちくたん》を燃料《ねんりょう》に使ったり，竹炭をつくるときに出る排出《はいしゅつ》ガスを液化《えきか》した竹酢液《ちくさくえき》を害虫よけに使ったり，さまざまな使いみちがある。

参考

特用林産物

山林でとれる産物のうち，木材以外のきのこ・竹・木炭・山菜・木の実など。和紙の原料となるこうぞやみつまたも，特用林産物にふくまれる。

用語

竹炭

竹を長い時間をかけて蒸《む》し焼きにして，炭の状態《じょうたい》にしたもの。木材を蒸し焼きにした木炭は，七《しち》りんの燃料として使われてきた。

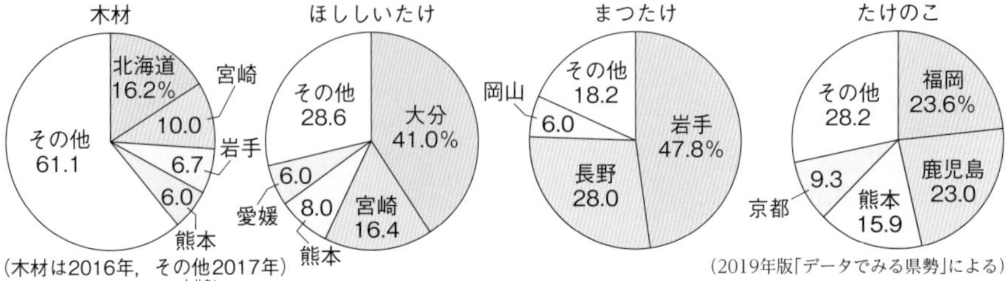

(木材は2016年，その他2017年)　(2019年版「データでみる県勢」による)

▲林産資源の生産量割合《わりあい》

2 日本の自然環境《かんきょう》と自然災害《さいがい》

日本の自然環境

●かけがえのない自然環境…国土をおおう植物をはじめ，河川《かせん》・湖沼《こしょう》・海岸・海域《かいいき》などの自然環境は，そこに生きている野生動物と密接《みつせつ》に結びついており，重要な資源の一部である。開発，埋《う》め立ての対象として考えられてきた干潟《ひがた》・湿地《しっち》も，今では海水の浄《じょう》化《か》作用や水鳥のえさ場として見直され，豊《ゆた》かな自然の一部として，ラムサール条約《じょうやく》への登録による保護《ほご》が進んでいる。

▶**ラムサール条約**…1971 年にイランのラムサールで採択《さいたく》された条約。正式には「とくに水鳥の生息地として国際的《こくさいてき》に重要な湿地に関する条約」という。日本も 1980 年に加盟《かめい》した。

▶**世界遺産《いさん》条約**…国際的な協力・監視《かんし》のもとに，世界の貴重《きちょう》な文化財《ぶんかざい》や自然を守る条約。1972 年のユネスコ総会《そうかい》で採択された。

●国立公園・国定公園

▶**国立公園**…風景のとくに美しい地域を環境省が選び，管理する公園。2019 年現在《げんざい》 34 か所ある。

▶**国定公園**…国立公園以外の美しい風景の土地で，都道府県が管理する公園。2019 年現在 56 か所ある。

参考

日本の三名園

とくにすぐれた庭園として，偕《かい》楽園《らくえん》(茨城《いばらき》県水戸《みと》市)，兼六園《けんろくえん》(石川《いしかわ》県金沢《かなざわ》市)，後楽園《こうらくえん》(岡《おか》山《やま》県岡山市)は「日本の三名園」とされる。

用語

世界遺産

世界遺産には，文化遺産と自然遺産，複合《ふくごう》遺産がある。2019年現在，世界で1100件《けん》以上が登録されている。

▼日本の世界遺産(2019年7月現在)とおもなラムサール条約登録湿地

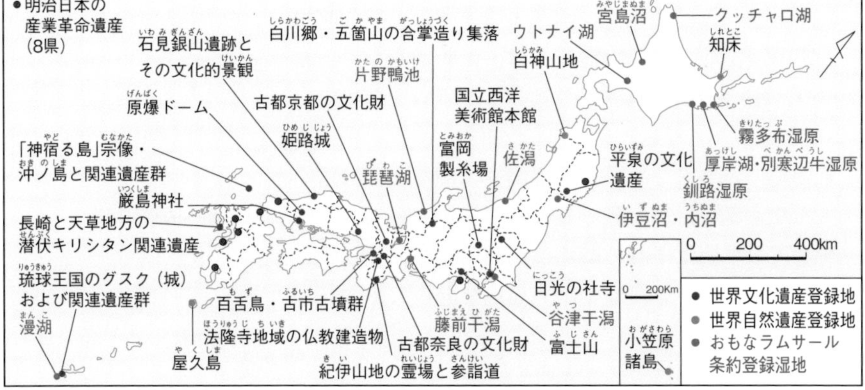

＊2019年現在のラムサール条約登録湿地は計52か所。

日本の自然災害《さいがい》

地形による災害とその防止《ぼうし》

▶ **地震《じしん》**…日本列島は，大陸と太平洋《たいへいよう》のプレート(➡p.113)がぶつかりあう所にあり，地震が起こりやすい。海岸部では地震のときに津波《つなみ》もおし寄《よ》せる。対策《たいさく》として，地震に強い建物をつくることを義務《ぎむ》化《か》したり，緊急《きんきゅう》地震速報《そくほう》を出したりしている。

▶ **火山の噴火《ふんか》**…噴火にともなって発生した溶岩《ようがん》や**火《か》砕流《さいりゅう》**が流れ出て，麓《ふもと》の家や田畑などに大きな被害《ひがい》をあたえる。

▶ **地すべり・山くずれ・土石流《どせきりゅう》**…大雨や地震などが原因《げんいん》で発生する。いずれの災害も，早めの避難《ひなん》が大切である。

気象による災害とその防止

▶ **風水害や土砂《どしゃ》災害**…台風《たいふう》や梅《つ》雨《ゆ》末期の集中豪雨《ごうう》などによって，強風による被害や，洪《こう》水《ずい》・がけくずれなどが起こる。河川《かせん》の改修《かいしゅう》や保安林《ほあんりん》の指定により，被害に備《そな》えている。

▲土石流による被害(2014年，広島《ひろしま》県)

▶ **冷害《れいがい》**…北海道《ほっかいどう》や東北《とうほく》地方の太平洋側で起こりやすい気象災害で，春から夏に寒冷な北東風(やませ➡p.124)がふき，農作物(とくに稲《いね》)の生育をさまたげる。対策として，品種改良などを進めてきた。

▶ **干《かん》ばつ**…日照りの害。雨が少なすぎると農作物に影響《えいきょう》が出る。瀬戸内《せとうち》地方では，ため池をつくったり，用水の水を利用したりして干ばつを防《ふせ》いでいる。

▶ **雪害**…大雪のため，交通機関や家屋などに被害をあたえる。日本海《にほんかい》側で多い。

▶ **霜害《そうがい》**…季節はずれの時期に霜《しも》がおりて，農作物に影響が出る。北海道や中央高地《ちゅうおうこうち》で発生しやすい。

用語

津波

海底地震や海底火山の爆発《ばくはつ》がもとで起こる高波《たかなみ》。海岸に堤防《ていぼう》を築《きず》くなどして津波に備えている。

火砕流

火山から噴出《ふんしゅつ》した高温の火山《かざん》灰《ばい》とガスが，一体となって山の斜面《しゃめん》を流れ下る現象。1991年，長崎《ながさき》県の雲仙岳《うんぜんだけ》の噴火で起こった火砕流は，大きな被害をもたらした。

用語

土石流

土砂や石が水と混《ま》じり合って一体となって流れ下る現象。

参考

災害への取り組み

防災訓練を実施《じっし》したり，災害が発生しやすい場所を示《しめ》した防災マップ(➡p.45)を配布《はいふ》する市町村も増《ふ》えている。

☑ まとめチェック

知識を整理・確認しよう！

① 日本の森林資源《しげん》

- □ ① 森林を葉の種類で分けると，まつ・すぎ・ひのき・ひばは何という樹林《じゅりん》か。
- □ ② 森林のうち，水源や土砂くずれを防《ふせ》ぐはたらきをもつものを何というか。
- □ ③ 森林のうち，砂《すな》が飛ぶのを防ぐはたらきをもつものを何というか。
- □ ④ 林業の仕事のうち，余分《よぶん》な枝《えだ》を切りとり，まっすぐに育つようにすることを何というか。
- □ ⑤ 林業の仕事のうち，木が1本ずつじゅうぶん育つように間《ま》引《び》きをすることを何というか。
- □ ⑥ 山村では，若者《わかもの》の都市への流出が続いた結果，林業従事者《じゅうじしゃ》の減少《げんしょう》と何が進んでいるか。
- □ ⑦ 山村に住んでいない者が所有する森林が増えた結果，森林の樹齢《じゅれい》は低くなっているか，高くなっているか。
- □ ⑧ 発電のエネルギーとして利用される，林業でうまれた木くずなどを何というか。
- □ ⑨ しいたけやまつたけなど，胞子《ほうし》で繁殖《はんしょく》する林産物を何というか。

② 日本の自然環境《かんきょう》と自然災害

- □ ① 海水の浄化《じょうか》作用や水鳥のえさ場として見直されている，湿《しっ》地《ち》を守るための条約《じょうやく》を何というか。
- □ ② 国際的な協力・監視《かんし》のもとに，世界の貴重《きちょう》な文化財《ぶんかざい》や自然を守る条約を何というか。
- □ ③ 風景のとくに美しい地域《ちいき》を国(環境省)が選定し，管理する公園を何というか。
- □ ④ 火山から噴出した高温の火山灰とガスが一体となって山の斜面を流れ下る現象を何というか。
- □ ⑤ 瀬戸内地方などで起こりやすい，雨が不足して作物が育たなくなる自然災害を何というか。
- □ ⑥ 大雪のため，交通機関や家屋などに被害をあたえる自然災害を何というか。

答え

①
- ① 針葉樹《しんようじゅ》(林)
- ② 保安林《ほあんりん》
- ③ 防砂林《ぼうさりん》
- ④ 枝《えだ》打ち
- ⑤ 間伐《かんばつ》
- ⑥ 高齢化《こうれいか》
- ⑦ 高くなっている
- ⑧ 木質《もくしつ》バイオマス
- ⑨ きのこ

②
- ① ラムサール条約
- ② 世界遺産《いさん》条約
- ③ 国立公園
- ④ 火砕流
- ⑤ 干ばつ
- ⑥ 雪害

力だめしの問題 入試標準レベル

解答➡p.616

1 次の問いに答えなさい。

⑴ 森林の間伐《かんばつ》について述《の》べた文として誤《あやま》っているものを次から1つ選び，記号で答えなさい。【女子学院中】 (　　)

ア　間伐をしていない森林が増《ふ》えたため，日本では人工林が急速に減少《げんしょう》している。

イ　間伐をしていない森林が増えた理由の1つとして，外国から値段《ねだん》の安い木材が多く輸入《ゆにゅう》されるようになったことがあげられる。

ウ　間伐がとどこおっている理由の1つとして，林業で働く人が不足していることがあげられる。

エ　間伐した木を「木質《もくしつ》バイオマス」として利用し，燃料《ねんりょう》として使う取り組みがある。

⑵ 日本の森林の構成《こうせい》について，**資料《しりょう》1**中の**A**～**D**にあてはまる語句《ごく》の組み合わせとして正しいものを，次から1つ選び，記号で答えなさい。【青山学院横浜英和中】 (　　)

資料1　森林蓄積量《ちくせきりょう》

(単位：千m³)

		C	D	計	計(%)
立木地	A	3238849	69567	3308416	63.1
	B	484596	1447854	1932450	36.9
	計	3723445	1517421	5240866	100.0

(2017年)　(2019/20年版「日本国勢図会」による)

ア　A－人工林　B－天然林　C－広葉樹《こうようじゅ》　D－針葉樹《しんようじゅ》

イ　A－天然林　B－人工林　C－針葉樹　D－広葉樹

ウ　A－人工林　B－天然林　C－針葉樹　D－広葉樹

エ　A－天然林　B－人工林　C－広葉樹　D－針葉樹

⑶ **資料2**は日本の木材の輸入先を示《しめ》しています。グラフ中の**A**にあてはまる国名を答えなさい。【青山学院横浜英和中】

(　　　　)

資料2

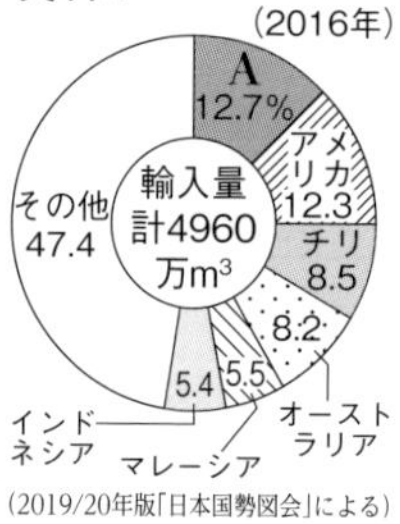

(2019/20年版「日本国勢図会」による)

⑷ **資料3**は，年間の水使用量を地域《ちいき》別に示したもので，**X**～**Z**は生活用水，農業用水，工業用水のいずれかを表しています。**X**～**Z**の使用目的をそれぞれ答えなさい。【穎明館中・改】

X (　　　　)

Y (　　　　)

Z (　　　　)

資料3

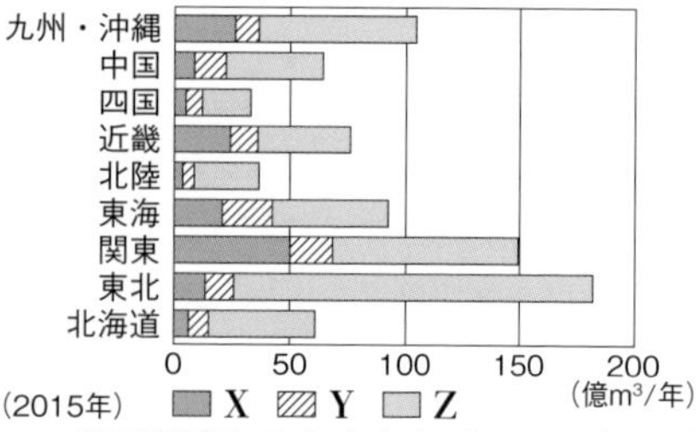

(2019年版「データブック オブ・ザ・ワールド」による)

5 日本の食料生産とくらし

学習のポイント

- 日本の食料ごとの自給率《じきゅうりつ》の変化と，その変化した理由をとらえているか。➡p.201
- 食料を輸入《ゆにゅう》にたよることによる問題点をおさえているか。➡p.204
- 世界の人口問題と食料問題を理解《りかい》できているか。➡p.206

1 食料の輸入

日本の食料自給率

●食生活の変化

▶ **主食の変化**…ふだんの生活で中心となる食べ物のことを**主食**という。

◉ 弥生《やよい》時代から米づくりが広まり，人々の食生活は安定するようになった。日本の気候に合った米は，長い間，主食として食べられてきた。

◉ 太平洋《たいへいよう》戦争中は食料不足となり，国民はさつまいもやかぼちゃを食べてしのいだ。

◉ 戦後，米は主食としての地位を回復《かいふく》した。しかし，学校給食制度《せいど》で米にかわりパンが出されるようになったことなどで，国民の食生活はしだいに洋風化し，米を食べる量が減《へ》り，パンや副食(おかず)を多く食べるようになった。

◉ 1970 年代になると，ファストフードやファミリーレストランが現れ，洋食中心の食生活が広まった。朝食と昼食は洋食で，夕食のみが和食という家庭が増《ふ》えた。

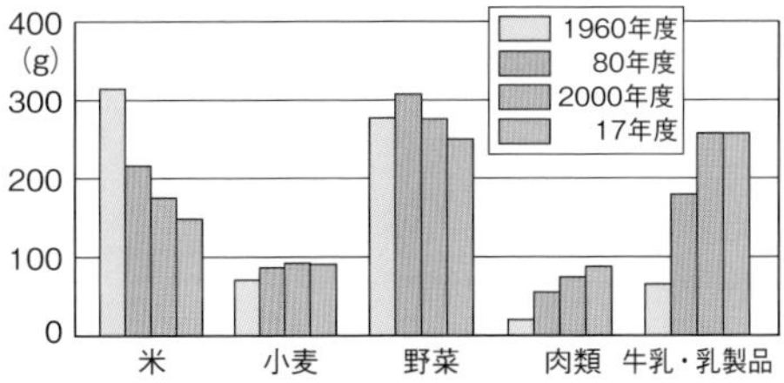

(2019/20年版「日本国勢図会」などによる)

▲食料の1人1日あたり供給量《きょうきゅうりょう》

参考

税《ぜい》としての米

古代から近世にかけて，民衆《みんしゅう》は米を税である年貢《ねんぐ》としておさめなければならず，白米を食べられるのは貴族《きぞく》など一部の人々だけだった。

1889 年	山形《やまがた》県の小学校でおにぎり・焼き魚などの給食が初めて出される
1941 年	食料不足のため学校給食が中止される
1949 年	ユニセフによる脱脂粉乳《だっしふんにゅう》などの給食が始まる
1954 年	学校給食法が成立し，コッペパンなどが献立《こんだて》となる
1976 年	米が正式に学校給食制度にとり入れられる

▲学校給食制度の歴史

▶**肉類**…パン食の影響《えいきょう》もあって，ハム・牛乳《ぎゅうにゅう》・バターなどの肉類・乳製品《にゅうせいひん》の消費《しょうひ》が増《ふ》えた。1960年には1人1年あたりの肉を食べる量はわずかに3.5kgだったが，今はその10倍ほどまで増えた。肉類と並《なら》ぶたん白質《ぱくしつ》として魚介類《ぎょかいるい》があるが，21世紀に入って魚介類の消費量は減《へ》ってきている。その一方で，肉類の消費量は徐々《じょじょ》に増えている。

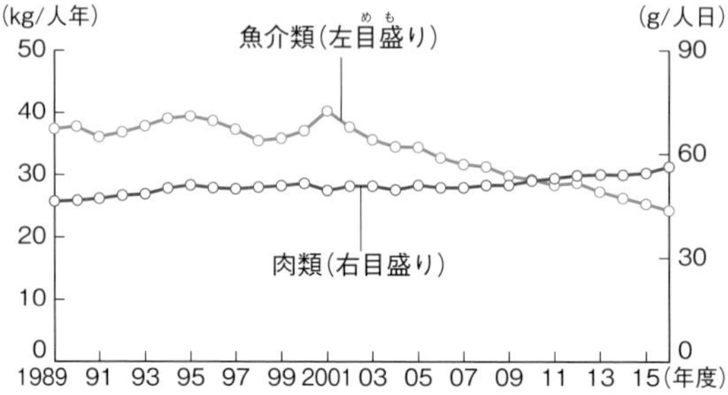

(農林水産省「食料需給表」による)

▲肉類と魚介類の消費量の変化

▶**魚介類**…国民の消費量は減ってきている。肉類の消費量が若《わか》い年代で多いのに対して，高齢《こうれい》になるにつれ魚介類の消費量が多くなる。国民の魚ばなれが進んだ原因《げんいん》としては，調理やグリルの掃除《そうじ》がたいへんなこと，肉より価格《かかく》が高いことなどがあげられる。

▶**野菜**…かつて日本人は，米とともに野菜を多く食べていたが，その消費量は減ってきている。1日1人あたりの消費量は，中国《ちゅうごく》の半分以下で，オランダと同じくらいである。一方で西洋野菜や中国野菜の輸入《ゆにゅう》が増え，いろいろな野菜を食べられるようになった。

▶**くだもの**…国民の消費量は横ばいとなっている。種類別に見ると，1980年ごろに比《くら》べてみかんの消費量は約3分の1まで減ったが，輸入にたよるバナナは約2倍に増えている。酸味《さんみ》のあるものはきらわれ，甘《あま》みのあるものが好まれる傾向《けいこう》が強くなっている。魚介類や野菜と同じく，若者の消費量がとくに減っている。

参考

食生活の健康への影響

肉類の消費の増加《ぞうか》と魚介類・野菜の消費の減少《げんしょう》は，肥満《ひまん》や糖尿病《とうにょうびょう》，高血圧《こうけつあつ》などの生活習慣病《しゅうかんびょう》の増加につながっている。

参考

たん白質

筋肉《きんにく》や髪《かみ》の毛，皮ふなどをつくる栄養素《えいようそ》。肉類・魚介類だけでなく，卵類《たまごるい》・だいず・乳製品にもふくまれる。

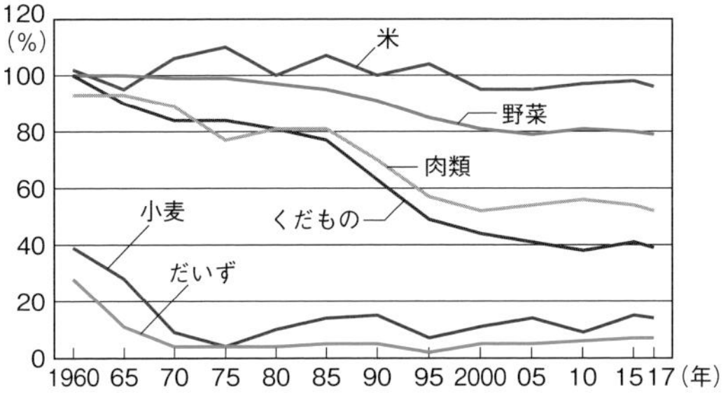

(2019/20年版「日本国勢図会」などによる)

▲日本のおもな食料の自給率：小麦・だいずの自給率がとくに低く，肉類やくだものも下がっている。

●**日本の食料自《じ》給率《きゅうりつ》**…国民の食生活が変化してきたにもかかわらず，長く米中心の農業政策《せいさく》が続けられた。このため，米以外の食料はしだいに輸入量が増え，自給率が低下してきた。

▶**米**…もっとも自給率が高いが，1990年代に関税《かんぜい》をかけての輸入を認《みと》めてから，自給率は90%台に下がった。

▶**野菜**…米に次いで自給率が高い。

▶**肉類**…国内の消費量の約半分を輸入にたよっている。自給率が高い順にとり肉・ぶた肉・牛肉となる。牛肉は1991年に輸入が自由化されて以来，急速に自給率が下がった。

▶**小麦・だいず**…国民の食生活にとって，とくに重要な食料であるが，国内での栽培《さいばい》は減り，大部分を外国からの輸入にたよっている。

参考

食料自給率の計算

食料自給率は次の計算で求められる。

$$\frac{\text{国内生産}}{\text{国内生産}+\text{輸入}-\text{輸出}\pm\text{在庫の増減}}\times100$$

参考

自給率への影響

1918年に米の値段が急速に上がると，人々は米屋をおそうなどの米騒動《こめそうどう》を起こした。政府《せいふ》は価格を安定させるために外国から米を輸入したため，一時的に自給率が下がった。1990年過ぎに米の自給率が下がっているのは，東北《とうほく》地方を中心に冷害《れいがい》にみまわれたためである。

参考

飼料の自給と輸入

日本の牧畜《ぼくちく》は，広い土地で牧草を食べさせるような放牧ではなく，濃厚《のうこう》飼《し》料《りょう》(➡p.154)をあたえ，集約的に行われている。とうもろこし・こうりゃんなどの濃厚飼料は外国からの輸入にたよっており，日本の畜産《ちくさん》は加工型畜産といわれる。

	日本	アメリカ	イギリス	ドイツ	フランス	イタリア
穀物《こくもつ》	28	127	86	113	189	69
食用穀物	60	170	79	132	176	73
うち小麦	14	170	82	152	190	66
豆類	8	171	39	6	78	34
野菜類	79	90	38	40	73	141
くだもの類	39	74	5	25	57	106
肉類	52	116	69	114	98	79
卵類	96	105	88	71	100	90
牛乳・乳製品	60	104	81	123	123	68
食料総合	38	130	63	95	127	60

▲世界のおもな国の食料自給率(%)　(2013年，日本は2017年度)(2019／20年版「日本国勢図会」による)

食料の輸入《ゆにゅう》

● **食料輸入の増加《ぞうか》**…日本は食料自給率《じきゅうりつ》がきわめて低いため，足りない分は外国からの輸入にたよっていて，食料の輸入大国といわれる。食料輸入の増加の原因《げんいん》は，国民の食生活の多様化，国内生産の食料より輸入したもののほうが価格《かかく》が安いこと，アメリカなどから農産物の輸入自由化を求められたこと，などがあげられる。

● **おもな食料の輸入**

▶ **米**…**世界貿易《ぼうえき》機関（ＷＴＯ《ダブリュティーオー》）**の会合で農産物の輸入自由化を求められた結果，1990年代に市場が開放された。1995年には**ミニマム・アクセス（最低輸入量）**を定めた。1999年からは，一定量をこえた分の輸入については関税《かんぜい》をかけたうえで，米の輸入自由化を実施《じっし》した。

参考
関税の役割《やくわり》
国産の米は10kg約3000～4000円くらいで売られているが，輸入品は関税だけで3400円をこえてしまう。このように，自由化とはしつつも，ミニマム・アクセスを超える分の米には高い関税がかけられている。無関税のミニマム・アクセス米は，国が税金《ぜいきん》で買い入れており，おもに飼料《しりょう》用・加工用にまわされている。

▶ **小麦**…おもにアメリカ・カナダ・オーストラリアの3国から輸入している（➡p.148）。オーストラリアは南半球にあるため，北半球とは季節が逆《ぎゃく》で収《しゅう》穫《かく》時期がずれている。このため，1年を通じて小麦を輸入することができる。

▶ **だいず**…約70％をアメリカから輸入している（➡p.146）。

▶ **肉類**…オーストラリア・アメリカからは牛肉を，アメリカ・カナダからはぶた肉を，オーストラリア・ニュージーランドからは羊の肉を輸入している。冷凍船《れいとうせん》の発達によって，遠いブラジルからの輸入もさかんになっている。

▶ **水産物**…ベトナムやインドネシアなどからえびを輸入するほか，まぐろなど高級魚を輸入する。えびの日本向けの養殖場《ようしょくじょう》は，海岸の**マングローブ**を切り開いてつくられているため，

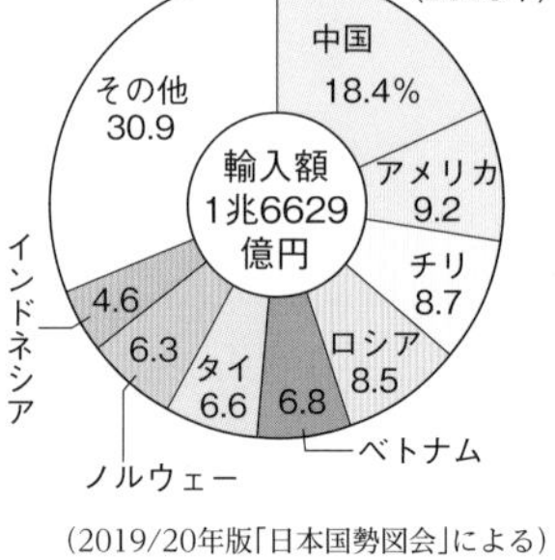

(2019/20年版「日本国勢図会」による)
▲日本の水産物の輸入相手国

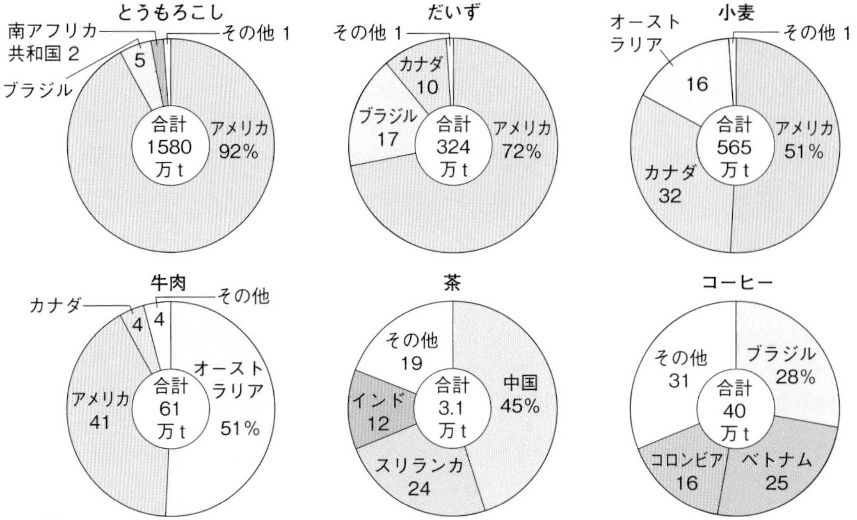

(2018年)

(2019/20年版「日本国勢図会」による)

▲おもな食料の輸入相手国

熱帯《ねったい》の自然環境《かんきょう》を破壊《はかい》している。

▶ **くだもの**…輸入くだものでもっとも多いものはバナナで，フィリピンなどから輸入している。オレンジなどをアメリカから輸入するほか，最近ではグアバ・パパイヤなど世界のさまざまなくだものが輸入されるようになった。

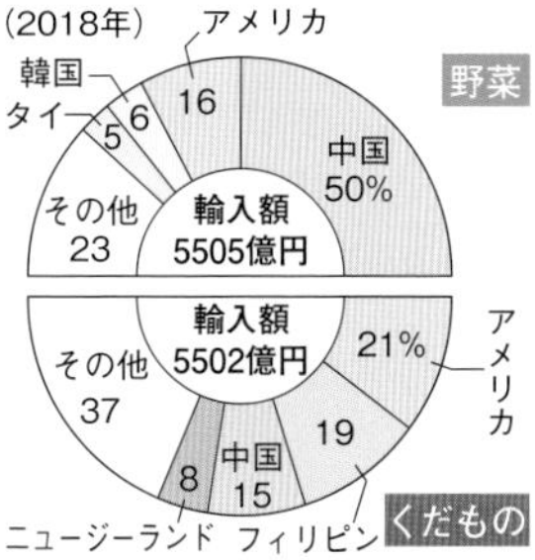

(2019/20年版「日本国勢図会」による)

▲日本の野菜・くだものの輸入先

● 自給率低下が引き起こす問題…食料自給率が低く，輸入にたよっていると，次のような問題が生じる。

▶ 相手国が天候不良などで不作のとき，その食料が得られないことになる。

▶ 相手国と紛争《ふんそう》になるか，周辺で戦争などのために輸送《ゆそう》ができないとき，食料が得られなくなる。

▶ 安い輸入品が増《ふ》えると，国産の食料の価格がおさえられ，農家の生活に大きな影響《えいきょう》をあたえることになる。

参考

くだものの輸入自由化

1970年代以降《いこう》，日本の貿易黒字がふくらみすぎたため，アメリカとの間で貿易摩擦《まさつ》が起こった。その対策《たいさく》として，日本の輸入を増やすために農産物の輸入自由化が進められた。1963年のバナナをはじめ，レモン・グレープフルーツなどが次々と輸入自由化され，とくにオレンジの輸入自由化は国内のみかん農家に大きな打撃《だげき》をあたえた。

2 食料の確保《かくほ》

世界の人口と食料

●**世界の人口**…地球上には約77億人(2019年)の人々がくらしている。かつては戦争や，医療《いりょう》の未発達，衛生環境《えいせいかんきょう》の悪さ，食料不足などで世界の人口がほとんど増《ふ》えなかった。

●**人口の増え方**…今から2000年ほど前は，世界の人口は2.5億人ほどで，17世紀くらいまではあまり増えなかった。しかし，18世紀後半の**産業革命**《さんぎょうかくめい》(➡p.217)以後に増え始め，1800年ごろは約10億人となった。人口増加率《ぞうかりつ》も，20世紀に入って大きく増え，1930年ごろに20億人，1960年ごろに30億人となった。とくに1960年代にはアジア・アフリカを中心に人口増加率が急に高くなり，**人口爆発**《ばくはつ》とよばれた。1975年ごろには40億人となり，1987年には50億人をこえ，2011年には70億人をこえた。これからも増えて，2030年には85億人，2100年ごろには110億人になると予想されている。

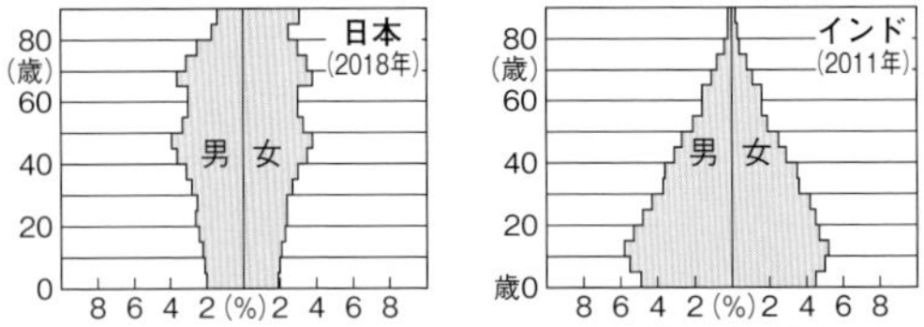

(総務省「人口推計」などによる)

▲日本(先進国)とインド(発展途上国)の性別・年代別の人口構成

●**世界の人口と食料問題**…日本は，強い経済力《けいざいりょく》をうしろだてに，大量の食料を輸入《ゆにゅう》しているが，経済力のない発展途上国《はってんとじょうこく》は，常《つね》に食料不足の状態《じょうたい》にある。発

🔍くわしく 発展途上国で人口爆発が起こる理由

アジア・アフリカなどの発展途上地域《ちいき》は，以前は多産多死（たくさんうまれて，多くが死亡《しぼう》すること）であったが，医療技術《ぎじゅつ》や保健施設《ほけんしせつ》が発達・普及《ふきゅう》し，人々の衛生《えいせい》についての関心が高まって，病気で死ぬ割合《わりあい》が減《へ》り，多産少死となった。つまり，死ぬ人が少なくなったにもかかわらず，うまれる数は前と同じように多いため，人口が急激《きゅうげき》に増えてきたのである。

参考

人口ピラミッド

左図のような性別《せいべつ》・年代別の人口構成《こうせい》を表したグラフを，人口ピラミッドという。日本は少産少死のつぼ型，インドは多産少死の富士《ふじ》山型を示《しめ》す。

用語

発展途上国

欧米諸国《おうべいしょこく》や日本などの先進国に比《くら》べ，経済《けいざい》・産業の進んでいない国のこと。開発途上国ともいう。アジア・アフリカ・中南アメリカ・オセアニアの多くの国が発展途上国にふくまれる。

展途上国の多くは農業中心の国であり，自然災害《さいがい》が起こるとたちまち食料不足となり，財政力《ざいせいりょく》も弱いため輸入《ゆにゅう》もしにくい。多くの人口を養える食料生産を上げるようになるため，経済的に豊《ゆた》かな国々が中心となって考えていかなければならない。

● **日本の食料問題**…日本は豊かな経済力を背景《はいけい》に世界から食料を大量に輸入しているが，一方で食べられずに捨《す》てられる**食品ロス**が大きな問題となっている。また，食品の安全性《あんぜんせい》についての課題もかかえている。そこで，食品の安全性を守るために輸入食品の検査《けんさ》の強化や法律《ほうりつ》の改正，消費者のもとに届《とど》いた食品の情報《じょうほう》を生産者までさかのぼって調べられる**トレーサビリティ**(➡p.29)などが実施《じっし》されている。

食品会社	・売れ残り　・仕こみすぎ　・飲食店での食べ残し ・破損品《はそんひん》(箱《はこ》がこわれたなど) ・規格外品《きかくがいひん》(形がくずれたなど)
家庭	・食べ残し　・皮を厚《あつ》くむきすぎたなど ・消費期限《きげん》切れ

▲食品ロスが生じる理由

食料を確保《かくほ》するために

● **自給率《じきゅうりつ》を高める**…日本の農業は経営規模《けいえいきぼ》が小さいので，野菜や花などを除《のぞ》いて，かつての米のように国から特別な保護《ほご》を受けないかぎり，外国からの安い食料や飼料《しりょう》に対抗《たいこう》できるものはほとんどない。外国から輸入すれば安く手に入れられるが，国内の農家は打撃《だげき》を受け，農村が荒《あ》れることになる。農業の大切さを見直し，食料の自給率を高めることが大切である。

● **輸入の安定をはかる**…食料輸出国との間で，輸出規制《きせい》や関税などで問題が起きないよう，安定的な貿易関係を保《たも》つことも大切である。船による貨物輸送《ゆそう》がとどこおりなく行えるよう，港の整備《せいび》なども必要。

● **食料問題は世界的規模で考える**…日本は，発展途上国に対して農業技術《ぎじゅつ》や資金の援助《えんじょ》をするなど，世界全体の食料増産に向けて積極的に協力していくことが重要。

用語

食品ロス

本来食べられるのに捨てられてしまう食品のこと。出荷《しゅっか》された食品のうち，約3分の1の量が捨てられる(もともと食べられない骨《ほね》などの部分をふくむ)。このうち，約2割《わり》が売れ残りや食べ残しの「食品ロス」となっている。

参考

ヨーロッパの取り組み

ヨーロッパでは，食料の安定供給《きょうきゅう》のためには多少高くなっても自国内で生産されたものを食べようという考え方が主流となり，イギリスなどでは自給率が高まってきている。

●**食生活の見直し**…日本は経済的《けいざいてき》に豊《ゆた》かになり，食生活もぜいたくになったが，食料をそまつにせず，米やいわし・さばなどの近海魚の消費《しょうひ》を増《ふ》やすなど，国民自身も食生活を見直すことが必要である。また，国内で生産された食料でも遠くから輸送《ゆそう》すると，時間や費用がかかり，輸送のときの燃料も多く必要となり，環境《かんきょう》への影響《えいきょう》が大きくなる。そこで，地元でとれた農産物を地域《ちいき》内で消費する**地産地消《ちさんちしょう》**(➡p.168)を進めることも大切である。

必要なえさの量（とうもろこし換算）

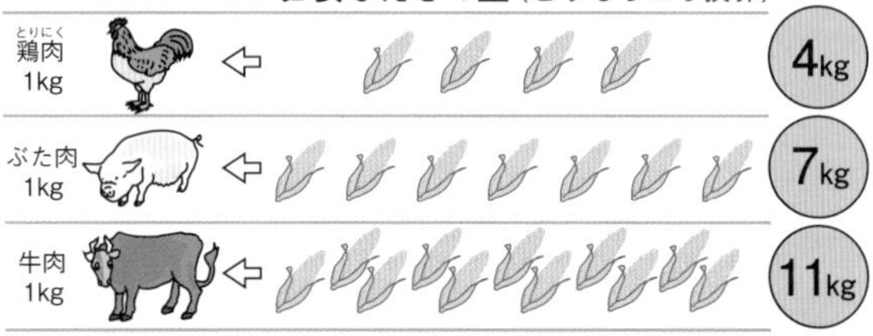

▲肉1kgをつくるのに必要なえさの量

●**フードマイレージ**…生産地から食たくまでの距離《きょり》が短い食品を食べた方が，輸送にともなう環境への負担《ふたん》が少ないという考えから，輸入農産物が環境にあたえている負担を数値化《すうちか》するためにつくられたもの。フードマイレージを下げるには，食料自給率《じきゅうりつ》を高める必要がある。

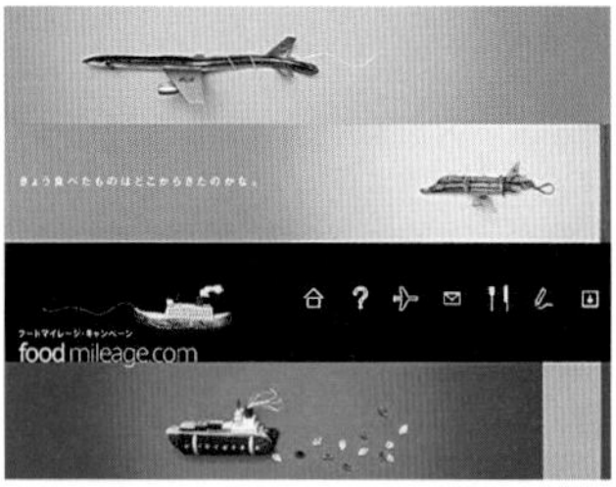

▲フードマイレージのキャンペーンポスター

▶輸入相手国からの「食料輸入量×輸送距離」で計算し，t《トン》・kmまたはkg・kmで表す。日本のフードマイレージは世界一高いといわれる。

▶国産の牛肉は，アメリカ産の牛肉よりフードマイレージは低いといえる。

参考

世界食糧《しょくりょう》サミット

1996年に，世界の185か国の代表者などがイタリアのローマに集まって開いた会議。この会議で，当時8億人以上いると考えられていた世界の栄養不足人口を，2015年までに半分にする目標が立てられた。

参考

地産地消によるフードマイレージの低下

［メニュー］せりごはん，しいたけと春菊のみそしる，ぶた肉の野菜まき，大根のふろふき

- 市場で流通している食材を使った場合…フードマイレージ4329.8kg・km，二《に》酸《さん》化《か》炭《たん》素《そ》排出量《はいしゅつりょう》133.1g
- 地域でとれた食料を使った場合…フードマイレージ16.9kg・km，二酸化炭素排出量3.0g

（資源《しげん》エネルギー庁《ちょう》の試算による）

入試ポイント

〈日本の食料自給率〉

▶米・野菜は**高い**。小麦・だいずは**低い**。

▶肉類・くだものは輸入自由化により**低下**。

☑ まとめチェック

知識を整理・確認しよう！

① 食料の輸入

	答え
□ ① 長い間，日本で主食として食べられてきた農作物は何か。	① 米
□ ② 魚介類《ぎょかいるい》と肉類のうち，21 世紀に入って消費量が減《へ》ってきているのはどちらか。	② 魚介類
□ ③ 米・鶏卵《けいらん》に次いで自給率の高い食料で，1日1人あたりの消費量がオランダと同じくらいの作物は何か。	③ 野菜
□ ④ 1980 年ごろに比《くら》べ消費量が約3分の1まで減り，現在《げんざい》の生産量はりんごと同じくらいのくだものは何か。	④ みかん
□ ⑤ 米の市場が開放された結果，1995 年に定められた米の最低輸入量のことを何というか。	⑤ ミニマム・アクセス
□ ⑥ 肉類のうち，1991 年に輸入が自由化されて以来，急速に自給率が下がったものは何か。	⑥ 牛肉
□ ⑦ アメリカ・カナダ・オーストラリアの3国から輸入し，自給率が 10～15%で横ばいとなっている麦類は何か。	⑦ 小麦
□ ⑧ 自給率が7％前後で，約 70%をアメリカから輸入している豆類は何か。	⑧ だいず
□ ⑨ インドネシアなどで，マングローブを切り開いてつくられた養殖場《ようしょくじょう》でつくられている水産物は何か。	⑨ えび
□ ⑩ 日本が輸入しているくだもののうち，もっとも多いものは何か。	⑩ バナナ

② 食料の確保《かくほ》

	答え
□ ① 1960 年代以降《いこう》，アジア・アフリカを中心に人口増加率が急に高くなったことを何というか。	① 人口爆発《ばくはつ》
□ ② 経済《けいざい》・産業の発達がおくれ，自然災害《さいがい》が起こると食料不足の状態《じょうたい》におちいりやすい国々を何というか。	② 発展途上国《はってんとじょうこく》
□ ③ 先進国でみられる，売れ残りや食べ残しで食品が食べられずに捨《す》てられる問題を何というか。	③ 食品ロス
□ ④ 消費者のもとに届《とど》いた食品の情報《じょうほう》を，生産者までさかのぼって調べられるしくみを何というか。	④ トレーサビリティ
□ ⑤ 地元の農産物を地域内で消費する試みを何というか。	⑤ 地産地消
□ ⑥ 生産地から食卓までの距離をもとに，農産物が環境にあたえている負担を数値化したものを何というか。	⑥ フードマイレージ

力だめしの問題 入試標準レベル

解答➡p.616

1 次の問いに答えなさい。

(1) 右のグラフの**A**～**D**は，日本における野菜・鶏卵《けいらん》・小麦・くだものの食料自《じ》給率《きゅうりつ》を表しています。鶏卵と野菜を表すものを1つずつ選び，記号で答えなさい。【昭和学院秀英中】

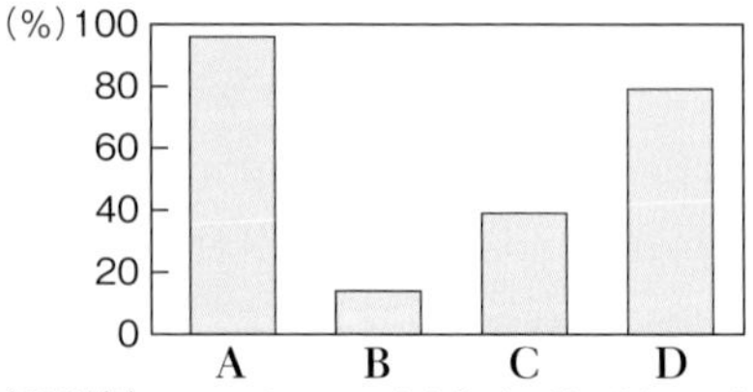

(2017年)　(2019/20年版「日本国勢図会」による)

鶏卵(　　　)　野菜(　　　)

(2) 右のグラフは，日本における農産物の自給率を表したものです。これを見て，次の問いに答えなさい。【大妻多摩中・改】

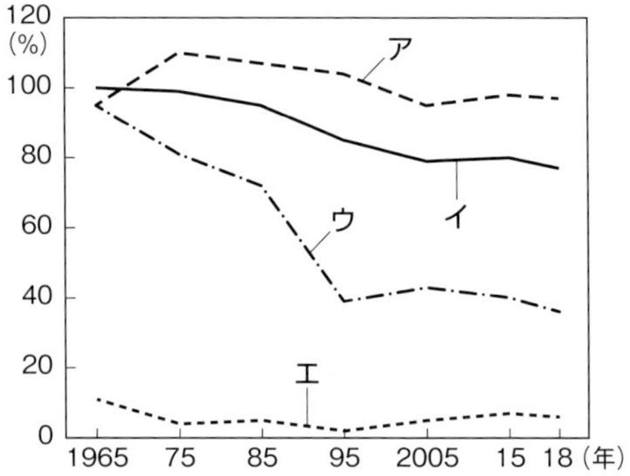

(農林水産省「食糧自給率データ」による)

①グラフ中の**ア**～**エ**は，それぞれ米・だいず・野菜・牛肉のいずれかを表しています。だいずおよび牛肉にあてはまるものを1つずつ選び，記号で答えなさい。

だいず(　　　)　牛肉(　　　)

②日本がだいずをいちばん多く輸入《ゆにゅう》している国を答えなさい。

(　　　　　　)

(3) 日本の食料自給率と食料生産に関する説明として誤《あやま》っているものを，次から1つ選び，記号で答えなさい。【栄東中・改】　(　　　)

ア　冷凍《れいとう》・冷蔵《れいぞう》技術《ぎじゅつ》の発達や交通網《もう》の整備《せいび》により，海外から新鮮《しんせん》な食料を早く輸入できるようになったことなどもあり，肉類や果実の自給率は低下してきている。

イ　さまざまな種類の食料を手に入れたいという消費者の需要《じゅよう》を背景《はいけい》に，政府《せいふ》は国内での消費が大きい米を中心とした食料輸入を積極的に進めている。

ウ　食料自給率の低下は，国内の食料生産の衰退《すいたい》につながるだけでなく，国《こく》際情勢《さいじょうせい》の影響《えいきょう》を受けやすくなるため，食料の安定した供給《きょうきゅう》や価格《かかく》が維持《いじ》しにくくなる可能性《かのうせい》がある。

エ　安い外国産の食料に対抗《たいこう》するため，安全で高品質《ひんしつ》なものを生産するなど，価格以外の分野で消費者の支持《しじ》を得て，売り上げをのばしている生産者もいる。

2 次の問いに答えなさい。

⑴ 食料自給率(％)は右のように計算します。式の **a** ～ **c** にあてはまることばを次から1つずつ選び，記号で答えなさい。【三輪田学園中】

$$食料自給率＝\frac{国内生産}{(\mathbf{a})+(\mathbf{b})-(\mathbf{c})\pm 在庫の増減}\times 100$$

a(　　　)　**b**(　　　)　**c**(　　　)

ア　国内生産　　**イ**　輸出　　**ウ**　輸入

⑵ うどんの原材料の小麦はほとんどを輸入にたよっています。次に示《しめ》したグラフの**ア**～**エ**は，農産物で輸入額が上位の小麦・とうもろこし・牛肉・ぶた肉の日本の輸入相手上位の国々を示したものです。小麦にあてはまるものを1つ選び，記号で答えなさい。【日本大藤沢中】　(　　　)

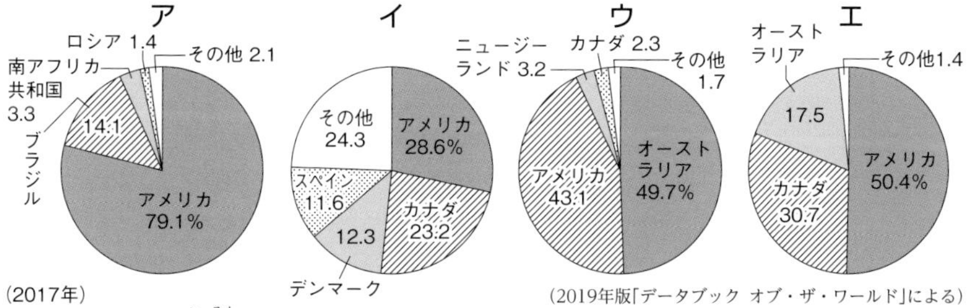

(2019年版「データブック オブ・ザ・ワールド」による)

⑶ 海外の食料に依存《いそん》することで起こる可能性がある問題について説明した文として，適切《てきせつ》でないものを次から1つ選び，記号で答えなさい。【浅野中】(　　　)

ア　海外からの安価《あんか》な農作物が大量に日本国内に流入することで，国際《こくさい》競争力の低い日本の農業がいっそう衰退することが心配されている。

イ　農作物の生産には水が必要なため，他国の水資源《みずしげん》を奪《うば》うことになり，降《こう》水量《すいりょう》の多い日本が国際的な批判《ひはん》を受けることにつながる。

ウ　食料の輸送により多くの化石燃料《ねんりょう》が消費されることで，大気中の二酸化《にさんか》炭素濃度《たんそのうど》が上昇《じょうしょう》して地球温暖化《おんだんか》につながる。

エ　世界的な人口減少により農業従事者《じゅうじしゃ》が減少《げんしょう》し食料不足となることで，食料の安定的な輸入が困難《こんなん》になると考えられている。

⑷ 世界では，多くの人々が飢《う》えで苦しんでいます。世界の食料に関する説明として正しいものを，次から1つ選び，記号で答えなさい。【横浜雙葉中】　(　　　)

ア　栄養不足が極めて深刻《しんこく》な国は，アフリカの東部や南部に多い。

イ　アジアではすべての国で，栄養不足の人の割合《わりあい》が国民の5％未満である。

ウ　1年間に日本でまだ食べることができるのに捨《す》てられる食料の量は，国連世界食糧《しょくりょう》計画(WFP《ダブリュエフピー》)の年間食料援助量《えんじょりょう》より少ない。

エ　日本国内では十分な量の食料が生産されており，食料自給率はアメリカやオーストラリアと同じくらいである。

チャレンジ問題 入試発展レベル

解答➡p.617

★は最高レベル

1 次の問いに答えなさい。

⑴ 次の文を読んで，あとの問いに答えなさい。【ラ・サール中】

鶴岡《つるおか》市がある［ A ］には，米づくりのさかんな庄内《しょうない》平野があります。この庄内平野には，最上川《もがみがわ》・赤川《あかがわ》・日向川《にっこうがわ》などが流れこみ，豊かな土壌《どじょう》と水を供《きょう》給《きゅう》しています。そして，夏になると［ X ］から季節風《きせつふう》がふきます。山をこえてきた［ Y ］，［ Z ］風はじょうぶな稲《いね》を育てます。

①文中の空欄《くうらん》Aに適《てき》する都道府県名を漢字で答えなさい。

(　　　　　　　　)

②文中の空欄X～Zに入る適切な語の組み合わせを，右のア～カから1つ選び，記号で答えなさい。

(　　　)

	(X)	(Y)	(Z)
ア	南西	あたたかく	かわいた
イ	南東	あたたかく	かわいた
ウ	南西	あたたかく	しめった
エ	南東	冷たく	しめった
オ	南西	冷たく	しめった
カ	南東	冷たく	かわいた

⑵ 日本の稲作《いなさく》の状況《じょうきょう》について説明した文としてもっとも適切なものを，次から1つ選び，記号で答えなさい。【浅野中】　(　　　)

ア　耐寒性《たいかんせい》品種の開発が進んだため，近年の年間収穫量《しゅうかくりょう》は東北《とうほく》地方の合計よりも北海道《ほっかいどう》地方のほうが多くなっている。

イ　現在《げんざい》の1人あたりの年間米消費量は，第二次世界大戦後のピークだった年の半分以下にまで減少《げんしょう》している。

ウ　ミニマム・アクセス(最低輸入量《ゆにゅうりょう》)の導入《どうにゅう》にともない，主食用の米の自給《じきゅう》率《りつ》は減少し続けている。

エ　日本人の米の消費量減少による米余《あま》りにともない，国が米の生産量をおさえる減反政策《げんたんせいさく》が継続《けいぞく》されている。

⑶ 次のア～エの文は，日本の稲作について述《の》べたものです。正しいものには○を，正しくないものには×を記入しなさい。

ア　1960年と2010年を比較《ひかく》すると，米の生産量は増加《ぞうか》している。(　　　)

イ　カントリーエレベーターは米などの穀物《こくもつ》を保管《ほかん》する設備《せつび》である。(　　　)

ウ　田植えは3月から4月にかけて行われることが多い。(　　　)

エ　山の斜面《しゃめん》などにつくられた階段状《かいだんじょう》の水田を棚田《たなだ》という。(　　　)

⑷ 高齢化《こうれいか》や後継者《こうけいしゃ》不足にともなう農業の新しい取り組みについて，あなたが考える新しい取り組みを書きなさい。【東洋英和女学院中等部・改】

(　　　　　　　　　　　　　　　　　　　　　　　　　　)

2 次の問いに答えなさい。

⑴ 次の文中の空欄①・②にあてはまる語句《ごく》を答えなさい。【日本大藤沢中】

> 古くから北陸《ほくりく》の農業は，稲作の割合《わりあい》が高いという特色をもっています。富山《とやま》県も，耕地《こうち》面積全体の約96%が田であり，2018年秋から新たなブランド米が販売《はんばい》されるなど，例外ではありません。一方で，稲作が終わった冬でも収入が得られるように，雪でおおわれてしまう耕地を利用して［　①　］を行うための作物が求められました。大正《たいしょう》時代になると，自然条件《じょうけん》が適《てき》していたこともあり，県花にもなった［　②　］の栽培《さいばい》が始まりました。現在《げんざい》でも球根類の出荷量は日本有数です。

①（　　　　　）　②（　　　　　）

⑵ 山梨《やまなし》県と山形《やまがた》県における果樹《かじゅ》生産が全国1位のものを，次から1つずつ選び，記号で答えなさい。【法政大二中】　山梨県（　　　）　山形県（　　　）

ア　さくらんぼ　　イ　みかん　　ウ　ぶどう

エ　いちご　　オ　すいか

⑶ 右の文を読んで，次の問いに答えなさい。【青稜中】

> 日本の農業は稲作を中心としながら，さまざまな地形などを利用しての$_a$果樹栽培や大都市周辺で行う$_b$近郊農業など，せまい耕地《こうち》において最大限《さいだいげん》の生産が上がるよう，くふう・努力をしています。

①文章中の下線部**a**について，果樹栽培は，川が山間部から平野や盆地《ぼんち》に出た所に形成する地形で多く行われています。この地形のことを何といいますか。3字で答えなさい。（　　　　　）

②文章中の下線部**b**について，近郊《きんこう》農業のさかんな地域と生産物の正しい組み合わせを次から1つ選び，記号で答えなさい。（　　　）

ア　高知《こうち》平野・なす

イ　津軽《つがる》平野・りんご

ウ　房総《ぼうそう》半島・花

エ　シラス台地・さつまいも

⑷ 次のア～エのうち北海道の生産量が日本1位でないものを1つ選び，記号で答えなさい。【女子美大附中】（　　　）

ア　かぼちゃ　　イ　キャベツ　　ウ　たまねぎ　　エ　じゃがいも

⑸ 砂糖《さとう》の原料となる工芸作物にはさまざまなものがあります。これらのうち，北海道で栽培がさかんなものの主要な生産国として適切《てきせつ》なものを次から1つ選び，記号で答えなさい。【昭和学院秀英中】（　　　）

ア　ブラジル　　イ　インド　　ウ　インドネシア　　エ　ロシア

3 次の問いに答えなさい。

⑴ 右の表中**X**にあてはまる家畜《かちく》を次から1つ選び，記号で答えなさい。【鎌倉女学院中】

家畜の数 （牛・ぶたの単位は万頭，鶏の単位は万羽）

	1位	2位	3位	4位	5位
X	茨城 1388	千葉 1237	鹿児島 1071	岡山 1050	群馬 964

(2018年) （2019/20年版「日本国勢図会」による）

（　　）

ア 乳牛《にゅうぎゅう》　イ 肉牛　ウ ぶた　エ 肉用鶏《にわとり》　オ 卵《たまご》用鶏

⑵ 右の図は，北海道《ほっかいどう》とほかの都府県の生乳《せいにゅう》の利用状況《じょうきょう》をそれぞれ示《しめ》しています。なぜ，北海道では牛乳などの飲料として出荷《しゅっか》するよりも乳製品に加工して出荷する割合《わりあい》が大きいのですか，その理由を説明しなさい。【國學院大久我山中】

北海道と都府県における生乳の仕向け先（概算《がいさん》値）

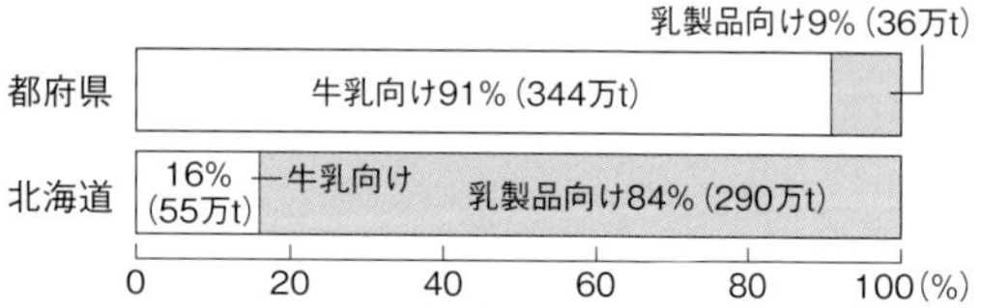

（農林水産省「牛乳乳製品統計」(平成26年)による）

（　　　　　　　　　　　　　　　　　　　　）

⑶ 静岡《しずおか》県が全国1位の漁獲量《ぎょかくりょう》(2017年)の魚類として正しいものを，次から1つ選び，記号で答えなさい。【春日部共栄中】 （　　）

ア まぐろ類　イ さけ類　ウ あじ類　エ たら類

⑷ 右のグラフは愛媛《えひめ》県が上位となっている水産物の養《よう》殖《しょく》業の収獲量《しゅうかくりょう》から見たおもな産地の割合を示しています。この統計《とうけい》が示す水産物を，次から1つ選び，記号で答えなさい。【城北中】 （　　）

ア ほたて貝　イ うなぎ

ウ かき　エ 真珠《しんじゅ》

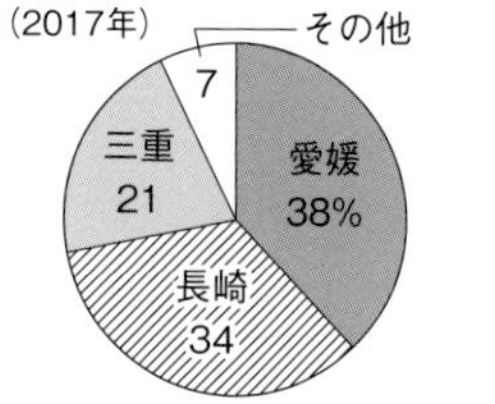

（2019/20年版「日本国勢図会」による）

⑸ 右の表は，水あげ量が多い漁港の水あげ量と魚種別の水あげ量を示したものです。表中の**Y**にあてはまる魚介類《ぎょかいるい》のイラストとして適当《てきとう》なものを，右から1つ選び，記号で答えなさい。【サレジオ学院中】

漁港	合計	まいわし	さんま	かつお	Y
銚子	214508	62084	8162	5109	−
焼津	167215	1621	−	152	−
境	138329	40132	28	24	6
釧路	112644	9349	15196	−	907
八戸	96223	1731	0	4	1286

(2017年，単位:t) （農林水産省調べ）

（　　）

4 **次の問いに答えなさい。**

★ (1) 小麦(麦類)はもともと自《じ》給《きゅう》できていた農作物でした。しかし消費量が戦後に大きく増加《ぞうか》し，輸入《ゆにゅう》することになりました。どうして小麦の消費量が増加したのですか。その理由を，右の給食の写真や第二次世界大戦後の写真や資料《しりょう》，あなたのまわりの食生活から考えて答えなさい。【大妻多摩中】

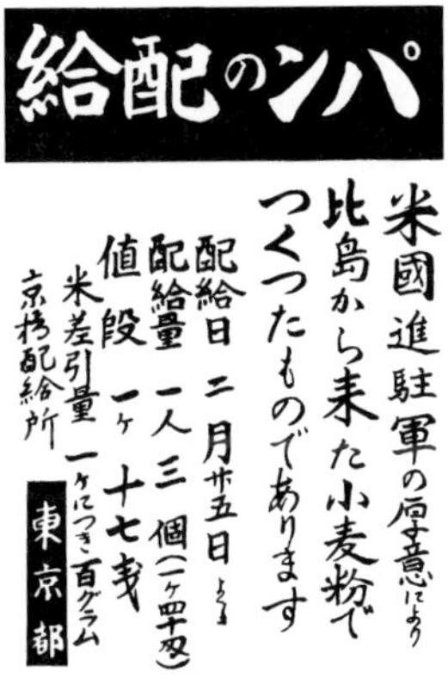

＊1：米國とはアメリカ　＊2：比島とはフィリピン

(　　　　　　　　　　　　　　　　　　　　)

★ (2) 日本は食料自給率《りつ》が低いが，比較《ひかく》的野菜は自給率が高くなっています。しかし，ビニールハウスを使って育てている野菜は，必ずしもすべて国内産とはいえません。なぜこのように考えられますか，**図1・2**を参考にして，理由を書きなさい。【お茶の水大附中】

ビニールハウス

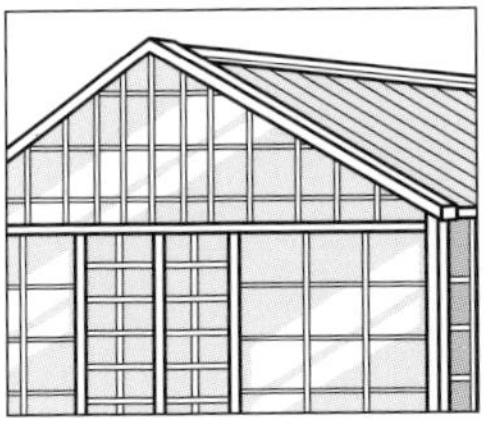

図1　食料自給率の移り変わり

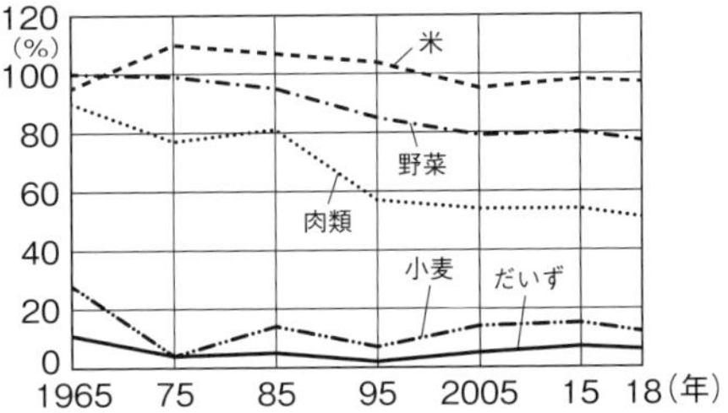

(農林水産省「食料需給表」による)

図2　一次エネルギー*の自給率の移り変わり

年度	2000	2005	2010	2016
エネルギー自給率(%)	20.2	19.6	20.2	8.3

＊一次エネルギー：自然から得られたままの物質をもとにしたエネルギー

(2019/20年版「日本国勢図会」などによる)

(　　　　　　　　　　　　　　　　　　　　)

第4章 工業生産と人々のくらし

1 さまざまな工業

学習のポイント

- ●近代工業が成立するまでの流れをおさえているか。 ➡p.216
- ●自動車工業をはじめとする重化学工業の特色を理解《りかい》できているか。 ➡p.220
- ●軽工業で生産される製品《せいひん》の種類をとらえることができているか。 ➡p.236

1 近代工業の発展《はってん》

近代工業の始まり

●**近代工業とは**…動力を利用し，機械を動かして，品物を大量生産する工業のこと。人手にたよる手工業の伝統《でんとう》工業(➡p.242)に対することば。

●**手工業の発展**…江戸《えど》時代，手工業は**問屋制家内工業**《とんやせいかないこうぎょう》から，**工場制手工業**《こうじょうせいしゅこうぎょう》(**マニュファクチュア**)へと発展した。この工場制手工業から工場制機械工業へと移《い》行《こう》することによって，近代工業がうまれた。

用語

手工業

簡単《かんたん》な道具を使って，おもに人の手のはたらきで，いろいろな品物をつくること。機械を使わないので，完成までに長い時間がかかり，しかも，少量しか生産できない。また，生産技術《ぎじゅつ》を身につけるのに，長い時間がかかる。

くわしく 工場制手工業（マニュファクチュア）

問屋や大商人が，多くの職人《しょくにん》を１つの作業場に集めて，手分けして仕事をさせる生産のしくみ。この方法では，あちこちに散らばって仕事をしていた職人を１か所に集めて生産させるので，材料や製品を運ぶ手間が省ける。また，職人は，手分けして，受け持ちの仕事だけをすればよいので，品質《ひんしつ》のそろったよい製品をたくさん生産できるようになった。

日本では，江戸《えど》時代の後半から，製《せい》糸《し》・絹織物《きぬおりもの》工業，灘《なだ》・伊丹《いたみ》の酒づくりなど，各分野で行われた。工場制手工業は，工場に職人を集めることや，職人に手分けして仕事をさせる分業の方法をとっている点などで，近代工業(工場制機械工業)のしくみに似《に》ている所があり，近代工業の始まりといえる。

▲酒づくりの工場制手工業

近代工業の発展

●**政府《せいふ》が工業化を推進《すいしん》**…明治《めいじ》時代の初め，政府は，**殖《しょく》産《さん》興《こう》業《ぎょう》**(➡p.441)の政策《せいさく》を進めた。国の費用で工場を建て，外国から機械を買い入れ，技術者を招《まね》いたりした。このような工場を**官営《かんえい》工場**といい，民間の工場に比《くら》べて大規模《だいきぼ》で，設備《せつび》が整っており，全国に紡績《ぼうせき》・造船《ぞうせん》・精錬《せいれん》などの工場がつくられた。これらの官営工場の多くは1880年代から，民間に払《はら》い下げられた。

▲おもな官営工場

▲官営工場の富岡《とみおか》製糸場(群馬《ぐんま》県)

●**軽工業の発展**…日清《にっしん》戦争(1894～95年)のころになると，すでに輸出《ゆしゅつ》の中心であった生糸《きいと》に加え，綿《めん》織物を中心としたせんい工業がさかんになり，輸出も増《ふ》えた。

●**重工業の発達**…1901年，官営の**八《や》幡《はた》製《せい》鉄《てつ》所《じょ》**(➡p.454)が生産を始め，日露《にちろ》戦争(1904～05年)後は，重工業がさかんになった。第一次世界大戦(1914～18年)では，外国からの注文が増え，化学工業も発達した。そのため重化学工業はより発展し，4つの工業地帯が成立した。

参考
富岡《とみおか》製糸場
日本で最初の官営工場は，群馬県の富岡につくられた富岡製糸場。近隣《きんりん》県の士族(もとの武士)の子女たちが工員となって，高品質の生糸が生産された。現在は世界文化遺産に登録されている。

参考
産業革命《さんぎょうかくめい》
生産のしくみが，手工業(工場制手工業)から，機械を使った大量生産の方式(工場制機械工業)に変わり，それにともなって社会や経済《けいざい》のしくみが大きく変わったことをいう。18世紀後半，まずイギリスで，蒸気《じょうき》機関の改良や，新しい機械の発明などによって始まり，やがてヨーロッパの国々やアメリカに広まった。日本では明治政府が産業革命を推進し，軽工業から重工業へと発達する形で各種の工業がさかんになった。それにともなって，商業や交通もさかんになり，工業都市がおこり，都市への人口集中が進んだ。

入試ポイント
〈日本の工業化〉
▶江戸時代の**工場制手工業(マニュファクチュア)**→明治の初めに**官営工場**→**日清戦争**のころに**軽工業**→官営の**八幡製鉄所**→**日露戦争**後に**重工業**

世界有数の工業国へ

● **第二次世界大戦後の復興《ふっこう》**…第二次世界大戦で，日本の工業は大きな打撃《だげき》を受けた。しかし戦後，それまで工業をはじめ，あらゆる産業を支配《しはい》していた財閥《ざいばつ》は解体《かいたい》され，経済《けいざい》は民主化された。そして，1950年に起こった朝《ちょう》鮮《せん》戦争による**特《とく》需《じゅ》**をきっかけに，外国から新しい技術《ぎじゅつ》や設備《せつび》を導《どう》入《にゅう》し，日本は戦後10年たらずで，戦前の水準《すいじゅん》までに復活《ふっかつ》した。

▲特需のころのトヨタ自動車の工場：1950年当時，トヨタ自動車は不況《ふきょう》の影響《えいきょう》などで経営が悪化していた。しかし，朝鮮戦争が始まり，アメリカ軍からトラック1000台の大量注文が入るなどして，会社の業績《ぎょうせき》は急速に立ち直った。

● **重化学工業の発《はっ》展《てん》**…1950年代後半から，工業の設備投資《せつびとうし》がさかんに行われた。勤勉《きんべん》な労働力にもめぐまれて，**高度経《けい》済《ざい》成長**の時代をむかえ，鉄鋼《てっこう》・造船《ぞうせん》・石油化学・機械・自動車などの分野で，工業はめざましく発展した。

▶ 1960年に池田勇人《いけだはやと》内閣《ないかく》が**所得倍増《ばいぞう》計画**を発表した。これは，国の経済規模《きぼ》をはかる国民総生産《そうせいさん》(GNP《ジーエヌピー》)を10年以内に2倍にすることを目標にかかげたもので，道路・港・下水道などの社会資本《しほん》を整備《せいび》し，社会保障《ほしょう》を充実《じゅうじつ》させることなどを目指した。

▶ 1968年には，国民総生産が資本主義《しゅぎ》国の中でアメリカに次ぐ2位となった。

● **先進工業国への成長**…1973年，1979年の2度にわたる**石油危機《きき》(オイル・ショック)**で，石油の価格《かかく》は大はばに上がった。これを受けて，資源《しげん》やエネルギーを多く消費する工業にかわって，先端《せんたん》技術(ハイテク)産業や，自動車のように総合的な組立加工型の工業がさかんになった。こうして，日本は，世界有数の先進工業国へと発展した。

用語

特需

朝鮮半島で，旧《きゅう》ソ連・中国《ちゅうごく》のあとおしを受けた北の朝鮮民主主義人民共和国と，アメリカのあとおしを受けた南の大《だい》韓民国《かんみんこく》とが，1950年から戦争になった。この朝鮮戦争で，日本ではアメリカ軍の軍需物《ぐんじゅぶっ》資《し》の特別注文，すなわち特需が増《ふ》えて，工業生産が活発になり，経済復興を果たした。

注意

工業の転換《てんかん》

石油危機の前後で，日本の工業の性質《せいしつ》が変化したことに注目しよう。1960年ごろから1973年の石油危機までは，高度経済成長の時期で，重厚長《じゅうこうちょう》大《だい》(製品《せいひん》が重い，厚《あつ》い，長い，大きい)の重化学工業が発達した。石油危機の後は，安定成長に移《うつ》り，軽薄短小《けいはくたんしょう》(製品が軽い，うすい，短い，小さい)のハイテク産業が成長していった。これは，資源多消費型の工業から，資源節約型の工業への変化でもある。

工業化と国民生活

●**国民生活の変化**…いろいろな品物が工場でたくさん生産され，買いやすい価格《かかく》になった。生活は快適《かいてき》で，便利になっていった。家事の手間が減《へ》ったことで，女性《じょせい》の社会進出も進んだ。

▶**衣**…化学せんいの利用が増えた。

▶**食**…インスタント食品や冷凍《れいとう》食品などの加工食品が増加。炊飯器《すいはんき》や電子レンジも普及《ふきゅう》した。

▶**住**…プレハブ住宅《じゅうたく》や高層《こうそう》マンションが増えた。家庭用電気製品が普及し，自動車も増えた。

●**新しい問題**…工業化が進むにつれ，工場や自動車が**公害**(➡p.270)をうむようになった。大量生産は大量消費をうながし，使い捨《す》てが増え，資源のむだ使い，ごみの増加が目立《めだ》つようになった。また，海岸に工業地域《ちいき》をつくったことにより，各地で海洋汚染《かいようおせん》が進んだ。

●**大量生産・大量消費**…20世紀末までの日本では，「使い捨て時代」が長く続いた。買いかえられた自動車はスクラップにされ，自転車は放置され，電気製品は新製品への買いかえで捨てられた。1回使うだけで捨てる紙コップや紙オムツ，ジュースの缶《かん》やガラスびん，包装用《ほうそうよう》の紙など，生活の中でも捨てるものが，どんどん増えていった。こうした行動の反省から，**リサイクル**が活発になっていった。

●**働く人の生活**…会社で働く人の生活は，会社から受け取る賃金や，労働時間の長さなどの労働条件によって，大きく左右される。労働条件が悪くならないように，国では，労働基準《きじゅん》法によって，労働条件の最低基準を定めている。

●**労働組合の役割《やくわり》**…会社で働く人々は，賃金《ちんぎん》や労働時間などの労働条件《じょうけん》をよくするために，**労働組合**をつくって，使用者などと交渉《こうしょう》することができる。交渉がうまく進まないとき，労働組合はストライキを行うこともある。労働組合をつくることは基本的人権《じんけん》の1つとして，日本国憲法《けんぽう》で保障《ほしょう》されている(➡p.519)。

用語

インスタント食品

少し手を加えるだけで，すぐに食べられる食品のこと。インスタントラーメンや，インスタントコーヒーが代表的。インスタント食品の中でも，強い圧《あつ》力《りょく》と加熱で殺菌《さっきん》し，密封《みっぷう》され，長期間，保存《ほぞん》ができるものを，レトルト食品という。

参考

働く人の生活

工場で働いている人の生活を豊《ゆた》かにすることも，工業の発展にとって大切である。日本は，ヨーロッパの国々に比《くら》べ，働く時間が長い，住宅がせまいなど，豊かな生活を送っている実感がないといわれる。また，病気になったり，工場でけがをしたりして命を落とすことのないよう，働く人の健康や安全を守る必要がある。

2 自動車工業

大量生産と分業

●**分業とは**…機械による大量生産のために，1つの製《せい》品《ひん》をつくる仕事を細かく分け，働く人は，それぞれ仕事の一部分だけを受け持つしくみ。

▶**分業のよい点**…1人の労働者が，同じ仕事をくり返すので，仕事に慣《な》れるのが早く，能率《のうりつ》が上がる。つくる製品の量は増《ふ》え，でき上がりのまちがいも少なくなる。また，発明やくふうをうながし，時間や費用の節約につながる。

▶**分業の悪い点**…1人が行う仕事は，全体の一部にすぎないうえ，同じ仕事ばかりだと単調で，精神《せいしん》的につかれる。また，製品を全体としてとらえる意識《いしき》がうすれ，責任感《せきにんかん》にとぼしくなることがある。

●**縦《たて》のつながりの分業と横のつながりの分業**…日本の自動車は，縦のつながりの分業で発展《はってん》してきた。しかし，近年はヨーロッパの自動車会社から部品をとり入れるなど，横のつながりの分業へ変化していった。

▶**縦のつながりの分業**…日本の自動車に代表される。孫会社が部品の部品をつくり，子会社が部品をつくり，それらを本社で組み立てる。

▶**横のつながりの分業**…パソコンに代表される。部品をつくっているのは別々の会社で，それらを世界各地から取り寄《よ》せて1台のパソコンに組み立てる。

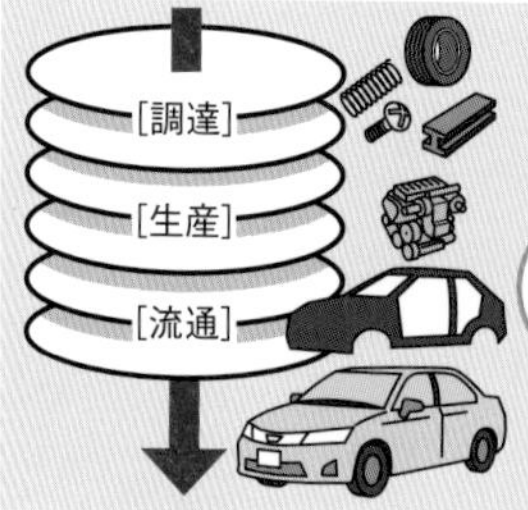

▲縦のつながりの分業

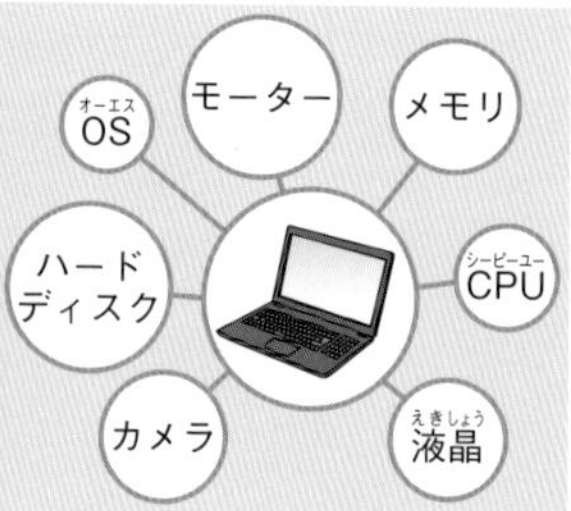

▲横のつながりの分業

●**分業と大量生産**…近代工業は，動力を利用し，機械を動かして大量の製品を生産する。大量生産に合っ

参考

規模《きぼ》の経済《けいざい》

大量生産によって生産費が下がることを，規模の経済という。工場は原料を大量に仕入れ，大量に生産し，大量に売ることによって，1個《こ》あたりの生産費を節約することができる。

参考

流れ作業

20世紀初め，アメリカの自動車会社フォードが最初にとり入れた。1車種しかつくらない生産ラインが設《もう》けられ，コンベアの動く速さに合わせて作業員が配置され，それぞれが細かく分業された単純《たんじゅん》作業を行った。

た仕事のやり方として考え出された方法の1つが**分業**である。手工業では，1人で初めから終わりまでつくることが多いので，仕事の技術《ぎじゅつ》を身につけ，うまく仕上げられるようになるまで，長い年月がかかる。しかし，分業なら，だれでもすぐに仕事に慣れることができるので，大量生産ができるようになる。

▶ **大量生産**…機械を使って，同じ種類で同じ品質《ひんしつ》，同じ型の製品を1度にたくさんつくること。

▶ **大量生産の問題点**…大量生産は，産業革命《さんぎょうかくめい》後に急速に広がり，製品を安い価格で大量につくることを可能にし，人々のくらしを豊《ゆた》かにした。しかし，不景気になると生産が止まり，労働者を解雇《かいこ》しなければならなくなるといった問題も起こる。

用語

解雇

会社側の都合で，労働者が会社をやめさせられること。解雇は30日前に予告する必要があるなど，法律《ほうりつ》で条件《じょうけん》が定められており，会社が急に社員をやめさせることはできない。

流れ作業

● **流れ作業とは**…細かく分けた仕事と仕事の間を，コンベアなどで結び，その上を部品が流れていく間に完成させるしくみ。

▲コンベア

▶ **流れ作業の多い工場**…多くの部品を組み立てて自動車などをつくる機械工業では，とくに流れ作業が多く，能率《のうりつ》よく大量生産が行われている。

▶ **コンベア**…長いベルト(帯)が回転して，その上を品物が連続的に運ばれていく装置《そうち》。

▶ **オートメーション**…いろいろな機械装置を組み合わせて作業を自動化し，人の手作業によらないで製品をつくるしくみ。

● **コンピューターの利用**…危険な作業や単純な作業は，コンピューターで動く**産業用ロボット**にまかせる工場が増えている。

用語

産業用ロボット

自動車工場や，IC《アイシー》(集積回路)などをつくる新しい工場で，産業用ロボットの利用が増えている。オートメーション化が進んでいる日本は，産業用ロボットの数が世界でもとくに多い国の1つである。

入試ポイント

〈近代工業の特色〉

▶ 機械による**大量生産**を行っている。

▶ **分業**，**流れ作業**，**オートメーション**などによる生産体制。

自動車の生産

●豊田《とよた》市(愛知《あいち》県)の自動車工業の歴史

▶**自動車工業がおこる前**…静岡《しずおか》県に生まれた**豊田佐《とよださ》吉《きち》**は，若《わか》いころから発明家をめざしていた。まず，1890年に手《て》織《お》り機を改良して特許《とっきょ》を取得すると，1898年には日本初の動力を使用した織り機である「豊田式汽力織機《きりょくしょっき》」を完成させ，その後も数々の特許を得ていく。1926年に自動織機製造《せいぞう》会社として，豊田自動織機製作所《せいさくじょ》を設立《せつりつ》した。

▶**自動車会社をおこす**…1923年の関東大震災《かんとうだいしんさい》で不通になった鉄道に代わり自動車が活躍《かつやく》したことから，日本では自動車の国産化に注目が集まっていた。かねてより，自動織機の技術を応用した自動車製造を考え，研究を進めていた**豊田喜一郎《きいちろう》**(佐吉の子)は，1933年に自動車部を社内に設置《せっち》し，本格的な自動車製造を開始した。工場用地は名古《なご》屋《や》の東の挙母《ころも》で手に入れた。

▲1935年に完成したトヨタ初のトラック「G1型トラック」

▶**企業城下町《きぎょうじょうかまち》へ**…1937年に，豊田自動織機製作所から自動車の部門を分離《ぶんり》・独《どく》立《りつ》させて，トヨタ自動車工業が設立された。挙母市は「企業城下町」として急成長していき，1959年には都市名を豊田市と改めた。

▲自動車工業の中心地，豊田市(愛知県)

参考

「G1型トラック」

豊田喜一郎は乗用車の製造を進めていた。しかし国から，軍も利用できるトラックやバスを製造してほしいという依頼《いらい》がきたため，乗用車に先がけてG1型トラックを完成させた。乗用車の第1号はA1型乗用車とよばれた。

用語

企業城下町

1つの会社とその関連会社が集まる形で発展《はってん》した都市。佐《さ》世保《せぼ》市(長崎《ながさき》県)，宇部《うべ》市(山《やま》口《ぐち》県)，鈴鹿《すずか》市(三重《みえ》県)，日立《ひたち》市(茨城《いばらき》県)など数多くあるが，会社名をそのまま都市名にした例は，豊田市以外にない。

参考

人名と異《こと》なる社名

創業者《そうぎょうしゃ》の豊田喜一郎の読みは「とよだ」である。1936年に会社のマークを募集した際，濁《だく》点《てん》をつけない方が音の響《ひび》きがよい，画数が8(末《すえ》広がりの八)で縁起《えんぎ》がよい，人名から離《はな》れて社会的な企業に発展するなどの理由から，「トヨタ」が選ばれ，それにあわせて社名も変更《へんこう》された。

●多くの会社が協力している自動車生産…1台の自動車は約3万個《こ》もの部品からつくられる。これらの部品は，国内の**関連工場**や，世界各地にもある協力会社でつくられている。

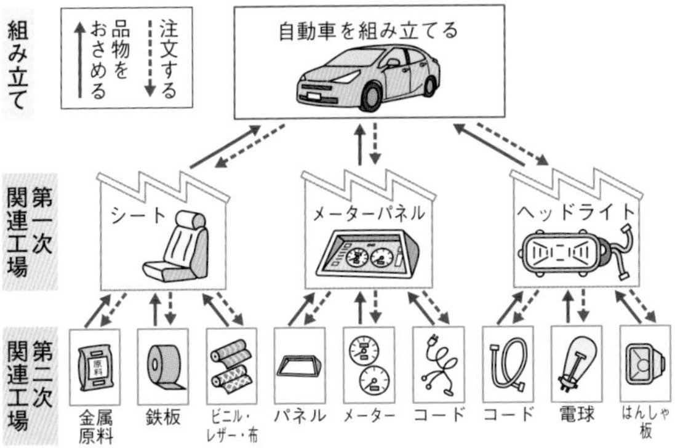

▲組み立て工場と関連工場の関係(例)

▶ **自動車産業がかかえる問題**…関連工場が多いため，自動車関連の産業で働く人の数は大変多い。しかし，円高《えんだか》などで自動車の生産が落ちこむと，多くの産業に影響《えいきょう》がおよんでしまう。

▶ **ジャスト・イン・タイム**…必要なものを必要なときに必要なだけつくるしくみ。組み立て工場と関連工場は，「**かんばん**」とよばれる2種類の指示《しじ》書《しょ》をやりとりして，自動車を生産する速さに合わせて，必要な部品を必要なだけつくるようにしている。組み立て工場では，部品を使うたびにその分だけ注文するので，使わない部品を置く場所をとらない。関連工場も，部品をつくり過《す》ぎることがない。

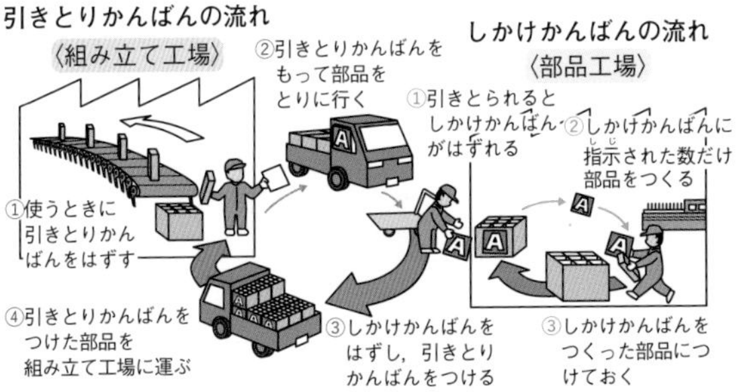

▲かんばん方式

参考

豊田市の工業

豊田市の工業出荷額《がく》は，市町村別で全国一である。工場数は860で，そのうち自動車関連工場が約42%をしめる。そこで働く人は約9万人にのぼり，市内の工場で働く人の約85%にも達している(2014年)。

注意

下うけ

親会社から注文を受けて仕事をする中小の会社などを，下うけという。自動車を組み立てる親工場の下には，一次・二次・三次の下うけ工場が結びつき，下へ行くほど数が多くなるため，図に表すとピラミッド型になる。

●**自動車組み立て工場**…組み立て工場のまわりには，プレス工場，溶接《ようせつ》工場，塗装《とそう》工場などさまざまな工場が立地している。

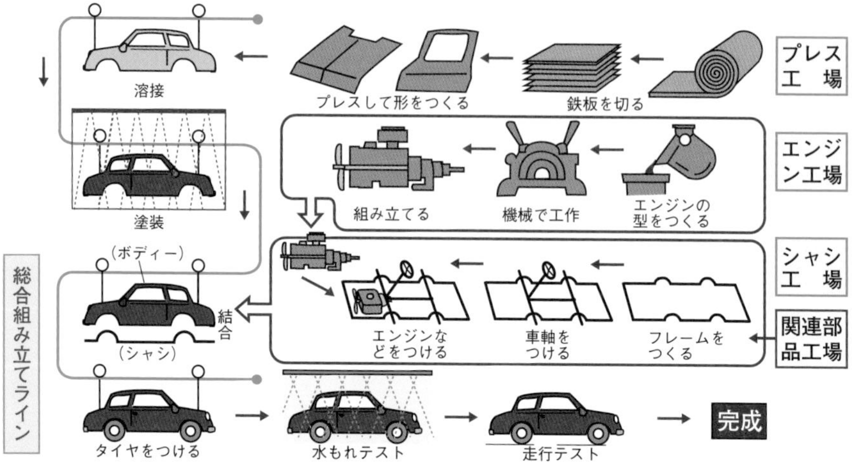

▲自動車ができるまでの流れ作業

▶**プレス**…製鉄所《せいてつじょ》から送られてきた鉄板を，曲げたり打ち抜《ぬ》いたりして，ドアやボンネットなどの形をつくる。

▶**溶接**…プレスされた車体を，ロボットを使って電気の熱でとかしてくっつけ，自動車の形をつくる。

▶**塗装**…ほこりや油を洗《あら》い流した後，塗料《とりょう》を3～4層《そう》塗《ぬ》り重ねる。

▶**エンジンづくり**…型にとけた鉄などを流しこみ，できた部品を組み立てる。

▶**組み立て**…コンベアを流れてくる車体に，流れ作業で部品をとりつける。

▶**検査《けんさ》**…ライトやブレーキのはたらきなど，1500項目《こうもく》以上にわたる厳《きび》しい検査をする。

▶**輸送《ゆそう》**…**キャリアカー**で日本各地へ運ぶ。遠い国内や外国には，船で運ぶ。

▲自動車船での輸出を待つ自動車

参考

ドアレス工程《こうてい》

塗装した車体が組み立て工場にきたとき，最初にドアをはずす。これはシートなどの部品のとりつけをしやすくするためである。外したドアは，その間，別のラインで部品をとりつけられる。

●自動車工場で働く人たち…自動車産業で働く人は500万人をこえ，日本の労働者全体の10%近くにのぼっている。

▶**工場でのくふう**…安全で効率的《こうりつてき》な仕事を行うために，車体の高さを変えて，組み立て作業を行う。

▲「らくらくシート」を使った作業

▶**工場を見守る**…生産コントロール室のコンピューターで，すべての工程が予定どおりに進んでいるかを確《たし》かめる。

▶**産業用ロボット**…強い力がいる作業や，よごれやすい作業では，ロボットを使う。プレス・溶接・塗装の工程ではロボットが多い。

▶**多品種少量生産**…1つの生産ラインでは，同じ種類の自動車をつくるわけではなく，いろいろな車種が流れている。それに加え，近年は，お客がシートの色やエンジンの性能《せいのう》などを細かく選んで注文できるようになったため，たくさんの種類の部品を用意し，注文に合った部品をとりつけていく必要がある。注文の内容《ないよう》はボンネットにはられた「指示《しじ》ビラ」に記され，作業員はこれを見て，正しい部品をとりつけていく。

▶**勤務《きんむ》時間**…作業員は2交代《こうたい》制で働いている。昼間はだいたい8時～17時半の勤務で，これを1週間続けたら，次の週は20時～翌日5時半の夜勤を行う。こうして工場では長い時間，生産ラインを動かしておくことができる。

参考

らくらくシート

かがんで作業をすると体に負荷がかかるため，組み立てラインには自由に上下できるリフトつき台車をとり入れている。また，作業員が座《すわ》ったまま車体の中に入って部品をとりつけできる「らくらくシート」も使われている。

参考

部品とりつけのミス

部品のとりつけをまちがえた場合は，コンベアのそばのひもスイッチを引っぱる。すると表示板《ひょうじばん》の番号が光り，応援《おうえん》の作業員がかけつける。やり直しが間に合わなければ，再びひもスイッチを引けば，コンベアは止まるようになっている。

くわしく 国際化《こくさいか》する豊田市

1990年代ごろから，豊田市はアジアや南アメリカからの外国人労働者を積極的に受け入れてきた。その人口増加率《ぞうかりつ》は，県全体の人口増加率を大きく上回り，2008年の世界金融危機《きんゆうきき》や2011年の東日本大震災《だいしんさい》の影響《えいきょう》で一時減少したが，まちの国際化は現在も進んでいる。豊田市では国際化のための計画書をつくり，保育所《ほいくしょ》へ語学指導員《しどういん》を派遣《はけん》したり，日本語教室を開いたり，外国人向けの防災《ぼうさい》マップをつくるなどの取り組みを進めている。

これからの自動車生産

●自動車の環境対策《かんきょうたいさく》

▶1997年の地球温暖化防止京都会議《おんだんかぼうしきょうと》で採択《さいたく》された**京都議定書《ぎていしょ》**で，二酸化炭素《にさんかたんそ》などの温室効果《こうか》ガスを減《へ》らす各国の目標が定められた。自動車会社も，低公害車の開発などに取り組んできた。

▶日本では，ガソリンと電気を両方使う**ハイブリッド車(HV《エイチブイ》)**の普及《ふきゅう》が進み，すでに国内の自動車の2割にのぼる。

▶しかし,EU《イーユー》(ヨーロッパ連合)は二酸化炭素排出《はいしゅつ》規制《きせい》を一段《いちだん》と強め，中国《ちゅうごく》も生産量の一定割合《わりあい》を**電気自動車(EV《イーブイ》)**や**プラグインハイブリッド車(PHV《ピーエイチブイ》)**にすることを自動車会社に義務《ぎむ》づけた。日本国内の電気自動車普及率はまだ低く，世界におくれをとっているため，今後，電気自動車の割合を高めていく方針《ほうしん》が国から打ち出された。

参考

充電施設

コンビニエンスストア，大型ショッピングセンター，自動車販売店《はんばいてん》，高速道路のサービスエリアなどさまざまな場所に，数多く設けられるようになった。

用語

燃費

自動車が1Lの燃料でどれだけの距離を走行できるかを示《しめ》す数値(単位はkm/L)。数字が大きくなるほど燃費はよく，距離あたりの二酸化炭素排出量も小さくなる。

	ハイブリッド車(HV)	電気自動車(EV)	プラグインハイブリッド車(PHV)
しくみ	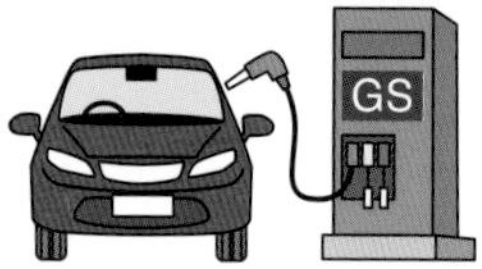 ガソリンエンジンと電気モーターを組み合わせ，速度がおそいときは電気で走るなど，動力を使い分けている。	 充電施設《じゅうでんしせつ》で充電した電気で走る。ガソリンをまったく使わない。	 ガソリンエンジンに電気モーターを組み合わせて走る。EVのように充電施設で充電もできる点がHVと異《こと》なっている。
長所	電気で走るときは，ガソリン車よりも燃費《ねんぴ》がよい。	走行時の二酸化炭素排出量がゼロである。家庭用コンセントから充電できる。	ガソリンエンジンはおもに発電用に使うため，燃費が非常《ひじょう》によい。
短所	走行距離《きょり》が短いと，ガソリン車やEVより維持《いじ》費が高くなる。	満充電には時間がかかる。ガソリンスタンドに比《くら》べて充電スタンドがまだ少ない。	車の価格《かかく》が高め。

▲環境にやさしい3種類の自動車

▶豊田《とよた》市も，化石燃料《ねんりょう》を使わない自動車が走りやすいまちづくりを進めており，10kmごとに充電施設を設《もう》けている。

人にやさしい自動車づくり

▶ **福祉《ふくし》車両**…体が不自由な人でも楽に利用できる自動車。助手席が回転して車外にせり出して乗り降《お》りを助けてくれるしくみ，車いすの人が運転席に乗り降りするのを助けるしくみなどがとり入れられている。

▲体が不自由でも乗り降りしやすい車

▶ **予防《よぼう》安全**…交通事故《じこ》を起こりにくくするための安全技術《ぎじゅつ》も導入《どうにゅう》されている。レーダーとカメラで読み取った人・車・道の様子をコンピューターが分《ぶん》析《せき》し，危険《きけん》だと判断《はんだん》したときはアラームを鳴らして運転者に知らせる。ぶつかることがさけられないときには，自動でブレーキがかかる。また，自動車が車線からはみ出しそうなときも，アラームで知らせる。

▶ **自動車アセスメント**…国土交通省《こくどこうつうしょう》が中心となって，自動車の安全性能《せいのう》を実験で確《たし》かめ，車種ごとに公表している。

▲衝突《しょうとつ》実験

▶ **自動運転**…人工知能《ちのう》(AI《エーアイ》➡p.313)が交通の様子を判断して，人が運転することなく目的地まで行くことができる自動運転の技術が開発されている。車体のカメラが360度の視界《しかい》で遠くまで監視《かんし》するため，人間より正確《せいかく》に早く反応《はんのう》することができる。ただし，完全な自動運転が実現したとしても，今度は人間の運転技術がおとろえてしまう，バスやタクシーの運転手の仕事が減《へ》ってしまうなどの問題が出てくることも予想される。

参考

予防安全技術の進歩

アクセルとブレーキをふみまちがえた場合，運転手にアラームで知らせ，自動的にエンジンの動きをおさえて加速を防《ふせ》ぐしくみも，すでにとり入れられている。

用語

自動車アセスメント

安全性能評価《ひょうか》は7項目(2019年現在《げんざい》)で行われ，車との衝突，昼間・夜間の歩行者への衝突などの試験が行われる。衝突を回避《かいひ》できるかどうか，衝突してもその直前にどれだけ減速《げんそく》できたかという点が評価される。

●**海外での自動車生産**…日本は海外で生産する自動車の割合《わりあい》を高めてきた。

▶日本では1970年代から，輸出額《ゆしゅつがく》にしめる自動車の割合が急速に高まっていった。

▶最初は，外国で求められるタイプの自動車を，より早く届《とど》けられるようにすることが目的だった。**石油危機《きき》**の影響《えいきょう》でアメリカなどでも燃費《ねんぴ》のよい自動車が求められ，日本車の人気が高まった。

▶しかし，日本車におされてアメリカの自動車会社の業績《ぎょうせき》が落ちこみ，**貿易摩擦《まさつ》**(➡p.298)が起こり，日本車の輸出制限《せいげん》が求められるようになった。さらに1980年代には，為替《かわせ》相場が**円高《えんだか》**に進んだため，日本で生産した自動車を輸出することが不利になった。こうした理由から，海外に工場をつくる動きが高まり，**現地生産**が増えていった。

▶1990年代には**バブル経済《けいざい》**の崩壊《ほうかい》によって，国内・海外とも生産台数が落ちこんだ。21世紀になると，国内で自動車があまり売れなくなったことから，海外での販売《はんばい》に力を入れたため，海外生産比率《ひりつ》は一段《いちだん》と高まっていった。

参考

部品工場への影響

国内の自動車生産が落ちこむにつれ，部品工場の出荷額《がく》も大はばに減《へ》ってきた。さらに，国際《こくさい》競争の高まりの中，部品の価格《かかく》を引き下げられるなど，経営《けいえい》に苦しむ会社が増《ふ》えている。自動車組み立て工場の海外進出にともない，部品工場も海外へ進出して，それまでの協力関係を保《たも》つ動きも見られる。

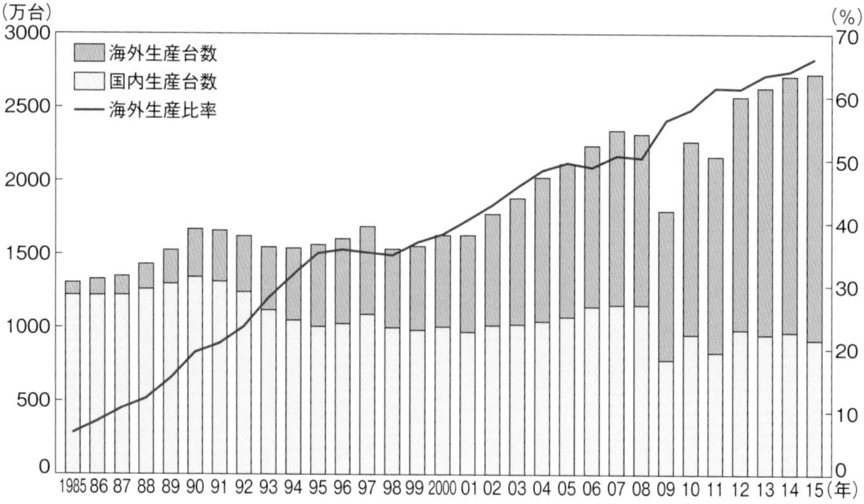

(自工会ホームページによる)

▲日本の自動車会社の国内・海外の生産比率《ひりつ》

3 重化学工業

工業の分類

- **重工業**…金属《きんぞく》をふくんだ鉱石《こうせき》を精錬《せいれん》・加工する金属工業と，機械をつくる機械工業は，一般《いっぱん》に製品《せいひん》が重く，大きな生産設備《せつび》が必要なので，まとめて重工業という。
- **重化学工業**…化学を応用《おうよう》して製品をつくる化学工業も，大きな生産設備が必要で，重工業と合わせて，重化学工業とよばれる。
- **軽工業**…食料品やせんい製品などをつくる工業は，一般に製品が軽く，小規模《しょうきぼ》な工場でも生産されるので，軽工業という。金属・機械・化学の重化学工業以外は，すべて軽工業に分類される。

参考

製品の重さ

重化学工業では，大きさのわりに重い製品をつくるが，中には軽い製品もある。しかしいずれも，それをつくる機械やしくみが大がかりで，多くの資本，難《むずか》しい技術《ぎじゅつ》も必要とされる。

大きな分類	重化学工業			
小さな分類	機械工業	金属工業	化学工業	その他の工業
おもな製品	パソコン 自動車 テレビ 洗濯機《せんたくき》 船	くぎ アルミ缶 レール	薬 ペットボトル 洗剤《せんざい》 化学肥料《ひりょう》	窓《まど》ガラス 茶わん

大きな分類	軽工業		
小さな分類	食料品工業	せんい工業	その他の工業
おもな製品	チョコレート かまぼこ カップめん 牛乳《ぎゅうにゅう》	カーテン 洋服	革靴《かわぐつ》 たんす 本 机《つくえ》・いす

▲重化学工業と軽工業のおもな製品

●そのほかの工業

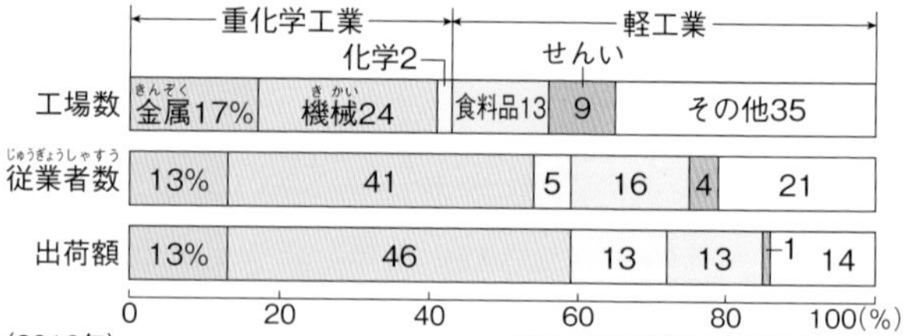

(2016年)
(2019/20年版「日本国勢図会」による)
▲工業別の規模《きぼ》

- ▶**手工業**…人の手でつくり，簡単《かんたん》な道具と熟練《じゅくれん》した技《わざ》をもとに行われる工業。
- ▶**家内工業**…住まいの一部などで生産をする工業。
- ▶**工場制《せい》工業**…働く人を集めた工場で，生産をする工業。

重化学工業

●**金属《きんぞく》工業**…鉄鉱石《てっこうせき》・銅鉱《どうこう》・ボーキサイトなどの鉱石から不純物《ふじゅんぶつ》をとり除《のぞ》いて，質《しつ》のよい鉄鋼《てっこう》・銅・アルミニウムなどの金属をつくったり，金属製品《せいひん》に加工する工業。鉄鋼業が中心。

- ▶**日本の鉄鋼業**…鉄鋼の生産量は，1990年代まで世界一だったが，中国《ちゅうごく》やインドに追い抜《ぬ》かれた。
- ▶**製鉄所《せいてつじょ》の立地条件《じょうけん》**
  - ◉人口が多く，労働力にめぐまれた地域《ちいき》。
  - ◉貿易港《ぼうえきこう》が整備《せいび》され，広い土地がある地域。製鉄所は，いずれも海沿《ぞ》いに立地している。埋《う》め立て地をつくるなどして広い工場用地を確保《かくほ》できるから，原料の輸入《ゆにゅう》と製品の輸出に便利だからである。
- ▶**原料の輸入**…原料では石灰石《せっかいせき》以外の鉄鉱石・石炭(原料炭＝コークス)は，ほとんどを輸入している。そのため，外国の鉱山開発に協力したり，輸入用の大型の鉱石専用船《せんようせん》をつくったりしている。

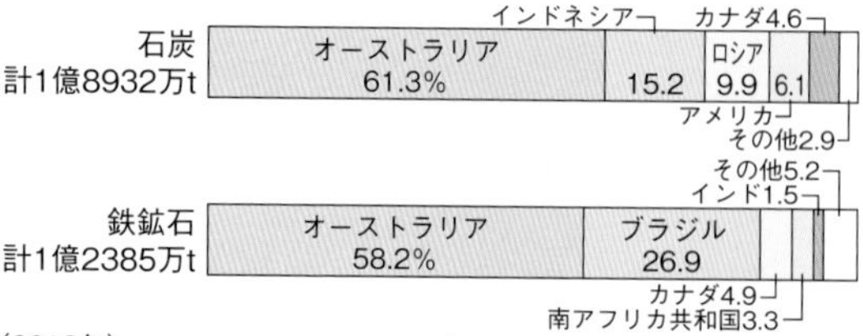

(2018年)
(2019/20年版「日本国勢図会」による)
▲石炭と鉄鉱石の輸入相手国

注意

工業の規模

上のグラフで，重化学工業の工場は規模《きぼ》が大きいので，工場数が少なくても，働く人の数(従業者数)や出荷額は軽工業よりも多いことがわかる。反対に軽工業では，工場数が多くても出荷額は少ないので，1つの工場あたりの出荷額も少なくなる。

▶ **高度な生産技術《ぎじゅつ》**…鉄鋼業では，せん鉄と粗鋼《そこう》を一《いっ》貫《かん》してつくる近代的な生産のしくみができている。コンピューターによる管理，大型の**高炉《こうろ》**など，日本は世界に先がけて技術革新《かくしん》を行ってきた。

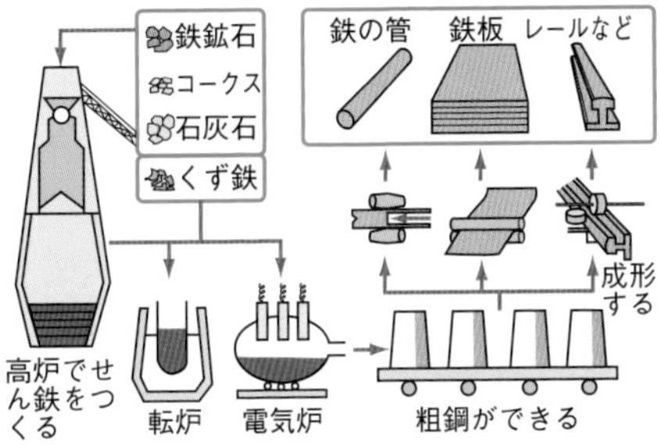

▲製鉄の工程

用語

せん鉄・粗鋼

鉄鉱石などの原料を高炉に入れて，とり出した鉄がせん鉄で，もろい性質《せいしつ》をもつ。せん鉄に酸素《さんそ》をふきこみ，不純物をとり除いたものが粗鋼で，じょうぶな「はがね」となる。

▶ **製品の輸出**…製品の鉄鋼は多く輸出され，日本の主要な輸出品の1つになっている。

▶ **日本の鉄鋼業の問題**

◉ 大量の輸入原料を使い，水や電力，重油を多く使うこと。

◉ 原料の確保《かくほ》，環境《かんきょう》の保全《ほぜん》，資源の節約などが今後の課題。また，鉄鉱石の輸入国に対し，製鉄技術を輸出し，相手国の工業化を助けていくことも求められている。

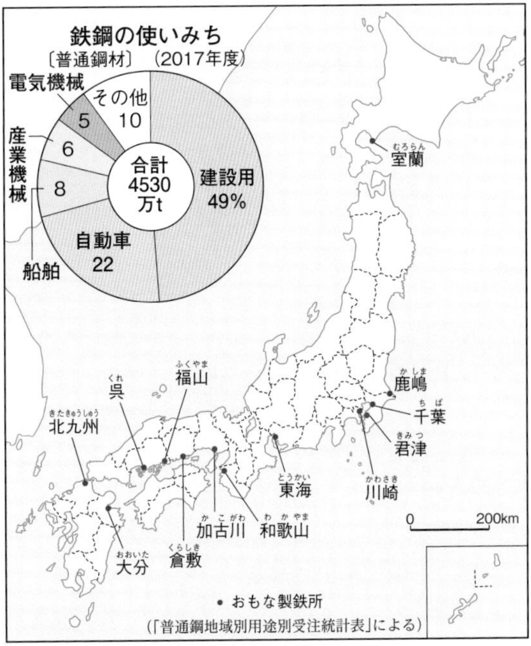

▲おもな製鉄所

▶ **銅の精錬《せいれん》**…銅は人類が初めて使った金属といわれる。江戸《えど》時代には日本が世界一の生産国だった。現在《げんざい》は，原料の銅鉱はチリなどからの輸入にたよっている。鉄鋼と同じように，不純物をとり除いて粗銅《そどう》をつくる。銅は電気を通しやすいため，電線に使われることが多く，情報通信網《じょうほうつうしんもう》を支《ささ》える金属となっている。

▶**アルミニウム工業**…鉄・銅《どう》などの重い金属《きんぞく》を重金属とよぶのに対して，アルミニウムなどの軽い金属を**軽金属**という。アルミニウムは，軽くてじょうぶで，さびにくい。そのうえ加工がしやすいので，利用が増《ふ》えた。アルミニウムの原料はボーキサイトで，精錬《せいれん》には多くの電力を使うため，「電気の缶詰《かんづめ》」といわれる。ボーキサイトはロシアやオーストラリアなどからの輸入《ゆにゅう》で，富山《とやま》県などで精錬が行われてきた。

▶**アルミニウムの精錬**…**ボーキサイト**という赤《せき》かっ色《しょく》の鉱石《こうせき》を，水酸化《すいさんか》ナトリウムでとかして液体にし，アルミナ分をとり出す。アルミナを電気分解《ぶんかい》することで，アルミニウム地金ができる。

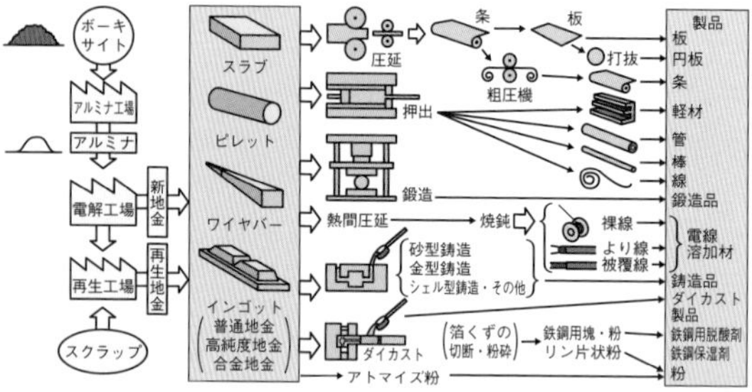

▲アルミニウム精錬の流れ

▶**レアメタル（希少《きしょう》金属）**…地下に埋《う》まっている量が少なく，掘《ほ》り出すことが難《むずか》しい金属のうち，電子部品などの材料として使われることが多い金属。クロム・コバルト・マンガン・ニッケル・チタンなどがこれにあたり，多くがアフリカや中央アジア，中国《ちゅうごく》で産出される。

▶**都市鉱山**…日本はレアメタルの産出は少ない。しかし，不要になったパソコンなどの電子機器から部品をとり出し，レアメタルの部分が再利用《さいりよう》されている。このようなリサイクルされる資源《しげん》を「都市鉱山」とよぶ。

▲使用済《ず》みの携帯《けいたい》電話

参考

富山県でアルミニウム工業が発達した理由

日本アルプスからの雪どけ水と，黒部《くろべ》川などにつくられた水力発電所からの電力を利用できたこと，伝統《でんとう》工業の高岡銅器《たかおかどうき》の技術《ぎじゅつ》が役立ったことがあげられる。

参考

家電にねむる資源

日本で1年間に使用済みとなるスマートフォンなどの小型家電は，約65万tにもなり，約28万tもの金属が再利用できるといわれる。都市鉱山の利用を進めるため，2013年には小型家電リサイクル法が制定《せいてい》された。

●**機械工業**…第二次世界大戦後にめざましく発展《はってん》し，日本の工業の中心になった。多くの製品が輸出され，すぐれた品質は高い評価《ひょうか》を受けている。

▶**機械工業の種類**…輸送用機械（自動車・船・飛行機・鉄道車両など），電気機械（家庭用電気器具・ICなど），精密《せいみつ》機械（時計・カメラなど），一般機械（せんい機械・工作機械など）。

▶**自動車工業**…日本製の自動車は，燃費《ねんぴ》（➡ p.226）がよく，公害対策《たいさく》も進んでいる。そのため，生産台数・輸出台数ともに世界の上位をしめる。また，日本の輸出品の中で，もっとも高い地位をしめる。1990 年代以降《いこう》は欧米《おうべい》を中心に自動車会社どうしの統合《とうごう》が進み，国際《こくさい》競争が激《はげ》しくなっている。

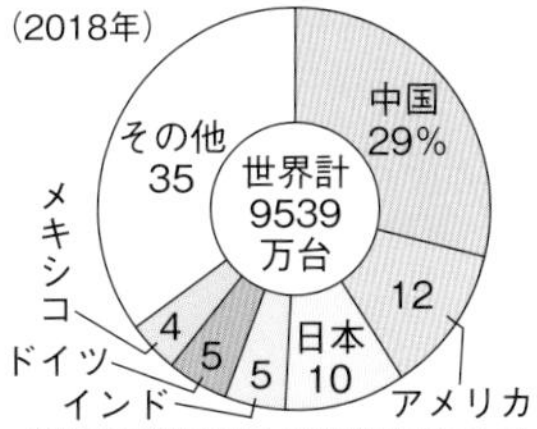

（2019/20年版「日本国勢図会」による）
▲国別自動車生産台数の割合《わりあい》

参考

造船《ぞうせん》業

日本は，世界でもトップクラスの技術と生産量をほこってきたが，近年，韓国《かんこく》などの船におされている。

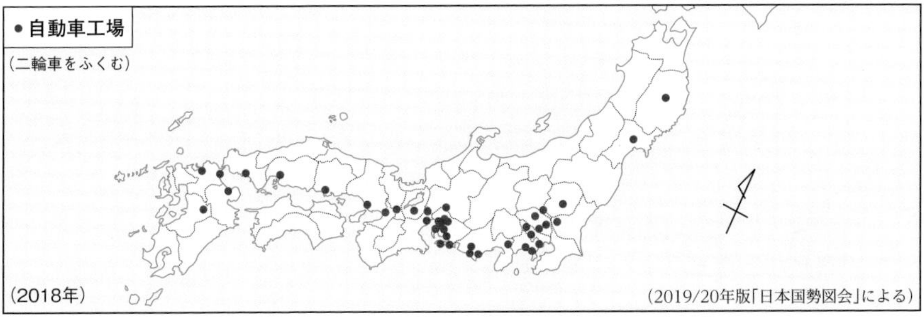

（2019/20年版「日本国勢図会」による）
▲おもな自動車工場

▶**電気機械工業**…1960 年代にトランジスタラジオやカラーテレビの生産がさかんになり，国民に便利な生活をもたらした。日本製品は小型で性能《せいのう》のよいものが多いため，海外でも人気を集め，輸出がのびた。1980 年代半ば以降，日本は技術的に高度な製品の開発に力を入れる一方で，家庭用電化製品の生産工場は海外へ移転するようになった。近年は中国の技術の進歩がめざましく，薄型《うすがた》テレビ，冷蔵庫《れいぞうこ》など多くの家庭用電化製品の生産台数で日本を上回っている。

用語

トランジスタ

電気信号を増幅《ぞうふく》したり，回路のオン・オフを切りかえたりする部品。トランジスタが発明される前は，真空管が使われていた。

▶**精密《せいみつ》機械の生産**…日本製のカメラや時計は品質《ひんしつ》が高く，世界中に輸出《ゆしゅつ》されてきた。その部品の開発や組み立てには，高度な技《ぎ》術《じゅつ》が必要とされる。

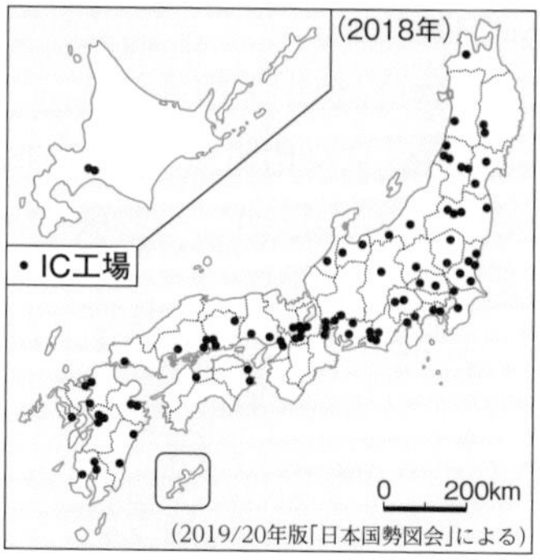

▲おもなIC工場

▶**IC《アイシー》(集積回路)の生産**…1970年代の石油危機《きき》の後，新しい工業として，電子工業(**エレクトロニクス産業**)が急速にのびた。これは，ICや**LSI**《エルエスアイ》(大規模《だいきぼ》集積回路)の進歩による。集積回路の生産には高度の技術が必要で，日本・台《たい》湾《わん》・韓国《かんこく》が，おもな生産国・地域になっている。LSIでは1990年代に予測《よそく》されたレベルをこえて，小型化が進んでいる。

▶**ナノテクノロジー**…nm(ナノメートル)単位の小ささで製品《せいひん》づくりをする技術。材料をナノのサイズまで小さくすると，化学反応《はんのう》が起きやすくなったり，じょうぶになるなど，ちがう性質《せいしつ》を示《しめ》すようになる。その技術は機械工業だけでなく，化学・食料品などさまざまな工業に利用されている。

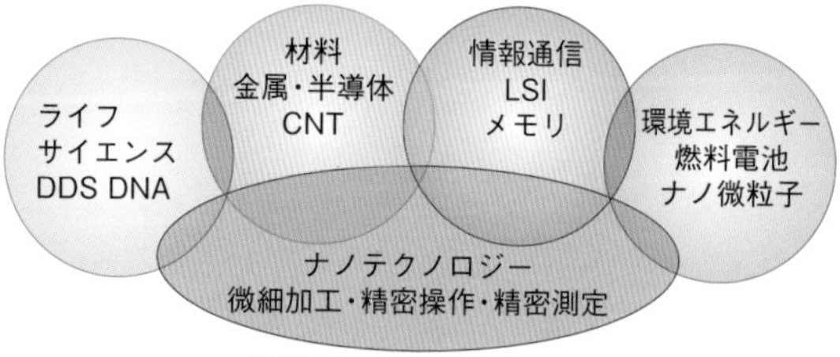

▲ナノテクノロジーが応用《おうよう》される分野

参考

IC工場の立地

IC(集積回路)は，非常《ひじょう》に小型で軽いうえ，その生産には高度の技術が必要なため，比較《ひかく》的価格《かかく》が高い。飛行機で輸送しても，製品にしめる輸送費の割合《わりあい》は小さくなるので，IC工場は空港の近くなど，交通に便利な所に立地する。とくに九州《きゅうしゅう》では，空港の近くにIC工場が進出し「シリコンアイランド」とよばれてた(シリコンはICの原料の1つ，アイランドは島のこと)。また，同じ条件《じょうけん》で東北地方の空港や東北自動車道の近くにもIC工場が進出している。

用語

ナノメートル

1mmの1000分の1が1μm(マイクロメートル)，1μmの1000分の1が1nmである。1nmは，金の原子の約3倍という小ささである。

入試ポイント

〈機械工業は日本の工業の中心〉

▶日本製の**自動車**はすぐれた性能で，その**輸出は世界有数**である。

▶**集積回路**や**電機機械**，**精密機械**の生産もさかんである。

●**化学工業**…1960 年代に，外国から新しい技術をとり入れて発展してきた。現在では，石油化学工業が化学工業の中心になっている。

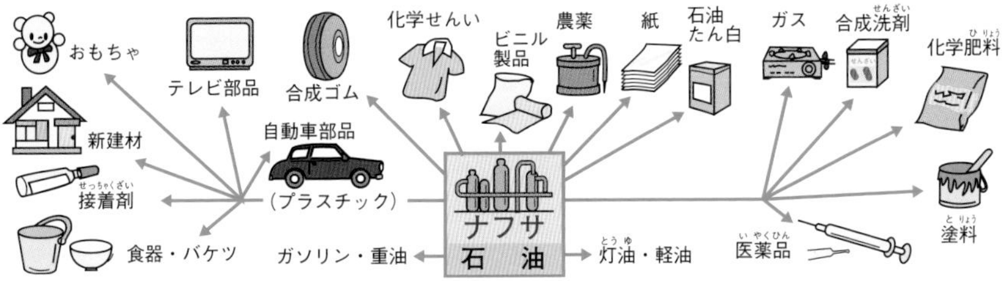

▲石油からつくられるさまざまな製品

▶**石油化学工業**…石油を原料にして，各種の製品をつくる。生産の設備《せつび》が大がかりで，高い技術が必要とされる。化学製品はさまざまな分野にわたるが，医薬品・プラスチックの出荷額《しゅっかがく》がとくに多い。

▶**石油化学コンビナート**…石油精製《せいせい》工場を中心に，火力発電所や化学工場が，原料や燃料《ねんりょう》を受けわたすパイプラインなどで結ばれている。原料の石油をほとんどすべて輸入にたよっているため，輸入に便利な沿岸部《えんがんぶ》で，製品の市場である大都市に近い地域《ちいき》に工場が集中している。

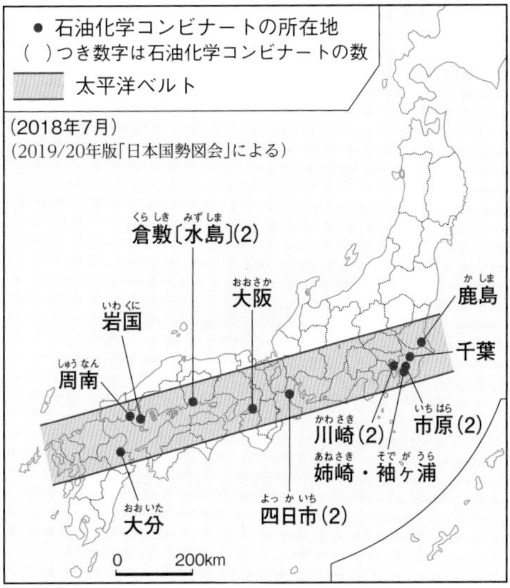

▲石油化学コンビナートの分布

▶**ナフサ**…石油を蒸留《じょうりゅう》してつくられる，ガソリンに似《に》た油。これに熱を加えて，エチレン・プロピレン・ベンゼンなど，プラスチックのもとになる原料がつくられる。

▶**石油以外の原料**…石炭を原料とする石炭化学工業，天然ガスを原料とするガス化学工業，天然ゴムを原料とする天然ゴム工業などがある。昔のプラスチックは，ほとんどが石炭でつくられていた。

用語

パイプライン
液体《えきたい》の石油，気体の天然ガスなどを，管を通して輸送する施《し》設《せつ》。アメリカやロシアでは，油田から工業地域までを結ぶものが多い。

4 軽工業

●**せんい工業**…第二次世界大戦前は，日本の工業の中心であった。戦後，工業全体の中でせんい工業のしめる割合《わりあい》は，かなり小さくなった。現在《げんざい》は，化学せんいが中心で，ポリエステルなどがつくられている。

▶**せんいとは**…糸のもとになっている細長い素材《そざい》。せんいをより合わせて布《ぬの》ができる。

▶**いろいろな化学せんい**

◉**ナイロン**…石油からつくられる合成せんい。

◉**ビニロン**…産業用に用いられる合成せんい。

◉**ポリエステル**…石油が原料で，生産量が多い。合成せんい。

◉**アクリル**…石油やアンモニアを材料につくられる合成せんい。

◉**アセテート**…木材パルプを化学的に処理《しょり》した半合成せんい。

◉**レーヨン**…木材パルプからつくられる再生《さいせい》せんい。

▶**化学せんいの長所**…仕上がりが一定である。防水《ぼうすい》などの加工をしやすい。リサイクルができる。

▶**不織布《ふしょくふ》**…せんいを織《お》らずに，ほぐして積み重ねたものを接着剤《せっちゃくざい》などで結合させて布にしたもの。古くからつくられてきたフェルトも，不織布の一種である。短い時間で安くつくることができる。エアコンのフィルター，マスクなど，特別な機能《きのう》をもつ製品《せいひん》に使われる。

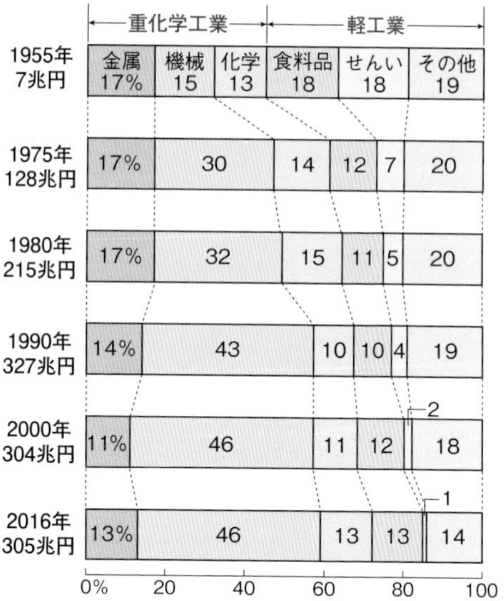

(2019/20年版「日本国勢図会」などによる)

▲工業の出荷額割合《わりあい》の変化

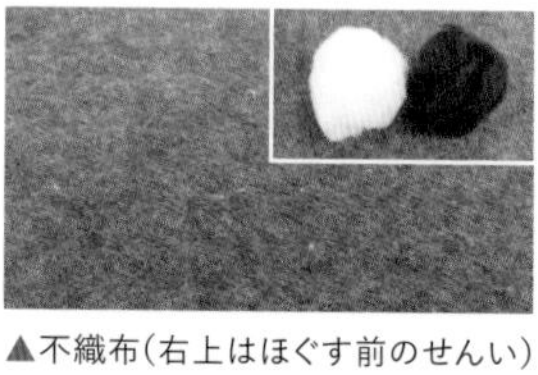

▲不織布(右上はほぐす前のせんい)

用語

化学せんい

さらに次の4種類に分けられる。

- 合成せんい…石油を原料とするもの。
- 半合成せんい…たん白質《ぱくしつ》などに薬品を反応《はんのう》させてつくるもの。
- 再生せんい…パルプにふくまれるセルロースを薬品でとかしてつくるもの。
- 無機せんい…金属《きんぞく》・ガラス・炭素《たんそ》などからつくられるもの。

▶**天然せんい**…綿花《めんか》→綿糸《めんし》→綿織物《めんおりもの》，羊毛→毛糸→毛織物，まゆ→生糸《きいと》→絹《きぬ》織物がある。

◉**形による分類**…絹のような細長いものは長せんい，羊毛のように短いものは短せんいという。

◉**原料による分類**…黄麻《こうま》(ジュート)，サイザル麻《あさ》，綿(コットン)などを植物せんいという。絹(シルク)，羊毛(ウール)，カシミヤなどを動物せんいという。

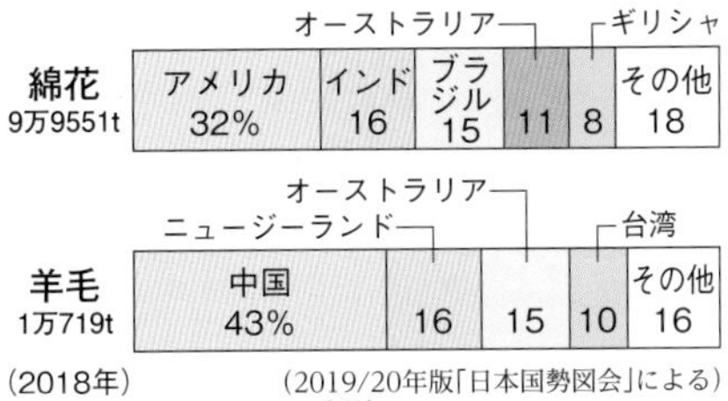

▲天然せんいの原料の輸入《ゆにゅう》相手国・地域

▶**人工皮革《ひかく》**…マイクロファイバーなどでつくった不織布に樹脂《じゅし》を混《ま》ぜてつくった革製品《かわせいひん》。ほんものの革に比《くら》べ，水に強い，軽いなどの長所がある。

食料品工業…農産物や水産物を加工して，いろいろな食料品をつくる工業。中小工場が多く，日本の工業出荷額《がく》の約1割をしめる。農水産物の産地には食料品工場が立地するため，全国に広く分布《ぶんぷ》する。

▶**砂糖《さとう》**…さとうきび・てんさいからつくる(製糖業)。

▶**小麦粉**…小麦を粉にする。パンなどの原料になる(製粉業)。

▶**酒・みそ・しょう油**…穀物《こくもつ》を加工して生産する(醸造業《じょうぞうぎょう》)。

▶**乳《にゅう》製品**…牛乳から生産。バター・チーズなど。

▶**加工食品の増加《ぞうか》**…中食《なかしょく》の広まりから，レトルト，カット野菜，冷凍《れいとう》食品などの加工食品の生産が急速に増《ふ》えている。

用語

中食

弁当《べんとう》やそうざいを買って帰る，あるいは配達してもらい，家庭で食べること。働く女性《じょせい》が増えたこと，1人ぐらしの世帯が増えたことなどが原因《げんいん》で，中食の消費《しょうひ》が増加している。一方で，レストランなどで食べることを「外食《がいしょく》」という。

くわしく 食料品工業での災害《さいがい》対策

食料品工業には，地震《じしん》や台風などの自然災害が発生したときでも，生産を続け，食品を安定して送り出す役割が求められている。食品業界では，提供《ていきょう》できる支援物資《しえんぶっし》の量を会社どうしで申し合わせておく，災害時には賞味期限《きげん》の管理をゆるめる，一部の消費者による「買いだめ」を防《ふせ》ぐルールをつくる，などの取り組みを行っている。

【食料支援物資(263万食)の内訳】

パン・おにぎり・パックご飯	約110万食
カップ麺《めん》	約60万食
レトルト食品	約33万食
ベビーフード	約1万食
介護食品	約1万食
缶詰	約36万食
ビスケット	約9万食

▲熊本《くまもと》地震(2016年)発生時の食料の支援

●**よう業**…土や石など金属ではない素材を，高温のかまで焼いて，製品《せいひん》に加工する工業。

▶**陶磁器**《とうじき》…陶土《とうど》を焼いて，焼き物をつくる。

▶**セメント**…石灰石《せっかいせき》などが原料。

▶**ガラス**…びんや板ガラス，レンズなどをつくる。

▶**ファインセラミックス**…新しい素材《そざい》の焼き物。陶土以外の新しい材料を，いろいろな方法で焼いてつくった焼き物。現在《げんざい》，はさみやナイフ，人工の骨《ほね》，エンジン部品などが，ファインセラミックスでつくられている。

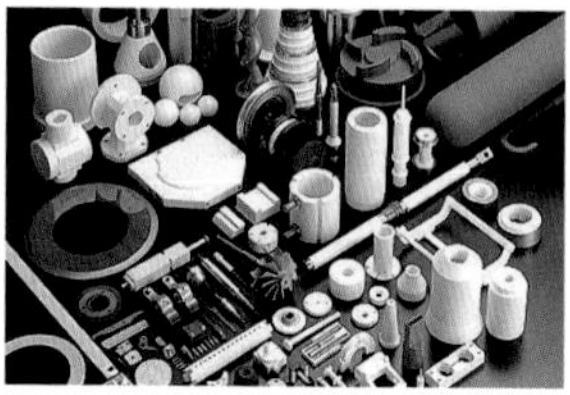
▲ファインセラミックスの製品

●**パルプ・製紙**《せいし》**工業**…木材から製紙用パルプをつくるパルプ工業と，紙をつくる製紙工業を合わせていう。リサイクルが進んだことから，古紙をもとに紙や板紙をつくることが多くなった。

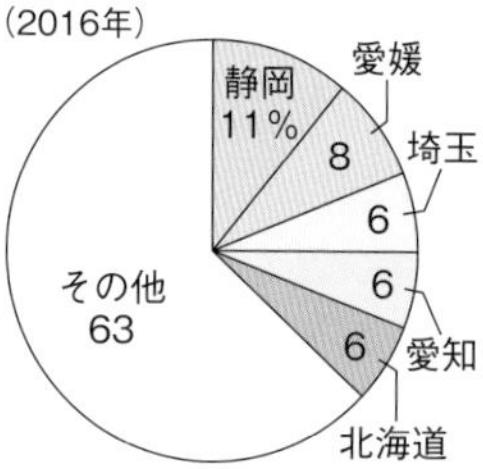

(2019年版「データでみる県勢」による)
▲パルプ・紙の生産額割合《わりあい》

●**印刷業**…新聞や本などの出版物《しゅっぱんぶつ》やさまざまな印刷物をつくる工業。出版社や新聞社の近くに立地する。情報《じょうほう》や文化が集まる東京《とうきょう》都でさかん。

●**雑貨**《ざっか》**工業**

▶**おもちゃ**…プラスチックなどの素材でつくられることが多く，化学工業と深く結びついている。

▶**楽器**…ピアノ・ドラム・ギターなど，日本は世界的に見てもすぐれた生産技術《ぎじゅつ》をもっている。

▶**はきもの**…スニーカー・サンダルなど。

参考

ガラス工業

ほかの工業と同じように，ガラス生産も欧米《おうべい》の国々よりおくれて，明治《めいじ》時代に始まった。その後，進んだ機械式生産法を次々ととり入れ，生産を拡大《かくだい》していった。現在《げんざい》，日本のガラスメーカーは世界の中でも高いシェアをしめている。

参考

印刷所の立地

出版・新聞業界では，出版物のデータを送ってから，印刷した書物や新聞を閉《と》じこみ，出荷するまでの期日が非常《ひじょう》に短い。このため，出版社や新聞社の近くに印刷所がある。

入試ポイント

〈軽工業の中心はせんい工業と食料品工業〉

▶**せんい工業**…戦前の日本の工業の中心だった。

▶**食料品工業**…農水産物の産地で発達している。

☑ まとめチェック

知識を整理・確認しよう！

① 近代工業の発展《はってん》

- □ ① 日本で重工業がおこるきっかけとなった，1901年に北九州《きたきゅうしゅう》につくられた官営《かんえい》工場を何というか。
- □ ② エネルギーを多く消費《しょうひ》する工業にかわって，ハイテク産業がおこるきっかけとなった，1973年のできごとは何か。
- □ ③ 大量生産・大量消費への反省からおこった，資源《しげん》を再利用《さいりよう》する動きを何というか。

② 自動車工業

- □ ① 1つの製品《せいひん》をつくる仕事を細かく分け，働く人は仕事の一部分だけを受け持つしくみを何というか。
- □ ② 細かく分けた仕事と仕事の間をコンベアなどで結び，その上を部品が流れていく間に完成させるしくみを何というか。
- □ ③ 織機《しょっき》工場をもとにうまれた自動車会社が工場を設立《せつりつ》し，「企業城下町《きぎょうじょうかまち》」として発達した愛知《あいち》県の都市はどこか。
- □ ④ 親会社から注文を受けて仕事をする，中小の会社などを何というか。
- □ ⑤ 鉄板を曲げたり打ちぬいたりして，自動車のドアやボンネットなどの形をつくる作業を何というか。

③ 重化学工業

- □ ① 鉄鋼業《てっこうぎょう》の原料のうち，ほとんどを輸入《ゆにゅう》にたよっているのは鉄鉱石《てっこうせき》ともう1つは何か。
- □ ② 生産に高度な技術《ぎじゅつ》が必要な集積回路のことを，アルファベットの略称《りゃくしょう》で何というか。
- □ ③ 精錬《せいれん》に多くの電力を使うため「電気の缶詰《かんづめ》」ともよばれる，ボーキサイトを原料とする金属《きんぞく》は何か。
- □ ④ 石油精製《せいせい》工場を中心に，原料や燃料《ねんりょう》を受けわたすパイプラインで発電所や工場が結ばれているしくみを何というか。

④ 軽工業

- □ ① 石油などを原料につくられる，防水《ぼうすい》などの加工をしやすいせんいを何というか。
- □ ② 土や石を高温のかまで焼いて，製品に加工する工業は何か。

答え

①
① 八幡製鉄所《やはたせいてつじょ》
② 石油危機《きき》
[オイル・ショック]
③ リサイクル

②
① 分業
② 流れ作業
③ 豊田《とよた》市
④ 下うけ
[関連工場]
⑤ プレス

③
① 石炭
② IC《アイシー》
③ アルミニウム
④ (石油化学)コンビナート

④
① 化学せんい
② よう業

力だめしの問題　入試標準レベル

解答➡p.618

❶ 次の問いに答えなさい。

⑴ 日本では第二次世界大戦後，重化学工業化が進みました。**図1**のグラフは日本の製造《せいぞう》品《ひん》出《しゅっ》荷《か》額《がく》等の産業別構成《こうせい》の変化を示《しめ》したものです。重化学工業の**あ**～**う**のうち，**い**が表しているのはどのような分野ですか。漢字2文字で答えなさい。【桐朋中】

（　　　　　　）

図1　製造品出荷額等の産業別構成の変化

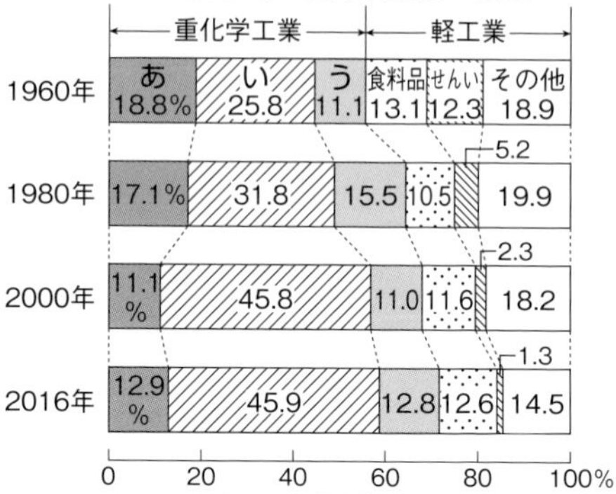

（2019/20年版「日本国勢図会」などによる）

⑵ 下の地図を見て，次の問いに答えなさい。

①地図**A**の**X**の県には，メーカー名にもなっている自動車産業で有名な都市があります。この都市名は何ですか。漢字で答えなさい。【恵泉女学園中・改】

（　　　　　　）

②地図**A**～**C**は，日本の工業種類別の工場が立地する場所を示したものです。あてはまるものを，次の**ア**～**オ**からそれぞれ記号で答えなさい。

【サレジオ学院中・改】　**A**（　　　）　**B**（　　　）　**C**（　　　）

ア　セメント工場　　**イ**　石油化学工場　　**ウ**　製鉄所《せいてつじょ》

エ　自動車工場　　**オ**　IC《アイシー》工場

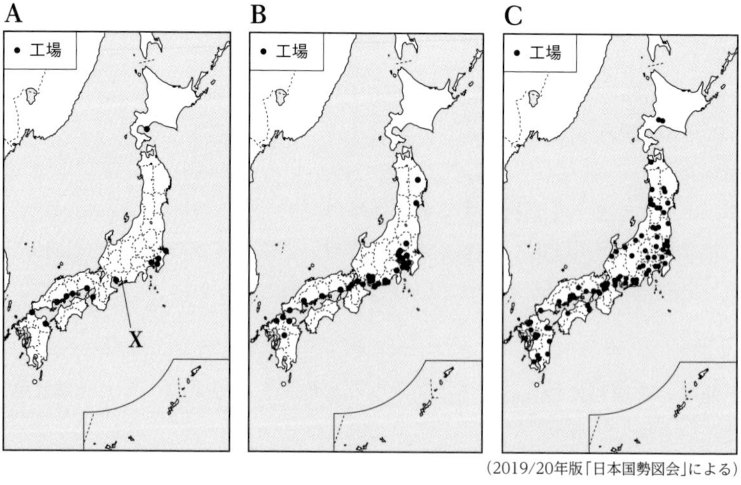

（2019/20年版「日本国勢図会」による）

2 次の問いに答えなさい。

(1) 愛知県《あいち》は自動車工業で有名です。自動車の生産工程《こうてい》において，機械が自動的に作業を行うしくみの名称《めいしょう》として正しいものを，次から1つ選び，記号で答えなさい。【城北中】　(　　)

ア　コンビナート　**イ**　ジャスト・イン・タイム
ウ　パイロットファーム　**エ**　オートメーション

(2) 次の**ア**～**エ**の自動車の製造工程を順番に並《なら》べ，記号で答えなさい。【城北中・改】
(　　→　　→　　→　　)

ア　溶接《ようせつ》　**イ**　塗装《とそう》
ウ　プレス　**エ**　組み立て

(3) 右のグラフは，日本の自動車会社の自動車の国内生産台数，海外生産台数，輸出《ゆしゅつ》台数を示したものです。このうち，海外生産台数を示しているものを**ア**～**ウ**から1つ選び，記号で答えなさい。【開智中】
(　　)

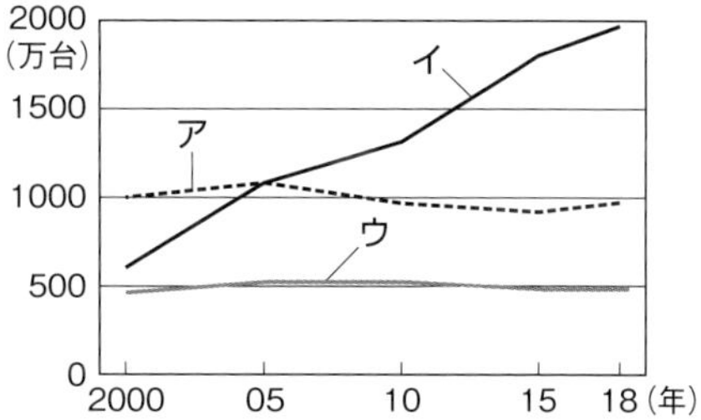

(2019/20年版「日本国勢図会」などによる)

(4) 日本の自動車工業について述《の》べた文としてもっとも適当《てきとう》なものを，次から1つ選び，記号で答えなさい。【芝中】
(　　)

ア　自動車を完成させる組み立て工場と，そこに納入《のうにゅう》する部品をつくる部品工場があり，多くの場合，部品工場は自動車メーカーの下うけ企業《きぎょう》が経営《けいえい》している。

イ　部品の輸入や完成品の輸出に便利なように，組み立て工場は沿岸部《えんがんぶ》にあることが多く，海に面していない県には大規模《だいきぼ》な組み立て工場が見られない。

ウ　現在，外国で走っている日本のメーカーの自動車の多くは日本でつくって輸出されたものであり，現地の工場で生産する方式はほとんど見られなくなった。

エ　石油資源《しげん》が絶《た》えないように，ガソリンだけでなく電気を使って走る自動車も開発されたが，騒音《そうおん》や排出《はいしゅつ》ガスの害が大きいために見直しが進められている。

(5) 自動車の排出ガスを少なくするために，ガソリンなどの燃料《ねんりょう》と電気を組み合わせた，複数《ふくすう》の動力を利用して走行する自動車を何といいますか。カタカナで答えなさい。【恵泉女学園中】　(　　　　)

2 日本の伝統工業

学習のポイント

- ●伝統《でんとう》工業の特色と問題点をとらえているか。 ➡p.242
- ●焼き物・塗《ぬ》り物のつくり方とくふうを理解《りかい》しているか。 ➡p.244
- ●織《お》り物・染《そ》め物の産地や特色をおさえているか。 ➡p.246

1 日本の伝統工業

日本の伝統工業

●**伝統工業とは**…昔からその土地に伝わる技術《ぎじゅつ》や材料を生かした，ほとんど手づくりの工業である。

- ▶**手づくり**…古くから伝わる技術と材料を使って，1つひとつ手づくりでつくる。
- ▶**伝統的な原材料**…地元でとれる天然の材料。
- ▶**各地域《ちいき》の特産物**…各地の気候や土地の条件《じょうけん》を生かした製品《せいひん》は，それぞれ特産物となっている。

●**伝統工業の製品**

- ▶**焼き物(陶磁器《とうじき》)**…茶わん・皿・湯のみなど。
- ▶**塗り物(漆器《しっき》)**…おわん・おぼん・はしなど。
- ▶**織り物**…着物・帯・ネクタイなど。
- ▶**染め物**…糸や織り物に色や模様《もよう》をつける。
- ▶**文ぼう具**…和紙・筆・すみ・すずり・そろばんなど。
- ▶**そのほか**…鉄びん・包丁などの金属《きんぞく》製品，たんすなどの木工品，仏《ぶつ》だん・仏具《ぶつぐ》。

●**伝統工業の新しい動き**…現在《げんざい》は，大量生産の工業製品が出回り，使い捨《す》ての時代になっているが，一方で，生活用品にもうるおいを求める気持ちが強まり，手づくりの製品が見直されている。

●**国の保護《ほご》**…1974年に「伝統的工芸品産業の振興《しんこう》に関する法律《ほうりつ》」が定められ，**伝統的工芸品**の指定をすることで，伝統工業をアピールしている。

●**伝統的工芸品の振興**…伝統的工芸品に指定されると，作業場の改善《かいぜん》，職人《しょくにん》の研修《けんしゅう》，市場の開拓《かいたく》などの事業が行われる。

用語

伝統的工芸品

「伝統的工芸品産業の振興《しんこう》に関する法律」にもとづいて，経《けい》済《ざい》産業大臣が指定した工芸品。この指定を受けると，品質《ひんしつ》を保証《ほしょう》する伝統マークの証紙を製品にはることができる。この指定を受けるには，①工芸品であること，②おもに手づくりであること，③伝統的な技術や原材料によること，④日常《にちじょう》生活に使うものであること，などの条件が必要である。

▲伝統証紙

参考

大量生産される製品

同じ種類の製品でも，焼き物(陶磁器)などは，伝統的工芸品として手づくりで生産されるもののほか，機械で大量生産されるものがある。

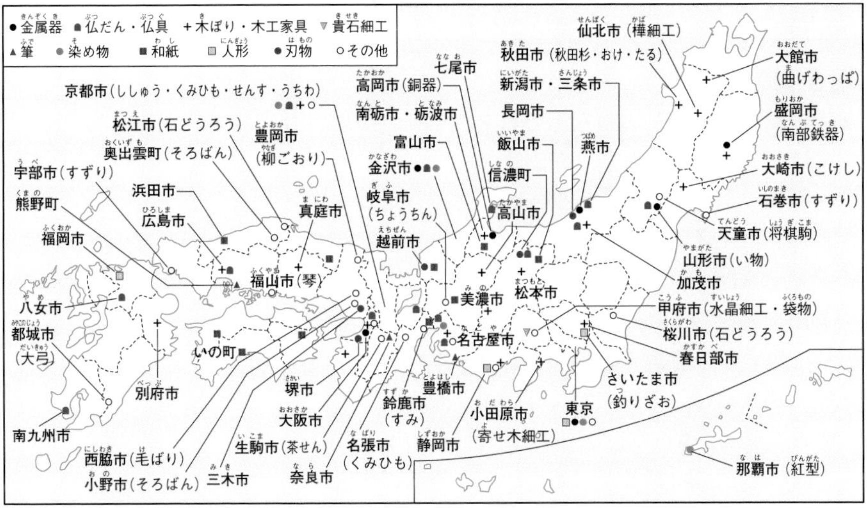

▲各地のおもな伝統的工芸品

伝統工業がかかえる問題

いろいろな問題

- 伝統工業は，規模《きぼ》が小さく，手づくりのため生産量も少ないので，大量生産をする大工場の製品におされがちである。
- 都市の大工場に比《くら》べて，労働条件が悪いことが多く，とくに若《わか》い働き手が少ない。
- 技術を身につけるまでには，大変な努力と訓練，年月が必要なので，技術をもったあとつぎが育ちにくい。
- 生糸《きいと》やうるしなど，原材料品の国内生産が少なくなり，輸《ゆ》入《にゅう》にたよっている。

新しい動き

- 研修所をつくってあとつぎを育てている。
- 試験に合格《ごうかく》した人を，伝統工芸士として認定《にんてい》している。
- 伝統工芸士を小中学校へ派《は》遣《けん》し，体験学習をしている。
- 新しいデザインや販売《はんばい》方法のくふうをしている。

参考

陶磁器のよび名

英語で，陶磁器はchina《チャイナ》，漆器はjapan《ジャパン》などとよぶ。Chinaは中国，Japanは日本の国名でもあり，イギリス人から見た原産国の国名が，その品物の名になった。

くわしく　うるし（漆）が足りない

うるしの木の表面に傷《きず》をつけると，木の皮としんとの間から，黒い液体《えきたい》が少しずつしみ出す。これがうるしで，何回かうるしをとると，木は枯《か》れてしまうので，1本の木からは，150gぐらいしかとれない。このうるしの液体をぬった塗り物（漆器《しっき》）は，日本の特産物で，輸出品にもなっている。

ところが，国内では，うるしの木が減《へ》っており，うるしかきをする人も少なくなっていて，うるしの生産が減少《げんしょう》している。うるしの木の植林をしているところもあるが，現在は中国《ちゅうごく》などからの輸入にたよっている。

2 伝統工業のさかんな地域《ちいき》

焼き物の生産

●**焼き物とは**…良質《りょうしつ》のねん土で形をつくり，かまの中で焼いてかたくした器。**陶磁器《とうじき》**。

▶**原料**…陶器《とうき》は花《か》こう岩《がん》が風化してできたねん土を原料にする。磁器は石を粉状《こなじょう》になるまで細かくして水を加え，練り上げる。

▶**焼き物をつくる順**…ねん土をこねる→**ろくろ**で形を整える→素《す》焼き→うわ薬《ぐすり》かけ→本焼き→絵つけ→焼きあげ，の順につくるのが一般的《いっぱんてき》。

▶**点在する産地**…原料のねん土の性質《せいしつ》，うわ薬や絵つけの色の材料などのちがいで，各地に特色のある焼き物の産地ができている。

▶ねん土は，陶土《とうど》・磁土《じど》をもとにつくり，土もみをして，やわらかさをそろえる。素焼きの前に下絵《したえ》つけをしてから，うわ薬をかけることもある。

▶下絵つけをする場合，本焼きのあとの絵つけは，上絵《うわえ》つけという。上絵つけは，はなやかな色が多く，赤絵《あかえ》などともいう。

参考

陶器と磁器

焼き物は陶器と磁器に分けられ，合わせて陶磁器とよんでいる。

- 陶器は，900～1400℃の熱で焼きあげる。そのままでは水がしみこむので，うわ薬をかけて，また焼きあげる。たたくと，陶器はにぶい音がする。
- 磁器は，陶器より高い1300～1500℃の温度で焼きあげる。表面はなめらかになり，たたくと，磁器はすんだ高い音がする。

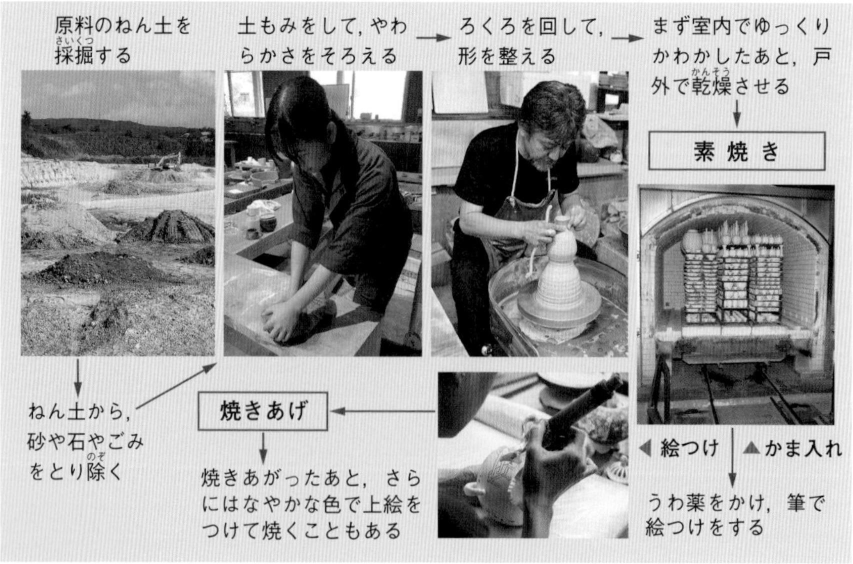

▲焼き物（陶器）ができるまで

●焼き物づくりのさかんな所

▶**瀬戸《せと》市(愛知《あいち》県)**…古くからの産地で，「せともの」として有名。手づくりの伝統《でんとう》的な焼き物のほか，機械生産によって，日用食器やタイルなどを大量につくって，外国へも輸出《ゆしゅつ》している。

▶**有田《ありた》町(佐賀《さが》県)**…瀬戸と並《なら》ぶ日本の代表的な焼き物の産地。磁器の生産で名高く，**有田焼**という。伊万里《いまり》港から出荷されたので**伊万里焼**ともいわれる。

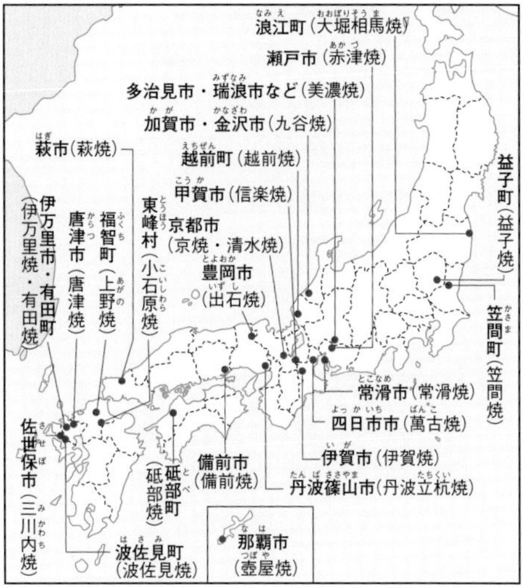

▲おもな焼き物の産地

◉安土桃山《あづちももやま》時代に茶《ちゃ》の湯《ゆ》が流行し，茶わんへの関心が高まった。豊臣秀吉《とよとみひでよし》が朝鮮《ちょうせん》を侵略《しんりゃく》したとき(➡p.403)，朝鮮のすぐれた陶工《とうこう》が日本に連れてこられたため，九州《きゅうしゅう》を中心に磁器の進んだ技術《ぎじゅつ》が広まった。

◉江戸《えど》時代に，酒井田柿右衛門《さかいだかきえもん》という人物のくふうで，はなやかな絵つけが行われるようになり，海外でも有名になった。

▶**その他の産地**…京都《きょうと》府の**清水《きよみず》焼**，石川《いしかわ》県の**九谷《くたに》焼**，岐阜《ぎふ》県多治見《たじみ》市の**美濃《みの》焼**，岡山《おかやま》県備前《びぜん》市の**備前焼**，栃木《とちぎ》県益子《ましこ》町の**益子焼**，滋賀《しが》県甲賀《こうか》市信楽《しがらき》の**信楽焼**など。

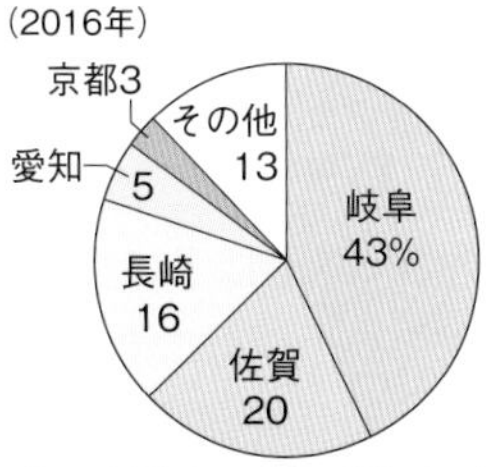

(2019年版「データでみる県勢」による)
▲陶磁器製の容器《ようき》の生産額割合《わりあい》

●技術の変化

▶**焼き物を焼くかま**…昔ながらの斜面《しゃめん》を使ったまきを燃料《ねんりょう》とするのぼりがま(➡p.340)のほか，石炭や重油，ガス，電気で焼くかまがある。

▶**成形**…ねん土の形づくりは，人力《じんりき》のろくろで行われてきたが，製品《せいひん》によって形がちがってくるという問題点があった。そこで，石こうの型を使ったり，機械ろくろの技術をうみ出したりした。

参考

李参平《りさんぺい》

朝鮮の陶工で，有田焼を始めた人物。佐賀県ではその功績《こうせき》をたたえる碑《ひ》が建てられた。また，李参平をまつる神社もあり，その鳥居《とりい》は焼き物でつくられている。

用語

酒井田柿右衛門

佐賀県有田で焼き物づくりにたずさわり，江戸時代の1640年代に，はなやかな絵つけに成功した。

参考

六古窯《ろっこよう》

中世までにつくられたすぐれたかまのうち，今も残っている信楽窯(滋賀県)，越前《えちぜん》窯(福《ふく》井《い》県)，瀬戸窯(愛知県)，常滑《とこなめ》窯(愛知県)，丹波《たんば》窯(兵庫《ひょうご》県)，備前窯(岡山県)の6つのかま。

織《お》り物・染《そ》め物の生産

●**織り物とは**…糸をたてと横に織り合わせてつくる布《ぬの》のこと。

▶**京都《きょうと》市の西陣織《にしじんおり》**…糸を先に染《そ》めてから織る「先染《さきぞ》め」の高級絹《きぬ》織物で，帯地をはじめ，着物・ネクタイなどの製品《せいひん》がある。

▶**結城《ゆうき》市（茨城《いばらき》県）**…**結城つむぎ**の産地。昔は，すべて農家の副業として生産されたが，今は専門《せんもん》の織り屋が増《ふ》えた。

▲おもな織り物の産地

▶**つむぎの産地**…つむぎでは，このほか，鹿児島《かごしま》県奄美大《あまみおお》島《しま》を中心とした**大島つむぎ**，新潟《にいがた》県の**小千谷《おぢや》つむぎ**，長野《ながの》県の**信州《しんしゅう》つむぎ**なども有名である。

▶**足利《あしかが》市（栃木《とちぎ》県）**…江戸《えど》時代の終わりごろ，絹と綿《めん》の交《ま》ぜ織りと綿《めん》織物で栄えた。その後，大正《たいしょう》時代の終わりごろから，**めいせん**という絹織物の生産がさかんになった。

▶**桐生《きりゅう》市・伊勢崎《いせさき》市（群馬《ぐんま》県）**…絹織物の**桐生織・伊勢崎がすり**など。

▶**小千谷市（新潟県）**…冬の農家の副業として，麻《あさ》織物の**小千谷ちぢみ**，絹織物の小千谷つむぎなどの生産がさかんになった。

●**染め物とは**…糸や布に色や模様《もよう》をつけたもの。

▶**友禅《ゆうぜん》**（京都・石川《いしかわ》）や，**しぼり**（京都・愛知《あいち》）などの方法が代表的。

▶沖縄《おきなわ》県那覇《なは》市などには，模様をほった型紙《かたがみ》を布にあて，模様を染める**紅型《びんがた》**が伝えられる。

▲友禅流し：のりや染料をきれいな流水で洗《あら》い流す作業。

参考

西陣

西陣織の西陣とは，1467年に京都で起こった応仁《おうにん》の乱（➡p.383）のとき，西軍の山名《やまな》氏の陣地《じんち》の置かれた場所にちなむ京都の地名である。

注意

つむぎ・かすり

つむぎは真綿《まわた》などを手でつむいで糸にし，手織りばたで織った絹織物。とてもじょうぶで長もちし，水で洗えば洗うほど，つやが出て着やすくなる。なお，真綿とは玉まゆやくずまゆからつくった生糸《きいと》のせんいで，切れにくく，保温性に優《すぐ》れている（綿花《めんか》とは関係ない）。かすりは，織り方や染め方をくふうして，かすったような模様を出した織り物。伊勢崎がすりは絹織物であるが，綿織物のかすりもある。

塗《ぬ》り物の生産

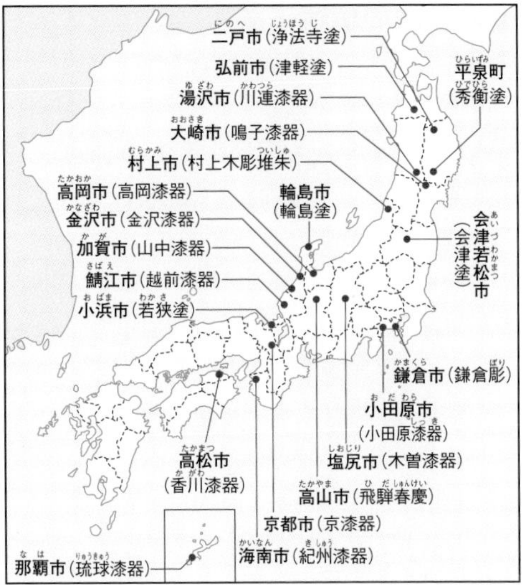

▲おもな漆器の産地

●**塗り物の町・輪島《わじま》**…石川《いしかわ》県輪島市は，輪島塗の漆器《しっき》づくりが有名である。昔からのうるし塗りの技術《ぎじゅつ》を守り，木製《もくせい》の美しくじょうぶな漆器(おわん・おぼんなど)をつくっている。

▶**輪島塗の特色**…美しく，じょうぶな漆器にするため，輪島地《じ》の粉《こ》(珪藻土《けいそうど》を焼いて精製《せいせい》したもの)を使い，木地《きじ》の一部に布をはり(布着せという)，十数回うるしを塗って仕上げる。うるしは，水分を吸《す》ってかたくなるので，湿気《しっけ》の多い輪島の気候がよい製品をつくるのに向いていた。

▶**輪島塗ができるまで**

◉**木地づくり**…けやきなどの木材をけずり，形をつくる。材料となる木は，1年ほどねかしてかわかす。これによって，ひび割《わ》れが起きにくくなる。

◉**布着せ**…おわんでは，木地のふちなどこわれやすい部分に麻や綿《めん》の布をはりつけて補強《ほきょう》する。

◉**塗り**…塗り師《し》はうるしに地の粉を混《ま》ぜて，何回も塗り重ね，じょうぶな漆器に仕上げる。

◉**絵つけ**…まき絵や沈金《ちんきん》の技法《ぎほう》で，絵や模様をつける。貝がらをはめこむこともある。

●**そのほかの産地**…漆の木にめぐまれている地域《ちいき》で発達した。塗りを厚《あつ》く重ねることで知られる**津軽塗《つがるぬり》**(青森《あおもり》県弘前《ひろさき》市)，下地《したじ》の工程《こうてい》を減《へ》らしてじょうぶさを保つ**越前《えちぜん》漆器**(福井《ふくい》県鯖江《さばえ》市)などがある。

参考

塗りの作業

うるしを塗る作業は，細かい工程《こうてい》に分かれている。こくそ(木の粉などで木地の大まかな補修《ほしゅう》をする)→炭つけ(炭の粉などで補強する)→柿《かき》とぎ(柿しぶを塗ってみがく)→地塗り(下地をつくる)→さびつけ(でこぼこを補修する)→下地とぎ(紙やすりでみがく)→下塗り→(補修)→中塗り→(補修)→上塗り。

用語

まき絵

うるしで模様をつけたり，金・銀や貝，色粉《いろこ》などを，漆器につける。

沈金

のみで漆器をけずって，模様をほり，そこに金粉《きんぷん》を埋《う》めこむ。

入試ポイント

▶ 焼き物…陶磁器《とうじき》→**瀬戸焼《せとやき》**・**有田《ありた》焼**・**清水《きよみず》焼**。
▶ 織り物…絹織物の**西陣織**など。**つむぎ**・**かすり**。
▶ 塗り物…漆器→**輪島塗**・**津軽塗**など。

そのほかの伝統《でんとう》工業

●**南部鉄器《なんぶてっき》**…岩手《いわて》県盛岡《もりおか》市とその周辺では，鉄をとかし，い型に入れて，風《ふう》りんや鉄びんを生産している。こうした，い物の製《せい》品《ひん》は，南部鉄器として有名。

▶金属器《きんぞくき》ではほかに，山形《やまがた》い物，東京《とうきょう》銀器，燕鎚起銅器《つばめついきどうき》(新潟《にいがた》県)，高岡《たかおか》銅器(富山《とやま》県)，大《おお》阪浪華錫器《さかろうかすずき》(大阪府)などがある。刃物《はもの》は，越後与板打刃物《えちごよいたうちはもの》(新潟県)，越前《えちぜん》打刃物(福井《ふくい》県)，堺《さかい》打刃物(大阪府)が有名。

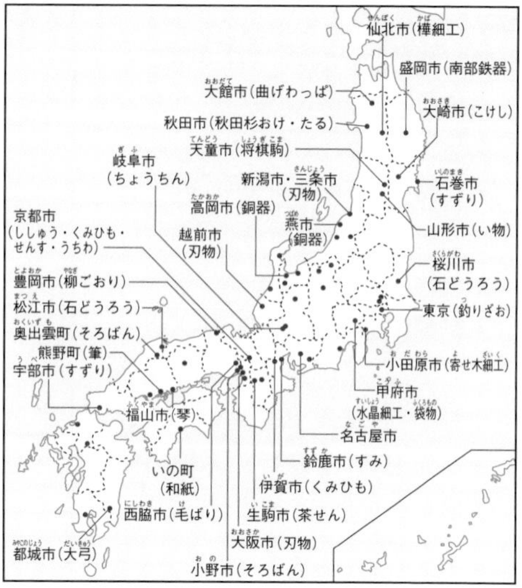

▲そのほかの伝統工業

●**熊野筆《くまの》**…広島《ひろしま》県熊野町では，書道で使う筆づくりがさかん。昔，奈良《なら》へ出かせぎに行った人が，帰りに奈良の筆・すみを仕入れて，売りながら帰ってきたことから，自分たちも筆をつくるようになった。

●**土佐《とさ》和紙**…高知《こうち》県いの町では植物の皮を原料に，手すきの和紙をつくっている。

▶原料のこうぞ・みつまた・がんぴを洗《あら》って水にさらし，煮《に》こむ。

▶原料を水洗《みずあら》いし，水でさらす。

▶ほこりをとり，丸めてたたく。

▶水に沈《しず》め，せんいを整える。

▶のりを加え，せんいをすくってすいていく。

▶脱水《だっすい》して乾燥《かんそう》させる。

●**琉球紅型《りゅうきゅうびんがた》**…沖縄《おきなわ》県那覇《なは》市などには，模様《もよう》をほった型《かた》紙《がみ》を布にあて，模様を染《そ》める紅型とよばれる染色《せんしょく》(染め物)の方法が伝えられている。

●**木工**…秋田《あきた》県の**大館《おおだて》曲げわっぱ**，山形県の**天童将棋《てんどうしょうぎ》駒《こま》**などの木工や，家具や仏《ぶつ》だんの産地がある。

●**人形**…土や木，布などさまざまな材料が使われる。博多《はかた》人形(福岡《ふくおか》県)，京人形(京都《きょうと》府)，岩槻《いわつき》人形(埼玉《さいたま》県)，江戸節句《えどせっく》人形(東京都・埼玉県)など。

参考

筆の材料

馬・うさぎ・鹿《しか》・たぬき・りすなど，さまざまな動物の毛が用いられている。

用語

大館曲げわっぱ

秋田すぎを薄《うす》くはぎ，熱湯につけてやわらかくして器の形に曲げ，桜《さくら》の皮で縫《ぬ》い止める。

☑ まとめチェック

知識を整理・確認しよう！

① 日本の伝統工業

- □ ① 土を焼いてつくる茶わん・皿・湯のみなどを何というか。
- □ ② 漆《うるし》を塗《ぬ》ってつくるおわん・おぼん・はしなどを何というか。
- □ ③ 糸や織《お》り物に色や模様をつけたものを何というか。
- □ ④「伝統的工芸品産業の振興《しんこう》に関する法律《ほうりつ》」にもとづいて指定されている工芸品を何というか。
- □ ⑤ 工芸品の技術《ぎじゅつ》を受けつぐ者として国の試験に合格《ごうかく》し，学校などの体験学習で工芸品づくりを教える人を何というか。

答え ①

- ① 焼き物
- ② 塗り物
- ③ 染《そ》め物
- ④ 伝統的工芸品
- ⑤ 伝統工芸士

② 伝統工業のさかんな地域《ちいき》

- □ ① 焼き物づくりで，ねん土の形を整える機械を何というか。
- □ ② 本焼きのあとに行われる，表面に模様などをえがく作業を何というか。
- □ ③「せともの」として有名な，愛知《あいち》県の古くからの焼き物の産地はどこか。
- □ ④ 焼き物のうち磁器《じき》の生産で知られ，安土桃山《あづちももやま》時代に朝鮮《ちょうせん》からの陶工《とうこう》による技術が伝えられた佐賀《さが》県の産地はどこか。
- □ ⑤ 焼き物を焼くかまのうち，昔ながらの斜面《しゃめん》を使ってまきで焼くかまを何というか。
- □ ⑥ 織り物のうち，糸を先に染めてから織る「先染《さきぞ》め」で知られる京都府の絹《きぬ》織物を何というか。
- □ ⑦ 真綿《まわた》を手でつむいで糸にし，手織りばたで織った絹織物を何というか。
- □ ⑧ 昔からのうるし塗りの伝統と技術を守っている，石川《いしかわ》県の塗り物を何というか。
- □ ⑨ 塗り物の木地《きじ》のふちなど，こわれやすい部分に麻《あさ》や綿の布をはりつけて補強《ほきょう》する作業を何というか。
- □ ⑩ 岩手県盛岡市などで受けつがれてきた，とかした鉄をい型に入れてつくる鉄びんなどを何というか。
- □ ⑪ 高知県いの町で受けつがれてきた，植物の皮を原料に手すきでつくる紙を何というか。
- □ ⑫ 沖縄県那覇市などで受けつがれてきた，模様をほった型紙を布にあて，模様を染める染め物を何というか。

答え ②

- ① ろくろ
- ② 絵つけ
- ③ 瀬戸《せと》(市)
- ④ 有田《ありた》(町)
- ⑤ のぼりがま
- ⑥ 西陣織《にしじんおり》
- ⑦ つむぎ
- ⑧ 輪島塗《わじまぬり》
- ⑨ 布着せ
- ⑩ 南部鉄器
- ⑪ 土佐和紙
- ⑫ 琉球紅型

力だめしの問題 入試標準レベル

解答➡p.619

1 次の問いに答えなさい。

(1) 伝統《でんとう》産業を守るため，政府《せいふ》は伝統マーク(伝統証紙《しょうし》)を発行しています。この伝統マークを管理している省庁《しょうちょう》の名称《めいしょう》を「～省」の形で漢字で答えなさい。
【城北埼玉中】 (　　　　)

(2) 白神《しらかみ》山地は，青森《あおもり》県と秋田《あきた》県の境《さかい》に位置しています。青森県と秋田県にそれぞれある伝統的工芸品の組み合わせとして正しいものを，次から1つ選び，記号を書きなさい。【星野学園中】 (　　)

ア 青森県－将棋駒《しょうぎごま》 秋田県－南部鉄器《なんぶてっき》
イ 青森県－津軽塗《つがるぬり》 秋田県－曲げわっぱ
ウ 青森県－津軽塗 秋田県－将棋駒
エ 青森県－南部鉄器 秋田県－曲げわっぱ

(3) 地域《ちいき》と産業の組み合わせとして誤《あやま》っているものを，次から1つ選び，記号を書きなさい。【開成中】 (　　)

ア 今治《いまばり》(愛媛《えひめ》)－タオル　イ 堺《さかい》(大阪《おおさか》)－自転車部品
ウ 鯖江《さばえ》(福井《ふくい》)－洋食器　エ 高岡《たかおか》(富山《とやま》)－銅器
オ 丸亀《まるがめ》(香川《かがわ》)－うちわ

(4) 富山県ととなり合う県でつくられている伝統的工芸品を，次から1つ選び，記号で答えなさい。【横浜共立学園中】 (　　)

ア 会津塗《あいづぬり》　イ 九谷焼《くたにやき》　ウ 播州《ばんしゅう》そろばん　エ 天童《てんどう》将棋駒

(5) 九州《きゅうしゅう》の伝統的工芸品として正しいものを，次から1つ選び，記号で答えなさい。
【香蘭女学校中等科】 (　　)

ア 南部鉄器《なんぶてっき》　イ 熊野《くまの》筆　ウ 土佐《とさ》和紙　エ 薩摩切子《さつまきりこ》

(6) 秋田《あきた》すぎを原材料とした伝統的工芸品を，次から1つ選び，記号で答えなさい。
【専修大松戸中】 (　　)

ア 曲げわっぱ　イ 将棋駒　ウ 秀衡《ひでひら》塗　エ 赤べこ

(7) 伝統的工芸品について，次の中でもっとも西にある都道府県でつくられているものを1つ選び，記号で答えなさい。【成城中】 (　　)

ア 加賀友禅《かがゆうぜん》　イ 有田《ありた》焼
ウ 西陣織《にしじんおり》　エ 津軽塗

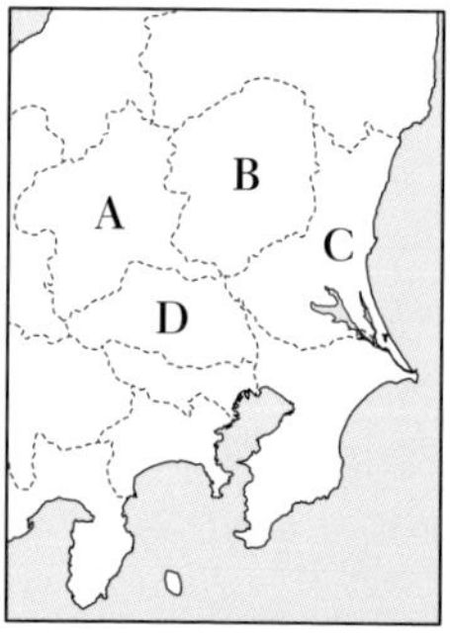

(8) 国により指定された伝統的工芸品である益子《ましこ》焼が製造《せいぞう》されている県を，右の地図中のA～Dから1つ選び，記号で答えなさい。【明治大付属中野中】 (　　)

2 次の問いに答えなさい。

(1) 東北《とうほく》地方の各都道府県と伝統的工芸品の組み合わせとして正しいものを，次から1つ選び，記号で答えなさい。【浦和実業学園中】　(　　)

ア　岩手《いわて》県－南部鉄器　　イ　秋田県－西陣織

ウ　山形《やまがた》県－有田焼　　エ　福島《ふくしま》県－土佐《とさ》和紙

(2) 福岡《ふくおか》県の南部で，日本三大がすりの1つになっている伝統的工芸品を生産している都市を次から1つ選び，記号で答えなさい。【白百合学園中】　(　　)

ア　八女《やめ》　　イ　大牟田《おおむた》　　ウ　久留米《くるめ》　　エ　柳川《やながわ》

(3) おせち料理を詰《つ》めるのに重箱が用いられます。重箱に詰めることは，めでたさを「重ねる」ことになり，縁起《えんぎ》をかついだものです。一般《いっぱん》的な重箱の素材を右の写真を参考にして，次から1つ選び，記号で答えなさい。【大妻多摩中】　(　　)

ア　ガラス　　イ　陶器《とうき》

ウ　鉄器　　エ　漆器《しっき》

(4) ちゃんこ鍋《なべ》などに用いられる土鍋は，ねん土を焼くことでつくられる陶磁器《とうじき》の1つです。日本は各地に陶磁器産地があります。陶磁器の名称とその産地の府県の組み合わせとして，誤っているものを，次から1つ選び，記号で答えなさい。【城北中】　(　　)

ア　九谷焼－石川《いしかわ》県　　イ　信楽《しがらき》焼－京都《きょうと》府

ウ　美濃《みの》焼－岐阜《ぎふ》県　　エ　有田焼－佐賀《さが》県

(5) 次の伝統的工芸品が生産されている都道府県を南から順に並《なら》べて，記号で答えなさい。【富士見中】　(　　→　　→　　→　　)

ア　南部鉄器　　イ　西陣織　　ウ　有田焼　　エ　会津《あいづ》塗

(6) 伝統工業の現状《げんじょう》について述べた文として誤っているものを，次から1つ選び，記号で答えなさい。【洗足学園中】　(　　)

ア　後継者《こうけいしゃ》が減《へ》り，職人の高齢化《こうれいか》が進んでいる。

イ　うるしなど，伝統的工芸品の原材料の国内調達が，生産量の減少《げんしょう》や価格《かかく》上昇《じょうしょう》によって，困難《こんなん》になったものがある。

ウ　製造工程《こうてい》において，製品に大きな影響《えいきょう》をあたえ得《う》る部分は，手作業が中心である。

エ　農林水産大臣により指定を受けた伝統的工芸品は，個々《ここ》の商品に「伝統的工芸品に指定されているものであること」を表示《ひょうじ》することができる。

3 工業生産と工業地域

学習のポイント

●工業地帯・地域《ちいき》の分布《ぶんぷ》と自然的・社会的条件《じょうけん》を結びつけて理解《りかい》できるか。➡p.252
●三大工業地帯の特色とおもな工業都市をおさえているか。➡p.255
●新しい工業地域が成立した理由をとらえているか。➡p.258

1 工業のさかんな地域

工業のさかんな地域

●**三大工業地帯**…第二次世界大戦前から，**京浜《けいひん》・中《ちゅう》京《きょう》・阪神《はんしん》・北九州《きたきゅうしゅう》**の4つの工業地帯が発展《はってん》して，四大工業地帯といわれた。近年では北九州の地位が低下したので，それ以外で三大工業地帯とよぶことが多い。

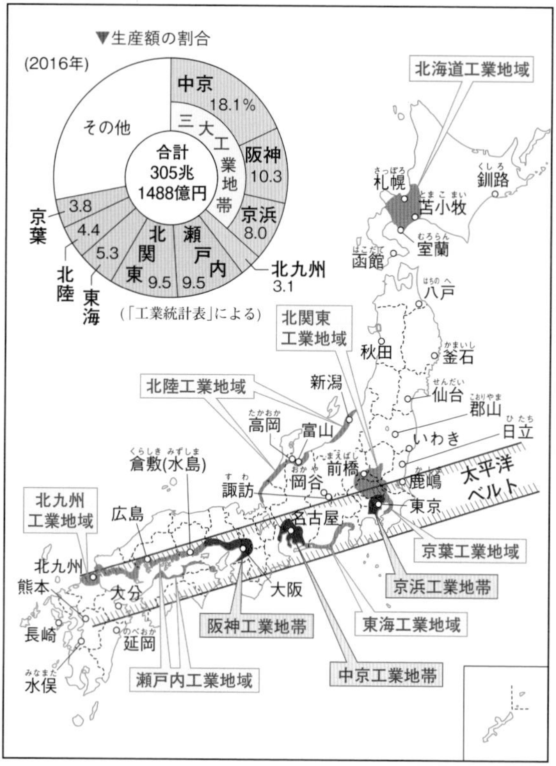

▲日本の工業地域

●**新しい工業地域**…第二次世界大戦後，日本の工業が発達して，各地で工業がさかんになり，新しく工業地域ができた。

▶京浜工業地帯からのびた**京葉《けいよう》工業地域**(千葉《ちば》県)。

▶京浜・中京工業地帯の間の**東海《とうかい》工業地域**(静岡《しずおか》県)。

▶阪神・北九州工業地帯の間の**瀬戸内《せとうち》工業地域**。

▶**北関東《きたかんとう》工業地域**・**北《ほく》陸《りく》工業地域**など。

●**太平洋《たいへいよう》ベルトの形成**…関東地方の北部から，太平洋沿岸《えんがん》，瀬戸内地方を通って，北九州にいたる地域は，とくに工業と人口が集中して，太平洋ベルトとよばれるようになった。

▶ とりわけ，石油化学コンビナートや，大規模《だいきぼ》な製《せい》鉄所《てつじょ》(せん鋼一貫《こういっかん》工場)が多く立地しており，太平洋ベルトには，工業出荷額《しゅっかがく》の約7割《わり》が集中している。

▶ 太平洋ベルトは平野が広く，気候が温暖《おんだん》で水にめぐまれている。大都市があって，人口も多く，労働力や資本《しほん》(元手《もとで》となる資金)も豊《ゆた》かで，大消費地《だいしょうひち》をひかえている。また，交通が発達し，よい港にもめぐまれ，原料や製品を輸入《ゆにゅう》したり輸出するのに便利である。1つの地域に，同じ工業や，関連し合う工業が集まったほうが，原料なども有効《ゆうこう》に使うことができ，いろいろな情報《じょうほう》を集めやすい。

●**工業地帯の順位**…第二次世界大戦前は，阪神工業地帯の出荷額《がく》が第1位で，以下，京浜・中京・北九州工業地帯の順であった。第二次世界大戦後は京浜工業地帯が第1位となり，阪神・中京・北九州の順になった。北九州工業地帯は，中国《ちゅうごく》との結びつきが弱まり，石炭産業のおとろえなどで，地位は一段と低下し，近年では，北九州工業地域とよばれている。自動車工業がさかんな中京工業地帯は，1987年からは阪神工業地帯を追いぬき，1999年には京浜をも抜《ぬ》いて第1位の出荷額になった。

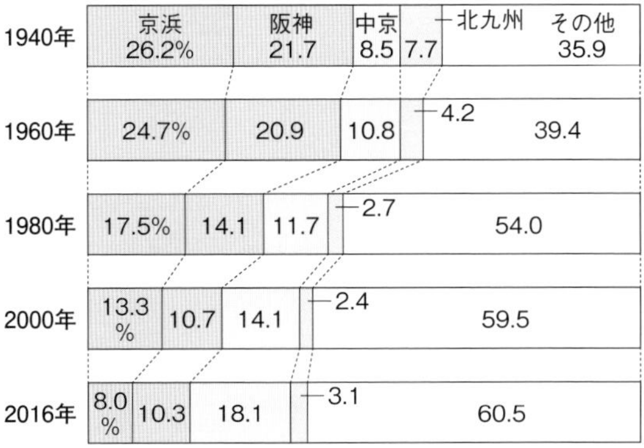

(2019/20年版「日本国勢図会」などによる)

▲工業地帯・地域の出荷額割合《わりあい》の変化

参考

工業と人口の関係

工業のさかんな地域は，人口の多い地域と重なっている。とくに京浜から東海を経《へ》て，京《けい》阪神《はんしん》にいたる間の平野部には，多くの都市が連なっている。これらの都市は，東海道新幹《とうかいどうしんかん》線《せん》などの主要な交通路で結ばれている。

入試ポイント

〈日本の工業地域〉

▶ **三大工業地帯**…中京・阪神・京浜の工業地帯。

▶ **新しい工業地域**…京葉・東海・瀬戸内・北関東・北陸の工業地域など。

工業の立地条件《じょうけん》

● **工業がさかんになるための条件**…工業がさかんになるためには，一般《いっぱん》的に一定の条件が必要である。これを，立地条件という。

▶ 自然的な条件

◉ 工場を建てるのに都合のよい，広い**工場用地**がある。

◉ **工業用水**が豊《ゆた》かである。

◉ エネルギー資源《しげん》や，金《きん》属《ぞく》資源などの原料が得やすい。

◉ 気候が温暖《おんだん》で，人が住みやすい。

▶ 社会的な条件

◉ 人口が多く，工場での働き手(労働力)が多い。

◉ 貿易《ぼうえき》港が整備《せいび》され，交通・通信の便がよい。

◉ 大きな市場(大都市)の近くにある。

◉ 工場をおこすための資金を集めやすい。

◉ 発電所などが近く，エネルギーが得やすい。

◉ 国が工業をさかんにする政策《せいさく》を進めている。

● **工業地帯の特色**…工業の立地条件にめぐまれ，全国の工業生産の中心となっている。

▶ 重化学工業を中心に，多くの種類の工業が発達している。

▶ せまい土地に工場が集中しすぎた結果，工場用地や工業用水が不足するようになった。

▶ 空気や水がよごされ，**公害**が起こった。

立地条件	自然的な条件	気候(自然災害《さいがい》が少ない)，地形(平地)，地下水・河川《かせん》(工業用水)
	社会的な条件	交通(高速道路・空港)，通信(光ファイバー網《もう》)，学校・小売店(従《じゅう》業者《ぎょうしゃ》の生活)
企業《きぎょう》が節約したい要素《ようそ》	輸送費《ゆそうひ》	原料の輸送費，製品の輸送費
	その他経費《けいひ》	賃金《ちんぎん》，土地代，用水費，電気代

▲工場の立地条件：たとえば，原料の輸送費がいちばん安くなるのは原料の産地の近くに工場をつくる場合である。

参考

重化学工業の立地

日本の場合，原油・石炭・鉄鉱《てっこう》石《せき》などのエネルギー資源や金属資源は，ほとんどを輸入にたよっているため，船での輸入に便利な海岸部に重化学工業が立地する。

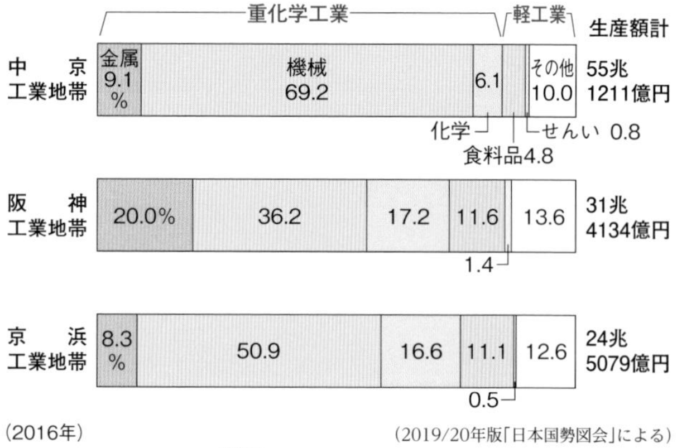

▲三大工業地帯の出荷額割合《わりあい》

2 日本の工業地帯・地域《ちいき》

中京《ちゅうきょう》工業地帯

●発達の様子…

古くから，濃《のう》尾《び》平野を中心としたせんい工業や，瀬戸《せと》市・多治見《たじみ》市などの陶磁器《とうじき》を中心としたよう業がさかんであった。第二次世界大戦後，豊田《とよた》市の自動車工業，四日市《よっかいち》市の石油化学工業など重化学工業が急速に発展した。

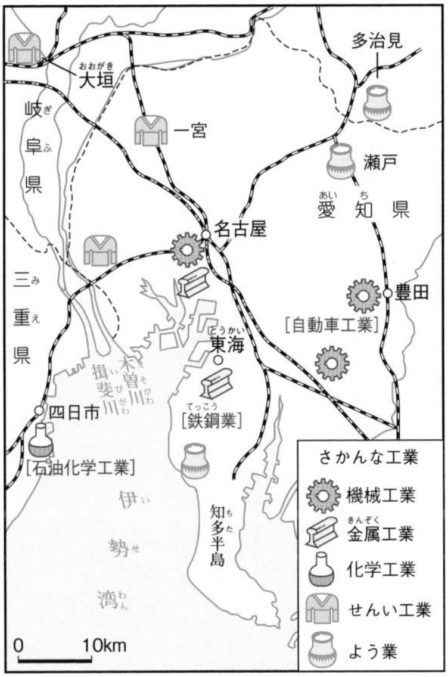

▲中京工業地帯の工業の分布《ぶんぷ》

●中京工業地帯の特色

- ▶全国第1位の総合《そうごう》工業地帯(2016年)。
- ▶豊田市の自動車工業を中心に，機械工業のしめる割合が高い。
- ▶一宮《いちのみや》市の毛織物《けおりもの》工業などのせんい工業も，一定の割合をしめている。
- ▶瀬戸市・多治見市などで，よう業がさかん。
- ▶東海《とうかい》市の鉄鋼《てっこう》業，四日市市の石油化学工業，名古《なご》屋《や》市の重化学工業や各種工業など。

●中京工業地帯が発達した理由

- ▶京浜《けいひん》工業地帯と阪神《はんしん》工業地帯の中間に位置しており，水陸の交通が便利。
- ▶中央高地《ちゅうおうこうち》の水力にめぐまれ，電力が得やすい。
- ▶広い濃尾平野とそこを流れる木曽川《きそがわ》など，用地・用水にめぐまれている。
- ▶日本の輸出の中心が，自動車をはじめとする機械製品《せいひん》へと変化した。

注意

工業の立地

自動車工業・せんい工業・よう業は，内陸部に発達している。石油化学工業・鉄鋼業は，海岸部に立地している。それぞれの工業の種類ごとに，代表的な工業都市を覚えておくこと。

参考

工業の中心の変化

鉄鋼をはじめとする金属工業がさかんだったころは，北九《きたきゅう》州《しゅう》工業地帯や阪神工業地帯の地位が高かった。しかし，しだいに自動車をはじめとする機械製品の輸出が増《ふ》え，京浜工業地帯や中京工業地帯の出荷額がのびていった。

阪神《はんしん》工業地帯

●発達の様子…明治《めいじ》時代に紡績業《ぼうせきぎょう》がおこり，重工業も発達した。第二次世界大戦前には，日本最大の工業地帯になったが，戦後，京浜《けいひん》工業地帯に追い抜《ぬ》かれ，近年は全国にしめる地位は低下した。

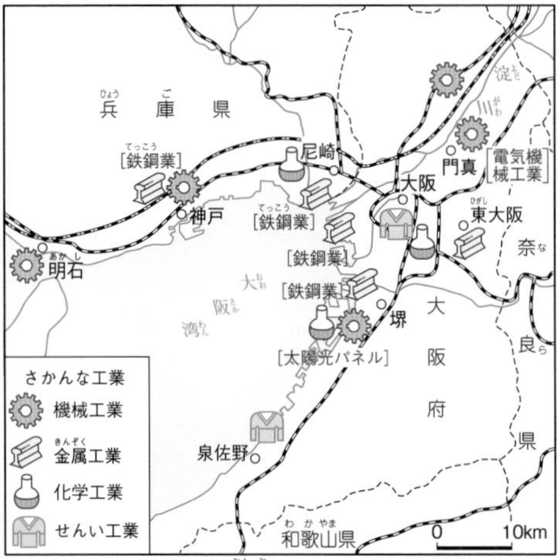

▲阪神工業地帯の工業の分布《ぶんぷ》

用語

紡績業

せんいを原料に，糸をより合わせる工業。大阪では1882年に，日本最初の紡績会社である大阪紡績会社が設立《せつりつ》され，日本の紡績業の中心として発《はっ》展《てん》した。

参考

地《じ》盤《ばん》沈《ちん》下《か》

阪神工業地帯では，工業用水の大部分を安く手に入る地下水に求めたため，地面が沈《しず》みこむ地盤沈下が深刻《しんこく》な問題となった。

●阪神工業地帯の特色

- ▶日本で有数の総合《そうごう》工業地帯。
- ▶神戸《こうべ》市・尼崎《あまがさき》市・大阪《おおさか》市・堺《さかい》市の沿岸《えんがん》の埋《う》め立て地で，重化学工業が発達している。
- ▶大阪府の内陸部の門真《かどま》市・守口《もりぐち》市では，家電製品《せいひん》などの電気機械工業が発達した。
- ▶泉州地域《せんしゅうちいき》の泉佐野《いずみさの》市などで，綿織物《めんおりもの》などのせんい工業がさかん。
- ▶近年は，海岸部や内陸部に太陽光発電のパネルや蓄電池《ちくでんち》の工場が進出した。
- ▶ほかの工業地帯に比《くら》べて，生産額《がく》にしめる中小工場の割合《わりあい》が大きい。自転車・歯ブラシ・ケミカルシューズなどがつくられている。

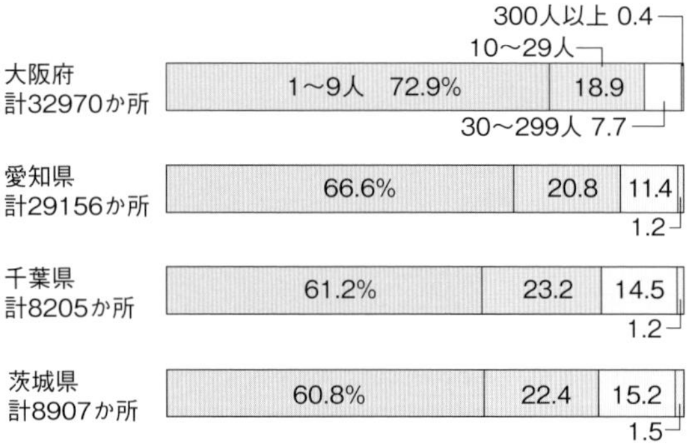

注：四捨五入の関係で合計が100%にならない場合がある

(2017年) (2019年版「データでみる県勢」による)

▲規模《きぼ》別の工場数の割合

京浜工業地帯

●発達の様子…第一次世界大戦後に，東京《とうきょう》から川崎《かわさき》市・横浜《よこはま》市にかけての埋め立て地に，大きな工場や火力発電所がつくられ，臨海《りんかい》工業地帯として発展した。

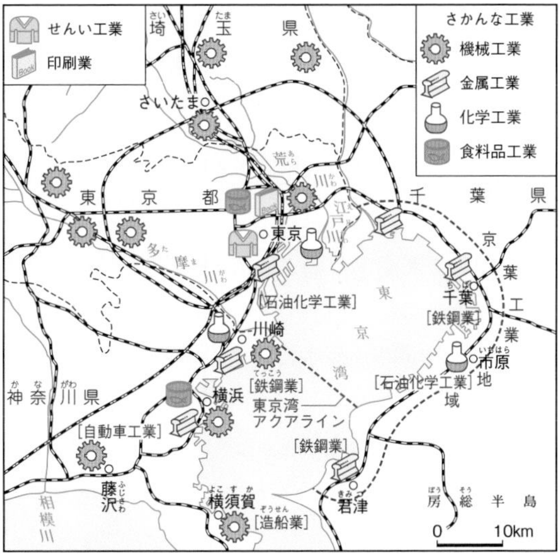

▲京浜工業地帯の工業の分布

●京浜工業地帯の特色

▶第二次世界大戦後，日本第一の総合工業地帯として長く発展した。

▶重化学工業がさかんで，機械工業のしめる割合が高い。

▶東京で印刷業がさかん。

▶機械の部品をつくる中小工場が多い。

●京浜工業地帯が発達した理由

▶東京が日本の政治《せいじ》・経済《けいざい》の中心で，資金《しきん》や情報《じょうほう》を集めるのに，都合がよかった。

▶東京を中心に，鉄道・道路が発達した。東京湾《わん》には横浜港・東京港もあって水陸の交通にめぐまれ，製品《せいひん》や原料の輸送《ゆそう》に便利だった。

▶人口の多い大都市をひかえているので，働く人を集めやすく，製品を消費《しょうひ》する市場も大きかった。

▶利根川《とねがわ》・相模川《さがみがわ》などの水を，工業用水として利用できた。

▶中部《ちゅうぶ》地方・東北《とうほく》地方から送られる電力を，エネルギーとして利用できた。

▶広い関東《かんとう》平野のほか，東京湾を埋め立てて，広い工業用地を得ることができた。

●京浜工業地帯の拡大《かくだい》

▶**京葉《けいよう》工業地域**…千葉《ちば》県の東京湾沿《ぞ》いの埋め立て地。

▶**北関東工業地域**…関東平野の内陸部。

▶**鹿島《かしま》臨海工業地域**…茨城《いばらき》県の太平洋《たいへいよう》岸。

参考

印刷業

京浜工業地帯の中でも，東京の中心部には，印刷業がとくに集中している。東京は日本の首都であり，さまざまな情報が集まってくるので，出版社《しゅっぱんしゃ》が多く，それにともなって印刷会社も多い。全国の印刷業にしめる東京都の割合は，非常《ひじょう》に大きい。

参考

利根川水系《すいけい》

神奈川県を除《のぞ》く関東6都県に水を供給《きょうきゅう》している。

新しい工業地域《ちいき》

●瀬戸内《せとうち》工業地域

▶**発展《はってん》の様子**…阪神《はんしん》工業地帯と北九州《きたきゅうしゅう》工業地域の間に発達した。瀬戸内海《せとないかい》に面した臨《りん》海《かい》工業地域で，海上交通が便利。埋《う》め立てによって，海岸に広い工場用地が得られ，石油化学工業や鉄鋼業《てっこうぎょう》などの重化学工業がさかんになった。

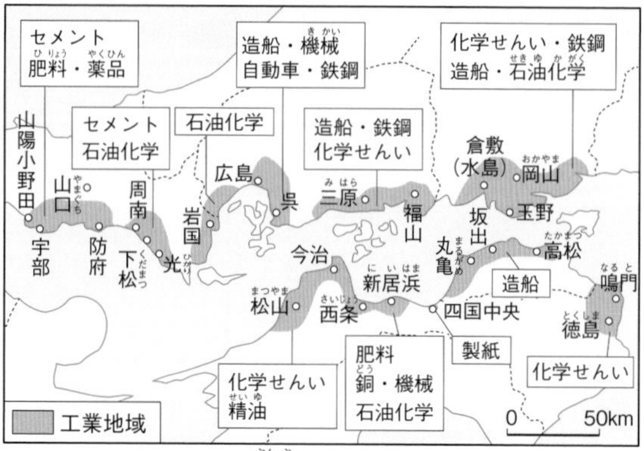

▲瀬戸内工業地域の工業の分布《ぶんぷ》

▶**おもな工業**…倉敷《くらしき》市(水島《みずしま》)・岩国《いわくに》市・周南《しゅうなん》市の石油化学，倉敷市(水島)・呉《くれ》市・福山《ふくやま》市の鉄鋼，玉《たま》野《の》市・呉市・尾道《おのみち》市・坂出《さかいで》市・今治《いまばり》市の造船《ぞうせん》，防《ほう》府《ふ》市・広島《ひろしま》市・倉敷市の自動車，宇部《うべ》市・山陽《さんよう》小《お》野田《のだ》市・周南市のセメント，四国中央《しこくちゅうおう》市の製紙《せいし》。

▶**問題点**…瀬戸内海の海水のよごれ(**赤潮《あかしお》**)や埋め立てなどが原因《げんいん》で，水産業がふるわなくなった。**石油化学コンビナート**からの重油《じゅうゆ》流出などの事故《じこ》，大気汚染《おせん》などの公害も発生した。

用語

水島地区

岡山県高梁《たかはし》川河口《かこう》を埋め立ててつくった水島地区には，大きな石油化学コンビナートや製鉄所《せいてつじょ》などがあり，瀬戸内工業地域の中でも，もっとも工業がさかんになっている。この地域を，水島臨海工業地域とよぶこともある。

●東海《とうかい》工業地域

▶**発展の様子**…京浜《けいひん》・中京《ちゅうきょう》の両工業地帯の中間にあり，交通が便利である。水力による電力や，富士山麓《ふじさんろく》のわき水などによる工業用水が豊《ゆた》かで，地元の資源《しげん》をもとに発展してきた。

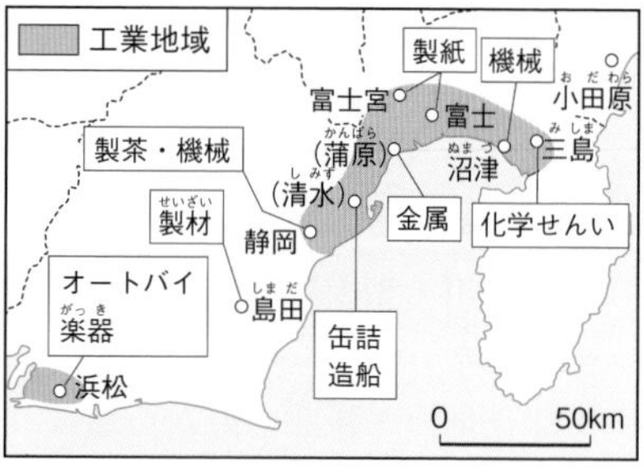

▲東海工業地域の工業の分布

▶**おもな工業**…輸送《ゆそう》機械，紙・パルプ，食料品工業が発達している。富士市・富士宮《ふじのみや》市のパルプ・製紙，静岡《しずおか》市のみかんや水産物の缶詰《かんづめ》工業・製茶《せいちゃ》，浜松《はままつ》市のオートバイ・楽器など。

●京葉《けいよう》工業地域…千葉《ちば》県の東京湾《とうきょうわん》沿《ぞ》いに発展した工業地域。京浜工業地帯の延長《えんちょう》として，遠浅《とおあさ》の海岸を埋め立て，広い工業用地をつくって発展した。石油化学工業・鉄鋼業を中心とした重化学工業がさかん。

鹿島《かしま》臨海工業地域…茨城《いばらき》県南東部の鹿島灘《なだ》の砂浜《すなはま》海岸につくられた人工の掘《ほ》りこみ港を中心とする。石油化学工業・鉄鋼業がさかん。近くの霞ヶ浦《かすみがうら》・北浦《きたうら》の水を工業用水として利用している。

北関東《きたかんとう》工業地域…京浜工業地帯の工業用地の不足から，関東内陸の群馬《ぐんま》・栃木《とちぎ》・茨城県へと工場の移転《いてん》が進んだ。**工業団地《だんち》**がつくられ，機械工業などが発展した。

▲関東地方の内陸へ広がる高速道路

播磨《はりま》臨海工業地域…阪神工業地帯の西に広がる，姫路《ひめじ》市(広畑《ひろはた》地区)を中心に発達した工業地域。加古川《かこがわ》市・相生《あいおい》市・赤穂《あこう》市などの工業のさかんな都市が並《なら》んでいる。姫路市・加古川市の鉄鋼業が中心。

堺《さかい》・泉北《せんぼく》臨海工業地域…阪神工業地帯の南の大阪《おおさか》湾沿いの埋め立て地に発達した。昔は綿《めん》工業が見られる程度《ていど》であったが，今日《こんにち》では，重化学工業がさかんである。

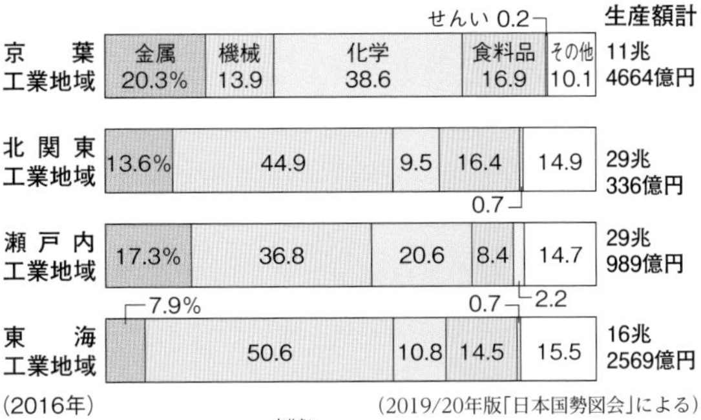

▲新しい工業地域の出荷額割合《わりあい》

用語

掘りこみ港

海岸から内陸に向かって水路を掘りこんで，船が接岸《せつがん》できるようにした港。おもに砂浜海岸につくられる。

用語

工業団地

国や県などの計画によって工場が集められた地域。同じ業種の工場が集められることが多い。広い用地や豊《ゆた》かな工業用水を背景《はいけい》に建設《けんせつ》されるため，大都市から遠い，高速道路のインターチェンジの近くにつくられることが多い。

入試ポイント

〈工業地域の広がり〉

▶ **京浜工業地帯**の延長→**京葉**，**鹿島**，**北関東**の工業地域。

▶ **阪神工業地帯**の延長→**播磨**，**堺・泉北**の工業地域。

●北陸《ほくりく》工業地域《ちいき》

▶**発展《はってん》の様子**…富山《とやま》市の製薬《せいやく》，高岡《たかおか》市の銅器《どうき》，福《ふく》井《い》・石川《いしかわ》・新潟《にいがた》県の絹織物《きぬおりもの》などが，古くから有名であった。また，電力・工業用水にめぐまれ，新潟県では，少量ながら石油を産出する。

▶**おもな工業**…富山市・高岡市の金属《きんぞく》・機械，新潟市の化学，福井県や石川《いしかわ》県のせんい工業など。

参考

越中《えっちゅう》富山の薬売り

越中(富山の旧国名)の薬は昔から有名。江戸《えど》時代から，薬商人が全国を行商でまわり，薬を売ってきた。富山市では，現在《げんざい》でも製薬がさかんである。

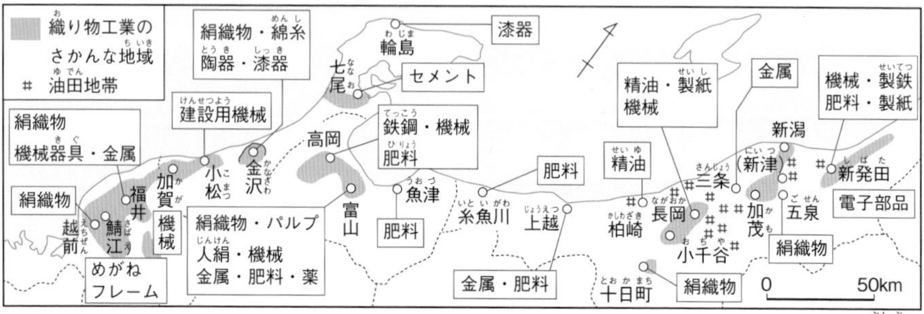

▲北陸工業地域の工業の分布《ぶんぷ》

●北海道《ほっかいどう》工業地域

▶**発展の様子**…北海道産農林水産物を原料にした工業がさかん。IC《アイシー》工場も進出。

▲室蘭市の「工場夜景」

▶**おもな工業**…室蘭《むろらん》市で鉄鋼業《てっこうぎょう》，苫小牧《とまこまい》市・釧路《くしろ》市・江別《えべつ》市・旭川《あさひかわ》市でパルプ・製紙業，札幌《さっぽろ》市でビール・乳《にゅう》製品，函《はこ》館《だて》市や釧路市で水産加工業がさかん。

参考

工場夜景

夜間に工場群《ぐん》をライトアップし，観光資源《しげん》として活用する試みが広がっている。北海道室蘭市をはじめ，神奈川《かながわ》県川崎《かわさき》市，三重《みえ》県四日市《よっかいち》市，福岡《ふくおか》県北九州市，山口《やまぐち》県周南《しゅうなん》市は「日本五大工場夜景」とよばれる。

くわしく 古くから発達した北九州《きたきゅうしゅう》工業地域

全国にしめる地位は低い工業地域だが，1901年につくられた官営《かんえい》の八幡《やはた》製鉄所が始まりで，歴史は古い。

- 北九州市を中心に重工業がさかん。
- 全国にしめる出荷額《しゅっかがく》の割合《わりあい》が低下している。
- 出荷額にしめる食料品工業の割合が大きい。
- 苅田《かんだ》町や宮若《みやわか》市に自動車工場が進出するなど，機械工業の割合が増《ふ》えた。

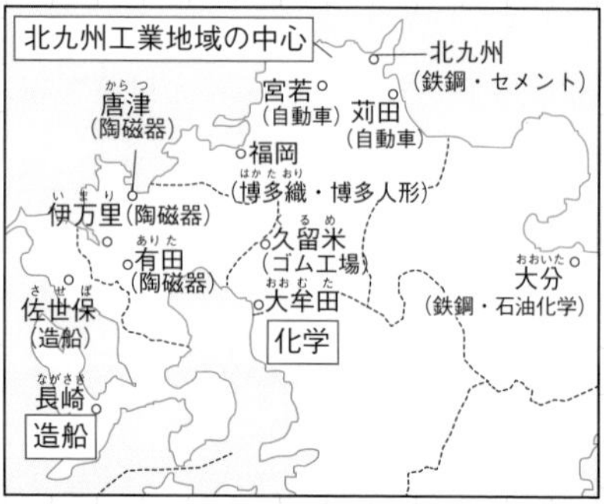

▲北九州工業地域の工業の分布

☑ まとめチェック

知識を整理・確認しよう！

答え

① 工業のさかんな地域

- □ ① 関東《かんとう》地方の北部から太平洋沿岸《たいへいようえんがん》，瀬戸内《せとうち》地方を通って，北九州にいたる，工業と人口が集中した地域を何というか。
- □ ② 重化学工業が発達した工業地域は，原料や製品《せいひん》を船で輸入《ゆにゅう》するため，何の近くに立地するか。
- □ ③ 八幡製鉄所を中心に鉄鋼業が発達したが，石炭産業のおとろえなどで地位が低下した工業地域を何というか。
- □ ④ 第二次世界大戦が始まる前に，全国一の出荷額《がく》をあげていた工業地帯はどこか。
- □ ⑤ 工場を建てるのに都合のよい自然的な条件《じょうけん》として，工場用地と並《なら》ぶもう1つの条件は何か。

答え ①

① 太平洋ベルト
② 港[海岸]
③ 北九州工業地域
④ 阪神《はんしん》工業地帯
⑤ 工業用水

② 日本の工業地帯・地域

- □ ① 豊田《とよた》市の自動車工業を中心に，機械工業のしめる割合が高い工業地帯はどこか。
- □ ② 瀬戸《せと》市・多治見《たじみ》市でともにさかんな工業は何か。
- □ ③ 明治《めいじ》時代からさかんになり，阪神工業地帯が発達する基礎《きそ》となった，せんいから糸をつむぐ工業を何というか。
- □ ④ 大阪《おおさか》府の内陸部の門真《かどま》市・守口《もりぐち》市でさかんな，家電製品などをつくる工業は何か。
- □ ⑤ 東京《とうきょう》から川崎市・横浜《よこはま》市にかけての埋《う》め立て地に成立した工業地帯は何か。
- □ ⑥ さまざまな情報《じょうほう》が集中してくる東京で，出版《しゅっぱん》業と並んでさかんな産業は何か。
- □ ⑦ 阪神工業地帯と北九州工業地域の間に発達した。瀬戸内海《せとないかい》に面する工業地域を何というか。
- □ ⑧ 倉敷《くらしき》市(水島《みずしま》)・岩国《いわくに》市・周南《しゅうなん》市で共通してさかんな工業は何か。
- □ ⑨ 京浜・中京の両工業地帯の中間の，太平洋岸に発達した工業地域を何というか。
- □ ⑩ 千葉《ちば》県の東京湾《わん》沿いに発展した，石油化学を中心とする工業地域を何というか。

答え ②

① 中京《ちゅうきょう》工業地帯
② よう業[陶磁器《とうじき》]
③ 紡績業《ぼうせきぎょう》
④ 電気機械工業
⑤ 京浜《けいひん》工業地帯
⑥ 印刷業
⑦ 瀬戸内《せとうち》工業地域
⑧ 石油化学工業
⑨ 東海《とうかい》工業地域
⑩ 京葉《けいよう》工業地域

力だめしの問題 入試標準レベル

解答➡p.619

❶ 右の地図を見て，次の問いに答えなさい。【東京学芸大附世田谷中・改】

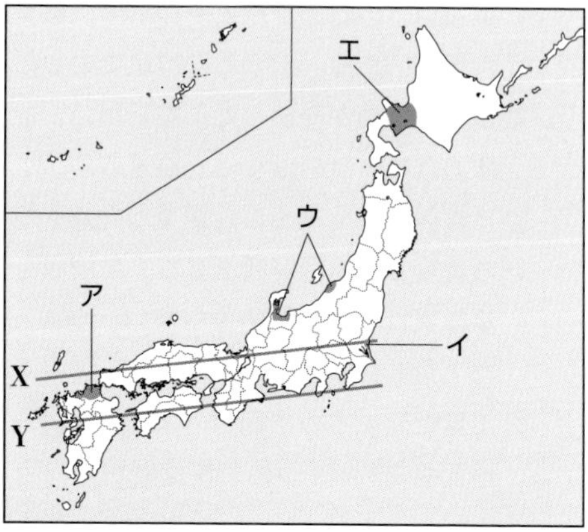

⑴ 右下のグラフと表は，地図のXとYの線の範囲《はんい》内にある4つの工業地帯(地域《ちいき》)の製造品《せいぞうひん》出荷額《しゅっかがく》に関するものです。Cにあてはまる工業地帯名を答えなさい。(　　　　　　　　)

⑵ 右下のグラフと表から読み取れることとして，まちがって述《の》べた文章を次から1つ選び，記号で答えなさい。

ア　2016年の，4つの工業地帯(地域)の製造品出荷額の割合《わりあい》は，いずれも機械工業のしめる割合がもっとも多い。

イ　2016年，金属《きんぞく》工業の出荷額はBの工業地帯のほうがCの工業地帯よりも多い。

ウ　2013年から2016年にかけて，もっとも出荷額が増《ふ》えたのはCの工業地帯である。

エ　2000年以降《いこう》，出荷額がのび続けているのはDの工業地帯だけである。(　　)

製造品出荷額の構成

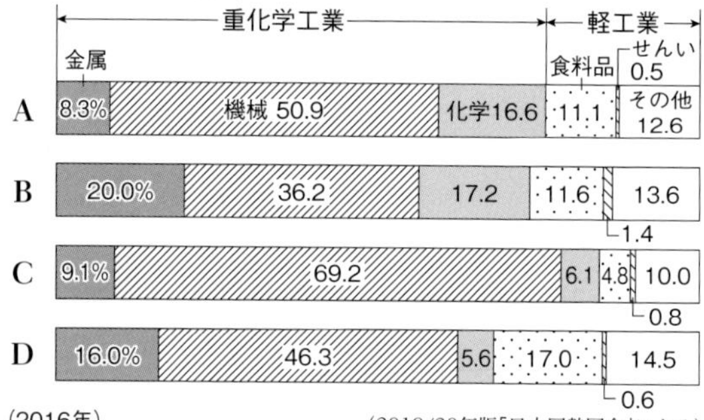

(2016年)　(2019/20年版「日本国勢図会」による)

製造品出荷額の推移《すいい》　(億円)

	1990年	2000年	2010年	2013年	2016年
A	515908	402530	257710	253544	245079
B	405725	325518	301386	303212	314134
C	445033	427472	481440	525982	551211
D	77793	74264	82491	82350	93185

(2019/20年版「日本国勢図会」などによる)

⑶ 地図中のXとYの線の範囲の地域を何といいますか。6文字で答えなさい。
(　　　　　　　　)

⑷ 次の文が示《しめ》す工業地域を，地図中のア～エから1つ選び，記号で答えなさい。
銅器《どうき》の技術をもとに，アルミニウム工業が発達した。(　　)

❷ 右の地図を見て，次の問いに答えなさい。

⑴ 日本の工業に関する説明文Ⅰ～Ⅳにあてはまる工業地域または県を，あとの語群《ごぐん》ア～キから1つずつ選び，その場所を地図中A～Gから1つずつ選び，記号で答えなさい。【江戸川女子中】

Ⅰ　市原《いちはら》は石油化学工業，君津《きみつ》は鉄鋼業がさかんである。

Ⅱ　諏訪湖《すわこ》周辺は精密《せいみつ》機械工業がさかんである。

Ⅲ　福山《ふくやま》は鉄鋼業がさかんである。

Ⅳ　阿賀野川《あがのがわ》下流域での有機水銀汚染《おせん》で公害病が問題となった。

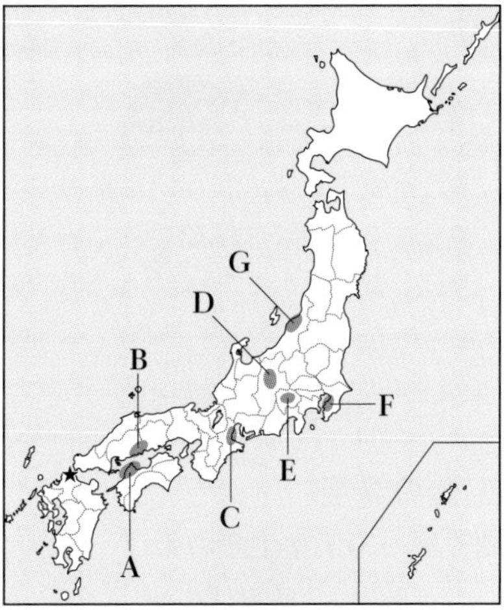

Ⅰ(　　)(　　)　Ⅱ(　　)(　　)

Ⅲ(　　)(　　)　Ⅳ(　　)(　　)

ア　瀬戸内《せとうち》工業地域　　イ　東海《とうかい》工業地域　　ウ　京葉《けいよう》工業地域

エ　三重《みえ》県　　オ　長野《ながの》県　　カ　熊本《くまもと》県　　キ　新潟《にいがた》県

⑵ 地図中の★で示した地域では工業が発達しています。これについて，次の問いに答えなさい。【白百合学園中】

①なぜこの地域で工業が発達したのか，「筑豊《ちくほう》」「中国《ちゅうごく》」の2つのキーワードを使って具体的に答えなさい。

(　　　　　　　　　　)

②右のグラフは地図中★の工業地域，中京《ちゅうきょう》工業地帯，瀬戸内工業地域の製造品出荷額等の割合を示しています。★にあてはまるものをア～ウから1つ選び，記号で答えなさい。

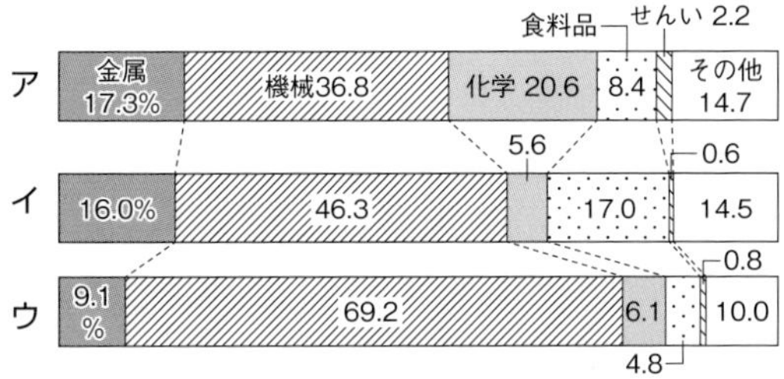

(2016年)　(2019/20年版「日本国勢図会」による)

(　　)

⑶ 次のア～エの工業地帯・地域のうち，製造品出荷額等における金属工業のしめる割合がもっとも高い所を1つ選び，記号で答えなさい。【逗子開成中・改】

(　　)

ア　阪神《はんしん》工業地帯　　イ　中京工業地帯

ウ　京浜《けいひん》工業地帯　　エ　北九州《きたきゅうしゅう》工業地域

4 日本の工業の特色と問題

学習のポイント

- ●日本の工業は，どのような要因《よういん》で発展《はってん》してきたか。 ➡p.264
- ●日本の工業における中小工場の役割を理解《りかい》しているか。 ➡p.268
- ●日本のエネルギー・資源《しげん》とその問題について理解しているか。 ➡p.272

1 日本の工業の特色

工業の発展

●**世界一の工業生産ののび**…1960年ごろから，日本の工業は，世界有数ののび率《りつ》で発展し，世界最高水《すい》準《じゅん》に達した。その背景《はいけい》には，次のような国や企業《きぎょう》の努力があった。

▶**工業優先政策《ゆうせんせいさく》**…1950年代後半から，工業の設備投資《せつびとうし》がさかんに行われた。工業を中心に産業の発展をはかり，**高度経済《けいざい》成長**をむかえた。家庭用電気製品《せいひん》が広まって**大量生産・大量消《しょう》費《ひ》**の時代がおとずれ，それにともない鉄鋼《てっこう》・造船《ぞうせん》・石油化学・機械・自動車などの工業がめざましく発展した。

▶**新しい技術《ぎじゅつ》の導入《どうにゅう》**…生産を高めるために，最新の技術をとり入れたり，開発したりして，優《すぐ》れた設備《せつび》で大量生産を進めた。

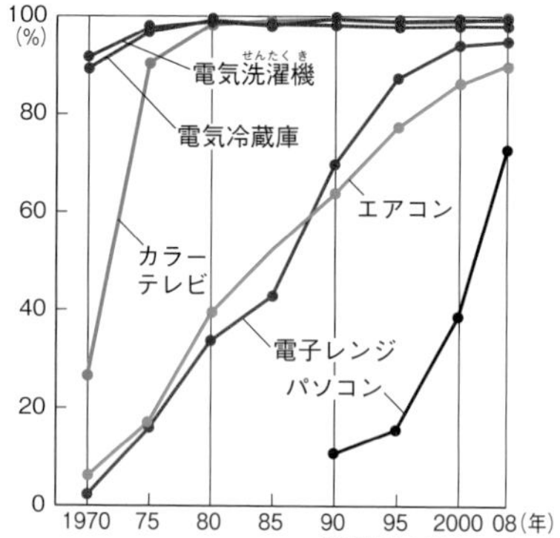

（「消費動向調査」による）

▲家庭用電気製品の普及《ふきゅう》

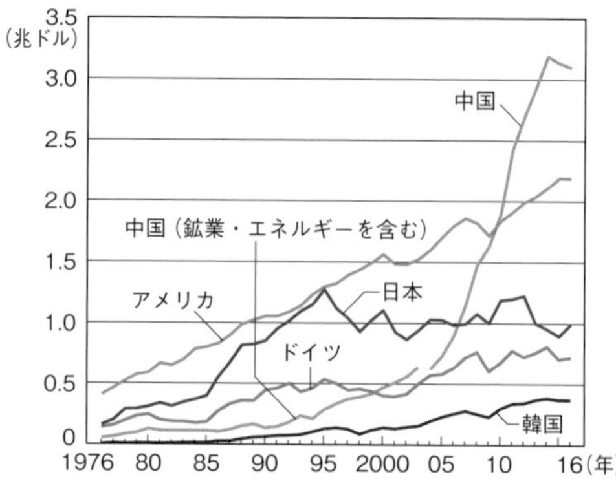

(2018/19年版「世界国勢図会」などによる)

▲おもな国の工業付加価値額《かちがく》

▶ **輸出《ゆしゅつ》の増強《ぞうきょう》**…工業製品の輸出を増《ふ》やすことに力が入れられた。

● **重化学工業が中心**…第二次世界大戦後の日本の工業の発展は，機械・鉄鋼・石油化学などの重化学工業の発展によるところが大きい。現在《げんざい》も，自動車・電子部品などの工業の発展により，重化学工業がしめる割合《わりあい》は高まっている。

● **日本で重化学工業が発展した理由**…重化学工業製品は，製品の価格《かかく》が高く，原料に比《くら》べて高い価値《かち》が加えられている。このため，技術力は高いが原料を輸入にたよる日本に適《てき》していた。また，重化学工業の製品は，すべての工業のもとになるので，工業生産を高めるには，重化学工業の発展を第一に考える必要があった。

● **工業がのびなやむ**…しかし，1990 年代以降《いこう》，日本経済《けいざい》は不景気となり，工業生産はのびなかった。2000 年代からは中国《ちゅうごく》の急成長にともない，国の経済規模《きぼ》や輸出額の面で日本は追い抜《ぬ》かれた。

● **工業の課題**…少子高齢化《こうれいか》が進み，人手不足が深刻《しんこく》である。企業は次のような対策をとっている。

▶ 経験《けいけん》の豊《ゆた》かなベテランや中途採用《ちゅうとさいよう》の人材を雇《やと》う。

▶ IT《アイティー》, IoT《アイオーティー》, ビッグデータ, AI《エーアイ》(➡p.313) などの先《せん》端《たん》技術を利用して，生産を合理化する。

参考

国の工業政策

工業再配置促進法《さいはいちそくしんほう》（1972年）やテクノポリス法（1983年）などの法律《ほうりつ》によって，新しい工業地域の拡大《かくだい》をはかってきた。

くわしく 第4次産業革命《さんぎょうかくめい》

2010 年代から，人類が経験《けいけん》してきた4番めの産業の変革として「第4次産業革命」が進行しているといわれる。その柱となる技術は，機械が自ら学習して人間以上の高度な判断《はんだん》をする「人工知能《ちのう》（AI）」である。

・IoT…製品どうしがインターネットでつながるしくみ。会社の仕事もデータ化され，インターネットを通じてすばやくやりとりできる。

・ビッグデータ… 大量のデータを集めることで，それを分析《ぶんせき》し，利用することができる。

・人工知能（AI）…これまでは機械化が難《むずか》しかった作業も，自動化が可能《かのう》になる。単純《たんじゅん》な労働はロボットにまかせられるので，人手不足を補《おぎな》い，賃金《ちんぎん》をおさえることができる。また，職人《しょくにん》の技能《ぎのう》をデータ化することで，手づくり風の工芸品を大量生産できる。

・テレワーク…インターネットを通じて，自宅《じたく》で仕事を行うことができる。これにより，高齢者《こうれいしゃ》や若者《わかもの》，女性《じょせい》の働く場が増える。

貿易《ぼうえき》と結びついた日本の工業

●**加工貿易**…日本は鉱産資源《こうさんしげん》がとぼしいため，原材料を輸入《ゆにゅう》し，それを加工した製品《せいひん》を輸出するという加工貿易で工業を発展《はってん》させてきた(➡p.297)。

▶**輸入にたよる工業原料**…石油・石炭・鉄鉱石《てっこうせき》など，大部分の工業原料を輸入にたよっている。

▶発電の燃料《ねんりょう》や化学工業の原料となる石油は，大部分をサウジアラビア・アラブ首長国連邦《しゅちょうこくれんぽう》などの西アジアから輸入している。

▶発電の燃料や都市ガスになる天然ガスは，オーストラリア・マレーシアなどから，銅《どう》はチリ，ボーキサイトはオーストラリアなどから輸入している。

▶食料品工業では小麦・だいず・とうもろこしをはじめ，アメリカ・カナダ・オーストラリア・ブラジルなどからの輸入にたよっているものが多い。

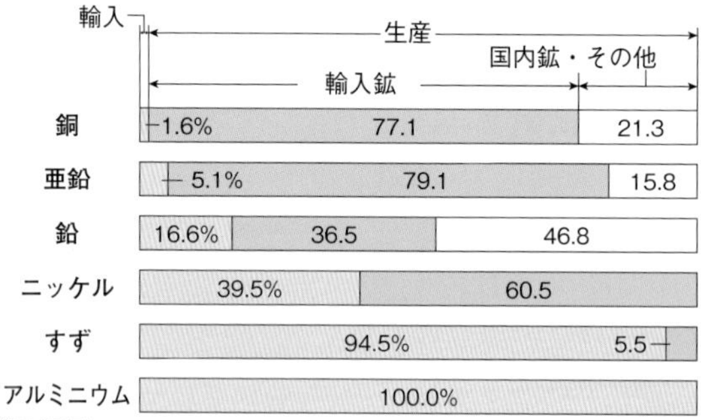

(2017年)　(2019年版「データブック オブ・ザ・ワールド」による)

▲工業原料の輸入にたよる割合《わりあい》

▶アジアの国々の工業の発展にともなって，工業製品の輸入も増《ふ》えている。

参考

製品輸入

アジアなどの国々からの工業製品の輸入増加の理由として，日本企業《きぎょう》の海外進出による逆《ぎゃく》輸入の増加，日本企業の競争力の低下などがあげられる。

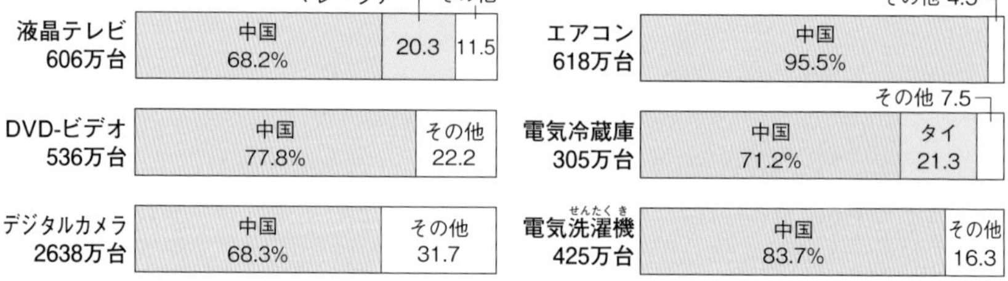

(2018年)　(2019/20年版「日本国勢図会」による)

▲工業製品の輸入相手国

●工業製品の輸出

▶ **輸出の多くは工業製品**…日本の輸出品を見ると，大部分が工業製品である。高度経済《けいざい》成長のころから，

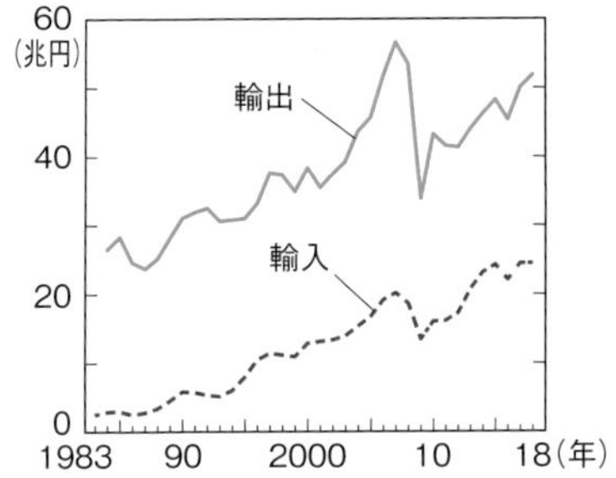

(2019/20年版「日本国勢図会」による)

▲日本の機械製品の貿易額の変化

工業製品の輸出を増やすことに力が入れられてきた。とくに重化学工業の製品が大きな割合《わりあい》をしめている。

▶ 自動車が最大の輸出品となっている。アメリカなどとの貿易摩擦《まさつ》や，円高《えんだか》・円安《えんやす》の影響《えいきょう》を受けて，輸出量が大きく変化してきた。

▶ 電子部品・鉄鋼《てっこう》の輸出は，ともに中国《ちゅうごく》や韓国《かんこく》，タイなどが相手国となっている。

用語

貿易摩擦

輸出額から輸入額を差し引いた差額を貿易収支《しゅうし》といい，貿易収支がふくらみすぎて外国との間で問題が起こることを貿易摩擦という。問題の原因《げんいん》となった日本の輸出品は，次のように移《うつ》り変わってきた。

- 1950〜60年代
  …せんい製品・鉄鋼
- 1970年代
  …カラーテレビ
- 1980〜90年代
  …自動車・半導体《はんどうたい》

	2005年		2010年		2015年		2018年	
	品目	割合(%)	品目	割合(%)	品目	割合(%)	品目	割合(%)
1	自動車	15.1	自動車	13.6	自動車	15.9	自動車	15.1
2	半導体等電子部品	6.7	半導体等電子部品	6.2	半導体等電子部品	5.2	半導体等電子部品	5.1
3	鉄鋼	4.6	鉄鋼	5.5	鉄鋼	4.9	自動車の部分品	4.9
4	自動車の部分品	4.3	自動車の部分品	4.6	自動車の部分品	4.6	鉄鋼	4.2
5	科学光学機器	3.8	プラスチック	3.5	原動機	3.4	原動機	3.6
6	原動機	3.3	原動機	3.5	プラスチック	3.2	半導体等製造装置	3.3
7	有機化合物	2.9	船舶	3.3	科学光学機器	3.1	プラスチック	3.1
8	映像機器	2.7	科学光学機器	3.0	有機化合物	2.8	科学光学機器	2.8
9	プラスチック	2.6	有機化合物	2.8	電気回路等の機器	2.5	電気回路等の機器	2.6
10	電気回路等の機器	2.6	電気回路等の機器	2.6	電気計測機器	1.9	有機化合物	2.5

▲日本の輸出品上位10品目の変化　(「日本貿易の現状2019」による)

入試ポイント

〈日本の工業〉

▶ **原料は大部分を輸入**→高い技術《ぎじゅつ》力で**製品に加工し**，**輸出**。

▶ 輸出の大部分は機械製品→とくに**自動車**が多い。

中小工場の役割《やくわり》

●中小工場の規模《きぼ》

▶**工場の数**…働く人が299人以下(300人未満)の中小工場は，全工場数の99%をしめる。

▶**従事者《じゅうじしゃ》の数と生産額《がく》**…工場の数で99%をしめる中小工場は，従事者の数では，およそ3分の2をしめるにとどまり，生産額で見ると，およそ半分しかない。しかし，日本の工業生産額の半分は中小工場の力による，ともいうことができる。

▶**低い生産性《せいさんせい》**…工場数で99%をしめる中小工場が，生産額では，全体のおよそ半分しかないということは，中小工場1つあたりの生産額が大工場よりかなり少ないということを示《しめ》している。また，従事者の数を見ると，中小工場は，全体のおよそ4分の3をしめているのに，生産額では半分しかないので，働く人1人あたりの生産額も，大工場より少ないことがわかる。以上のことから，中小工場の生産性は，大工場よりも非常《ひじょう》に低いということができる。

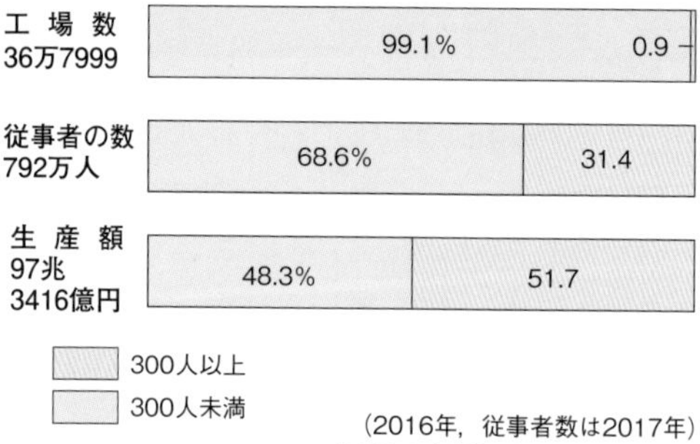

(2016年，従事者数は2017年)
(2019/20年版「日本国勢図会」による)

▲規模《きぼ》別の日本の工場

●多い関連工場…中小工場の多くは，大工場から注文を受けて，大工場で使う部品などを生産している。こうした中小工場を，**関連工場**(下うけ工場➡p.223)といい，注文する側の大工場を，親工場という。

▶近年は部品工場を合併《がっぺい》して，各地の部品工場と組み立て工場を1か所にまとめ，自社の工場で**一貫《いっかん》生産**を行う会社も増《ふ》えている。

用語

中小工場

中小企業《きぎょう》基本法では，働く人の数が299人以下(つまり300人未満)の工場を中小工場とし，300人以上の工場を大工場としている。また，資本金《しほんきん》で分けるときは，3億円未満を中小工場，3億円以上を大工場とする。中小工場の多くは関連工場であるが，関連工場は親工場に対して立場が弱く，不景気の影響《えいきょう》を受けやすい。

▶一貫生産の長所は，部品を運ぶ手間が省け，効率的《こうりつてき》な生産ができることなどである。

▲中小工場が集まってつくられた工業団地《だんち》

●**輸出にしめる中小工場の役割**…日本の輸出品の中には，独自《どくじ》の優《すぐ》れた技術をもった中小工場の製品《せいひん》も多い。大工場の製品でも，その部品に中小工場の製品が多く使われていることを考えると，中小工場の製品が輸出にしめる役割は大きい。

●伝統的《でんとうてき》工芸品は，ほとんどが，中小工場でつくられている。

参考

工業団地の立地

土地の値段《ねだん》の安い場所に工場を集め，設備《せつび》を共同で利用したり，工場どうしの協力体制《たいせい》を整えたりして，効率的な経営《けいえい》を目指している。

参考

ベンチャー企業

独自《どくじ》のアイデアや技術を用いて，新しい事業に積極的に挑戦《ちょうせん》する中小企業のこと。

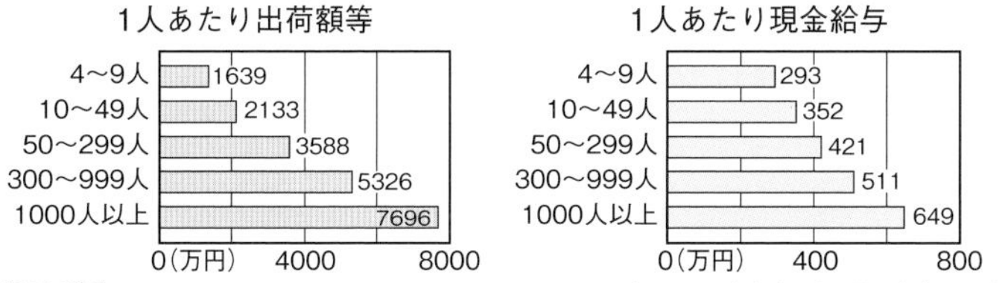

(2016年)　(2019/20年版「日本国勢図会」による)
▲規模別の1人あたり出荷額・給料

くわしく　中小工場の活躍《かつやく》

東大阪市《ひがしおおさか》（大阪府）の中小工場は，専門《せんもん》家《か》などと協力して宇宙《うちゅう》開発協同組合をつくり，JAXA《ジャクサ》（宇宙航空研究開発機構《きこう》）の打ち上げる宇宙ロケットの心臓部《しんぞうぶ》であるバッテリーの製造《せいぞう》にたずさわった。組合には6社が参加し，それぞれ得意な通信・加工などの分野で力を合わせた。2009年，ついに完成した「まいど1号」は種子島《たねがしま》からの打ち上げに成功した。

▲「まいど1号」の模型《もけい》

入試ポイント

〈日本の工業〉

▶**中小工場**…工場数と従業者数は大工場より多い。

▶**大工場**…1人あたりの生産額が中小工場より多い。

2 これからの工業生産とわたしたち

日本の工業の課題

●**公害とは**…工業や交通機関の発達，生活の便利さを追い求めた結果，環境《かんきょう》が破壊《はかい》され，動植物や人間の健康・生命に被害《ひがい》が生じること。

▶**大気汚染《おせん》**…工場から出されるけむり・ガスや，自動車の排気《はいき》ガスなどによる空気のよごれ。光化学スモッグなども発生している。

▶**水質《すいしつ》汚《お》だく**…工場・鉱山《こうざん》の廃水《はいすい》，家庭の生活排水《はいすい》による水のよごれ。水の色が変わる赤潮《あかしお》も発生。

▶**土壌《どじょう》汚染**…工場・鉱山からの廃水や廃棄物《はいきぶつ》，農薬などによる土のよごれ。

▶**騒音《そうおん》・振動《しんどう》**…工場の機械や，建設《けんせつ》現場，飛行機や自動車などが起こすさわがしい音や，ゆれ。

▶**悪臭《あくしゅう》**…工場やごみ，家畜《かちく》などから出るにおい。

▶**地盤沈下《じばんちんか》**(➡p.256)…地下水や地下資源《しげん》をとり出したことによって，土地が沈《しず》むこと。

●**おもな公害病と公害裁判《さいばん》**

▶**水俣《みなまた》病**…熊本《くまもと》県水俣市で，1953年ごろから，手足がしびれ，ことばがもつれ，死んでしまうこともある病気が発生した。原因《げんいん》は，水俣の化学工場の廃水にふくまれていたメチル水銀という有機水銀であることがわかった。

▶**新潟《にいがた》水俣病**…1964年ごろから，新潟県の阿賀野《あがの》川《がわ》下流でも，熊本県の水俣病と同じような公害病が発生した。原因物質《ぶっしつ》は水俣病と同じ。

▶**四日市《よっかいち》ぜんそく**…1959年ごろに石油化学コンビナートができた三重《みえ》県四日市では，海が石油でよごれ，次いで，工場のえん突《とつ》から出るけむりにふくまれる亜硫酸《ありゅうさん》ガスで，大気汚染がひどくなった。その結果，ぜんそくなどで苦しむ人が増《ふ》えた。

▶**イタイイタイ病**…1955年ごろから，富山《とやま》県の神《じん》通川《づうがわ》下流で発生した。骨《ほね》がもろくなり，骨折《こっせつ》しやすくなる病気で，神通川上流の岐阜《ぎふ》県の鉱山から出るカドミウムが原因とわかった。

用語

光化学スモッグ

自動車などの排気ガス中の窒《ちっ》素酸化物《そさんかぶつ》や硫黄《いおう》酸化物が，太陽の光と化学反応《はんのう》を起こし，有毒物質(オキシダント)に変わるために発生する。大都市で，晴れて風の弱い日に起こりやすく，はき気や目まいを引き起こす。

用語

赤潮

プランクトンの異常《いじょう》発生で海水の色がいちじるしく変わる現象。赤潮が発生すると，水中の酸素《さんそ》が不足したり，魚のえらにプランクトンが入ったりして呼吸《こきゅう》できなくなったりする。にげ場のない養殖魚《ようしょくぎょ》に大きな被害が出る。

●**住民運動の高まり**…公害の被害を受けている地域《ちいき》の人々は，苦情《くじょう》を役所に訴《うった》えたり，工場などに対して責任《せきにん》を追及《ついきゅう》するようになった。また，被害の補償《ほしょう》や，公害原因のさし止めを求めて，裁判所に訴える例も多くなった。

●**県・市の公害対策《たいさく》**…公害を防《ふせ》ぐための公害防止条例《ぼうしじょうれい》を定めたり，工場と公害防止のためのとりきめである公害防止協定を結んだりしている。

●**国の公害対策**…1967 年に**公害対策基本《きほん》法**を定めて環境基準《かんきょうきじゅん》をつくり，1971 年に国の役所として**環境庁《ちょう》**が発足した(2001 年より**環境省《しょう》**)。1993 年には，総合《そうごう》的な環境保護行政《ぎょうせい》を進めるため，**環境基本法**を定めた。

●**工場の公害防止への取り組み**…公害を防ぐための費用は，その原因をつくった会社が負担《ふたん》するという原《げん》則《そく》が国際《こくさい》的に確立《かくりつ》された。これをうけて，工場はけむりや排水の中の有害物質《ぶっしつ》をとり除《のぞ》く設備《せつび》をとりつけたりして，公害を出さないようにしている。

参考

増える環境権《けん》裁判

人は，住みよい環境の中で生きる権利をもっているという「環境権」が，強く要求され，認《みと》められてきた。大阪《おおさか》(伊丹《いたみ》)空港周辺の住民は，飛行機の夜間発着を禁止《きんし》するように求めた裁判を起こした(1969年)。その後，新幹線《しんかんせん》や高速道路の近くの住民が騒音などの被害に対する裁判を起こしている。また，大きな建物の日かげになってしまう家屋の住民の日照権も認められるようになった。

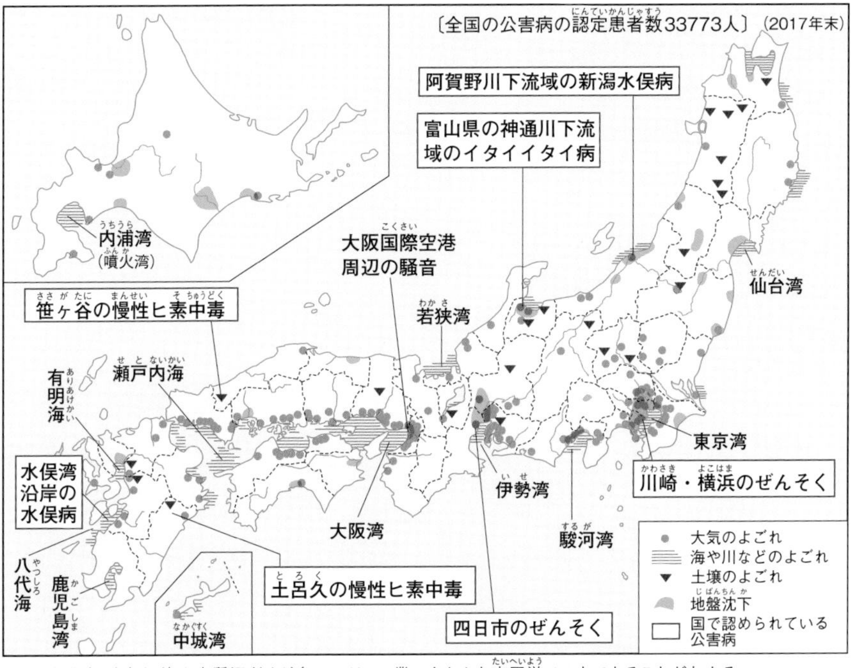

▲おもな公害：大気汚染や水質汚だくが多いのは，工業のさかんな太平洋《たいへいよう》ベルトであることがわかる。

日本の資源《しげん》・エネルギー

● **エネルギー資源**…工場の機械を動かしたり，交通機関を動かしたり，光や熱を出したりする力をエネルギーといい，エネルギーをうみ出すもととなるものをエネルギー資源という。水力・石炭・石油・原子力・天然ガスや，まき・木炭(炭)などがある。

● **電力**…電力は，水力発電・火力発電・原子力発電の3つが中心になってつくられている。地熱《ちねつ》発電や風力発電も実現され，さらに新しい**再《さい》生可能《せいかのう》エネルギー**による発電の研究も進められている。

● **日本の発電**…以前は，水力発電が中心であったが，1960年代に火力発電のほうが多くなり，燃料《ねんりょう》も石炭から石油に変わった。1970年代の石油危機《きき》後は火力発電や原子力発電の割合《わりあい》が増《ふ》えた。2011年の東日本大震災《だいしんさい》で**福島《ふくしま》第一原子力発電所**が事故《じこ》を起こすと，全国の原子力発電所が点検《てんけん》のため運転を停止し，原子力発電の割合は大きく低下した。2019年現在《げんざい》，全国の原子力発電所のうち9基《き》が再稼働《さいかどう》している。

▶ **水主火従《すいしゅかじゅう》**…水力発電が中心で，火力発電は少ない。カナダなど。

▶ **火主水従**…火力発電が中心で，水力発電は少ない。アメリカ・中国《ちゅうごく》・日本など。

参考

液体《えきたい》のエネルギー

石油ガスや天然ガスは液体にして運ぶ。液化天然ガスはLNG《エルエヌジー》，液化石油ガスはLPG《エルピージー》という。

▲日本の発電所の分布

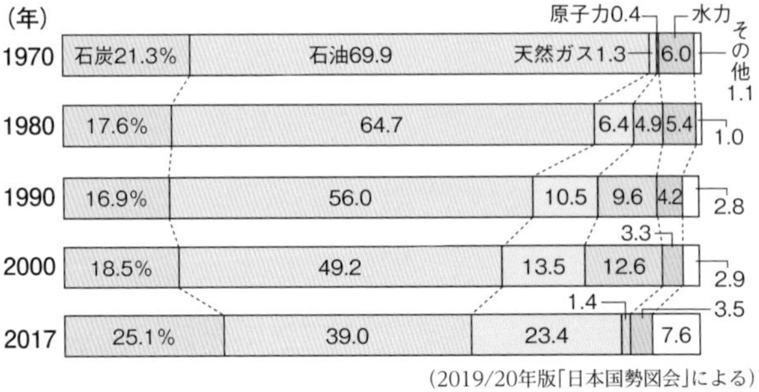

(2019/20年版「日本国勢図会」による)

▲日本のエネルギー供給割合の変化

	発電のしかた	長所《ちょうしょ》	短所《たんしょ》
水力発電	ダムをつくって川や湖の高い所から水を落とし，その水流の力を利用して発電機を回す。	①山がちで川の流れが急な日本の地形に適している。 ②自然の水を利用するため，資源がなくなることはなく，輸入《ゆにゅう》する必要もない。 ③出力の調整がしやすい。	①ダム・発電所・送電線などをつくるのに大きな費用がかかる。 ②山奥から送電するので，途中で放電などのむだがうまれる。 ③周辺の環境《かんきょう》破壊《はかい》が進む。
火力発電	石油や石炭を燃やして，水を水《すい》蒸気《じょうき》に変え，水蒸気の力で発電機を回す。	①工場や都市などで，多くの電力が必要なときに，発電所をつくることができる。 ②出力が大きく，その調整もしやすい。	①輸入しなければならない燃料の石油・石炭などは，世界経済《けいざい》や国際情勢《こくさいじょうせい》の影響《えいきょう》を受けるため価《か》格《かく》が不安定。 ②化石燃料を燃やすので二酸化炭《にさんかたん》素《そ》を排出《はいしゅつ》し，温暖《おんだん》化の一因《いちいん》となる。
原子力発電	ウランの核分裂《かくぶんれつ》のときに発生する熱で，水を水蒸気に変え，水蒸気の力で発電機を回す。	①小さな設備《せつび》で，大きな電力をうみ出すことができる。 ②発電に必要なウランの輸入が安定して行いやすい(石油のように価格や輸入先に不安が少ない)。	①放射能《ほうしゃのう》もれなどの安全性に課題がある。 ②放射性廃棄物《はいきぶつ》の処理《しょり》が技術的に確立されていない部分がある。 ③出力の調整が難《むずか》しい。

▲発電方法の特色

●エネルギーの節約と開発…地下資源は，使える量にかぎりがある。そこで，電力の節約をはじめ，エネルギーの消費を節約する政策《せいさく》(**省《しょう》エネルギー**)が進められた。東日本大震災のあと，企業《きぎょう》を中心に省エネルギーが進み，日本全体のエネルギー消費量は増加《ぞうか》が止まっている。また，太陽の光や熱，風力，波力，地熱といった再生可能エネルギーの利用が進んでいるが，その発電量の割合は約1割《わり》である。

▶**太陽光発電**…太陽光で発電する。日照時間が長い地域《ちいき》が向いている。住宅《じゅうたく》向けの太陽光パネルも普及《ふきゅう》が進んでおり，その発電量は関東《かんとう》地方より南の太《たい》平洋《へいよう》側で多い。

▶**地熱発電所**…地下のマグマにあたためられた熱水《ねっすい》と蒸気《じょうき》で発電するので，火山活動が活発な地域に向

用語

再生可能エネルギー

地球環境に対する負担《ふたん》が少なく，くり返し利用が可能な太陽光・地熱・風力などのエネルギー。

▲国内最大級の太陽光発電所(鹿児島《かごしま》市)

いている。大分《おおいた》県の八丁原《はっちょうばる》発電所，岩手《いわて》県の葛根《かっこん》田《だ》地熱《ちねつ》発電所・松川《まつかわ》地熱発電所などがある。

▶**風力発電所**…風の力でタービンを回して発電する。青森県の竜飛《たっぴ》などにつくられているが，全体で見ると少ない。

●地下資源《しげん》・森林資源・水資源

▶**地下資源（鉱物《こうぶつ》資源）**…種類は多いが，国内での産出は少なく，大部分を輸入にたよっている。

▶**森林資源**…日本の国土の約３分の２を，森林がしめる。しかし，外国産材の価格《かかく》が安いことや，林業従事者《じゅうじしゃ》の高齢化《こうれいか》などにより，木材の半分以上は輸入《ゆにゅう》にたよっている。紙・パルプの原料となる針葉樹《しんようじゅ》の多くは，カナダ・アメリカ・ロシアなどから輸入している。

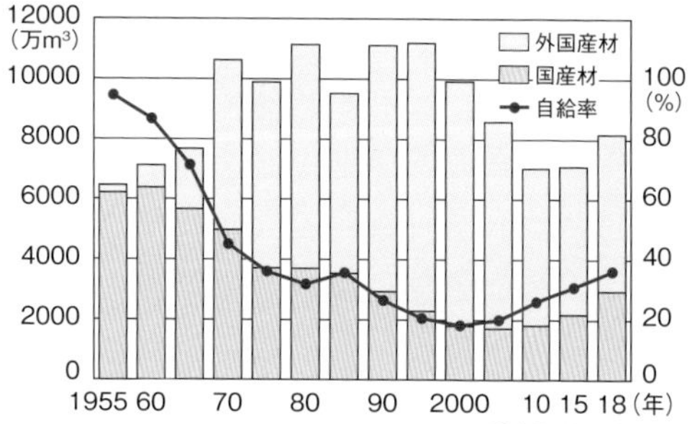

（「木材需給表」による）

▲木材自給率《じきゅうりつ》の変化

▶**水資源**…日本は世界でも雨が多いほうだが，人口１人あたりの降水量《こうすいりょう》は多くない。しかも，雨の降《ふ》り方に季節的な差があり，川が急流のため，すべての水を水力発電や農業・工業などに利用できるわけではなく，海へ流出してしまう水も多い。年間の水の需要量《じゅようりょう》は，農業用水では大きな変化はないが，工業用水では回収水《かいしゅうすい》の利用が進み使用量がおさえられている。

（2014年）

	１人あたり年間降水量（m³）	１人あたり年間取水量（m³）	１人あたり生活用水使用量（L/日）
アメリカ	22126	1530	545
日本	4919	640	333
イギリス	4571	123	239
中国	4454	437	144
インド	2751	588	113

（2019年版「データブック オブ・ザ・ワールド」による）

▲各国の水の利用

入試ポイント

〈日本のエネルギー〉

▶エネルギーの中心＝**石炭**→**石油**や**天然ガス**へ（**エネルギー革命**）。

▶発電の中心＝**水力発電**→**火力発電**。

▶**原子力発電**は福島《ふくしま》第一原子力発電所事故で減少《げんしょう》。**再生可能《さいせいかのう》エネルギー**は増加《ぞうか》。

☑ まとめチェック

知識を整理・確認しよう！

① 日本の工業の特色

- □ ① 高度経済《けいざい》成長のころに急成長した，鉄鋼《てっこう》・造船《ぞうせん》・石油化学・機械・自動車などの工業をまとめて何というか。
- □ ② 工業で人手不足が深刻《しんこく》になっているのは，日本の人口にどのような変化が起こったためか。
- □ ③ これまで難《むずか》しかったさまざまな作業の自動化を可能《かのう》にする人工知能《ちのう》のことを，アルファベットの略称《りゃくしょう》で何というか。
- □ ④ 原材料を輸入《ゆにゅう》し，それを製品に加工して輸出する貿易のことを何というか。
- □ ⑤ サウジアラビア・アラブ首長国連邦《しゅちょうこくれんぽう》など西アジアからの輸入が多いエネルギー資源《しげん》は何か。
- □ ⑥ アメリカなどとの貿易摩擦《まさつ》の原因となってきた，日本の最大の輸出品は何か。
- □ ⑦ 従業者《じゅうぎょうしゃ》が 300 人未満で，全工場数の 99%をしめる規模《きぼ》の小さな工場を何というか。

② これからの工業生産とわたしたち

- □ ① 工場から出されるけむり・ガスや，自動車の排出《はいしゅつ》ガスなどによる空気のよごれを何というか。
- □ ② 熊本《くまもと》県水俣《みなまた》市で，化学工場の廃水《はいすい》が原因《げんいん》で起こった公害病を何というか。
- □ ③ 公害の深刻化をうけて 1967 年に定められた，環境基準《かんきょうきじゅん》を示《しめ》した法律《ほうりつ》を何というか。
- □ ④ 1960 年代以前に日本の電力の中心だった，川の上流につくったダムにためた水で電気を起こす発電を何というか。
- □ ⑤ 1960 年代以降に日本の電力の中心となった，石炭や石油を燃料《ねんりょう》に電気を起こす発電を何というか。
- □ ⑥ 2011 年の東日本大震災《だいしんさい》をきっかけに，発電量が大きく減《へ》った発電を何というか。
- □ ⑦ 再生可能エネルギーのうち，日照時間が長い地域が向いている発電を何というか。
- □ ⑧ 再生可能エネルギーのうち，地下のマグマにあたためられた熱水《ねっすい》と蒸気《じょうき》で電気を起こす発電を何というか。

答え

①
① 重化学工業
② 少子高齢化《こうれいか》
③ AI《エーアイ》
④ 加工貿易
⑤ 石油
⑥ 自動車
⑦ 中小工場

②
① 大気汚染《おせん》
② 水俣病
③ 公害対策基本法《たいさくきほんほう》
④ 水力発電
⑤ 火力発電
⑥ 原子力発電
⑦ 太陽光発電
⑧ 地熱《ちねつ》発電

力だめしの問題 入試標準レベル

解答➡p.620

1 右の図を見て，次の問いに答えなさい。

⑴ 右の2つの円グラフは，それぞれ日本の自動車輸出《ゆしゅつ》相手国と自動車の生産などに使われる鉄鉱石《てっこうせき》の輸入相手国を表しています。この2つの円グラフの**X**に共通してあてはまる国名として正しいものを次から1つ選び，記号で答えなさい。【恵泉女学園中】 (　　)

日本の自動車輸出相手国　日本の鉄鉱石輸入相手国

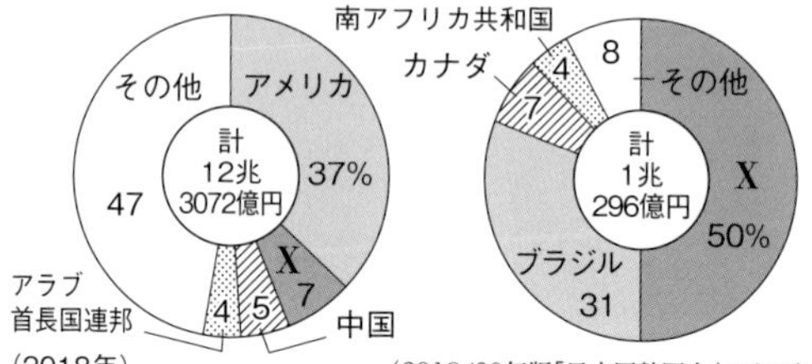

(2018年)　(2019/20年版「日本国勢図会」による)

ア ドイツ　**イ** フランス　**ウ** イギリス　**エ** オーストラリア

⑵ 1970年代の日本では資源《しげん》や燃料《ねんりょう》を節約する「省エネルギー」が進められ，鉄《てっ》鋼《こう》・造船《ぞうせん》など大量の原料を必要とする素材《そざい》型産業にかわり，自動車・コンピューター関連などの組立型産業が中心となりました。構造《こうぞう》が変化するきっかけとなったできごとを漢字4字で答えなさい。【広尾学園中】 (　　　　)

⑶ 日本の工場の現状《げんじょう》や課題に関する説明として正しいものを，次から1つ選び，記号で答えなさい。【栄東中・改】 (　　)

ア 高い技術《ぎじゅつ》力をもつ工場が海外から買収《ばいしゅう》されることが増《ふ》え，日本独自《どくじ》の技術やその技術をもつ人材が海外に流出するおそれがある。

イ 中小工場の多くは大工場の下うけとなっている所が多く，大工場を中心に中小工場が集まるドーナツ化現象が起きている。

ウ 大工場では，部品やその一部を海外の安いものに切りかえているが，製《せい》品《ひん》の生産そのものはすべての工場が国内で行っている。

⑷ 日本の輸入品は，加工貿易《ぼうえき》がさかんに行われていたころと比《くら》べると，機械類が増えて，現在《げんざい》ではこれが輸入品の第1位になっています。機械類の輸入が多くなった理由を2つあげ，説明しなさい。【雙葉中】

(　　　　)(　　　　)

⑸ 右の表は，事業所規模《きぼ》別の工業統計《とうけい》です。**ア**～**ウ**は，従業《じゅうぎょう》者数《しゃすう》が29人以下，30～299人，300人以上のいずれかの事業所にあたります。30～299人の事業所にあたるものを選びなさい。【開成中】 (　　)

	事業所数	製造品出荷額等(億円)	1人あたり現金給与(万円)
ア	3402	1577421	569
イ	323404	344447	273
ウ	41193	1129620	413

(2016年)　(2019/20年版「日本国勢図会」による)

2 次の問いに答えなさい。

(1) 右の文は，ひがし君の発表原《げん》稿《こう》の一部です。ひがし君の発表のあと，栄子さんが「この発表だけでは日本の鉄鋼業がさかんでなくなったとはいいきれない」と指摘《してき》をしました。なぜ，栄子さんはそのような指摘をしたと思いますか。グラフを参考に，ひがし君の発表の問題点にもふれながら，簡潔《かんけつ》に説明しなさい。【栄東中】

> 主要輸出品について発表します。日本における輸出品の中心は，1960 年では「せんい品」でしたが，2016 年では「機械類」や「自動車」へと変化しています。しかし，「鉄鋼」に関しては 1960 年から 2018 年にかけて割合《わりあい》が半分以下になっており，鉄鋼業はかつてほどさかんではないと思われます。

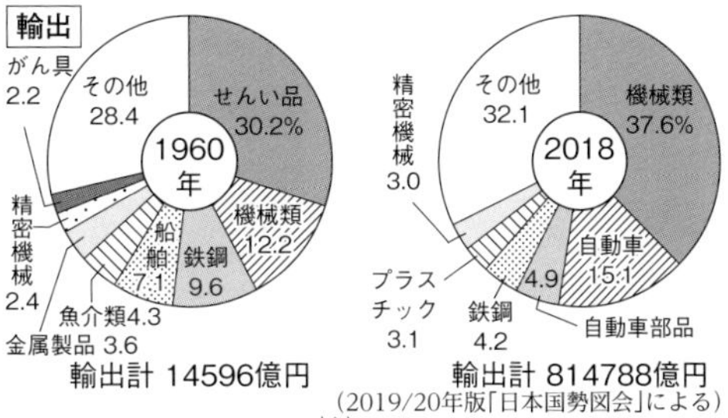

(2019/20年版「日本国勢図会」による)

(　　　　　　　　　　　　)

(2) 高度経済《けいざい》成長のころの様子に関して述《の》べた文として誤《あやま》っているものを，次から1つ選び，記号で答えなさい。【明治大附中野八王子中】　(　　　)

ア　阿賀野川流域《あがのがわりゅういき》で発生したイタイイタイ病など，国内で公害による被害《ひがい》が発生した。

イ　企業《きぎょう》や工場が集中する大都市では人口も過密《かみつ》になり，住宅《じゅうたく》不足やごみ処《しょ》理《り》問題などが発生するようになった。

ウ　池田勇人内閣《いけだはやとないかく》は「国民所得倍増《ばいぞう》計画」を発表し，10 年間で国民所得をほぼ2倍にすることを目指した。

エ　1973 年の石油危機《きき》によって国内の物価《ぶっか》が上昇《じょうしょう》し，社会が混乱《こんらん》したことも高度経済成長が終わった要因《よういん》の1つである。

(3) 日本では 1993 年に環境《かんきょう》についての国の方向性《ほうこうせい》を示《しめ》した法律《ほうりつ》を制定《せいてい》しました。この法律の名称《めいしょう》を次から1つ選び，記号で答えなさい。【帝京大中】　(　　　)

ア　公害対策基本法《たいさくきほんほう》　　イ　環境基本法

ウ　環境影響《えいきょう》評価法　　エ　環境省設置法《しょうせっちほう》

(4) 再生可能《さいせいかのう》エネルギーについて，右の写真の施設《しせつ》はどのようなエネルギーを利用して発電していますか。次から1つ選び，記号で答えなさい。【日本大豊山中】　(　　　)

ア　太陽光　　イ　水力

ウ　廃棄《はいき》物　　エ　風力

5 工業生産を支える運輸・貿易

学習のポイント

- ●運輸業《うんゆぎょう》は農業や工業にとって，どのような役目を果たしているのか。 ➡p.278
- ●鉄道と自動車による輸送《ゆそう》の特色をおさえているか。 ➡p.280
- ●船と飛行機による輸送に適《てき》した荷物をとらえているか。 ➡p.285

1 運輸業と人々の生活

運輸のはたらき

●**生活を支《ささ》える**…交通・運輸機関は，通勤《つうきん》・通学や，仕事・旅行などでの行き来に利用され，人々の足として，なくてはならないものになっている。

●**産業を支える**…農産物を生産地から消費地《しょうひち》に運んだり，工業原料や製品《せいひん》を輸送するなど，農業や工業の発達をうながし，商業の発展《はってん》にも欠かせないものとなっている。

●**生活範囲《はんい》を広げる**…産業の発展とともに運輸も発達し，交通機関が発達して人の行き来がさらに活発になり，人々の生活範囲は広がり続けている。

●**運輸業の地位**…第三次産業にふくまれる。その売上高は，全産業の約4％をしめている(2017年)。インターネットを使った通信販売のめざましい成長により，貨物は急増《きゅうぞう》したが，一方で運輸業では深刻《しんこく》な人手不足におちいっている。

参考

産業の分類

- 第一次産業…農業，林業，水産業。
- 第二次産業…鉱業《こうぎょう》，製造業《せいぞう》(工業)，建設業《けんせつ》。
- 第三次産業…商業，サービス業，運輸・通信業，金融《きんゆう》・保険業《ほけん》，電気・ガス・水道業，公務《こうむ》など。

国内の輸送の変化

●**増《ふ》える輸送量**…貨物輸送・旅客輸送ともに，約半世紀で大きく増えた。輸送t《トン》数や輸送人数の増え方より，輸送t・kmや輸送人・kmの増え方のほうが大きいため，より多くの貨物や旅客を，より遠くまで輸送するようになったことがわかる。

●**自動車と船が中心の貨物輸送**…貨物輸送では自動車の割合《わりあい》が大きく増え，鉄道の割合が大きく減《へ》っている。船の割合は今も大きい。

用語

輸送量の単位

- 輸送t・km…輸送した貨物の重さに，輸送した距離《きょり》をかけあわせたもの。1tの貨物を1km輸送すると1t・kmとなる。
- 輸送人km…輸送した旅客の数に，それぞれの旅客が乗った距離の合計をかけあわせたもの。10人の旅客を10km運ぶと，10×10で100人・kmとなる。

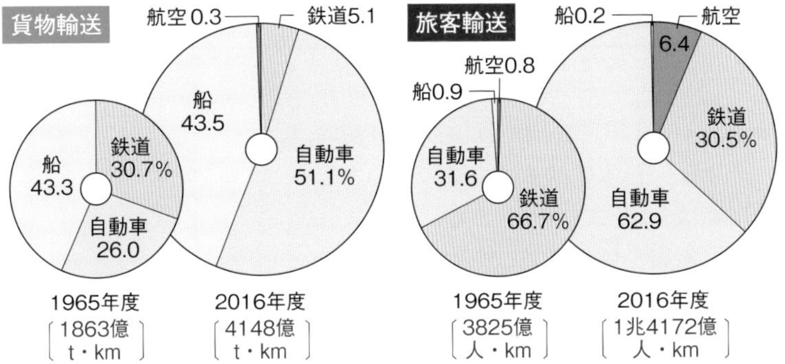

(2019/20年版「日本国勢図会」などによる)

▲国内輸送の機関別割合の変化

●**自動車と鉄道が中心の旅客輸送**…現在《げんざい》では自動車の割合が全体の約3分の2をしめている。また，路線の拡大《かくだい》が進んだ航空輸送がのびている。船による輸送の割合は大きな変化はないが，航空輸送は急速に増え，のび率《りつ》としてもっとも大きい。旅客輸送では以前から鉄道と自動車が中心であった。

▶**モーダルシフト**…自動車と鉄道や船など，複数《ふくすう》の交通機関を組み合わせた輸送のしくみ。二酸化炭《にさんかたん》素《そ》排出量《はいしゅつりょう》の多いトラックによる輸送の一部を，大量輸送が可能《かのう》な別の交通機関に置きかえることにより，地球温暖化対策《おんだんかたいさく》となる。

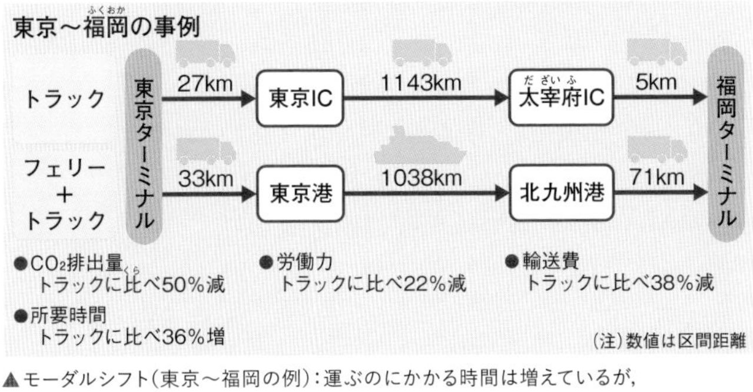

▲モーダルシフト(東京～福岡の例)：運ぶのにかかる時間は増えているが，二酸化炭素排出量・費用ともに減っている。

入試ポイント

〈日本の輸送機関〉

▶貨物・旅客輸送とも，**1位は自動車**。大きく減っているのは鉄道。

▶旅客輸送では鉄道が2位。**のび率がいちばん大きいのは航空輸送。**

2 交通機関の特色と交通網《もう》

鉄道輸送《ゆそう》

●**鉄道輸送の発達**…1872年に新橋《しんばし》－横浜《よこはま》間に最初の鉄道が開通して以来，日本の鉄道は交通の中心として発達し，鉄道網は全国にいきわたった。

▶最初の鉄道は，石炭を燃料《ねんりょう》に蒸気《じょうき》をおこして走る**蒸気機関車**だった。

▶その後，大正《たいしょう》時代から昭和《しょうわ》時代にかけてディーゼル機関車や電気機関車が現れた。

▶**新幹線《しんかんせん》**…輸送量の多い地域《ちいき》につくられた高速鉄道路線。第二次世界大戦前から計画が立てられていたが，戦後，東京《とうきょう》オリンピック・パラリンピックの開催《かいさい》に合わせて，1964年に東海道《とうかいどう》新幹線(東京～新大阪《しんおおさか》)が開業した。その後，山陽《さんよう》，東北《とうほく》，上越《じょうえつ》，山形《やまがた》，長野《ながの》，秋田《あきた》，九州《きゅうしゅう》，北陸《ほくりく》，北海道《ほっかいどう》の各新幹線が開通した。

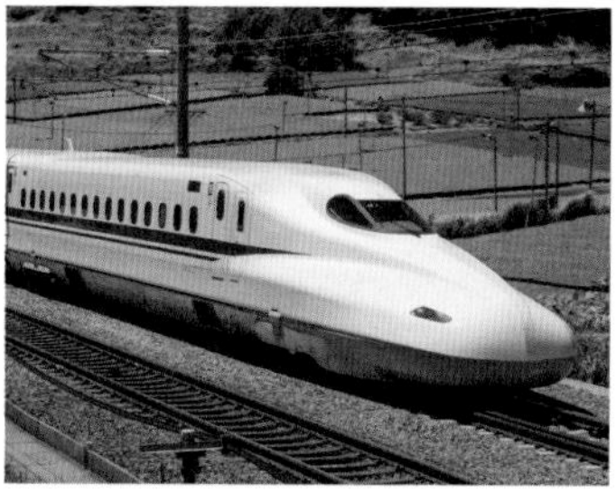
▲東海道新幹線

▶**青函《せいかん》トンネル**…本州と北海道の間に建設《けんせつ》された世界最長級の海底トンネル。全長53.85kmあり，約25年の工期をかけて完成。1988年に津軽海峡《つがるかいきょう》線が開業し，それまで青函連絡船で4時間かかっていた青森《あおもり》－函館《はこだて》間が2時間半で結ばれた。

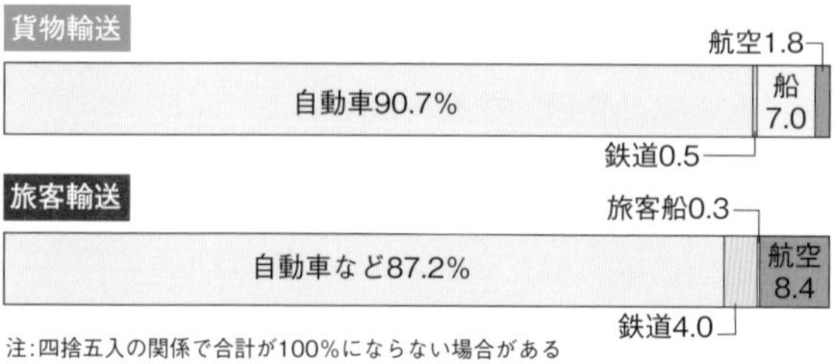

注:四捨五入の関係で合計が100%にならない場合がある
(2016年度)
(2019/20年版「日本国勢図会」による)

▲輸送機関別のエネルギー消費《しょうひ》の割合《わりあい》

用語

蒸気機関車

18世紀のイギリスで発明された鉄道。新橋－横浜間の鉄道開業時には，イギリスから輸入された蒸気機関車が使われた。略称《りゃくしょう》でSL《エスエル》とよばれ，現《げん》在《ざい》も各地のＪＲ《ジェイアール》線でイベント臨時《りんじ》列車として運行している。

参考

ユーロトンネル

イギリスと大陸側のフランスを結ぶ鉄道用海底トンネル。ドーバー海峡の下をくぐる。正式な名称は英仏《えいふつ》海峡トンネルという。全長50.5km。

鉄道輸送の特色…鉄道は旅客輸送が中心で，大都市のまわりで通勤《つうきん》・通学の中心的な交通手段《しゅだん》として利用されている。貨物輸送では，重い物を大量に遠くへ運ぶのに適《てき》している。また，エネルギーの消費量も，環境《かんきょう》への影響《えいきょう》も，ほかの交通機関に比《くら》べて少なくてすむ。

新しい時代の鉄道輸送…自動車輸送の発達とともに，鉄道輸送の割合が減《へ》り，国営《こくえい》の国鉄(日本国有鉄道)は大きな赤字をかかえるようになった。1987年4月から，国鉄は7つの会社に分割《ぶんかつ》・民営化《みんえいか》され，JRグループに再編された。その後も，地方の路線の多くは赤字であり，廃線《はいせん》になった路線も多い。

▶**LRT《エルアールティー》(次世代型路面電車システム)**…各地の路面電車は，地下鉄やバスにおされて赤字の路線が増《ふ》えていた。しかし，地球環境にやさしい交通機関として見直されてきている。富山《とやま》市では乗客の減《へ》っていたJR線をLRTに切りかえ，本数や停留《ていりゅう》所を増やした。この結果，通勤の足を自動車からLRTに変える人が増えた。

▲富山市のLRT「富山ライトレール」

▶**自動運転システム**…運転を自動化した電車は，1970年の大阪万博《おおさかばんぱく》のモノレールで登場した。1981年には神戸《こうべ》新交通ポートアイランド線で世界初の自動無人運転システムが実用化され，1995年には東京臨海《りんかい》新交通臨海線「ゆりかもめ」が開通した。

▶**リニアモーターカー**…東京－名古屋《なごや》－大阪を結ぶリニア中央新幹線の建設が進んでいる。超電導磁《ちょうでんどうじ》石《しゃく》を利用し車両が浮上《ふじょう》して進むしくみで，東京－大阪間が約1時間で結ばれることになる。1人を1km運ぶときの二酸化炭素排出《にさんかたんそはいしゅつ》量は，航空機の半分以下まで減らすことができる。

用語

日本国有鉄道

1949年に発足《ほっそく》した国営の鉄道で，その総裁《そうさい》は内閣《ないかく》により任命《にんめい》され，予算《よさん》は国会で議決されていた。しかし，長年にわたり赤字が続き，国の財政《ざいせい》を圧迫《あっぱく》していた。

参考

列車の安全対策

鉄道会社では，運転士に異常《いじょう》があったときに，自動的に列車を止める装置《そうち》や，前後の列車に異常を素早《すばや》く知らせる装置をとり入れている。また大都市を中心に，ホームに転落防止《ぼうし》のさくや，ホームドアをとりつける駅が増えている。

(2020年1月)

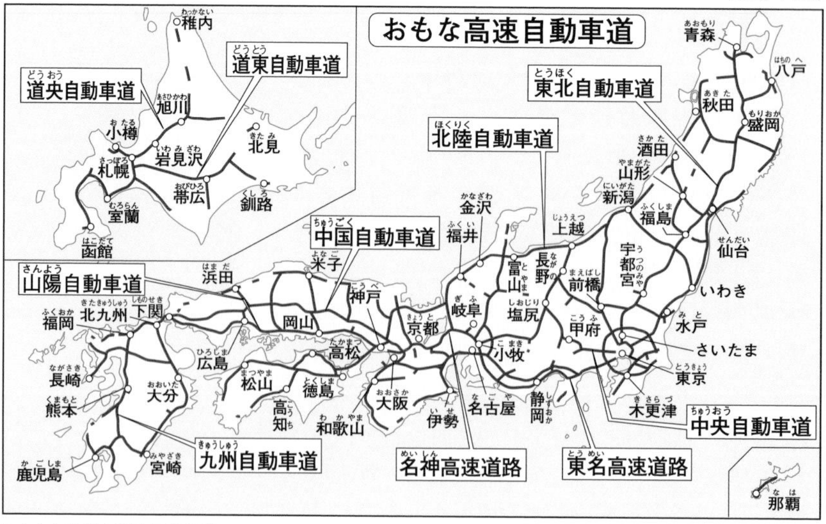

▲おもな鉄道と高速自動車道

自動車輸送《ゆそう》

● **自動車輸送の発達**…1960年代に道路の整備《せいび》と国民の所得の増加《ぞうか》が同時に進んだ結果，自動車の利用が急速に広がった。

▶ 1965年に**名神《めいしん》高速道路**が開通し，1967年にはトラックをふくめた自動車の保有《ほゆう》台数が1000万台をこえた。1969年には**東名《とうめい》高速道路**が開通し，東京《とうきょう》－名古屋《なごや》－大阪《おおさか》間の高速輸送が可能《かのう》になった。

▶ 1968年には小倉《こくら》（福岡《ふくおか》県）－神戸《こうべ》間で長距離《ちょうきょり》カーフェリー航路が就航《しゅうこう》した。以後，保冷《ほれい》トラックでの農産物の長距離輸送が発展《はってん》した。

▶ 一方で，地方では，人口の減少《げんしょう》にともなってバス路線の廃止《はいし》が目立つようになった。

▶ **戸口から戸口へ運ぶ貨物輸送**…トラック輸送が大はばにのびている。トラック輸送は，家のドアからドアへ直送できて，荷物の載《の》せかえが少ない。

● **宅配便《たくはいびん》の発達**…1976年に始まった，小さな荷物を手ごろな運賃《うんちん》で早く届《とど》け先まで運ぶサービス。荷物1個《こ》から利用できること，自宅まで荷物を取りに来てくれることから，利用者が急速に増《ふ》えた。

▶ スキーやゴルフ用具，家財道具，冷凍品《れいとうひん》などを専門《せんもん》に運ぶサービスがある。

注意

自動車工業の発展との結びつき

自動車工業がめざましく発展し始めたのも1960年代である。技術《ぎじゅつ》の進歩によって国民は性能《せいのう》のよい自動車を安く買えるようになり，道路網《もう》の整備《せいび》とあいまって自動車交通は急速に発展した。

くわしく 過疎《かそ》地域の公共交通

安芸高田《あきたかた》市（広島《ひろしま》県）では，人口減少《げんしょう》と高齢化《こうれいか》によりバス路線の赤字が問題となった。そこで，通勤《つうきん》時間の朝はそれまでどおり路線バスを運行し，昼間は民間に委託《いたく》した「お太助《たすけ》ワゴン」を走らせている。スーパーマーケットや病院に行きたい人は電話で受け付けセンターに申しこみ，予約情報《じょうほう》にもとづいてワゴン車が利用者を目的地まで運ぶ。そして働く人たちの帰宅時間となる夕方には，再《ふたた》び路線バスが運行する。こうした，地域の実情に合った交通のあり方は，各地に広まり始めている。

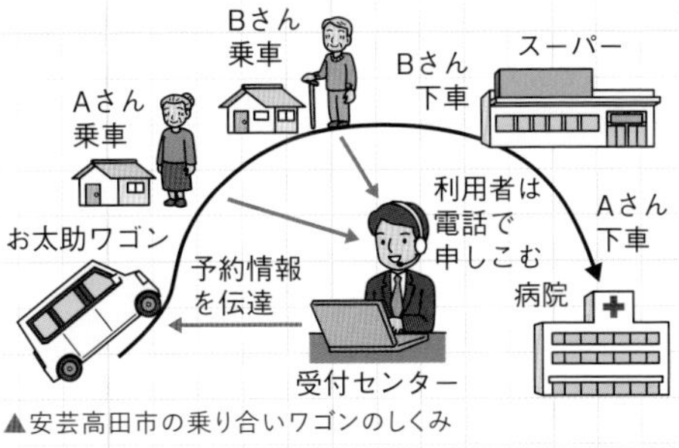

▲安芸高田市の乗り合いワゴンのしくみ

▶運転手は携帯型《けいたいがた》の情報端末《じょうほうたんまつ》を持ち，荷物の配達状《じょう》況《きょう》を簡単《かんたん》に管理できるようになっている。

▶宅配便《たくはいびん》の荷物の増加《ぞうか》に比《くら》べて，運転手の数はのびなやんでいる。これは，運転手1人が運ぶ荷物の数が急増していることを示《しめ》している。宅配便会社は配送料を値《ね》上《あ》げしたり，運転手の給料を上げるなどの対策《たいさく》をとっている。

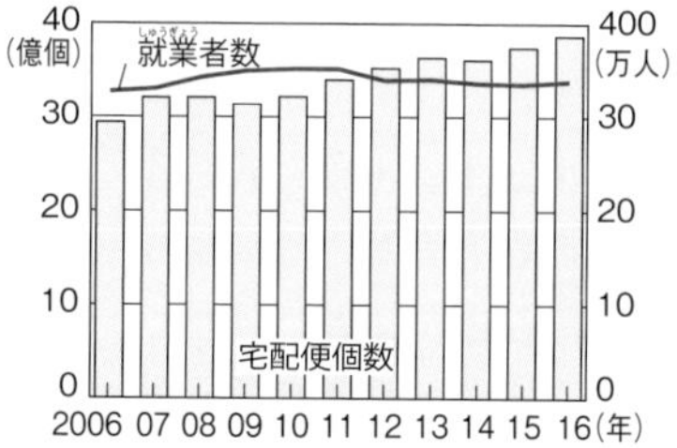

(国土交通省「宅配便等取扱実績関係資料」による)

▲宅配便個数と就業者数の変化

▶**トラックターミナルの整備**…トラック輸送《ゆそう》がむだなく，素早《すばや》くできるように，貨物の集荷《しゅうか》や配送の仕分けなどをまとめて行う施設《しせつ》。荷物はまず小型トラックでトラックターミナルまで運ばれ，そこで大型トラックに積みかえ，届《とど》け先のトラックターミナルへ運ばれる。2018年現在《げんざい》，全国22か所に設《もう》けられている。

●**人々の足としての旅客輸送**…人々の生活が豊《ゆた》かになって，自動車が広く普及《ふきゅう》している。公共の交通機関が発達していない地域《ちいき》では自家用車が欠かせない。とくに地方では，赤字の鉄道路線は廃止《はいし》され，バス輸送にかわった地域も多い。

▶観光用の快適《かいてき》なバスが開発され，バス旅行の利用も増《ふ》えた。

▶運賃《うんちん》が安いことから，長距離《ちょうきょり》の夜行バスの人気も高まっている。

▶「次世代タクシー」として，スロープつきで体の不自由な高齢者《こうれいしゃ》でも乗り降《お》りしやすい，ミニバンのタクシーが増えている。

参考

宅配便の再《さい》配達

1人ぐらしや共働きの増加によって，昼間に荷物を受け取れない人が増加し，宅配便の再配達の負担が増《ま》した。再配達のサービスについても，宅配便会社は宅配ボックスの設置をよびかける，再配達時間を短縮《たんしゅく》するなどの対策《たいさく》を進めている。

▲次世代型のタクシー

入試ポイント

〈自動車輸送が発達した理由〉

▶高速自動車道が発達したから。→**トラックターミナル**の整備。

▶戸口から戸口へ人や物を輸送できるから。→**手軽さで宅配便**が増加。

海上輸送

●貿易《ぼうえき》に欠かせない輸送…四方を海に囲《かこ》まれた島国の日本にとって，船による海上輸送と航空機《こうくうき》による航空輸送は，欠くことのできないものである。貿易の発達にともなって，海上・航空による貨物の国際《こくさい》輸送量は大幅《おおはば》にのびた。

●海上輸送の特色…船は，一度に大量の貨物を運ぶことができるので，輸送費が安くつく。輸送に時間がかかるという欠点はあるが，原油・鉄鉱石《てっこうせき》・セメントなど重くてかさばる貨物の輸送には適《てき》している。

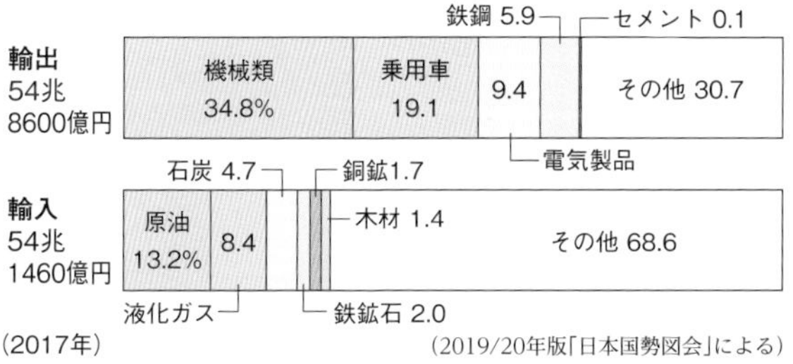

▲船による日本の輸出入品

●合理化される海上輸送…石油を輸送する**タンカー**のように，特定の貨物を輸送する専用船が増えた。また，船の大型化や乗組員の少数化，コンテナ輸送化が進んでいる。

▲天然ガスを運ぶ専用船

▲コンテナ船

▶**コンテナ**…あらかじめ荷物を入れたコンテナという箱を専門に運ぶ船。コンテナの大きさは国際的に決まっており，そのままトラックや鉄道に載《の》せかえることができる。

参考

自動車専用船

自動車を輸出するのにも，専用船がある。多くの自動車を運ぶために，自動車どうしの間隔《かんかく》は左右10cm，前後30cmまでとされている。船に自動車を積みこむ専門の運転手は，高度な技術《ぎじゅつ》を必要とされる。

航空輸送《ゆそう》

●航空輸送の特色…飛行機は，遠距離《えんきょり》を速く輸送できる。ただし，重くて大きな物や大量の貨物の輸送には適《てき》さず，天候の影響《えいきょう》を受けやすく輸送費《ひ》も高くつく。しかし，飛行機の高速化・大型化が進んだため，輸送量ののび率《りつ》はもっとも高い。

●高額《こうがく》な製品の多い航空貨物…航空輸送される貨物は重さだけでみるとごくわずかの割合《わりあい》であるが，金額《きんがく》でみると全体にしめる割合が高くなる。これは，高額の貨物が輸送されていることを示《しめ》す。

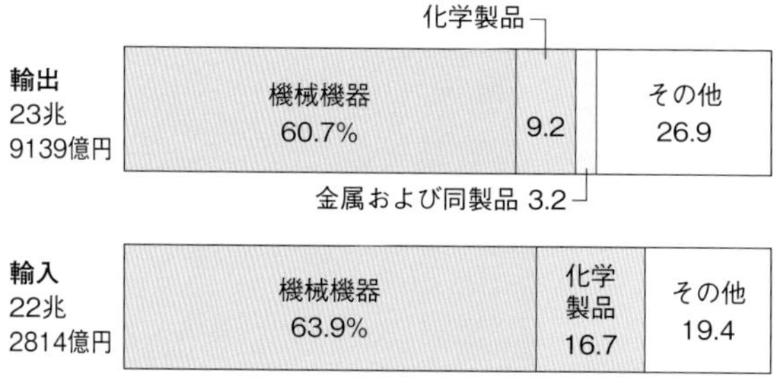

(2018年) (2019/20年版「日本国勢図会」による)

▲航空機による日本の輸出入品

●ハブ空港…国際《こくさい》線の乗りかえ拠点《きょてん》になる空港をハブ空港といい，チャンギ空港(シンガポール)，香港《ホンコン》国際空港(中国《ちゅうごく》)，仁川《インチョン》国際空港(韓国《かんこく》)などに代表される。**東京《とうきょう》国際空港(羽田《はねだ》空港)**は，アジア各国の大規《き》模《ぼ》な国際空港との間で，旅客をよびこむ激《はげ》しい競争をしている。

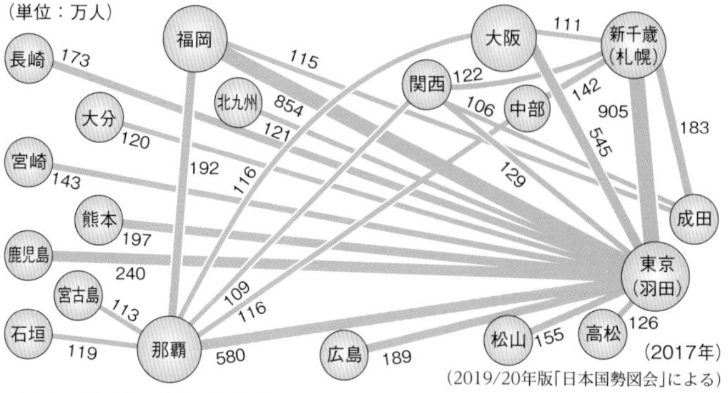

▲おもな国内航空路線の旅客輸送量

参考

ドローン

遠隔操作《えんかくそうさ》や自動制御《せいぎょ》によって飛行することができる小型の無人機。最新の輸送手段《しゅだん》として注目されており，過疎地域《かそちいき》の高齢者《こうれいしゃ》に荷物を届《とど》けたりする実験が行われている。

用語

ハブ空港

ハブとは自転車の車輪の軸《じく》のこと。航空路が四方八方にのびて，国際線の乗りつぎの中心になることを目指している。アジアの東の端《はし》に位置する日本よりも，四方へアジア各国への航空路がのびるシンガポールやシャンハイのほうがハブ空港には適《てき》しているという意見もある。

交通の発達と公害

●**交通事故《じこ》**(➡p.41)…1959年以降《いこう》，交通事故による死者が1年間に1万人をこえ，「交通戦争」ともよばれた。近年は，死者数は急速に減《へ》って，年間3千人台になっている。

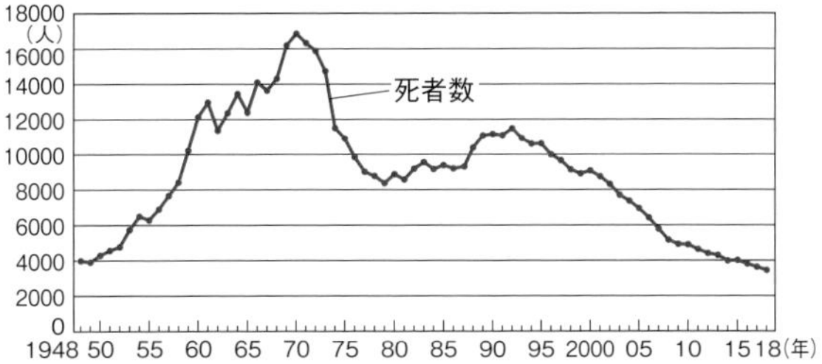

注：1971年以前は沖縄県をふくまない。 (警察庁調べ)

▲交通事故の死者数の変化

参考

交通と自然破壊《はかい》

交通におけるガソリンなど石油の大量消費により，酸性雨《さんせいう》が降《ふ》ったり，二酸化炭素《にさんかたんそ》が増《ふ》えて地球の温暖化《おんだんか》を引き起こしたりしている。また，道路をつくるときの森林伐採《ばっさい》なども自然を破壊《はかい》するので，環境《かんきょう》アセスメント(事前の影響調査《えいきょうちょうさ》)が必要である。

●**交通公害**…空港・新幹《しんかん》線《せん》・高速道路などの周辺の**騒音《そうおん》**・**振動《しんどう》**，自動車の排出《はいしゅつ》ガスによる**大気汚染《おせん》**など，さまざまな公害が起こっている。環境省《かんきょうしょう》では自動車などの騒音を常《つね》に監視《かんし》し，地図などにまとめている。

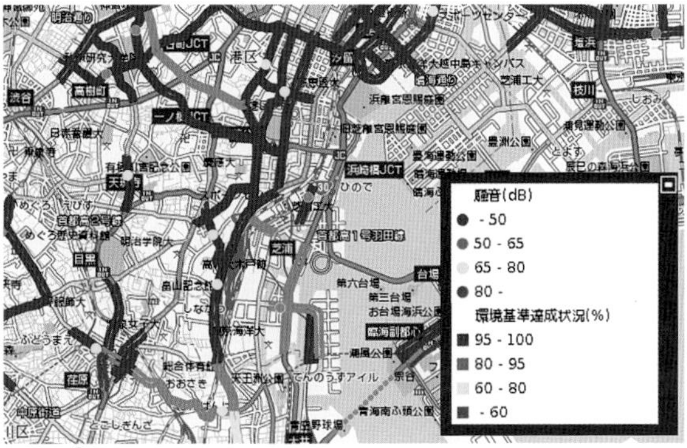

▲道路沿《そ》いの騒音をまとめた環境省の地図

●**交通の混雑《こんざつ》**…大都市では，郊外《こうがい》から中心部へ通勤《つうきん》する人で鉄道や道路は大混雑となる。東京都では，新たな地下鉄を建設《けんせつ》したり，運行本数を増《ふ》やすなどの対策をとっている。会社側も，勤務《きんむ》時間を前後にずらすなど，乗車する時間の分散をはかっている。

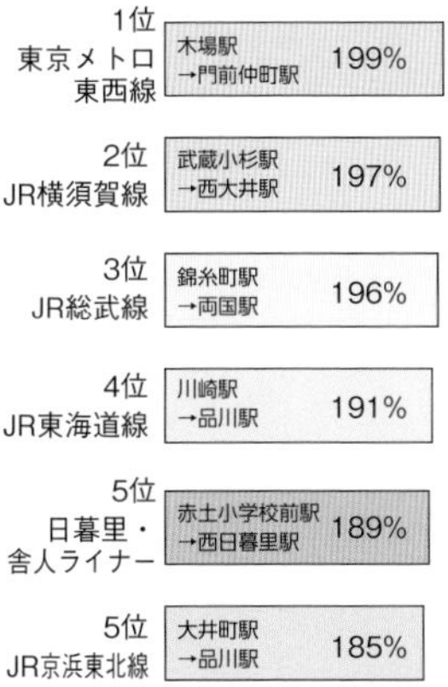

(2018年)
(国土交通省「混雑率データ」による)

▲東京都でとくに混雑する鉄道路線

☑ まとめチェック

知識を整理・確認しよう！

① 運輸業《うんゆぎょう》と人々の生活

- □ ① 農産物や工業原料，製品《せいひん》を輸送《ゆそう》したり，人を運んだりする産業を何というか。
- □ ② 自動車と鉄道が輸送の中心で，航空輸送の輸送量割合《わりあい》が急速に増《ふ》えているのは貨物輸送・旅客輸送のどちらか。
- □ ③ 自動車の輸送量割合が大きく増えたが，船の割合が今も大きいのは貨物輸送・旅客輸送のどちらか。
- □ ④ 自動車と鉄道や船など，複数《ふくすう》の交通機関を組み合わせた輸送のしくみを何というか。

② 交通機関の特色と交通網《もう》

- □ ① 新橋《しんばし》－横浜《よこはま》間に開通した最初の鉄道は，どのような鉄道車両を使用していたか。
- □ ② 1964 年，東京《とうきょう》－新大阪《しんおおさか》間で最初に開通した，日本独自《どくじ》の高速鉄道路線を何というか。
- □ ③ 1988 年，本州《ほんしゅう》と北海道《ほっかいどう》の間に開通した世界最長級の海底トンネルを何というか。
- □ ④ 地球環境《かんきょう》にやさしい交通機関として見直されている，次世代型路面電車システムをアルファベットの略称《りゃくしょう》で何というか。
- □ ⑤ 1965 年の名神《めいしん》高速道路の開通から4年後に開通し，東京－名古屋《なごや》－大阪間の高速輸送を可能《かのう》にした高速道路を何というか。
- □ ⑥ 小さな荷物を手ごろな運賃《うんちん》で早く届《とど》け先まで運ぶサービスを何というか。
- □ ⑦ トラックの貨物の集荷や，配送の仕分けなどをまとめて行う施設《しせつ》を何というか。
- □ ⑧ 一度に大量の貨物を運ぶことができるので輸送費が安くつくのは，航空輸送・海上輸送のどちらか。
- □ ⑨ 大きさが国際的《こくさいてき》に決まっており，船・トラック・鉄道の間で載《の》せかえて輸送される箱を何というか。
- □ ⑩ 東京国際空港（羽田《はねだ》空港）をはじめとする，国際線の乗りかえ拠点《きょてん》になる空港を何というか。

答え

①
- ① 運輸業
- ② 旅客輸送
- ③ 貨物輸送
- ④ モーダルシフト

②
- ① 蒸気《じょうき》機関車
- ② 新幹線《しんかんせん》
- ③ 青函《せいかん》トンネル
- ④ LRT《エルアールティー》
- ⑤ 東名《とうめい》高速道路
- ⑥ 宅配便《たくはいびん》
- ⑦ トラックターミナル
- ⑧ 海上輸送
- ⑨ コンテナ
- ⑩ ハブ空港

力だめしの問題　入試標準レベル

解答➡p.621

❶ 次の問いに答えなさい。

(1) 新幹線や高速道路など交通機関の高速化により，人や物の輸送は活発に行われるようになりました。利用者は移動距離《いどうきょり》や時間，そして料金などにより，それぞれの輸送機関を使い分けています。右の表は，輸送機関別の平均《へいきん》輸送距離(旅客輸送)を示《しめ》したものです。鉄道，自動車，旅客船，航空《こうくう》を示したア～エのうち，自動車にあたるものを1つ選び，記号で答えなさい。【攻玉社中】　（　　）

表　輸送機関別の平均輸送距離

（旅客１人あたり　国内・2017年度）

輸送機関	平均輸送距離(km)
ア	37.4
イ	17.5
ウ	13.0
エ	924.9

（2019/20年版「日本国勢図会」による）

(2) 貨物を運ぶ運輸には，船以外にも自動車(トラックなど)・鉄道・飛行機があります。近年，自動車だけでものを運ぶ輸送方法から，船や鉄道を組み合わせて運ぶ輸送方法に変わってきています。この輸送方法は自動車だけを使う方法と比《くら》べてどのような長所があるでしょうか，長所を2つ述《の》べなさい。

【早稲田実業中等部】

（　　　　　　　　　　　　　　　　）
（　　　　　　　　　　　　　　　　）

(3) 右の図は，東京(羽田空港)，大阪(伊丹《いたみ》空港)，札幌《さっぽろ》(新千歳《しんちとせ》空港)，那覇《なは》のそれぞれの路線の旅客輸送量(2017年度)を示したもので，図中のA～Cは東京，大阪，札幌のいずれかです。A～Cにあてはまるものの組み合わせとして適当なものを次から1つ選び，記号を書きなさい。【神奈川大附中】　（　　）

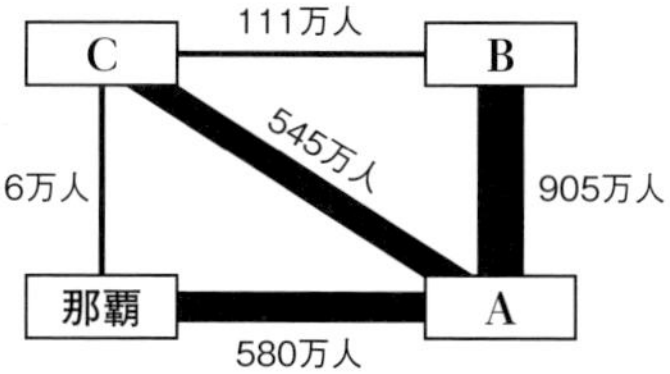

注：旅客数100万人以上の路線(定期輸送)を示している。

（2019/20年版「日本国勢図会」による）

ア　A－大阪　B－東京　C－札幌
イ　A－大阪　B－札幌　C－東京
ウ　A－東京　B－大阪　C－札幌
エ　A－東京　B－札幌　C－大阪

2 次の問いに答えなさい。

⑴ 多額《たがく》の赤字をかかえていた国鉄(日本国有鉄道)が分割《ぶんかつ》・民営《みんえい》化《か》され，鉄道会社のＪＲ《ジェイアール》ができてから，30年以上になります。JRについて述《の》べた説明文として正しいものを，次から1つ選び，記号で答えなさい。【浦和明の星女子中】

( )

ア 2階建てとなっていたJR東京《とうきょう》駅丸《まる》の内駅舎《うちえきしゃ》が，2017年に3階建ての駅舎に復元《ふくげん》された。

イ トラック輸送が急増《きゅうぞう》したため，JR貨物の鉄道事業の2017年度の収益《しゅうえき》が激減《げきげん》し，経営状態《けいえいじょうたい》が悪化している。

ウ 2004年の北海道新幹線《ほっかいどうしんかんせん》の開業に続き，2017年に，九州《きゅうしゅう》新幹線が開業した。

エ 2017年，北陸《ほくりく》新幹線の敦賀《つるが》と新大阪《しんおおさか》の区間は，小浜《おばま》・京都《きょうと》南部を通る新ルートに決定した。

⑵ マイさんは東海道《とうかいどう》新幹線と山陽《さんよう》新幹線を利用して，東京駅から広島《ひろしま》駅へと向かいました。この経路の途中《とちゅう》に通過《つうか》する府県はいくつあるか数字で答えなさい。ただし，東京都と広島県は数にふくみません。【茗渓学園中】

( )

⑶ 右の表は，6つの都道府県間を乗客として移動《いどう》した人の数を表したものです(表の見方は，都道府県あ内での1年間の乗客移動人数9319916.6千人，そのうち航空機による移動は281.7千人，都道府県あと都道府県いの1年間の乗客移動人数は6505.1千人，そのうち航空機による移動は6360.4千人)。あ～かの都道府県の組み合わせとして正しいものを右のa～fから選び，記号で答えなさい。【頌栄女子学院中】

( )

	あ	い	う	え	お	か
あ	9319916.6 281.7	6505.1 6360.4	2908.7 2908.7	1173.8 1158.0	395.4 336.8	914.7 897.4
い	6505.1 6360.4	769601.0 674.4	41.8 41.8	0.3 0.0	2.4 2.4	0.0 0.0
う	2908.7 2908.7	41.8 41.8	91891.6 2727.1	153.4 108.8	0.0 0.0	26.3 26.3
え	1173.8 1158.0	0.3 0.0	153.4 108.8	88090.4 754.6	2.5 0.0	52.6 0.0
お	395.4 336.8	2.4 2.4	0.0 0.0	2.5 0.0	30666.4 16.0	2.3 0.0
か	914.7 897.4	0.0 0.0	26.3 26.3	52.6 0.0	2.3 0.0	148458.6 126.6

上段:鉄道・バス・船・航空機の輸送人員の合計 (単位は千人)
下段:航空機のみの輸送人員
(国土交通省「旅客地域流動調査(平成27年度分)」による)

	あ	い	う	え	お	か
a	東京都	北海道	沖縄県	鹿児島県	島根県	長崎県
b	東京都	鹿児島県	沖縄県	島根県	北海道	長崎県
c	東京都	北海道	鹿児島県	長崎県	島根県	沖縄県
d	北海道	東京都	沖縄県	鹿児島県	長崎県	島根県
e	北海道	沖縄県	島根県	長崎県	東京都	鹿児島県
f	北海道	東京都	鹿児島県	島根県	長崎県	沖縄県

6 商業と貿易

学習のポイント

- ●商品が生産者から消費者《しょうひしゃ》へ届《とど》けられるまでの流れを理解《りかい》できているか。 ➡p.291
- ●産業の発展《はってん》にともなう日本の貿易《ぼうえき》の変化をとらえているか。 ➡p.295
- ●安定した貿易を進めるための国際的《こくさいてき》な取り組みをおさえているか。 ➡p.300

1 商業と商品の価格《かかく》

商業のはたらき

●**生産者と消費者の仲立ち**…商業は，生産者がつくった商品を消費者に売りわたす仲立ちをする。大きく卸売業《おろしうりぎょう》と小売業《こうりぎょう》とに分けられる。東京や大阪などの大都市で，とくに売り上げが多い。

▶**卸売業**…生産者から大量の商品を仕入れ，小売業者に分けて売る(卸《おろ》す)。卸売業者(問屋《とんや》)などが行う。

▶**小売業**…卸売業者などから仕入れた商品を消費者に売る。商店，百貨店(デパート)，スーパーマーケット，コンビニエンスストアなどの小売業者が行う。

●**商業を助ける仕事**

▶**運輸業《うんゆぎょう》**…商品などを運ぶ。

▶**倉庫業**…商品などを預《あず》かり，保管《ほかん》する。野外に自動車を並《なら》べておいたり，水面に木材を浮《う》かべて保管する業者も倉庫業にふくまれる。

▶**保険業《ほけんぎょう》**…火事や事故《じこ》によって商品などが損害《そんがい》を受けたときに備《そな》えて，保険料を集めておいて，損害が出たら約束の金額《きんがく》を支払《しはら》う。

▶**金融業《きんゆうぎょう》**…資金《しきん》を必要としている人に，資金を貸《か》しつけて利子《りし》をとる。

▶**広告業**…商品に関する情報《じょうほう》(価格・性能《せいのう》・特色など)を消費者に伝える。テレビ・ラジオのコマーシャルや新聞・雑誌《ざっし》・ちらしなどの広告，宣伝《せんでん》の仕事などがある。

参考

商品の流れ

商品によっては，何段階《だんかい》も卸売業者(問屋)を経《へ》るものがある。その場合，生産者に近いほうから1次卸売業者，2次卸売業者とよばれる。また，おもに貿易の仲立ちなどを行う総合《そうごう》商社も卸売業者の一種である。

用語

スーパーマーケットとコンビニエンスストア

スーパーマーケットは，大量に仕入れた商品を，ふつうの小売店や百貨店より安い価格で大量に売ろうとする(薄利多《はくりた》売《ばい》)。一方，価格はあまり安くなくても，営業時間や品ぞろえを便利にした小型の小売店はコンビニエンスストアとよばれ，その売り上げは百貨店を上回るようになった。

商品の流通

●**商品の流通**…商品が生産者から卸売《おろしうり》業者・小売店《こうりてん》などを経《へ》て，消費者《しょうひしゃ》に届《とど》くまでの流れを**流通**という。その道すじは，商品の種類によって異《こと》なり，日本の場合は，かなり複雑《ふくざつ》だといわれている。

●**野菜や魚などの流通**…野菜や魚など新鮮《しんせん》さが必要な食料品は，産地から運ばれ，卸売市場でせりにかけられ，小売業者を経て消費者に届く。

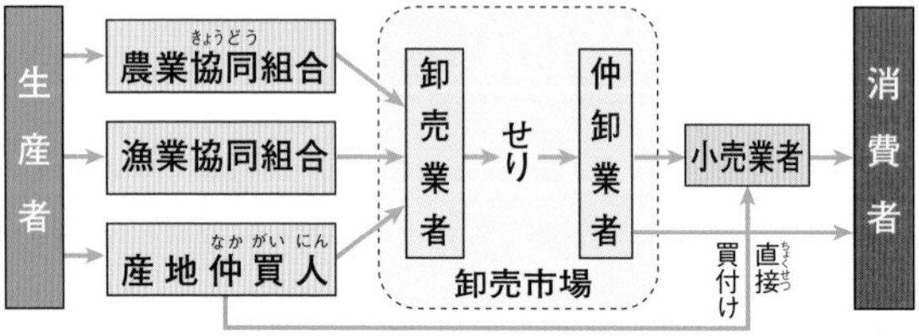

●**工業製品《せいひん》の流通**…電化製品などでは，生産会社の系《けい》列《れつ》の販売《はんばい》会社や代理店《だいりてん》・特約店《とくやくてん》を通して販売されることが多い。

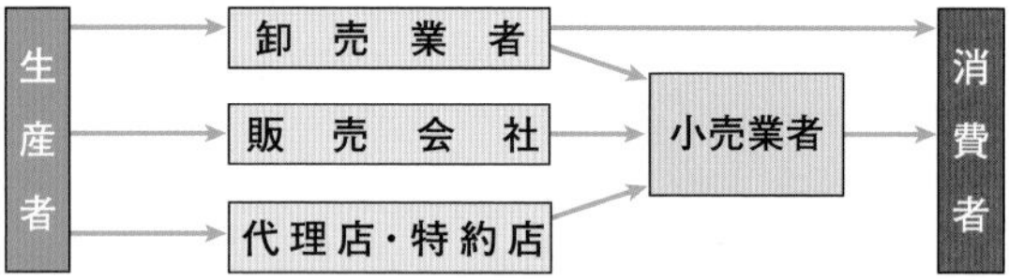

▶大きな会社は，自社で流通のしくみをつくりあげていることが多い。家電量販店の中には，物流センターと配送車両も自社で用意し，インターネットを通じて注文を受けてから30分以内に出荷《しゅっか》することを可能《かのう》にしているところもある。

▶中小の会社は共同配送サービスを利用して，1社あたりの輸送《ゆそう》費を低くおさえるくふうをしている。1台のトラックにいくつもの会社の商品を載《の》せて運ぶことで，1台あたりの輸送効率《こうりつ》を高めることができる。

参考

日本型の流通

日本の商品流通は閉鎖的《へいさてき》で，外国製品は日本では販売しにくいといわれてきた。系列の店や会社としか取り引きをしない慣習《かんしゅう》があるため，自由な競争のできる市場開放が求められた。

くわしく 新しい流通

近年，インターネットや宅配便《たくはいびん》の発達により，生産者から消費者へ直接商品を届ける流通ルートも増《ふ》えてきている。

長所➡間に卸売業者や小売業者をはさまないため，お店より価格が安いことが多い。要望にあった商品を見つけやすい。家にいても注文することができる。

短所➡インターネット上では，実際《じっさい》の商品を手にとって確認《かくにん》することができない。

商品の価格《かかく》

- **生産者価格《かかく》**…その商品を生産するのにかかった費用(生産費)に，生産者の利益《りえき》を加えたもの。生産者から卸売業者に売られるときの値段《ねだん》である。
- **卸売価格**…生産者価格に，流通にかかる費用(流通経費《けいひ》)と卸売業者の利益を加えたもの。卸売業者から小売業者に売られるときの値段である。
- **小売価格**…卸売価格に，流通経費と小売業者の利益を加えたもの。消費者が買うときの値段である。
- **価格の変化**…需要《じゅよう》(買い手が買いたい量)と供給《きょうきゅう》(売り手が売りたい量)との関係で価格が変化する。

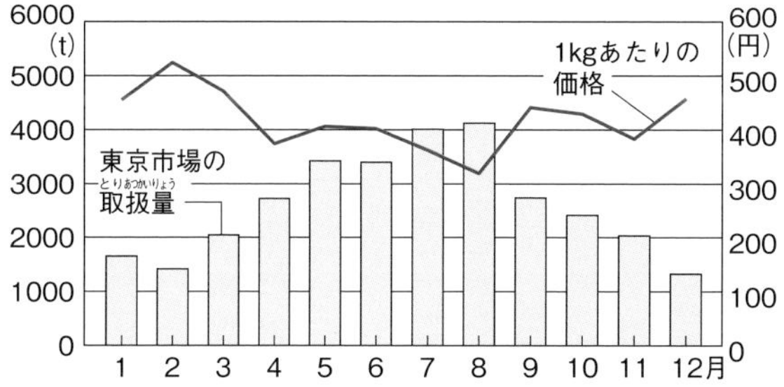

(2018年)　(「東京都中央卸売市場年報」による)

▲なすの月別入荷量・価格の動き

▶ 需要が供給より多いとき(もの不足のとき)，商品の価格は上がる。

▶ 供給が需要より多いとき(ものが余《あま》っているとき)，商品の価格は下がる。

- **流通の合理化**…商業では，流通にかかる費用をおさえて市場競争に勝つため，いろいろなくふうをしている。

▶ 大手のスーパーマーケットなどは，右図のように卸売業者を通さずに生産者から直接商品を仕入れることがある。

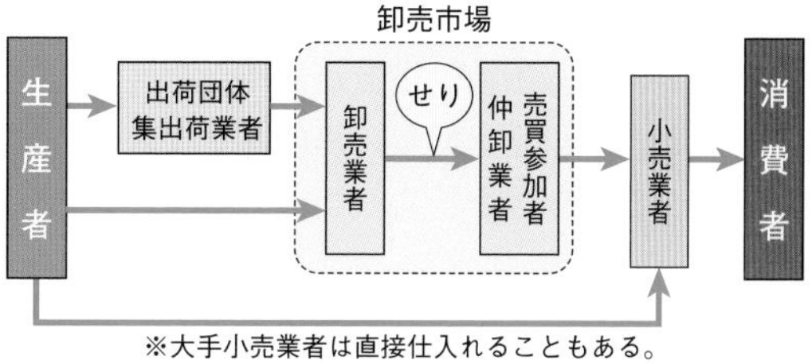

※大手小売業者は直接仕入れることもある。

▲卸売業者を通さない流通のしくみ

用語

生産費

その商品を生産するのに使った原材料費，工場や機械の設《せつ》備費《びひ》，働き手に支払《しはら》う賃金《ちんぎん》(人《じん》件費《けんひ》)などの合計である。

用語

流通経費

運賃・広告費・荷づくり費・人件費などの合計である。

注意

需要と供給

左のグラフで，なすの入荷量を表した棒《ぼう》グラフは，供給を示《しめ》している。野菜は消費者が買いたいと思う量(需要)があまり変化しないので，入荷量の動きに応《おう》じて価格が変化しやすい。

入試ポイント

〈商品の価格の決まり方〉

▶ (生産費＋生産者の利益)＋(流通経費＋商店の利益)＝**商品の価格**

▶ 需要＞供給→**価格上昇《じょうしょう》**，需要＜供給→**価格下落《げらく》**

▶チェーン店では，商品を大量にまとめて仕入れることによって，費用《ひよう》の節約をしている。

▶小売《こうり》店で必要とされている商品を効率《こうりつ》よく仕入れるため，POS《ポス》(販売《はんばい》時点情報《じょうほう》管理)システムをとり入れている。

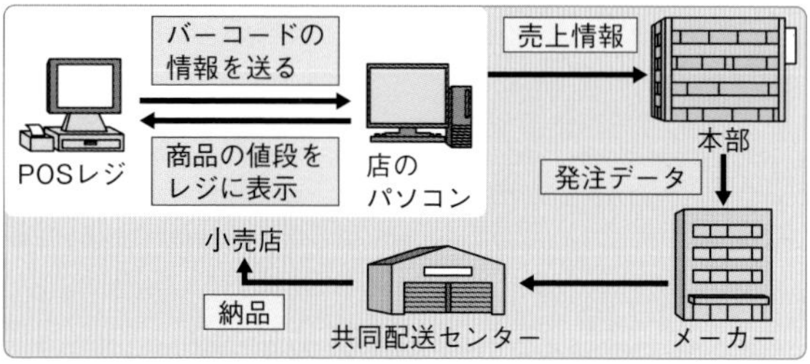

▲POSシステム：商品についているバーコードを読み取って，売り上げのデータを分析《ぶんせき》し，買われやすい商品を仕入れる。

物価《ぶっか》とわたしたちのくらし

●**物価**…いろいろな商品の価格《かかく》を平均《へいきん》したもの。

▶**物価指数《しすう》**…基準《きじゅん》となる年の物価を100としたときに，それぞれの年の物価を数字で表したもの。企業《きぎょう》どうしの取り引きについての**企業物価指数**と，小売価格についての**消費者物価指数**がある。

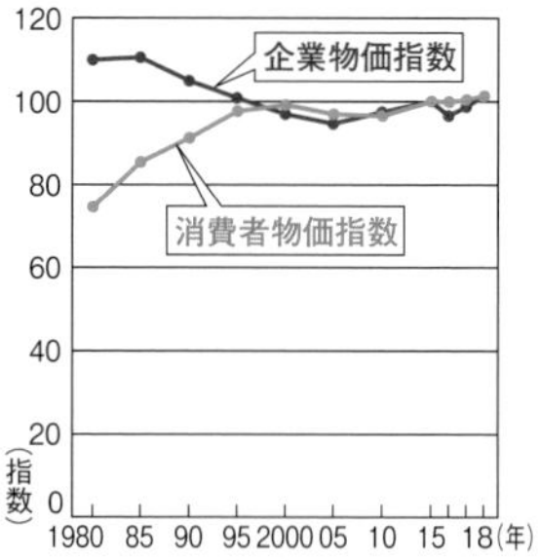

(日本銀行，総務省調べ)

▲物価指数の動き

▶需要《じゅよう》が供給《きょうきゅう》を上回り，物価が上がり続けるのが**インフレーション**(インフレ)である。好景気のときに起こる。

▶需要が供給を下回り，物価が下がり続けるのが**デフレーション**(デフレ)である。不景気のときに起こる。

●**物価安定のために**…政府《せいふ》や日本銀行は，世の中に出回るお金の量を減《へ》らすことにより，インフレーションをおさえ，お金の量を増《ふ》やすことにより，デフレーションからの回復《かいふく》をはかる。

用語

バーコード

商品の管理のために使われるコードで，20文字までの情報が組みこまれている。一方でＱＲ《キューアール》コードは，消費者向けの広告や電子決裁《けっさい》などに使われる模様で，バーコードの数十倍から数百倍の情報を保存《ほぞん》できる。

参考

政府の景気対策《たいさく》

- 好景気のとき…政府は道路工事などを減らし，税率《ぜいりつ》を引き上げる。
- 不景気のとき…政府は道路工事などを増やし，税率を引き下げる。

2 日本の貿易《ぼうえき》

貿易のはたらき

- **貿易は足りない資源《しげん》や食料を補《おぎな》う**…日本は世界有数の工業国であるが，工業原料や資源にとぼしく，また，米を除《のぞ》いて食料の自給率も低い。そのため，これらの多くを外国からの輸入《ゆにゅう》にたよっている。

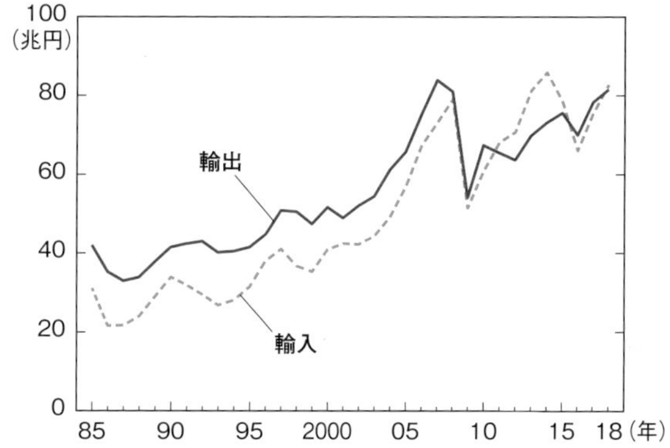

(2019/20年版「日本国勢図会」などによる)

▲日本の貿易額の移《うつ》り変わり

- **工業の発展《はってん》を支《ささ》える**…日本の工業は，国内で使われる商品をまかなうだけでなく，外国への輸出を増やすことによって生産を拡大《かくだい》し，発展してきた。
- **諸《しょ》外国との結びつきを強める**…現在《げんざい》，日本は世界のほとんどの国々と貿易をしており，貿易が途絶《とだ》えたら国民生活も産業も成り立たなくなってしまうほど，その結びつきは強まっている。
- **国々の発展をうながす**…世界の国々が，それぞれ輸出と輸入のつりあいのとれた貿易をすれば，たがいに産業の発達や国民生活の向上をはかることができる。しかし,一方の国が圧倒《あっとう》的に安い価格《かかく》で輸出を行った場合，相手国ではその製品の価格や価値は下がり，売れなくなってしまう。貿易の不均衡《ふきんこう》は相手国の経済を悪化させる。**フェアトレード**が求められている。とくに社会的に大きな影響《えいきょう》がある場合は，**WTO《ダブリュティーオー》(世界貿易機関)**を通じた話し合いで解決《かいけつ》をはかる。
  - ▶**保護貿易**…国内の産業を守るため，安い輸入品が出回りすぎないように関税《かんぜい》を高くして他国の商品をしめ出すこと。
  - ▶**自由貿易**…たがいに輸入の制限《せいげん》をせずに貿易を行うこと。近年は，特定の国・地域《ちいき》間でルールを決める**自由貿易協定(FTA《エフティーエー》)**や，**経済連携《けいざいれんけい》協定(EPA《イーピーエー》)**を結ぶ動きが活発になっている。

用語

貿易

国と国との間の商品の取り引きのこと。外国へ品物を売ることを輸出，外国から品物を買うことを輸入という。輸出額《がく》が輸入額より多いと輸出超過《ちょうか》で貿易額は黒字，輸入額が輸出額より多いと輸入超過で貿易額は赤字となる。

参考

国際《こくさい》分業

自分の国が得意な分野の商品を生産・輸出し，得意でない商品は外国から輸入すること。国際分業が進んだ結果，世界の国々は自国でつくった商品だけで生活を成り立たせるのが難《むずか》しくなっている。

用語

WTO(世界貿易機関)

1995年に設立《せつりつ》された，自由な貿易を守る国際機関。貿易摩《ま》擦《さつ》の解決にあたり，関税や輸入制限《せいげん》を少しずつとり除《のぞ》くなどのはたらきをしている。

日本のおもな輸出入品《ゆしゅつにゅうひん》

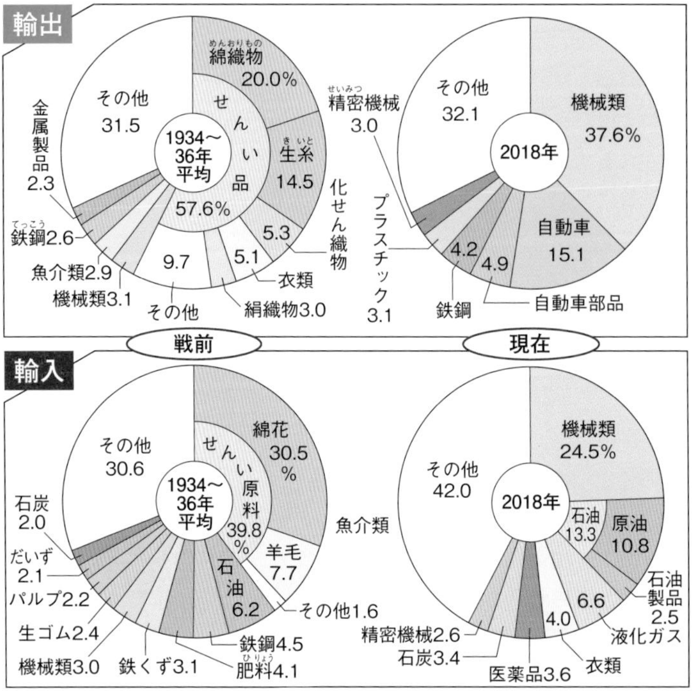

(2019/20年版「日本国勢図会」などによる)

▲日本の貿易品の移《うつ》り変わり

用語

機械類

さまざまな電気機械製品の合計で，輸送用機械や精密機械はふくまない。

●**重化学工業製品《せいひん》が中心の輸出品**…第二次世界大戦前は，軽工業のせんい品，とくに綿織物《めんおりもの》・生糸《きいと》が中心だった。現在《げんざい》では，電気機械・精密《せいみつ》機械・半導体素《はんどうたいそ》子《し》などの機械類や，自動車やその部品，鉄鋼《てっこう》・プラスチックなどの重化学工業製品が輸出の中心となっている。

●精密機械をはじめとする機械類は，優《すぐ》れた技術《ぎじゅつ》力を用いて高い価値《かち》を加えた製品である。しかし，近年はアジアの国々の技術が高まったことで，日本の国《こく》際《さい》競争力は低下してきている。日本から多くの工場が外国へ移転《いてん》したことも，その原因《げんいん》の1つである。外国の工場でつくった安い製品が逆《ぎゃく》に日本へ輸入されるようになったため，日本からの輸出品の国際競争力の低下をまねいている。

●日本の輸出額《がく》は，中国《ちゅうごく》・アメリカ・ドイツに次いで世界第4位である(2017年)。

用語

半導体素子

半導体を使ったトランジスタやダイオードなどのこと。半導体素子を多数組み合わせた集積回路はコンピューターに使われる記憶装置《きおくそうち》(メモリー)などとして使われている。

- **多種にわたる輸入品**…日本は典型的な**加工貿易**の国であり，石油・液化《えきか》ガス・木材・石炭などのエネルギー資源《しげん》・工業原料の輸入が多い。とくに，原油や石炭，鉄鉱石は輸入にたよる割合《わりあい》が高い。
- 近年は工業製品の輸入(**製品《せいひん》輸入**➡p.266)が増《ふ》えている。これは，日本が豊かになって，円高《えんだか》が進み，輸入品が安く手に入るようになったことと，アジア諸《しょ》国《こく》の工業化が進んで，安い工業製品が日本に輸入されたり，日本の企業《きぎょう》が海外に建てた工場で生産し(**現地《げんち》生産**)，その製品を輸入することが増えたことが原因である。
  - ▶**現地生産が増えた理由**…外国のほうが賃金《ちんぎん》などが安いため。また，貿易摩擦《まさつ》を解消するため。円高による損《そん》をおさえるため。
  - ▶**産業の空洞化《くうどうか》**…現地生産が増えることで，国内の産業の力がおとろえること。失業する労働者が増える，労働者の技術が受けつがれなくなる，などの問題が起こっている。
- 2011年の**東日本大震災《だいしんさい》**のあと，一時的に日本の貿易は赤字となった。これは，原子力発電所が停止したことにより，火力発電で使う石油や天然ガスの輸入が急増《きゅうぞう》したためである。

用語

加工貿易

鉄鉱石《てっこうせき》などの工業原料，石油などの燃料《ねんりょう》の大部分を海外から輸入し，それを加工してつくった工業製品を輸出する貿易。鉱産《こうさん》資源にめぐまれていないが技術にすぐれ労働力も豊《ゆた》かな，日本や韓国《かんこく》，シンガポールなどで発達した。

参考

貿易の分業

自動車工業の分業と同じように，国際分業も水平分業と垂《すい》直《ちょく》分業に分けられる。

- 水平分業…先進国どうしが工業製品を輸出しあうこと。
- 垂直分業…先進国が工業製品を輸出し，発展《はってん》途《と》上国《じょうこく》が農産物・水産物・鉱産資源を輸出すること。

	2005年		2010年		2015年		2018年	
	品目	割合(%)	品目	割合(%)	品目	割合(%)	品目	割合(%)
1	原油・粗油	15.5	原油・粗油	15.5	原油・粗油	10.4	原油・粗油	10.8
2	衣類・同付属品	4.3	液化天然ガス	5.7	液化天然ガス	7.0	液化天然ガス	5.7
3	半導体等電子部品	4.1	衣類・同付属品	3.8	衣類・同付属品	4.4	衣類・同付属品	4.0
4	電算機類・周辺機器	3.6	半導体等電子部品	3.5	半導体等電子部品	3.8	通信機	3.7
5	液化天然ガス	3.5	石炭	3.5	通信機	3.7	医薬品	3.6
6	音響映像機器・部品	2.8	音響映像機器・部品	2.7	医薬品	3.7	半導体等電子部品	3.4
7	魚介類・同調製品	2.7	非鉄金属	2.6	石炭	2.5	石炭	3.4
8	石炭	2.7	石油製品	2.6	電算機類・周辺機器	2.5	石油製品	2.5
9	石油製品	2.6	電算機類・周辺機器	2.5	石油製品	2.3	電算機類・周辺機器	2.5
10	非鉄金属	2.6	医薬品	2.5	非鉄金属	2.1	非鉄金属	2.4

▲日本の輸入品上位10品目の変化

(「日本貿易の現状2019」による)

日本のおもな貿易《ぼうえき》相手国

●**中国《ちゅうごく》との貿易**…近年，中国との貿易が急速に拡大《かくだい》し，輸出《ゆしゅつ》・輸入とも，アメリカを抜《ぬ》いて最大の相手国となった。日本は，賃金《ちんぎん》の安い中国で生産された安い製品《せいひん》を多く輸入している。その反面，急速な経済発《けいざいはっ》展《てん》をとげ，世界最大の人口をかかえる中国市場へ日本製品を輸出する動きもさかんになっている。

●**アメリカとの貿易**…輸出・輸入ともにアメリカは有数の相手国である。日本は自動車などの工業製品をアメリカへさかんに輸出していたが，アメリカからの農産物などの輸入は制限《せいげん》していた。結果として日本の貿易が大きな黒字となり，一方でアメリカは貿易赤字となった。この結果，日米の貿易をめぐる問題が起こった(**貿易摩擦《まさつ》**)。

●**アジア諸国《しょこく》との貿易**…西アジアのペルシア湾《わん》岸の国々や，ロシアから石油を多く輸入している。また，工業製品は，韓国《かんこく》・台湾《たいわん》・ホンコン・シンガポールなどの**アジアNIES《ニーズ》(新興《しんこう》工業経済地域《ちいき》)**からの輸入も多い。

●**そのほか**…輸出入先として，ドイツ・オーストラリアも上位である。ドイツからは機械類・自動車・医薬品を多く輸入している。また，オーストラリアからは石炭・天然ガス・鉄鉱石《てっこうせき》・肉類などを輸入している。太平洋《たいへいよう》に面する国々との貿易は，今後さらに増《ふ》えると予想される。

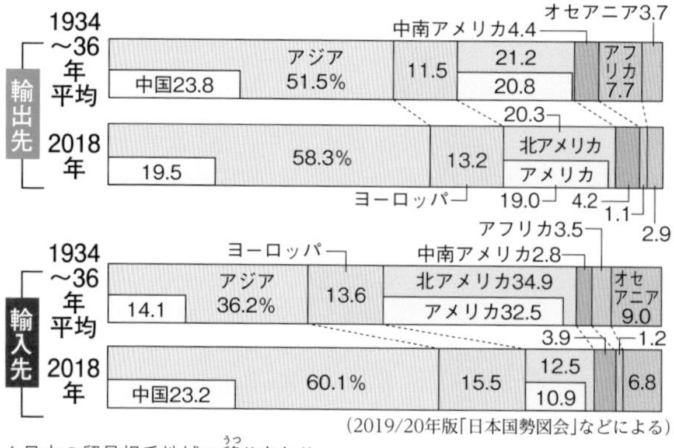

▲日本の貿易相手地域の移《うつ》り変わり

用語

日米貿易摩擦

問題となった品目は，せんい製品から鉄鋼《てっこう》・自動車・半導《はんどう》体《たい》へと変わっていった。日本は牛肉・オレンジの輸入自由化や米の関税化《かんぜいか》を実行するなどの努力をしてきた。また，対立をさけるため，アメリカに工場を建てて現地《げんち》生産を行う会社も増えた。

用語

アジアNIES

1970年代ごろから工業の発達してきた韓国・台湾・ホンコン・シンガポールのこと。

参考

環太平洋《かんたいへいよう》経済連携《れんけい》協定(TPP《ティーピーピー》)

太平洋のまわりにある国々の間で結ばれた協定。自由貿易を行うために，いろいろな分野で関税を撤廃《てっぱい》することをめざしている。

日本のおもな貿易港

●おもな貿易港…島国の日本では，貿易はすべて港を通して行われる。港には船の港と飛行機の発着する空港がある。おもな貿易港は名古屋《なごや》・横浜《よこはま》・神戸《こうべ》・東京《とうきょう》・大阪《おおさか》や**成田国際空港《なりたこくさい》**，関西《かんさい》国際空港(関空)などで，ほとんどが太平洋ベルトに位置している。

●貿易港と輸出入品…大消費地《しょうひち》をかかえる東京港・大阪港などは食料品・衣類の輸入が多く，千葉《ちば》港・川崎《かわさき》港などの重化学工業地帯にある港はエネルギー資源《しげん》や工業原料の輸入が多い。輸出品は，それぞれの港のある地域で発達している工業の製品が多い。空港での輸出入品はかさばらない(軽薄短小《けいはくたんしょう》の)高額《こうがく》な商品が多くをしめるなど，貿易港ごとに特色が見られる。

▲貨物機に載《の》せられる輸出品

●貿易港と工業…石油の輸入港の近くには石油化学コンビナートが，鉄鉱石の輸入港の近くには製鉄所《せいてつじょ》が立地するなど，深く結びついている。

参考

空港の地位の向上

近年，集積回路や精密《せいみつ》機械のとりあつかい量が増えたことから，成田国際空港や関西国際空港が重要な貿易港となっている。成田国際空港では冷とうされた魚介類《ぎょかいるい》もさかんに空輸されるようになっているため，「成田漁港」ともよばれている。

輸出	名古屋	124845	自動車 25.0，自動車部品 17.5，金属加工機械 4.4，内燃機関 4.2，電気計測機器 3.5
	成田	114588	科学光学機器 6.2，金 5.2，集積回路 4.4，電気回路用品 4.3，半導体製造装置 4.0
	横浜	77187	自動車 22.1，自動車部品 4.9，内燃機関 4.3，プラスチック 3.6，金属加工機械 3.2
	東京	60398	自動車部品 6.9，コンピューター部品 5.5，内燃機関 5.3，プラスチック 4.5，電気回路用品 3.3
	神戸	58198	プラスチック 6.4，建設・鉱山用機械 6.1，内燃機関 3.1，自動車部品 3.0，織物類 3.0
	関空	52660	集積回路 15.0，科学光学機器 7.8，電気回路用品 6.7，個別半導体 6.3，通信機 3.6
	大阪	42427	集積回路 12.3，コンデンサー6.8，プラスチック 4.9，個別半導体 4.0，科学光学機器 4.0
	博多	27665	集積回路 25.2，自動車 23.2，タイヤ・チューブ 5.2，半導体製造装置 4.7，二輪自動車 4.0
輸入	成田	137040	通信機 14.0，医薬品 11.6，集積回路 9.5，コンピューター7.6，科学光学機器 6.3
	東京	116565	衣類 8.7，コンピューター4.9，魚介類 4.6，肉類 4.3，音響・映像機器 3.3
	名古屋	53368	液化ガス 8.5，衣類 7.1，石油 6.7，アルミニウム 5.5，絶縁電線・ケーブル 4.6
	大阪	49713	衣類 15.1，肉類 6.7，家庭用電気機器 3.3，金属製品 3.0，鉄鋼 2.9
	横浜	47538	石油 9.1，液化ガス 5.2，アルミニウム 4.5，衣類 3.6，有機化合物 3.1
	千葉	39644	石油 56.9，液化ガス 16.7，自動車 8.3，鉄鋼 3.4，有機化合物 3.2
	関空	39478	医薬品 18.4，通信機 17.1，集積回路 6.0，科学光学機器 5.1，衣類 3.0
	神戸	34385	衣類 6.5，たばこ 6.4，有機化合物 4.0，無機化合物 3.8，医薬品 3.4

(2018年)　(2019/20 年版「日本国勢図会」による)

▲日本のおもな貿易港の輸出入額(単位億円)とおもな輸出入品(数字は割合%)

これからの貿易《ぼうえき》

- **つりあいのとれた貿易**…輸出《ゆしゅつ》ばかりに力を入れると，相手国の産業をおびやかし，**貿易摩擦《まさつ》**が起こる。日本の貿易黒字は相手国の貿易赤字となるので，輸出と輸入のつりあいのとれた貿易を心がけなければならない。
- **輸入の安定をはかる**…食料や工業原料の多くを輸入にたよる日本は，輸入相手国で自然災害《さいがい》や戦争が起こった場合，輸入が不安定になる。ある品物を特定の国や地域《ちいき》だけから輸入するのではなく，なるべく多くの国や地域と取り引きして，輸入先を確保《かくほ》しておく必要がある。
- **技術《ぎじゅつ》の交流**…原材料や製品《せいひん》の輸出入のみを行っていると，相手国の事情《じじょう》に関係なく利益《りえき》のみを求めがちになる。発展途上国《はってんとじょうこく》相手の貿易では，相手国の工業化が進んで豊《ゆた》かになることも目的の1つと考え，工場を丸ごと輸出するなど，生産技術をふくめた貿易がよりいっそう求められている。
- **為替《かわせ》相場**…ドルなどの外国通貨に対する円の価値《かち》の変動は，貿易に大きな影響《えいきょう》をあたえる。円安《えんやす》になると，自動車などの輸出品の外国での価格《かかく》が下がるので，輸出に有利になる。円高《えんだか》になると，衣類などの輸入品の日本での価格が下がるので，輸入に有利になる。企業《きぎょう》は為替相場の動きに影響を受けないようにするため，海外での生産比率《ひりつ》を上げ下げするなど対策《たいさく》をとっている。

用語

為替相場

通貨どうしの交換《こうかん》比率のこと。

- 円高…たとえば1ドル100円だった為替相場が，円の価値が上がって90円になること。輸出には不利。
- 円安…たとえば1ドル90円だった為替相場が，円の価値が下がって100円になること。輸入には不利。

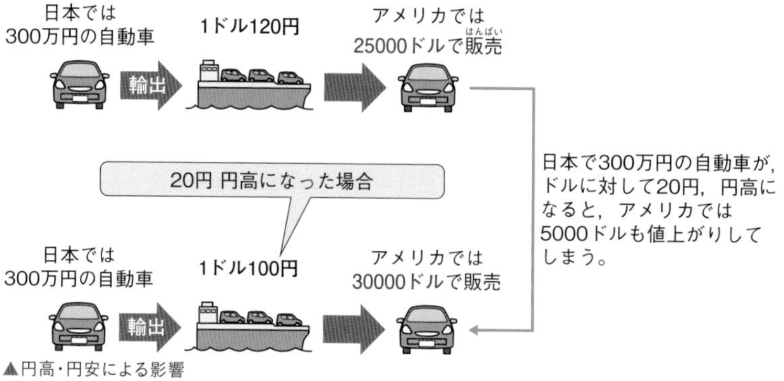

▲円高・円安による影響

☑ まとめチェック　知識を整理・確認しよう！

① 商業と商品の価格

- □ ① 生産者から大量の商品を仕入れ，小売《こうり》業者に分けて売る商業を何というか。
- □ ② 卸売業者などから仕入れた商品を消費《しょうひ》者に売る商業を何というか。
- □ ③ 商品に関する情報《じょうほう》(価格・性能《せいのう》・特色など)を消費者に伝える産業を何というか。
- □ ④ 商品が生産者から卸売業者・小売店などを通って，消費者に届《とど》くまでの流れを何というか。
- □ ⑤ 需要《じゅよう》が供給《きょうきゅう》より多いとき(もの不足のとき)，商品の価格は上がるか，下がるか。
- □ ⑥ 商品を大量にまとめて仕入れる，POS《ポス》システムをとり入れるなどの，流通にかかる費用をおさえる努力を何というか。
- □ ⑦ いろいろな商品の価格を平均《へいきん》したものを，基準《きじゅん》となる年を100として表した指数《しすう》を何というか。

答え

①
- ① 卸売業《おろしうりぎょう》
- ② 小売業
- ③ 広告業《こうこくぎょう》
- ④ 流通
- ⑤ 上がる
- ⑥ 流通の合理化
- ⑦ 物価《ぶっか》(指数)

② 日本の貿易

- □ ① 国内の産業を守るため，安い輸入品が出回りすぎないように関税《かんぜい》を高くして他国の商品をしめ出すことを何というか。
- □ ② 1995年に設立《せつりつ》された，世界中で行われている自由貿易を守るために活動をしている国際《こくさい》機関を何というか。
- □ ③ 外国のほうが賃金《ちんぎん》などが安いなどの理由で，日本の企業《きぎょう》が海外に建てた工場で生産することを何というか。
- □ ④ 日本の企業が海外に工場を移《うつ》すことによって，国内の産業の力がおとろえることを何というか。
- □ ⑤ 近年，日本との貿易が急速に拡大《かくだい》し，輸出・輸入ともにアメリカを抜《ぬ》いて最大の相手国となった国はどこか。
- □ ⑥ 日本の輸出額が輸入額を大きく上回ることによって，アメリカとの間で起こった国際問題を何というか。
- □ ⑦ 集積回路などの電子部品のとりあつかいが多く，輸出入金《きん》額《がく》が日本最大となっている貿易港(空港)はどこか。
- □ ⑧ 外国通貨に対する円の価値《かち》が上がることを何というか。

②
- ① 保護《ほご》貿易
- ② WTO《ダブリュティーオー》 [世界貿易機関]
- ③ 現地生産
- ④ 産業の空洞化《くうどうか》
- ⑤ 中国《ちゅうごく》
- ⑥ 貿易摩擦
- ⑦ 成田《なりた》国際空港
- ⑧ 円高

力だめしの問題 入試標準レベル

解答➡p.621

❶ 次の問いに答えなさい。

⑴ 右のグラフは日本の年間商品販売額《はんばいがく》の推移《すいい》を，表は従業員《じゅうぎょういん》数および売り場面積の合計を表しています。グラフ・表ともに**a**～**c**には，次の**ア**～**ウ**のいずれかがあてはまります。**a**～**c**にあてはまる店の種類を次から1つずつ選び，記号で答えなさい。【市川中・改】

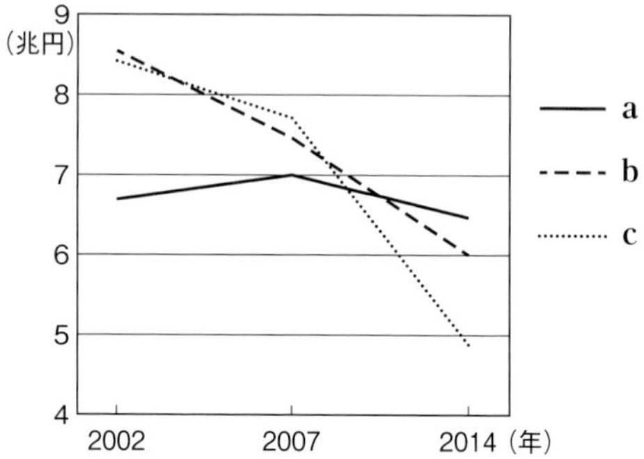

2014年	従業員数(千人)	売り場面積(万m^2)
a	538	434
b	266	1255
c	67	476

（2019年版「データブック オブ・ザ・ワールド」による）

a（　　　）
b（　　　）
c（　　　）

ア　総合《そうごう》スーパーマーケット
イ　コンビニエンスストア
ウ　百貨店

⑵ 食品に関する次の①・②の文章の正誤《せいご》を判定し，右の**ア**～**エ**から適切なものを1つ選び，記号で答えなさい。【昭和学院秀英中】（　　　）

	ア	イ	ウ	エ
①	正	正	誤	誤
②	正	誤	正	誤

①日本全体が冷夏であった年は，国産米の価格が下落する傾向《けいこう》がある。
②夏場に例年よりも長雨が続いた年は，きゅうりなどの野菜の価格が下落する傾向がある。

⑶ 好景気に該当《がいとう》する事項《じこう》を次から1つ選び，記号で答えなさい。【江戸川女子中】

（　　　）

ア　消費がさかんになる。　　**イ**　賃金《ちんぎん》が下がる。
ウ　需要が低迷《ていめい》する。　　**エ**　生産過剰《かじょう》となり企業《きぎょう》が供給《きょうきゅう》を控《ひか》える。
オ　倒産《とうさん》が増える。

⑷ 不景気になると一般的《いっぱんてき》に，商品価値《かち》が下がり通貨価値が上がるが，これを何というか。【江戸川女子中】（　　　　　　　　）

② 次の問いに答えなさい。

(1) 右の図は，日本のおもな貿易《ぼうえき》相手国の輸出《ゆしゅつ》額と輸入額について示したものです。図中の点A～Cの正しい組み合わせをア～カから1つ選び，記号で答えなさい。なお，縦軸《たてじく》と横軸のどちらが輸入額か輸出額かは記していません。【早稲田中】　(　　)

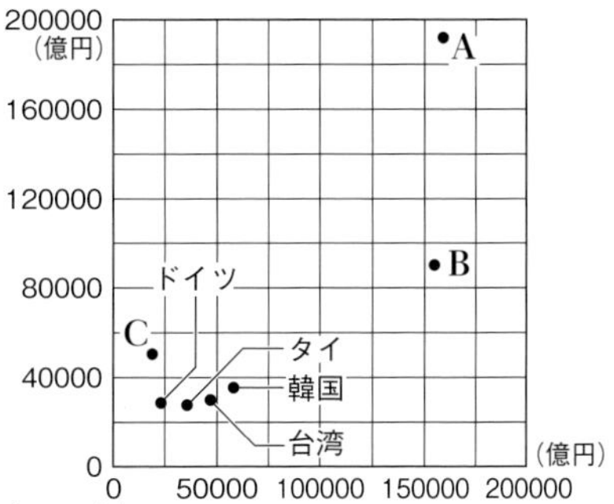

(2018年)　(2019/20年版「日本国勢図会」による)

ア　A－アメリカ　B－中国　C－オーストラリア
イ　A－アメリカ　B－オーストラリア　C－中国
ウ　A－中国　B－アメリカ　C－オーストラリア
エ　A－中国　B－オーストラリア　C－アメリカ
オ　A－オーストラリア　B－中国　C－アメリカ
カ　A－オーストラリア　B－アメリカ　C－中国

(2) 日本とアメリカとの貿易の内訳《うちわけ》について，右の表の説明として正しいものを次から選び，記号で答えなさい。

アメリカとの貿易

アメリカへの輸出品	百万円	アメリカからの輸入品	百万円
機械類	5612836	機械類	2529621
自動車	4524134	航空機類	475650
自動車部品	929455	医薬品	463481
航空機部品	376724	科学光学機器	459813
その他	4027088	その他	5086337
計	15470237	計	9014902

(2018年)　(2019/20年版「日本国勢図会」による)

【恵泉女学園中・改】　(　　)

ア　自動車と自動車部品を合計すると，輸出品目の中でもっとも輸出額が大きくなる。
イ　輸出の合計額は輸入の合計額の2倍以上である。
ウ　アメリカから輸入している医薬品は，全輸入類の5％以上である。
エ　航空機部品の輸出額の割合は，航空機類の輸入額の割合《わりあい》より多い。

(3) 港別の貿易輸出額において集積回路のしめる割合がもっとも高い港(2018年)を，次から1つ選び，記号で答えなさい。【逗子開成中】　(　　)

ア　関西《かんさい》国際空港　イ　横浜《よこはま》港　ウ　名古屋《なごや》港　エ　千葉《ちば》港

(4)「産業の空洞化《くうどうか》」について説明しなさい。その際，円高《えんだか》が進むとなぜ空洞化が進展《しんてん》するかにもふれなさい。【江戸川女子中】

(　　　　　　　　)

チャレンジ問題 入試発展レベル

解答➡p.622

★は最高レベル

1 次の問いに答えなさい。

⑴ グラフ1は，工業地帯，工業地域《ちいき》の製造品出荷額《せいぞうひんしゅっかがく》等の推移《すいい》を，グラフ2は工業地帯，工業地域の製造品出荷額等の構成《こうせい》を示《しめ》したものです。グラフ1中のA・Bは，京浜《けいひん》工業地帯または北関《きたかん》東《とう》工業地域のいずれか，グラフ2中のC・Dは，北関東工業地域または京《けい》葉《よう》工業地域のいずれかです。北関東工業地域を示したものの組み合わせとして正しいものを次から1つ選び，記号で答えなさい。

【吉祥女子中・改】 (　　)

グラフ1

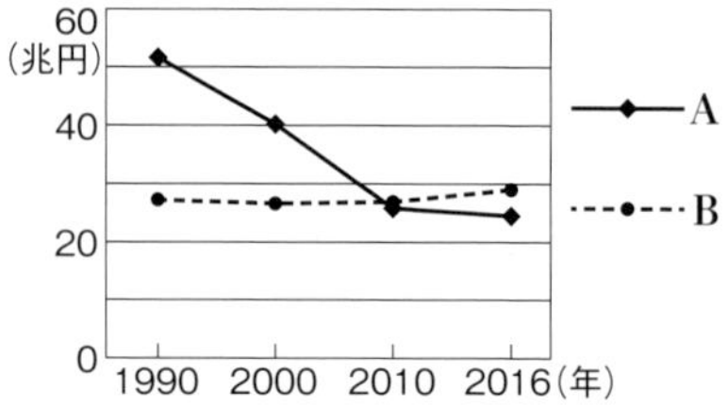

グラフ2

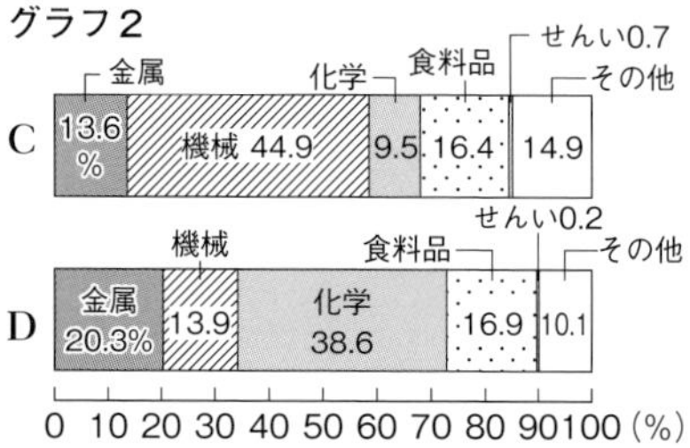

(2016年)　(「日本の100年」などによる)

ア　AとC　　イ　AとD

ウ　BとC　　エ　BとD

★⑵ 右の表は，日本のおもな工業の，製造品出荷額(2017年)について上位5位までの都道府県名を示《しめ》したものです。A～Cの組み合わせとしてもっとも適《てき》切《せつ》なものを，右下のア～カから1つ選び，記号で答えなさい。

【浅野中】 (　　)

	1位	2位	3位	4位	5位
食料品	北海道	埼玉県	愛知県	B	A
化学工業製品	A	C	大阪府	山口県	岡山県
鉄鋼《てっこう》	愛知県	B	A	大阪府	広島県
電気機械	愛知県	静岡県	三重県	B	C
輸送用機械	愛知県	静岡県	C	群馬県	福岡県

(注1)「化学工業製品」には石油製品・石炭製品をふくむ。

(注2)「電気機械」には電子部品・デバイス・電子回路・情報通信機械をふくむ。

(2019年「データでみる県勢」による)

	ア	イ	ウ	エ	オ	カ
A	神奈川県	神奈川県	千葉県	兵庫県	千葉県	兵庫県
B	千葉県	兵庫県	神奈川県	神奈川県	兵庫県	千葉県
C	兵庫県	千葉県	兵庫県	千葉県	神奈川県	神奈川県

⑶ 大量生産による製品《せいひん》として適切でないものを，次から1つ選び，記号で答えなさい。【攻玉社中】 (　　)

ア　プラスチック製品　　イ　電池　　ウ　伝統的《でんとうてき》工芸品

エ　タイヤ　　エ　家庭電化製品

2　工業地帯・地域についての文を読んで，あとの問いに答えなさい。【法政大二中】

A　この工業地帯・地域は，20世紀初頭の官営《かんえい》工場から始まり，石炭を利用して鉄鋼《てっこう》業を中心に発達してきました。しかしながらエネルギー革命《かくめい》によりエネルギーの中心が石油になると，それとともにほかの工業地帯・地域より生産額《がく》が減少《げんしょう》していきました。

B　この工業地帯・地域は，重化学工業やせんい，電気機器など，さまざまな工業が発達し，「総合《そうごう》工業地帯」ともよばれています。第二次世界大戦ごろまでは全国最大の生産額をあげていました。金属《きんぞく》工業の割合《わりあい》が比較《ひかく》的高いのも特徴《とくちょう》です。

C　この工業地帯・地域は山のわき水や水力発電の利用によって発展《はってん》しました。機械工業の割合が50%以上をしめ，また楽器やオートバイ，紙などの生産が発達しているのが特徴です。

D　この工業地帯・地域は古くは綿織物《めんおりもの》や陶磁器《とうじき》の生産がさかんで，現在《げんざい》も陶磁器や毛織物の工業都市が存在《そんざい》します。現在は機械工業の生産割合が多く，日本最大の工業地帯・地域といわれています。石油化学コンビナートの周辺では1960年代から1970年代にかけて公害問題が深刻化《しんこくか》しました。

E　この工業地帯・地域は，湾《わん》をはさんで対岸にある工業地帯・地域の延長《えんちょう》として発展してきました。現在《げんざい》では火力発電所や石油化学コンビナートが建ち並び，ほかの工業地帯・地域と比較して石油化学工業の割合が大きいのが特徴です。

F　この工業地帯・地域は古くからせんい工業がさかんで，現在もワイシャツやジーンズ(デニム)の生産で有名な都市があります。現在は重化学工業が発達し，石油化学コンビナートや造船《ぞうせん》などが発達しています。

G　この工業地帯・地域は，近くにある工業地帯・地域における工業用地不足や環境破壊《かんきょうはかい》などの問題から，そこから多くの工場が移転《いてん》する中で発達しました。現在では重工業，とりわけ機械工業の生産が発達していますが，一方で石油化学工業の割合が低いのも特徴です。また，セメント工業が有名です。

H　この工業地帯・地域は，第二次世界大戦後しばらくは全国最大の生産額をあげていましたが，現在はほかの工業地帯・地域にぬかれています。機械工業を中心に重化学工業が発達しましたが，この地域内に出版《しゅっぱん》社が多いことからほかの工業地帯・地域に比《くら》べて印刷業の割合が多いのが特徴です。

⑴ A～Hの工業地帯・地域の名称《めいしょう》を，次から1つずつ選び，記号で答えなさい。

A(　　)　B(　　)　C(　　)　D(　　)
E(　　)　F(　　)　G(　　)　H(　　)

ア　阪神《はんしん》工業地帯　　イ　北陸《ほくりく》工業地域　　ウ　東海《とうかい》工業地域
エ　瀬戸内《せとうち》工業地域　　オ　京葉《けいよう》工業地域　　カ　北関東《きたかんとう》工業地域
キ　鹿島臨海《かしまりんかい》工業地域　　ク　北九州《きたきゅうしゅう》工業地域　　ケ　北海道《ほっかいどう》工業地域
コ　中京《ちゅうきょう》工業地帯　　サ　京浜《けいひん》工業地帯

⑵ Dの下線部の公害病の名前を答えなさい。　(　　　　)

3 **次の問いに答えなさい。**

⑴ 次のア～エは航空機《こうくうき》，鉄道，自動車，船舶《せんぱく》のいずれかについて述《の》べた文です。そのうち鉄道の特性《とくせい》について述べているものを１つ選び，記号で答えなさい。【攻玉社中】　（　　）

ア　大量の物を比較《ひかく》的安価《あんか》に輸送《ゆそう》することができるが，速達性《そくたつせい》に欠け，天候にも左右されやすい。

イ　戸口から戸口へと直接《ちょくせつ》輸送することが可能《かのう》であるが，運転者の不足など解決《かいけつ》すべき課題も多い。

ウ　２地点間をほぼ決まった時間で輸送することができるが，輸送ルート全《ぜん》般《ぱん》にわたって多くの設備《せつび》が必要となる。

エ　大量の鉱産資源《こうさんしげん》や大型機械などの輸送には適《てき》さないが，きわめて迅速《じんそく》な輸送が可能である。

⑵ 右のグラフは百貨店，コンビニエンスストア，大型スーパーの年間販売額《はんばいがく》を示《しめ》しています。百貨店の説明として正しいものを次から１つ選び，記号で答えなさい。【フェリス女学院中】　（　　）

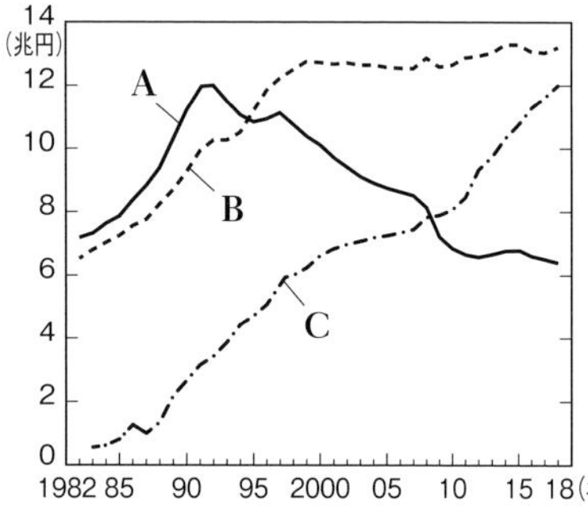

(2019/20年版「日本国勢図会」による)

ア　景気の低迷《ていめい》や人々の生活様式の変化により，販売額が少なくなってきた**A**が百貨店である。

イ　自動車が普及《ふきゅう》し，郊外《こうがい》で買い物をする人々が増《ふ》えたことで販売額が増加した**B**が百貨店である。

ウ　日本にくる外国人旅行者が多くの買い物をしているため，販売額が急増《きゅうぞう》している**C**が百貨店である。

⑶ 次の表は貿易額《ぼうえきがく》の多い港の貿易総《そう》額と上位３品目を表したものです。ほかの港と比《くら》べて，成田国際《なりたこくさい》空港の輸出入品《ゆしゅつにゅうひん》にはどのような特徴《とくちょう》がありますか。簡《かん》潔《けつ》に説明しなさい。【東洋英和女学院中等部】

成田国際空港 25兆1628億円		名古屋港 17兆8214億円		東京港 17兆6962億円	
おもな輸出品	おもな輸入品	おもな輸出品	おもな輸入品	おもな輸出品	おもな輸入品
科学光学機器	スマホ等の通信機	自動車	液化ガス	自動車部品	衣類
金	医薬品	自動車部品	衣類	コンピューター部品	コンピューター
集積回路(IC)	集積回路(IC)	金属加工機械	石油	内燃機関	魚介類

(2018年)　(2019/20年版「日本国勢図会」による)

（　　　　　　　　　　　　　　　　　　　　　　　　）

第5章 情報産業とわたしたちのくらし

1 情報とくらし

学習のポイント

- ●通信手段《しゅだん》の発達とその特色をつかんでいるか。 ➡p.307
- ●情報《じょうほう》ネットワークの活用法とその広がりをとらえているか。 ➡p.310
- ●マスメディアの役割《やくわり》を理解《りかい》しているか。 ➡p.314

1 情報と通信

通信のはたらき

●**情報を送る**…情報を伝え，共有し合うことをコミュニケーションといい，社会はコミュニケーションによって成り立っている。コミュニケーションを果たすための手段が通信である。通信には，人の手で輸《ゆ》送《そう》する郵便《ゆうびん》や，電気通信による電報《でんぽう》・電話などがある。いずれも遠く離《はな》れた人に情報を送ることができる。

●**くらしや産業を情報で結ぶ**…通信は，人々のくらしや各産業を情報で結び，人々の間の連絡《れんらく》や産業の発《はっ》展《てん》になくてはならないものになっている。

- ▶人類のコミュニケーションは，身ぶり→ことば→文字へと発達していった。
- ▶遠く離れた場所との通信には，のろしや手旗信号，伝書鳩《でんしょばと》が使われた。
- ▶18 世紀になると，望遠鏡を使って符号《ふごう》を読みとる腕木《うでぎ》通信(テレグラム)が登場した。
- ▶19 世紀前半にモールス電信機が発明され，電気と電線を使った**電信**が始まった。
- ▶モールス電信機は符号を読み取るしくみだったが，19 世紀後半には人間の声を送信する電話機が発明された。

参考

情報通信の発達

- 1837年　モールス(米)が電信機を実用化。
- 1840年　ローランド＝ヒル(英)が均一《きんいつ》料金の郵便制《せい》度《ど》をつくる。
- 1876年　ベル(米)が電話機を発明。
- 1895年　マルコーニ(伊)が無線通信に成功。
- 1962年　アメリカが通信衛《えい》星《せい》を打ち上げる。

いろいろな通信

●**郵便《ゆうびん》**…日本の郵便制度《せいど》は，明治《めいじ》時代の1871年に前《まえ》島密《じまひそか》によってとり入れられ，6年後には万国《ばんこく》郵便連合にも加盟《かめい》した(➡p.441)。日本の郵便事業は，国の事業として行われてきたが，2003年から日本郵政《にほんゆうせい》公社《こうしゃ》に移《うつ》り，運輸《うんゆ》業者など民間にも参加の機会があたえられた。その後，郵政民営《みんえい》化法の公布《こうふ》をうけて，日本郵政株式《かぶしき》会社が設立《せつりつ》され，2007年10月には郵政民営化がスタートした。

●**電報《でんぽう》**…文字を電気信号に変えて電線で送り，電気信号をまた文字におきかえて配達するしくみで，郵便より先に始まった。郵便より速く情報《じょうほう》を伝えられるが，電話の普及《ふきゅう》で利用者は大きく減《へ》った。そのほとんどは，お祝いやおくやみなどの気持ちを表す，儀《ぎ》礼的《れいてき》な利用となっている。

●**電話**…日本では，1890年に初めて電話が通じた。郵便や電報が送り手からの一方通行であるのに対し，電話はその場で受け答えができるので，より便利になった。国際《こくさい》通信網《もう》の発達にともない，外国との間でもさかんに利用されるようになった。

●**ファクシミリ(ファックス)**…文字や画像《がぞう》のある文書を，電話回線や専用《せんよう》の回線を使って送り，紙に印刷して受け取る電気通信。伝えたい内容《ないよう》を文書にして相手に送ることができ，相手が不在《ふざい》でも送信できる。電子メールが普及したため，利用は減った。

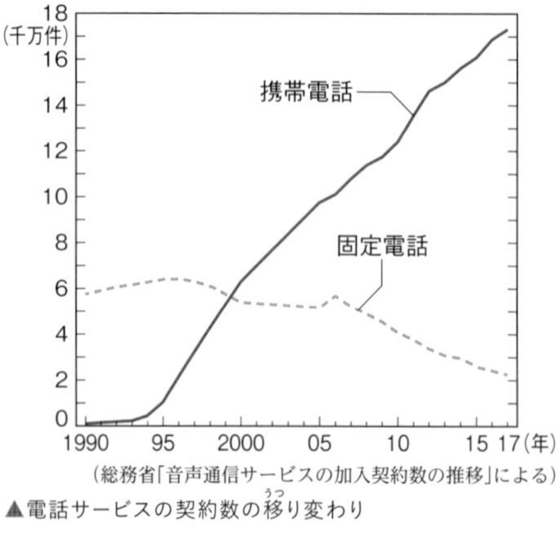

(総務省「音声通信サービスの加入契約数の推移」による)

▲電話サービスの契約数の移《うつ》り変わり

用語

万国郵便連合

国際間の郵便が，速く，安全に，統一《とういつ》的な料金で届《とど》くように，1874年にドイツのシュテファンらの努力で設立《せつりつ》された。現《げん》在《ざい》は国際連合の専門機関の1つとなっている。

参考

さまざまな郵便

郵便には，手紙・はがきなどの通常《つうじょう》郵便，速く届ける速達のほか，電子郵便(レタックス)，現金などを送る書留《かきとめ》もある。料金は切手などで前もって支《し》はらい，国内なら種類や重さごとに同一料金で送ることができる。

参考

通信の自由化

日本では，電信・電話の事業については，日本電信電話公社(電電公社)という国の企業《きぎょう》が長い間独占《どくせん》してきた。しかし，1985年に電電公社は民営化され，日本電信電話株式会社(ＮＴＴ《エヌティーティー》)がうまれた。それと同時に，事業の独占《どくせん》も禁止《きんし》され，だれでも自由に参入できるようになった。新しい通信事業体が次々とうまれ，会社どうしの競争によって新しいサービスの提供《ていきょう》や料金の値下《ねさ》げが行われ，利用者にとってよい結果がうまれた。

● **携帯《けいたい》電話**…1990年代から普及した，移動《いどう》しながら連絡《れんらく》できる小型の無線電話機。

▶ 無線電話の技術《ぎじゅつ》は，船や列車，自動車の電話として開発されてきた。

▶ 1980年代に，持ち運びできる携帯電話の形でサービスが始まり，端末《たんまつ》の小型化が急速に進んでいった。

▲初期の携帯電話「ショルダーホン」

▶ 1990年代末，契約数《けいやくすう》は固定電話を上回るようになった。通話だけでなく，インターネットにも接続《せつぞく》でき，電子メールのやりとりもできるようになった。

▶ 2000年代末には**スマートフォン**（多機能《たきのう》携帯電話）が登場し，テレビ電話で通信することも日常《にちじょう》的《てき》になった。

参考

日本での携帯電話の発達

- 1979年　自動車電話が登場する。
- 1985年　日本初のレンタル携帯電話「ショルダーホン」が登場する。
- 1992年　NTT《エヌティーティー》ドコモが設立される。
- 1995年　割安な端末であるPHS《ピーエイチエス》が登場する。
- 1997年　NTTドコモが電子メールを始める。
- 1999年　カメラ付き携帯電話が登場する。
- 2003年　動画を送信できるようになる。
- 2008年　iPhone《アイフォーン》が登場する。
- 2009年　Android《アンドロイド》のスマートフォンが登場する。

● **海底ケーブル**…海底に沈《しず》めた電線を通じて，国際間の通信を行うしくみ。19世紀中ごろ，ヨーロッパで初めて設《もう》けられ，その後，大陸間の整備《せいび》が進んだ。現在《げんざい》のケーブルの長さを合計すると，地球約30周分にのぼる。

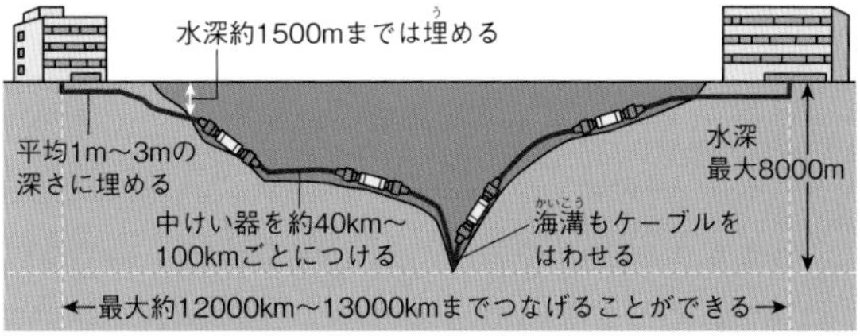

▲海底ケーブル

● **人工衛星《えいせい》**…ロケットで打ち上げられ，大気圏《けん》外で地球のまわりを回る人工の構造物《こうぞうぶつ》。電波の中継《なかつ》ぎをする通信衛星は，衛星放送やさまざまな情報の通信に使われている。衛星からの電波を受信して地球上の物体や人の位置を割《わ》り出すGPS《ジーピーエス》というシステムにも利用されている。

用語

GPS（全地球測位《そくい》システム）
人工衛星からの電波を受信することで，地球上の位置をはかるしくみ。携帯電話，カーナビゲーションなどにとり入れられている。

入試ポイント

〈通信の種類〉

▶ 有線のしくみ…**電報・電話・ファクシミリ・海底ケーブル。**

▶ 無線のしくみ…**通信衛星・携帯電話。**

2 情報ネットワークの発達

インターネットの普及《ふきゅう》

●インターネットとは…世界中のコンピューターを結びつけた情報網《じょうほうもう》。もともとアメリカで軍事用に開発され，それが民間に開放されたことから利用の機会が広がった。1990年代には，**プロバイダー**とよばれる接続《せつぞく》サービスを行う会社もうまれ，コンピューターの広まりと同時に，急速に発展《はってん》した。

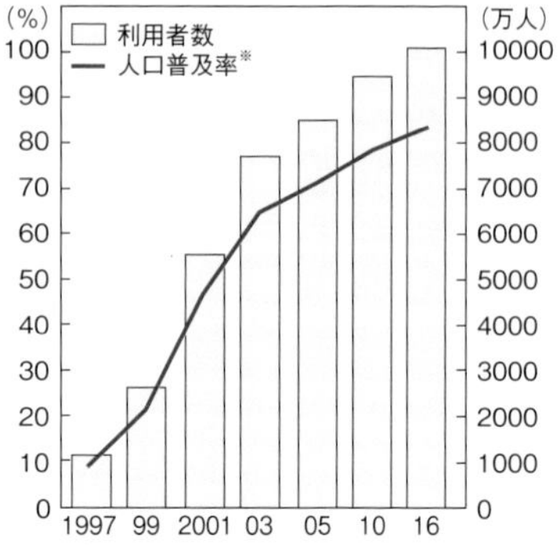

※人口普及率とは，国民の中で利用している人の割合《わりあい》のことをいう。

（2019/20年版「日本国勢図会」などによる）

▲日本のインターネット利用者数の変化

●インターネットの利用…インターネットの回線は，これまでの電話回線を使用したものから，**光ファイバー**を用いた通信回線や，ケーブルテレビなどの「ブロードバンド」とよばれる高速で大容量《ようりょう》のデータをやりとりできる回線へと変化し，ますます利用が拡大《かくだい》している。

▶**ホームページ**…多くの会社や個人《こじん》が情報を発信しているので，大量の情報を得ることができる。

▶**電子メール(E《イー》メール)**…インターネット上の手紙のこと。インターネットに接続《せつぞく》でき，インターネット上にアドレス(住所)をもっていれば，世界中に送ることができる。一瞬《いっしゅん》で届《とど》くうえ，時間帯も選ばなくてよいので，多くの人が利用している。

▶**SNS《エスエヌエス》(ソーシャル・ネットワーキング・サービス)**…知らない人との間でも広く交流できるしくみ。同じ興味《きょうみ》をもつ人たちが交流するTwitter《ツイッター》，メッセージをやりとりするLINE《ライン》，写真を公開するInstagram《インスタグラム》，動画を公開するYouTube《ユーチューブ》などが

▲企業によるTwitterの活用

用語

光ファイバー

電気信号を光に変えて情報を伝達する通信網のこと。

参考

インターネットで利用できる情報サービス

- ホームページに文字，映像《えいぞう》，動画などの情報をのせること。
- 電子メールを使って，メール(手紙)やデータを受けわたすこと。
- 文字や音声，映像を使って会話をすること(チャット)。
- 音楽や動画を配信すること。
- ニュースを配信すること。
- お店のホームページなどから商品を買うこと(オンライン・ショッピング)。
- 離《はな》れた場所にある中心的なコンピューターで，データを保存《ほぞん》したり，アプリケーションを使ったりすること(クラウド)。

ある。

▶**ブログ**…個人的な日記などの記事を公開するしくみ。ブログやSNSの中には，アクセス数に応《おう》じて広告収入《しゅうにゅう》が得られるものもある。

▶**電子商取引（e《イー》コマース）**…インターネットを通じて契約《けいやく》や支《し》はらいをすること。消費《しょうひ》者が買い物をする場合は**オンライン・ショッピング**とよばれる。消費者は多数の品物から選ぶことができる，店に足を運ぶ必要もなく手軽で便利などの長所がある。一方で，品物を手にとって確認《かくにん》することはできない点などが短所である。消費者どうしで品物の値《ね》段《だん》をせりあって売買するオークションもある。

情報ネットワークの広がり

●**情報ネットワークの利用**…インターネットなどが発達したことによって，遠く離れた人とも情報のやりとりができる情報ネットワークが形成されている。情報ネットワークはさまざまな所で利用され，わたしたちの生活を支《ささ》えている。

▶**教育とネットワーク**…「調べ学習」の授業《じゅぎょう》で，資《し》料《りょう》集めのためにインターネットが活用されている。また，調査《ちょうさ》結果をホームページにまとめて発表する生徒もいる。外国の生徒とも情報をやりとりし，交流することができる。

▲タブレット端末《たんまつ》を使った授業

▶**福祉《ふくし》とネットワーク**…ウェブ・カメラを使って，1人ぐらしの高齢者《こうれいしゃ》の行動を確認することができる。ポットとインターネットをつないで，お湯をわかしている回数を確認する高齢者見守りシステムもある（IoT《アイオーティー》のしくみ➡p.313）。

参考

インターネット利用の注意

- 手に入れた情報が本当に正しいものかどうかはわからない。何でもうのみにするのではなく，自分で考える。また，別のルートで調べることも有効《ゆうこう》な手段。
- 個人の情報（プライバシー）をおたがいに大切にする。個人情報を公開したり，人を傷《きず》つけてしまうようなことは決してしない。
- 人がつくったキャラクターや歌，文章を勝手に使わない。
- 知らない人からのメールにはコンピューターウイルスがひそんでいることがあるので決して開かない。

参考

ICT《アイシーティー》（情報通信技術《ぎじゅつ》）

インターネットに代表される情報通信技術を，ICTとよぶ。

参考

情報格差の問題

IT《アイティー》革命《かくめい》とよばれる情報機器やインターネットの急速な発展による情報ネットワークは，わたしたちの生活を便利にしたが，一方で，こうしたネットワークを利用して情報を得やすい人とそうした利用方法を知らずに情報を得にくい人との情報格差《かくさ》（デジタル・デバイド）もうまれている。

▶**医療《いりょう》とネットワーク**…過疎《かそ》などで病院や医者が不足している地域《ちいき》では，タブレット端末《たんまつ》やスマートフォン，パソコンを使った診察《しんさつ》が行われている。小さな診療《しんりょう》所などで診断《しんだん》が難《むずか》しい場合は，電子メールでカルテやレントゲン写真などを大きな病院に送って診《み》てもらい，適切《てきせつ》な治療《ちりょう》を行うことができるようにしている。また，腕《うで》時計型の端末をつけて，心拍数《しんぱくすう》などのデータを管理し，健康管理に役立てている。病院側でも紙のカルテが電子化され，素早《すばや》く情報《じょうほう》をとり出せるようになった。

▶**防災《ぼうさい》とネットワーク**…災害が発生したときに，その状況《じょうきょう》をすばやく正確《せいかく》に伝えることによって，被《ひ》害《がい》を最小限《さいしょうげん》にとどめることができる。緊急地震《きんきゅうじしん》速報《そくほう》も防災のネットワークの1つである。市町村によっては独自《どくじ》の取り組みを行っている所もある。

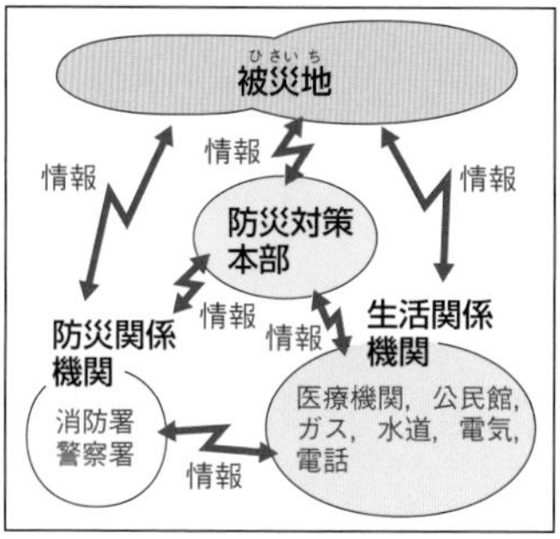

▲防災ネットワークのしくみ

用語

タブレット端末

パソコンより小さく，スマートフォンより大きい情報機器。使い方はスマートフォンとほぼ同じだが，画面が大きいため映画鑑賞《かんしょう》や読書に向いている。

注意

災害時の注意点

災害の発生直後は電話回線が混雑《こんざつ》し，かかりにくくなる。また，家族どうしで連絡をとりあったり，災害の様子をカメラで撮影《さつえい》したりしているうちに，にげ遅《おく》れることもある。

くわしく 情報通信の進化と問題点

デジタル通信や光通信などの技術によって，大量の情報を送ることが可能《かのう》になった。ブロードバンド（大容量高速通信《だいようりょうこうそくつうしん》）は，映画や音楽をインターネットを通じて手に入れられるようにしたが，同時に，映画や音楽をつくり出した人の権利《けんり》である著作権《ちょさくけん》が守られないことも多いなど，問題点もある。

家庭への連絡《れんらく》を電子メールで行う学校もあるように，人々を情報網《もう》でつなぐインターネットは，さまざまな面で利用されている。しかし一方で，ハッカーとよばれる人たちが，無断《むだん》で他人や企業《きぎょう》，役所のコンピューターに通信回線を通して侵入《しんにゅう》して，情報をぬすみ出したり，コンピューターウイルスによって情報を破壊《はかい》するなどの問題も起こっている。

入試ポイント

〈通信の種類〉

▶インターネットの利用…**ホームページ**・**電子メール**・**SNS**《エスエヌエス》・**電子商取引**など。
▶情報ネットワークの利用…教育・福祉《ふくし》・医療・**防災**など。

次世代の情報社会

- 2010年代まで，ワープロ・表計算・データベースが情報社会の「三種の神器《じんぎ》」とよばれていた。これからは，IoT《アイオーティー》・ビッグデータ・AI《エーアイ》がこれらにとってかわるといわれている。
- **IoT**…いろいろな製品《せいひん》がインターネットにつながり，製品どうしで情報をやりとりすることができるしくみ。製品が集めたデータは，**クラウド**上でAIによりまとめて分析《ぶんせき》され，集積される(ビッグデータ)。そして，製品の利用者にとって最適《さいてき》のデータがそこへ反映される。
  - ▶**交通**…電車やバスをインターネット回線につなぎ，時間どおりに動いているかどうかをスマートフォンで確認《かくにん》できるようにしている。
  - ▶**事務《じむ》用品**…コピー機の故障《こしょう》やインクの状態《じょうたい》に関する情報を保守《ほしゅ》会社へ送信し，修理などを自動的に手配する。
- **ビッグデータ**…多様で分量が多いデータのまとまり。これまでは管理しきれなかった巨大《きょだい》なデータが，記録装置《そうち》の発達により管理・分析できるようになった。
  - ▶**防犯**…走行中の自動車のナンバーをすべて読み取り，手配車両を見つける。
  - ▶**交通・商業**…交通IC《アイシー》カードから駅の利用者の性《せい》別《べつ》・年齢層などを集計し，広告に役立てる。
- **AI(人工知能《ちのう》)**…コンピューターがあたえられたデータをもとに，プログラム自身が分析・学習するしくみ。人間が知能を使ってすることを，機械にさせることを目的に開発されている。
  - ▶**スポーツ**…試合の映像《えいぞう》をAIが分析し，選手の守る位置などの最適《さいてき》な戦術《せんじゅつ》をチームに提供《ていきょう》する。
  - ▶**株式《かぶしき》市場**…東京《とうきょう》の株式市場ではすでに，AIが組みこまれたコンピューターにより行われる売買が半分以上をしめているといわれる。
  - ▶**報道《ほうどう》**…SNSに投稿《とうこう》された災害などに関する文章・写真・動画をAIが集め，マスメディアに配信する。

参考

ソサエティ5.0

AIの進化による情報処理《しょり》能力の急速な発展は，狩猟《しゅりょう》社会(ソサエティ1.0)，農耕《のうこう》社会(ソサエティ2.0)，工業社会(ソサエティ3.0)，情報社会(ソサエティ4.0)に続く新しい社会(ソサエティ5.0)をもたらすと見こまれている。この新たな段階を「第4次産業革命《さんぎょうかくめい》」ともいう。

用語

クラウド

離《はな》れた場所にある中心的なコンピューターで，データを保存《ほぞん》したり，アプリケーションを使ったりすること。IoT機器の多くは記録装置をもたないため，データをクラウドに保存する。

▲AIを活用したスマートフォンのアシスタント機能

注意

これまでのソフトウェアとAIのちがい

これまでのソフトウェアは，人間が設定《せってい》したルールにもとづいて処理の判断《はんだん》をしていたが，AIはルールを定めず，あたえられたデータをもとにAI自身が学習をして判断を下す。

3 マスメディアの役割《やくわり》

マスメディア

●**マスメディアとしての報道《ほうどう》機関**…国内外のニュースをはじめ，さまざまな情報《じょうほう》を報道する機関には，印刷による新聞と，放送によるテレビ・ラジオなどがある。これらの報道機関は，同じ情報を一度に多くの人に伝えることができるので，**マスメディア**とよばれる。

●**情報社会を担《にな》うマスコミ**…マスメディアを使って，一度に大量の情報を多くの人々に伝えることを，**マスコミ(マス・コミュニケーション)**という。

●**世論《せろん》《よろん》とマスコミ**…世の中の多くの人がもっている共通する意見を**世論**という。世論の高まりは政治《せいじ》を動かすこともあるが，マスメディアがかたよった情報を広めて，世論をつくり出すことも可能《かのう》である。わたしたちはマスメディアの情報をうのみにせず，批《ひ》判的《はんてき》に読みとく力(**メディアリテラシー**)を身につけなければならない。

参考

日本の報道の歴史

- 新聞…江戸《えど》時代の中ごろに始まった木版《もくはん》ずりの「かわら版《ばん》」が新聞のおこり→明治《めいじ》時代の初めに本木昌造《もときしょうぞう》が活版印刷《かっぱんいんさつ》を開発→1870年に最初の日刊《にっかん》新聞「横浜《よこはま》毎日新聞」が発刊される。
- 放送…1925年にラジオ放送が開始→1953年にテレビ放送が開始。

用語

情報社会

情報が商品として流通する産業がうまれ，情報が物やエネルギーと同様な価値《かち》をもつ社会。

テレビ局の仕事

●**ニュース番組の制作《せいさく》**…取材(記者が現場へ出て事実をつかむ)→編《へん》集《しゅう》(取材内容《ないよう》を原《げん》稿《こう》にまとめる。図や映像《えいぞう》をつくる)→放送(アナウンサーが原稿を読む。副調整室では番組の流れを進行する)。

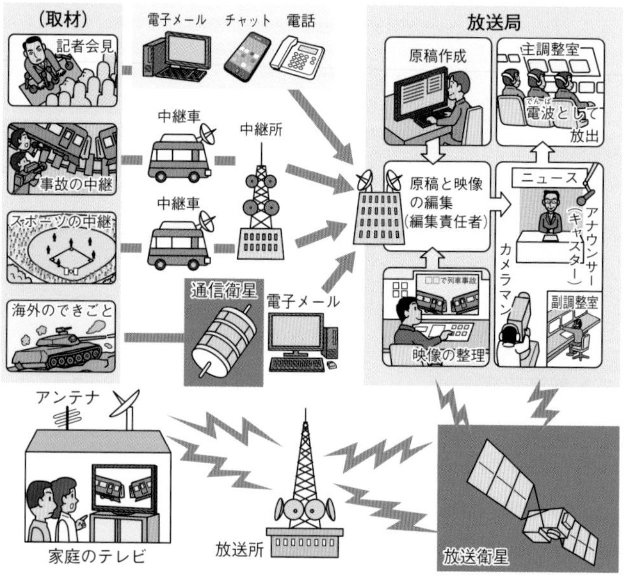

▲ニュース番組ができるまで

☑ まとめチェック

知識を整理・確認しよう！

① 情報と通信

- □ ① コミュニケーションを果たすための郵便《ゆうびん》や，電報《でんぽう》，電話などの手段《しゅだん》をまとめて何というか。
- □ ② 文字を電気信号に変えて電線で送り，電気信号をまた文字におきかえて配達するしくみを何というか。
- □ ③ 速達・レタックス・書留《かきとめ》などのサービスがあり，国内なら同一料金で送ることができる通信のしくみを何というか。
- □ ④ 文字や画像《がぞう》のある文書を，電話回線や専用《せんよう》の回線を使って送り，紙に印刷して受け取る通信のしくみを何というか。
- □ ⑤ 1990 年代から普及《ふきゅう》した，移動《いどう》しながら連絡《れんらく》できる小型の無線電話機を何というか。
- □ ⑥ 海底に沈《しず》めた電線を通じて，国際《こくさい》間の通信を行うしくみを何というか。
- □ ⑦ 大気圏《けん》外で地球のまわりを回り，電波の中継《なかつ》ぎをしている通信機器を何というか。

② 情報ネットワークの発達

- □ ① 1990 年代から広まった，世界中のコンピューターを結びつけた情報網《もう》を何というか。
- □ ② インターネット上のアドレスへ文章や画像《がぞう》などを送るしくみを何というか。
- □ ③ 知らない人との間でも広く交流できるソーシャル・ネットワーキング・サービスの略称《りゃくしょう》を何というか。
- □ ④ 個人《こじん》と企業《きぎょう》，企業どうしの間で，インターネットを通じて契約《けいやく》や支払《しはら》いをすることを何というか。
- □ ⑤ いろいろな製品《せいひん》がインターネットにつながり，製品どうしで情報をやりとりすることができるしくみを何というか。
- □ ⑥ コンピューターがあたえられたデータをもとに，プログラム自身が分析《ぶんせき》・学習するしくみを何というか。

③ マスメディアの役割

- □ ① マスメディアを使って，一度に大量の情報を多くの人々に伝えることを何というか。
- □ ② 世の中の多くの人がもっている共通する意見を何というか。

答え

①
- ① 通信
- ② 電報
- ③ 郵便
- ④ ファクシミリ［ファックス］
- ⑤ 携帯《けいたい》電話
- ⑥ 海底ケーブル
- ⑦ 通信衛星《えいせい》［人工衛星］

②
- ① インターネット
- ② 電子メール［E《イー》メール］
- ③ SNS《エスエヌエス》
- ④ 電子商取引［e《イー》コマース］
- ⑤ IoT《アイオーティー》
- ⑥ AI《エーアイ》［人工知能《ちのう》］

③
- ① マスコミ［マス・コミュニケーション］
- ② 世論

力だめしの問題　入試標準レベル

解答➡p.623

1 次の問いに答えなさい。

⑴ 多数の受け手に対する情報《じょうほう》伝達のことをマス・コミュニケーション(マスコミ)といいますが，テレビ，ラジオ，新聞，インターネットなど，情報を伝える手段《しゅだん》や方法のことを何といいますか，カタカナ4字で答えなさい。【中央大附横浜中】

(　　　)

⑵ 次の文中の□にあてはまる語句《ごく》を答えなさい。【桜蔭中】　(　　　)

　インターネットは世界中のコンピューターなどの機器を接続《せつぞく》するネットワークです。通信衛星《えいせい》や□を使った海底ケーブルなどの設備《せつび》によって，大量の情報を遠くはなれた地域《ちいき》に瞬時《しゅんじ》に伝えることができます。とくに□ケーブルは電磁波《でんじは》の影響《えいきょう》を受けず，高速で信号を送れるために急速に広まっています。

⑶ 人間がもっているさまざまな能力《のうりょく》をコンピューターに行わせる，人工知能《ちのう》ともよばれる技術《ぎじゅつ》の略称《りゃくしょう》を次から1つ選び，記号で答えなさい。【藤嶺学園藤沢中】

ア LSI《エルエスアイ》　**イ** AI《エーアイ》　**ウ** IT《アイティー》　**エ** ETC《イーティーシー》　(　　　)

⑷ 最近は，いかにも本当であるかのように見えるうそのニュースがSNS《エスエヌエス》などで出回って問題となっています。このような情報・発言にまどわされないようにするためには，どのような注意が必要ですか。誤《あやま》っているものを，次から1つ選び，記号で答えなさい。【かえつ有明中】　(　　　)

ア　できる限りの情報を集め，正しいかどうかを判断《はんだん》する。
イ　情報の発信元を確《たし》かめ，信頼《しんらい》できるかどうかを考える。
ウ　一刻《いっこく》を争うことなので，すぐにその情報をほかの人にも伝える。
エ　自分に都合のいい情報ばかり信じず，ほかの人の立場になって考える。

⑸ 次の表は，日本における年代別インターネット・テレビ・ラジオ・新聞の1日あたりの利用時間を示《しめ》しています。インターネットにあたるものを1つ選び，記号で答えなさい。【栄東中】　(　　　)

		10代	20代	30代	40代	50代	60代
平日	ア	73.3	91.8	121.6	150.3	202.0	252.9
	イ	128.8	161.4	120.4	108.3	77.1	38.1
	ウ	0.3	1.4	3.5	6.3	16.3	25.9
	エ	1.5	2.0	4.3	12.0	19.5	17.3
休日	ア	120.5	120.3	166.9	213.3	265.7	320.7
	イ	212.5	228.8	136.0	109.2	82.4	44.6
	ウ	0.5	2.4	3.8	7.6	16.1	33.0
	エ	3.6	2.9	2.8	4.7	7.4	10.2

(2017年，単位：分)　　(2019/20年版「日本国勢図会」による)

チャレンジ問題 入試発展レベル

解答➡p.623

★は最高レベル

1 次の問いに答えなさい。

(1) マスコミとはマスメディアを用いて不特定多数の人たちに情報を伝達することです。次のマスメディアを，登場した順番に古い順に並《なら》べたとき3番目にくるものを1つ選び，記号で答えなさい。【城北埼玉中】 (　　)

ア　インターネット　　イ　ラジオ　　ウ　テレビ

エ　新聞　　オ　かわら版《ばん》

★(2) 右の表はおもな国のインターネット利用者数(2014年)とその国の人口にしめる利用者率《りつ》(2017年)を表しています。**a**～**e**には，アメリカ・日本・ドイツ・中国《ちゅうごく》・インドのいずれかがあてはまります。**a**～**e**にあてはまる国の組み合わせとして正しいものを，次の**ア**～**オ**から1つ選び，記号で答えなさい。【城北埼玉中】

国名	インターネット利用者数(万人)	利用者率(%)
a	11504	90.9
b	68714	54.3
c	＊22813	29.5
d	7124	84.4
e	＊28181	76.2

＊=2016年　　「データブック オブ・ザ・ワールド」による)

(　　)

ア　**a**－日本　**b**－中国　**c**－インド　**d**－ドイツ　**e**－アメリカ

イ　**a**－ドイツ　**b**－インド　**c**－中国　**d**－日本　**e**－アメリカ

ウ　**a**－日本　**b**－インド　**c**－アメリカ　**d**－ドイツ　**e**－中国

エ　**a**－ドイツ　**b**－中国　**c**－インド　**d**－日本　**e**－アメリカ

オ　**a**－日本　**b**－中国　**c**－アメリカ　**d**－ドイツ　**e**－インド

(3) インターネットが発達し，わたしたちの生活は便利になった一方で，新たな問題も出てきました。その問題の1つに「デジタル・デバイド」があります。このことばの意味として正しいものを次から1つ選び，記号で答えなさい。【フェリス女学院中】 (　　)

ア　誤った情報が簡単《かんたん》に拡散《かくさん》してしまうこと

イ　個人情報が流出してしまうこと

ウ　情報を得やすい人とそうでない人との間に格差《かくさ》が生じること

エ　インターネットに夢中《むちゅう》になる若者《わかもの》が，実際《じっさい》の社会との関わりを絶《た》ってしまうこと

(4) 自分の目的に合った情報を適切《てきせつ》に選び，活用する力を何といいますか。カタカナで答えなさい。【共立女子中】

(　　　　)

2 次の問いに答えなさい。

⑴ 右の表は日本の「郵《ゆう》便局《びんきょく》」「国内郵便」「国内荷物」の数の変化を示《しめ》したものです。この表を説明した**A**・**B**の文章を読み，その正誤《せいご》を組み合わせたものをあとの**ア**～**エ**から選び，記号で答えなさい。【栄東中】 (　　)

（会計年度）

	1990	2000	2010	2017
郵便局数	24107	24774	24529	24395
国内郵便(百万通)	22338	26114	19758	17175
国内荷物(百万個)	351	310	2968	4513

（「日本のすがた2017」による）

A　国内郵便の数が2000年度以降《いこう》減少《げんしょう》し続けているのは，携帯《けいたい》電話やパソコンの普及《ふきゅう》により，インターネットで情報《じょうほう》のやりとりをする人が増《ふ》えたことがその一因《いちいん》であると考えられる。

B　国内荷物の数が，2000年度以降増加《ぞうか》しているのは，インターネットで商品の取り引きをする人が増えたことが大きな要因であるが，1990年度以降郵便局数も増え続けているため，配送における局員の負担《ふたん》はそれほど大きくなってはいない。

ア　**A**は○，**B**は○　　**イ**　**A**は○，**B**は×

ウ　**A**は×，**B**は○　　**エ**　**A**は×，**B**は×

⑵ お金の世界でもグローバル化と情報化が進み，近年では現金《げんきん》での支払《しはら》いの機会が減《へ》っています。これについての説明として適当《てきとう》でないものを次から1つ選び，記号で答えなさい。【慶應湘南藤沢中等部】 (　　)

ア　スマートフォンを利用した支はらいでは，指紋《しもん》や顔などによる認証《にんしょう》がとり入れられている。

イ　実際《じっさい》の店舗《てんぽ》をもたないインターネット上の銀行があり，その口座《こうざ》から支はらいができる。

ウ　日本では仮想《かそう》通貨が通貨としての価値《かち》を認められている。

エ　あらかじめお金をチャージしたIC《アイシー》カードを利用して，バスや電車の運賃《うんちん》だけでなく，コンビニエンスストアでの支はらいができる。

⑶ 日本において情報化が進んだことを説明するために必要なデータとして，もっとも適切なものを次から1つ選び，記号で答えなさい。【サレジオ学院中・改】 (　　)

ア　インターネット利用者数の変化

イ　宅配便《たくはいびん》のとりあつかい個数《こすう》の変化

ウ　日本にやってくる外国人の人数の変化

エ　動画サイトにアップされている動画の数

地理編　総合問題

解答➡p.624

★は最高レベル

1 次の問いに答えなさい。

⑴ 右の地形図は愛媛《えひめ》県宇和島《うわじま》市の一部を示しています。地形図から考えられることについて述《の》べた文のうち，誤《あやま》っているものを1つ選び，記号で答えなさい。【慶應湘南藤沢中等部】（　　）

（国土地理院の電子地形図25000を75％縮小）

ア　山がちな地形で，斜面《しゃめん》に位置する寺社は避難《ひなん》所になりにくいと考えられる。

イ　地形を生かした斜面でのみかんを中心とした果樹栽培《かじゅさいばい》が行われている。

ウ　吉田《よしだ》港で行われる養殖業《ようしょくぎょう》も，土《ど》砂《しゃ》くずれの影響《えいきょう》を受ける可能性《かのうせい》がある。

エ　老人ホームがあることから，図中の地域《ちいき》では高齢者《こうれいしゃ》の割合《わりあい》が高いことが考えられる。

⑵ 東京《とうきょう》都にある日《ひ》の出《で》町は，関東《かんとう》平野の西部から関東山地にまたがる町です。右の地図は，日の出町のおもな道路(都道)やいくつかの施《し》設《せつ》を表したものです。【女子学院中】

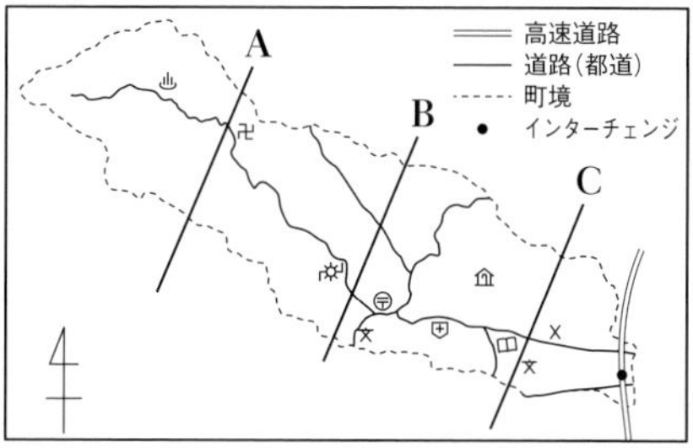

★ ①Ⅰ「日《ひ》の出《で》町役場」，Ⅱ「工場がいちばん多くある地域」は，どの範囲《はんい》にあると考えられますか。1つずつ選び，記号で答えなさい。ただし，同じ記号を2回選ぶことはできません。　Ⅰ（　　）Ⅱ（　　）

ア　Aより西側　　イ　AとBの間

ウ　BとCの間　　エ　Cより東側

②「町役場」を表す地図記号を書きなさい。（　　）

③図中にない施設を次から1つ選び，記号で答えなさい。（　　）

ア　病院　　イ　老人ホーム　　ウ　小中学校　　エ　消防署《しょうぼうしょ》

オ　寺院　　カ　交番　　キ　郵便局

2 次の問いに答えなさい。

⑴ 消防署《しょうぼうしょ》が受け持つ仕事の説明として正しくないものを，次から1つ選び，記号で答えなさい。【お茶の水女子大附中】 (　　)

ア　地震《じしん》などの災害《さいがい》に備《そな》えて，救命活動や救出活動ができるよう訓練を行う。

イ　火災《かさい》が発生したときには，#7119 番の電話番号で通報《つうほう》を受け，消防車を出動させる。

ウ　心肺《しんぱい》そ生法やAED《エーイーディー》の使い方などを市民に教えるため，救命講習会《こうしゅうかい》を行う。

エ　まちにある消火栓《しょうかせん》の様子を確認《かくにん》したり，危険物をとりあつかう施設《しせつ》の見回りを行ったりする。

⑵ 右の円グラフは日本の家庭での水の使い方を示《しめ》したものです。このうち①が示すもっとも多い使い方は何ですか。次から1つ選び，記号で答えなさい。【湘南学園中】

ア　料理　　イ　洗濯《せんたく》

ウ　ふろ・シャワー　　(　　)

家庭用水の使い道　(2018年)

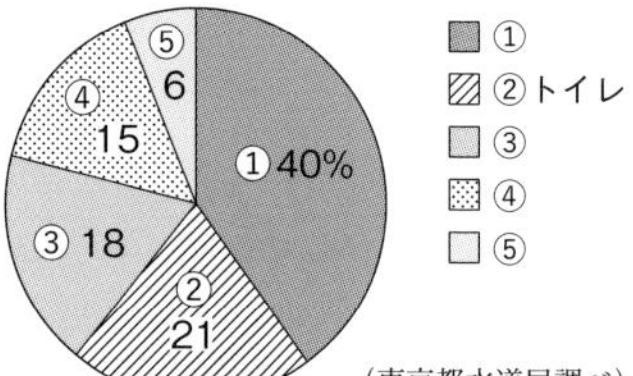

(東京都水道局調べ)

⑶ プラスチックごみを減《へ》らす取り組みとして，もっとも効果《こうか》がうすいものを次から1つ選び，記号で答えなさい。【晃華学園中】 (　　)

ア　ペットボトル飲料を買わず，水とうを持ち歩く。

イ　スーパーマーケットなどでビニール袋をもらわず，マイバッグを持ち歩く。

ウ　シャンプーを買うときは，ボトルではなく，ビニール製のつめかえ用の商品を買う。

エ　飲食店で飲み物を買うときは，プラスチック製《せい》ストローを受け取らない。

⑷ 次の文を読んで，あとの問いに答えなさい。【浦和実業学園中】

日本の最南端《さいなんたん》の島は［ a ］ですが，日本はこの島を波から守るために護岸《ごがん》工事を行いました。海岸から 12 海里《かいり》を領海《りょうかい》，200 海里を **b** <u>排他的《はいたてき》□□□□</u>といいますが，この護岸工事は日本の排他的□□□□を守るために行われました。

① **a** にあてはまる島を次から1つ選び，記号で答えなさい。 (　　)

ア　与那国島《よなぐにじま》　　イ　沖ノ鳥島《おきのとりしま》　　ウ　南鳥島《みなみとりしま》　　エ　硫黄島《いおうとう》

②下線部 **b** について，□□□□にあてはまる語句《ごく》を漢字4字で答えなさい。

(　　)

③②について誤《あやま》っているものを次から1つ選び，記号で答えなさい。(　　)

ア　外国の船は許可《きょか》なく漁業をできない。

イ　外国の船は許可なく海中・海底資源《しげん》の探査《たんさ》ができない。

ウ　外国の船は許可なく通航《つうこう》できない。

3 **次のA～Jにあてはまる港湾《こうわん》や空港の位置を，下の地図中のア～ソから１つずつ選び，記号で答えなさい。**【桜蔭中】

A　北前船《きたまえぶね》の寄港地《きこうち》として栄え，日米修好通商条約《にちべいしゅうこうつうしょうじょうやく》で開港した。現在《げんざい》はコンテナ化が進み，雪が降ると自動的に地下水や海水が散水される融雪《ゆうせつ》ヤードが整備《せいび》されている。（　　）

B　江戸《えど》時代には，ヨーロッパの知識《ちしき》を吸収《きゅうしゅう》する窓口《まどぐち》としての役割《やくわり》を果たしていた。2018 年に世界遺産《いさん》に登録された潜伏《せんぷく》キリシタンの集落がある離島地域《りとうちいき》に向かう高速船のターミナルがある。（　　）

C　港とその周辺海域は夏に霧《きり》が発生しやすい。東には酪農《らくのう》地帯が広がり，アメリカや中国《ちゅうごく》からとうもろこしやだいずなどが輸入《ゆにゅう》される。生乳はミルクタンク車ごと船に乗せられて移出《いしゅつ》される。（　　）

D　日本の近代化を支《ささ》えた港湾である。1901 年に操業《そうぎょう》を開始した製鉄所《せいてつじょ》が位置する地区の海域は，「死の海」といわれるほど汚染《おせん》がひどかったが，現在《げんざい》，水《すい》質《しつ》は大はばに改善《かいぜん》された。（　　）

E　1908 年に鉄道連絡船《れんらくせん》が就航《しゅうこう》して港の重要性《じゅうようせい》が高まったが，海底トンネルの開通で 1988 年に連絡船は廃止《はいし》となった。（　　）

F　米代川《よねしろがわ》の河口《かこう》に位置する港で，古くから米やすぎの積出港《つみだしこう》として栄えた。米代川流域では，すぎを使った桶樽《おけたる》や曲げわっぱが生産されている。（　　）

G　埋《う》め立て地につくられ 1994 年に開港した貿易港《ぼうえきこう》である。2018 年のおもな輸出品《ゆしゅつひん》は，集積回路や半導体《はんどうたい》などである。貨物便の多くがアジアの都市と結ばれている。（　　）

H　2018 年の輸出額《がく》が日本第１位の貿易港で，おもな輸出品は完成自動車や自動車部品，内燃《ないねん》機関などである。この貿易港のある県は，工業の出荷額が国内最大である。（　　）

I　1970 年代には世界有数のコンテナとりあつかい量をほこったが，1995 年の地震《じしん》で深刻《しんこく》な被害《ひがい》を受け，その後，貿易港としての地位が低下した。（　　）

J　大規模《だいきぼ》なリアス海岸が特徴《とくちょう》の湾に面する天然の良港で，アジアとの交流拠点《きょてん》として古くから重要であった。この港湾のある都市には原子力発電所がある。（　　）

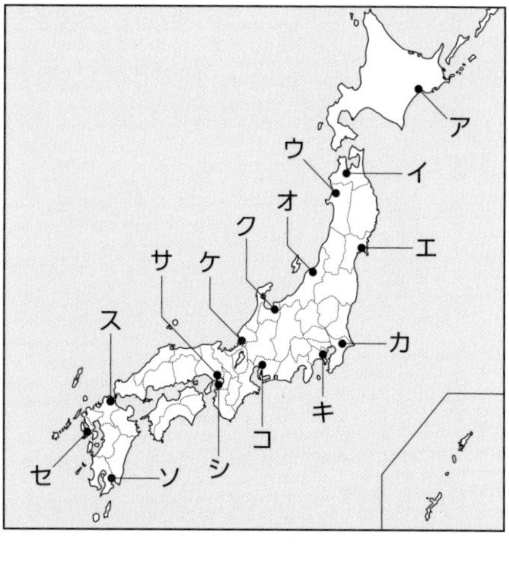

4 **次のA～Eは，あとのあ～おのいずれかの県について述《の》べた文です。あとの問いに答えなさい。**【中央大附横浜中】

A	平野部を中心に米づくりがさかんで，ぶどうなどの①くだものの栽培《さいばい》もさかんである。沿《えん》岸《がん》部には②石油化学工業や金属《きんぞく》工業を中心とした工業地帯が広がっている。また，南東部では備前《びぜん》焼とよばれる伝統《でんとう》的工芸品を生産している。
B	高原地帯にある村では，③ほかの地域《ちいき》と栽培時期をずらして野菜をつくり，④高速道路などを利用して首都圏《けん》の大都市へ出荷している。南部では工業がさかんで，自動車や電気製《せい》品《ひん》がつくられている。
C	東部にはリアス海岸が見られ天然の良港が多い。沖合《おきあい》の⑤潮目《しおめ》は好漁場だが，東北太平《とうほくたいへい》洋《よう》沖地震《じしん》で起きた津波《つなみ》によって港は大きな被害《ひがい》を受けた。山間部では乳牛《にゅうぎゅう》や肉牛などを飼《か》う畜産《ちくさん》業がさかんである。
D	中央部を最上《もがみ》川が流れ，上流から下流に向かって盆地《ぼんち》や平野が広がり，盆地では西洋なしなどのくだものが栽培されている，平野部は⑥米づくりがさかんで，品種改良された⑦ブランド米がつくられている。
E	北部は⑧工業がさかんで，とくに石油化学工業が発達している。半島から南部にかけてリアス海岸が続き真珠《しんじゅ》の養殖《ようしょく》がさかんである。南西部は雨の多い地域で⑨林業がさかんである。

あ　い　う　え　お

※海岸線は実線で県境は点線で示されている。上が北で縮尺は統一されていない。

(1) 下線部①について，右の表は，Aの県で栽培されているあるくだものの生産量の都道府県別割合《わりあい》を示《しめ》したものです。そのくだものは，この地が発祥《はっしょう》の有名な昔話の主人公の名にも使用されています。このくだものの名称《めいしょう》を答えなさい。(　　　　)

山梨	31.4%
福島	22.9%
長野	11.6%
和歌山	8.2%
山形	6.9%
A	5.6%

(2017年)（2019/20 年版「日本国勢図会」による）

(2) 下線部②について，石油化学工業製品《せいひん》の例として誤《あやま》っているものを，次から1つ選び，記号で答えなさい。

ア　板ガラス　　**イ**　ペットボトル

ウ　合成ゴム　　**エ**　液体洗剤《えきたいせんざい》　(　　)

(3) 下線部③について，**B**の県の高原地帯で行われている，栽培時期をずらした野菜づくりについて説明した文として正しいものを，次から1つ選び，記号で答えなさい。(　　)

ア　夏でもすずしい気候を利用して，キャベツをつくっている。

イ　冬でも温暖《おんだん》なので，ビニールハウスを利用してトマトをつくっている。

ウ　直射日光《ちょくしゃにっこう》があたる斜面《しゃめん》を利用して，春にこんにゃくいもをつくっている。

エ　1年じゅう乾燥《かんそう》していて積雪がほぼないので，冬にレタスをつくっている。

(4) 下線部④について，Bの県を通る高速自動車道を，次から1つ選び，記号で答えなさい。（　　）

ア　中央自動車道　　イ　北陸《ほくりく》自動車道

ウ　常磐《じょうばん》自動車道　　エ　関越《かんえつ》自動車道

(5) 下線部⑤について，この潮目で出合っている暖流《だんりゅう》と寒流の名称をそれぞれ答えなさい。　暖流（　　　　）寒流（　　　　）

(6) 下線部⑥について，今と昔では米づくりが変わってきていますが，水田も右の図のように整備《せいび》され，変化しています。また，それにともない米づくりにかかる時間は短くなっています。昔と比《くら》べて労働時間が短くなった理由を，右の図を参考にしながら答えなさい。

（　　　　　　　　　　）

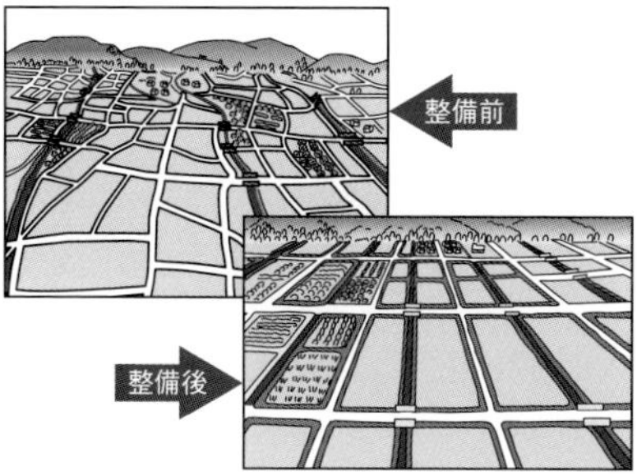

（宮城県ホームページによる）

(7) 下線部⑦について，Dの県でもっとも多くつくられているブランド米を，次から1つ選び，記号で答えなさい。（　　）

ア　コシヒカリ　　イ　はえぬき

ウ　ひとめぼれ　　エ　あきたこまち

(8) 下線部⑧に関連して，大工場と中小工場を比較《ひかく》した文として正しいものを，次から1つ選び，記号で答えなさい。（　　）

ア　日本全国の工場数を比較すると，大工場のほうが多い。

イ　日本全国の従業者《じゅうぎょうしゃ》数を比較すると，大工場の従業者のほうが多い。

ウ　日本全国の工業生産額《がく》の8割以上を大工場がしめている。

エ　従業者1人あたりの工業生産額を比較すると，大工場のほうが高い。

(9) 下線部⑨について説明した文として誤っているものを，次から1つ選び，記号で答えなさい。（　　）

ア　20年前と比較すると，林業にたずさわる人の数が減っている。

イ　120年前と比較すると，林業にたずさわる人の高齢化《こうれいか》が進んでいる。

ウ　20年前と比較すると，国産のすぎの価格が高くなっている。

エ　売買されている木材の量を比較すると，輸入材のほうが国産材より多い。

(10) **A**～**E**の文に該当《がいとう》する県を，左ページの**あ**～**お**から1つずつ選び，記号で答えなさい。　**A**（　　）**B**（　　）**C**（　　）**D**（　　）**E**（　　）

5 次の問いに答えなさい。

⑴ スマートフォンがもたらした生活の変化にあてはまらないもの①を，次の**ア**～**エ**から，ビッグデータにあてはまらないもの②を次の**カ**～**ケ**から1つずつ選び，記号で答えなさい。【頌栄女子学院中】　①(　　)　②(　　)

ア　音楽CD《シーディー》の売り上げが減少《げんしょう》した。　**イ**　テレビの視聴率《しちょうりつ》が向上した。

ウ　情報《じょうほう》通信に使う費用が増えた。　**エ**　勉強時間や睡眠《すいみん》時間が減《へ》った。

カ　検索《けんさく》した記録　**キ**　交流サイトへの投稿《とうこう》

ク　小学校の通知表　**ケ**　通信販売《はんばい》の購入《こうにゅう》履歴《りれき》

★⑵ 近年，「ソサエティ5.0」あるいは「第4次産業革命《さんぎょうかくめい》」ということばが注目されるようになっています。それは狩猟《しゅりょう》社会，農耕《のうこう》社会，工業社会，情報社会に続く新しい第5の社会(ソサエティ)のことや，軽工業，重工業，情報技術《ぎじゅつ》に次ぐ産業革命を表します。みなさんが成人になっている2030年代には，どのような社会が実現していると思いますか。IoT《アイオーティー》という語句《ごく》を用いて，具体的に説明しなさい。【頌栄女子学院中】

(　　　　　　　　　　　　　　　　　　　　　　)

⑶ 右の文を読んで，次の問いに答えなさい。【東京女学館中】

aマスメディア，とりわけSNS《エスエヌエス》の世界では誤《あやま》った情報やうそやデマが飛び交うことがあります。このような情報は［ **A** ］といい，世界の政治《せいじ》の動きにまで大きな影響《えいきょう》をあたえています。また，特定の人々を一方的に攻撃したりする情報が流されることもあり，差別的発言を流すことを［ **B** ］といったりします。わたしたちは，今，**b**うそや悪口もふくんだぼう大な情報にどのように向き合っていけばよいのかという大きな課題にぶつかっているといえます。

①空欄《くうらん》**A**・**B**の中には，どのような語が入りますか。次から1つずつ選び，記号で答えなさい。

ア　サイバー攻撃《こうげき》

イ　めいわくメール

ウ　フェイクニュース

エ　なりすましメール

オ　ヘイトスピーチ　**カ**　炎上《えんじょう》　**A**(　　)　**B**(　　)

②下線部**a**のマスメディアにはどのようなものがありますか。テレビ・ラジオ・インターネット以外のものを答えなさい。(　　　　)

③下線部**b**について，どうしてインターネットの情報は，うそや攻撃的な情報が多くなると思いますか。その理由を1つ答えなさい。

(　　　　　　　　　　　　　　　　　　　　　　)

④世の中に流れるぼう大な情報の中で，まちがった情報や差別的な発言に影響されないようにするためには，どのような点に気をつける必要があると考えますか。(　　　　　　　　　　　　)

歴史編

第1章 原始・古代の日本

1 歴史学習の基礎知識

学習のポイント

●わたしたちの地域《ちいき》の歴史は，どのようにして調べるか。 ➡p.326
●時代や西暦《せいれき》・世紀・年号などの表し方がわかるか。 ➡p.328
●年表をつくったり，読んだりすることができるか。 ➡p.328

歴史学習のポイント

●**できごとを調べる**…過去《かこ》のできごとを示《しめ》す遺跡《いせき》・絵画・仏像《ぶつぞう》や古文書《こもんじょ》といわれる**史料**をもとに，いつ，どこで，だれが，何を，何のために，どのようにしたかを調べる。

●**できごとのつながりを考える**…できごとを別々に暗記するのではなく，1つのできごとがなぜ起こったか(**原因**《げんいん》)，どのようになったか(**結果**)，ほかのできごととのつながり(**影響**《えいきょう》)はどうかを考えることは，歴史学習ではとても大切である。

参考

いつ，どこで

歴史の学習では，いつも「いつ，どこで，だれが，何を，…」と考えながら学ぼう。「いつ」がわからないときは年表で時代や年代を調べ，「どこで」は地図で場所を確《たし》かめよう。遺跡や史料によって過去《かこ》をつかんで，多くの人々が納得《なっとく》する説明をしていくことが必要である。

入試ポイント

〈歴史の学習とは〉
- いつ，どこで，だれが，何を，何のために，どのようにしたかを調べる。
- その**原因**と**結果**からできごとのつながりを考える。

地域の歴史の調べ方

●**博物館・資料館**《しりょうかん》**へ出かけよう**…都道府県・市町村の歴史博物館や資料館には，展示物《てんじぶつ》をわかりやすくまとめた案内パンフレットや図録がある。学芸員という専門《せんもん》の人もいるので，難《むずか》しいことは質問《しつもん》してみよう。

●**図書館・インターネットを利用しよう**…郷土《きょうど》の図書コーナーには，書店にもないような地域の歴史の本もあるので，専門の司書に相談するとよい。

▲博物館の案内パンフレット

●**市役所・町村役場に出かけよう**…広報《こうほう》課・観光課・産業課や教育委員会には，文化財《ぶんかざい》についての地図や解説《かいせつ》リーフレットなどが置いてある。

●**実際《じっさい》に遺跡や文化財を見に行こう**…カメラとノートを持って記録しよう。

●**旧家《きゅうか》や古老をたずねよう**…古くから地域で生活してきたお年寄《としよ》りから，昔の話を聞いてみよう。

時代の区分

●**遺跡や遺物の様子から時代を区分する**…**縄文《じょうもん》時代**・**弥生《やよい》時代**・**古墳《こふん》時代**。

●**政治《せいじ》の中心地がどこにあったかによって時代を区分する**…**飛鳥《あすか》時代**・**奈良《なら》時代**・**平安《へいあん》時代**・**鎌倉《かまくら》時代**・**室町《むろまち》時代**・**安土桃山《あづちももやま》時代**・**江戸《えど》時代**。

●**年号によって，時代を区分する**…**明治《めいじ》時代**・**大正《たいしょう》時代**・**昭和《しょうわ》時代**・**平成《へいせい》(時代)**・**令和《れいわ》(時代)**。

●政治や社会の様子がどのように大きく変わったかによって時代を区分する。

▶**日本の国の成り立ち**…日本列島に人々が住み始めてから，日本の国ができるまでの時代。縄文時代・弥生時代・古墳時代にあたる。

▶**貴族《きぞく》が力をもった時代**…飛鳥時代・奈良時代・平安時代にあたる。

▶**武士《ぶし》が力をつけた時代**…平安時代・鎌倉時代・室町時代にあたる。

▶**武士が全国を支配した時代**…安土桃山時代・江戸時代にあたる。

▶**近代の日本**…明治時代・大正時代と，昭和時代の太平洋《たいへいよう》戦争が終わるまでにあたる。

▶**現代の日本**…太平洋戦争が終わってから令和の今日まで。

●**大きな５つの時代区分**

▶**原始**…人類のおこりから縄文時代まで。

▶**古代**…弥生・古墳・飛鳥・奈良・平安時代。

▶**中世**…平安末期・鎌倉・室町時代。

▶**近世**…安土桃山・江戸時代。

▶**近代・現代**…明治時代以後。

注意

用語の漢字

人名・地名・事件《じけん》名・文化財名は，漢字で書けるようになろう。入試では誤字《ごじ》は×になる。寺院や仏像・絵画などの文化財の写真なども出題されるので，特色を知っておこう。

注意

時代名の暗記

次の①～⑮の順に覚えて，漢字で書けるようにしておこう。

①縄文時代　②弥生時代
③古墳時代　④飛鳥時代
⑤奈良時代　⑥平安時代
⑦鎌倉時代　⑧室町時代
⑨安土桃山時代
⑩江戸時代
⑪明治時代　⑫大正時代
⑬昭和時代　⑭平成(時代)
⑮令和(時代)

西暦《せいれき》・世紀・年号

●年の順序《じゅんじょ》を表す方法を紀年法《きねんほう》といい，日本では次のような紀年法が使われている。

●**西暦**…イエス・キリストがうまれたと考えられた年を紀元(紀元後＝A.D.) 1年とし，それより前を紀元前(B.C.) 1年・2年・3年……，それより後を紀元2年・3年……と数える。世界でいちばん広く使われている紀年法である。西暦の**紀元前**はB.C.で表すことがある(紀元前1000年＝B.C.1000)。また，西暦の紀元1年以後はA.D.で表すが，**紀元**やA.D.はつけなくてもよい。B.C.は「キリスト以前」，A.D.は「キリストの年」の意味。

●**世紀**…西暦では，100年間を1つの単位として世紀という。紀元1年から100年までが1世紀，紀元101年から200年までが2世紀である。今は21世紀(紀元2001年から2100年までの100年間)。

●**年号**…明治《めいじ》・昭和《しょうわ》など，天皇《てんのう》の即位《そくい》にともなって変わるよび名。年号を使うことは，中国《ちゅうごく》やそのまわりの国々で行われていたが，今は日本だけが年号を採《さい》用《よう》している。江戸《えど》時代までは，いろいろな理由で年号をよく変えたが，明治時代からは天皇1代に年号は1つとなった(これを**一世一元《いっせいいちげん》の制《せい》**という)。昭和までは天皇の崩御《ほうぎょ》にともなって改元していたが，平《へい》成《せい》の天皇は2019年に生前退位《たいい》して「上皇《じょうこう》」となり，皇太子《こうたいし》が即位《そくい》して令和《れいわ》の時代が始まった。

年表

●歴史の学習では，**年表**をつくると，時代の長さや，できごとの順序や，それぞれの時代にどのようなできごとがあったかが，一目でわかる。次のページのように100年(世紀)ごとに区切り，時代を区分し，おもなできごとを記入していく。

●できごとの多い時代は，100年ごとの区切りを広くとっておくとよい。また，中国や朝鮮《ちょうせん》の王朝名を入れておくと，日本のできごとも理解《りかい》しやすくなる。

参考

時代の区切りの年(西暦)

710年…奈良(平城京《へいじょうきょう》)に都《みやこ》。奈良時代の始まり。

794年…京都(平安京《へいあんきょう》)に都。平安時代の始まり。

1185年…源《みなもとの》頼朝《よりとも》が守護《しゅご》・地頭《じとう》を置く。鎌倉《かまくら》時代。

1338年…京都に幕府が開かれる。室町《むろまち》時代。

1603年…徳川家康《とくがわいえやす》が征夷大《せいいたい》将軍《しょうぐん》になる。江戸時代。

1868年…五箇条《ごかじょう》の御誓文《ごせいもん》。明治時代の始まり。

1945年…太平洋《たいへいよう》戦争の終戦。

参考

平成の天皇による生前退位の表明(2016年)

「即位以来，私は国事行為《こくじこうい》を行うとともに，日本国憲法《けんぽう》下で象徴《しょうちょう》と位置づけられた天皇の望ましいあり方を，日々模《も》索《さく》しつつ過《す》ごして来ました。伝《でん》統《とう》の継承者《けいしょうしゃ》として，これを守り続ける責任《せきにん》に深く思いを致《いた》し，さらに日々新たになる日本と世界の中にあって，日本の皇室が，いかに伝統を現代に生かし，生き生きとして社会に内《ない》在《ざい》し，人々の期待に応《こた》えていくかを考えつつ，今日に至《いた》っています。そのような中，何年か前のことになりますが，2度の外科手術《しゅじゅつ》を受《う》け，加えて高《こう》齢《れい》による体力の低下を覚えるようになったころから，これから先，従来《じゅうらい》のように重いつとめを果たすことが困難《こんなん》になった場合，どのように身を処《しょ》していくことが，国にとり，国民にとり，また，私のあとを歩む皇族にとりよいことであるかにつき，考えるようになりました。(後略《こうりゃく》)。」

年	世紀	時代		おもなできごと	朝鮮	中国
		日本の国の成り立ち	縄文《じょうもん》時代	狩《か》りや漁がくらしの中心		
300	紀元前3					秦
200	紀元前2			米づくりが広まる		
紀元前100	紀元前1					
紀元1	1		弥生《やよい》時代	小さなくにが各地にできる		漢
100	2					
200	3			卑弥呼《ひみこ》が女王の邪馬台国《やまたいこく》		
300	4				高句麗 百済 新羅	
400	5		古墳《こふん》時代	大和朝廷《やまとちょうてい》が統一《とういつ》を進める		
500	6			593　聖徳太子《しょうとくたいし》が摂政《せっしょう》となる		
600	7	貴族が力をもった時代	飛鳥《あすか》時代	645　大化の改新		隋
700	8		奈良時代	710　奈良に都を移す(平城京)	新羅	唐
800	9		平安時代	794　京都に都を移す(平安京)		
900	10					
1000	11			貴族《きぞく》の藤原氏《ふじわらし》が栄える 地方で武士《ぶし》の力が強くなる	高麗	宋
1100	12	武士が力をつけた時代	鎌倉時代	1192　源頼朝が征夷大将軍になる		
1200	13			1274・1281　元寇《げんこう》		元
1300	14		室町時代（南北朝）	1334　建武の新政が始まる 1338　足利尊氏が室町幕府を開く		
1400	15			1467～77　応仁の乱	朝鮮	明
1500	16		室町時代（戦国時代）	1573　織田信長が室町幕府を滅《ほろ》ぼす 1590　豊臣秀吉が全国を統一		
1600	17	武士が全国を支配した時代	安土桃山時代 江戸時代	1603　徳川家康が江戸幕府を開く 1641　鎖国が完成する		
1700	18					清
1800	19			1853　ペリーが浦賀《うらが》に来る		
1900	20	近代	明治時代 大正時代 昭和時代	1868　五箇条の御誓文 1941～45　太平洋戦争	韓国	中国
2000	21	現代	平成 令和			

●この年表は，紀元前300年から紀元2000年までを，100年間(世紀)ごとに等分してあるから，200年間は100年間の2倍，1000年間は200年間の5倍の長さになっている。時代の長さが一目でわかる。

●縄《じょう》文《もん》時代から古《こ》墳《ふん》時代までの区切りの線がななめになっているのは，区切りの年をはっきり決められないからである。社会のしくみや生活の様子は，ある年から急に変わるものではないことに注意しよう。同じ時代の中でも政治《せいじ》や文化の特色で別のよび名をつけることもある。

●日本の国ができてから明治になるまで，貴族《きぞく》や武士《ぶし》が政治の力をもっていたことがわかる。貴族や武士でない人々は，どうしていたのだろうか。

●時代が下るにつれて，覚えなければならない歴史用語や人名が増《ふ》えてくる。それぞれの時代の特色をしっかりつかみ，時代ごとに用語や人名を整理しながら勉強していこう。

☑ まとめチェック

知識を整理・確認しよう！

① 歴史の学習

□ ① 寺院や旧家《きゅうか》に保存《ほぞん》されている，過去《かこ》のできごとを記した古い文書を何というか。

□ ② できごとのつながりを考えるときに大切な，「できごとがなぜ起こったか」ということを何というか。

□ ③ 都道府県・市町村の歴史博物館や資料館《しりょうかん》で働いている，専門《せんもん》の職員《しょくいん》を何というか。

② 時代の区分

□ ① 遺跡《いせき》や遺物《いぶつ》の様子から区分した時代は，弥生《やよい》時代・古墳《こふん》時代ともう1つは何か。

□ ② 政治《せいじ》の中心地がどこにあったかによって区分した時代のうち，飛鳥《あすか》時代の次の時代は何か。

□ ③ 政治の中心地がどこにあったかによって区分した時代のうち，安土桃山《あづちももやま》時代の次の時代は何か。

□ ④ 年号によって区分した時代のうち，明治《めいじ》時代の次の時代は何か。

□ ⑤ 貴族《きぞく》が力をもった時代は，飛鳥時代・奈良時代ともう1つは何か。

□ ⑥ 武士《ぶし》が全国を支配《しはい》した時代は，江戸時代ともう1つは何か。

□ ⑦ 近代の日本が始まったのは何時代からか。

□ ⑧ 大きな時代区分のうち，人類のおこりから縄文時代までを何というか。

□ ⑨ 大きな時代区分のうち，鎌倉《かまくら》・室町《むろまち》時代を何というか。

□ ⑩ 大きな時代区分のうち，安土桃山・江戸時代を何というか。

□ ⑪ イエス・キリストがうまれたと考えられた年を紀元1年とする年の数え方を何というか。

□ ⑫ 紀元1年から100年までの100年間は，何世紀にあたるか。

□ ⑬ 紀元2001年から2100年までの100年間は，何世紀にあたるか。

□ ⑭ 明治時代が始まった1868年は，何世紀にあたるか。

答え

①

① 古文書《こもんじょ》

② 原因《げんいん》

③ 学芸員

②

① 縄文《じょうもん》時代

② 奈良《なら》時代

③ 江戸《えど》時代

④ 大正《たいしょう》時代

⑤ 平安《へいあん》時代

⑥ 安土桃山時代

⑦ 明治時代

⑧ 原始

⑨ 中世

⑩ 近世

⑪ 西暦《せいれき》

⑫ 1世紀

⑬ 21世紀

⑭ 19世紀

2 日本のあけぼの

学習のポイント

- 土器がつくられる前の日本列島の様子をおさえているか。 ➡p.331
- 縄文時代と弥生時代の社会や文化のちがいを理解《りかい》しているか。 ➡p.332
- 古墳時代に国がどのように広がっていったかとらえているか。 ➡p.338

1 狩《か》りや漁中心のくらし

大昔の日本列島

▲約2万年前の日本列島

- **大陸と陸続きの日本列島**…約1万年以上前の氷期《ひょうき》(➡p.332)のころ，日本列島はユーラシア大陸と陸続きになっていた。そのため，大陸にいた**ナウマンゾウ**や**マンモス**，**オオツノジカ**などの大型動物が日本列島に移動《いどう》してきた。このことは，ナウマンゾウなどの化石が，長野《ながの》県の**野尻湖**《のじりこ》を始め日本の各地で発掘《はっくつ》されていることからわかる。
- **狩りと石器**…日本列島には，何万年も前から人々が住み，石でつくった道具(**石器**)を使い，狩りなどをしてくらしていた。このことは，日本各地の遺跡で，石器や，動物の骨《ほね》や角でつくった道具(**骨角器**《こっかくき》)が発見されていることからわかる。
- **1万年以上前の遺跡**…最初に発見されたのは群馬《ぐんま》県の**岩宿遺跡**《いわじゅく》で，1946年のことだった。この近くに住んでいた相沢忠洋《あいざわただひろ》という青年が最初に**打製**《だせい》**石器**を見つけ，学者たちが発掘を進めた。こうして，日本列島にも旧石器《きゅうせっき》時代から人が住んでいたことが初めてわかった。
- **日本人の祖先**《そせん》…日本列島に住んでいた人々は，ユーラシア大陸と陸続きだったころに大陸からやってきたと考えられる。その後も日本列島には北方や南方から人々が移《うつ》り住み，混血《こんけつ》が進んで，日本人の祖先《そせん》が形づくられてきたと考えられる。

用語

打製石器

石を打ち欠いてつくった石器。この打製石器がおもに使われていた時代を，旧石器時代という。みがいてつくった磨製《ませい》石器が使われるようになった時代は，新石器《しんせっき》時代とよばれる。

縄文《じょうもん》時代

●**日本列島ができる**…約1万年前になると，気候があたたかくなって，氷河《ひょうが》がとけて海の水が増《ふ》えた。その結果，大陸と日本列島との間の低い陸地が海になって，今のような日本列島ができた。

●**縄文土器**…日本列島ができたころ，人々は食べ物を煮《に》たり蓄《たくわ》えたりするために，土器をつくるようになった。このころの土器は，ねん土でつくられ，表面に縄目《なわめ》の模様《もよう》をつけたものが多いので，**縄文土器**とよばれる。焼き上げる温度が500℃～600℃と低いので，黒かっ色で厚《あつ》手《で》でもろい。炎《ほのお》が表現されたような形(火炎《かえん》型)など，複雑《ふくざつ》な形も多い。

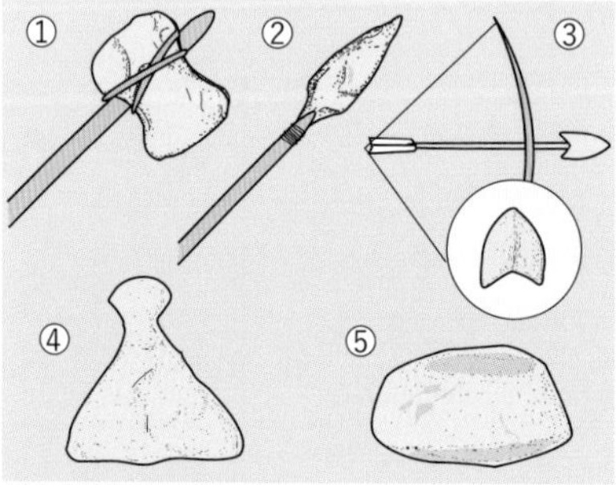

▲縄文時代の石器：①おの，②やり先，③矢じり，④さじ，⑤石皿。

●**石器と骨角器《こっかくき》**…土器のほか，石器はやり・矢じり・おのなど，おもに刺《さ》したり切ったりするものに使われ，骨角器はつり針《ばり》・もり・やすなどの漁具に使われた。また，石器で削《けず》ってつくった木の道具(木器)もあった。

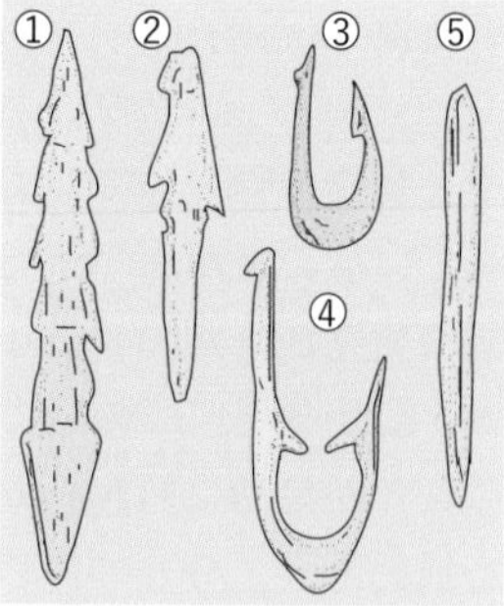

▲縄文時代の骨角器：①②もり，③④つり針，⑤やす。

●**狩《か》りと漁**…人々は，野山で狩りをしたり，海や川・湖で魚や貝をとったりした。狩りのために**弓矢《ゆみや》**が使用され，漁にはあみや丸木舟《まるきぶね》も使われた。また，野山で木の実や山菜などを採集《さいしゅう》して食べ物にした。狩りや漁でくらし，土器(縄文土器)を使っていた時代を**縄文時代**とよび，1万2000年前ごろから2400

▲縄文土器：下から全体に火をあてるため，底がせまい不安定な形となる。縄目の模様のないものもある。

参考

氷期《ひょうき》

日本列島が大陸と陸続きだったのは，気候が寒く，蒸発《じょうはつ》した海の水が陸地で氷になったことで，海の水が少なくなり，海面が下がって地球の陸地部分が広がったためである。このように地球の気候が寒かったころを，氷期という。

用語

骨角器

動物の骨や角，きばなどを材料にしてつくった道具。

年前ごろまで続いた。このころは貧《ひん》富《ぷ》や身分の差がない，平等な社会で，傷《きず》つけられた骨が見つかっていないことからむらどうしの戦いもなかったと考えられている。

● **貝塚《かいづか》**…縄文時代の人々が食べた貝のからや土器などが捨《す》てられた所を，貝塚という。縄文時代の貝塚は，1877年アメリカ人のモースが**大森《おおもり》貝塚**(東京《とうきょう》都)を発見してから各地で発掘《はっくつ》され，福井《ふくい》県の**鳥浜《とりはま》貝塚**や千《ち》葉《ば》県の**加《か》曽《そ》利《り》貝塚**など全国各地の海岸や水辺に残っている。貝塚からは，いろいろな道具や動物の骨《ほね》などが出土しているので，くらしの様子がわかる。

● **たて穴住居《あなじゅうきょ》**…貝塚の近くなどから，縄文時代の家のあとが発掘されている。家のつくりは，地面を円形か四角形に深さ50cmほど掘《ほ》りこみ，その中央に炉《ろ》をつくり，まわりに丸太で柱を立て，木の枝《えだ》や草で屋根をふいたものであった。このようなつくりの家をたて穴住居といい，1軒《けん》に5～6人が住み，数軒から十数軒の集落をつくっていた。

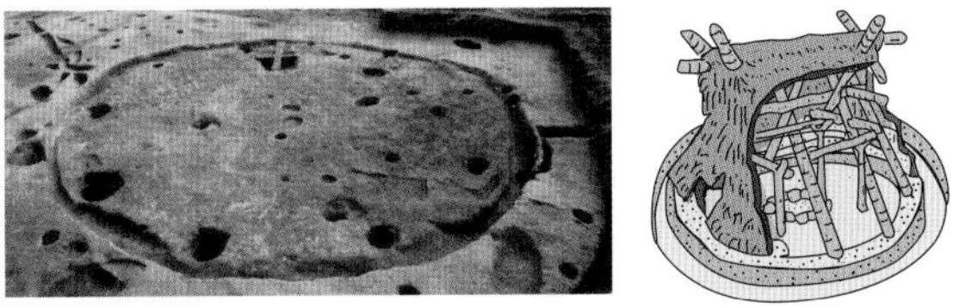
▲たて穴住居のあと(左)と，そのつくり(右)

▲土偶

● **土《ど》偶《ぐう》**…縄文時代の人々は，土偶とよばれる土の人形をつくった。豊かな生産を祈《いの》るなどの，まじないに使われたと考えられる。

● **三内丸山《さんないまるやま》遺跡《いせき》**…青森《あおもり》県青森市で発掘された，縄文時代の大きな遺跡。ここでは500人ほどの人々が定住し，くりの木などを栽培《さいばい》し，高さが15～20mもある建物をつくったとされる。

▲三内丸山遺跡で復元《ふくげん》された大型の建物

入試ポイント

縄文時代
約1万2000年前～約2400年前

- くらし＝**狩り・漁**。**貝塚**が残っている。
- 道具＝**縄文土器**，**石器・骨角器**，弓矢。
- 青森県の**三内丸山遺跡**での新たな発見。

2 米づくりが本格化《ほんかくか》した時代

弥生時代《やよいじだい》

- **米づくりの始まり**…2400年以上前の縄文《じょうもん》時代の終わりごろまでには，中国《ちゅうごく》や朝鮮《ちょうせん》半島から水田での米づくり（**稲作《いなさく》**）の技術《ぎじゅつ》が伝わった。これによって，食料が計画的につくられるようになった。米づくりは，中国や朝鮮半島に近い九州《きゅうしゅう》北部で始まり，やがて東《とう》北《ほく》地方にまで広まった。
- **登呂遺跡《とろいせき》**…静岡《しずおか》市の**登呂遺跡**には，1世紀ごろのむらと水田のあとが残っている。
  - ▶12の**たて穴住居《あなじゅうきょ》**のあとがあり，むらには60人ほどが住んだと考えられる。
  - ▶水田は約50区画が発掘《はっくつ》され，あぜ道や水路は矢板という板で仕切られていた。
  - ▶水田を耕《たがや》すためのすき・くわ，湿《しっ》地《ち》の中を歩くための田げたなどの木の農具が発見された。

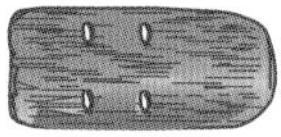
▲田げた

  - ▶水田に種もみをじかにまき，稲《いね》が実ると，**石包丁《いしぼうちょう》**で稲の穂《ほ》をつみとった。
  - ▶2つの**高床倉庫《たかゆか》**のあとがあり，つみとった稲の穂を蓄《たくわ》えた倉庫と考えられる。
- **弥生土器**…縄文土器より高温で焼き，かたくて薄《うす》く，赤みがかった色の土器が，明治《めいじ》時代に東京《とうきょう》都文京《ぶんきょう》区弥生2丁目付近から出土した。このため，弥生土器と名づけられた。米づくりが本格《ほんかく》化して，弥生土器を使った紀元前400年ごろから紀元300年ごろまでの約700年間を，**弥生時代**という。
- **青銅器《せいどうき》と鉄器**…米づくりの技術《ぎじゅつ》とともに，中国や朝鮮半島から青銅や鉄の道具が伝わり，日本でもつくられるようになった。青銅器や鉄器は，まだ貴重《きちょう》だったので，それまでの石器や木の道具も使われていた。
  - ▶**青銅器**…おもに祭りの道具として使われた。剣《つるぎ》・ほこ・鏡などのほか，つりがね型の**銅鐸《どうたく》**がつくられたが，どのように使ったかはよくわかっていない。銅鐸の表面には，模様《もよう》や絵がかかれている。

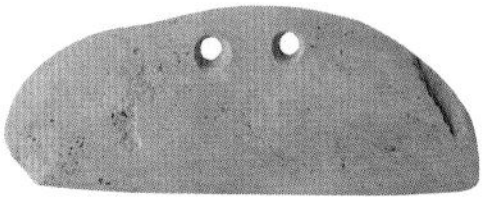
▲石包丁：稲の穂をつみとるための石器で，長さ15cmくらい。下の図のようにして使った。

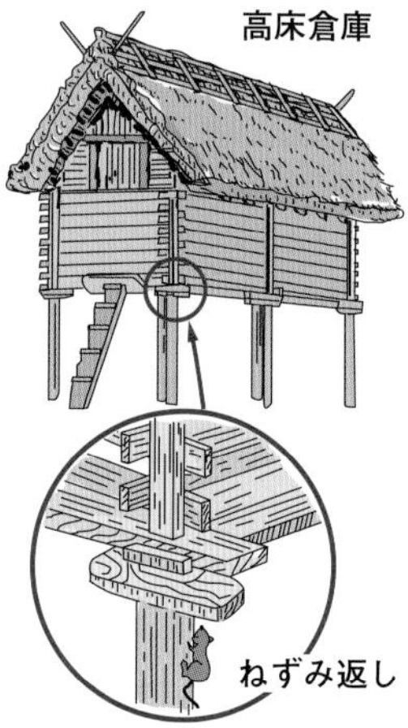

▲高床倉庫：ねずみが入らないように，ねずみ返しがついていた。

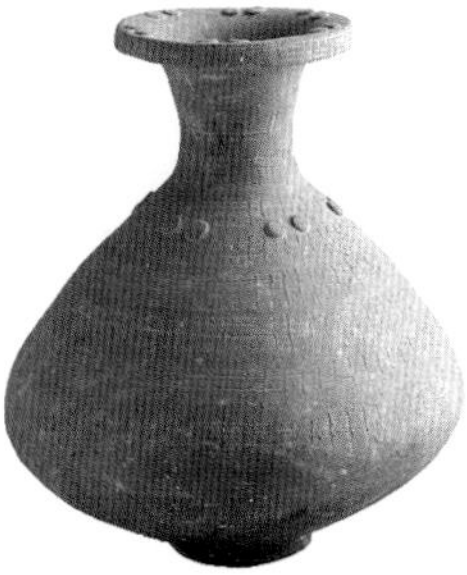

▲弥生土器

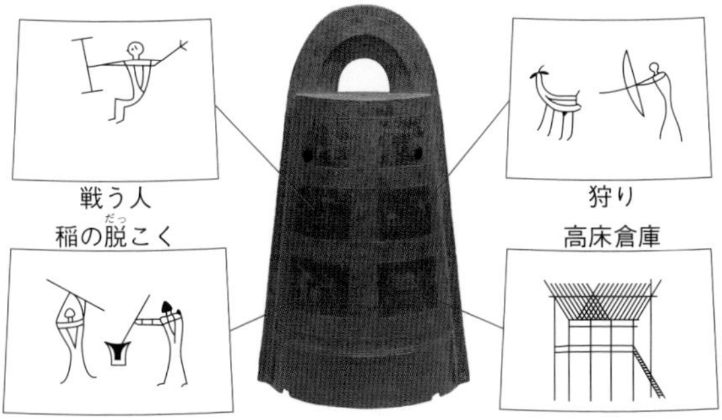

▲銅鐸：表面に狩り，稲の脱こく，高床倉庫などがえがかれている。

▶**鉄器**…おの・のみ・ナイフなどの木を加工するための道具，くわ先・すき先・かまなどの農具，剣・刀などの武器《ぶき》として，実用的に使われた。

入試ポイント

弥生時代
紀元前 400 年ごろ～
紀元 300 年ごろ

くらし＝**米づくり**の本格化。**登呂《とろ》遺跡**。
道具＝**弥生土器**・**青銅器**・**鉄器**・木製農具。
期間＝約 700 年間。

むらからくにへ

●社会の変化

▶人々は水田の近くに定住した。

▶米づくりでくらしが安定し，**むら**の人口が増《ふ》えた。

▶農作業では水を引いたり，田をおこしたり，人々が協力しなければならないので，むらの人々を指《し》導《どう》するかしらが現れた。

▶豊作《ほうさく》をいのる祭りが大切な行事になり，むらのかしらを中心にして行われた。

▶むらのかしらは，米などの富《とみ》をたくわえ，むらの中心として高い身分についた。米の収穫量《しゅうかくりょう》やたくわえの差により，人々の間に身分のちがいや貧富《ひんぷ》の差ができてきた。

▶田を見下ろす丘《おか》には，もり土をした墓《はか》がつくられ，かしらが葬《ほうむ》られた。

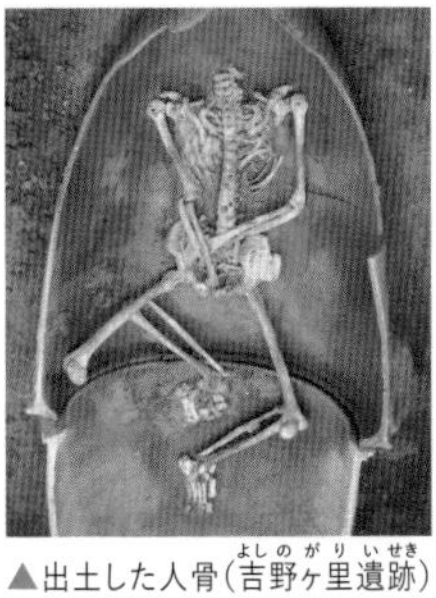

▲出土した人骨（吉野ヶ里遺跡《よしのがりいせき》）

参考

人骨からわかること

弥生時代の墓を発掘すると，青銅の剣・ほこ・鏡，鉄の剣などが出てくる墓と，何も出ない墓とがある。また，人骨とともに刺《さ》さった矢が出てくることもある。これらから，身分のちがいや貧富の差，人々が殺し合う戦争があったと考えられる。縄文時代の墓にこれらはない。

▲吉野ヶ里遺跡《よしのがりいせき》:建物の柱の穴などが発掘《はっくつ》され，物見《ものみ》やぐら･高床《たかゆか》倉庫･たて穴住居《あなじゅうきょ》などが復元《ふくげん》されている。吉野ヶ里が『魏志《ぎし》』倭人《わじん》伝《でん》に記された邪馬台国《やまたいこく》ではないか，ととなえる学者もいる。

Qくわしく 吉野ヶ里遺跡

1986年から，佐賀《さが》県の吉野ヶ里遺跡で本格的な発掘が行われ，弥生時代のむらのあとが発見された。むらを守るための濠《ほり》やさくで囲まれた環《かん》濠《ごう》集落や，物見やぐらと思われる建物のあとも見つかった。そのほか，多くのたて穴住居のあと，多数の大きな高床倉庫のあと，多くの人骨《じんこつ》が埋《う》もれた墓《はか》なども発掘された。頭部を切られたり，石の矢じりや剣《つるぎ》がささったと考えられる人骨もあった。このむらは，弥生時代の九州《きゅうしゅう》北部のくにの中心地だったと考えられている。

●**くにのおこり**…米づくりが本格化《ほんかくか》すると，日本列島の各地に大きなむらができた。むらとむらは，土地や用水をめぐって争うようになり，力のあるむらがまわりのむらをしたがえて，小さな**くに**(今の国家より小さな単位)をつくるようになった。力のあるむらのかしらは，小さなくにを支配《しはい》して王となった。

●**倭《わ》の奴国《なこく》《なのくに》**…中国《ちゅうごく》では早くから文字が使われ，歴史の書物がつくられていた。中国の古い歴史書の『漢《かん》書《じょ》』では，日本のことを倭とよび，紀元前後のころ(紀元1年を中心とした数十年間)，倭には100あまりの小さなくにがあったと記されている。また，中国の古い歴史書の『後漢書』によると，紀元57年(1世紀の半ばすぎ)，**倭の奴国の王**が中国に使者を送ってきたので，中国の皇帝《こうてい》が**金印《きんいん》**をさずけたと書かれている。

●**中国との関係**…弥生《やよい》時代の日本には文字がなく，のちの歴史書にも記録は残っていないが，中国には秦《しん》や漢《かん》という大きな国家ができ，皇帝が広い国土をおさめていた。くにの王にとって，中国は文化の先進国であり，その皇帝にくにの支配を認《みと》めてもらうことで倭(日本)国内での立場を高めようとした。

用語

金印

紀元57年，中国の光武帝《こうぶてい》が奴国の王にさずけた，金でつくった印(はんこ)。この金印と思われるものが，今から約240年前，今の福岡《ふくおか》市の志賀島《しかのしま》で発見され，「漢委奴国王《かんのわのなのこくおう》」の5文字がほられてあった。漢は当時の中国の国の名，委は倭，奴は福岡市付近にあったと考えられるくにの名である。

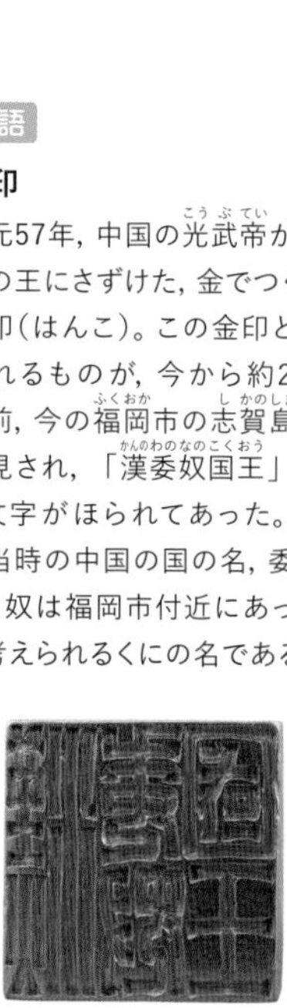

▲金印の文字

邪馬台国と女王卑弥呼《ひみこ》

●**邪馬台国**…中国の歴史書の『魏志』**倭人伝**には，3世紀ごろ(弥生時代の終わりごろ)，倭には30あまりの小さなくにがあったこと，**卑弥呼**という女王が治めている邪馬台国がそれらのくにをしたがえたことが書かれている。3世紀ごろには，いくつもの小さなくにが，邪馬台国のような大きなくににまとまってきたものと考えられる。

●**女王の卑弥呼**…『魏志』倭人伝には，卑弥呼について次のようなことが書かれている。

▶邪馬台国は，もとは男の王がおさめていたが，くにぐにの間で戦いが続いたので，くにぐにが相談して女性《じょせい》の卑弥呼を王に立てた。

▶卑弥呼は，まじないで人々の心をとらえた。年をとっていたが，夫はなく，弟がくにをおさめるのを助けた。

▶女王となってからは，卑弥呼のすがたを見る者は少ない。卑弥呼は宮殿《きゅうでん》の奥深くで，女性の召使《めしつか》い1000人に身のまわりの世話をさせ，宮殿や物見やぐら，さくを兵士に厳《きび》しく守らせている。

▶卑弥呼は，239年に中国(魏)に使者を送ったとき，中国の皇帝から王(親魏倭王《しんぎわおう》)の称号《しょうごう》と金印，銅《どう》の鏡や織《お》り物などをさずけられた。

▶卑弥呼が死ぬと，土をもり上げて大きな墓をつくり，100人あまりのどれいを生き埋《う》めにした。

●**社会の様子**…『魏志』倭人伝には，邪馬台国は身分のちがいがはっきりしていて，身分の低い者が高い者に出会うと，道ばたの草むらによけ，話すときは身分の低い者がひざまずき，両手を地面につけると書かれている。また，どれいのような身分の人(生口《せいこう》・奴婢《ぬひ》)もいた。

▲男性の服装《ふくそう》

用語

『魏志』倭人伝

邪馬台国のことは，3世紀に書かれた中国の魏という国の歴史書(『魏志』)に出ている。その歴史書の中で倭(日本)について書かれている部分を倭人伝とよぶ。

注意

邪馬台国の位置

歴史学者の間では，九州北部にあったとする説と，大和《やまと》(奈《な》良《ら》県)にあったとする説におもに分かれている。大和にあったとすると，3世紀には大和の王(豪族《ごうぞく》)が九州まで支配して，中国に使者を送っていたことになる。

史料 邪馬台国のくらし(『魏志』倭人伝)

男は，髪《かみ》の毛を「みずら」にゆい，布を頭にまき，はばのひろい布を体にまきつける。女は，髪の毛を後ろにたばね，布の中央に穴をあけ，そこから頭を出して着る(貫頭衣《かんとうい》)。稲《いね》や麻《あさ》を植え，蚕《かいこ》を飼《か》い，織り物をつくっている。気候はあたたかく，1年じゅう生の野菜を食べ，はだしで歩く。

入試ポイント

むらからくにへ 弥生時代後半 ➡ **大きなくに 邪馬台国** 弥生時代の終わりごろ

3 古墳《こふん》がつくられた時代

国内の統一《とういつ》

●**大きな古墳**…地域《ちいき》ごとのかしらは，**豪族《ごうぞく》**とよばれるようになった。3世紀～4世紀に，近畿《きんき》地方から瀬《せ》戸《と》内海沿岸《ないかいえんがん》の各地に，豪族の大きな墓《はか》(**古墳**)がつくられ始めた。古墳の形や大きさはさまざまだが，3世紀後半から4世紀に大和《やまと》(奈良《なら》県)でつくられ始めた**前方後円墳《ぜんぽうこうえんふん》**は大きなものが多い。古墳がさかんにつくられた4世紀～6世紀ころまでを**古墳時代**とよぶ。

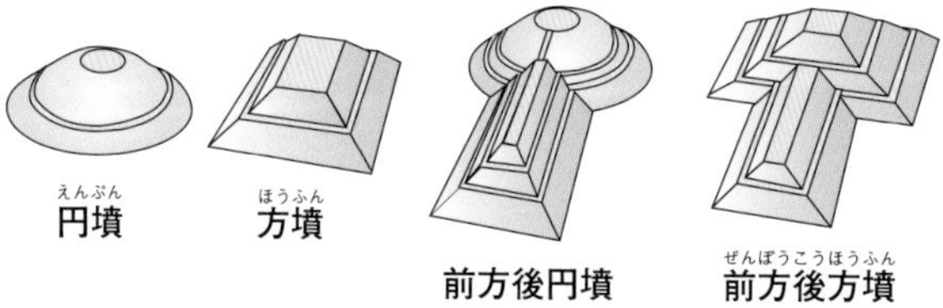

▲古墳の形式

●**大和朝廷《ちょうてい》(大和政権《せいけん》)**…古墳は権力の大きさを示《しめ》すものと考えられる。大和には，4世紀の大きな古墳が多いので，富《とみ》と力を蓄《たくわ》えた豪族が，それぞれ小さなくにをおさめていたことがわかる。多くの古墳にまじって，大きな前方後円墳が見られるので，いちばん力のある豪族をかしらにして大和の豪族たちが連合し，より大きな1つの国をつくったと考えられる。この国の政府《せいふ》を大和朝廷(大和政権)という。

●**国土の統一**…5世紀になると，九州《きゅうしゅう》地方南部から東《とう》北《ほく》地方南部までの各地にも，前方後円墳がつくられるようになった。とくに大阪《おおさか》平野をしめる河内《かわち》(大阪府)には，**大仙《だいせん》古墳**(仁徳陵《にんとくりょう》古墳)などの巨大《きょだい》な前方後円墳がつくられた。また，筑紫《つくし》(福岡《ふくおか》県)・吉備《きび》(岡山《おかやま》県)・出雲《いずも》(島根《しまね》県)・毛野《けの》(関東《かんとう》平野北部)でも，大きな前方後円墳が築《きず》かれた。大和朝廷が河内を中心に勢《いきお》いを強め，各地の豪族をしたがえ国土の統一を進めたと考えられている。

●大和朝廷の中心となった豪族のかしらは，**大王《おおきみ》**(のちの天皇《てんのう》)とよばれた。5世紀末の**稲荷山《いなりやま》古墳《だいおう》**の鉄《てっ》剣《けん》は，そのころ大王が関東地方をも支配《しはい》したことを

参考

前方後円墳

四角形のほうに棺《かん》おけが埋《う》められ，外から見ても高くもり上がっている。このため，四角形を前，円形を後ろととらえ，「前方後円墳」とよばれるようになった。

用語

大仙古墳

日本最大の古墳は，大阪府の百舌鳥《もず》・古市《ふるいち》古墳群《ぐん》にある大仙古墳。前方後円墳で，土をもり上げた高さが35mもある。まわりは3重の濠《ほり》がめぐらされ，面積では世界最大の墓《はか》である。2019年，百舌鳥・古市古墳群はユネスコにより世界文化遺《い》産《さん》に登録された。

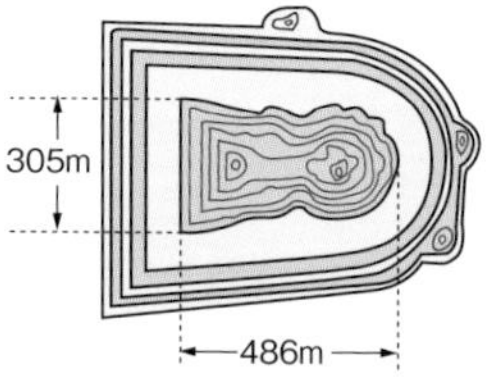

◀復元《ふくげん》された五色塚《ごしきづか》古墳(神戸《こうべ》市)

▼古墳の分布

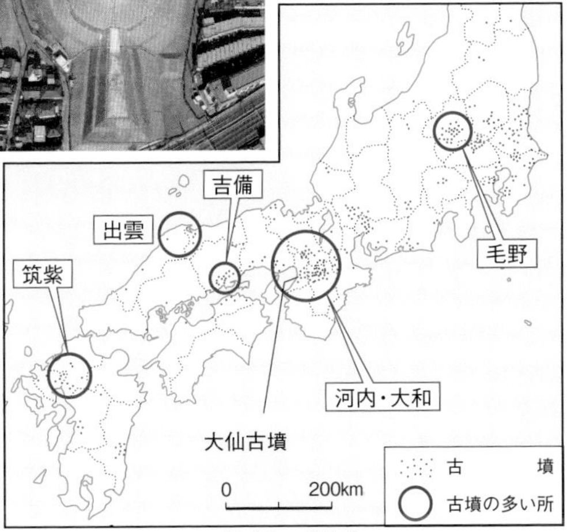

示《しめ》している。1968年，埼玉《さいたま》県行田《ぎょうだ》市の前方後円墳，稲荷山古墳から，長さ73.5cmの鉄剣が発見された。その後，鉄剣に115字の漢字が刻《きざ》まれていることがわかった。右の写真はその一部で，「**獲加多支鹵大王**」を**ワカタケル大王**と読むことができる。ワカタケル大王は，5世紀に大和朝廷の大王であった雄略《ゆうりゃく》天皇と見られ，稲荷山古墳に葬《ほうむ》られた豪族は，ワカタケル大王に仕えていたと考えられる。

▲鉄剣

● **倭《わ》の五王**…5世紀の終わりごろに書かれた中国《ちゅうごく》の歴史書『宋書《そうじょ》』倭国伝《わこくでん》には，5世紀に倭(日本)の5人の大王が次々に使者を中国に送ったことが記されている。5人目の**武《ぶ》**という大王は，中国の皇帝に出した手紙に，自分の祖先《そせん》が武力で国土の統一を進めたことを書いている。この倭王の武が，ワカタケル大王にあたると考えられている。

参考

朝鮮《ちょうせん》半島の様子

4世紀の末から5世紀の初め，倭(日本)が軍隊を送り，朝鮮半島の北部の高句麗《こうくり》と戦ったことが，高句麗の好太王《こうたいおう》(広開《こうかい》土王《どおう》)の碑文《ひぶん》に書かれている。大和朝廷は，朝鮮半島の国々にも勢《いきお》いをのばそうとしていたと考えられる。

史料 **倭王《わおう》武の手紙**

わたしの祖先は国土を平定するために，みずからよろいやかぶとを身につけ，休むひまもなく山川をかけめぐり，東は蝦夷《えみし》55か国，西は熊襲《くまそ》など66か国，さらに海をわたって北へ進み，朝鮮の95か国を征服《せいふく》して国土を広げました。わたしは祖先から引き継《つ》ぎ，みつぎ物《もの》を届《とど》ける船を百済《くだら》から皇帝の所へ派遣《はけん》しようとしますが，高句麗がじゃまをするので進むことができません。皇帝の力で強《きょう》敵《てき》の高句麗をしりぞけることができましたら，いっそう皇帝に忠節《ちゅうせつ》をつくします。

入試ポイント

〈古墳時代〉

- **古墳**は豪族や**大和朝廷の大王**の墓(**大仙古墳**などの**前方後円墳**)。
- 大和朝廷は，九州から東北地方南部までを統一。

古墳《こふん》文化

●**古墳のつくり**…古墳の中には，死者を葬《ほうむ》るために大きな石を積み上げてへや(石室《せきしつ》)をつくり，そこに遺《い》体《たい》を入れた木や石の棺《かん》(木棺《もっかん》・石棺《せきかん》)をおさめた。石室をつくらないで，棺をねん土でつつんだだけのものもある。

▶古墳の表面には，石(ふき石)がしかれた。

▶古墳のまわりや上には，土で焼いてつくった**埴輪《はにわ》**がならべられた。埴輪には，円筒形《えんとうけい》のもの(円筒埴輪)のほか，家や動物・人物などをかたどったものもあり，人々のくらしの様子を知ることができる。

●**古墳からの出土品**…古墳の石室や棺の中には，遺体とともに，副葬品《ふくそうひん》として銅《どう》の鏡，金・銀・宝石《ほうせき》(玉《ぎょく》)などのかざり物，鉄の剣《つるぎ》・刀・甲冑《かっちゅう》(よろい・かぶと)・馬具などの武器《ぶき》，鉄のくわ・かま・すき・おの・のみなどの農具や工具，弥生《やよい》土器より製法《せいほう》の進んだ，のぼりがまを使った土器(**須恵器《すえき》**)などがおさめられた。これらの古墳の出土品から，葬られた豪族《ごうぞく》がどんな働きをしていたかがわかる。豪族たちは，祭りの中心となって人々の願いを神に伝えたり，人々を率いて戦争をしたり，水田の開発など農業を指導《しどう》したりしたと考えられている。

参考

のぼりがま

斜面《しゃめん》を掘《ほ》ってその上にねん土などで天井をつくった，階段《かいだん》状《じょう》のかま。下から上へのぼっていく煙《けむり》の熱で土器を焼くしくみで，1000℃～1200℃の高温で焼くことができる。

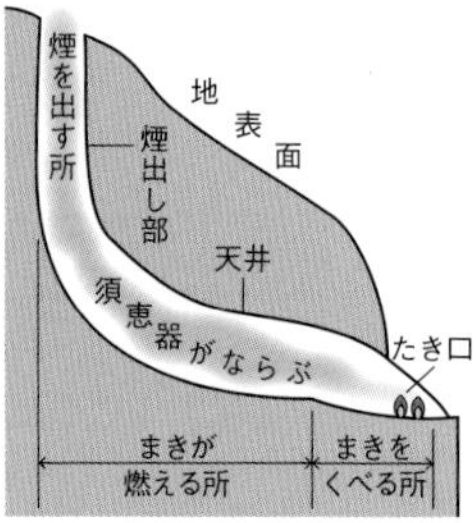

▲のぼりがまのつくり

くわしく 国の統一《とういつ》についての神話・伝説

日本の国ができる様子は，8世紀の初めに天皇《てんのう》の命令でつくられた歴史書『古事《こじ》記《き》』・『日本書紀《にほんしょき》』(➡ p.355)に記されているが，天皇家や豪族のもとで語り伝えられていた神話や伝説が多い。たとえば，天皇の祖先《そせん》は，天からくだってきた神々の子孫で，九州《きゅうしゅう》地方から大和に入り，ヤマトタケルノミコト（日本武尊）らが活躍《かつやく》して大和朝廷の国土統一がすすんだことが記されている。『古事記』や『日本書紀』では，最初の天皇は西暦《せいれき》紀元前660年に大和の橿原宮《かしはらのみや》で即位《そくい》した神武《じんむ》天皇だと記しているが，実在《じつざい》した天皇ではない。実在したと思われるのは，10代天皇とされる崇神《すじん》天皇以降《いこう》の天皇で，巨大《きょだい》な前方後円墳《ぜんぽうこうえんふん》に葬られたと伝えられる応神《おうじん》天皇や仁《にん》徳《とく》天皇，倭王武《わおうぶ》と考えられる雄略《ゆうりゃく》天皇などである。天皇というよび方も，あとからつけられたもので，5～7世紀までは大王《おおきみ》《だいおう》とよばれた。

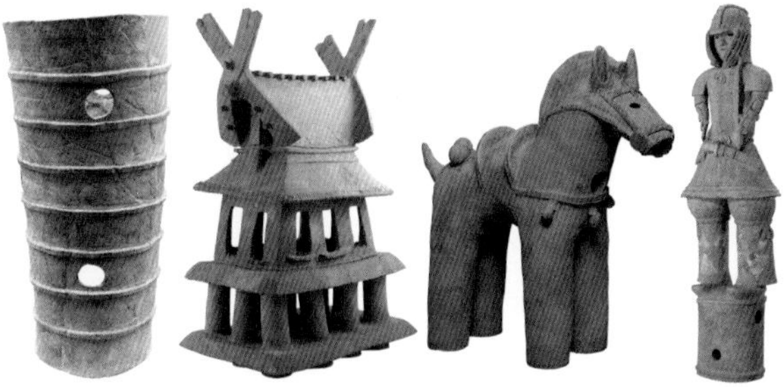

▲いろいろな埴輪(左から円筒，家，馬，武人)

▲高松塚古墳《たかまつづか》壁画《へきが》(奈良《なら》県)

●**古墳時代のむら**…古墳時代の人々の多くは農民で，小高い土地に集落をつくり，田を耕《たがや》し，家畜《かちく》も飼《か》っていた。農民の家は，弥生時代と同じようなたて穴《あな》住居《じゅうきょ》だったが，地面に柱を立ててつくった倉庫や豪族の大きな家もつくられるようになった。鉄の農具が広まったので，水田などの開発が進み，農業生産が高まった。

●**渡来人《とらいじん》のはたらき**…4～5世紀になると，朝鮮《ちょうせん》半島や中国《ちゅうごく》から日本に移《うつ》り住む人々(**渡来人**)が増《ふ》えた。渡来人は大陸のすぐれた技術《ぎじゅつ》や文化を日本に伝えた。

- ▶**ため池**などをつくる土木工事の技術。
- ▶養蚕《ようさん》や機織《はたお》りをして**絹《きぬ》織物**をつくる技術。
- ▶鉄の武器《ぶき》・農具・工具をつくる技術。
- ▶かざり物や馬具などの金属《きんぞく》を細工する技術。
- ▶のぼりがまで土器を高い温度で焼き，薄《うす》くて，じょうぶな土器(**須恵器**)をつくる技術。
- ▶**漢字**(それまで日本には文字がなかった)。
- ▶**儒教《じゅきょう》**(中国の孔子《こうし》が説いた教え)。
- ▶**仏教《ぶっきょう》**(インドのシャカが始めた宗教《しゅうきょう》)や寺院建築《けんちく》の技術。

●渡来人はすぐれた技術や文化を身につけていたので，大和朝廷《やまとちょうてい》に重んじられ，朝廷の記録や文書を書く仕事や，財政《ざいせい》の仕事についた人もいた。

参考

高松塚古墳

7世紀になると，古墳はあまりつくられなくなったが，身分の高い人の古墳は一部残っている。奈良県の高松塚古墳は，7世紀末から8世紀初めの円墳《えんぶん》で，石室のかべには中国(唐《とう》)や朝鮮(高句麗《こうくり》)の絵にならって，女性《じょせい》のすがたなどが色あざやかにえがかれている。

入試ポイント	古墳時代	**大和朝廷**のもとで国土の統一が進む。 **鉄の農具**が広まり，農業生産が高まる。 **渡来人**がすぐれた技術や文化を伝える。

☑ まとめチェック

知識を整理・確認しよう！

① 狩《か》りや漁中心のくらし

- □ ① 大陸と陸続きになっていたころの日本列島にいた大型動物は，マンモス・オオツノジカのほかに何があるか。
- □ ② 旧石器《きゅうせっき》時代に使われていた，石を打ち欠いてつくられた石器を何というか。
- □ ③ 今のような日本列島ができたころからつくられた，表面に縄目《なわめ》の模様《もよう》をつけた土器を何というか。
- □ ④ 縄文時代の人々が食べた貝のからや土器などが捨《す》てられた所を何というか。
- □ ⑤ 地面を掘《ほ》りこみ，まわりに丸太で柱を立て，木の枝《えだ》や草で屋根をふいた住居《じゅうきょ》を何というか。

答え ①

① ナウマンゾウ
② 打製《だせい》石器
③ 縄文《じょうもん》土器
④ 貝塚《かいづか》
⑤ たて穴《あな》住居

② 米づくりが本格化《ほんかくか》した時代

- □ ① 縄文土器より高温で焼かれ，かたくて薄《うす》く，赤みがかった色の土器を何というか。
- □ ② 稲《いね》の穂《ほ》をつみとるために使われた石器を何というか。
- □ ③ 米づくりの技術《ぎじゅつ》とともに，中国《ちゅうごく》や朝鮮《ちょうせん》半島から伝わった道具は青銅器《せいどうき》と何か。
- □ ④ 力のあるむらがまわりのむらをしたがえた結果うまれた，今の国家より小さな単位を何というか。
- □ ⑤ 中国の古い歴史書の『漢書《かんじょ》』などでは，日本のことは何とよばれていたか。
- □ ⑥ 『魏志《ぎし》』倭人伝《わじんでん》に記されている，まじないによって人々の心をとらえていた邪馬台国《やまたいこく》の女王を何というか。

答え ②

① 弥生《やよい》土器
② 石包丁《いしぼうちょう》
③ 鉄器
④ くに
⑤ 倭《わ》
⑥ 卑弥呼《ひみこ》

③ 古墳《こふん》がつくられた時代

- □ ① 3世紀～4世紀に，近畿《きんき》地方から瀬戸内海沿岸《せとないかいえんがん》の各地につくられ始めた，豪族《ごうぞく》の大きな墓《はか》を何というか。
- □ ② 大和《やまと》(奈良《なら》県)で，いちばん力のある豪族をかしらにしてつくられた大きな国の政府を何というか。
- □ ③ 大仙《だいせん》古墳(仁徳陵《にんとくりょう》古墳)に代表される，四角形と円形を組み合わせた古墳を何というか。
- □ ④ 5世紀ごろから朝鮮半島や中国から日本に移《うつ》り住んだ人々を何というか。

答え ③

① 古墳
② 大和朝廷《ちょうてい》［大和政権《せいけん》］
③ 前方後円墳《ぜんぽうこうえんふん》
④ 渡来人《とらいじん》

力だめしの問題　入試標準レベル

解答➡p.626

1 次の問いに答えなさい。

(1) ナウマンゾウの化石が発見されたことで知られる代表的な遺跡《いせき》の名前を，次から1つ選び，記号で答えなさい。【藤嶺学園藤沢中】　(　　)

ア　東京都《とうきょう》大森《おおもり》貝塚　　イ　群馬《ぐんま》県岩宿《いわじゅく》遺跡

ウ　佐賀《さが》県吉野ヶ里《よしのがり》遺跡　　エ　長野《ながの》県野尻湖《のじりこ》遺跡

(2) 右の写真は，今から5500年ほど前から1500年間にわたって人々がくらしていた遺跡です。これを見て，次の問いに答えなさい。【聖セシリア女子中】

①この遺跡の名前を次から1つ選び，記号で答えなさい。　(　　)

ア　唐子《からこ》・鍵《かぎ》遺跡　　イ　三内丸山《さんないまるやま》遺跡

ウ　登呂《とろ》遺跡　　エ　大森貝塚

②この遺跡に人々が住んでいたころの，人々の生活について説明した文として誤《あやま》っているものを次から1つ選び，記号で答えなさい。　(　　)

ア　羊ややぎを飼《か》い，移動《いどう》しながら生活した。

イ　たて穴住居に住み，狩りや漁をしたり，木の実を採集《さいしゅう》して生活した。

ウ　土器を使って食べ物を煮《に》たり，蓄《たくわ》えたりした。

エ　土偶《どぐう》をつくり，豊《ゆた》かなめぐみを祈《いの》った。

(3) 縄文文化について述《の》べた文X・Yの正誤《せいご》の組み合わせとして正しいものを，あとのア～エから1つ選び，記号で答えなさい。【神奈川大附中】　(　　)

X　鉄器を用いて，マンモスやナウマンゾウなどの大型の動物を狩《か》る生活をしていた。

Y　土器が用いられるようになり，定住的な生活も行われるようになった。

ア　X－正　Y－正　　イ　X－正　Y－誤

ウ　X－誤　Y－正　　エ　X－誤　Y－誤

(4) 静岡《しずおか》県の安倍川《あべがわ》ぞいにある，たて穴住居や高床《たかゆか》倉庫のあとを残す，弥生時代の農耕《のうこう》集落の代表的な遺跡を次から1つ選び，記号で答えなさい。

【青山学院横浜英和中】　(　　)

ア　吉野ヶ里遺跡　　イ　板付《いたづけ》遺跡　　ウ　登呂遺跡　　エ　岩宿遺跡

(5) 弥生時代には，小さなくにがたくさんうまれましたが，それは人々の間に貧《ひん》富《ぷ》の差が生じたということでもあります。なぜ弥生時代になって貧富の差が生じたのか，40字以内で説明しなさい。【麗澤中】

(　　　　　　　　　　　　　　　　　　　　　　　　)

② 次の問いに答えなさい。

⑴ 福岡《ふくおか》県志賀島《しかのしま》で発見された金印についての説明として正しいものを，次から1つ選び，記号で答えなさい。【逗子開成中】 (　　)

ア 倭《わ》の王に金印をさずけたのは，三国《さんごく》時代の中国《ちゅうごく》における魏《ぎ》の皇帝《こうてい》であった。

イ 金印をさずかったころの倭は百余《よ》国に分かれ，北京《ペキン》に使いを送る国もあった。

ウ 金印をさずかったころの倭は，邪馬台国を中心に約30の小さなくにからなっていた。

エ みつぎ物をもってきた倭の使いに対して，中国の光武帝《こうぶてい》は金印をさずけた。

⑵ 右の史料を読んで，次の問いに答えなさい。【鎌倉女学院中】

> a邪馬台国《やまたいこく》には，もともと男の王がいたが，その後国内が乱《みだ》れたので1人の女子を王とした。名を［ b ］といい，成人しているが夫はおらず，1人の弟が国《こく》政《せい》を助けている。…［ b ］が死んだとき，直径が100歩あまりもある大きな墓《はか》をつくった。

①下線部aに関連して，この時代につくられ，物見やぐらなどのあとが確認《かくにん》できる佐賀《さが》県にある遺跡《いせき》の名を答えなさい。 (　　)

②空欄《くうらん》bにあてはまる人物名を答えなさい。 (　　)

③史料は中国の歴史書の一部です。この歴史書の名を，次から1つ選び，記号で答えなさい。 (　　)

ア 『魏志《ぎし》』倭人伝《わじんでん》　イ 『宋書《そうじょ》』倭国伝《わこくでん》

ウ 『漢書《かんじょ》』地理志《ちりし》　エ 『後漢書《ごかんじょ》』東夷伝《とういでん》

⑶ 古墳《こふん》には棺《かん》といっしょにさまざまなものがおさめられました。古墳の副葬品《ふくそうひん》として誤《あやま》っているものを次から1つ選び，記号で答えなさい。【青山学院横浜英和中】 (　　)

ア 土偶《どぐう》　イ 馬具　ウ 銅鏡《どうきょう》　エ 武器《ぶき》

⑷ 大和朝廷《やまとちょうてい》は支配範囲《しはいはんい》をしだいに広げていきましたが，その支配範囲《はんい》は関東《かんとう》地方から九州《きゅうしゅう》地方にかけての地域《ちいき》にかぎられていました。次の文はそのようなことがわかる理由を説明したものです。文中の空欄にあてはまる語句をそれぞれ答えなさい。【神奈川大附中】 ①(　　) ②(　　)

埼玉《さいたま》県の［ ① ］古墳や熊本《くまもと》県の江田船山《えたふなやま》古墳から，［ ② ］大王《おおきみ》に仕えていたことを記した剣《つるぎ》や刀が発見されていることから，大和朝廷はこの地域まで支配していたことがわかる。

⑸ 4世紀から7世紀に渡来人《とらいじん》によって日本に伝わったものとして正しくないものを，次からすべて選び，記号で答えなさい。【青山学院中等部】 (　　)

ア 稲作《いなさく》　イ 銅鐸《どうたく》　ウ 漢字　エ 仏教《ぶっきょう》　オ 鉄製《てつせい》農具

3 天皇と貴族の政治

学習のポイント

- 聖徳太子《しょうとくたいし》がめざした政治の理想を理解《りかい》しているか。 ➡p.345
- 飛鳥《あすか》や奈良《なら》，京都《きょうと》の文化の特色をおさえているか。 ➡p.347
- 貴族《きぞく》がどのように権力《けんりょく》を強めていったかとらえているか。 ➡p.356

1 聖徳太子と飛鳥文化

聖徳太子の政治《せいじ》

●**豪族《ごうぞく》の争い**…6世紀になると，大和朝廷では有力な豪族たちが自分の力をのばそうとたがいに争った。

▶ 527年，筑紫《つくし》(福岡県)の豪族磐井《いわい》が反乱《はんらん》を起こしたが，この反乱をしずめた大和(奈良《なら》県)の豪族**物部《もののべ》氏**が朝廷で勢《いきお》いをのばした。

▶ これに対し，大和の豪族の**蘇我《そが》氏**は，朝鮮《ちょうせん》などからの渡来人を重く用い，新しい知識《ちしき》や技術《ぎじゅつ》をとり入れて勢いを強めた。587年，**蘇我馬子《そがのうまこ》**は仏教《ぶっきょう》の受け入れをめぐって対立していた物部氏を滅《ほろ》ぼし，やがて崇峻天皇《すしゅんてんのう》も暗殺して，朝廷の政治《せいじ》を動かすようになった。

●**聖徳太子(厩戸皇子《うまやどのおうじ》)**…593年，聖徳太子が，おばの**推古《すいこ》天皇**を助ける**摂政《せっしょう》**の地位につき，政治の経験《けいけん》が豊《ゆた》かな蘇我馬子と協力して，新しい政治を進めようとした。太子の政治の理想は，「和」を重んじて，天皇を中心にした政治のしくみを整え，日本を天皇中心の国とすることであった。

◀聖徳太子像《ぞう》：用明《ようめい》天皇の子として，574年にうまれたと考えられ，20歳《さい》ぐらいで摂政になったとされる。厩戸皇子ともよばれ，小さいときから頭がよく，朝鮮などからきた僧《そう》や学者に仏教や儒教《じゅきょう》を学び，一度に8人とか10人が話しかけてくるのを聞き分けたという伝説がある(左の絵は，奈良時代以後にえがかれたもの)。

参考

仏教

紀元前5世紀ごろ，インドでシャカ(釈迦《しゃか》)がおこした宗教《しゅうきょう》。日本に仏教が正式に伝わったのは，朝鮮の百済《くだら》の王から大和朝廷へ仏像や経典《きょうてん》がおくられた，6世紀中ごろとされている。このとき，朝廷では，仏教を受け入れようとする蘇我氏と，これに反対する物部氏とが争ったが，蘇我氏が勝った。

用語

天皇・摂政

大和朝廷の大王は，7世紀末の天武《てんむ》天皇のころには天皇とよばれるようになったと考えられる。摂政は，幼《おさな》い天皇や女《じょ》性《せい》の天皇(女帝)を助けて政治を行う職《しょく》としておかれた。推古天皇は女帝で，聖徳太子のおばにあたる。推古天皇から見ると，聖徳太子はおいになる。

●**冠位十二階《かんいじゅうにかい》**…聖徳太子《しょうとくたいし》は，603 年に冠位十二階を定め，役人の位を 12 に分けて冠位をあたえた。それまでは，豪族《ごうぞく》の家がらに応《おう》じて冠位があたえられていたが，この制度《せいど》により才能《さいのう》や手がらのある人を朝《ちょう》廷《てい》の役人としてとり立てようとした。

大徳	小徳	大仁	小仁	大礼	小礼	大信	小信	大義	小義	大智	小智

▲冠位十二階：位は大徳《だいとく》がもっとも高く，小智《しょうち》がもっとも低い。

参考

あたえられた冠《かんむり》

冠位十二階の制度《せいど》では，位によって色分けした絹《きぬ》の冠をあたえたので，冠位とよばれる。冠位は，その人1代に限りあたえられるもので，子供《こども》には受けつがれなかった。その人が手がらをたてると，上の位に進むことができた。

●**十七条《じゅうしちじょう》の憲法《けんぽう》**…聖徳太子は，604 年に十七条の憲法を定め，天皇《てんのう》につかえる役人に政《せい》治《じ》を行うための心構《こころがま》えを示《しめ》した。ここには，豪族の争いをやめさせ，仏教《ぶっきょう》を心のよりどころとして，儒《じゅ》教《きょう》の考え方もまじえて天皇中心の国のしくみを整えようという聖徳太子の理想が表れている。

史料 **十七条の憲法**

一．人の和をたいせつにし，争うことのないようにせよ。

二．仏教をあつくうやまえ。

三．天皇の命令には必ずしたがえ。

十二．地方の役人は百姓《ひゃくしょう》から勝手に税《ぜい》をとり立ててはならない。

十七．重大なことは必ず人々と議論して決めよ。

●**遣隋使《けんずいし》**…聖徳太子のころ，中国《ちゅうごく》では隋が国土を統一《とういつ》し，政治のしくみを整え，大きな力をもっていた。聖徳太子は，中国の進んだ政治や文化を学びとろうとして，607 年に**小野妹子《おののいもこ》**らを使者として中国の隋に送り，対等な国交を開こうとした。

▶翌年《よくねん》には小野妹子らが隋の使者とともに帰国して，国交が開かれ，ふたたび小野妹子らの使者が高向《たかむこの》玄理《くろまろ》・南淵請安《みなぶちのしょうあん》・僧《そう》の旻《みん》らの留学生《りゅうがくせい》とともに隋に送られた。

▶**隋に送った国書**…聖徳太子は，小野妹子を隋に送ったとき，隋の皇帝あてに，右のような書き出しで始まる手紙(国書)をもたせた。手紙を読んだ隋の皇帝の煬《よう》帝《だい》は，中国を日の沈《しず》む国と書いていたこと，世界に天子《てんし》は自分1人と考えていたことから，日本は無礼な国だと腹《はら》を立てたといわれる。

▲隋の皇帝の煬帝

史料

日の出《い》ずる国の天子(日本の天皇)が，日の沈む国の天子(中国の皇帝)に手紙を送ります。お元気ですか。

聖徳太子の時代の文化

●**飛鳥《あすか》文化**…聖徳太子が摂政《せっしょう》となった6世紀末ごろから，710年に平城京《へいじょうきょう》(奈良《なら》市)に都が移されるまで，都はおもに奈良盆地《ぼんち》南部の飛鳥地方にあったので，この時代を**飛鳥時代**という。この時代には，聖徳太子を始め天皇や豪族(**貴族《きぞく》**)が仏教を重んじたので，多くの寺院や仏像《ぶつぞう》がつくられた。飛鳥時代のうち，聖徳太子のころの文化を飛鳥文化とよぶ。

●**法隆寺《ほうりゅうじ》**…仏教を深く信仰《しんこう》した聖徳太子は，奈良盆地の北西部の斑鳩《いかるが》の地に法隆寺を建てた。法隆寺には，釈迦《しゃか》三尊像《さんぞんぞう》などの仏像や，玉虫厨子《たまむしのずし》などすぐれた工芸品が残されている。

▶法隆寺は飛鳥時代の後半に火災《かさい》にあい，のちに建てなおされたものが今の建物である。それでも，現在《げんざい》残っている世界最古の木造建築《もくぞうけんちく》とされ，世界文化遺産《いさん》に登録されている。

▶聖徳太子は，摂津《せっつ》の難波《なにわ》(大阪《おおさか》市)にも**四天王寺《してんのうじ》**を建てた。

▶蘇我馬子《そがのうまこ》も飛鳥地方に**法興寺《ほうこうじ》(飛鳥寺《あすかでら》)**を建て，そこに飛鳥大仏《だいぶつ》を安置した。

●**渡来人《とらいじん》のはたらき**…寺院や仏像は，朝鮮《ちょうせん》などの建築や彫刻《ちょうこく》の技術《ぎじゅつ》を身につけた渡来人やその子孫によってつくられた。そのため，飛鳥文化には，朝鮮や中国の影響《えいきょう》が見られる。また西アジア・ギリシャの文化の影響も見られる。

年	できごと
587	蘇我馬子が物部氏を滅《ほろ》ぼす
593	聖徳太子が摂政となる
603	冠位十二階
604	十七条の憲法
607	遣隋使を送る 法隆寺を建てる
608	ふたたび遣隋使を送る(留学生が同行)
618	中国で隋が滅び，唐《とう》がおこる
622	聖徳太子死去
626	蘇我馬子死去
643	山背大兄王《やましろのおおえのおう》(聖徳太子の子)がたおされる

▲聖徳太子のころのできごと

参考

止利仏師《とりぶっし》

古墳《こふん》時代に馬具をつくっていた渡来人の子孫といわれ，鞍《くら》作止利《つくりのとり》ともよばれる。仏像などをつくる技術にすぐれ，釈迦三尊像(法隆寺)や飛鳥大仏をつくったと伝えられる。

参考

世界の文化の影響

法隆寺には金堂《こんどう》・講堂《こうどう》・五重《ごじゅう》の塔《とう》・回廊《かいろう》・中門《ちゅうもん》などの建物があるが，中門の5本の円い柱は，柱の中ほどがふくらんでいる。このような柱のふくらみは，紀元前5世紀ごろにつくられたギリシャの神殿《しんでん》にも見られる。

▲法隆寺の中門の柱

▼ギリシャの神殿の柱
(エンタシスの柱)

入試ポイント

〈飛鳥時代〉

- 聖徳太子の政治…**冠位十二階・十七条の憲法・遣隋使。**
- 飛鳥文化…**仏教中心**。現存する世界最古の木造建築の**法隆寺。**

2 大化《たいか》の改新《かいしん》と大宝律令《たいほうりつりょう》

大化の改新

●**蘇我《そが》氏の勢《いきお》い**…聖《しょう》徳太子《とくたいし》が亡《な》くなると，朝廷《ちょうてい》では蘇我《そがの》馬子《うまこ》の子の**蘇我蝦夷《えみし》**と孫の**蘇我入《いる》鹿《か》**が勢いをつけた。とくに蘇我入鹿は，聖徳太子の子の山《やま》背大兄王《しろのおおえのおう》とその一族を滅《ほろ》ぼしたので，朝廷には蘇我氏のやり方に不満をもつ人々が増《ふ》えた。

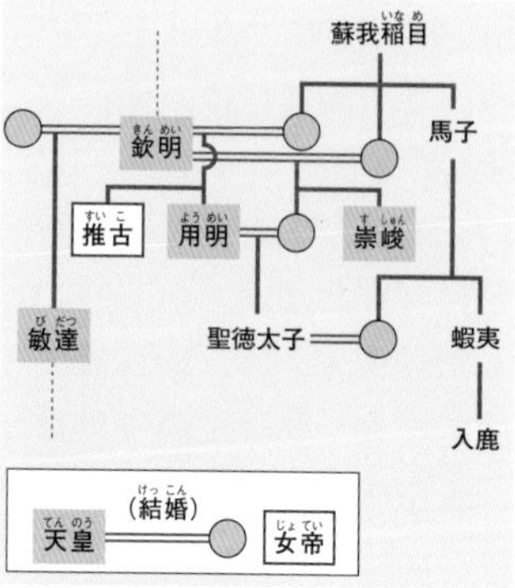

▲蘇我氏と皇室の系図

●**唐《とう》から帰った留学生《りゅうがくせい》**…中国《ちゅうごく》では，618 年に隋《ずい》が滅んで唐がおこった。唐は政治《せいじ》のしくみを整え，領土《りょうど》を広げ，朝鮮《ちょうせん》の国々を圧迫《あっぱく》した。このころ，遣隋使《けんずいし》とともに中国にわたった高向玄理《たかむこのくろまろ》・南淵請安《みなぶちのしょうあん》・僧《そう》の旻《みん》らの留学生が日本に帰り，唐のすぐれた制度や文化を朝廷の人々に伝えた。

●**中大兄皇子《なかのおおえのおうじ》と中臣鎌足《なかとみのかまたり》**…朝廷では，皇族の中大兄皇子と豪族《ごうぞく》の中臣鎌足が，「日本も政治のしくみを整え，天皇《てんのう》中心の強い国にしなければならない」と考え，同じような考えの人々を仲間に入れて，まず蘇我氏を滅ぼす計画をめぐらした。

用語

蘇我蝦夷・入鹿

蝦夷・入鹿の親子は，生きているときから自分たちの大きな墓《はか》をつくり，その土木工事に多くの農民を勝手に使った。また，蝦夷は，天皇の許《ゆる》しを得ずに，大臣の位を入鹿にゆずったといわれている。

参考

中臣鎌足の姓《せい》

中臣鎌足は，中大兄皇子が天《てん》智《じ》天皇になってから，亡くなる直前に藤原の姓をあたえられた。大宝律令を中心になってつくった藤原不比等《ふひと》は鎌足の子で，その子孫は奈良時代や平安《へいあん》時代の有力な貴族となった。

▲石舞台古墳《いしぶたいこふん》：奈良《なら》県明日香《あすか》村にあり，蘇我馬子《うまこ》の墓と伝えられる。もり土がなくなって石室《せきしつ》だけになっている。

▲中臣（藤原）鎌足

●大化の改新…645年，**中大兄皇子**や**中臣鎌足**らは，飛鳥《あすか》の宮殿《きゅうでん》で朝鮮の使節をむかえる儀式《ぎしき》のとき，蘇我入鹿を襲《おそ》って殺した。自宅《じたく》にいた父の蝦夷は，家に火をつけて自殺した。これを乙巳《いっし》の変という。こうして蘇我氏を滅ぼすと，中大兄皇子は皇太子となって新しい政府をつくり，政治の改革《かいかく》を始めた。この年，中国にならって初めて年号を定めて，大化としたといわれる。蘇我氏を滅ぼしたことに始まる政治の改革を**大化の改新**という。

●改新の政治方針《ほうしん》…646年，新しい政府は，改新の詔《みことのり》(天皇の命令)を発布《はっぷ》し，新たな政治方針を示した。

- ▶これまで皇族や豪族のもっていた土地と人民を，すべて朝廷のものにする(これを**公地《こうち》**・**公民《こうみん》**という)。
- ▶全国を国・評《こおり》(郡《ぐん》)に分け，**国司《こくし》**・**郡司《ぐんじ》**という役人をおく。都の近くは畿内《きない》とする。
- ▶戸籍《こせき》や計帳《けいちょう》(税《ぜい》の台帳)をつくり，朝廷が人々に土地(**口分田《くぶんでん》**)を割《わ》りあてる**班田収授法《はんでんしゅうじゅのほう》**を行う。
- ▶新しい税のとりかたを定める。
- ▶蘇我氏が滅んでも，ほかにも有力な豪族がいたため，すぐに新しい政治方針を実行することはむずかしかった。国司の制度《せいど》や班田収授法などの新しい制度が整ったのは，約50年後，701年に**大宝律令**ができたことによる。

●貴族《きぞく》のおこり…有力な豪族は，天皇から位をあたえられ，朝廷の役人として，天皇のもとで政治を動かすようになった。地方の政治を行う役職《やくしょく》である国司に任命《にんめい》される者もいた。こうした人々を日本の歴史の上で**貴族**とよび，この後，貴族が力をもつ時代になっていく。

▲蘇我入鹿の首塚《くびづか》と伝えられる石塔《せきとう》：馬子が建てた飛鳥寺の近くにある。

参考

大化の改新の新しい政府

中大兄皇子は皇太子として政府の指導者《しどうしゃ》となり，中臣鎌足は内臣という役についた。唐の政治を学んで帰国した高向玄理と僧の旻は，政府の政治顧問《こもん》となった。古墳時代からの大臣《おおおみ》・大連《おおむらじ》は廃止《はいし》された。

用語

班田収授法

中国の唐の土地制度である均《きん》田法《でんほう》を手本にしている。大化の改新は，唐から帰った留学生の知識《ちしき》をもとにして，唐の制度にならい，日本の国のしくみを天皇中心に整えようとしたものである。

入試ポイント

〈大化の改新〉

- ● **中大兄皇子**・**中臣鎌足**らが**蘇我氏**を滅ぼす。
- ● 天皇中心の国をつくるため，**公地**・**公民**などの政治改革を行う。

大宝律令《たいほうりつりょう》

● **天智天皇《てんじてんのう》**…朝鮮《ちょうせん》半島では，**新羅《しらぎ》《シルラ》**という国が中国《ちゅうごく》の唐《とう》と協力して，日本と親しかった**百済《くだら》《ペクチェ》**を滅《ほろ》ぼしたので，中大兄皇子《なかのおおえのおうじ》らは朝鮮半島に軍隊を送ったが，**白村江《はくすきのえ》の戦い**で敗れた。その後，中大兄皇子は，都を近江《おうみ》大津宮《おおつのみや》(滋賀《しが》県大津《おおつ》市)に移《うつ》し，天皇の地位について天智天皇となり，日本最初の法典(近江令)や，日本最初の戸籍《こせき》(庚午年籍《こうごねんじゃく》)をつくった。

● **天武天皇《てんむ》**…天智天皇が亡《な》くなると，天皇の地位をめぐり，天智の子・大友皇子《おおとものおうじ》と天智の弟・大海人皇子《おおあまのおうじ》が争い(**壬申《じんしん》の乱《らん》**)，これに勝った大海人皇子が天武天皇となった。

- 天武天皇とその皇后《こうごう》である**持統《じとう》天皇**のころ，天皇の権威《けんい》が高まり，国・評《こおり》(郡《ぐん》)のしくみも整い始めた。また，最初の貨幣《かへい》である**富本銭《ふほんせん》**がつくられたとされる。

● **大宝律令《たいほうりつりょう》**…701(大宝元)年，文武《もんむ》天皇のとき，中臣《なかとみの》(藤原《ふじわらの》)鎌足《かまたり》の子・藤原不比等《ふひと》らが編《へん》さんした大宝律令という法典が完成した。

- 朝廷《ちょうてい》では天皇のもとに太政官《だいじょうかん》が政治《せいじ》を分担《ぶんたん》した。
- 全国を国・郡・里に分け，国司《こくし》・郡司《ぐんじ》・里長《りちょう》《さとおさ》をおく。国司は朝廷が貴族の中から任命した。
- 戸籍と計帳《けいちょう》(税《ぜい》の台帳)をつくり，6歳《さい》以上の男女に土地(**口分田《くぶんでん》**といい，女は男の3分の2の面積)を割《わ》りあてて耕作《こうさく》させる(**班田収授法《はんでんしゅうじゅのほう》**)。
- 口分田の税(**租《そ》**)は，面積に応《おう》じて課せられ，稲《いね》の収穫高《しゅうかくだか》の約3%にあたった。ほかに成年男子は，**調《ちょう》**(特産物)や**庸《よう》**(都での労働か，かわりの布)を都に運んでおさめた。
- 成年男子は，国司のもとで労役《ろうえき》(**雑徭《ぞうよう》**)につき，また，交代《こうたい》で番兵(都で**衛士《えじ》**，九州《きゅうしゅう》で**防人《さきもり》**)となる義務《ぎむ》を負った。

年	できごと
645	中大兄皇子らが蘇我氏を滅ぼす(大化《たいか》の改新の始まり)
646	改新の詔《みことのり》
663	白村江の戦い
667	都を近江大津宮に移す
668	中大兄皇子が即位→天智天皇
669	中臣鎌足死去
671	天智天皇死去
672	壬申の乱
673	大海人皇子が飛鳥《あすか》で即位→天武天皇
676	新羅が朝鮮半島を統一する
686	天武天皇死去
690	持統天皇が即位
694	飛鳥の藤原京《ふじわらきょう》に都を移す
701	大宝律令が完成する

▲大化の改新からの動き

注意

評と郡

大化の改新で設《もう》けられた評は，大宝律令によって郡に改められたとされる。

用語

律令

唐の律令を参考にしてつくられた法令。律は，罪《つみ》をおかした者に対する刑罰《けいばつ》を定めた法。令は，国や地方の役所や役人，土地制度や税などを定めた法。二官《にかん》(神祇官《じんぎかん》・太政官《だいじょうかん》)八省《はっしょう》が政治を分担し，太政大臣《だいじょうだいじん》や左大臣《さだいじん》，右大臣《うだいじん》が政府の中心にいた。

入試ポイント

大宝律令
- 天皇中心の政治のしくみをまとめた法令。
- 国司の制度，**班田収授法**，**租・調・庸**

3 奈良《なら》の都と天平《てんぴょう》文化

奈良の都と大仏《だいぶつ》づくり

● **平城京《へいじょうきょう》**…694年，持統《じとう》天皇は**藤原京《ふじわらきょう》**をつくった。大宝律令ができて天皇中心の政治《せいじ》のしくみが整うと，元明《げんめい》天皇は唐の都長安《ちょうあん》(今の西安《シーアン》)にならって，710年に平城京という大きな都を奈良盆地《ぼんち》の北部につくった。この都が置かれてから80年あまりを，奈良時代という。

▶平城京は東西約6.3km，南北約5.2kmの広さで，道路が碁盤《ごばん》の目のようにめぐらされ，天皇の宮殿《きゅうでん》や役所，寺院や貴族の家などが建ちならんでいた。その美しい光景は「あをによし　奈良の都は　さく花の　にほふがごとく　今さかりなり」(『万葉《まんよう》集《しゅう》』の歌)とうたわれた。

▶東西の市には多くの商人が集まり，米・海藻《かいそう》・魚・糸・筆・薬など，さまざまな品物が売買された。市では，**和同開《わどうかい》珎《ちん》《ほう》**という銅銭《どうせん》が取り引きに使われた。また，都をつくった労働者の給料や，貴族の給料の一部も和同開珎で支払《しはら》われた。

▶地方の成年男子が税として運んできた調・庸の品には，**木簡《もっかん》**という札がつけられ，産地や品名が記された。

▶全国が「**五畿七道《ごきしちどう》**」に区分され，平城京から各地へ道路が整備《せいび》された。朝廷の力は，奈良時代の初めには東《とう》北《ほく》地方や九州南部におよび，東北地方(陸奥《むつ》)の金，関東《かんとう》地方(武蔵《むさし》)の銅など各地の鉱山《こうざん》が開発された。

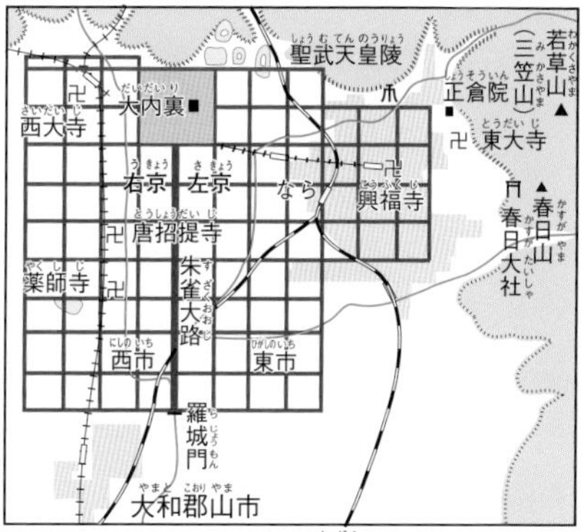

▲平城京：中央を南北に通る朱雀《すざく》大路で右京と左京に分かれ，それぞれに東市《ひがしのいち》と西市《にしのいち》がおかれ，各地からの産物が売り買いされた。

▲和同開珎

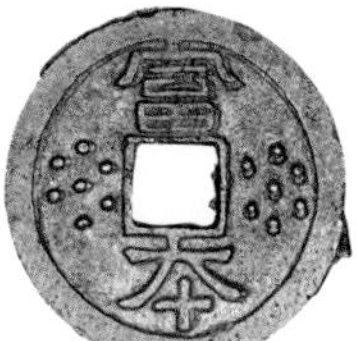

▲富本銭

参考

最古の貨幣《かへい》

7世紀末，天武天皇のころつくられた富本銭が日本最古の貨幣。708年(和銅《わどう》元)年の和同開珎は，市で使用されたが，都以外ではあまり流通しなかったと考えられる。

◀木簡：越中国《えっちゅうのくに》(今の石川《いしかわ》県)から，さばを送ったことが記されている。

▲東大寺の大仏

史料 大仏造立の詔《だいぶつぞうりゅうのみことのり》

天平《てんぴょう》15（743）年，聖武天皇は，次のような詔を出した。「すべてを救《すく》う願いを立て，金銅の大仏像《ぞう》をつくろうと思う。……天下の富をもち，勢力《せいりょく》をもつのはわたしである。この富と力でつくることはできるが，それでは心をこめることはむずかしい。そこで，ひと枝《えだ》，ひと草，ひとつかみの土でも，大仏づくりに協力する者にはそれをゆるそう。」（『続日本紀《しょくにほんぎ》』）

●**聖武天皇《しょうむてんのう》**…724年に即位《そくい》したが，その治世の間に貴《き》族《ぞく》の争いや反乱《はんらん》が続いたうえに，ききんが続き，天《てん》然痘《ねんとう》という伝染病《でんせんびょう》も流行した。

▶天皇は大阪《おおさか》・滋賀《しが》などへしばしば都を移《うつ》したが，最後には平城京《へいじょうきょう》にもどってきた。

▶聖武天皇は，仏教《ぶっきょう》の力で世の中の不安をしずめ，国をおさめようと考えて，国ごとに**国分寺《こくぶんじ》**と**国分《こくぶん》尼寺《にじ》**を建てさせ，奈良《なら》には金銅《こんどう》の**大仏**とそれをまつる**東大寺《とうだいじ》**をつくらせた。

●**行基《ぎょうき》**…大仏づくりには，大量の物資《ぶっし》と多くの人手が必要だったので，天皇は国々の国司《こくし》に命じて物資や農民を都に送らせた。また，僧《そう》の行基を大僧正《だいそうじょう》という高い位につけ，地方の豪族《ごうぞく》や農民から物資や人手を集めさせた。行基は渡来人《とらいじん》の子孫で，僧になって農民に仏教をやさしく説いてまわり，ため池・橋や，都にくる農民のための宿泊所などをつくって，多くの農民に慕《した》われていた。朝《ちょう》廷《てい》は農民を動かすために行基の力を借りたのである。

参考

大仏づくり

大仏は，その高さが約15mもあり，目の長さだけでも1mある。大仏をつくるために各地から多くの農民が奈良に集められ，その数はのべ200万人以上にもなったといわれる。使われた銅《どう》は約499t，金は約440kg，水銀は約2.5tにもなったようである。大仏づくりには高度な技術《ぎじゅつ》が必要だったので，国中公麻呂《くになかのきみまろ》らの朝鮮《ちょうせん》半島からの渡来人の子孫が活《かつ》躍《やく》した。

くわしく 高い人徳《じんとく》で知られる光明皇后《こうみょうこうごう》

聖武天皇の妻《つま》である光明皇后は，藤原不比等《ふじわらのふひと》の娘《むすめ》で，皇族以外の出身から皇后となった最初の人物である。夫とともに東大寺《とうだいじ》の大仏づくりに力をつくしたほか，悲田院《ひでんいん》を設《もう》けて貧《まず》しい人たちを救い，国分尼寺の総本《そうほん》山《ざん》である法華寺《ほっけじ》には病人の治療《ちりょう》のためにむし風呂《ぶろ》をつくった。

入試ポイント

〈奈良時代の動き〉

- **平城京**…710年，唐の都にならって奈良に都をつくった。
- **聖武天皇**…**大仏**と**東大寺**や**国分寺**などをつくらせた。

農民のくらし

●**農民の負担《ふたん》**…農民は，稲《いね》(租《そ》)や特産物・布《ぬの》(調《ちょう》・庸《よう》)を税《ぜい》としておさめるほか，平城京や大仏をつくる工事，国司の命令による労役《ろうえき》が割《わ》りあてられた。調・庸は，成年男子が自分で食料などを負担しながら，都まで運ばなければならなかった。また，男子には兵として都では衛士《えじ》，九州《きゅうしゅう》北部の大宰府《だざいふ》では防人《さきもり》として守りにつく負担があった。これら農民の負担が，都の天皇や貴族のくらしを支《ささ》えていた。

> **史料　貴族の山上憶良《やまのうえのおくら》がうたった「貧窮問答歌《ひんきゅうもんどうか》」**
>
> 「風に雪が降《ふ》りまじる夜…。…土の上にじかにわらをしき，私の枕《まくら》の方に父母が，足下には妻子《さいし》が，なげき悲しみながらねむる。かまどに火の気はなく，米をむすこしきにはくもの巣ばかり，長い間飯をたくこともない。それなのにむちをもつ里長《りちょう》《さとおさ》の税を出せという声が，寝ているところまで聞こえてくる。」
>
> (『万葉集《まんようしゅう》』より)

▶**防人**…おもに東日本の農民の3～4軒《けん》に1人が，防人として九州におもむき，兵士となった。外交・軍事などを行う役所である**大宰府**(福岡《ふくおか》県)が，防人をさしずした。『万葉集』には，防人とその家族が別れを悲しんだ歌がのせられている。

●**私有地《しゆうち》のおこり**…多くの農民は縄文《じょうもん》時代と同じようなつくりのたて穴住居《あなじゅうきょ》に住み，都からの帰りに飢《う》えや病気で死んだり，口分田《くぶんでん》を捨《す》ててにげ出す者もあった。その結果，口分田が荒《あ》れ，税が減少《げんしょう》した。一方で，人口が増加したため，口分田が不足するようになった。

▶そこで朝廷は，耕地《こうち》を増《ふ》やすため，723年，**三世一身の法**《さんぜいっしん》を出し，新たに開墾《かいこん》した者は3代の間，古い設備《せつび》を利用するなどの場合は1代に限り土地の私有を認《みと》めた。

▶743年には**墾田永年私財法**《こんでんえいねんしざいのほう》を出し，開墾した土地の期限《きげん》のない私有を認めた。こうして，公地《こうち》・公民《こうみん》の原則《げんそく》がくずれ，貴族や寺院による開墾が進められていった。

> **史料　防人の歌**
>
> からころも
> 裾《すそ》にとりつき
> 泣く子らを
> 置きてぞ来《き》ぬや
> 母《おも》なしにして
>
> (『万葉集』より)
>
> 着物のすそにとりついて泣く子を家においてきてしまった。母がいないのに，子供《こども》たちは今ごろどうしているだろう。

遣唐使《けんとうし》と天平《てんぴょう》文化

●**遣唐使**…朝廷《ちょうてい》は，中国《ちゅうごく》が隋《ずい》から唐に変わってからも，中国に使者（**遣唐使**）や留学生《りゅうがくせい》を送り続けた。遣唐使や留学生は，命がけの航海をのりこえ，唐の政治《せいじ》のしくみや文化を学んで帰った。しかし，留学生の**阿倍仲麻呂**《あべのなかまろ》のように，日本に帰ろうとして暴風《ぼうふう》で船が難破《なんぱ》し，唐の皇帝《こうてい》に仕えて一生を中国で終えた人もいた。仲麻呂は中国で奈良《なら》の都をしのび，「天の原 ふりさけみれば 春日《かすが》なる 三笠《みかさ》の山に　いでし月かも」（『古今和歌集《こきんわかしゅう》』）とうたったと伝えられる。

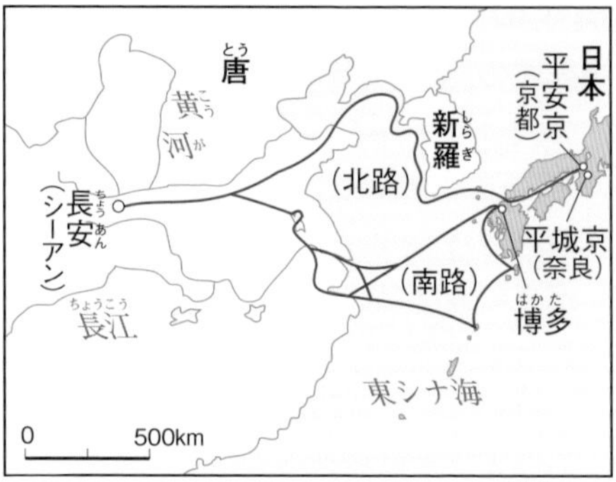

▲遣唐使の道すじ：遣隋使《けんずいし》や飛鳥《あすか》時代の遣唐使は北路，奈良時代の遣唐使は東シナ海をわたる南路を通った。

●**鑑真**《がんじん》…朝廷が招《まね》いた唐の僧《そう》の鑑真は，嵐《あらし》などのために5回も来日に失敗し，失明した。それでも正しい仏教《ぶっきょう》の教えを伝えようとして，6回目の船出で日本にたどり着いた。鑑真は奈良に**唐招提寺**《とうしょうだいじ》を開いて教えを広めた。

●**正倉院**《しょうそういん》…東大寺《とうだいじ》にある正倉院は，宝物《ほうもつ》の保存《ほぞん》に適《てき》した校倉造《あぜくらづくり》という建築《けんちく》様式で，聖武天皇《しょうむてんのう》の遺品《いひん》などが保存されている。その宝物には，**シルクロード**という東西の交通路を通ってインド・西アジア（イランなど）やヨーロッパから中国へ伝えられ，中国から遣唐使の船でもたらされたものもある。

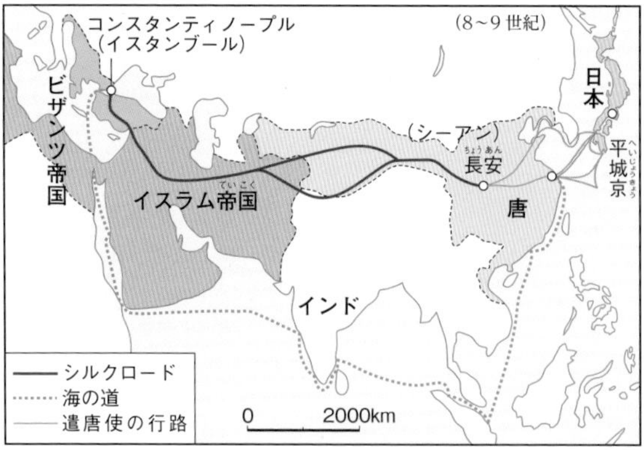

▲シルクロード

用語

シルクロード（絹《きぬ》の道）

中国から中央アジアを通ってインド・西アジア・ヨーロッパに行く道で，中国でつくられた絹がさかんに運ばれたのでシルクロード（絹の道）とよばれる。唐は中央アジアにまで領土《りょうど》を広げ，この道を通じてインド・西アジア・ヨーロッパと交流した。唐にもたらされた西方の品物が，遣唐使の船で日本にも運ばれた。そのため，正倉院は「シルクロードの終着駅」ともいわれる。

▲唐招提寺

▲鑑真

▲正倉院

▲正倉院の校倉造：三角形の木材をつみ上げてつくられた。床《ゆか》も高く，湿気《しっけ》がこもるのを防《ふせ》ぐ目的のつくりとなっている。

●**『古事記《こじき》』と『日本書紀《にほんしょき》』**…国の政治のしくみが整うと，朝廷は国の成り立ちを国の内外に示《しめ》すため，『古事記』や『日本書紀』という歴史書をつくった。これらは，天皇家や貴族《きぞく》の家に古くから伝わる神話・伝説や記録をまとめて漢字で書き表したものである。すべてが事実にもとづいたものではないが，奈良時代の天皇や貴族たちの考えを知る手がかりになる。

●**『風土記《ふどき》』**…朝廷の命令でつくられた，国ごとに地理・伝説・産物などを記録した地誌《ちし》。『古事記』などの歴史書とは異《こと》なる伝説もおさめられている。

●**『万葉集《まんようしゅう》』**…奈良時代には，日本最初の歌集である『万葉集』が編《へん》さんされた。『万葉集』には天皇や貴族の歌だけでなく，農民や女性《じょせい》，防人《さきもり》などの兵士たちの歌も数多くおさめられていて，このころの人々のくらしや気持ちを知ることができる。

●**天平文化**…奈良時代には，聖武天皇の天平年間を中心に，仏教文化や正倉院の美術《びじゅつ》工芸品に見られるような，はなやかで国際的な文化が栄えた。この時代の文化を天平文化とよぶ。

くわしく　「令和《れいわ》」の出典となった『万葉集』

2019 年に発表された「令和」という元号《げんごう》は，『万葉集』梅花《うめのはな》の歌，三十二首の序文《じょぶん》「初春の令月《れいげつ》にして　気淑《よ》く風和《やわら》ぎ　梅は鏡前《きょうぜん》の粉《ふん》を披《ひら》き　蘭《らん》は珮後《はいご》の香を薫《くゆ》らす」の中の2 文字をとって定められた。この和歌は，大宰府《だざいふ》の長官をつとめていた大伴旅人《おおとものたびと》が，自宅《じたく》の庭園に友人を集めて歌会を開いたときにうたったといわれる。

入試ポイント

- 唐へ**遣唐使**と留学生を送り，唐からは**鑑真**が来日した。
- **正倉院**は**校倉造**で，聖武天皇の遺品などをおさめる。
- **『古事記』**や**『日本書紀』**，**『万葉集』**が編さんされた。

4 平安《へいあん》の都と貴族《きぞく》の栄え

平安の都

●**平安京《へいあんきょう》**…奈良《なら》時代の終わりごろは，貴族や僧《そう》の争いで政治《せいじ》が乱《みだ》れた。そこで**桓武天皇《かんむてんのう》**は，784年，京都《きょうと》府南部の**長岡京《ながおかきょう》**に都を移《うつ》したが，さらに794年，今の京都市の地に都を移して平安京とし，天皇を中心に政治を立て直そうとした。以後，約400年後に源頼朝《みなもとのよりとも》が鎌倉幕府《かまくらばくふ》を開くまでの時代を平安時代という。

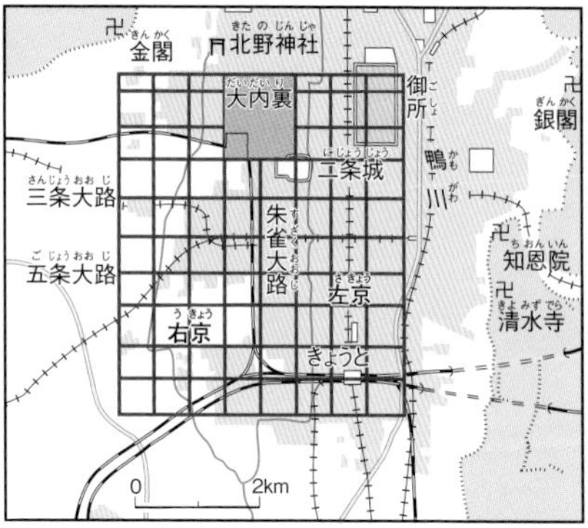

▲平安京：桓武天皇は奈良の古い仏教勢力からはなれて新しい政治を行うため，都を移した。そのため，平安京には東寺《とうじ》・西寺《さいじ》の2つの寺院のみが置かれた。

▶平安時代の初めには，桓武天皇が律令《りつりょう》による政治の立て直しに努力したが，やがて，貴族《きぞく》の藤原《ふじわら》氏が政治を動かすようになった。

▶ついで，地方からおこった武士《ぶし》たちが勢《いきお》いを強めてきた。

●**最澄《さいちょう》と空海《くうかい》**…平安時代の初め，僧の最澄と空海は，遣唐使《けんとうし》とともに中国《ちゅうごく》にわたって新しい仏教《ぶっきょう》を学んだ。帰国後，**最澄**(伝教大師《でんぎょうだいし》)は比叡山《ひえいざん》(滋賀《しが》県)に延暦寺《えんりゃくじ》を建てて天台宗《てんだいしゅう》を広め，**空海**(弘法大師《こうぼうだいし》)は高野山《こうやさん》(和歌山《わかやま》県)に金剛峯寺《こんごうぶじ》を建てて真言宗《しんごんしゅう》を広めた。これらの新しい仏教は，政治からはなれ，山奥《やまおく》の寺院で修行《しゅぎょう》や学問にはげんだ。

▲最澄と空海が開いた寺

●**私有地《しゆうち》の広がり**…奈良時代に，新しく開墾《かいこん》した土地の私有が認《みと》められたので，有力な貴族や寺社は農民を使って開墾を進め，私有地を増《ふ》やしていった。この私有地を**荘園《しょうえん》**という。地方の豪族《ごうぞく》や有力な農民も，開墾を進めたり耕地《こうち》を買い集めて，荘園を広げていった。

年	できごと
710	奈良の平城京《へいじょうきょう》に移る
724	聖武《しょうむ》天皇即位《そくい》
749	行基《ぎょうき》死去
752	東大寺大仏開眼供養《かいげんくよう》
754	鑑真《がんじん》が日本に来る
794	京都の平安京に移る
866	藤原良房《よしふさ》が摂政《せっしょう》に
887	藤原基経《もとつね》が関白《かんぱく》に
901	菅原道真《すがわらのみちざね》が大宰府《だざいふ》に追放される
1016	藤原道長《みちなが》が摂政に
1156	保元《ほうげん》の乱
1159	平治《へいじ》の乱
1167	平清盛が太政大臣《だいじょうだいじん》に

▲奈良～平安時代の動き

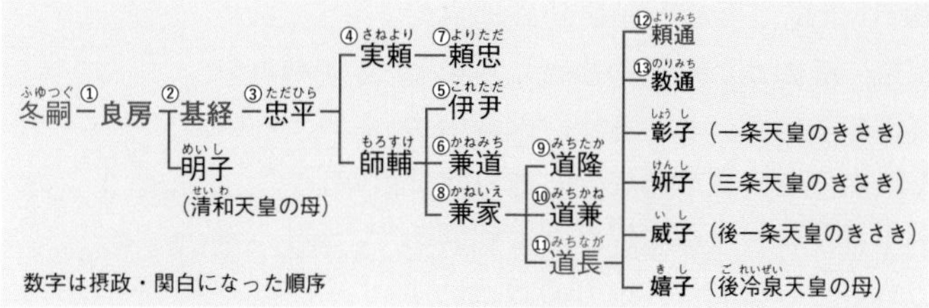

◀藤原氏の系図:9世紀に良房が初めて摂政になり,基経が初めて関白になった。

貴族の政治

●**摂政《せっしょう》・関白《かんぱく》**…**藤原氏**は,大化《たいか》の改新《かいしん》を中心となって行った中臣《なかとみの》(藤原《ふじわらの》)鎌足《かまたり》の子孫で,鎌足の子である藤原不比等《ふひと》が大宝律令《たいほうりつりょう》の制定《せいてい》につくして以来,朝廷《ちょうてい》の高い位についていった。

▶菅原道真などほかの有力な貴族をしりぞけて,9世紀の後半には,摂政や関白という重要な役職《やくしょく》につき,政治の実権《じっけん》をにぎった。

▶天皇が幼《おさな》いときには摂政,成人してからは関白となって,天皇にかわって政治を行った。10世紀の後半からは,藤原氏が代々摂政・関白の地位につくようになった。

●**藤原氏の全盛《ぜんせい》**…藤原氏の勢《いきお》いがもっともさかんになったのは,11世紀の初め,**藤原道長**とその子**藤原頼通《よりみち》**のときだった。このころ,藤原氏は,娘《むすめ》を次々と天皇のきさきにして天皇とのつながりを強め,うまれた子を次の天皇に立て,その天皇が幼いときは摂政,成人してからは関白となり,天皇にかわって政治を行った。これを**摂関《せっかん》政治**という。

▶道長は,4人の娘を次々と天皇にとつがせ,一族を朝廷のおもな役職《やくしょく》につけて,思うがままに権勢《けんせい》をふるった。道長は,その得意な気持ちを満月(もち月)にたとえて,次のような歌をよんだ。

史料 もち月の歌

この世をば　わが世とぞ思ふ《(う)》　もち月の
かけたることも　なしと思へ《(え)》ば

この世の中は自分のためにあるようなものだ。満月が欠《か》けていないように,私は最高に満足している。

用語

菅原道真

菅原道真は学問にすぐれた貴族で,朝廷の高い位についたが,901年,藤原氏によって大《だ》宰府《ざいふ》に追放された。のち天神《てんじん》様《さま》として神社にまつられ,現在《げんざい》では学問の神様として信仰《しんこう》されている。

●**地方政治の乱《みだ》れ**…10 世紀になると，朝廷《ちょうてい》は地方の政治《せいじ》を国司《こくし》にまかせ，そのかわり決められた税《ぜい》を朝廷に送らせるようにしていた。ところが，国司の中には，決められた以上の重い税を農民から取り立て，自分の収入《しゅうにゅう》を増《ふ》やす者がいた。藤原《ふじわら》氏が都で朝廷の高い位をひとりじめしている間に，地方の政治はこうして乱れていった。

●**荘園《しょうえん》の広がり**…地方の豪族《ごうぞく》や有力な農民は，開墾《かいこん》を進めて私有地《しゆうち》を広げたが，その土地にかかる税の負《ふ》担《たん》を逃《のが》れるためや，国司にその土地をとり上げられないように，藤原氏などの有力な貴族や寺社に私有地を寄進《きしん》して，荘園の領主《りょうしゅ》になってもらい，自分たちはその荘園の管理者となった。こうして全国に荘園が増えていった。

▶荘園の領主である貴族や寺社の力を背景《はいけい》に，国におさめる税《ぜい》を免除《めんじょ》されたり(**不輸《ふゆ》の権**)，役人が荘園に入ることを断《ことわ》ったりする権利(**不入《ふにゅう》の権**)を朝廷から認《みと》められる荘園も現れた。

▶荘園の領主と国司の間には，争いが起こるようになった。12 世紀前半になると，荘園が勢《いきお》いよく増えたため，国司が支配《しはい》する土地は減少《げんしょう》した。

●**貴族の政治《せいじ》**…藤原氏が動かした朝廷の政治は，年中行事などの儀式《ぎしき》や以前からのしきたりを重んじた。摂政《せっしょう》や関白《かんぱく》となった藤原氏は，ほかの貴族たちの位や役職《やくしょく》を決める力をもっていたので，収入の多い国司などの役職につきたい貴族は，藤原氏にとり入ろうとして，おくり物を届《とど》けた。また，藤原氏は，寄進された荘園からも収入があった。こうして，朝廷の仕事による収入のほかにも多くの収入を得て，ぜいたくな生活を送っていた。

参考

戸籍《こせき》のうそ

このころの戸籍には，不自然に女子が多い家族がみうけられる。成年男子が負った調《ちょう》・庸《よう》は，とても重い負担だったため，一家の戸籍をいつわって届《とど》ける農民が増えた。

参考

国司の横暴《おうぼう》

尾張国《おわりのくに》(愛知県《あいち》)の国司だった藤原元命《もとなが》は，重い税をかけて自分の収入を増やした。988年，尾張国の郡司《ぐんじ》や農民が元命の悪政《あくせい》を朝廷にうったえ，元命は国司をやめさせられた。

参考

道長にとり入る貴族たち

藤原道長が自分の寺である法成寺《ほうじょうじ》を建てたとき，国司たちが費用《ひよう》を出した。また，道長のやしきが焼けて建てなおすとき，国司の1人は，新しいやしきに必要な家具をすべて買いそろえて運びこませたという。

入試ポイント

- 8世紀の終わり，**平安京**(京都)に都が移《うつ》された。
- やがて貴族の**藤原氏**が**摂政**・**関白**になって**摂関《せっかん》政治**を始めた。
  →**藤原道長**・**頼通**のときもっとも栄えた。

貴族の文化

●**日本風の文化**…遣唐使《けんとうし》は，９世紀の終わりごろ停止《ていし》された。その結果，日本には中国《ちゅうごく》の文化の影響《えいきょう》が少なくなり，藤原氏らの貴族の生活の中から，**日本風の文化（国風《こくふう》文化）**がうまれた。たとえば，貴族の服装《ふくそう》は，それまで中国風だったが，男子の正装《せいそう》は束帯《そくたい》，女子は十二単《じゅうにひとえ》（女房装束《にょうぼうしょうぞく》）などの日本風のものに変わった。

▶**束帯**…そで口が開いているため，湿気《しっけ》の多い日本の気候に適《てき》している。

▶**十二単**…色違《いろちが》いの衣を重ね着している。

▲貴族の服装：大和絵の手法でえがかれた絵巻物《えまきもの》の絵で，左は直衣《のうし》すがたの藤原道長，右は十二単を着た貴族の女性《じょせい》である。

●**寝殿造《しんでんづくり》**…貴族のやしきも，日本風の寝殿造になった。やしきの中のびょうぶ・ふすまには，やわらかい線と美しい色の大和絵《やまとえ》がえがかれた。部屋の中では，奈良《なら》時代までは机《つくえ》といすを使っていたが，寝殿造では板の間にところどころ畳《たたみ》や敷物《しきもの》をしき，座《すわ》ってくらすようになった。

参考

遣唐使の停止

菅原道真は，唐の国内が乱れてきたこと，航海《こうかい》が危険《きけん》なことなどを理由に，遣唐使の停止をうったえた。この意見が認められ，894年に遣唐使は停止された。

◀寝殿造：寝殿には主人が住んだ。廊下《ろうか》でつながった東対《ひがしのたい》や西《にしの》対《たい》には家族が住んだ。庭には水を引き入れて池をつくり，舟《ふね》をうかべた。

●**大和絵**《やまとえ》…それまでの中国風の絵とちがって，日本の自然や生活の様子がえがかれた。大和絵の手法で『**源氏物語絵巻**《げんじものがたりえまき》』などの絵巻物《えまきもの》が数多くつくられている。また，びょうぶ・ふすまにえがかれることも多かった。

●**かな文字**…それまで文字は漢字を使っていたが，平《へい》安《あん》時代になると，かな文字が発明され，日本語の発音がそのまま表現できるようになった。

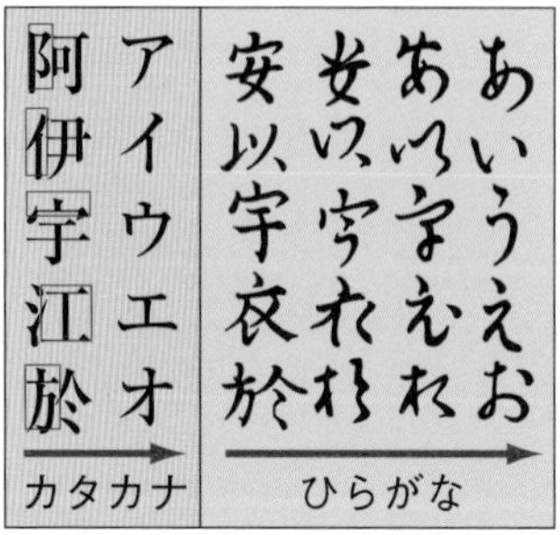

▲かな文字の発達

ひらがなは漢字をくずした形から，カタカナは漢字の一部の形からつくられた。

▶ 10 世紀には，かな文字を使った『**古今和歌集**《こきんわかしゅう》』が編《へん》さんされ，かぐや姫《ひめ》で有名な日本最古の物語『**竹取**《たけとり》**物語**』などが書かれた。

▶藤原氏は，天皇《てんのう》のきさきになった娘《むすめ》に教養のある女性《じょせい》を教育係としてつけた。その女性たちの中から，かな文字で物語・日記・随筆《ずいひつ》などのすぐれた文学を書く者が現れた。中でも，**紫式部**《むらさきしきぶ》が，光源《ひかるげん》氏《じ》という貴族《きぞく》を主人公に貴族たちの生活や気持ちをえがいた『**源氏物語**』は，世界的にも有名な小説である。また，**清少納言**《せいしょうなごん》は『**枕草子**《まくらのそうし》』という随筆を書き，宮中の生活や自然の様子を細やかに表した。

●**浄土信仰**《じょうどしんこう》…阿弥陀如来《あみだにょらい》にすがって，死後に極楽《ごくらく》浄土へうまれ変わることを願う浄土信仰が広まった。

◀平等院鳳凰堂《びょうどういんほうおうどう》（京都府《きょうと》宇治《うじ》市）：藤原道長《ふじわらのみちなが》の子・頼通《よりみち》が，極楽浄土をこの世に再現《さいげん》しようとしてつくった阿弥陀堂。本尊《ほんぞん》の阿弥陀如来像《ぞう》は，平安時代を代表する彫刻《ちょうこく》である。

☑ まとめチェック

知識を整理・確認しよう！

① 聖徳太子《しょうとくたいし》と飛鳥《あすか》文化

□ ① 6世紀に物部《もののべ》氏をたおし，聖徳太子と協力して政治《せいじ》を進めた豪族《ごうぞく》は何氏か。

□ ② 才能《さいのう》や手がらのある人を朝廷《ちょうてい》の役人としてとり立てるため，聖徳太子が定めた制度《せいど》を何というか。

□ ③ 聖徳太子が斑鳩《いかるが》の地に建てた，釈迦三尊像《しゃかさんぞんぞう》などの仏像がおさめられた寺院を何というか。

② 大化《たいか》の改新《かいしん》と大宝律令《たいほうりつりょう》

□ ① 中臣鎌足《なかとみのかまたり》とともに蘇我氏をたおし，大化の改新を始めた人物はだれか。

□ ② 大化の改新で示《しめ》された，皇族《こうぞく》や豪族のもっていた土地と人民を，すべて朝廷のものにする方針《ほうしん》を何というか。

□ ③ 天智天皇《てんじてんのう》が亡《な》くなった後，皇位《こうい》をめぐる壬申《じんしん》の乱《らん》に勝利して即位《そくい》した天皇はだれか。

□ ④ 701年に定められ，二官八省《にかんはっしょう》のしくみや国・郡・里のしくみを設《もう》けた法令を何というか。

③ 奈良《なら》の都と天平《てんぴょう》文化

□ ① 唐《とう》の都長安《ちょうあん》にならって，710年に奈良につくられた都を何というか。

□ ② 仏教《ぶっきょう》の力で世の中の不安をしずめようと考えて，国ごとに国分寺《こくぶんじ》と国分尼寺《こくぶんにじ》を建てさせた天皇はだれか。

□ ③ 正しい仏教の教えを伝えるために唐から招《まね》かれ，奈良に唐《とう》招提寺《しょうだいじ》を開いた僧《そう》はだれか。

④ 平安の都と貴族の栄え

□ ① 遣唐使《けんとうし》とともに中国《ちゅうごく》にわたって新しい仏教を学び，帰国後に比叡山《ひえいざん》に延暦寺《えんりゃくじ》を建てて天台宗《てんだいしゅう》を広めた僧はだれか。

□ ② 10世紀の後半から，代々摂政《せっしょう》・関白《かんぱく》の地位につくようになった貴族は何氏か。

□ ③ 貴族のやしきに見られる，池のある庭を中心に建物が廊下《ろうか》でつながれた建築《けんちく》様式を何というか。

□ ④ かな文字を使って『枕草子』を書いた女性《じょせい》はだれか。

答え

①

① 蘇我氏《そがし》

② 冠位十二階《かんいじゅうにかい》

③ 法隆寺《ほうりゅうじ》

②

① 中大兄皇子《なかのおおえのおうじ》

② 公地《こうち》・公民《こうみん》

③ 天武《てんむ》天皇

④ 大宝律令

③

① 平城京《へいじょうきょう》

② 聖武《しょうむ》天皇

③ 鑑真《がんじん》

④

① 最澄《さいちょう》

② 藤原氏

③ 寝殿造《しんでんづくり》

④ 清少納言

力だめしの問題 入試標準レベル

解答➡p.626

1 次の問いに答えなさい。

(1) 法興寺《ほうこうじ》(飛鳥寺《あすかでら》)をつくった人物は，聖徳太子《しょうとくたいし》や推古天皇《すいこてんのう》に協力して政治《せいじ》を行いました。この人物の名前を，漢字で答えなさい。【品川女子学院中等部】

(　　　　　)

(2)『日本書紀《にほんしょき》』は720年に完成した歴史書である。『日本書紀』に書かれているできごととして誤《あやま》っているものを次から1つ選び,記号で答えなさい。【成城学園中】

ア　桓武《かんむ》天皇が平安京《へいあんきょう》に都を移《うつ》した。

イ　天武《てんむ》天皇が壬申《じんしん》の乱《らん》に勝利した。

ウ　中大兄皇子《なかのおおえのおうじ》が蘇我《そが》氏を滅《ほろ》ぼした。

エ　聖徳太子が十七条《じゅうしちじょう》の憲法《けんぽう》をつくった。　(　　)

(3) 次のア～エのできごとを，古い順に記号で並《なら》べかえなさい。【女子学院中・改】

(　　→　　→　　→　　)

ア　大化《たいか》の改新《かいしん》が始められた。　イ　仏教《ぶっきょう》が正式に伝わった。

ウ　『古事記《こじき》』が完成した。　エ　遣隋使《けんずいし》が派遣《はけん》された。

(4) 天武天皇について述《の》べた次の文から，正しいものを1つ選び，記号で答えなさい。【穎明館中】　(　　)

ア　中国《ちゅうごく》に遣隋使を派遣し，「日本国王」に任命《にんめい》された。

イ　中大兄皇子の弟にあたり，壬申の乱に勝利して天皇に即位《そくい》した。

ウ　中臣鎌足《なかとみのかまたり》と協力して，蘇我蝦夷《えみし》・入鹿《いるか》をたおした。

エ　推古天皇のおいにあたり，蘇我氏とともに物部《もののべ》氏を滅ぼした。

(5) 奈良《なら》時代のできごとについて述べた次の文のうち，内容が正しいものを1つ選び，記号で答えなさい。【西武学園文理中】　(　　)

ア　桓武天皇は，仏教の力で国を平和におさめようとして大仏《だいぶつ》や国分寺《こくぶんじ》をつくることを命じた。

イ　日本に招《まね》かれた行基《ぎょうき》によって，平城京《へいじょうきょう》に唐招提寺《とうしょうだいじ》がつくられた。

ウ　菅原道真《すがわらのみちざね》の提案《ていあん》によって，遣唐使《けんとうし》の廃止《はいし》が決まった。

エ　墾田永年私財法《こんでんえいねんしざいほう》が出されたことで，それまでの公地《こうち》・公民《こうみん》がくずれることになった。

(6) 藤原氏が政権《せいけん》を担当《たんとう》した時代(9世紀後半から11世紀前半ころまで)のものではないものを，次から1つ選び，記号で答えなさい。【白百合学園中】　(　　)

ア　徒然草《つれづれぐさ》　イ　枕草子《まくらのそうし》　ウ　源氏《げんじ》物語

エ　古今和歌集《こきんわかしゅう》　オ　竹取《たけとり》物語

2 次の問いに答えなさい。

(1) 法隆寺《ほうりゅうじ》を建てた人物について，正しい文を次から1つ選び，記号で答えなさい。【江戸川女子中】　(　　　)

ア　院政《いんせい》を開始した。　　イ　中国に小野妹子《おののいもこ》を派遣した。

ウ　壬申の乱に勝利した。　　エ　平安京に都を移《うつ》した。

(2) 中大兄皇子(天智《てんじ》天皇)の説明として正しい文を次から1つ選び，記号で答えなさい。ただし，すべて誤っている場合はオで答えなさい。【江戸川女子中】

ア　冠位十二階《かんいじゅうにかい》の制度《せいど》を定めた。　(　　　)

イ　弟の大海人皇子《おおあまのおうじ》と天皇の地位をめぐって戦った。

ウ　大宝律令《たいほうりつりょう》を制定した。

エ　中臣鎌足とともに政治改革《かいかく》を行った。

(3) 右の資料を読んで，次の問いに答えなさい。【城西川越中】

> 天平《てんぴょう》十五年，**a** 仏教をおこす大きな願いとして，**b** 盧舎那仏《るしゃなぶつ》の金銅像《こんどうぞう》一体をつくる。国中のすべての銅を使って仏像をつくり，大きな山を削《けず》って仏殿《ぶつでん》を建《けん》設《せつ》し，広く世界に広めてわたしの仏《ほとけ》の道への貢献《こうけん》としたい。

①この資料の詔《みことのり》を出した「わたし」とは，だれのことか答えなさい。

(　　　　　　)

②下線部 **a** に関して，渡航《とこう》の失敗を重ねて失明しながらも唐から来日し，日本の僧《そう》の制度を整えた人物として，適当《てきとう》なものを次から1つ選び，記号で答えなさい。　(　　　)

ア　最澄《さいちょう》　　イ　行基　　ウ　鑑真《がんじん》　　エ　空海《くうかい》

③下線部 **b** に関して，この大仏がつくられた寺院として，適当なものを次から1つ選び，記号で答えなさい。　(　　　)

ア　東大寺《とうだいじ》　　イ　興福寺《こうふくじ》　　ウ　法隆寺　　エ　唐招提寺

(4) 阿波国《あわのくに》(徳島《とくしま》県)には，平安時代の民衆《みんしゅう》たちの戸籍《こせき》をいつわっていた様子がわかる資料が残されています。戸籍がどのようにいつわられていたと考えられますか。右の**資料1・2**を参考にして，目的とともに，文章で説明しなさい。【洗足学園中】

資料1

5戸　435人	男	59人
	女	376人

(902年『阿波国板野郡田上郷延喜二年戸籍』より作成)

資料2

租	稲の収穫《しゅうかく》の約3%をおさめる。	おもに諸国に貯蔵《ちょぞう》される。
調	絹や魚などの特産物をおさめる。	成年男性にかかる。都まで運ぶ。
庸	労役のかわりに麻の布を約8mおさめる。	（調・庸に共通）

(　　　　　　　　　　　　　　　　　　　　)

(5) 次の歌をよんだ人物名を答えなさい。　(　　　　　)

この世をば　わが世とぞ思ふ　もち月の　かけたることもなしと思へば

チャレンジ問題 入試発展レベル

解答➡p.627

★は最高レベル

1 次の文を読んで，あとの問いに答えなさい。【星野学園中・改】

日本はまわりを海に囲《かこ》まれ，早くから他地域《ちいき》との交易《こうえき》に利用してきました。また年間降水量《こうすいりょう》も約6400億m^3にもおよび，そのうちの約800億m^3が水資源《みずしげん》として利用されています。

⑴ 縄文《じょうもん》時代の貝塚《かいづか》を調べると，当時の人々の生活などを推測《すいそく》することができます。これ以外にも貝塚から，当時の様子がわかることがあります。それは何ですか。「当時の～線」の形に合うように答えなさい。

（当時の　　　　　　線）

⑵ 弥生《やよい》時代になると，大陸から伝わった水稲耕作《すいとうこうさく》が日本各地に広まりました。水の利用をさかんに行う水田の遺跡《いせき》として有名な福岡《ふくおか》県の遺跡は何ですか。次から1つ選び，記号で答えなさい。（　　）

ア 登呂《とろ》遺跡　イ 三内丸山《さんないまるやま》遺跡　ウ 板付《いたづけ》遺跡
エ 野尻湖《のじりこ》遺跡　オ 吉野ヶ里《よしのがり》遺跡

⑶ 607年に中国《ちゅうごく》王朝と国交を開き，進んだ制度《せいど》や文化を学ぶために海をわたった遣隋使《けんずいし》はだれですか。漢字4字で答えなさい。（　　　　）

⑷ 天智天皇《てんじてんのう》は，即位《そくい》した都で日本で初めて水時計をつくり，人々に時刻《じこく》を知らせる制度《せいど》をつくりました。この都を次から選び，記号で答えなさい。（　　）

ア 藤原京《ふじわらきょう》　イ 長岡京《ながおかきょう》　ウ 恭仁京《くにきょう》　エ 大津宮《おおつのみや》

⑸ 奈良時代のできごとについて述《の》べた文の中で，誤《あやま》っているものを，次から1つ選び，記号で答えなさい。（　　）

ア 律令《りつりょう》によって，農民たちは水産物など地域の特産品を調としておさめていた。

イ 各地で池や橋などをつくっていた鑑真《がんじん》らは，人々に仏教《ぶっきょう》を説いていたため，朝廷《ちょうてい》から活動を禁《きん》じられた。

ウ 新しく水路をつくって田畑を開いた場合に，期限《きげん》つきで田畑の私有《しゆう》を認《みと》めた三世一身《さんぜいっしん》の法が出された。

エ インドや西アジアの文化的な品物がシルクロードを通り，遠く海をわたって東大寺《とうだいじ》の正倉院《しょうそういん》に所蔵《しょぞう》された。

⑹ 川や湖は古くから人々の移動《いどう》や物資《ぶっし》の輸送《ゆそう》に利用されました。水が得やすく，水陸の交通の便のよさなどから京都盆地《きょうとぼんち》の平安京《へいあんきょう》に遷都《せんと》した天皇はだれですか。漢字で答えなさい。（　　　　）

2 次の問いに答えなさい。【トキワ松学園中・日本女子大附中】

(1) 日本の成り立ちと外国とのかかわりについて松子さんは調べてみました。右のアとイは中国の歴史書をもとにつくった資料《しりょう》です。この文を読み，次の問いに答えなさい。

> ア　1世紀のなかば，倭《わ》(日本)の奴《な》という**a** くにの王が使いの者を送ってきて，皇帝から金印をさずけられた。
>
> イ　3世紀，人々は稲《いね》や麻《あさ》を植え，**b** 蚕《かいこ》を飼《か》い，織り物をつくっている。気候はあたたかく，年中生の野菜を食べ，はだしで歩いている。…女王の［ **c** ］は，神のお告《つ》げをもとに政治を行い，弟が助けている。

①下線部 **a** について，吉野ヶ里遺跡は，くにの王が住む集落だったといわれています。この遺跡がある都道府県名を漢字で答えなさい。（　　　　）

②下線部 **b** から，どのような織《お》り物をつくっていたと考えられるか答えなさい。（　　　　）

③ **c** にあてはまる女王の名前を答えなさい。（　　　　）

(2) 朝鮮《ちょうせん》半島や中国から，渡来人《とらいじん》が日本に移《うつ》り住むようになって，日本の王や豪《ごう》族《ぞく》は渡来人をどう役立てたか説明しなさい。

（　　　　）

(3) 右の史料は，「ワカタケル」が書いた手紙です。この手紙はだれにあてたものか，正しいものを次から1つ選び，記号で答えなさい。（　　　）

ア　豪族　　イ　天皇

ウ　将軍《しょうぐん》　　エ　中国の皇帝《こうてい》

> わたしの祖先《そせん》は，みずからよろいやかぶとを身につけ，山や川をかけめぐり，東は55国，西は66国，さらに海をわたって95国を平定しました。

(4) 日本では国をまとめるために，外国から伝わった宗教《しゅうきょう》を利用した時代があったことに，松子さんは気づきました。

①聖徳太子《しょうとくたいし》が行った政治を述べた文として誤っているものを，次から1つ選び，記号で答えなさい。（　　）

ア　法隆寺《ほうりゅうじ》を建てて，仏教の教えを人々の間に広めようとした。

イ　冠位十二階《かんいじゅうにかい》を定め，能力《のうりょく》や功績《こうせき》で役人を取り立てることにした。

ウ　役人の心構《こころがま》えを示《しめ》すために，十七条《じゅうしちじょう》の憲法《けんぽう》を定めた。

エ　国づくりのための制度や学問などを取り入れるために，蘇我入鹿《そがのいるか》を遣隋使として派遣《はけん》した。

②聖武《しょうむ》天皇は仏教の力で国をおさめようと考え，奈良に大仏をつくることを命令しました。そのとき，大仏づくりの中心として活躍《かつやく》した僧《そう》の名を答えなさい。（　　　　）

3 次の文を読んで，あとの問いに答えなさい。【市川中】

縄文《じょうもん》時代，木の実などの食料は，地面に掘《ほ》った穴《あな》や土器に入れて保存《ほぞん》されていました。弥生《やよい》時代に稲作《いなさく》が広く行われるようになると，**a** 米を保存するための建物がつくられるようになりました。この建物はむら全体で何棟《むね》かを共有するのがふつうで，**b** 静岡《しずおか》県の登呂遺跡《とろいせき》では2棟あったとされています。

飛鳥《あすか》時代になると，**c** 朝鮮《ちょうせん》半島から伝わった仏教《ぶっきょう》が権力者《けんりょくしゃ》の保護《ほご》を受けて広まりました。寺院建築《けんちく》の技術《ぎじゅつ》も伝わり，屋根にかわらを用いた大規模《きぼ》な寺院が天皇《てんのう》や皇族，豪族《ごうぞく》によってさかんにつくられました。代表的な寺院には **d** 飛鳥寺《あすかでら》や四天王寺《してんのうじ》などがあります。一方で，庶民《しょみん》の住居にはたて穴住居《あなじゅうきょ》が使われていました。

平安《へいあん》時代の貴族《きぞく》たちは，［ ※ ］のやしきでくらしていました。これは，塀《へい》に囲まれた広いしき地にならんだいくつかの建物を，わたり廊下《ろうか》でつないだ建築《けんちく》様式です。平安時代半ばに貴族の間で浄土信仰《じょうどしんこう》が広まると，阿弥陀堂《あみだどう》がさかんに建てられました。代表的な阿弥陀堂である平等院鳳凰堂《びょうどういんほうおうどう》にも［ ※ ］の影響《えいきょう》が見られます。

(1) ［ ※ ］にあてはまる語句《ごく》は何ですか，漢字で答えなさい。　(　　　　)

(2) 下線部 **a** について，次の問いに答えなさい。

①この建物を真正面，もしくは真横から見たときの形を，右の図にえがきなさい。

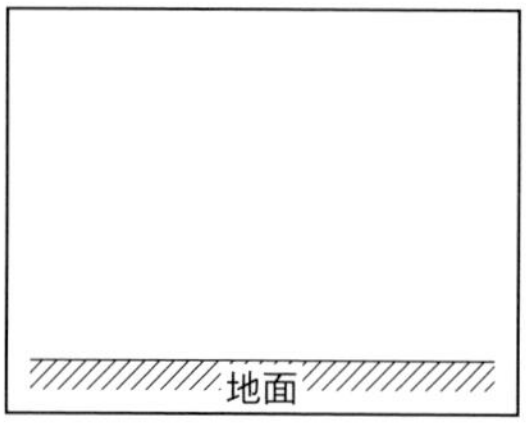

②この建物が米の保存に適《てき》していたのはなぜですか，①でえがいた図にもとづいて説明しなさい。

(　　　　　　　　　　　　　　　　)

(3) 下線部 **b** について，これと同時代の遺跡の説明として正しいものはどれですか，次から1つ選び，記号で答えなさい。　(　　)

ア　青森《あおもり》県の三内丸山《さんないまるやま》遺跡からは，巨大《きょだい》な掘立柱《ほったてばしら》の跡《あと》が発掘《はっくつ》された。

イ　群馬《ぐんま》県の岩宿《いわじゅく》遺跡からは，石を打ち欠いてつくった打製《だせい》石器が発掘された。

ウ　長野《ながの》県の野尻湖《のじりこ》遺跡からは，ナウマンゾウの化石が発掘された。

エ　佐賀《さが》県の吉野ヶ里《よしのがり》遺跡から，この時代としては国内最大級の環濠《かんごう》集落の跡が発掘された。

★(4) 下線部 **c** について，高句麗《こうくり》《コグリョ》の王の功績《こうせき》をたたえる碑文《ひぶん》には，日本が4世紀末に朝鮮半島南部に進出し，百済《くだら》《ペクチェ》と手を組んで高句麗や新羅《しらぎ》《シルラ》と戦ったことが記録されています。このときに日本を破《やぶ》ったとされる高句麗の王はだれですか，漢字で答えなさい。　(　　　　)

(5) 下線部 **d** について，これらと同じ時期につくられた，現存する世界最古の木造《もくぞう》建築とされている寺院は何ですか，漢字で答えなさい。　(　　　　)

4 **日本仏教の歴史に関する右の文章を読んで，次の問いに答えなさい。**

【関東学院中・神奈川学園中・改】

> 仏教は［ a ］年ごろ朝鮮半島から日本に伝わりました。日本に伝わった仏教は奈良《なら》時代になると政治との結びつきが強くなっていきました。それは奈良時代の都，平城京《へいじょうきょう》に多くの寺院が建てられたことからも想像《そうぞう》することができます。しかし，平安時代の都，平安京《へいあんきょう》には大きな寺院の建設が厳《きび》しく制限《せいげん》されました。平安時代に始まった仏教は奈良時代の仏教とは異《こと》なる新しい仏教です。例えば，［ b ］が中国《ちゅうごく》からもたらした真言宗《しんごんしゅう》があります。彼が建てた寺院は平安京の外にあります。しかし，現在《げんざい》の京都《きょうと》市内には観光客が訪れる多くの寺院があります。

⑴ 本文中の**a**・**b**にあてはまる数字・語句を次から1つずつ選び，記号で答えなさい。

a（　　　）　**b**（　　　）

ア　350　　イ　450

ウ　550　　エ　650

オ　一遍《いっぺん》　　カ　空海《くうかい》

キ　最澄《さいちょう》　　ク　親鸞《しんらん》

⑵ 日本に仏教が伝わった当時の様子として正しいものを，次から1つ選び，記号で答えなさい。（　　　）

ア　日本は百済との交流があった。

イ　聖徳太子《しょうとくたいし》(厩戸皇子《うまやどのおうじ》)が政治を行っていた。

ウ　天平《てんぴょう》文化が広がりを見せていた。

エ　中国から鑑真《がんじん》が訪《おとず》れて仏教を伝えた。

⑶ 平安時代のできごと**A**～**C**を時代順に正しく並《なら》べているものを，あとから1つ選び，記号で答えなさい。（　　　）

A　藤原氏の摂関《せっかん》政治が全盛《ぜんせい》をむかえた。　**B**　遣唐使《けんとうし》が停止された。

C　桓武《かんむ》天皇が政治を行った。

ア　**A→B→C**　　イ　**A→C→B**

ウ　**B→A→C**　　エ　**B→C→A**

オ　**C→A→B**　　カ　**C→B→A**

★⑷ 右の資料①と②は，ある考え方をもとにつくられました。その考えとして適切なものを次から1つずつ選び，記号で答えなさい。

①（　　　）　②（　　　）

ア　題目を唱え，社会をよくする。

イ　死後，仏《ほとけ》によって浄土に導《みちび》かれる。

ウ　座禅《ざぜん》を組み，さとりを得る。

エ　仏教の力で国を守る。

第2章 中世・近世の日本

1 武士の政治

学習のポイント

- 武士《ぶし》はどのような活躍《かつやく》をして成長していったのかとらえているか。 ➡p.368
- 都市と農村にはどのような変化がうまれたのか理解《りかい》しているか。 ➡p.376
- 下剋上《げこくじょう》へと変化していく武士の社会の様子をおさえているか。 ➡p.383

1 武士の成長

武士のおこりと院政《いんせい》

- **地方の豪族《ごうぞく》**…私有地《しゆうち》を広げていった豪族や有力な農民は，私有地を貴族《きぞく》や寺社に寄進《きしん》して**荘園《しょうえん》**にしたり，国司が支配する土地（公領）を管理する役人になったりして，富《とみ》を蓄《たくわ》え，力をのばしていった。
- **武士のおこり**…豪族や有力な農民や国司は，ほかの豪族との争いやおたがいの戦いなどにそなえる必要があった。そこで，自分の土地や財産《ざいさん》を守るため，一族の者や手下の農民にも刀や弓矢などの武器をもたせ，武芸の訓練をするようになった。これが武士のおこりである。

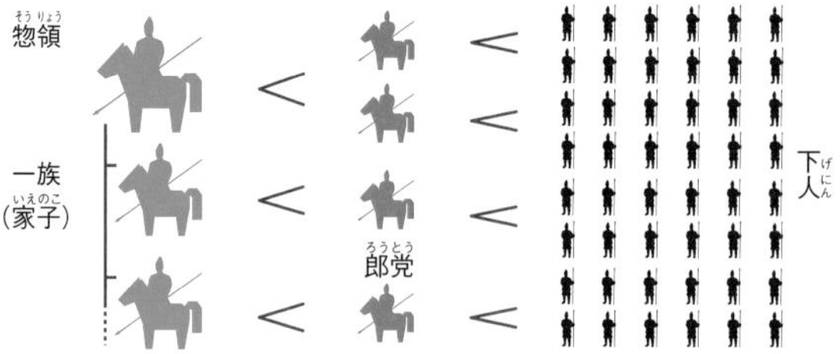

▲武士団のしくみ

- **源氏《げんじ》と平氏《へいし》**…貴族の中には，中央から役人として派遣され，そのままその地方に住みつき，地元の武士のかしらになる者もいた。その代表が源氏と平氏である。これらの一族を**武士団《ぶしだん》**という。

参考
公地《こうち》・公民《こうみん》の終わり
地方の豪族が私有地を広げ，荘園が増加《ぞうか》すると，国が農民に口分田《くぶんでん》を割《わ》りあてて税《ぜい》をおさめさせるという大宝律令《たいほうりつりょう》のきまりは行われず，大化《たいか》の改新《かいしん》以来の公地・公民はくずれた。

参考
武士の棟梁《とうりょう》
地方の武士たちは，源氏や平氏などの力の強いかしらを中心に大きなまとまり（武士団）をつくった。かしらを棟梁とよび，惣領などを配下においた。11世紀の後半，源義家《みなもとのよしいえ》は，後三年《ごさんねん》合戦をしずめ，朝廷《ちょうてい》にかわって武士に恩賞《おんしょう》をあたえたため，関東《かんとう》地方の多くの武士に信頼《しんらい》された。

●**武士団の活躍《かつやく》**…源氏や平氏は，朝廷の命令をうけて都で天皇のすまいや藤原《ふじわら》氏のやしきの警備《けいび》をつとめた。武士たちをひきいて，地方豪族の反《はん》乱《らん》をしずめることもあった。こうして，朝廷や藤原氏のために働きながら勢《いきお》いをのばしていった。

▲豪族のやしきの門の前：門の前に豪族の家来がすわり，その１人は矢を背負《せお》い，弓を板べいに立てかけて，門を守っている。門の上には，やぐらがつくってある。

参考

僧兵《そうへい》

多くの荘園をもった寺院は，武装《ぶそう》した僧をかかえて，むりやり要求を通そうとするようになった。こうした僧を僧兵という。

●**武士の反乱**…地方で武士の反乱が起こるようになると，朝廷はこの反乱をしずめるために武士たちの力を借りたため，武士は重く用いられるようになった。

▶10世紀，関東で**平将門《たいらのまさかど》**，瀬戸内《せとうち》で**藤原純友《ふじわらのすみとも》**を中心とする武士の反乱が起こった。

▶11世紀に東北《とうほく》で起こった前九年合《ぜんくねんかっ》戦《せん》と後三年《ごさんねん》合戦を，源氏の**源義家**らがしずめたことから，関東の武士と源氏の結びつきが強まった。

▶東北地方では，平泉《ひらいずみ》(岩手《いわて》県)を中心にして，**奥州《おうしゅう》藤原氏**が3代約100年間栄えた。

▲奥州藤原氏の栄えた平泉にある中尊寺金色堂《ちゅうそんじこんじきどう》：現在の金色堂はコンクリートの覆堂《ふくどう》で保護《ほご》された中にある。

●**院政**…武士の成長とともに，藤原氏から天皇《てんのう》へ実権《じっけん》をとりもどそうとする動きが起こった。11世紀の後半には**白河上皇《しらかわじょうこう》**が，天皇の位を幼《おさな》い皇子にゆずった後もみずから政治を行った。これを院政といい，武士はますます重んじられるようになった。

用語

上皇

天皇の地位を退《しりぞ》いた人のこと。11世紀の後半から鎌倉《かまくら》時代まで，天皇の父や祖父《そふ》にあたる上皇が，天皇より強い力をもって政治《せいじ》を行った。上皇の御所《ごしょ》を院とよんだので，上皇の政治を院政という。

入試ポイント

〈武士のおこり〉

● 藤原氏が栄えていたころ，地方で武士がおこった。
● **源氏**と**平氏**が有力。朝廷に用いられて力をつけた。

平氏《へいし》の政治《せいじ》と源平《げんぺい》の戦い

●**2つの内乱**…12世紀の中ごろ，皇室《こうしつ》は天皇《てんのう》と上皇《じょうこう》が争い，藤原《ふじわら》氏でも兄弟が対立して，それぞれ源氏《げんじ》と平氏の武力を利用して戦った。これを**保元《ほうげん》の乱《らん》**という。この乱で藤原氏の力はおとろえる一方，源氏と平氏は地位を高めた。次いで，平氏のかしらである平清盛《たいらのきよもり》が，源氏のかしらである源義朝《みなもとのよしとも》をやぶり，その子の源頼朝《よりとも》を伊豆《いず》(静岡《しずおか》県)に追放した。これを**平治《へいじ》の乱**という。

●**平氏の政治**…平治の乱ののち，**平清盛**は朝廷《ちょうてい》で太政《だいじょう》大臣《だいじん》という最高の位につき，武士《ぶし》として初めて政治の実権をにぎった。清盛は，藤原氏と同じように，自分の娘《むすめ》を天皇のきさきにし，そのきさきがうんだ子を天皇にした。平氏の一族は，貴族《きぞく》にかわって朝廷の重要な役職《やくしょく》につき，全国に多くの荘園《しょうえん》をもった。こうして平氏は「平氏でないものは人ではない」と言ったとされるほど勢《いきお》いをふるったため，ほかの武士や貴族の不満が高まっていった。

用語

太政大臣

律令制度《りつりょうせいど》の二官八省における太政官《だいじょうかん》の長官にあたる。それまで藤原良房《ふじわらのよしふさ》・基経《もとつね》・道長《みちなが》などが任じられていた。

●**源頼朝が兵をあげる**…**源頼朝**は，父の源義朝とともに平治の乱で平清盛の軍と戦ったが，戦いに敗れて伊豆(静岡県)に追放され，伊豆の豪族《ごうぞく》である北条時政《ほうじょうときまさ》の娘と結婚《けっこん》した。1180年，平氏をたおす戦いを起こした。はじめ，頼朝は石橋山《いしばしやま》の戦い(神奈川《かながわ》県)に敗れ，船で安房《あわ》(千葉《ちば》県)にのがれたが，その後，平氏の政治に不満をもつ関東《かんとう》の武士を次々と味方につけ，まもなく鎌《かま》倉《くら》に入ってここを根拠地《こんきょち》にした。

▲源平の戦い

参考

日宋貿易《にっそうぼうえき》

平清盛は瀬戸内海《せとないかい》の航路を整え，大輪田泊《おおわだのとまり》(兵庫《ひょうご》県神戸市)を修築《しゅうちく》して，宋(中国《ちゅうごく》)との貿易を活発に行った。

●**平氏の都落ち**…平氏は頼朝をうつための軍勢《ぐんぜい》を出したが，頼朝はこれを富士川《ふじがわ》の戦い(静岡県)で破《やぶ》った。その後，頼朝が鎌倉にとどまって関東に勢力を固めている間に，平清盛は死に，頼朝のいとこの源義仲《よしなか》が平氏を破《やぶ》って京都《きょうと》に入った。平氏は都から西へ落

ちのびた。続いて，頼朝の弟である**源義経《よしつね》**が，一ノ《いちの》
谷《たに》の戦い(神戸《こうべ》市)や屋島《やしま》の戦い(香川《かがわ》県)で平氏の軍勢をやぶり，1185年，壇ノ浦《だんのうら》の戦い(山口《やまぐち》県)で平氏を滅《ほろ》ぼした。

●**源義経**…頼朝が兵をあげたとき，弟の義経は奥州《おうしゅう》藤原氏の**平泉《ひらいずみ》**(岩手《いわて》県)にいたが，兄のもとにかけつけた。やがて後白河法皇《ごしらかわほうおう》のたくらみもあって頼朝と義経は対立し，争いをさけた義経は平泉の奥州藤原氏のもとに逃《のが》れた。しかし，追っ手に攻《せ》められて自害した。

参考

源義仲

義仲は都で朝廷と対立するようになったため，後白河法皇にさそわれた頼朝が，弟の源義経らを都にさしむけ，義仲をたおした。

鎌倉幕府《ばくふ》の成立

●**御家人《ごけにん》**…鎌倉にいた源頼朝は，おもに関東(東国《とうごく》)の武士を家来とし，武士の政府《せいふ》をつくった。頼朝の家来となった武士を御家人という。

▶御家人を統率《とうそつ》する**侍所《さむらいどころ》**，政務《せいむ》や財《ざい》
政《せい》をあつかう**政所《まんどころ》**，裁判《さいばん》をする**問注所《もんちゅうじょ》**などの役所をつくり，おもな御家人や京都から招《まね》いた貴族に役所の仕事をさせた。

▲源頼朝：14歳《さい》で伊豆に追放された。その後，北条時政《ときまさ》の娘《むすめ》政子《まさこ》と結婚し，数え年34歳のとき平氏打倒《だとう》の兵をあげた。この画像《がぞう》は，似絵《にせえ》とよばれる肖《しょう》
像画《ぞうが》で，頼朝像と伝えられたが，現在《げんざい》は別の人物であるという説もある。

●**守護《しゅご》・地頭《じとう》**…1185年，平氏が滅ぶと，頼朝は各地に守護と地頭を置くことを朝廷に認《みと》めさせた。頼朝は御家人を守護や地頭に任命《にんめい》して，支配《しはい》力を全国におよぼそうとした。

▶**守護**…国ごとにおかれ，軍事・警察《けいさつ》の仕事や，その国の御家人を統率する役目をもった。

▶**地頭**…貴族や寺社の荘園や国司《こくし》がおさめる土地(公領《こうりょう》)で，年貢《ねんぐ》の取り立てや警察の仕事を行った。

参考

幕府が鎌倉に置かれた理由

鎌倉は，源氏の守り神である鶴岡八幡宮《つるがおかはちまんぐう》が建つ源氏ゆかりの地。三方を山に囲まれ，南方は相模湾《さがみわん》に面して，敵《てき》から守りやすい地形であった。

●**幕府《ばくふ》の成立**…1192年，源《みなもとの》頼朝《よりとも》は，朝廷《ちょうてい》から，武士《ぶし》のかしらとして**征《せい》夷大将軍《いたいしょうぐん》**(将軍)に任命《にんめい》された。頼朝のつくった武士の政府《せいふ》を**鎌倉《かまくら》幕府**とよび，鎌倉幕府が続いた約140年間を**鎌倉時代**という。

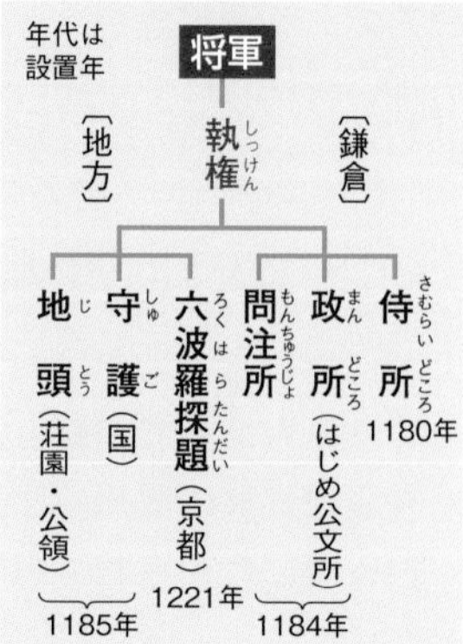

▲鎌倉幕府のしくみ：頼朝が征夷大将軍になる以前からしだいに整えられた。律令《りつりょう》による朝廷のしくみとちがい，頼朝(将軍)が御家人を統率《とうそつ》するため，実情《じつじょう》にあった簡単《かんたん》なものであった。

●**主従《しゅじゅう》関係**…土地(領地《りょうち》)を仲立ちにした**御恩《ごおん》**と**奉公《ほうこう》**という主従関係が，社会のしくみの中心となった。このしくみを**封建制度《ほうけんせいど》**という。御家《ごけ》人《にん》は，頼朝から先祖《せんぞ》以来の領地を認《みと》めてもらい，戦いで手がらを立てて新しい領地をあたえられたりした。これを御恩という。そのかわり，御家人は，京都や鎌倉の警備を行い，戦いのときには「いざ鎌倉」といって将軍や幕府のために命がけで戦った。これを奉公という。

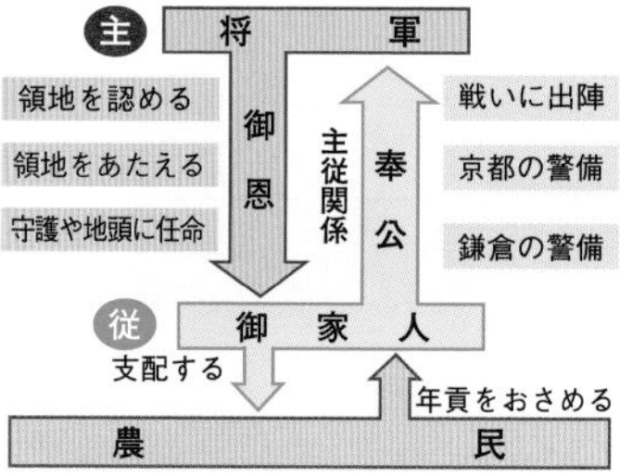

▲御恩・奉公の関係

●**武士のくらし**…御家人は，ふだんは自分の領地のある農村に住み，質素《しっそ》なつくりのやかたでくらしていた。そして，領地の農民をさしずして農業を営《いとな》みながら，戦いにそなえて武芸にはげんだ。

用語

征夷大将軍

武士の総大将《そうだいしょう》。もとは朝廷が東北《とうほく》地方の蝦夷《えみし》をうつ軍隊の総大将にあたえた地位だが，頼朝以後は武士の統率者がこれに任命された。征夷大将軍は幕府の最上位の役職として政治を行った。

参考

一所懸命《いっしょけんめい》

武士は自分で開発した土地から起こったから，その領地を何よりも大切に考えたため，命がけで自分の領地を守る意味の「一所懸命」ということばがうまれた。一生懸命ということばは，ここからできた。

参考

武芸

走る馬の上から弓矢で的を射《い》る笠懸《かさがけ》・やぶさめなどがあった。

入試ポイント

〈鎌倉時代の始まり〉

- **源頼朝**は守護《しゅご》・地頭《じとう》をおき，**征夷大将軍**に任じられた。
- 主従関係を結んだ**御家人**を守護や地頭に任命した。

▲犬追物《いぬおうもの》…動く犬を射る。

▲笠懸…笠の的《まと》を射る。

▲やぶさめ…3つの的をたてつづけに射る。

◀武士のやかた：まわりに堀《ほり》をめぐらし，門の上に弓矢などをそなえた物見やぐらがある。庭には狩《か》りに使う鷹《たか》がいる。

北条《ほうじょう》氏と執権《しっけん》政治

●**執権・北条氏**…源頼朝の死後，その子の頼家，次いで実朝《さねとも》が将軍となったが，その間に，頼朝の妻《つま》，政子《まさこ》の実家である**北条氏**が執権という役職《やくしょく》について幕府の実権をにぎった。そして，3代目の将軍実朝が殺されて源氏《げんじ》の将軍が絶《た》えると，幕府は京都《きょうと》から皇子《おうじ》や貴族をむかえて形だけの将軍とし，北条時政《ときまさ》から代々北条氏が執権として幕府の政治を行った。これを**執権政治**という。

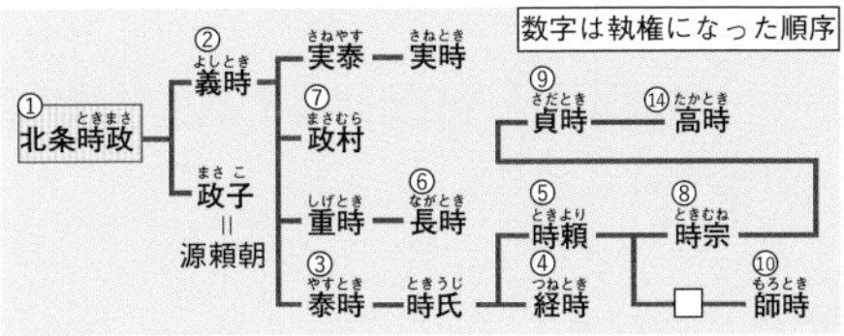

▲北条氏の系図

●**承久《じょうきゅう》の乱《らん》**…京都の朝廷では，**後鳥羽上皇《ごとばじょうこう》**が鎌倉幕府に不満をもち，幕府をたおそうと考えた。源氏の将軍が絶《た》えて幕府の内部が混乱《こんらん》すると，後鳥羽上皇は幕府が弱まったと見て，1221年，執権の北条義時《よしとき》(政子の弟)をうつ命令を全国に出した。しかし，関《かん》東《とう》の御家人たちは北条政子のよびかけで幕府のもとに結束し，京都に攻《せ》めのぼって朝廷方の軍を破《やぶ》った。これを承久の乱という。

▶この結果，幕府の力は関東から西日本(西国《さいごく》)にまでおよんだ。京都には，朝廷などを監視《かんし》するため**六波羅探題《ろくはらたんだい》**が置かれた。

参考

女性《じょせい》の地位

鎌倉時代の武士の家では，女子が男子とともに領地を分けてひきついだり，地頭の役についたりした。御成敗式目《ごせいばいしきもく》でも，女性が養子をとって領地をひきつがせることを認《みと》めている。

用語

六波羅探題

承久の乱後，幕府は，朝廷の動きを監視したり西国の御家人を統率したりするために，京都に六波羅探題を置き，これに北条氏の一族の者を任命した。

くわしく 北条政子《ほうじょうまさこ》のうったえ

頼朝《よりとも》の妻《つま》の北条政子は，頼朝の死後，実家の父北条時政《ときまさ》や弟義時《よしとき》とともに幕府の政治にかかわり，尼将軍《あましょうぐん》とよばれた。承久《じょうきゅう》の乱のとき，政子は次のように御家人《ごけにん》たちにうったえ，幕府の結束《けっそく》を固めた。「今は亡《な》き頼朝公は幕府を開いてから，あなたたちに官位《かんい》や土地をあたえた。その御恩《ごおん》は山よりも高く，海よりも深い。(中略《ちゅうりゃく》)名誉《めいよ》をたいせつにする武士ならば，朝廷《ちょうてい》方と戦って，将軍の御恩にむくいなさい。もし朝廷方につきたい者がいるなら，今すぐ申し出なさい。」

●**御成敗式目《ごせいばいしきもく》**…1232年，執権《しっけん》の**北条泰時《やすとき》**は，武士の法令として御成敗式目(貞永《じょうえい》式目)を定めた。これは，武士がつくった最初の整《ととの》った法令で，武士のしきたりや頼朝以来の判例《はんれい》にもとづいていて，武士にわかりやすい51か条の簡潔《かんけつ》な法律《ほうりつ》だった。

▶執権北条時頼《ときより》(泰時の孫)も，裁判《さいばん》を早く公平にするための制度《せいど》などを整え，幕府が御家人に信《しん》頼《らい》されるよう心をくばった。こうして幕府の政《せい》治《じ》は安定し，執権を続ける北条氏の力は，ますます強まった。

年	できごと
1185	平氏《へいし》が滅《ほろ》びる
	守護《しゅご》・地頭《じとう》をおく
1192	源頼朝が征夷大将軍《せいいたいしょうぐん》に任命される
1199	頼朝が死去
1203	北条時政《ときまさ》が執権《しっけん》となる
1219	将軍源実朝《さねとも》が殺される(源氏が絶える)
1221	承久《じょうきゅう》の乱
1232	執権北条泰時《やすとき》が御成敗式目《ごせいばいしきもく》を制定する
1268	モンゴルの使者が来る
	北条時宗が執権となる(～84)
1271	元の使者が来る
1274	文永の役
1281	弘安の役
1297	永仁《えいにん》の徳政令
1333	鎌倉幕府が滅びる

▲鎌倉時代のできごと

元《げん》との戦い

●**モンゴル帝国《ていこく》と元**…13世紀の初め，中国《ちゅうごく》の北の草原に**チンギス=ハン**をかしらとしたモンゴル人の大きな国がおこった。チンギス=ハンの孫**フビライ=ハン**が皇帝《こうてい》となったころには，東は中国の北半分から西は西アジアやロシアにおよぶ大帝国となった。フビライは大都《だいと》(今の北京《ペキン》)を都として中国に**元**という国をつくり，中国の南半分を攻《せ》めて中国の統一《とういつ》を進めた。

●**元からの使者**…フビライは，朝鮮《ちょうせん》の**高麗《こうらい》**《コリョ》をしたがえ，そこを基地《きち》として日本を攻める準備《じゅんび》を整えながら，たびたび日本に使者を送り，元にしたがうよう要求してきた。鎌倉《かまくら》幕府の執権である北条時宗《ときむね》は，元に返事を送らず，御家人たちに九州《きゅうしゅう》北部の守りを固めさせた。

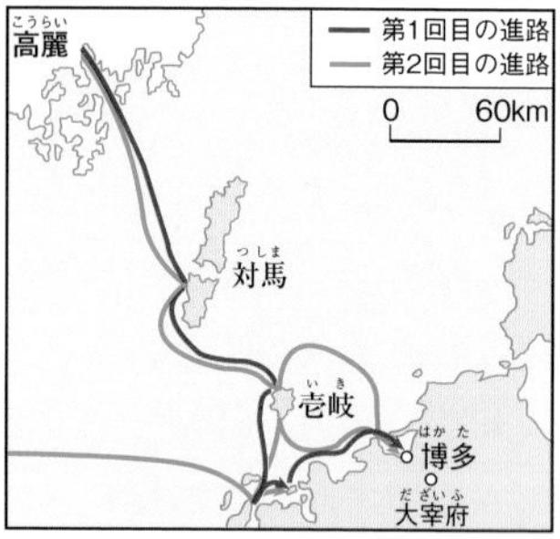

▲元が攻めてきた航路

●**元との戦い**…2度にわたる元の襲来《しゅうらい》を，あわせて**元寇《げんこう》**という。

▲元との戦いの様子：肥後《ひご》(熊《くま》本《もと》県)の御家人である竹崎季長《たけざきすえなが》が，元軍の火薬兵器に苦戦している様子。季長が自分の手がらを記録するためにえがかせた『蒙古《もうこ》襲来絵詞《えことば》』という絵巻物《えまきもの》の絵。モンゴル兵はのちの時代の加筆ともいわれる。

▶**文永《ぶんえい》の役《えき》**…1274年，元は高麗の軍をあわせて3万数千の大軍で対馬・壱岐《いき》を襲《おそ》い，さらに博多湾《わん》(福《ふく》岡《おか》県)の沿岸《えんがん》に上陸してきた。元軍は毒矢《どくや》や火薬兵器(てつはう)を使い，兵士が一団《いちだん》となって動く集団戦法をとったため，今まで一騎《いっき》うちの戦法で戦ってきた日本の武士は苦戦した。しかし，元軍が陸地から船に引きあげた夜，たまたま暴風雨《ぼうふうう》が襲ったため，元軍は日本から引きあげた。

▶**弘安《こうあん》の役**…1281年，元は高麗だけでなく，中国からも兵を集め，約14万の大軍でふたたび博多湾に攻めてきた。幕府は九州など西国《さいごく》の武士を動員し，海岸ぞいに築《きず》いた石塁《せきるい》で元軍の上陸を防《ふせ》いだ。このときも，暴風雨が襲《おそ》い，元軍は大きな被《ひ》害《がい》を受けて引きあげた。

▶元は3度目の日本遠征《えんせい》を計画したが，中国・高麗・ベトナムで反乱が起こり，計画は中止された。

▲石塁(福岡市)

●**御家人の不満**…御家人は元との戦いで多くの費用を負担《ふたん》したが，外国との戦いだったため，幕府は新しい領地《りょうち》を御恩として御家人にあたえることができなかった。また，北条氏による幕府の政治のひとりじめも御家人の不満を集めた。領地の分割相続によって生活に苦しむ御家人を救うため，幕府は**徳政令《とくせいれい》**を出したが，かえって社会を混乱《こんらん》させ，御恩と奉公で結ばれていた幕府と御家人との関係がゆらいだ。

用語

徳政令

幕府は，1297(永仁5)年，生活が苦しくなった御家人を救うため，売った領地を取りもどさせたり借金を帳消しにしたりする徳政令を出した(永仁の徳政令)。しかし，ききめはほとんどなく，かえって幕府にたいする信頼《しんらい》が失われた。

入試ポイント

〈北条氏の出した法令〉

- **御成敗式目(貞永式目)**…御家人の権利と義務や，公正な裁判《さいばん》のための基準を示す。
- **永仁の徳政令**…借金に苦しむ御家人を救う。

2 鎌倉《かまくら》時代の産業と文化

産業の発達

●**牛馬と肥料《ひりょう》**…鎌倉時代の武士《ぶし》は，ふだんは農村に住み，領地《りょうち》の農業に力をそそいだ。また，農民も収穫《しゅうかく》をふやすくふうをした。鉄製《てつせい》のすき・くわがゆきわたり，牛や馬にすきをひかせて深く耕《たがや》すことができるようになった。草・木の灰《はい》(草木灰《そうもくばい》)や草を地中に埋《う》めたもの(刈敷《かりしき》)を肥料にすることも行われるようになった。

▲牛を使った耕作《こうさく》：牛や馬は，太平洋《たいへいよう》戦争後に耕うん機が広まるまでの長い間，農業でさかんに使われた。牛や馬は，すきを引く動力として使われただけでなく，そのふんはよい肥料となった。

●**二毛作《にもうさく》**…深く耕したり肥料を使ったりすると，土地が肥《こ》えるので，耕地を休ませる必要がなくなる。そのため，近畿《きんき》・中国《ちゅうごく》地方など西日本の各地では，稲《いね》を刈りとったあとに裏作《うらさく》として麦をつくる二毛作(➡p.135)が広まった。水田の裏作の麦には，税《ぜい》(年《ねん》貢《ぐ》)がかからなかった。

●**農民のうったえ**…**地頭《じとう》**となった武士の中には，貴族《きぞく》や寺社の荘園《しょうえん》や国司《こくし》がおさめる土地を奪《うば》ったり，農民を苦しめる者がいた。右の史料の農民のうったえは，元寇《げんこう》のころ，紀伊国《きいのくに》の阿氏河荘《あてがわのしょう》(和歌山《わかやま》県有田《ありだ》郡有田川《ありだがわ》町)の農民が書いたもので，地頭のひどい仕打ちを荘園領主《りょうしゅ》にうったえている。鎌倉時代に横《おう》暴《ぼう》な地頭がいたことから「泣く子と地頭には勝てぬ」ということわざがうまれた。

史料 農民のうったえ

地頭は，わたしたちを人夫《にんぷ》としてこき使います。村からにげ出した農民の畑に麦をまけと命じ，もし麦をまかないなら，女や子供《こども》をつかまえて耳や鼻《はな》を切り落とし，髪《かみ》の毛を切って尼《あま》にし，縄《なわ》でしばりあげるとおどすのです。

用語

年貢

貴族や武士などの領主が税《ぜい》として農民からとり立てる米や布《ぬの》など。貴族や武士の私有地《しゆうち》(荘園《しょうえん》など)が広がると，税は大宝《たいほう》律令で定められた租《そ》・調《ちょう》・庸《よう》から年貢へと変わった。

参考

地頭と荘園領主の争い

土地や農民を勝手に支配する地頭が増《ふ》えると，荘園領主との間に争いが起こるようになった。幕府《ばくふ》はこの争いを裁《さば》き，土地の半分を地頭にあたえるなどの解決《かいけつ》法をとった。

◀鎌倉時代の備前《びぜんの》国《くに》福岡《ふくおか》(岡山《おかやま》県瀬戸内《せとうち》市長船《おさふね》町)の市：はき物・布《ぬの》・米などを売っている店が見える。銅銭を使って支払《しはら》っている人もいる。

●**職人《しょくにん》が現れる**…鎌倉時代には，武士や農民の住む農村に，武具・農具・家具などをつくるいろいろな手工業者(職人)が現れた。また，朝廷《ちょうてい》・貴族・寺社に属《ぞく》していた商工業者は，つくったものを各地に売り歩いてくらしを立てるようになった。このように，鎌倉時代には，農業以外でくらしを立てる人々が民《みん》衆《しゅう》の中から現れてきた。

●**定期市《ていきいち》**…農業や手工業の生産が高まると，商業もさかんになり，中国の宋《そう》からもたらされた銅銭《どうせん》である宋銭が使われた。京都《きょうと》や鎌倉では，小売店がならんだ商業地区ができた。地方でも，交通の便利な場所などに市が立ち，品物が取り引きされた。地方の市は，毎月，決まった日に開かれる定期市で，月3回開かれるものが多かった(三斎市《さんさいいち》)。

- ▶**貨幣《かへい》(お金)の広まり**…定期市では，中国から輸入《ゆにゅう》された銅銭が使われた。荘園の年貢《ねんぐ》を貨幣でおさめる農民も現れた。
- ▶港町《みなとまち》では，**問《とい》(問丸《といまる》)**という運送業者が現れた。
- ▶陸上では，馬に荷物を乗せて運ぶ**馬借《ばしゃく》**という運送業者が活動した。

参考

市が開かれた地

今も残る四日市《よっかいち》とか五日市《いつかいち》という地名は，4日・14日・24日とか5日・15日・25日というように，月3回の定期市(三斎市)が立った場所に由来する。

入試ポイント

〈鎌倉時代の産業〉

- ●**米・麦の二毛作**が西日本に広まる。
- ●職人が現れ，各地で**定期市**が開かれる。

鎌倉《かまくら》時代の仏教《ぶっきょう》

● **新しい仏教の特色**…おもに天皇《てんのう》や貴族《きぞく》に信仰《しんこう》された奈良《なら》時代や平安《へいあん》時代の仏教とちがい，鎌倉時代には，武士《ぶし》や民衆《みんしゅう》にもわかりやすい新しい仏教がおこった。平安時代の後半には，浄土《じょうど》信仰が広まったこともあり，念仏《ねんぶつ》をとなえる教えがさかんになった。新しい仏教は，むずかしい学問や修行《しゅぎょう》を必要とせず，簡単《かんたん》でわかりやすく，実行しやすい教えであった。

● **おもな新しい仏教(宗派《しゅうは》)**…鎌倉時代におこった新しい仏教(宗派)は，平安時代の天台宗《てんだいしゅう》，真言宗《しんごんしゅう》とともに，今でも日本に残る多くの寺院の宗派になっている。

▲一遍による踊り念仏

▶ **浄土宗《じょうどしゅう》**…源平の戦いのころ，**法然《ほうねん》**が始めた。阿弥陀仏《あみだぶつ》を信じて「南無《なむ》阿弥陀仏」という念仏《ねんぶつ》を唱えるだけで，だれでも救われると教えた。

▶ **浄土真宗《しんしゅう》**…13世紀の初め，法然の弟子の**親鸞《しんらん》**が開き，阿弥陀仏の救いを信じる心を起こすだけで救われると教えた。一向宗《いっこうしゅう》ともいう。

▶ **時宗《じしゅう》**…元寇《げんこう》のころ，浄土宗の僧《そう》だった**一遍《いっぺん》**が始めた。一遍は全国をめぐり歩き，念仏を唱えながら踊《おど》る「踊り念仏」を人々に広めた。

▶ **日蓮宗《にちれん》**…13世紀の中ごろ，安房《あわ》(千葉《ちば》県)の日蓮が始め，「南無妙法蓮華経《なむみょうほうれんげきょう》」という法華経《ほけきょう》の題目をとなえれば人も国も救われると説いた。

▶ **禅宗《ぜんしゅう》**…栄西《ようさい》《えい》と道元《どうげん》が中国《ちゅうごく》の宋《そう》へ行って学んできたもので，座禅《ざぜん》を組むなどして精神《せいしん》をきたえ，さとりを開くことを教えた。禅宗は武士に受け入れられていった。

- ◉ **栄西**が伝えた**臨済宗《りんざいしゅう》**は，北条《ほうじょう》氏を始め幕府《ばくふ》の有力な武士の保護《ほご》を受けた。
- ◉ **道元**が伝えた**曹洞宗《そうとうしゅう》**は，地方の武士や農民の間に広まった。

参考

茶の伝来

禅宗の臨済宗を伝えた栄西は，お茶を飲む習慣《しゅうかん》も伝えた。中国から茶の種をもち帰り，それ以来，日本でも茶が栽培《さいばい》されるようになったといわれる。

武士の文化

● **軍記物《ぐんきもの》**…鎌倉時代には，かざりけのない力強さを好む武士の気風に合った文化がうまれた。その代表的なものが，武士の活躍を簡潔《かんけつ》で力強い文章でえがいた軍記物とよばれる文学である。なかでも，源平《げんぺい》の戦いや平氏の滅亡《めつぼう》を語った『**平家《へいけ》物語**』が代表で，琵琶法師《びわほうし》が琵琶という楽器をひきながら語り歩き，字の読めない人にも聞いてわかる文学として，武士や民衆に親しまれた。

● **随筆《ずいひつ》**…鴨長明《かものちょうめい》の『方丈記《ほうじょうき》』や，兼好《けんこう》法師の『徒然草《つれづれぐさ》』などのすぐれた作品が生まれた。

● **和歌**…藤原定家《ふじわらのさだいえ》らが編《へん》さんした『**新古今和歌集《しんこきんわかしゅう》**』や，3代将軍 源 実朝《しょうぐんみなもとのさねとも》の『金槐《きんかい》和歌集』が有名である。

● **金剛力士像《こんごうりきしぞう》**…彫刻《ちょうこく》では，武士の気風に合った力強い作品がつくられた。奈良の東大寺南大門《とうだいじなんだいもん》にある金剛力士像はその代表で，運慶《うんけい》・快慶《かいけい》らのすぐれた彫刻家によるものである。

● **東大寺南大門**…東大寺は，平氏によって焼き払《はら》われたので，鎌倉時代の初めに僧の重源《ちょうげん》と源頼朝《よりとも》の協力で再建《さいけん》された。東大寺の南大門は，中国の建築技術《けんちくぎじゅつ》をとり入れた力強く雄大《ゆうだい》な大仏様《だいぶつよう》(天竺様《てんじくよう》)という様式で再建された。また，鎌倉時代の中ごろから，禅宗の寺院建築がさかんになった。鎌倉の円覚寺舎利殿《えんがくじしゃりでん》は15世紀前半に建てられた禅宗様式の建物である。

用語

藤原定家

鎌倉時代には，京都《きょうと》の朝廷《ちょうてい》を中心に平安時代以来の貴族の文化も続いていた。貴族で歌人だった藤原定家は，後鳥羽上皇《ごとばじょうこう》の命令で『新古今和歌集』を編さんした。定家はすぐれた歌人100人の和歌を1首ずつ選び，百人一首をまとめたことでも知られている。

▲東大寺南大門

◀金剛力士像(阿行《あぎょう》)：金剛力士像には，よく見るとつぎ目がある。これは各部分を分けてつくり，最後に全体を組み合わせる寄木造《よせぎづくり》という方法でできているからである。この方法でつくると期間が短くなり，わずか70日あまりで完成したとされる。

▲円覚寺舎利殿

3 建武《けんむ》の新政《しんせい》と室町幕府《むろまちばくふ》

朝廷《ちょうてい》の分裂《ぶんれつ》

●**鎌倉《かまくら》幕府が滅《ほろ》ぶ**…元寇《げんこう》ののち，鎌倉幕府に不満をもつ御家人《ごけにん》が増《ふ》え，幕府はおとろえた。朝廷では，**後《ご》醍醐天皇《だいごてんのう》**が中心になって幕府をたおす計画が進められ，御家人ではない**楠木正成《くすのきまさしげ》**らの武士《ぶし》を味方につけて幕府軍と戦った。1333年，関東《かんとう》の有力な御家人だった**足利尊氏《あしかがたかうじ》**が京都《きょうと》の六波羅探題《ろくはらたんだい》を，**新田義貞《にったよしさだ》**が鎌倉を攻《せ》めて，ついに鎌倉幕府を滅ぼした。

●**建武の新政**…鎌倉幕府が滅びると，後醍醐天皇は，天皇による政治を始めた。これを建武の新政という。しかし，天皇は公家《くげ》(貴族《きぞく》)を重んじ，恩賞《おんしょう》も不公平だったので，武士の間に天皇の政治への不満が強まった。この様子を見た足利尊氏は，新政に不満をもつ武士を集めて後醍醐天皇にそむき，1336年に京都を占領《せんりょう》した。こうして建武の新政は，わずか2年ほどでくずれた。

●**南北朝《なんぼくちょう》**…1338年，足利尊氏は京都で新しい天皇を立て，征夷大将軍《せいいたいしょうぐん》に任命《にんめい》されて京都に幕府を開いた。これを**室町幕府**といい，この幕府が続いた約240年間を**室町時代**という。一方，後醍醐天皇は吉野《よしの》(奈良《なら》県)にのがれて別の朝廷を開いた。京都の朝廷を**北朝《ほくちょう》**，吉野の朝廷を**南朝《なんちょう》**という。こうして2つの朝廷が対立し，全国の武士も北朝・幕府側と南朝側のどちらかについて争い，ほぼ60年間，全国で戦いが続いた。これを**南北朝の動乱《どうらん》**という。

史料 建武の新政への批判《ひはん》

　このごろ都ではやっているものは，夜討《ようち》・強盗《ごうとう》やにせの天皇の文書，意味のないさわぎ，急に大名《だいみょう》にのし上がった者，その反対におちぶれてしまった者，恩賞《おんしょう》や領地がほしくてうそのいくさを言う者，おべっかをいう者，政治に口出しする僧《そう》，成《な》り上がり者，能力のあるなしも調べられずに裁判所《さいばんしょ》に任用される……

(「二条河原《にじょうがわら》の落書《らくしょ》」より)

▲後醍醐天皇

用語

楠木正成

河内《かわち》(大阪《おおさか》府)の武士。天皇方につき，河内の千早《ちはや》城などで鎌倉幕府の軍と戦った。幕府の滅亡《めつぼう》後は建武の新政に加わり，天皇にそむいた足利尊氏と湊川《みなとがわ》(神戸《こうべ》市)で戦ってやぶれた。

用語

公家

武士が力をのばすようになるにつれ，それまでの貴族たちは，武家に対して公家とよばれるようになった。

参考

二条河原の落書

建武の新政のさなか，京都の二条河原に新政への批判(落書)がかかげられた。武士が力をつけてきているのに，昔と同じ天皇の政治が復活したので，政治は混乱した。その混乱ぶりが，詩歌の形式でえがかれている。

足利義満《よしみつ》と金閣《きんかく》

●**南北朝の統一《とういつ》**…南北朝の動乱が続くうち，しだいに北朝・幕府側の力が強まり，南朝側の武士は少なくなっていった。1392年，3代将軍足利義満(尊氏の孫)は，北朝と南朝を和解《わかい》させ，朝廷はふたたび京都で統一することとなった。

●**守護大名《しゅごだいみょう》**…幕府は有力な武士を守護(➡p.371)に任命して国ごとに置き，鎌倉幕府の守護より大きい権限《けんげん》をあたえていた。そのため，守護は貴族や寺社の荘《しょう》園《えん》をうばって領地を広げ，国内の多くの武士を家来とし，国司《こくし》(➡p.349)の役目まで自分のものとして，領国全体を自分の領地のようにして支配《しはい》するようになった。このような守護を守護大名という。南北朝の動乱で北朝・幕府側の力が強まったのは，幕府が全国の有力な武士を味方につけることができたからである。

●**室町幕府**　南北朝の動乱を終わらせた3代将軍**足利義満**は，諸国《しょこく》の守護大名をおさえて幕府の支配を全国におよぼした。幕府のしくみも義満のころに整った。侍所《さむらいどころ》・政所《まんどころ》・問注所《もんちゅうじょ》など鎌倉幕府にならった役所がおかれたが，将軍を助ける役職《やくしょく》は**管領《かんれい》**とされた。管領や侍所の長官には有力な守護が任命された。守護はふだんは京都に住み，領地の支配は家来の武士にまかせていた。

年	できごと
1334	建武の新政(～36)
1338	足利尊氏が征夷大将軍になる
1392	南北朝が統一する
1397	足利義満が金閣《きんかく》をつくる
1401	足利義満が中国の明《みん》に使者を送る
1428	正長《しょうちょう》の土一揆《つちいっき》
1467	応仁《おうにん》の乱《らん》がおこる(～77) 雪舟《せっしゅう》が明にわたって絵を学ぶ(～69)
1485	山城国一揆《やましろのくにいっき》
1488	加賀《かが》の一向一揆《いっこういっき》
1489	足利義政《よしまさ》が銀閣《ぎんかく》をつくる
1543	鉄砲《てっぽう》が伝来
1549	キリスト教が伝来
1573	室町幕府が滅ぶ

▲室町時代のできごと：室町時代のうち，初めの約60年間は南北朝時代，応仁《おうにん》の乱から幕府がほろびるまでの約100年間は戦国《せんごく》時代ともよばれる。

▲足利義満

◀室町幕府がおかれたやしき：3代将軍足利義満は，京都の室町に「花の御所《ごしょ》」とよばれたやしきをつくり，そこで政治を行った。そのため，足利氏の幕府は室町幕府とよばれている。

入試ポイント

〈時代の切りかわり〉

- 鎌倉幕府の滅亡後，**建武の新政**の間は幕府が置かれなかった。
- **南北朝の動乱**の始まりとほぼ同じころ，室町幕府が開かれた。

●**足利義満《あしかがよしみつ》**…室町幕府《むろまちばくふ》は，足利義満が将軍《しょうぐん》のときもっとも栄えた。

▶1394年，子の義持《よしもち》に将軍の地位をゆずって太政大臣《だいじょうだいじん》(➡p.370)となり，1人で幕府と朝廷《ちょうてい》の両方の権力《けんりょく》をにぎった。

▶京都《きょうと》の北山《きたやま》の別荘に**金閣《きんかく》**(鹿苑寺《ろくおんじ》金閣)をつくった。

▶中国《ちゅうごく》の明《みん》との貿易《ぼうえき》を始めて，大きな利益《りえき》をあげた。

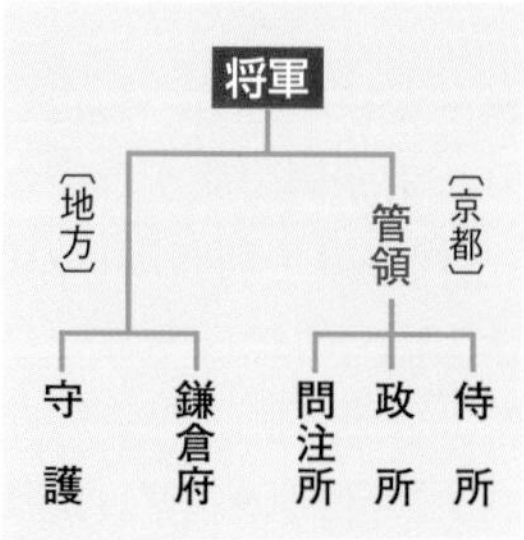

▲室町幕府のしくみ：室町幕府は京都にあったので，関東《かんとう》(東国《とうごく》)を支配《しはい》するため，鎌倉《かまくら》に鎌倉府が置かれた。尊氏《たかうじ》の子・基氏《もとうじ》の子孫が，そのかしら(鎌倉公方《くぼう》)となった。

●**明との貿易**…14世紀の中国では，元にかわって漢民族の建てた**明**という国が，全土を統一《とういつ》した。このころ，中国の沿岸《えんがん》や朝鮮《ちょうせん》半島などに現れる**倭寇《わこう》**とよばれる海賊《かいぞく》が明をなやませていた。義満は倭寇のとりしまりにあたるいっぽうで，明との貿易を願い出た。

▲金閣：2階と3階が金ぱくでおおわれている。

▶1404年，日本が明に朝貢《ちょうこう》する形で，**日明《にちみん》貿易**が始まった。明からは，正式の貿易船であると証明《しょうめい》する勘合《かんごう》という証明書が発行されたため，この貿易を**勘合貿易**ともいう。

▶日本からは銅《どう》・硫黄《いおう》や刀剣《とうけん》などを輸出《ゆしゅつ》し，明からは銅銭《どうせん》・絹織物《きぬおりもの》・陶磁器《とうじき》などを輸入した。貿易港は兵庫《ひょうご》(神戸《こうべ》市)・堺《さかい》(大阪《おおさか》府)・博多《はかた》(福岡《ふくおか》市)などで，堺や博多の商人たちが幕府や守護大名《しゅごだいみょう》の貿易船に乗って活動した。

▶同じころ，沖縄《おきなわ》の**琉球《りゅうきゅう》王国**は中国や東南アジア，日本を結ぶ中《なか》継《つぎ》貿易で活躍《かつやく》した。

▲明との貿易を行った船

参考

北山文化

足利義満のころ栄えた，武家《ぶけ》の文化と公家《くげ》の文化がとけ合った文化を，北山文化という。

用語

朝貢

周辺国の支配者が中国に使節を送ってみつぎ物を差し出し，かわりに皇帝《こうてい》がその地域《ちいき》の支配者として認《みと》めること。

4 応仁《おうにん》の乱《らん》と戦国の世

足利義政《よしまさ》と銀閣《ぎんかく》

●**土《つち》《ど》一揆《いっき》**…室町時代の農民たちは，共同で利用する野山や用水，村の神社の祭礼，年貢《ねんぐ》のことなどを，寺院や神社で**寄合《よりあい》**という会議を開いて相談し，きまり(おきて)を定めて，村の自治を行うようになった。団結《だんけつ》した農民たちは，荘園領主《しょうえんりょうしゅ》や守護大名にも抵抗《ていこう》し，幕府にも借金を帳消しにする命令(徳政令《とくせいれい》)を出すよう要求した。これを土一揆という。1428(正長《しょうちょう》元)年の**正長の土一揆**が，初めての土一揆である。

史料　村のおきて　近江国今堀《おうみのくにいまほり》(滋賀《しが》県東近江市)のもの

一．寄合《よりあい》に2回欠席した者は，罰金《ばっきん》を払《はら》うこと。
一．村の森で苗木《なえぎ》を切った者は，罰金を払うこと。
一．まきや炭《すみ》は村のものを使うこと。
一．よそ者を勝手に村においてはいけない。
一．犬を飼《か》ってはならない。
(上の2つは1448年，下の3つは1489年のきまり)

●**応仁の乱**…15世紀の中ごろ，8代将軍足利義政(義満の孫)のころには，ききんと土一揆が数多く起こった。しかし，将軍義政は政治《せいじ》に力を入れなかったため，政治の実権をめぐって有力な守護大名だった細《ほそ》川勝元《かわかつもと》と山名《やまな》持豊《もちとよ》(宗全《そうぜん》)が争うようになった。この2人の争いが，有力な守護大名の畠山《はたけやま》氏一族の争いや，将軍義政のあとつぎ問題などと結びつき，1467年，応仁の乱が始まった。多くの守護大名が細川方(東軍)と山名方(西軍)に分かれ，戦いは京都を中心に11年間も続いた。

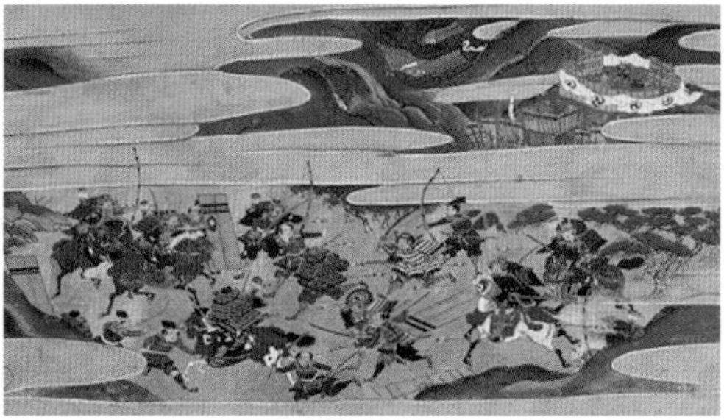

▲応仁の乱

参考

野山の管理

村人が共同で利用する野山は入会地とよばれ，肥料《ひりょう》や飼料《しりょう》にする草を刈《か》ったり，燃料《ねんりょう》にするまきをとったり，炭を焼いたりするたいせつな場所だった。

用語

正長の土一揆

1428年，近江（滋賀県）の馬《ば》借《しゃく》たち(➡p.377)が，室町幕府に徳政令を出すよう要求し，高利貸《こうりが》しをしていた京都の土《ど》倉《そう》・酒屋《さかや》や寺院をおそって借金の証文《しょうもん》などを奪《うば》った。このときの年号から，これを正長の土一揆という。この後，徳政令を要求する一揆はたびたび起こり，足利義政は，13回も徳政令を出している。

参考

細川氏と山名氏

それぞれ8か国の守護をかねた守護大名だった。また，畠山氏と細川氏は，将軍を助ける管領《かんれい》の職《しょく》につく「三管領」の家柄《いえがら》だった。

	将軍家	斯波氏	畠山氏	幕府内部
東軍	義視	(義健)─義敏	□─政長 (持国)	細川勝元
西軍	(義政) ‖─義尚 日野富子	義廉	義就	山名持豊

◀応仁の乱開戦時の勢力：足利義政のあとの9代将軍の座《ざ》をめぐって，義政の妻の日野富子《ひのとみこ》があとおしする義政の子の足利義尚と，義政の弟の足利義視《よしみ》が争った。これに，斯波《しば》氏と畠山氏の争いが加わった。

●応仁《おうにん》の乱《らん》の結果

▶京都《きょうと》は焼け野原となり，貴族《きぞく》(公家《くげ》)や僧《そう》の中には戦乱をさけて地方に移《うつ》り住む者が多かった。そのため，京都の文化が地方にも広まっていくことになった。

▶室町幕府《むろまちばくふ》の勢《いきお》いはすっかりおとろえ，将軍《しょうぐん》の支配は京都周辺だけになってしまった。

▶守護大名《しゅごだいみょう》が京都で戦っている間に，国もとでは家来の武士《ぶし》が力を強め，農民も一揆《いっき》を起こすなど，**下剋上**《げこくじょう》の風潮《ふうちょう》が高まり，戦乱は地方に広がって，戦国《せんごく》の世(戦国時代)になっていった。

●混乱《こんらん》に背《せ》を向けた義政《よしまさ》…足利《あしかが》義政は応仁の乱のさなか，将軍の地位を子の義尚《よしひさ》にゆずり，応仁の乱が終わってまもなく京都の東山《ひがしやま》に別荘をかまえて，そこで芸能《げいのう》や庭づくりなどの風流な生活をおくった。東山の別荘につくられた**銀閣**《ぎんかく》(慈照寺《じしょうじ》銀閣)は，1階は禅宗《ぜんしゅう》の僧が勉強する書斎《しょさい》のつくりをとり入れた書院造《しょいんづくり》，2階は禅宗の寺院建築様式で，義政のころの文化を代表する建物である。義政はこの別荘をつくるため新しい税《ぜい》をかけたが，それでも費用が足りず，簡素な美を追求したため銀閣には銀ぱくを貼《は》らなかった。

▲銀閣

史料 応仁の乱で焼け野原になった都を悲しんでうたわれた和歌

汝《なれ》や知る　都は野辺の夕ひばり　上がるを見ても　落つるなみだは

用語

下剋上

下の身分の者が上の者に打ち勝つという風潮。農民による土一揆，主君をたおして大名になる家来など，応仁の乱のころから実力がものをいう下剋上の風潮が広まった。

入試ポイント

〈2人の将軍の区別〉

- 足利義満《よしみつ》(3代)…**南北朝《なんぼくちょう》の統一《とういつ》**，**勘合貿易《かんごうぼうえき》(日明貿易)**，**金閣《きんかく》**。
- 足利義政(8代)…**応仁の乱**，**銀閣**。

戦国の世

●**国一揆《くにいっき》**…村の自治の中心になった有力な農民の中には，武士になる者(地侍)もいた。こうした農村の武士は，土《つち》《ど》一《いっ》揆《き》の指導者《しどうしゃ》となり，さらには国じゅうの村々と連合し，農民と一緒《いっしょ》になって，武力で守護大名に対抗《たいこう》するようになった。これを国一揆といい，応仁の乱のころから各地で起こるようになった。

●**山城国一揆《やましろのくにいっき》**…応仁の乱後も，山城国(京都府)の南部では，守護大名の畠山《はたけやま》氏一族が二手に分かれて戦い，人夫や食料をとり立てた。そこで，1485年，この地域《ちいき》の農村の武士は，戦火に苦しむ農民が見守る中で集会を開き，畠山氏の軍勢《ぐんぜい》を追い出すことに成功した。その後も守護が入ってくることを認《みと》めず，8年間にわたって自治を続けた。

●**加賀《かが》の一向《いっこう》一揆**…近畿《きんき》・東海《とうかい》・北陸《ほくりく》地方では，浄土《じょうど》真宗《しんしゅう》(一向宗➡p.378)が広まっていた。特に加賀国(石川《いしかわ》県)では，1488年，一向宗を信じる農村の武士や農民が大きな一揆を起こし，加賀国の守護大名を滅《ほろ》ぼして，その後約100年間も加賀国の自治を行った。そのため，加賀国は「百姓《ひゃくしょう》のもちたる国」といわれた。

▶室町時代には**蓮如《れんにょ》**という僧が一向宗のやさしい教えを説き，信者の連帯をうみ出した。

●**戦国時代**…応仁の乱が終わった後も，土一揆や国一揆がしきりに起こり，各地の守護大名が領地を広げるために戦ったり，国もとで力を強めた家来の武士が主人の守護大名をたおしたりするなど，戦乱は全国に広がった。室町幕府は，ただ続いているというだけで，全国を支配《しはい》する力はなく，下剋上の風潮はいっそう強まった。戦乱は応仁の乱が終わってからも約100年間続き，この戦乱の時代を戦国時代という。

くわしく　平等院での集会

山城国一揆は，畠山《はたけやま》氏の軍勢《ぐんぜい》を追い出してまもなく，指導者《しどうしゃ》だった農村の武士が宇治《うじ》の平等院に集まって，自治のための新しいきまりをつくった。平安時代に藤原頼《より》通《みち》が鳳凰堂《ほうおうどう》を建てた平等院が，一揆の集会の場所となったのである。

山城国一揆は，代表者36人が交代《こうたい》で政治から裁判《さいばん》・警察《けいさつ》の仕事まで行い，その費用《ひよう》は荘園《しょうえん》からとってまかなった。

参考

山城国一揆の記録

山城国一揆が起こったとき，奈良《なら》の尋尊《じんそん》という僧は，日記にこう書いた。「今日，山城の農村の武士たちが集会を開いた。60歳《さい》から15～16歳までの者だそうだ。国じゅうの農民も集まった。…これは下剋上のきわみである。」

参考

守護代《しゅごだい》

守護大名はふだん，幕府のある京都に住んでいたので，国もとの管理は有力な家来に任せていた。国もとで守護の代理をした家来を守護代という。守護代の中には，国内の武士を自分の家来として力を強め，主人である守護大名をたおして自分が大名になる者もいた。

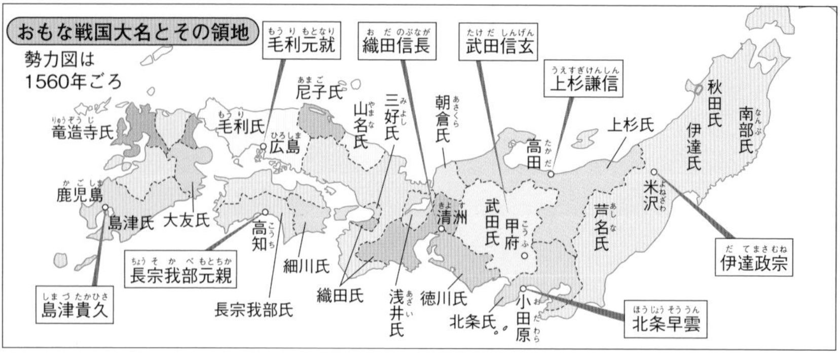

▲おもな戦国大名とその領国

●**戦国大名《せんごくだいみょう》**…戦国時代には，多くの守護《しゅご》大名が，力を強めてきた家来の武士《ぶし》にたおされ，家来の武士が新しい大名になったり，守護大名が成長したりして戦国大名になった。戦国大名は，農村の武士を家来に組《く》み入れ，強い軍隊をつくって，農民の一揆《いっき》をおさえ，戦乱《せんらん》の世を勝ちぬこうとした。

▶領国《りょうごく》をおさめるため，**分国法**を定めた。

▶強い軍隊をつくるには多くの費用が必要だった。国内の公家《くげ》・寺社の荘園《しょうえん》を奪《うば》い，治水・かんがい工事を進めて耕地《こうち》を増《ふ》やし，年貢《ねんぐ》を多くとれるようにした。鉱山《こうざん》も開発して金・銀・銅《どう》を手に入れた。

▶城《しろ》のまわりにおもな家来や職人《しょくにん》・商人を集めて，**城下町《じょうかまち》**をつくった。このように**戦国大名**は領地を独立《どくりつ》国のように支配《しはい》した。その中から，織田信長《おだのぶなが》のように京都《きょうと》にのぼって全国を支配しようとする者が現れた。

▶**おもな戦国大名**

◉下剋上《げこくじょう》で新たに戦国大名にのし上がった者…相模《さがみ》（神奈川《かながわ》県）の北条早雲《ほうじょうそううん》，美濃《みの》（岐阜《ぎふ》県）の斎《さい》藤道三《とうどうさん》，尾張《おわり》（愛知《あいち》県）の織田信長，越後《えちご》（新潟《にいがた》県）の上杉謙信《うえすぎけんしん》，中国《ちゅうごく》地方の毛利元就《もうりもとなり》，東北《とうほく》地方の伊達政宗《だてまさむね》ら。

◉守護大名から成長して戦国大名になった者…甲《か》斐《い》（山梨《やまなし》県）の武田信玄《たけだしんげん》，駿河《するが》（静岡《しずおか》県）の今川義《いまがわよし》元《もと》，九州《きゅうしゅう》地方の島津《しまづ》氏・大友《おおとも》氏など。

用語

分国法

戦国大名が支配した領地を領国や分国とよび，領国を支配するために定めた法律《ほうりつ》を分国法とよぶ。分国法には，勝手に他国の人と結婚《けっこん》してはならない，許《ゆる》しを得ずに他国に手紙を出してはいけない，けんかをしたときは両方を罰するなど，家来の武士の裏《うら》切りを防《ふせ》ぎ，団結《だんけつ》を守るためのきまりが多い。

参考

戦国時代の城

戦国時代以前には，城は敵《てき》を防ぐため山に築《きず》かれていたが，戦国大名は領地をおさめるため平地の交通の要地に城を築き，城下町が形成されるようになった。

5 室町《むろまち》時代の産業と文化

農業・商工業の発達

●農業の進歩

- 草や木の灰《はい》(草木灰《そうもくばい》)を肥料《ひりょう》にすることが広まり，ふんにょうなどが肥料として使われるようになった。
- **二毛作《にもうさく》**が西日本から全国に広まった。
- 水田に水を上げるために**水車**を使うようになり，村人が協力してため池や用水路をつくった。

▲水車：水を低い所から高い所へ上げるかんがい設備《せつび》。

- 稲《いね》は，地方の気候にあわせて，わせ・おくてなどの品種がつくられた。また，中国の明《みん》から，災害に強く収穫量《しゅうかくりょう》が多い大唐《たいとう》米《まい》という品種が伝えられ，西日本に広まった。

▲竜骨車《りゅうこつしゃ》：人の力で水をくみ上げるかんがい設備。

- 蚕《かいこ》を飼《か》うための桑《くわ》，衣料にする麻《あさ》，紙の原料であるこうぞなど，手工業の原料になる作物の栽培《さいばい》がさかんになった。室町時代後半の戦国時代には，朝鮮《ちょうせん》から伝わった綿花《めんか》が三河《みかわ》(愛知県)でつくられるようになった。

●手工業の発達…武具・農具・織物《おりもの》・紙・陶器《とうき》・漆器《しっき》などがつくられ，職人《しょくにん》の数も種類も増《ふ》えた。刀剣は，中国の明との貿易で輸出品の中心になった。京都では中国の絹《きぬ》織物の技術をとり入れて**西陣織《にしじんおり》**が始まり，地方でも手工業の特産物ができてきた。

●定期市《ていきいち》…農業や手工業の発達につれて商業もさかんになり，市が開かれる回数も増え，月6回開かれる定期市(六斎市《ろくさいいち》)も多くなった。京都などの都市では，毎日開いている店(見世棚《みせだな》)もできた。京都では，大《お》原女《はらめ》や桂女《かつらめ》という行商の女性《じょせい》も現れた。

用語

草木灰

植物を燃《も》やした後にできる灰には，カリウムなどの栄養素《えいようそ》がふくまれている。

参考

室町時代に各地にできた特産物

茶…宇治《うじ》(京都府)など
みかん…紀伊《きい》(和歌山《わかやま》県)
ぶどう…甲斐(山梨県)
綿花…三河(愛知県)
紙…美濃(岐阜県)など
織物…京都・博多《はかた》(福岡《ふくおか》県)・尾張(愛知県)など
陶器…尾張・瀬戸
酒…京都・奈良《なら》・摂津《せっつ》(兵庫《ひょうご》県)西宮《にしのみや》

▲米を馬で運ぶ馬借《ばしゃく》

●**宋銭《そうせん》・明銭《みんせん》**…商業がさかんになると，取り引きのために貨幣《かへい》も流通するようになった。日本では飛鳥時代から平安《へいあん》時代に富本銭《ふほんせん》や和同開珎《わどうかいちん》《ほう》を始め 13 種の貨幣がつくられたが，あまり流通せず，それ以後は中国《ちゅうごく》から銅銭《どうせん》を輸入《ゆにゅう》して使っていた。

- 中国の宋でつくられた銅銭を宋銭，明でつくられた銅銭を明銭という。
- 平安時代の末に，平清盛《たいらのきよもり》は宋との貿易で宋銭を輸入したが，室町《むろまち》時代には明との貿易で明銭が輸入され，それまでの宋銭などと一緒《いっしょ》に使われた。

●**商業の発達**

- **馬借《ばしゃく》**…陸上の運送業者で，馬で荷物を運んだ。
- **問《とい》(問丸《といまる》)**…港に倉庫をかまえ，物資《ぶっし》の保管《ほかん》・輸送《ゆそう》や卸売《おろしうり》をした。これが問屋《といや》のおこりである。
- **土倉《どそう》・酒屋《さかや》**…どちらも高利貸《こうりが》し業者。土倉は質屋《しちや》，酒屋は酒造《しゅぞう》業者だが高利貸も行った。室町幕府《ばくふ》は土倉・酒屋に税《ぜい》をかけて，収入《しゅうにゅう》とした。

●**都市**…室町時代には，京都《きょうと》・奈良・鎌倉《かまくら》などの都市のほか，船の交通の要地には**港町《みなとまち》**ができ，おまいりする人の多い有名な寺社のある所には，**門前町《もんぜんまち》**がおこった。戦国《せんごく》時代には大名《だいみょう》が**城下町《じょうかまち》**をつくった。

●**町衆《まちしゅう》**…明との貿易で栄えた堺《さかい》(大阪《おおさか》府)や博多《はかた》(福岡《ふくおか》市《ちょう》)などの港町や，応仁《おうにん》の乱《らん》後の京都では，町衆とよばれる有力な商工業者が中心となって，町の自治を行うようになった。

▲明銭の永楽通宝《えいらくつうほう》

参考

座《ざ》

鎌倉時代から室町時代にかけて，商工業者は座という同業者組合をつくり，公家《くげ》や寺社に税をおさめるかわりに，生産・販売《はんばい》を独占《どくせん》した。

武士《ぶし》の生活文化

●**室町時代の文化**…室町時代には，古くからの都である京都に幕府がおかれたため，京都の貴族《きぞく》(公家《くげ》)の文化をとり入れた武士の文化が発達した。3代将軍《しょうぐん》足利義満《あしかがよしみつ》のころには，金閣《きんかく》に代表されるような，はなやかな文化(**北山《きたやま》文化**)がおこったが，8代将軍足利義政《よしまさ》のころには，銀閣《ぎんかく》に代表されるような，簡素《かんそ》な美しさをもち，上流の武士の生活に根ざした文化となった。足利義政のころの文化を**東山《ひがしやま》文化**とよぶ。東山文化に見られる書院造《しょいんづくり》・茶《ちゃ》の湯《ゆ》・生け花・水墨《すいぼく》画《が》などは，その後，民衆の間に広がり，今の日本人のくらしの中に伝えられている。

▲竜安寺《りょうあんじ》の石庭(京都市)：東山文化のころから，寺や住宅に，砂《すな》と石だけで自然を表した枯山水《かれさんすい》という形式の庭がつくられるようになった。

●**書院造**…書院造は，禅宗《ぜんしゅう》の僧《そう》の住まいのつくりを住《じゅう》宅《たく》にとり入れたものである。床《とこ》の間《ま》やちがい棚《だな》をもうけ，水墨画や生け花を飾《かざ》り，床《ゆか》には畳《たたみ》をしきつめた。建物の中は，ふすま・しょうじで部《へ》屋《や》をしきり，それぞれの部屋を独立《どくりつ》して使えるようになっている。この様式は，今の和風住宅のもととなった。

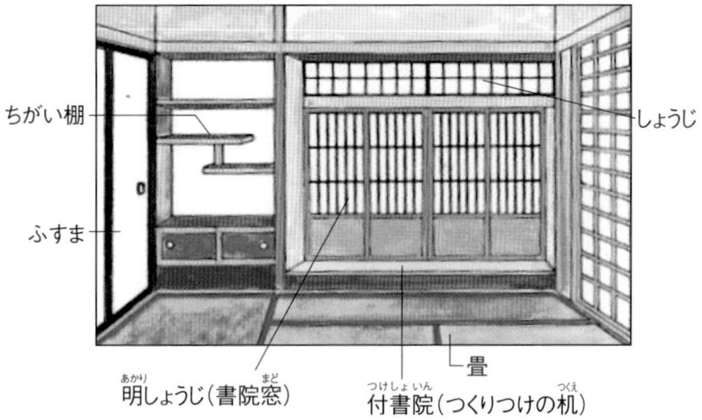

▲書院造のしくみ

●**茶の湯**…室町時代には，貴族・武士から民衆までの間で，茶を楽しむ風習が広まった。足利義政のころには，書院造の部屋《へや》で作法にしたがって静かに茶を飲むわび茶が始まった。茶の湯は茶道《さどう》ともよばれ，今日に受けつがれている。

●**生け花**…寺で仏前《ぶつぜん》に花をそなえたことにならって，書院造の部屋を花で飾るようになり，生け花がさかんになった。草木の花や葉・枝《えだ》などを美しく表現するために生け方がくふうされ，華道《かどう》とよばれる伝統《でんとう》芸能《げいのう》として今日まで伝えられている。

●**水墨画《すいぼくが》**…室町《むろまち》時代には，中国《ちゅうごく》から伝えられた水墨画がさかんになった。応《おう》仁《にん》の乱《らん》のころ，**雪舟《せっしゅう》**は中国の明《みん》にわたって水墨画を学び，帰国後，中国の画法にとらわれず，日本風の独自《どくじ》の水墨画を完成した。書院造《しょいんづくり》の床《とこ》の間のかけ軸《じく》やふすまの絵として，水墨画の名作が多い。

▲雪舟の水墨画『秋冬山水図《しゅうとうさんすいず》』

民衆《みんしゅう》文化のおこり

●**文化の広がり**…室町時代には貴族《きぞく》や武士《ぶし》だけでなく，民衆の間からも新しい文化がおこった。また，応仁の乱などの戦乱をのがれて地方に移り住む公家《くげ》や僧《そう》が多く，京都《きょうと》の文化が地方に広まった。

●**能《のう》・狂言《きょうげん》**…能は，古くからの民衆の芸能をもとにうまれたもので，面をつけた役者が歌や音楽にあわせて舞《ま》う劇《げき》である。足利義満《あしかがよしみつ》は，すぐれた役者の**観阿《かんあ》弥《み》・世阿弥《ぜあみ》**父子を保護《ほご》したので，能は上流の武士の好みにあう洗練《せんれん》された芸能となった。また，能の合い間に，大名《だいみょう》の失敗などをこっけいな劇にした狂言が演《えん》じられた。

●**お伽草子《とぎぞうし》**…民衆の間では，『ものぐさ太郎』『一寸《いっすん》法師《ぼうし》』『浦島太郎《うらしまたろう》』などの絵入りの物語が広く読まれるようになった。今でもおとぎ話として子供《こども》たちに親しまれている。お伽草子には，民衆の立身出世の夢《ゆめ》や金持ちになる願いなどがこめられている。

●**祭りと行事**…村や町では，京都の祇園祭《ぎおんまつり》のような神社の祭りや，夏の盆踊《ぼんおど》りが行われるようになった。正月・節句《せっく》・七夕《たなばた》などの年中行事も，このころから広まった。食事は，それまで朝と晩《ばん》の2回だったが，今と同じように1日3回の食事がふつうになった。

参考

民衆の活躍《かつやく》

室町時代には，農業以外の仕事をしていた民衆の中から，能・狂言を演じたり，庭づくり・茶《ちゃ》の湯《ゆ》・生け花などをする芸能者が現れた。能の観阿弥・世阿弥，庭づくりの善阿弥《ぜんあみ》，生け花の立阿弥《りゅうあみ》らの芸能者は，将軍《しょうぐん》の保護をうけたり将軍のそばに仕えたりして活躍した。世阿弥は能の理論《りろん》を『風姿《ふうし》花伝《かでん》』にあらわした。

☑ まとめチェック

知識を整理・確認しよう！

① 武士の成長

- □ ① 11 世紀に東北《とうほく》で起こった前九年合戦《ぜんくねんかっせん》と後三年《ごさんねん》合戦をしずめたのは，源氏《げんじ》と平氏《へいし》のどちらか。
- □ ② 白河上皇《しらかわじょうこう》は，天皇の位を幼《おさな》い皇子《おうじ》にゆずった後もみずから政治《せいじ》を行った。このような政治を何というか。
- □ ③ 平治《へいじ》の乱《らん》ののち，朝廷《ちょうてい》で太政大臣《だいじょうだいじん》という最高の位につき，武士として初めて政治の実権をにぎった人物はだれか。
- □ ④ 平氏を滅《ほろ》ぼし，各地に守護《しゅご》・地頭《じとう》を置くことを朝廷に認《みと》めさせた人物はだれか。
- □ ⑤ 源頼朝の死後，執権《しっけん》という役職《やくしょく》について幕府《ばくふ》の実権をにぎった一族は何か。

② 鎌倉《かまくら》時代の産業と文化

- □ ① 西日本の各地に広まった，稲《いね》を刈《か》りとったあとに裏作《うらさく》として麦をつくる農業を何というか。
- □ ② 交通の便利な場所などで開かれるようになった，品物を取り引きする場を何というか。
- □ ③ 鎌倉時代の初めに中国の建築技術《けんちくぎじゅつ》をとり入れて再建《さいけん》された，東大寺《とうだいじ》の建築物は何か。

③ 建武《けんむ》の新政《しんせい》と室町幕府《むろまちばくふ》

- □ ① 鎌倉幕府を滅ぼし，建武の新政を行った天皇《てんのう》はだれか。
- □ ② 諸国《しょこく》の守護《しゅご》大名をおさえて，室町幕府の支配《しはい》を全国におよぼした3代将軍《しょうぐん》はだれか。
- □ ③ 日明貿易《にちみんぼうえき》で正式な貿易船《ぼうえきせん》にあたえられた証明書を何というか。
- □ ④ 8代将軍足利義政《よしまさ》のあとつぎなどをめぐって，1467 年に始まった戦いを何というか。

④ 室町時代の産業と文化

- □ ① 港に倉庫をかまえ，物資《ぶっし》の保管《ほかん》・輸送《ゆそう》や卸売《おろしうり》をした業者は何か。
- □ ② 中国の明にわたって水墨画を学び，帰国後，日本風の独自《どくじ》の水墨画を完成したのはだれか。

答え

①
① 源氏
② 院政《いんせい》
③ 平清盛《たいらのきよもり》
④ 源《みなもとの》 頼朝《よりとも》
⑤ 北条《ほうじょう》氏

②
① 二毛作《にもうさく》
② 定期市《ていきいち》
③ (東大寺)南大門《なんだいもん》

③
① 後醍醐《ごだいご》天皇
② 足利義満《あしかがよしみつ》
③ 勘合《かんごう》
④ 応仁《おうにん》の乱

④
① 問《とい》[問丸《といまる》]
② 雪舟

力だめしの問題 入試標準レベル

解答➡p.629

1 次の問いに答えなさい。

(1) 関東《かんとう》地方に早くから根をおろした桓武平氏《かんむへいし》のうち，平将門《たいらのまさかど》が反乱《はんらん》を起こし，同じころ，［　　］も瀬戸内海《せとないかい》の海賊《かいぞく》を率いて反乱を起こしました。［　　］にあてはまる人物を，次から1つ選び，記号で答えなさい。【佼成学園中】（　　）

ア 平清盛《きよもり》　イ 源義経《みなもとのよしつね》　ウ 藤原純友《すみとも》　エ 中臣鎌足《なかとみのかまたり》

(2) 院政《いんせい》とはどのような政治ですか。初めて院政を行った人物の名前を用い，その内容《ないよう》を説明しなさい。【千葉日本大一中】

（　　　　　　　　　　）

(3) 次のア～オを，そのできごとが起こった順番に並《なら》べかえ，2番目と4番目にあたるものを記号で答えなさい。【東京農大一高中等部】

2番目（　　）　4番目（　　）

ア 平清盛が源義朝《よしとも》との戦いに勝利をし，義朝の子である頼朝《よりとも》が伊豆《いず》に流される。

イ 白河上皇《しらかわじょうこう》が院政を始める。

ウ 崇徳《すとく》上皇と後白河天皇《ごしらかわてんのう》との権力《けんりょく》争いが起こり，平清盛や源義朝の活躍《かつやく》によって後白河天皇側が勝利する。

エ 後白河天皇の皇子である以仁王《もちひとおう》が，平清盛を追討《ついとう》する命令を下す。

オ 平清盛が武士《ぶし》として初めて太政大臣《だいじょうだいじん》に任命《にんめい》される。

(4) 右の文を読んで，次の問いに答えなさい。【白百合学園中】

> 1156年，鳥羽《とば》法皇が死去するとまもなく，崇徳上皇と後白河天皇の皇位継承《けいしょう》をめぐる対立に，藤原氏内部の争いが結びつき，保《ほう》元《げん》の乱《らん》に発展《はってん》した。この戦いは，それぞれが武士を動員したが，平清盛や［　　］が味方した後白河天皇側が勝利した。その後，院政を始めた後白河上皇の家臣間の対立から，1159年には，平治《へいじ》の乱が起こった。この戦いでは，武力にまさる平清盛が［　　］を破って勢力《せいりょく》を拡大《かくだい》した。

①［　　］に入る人物名を次から1つ選び，記号で答えなさい。（　　）

ア 源義経
イ 源義仲《よしなか》
ウ 源義朝
エ 源頼朝
オ 平将門

②下線部について，平清盛は港を整備《せいび》し，積極的に中国《ちゅうごく》との貿易《ぼうえき》を行った。この貿易のおもな輸入品を次から1つ選び，記号で答えなさい。（　　）

ア 香料　イ 明銭《みんせん》　ウ 刀剣《とうけん》
エ 鉄砲《てっぽう》　オ 宋銭《そうせん》

2 次の問いに答えなさい。

(1) 多くの武士を御家人《ごけにん》としてしたがえた源頼朝は，鎌倉幕《かまくらばく》府《ふ》を開きました。次の問いに答えなさい。【聖セシリア女子中】

図1

①右の**図1**は，鎌倉時代の武士の日常《にちじょう》をえがいたものです。御家人の場合，将軍の家臣として果たすべき武士のつとめがありました。そのつとめの例を具体的に1つあげなさい。

(　　　　　　　　　　　　)

②武士は自分の領地《りょうち》を命がけで守りました。そうした生活からうまれたことばが次の4字熟語《じゅくご》です。□に適切《てきせつ》な漢字をそれぞれ1字ずつ入れて，熟語を完成させなさい。　(　　　　)(　　　　)

一□懸□

③**図2**は当時の村で農業を行っている様子です。この絵からわかる，当時行われるようになった新しい農業の方法を説明しなさい。

(　　　　　　　　　　　　)

図2

④鎌倉幕府は元軍との戦いをきっかけにおとろえていきました。幕府を支《ささ》えていた御家人たちが幕府から離《はな》れ始めたこともその原因《げんいん》の1つです。なぜ御家人たちは離れていったのか，簡《かん》単《たん》に説明しなさい。

(　　　　　　　　　　　　)

(2) 次のア～エのできごとを古いものから順に並べたとき，3番目にくるものを選び，記号で答えなさい。【世田谷学園中】　(　　)

ア　北条泰時《ほうじょうやすとき》が御成敗式目《ごせいばいしきもく》を制定《せいてい》した。
イ　文永《ぶんえい》の役《えき》，弘安《こうあん》の役が起こった。
ウ　借金に苦しむ御家人を助けるため，永仁《えいにん》の徳政令《とくせいれい》が出された。
エ　承久《じょうきゅう》の乱で鎌倉幕府が朝廷《ちょうてい》に勝利した。

(3) 現在《げんざい》の鎌倉市にある建築《けんちく》物として正しいものを，次から1つ選び，記号で答えなさい。【巣鴨中】　(　　)

ア　中尊寺金色堂《ちゅうそんじこんじきどう》　　イ　円覚寺舎利殿《えんがくじしゃりでん》
ウ　東大寺南大門《とうだいじなんだいもん》　　エ　慈照寺東求堂《じしょうじとうぐどう》

(4) 「南無阿弥陀仏《なむあみだぶつ》」と唱えることで極楽《ごくらく》に往生《おうじょう》できるという考えをもつ宗派《しゅうは》を，次から1つ選び，記号で答えなさい。【香蘭女学校中等科】　(　　)

ア　浄土宗《じょうどしゅう》　　イ　真言宗《しんごんしゅう》　　ウ　曹洞宗《そうとうしゅう》　　エ　日蓮宗《にちれんしゅう》

❸ 次の文を読んで，あとの問いに答えなさい。【法政大中】

1333年，鎌倉幕府《かまくらばくふ》が滅《ほろ》び，㋐後醍醐天皇《ごだいごてんのう》がみずから政治を行いました。しかし，1336年，これに不満をもった［A］が京都《きょうと》に新しい天皇を立てると，㋑後醍醐天皇は京都からのがれ，そこで別の朝廷《ちょうてい》を開きました。そのため，後醍醐天皇が開いた朝廷である南朝《なんちょう》と，京都の朝廷である北朝《ほくちょう》が対立し，全国の武士《ぶし》の多くがいずれかについて争いました。また，［A］は，1338年に北朝の天皇から征夷大将軍《せいいたいしょうぐん》に任命《にんめい》され，㋒京都に室町《むろまち》幕府を開きました。［A］は，鎌倉幕府にならって政治《せいじ》のしくみを整え，守護大名《しゅごだいみょう》をしたがえて勢力《せいりょく》を強めました。その後，3代将軍の［B］のころには，全国のほとんどの武士が足利《あしかが》氏にしたがうようになり，［B］は，約60年にわたって続いてきた，南朝と北朝の対立を1つにまとめ，内乱《ないらん》を終わらせました。しかし，8代将軍の［C］のころになると，守護大名の力が強くなり，将軍［C］のあとつぎをめぐり，対立が起こると，㋓11年間におよぶ戦乱が各地に広がりました。

⑴ A～Cにあてはまる名前を次から1つずつ選び，記号で答えなさい。

A（　　）B（　　）C（　　）

ア　足利義教《よしのり》　イ　足利義満《よしみつ》　ウ　足利尊氏《たかうじ》　エ　足利義昭《よしあき》
オ　足利義政《よしまさ》

⑵ 下線部㋐について，次の問いに答えなさい。

①この政治のことを何といいますか。答えなさい。（　　）

②この政治が2年あまりで失敗したのはなぜですか。その理由を，「公家《くげ》」「武士」という語句を用いて説明しなさい。

（　　）

⑶ 下線部㋑ののがれた所はどこですか。また，その場所は，今の何県ですか。地名と都道府県の名前を答えなさい。**地名**（　　）**県名**（　　）

⑷ 下線部㋒の時代の文化の内容《ないよう》として，正しいものを次から1つ選び，記号で答えなさい。（　　）

ア　堺《さかい》の大商人の千利休《せんのりきゅう》が，茶《ちゃ》の湯《ゆ》を通して武士と交流を深めていった。
イ　現代の和風住宅《じゅうたく》のもとになる，書院造《しょいんづくり》という建築《けんちく》様式が確立《かくりつ》した。
ウ　井原西鶴《いはらさいかく》は町人《ちょうにん》の生き生きとしたすがたを，浮世草子《うきよぞうし》という小説にえがいた。
エ　運慶《うんけい》・快慶《かいけい》らによって，力強く写実的な東大寺南大門《とうだいじなんだいもん》の金剛力士像《こんごうりきしぞう》がつくられた。

⑸ 下線部㋓について，この戦乱を何といいますか。また，この戦乱の後，世の中はどのようになっていきましたか。「下剋上《げこくじょう》」という語句《ごく》を用いて説明しなさい。

戦乱（　　）

説明（　　）

チャレンジ問題 入試発展レベル

解答➡p.630

★は最高レベル

1 次の問いに答えなさい。

⑴ 右の文を読んで，次の問いに答えなさい。【神奈川大附中・改】

> 藤原《ふじわら》氏にかわり□上皇《じょうこう》が初めて院政《いんせい》を行い，政治の実権《じっけん》をにぎるようになりました。また **a** 武士が勢力を増《ま》してきたのもこのころです。この年の3年前に起こった後三年合戦《ごさんねんかっせん》で力をつけた源氏《げんじ》はこのころ失脚《しっきゃく》し，かわって平氏《へいし》が勢力を強めました。平氏は **b** 平清盛《たいらのきよもり》のときに最盛期をむかえました。また，奥州平泉《おうしゅうひらいずみ》に浄土《じょうど》信仰《しんこう》の文化が花開いたのもこのころです。

①文中の空欄《くうらん》□にあてはまる人物を漢字で答えなさい。
（　　　）

②下線部 **a** に関連して，武士のおこりについてまちがっているものを次から1つ選び，記号で答えなさい。
（　　）

ア　10世紀ごろから地方の役人になった貴族《きぞく》の中には，国司《こくし》の立場を利用して勢力を広げるものが出てきた。

イ　源氏・平氏のほかに橘《たちばな》氏や徳川《とくがわ》氏・豊臣《とよとみ》氏も有力な豪族《ごうぞく》から武士になった一族であった。

ウ　地方の農民の中には土地を開墾《かいこん》して富《とみ》を増《ふ》やし，また土地を守るため武力を蓄《たくわ》える者が出てきた。

エ　有力な豪族となった農民は武力を蓄えるとともに貴族に仕え，大きな力をつけていくようになった。

③下線部 **b** に関連して，平清盛がかかわった戦いを次から1つ選び，記号で答えなさい。
（　　）

ア　応仁《おうにん》の乱　　イ　承久《じょうきゅう》の乱

ウ　藤原純友《すみとも》の乱　　エ　保元《ほうげん》の乱

⑵ 院政は，上皇3代の間，100年余り続きました。この時期に発生したできごとに関する説明として正しいものを，次から1つ選び，記号で答えなさい。【城北中】
（　　）

ア　禅宗《ぜんしゅう》の寺院として，道元《どうげん》が永平寺《えいへいじ》を建立《こんりゅう》した。

イ　中山王《ちゅうざんおう》となった尚《しょう》氏が，琉球《りゅうきゅう》王国を建国した。

ウ　源 義仲《みなもとのよしなか》が壇ノ浦《だんのうら》の戦いで，平家《へいけ》を滅《ほろ》ぼした。

エ　延暦寺《えんりゃくじ》や興福寺《こうふくじ》の僧兵《そうへい》が国司や朝廷に対抗《たいこう》した。

⑶ 日宋貿易《にっそうぼうえき》の拠点《きょてん》となった大輪田泊《おおわだのとまり》を，右の地図中のア～エから1つ選び，記号で答えなさい。【世田谷学園中】
（　　）

2 次の問いに答えなさい。

⑴ 右の文を読んで，次の問いに答えなさい。【法政大二中・白百合学園中・改】

> 1180年，源平《げんぺい》の争乱《そうらん》が始まると，伊豆《いず》に流されていた源頼朝《みなもとのよりとも》は関東《かんとう》の武士《ぶし》たちをまとめ，1185年3月ついに□で平氏《へいし》を滅《ほろ》ぼした。そして，鎌倉《かまくら》を拠点《きょてん》として**a** 鎌倉幕府《ばくふ》が成立した。その後，源氏《げんじ》の将軍《しょうぐん》が3代で絶《た》えたことをきっかけに，**b** 後鳥羽上皇《ごとばじょうこう》が兵を起こした承久《じょうきゅう》の乱《らん》に幕府が勝利すると，幕府の支配《しはい》は全国におよんだ。

①□にあてはまることばを次から1つ選び，記号で答えなさい。（　　）

ア　屋島《やしま》の戦い
イ　一ノ谷《いちのたに》の戦い
ウ　壇ノ浦《だんのうら》の戦い
エ　宇治川《うじかわ》の戦い

②下線部**a**では将軍である源頼朝と家来である御家人《ごけにん》との間には「御恩《ごおん》」と「奉公《ほうこう》」による主従《しゅじゅう》関係が結ばれていました。「御恩」とはどのようなことか，答えなさい。

（　　　　　　　　　　　　　　　　　　　　　　　　　　）

③下線部**b**で北条《ほうじょう》氏をたおせという命令が出されたときに，御家人たちに対して演説《えんぜつ》を行い，御家人たちの動揺《どうよう》をくい止めた人物の氏名を答えなさい。

（　　　　　　）

⑵ 源氏による武家政権《ぶけせいけん》の組織《そしき》を示した右の図を見て，次の問いに答えなさい。【麗澤中】

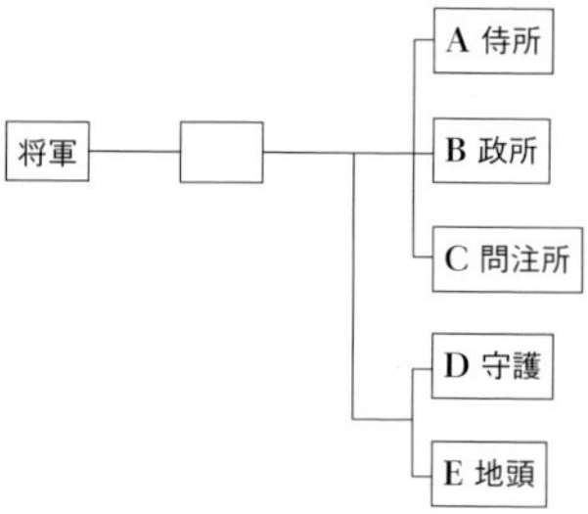

①空欄《くうらん》□に適語《てきご》を補《おぎな》いなさい。(漢字で)

（　　　　　　）

②図中のA～Eの部門のうちの2つについて述《の》べている次の文章**X**と**Y**の両方が正しければ**ア**を，**X**が正しく**Y**が誤《あやま》っていれば**イ**を，**X**が誤っていて**Y**が正しければ**ウ**を，両方が誤っていれば**エ**を，書きなさい。（　　　）

X　問注所《もんちゅうじょ》は，土地関係の裁判《さいばん》を担当《たんとう》した。

Y　地頭《じとう》は，国ごとに1人おかれ，国内の武士を統率《とうそつ》し，軍事と警察《けいさつ》の職《しょく》務《む》にあたった。

⑶ 日蓮《にちれん》が生きた時代に外国との戦争が起こったが，このときの戦争に関する説明として正しいものを，次から1つ選び，記号で答えなさい。【成城学園中】（　　　）

ア　日本軍は百済《くだら》を助けるため，唐《とう》・新羅《しらぎ》《シルラ》連合軍と戦ったが大敗した。
イ　日本軍は元《げん》・高麗《こうらい》連合軍に苦しめられたが，暴風雨《ぼうふうう》によって敵《てき》は退《しりぞ》いた。
ウ　日本軍は始め進撃《しんげき》を続けたが，明・朝鮮《ちょうせん》連合軍の反抗《はんこう》に苦しめられた。
エ　日本軍は朝鮮で清《しん》の軍隊と戦って勝利し，台湾《たいわん》などを植民地とした。

3 次の問いに答えなさい。

★(1) 次の文は，室町《むろまち》幕府のしくみを説明したものです。これを図にしたものとしてもっとも適切なものを，右から1つ選び，記号で答えなさい。【浅野中】

(　　　)

「室町幕府の地方機関には，鎌倉府などがあった。足《あし》利《かが》尊氏《たかうじ》は鎌倉幕府の基盤《きばん》であった関東をとくに重視《じゅうし》し，東国《とうごく》の支配《しはい》は鎌倉府にまかせた。鎌倉府の組織《そしき》は室町幕府とほぼ同じで，権限《けんげん》も大きかったため，やがて室町幕府としばしば衝突《しょうとつ》するようになった。」

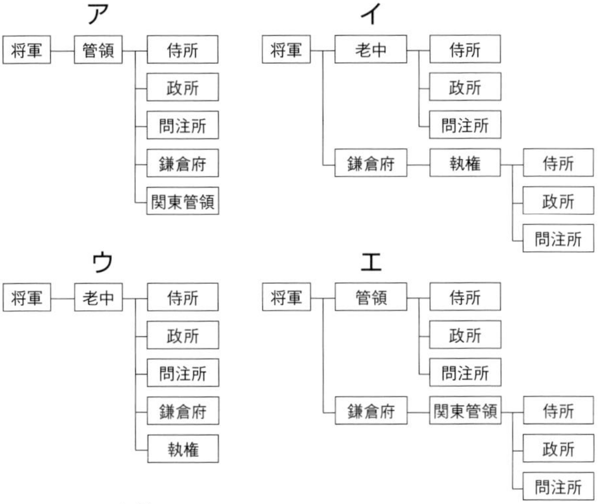

(2) 足利義満《よしみつ》が実権をにぎっていたときのできごとについて述《の》べた文として，正しいものを次から1つ選び，記号で答えなさい。【共立女子中】　(　　　)

ア　将軍家の対立に，守護大名《しゅごだいみょう》や管領《かんれい》の対立も加わって応仁《おうにん》の乱が起こった。

イ　現在の和風住宅《じゅうたく》のもととなった書院造《しょいんづくり》の建築《けんちく》様式が見られるようになった。

ウ　倭寇《わこう》と区別するために勘合《かんごう》を用いて中国《ちゅうごく》と貿易《ぼうえき》を行い，中国に対してはみつぎ物を持参した。

エ　山城国《やましろのくに》で，国人とよばれる武士《ぶし》が，農民たちとともに一揆《いっき》を起こした。

(3) 室町時代のできごとについて述べた文として正しいものを，次から1つ選び，記号で答えなさい。【開成中】　(　　　)

ア　奥州《おうしゅう》藤原氏が平泉《ひらいずみ》に中尊寺金色堂《ちゅうそんじこんじきどう》を建てた。

イ　3代将軍の足利義満は，北山《きたやま》に銀閣《ぎんかく》を建てた。

ウ　法隆寺《ほうりゅうじ》が創建《そうけん》され，枯山水《かれさんすい》の庭もつくられた。

エ　観阿弥《かんあみ》・世阿弥《ぜあみ》の父子が，能《のう》を大成した。

(4) 室町時代に起こったできごとを時期の早い順に並《なら》べかえた場合，3番目になるものを，次から1つ選び，記号で答えなさい。【聖光学院中】　(　　　)

ア　応仁の乱が始まる。　　イ　正長《しょうちょう》の土《つち》《ど》一揆《いっき》が起こる。

ウ　金閣《きんかく》が完成する。　　エ　勘合貿易が始まる。

2 信長・秀吉・家康の天下統一

学習のポイント

- ヨーロッパ文化が日本社会にあたえた影響《えいきょう》をとらえているか。 ➡p.398
- 織田信長《おだのぶなが》が戦った相手と城下町《じょうかまち》での政策《せいさく》を理解《りかい》しているか。 ➡p.400
- 豊臣秀吉《とよとみひでよし》と徳川家康《とくがわいえやす》による天下統一《とういつ》の流れをおさえているか。 ➡p.401

1 鉄砲《てっぽう》とキリスト教の伝来

鉄砲の伝来

- **ヨーロッパ人の来航**…戦国《せんごく》時代さなかの1543年，九州《きゅうしゅう》の南の**種子島《たねがしま》**(鹿児島《かごしま》県)に，ポルトガル人を乗せた中国《ちゅうごく》船が流れ着いた。これが，初めて日本にきたヨーロッパ人である。
- **鉄砲の伝来**…種子島に流れ着いたポルトガル人から，鉄砲を買い求めた種子島の領主《りょうしゅ》は，家臣にその使い方とつくり方を学ばせた。鉄砲のつくり方は各地に広まり，10年もたたないうちに堺《さかい》(大阪《おおさか》府)などで鉄砲が大量につくられるようになった。
- **戦法の変化**…鉄砲は戦いのしかたを大きく変えた。
  - ▶一騎《いっき》打ちなどの騎馬《きば》戦法から，足軽《あしがる》の鉄砲隊による集団《しゅうだん》戦法が中心となった。
  - ▶城は平地の小高い丘《おか》に築《きず》かれるようになった。鉄砲を防《ふせ》ぐために，石垣《いしがき》や厚《あつ》い壁《かべ》をつくり，壁に鉄砲を撃《う》つ窓《まど》をあけ，まわりに幅《はば》の広い堀《ほり》をめぐらせた。
  - ▶鉄砲の使用で戦いの勝敗が早くつき，武力《ぶりょく》による天下統一が進んだ。

参考

鉄砲の産地

鉄砲が伝わってから，すぐ日本でもつくられるようになったのは，日本で武具・農具などの鉄製品《てつせいひん》をつくる鍛冶《かじ》・鋳物《いもの》師《し》とよばれる職人《しょくにん》の技術《ぎじゅつ》がすぐれていたからである。鉄砲をつくる職人は鉄砲鍛冶とよばれ，堺をはじめ，紀伊《きい》(和歌《わか》山《やま》県)の根来《ねごろ》，近江《おうみ》(滋賀《しが》県)の国友《くにとも》などが主要な生産地となった。

▼長篠《ながしの》の戦いの鉄砲隊：1575年，長篠(愛知《あいち》県)の戦いで，左側の織田信長・徳川家康の連合軍は，大量の鉄砲を用意して足軽の鉄砲隊を活用し，右側の武田勝頼《たけだかつより》の騎馬隊を打ち破《やぶ》って，勝利をおさめた。

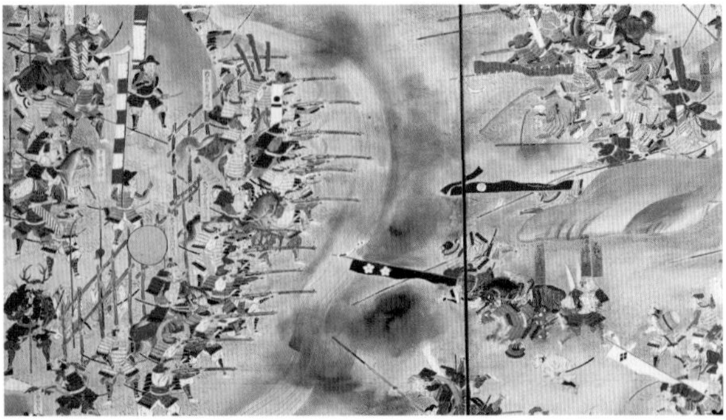

キリスト教の伝来と南蛮貿易《なんばんぼうえき》

●キリスト教の伝来…1549年，スペイン人の宣教師《せんきょうし》**フランシスコ=ザビエル**が鹿児島にきて，キリスト教を伝えた。ザビエルは，京《きょう》都《と》や山口《やまぐち》(山口市)，府《ふ》内《ない》(大分《おおいた》市)をまわり，戦国大名《だいみょう》の保護《ほご》を受けて教えを広めた。

▲フランシスコ=ザビエル

●宣教師の活動…その後，宣教師が次々と日本へやってきた。宣教師は各地に南蛮寺《なんばんじ》とよばれる教会を建て，キリスト教を学ばせる学校(コレジオやセミナリオ)をつくり，病院や孤児院《こじいん》を設《もう》けるなど，布教《ふきょう》と社会事業を進めた。

●キリシタン大名…ポルトガルの船は，ほぼ毎年，九州の平戸《ひらど》(長崎《ながさき》県)や長崎にきて貿易を行った。宣教師は，布教を認《みと》めた戦国大名には貿易の世話をしたので，大名の中には，貿易の利益《りえき》を上げるために，すすんでキリスト教の信者になる者もいた。これをキリシタン大名という。

●南蛮貿易…日本人はポルトガル人やスペイン人を南蛮人とよんだので，この貿易を南蛮貿易という。南蛮貿易では，おもに中国の生糸《きいと》や絹織物《きぬおりもの》が日本に運ばれ，日本からは銀などを輸出《ゆしゅつ》した。パン・カステラ・カルタ・シャボン・タバコ・ボタン・メリヤスなど，ヨーロッパからのめずらしい品物も伝えられ，これらの単語は日本語としてとり入れられた。

▲南蛮人の乗った船

用語

フランシスコ=ザビエル

キリスト教のうち，カトリックという宗派《しゅうは》のイエズス会に属《ぞく》していた。イエズス会は海外布教を積極的に進めていた。

参考

天正遣欧《てんしょうけんおう》少年使節

九州の大友《おおとも》・大村《おおむら》・有馬《ありま》の3人のキリシタン大名は，1582年，宣教師のすすめで伊東《いとう》マンショら4人の少年使節をキリスト教の中心・ローマ教会のもとへ送った。少年使節はローマ教皇《きょうこう》に会い，1590年に帰国した。

入試ポイント

〈ヨーロッパの文化の伝来〉

- 武器…1543年，ポルトガル人が**種子島**で**鉄砲**を伝えた。
- 宗教《しゅうきょう》…1549年，宣教師の**ザビエル**が**キリスト教**を伝えた。

2 織田信長《おだのぶなが》と豊臣秀吉《とよとみひでよし》

織田信長と統一《とういつ》への歩み

▲織田信長

●**天下統一への動き**…戦国《せんごく》の世が続き16世紀の後半になると，有力な戦国大名《だいみょう》の中には，京都《きょうと》にのぼって全国(天下《てんか》)の支配者《しはいしゃ》になろうとする者が現れた。早くから天下統一をめざし，「天下布武《ふぶ》」をかかげたのが尾張《おわり》(愛知《あいち》県)の戦国大名・**織田信長**である。

●**室町幕府《むろまちばくふ》を滅《ほろ》ぼす**…1560年，信長は，京都にのぼろうとした駿河《するが》(静岡《しずおか》県)の今川義元《いまがわよしもと》の大軍を，**桶狭《おけはざ》間《ま》の戦い**(愛知県)で破《やぶ》り，全国にその名を知られるようになった。信長は，三河《みかわ》(愛知県)の徳川家康《とくがわいえやす》と同盟《どうめい》を結び，家康は東へ，信長は西へと勢力《せいりょく》をのばした。やがて信長は京都にのぼり，1573年，将軍《しょうぐん》足利義昭《あしかがよしあき》を追放して，230年以上続いた室町幕府を滅《ほろ》ぼした。

●**仏教《ぶっきょう》勢力をおさえる**…信長は，各地の大名をたおすとともに，仏教の勢力をおさえた。反抗《はんこう》する古くからの寺院勢力の中心の1つ，比叡山《ひえいざん》の延暦寺《えんりゃくじ》を焼き打ちにした。また，北陸《ほくりく》・東海《とうかい》地方の一向一揆《いっこういっき》に対しては，一揆の中心になった石山本願寺《いしやまほんがんじ》(大阪《おおさか》市)と10年間戦い，これを降伏《こうふく》させた。

参考

信長の気性

織田信長は，尾張の小さな大名だった織田氏の一族にうまれた。はげしい気性だったが，決断力《けつだんりょく》に富《と》み，古いしきたりにとらわれず行動した。信長がほかの大名に先がけて天下統一の道を開くことができたのは，豊かな濃尾《のうび》平野を領地《りょうち》にして力を蓄《たくわ》えたこと，尾張は京都に近かったこと，足軽鉄《あしがるてっ》砲隊《ぼうたい》をつくるなど新しい戦法や政策《せいさく》をとり入れて実行したこと，などによる。

▲信長の使った「天下布武」の印:天下に武を布《し》くと読む。

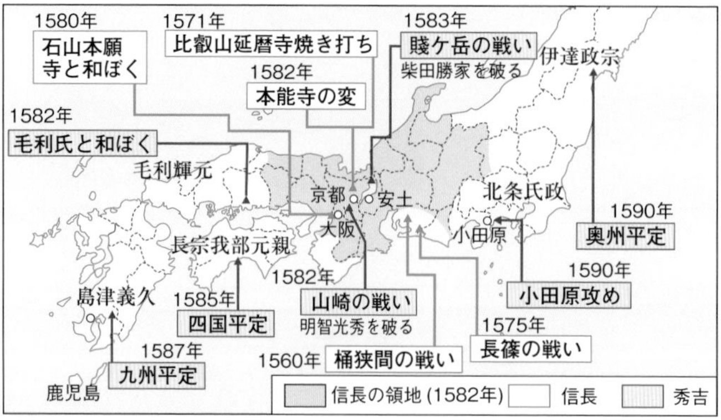

◀天下統一への歩み

●**安土城《あづちじょう》**…信長は，1575年**長篠《ながしの》の戦い**で武田勝頼《たけだかつより》軍を破り，翌年《よくねん》から，琵琶湖《びわこ》の岸に天守閣《てんしゅかく》をもつ安土城を築《きず》いて根拠地《こんきょち》とし，新しい政策《せいさく》を進めた。

▶家来や商工業者を安土に住まわせて城下町《じょうかまち》をつくり，商工業をさかんにするため**楽市《らくいち》・楽座《らくざ》**の命令を出し商人・職人《しょくにん》が自由に営業《えいぎょう》できるようにした。また，関所《せきしょ》を廃止《はいし》して物資《ぶっし》の流通をさかんにした。

▶信長は仏教勢力をおさえたが，南蛮貿易《なんばんぼうえき》の利益《りえき》などからキリスト教は保護《ほご》したので，安土には宣教師《せんきょうし》が来て教会や学校を建てた。

●**本能寺《ほんのうじ》の変**…信長は，近畿《きんき》・東海・北陸地方を支配下《しはいか》におさめた。しかし，1582年，毛利氏をうつ途中に家来の豊臣秀吉が中国《ちゅうごく》地方の毛利《もうり》氏と戦っているとき，京都の本能寺で家来の**明智光秀《あけちみつひで》**に襲《おそ》われ，天下統一の半ばで死んだ。これを本能寺の変という。

年	できごと
1534	信長が生まれる
1543	鉄砲が伝わる
1560	桶狭間の戦い
1568	信長が京都にのぼる
1571	延暦寺焼き打ち
1573	室町幕府を滅ぼす
1575	長篠の戦い
1576	安土城を築く
1580	石山本願寺が降伏
1582	武田氏を滅ぼす
	本能寺の変

▲織田信長のころのできごと

用語

楽市・楽座

商工業者がだれでも自由に市で物を売ることができること。それまでは，同業者組合（座）に入っていた特定の商工業者だけが市で商売することを許《ゆる》され，そのかわりに税をおさめていた。信長は，市の税をやめ，市での商売を自由にして，商工業の発達をはかった。

史料　楽市・楽座令

一．この地に対して楽市を命じた上は，いろいろな座の特権《とっけん》・座役・座の雑税《ざつぜい》などは，すべて免除《めんじょ》する。

豊臣秀吉の天下統一

●**信長のあとをつぐ**…信長の家来だった豊臣秀吉は，信長が死んだことを知ると，中国地方から引き返し，山崎《やまざき》の戦いで明智光秀を破った。その後，信長の有力な家来だった柴田勝家《しばたかついえ》らをたおし，信長のあとつぎとしての地位を固めた。

▲豊臣秀吉

●**大阪城**…秀吉は，1583年から，石山本願寺《いしやまほんがんじ》のあとに大阪城を築《きず》いて統一への根拠地とした。城のまわりには，大名・武士《ぶし》や商人・職人を住まわせて城下町をつくった。大阪は海陸の交通の便がよく，商工業の町としても栄えるようになった。

▲大阪城の天守閣《てんしゅかく》：現在《げんざい》の天守閣は1931年に再建《さいけん》されたもの。

●**天下統一**《とういつ》…秀吉《ひでよし》は，四国《しこく》の長宗我部《ちょうそかべ》氏，九州《きゅうしゅう》の島津《しまづ》氏など，各地の有力な大名《だいみょう》を次々としたがえていった。そして1590年，小田原《おだわら》(神奈川《かながわ》県)の北条氏政《ほうじょううじまさ》を滅《ほろ》ぼし，東北《とうほく》地方の伊達《だて》氏をしたがえて天下統一《とういつ》をなしとげた。

●**統一の事業**…秀吉は武力《ぶりょく》統一を進める一方で，関白《かんぱく》や太政大臣《だいじょうだいじん》という高い位につき，朝廷《ちょうてい》の権威《けんい》を利用して支配《しはい》する力を強めた。

●秀吉は全国の大名をしたがえたが，それで天下統一の事業が終わったわけではない。武士《ぶし》の政治《せいじ》を支《ささ》えるのは百姓《ひゃくしょう》の年貢《ねんぐ》であったから，秀吉は，武士が百姓から確実《かくじつ》に年貢をとり立てることができるような社会のしくみをつくろうとした。その政策《せいさく》が検地《けんち》と刀狩《かたながり》である。

●**検地**…秀吉は，全国にわたって検地を行った。秀吉の検地を**太閤**《たいこう》**検地**とよぶ。村ごとに田畑のよしあし(等級)や面積，収穫高《しゅうかくだか》，その田畑を耕作《こうさく》して年貢をおさめる農民を調べ，それらを検地帳に記入した。検地帳に名前を記された百姓は，その田畑を耕作する権利を認《みと》められたかわりに，年貢をおさめる義務《ぎむ》を負い，住んでいる村から勝手にほかの場所に移《うつ》ることを禁《きん》じられた。

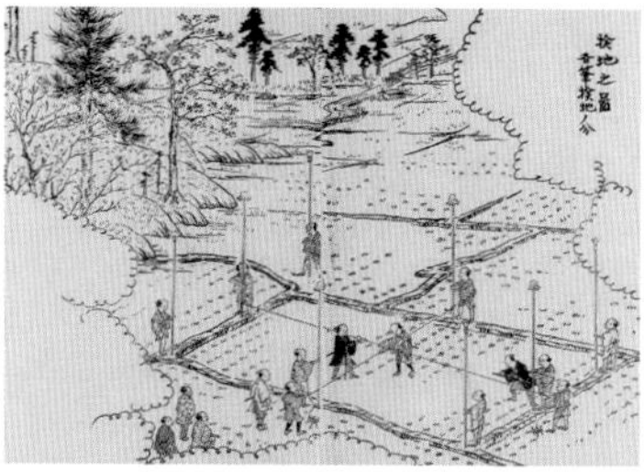
▲検地の様子

●**刀狩**…秀吉は，京都《きょうと》の方広寺《ほうこうじ》に大仏《だいぶつ》をつくるという口実で，1588年に**刀狩令**を出した。これは，刀・やり・鉄砲《てっぽう》などの武器をとり上げた法令で，百姓の一揆《いっき》を防《ふせ》ぎ，耕作に専念《せんねん》させることが目的だった。

●**兵農分離**《へいのうぶんり》…検地と刀狩によって，村に住む百姓と，城下町《じょうかまち》に住む武士の身分の区別がはっきりした。また，秀吉は，武士が百姓や町人《ちょうにん》(商人・職人《しょくにん》)になったり，百姓が商業をしたりすることを禁じたので，

参考

秀吉のうまれ

豊臣秀吉は，尾張《おわり》の農村にうまれた。若《わか》いころ織田信長に仕えてその才能《さいのう》を示《しめ》し，信長の有力な武将《ぶしょう》となった。始め名前を木下藤吉郎《きのしたとうきちろう》といったが，羽柴《はしば》秀吉と改めた。信長の死後，天下統一の事業を進め，天皇《てんのう》から豊臣の姓《せい》をあたえられた。秀吉は関白の地位を養子の秀次《ひでつぐ》にゆずってからは，太閤(関白を退《しりぞ》いた人への敬称《けいしょう》)とよばれた。

参考

秀吉の検地

田畑の収穫高を米の取れ高で表し，石高《こくだか》とよんだ。この石高を基準にして，その6割から7割を年貢としてとり立てた。大名の領地の大きさも，「加賀《かが》(石川《いしかわ》県)百万石《ひゃくまんごく》」などといわれたように，石高で表された。

用語

百姓

もともとは皇族以外の一般《いっぱん》の人々という意味で使用されたことば。中世ごろから，農業や漁業を営《いとな》み，年貢などをおさめる人々をさすようになっていった。秀吉の時代には，村に住み，農業・漁業・林業などに従事《じゅうじ》する人々を表すようになった。

史料 秀吉の刀狩令《かたながりれい》

一．諸国の百姓が，刀・弓・やり・鉄砲《てっぽう》，そのほかの武器を持つことを，固く禁止する。よけいな武器を蓄《たくわ》え，年貢をおさめず，一揆《いっき》をくわだてて領主に反抗《はんこう》する者は，厳《きび》しく罰《ばっ》する。

一．とり上げた刀などは，新しく大仏をつくるためのくぎなどに役立てるから，百姓はこの世だけでなく，あの世でも仏に救われることになる。

武士と百姓・町人の区別もできた。これを兵農分離という。

●**商工業の保護《ほご》**…秀吉は，信長《のぶなが》の政策をついで楽市《らくいち》などを行い，鉱山を開発して金・銀の生産を増《ふ》やし，金貨(天正大判《てんしょうおおばん》)や銀貨をつくるなど，商工業の発達に力をそそいだ。また，秀吉は1587年にキリスト教の宣教師《せんきょうし》を追放する一方で，南蛮貿易《なんばんぼうえき》は保護《ほご》し，東南アジアとの貿易も進めた。

▶京ます：ますは米などの量をはかる道具。秀吉は全国のますを「京ます」に統一した。

▶天正大判《おおばん》

●**朝鮮侵略《ちょうせんしんりゃく》**…天下統一後の秀吉は，中国《ちゅうごく》の明《みん》の征服《せいふく》を計画し，朝鮮にその協力を要求した。朝鮮がこれをことわると全国の大名に命令して，2度にわたって朝鮮に大軍を送った(文禄《ぶんろく》の役《えき》・慶長《けいちょう》の役)。しかし，朝鮮の軍隊や民衆《みんしゅう》のはげしい抵抗《ていこう》や明の援軍《えんぐん》に日本軍は苦戦した。1598年，秀吉が病死し，大名たちは朝鮮から兵を引きあげた。

年	できごと
1537	秀吉が生まれる
1558	秀吉が信長に仕える
1582	本能寺《ほんのうじ》の変 秀吉が明智光秀《あけちみつひで》をたおす 検地を始める
1583	大阪城を築き始める
1585	秀吉が関白となる
1588	刀狩令を出す
1590	小田原の北条氏を滅《ほろ》ぼし，全国を統一
1592	朝鮮侵略(文禄《ぶんろく》の役《えき》)
1594	伏見《ふしみ》城を築く
1597	朝鮮侵略(慶長《けいちょう》の役)
1598	秀吉死去

▲豊臣秀吉のころのできごと

参考

朝鮮の抵抗

秀吉の朝鮮侵略に対し，李舜《りしゅん》臣《しん》のひきいる朝鮮水軍は亀甲《きっこう》船《せん》などで対抗《たいこう》し，日本軍を苦しめた。

入試ポイント

〈織田信長と豊臣秀吉の政策〉

- 織田信長…仏教《ぶっきょう》を弾圧《だんあつ》しキリスト教を保護。楽市・楽座。安土城。
- 豊臣秀吉…キリスト教の宣教師を追放。太閤検地と刀狩。大阪《おおさか》城。

桃山《ももやま》文化

▲姫路城の天守閣

●**桃山文化**…織田信長《おだのぶなが》は安土城《あづちじょう》に住み，豊臣《とよとみ》秀吉《ひでよし》は晩年《ばんねん》に京都《きょうと》の南の桃山に伏見城《ふしみじょう》をつくって住んだので，信長と秀吉の時代を**安土桃山時代**という。この時代には，天下統《とう》一《いつ》を進めた大名《だいみょう》や，商工業・貿易《ぼうえき》で富《とみ》を蓄《たくわ》えた商人たちの気風をうつして，雄大《ゆうだい》ではなやかな文化がうみ出された。

●**城の建築《けんちく》**…桃山文化を代表するものは，大名たちが築《きず》いた，高い**天守閣《てんしゅかく》**のそびえる城である。城の中には，書院造《しょいんづくり》の広いやしきがつくられた。17 世紀の初めに完成した**姫路城《ひめじじょう》**(兵庫《ひょうご》県)は，白鷺城《しらさぎじょう》ともよばれ，当時の優美《ゆうび》なすがたを今も残し，世界文化遺産《いさん》にも登録されている。

●**障壁画《しょうへきが》**…城の中のふすま・びょうぶには，金色の地に緑や青などのあざやかな色で絵がえがかれた。これを障壁画という。安土城・大阪城《おおさかじょう》の障壁画は，**狩野永徳《かのうえいとく》**らによりえがかれた。建物のらん間(障子《しょうじ》やふすまと天《てん》井《じょう》までの空間)は，すぐれた彫刻《ちょうこく》でかざられた。

▲狩野永徳の『唐獅子図屏風《からじしずびょうぶ》』

●**茶《ちゃ》の湯《ゆ》**…室町《むろまち》時代にうまれた茶の湯は，大名や豊《ゆた》かな商人に愛好された。堺《さかい》(大阪府)の商人であった**千《せんの》利休《りきゅう》**は，質素《しっそ》な茶室で静かな心の境地《きょうち》にひたる茶の湯を行い，秀吉に重んじられた。茶の湯の流行とともに，湯のみなどの陶磁器《とうじき》が各地でさかんにつくられるようになった。

●**かぶき踊《おど》り**…出雲《いずも》(島根《しまね》県)の**阿国《おくに》**という女性《じょせい》が始めたかぶき踊りが人気をよび，のちの歌舞伎《かぶき》のもととなった。琉球《りゅうきゅう》(沖縄《おきなわ》県)から伝わった楽器から三味線《しゃみせん》がつくられたのも，このころである。

参考

南蛮《なんばん》文化

安土桃山時代には，キリスト教の宣教師《せんきょうし》が，ヨーロッパの天文学・地理・医学などを伝えた。世界地図をえがいたびょうぶがつくられ，地球儀《ちきゅうぎ》や時計・めがねも伝わった。活版《かっぱん》印刷機ももたらされ，ローマ字の本が出版《しゅっぱん》された。

参考

陶磁器の発達

秀吉の朝鮮侵略《ちょうせんしんりゃく》のとき，大名の中には朝鮮の陶磁器職人を強制的《きょうせいてき》に日本に連れてきた者もいた。朝鮮の陶磁器の技《ぎ》術《じゅつ》によって，有田焼《ありたやき》(佐賀《さが》県)や薩摩《さつま》焼(鹿児島《かごしま》県)が始まった。

3 徳川家康《とくがわいえやす》と江戸幕府《えどばくふ》

江戸幕府の成立

●**関ヶ原《せきがはら》の戦い**…豊臣秀吉が死ぬと，**徳川家康**の勢《いきお》いが強まった。1600 年に，家康は**石田三成《いしだみつなり》**らの豊臣方の軍を関ヶ原(岐《ぎ》阜《ふ》県)で破《やぶ》って，全国の大名をしたがえた。関ヶ原の戦いには，全国のほとんどの大名が徳川方(東軍)と豊臣方(西軍)に分かれて戦い，「天下《てんか》分け目の戦い」とよばれた。

▲徳川家康

●**江戸幕府の始まり**…1603 年，家康は朝廷《ちょうてい》から**征夷《せいい》大将軍《たいしょうぐん》**に任《にん》じられ，江戸(今の東京《とうきょう》)に幕府を開いた。以後，およそ 260 年間を**江戸時代**という。

●**大阪の陣《じん》**…家康が江戸に幕府を開いてからも，豊臣氏は大阪城で力をもっていた。そこで，家康は，将軍職《しょく》を子の秀忠《ひでただ》にゆずったあと，大阪冬の陣(1614 年)と大阪夏の陣(1615 年)で，秀吉の子の秀頼《ひでより》を攻《せ》め，豊臣氏を滅《ほろ》ぼした。

江戸幕府のしくみ

●**江戸幕府の土台**…江戸幕府は，直属《ちょくぞく》の家臣として多くの**旗本《はたもと》・御家人《ごけにん》**をかかえ，広大な領地《りょうち》や重要な都市・鉱山《こうざん》を幕領《ばくりょう》(幕府領，天領《てんりょう》)として支配《しはい》し，軍事力・経済力《けいざいりょく》ともに，強大であった。

●**江戸幕府のしくみ**

▶**中央のしくみ**…将軍の下《もと》に数名の老中《ろうじゅう》と若年寄《わかどしより》・寺社奉行《ぶぎょう》が置かれ，老中の下に大目付《おおめつけ》・町奉行・勘定《かんじょう》奉行などが置かれた。また，重要なできごとが起こったときには，臨時《りんじ》に大老《たいろう》が置かれた。

▶**地方の支配**…幕府が直接支配する幕領には郡代《ぐんだい》や代官《だいかん》を置き，京都に**京都所司代《しょしだい》**，大阪に大阪城代を置いた。そのほかの地域《ちいき》は，それぞれの大名におさめさせた。

参考

徳川家康のうまれ

家康は三河《みかわ》(愛知《あいち》県)の岡崎《おかざき》の城主の子にうまれた。父が今川《いまがわ》氏と織田氏との間にはさまれた小さな大名だったので，両氏のもとで13年間も人質《ひとじち》としてあずけられ，小さいときから苦労した。

参考

徳川家康の気性

家康のがまん強い性格《せいかく》は，信長・秀吉と比《くら》べてつくられた次のうた(川柳《せんりゅう》)から知られる。

「鳴かぬなら　殺してしまえ　ほととぎす」
　…信長の短気な性格
「鳴かぬなら　鳴かせてみせよう　ほととぎす」
　…秀吉の自信の強い性格
「鳴かぬなら　鳴くまで待とう　ほととぎす」
　…家康のがまん強い性格

参考

幕府の領地

幕領と旗本領を合わせると，全国3000万石のおよそ4分の1をしめた。

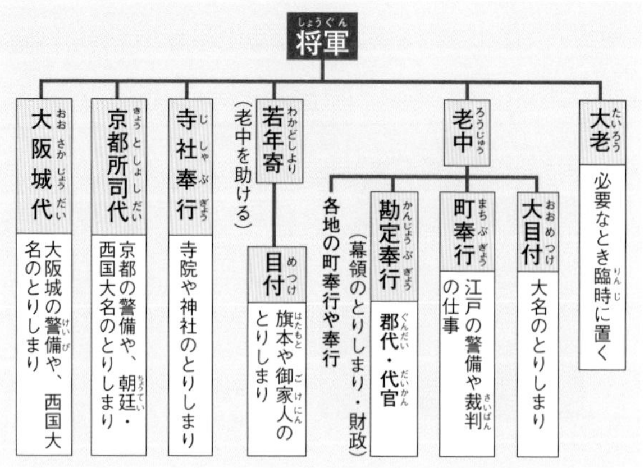

▲江戸幕府《えどばくふ》のしくみ：それぞれの役職《やくしょく》は，譜代大名《ふだいだいみょう》や旗本《はたもと》が交代《こうたい》でつとめた。

▶大名の領地を藩《はん》といい，各藩では幕府の監視《かんし》をうけながら独自《どくじ》の支配《しはい》を行った。このような体制《たいせい》を，**幕藩《ばくはん》体制**とよんだ。

●**大名の区別と配置のくふう**…江戸幕府は，各大名を3つに区別し，重要な所に親藩《しんぱん》・譜代大名を置いて外様《とざま》大名をみはらせた。

▶**親藩**…徳川《とくがわ》氏の一族の大名。とくに家康《いえやす》の子が藩主となった尾張《おわり》(愛知《あいち》県)・紀伊《きい》(和歌山《わかやま》県)・水戸《みと》(茨城《いばらき》県)の3藩を御三家《ごさんけ》といった。

▶**譜代大名**…関ヶ原《せきがはら》の戦いの前から徳川氏にしたがっていた大名。親藩の大名とともに幕府の政治《せいじ》を動かす役職についた。

▶**外様大名**…関ヶ原の戦い以後，徳川氏にしたがった大名。実力のある者が多かったが，幕府の政治には加われなかった。

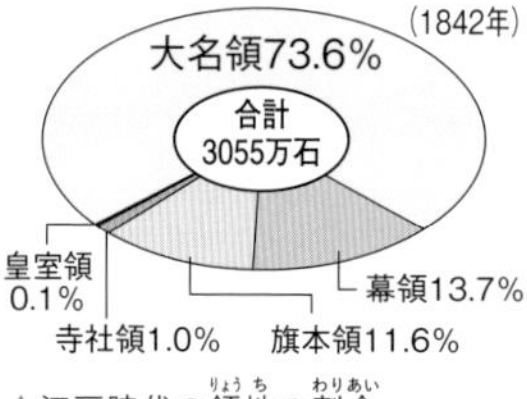

▲江戸時代の領地《りょうち》の割合《わりあい》

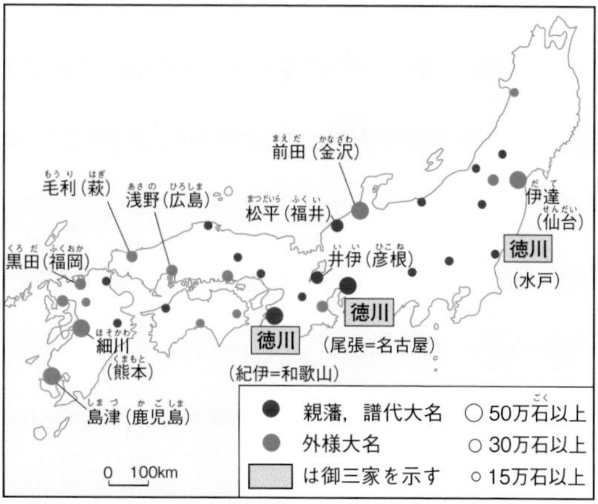

▲江戸幕府が開かれたころの大名の配置

用語

大名

1万石以上の石高《こくだか》(領地)を将軍からあたえられた武士《ぶし》。

用語

旗本《はたもと》・御家人《ごけにん》

幕府に直接《ちょくせつ》仕える武士。ともに石高は1万石以下であるが，旗本は将軍《しょうぐん》に直接会うことができた。

☑ まとめチェック

知識を整理・確認しよう！

① 鉄砲《てっぽう》とキリスト教の伝来

- ☐ ① 1543年，ポルトガル人を乗せた中国《ちゅうごく》船が流れ着き，鉄砲がもたらされた島はどこか。
- ☐ ② 1549年，鹿児島《かごしま》にきてキリスト教を伝えたスペイン人の宣教師《せんきょうし》はだれか。

② 織田信長《おだのぶなが》と豊臣秀吉《とよとみひでよし》

- ☐ ① 1560年，織田信長が駿河《するが》の今川義元《いまがわよしもと》の軍を破《やぶ》った戦いを何というか。
- ☐ ② 織田信長がおさえつけた仏教勢力《ぶっきょうせいりょく》のうち，比叡山《ひえいざん》にあった寺院を何というか。
- ☐ ③ 織田信長が琵琶湖《びわこ》の岸につくった城を何というか。
- ☐ ④ 織田信長が城下で行った，商工業をさかんにするために座《ざ》の特権《とっけん》を廃止《はいし》した政策《せいさく》を何というか。
- ☐ ⑤ 1582年，織田信長が家来の明智光秀《あけちみつひで》におそわれ，自殺したできごとを何というか。
- ☐ ⑥ 豊臣秀吉が行った，田畑のよしあしを調べてその田畑を耕《こう》作《さく》して年貢《ねんぐ》をおさめる農民を記録した政策を何というか。
- ☐ ⑦ 豊臣秀吉が，一揆《いっき》を防《ふせ》いで耕作に専念《せんねん》させるために，百姓《ひゃくしょう》から武器をとり上げた政策を何というか。
- ☐ ⑧ 豊臣秀吉のときに起こった文禄《ぶんろく》の役《えき》・慶長《けいちょう》の役は，何という国に対する侵略《しんりゃく》だったか。
- ☐ ⑨ 白鷺城《しらさぎじょう》ともよばれ，世界文化遺産《いさん》にも登録されている兵庫《ひょうご》県の城を何というか。
- ☐ ⑩ 出雲《いずも》の阿国《おくに》という女性《じょせい》が始めた踊《おど》りを何というか。

③ 徳川家康と江戸幕府

- ☐ ① 1600年に，徳川家康が石田三成《いしだみつなり》らの豊臣方の軍を破った戦いを何というか。
- ☐ ② 江戸幕府のもと，各藩が幕府の監視をうけながら独自《どくじ》の支《し》配《はい》を行うしくみを何というか。
- ☐ ③ 尾張・紀伊・水戸の御三家をふくむ，徳川氏の一族の大名を何というか。
- ☐ ④ 関ヶ原の戦い以後，徳川氏にしたがった大名を何というか。

答え

①
- ① 種子島《たねがしま》
- ② フランシスコ＝ザビエル

②
- ① 桶狭間《おけはざま》の戦い
- ② 延暦寺《えんりゃくじ》
- ③ 安土城《あづちじょう》
- ④ 楽市《らくいち》・楽座《らくざ》
- ⑤ 本能寺《ほんのうじ》の変
- ⑥ (太閤《たいこう》)検地《けんち》
- ⑦ 刀狩《かたながり》
- ⑧ 朝鮮《ちょうせん》
- ⑨ 姫路城《ひめじじょう》
- ⑩ かぶき踊り

③
- ① 関ヶ原の戦い
- ② 幕藩体制《ばくはんたいせい》
- ③ 親藩
- ④ 外様大名

力だめしの問題 入試標準レベル

解答➡p.631

❶ 次の問いに答えなさい。

(1) 1575年に騎馬《きば》を駆使《くし》した武田勝頼《たけだかつより》の軍団《ぐんだん》が，鉄砲《てっぽう》を導入《どうにゅう》した軍によって敗北した戦いを何といいますか。答えなさい。【本郷中】　（　　　　　）

(2) 「ポルトガル」や「鉄砲」に関する文章として正しいものを次から1つ選び，記号を書きなさい。【頌栄女子学院中】　（　　）

ア　南蛮貿易《なんばんぼうえき》で，日本はポルトガルから中国《ちゅうごく》産の生糸《きいと》を多く購入《こうにゅう》した結果，日本からは銀が大量に流出した。

イ　桶狭間《おけはざま》の戦いにおいて，織田信長《おだのぶなが》は徳川家康《とくがわいえやす》と結び，足軽《あしがる》鉄砲隊を用いて武田勝頼を破《やぶ》った。

ウ　鉄砲が日本へ伝来した後，ポルトガル出身であるフランシスコ=ザビエルが日本に来日し，南蛮寺《なんばんじ》を建てた。

エ　鎖国体制《さこくたいせい》のもとでも，ポルトガルとは出島《でじま》の商館で貿易が行われ，風説《ふうせつ》書《がき》により海外の情報《じょうほう》を手に入れた。

(3) フランシスコ=ザビエルが日本で最初にキリスト教を伝えた場所として正しいものを，次から1つ選び，記号で答えなさい。【江戸川学園取手中】　（　　）

ア　山口《やまぐち》　　イ　大分《おおいた》　　ウ　長崎《ながさき》　　エ　鹿児島《かごしま》

(4) 南蛮貿易で日本がおもに輸入《ゆにゅう》していたものはどれですか。次から1つ選び，記号で答えなさい。【横浜共立学園中】　（　　）

ア　生糸《きいと》　　イ　硫黄《いおう》　　ウ　銀　　エ　刀剣《とうけん》

(5) 戦国大名《せんごくだいみょう》たちがキリスト教徒になった理由のうち，経済的《けいざいてき》な面の理由を説明しなさい。【江戸川学園取手中】

（　　　　　　　　　　　　　　　　　　　　）

(6) ポルトガル人やスペイン人は日本と貿易を行うようになり，かれらを南蛮人とよび，この貿易を南蛮貿易といいました。貿易港は□や平戸《ひらど》で，九州《きゅうしゅう》の大名や商人は大きな利益《りえき》を上げました。空欄《くうらん》に入る地名を答えなさい。

【日本大豊山女子中】　（　　　　　）

(7) 戦国大名の中には，みずからキリスト教を信仰《しんこう》するキリシタン大名が現れました。次のア～エの中から宣教師《せんきょうし》のすすめで天正遣欧《てんしょうけんおう》使節をローマ教皇《きょうこう》に派《は》遣《けん》した大名を1つ選び，記号で答えなさい。【芝中】　（　　）

ア　高山右近《たかやまうこん》　　イ　大村純忠《おおむらすみただ》

ウ　小西行長《こにしゆきなが》　　エ　黒田長政《くろだながまさ》

2 次の問いに答えなさい。

(1) 右の史料は，安土城《あづちじょう》の城下町に出された法令です。この法令を出した人物として正しいものを次から1つ選び，記号で答えなさい。
【大宮開成中】　　（　　）

> 一．この城下町《じょうかまち》を楽市《らくいち》とする。座《ざ》の規制《きせい》や雑税《ざつぜい》などの諸税《しょぜい》はすべて免《めん》除《じょ》する。
> 一．徳政令《とくせいれい》が出てもこの町は免除する。
> 一．他国の出身であっても，この町に住む者は，以前から住んでいたものと同じ待遇《たいぐう》にする。

ア　織田信長　　イ　武田信玄《しんげん》
ウ　豊臣秀吉《とよとみひでよし》　　エ　伊達政宗《だてまさむね》

(2) 織田信長は名古屋《なごや》(当時は那古野)で美濃国《みののくに》の斎藤《さいとう》氏をたおし，濃尾《のうび》平野を手に入れることで天下統一《とういつ》への足場を固め，室町幕府《むろまちばくふ》を滅《ほろ》ぼしました。室町幕府の最後の将軍《しょうぐん》となった人物を次から1つ選び，記号で答えなさい。【大妻中野中】　　（　　）

ア　足利義満《あしかがよしみつ》　　イ　足利義輝《よしてる》　　ウ　足利義政《よしまさ》　　エ　足利義昭《よしあき》

(3) 織田信長について正しく述《の》べたものを次から1つ選び，記号で答えなさい。
【神奈川大附中】　　（　　）

ア　鉄砲を使用した集団《しゅうだん》戦法を改革《かいかく》して，騎馬《きば》を中心とした機動力のある戦法で勢《いきお》いをましていった。
イ　一向《いっこう》宗の拠点《きょてん》だった石山本願寺《いしやまほんがんじ》の跡地《あとち》に安土城を築《きず》き，今日の大阪《おおさか》の町の基礎《きそ》をつくった。
ウ　城下町では商人の特権的《とっけんてき》な組合である座を認《みと》めるなど，商人の活動を手《て》厚《あつ》く保護《ほご》した。
エ　仏教《ぶっきょう》などの宗教勢力に対抗《たいこう》するために，キリスト教の布教《ふきょう》を認め，南蛮《なんばん》貿易《ぼうえき》も積極的に進めた。

(4) 織田信長に関連するできごとについて，次の中からもっとも年代が古いものを1つ選び，記号で答えなさい。【春日部共栄中】　　（　　）

ア　室町幕府を滅ぼす。　　イ　本能寺《ほんのうじ》の変が起こる。
ウ　比叡山延暦寺《ひえいざんえんりゃくじ》を焼き打ちにする。　　エ　今川義元《いまがわよしもと》を破《やぶ》る。

(5) 織田信長は全国統一事業のさなか，1582年に中国地方の毛利《もうり》氏を攻《せ》めに行く途中《とちゅう》に，部下の□にそむかれ，京都《きょうと》の本能寺でたおれた。空欄にあてはまる人物を，漢字で答えなさい。【佼成学園中】　　（　　）

(6) 天正年間(1573～1592年)に起きた次のア～エのできごとを，時代の古い順に並《なら》べかえなさい。【かえつ有明中】　　（　→　→　→　）

ア　豊臣秀吉は長崎が教会領《りょう》になったので，バテレン追放令を出した。
イ　織田信長は長篠《ながしの》の戦いで鉄砲を有効《ゆうこう》に使い，武田勝頼を破った。
ウ　豊臣秀吉が小田原城《おだわらじょう》を攻《せ》め落とし，全国を統一した。
エ　織田信長が本能寺で明智光秀《あけちみつひで》に攻められ，自害した。

❸ 次の問いに答えなさい。

⑴ 右の史料を読んで，次の問いに答えなさい。【藤嶺学園藤沢中・改】

> 一．諸国《しょこく》の百姓《ひゃくしょう》が，刀・短かい刀・弓・やり・鉄砲《てっぽう》，そのほかの武器《ぶき》を持つことをかたく禁止《きんし》する。その理由は，農民たちが必要のない武器を所持していると，年貢《ねんぐ》などをなかなかおさめず，ついには一揆《いっき》をくわだてて武士《ぶし》に反抗《はんこう》するようになるからである。
> 一．とり上げた刀などは，決してむだにされるのではない。今度，□をつくるためのくぎなどに役立てるのであるから，この世はもちろん，あの世でも農民たちは救われることになる。　（一部要約）

①この法令の名前を漢字3字で答えなさい。
（　　　　　）

②史料中の空欄《くうらん》にあてはまることばを漢字2字で答えなさい。　（　　　　　）

③この法令の本来の目的をわかりやすく答えなさい。
（　　　　　　　　　　　　　　　　　　　　　）

⑵ 豊臣秀吉が国内向けに行った，右の2つの政策《せいさく》はどのような影響《えいきょう》をあたえましたか。空欄にふさわしい語句を漢字4字で答えなさい。【横浜女学院中・改】

> **A**　秀吉《ひでよし》は刀狩《かたながり》を行い，百姓が刀ややりなどの武器をもつことを禁止した。
> **B**　秀吉は太閤検地《たいこうけんち》を行い，田畑の広さや収《しゅう》穫高《かくだか》を調べ，石《こく》という単位を用いた。武士は自分の領地《りょうち》の石高《こくだか》に対して戦いに必要な人馬などの確保《かくほ》をうけ負い，農民は石高に応《おう》じた年貢をおさめることになった。

（　　　　　　　）

Aと**B**により，武士と百姓の身分を区別する□が進んだ。

⑶ 豊臣秀吉が行ったことについて述《の》べた文として正しいものを，次から1つ選び，記号で答えなさい。【開成中】　（　　）

ア　本能寺《ほんのうじ》の変の後，明智光秀《あけちみつひで》を桶狭間《おけはざま》の戦いで破《やぶ》った。
イ　小田原《おだわら》の上杉《うえすぎ》氏をたおし，天下統一《とういつ》を完成させた。
ウ　朝鮮《ちょうせん》に出兵したが，李舜臣《りしゅんしん》《イスンシン》ひきいる水軍や，清《しん》の援軍《えんぐん》に苦戦した。
エ　刀狩令を出して，刀や鉄砲などの武器を農民からとり上げた。

⑷ 関ヶ原《せきがはら》の戦いで徳川家康《とくがわいえやす》と戦った西軍の中心者はだれですか。次から1つ選び，記号で答えなさい。【千葉日本大一中・改】　（　　）

ア　豊臣秀吉　　イ　明智光秀　　ウ　石田三成《いしだみつなり》　　エ　上杉謙信《うえすぎけんしん》

⑸ 徳川家康は対立する大名を関ヶ原の戦いで破り，征夷大将軍《せいいたいしょうぐん》につき，江戸《えど》に幕府《ばくふ》を開きました。そして，豊臣秀頼《ひでより》を攻《せ》め滅《ほろ》ぼし，全国支配《しはい》を確立《かくりつ》しました。下線部の戦いを何といいますか。【法政大二中・改】　（　　　　　）

⑹ 徳川氏一族の大名《だいみょう》である親藩《しんぱん》として，適当《てきとう》でないものを次から1つ選び，記号で答えなさい。【城西川越中】　（　　）

ア　尾張《おわり》　　イ　加賀《かが》　　ウ　紀伊《きい》　　エ　水戸《みと》

3 江戸時代の社会の発展

学習のポイント

- ●江戸幕府《えどばくふ》が禁教《きんきょう》と鎖国《さこく》を進めていった理由をとらえているか。 ➡p.413
- ●社会の安定が産業・都市・文化の発達をもたらしたことを理解《りかい》しているか。➡p.417
- ●江戸幕府が進めた政治改革《せいじかいかく》の内容《ないよう》をおさえているか。 ➡p.421

1 徳川家光《とくがわいえみつ》と鎖国

大名のとりしまり

●**武家諸法度《ぶけしょはっと》**…幕府は1615年に大名をとりしまるための法令として武家諸法度を定め，以後将軍がかわるごとに出された。このきまりにそむくと，大名は領地《りょうち》をとり上げられたり，減《へ》らされたり，死罪《しざい》にされたりと，厳《きび》しく罰《ばっ》せられた。

▶天皇《てんのう》や公家《くげ》に対しても，**禁中並公家諸法度《きんちゅうならびにくげしょはっと》**というきまりを出して，学問や儀式《ぎしき》のみに打ちこませて，政治権力をもたないようにした。

●**参勤交代《さんきんこうたい》**…幕府のしくみ(➡p.406)も，3代将軍**徳川家光**のころに整い，新たな武家諸法度では参勤交代が制度化《せいどか》された。これは大名を1年ごとに江戸と自分の領国《りょうごく》に住まわせ，妻《つま》や子供《こども》を人質《ひとじち》として江戸に住まわせる制度《せいど》である。このため，大名は江戸と領国との二重生活をしなければならず，領国と江戸の間を往復《おうふく》するための**大名行列**にも多くの費用がかかり，大きな負担《ふたん》となった。

▲参勤交代の大名行列の様子

史料

武家諸法度

- ・新しく城を築《きず》いてはいけない。城を修理《しゅうり》するときは幕府の許《ゆる》しを得ること。
- ・大名どうしの家の結婚《けっこん》には，幕府の許しを得ること。
- ・学問や武芸《ぶげい》にはげむこと。
- ・参勤交代をすること。*

＊は家光のときに制定。

参考

参勤交代の影響

- 参勤交代には大きな費用がかかるため，大名の力は弱まり，それだけ幕府の力が強くなった。
- 大名行列が江戸と領国を行き来したので，道路や宿場《しゅくば》が整い，交通が発達した。

朱印船貿易《しゅいんせんぼうえき》と日本町

●朱印船貿易…
徳川家康《とくがわいえやす》のころから，幕府《ばくふ》の許可《きょか》を示《しめ》す朱印をおした許可証《しょう》(**朱印《しゅいん》状《じょう》**)を持った船が，東南アジア方面へ出かけ，貿易を行っていた。これを**朱印船貿易**という。

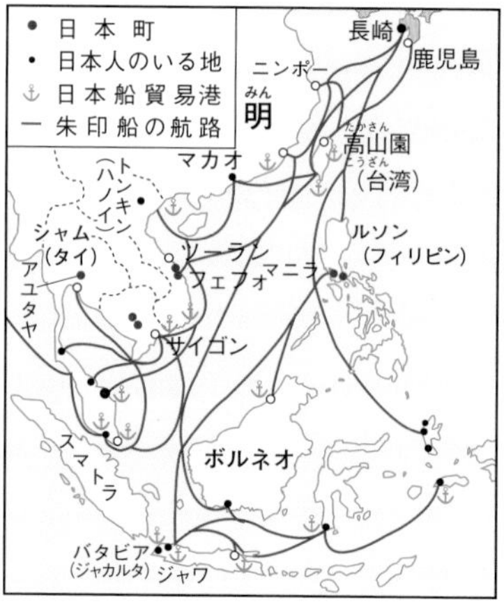

▲朱印船貿易と日本町

2代将軍秀忠《しょうぐんひでただ》のとき，キリスト教禁止《きんし》は強化されたが，朱印船貿易は続けられた。

▶**日本町《にほんまち》**…朱印船貿易が栄えて，多くの日本人が海外へ出かけた。東南アジアのルソン(今のフィリピン)やシャム(今のタイ)などの港町《みなとまち》には，貿易などをする日本人が集団《しゅうだん》で住んだ日本町ができた。

●琉球《りゅうきゅう》(沖縄県《おきなわ》)…15世紀前半に統一《とういつ》されて**琉球王国**となり，日本や中国《ちゅうごく》，朝鮮《ちょうせん》，東南アジアの国々との中継《なかつぎ》貿易で栄えた。江戸《えど》時代の初め，薩摩藩《さつまはん》(鹿児《かご》島《しま》県)に攻《せ》められて支配を受けるとともに，中国への朝貢《ちょうこう》と貿易も行った。

●蝦夷地《えぞち》(北海道《ほっかいどう》)…アイヌの人たちの住む土地だった。渡島《おしま》半島の南に**松前《まつまえ》藩**が置かれ，アイヌの反乱《はんらん》をしずめて，しだいに松前藩が支配力《しはいりょく》を強めていった。

▶**シャクシャインの戦い**…アイヌの人たちが持ってくるこんぶ・さけ・毛皮に対して，松前藩は少ない米しかあたえなかった。不利な取り引きに反発したアイヌの人たちは，首長のシャクシャインを中心に戦いを起こした。しかし，戦いをやめるためにおとずれた席でシャクシャインが殺されたため，敗北した。

参考

徳川家光《いえみつ》

1623年に江戸幕府の3代将軍となった徳川家光は，父の秀忠や祖父《そふ》の家康とちがい，うまれたときから将軍の子供《こども》であった。家光は強い権力《けんりょく》をもち，武家諸法度《ぶけしょはっと》を改めたり，貿易など外国との交流の制限を強めたりして，幕藩体制《ばくはんたいせい》の基礎《きそ》を固めた。

注意

信長《のぶなが》・秀吉《ひでよし》・家康のキリスト教政策《せいさく》のちがい

- 織田《おだ》信長は，比叡山《ひえいざん》(滋賀《しが》県)の延暦寺《えんりゃくじ》や一向一揆《いっこういっき》など仏教勢力《ぶっきょうせいりょく》はおさえ，貿易の利益を得るなどの目的で，キリスト教を広めることを許《ゆる》した。
- 豊臣秀吉は，全国統一のさまたげになるものとして，キリスト教を信じることを禁止《きんし》した。
- 徳川家康は秀吉と同じように，キリスト教を禁止した。ただし，朱印船貿易を行うことは許可した。

参考

東南アジアにわたった日本人

17世紀の初め，シャムへ行った山田長政《やまだながまさ》がシャムの国王に重く用いられ，リゴール地方の大守《たいしゅ》(長官)についたという言い伝えもある。

島原《しまばら》・天草《あまくさ》一揆とキリスト教の禁止

●**島原・天草一揆**…1637年，九州《きゅうしゅう》の島原半島(長崎《ながさき》県)や天草諸島《しょとう》(熊本《くまもと》県)のキリスト教徒を中心とする農民たちが，キリスト教のとりしまりや重い税《ぜい》に対して大規模《だいきぼ》な一揆を起こした。反乱軍は「神の使い」とされた15歳《さい》の**天草四郎《しろう》(益田時貞《ますだときさだ》)**を中心に，島原半島の原城《はらじょう》にたてこもって戦い，幕府軍を苦しめたが，翌年《よくねん》しずめられた。乱《らん》ののち，キリスト教のとりしまりはいっそう強められた。

●**江戸幕府のキリスト教対策《たいさく》**…家康に続いて，秀忠，家光もキリスト教を禁止し，とりしまりのために次のような方法がとられた。

▶**絵踏《えふみ》**…こっそりキリスト教を信じる者(かくれキリシタン)をさがすため，イエスやマリアの像《ぞう》のついた踏絵《ふみえ》といわれる銅板《どうはん》を踏《ふ》ませ，踏めない者はキリスト教徒であるとしてとらえた。

▶**宗門改《しゅうもんあらため》**…すべての人を寺院のだん家にさせ，村ごとにすべての村人の名前を書いて，寺に仏教徒であることを証明《しょうめい》させた(寺請制度《てらうけせいど》)。このため，人々は必ずどこかの寺に属《ぞく》することになり，宗旨人別《しゅうしにんべつ》改帳《あらためちょう》(宗門改帳《ちょう》)という当時の戸籍《こせき》台帳に名が登録された。

▲踏絵：イエスの母マリアの像がきざまれている。

▲絵踏の様子

鎖国《さこく》への道

●**鎖国の始まり**…幕府は1616年，キリスト教の禁止を理由に，ヨーロッパ船の寄港地を平戸《ひらど》(長崎県)と長崎にだけに制限《せいげん》した。やがてイギリスは日本との貿易をやめ，1624年には幕府がスペイン船の来航《らいこう》

注意

江戸幕府がキリスト教を禁止した理由

- 「人間は神のもとにすべて平等である」というキリスト教の教えは，身分制度によって支配する幕府の方針《ほうしん》と合わなかった。
- キリスト教の宣教師《せんきょうし》が貿易船に乗ってやってきたため，キリスト教と関係の深い西日本の大名《だいみょう》が貿易による大きな利益《りえき》を得ていた。幕府はこれを防《ふせ》いで，貿易の利益を独占《どくせん》しようとした。
- キリスト教の信者たちが身分のちがいをこえて団結し，幕府の政治に反抗《はんこう》したり一揆を起こしたりすることをおそれた。
- スペイン・ポルトガルなどの国がキリスト教を布教《ふきょう》して，日本を植民地として支配するのではないかとおそれた。

用語

鎖国

国を閉《と》ざして外国との行き来をしないことをいう。キリスト教の宣教師が貿易船に乗りこんで，日本にやってくるのを防ごうと，まず貿易を制限《せいげん》することから始められた。

を禁止《きんし》した。さらに，1633 年には幕府《ばくふ》の許可証《きょかしょう》をもった特定の船以外の海外への渡《と》航《こう》を禁止し，1635 年に日本人のいっさいの海外渡航と海外にいる日本人の帰国を禁止した。

●**鎖国**《さこく》の完成…島原《しまばら》・天草一揆《あまくさいっき》をしずめたあとの 1639 年，幕府はポルトガル船の来航《らいこう》を禁止した。これで，日本へ来られるのはオランダと中国《ちゅうごく》(明《みん》のあとすぐ清《しん》となる)の船だけになった。さらに幕府は 1641 年，オランダ商館を長崎《ながさき》の**出島**《でじま》に移《うつ》し，のちに鎖国とよばれる状態が完成した。

▶ キリスト教の布教《ふきょう》を行わないオランダ・中国と長崎だけで貿易をした。オランダには，海外の情報《じょうほう》を記した**オランダ風説《ふうせつ》書《がき》**を提出《ていしゅつ》させた。

▶ 朝鮮侵略《ちょうせんしんりゃく》後の朝鮮とは対馬藩《つしまはん》の宗《そう》氏を通じて，江戸《えど》幕府が開かれるとまもなく国交を回復《かいふく》し，将軍《しょうぐん》がかわるたびごとなどに**朝鮮通信使**《つうしんし》が日本を訪《おとず》れるようになった。

●鎖国に関する略年表		
将軍	年代	おもなことがら
（家康）秀忠	1612	●幕領に禁教令…京都・大阪などの教会をこわし，宣教師を追放
	1613	●全国でキリスト教禁止
	1616	●ヨーロッパ人の貿易を長崎と平戸だけにかぎる
家光	1624	●スペイン人の来航禁止
	1633	●特定の船以外の海外渡航の禁止
	1635	●日本人のいっさいの海外渡航と海外にいる日本人の帰国禁止(**鎖国令**)
	1637	●島原・天草一揆。キリスト教のとりしまりがきびしくなる
	1639	●ポルトガル船の来航を禁止(**鎖国令**)
	1641	●オランダ商館を長崎の出島に移す

▲鎖国の流れ

●**鎖国の影響**《えいきょう》

▶ 幕府の強力な支配《しはい》のもと，国内に平和が続いた。その結果，外国の文化に影響《えいきょう》されない日本独特《どくとく》の文化や産業が発達した。

▶ 幕府だけが貿易を行い，幕府の経済力《けいざいりょく》が強まった。

▶ 一方で，世界の進歩や発展《はってん》からはとり残された。日本は 200 年以上も国を閉《と》ざし，世界の民主主《みんしゅしゅ》義《ぎ》や産業革命《さんぎょうかくめい》の動きから遅《おく》れることになった。

▲長崎の出島

入試ポイント

〈禁教と鎖国の目的〉

● **キリスト教の禁止**…**絵踏**《えふみ》，宗門改《しゅうもんあらため》→身分制度《せいど》を守り一揆を防《ふせ》ぐ。

● **鎖国**…長崎の**出島**で**オランダ・中国**のみと貿易→幕府の利益独占。

2 身分制度《せいど》と人々のくらし

江戸時代の身分制度

●**身分の区別**…江戸幕府は，武士《ぶし》・百姓《ひゃくしょう》・町人《ちょうにん》の3つの身分を区別し，武士をいちばん上の位とし，次いで百姓(おもに農民)，町人(職人《しょくにん》・商人)の順とした。これらの身分は職業にもとづくものであり，祖先《そせん》からの血すじによるものではなかったため，町人から武士になる者もいるなど，厳《きび》しい区別ではなかった。

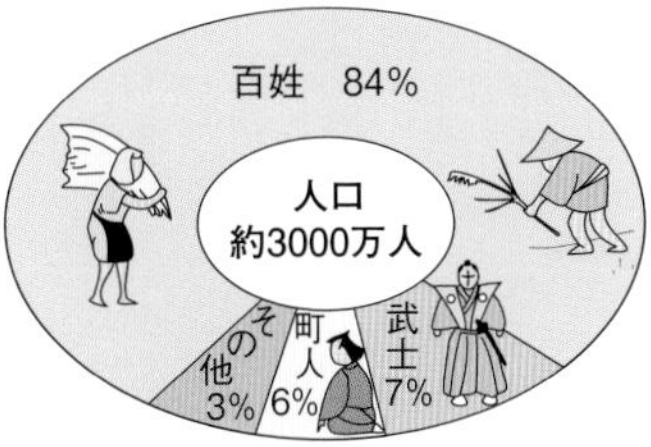

▲身分別の人口割合《わりあい》

▶**武士の身分関係**…武士には，将軍－直参《じきさん》－陪臣《ばいしん》－従者《じゅうしゃ》といった身分の上下があり，下の者は上の者に忠誠《ちゅうせい》をつくす義務《ぎむ》があった。

▶**武士の特権《とっけん》**…名字《みょうじ》を名のり，刀を差すことが許《ゆる》された。百姓や町人が武士に対して法外な無礼《ぶれい》をはたらいたとき，その場で切り捨《す》ててもかまわないとされた。

●3つの身分のほか，「えた」「ひにん」という身分が置かれ，厳しい差別をうけた。これらの人々は，河原《かわら》や荒《あ》れ地など生活条件《じょうけん》の悪い所に強制的《きょうせいてき》に住まわされ，職業《しょくぎょう》も一定のものに制限《せいげん》された。これは，百姓や町人に対して，自分たちよりもっと低い身分の者がいて，ひどいくらしをしていると思わせ，武士への不満をそらすためであった。

注意

武士の人口

人口の大部分は百姓(農民)で，武士は全人口の7%にすぎなかった。町人は，その武士より少なかった。

江戸時代の人々のくらし

●**武士のくらし**…武士は支配者として，いろいろな特権をもち，江戸や城下町《じょうかまち》に住んで，百姓のおさめた年貢米《ねんぐまい》のうちから俸禄《ほうろく》(給料)をあたえられた。武士の中にも，主人の身分である将軍や大名《だいみょう》と，その家来という身分の上下があった。

●百姓《ひゃくしょう》のくらし…百姓は，武士《ぶし》の収入《しゅうにゅう》となる**年貢《ねんぐ》**をおさめて，武士の生活を支《ささ》えたが，重い年貢をかけられ，貧《まず》しい生活を強いられた。

▶**重い年貢**…百姓は収穫《しゅうかく》の5割《わり》前後にものぼる年貢をおさめさせられた。幕府《ばくふ》は「百姓は殺さないように，生かさないように」「ごまの油と百姓はしぼればしぼるほど出る」などといって，百姓からたくさんの年貢をとった。

参考

年貢の割合

米のとれ高のうち，年貢の分と百姓の分とが5対5であることや，6対4のときもあった。

▶**日常《にちじょう》生活のとりしまり**…1643年に田畑を売買することを禁止し，また，御触書《おふれがき》を出して，日常生活の細かいことまで厳《きび》しく制限《せいげん》した。

史料 **百姓への御触書《おふれがき》**

一．朝は早起きして草を刈《か》り，昼は田畑の耕作を行い，晩《ばん》には縄《なわ》をない，俵《たわら》を編《あ》み，しっかり仕事をすること。

一．雑《ざっ》こくを食べ，米をたくさん食べてはいけない。

一．酒，茶は飲まないこと。

一．百姓《ひゃくしょう》の衣類《いるい》は，麻《あさ》や木綿《もめん》のほかは着物の裏《うら》にも使ってはいけない。

▶**年貢とりたてのしくみ**…今の村長にあたる**名《な》主《ぬし》（庄屋《しょうや》）**を中心に村役人がいて，年貢とりたての責任《せきにん》をもたせた。また，村では5軒《けん》ごとに**五人組《ごにんぐみ》**というまとまりをつくらせ，年貢の納入や犯罪《はんざい》防止に共同の責任《せきにん》を負わせ，たがいに監視《かんし》させた。

用語

名主

今の村長にあたる人。関西《かんさい》では庄屋という。

▶土地をもって年貢をおさめる**本百姓《ほんびゃくしょう》**と，田畑をかりて農業を行う**水のみ百姓**とに分かれていた。本百姓の有力な者が，名主や**組頭《くみがしら》**・**百姓代《ひゃくしょうだい》**などの村役人となった。

▶百姓は重い年貢をおさめたほか，土木工事などの労役《ろうえき》や，街道すじの百姓は公用の荷物を運ぶ伝馬《てんま》役《やく》を課《か》された。

●町人《ちょうにん》のくらし…職人《しょくにん》や商人などの町人は，城下町《じょうかまち》に，鉄砲《てっぽう》町・鍛冶屋《かじや》町・大工町・魚町などをつくって住んだ。町人は身分は低いが，税負担《ぜいふたん》は軽めで，百姓に比《くら》べ自由もあった。とくに，商人は富《とみ》を蓄《たくわ》え，中には，大名《だいみょう》にお金を貸《か》す者も見られた。

3 産業・交通・都市の発達

江戸《えど》時代の産業

●**農業の発達**…江戸時代になると，新田《しんでん》・用水路や新しい作物の開発，新しい農具や肥料《ひりょう》の利用などによって，農業がめざましく発達した。

▶**新田の開発**…干拓《かんたく》や荒《あ》れ地の開墾《かいこん》などによって，耕地《こうち》が増《ふ》えた。幕府や各地の大名も新田の開発に力を入れたので，農地面積は江戸初期のころのおよそ2倍になった。

▶**用水の開発**…稲作や新田の開発には，荒れ地に水を引くことが必要で，そのための**箱根《はこね》用水**・**玉川《たまがわ》上水**などの用水路づくりがさかんに進められた。

▶**新しい農具**…土地を深く耕《たがや》すことができる**備中《びっちゅう》ぐわ**，効率《こうりつ》よく脱穀《だっこく》できる**千歯《せんば》こき**，稲《いね》のもみをふるい分ける千石《せんごく》どおし・とうみなどの新しい農具が使われた。

▶**新しい肥料《ひりょう》**…**干鰯《ほしか》**(いわしを干したもの)・油かす・石灰《せっかい》などが使われた。

▶**新しい作物**…綿・麻《あさ》・あい・うるし・なたねなどの**商品作物**の栽培《さいばい》が広まった。

▲新しい農具

●**工業の発達**…さまざまな商品が求められるようになったことと，各藩《かくはん》のすすめもあって，手工業が発達し，各地で特産物がつくられた。

▶**問屋制家内工業《といやせいかないこうぎょう》**…問屋が原材料や道具を百姓に貸しあたえて製品《せいひん》をつくらせ，製品を買いとるしくみ。城下町に住む職人による手工業以外にも，村の副業としても工業が行われた。

参考

新しく開かれた用水

- 箱根用水(神奈川《かながわ》県)…芦《あし》ノ湖《のこ》の水をトンネルを掘《ほ》って駿河《するが》(静岡《しずおか》県)側に導《みちび》いた用水。水に困《こま》っていた深《ふか》良《ら》村の名主の大庭源之丞《おおばげんのじょう》が，江戸の町人の友野与《とものよ》右衛門《えもん》と協力してつくった。
- 玉川上水…多摩《たま》川の水を武蔵野《むさしの》の台地に引いた用水。幕府が江戸の町人の玉川庄右衛門《しょうえもん》・清右衛門《せいえもん》兄弟につくらせた。

参考

新田開発の理由

幕府や藩の財政《ざいせい》は百姓からの年貢米にたよっていたので，財政を豊《ゆた》かにするため，新田開発に力を入れた。

参考

林業・水産業の発達

- 林業…木曽《きそ》(長野《ながの》県)のひのきや秋田すぎ，紀州(和《わ》歌山《かやま》県)の吉野《よしの》すぎが有名。
- 水産業…九十九里浜《くじゅうくりはま》のいわし漁や，赤穂《あこう》(兵庫《ひょうご》県)・撫養《むや》(徳島《とくしま》県)の塩づくりが有名。

特産物	おもな産地
絹織物《きぬおりもの》	西陣《にしじん》(京都)・桐生《きりゅう》(群馬)・足利《あしかが》(栃木)
綿《めん》織物	久留米《くるめ》(福岡)・河内《かわち》(大阪《おおさか》)・三河《みかわ》(愛知《あいち》)
麻《あさ》織物	薩摩《さつま》(鹿児島《かごしま》)・小千谷《おぢや》(新潟《にいがた》)
陶磁器《とうじき》	有田《ありた》(佐賀《さが》)・九谷《くたに》(石川)・清水《きよみず》(京都)
漆器《しっき》	輪島《わじま》(石川)・会津《あいづ》(福島《ふくしま》)
和紙《わし》	土佐《とさ》(高知)・美濃《みの》(岐阜《ぎふ》)

▲各地の特産物：(　)内は現在の府県名を示《しめ》す。

▶ **工場制手工業《こうじょうせいしゅこうぎょう》**…19 世紀ごろになると，大きな工場をつくり，働く人を1か所に集めて分業で仕事をさせる大商人が現れた。こうした生産のしくみを工場制手工業(マニュファクチュア)という。

● **商業の発達**…商品作物がつくられ，各地の産物が交《こう》換《かん》されるようになると，商業が発達した。

▶ **商人の専門化《せんもんか》**…産業の発達にともない，商人のはたらきも専門化して，問屋《といや》・仲買人《なかがいにん》・小売商《こうりしょう》の区別ができた。行商人《ぎょうしょうにん》も増《ふ》え，近江《おうみ》商人・伊勢《いせ》商人や富山《とやま》・奈良《なら》の薬売りなどが活躍《かつやく》した。

▶ **株仲間《かぶなかま》**…商工業者は株仲間という同業者組合をつくり，幕府《ばくふ》や藩《はん》に税金《ぜいきん》をおさめ，その保護《ほご》を受けて商品の価格《かかく》を決めたり，買いしめたりして，営《えい》業《ぎょう》を独占《どくせん》した。

▶ **貨幣制度《かへいせいど》の発達**…幕府は，金貨・銀貨・銅貨《どうか》をつくり，全国に通用させた。江戸では小判《こばん》で知られる金貨がおもに使われ，大阪《おおさか》などの関西《かんさい》では重さではかって使う銀が使われた。そのため**両替商《りょうがえしょう》**もうまれていった。また，諸藩《しょはん》は，幕府の許可《きょか》を得て，その藩内だけで通用する藩札《はんさつ》を発行した。

注意

商業が発達した理由

- 産業や交通が発達し，平和も続いて，品物がたくさん出まわるようになったから。
- 貨幣経済《けいざい》が整い，貨幣経済が農村にまでおよんだから。
- 都市が発達して，武士《ぶし》や町《ちょう》人《にん》が物をたくさん買うようになったから。

参考

各地の鉱山《こうざん》

幕府は貨幣(お金)をつくるため，金・銀・銅などの鉱山を開発した。金山では佐渡《さど》(新潟《にいがた》県)・伊豆《いず》(静岡《しずおか》県)，銀山では石見《いわみ》(島根《しまね》県)・生野《いくの》(兵庫《ひょうご》県)，銅山では足尾《あしお》(栃木《とちぎ》県)・別子《べっし》(愛媛《えひめ》県)・阿仁《あに》(秋田《あきた》県)などが有名。採掘《さいくつ》にはおもに罪人《ざいにん》が使われた。

くわしく　大名より豊《ゆた》かな商人

商人は，3つの身分の中ではもっとも低い身分とされたが，商業の発達でお金をあつかう商人に富が集まるようになった。とくに蔵元《くらもと》などの有力商人の中には両替商も営《いとな》み，大名にお金を貸すほど富み栄えた大商人も現れた。伊《い》勢《せ》出身の三井高利《みついたかとし》，大阪の鴻池善右衛門《こうのいけぜんえもん》，江戸の紀伊国屋文左衛門《きのくにやぶんざえもん》らは，とくに巨大《きょだい》な富を築《きず》いたことで知られる。

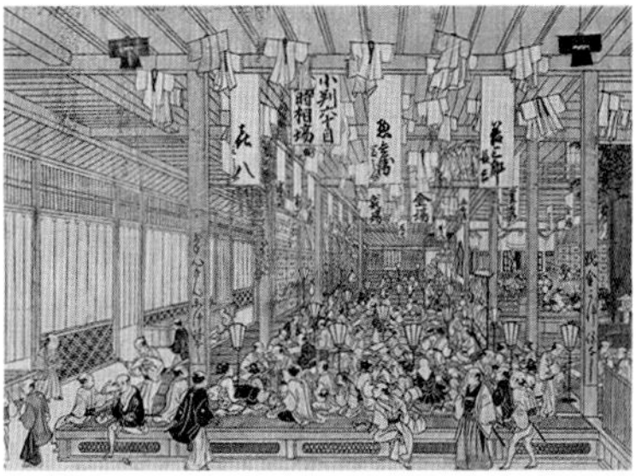

▶越後屋《えちごや》の店先：三井高利は江戸の越後屋(呉服屋《ごふくや》)で，「現金かけねなし」という現金での定価販売《ていかはんばい》，反物《たんもの》を切り売りもする新商法で人気を集め，大きな富を得た。現在《げんざい》の三越《みつこし》デパートの前身である。

▶ **金融業《きんゆうぎょう》の発達**…貨幣が広まると，両替商が現れ，金融の仕事によって大きな富を蓄《たくわ》え，大名をしのぐ財力《ざいりょく》をもつ者もあった。

> **入試ポイント**
>
> **〈商工業の発達〉**
>
> ● 工業の発達…**問屋制家内工業《といやせいかないこうぎょう》→工場制手工業。**
>
> ● 商業の発達…**株仲間・両替商。**

江戸時代の交通と都市

●**陸の交通**…産業の発達や参勤交代《さんきんこうたい》の制度《せいど》などによって，交通がいちじるしく発達した。

▶江戸幕府は，おもに政治《せいじ》上・軍事上の理由から，江戸を中心に道路を整えた。東海道《とうかいどう》・中山道《なかせんどう》・甲《こう》州街道《しゅうかいどう》・日光《にっこう》街道・奥州《おうしゅう》街道の**五街道《ごかいどう》**は，とくに重要な道路として整備《せいび》された。

▶街道には，**宿場《しゅくば》**が設《もう》けられ，旅人が便利なように，並木《なみき》・道しるべ・一里塚《いちりづか》(約4kmごとに設けられた塚《つか》)などがつくられた。東海道には，53の宿場がおかれ，東海道五十三次《ごじゅうさんつぎ》とよばれた。

▶おもな街道には，約10kmごとに宿場がつくられ，民衆《みんしゅう》が泊《と》まる旅《はた》籠《ご》や茶店が置かれ，かご・馬などが用意された。また大名や幕府の役人の泊まる本陣《ほんじん》・わき本陣があった。

▲飛脚《ひきゃく》

▶箱根《はこね》など江戸への出入り口には，**関所《せきしょ》**が置かれた。「入り鉄砲《でっぽう》に出女《でおんな》」(江戸に入る鉄砲と江戸から出る武家《ぶけ》の女子)はとくに厳重《げんじゅう》に調べられた。

▶東海道の大井川《おおいがわ》などには橋をかけず，川が増水《ぞうすい》したときは，渡《わた》ることを休止した(川留《ど》め)。

用語

飛脚

手紙や小荷物などを運ぶ輸送《ゆそう》の仕事をする人。幕府の管理する継飛脚《つぎびきゃく》，大名が使う大名飛脚，町人の間で利用された町飛脚などがあった。継飛脚は，東海道の江戸～京都《きょうと》間の約500kmの道のりをおよそ70時間でリレーした。

●**海の交通**…米などの重くて大量の荷物を運ぶのには，船による輸送《ゆそう》が安上がりなため，海上交通が発達した。

▶**西廻《にしまわ》り航路《こうろ》・東廻《ひがしまわ》り航路**…日本海《にほんかい》側の各地から津軽海峡《つがるかいきょう》をまわって江戸《えど》にいたる東廻り航路と，下関《しものせき》をまわって大阪《おおさか》にいたる西廻り航路が，河村瑞賢《かわむらずいけん》によって整備《せいび》された。この結果，東北《とうほく》・北陸《ほくりく》地方の米が，大阪や江戸に運びやすくなった。

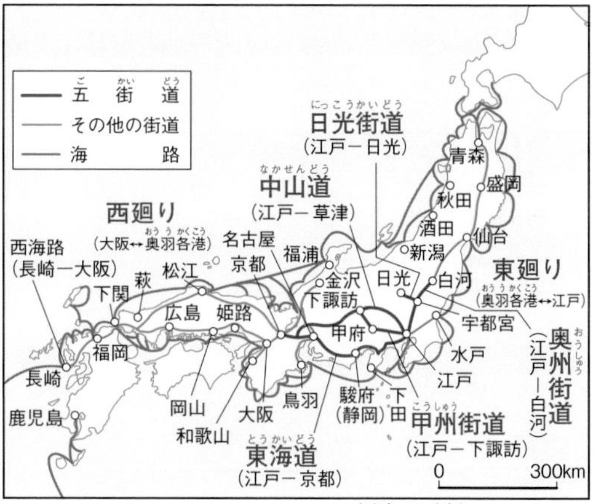

▲江戸時代のおもな交通路：東海道では途中《とちゅう》，伊勢湾《いせわん》を船でわたった。

▶**定期航路**…大阪と江戸の間に開かれ，**菱垣廻船《ひがきかいせん》**・**樽《たる》廻船**とよばれる船が行き来した。また，千石船《せんごくぶね》とよばれる大きな船もつくられた。

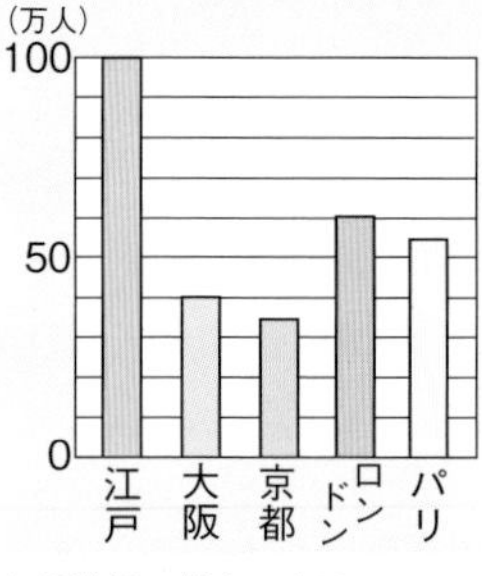

▲18世紀の都市の人口

●**三都《さんと》のにぎわい**

▶**江戸**…「将軍《しょうぐん》のおひざもと」として，旗《はた》本《もと》・御家人《ごけにん》や全国の大名《だいみょう》の屋敷《やしき》が建ち並《なら》び，日本の政治《せいじ》・経《けい》済《ざい》・文化・交通の中心として栄えた。18 世紀の初めには人口が 100 万人をこえ，世界最大級《さいだいきゅう》の都市となった。人口の半分は武士《ぶし》で，男性《だんせい》が多い大消費地だった。

▶**大阪**…全国から米や特産物が集まり，諸《しょ》大名の**蔵《くら》屋敷《やしき》**が建ち並んだ。全国の商業・経済の中心として栄えたので，「天下の台所」とよばれた。人口の大部分は町人《ちょうにん》であった。

▶**京都《きょうと》**…天皇《てんのう》の住む都市で，寺社も多く，文化・工芸の中心地として栄えた。西陣織《にしじんおり》・清水焼《きよみずやき》などの工芸品の産地でもあった。

用語

菱垣廻船・樽廻船

菱垣廻船はおもに木綿《もめん》や油，しょう油などを運び，樽廻船はおもに酒を運んだ。

参考

蔵屋敷と蔵元《くらもと》

各地の大名（諸藩《しょはん》）は，大阪に蔵屋敷とよばれる倉庫《そうこ》を置き，年貢米《ねんぐまい》や特産物を運びこみ，蔵元とよばれる有力商人に売りさばかせた。その売上金の保管《ほかん》や輸送《ゆそう》を受けもったのが，掛屋《かけや》とよばれる商人である。大阪の蔵元・掛屋にあたる商人を，江戸では札差《ふださし》とよんだ。

4 幕府の政治の移《うつ》りかわり

江戸時代前半の政治

●**徳川綱吉《とくがわつなよし》の政治**…5代将軍綱吉は学問を好《この》み，**儒学《じゅがく》**(朱子学《しゅしがく》)を学問の中心において**文治《ぶんち》政治**を進めた。綱吉は動物を極端《きょくたん》に保護《ほご》する**生類憐《しょうるいあわれ》みの令**などを出した。一方で，幕府《ばくふ》の財政《ざいせい》は悪化が続いた。

●**新井白石《あらいはくせき》の政治**…綱吉の死後，儒学者の新井白石は6代将軍の家宣《いえのぶ》，7代将軍の家継《いえつぐ》に仕えて財政の立てなおしをはかった。これを**正徳《しょうとく》の治《ち》**という。綱吉のときに質《しつ》が下げられた小判《こばん》をもとの良質《りょうしつ》なものにもどし，長崎《ながさき》での貿易《ぼうえき》で金銀が海外に流出することを防《ふせ》ぐため，貿易額《がく》を制限《せいげん》した。

幕府政治の立てなおし

●**享保《きょうほう》の改革《かいかく》**…18世紀の前半，8代将軍**徳川吉宗《よしむね》**が家康《いえやす》の政治を理想として幕府の政治を立てなおそうとした。

▶財政の立てなおし…質素倹約《しっそけんやく》を進め，**新田《しんでん》**の開発に努めた。また，年貢を増《ふ》やし，大名に対しては**上《あ》げ米《まい》の制**を設《もう》けた。このように吉宗は米に関する政策《せいさく》を行ったため，「米将軍」と呼ばれた。

▶**公事方御定書《くじかたおさだめがき》**をつくって裁判《さいばん》の基準《きじゅん》を定めた。

▶その他の改革…**目安箱《めやすばこ》**を置いて民衆《みんしゅう》の意見を聞き，貧《まず》しい人々のための小石川養生所《こいしかわようじょうしょ》を設けたり，町《まち》火消《びけし》のしくみをつくったりした。また，足高《たしだか》の制を設けて，身分の低い者でも能力《のうりょく》によっては高い地位につけるようにした。

●**人々の反抗《はんこう》**

▶**打ちこわし**…享保の改革の終わりごろ，全国的に米が不作できぎんとなり，米の価格《かかく》が上がった。江戸では貧《まず》しい人々が米の買いしめをする商人などを襲《おそ》う打ちこわしが起こった。

▲打ちこわしの様子

参考

犬公方《いぬくぼう》綱吉

5代将軍の綱吉には子がなく，「殺生《せっしょう》を禁《きん》じたら子を得ることができる」とすすめられたことから，生類憐みの令を出した。いぬ年うまれで，とくに犬を大切にあつかったため，「犬公方」とからかわれた。このきまりは綱吉の死後，新井白石により廃止《はいし》された。

用語

上げ米の制

大名の参勤交代《さんきんこうたい》での江戸滞《たい》在《ざい》を半年(それまでは1年)とするかわりに，石高《こくだか》1万石につき100石の割合《わりあい》で幕府へ米をさし出させる制度。幕府財政が上向くと，制度は中止された。

▶ **百姓一揆《ひゃくしょういっき》**…ききんや凶作《きょうさく》のときでも，幕府《ばくふ》や藩《はん》が厳《きび》しく年貢《ねんぐ》をとろうとしたため，百姓は年貢を軽くすることや役人を交替《こうたい》させることを集団《しゅうだん》でうったえた。これを百姓一揆という。

● **田沼時代《たぬまじだい》**…18 世紀の後半，**田沼意次《たぬまおきつぐ》**が側用人《そばようにん》・老《ろう》中《じゅう》になり，政治《せいじ》を行った。意次は商業を重んじ，株《かぶ》仲間《なかま》を公認《こうにん》し，商人の経済力《けいざいりょく》を利用して印旛沼《いんばぬま》・手《て》賀沼《がぬま》(千葉《ちば》県)の開発を進めた。また，蝦夷地《えぞち》の調査も行った。しかし，わいろ政治がさかんになったこと，前年からのききんに加えて浅間山《あさまやま》の噴火《ふんか》による凶作が起こったことなどが原因《げんいん》で，地位を失った。

● **寛政の改革《かんせいのかいかく》**…18 世紀の末ごろ，天明《てんめい》の大ききんの後，田沼意次のあとに老中となった**松平定信《まつだいらさだのぶ》**が寛政の改革を行った。定信は質素《しっそ》・倹約《けんやく》，風俗《ふうぞく》のひきしめを強力に実行した。また，ききんにそなえて諸藩《しょはん》に米を蓄《たくわ》えさせる**囲米《かこいまい》の制《せい》**を定め，借金に苦しむ武《ぶ》士《し》の借金を帳消しにした(きえん令)。さらに，幕府の学校では**朱子学《しゅしがく》**以外の学問を禁《きん》じた(寛政異学《いがく》の禁)。しかし，あまりの厳しさに人々の反感が高まった。

● **社会不安の高まり**…19 世紀前半，11 代将軍家斉《しょうぐんいえなり》のとき，天保《てんぽう》の大ききんが起こり，各地でうえ死にする者が続出した。百姓一揆や打ちこわしもはげしくなった。1837 年，大阪《おおさか》で幕府の元役人の**大塩平八《おおしおへいはち》郎《ろう》**が反乱《はんらん》を起こした(大塩の乱《らん》)。乱は一日でしずめられたが，幕府は衝撃《しょうげき》を受けた。

● **天保の改革**…家斉の死後，老中の**水野忠邦《みずのただくに》**が政治改革をした。忠邦は，株仲間を解散《かいさん》させ，倹約令を出した。また，人返《ひとがえ》しの法によって都市に出ていた百姓を村に帰らせた。しかし，江戸《えど》と大阪の周辺を幕《ばく》領《りょう》にしようとして反発を買い，失敗に終わった。

参考

検見法《けみほう》と定免法《じょうめんほう》

吉宗のころ，年貢のとり方が検見法から定免法に変わった。検見法は毎年収穫《しゅうかく》前に役人が実際に村で作がらを見て年貢を決めていたが，定免法は村の過去《かこ》の収穫量の平均《へいきん》で年貢を決めた。

参考

貨幣経済《かへいけいざい》の発達と武士の生活

商品を手に入れるには貨幣が必要となったが，財政の基礎《きそ》は年貢米だったので，収入《しゅうにゅう》と支出《ししゅつ》がつり合わなくなった。元禄《げんろく》のころから武士の生活もはでになり，幕府や藩の財政は行きづまった。下級武士の生活は苦しくなり，内職《ないしょく》や借金・質入《しちい》れなどで生活をしのいだ。

注意

幕府の政治改革が失敗した理由

どの改革も，質素倹約を進め，支出を切りつめて財政を立てなおそうとしたが，時代に合った積極的な新しい事業で収入を増《ふ》やそうとしなかったため，多くの人々の反感を買った。

入試ポイント

享保《きょうほう》の改革→寛政の改革→天保の改革
(8代吉宗)　(松平定信)　(水野忠邦)

5 江戸時代の文化と学問

江戸時代の文化

●文化の特色

▶ **町人《ちょうにん》の文化**…都市に住む町人が富《とみ》を蓄《たくわ》え，町人の力に支《ささ》えられた新しい文化がうまれた。

▶ **現実的な文化**…町人の生活をうつして，現実的で生き生きとした文化であった。しかも，鎖国《さこく》をしていたため，外国の影響《えいきょう》が少ない日本独自《どくじ》の文化が発達した。

▶ **上方《かみがた》の文化と江戸の文化**…江戸時代の前半(17世紀末)は，上方(大阪や京都《きょうと》)の発展《はってん》をもとに，明るい文化が発達した(**元禄《げんろく》文化**)。その後，19世紀の初めには文化の中心が江戸に移《うつ》り，町人の成《せい》熟《じゅく》した皮肉やこっけい味《み》をもった文化が江戸で栄えた(**化政《かせい》文化**)。

●小説

▶ 町人や武士の生活や気持ちなどをえがいた小説を**浮世草子《うきよぞうし》**という。大阪では，**井原西鶴《いはらさいかく》**が『日本永《にっぽんえい》代蔵《たいぐら》』『世間胸算用《せけんむねさんよう》』などをあらわした。

▶ 江戸では，**十返舎一九《じっぺんしゃいっく》**がこっけいな読み物である『東海道中膝栗毛《とうかいどうちゅうひざくりげ》』を書いた。**滝沢馬琴《たきざわばきん》**は冒険《ぼうけん》と空想に満ちた『南総里見八犬伝《なんそうさとみはっけんでん》』という長編小説をあらわした。

●俳諧《はいかい》(俳句《はいく》)…**松尾芭蕉《まつおばしょう》**が武士の身分を捨《す》てて各地を旅してまわり，自己《じこ》の内面を表現する俳句をつくった。代表作は紀行文の『奥《おく》の細道《ほそみち》』である。そのあと，**小林一茶《こばやしいっさ》**や**与謝蕪村《よさぶそん》**らが現れた。

●浄瑠璃《じょうるり》…**人形浄瑠璃**が上方でさかんとなり，脚本《きゃくほん》作者として**近松門左衛門《ちかまつもんざえもん》**，語り手として竹本義太夫《たけもとぎだゆう》が出て，義理《ぎり》や人情《にんじょう》にからむ人々のすがたをえがいた。

▲人形浄瑠璃

参考

元禄文化と化政文化

- 元禄文化…5代将軍綱吉《つなよし》の元禄のころ(17世紀末～18世紀初めごろ)に上方(大阪・京都)で栄えた文化。井原西鶴，近松門左衛門，松尾芭蕉らが代表。
- 化政文化…11代将軍家斉の文化《ぶんか》・文政《ぶんせい》時代(19世紀初め～19世紀中ごろ)に栄えた文化。十返舎一九，与謝蕪村，歌川広重《うたがわひろしげ》や葛飾北《かつしかほく》斎《さい》らが代表で，川柳《せんりゅう》や狂歌《きょうか》が流行した。

用語

浮世草子

町人や武士の生活や気持ちを，ありのままにえがいた小説のこと。

川柳・狂歌

川柳は俳句の形式(五・七・五)で，狂歌は和歌の形式(五・七・五・七・七)で，社会の様子をおもしろおかしく，また皮肉たっぷりにうたったものである。

人形浄瑠璃

物語に節《ふし》まわしをつけて語る浄瑠璃に，人形しばいを結びつけたもの。

Qくわしく　江戸《えど》時代の町人《ちょうにん》のユーモア

「やれ小判《こばん》　たった一晩《ひとばん》　いてくれろ」
　庶民《しょみん》には大金は縁《えん》がないことをうたった川柳《せんりゅう》。
「世の中に　か(蚊)ほどうるさき　ものはなし
ぶんぶ(文武)というて　夜も寝《ね》られず」
「白河《しらかわ》の　清きに魚の　すみかねて
もとの濁《にご》りの　田沼《たぬま》こいしき」
　寛政《かんせい》の改革《かいかく》の厳《きび》しさを，蚊《か》の飛びまわる音とひっかけたり，不正なわいろ政治の田沼時代をなつかしみ皮肉《ひにく》った狂歌《きょうか》。

▲菱川師宣の「見返り美人図」

▲喜多川歌麿の美人画

●**歌舞伎《かぶき》**…安土桃山《あづちももやま》時代に出雲《いずも》の阿国《おくに》が始めた。始めは女性《じょせい》だけで演《えん》じたが，のちに男性だけで演じるようになった。歌や踊《おど》り中心から，しだいに劇《げき》中心に移《うつ》り変わった。幕府公認の劇場は江戸に3つあり，上方《かみがた》の坂田藤十郎《さかたとうじゅうろう》，江戸の市川団十郎《いちかわだんじゅうろう》(初代)らの名優《めいゆう》が出て人気を集めた。

作者	おもな作品
井原西鶴《いはらさいかく》	好色一代男《こうしょくいちだいおとこ》
松尾芭蕉《まつおばしょう》	奥《おく》の細道《ほそみち》
近松門左衛門《ちかまつもんざえもん》	曾根崎心中《そねざきしんじゅう》
十返舎一九《じっぺんしゃいっく》	東海道中膝栗毛《とうかいどうちゅうひざくりげ》
滝沢馬琴《たきざわばきん》	南総里見八犬伝《なんそうさとみはっけんでん》
小林一茶《こばやしいっさ》	おらが春
与謝蕪村《よさぶそん》	蕪村七部集

▲江戸時代の文学

●**浮世絵《うきよえ》**…町人の風俗《ふうぞく》や風景をえがき，木版刷《もくはんず》りで大量に印刷できるようになり，人々の間に広まった。浮世絵を大成した**菱川師宣《ひしかわもろのぶ》**，美人画の**喜多川歌麿《きたがわうたまろ》**，風景画の**歌川広重《うたがわひろしげ》**・**葛飾北斎《かつしかほくさい》**，役者絵の**東洲斎写楽《とうしゅうさいしゃらく》**らが現れた。

●**そのほかの絵画**…装飾画《そうしょくが》の**俵屋《たわらや》宗達《そうたつ》**・狩野探幽《かのうたんゆう》，**尾形光琳《おがたこうりん》**のほか，円山応挙《まるやまおうきょ》・与謝蕪村《よさぶそん》らが出た。

▲葛飾北斎の「富嶽三十六景《ふがくさんじゅうろっけい》」：同じころ歌川広重がえがいたのは「東海道五十三次《とうかいどうごじゅうさんつぎ》」である。

●**建築物《けんちくぶつ》**…徳川家康《とくがわいえやす》がまつられた**日光東照宮《にっこうとうしょうぐう》**は，徳川家光《いえみつ》によって築造《ちくぞう》され，将軍《しょうぐん》が多くの大名《だいみょう》を引き連れて参拝《さんぱい》に訪《おとず》れるようになった。

入試ポイント

●**元禄《げんろく》文化**
- **松尾芭蕉《まつおばしょう》**(俳諧《はいかい》)，**井原西鶴《いはらさいかく》**(小説)
- **近松門左衛門《ちかまつもんざえもん》**(人形浄瑠璃《じょうるり》)，菱川師宣(浮世絵)

●**化政《かせい》文化**
- 十返舎一九《じっぺんしゃいっく》(小説)。川柳《せんりゅう》，狂歌《きょうか》
- 葛飾北斎，歌川広重(浮世絵)

江戸時代の学問

● **武士《ぶし》の学問**…儒学《じゅがく》の教えは，幕府《ばくふ》の封建的《ほうけんてき》な方針《ほうしん》と合った。そのため幕府は，政治《せいじ》の安定のために，儒学の中でもとくに身分の上下と秩序《ちつじょ》を重んじる**朱子《しゅし》学《がく》**を幕府の学問として，武士たちに学ばせた。

● **国学《こくがく》**…水戸藩《みとはん》では，元禄のころに**徳川光圀《みつくに》**が日本の歴史の編《へん》さん(『大日本史《だいにほんし》』)を始め，日本の歴史への関心が高まった。国学は，江戸時代中ごろに始まった古代の日本の文化を研究し，日本人の精神《せいしん》のみなもとや，古くからの道徳《どうとく》を明らかにしようとした学問である。

▶ **賀茂真淵《かものまぶち》**…万葉集《まんようしゅう》(➡p.355)の研究によって，古代の天皇《てんのう》中心の政治の精神に帰ることを主張《しゅちょう》して，儒学などの外国からきた考えを退《しりぞ》けた。

▶ **本居宣長《もとおりのりなが》**…賀茂真淵の考えを受けついで，古事記《こじき》の研究に一生をささげ，『**古事記伝《こじきでん》**』という本をあらわして国学を大成した。

▶ **国学の影響《えいきょう》**…古代の日本が研究されて，国史の研究がさかんになったため，天皇《てんのう》が政治を行うのが正しい形であると説かれた。そのため，天皇を尊《とうと》び，外国を打ち払《はら》うという尊王攘夷《そんのうじょうい》の考えがうまれてきた。この考えはさらに発展《はってん》して，幕府をたおそうという倒幕《とうばく》運動と結びついていった。

● **蘭学《らんがく》**…18世紀の初め，8代将軍徳川吉宗《よしむね》がキリスト教に関係のない洋書の輸入《ゆにゅう》を許《ゆる》し，一方で青木昆《あおきこん》陽《よう》にオランダ語の研究をさせた。これがきっかけとなり，蘭学が発達した。

▶ **蘭学の発達**…18世紀の後半に，医者の**前野《まえの》良沢《りょうたく》**・**杉田玄白《すぎたげんぱく》**らが『**解体新書《かいたいしんしょ》**』という本を出した。これは，日本で初の西洋医学の本である。

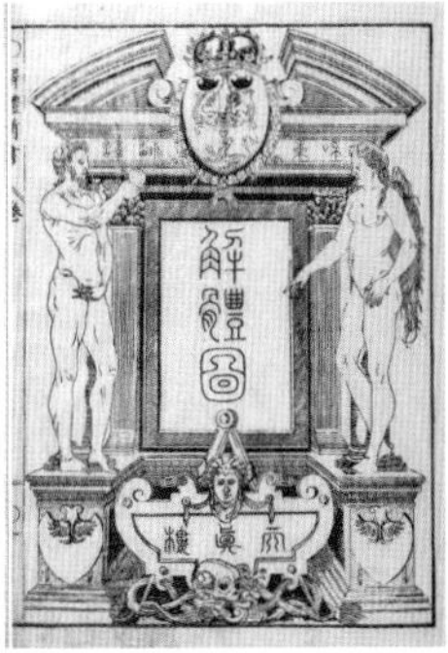
▲『解体新書』の表紙

用語

儒学

2千数百年前の中国《ちゅうごく》で，孔子《こうし》や孟子《もうし》が説いた儒教《じゅきょう》を学ぶ学問で，仁《じん》・義《ぎ》・礼《れい》・智《ち》・信《しん》・忠《ちゅう》・孝《こう》・悌《てい》などの徳《とく》を教えた。これらの徳を身につけると，各人の家庭がうまくいき，国はおさまり，天下は平和になると説いた。

参考

儒学を尊んだ綱吉《つなよし》

5代将軍綱吉は，朱子学を家来に学ばせ，江戸の湯島《ゆしま》に聖《せい》堂《どう》を建てて孔子をまつり，学問所とした。

用語

青木昆陽

さつまいも(かんしょ)の研究をして，農民たちにさつまいもの栽培《さいばい》をすすめ，「かんしょ先生」とよばれた。

用語

解体新書

オランダ語の人体解剖書《かいぼうしょ》『ターヘル・アナトミア』を日本語に翻訳《ほんやく》したもの。

● **シーボルトの指導《しどう》**…長崎《ながさき》のオランダ商館の医師《いし》であったドイツ人の**シーボルト**は，長崎に鳴滝塾《なるたきじゅく》を開き，多くの日本人に医学を中心にヨーロッパの学問を教えた。

▶鎖国《さこく》の日本でただ1つ交易《こうえき》が行われたヨーロッパの国，オランダの学問が蘭学《らんがく》の基礎《きそ》となった。のちには，イギリスなどヨーロッパのほかの国の学問も学ばれていった。とくに医学など自然科学が発展《はってん》し，西洋の科学的な考え方が日本人にとり入れられた。

● **自然科学と新しい思想**

▶数学…**関孝和《せきたかかず》**が数学を研究し，和算《わさん》をおこした。

▶地理…**伊能忠敬《いのうただたか》**が日本全国を測量《そくりょう》して，初めて正確《せいかく》な日本地図をつくった。

▶科学…江戸《えど》の**平賀源内《ひらがげんない》**が，エレキテル(摩擦《まさつ》起電器)や寒暖計《かんだんけい》を製作《せいさく》した。

▶新しい思想…天皇《てんのう》を尊《とうと》ぶ尊王《そんのう》思想のほか，社会の不合理への強い批判《ひはん》が起こった。八戸《はちのへ》(青森《あおもり》県)の医師《いし》**安藤昌益《あんどうしょうえき》**は，差別のない平等な社会の実現を説いた。

● **教育の広まり**

▶**藩校《はんこう》**…幕府《ばくふ》の昌平坂《しょうへいざか》学問所にならって，諸藩《しょはん》でも藩士の教育のために藩校が開かれた。

▶**寺子屋《てらこや》**…神官・浪人《ろうにん》などが寺子屋という塾《じゅく》を開き，読み・書き・そろばんを庶民《しょみん》の子に教えた。

▲寺子屋の様子

参考

翻訳《ほんやく》の苦労

杉田玄白・前野良沢らがオランダ語を翻訳した当時は辞書もなく，1つの文章を訳《やく》すのに何日もかかったこともあった。杉田玄白は，『解体新書』の翻訳についやした4年間の苦労を『蘭学事始《ことはじめ》』という本にあらわした。

参考

歴史学の発達

江戸時代に儒学《じゅがく》がさかんになると，儒学者による歴史の研究がさかんになった。林羅山《はやしらざん》の『本朝通鑑《ほんちょうつがん》』，新井白石《あらいはくせき》の『読史余論《とくしよろん》』などの歴史書がある。

用語

藩校

水戸藩《みとはん》の弘道館《こうどうかん》，長州藩《ちょうしゅう》の明《めい》倫館《りんかん》，薩摩《さつま》藩の造士館《ぞうしかん》などが有名である。

用語

浪人

大名《だいみょう》に対する取りつぶしなどの処分《しょぶん》によって，仕えるべき主人を失った武士《ぶし》のこと。

入試ポイント

〈新しい学問の発達〉

- 国学《こくがく》…本居宣長《もとおりのりなが》が『古事記伝《こじきでん》』をあらわして大成。
- 蘭学《らんがく》…前野良沢《まえのりょうたく》・杉田玄白《すぎたげんぱく》らの『解体新書《かいたいしんしょ》』。

☑ まとめチェック

知識を整理・確認しよう！

① 徳川家光《とくがわいえみつ》と鎖国

□ ① 1615年に江戸幕府が定めた，大名をとりしまるための法令を何というか。

□ ② 幕府の許可《きょか》を示《しめ》す朱印《しゅいん》をおした許可証《しょう》を持った船が行った，東南アジアとの貿易《ぼうえき》を何というか。

□ ③ 1637年，九州《きゅうしゅう》のキリスト教徒を中心とする農民たちが起こした大規模《だいきぼ》な一揆《いっき》を何というか。

② 身分制度《せいど》と人々のくらし

□ ① 武士《ぶし》・百姓《ひゃくしょう》のうち，年貢《ねんぐ》をおさめ，五人組《ごにんぐみ》を組織《そしき》させられた身分はどれか。

□ ② 城下町《じょうかまち》に，鍛冶屋《かじや》町など職業《しょくぎょう》ごとの町をつくって住んだ身分を何というか。

③ 産業・交通・都市の発達

□ ① 大きな工場に働く人を集めて，分業で仕事をさせるしくみを何というか。

□ ② 幕府や藩に税《ぜい》をおさめるかわりに営業《えいぎょう》を独占《どくせん》した，商工業者の同業者組合を何というか。

④ 幕府の政治《せいじ》の移《うつ》りかわり

□ ① 儒学(朱子学《しゅしがく》)を学問の中心において文治《ぶんち》政治を進める一方，生類憐《しょうるいあわれ》みの令を出した将軍《しょうぐん》はだれか。

□ ② 8代将軍徳川吉宗《よしむね》が，家康《いえやす》の政治を理想として行った改革《かいかく》を何というか。

□ ③ 百姓が年貢を軽くすることや役人を交替《こうたい》させることを集団《しゅうだん》でうったえた行動を何というか。

⑤ 江戸時代の文化と学問

□ ① 上方《かみがた》(大阪《おおさか》や京都《きょうと》)を中心に発達した明るい文化を何というか。

□ ② 木版刷《もくはんず》りで大量に印刷された，町人の風俗《ふうぞく》や風景をえがく絵画を何というか。

□ ③ 『古事記伝』をあらわして国学を大成したのはだれか。

答え

①
- ① 武家諸法度《ぶけしょはっと》
- ② 朱印船《しゅいんせん》貿易
- ③ 島原《しまばら》・天草《あまくさ》一揆

②
- ① 百姓
- ② 町人《ちょうにん》

③
- ① 工場制手工業《こうじょうせいしゅこうぎょう》 [マニュファクチュア]
- ② 株仲間《かぶなかま》

④
- ① 徳川綱吉《つなよし》
- ② 享保《きょうほう》の改革
- ③ 百姓一揆

⑤
- ① 元禄《げんろく》文化
- ② 浮世絵《うきよえ》
- ③ 本居宣長

力だめしの問題　入試標準レベル

解答➡p.632

❶ 次の問いに答えなさい。

⑴ 右の史料を見て，次の問いに答えなさい。【城西川越中】

> 一．学芸と武芸《ぶげい》の修行《しゅぎょう》にひたすらはげみなさい。
> 一．大名《だいみょう》は国元と江戸《えど》に交代《こうたい》で居住《きょじゅう》し，毎年夏の4月中に参勤《さんきん》しなさい。

①この史料の法令を定めた江戸幕府《ばくふ》の3代将軍《しょうぐん》はだれか，答えなさい。

（　　　　　　　　）

②この史料の名称《めいしょう》として適当《てきとう》なものを次から1つ選び，記号で答えなさい。

ア　武家諸法度《ぶけしょはっと》　　イ　鎖国令《さこくれい》

ウ　生類憐《しょうるいあわれ》みの令　　エ　禁中並公家諸法度《きんちゅうならびにくげしょはっと》　（　　）

⑵ 江戸時代の外国との関係について，内容《ないよう》に誤《あやま》りがある文を次から1つ選び，記号で答えなさい。【桜蔭中】　（　　）

ア　徳川家康《とくがわいえやす》は日本船の海外渡航《とこう》に際《さい》して朱印状《しゅいんじょう》をあたえるなど，積極的に貿易《ぼうえき》を進めたため，ルソンやシャムなどには日本町《にほんまち》がつくられた。

イ　徳川家光《いえみつ》はポルトガル船の来航《らいこう》を禁《きん》じた後，オランダ商館を出島《でじま》に移《うつ》し，オランダとの交易《こうえき》を認《みと》めた。

ウ　幕府は，オランダ商館長が毎年のように提出《ていしゅつ》していたオランダ風説書《ふうせつがき》により，外国の情報《じょうほう》を得ていた。

エ　江戸時代には，ペリーが来航するまで，オランダと琉球《りゅうきゅう》以外に正式な国交を結んだ国はなかった。

⑶ 江戸時代，キリシタンのとりしまりが厳《きび》しくなるきっかけとなった，「島原《しまばら》・天草一揆《あまくさいっき》」の説明として誤っているものを次から1つ選び，記号で答えなさい。

【青山学院中等部】　（　　）

ア　一揆の原因《げんいん》の1つに，島原や天草の領主《りょうしゅ》による圧政《あっせい》があった。

イ　キリシタンを中心に3万数千人の人々が一揆を起こした。

ウ　天草四郎《しろう》を総大将《そうだいしょう》として，幕府軍とはげしく戦った。

エ　将軍徳川綱吉《つなよし》が大軍を送り，一揆をおさえた。

⑷ 江戸時代の人々の様子について述《の》べた文として，誤っているものを次から1つ選び，記号で答えなさい。【女子学院中】　（　　）

ア　町の運営《うんえい》は，町人《ちょうにん》から選ばれた町役人《ちょうやくにん》が行っていた。

イ　経済力《けいざいりょく》では大名を上回る大商人もいた。

ウ　農民や町人からも，きびしく差別された身分の人々がいた。

エ　農村ではふだん，米のほか雑穀《ざっこく》などを食べていた。

オ　歌舞伎《かぶき》は江戸や大阪《おおさか》にかぎって上演《じょうえん》が認められていた。

2 次の問いに答えなさい。

(1) 江戸時代の社会・経済《けいざい》に関する次の文章の中から，誤っているものを1つ選び，記号で答えなさい。【青稜中】　(　　)

ア　江戸時代には新田の開発がさかんに行われた。

イ　和紙や漆塗《うるしぬ》り，陶磁器《とうじき》，織《お》り物など多くの特産品が生産された。

ウ　東海道《とうかいどう》など街道《かいどう》が整備《せいび》され，人や物の行き来がさかんになったが，海や河川《かせん》の交通路は利用されなかった。

エ　江戸・京都《きょうと》・大阪は三都《さんと》とよばれ人口も多かった。

(2) 江戸時代に整備された五街道《ごかいどう》のうち，次の都道府県を通るものをあとのア～エから1つ選び，記号で答えなさい。【麗澤中】　(　　)

東京《とうきょう》都　埼玉《さいたま》県　群馬《ぐんま》県　長野《ながの》県　岐阜《ぎふ》県　滋賀《しが》県　京都府

ア　東海道　　イ　中山道《なかせんどう》　　ウ　甲州《こうしゅう》街道　　エ　奥州《おうしゅう》街道

(3) 江戸時代になると関所《せきしょ》は幕府の管理下におかれ，室町《むろまち》時代とはちがう役割《やくわり》を担《にな》うことになりました。江戸時代の関所の役割を文章で答えなさい。【桜蔭中】

(　　　　　　　　　　　　　　　　　　)

(4) 三都の正しい説明を次から1つ選び，記号で答えなさい。【春日部共栄中】(　　)

ア　尾張《おわり》は手工業がさかんで，織り物や陶磁器などすぐれた工芸品が生産されていた。

イ　京都は人口が約100万人の世界最大級の大都市に発展《はってん》した。

ウ　大阪は諸藩《しょはん》が蔵屋敷《くらやしき》を置き，年貢《ねんぐ》米や特産物を販売《はんばい》した。

エ　江戸は「天下の台所」とよばれ，商業の中心地であった。

(5) 江戸時代には海上交通が発達しました。酒田《さかた》から大阪までの航路(西廻《にしまわ》り航路)を右の地図中に線でえがきなさい。【鎌倉女学院中】

(6) 次の文a～dについて，正しいものの組み合わせをあとのア～エから1つ選び，記号で答えなさい。【渋谷教育学園幕張中】　(　　)

a　徳川綱吉は，質《しつ》を落とした金貨や銀貨を発行させることで，幕府の収入《しゅうにゅう》を増《ふ》やした。

b　松平定信《まつだいらさだのぶ》は，公事方御定書《くじかたおさだめがき》をつくらせて刑罰《けいばつ》の基準《きじゅん》を定めるなど，公正な裁判《さいばん》をめざした。

c　松尾芭蕉《まつおばしょう》は俳諧《はいかい》を完成し，「雀《すずめ》の子　そこのけそこのけ　お馬が通る」など参勤交代を皮肉る句《く》を残した。

d　九十九里浜《くじゅうくりはま》でとれたいわしを加工した干鰯《ほしか》は，肥料《ひりょう》として綿花《めんか》や菜種の栽培《さいばい》に用いられた。

ア　a・c　　イ　a・d　　ウ　b・c　　エ　b・d

③ 次の問いに答えなさい。

⑴ 次のⅠ～Ⅲは江戸幕府《えどばくふ》の三大改革《かいかく》で行われた政策《せいさく》の1つです。政策と改革の組み合わせとして正しいものをあとの**ア**～**エ**から1つ選び，記号で答えなさい。【かえつ有明中・改】 (　　)

〈政策〉

Ⅰ　物価《ぶっか》を引き下げることを目的に，株仲間《かぶなかま》を解散《かいさん》させたが，かえって経済《けいざい》が混乱《こんらん》し，物価が高騰《こうとう》した。

Ⅱ　幕府財政を立て直すために，大名《だいみょう》から1万石につき百石のお米を上納させ，そのかわりに参勤交代《さんきんこうたい》の期間を半分にした。

Ⅲ　湯島《ゆしま》の聖堂《せいどう》学問所では，朱子学《しゅしがく》以外の講義《こうぎ》などを禁止《きんし》した。

〈改革〉

a　享保《きょうほう》の改革　　**b**　寛政《かんせい》の改革　　**c**　天保《てんぽう》の改革

ア　Ⅰ－**a**　Ⅱ－**b**　Ⅲ－**c**　　**イ**　Ⅰ－**b**　Ⅱ－**a**　Ⅲ－**c**

ウ　Ⅰ－**c**　Ⅱ－**a**　Ⅲ－**b**　　**エ**　Ⅰ－**c**　Ⅱ－**b**　Ⅲ－**a**

⑵ 次の**ア**～**エ**のできごとを，古いものから年代順になるよう記号を並《なら》べかえなさい。【学習院女子中等科】 (　　→　　→　　→　　)

ア　大塩平八郎《おおしおへいはちろう》の乱　　**イ**　田沼意次《たぬまおきつぐ》の政治

ウ　島原《しまばら》・天草一揆《あまくさいっき》　　**エ**　享保の改革

⑶ 江戸時代に歌舞伎《かぶき》や人形浄瑠璃《じょうるり》の脚本《きゃくほん》の作者として活躍《かつやく》した人物を，次から1つ選び，記号で答えなさい。【桐蔭学園中等教育学校】 (　　)

ア　松尾芭蕉《まつおばしょう》　**イ**　近松門左衛門《ちかまつもんざえもん》　**ウ**　井原西鶴《いはらさいかく》　**エ**　市川団十郎《いちかわだんじゅうろう》

⑷ 江戸に住み，「古池《ふるいけ》や　蛙《かわず》飛びこむ　水の音」などの有名な俳句《はいく》をよみ，その後，東北を旅して『奥《おく》の細道《ほそみち》』をあらわした人はだれですか。【桐朋中】

(　　　　)

⑸ 江戸時代につくられた浮世絵《うきよえ》の作品と作者名の組み合わせとして正しいものを，次から1つ選び，記号で答えなさい。【青山学院横浜英和中】 (　　)

ア　『東海道中膝栗毛《とうかいどうちゅうひざくりげ》』＝十返舎一九《じっぺんしゃいっく》

イ　『見返り美人図』＝菱川師宣《ひしかわもろのぶ》

ウ　『富嶽三十六景《ふがくさんじゅうろっけい》』＝歌川広重《うたがわひろしげ》

エ　『東海道五十三次』＝葛飾北斎《かつしかほくさい》

⑹ 江戸時代に西洋の医学書を翻訳《ほんやく》し，『解体新書《かいたいしんしょ》』を出版《しゅっぱん》した人たちがいました。彼《かれ》らのうちの1人が，翻訳の苦労などを『蘭学事始《らんがくことはじめ》』に書きあらわしました。この蘭学の「蘭」とは，どこの国のことですか。その国名をカタカナで答えなさい。【カリタス女子中】 (　　　　)

⑺ 江戸時代には多くの藩校《はんこう》が設立されましたが，江戸時代末期に水戸《みと》に設立《せつりつ》された藩校の名を答えなさい。【開成中】 (　　　　)

チャレンジ問題　入試発展レベル

解答➡p.633

★は最高レベル

1 次の問いに答えなさい。

⑴ 次の①～③はそれぞれ3つの文からできています。それぞれの3つの文を時期の古い方から並べるとどうなりますか。右の**あ**～**か**から1つずつ選び，記号で答えなさい。【暁星中】

あ	ア→イ→ウ	い	ア→ウ→イ
う	イ→ア→ウ	え	イ→ウ→ア
お	ウ→ア→イ	か	ウ→イ→ア

① ア　豊臣秀吉《とよとみひでよし》が朝鮮侵略《ちょうせんしんりゃく》を試みたが，失敗した。　(　　)

イ　豊臣秀吉が，徳川家康《とくがわいえやす》の軍勢《ぐんぜい》と戦い講和《こうわ》した。

ウ　豊臣秀吉が，関白《かんぱく》に就任《しゅうにん》した。

② ア　織田信長《おだのぶなが》が，足利義昭《あしかがよしあき》を京都《きょうと》から追放した。　(　　)

イ　織田信長が徳川家康と協力して，大量の鉄砲《てっぽう》を効果的《こうかてき》に用いて武田《たけだ》勝頼《かつより》の軍に大勝した。

ウ　織田信長が，今川義元《いまがわよしもと》をたおした。

③ ア　ポルトガル人を乗せた倭寇《わこう》の船が種子島《たねがしま》に流れ着いた。　(　　)

イ　ザビエルが日本に上陸した。

ウ　武田信玄《たけだしんげん》と上杉謙信《うえすぎけんしん》が，川中島《かわなかじま》の戦いで対陣《たいじん》した。

⑵ 次の**A**～**C**の文が示《しめ》している場所と地図中の①～③の組み合わせとして正しいものを，あとの**ア**～**カ**から1つ選び，記号で答えなさい。【鷗友学園女子中】

(　　)

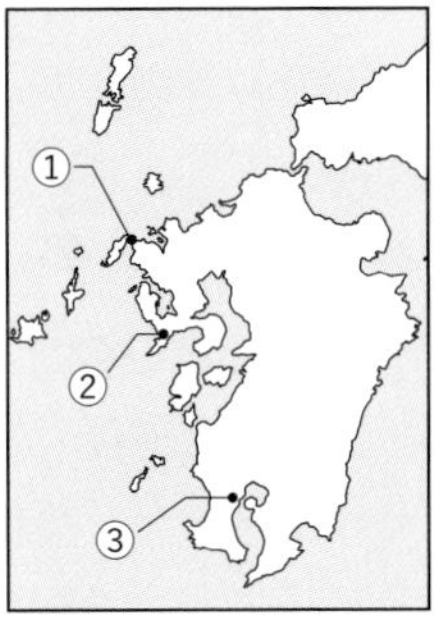

A　フランシスコ=ザビエルが，日本で最初に上陸した。

B　南蛮貿易《なんばんぼうえき》だけでなく，江戸時代にも貿易の拠点《きょてん》となった。

C　南蛮貿易では栄えたが，のちに貿易港としては使われなくなった。

ア　A－①　B－②　C－③　　**イ**　A－①　B－③　C－②

ウ　A－②　B－①　C－③　　**エ**　A－②　B－③　C－①

オ　A－③　B－①　C－②　　**カ**　A－③　B－②　C－①

⑶ ヨーロッパの人たちが東アジアにすがたを現すようになりました。とくに，スペインとポルトガルの二大国は，［　　　］教の布教《ふきょう》と貿易を一体化させて世界各地に進出しました。空欄《くうらん》に適《てき》する語句《ごく》を答えなさい。【公文国際学園中等部】

(　　　　)

2 次の問いに答えなさい。

★(1) 右の①～④の資料を参考にして，鉄砲《てっぽう》やキリスト教が伝わったころの様子の説明として誤《あやま》っているものを，次から1つ選び，記号で答えなさい。【世田谷学園中】 (　　)

①

鉄砲の生産地である堺《さかい》は，古くから刀の生産もさかんであった。

②

火薬の原料	産地	入手方法
硝石《しょうせき》	中国産・インド産	南蛮《なんばん》貿易により入手
硫黄《いおう》	日本産	鉱山から採掘《さいくつ》
木炭	日本産	森林から入手

③

イエズス会の宣教師が，貿易船に乗って次々と日本へやってきた。

④

	南蛮貿易の貿易品
輸出品	銀・刀剣《とうけん》・海産物
輸入品	ヨーロッパ産の鉄砲・火薬 中国産の生糸・絹織物《きぬおりもの》

ア　刀職人《かたなしょくにん》のすぐれた刀剣づくりの技術《ぎじゅつ》を生かし，鉄砲の生産が可能《かのう》になった。

イ　火薬の原料は，国内の資源《しげん》や貿易《ぼうえき》を通じて入手しやすい環境《かんきょう》にあった。

ウ　キリシタン大名《だいみょう》の領地《りょうち》でなければ，南蛮貿易は行われなかった。

エ　南蛮貿易ではヨーロッパ産だけではなく，中国《ちゅうごく》産の品物も輸入《ゆにゅう》していた。

(2) 織田信長《おだのぶなが》が行った政策《せいさく》として正しいものを，次からすべて選び記号で答えなさい。なお，すべて誤っている場合は×と答えなさい。【西武学園文理中】

ア　桶狭間《おけはざま》の戦いで駿河《するが》・遠江《とおとうみ》の戦国《せんごく》大名今川義元《いまがわよしもと》をたおした。(　　)

イ　長篠《ながしの》の戦いでは，大量の鉄砲を用いて甲斐《かい》の戦国大名武田信玄《たけだしんげん》をたおした。

ウ　他国からきた商人にも自由に商売を認《みと》める楽市《らくいち》・楽座《らくざ》を行った。

エ　真言宗《しんごんしゅう》の本山である比叡山延暦寺《ひえいざんえんりゃくじ》と対立して，焼き打ちにした。

オ　北条《ほうじょう》氏の立てこもる小田原城《おだわらじょう》を大軍で攻《せ》め落とした。

(3) 1587年にバテレン追放令を出し，キリスト教の宣教師《せんきょうし》を国外追放した人物を次から1つ選び，記号で答えなさい。【日本大藤沢中】 (　　)

ア　織田信長　　イ　豊臣秀吉《とよとみひでよし》　　ウ　徳川家康《とくがわいえやす》　　エ　徳川家光《いえみつ》

(4) 小田原には，豊臣秀吉の天下統一《てんかとういつ》に最後まで抵抗《ていこう》した大名の城がありました。ここで秀吉を相手に戦った大名親子の名前として正しいものを次から1つ選び，記号で答えなさい。【青山学院中等部】 (　　)

ア　北条早雲《そううん》・氏綱《うじつな》　　イ　北条氏政《うじまさ》・氏直《うじなお》

ウ　北条時政《ときまさ》・義時《よしとき》　　エ　北条時頼《ときより》・時宗《ときまさ》

(5) 足利義満《あしかがよしみつ》は中国の王朝と正式な国交を結んで交易《こうえき》をしました。しかし，室町《むろまち》幕府《ばくふ》がたおれ，諸《しょ》大名を服属《ふくぞく》させて天下統一をはたした豊臣秀吉は，当時の東アジアの国際秩序《ちつじょ》を乱《みだ》す動きをしました。秀吉が行ったことを，その目的とともに答えなさい。【駒場東邦中】

(　　　　　　　　　　　　　　　　　　　　)

3 次の問いに答えなさい。

(1) 桃山《ももやま》文化の終わりごろ，出雲《いずも》の［　　　］が男装《だんそう》して踊《おど》り，大変な人気となりました。これが歌舞伎《かぶき》に発展《はってん》しました。空欄《くうらん》に入る人物を答えなさい。

【日本大豊山女子中】　(　　　　　　　　)

(2) 右の史料中の「毎年4月に参勤交代《さんきんこうたい》」について説明した次の文が正しくなるように，**a**と**b**にあてはまるものを1つずつ選び，記号で答えなさい。【日本女子大附中】　**a**(　　　)　**b**(　　　)

> 一．大名は，毎年4月に参勤交代すること。近ごろは，参勤交代の人数が多すぎるので，少なくすること。

4月に江戸《えど》へ行き，**a**{ア　すぐ　　イ　半年後　　ウ　翌年《よくねん》の4月}に自分の支配《しはい》する領地《りょうち》へ帰る。そのとき，妻子《さいし》を**b**{エ　領地に連れて行く　　オ　江戸に残す}。

(3)「鎖国《さこく》」が完成するまでの次のできごとを，古いものから順に並《なら》べなさい。

【横浜共立学園中】　(　　→　　→　　)

ア　ポルトガル船の来航《らいこう》を禁止《きんし》する。

イ　日本人の海外渡航《とこう》と帰国を禁止する。

ウ　オランダ商館を平戸《ひらど》から長崎《ながさき》の出島《でじま》に移《うつ》す。

(4) 江戸時代，幕府や一部の人々は，鎖国のもとでも海外の情報《じょうほう》や知識《ちしき》を得ていました。どのような方法で得ていましたか。できるだけ多く述《の》べなさい。

【清泉女学院中】(　　　　　　　　　　　　　　　　　　　　)

(5) 長崎以外で外国と貿易を行っている藩《はん》がありました。その藩と国の組み合わせとして，正しいものを右から1つ選び，記号で答えなさい。【春日部共栄中】

(　　)

	藩	国
ア	松前《まつまえ》藩	オランダ
イ	対馬《つしま》藩	朝鮮《ちょうせん》
ウ	福岡《ふくおか》藩	琉球《りゅうきゅう》王国
エ	薩摩《さつま》藩	明《みん》

(6) 江戸時代の中期には，蝦夷地《えぞち》においてアイヌの人たちの大規模《だいきぼ》な蜂起《ほうき》が起きました。1669年に起こった松前藩との争いにおいてアイヌ側をひきいた人物の名前を，カタカナで答えなさい。【東京農大一高中等部】　(　　　　　　　　)

(7) 徳川綱吉《つなよし》の政策《せいさく》について説明した次の文の**A**～**C**にあてはまる語の組み合わせとして正しいものを，右の表中から1つ選び，記号で答えなさい。

【巣鴨中】　(　　　)

	ア	イ	ウ	エ	オ	カ	キ	ク
A	増加	減少	増加	減少	増加	減少	増加	減少
B	上昇	上昇	下降	下降	上昇	上昇	下降	下降
C	上昇	上昇	上昇	上昇	下降	下降	下降	下降

それまでの貨幣《かへい》よりふくまれる金の量や比率《ひりつ》を［**A**］させた元禄小判《げんろくこばん》を発行したため，貨幣そのものの価値《かち》が［**B**］し，その結果物価《ぶっか》が［**C**］した。

4 次の問いに答えなさい。

⑴ 享保《きょうほう》・寛政《かんせい》・天保《てんぽう》の三大改革《かいかく》について述《の》べた文として誤《あやま》っているものを，次から1つ選び，記号で答えなさい。【桜美林中】 (　　)

ア　18世紀以降《いこう》に日本できききんが相次いで発生し，農民が年貢《ねんぐ》の免除《めんじょ》などを求めて百姓一揆《ひゃくしょういっき》や打ちこわしを行ったことが，改革のきっかけとなった。

イ　享保の改革は8代将軍徳川吉宗《しょうぐんとくがわよしむね》によって行われ，質素倹約《しっそけんやく》を進めて政治を引きしめ，目安箱《めやすばこ》を設置《せっち》して庶民《しょみん》の意見を聞いた。

ウ　寛政の改革は老中《ろうじゅう》の松平定信《まつだいらさだのぶ》によって行われ，ききんに備《そな》えて諸藩《しょはん》に米を蓄《たくわ》えさせる「上《あ》げ米《まい》の制」を定め，借金に苦しむ武士《ぶし》に「きえん令」を出して，借金を帳消しにした。

エ　天保の改革は老中の水野忠邦《みずのただくに》によって行われ，「人返《ひとがえ》しの法」によって百姓を村にもどし，商人の同業者組合である株仲間《かぶなかま》を解散《かいさん》させて物価《ぶっか》の引き下げをはかった。

⑵ 江戸幕府《えどばくふ》が鎖国政策《さこくせいさく》を行っていた期間に起こった次のできごとを，年代の古い順に並《なら》べかえなさい。【専修大松戸中】 (　→　→　→　)

ア　浅間山《あさまやま》が噴火《ふんか》して大ききんが発生し，老中が失脚《しっきゃく》する原因《げんいん》の1つとなった。

イ　幕府に不満を持った元役人が大阪《おおさか》で乱《らん》を起こしたが，半日でしずめられた。

ウ　火事の多かった江戸の町を守るため，町火消《まちびけし》が設置《せっち》された。

エ　明暦《めいれき》の大火で江戸城《えどじょう》の天守閣《てんしゅかく》が焼失したが，再建《さいけん》されなかった。

★⑶ 江戸時代に米をあつかう商人が，江戸から大阪まで，速く大量に米を運ばなければならない場合，当時の条件《じょうけん》から考えて，どの輸送《ゆそう》ルート，方法を選ぶでしょうか。次から1つ選び，記号で答えなさい。【星野学園中】 (　　)

ア　東海道《とうかいどう》を使って，馬や人で運ぶ。

イ　西廻《にしまわ》り航路(海運)を通って，海上を運ぶ。

ウ　樽廻船《たるかいせん》や菱垣《ひがき》廻船を使って，海上を運ぶ。

エ　荒川《あらかわ》や利根川《とねがわ》などの川だけを使って，船で運ぶ。

オ　中山道《なかせんどう》を使って，馬や人で運ぶ。

⑷ 次の文の下線部に，正しくないものがある場合には，その記号を答えなさい。またすべて正しい場合には，「○」と答えなさい。【暁星中】

①江戸時代の関東《かんとう》地方において，アさとうきび，イくわ，ウあぶらななどが商品作物として栽培《さいばい》された。 (　　)

②江戸時代の元禄《げんろく》文化を代表する人物に，ア井原西鶴《いはらさいかく》，イ松尾芭蕉《まつおばしょう》，ウ滝沢《たきざわ》馬琴《ばきん》などがいる。 (　　)

③ア歌川広重《うたがわひろしげ》，イ菱川師宣《ひしかわもろのぶ》，ウ葛飾北斎《かつしかほくさい》は，化政期《かせいき》の絵師《えし》である。 (　　)

5 次の問いに答えなさい。

⑴ 次の文の空欄《くうらん》に入る人物の姓名《せいめい》を漢字で答えなさい。【逗子開成中】

「白河《しらかわ》の　清きに魚の　すみかねて　もとの濁《にご》りの　田沼《たぬま》こいしき」

このうたにある白河とは［　　　］のことで，18 世紀後半に老中の職《しょく》につき，幕府の改革を行った人物だが，厳《きび》しい政治を行ったため，人々の批判《ひはん》を受け，わずか数年で老中を退《しりぞ》くこととなった。（　　　　　）

⑵ 江戸時代には街道の整備《せいび》が進む中で，個人的《こじんてき》な旅をする人も増加《ぞうか》し，交通量も多くなりました。これに関連して，紀行文とその作者との組み合わせとして正しいものを次から1つ選び，記号で答えなさい。【吉祥女子中】（　　　）

ア 『東海道五十三次』－十返舎一九《じっぺんしゃいっく》　イ 『奥《おく》の細道《ほそみち》』－松尾芭蕉

ウ 『曾根崎心中《そねざきしんじゅう》』－近松門左衛門《ちかまつもんざえもん》　エ 『世間胸算用《せけんむねさんよう》』－与謝蕪村《よさぶそん》

⑶ 江戸時代における江戸の人々の楽しみについて述べた文として誤っているものを，次から1つ選び，記号で答えなさい。【開成中】（　　　）

ア 寺や神社の修理《しゅうり》費用を集めるため，勧進相撲《かんじんずもう》がもよおされた。

イ 江戸の隅田川《すみだがわ》では打ち上げ花火がもよおされ，見物人でにぎわった。

ウ そば，にぎりずし，天ぷらなどの屋台が多く出店された。

エ 市川団十郎《いちかわだんじゅうろう》や近松門左衛門などの歌舞伎《かぶき》役者が人気となった。

⑷ 江戸時代後半になると，江戸の町人《ちょうにん》の中では浮世絵《うきよえ》を持っている人が増《ふ》えました。なぜ多くの人々が浮世絵を買うことができたのか浮世絵のつくり方にふれて説明しなさい。【女子学院中】（　　　　　　　　　　　　）

⑸ 江戸時代の文化や学問についての説明として，次の文のうちに正しいものが2つあります。正しい文を選び，記号で答えなさい。【芝浦工大柏中】（　　　）（　　　）

ア 観阿弥《かんあみ》・世阿弥《ぜあみ》父子は，田楽《でんがく》や猿楽《さるがく》をもとに能《のう》を大成した。

イ シーボルトは長崎《ながさき》の鳴滝塾《なるたきじゅく》で，高野長英《たかのちょうえい》らにヨーロッパの学問を教えた。

ウ 石川啄木《いしかわたくぼく》は，自分の苦しい生活の様子を短歌で表現した。

エ 菱川師宣は，町人の生活の様子を浮世絵にえがいた。

オ 平賀源内《ひらがげんない》は，日本人本来の考え方を研究して『古事記伝《こじきでん》』をあらわした。

カ 滝沢馬琴は，『曾根崎心中』などの人形浄瑠璃《じょうるり》の台本をあらわした。

キ 安土城《あづちじょう》や大阪城など，天守閣をもつ城が建設《けんせつ》された。

⑹ 江戸時代の武士の子供《こども》たちは **a**｛ア　藩校《はんこう》　イ　寺子屋《てらこや》｝に通って **b**｛ア　読み・書き　イ　儒学《じゅがく》｝などを学び，庶民の子供たちは **c**｛ア　藩校　イ　寺子屋｝に通って **d**｛ア　読み・書き　イ　儒学｝を学んでいました。**a**～**d** から正しいものを1つずつ選び，記号で答えなさい。【関東学院中・改】

a（　　）　**b**（　　）　**c**（　　）　**d**（　　）

第3章 近代の日本

1 近代日本のあゆみ

学習のポイント

- 外国船の来航《らいこう》から開国までの流れをとらえているか。 ➡p.436
- 明治維新《めいじいしん》から立憲政治《りっけんせいじ》の成立までに行われた政策《せいさく》を理解《りかい》しているか。 ➡p.439
- 民主主義《みんしゅしゅぎ》が発達していった流れをおさえているか。 ➡p.444

1 開国と江戸幕府《えどばくふ》の終わり

●江戸幕府のおとろえ

▶百姓一揆《ひゃくしょういっき》・打ちこわしなどで民衆《みんしゅう》が反抗《はんこう》した。

▶徳川吉宗《とくがわよしむね》や松平定信《まつだいらさだのぶ》・水野忠邦《みずのただくに》の政治改革《かいかく》も思うように進まなかった。

▶幕府の政治を批判《ひはん》する新しい学問や考え方が広まった(➡p.425)。

外国船の来航と幕府の対策《たいさく》

●鎖国《さこく》を続ける…1792年ラクスマンが根室《ねむろ》へ，1804年レザノフが長崎《ながさき》へ，ともにロシアからきて通商を求めたが，幕府は鎖国政策を守ろうとして拒否《きょひ》した。

●北方の探検《たんけん》…樺太《からふと》・千島《ちしま》方面に進出しようとするロシアに対抗《たいこう》し，幕府も北方の守りに力を入れ，間宮林蔵《まみやりんぞう》や近藤重蔵《こんどうじゅうぞう》に樺太・千島の探検を命じ，伊能忠敬《いのうただたか》に蝦夷地《えぞち》(北海道《ほっかいどう》)を測量《そくりょう》させた。

●外国船を追い返す…イギリス船フェートン号が，対立していたオランダ船を攻撃《こうげき》するため長崎港に侵入《しんにゅう》した。相次ぐ外国船の来航に対して，幕府は1825年に**異国船打払令《いこくせんうちはらいれい》**を出し，1837年には浦賀《うらが》と鹿児島《かごしま》でアメリカの商船モリソン号を砲撃《ほうげき》して追い返した。こうした幕府の行動や鎖国政策に対して高野長英《たかのちょうえい》・渡辺崋山《わたなべかざん》らの学者

> **参考**
>
> **林子平《はやししへい》の処罰《しょばつ》**
>
> 18世紀末，長崎で蘭学《らんがく》を学んだ林子平は『海国兵談』という本をあらわし，「日本は島国だから，外国が攻《せ》めてくれば，日本のどこにでも上陸できる。江戸の日本橋《にほんばし》は中国やオランダと水でつながっているのだから，海岸を守る必要がある」と説いた。しかし，松平定信《まつだいらさだのぶ》は，世間をさわがすものとして彼《かれ》を処罰した。

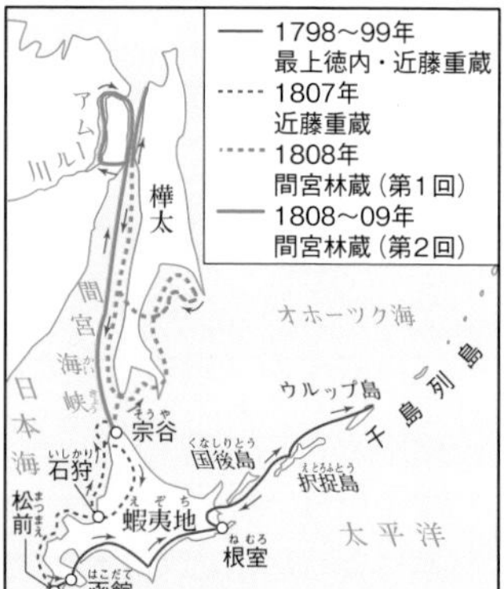

▲北方の探検

から批判が起こったが，幕府はこれを処罰した(蛮《ばん》社《しゃ》の獄《ごく》)。

●**ペリーの来航**…1853年，アメリカの軍艦《ぐんかん》4隻《せき》が浦賀(神奈川《かながわ》県)に現れ，使者の**ペリー**は開国を強く求めた。日本の人々は，アメリカの蒸気船《じょうきせん》を「黒船《くろふね》」とよんでおそれた。

●**日米和親条約《にちべいわしんじょうやく》**…幕府はやむをえず，翌《よく》1854年にアメリカと日米和親条約を結び，下田《しもだ》(静岡《しずおか》県)・函館《はこだて》(北海道)を開港し，アメリカ船に燃料《ねんりょう》や水・食料などをあたえる約束をした(日本の開国)。

●**日米修好通商《にちべいしゅうこうつうしょう》条約**…日米和親条約にもとづいて，アメリカの総領事《そうりょうじ》**ハリス**は下田に来て，世界の様子を説明し,貿易《ぼうえき》をすること(通商)をすすめた。1858年，大老《たいろう》の**井伊直弼《いいなおすけ》**は天皇《てんのう》の許《ゆる》しを得《え》ないままに，反対論《ろん》をおさえ，アメリカと日米修好通商条約を結んだ。開港地には居留地《きょりゅうち》が設《もう》けられ，外国人と日本人の接触《せっしょく》は制限《せいげん》された。続いてイギリス・オランダ・ロシア・フランスとも，ほぼ同じ内容《ないよう》の条約を結んだ。

不平等な条約と開国の影響《えいきょう》

●**通商条約の特色**…開国後に結ばれた通商条約は，次の点で日本に不利なもので，以後，その改正のために長い間努力が続けられた。

▶**関税自主権《かんぜいじしゅけん》がない**…外国からの輸入品に対して，日本が自主的に税《ぜい》をかけることができない。

▶**領事裁判権《りょうじさいばんけん》(治外法権《ちがいほうけん》)を認めた**…日本にいる外国人が罪《つみ》を犯《おか》しても，外国人領事が裁判することとし，日本の法律《ほうりつ》で裁判できない。

●**開国の影響**

▶**産業の発展《はってん》**…生糸《きいと》や茶などの輸出《ゆしゅつ》が増《ふ》え，工場制手工業《こうじょうせいしゅこうぎょう》が発達した。

▶**物価《ぶっか》の上昇《じょうしょう》**…輸出品が急に増えたこと，幕府や諸藩《しょはん》が戦争にそなえて米を蓄《たくわ》えたことなどから，国内の品物が不足して物価が上がり，人々の生活が苦しくなった。そのため「世直し」を求めて一揆が起こった。

参考

ペリー来航のおどろき

アメリカの鉄製《てつせい》の軍艦(黒船)の来航は，人々に大きなおどろきをあたえ，「泰平の眠《ねむ》りをさます　じょうきせん　たった四はいで夜も眠れず」と狂歌《きょうか》にうたわれた。

史料

日米修好通商条約

一．神奈川(横浜《よこはま》)・兵庫《ひょうご》(神戸《こうべ》)・函館・長崎・新潟《にいがた》の5港を開き，貿易を行う。

二．関税自主権がない。

三．領事裁判権を認《みと》める。

(一部要約)

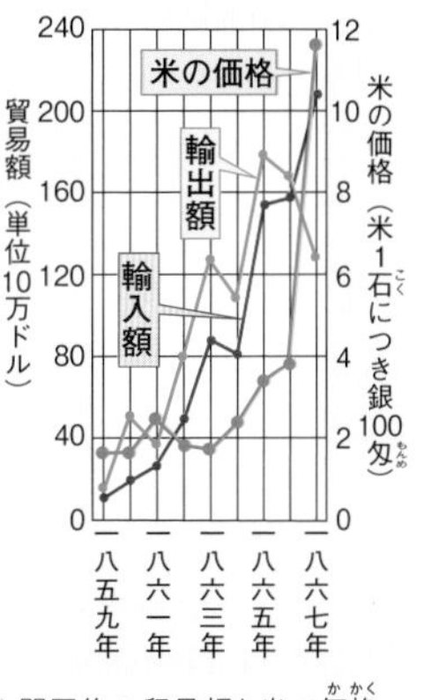

▲開国後の貿易額と米の価格《かかく》

江戸幕府《えどばくふ》の終わり

●**尊王攘夷《そんのうじょうい》運動の高まり**…開国前に朝廷《ちょうてい》の許《ゆる》しを得《え》なかったことや国学《こくがく》の影響《えいきょう》などで，開国に反対し，外国を追いはらおうという攘夷論《ろん》が高まった。この考えは，朝廷《ちょうてい》を中心にすえようとする尊王論と結びついて，大きな勢力《せいりょく》となった。中心となったのは，長《ちょう》州藩《しゅうはん》(山口《やまぐち》県)・薩摩《さつま》藩(鹿児島《かごしま》県)・土佐《とさ》藩(高知《こうち》県)の下級武士《ぶし》だった。

●**安政《あんせい》の大獄《たいごく》**…大老《たいろう》の**井伊直弼《いいなおすけ》**は，尊王攘夷を唱える吉田松陰《よしだしょういん》や橋本左内《はしもとさない》らの人々をとらえ，厳《きび》しく罰《ばっ》した。この処罰《しょばつ》が行われたときの年号は安政だったため，安政の大獄という。この結果，直弼は尊王攘夷派に江戸城《えどじょう》の外で殺され(**桜田門外《さくらだもんがい》の変**)，幕府の権《けん》威《い》は落ちた。

●**攘夷から倒幕《とうばく》へ**…**長州藩**や**薩摩藩**は，イギリスなどとの戦争を通じて，外国勢力を追放する攘夷が不可《ふか》能《のう》と知り，幕府をたおすこと(倒幕)に力を入れるようになっていった。

▶長州藩は西洋の軍備《ぐんび》をとり入れ，薩摩藩はイギリスの援助《えんじょ》を受けて藩の力を強めた。

▶1866年，薩摩藩と長州藩は土佐《とさ》藩出身の坂本龍《さかもとりょう》馬《ま》の仲立ちで**薩長同盟《さっちょうどうめい》**を結び，連合して倒幕を計画した。

●**大政奉還《たいせいほうかん》**…こうしたなか，15代将軍**徳川慶喜《しょうぐんとくがわよしのぶ》**は，前土佐藩主の山内豊信《やまうちとよしげ》のすすめで，天皇《てんのう》のもとに大《だい》名《みょう》の議会をつくりみずから議長として実権《じっけん》をもち続けようと考え，1867年に政権《せいけん》を朝廷に返すことを申し出た(大政奉還)。これに対して朝廷は，**王政復《おうせいふっ》古《こ》の大号令《だいごうれい》**を出し，天皇中心の政治に変えて幕府をなくすことを決めたため，260年あまり続いた江戸幕府は滅《ほろ》びた。

参考

外国との戦い

薩摩藩の武士が，1862年に生《なま》麦《むぎ》(横浜市《よこはま》)で藩主の父の行列を横ぎったイギリス人を殺したため，翌年《よくねん》イギリスが鹿児島を攻撃《こうげき》した(薩英《さつえい》戦争)。長州藩でも，1863年に下関《しものせき》(山口県)の沖《おき》を通る外国船に大砲《たいほう》を撃《う》ちこんだ。このため，アメリカ，イギリス，フランス，オランダの4か国が連合艦隊《かんたい》を組んで，下関を砲撃《ほうげき》・占領《せんりょう》した。

参考

「世直し」への期待

開国による物価上昇《ぶっかじょうしょう》で幕府に対する不満が高まり，農民や町人《ちょうにん》は新しい世の中に変わること，「世直し」を期待した。1866年以後，江戸や大阪《おおさか》など各地で「世直し」の政治を求めて，打ちこわしや百姓一揆《ひゃくしょういっき》(世直し一揆)がたびたび起こった。

注意

幕府をたおした人々

薩摩藩の西郷隆盛《さいごうたかもり》・大久保利《おおくぼとし》通《みち》や，長州藩の高杉晋作《たかすぎしんさく》・木《き》戸孝允《どたかよし》(桂小五郎《かつらこごろう》)，土佐藩出身の坂本龍馬が中心。このほか，公家《くげ》の三条実美《さんじょうさねとみ》や岩倉具《いわくらとも》視《み》も活躍《かつやく》した。

入試
ポイント

〈江戸幕府の終わり〉

- 開国…**物価上昇による混乱《こんらん》**，尊王攘夷派からの反発。
- 倒幕…薩摩藩・長州藩による**薩長同盟**。

2 明治維新《めいじいしん》

王政復古と政治の方針《ほうしん》

●**王政復古**…1867年，**明治天皇**はもとの天皇の政治に戻《もど》すことを王政復古の大号令により宣言《せんげん》し，天皇を中心とする新政府が成立した。

●**新政府への反抗《はんこう》**…王政復古の大号令などに不満をもつ旧幕府軍は，新政府軍と戦った。1868年に京都《きょうと》の鳥羽《とば》・伏見《ふしみ》の戦いで旧幕府軍が敗れたあと，東京《とうきょう》では江戸城の開城を不服とする旧旗本《きゅうはたもと》らの彰義隊《しょうぎたい》が反乱を起こした。会津《あいづ》藩(福島《ふくしま》県)も反抗したが，政府軍にしずめられた。1869年には，榎本武揚《えのもとたけあき》が函《はこ》館《だて》(北海道《ほっかいどう》)の五稜郭《ごりょうかく》に立てこもって抵抗《ていこう》したが，これも政府軍にしずめられた。この約1年半にわたる戦いを，**戊辰《ぼしん》戦争**とよぶ。

●**政治の方針**…1868年，明治天皇は**五箇条《ごかじょう》の御誓文《ごせいもん》**を発表し，新しい政治の方針を示《しめ》した。民衆《みんしゅう》に対しては，5種類の立て札(五榜《ごぼう》の掲《けい》示《じ》)を立てて，一揆やキリスト教を禁止《きんし》するなどの旧来と同じきまりを示した。

●国民の気持ちを一新するため，年号を慶応《けいおう》から明治と改め，江戸を東京と改称《かいしょう》して，1869年，東京が首都となった。江戸時代末から明治時代初めにかけて行われた改革《かいかく》や社会の変化を，**明治維新《いしん》**という。

●**国民の期待**…人々は，新しい政治を期待をこめて「御一新《ごいっしん》」とよんだ。

史料

五箇条の御誓文

一．政治はみんなの意見を聞いて決める。

一．身分の上下にこだわらず，心を合わせる。

一．国民のだれもが不平のない世の中にする。

一．今までのよくないしきたりを改《あらた》める。

一．知識《ちしき》を広く世界の国々からとり入れ，りっぱな国にする。

参考

江戸城の開城

1868年4月，西郷隆盛と勝海《かつかい》舟《しゅう》との会談で江戸城の明けわたしが行われた。

注意

2つの方針

五箇条の御誓文で近代化の方針を示す一方で，五榜の掲示では一揆やキリスト教の禁止など，江戸幕府の政策《せいさく》を引きついでいた点に注意する。五榜の掲示は1873年ごろには，掲示場所からとり外された。

史料

五榜の掲示

一．キリスト教の信仰《しんこう》は固く禁止する。不審《ふしん》な者がいたら届け出ること。

一．おおぜいで集まって要求をおし通そうとしたり，村からにげたりしてはいけない。

(一部要約)

明治政府《めいじせいふ》の政治の改革《かいかく》

●**版籍奉還《はんせきほうかん》**…江戸幕府《えどばくふ》がたおれたあとも，藩《はん》の領地《りょうち》はそれまで通り大名《だいみょう》がおさめていた。そこで政府は1869年に，大名の土地(版図《はんと》)と人民(戸籍《こせき》)を朝廷《ちょうてい》に返させた。これを版籍奉還という。藩の政治はもとの藩主がそのまま行ったので，改革の効果《こうか》は不十分だった。

●**廃藩置県《はいはんちけん》**…1871年，政府は全国の藩を廃止《はいし》して，府・県を置き，政府が任命《にんめい》した府知事《ふちじ》や県令《けんれい》を地方に派《は》遣《けん》した。これを廃藩置県という。

- ▶多くの藩は財政難《ざいせいなん》に苦しんでいたため，この改革を受け入れた。
- ▶中央政府に権限《けんげん》を集中させる中央集権体制《たいせい》がつくられた。
- ▶1888年までには1道3府と43県に整理された。

●**国民の平等**…江戸時代の身分制度《せいど》をやめ，だれもが姓《せい》(名字《みょうじ》)を名のり，職《しょく》業《ぎょう》や住居《じゅうきょ》を自由に決められるようにした。天《てん》皇《のう》一族は**皇族《こうぞく》**，もとの公家《くげ》・大名は**華族《かぞく》**とよばれて特別なあつかいを受け，武士《ぶし》は**士族《しぞく》**，その他は**平民《へいみん》**とよばれ，区別された。「解放《かいほう》令《れい》」では，江戸時代に差別されていた人々も平民と同じあつかいを受けることとされた。

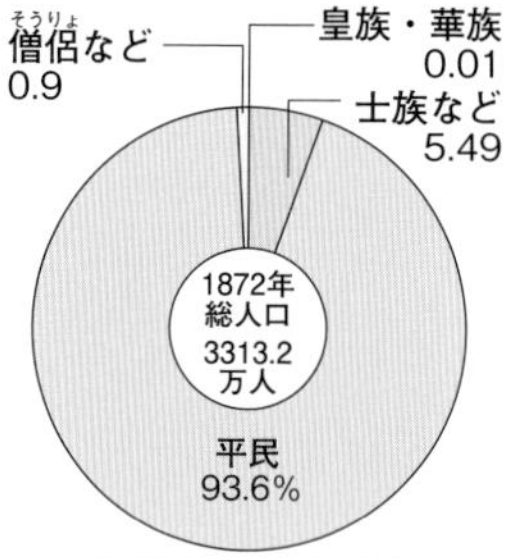

(「近代日本経済史要覧」による)
▲平民・士族・華族の割合

●**学校の制度**…政府は，近代化のためには人材を育てることが必要だと考え，1872年に**学制《がくせい》**を出して，国民に読み書きなどの教育を広めることにした。6歳《さい》になった子供《こども》が通う小学校は義務教育《ぎむきょういく》とされたが，学校に通う子供の割合《わりあい》はとても低かった。これは，授業料《じゅぎょうりょう》を出せない親が多かったことや，農家などでは子供も重要な労働力だったことが原因《げんいん》である。校《こう》舎《しゃ》は多くが江戸時代の寺子屋《てらこや》をつくりなおしたもので，先生もちょんまげ頭だった。

参考

藩閥《はんばつ》政治

明治政府は，江戸幕府をたおすのにつくした西郷隆盛《さいごうたかもり》・大《おお》久保利通《くぼとしみち》(薩摩藩《さつまはん》)，木戸孝允《きどたかよし》(長州《ちょうしゅう》藩)や公家の岩倉具視《いわくらともみ》らが中心となった。政治はこれら特定の藩や公家の人々が動かしたので，明治政府は藩閥政府，その政治は藩閥政治とよばれた。

年	できごと
1872	学制の公布《こうふ》
1886	小学校令・3～4年間が義務教育に
1890	教育勅語《きょういくちょくご》が出される
1900	小学校4年間が義務教育に
1907	小学校 6年間が義務教育に

▲学校制度の変化

富国強兵《ふこくきょうへい》をはかる政策《せいさく》

●**富国強兵**…明治政府は，日本をヨーロッパ諸国《しょこく》やアメリカに負けない国にするため，産業をおこし，近代的な軍隊を育てる必要があると考えた。この方針《ほうしん》を富国強兵といい，次のような政策が行われた。

▶**徴兵制度《ちょうへいせいど》**…政府は，長州藩出身の大村益次郎《おおむらますじろう》・山《やま》県有朋《がたありとも》らを中心に近代的な軍隊をつくる準備《じゅんび》を進め，1873年に**徴兵令**を出した。この徴兵制は，重税《じゅうぜい》に苦しむ農村から労働力を奪《うば》うことになるため，各地で徴兵反対の一揆《いっき》が起こった。

▶それまでの税は，おもに米でおさめ(年貢《ねんぐ》)，その税額も年によってちがっていた。そこで政府は土地の価格《かかく》を決め，豊作《ほうさく》の年も不作の年も，地租《ちそ》(土地の税)を全国一律《いちりつ》で土地の価格の3％とし，地主が現金でおさめることとした。これを**地租改正《ちそかいせい》**という。この結果，財政《ざいせい》は安定したが，農民の負担《ふたん》は江戸時代と変わらないものだったため，各地で一揆が起きた。このため，政府はのちに地租を2.5％に引き下げた。

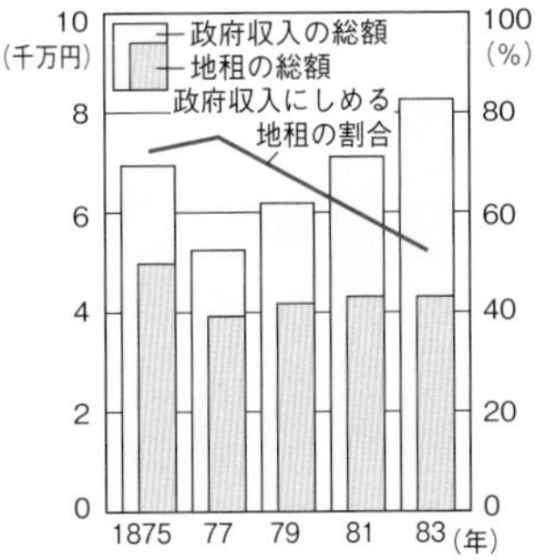

(「近代日本経済史要覧」による)
▲政府の収入にしめる地租の割合《わりあい》

●**殖産興業《しょくさんこうぎょう》**…富国強兵を進めるための政策の1つとして，近代的な産業を育てることをめざした。

▶**官営《かんえい》工場**…政府は各地に官営工場や鉱山《こうざん》を経営《けいえい》し，外国から機械を買ったり，技師《ぎし》を招《まね》いたりして，近代工業を育てることに力を入れた。群馬《ぐんま》県の**富《とみ》岡製糸場《おかせいしじょう》**(➡p.217)が代表的。

▶**通信**…1871年，前島密《まえじまひそか》が江戸時代の飛脚《ひきゃく》にかわる**郵便制度《ゆうびんせいど》**を整え，全国どこへでも，同じ料金で郵便が出せるようになった。1877年には万国郵便連合にも加盟《かめい》した。

用語

徴兵令

満20歳になった男子に，士族・平民の区別なく兵役《へいえき》につくことを義務《ぎむ》とした。一家の主人やあとつぎはこれを免除《めんじょ》された。

参考

土地の価格を決める

太閤検地《たいこうけんち》(➡p.402)のときと同じように，土地の価格を決めるための土地の測量《そくりょう》が全国にわたって行われた。

参考

国営化で産業を育てる

明治政府は，幕府や諸藩がもっていた鉱山や造船所《ぞうせんじょ》も，いったん政府の経営に移《うつ》した。

▶**交通**…1872年，新橋《しんばし》・横浜《よこはま》間に日本最初の鉄道が開通した。イギリスから輸入《ゆにゅう》された蒸気《じょうき》機関車(➡p.280)が使われ，「陸《おか》蒸気」とよばれた。

▶**経済**《けいざい》…貨幣制度《かへいせいど》を整えるため，大阪《おおさか》に造幣局《ぞうへいきょく》をつくって新しい貨幣をつくらせた。また，**渋沢栄一**《しぶさわえいいち》らのすすめで国立銀行をつくり，紙幣《しへい》を発行した。

参考

渋沢栄一

江戸幕府に仕えていたころヨーロッパに留学《りゅうがく》し，その進んだ文明に影響《えいきょう》をうけた。帰国後，経済の分野で活やくし，明治政府のもとで第一国立銀行をはじめ500以上の会社設《せつ》立《りつ》にかかわった。

文明開化《ぶんめいかいか》

●**新しい生活**…明治《めいじ》の初めごろ，人々の生活の中に西洋風の文化がとり入れられると，人々の生活の様子が大きく変わった。これを**文明開化**という。

▶**身なりや食事の面**…ちょんまげを切り，洋服を着てぼうしをかぶることが広まった。それまでは動物の肉を食べる習慣《しゅうかん》がなかったが，牛なべ屋や洋食屋が現れた。

▲文明開化の様子

▶**街並**《まちな》**み**…東京《とうきょう》などの大都市には，ロンドンなどヨーロッパの都市をまねたれんがづくりの洋館が建ち，ランプやガス灯がつけられた。かごにかわって人力車や馬車が行き来した。こうした変化は，「ざんぎり頭をたたいてみれば，文明開化の音がする」とうたわれた。

用語

ざんぎり頭

明治時代初めごろ，断髪《だんぱつ》のことを「ざんぎり」とよんだ。文明開化の1つのシンボルとみなされた。

▲銀座《ぎんざ》(東京)の様子

文明開化の問題点

- 文明開化は大都市の，しかも上流の人々の間だけの変化で，地方や一般《いっぱん》の国民まではおよばず，都市と農村との生活の差が大きくなった。
- 西洋文化の表面だけをまねる傾向《けいこう》が強く，新しく近代的な文化・考え方と，昔からの封建的《ほうけんてき》な文化・考え方が同居《どうきょ》した。

宗教《しゅうきょう》…政府《せいふ》は神道《しんとう》を重視《じゅうし》したため，各地で仏教《ぶっきょう》を排《はい》除《じょ》しようとする動きが起こった。また，アメリカやヨーロッパの要求でキリスト教の信仰《しんこう》が認《みと》められた。

暦《こよみ》…1872 年，それまでの太陰暦《たいいんれき》をやめ，**太陽暦《たいようれき》**が使われるようになった。1週間は7日とされ，日曜日が休日となった。

新聞・雑誌《ざっし》の発行…江戸幕府《えどばくふ》の通訳《つうやく》であった本木昌《もとぎしょう》造《ぞう》が活版《かっぱん》印刷を始め，新聞や雑誌《ざっし》の発行がさかんになった。

周辺の地域《ちいき》

北方…蝦夷地《えぞち》を北海道《ほっかいどう》と改め，**開拓使《かいたくし》**という役所を置いて**屯田兵《とんでんへい》**を送りこみ，開拓と北方の守りに力を入れた。1875 年にはロシアとの間で**樺太《からふと》・千島交《ちしまこう》換条約《かんじょうやく》**を結び，樺太をロシア領《りょう》，千島《ちしま》全島を日本領と定めた。

南方…1872 年，明治政府は琉球《りゅうきゅう》王国に琉球藩《はん》をおき，1879 年には軍隊を送って廃藩置県《はいはんちけん》を行い，沖《おき》縄《なわ》県を設《もう》けた。これを**琉球処分《しょぶん》**という。

中国《ちゅうごく》…江戸時代には中国人との間で長崎《ながさき》で貿易《ぼうえき》が行われていたが，清《しん》との間で正式な国交はなかった。1871 年，明治政府は**日清修好条規《にっしんしゅうこうじょうき》**を結び，対等な外交関係を定めた。

朝鮮《ちょうせん》…1875 年，日本の軍艦《ぐんかん》が朝鮮の江華島《こうかとう》《カンファド》沖《おき》で朝鮮側と砲撃《ほうげき》し合う**江華島事件**が起こった。これをきっかけに，翌年《よくねん》，**日朝《にっちょう》修好条規**が結ばれた。これは日本が欧米《おうべい》との間で結ばされた条約と同じような内容《ないよう》の，朝鮮にとって不利な条約だった。

参考

洋服の登場

男性《だんせい》の洋服は，江戸時代末の軍隊ですでに用いられていた。女性が初めて洋服を着たのは，不平等条約改正のため，東京に建てられた鹿鳴館《ろくめいかん》での舞踏《ぶとう》会《かい》でのことだった。

参考

仏教の排除

寺院がこわされたり，仏像《ぶつぞう》が海外へ持ち出されたりした。とくに，尊王攘夷《そんのうじょうい》運動がさかんだった地域ではげしく，薩摩《さつま》藩ではほとんどの寺院がこわされた。

参考

北海道の農業開発

札幌《さっぽろ》農学校（のちの北海道大学）の教えにもとづき，アメリカにならった大型で整然とした区画割《わ》りによる，大規模《だいきぼ》な経営《けいえい》をめざした。しかし，やせた土地が広くて冷害《れいがい》もたびたび起こり，屯田兵による開拓は苦難《くなん》をきわめた。

3 議会政治へのあゆみ

新政府《しんせいふ》への不満

● 明治維新《めいじいしん》は，急速で大きな改革《かいかく》であり，また長州藩《ちょうしゅうはん》や薩摩《さつま》藩の出身者を中心とした**藩閥《はんばつ》政治**に対して，不満をもつ者も多かった。

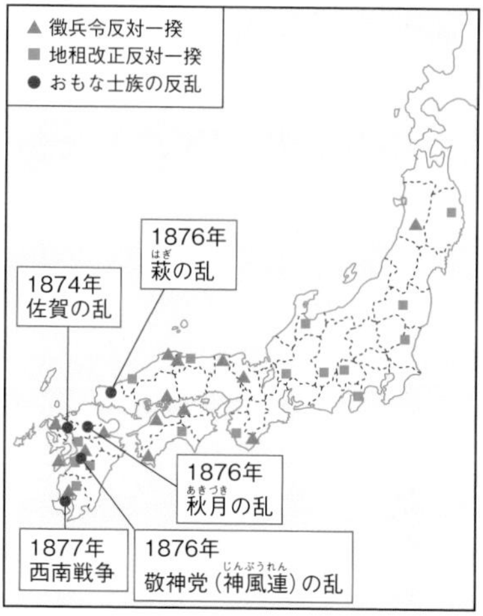

▲各地で起こった一揆・反乱

●**農民の一揆《いっき》**…地租《ちそ》改正に反対する農民の一揆が各地で起こった。地租が2.5％に減税《げんぜい》された後も，小作人《こさくにん》が地主におさめる小作料は変わらなかったため，農民はますます不満を強めた。

●**士族《しぞく》の反乱《はんらん》**…もと武士《ぶし》である士族も，徴兵令《ちょうへいれい》によって職《しょく》を失い，商人などになったが，なれない職業に失敗したり，また武士の特権だった帯刀《たいとう》を禁止されたりして，政府のやり方に不満をもっていた。

▸ **佐賀《さが》の乱《らん》**…政府を去った江藤新平《えとうしんぺい》を中心として，1874年に起こった。

▸ **西南《せいなん》戦争**…士族の反乱の中でも，1877年に鹿《か》児島《ごしま》の不平士族などが**西郷隆盛《さいごうたかもり》**をおし立てて起こした西南戦争は，最大で最後の武力による反乱であった。この乱も，徴兵令によってつくられた政府の強い軍隊にしずめられた。以後，政府に対する批判《ひはん》は言論《げんろん》が中心となった。

▲西南戦争

参考

地租の減税

農民の一揆が士族の反乱と結びつくことをおそれた明治政府は，1877年に地租を2.5％に引き下げた。農民の反対一揆がこの結果をうんだことから，「竹やりで　どんとつき出す　二分《ぶ》五厘《りん》」と歌によまれた。

自由民権《じゆうみんけん》運動

●**新しい思想**…国民の選挙により議会を開き，国民が政治に参加する道を開こうとする運動を，**自由民権運動**という。世論《せろん》にもとづく政治を宣言《せんげん》した五箇条《ごかじょう》の御誓文《ごせいもん》の内容《ないよう》が，ようやく実現へ向かうこととなった。

▶**福沢諭吉《ふくざわゆきち》**…1872年に『**学問のすゝ《(す)》め**』をあらわし，多くの人々に影響《えいきょう》をあたえた。その書き出しは「天は人の上に人をつくらず，人の下に人をつくらずといへり」というもので，人間の平等と学問の大切さを説いた。

▶**中江兆民《なかえちょうみん》**…フランスの思想家ルソーの著書《ちょしょ》の一部を翻訳《ほんやく》して『民約訳解《みんやくやくかい》』をあらわし，人間の自由と平等の権利を説いた。活版《かっぱん》印刷により新聞や雑《ざっ》誌《し》が発行されるようになったことも，これらの思想の広まりをあとおしした。

用語

征韓論

明治の初め，西郷隆盛・板垣退助らは，士族の不満を外へ向けさせるねらいもあって，朝《ちょう》鮮《せん》を武力行使で開国させる征韓論を唱えた。しかし，1873年，ヨーロッパから帰国した(➡p.453)，岩倉具視《いわくらともみ》・木戸孝《きどたか》允《よし》・大久保利通《おおくぼとしみち》らは，国内の整備《せいび》に力を入れるべきだとして征韓論をおさえた。西郷ら征韓論を唱える者は政府を退《しりぞ》き，大久保らが新政府の中心となった。

●**自由民権運動の始まり**…当時，明治政府は薩摩藩や長州藩出身の人々によって固められていた。そこで，征韓論《せいかんろん》をめぐる論争に敗れて西郷隆盛とともに政府を去った，土佐《とさ》藩(高知《こうち》県)出身の**板垣退助《いたがきたいすけ》**が，1874年に**民撰議院設立《みんせんぎいんせつりつ》の建白書《けんぱくしょ》**を政府に提出《ていしゅつ》し，議会を開くよう申し入れた。

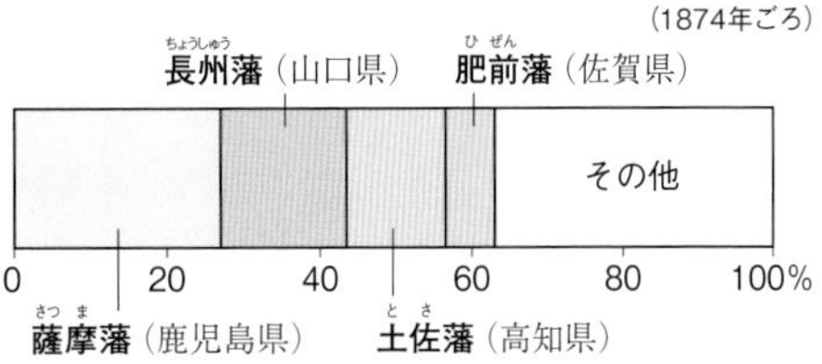

▲政府の要職《ようしょく》の出身：薩摩は西郷隆盛・大久保利通，長州は木戸孝允・伊藤博文《いとうひろぶみ》，土佐《とさ》は板垣退助・後藤象二郎《ごとうしょうじろう》，肥前は副島種臣《そえじまたねおみ》・大隈重信が有名な人物。

●**政府のとりしまり**…政府に不満をもつ士族も，言論によって政府のやりかたに反対するようになった。これに対して，政府は言論や集会の自由を制限《せいげん》するなど，厳《きび》しく自由民権運動をとりしまった。

●**政党《せいとう》の始まり**…自由民権運動は，政府のとりしまりにもかかわらず，ますますさかんになった。そこで政府は，1881年，10年後の1890年に議会を開くことを約束した(国会開設《かいせつ》の勅諭《ちょくゆ》)。これに対して，**板垣退助**は議会の開設にそなえて**自由党《じゆうとう》**を結成した。1882年には，肥前《ひぜん》藩(佐賀《さが》県)出身の**大隈重信《おおくましげのぶ》**が**立《りっ》憲改進党《けんかいしんとう》**をつくった。

注意

10年後の国会開設

当時は数え年で計算していたので，10年後は1890年となる。

●**運動の激化《げきか》**…政党《せいとう》ができたころ，深刻《しんこく》な不景気となり，農民の生活がたいへん苦しくなった。また，同じころ自由民権《じゆうみんけん》運動に対する政府のとりしまりも厳《きび》しくなった。これに対して，自由党《じゆうとう》員や農民は激《はげ》しく抵抗《ていこう》して，各地で過激《かげき》な事件《じけん》を起こしたため，自由党は1884年にいったん解散《かいさん》した。

参考
秩父《ちちぶ》事件
1884年，埼玉《さいたま》県の秩父で，生活に苦しむ農民たちと，もと自由党員が結びついて起こした暴動《ぼうどう》。警察《けいさつ》と軍隊によりおさえられた。

内閣制度《ないかくせいど》と憲法《けんぽう》の制定《せいてい》

●**憲法制定の準備《じゅんび》**…政府は国会開設《かいせつ》の準備として，まず憲法の制定に取り組んだ。**伊藤博文《いとうひろぶみ》**をヨーロッパに送り，君主権の強いドイツ(プロイセン)の憲法を参考にして憲法草案をつくった。

●**内閣制度**…1885年，政府のしくみを強化するために内閣制度をつくり，それまでの太政官制《だいじょうかんせい》を廃止《はいし》した。そして，伊藤博文が初代の内閣総理大臣《ないかくそうりだいじん》となった。

参考
枢密院《すうみついん》
重要なことがらに関する天皇の相談にこたえる機関として設《もう》けられた。

●**大日本帝国憲法**…1889年，天《てん》皇《のう》が国民にさずける形で大日本帝国憲法が発布《はっぷ》され，日本はアジアの国々に先がけて，憲法をもとにして議会政治を行う近代的な立憲《りっけん》国家となった。大日本帝国憲法には次のような特色があった。

▶**欽定《きんてい》憲法**…天皇が定め，天皇が国民にあたえる，という形で出された憲法である。

▶**天皇主権**…主権者である天皇には，宣戦《せんせん》や講和《こうわ》の権利，外国と条約《じょうやく》を結ぶ権利，議会を召集《しょうしゅう》・解散《かいさん》する権利，内閣総理大臣・貴族院《きぞくいん》議員・裁判官《さいばんかん》の任命《にんめい》権，陸海軍の指揮《しき》権などが集中していた。

▶内閣は天皇に対して政治の責《せき》任《にん》を負った。

▲大日本帝国憲法発布の式：大日本帝国憲法が，明治《めいじ》天皇から内閣総理大臣の黒田清隆《くろだきよたか》にさずけられた。

史料 大日本帝国憲法

第1条《じょう》 日本は，永久《えいきゅう》に続く同じ家系《かけい》の天皇がおさめる。

第4条 天皇は，国の元首であり，国や国民を治《おさ》める権限《けんげん》をもつ。

第11条 天皇は，陸海軍を統率《とうそつ》する。

第29条 国民は，法律に定められた範囲《はんい》内で，言論《げんろん》・著作《ちょさく》・出版《しゅっぱん》・集会・団体《だんたい》をつくることの自由をもつ。

▶国民は兵役の義務《ぎむ》があった。

▶国民の自由の権利は保障《ほしょう》されたが，法律《ほうりつ》で制限《せいげん》することができた。

●**帝国議会**…憲法発布の翌《よく》1890年に総選挙が行われ，第1回の帝国議会が開かれた。議会は，貴族院と衆《しゅう》議院《ぎいん》の二院制《にいんせい》であったが，実質的に貴族院が衆議院よりも強い力をもっていた。

▶貴族院は，皇族《こうぞく》・華族《かぞく》や多額納税者《たがくのうぜいしゃ》から天皇によって選ばれた議員で構成された。

▶衆議院議員は国民から選挙で選ばれた。選挙権は満25歳《さい》以上の男子で，直接国税《ちょくせつこくぜい》を15円以上おさめる人に限られた。その数は，当時の人口の約1％にすぎなかった。

●**始まったころの帝国議会**

▶1890年の第1回総選挙では，自由党・立憲改進《りっけんかいしん》党《とう》(民党)の野党《やとう》が多数をしめた。かつての自由民権運動の流れをくむ野党議員は，政府と対立した。

▶1898年には憲政党《けんせいとう》がつくられ，大隈重信《おおくましげのぶ》を首相《しゅしょう》とする日本で最初の政党内閣がうまれた。

▶1900年には，伊藤博文を中心とする**立憲政友会《りっけんせいゆうかい》**がつくられ，衆議院の第一党となって政党内閣をつくった。

●**教育勅語《きょういくちょくご》**…1890年に発布された教育の基本方針《きほんほうしん》。天皇に対して忠誠《ちゅうせい》をつくすこと，父母へ孝行《こうこう》することなどが道徳《どうとく》として示《しめ》された。

●**地方制度**…府・県・市・町・村が地方自治体とされ，地方自治のしくみが整備《せいび》された。

●**法律の制定**…民法《みんぽう》・刑法《けいほう》などの法律が制定された。しかし，このときの民法は「家」を中心とする，男《だん》性《せい》が優位《ゆうい》な制度だった。

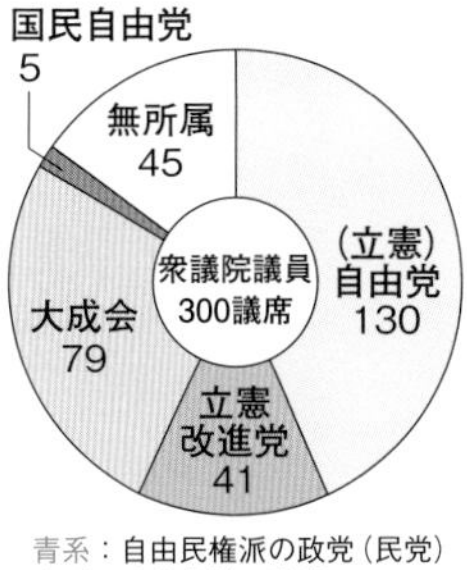

青系：自由民権派の政党（民党）
赤系：政府支持の政党

▲第1回帝国議会の政党別議席数

参考

第1回衆議院議員選挙

民撰議院設立《みんせんぎいんせつりつ》の建白書《けんぱくしょ》にかかわった植木枝盛《うえきえもり》や，ルソーの思想を紹介《しょうかい》した中江兆民《なかえちょうみん》も議員として当選した。

入試ポイント

〈議会政治へのあゆみ〉

●藩閥《はんばつ》政治への不満→**自由民権運動**。

●1885年，**伊藤博文**が初代の内閣総理大臣に。

●1889年，**大日本帝国憲法**を発布（天皇主権）。

●1890年，**帝国議会**（貴族院・衆議院）。

☑ まとめチェック

知識を整理・確認しよう！

答え

① 開国と江戸幕府《えどばくふ》の終わり

□ ① 鎖国政策《さこくせいさく》を守ろうとした江戸幕府が，1825年に出した外国船を追い返すことを命じた法令を何というか。

① 異国船打払令《いこくせんうちはらいれい》

□ ② 1853年，軍艦《ぐんかん》4隻《せき》をひきいて浦賀《うらが》に現れ，開国を求めたアメリカの使節はだれか。

② ペリー

□ ③ 日米修好通商条約《にちべいしゅうこうつうしょうじょうやく》で日本にあたえられなかった，輸入品《ゆにゅうひん》に対して自主的に税《ぜい》をかける権利《けんり》を何というか。

③ 関税自主権《かんぜいじしゅけん》

□ ④ 薩摩藩《さつまはん》と長州《ちょうしゅう》藩が，土佐《とさ》藩出身の坂本龍馬《さかもとりょうま》の仲立ちで結んだ同盟《どうめい》を何というか。

④ 薩長《さっちょう》同盟

□ ⑤ 1867年の大政奉還《たいせいほうかん》の後，明治天皇《てんのう》がもとの天皇の政治《せいじ》に帰ることを宣言《せんげん》したことを何というか。

⑤ 王政復古《おうせいふっこ》の大《だい》号令《ごうれい》

② 明治維新《めいじいしん》

□ ① 1869年に明治政府が行った，大名《だいみょう》の土地（版図《はんと》）と人民（戸《こ》籍《せき》）を朝廷《ちょうてい》に返させる改革《かいかく》を何というか。

① 版籍奉還《はんせきほうかん》

□ ② 江戸時代の身分制度《せいど》をやめたことで，もと武士《ぶし》は何とよばれるようになったか。

② 士族《しぞく》

□ ③ 1871年に明治政府が行った，全国の藩を廃止《はいし》して府・県をおき，府知事《ふちじ》や県令《けんれい》を地方に派遣《はけん》する改革を何というか。

③ 廃藩置県《はいはんちけん》

□ ④ 日本をヨーロッパ諸国《しょこく》やアメリカに負けない国にするため，産業をおこし，近代的な軍隊を育てる政策を何というか。

④ 富国強兵《ふこくきょうへい》

□ ⑤ 土地の税を全国一律《いちりつ》で土地の値段《ねだん》の3％とし，地主が現金でおさめることとした改革を何というか。

⑤ 地租改正《ちそかいせい》

□ ⑥ 外国から機械を買ったり，技師《ぎし》を招《まね》いたりしてつくられた，群馬《ぐんま》県の官営《かんえい》の製糸場《せいしじょう》を何というか。

⑥ 富岡《とみおか》製糸場

□ ⑦ 明治の初めごろ，人々の生活の中に西洋風の文化がとり入れられ，人々の生活が大きく変わったことを何というか。

⑦ 文明開化《ぶんめいかいか》

③ 議会政治へのあゆみ

□ ① 1877年に鹿児島《かごしま》の不平士族《しぞく》などが西郷隆盛《さいごうたかもり》をおし立てて起こした反乱《はんらん》を何というか。

① 西南《せいなん》戦争

□ ② 国民の選挙により議会を開き，国民が政治に参加する道を開こうとする運動を何というか。

② 自由民権運動《じゆうみんけんうんどう》

□ ③ 1885年に初代の内閣総理大臣《ないかくそうりだいじん》となったのはだれか。

③ 伊藤博文《いとうひろぶみ》

力だめしの問題　入試標準レベル

解答➡p.635

1 次の問いに答えなさい。

(1) 次の文は，江戸時代の外交に関して述《の》べたものです。これらの文の正誤《せいご》の組み合わせとして正しいものをあとのア～クから1つ選び，記号で答えなさい。

【東邦大附東邦中】　(　　)

a　アメリカ使節ラクスマンが長崎《ながさき》に来航し，救助した漂流民《ひょうりゅうみん》を送り届《とど》けるとともに通商を求めたが，当時の幕府はこれをうけ入れなかった。

b　外国船が現れて各地をおびやかすさわぎが多く起こったことから，幕府は外国船を追い払《はら》うことを定めたが，のちにこれをゆるめて外国船に水や燃料《ねんりょう》をあたえて帰した。

c　漂流民を送り届けようとしたアメリカのモリソン号を追い払《はら》った事件《じけん》をきっかけに，幕府の政策《せいさく》を批判《ひはん》した渡辺崋山《わたなべかざん》や高野長《たかのちょう》英《えい》らは，幕府により弾圧《だんあつ》を受けた。

	ア	イ	ウ	エ	オ	カ	キ	ク
a	正	正	正	正	誤	誤	誤	誤
b	正	正	誤	誤	正	正	誤	誤
c	正	誤	正	誤	正	誤	正	誤

(2) アメリカの船が来航して日本が開国すると，日米修好通商条約が結ばれました。その条約の内容を正しく述べているものを，次から1つ選び，記号で答えなさい。【カリタス女子中】　(　　)

ア　日本はアメリカ船が必要とする燃料や食料などをあたえる。

イ　日本で罪《つみ》を犯《おか》したアメリカ人を，アメリカの領事《りょうじ》が裁《さば》く。

ウ　日本は沈《しず》みそうになったアメリカ船やその乗組員を助ける。

エ　日本はアメリカに下田《しもだ》と函館《はこだて》の2港を開く。

(3) 次のア～オは，明治維新前後のできごとを説明した文です。下線部のできごとが誤っている文を1つ選び，記号で答えなさい。また，下線部を正しく書きかえなさい。【白百合学園中】　記号(　　)　語句(　　　　)

ア　明治新政府は新しい政治の方針《ほうしん》を，明治天皇が神にちかうという形で五《ご》箇条《かじょう》の御誓文《ごせいもん》として発表した。

イ　王政復古《おうせいふっこ》の大号令《だいごうれい》によって，摂政《せっしょう》，関白《かんぱく》，幕府を廃止《はいし》して，天皇を中心とする新政府をつくることを宣言した。

ウ　廃藩置県《はいはんちけん》によって，大名たちがおさめていた領地《りょうち》と領民を朝廷に返させることになり，明治新政府が全国の支配権《しはいけん》を形式上，手中におさめた。

エ　徴兵令《ちょうへいれい》は，満20歳以上の男子に兵役の義務《ぎむ》を課すものであった。

オ　太陽暦《たいようれき》の採用《さいよう》によって，1日24時間制《せい》，1週7日制が実施《じっし》された。

2 次の問いに答えなさい。

(1) 明治《めいじ》5年には「文明開化《ぶんめいかいか》七つ道具」が流行語になりました。それにふくまれるものを次からすべて選び，記号で答えなさい。【慶應義塾普通部】　(　　　)

ア　郵便《ゆうびん》　イ　蒸気《じょうき》船　ウ　蓄音機《ちくおんき》　エ　ラジオ　オ　活動写真

(2) 明治時代になると，蒸気機関を用いた乗り物が利用されるようになり，1872年に鉄道が開通しました。このとき，鉄道はどことどこの間に開通しましたか。次から1つ選び，記号で答えなさい。【栄光学園中】　(　　)

ア　新橋《しんばし》と品川　イ　横浜《よこはま》と新橋

ウ　横浜と高崎　エ　新橋と高崎

(3) 明治時代の初めごろに，日本政府《せいふ》が行ったことを述《の》べている文として明らかに誤《あやま》っているものを，次から1つ選び，記号で答えなさい。【カリタス女子中】(　　)

ア　「西洋の政治を知り，幕府《ばくふ》をたおした一部の人々だけで政治を行おう」という政治の方針《ほうしん》を，五箇条《ごかじょう》の御誓文《ごせいもん》に示《しめ》した。

イ　藩《はん》を廃止《はいし》して県をおく廃藩置県《はいはんちけん》を行い，各府県には政府の役人を送りこんだ。

ウ　これまでの身分制度を改めて，職業《しょくぎょう》や住む場所を自由に選べるようにした。

エ　「解放令《かいほうれい》」を出して，長い間差別に苦しめられてきた人々を平民《へいみん》とした。

(4) 明治政府が行った政策《せいさく》について書かれた文として，正しくないものを次から1つ選び，記号で答えなさい。【清泉女学院中】　(　　)

ア　藩をなくし，府・県をおいて政府の役人におさめさせた。

イ　20歳《さい》になった男子に，3年間軍隊に入ることを義務《ぎむ》づけた。

ウ　6歳以上のすべての男女に，小学校教育をうけさせることを義務づけた。

エ　土地の値段《ねだん》を決めて，その5％を地租《ちそ》として現金でおさめさせた。

(5) 右の条文は1889年に出された憲法《けんぽう》の内容《ないよう》の要約です。これを読んで次の問いに答えなさい。【大妻嵐山中】

> 第1条《じょう》　日本は，永久《えいきゅう》に続く同じ家系《かけい》の［X］がおさめる。
> 第3条　［X］は，神のように尊《とうと》いものである。
> 第4条　［X］は，国の元首であり，国や国民をおさめる権限《けんげん》をもつ。

①条文《じょうぶん》の要約の中のXに共通してあてはまる語を書きなさい。
(　　　　)

②この憲法をつくる仕事に力を注ぎ，のちに初代内閣総理大臣《ないかくそうりだいじん》になった人物名を漢字で答えなさい。　(　　　)

③この憲法は，ドイツ(プロイセン)の憲法を手本にしてつくられました。どういう点を手本としたのか説明しなさい。　(　　　　　)

④板垣退助《いたがきたいすけ》や大隈重信《おおくましげのぶ》が，国会開設《かいせつ》やこの憲法発布《はっぷ》を，新聞や演説《えんぜつ》会を通して求めていきました。この運動を何といいますか。　(　　　)

2 日清・日露戦争と日本

学習のポイント

- 日清《にっしん》・日露《にちろ》戦争の原因《げんいん》と結果がわかっているか。 ➡p.451
- 不平等条約改正までの流れを整理しておこう。 ➡p.453
- 明治《めいじ》時代に起こった産業革命《かくめい》と日本経済《けいざい》の発展《はってん》をとらえよう。 ➡p.454

1 日清・日露戦争と条約改正

▲日清戦争のころの国際関係：日本と清が朝鮮(魚)をつろうとし，ロシアが横どりしようとねらっている。

日清戦争

- **朝鮮《ちょうせん》をめぐる対立**…日本が朝鮮と日朝修好条規《にっちょうしゅうこうじょうき》を結んで以来，朝鮮への影響《えいきょう》力をめぐって中国《ちゅうごく》(清)と日本との間で対立が深まった。
- **戦争の始まり**…1894 年，朝鮮で起こった**甲午《こうご》農民戦争**をしずめるために，清が朝鮮に出兵すると，日本も出兵したため両国が開戦した。
- **戦争の結果**…日清戦争は朝鮮や満州《まんしゅう》(中国東北《とうほく》部)南部を戦場として戦われ，翌《よく》1895 年，日本の勝利に終わった。講和《こうわ》会議は日本の下関《しものせき》で開かれ，次のような**下関条約《じょうやく》**が結ばれた。
  - ▶清は，朝鮮の独立《どくりつ》を認《みと》めること。
  - ▶清は，遼東《りょうとう》《リャオトン》半島・台湾《たいわん》・澎湖《ほうこ》《ポンフー》諸島《しょとう》を日本へゆずりわたすこと。
  - ▶清は，賠償《ばいしょう》金として2億両《テール》(約3億円)を日本に支払《しはら》うこと。

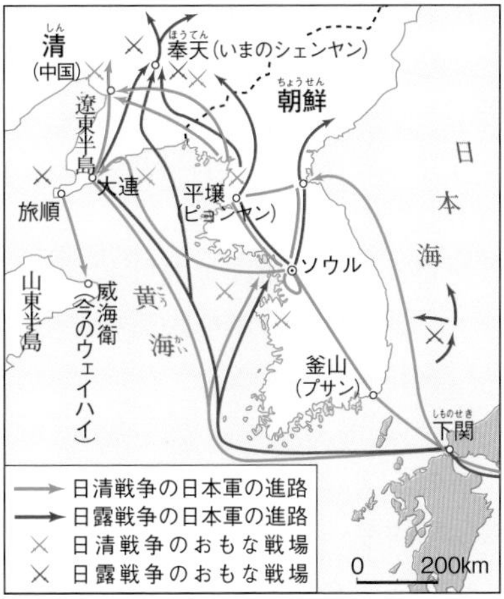

▲日清・日露戦争の戦場：両戦争とも，おもな戦場は，朝鮮や満州だった。

- **三国干渉《さんごくかんしょう》**…ところが，満州に勢力《せいりょく》をのばそうとしていたロシアが，ドイツとフランスをさそって，遼東半島を清に返すよう圧力《あつりょく》をかけた。これを三国干渉という。三国に対抗《たいこう》する力がなかった日本は，やむなくこの要求にしたがい，遼東半島を清に返した。
- **戦後の清**…清に力がないことを知った欧米《おうべい》諸国は，次々と清に進出し，清の各地を期限《きげん》つきで借りうけて支配《しはい》した。

日露《にちろ》戦争と韓国併合《かんこくへいごう》

●日英同盟《にちえいどうめい》…三国干渉《さんごくかんしょう》後，ロシアは遼東《りょうとう》《リャオトン》半島に軍事基地《きち》をつくり，満州《まんしゅう》に兵を進め，朝鮮《ちょうせん》にも進出しようとした。これに対して 1902 年，日本はロシアと対抗《たいこう》していたイギリスと日英同盟を結び，ロシアと対立する姿勢《しせい》を明らかにした。

▲日露戦争のころの国際関係：イギリスが日本を利用して，ロシアから「火中のくり」を拾わせようとしている。うしろにはアメリカがいる。

●日露戦争…1904 年，ロシアとの間で日露戦争が始まった。日本は苦戦したが，満州の旅順《りょじゅん》《リュイシュン》・奉天《ほうてん》の戦いや，連合艦隊《かんたい》司令長官の東郷平八郎《とうごうへいはちろう》が活やくした日本海《にほんかい》海戦で勝利をおさめた。その後，ロシアでは革命《かくめい》運動が起こり，日本も戦費・兵力とも足りなくなり，戦いを続けられなくなった。

▲日露戦争の風刺《ふうし》画：ヨーロッパの強国ロシア（白くま）と戦争する日本の武士《ぶし》の，危《あや》うい様子。

●ポーツマス条約《じょうやく》…1905 年，日本はアメリカの仲立ちでロシアとポーツマス条約を結び，次のような内容《ないよう》を定めた。

- ▶ロシアは，韓国での日本の優越権《ゆうえつけん》を認《みと》める。
- ▶ロシアは，旅順や大連などを借りうける権利を日本へゆずる。
- ▶樺太《からふと》（サハリン）の南半分を日本の領土《りょうど》とする。
- ▶ロシアは，日本の南満州鉄道の利権を認める。

●韓国併合…日露戦争後，日本は満州に進出し，韓国（朝鮮）の支配《しはい》を強めた。韓国では各地で反日運動が起こり，1909 年に民族運動家の安重根《あんじゅうこん》《アンジュングン》が満州のハルビンで韓国前統監《とうかん》の伊藤博文《いとうひろぶみ》を暗殺した。これをきっかけに，翌《よく》 1910 年，日本は軍隊の力で韓国を植民地にした（韓国併合）。

参考

台湾の植民地化

日本は台湾総督府《そうとくふ》をおいて，植民地開発を進めたが，最初は住民によるはげしい抵抗《ていこう》が起こった。のちに台湾の民政《みんせい》長官となった後藤新平《ごとうしんぺい》は，武力による統治《とうち》を改め，台湾の近代化をうながす方針に転じた。

参考

日露戦争への反対

三国干渉ののち，ロシアとの戦争を主張《しゅちょう》する声が高まっていたが，キリスト教徒の内村鑑三《うちむらかんぞう》や歌人の与謝野晶子《よさのあきこ》らは戦争に反対した。晶子は，日露戦争で戦場に出かけた弟を思い，下のような詩を発表した。

史料 君死にたまふ《(もう)》ことなかれ

あゝ《(あ)》を《(お)》とうとよ君を泣く
君死にたまふ《(もう)》ことなかれ
末《すえ》に生《うま》れし君なれば
親のなさけはまさりしも
親は刃《やいば》をにぎらせて
人を殺せとを《(お)》しへ《(え)》しや
人を殺して死ねよとて
二十四までをそだてしや
…（略）…
（与謝野晶子）

不平等条約の改正

●江戸《えど》時代末に結ばれた不平等条約(➡p.437)の改正は，明治《めいじ》政府の大きな課題だった。

●**岩倉使節団**《いわくらしせつだん》…1871年，岩倉具視《ともみ》らをヨーロッパやアメリカに派遣《はけん》して交渉《こうしょう》しようとしたが，日本にはまだ法律《ほうりつ》などの制度《せいど》が整っていないことを理由にうけ入れられなかった。

●**欧化政策**《おうかせいさく》…外務卿《がいむきょう》の**井上馨**《いのうえかおる》は，日本の近代化を示《しめ》すために東京《とうきょう》に**鹿鳴館**《ろくめいかん》という洋館を建てて，外国人を招《まね》いて舞踏《ぶとう》会を開いた。

●**ノルマントン号事件**…1886年，和《わ》歌山《かやま》県沖でイギリス船のノルマントン号が沈没《ちんぼつ》し，船長以下イギリス人はボートで脱出《だっしゅつ》したものの，日本人乗客はとり残されて水死した。この事件《じけん》は領事裁判権《りょうじさいばんけん》によりイギリス側で裁判され，船長は軽い罪《つみ》に問われただけであった。国民の条約改正を求める声は高まった。

▲ノルマントン号事件：日本人乗客を見捨《みす》てるイギリス人船長。

●**条約改正の達成**

▶ 日清《にっしん》戦争の直前の1894年，外務《がいむ》大臣の**陸**《む》**奥宗光**《つむねみつ》がイギリスとの交渉で領事裁判権の廃止《はいし》に成功した。以後，ほかの国との交渉にも成功した。

▶ 1911年，外務大臣の**小村寿太郎**《こむらじゅたろう》がアメリカとの交渉により，関税自主権《かんぜいじしゅけん》を認めさせ，条約改正を達成した。

▲明治時代末の日本の領土：南樺太・千《ち》島《しま》・朝鮮・台湾《たいわん》が日本の領土である。

参考

津田梅子

6歳《さい》のとき，岩倉使節団に同行してアメリカへ留学した。帰国後，1900年に女子英学塾(のちの津田塾大学)を開設し，女子教育に一生をささげた。

入試ポイント

日清戦争→下関条約(台湾・遼東半島，賠償金《ばいしょうきん》を獲得《かくとく》)
→三国干渉《かんしょう》

日露戦争→ポーツマス条約(樺太《からふと》の南半分・南満州《まんしゅう》鉄道の権利)

日本の国際的な地位向上
→ 韓国併合《かんこくへいごう》(1910年)
→ **条約改正**
- 領事裁判権のとりやめ…**陸奥宗光**《むつむねみつ》
- 関税自主権の回復…**小村寿太郎**《こむらじゅたろう》

2 近代産業の発達

日本の産業革命《さんぎょうかくめい》

●明治政府《めいじせいふ》の富国強兵《ふこくきょうへい》と殖産興業政策《しょくさんこうぎょうせいさく》，日清《にっしん》・日露《にちろ》戦争の勝利を通して，日本はアジアの強国となっていった。

●**軽工業の発達**…1880年代になると，政府は官営《かんえい》工場を民間の経営《けいえい》に移《うつ》した(払《はら》い下げ)。この結果，綿《めん》工業などのせんい工業を中心とする軽工業で，最初の**産業革命**(➡p.217)が起こった。輸入品《ゆにゅうひん》は製品《せいひん》である綿織物《おりもの》から，原料である綿花に変わった。日清戦争後には，朝《ちょう》鮮《せん》や中国《ちゅうごく》に対する綿糸の輸出がさらに増《ふ》えていった。

▶製糸業や紡績業《ぼうせきぎょう》の労働者は，大部分を農村からの出かせぎの女性《じょせい》たちがしめていた。彼女《かのじょ》たちは，安い給料のもと，長時間労働をしいられていた。

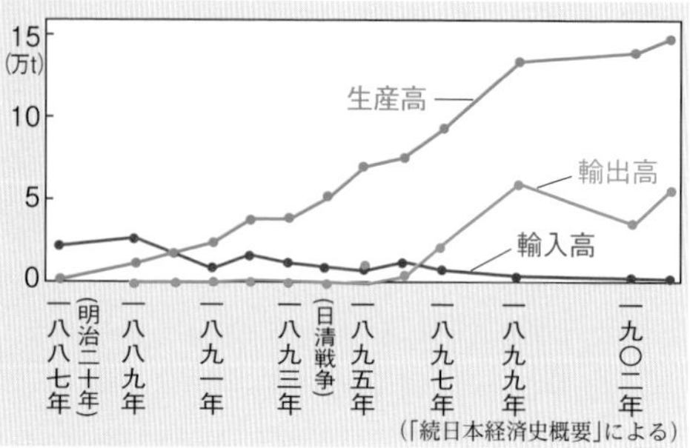

▲綿糸の輸出と輸入：日清戦争後に輸出量が大きくのびている。

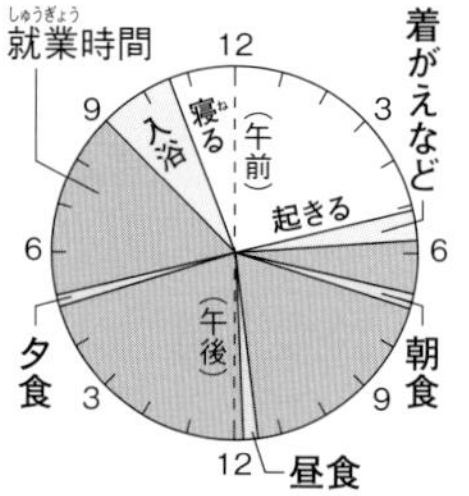

▲せんい工業の女性労働者の一日

▲八幡製鉄所

●**重工業の発達**…1901年，下関条約《しものせきじょうやく》で得《え》た賠償《ばいしょう》金などをもとに，北九州《きたきゅうしゅう》に官営の**八幡製鉄所《やはたせいてつじょ》**がつくられた。これにより鉄の生産がのび，日露戦争のころには重工業での2度目の産業革命が起こった。

▶八幡製鉄所は，近くにある筑豊《ちくほう》炭田からの石炭と，中国から輸入した鉄鉱石をもとに鉄を生産した。

参考

日本の産業革命

次のような特色をもっている。

- 民間に産業をおこすだけの資本《しほん》がなかったので，政府の力で工業化が進められた。
- 富国強兵の方針《ほうしん》にしたがい，まず輸出に有利な製糸・綿工業などの軽工業をさかんにし，続いて強い軍隊をつくるための軍事産業・機械工業(重工業)に力をそそいだ。

社会の変化

●労働者の生活

▶男性の労働者の多くが働いていたのは，鉱山《こうざん》や運《うん》輸業《ゆぎょう》であり，女性と同じように長時間労働に苦しんでいた。日清戦争後には，労働者の権利《けんり》を守るため労働組合が結成されるようになった。

▶労働者に対して，会社を経営《けいえい》する人々を資本家という。中でも三井《みつい》・三菱《みつびし》・安田《やすだ》などの資本家は，日本の経済《けいざい》を支配《しはい》する**財閥《ざいばつ》**に成長していった。

▶戦争のために税金《ぜいきん》が重くなったことなどから，民《みん》衆《しゅう》の生活は苦しくなり，貧富《ひんぷ》の差が拡大《かくだい》した。

●足尾銅山鉱毒事件《あしおどうざんこうどくじけん》…栃木《とちぎ》県の足尾銅山は，明治時代の中ごろには全国の 40％以上の銅を生産していたが，銅山から出されるけむりや，近くの渡良瀬川《わたらせがわ》に流れこむ廃水《はいすい》の有害物質《ぶっしつ》が，周辺の人々に大きな被《ひ》害《がい》をあたえた。地元選出の衆議院《しゅうぎいん》議員・**田中正造《たなかしょうぞう》**は，人々を救おうと議会でうったえた。しかし，納得《なっとく》のいく解決策《かいけつさく》は得られなかったため，議員をやめて，1901 年に，明治天皇《てんのう》に直訴《じきそ》しようと試みた。

●鉄道の発達…明治政府は，交通機関の整備《せいび》にも力を入れ，イギリスから技師《ぎし》を招《まね》いたり，機関車や客車・貨車を輸入して，鉄道の整備を進めた。1889 年には，東京《とうきょう》・大阪《おおさか》・神戸《こうべ》間の東海道《とうかいどう》線が開通した。日露戦争後には，軍事上の理由からおもな路線《ろせん》が国有とされた。

参考

財閥の成長

政府が払い下げた官営工場を引き受けたのは，三井などの財閥だったため，財閥は政府との強い結びつきのもと，発展《はってん》していった。財閥は，工業だけでなく銀行・商社などさまざまな産業に進出した。

用語

足尾銅山鉱毒事件

日本で最初の公害問題とされる。足尾銅山は1973年に閉《へい》山《ざん》された。

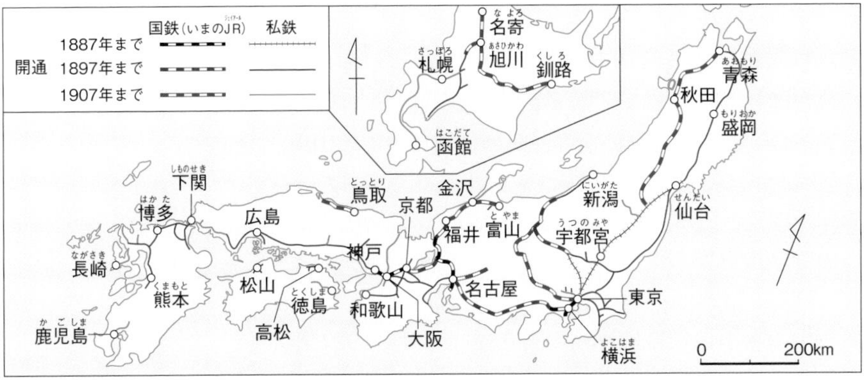

▲鉄道の発達

3 第一次世界大戦と日本の動き

学習のポイント

- 第一次世界大戦の原因《げんいん》と結果を整理しておこう。 ➡p.456
- さまざまな分野で起きた民主主義の風潮《ふうちょう》の高まりを理解《りかい》しよう。 ➡p.458
- 明治《めいじ》・大正《たいしょう》時代の文化を分野別におさえておこう。 ➡p.459

1 第一次世界大戦と日本

第一次世界大戦と国際連盟《こくさいれんめい》

●**大戦の原因**…領土《りょうど》や植民地をめぐって，ドイツ・オーストリアなどの**三国《さんごく》同盟**とイギリス・フランス・ロシアの**三国協商**との対立が深まった。1914年，オーストリアの皇《こう》太子《たいし》がサラエボで暗殺されたことがきっかけとなって，**第一次世界大戦**が始まった。

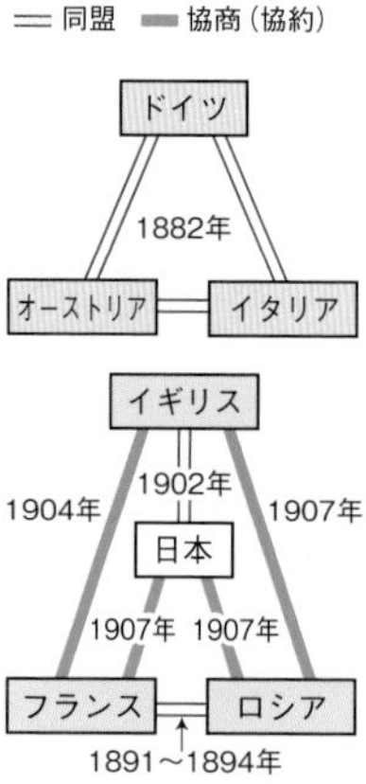

▲第一次世界大戦のころの国際関係

●**戦争の展開《てんかい》**…日本は，日英《にちえい》同盟(➡p.452)を理由に連合国側について参戦した。戦いは長引いたが，アメリカが連合国側について参戦したことで連合国が有利となり，1918年，ドイツは降伏《こうふく》した。

●**パリ講和《こうわ》会議**…1919年，パリで講和会議が開かれ，連合国とドイツとの間で**ベルサイユ条約《じょうやく》**が結ばれた。日本は，旧《きゅう》ドイツ領《りょう》の南洋諸島《なんようしょとう》の権利《けんり》と中国《ちゅうごく》の山東《さんとう》《シャントン》省の旧ドイツの利権を引きつぐことを認《みと》められた。

●**国際《こくさい》連盟と日本**…パリ講和会議でのアメリカの大統《だいとう》領《りょう》**ウィルソン**の提案《ていあん》で，1920年，**国際連盟**がつくられた。日本はその常任理事国《じょうにんりじこく》に選ばれた。

●軍備《ぐんび》の縮小《しゅくしょう》…戦後は軍縮の動きが高まり，1921年から1922年にアメリカのワシントンで，1930年にはイギリスのロンドンで軍縮会議が開かれた。

参考

中国と朝鮮の動き

- 中国…1911年に孫文《そんぶん》を指《し》導《どう》者として辛亥《しんがい》革命が起こって，翌年中華民国《ちゅうかみんこく》が成立し，清が滅《ほろ》んだ。日本が中国での利権を広げようとする動きに反対して，中国では1919年に五《ご》・四《し》運動が起こった。
- 朝鮮《ちょうせん》…1919年に，三《さん》・一《いち》独立運動が起こった。

参考

二十一か条の要求

日本は1915年に中国に対して二十一か条の要求を出して，ドイツの利権をゆずることなどを中国に求めていた。

参考

新渡戸稲造《にとべいなぞう》

国際連盟の事務局《じむきょく》次長。札幌《さっぽろ》農学校出身。キリスト教徒で国際親善《こくさいしんぜん》につくし，アメリカ人の妻《つま》に日本を紹介《しょうかい》するために書いた『武士道《ぶしどう》』はベストセラーになった。

第一次世界大戦と日本経済《けいざい》

●**産業の発達と好景気**…戦場がヨーロッパであったため，日本は損害《そんがい》がほとんどなく，大戦の間に工業がめざましく発達した。輸出《ゆしゅつ》もふえて，これまでにない好景気をむかえ，成《なり》金《きん》とよばれる金持ちも現れた。この好景気によって物価が上昇したため，多くの民衆の生活は苦しくなった。

●**米騒動《こめそうどう》**…日本が，ロシア革命を妨害《ぼうがい》するために**シベリア出兵《しゅっぺい》**を決めると，大商人が米を買いしめたため，米の価格《かかく》が急に高くなった。1918 年，富山《とやま》県魚津《うおづ》の漁村の主婦《しゅふ》たちが米屋を襲《おそ》い，それが新聞で伝えられると各地で米屋・高利《こうり》貸しが民衆《みんしゅう》に襲われた。これを米騒動といい，一部の県をのぞいて全国的に広まった。この責任《せきにん》をとって，当時の寺内正毅内閣《てらうちまさたけないかく》は総辞職《そうじしょく》した。

▲お金を燃《も》やして足元を照らす成金：成金は，とくに鉄と船に関係した人たちが多かった。

●**不景気な世の中**…第一次世界大戦後，ヨーロッパ諸国の産業がしだいに立ち直ると，日本の輸出はへり，品物がだんだん売れなくなって不景気となった。

▶**苦しい国民の生活**…不景気で工場や会社がつぶれ，失業者が増《ふ》え，国民生活は苦しくなった。農村では，凶作《きょうさく》のときは，娘《むすめ》を売って，生活をしのぐ農家もあった。

▶**関東大震災《かんとうだいしんさい》**…1923 年9月1 日，関東地方で大きな地震《じしん》が起こり，東京《とうきょう》・横浜《よこはま》を中心に死者・行方《ゆくえ》不明者 10 万数千人という被害がもたらされた。首都・東京の被害は，景気の悪化に追い打ちをかけた。

●**全国水平社《すいへいしゃ》**…長く差別に苦しんできた人々は，1922 年に全国水平社をつくって，差別をなくす運動を始めた。また，不景気になるにつれて，労働運動が高まり，労働者による全国組織《そしき》ができた。

参考

日本の貿易《ぼうえき》

第一次世界大戦が始まると貿易額《がく》が急増し，大戦中の4年間で，戦前の10年間分の輸出額をあげて，それまでは輸入超過《ちょうか》だったのが輸出超過となった。戦後，ヨーロッパ諸国の産業が復興し，わが国の輸出も輸入もへった。このころから，日本は深刻《しんこく》な不景気となった。

用語

関東大震災

地震が起こったのがお昼どきだったため，火事による被害が大きかった。また，デマが広がり，朝鮮人や社会主義運動家に対する虐殺事件《ぎゃくさつじけん》が起こった。

入試ポイント

第一次世界大戦→**好景気**→物価上昇《ぶっかじょうしょう》→**シベリア出兵**
→米の価格の上昇→**米騒動**→不景気→関東大震災

2 民主主義を求める動き

議会政治《せいじ》の発達

●**護憲《ごけん》運動**…大正《たいしょう》時代になっても，藩閥《はんばつ》政治は続いていた。そこで，**尾崎行雄《おざきゆきお》**や**犬養毅《いぬかいつよし》**らは，政党《せいとう》を中心として，立憲《りっけん》政治を守る護憲運動を始めた。

●**政党内閣《ないかく》の成立**…1918年，米騒動《こめそうどう》の責任《せきにん》をとって辞職《じしょく》した寺内正毅《てらうちまさたけ》内閣にかわり，立憲政友会総裁《りっけんせいゆうかいそうさい》の**原敬《はらたかし》**が内閣総理《そうり》大臣となり，**初めての本格《ほんかく》的政党内閣を組織《そしき》**した。こののち政党の力が強くなり，政党政治が進んだ。

▲尾崎行雄

▲原敬:「平民宰相《へいみんさいしょう》」とよばれ，国民に人気があった。

●**普通《ふつう》選挙運動**…政治に国民の声を反映《はんえい》させるためには，納税額《のうぜいがく》で制限《せいげん》をせずに，すべての国民が選挙権《けん》をもつ普通選挙を実現することが大切であるという考え方が広まった。

▶**普通選挙法**…憲政会《けんせいかい》の**加藤高明《かとうたかあき》**による連立内閣のとき，1925年に普通選挙法が成立し，満25歳《さい》以上のすべての男子に選挙権があたえられた。

▶**普通選挙法の欠点**…女子には，まだ選挙権がなかった。女子に選挙権があたえられたのは，20年後の1945年になってからのことである。

●**平塚《ひらつか》らいてう《(ちょう)》**が，1911年に女性《じょせい》の文学者集団《しゅうだん》である**青鞜社《せいとうしゃ》**をつくり，女性差別からの解放をめざす運動を進めた。悪い労働条件《じょうけん》で働いていた労働者たちは，自分たちの生活を高めるために団結《だんけつ》してストライキなどを起こし，資本家《しほんか》と争うようになった。これを**労働争議**という。1920年には，東京《とうきょう》の上野《うえの》で労働者の祭典であるメーデーが初めて行われた。

●**社会運動の規制《きせい》**…ロシア革命《かくめい》の影響《えいきょう》で共産主義への関心が高まり，社会主義《しゅぎ》の運動や労働運動が高まってきた。政府は，これをとりしまるために，1925年に**治安維持法《ちあんいじほう》**という法律《ほうりつ》を定めた。

参考

民本《みんぽん》主義

第一次世界大戦後は民主主義の風潮《ふうちょう》が広まり，これを，大正デモクラシーといった。吉《よし》野作造《のさくぞう》は，政治は国民の幸福と利益《りえき》のために行わなければならないという「民本主義」を唱え，政党内閣の必要を説いた。

用語

政党内閣

議会で多数をしめる政党の党首が内閣総理大臣となり，多くの大臣を政党出身者がつとめる内閣のこと。日本では1898年に大隈重信《おおくましげのぶ》と板垣退《いたがきたい》助《すけ》がつくった内閣が最初の政党内閣であるが，4か月しか続かず，本格的な政党内閣は，1918年に成立した原敬内閣が最初である。

用語

ロシア革命

1917年に，ロシアで労働者や兵士が帝政《ていせい》をたおした革命。1922年には世界初の社会主義国ソビエト社会主義共和国連邦《れんぽう》(ソ連)が成立した。

3 明治・大正時代の文化

明治時代の文化の発達

●**教育の広まり**…教育に力をそそいできた結果，学問や科学技術がめざましく発展《はってん》した。また，欧米《おうべい》の芸術《げいじゅつ》をとり入れる一方で，日本の伝統《でんとう》文化が深く追究された。

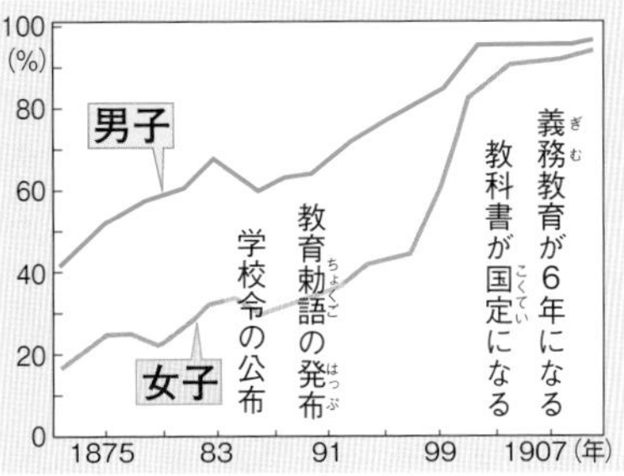

▲義務教育の就学率：明治時代の終わりごろには，ほとんどの子供《こども》が学校へ通っていた。

●**学問**…自然科学や医学の発達がめざましく，**北里柴三郎**《きたさとしばさぶろう》・志賀潔《しがきよし》・**野口英**《のぐちひで》**世**《よ》・長岡半太郎《ながおかはんたろう》ら世界的な学者が出た。

●**近代文学**…西洋の文学がとり入れられ，昔のことば(文語)にかわって，ふだん使っている話しことば(口語)で書かれた作品が多くなった。**樋口**《ひぐち》**一葉**《いちよう》・**夏目漱石**《なつめそうせき》・森鷗外《もりおうがい》・島崎藤村《しまざきとうそん》・**与謝野晶子**《よさのあきこ》などの作品が有名である。

●**美術**《びじゅつ》**と音楽**

▶美術…アメリカ人のフェノロサや岡倉天《おかくらてん》心《しん》によって，古美術の保存《ほぞん》や日本画の復《ふっ》興《こう》が進められた。**横**《よこ》**山大観**《やまたいかん》や狩野芳崖《かのうほうがい》が，新しい日本画をうみ出した。洋画(西洋の油絵)もさかんになり，**黒田清輝**《くろだせいき》が出た。高村光雲《たかむらこううん》は，伝統的な木彫《きぼり》に洋風の彫刻《ちょうこく》をとり入れた。

▲黒田清輝の『読書』

▲高村光雲の『老猿《ろうえん》』

▶音楽…滝廉太郎《たきれんたろう》が洋楽の手法をとり入れて『荒城《こうじょう》の月』などを作曲した。

参考

明治時代の学校教育の方《ほう》**針**《しん》

- 自由主義教育…初めは，イギリスやアメリカにならって，人間の自由や権利を尊《とうと》ぶ自由主義教育が中心であった。
- 国家主義教育へ…大日本帝国憲法の発布《はっぷ》のころから，ドイツ流の国家主義教育に変わっていった。1890年には，天皇《てんのう》を尊び国を愛することを強調した教育勅語《きょういくちょくご》が出された。

自然科学の業績
北里柴三郎《きたさとしばさぶろう》(医学)…ペスト菌《きん》の発見
志賀潔《しがきよし》(医学)……赤痢《せきり》菌の発見
野口英世《のぐちひでよ》(医学)……黄熱病《おうねつびょう》の研究
鈴木梅太郎《すずきうめたろう》(薬学)…ビタミンB_1《ビーワン》の発見
大森房吉《おおもりふさきち》(地球科学)……地震《じしん》の研究
長岡半太郎《ながおかはんたろう》(物理学)…理論物理学《りろんぶつりがく》の研究
文 学 作 品
坪内逍遙《つぼうちしょうよう》……『小説神髄《しんずい》』
森鷗外《もりおうがい》……『舞姫《まいひめ》』『阿部一族《あべいちぞく》』『高瀬舟《たかせぶね》』
夏目漱石《なつめそうせき》……『坊《ぼ》っちゃん』『吾輩《わがはい》は猫《ねこ》である』
島崎藤村《しまざきとうそん》……『若菜集《わかなしゅう》』『破戒《はかい》』『夜明《よあ》け前』
与謝野晶子《よさのあきこ》…『みだれ髪《がみ》』
石川啄木《いしかわたくぼく》……『一握《いちあく》の砂《すな》』
樋口一葉《ひぐちいちよう》……『たけくらべ』
美 術 作 品
菱田春草《ひしだしゅんそう》(日本画)…『落葉《おちば》』『黒き猫《ねこ》』
和田三造《わださんぞう》(洋画)…『南風《なんぷう》』
黒田清輝《くろだせいき》(洋画)…『湖畔《こはん》』『読書《どくしょ》』
高村光雲《たかむらこううん》(彫刻《ちょうこく》)…『老猿《ろうえん》』『西郷隆盛《さいごうたかもり》』
音 楽 の 作 曲
滝廉太郎《たきれんたろう》……『荒城《こうじょう》の月』『花』

▲明治《めいじ》時代の科学者の業績《ぎょうせき》とおもな芸術作品

参考

北里柴三郎

1886年からドイツに留学《りゅうがく》し，病原微生物《びせいぶつ》学者のコッホに学んだ。そしてその留学中に破《は》傷風《しょうふう》の血清療法《けっせいりょうほう》を発見し，世界的な評価《ひょうか》を得た。帰国後は伝染《でんせん》病研究所を設立《せつりつ》し，野口《のぐち》英世《ひでよ》ら多くの学者を育てた。

●大正《たいしょう》時代の文化

- ▶**科学・学問**…本多光太郎《ほんだこうたろう》(KS鋼《ケーエスこう》の発明)や，西田幾多郎《にしだきたろう》(哲学者《てつがくしゃ》で『善《ぜん》の研究』をあらわす)，柳田国男《やなぎだくにお》(民俗学《みんぞくがく》の基礎《きそ》をつくった)らが活躍《かつやく》した。
- ▶**文学**…武者小路実篤《むしゃのこうじさねあつ》・谷崎潤一郎《たにざきじゅんいちろう》・**芥川龍之《あくたがわりゅうの》介《すけ》**(『蜘蛛《くも》の糸』)の小説が人気を集めた。**小林《こばやし》多喜二《たきじ》**らのプロレタリア文学もおこった。
- ▶**大衆《たいしゅう》文化**…国産の映画の制作《せいさく》が始まり，**ラジオ放送**(1925年)が始まった。大衆雑誌《ざっし》が相次いで刊行《かんこう》された。

▲夏目漱石

▲与謝野晶子

▲北里柴三郎

▲野口英世

☑ まとめチェック

知識を整理・確認しよう！

	答え
① 日清《にっしん》・日露《にちろ》戦争と条約《じょうやく》改正，近代産業の発達	①
□ ① 1894 年の朝鮮《ちょうせん》での甲午《こうご》農民戦争をきっかけに起こった，日本と中国《ちゅうごく》の間の戦争を何というか。	① 日清戦争
□ ② 下関《しものせき》条約で日本が清からゆずり受けたが，ロシア・ドイツ・フランスの圧力《あつりょく》で清に返した半島を何というか。	② 遼東《りょうとう》《リャオトン》半島
□ ③ 満州《まんしゅう》に兵を進めたロシアに対抗《たいこう》して，日本が 1902 年に同《どう》盟《めい》を結んだ国はどこか。	③ イギリス
□ ④ 日露戦争の結果結ばれた，韓国《かんこく》での日本の優越権《ゆうえつけん》を認《みと》めるなどの内容の条約を何というか。	④ ポーツマス条約
□ ⑤ 1871 年，条約改正などを目的にヨーロッパやアメリカに派遣《はけん》された使節団《しせつだん》の代表はだれか。	⑤ 岩倉具視《いわくらともみ》
□ ⑥ 日清戦争の直前の 1894 年，外務《がいむ》大臣の陸奥《むつ》宗光《むねみつ》がイギリスとの交渉《こうしょう》で廃止《はいし》した外国の特権は何か。	⑥ 領事裁判権《りょうじさいばんけん》［治外法権《ちがいほうけん》］
□ ⑦ 下関条約で得た賠償金《ばいしょうきん》などをもとに，1901 年，北九州《きたきゅうしゅう》につくられた官営《かんえい》の製鉄所《せいてつじょ》を何というか。	⑦ 八幡《やはた》製鉄所
② 第一次世界大戦と日本の動き	②
□ ① 第一次世界大戦中の 1915 年に，日本が中国におけるドイツの利権をゆずることなどを求めた要求を何というか。	① 二十一か条の要求
□ ② 1920 年につくられた国際組織《こくさいそしき》で，日本は常任理事国《じょうにんりじこく》に選ばれた。この組織を何というか。	② 国際連盟《こくさいれんめい》
□ ③ 米の価格《かかく》が急に高くなったことから, 1918 年, 各地で米屋・高利《こうり》貸しが民衆に襲《おそ》われた。これを何というか。	③ 米騒動《こめそうどう》
□ ④ 1925 年に定められた法律《ほうりつ》により，納税額《のうぜいがく》で制限《せいげん》をしない選挙が実現した。この法律を何というか。	④ 普通《ふつう》選挙法
□ ⑤ 社会主義《しゃかいしゅぎ》の運動や労働運動の高まりをおさえるため，1925 年に定められた法律を何というか。	⑤ 治安維持法《ちあんいじほう》
③ 明治・大正時代の文化	③
□ ①『吾輩《わがはい》は猫《ねこ》である』などの小説で，文明をするどく批評《ひひょう》した小説家はだれか。	① 夏目漱石
□ ② アメリカ人のフェノロサとともに，古美術《こびじゅつ》の保存《ほぞん》や日本画の復興《ふっこう》を進めたのはだれか。	② 岡倉天心《おかくらてんしん》
□ ③ 1925 年に放送が始まった新しいメディアは何か。	③ ラジオ

力だめしの問題 入試標準レベル

解答➡p.636

1 次の問いに答えなさい。

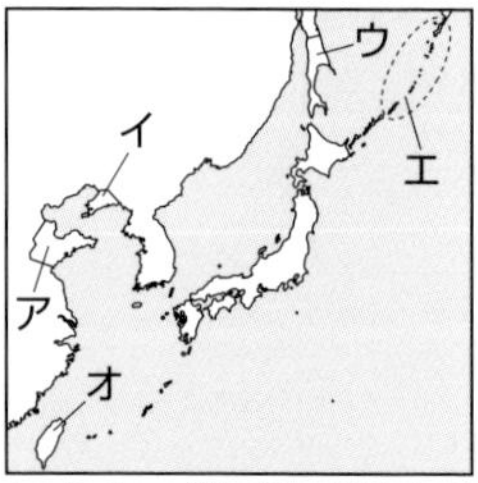

(1) 下関条約《しものせきじょうやく》で日本が獲得《かくとく》した領土《りょうど》のうち，次の説明が示《しめ》している場所は地図中のどこにあたりますか。ア～オから1つずつ選び，記号で答えなさい。【市川中・改】

①日本が1945年まで統治《とうち》した。 (　　)
②三国干渉《さんごくかんしょう》を受けて清に返還《へんかん》された。 (　　)

(2) 岩倉使節団《いわくらしせつだん》として派遣《はけん》されず国内に残った人物を，次から1つ選び，記号で答えなさい。【巣鴨中】 (　　)

ア　木戸孝允《きどたかよし》　イ　西郷隆盛《さいごうたかもり》　ウ　伊藤博文《いとうひろぶみ》　エ　大久保利通《おおくぼとしみち》

(3) 日本の条約改正交渉《こうしょう》について述《の》べた文として正しいものを，次から1つ選び，記号で答えなさい。【麗澤中】 (　　)

ア　伊藤博文はイギリスと交渉し，領事裁判権《りょうじさいばんけん》(治外法権《ちがいほうけん》)をなくすことに成功した。
イ　陸奥宗光《むつむねみつ》はアメリカと交渉し，関税自主権の回復《かいふく》に成功した。
ウ　井上馨《いのうえかおる》は鹿鳴館《ろくめいかん》を建て，欧化政策《おうかせいさく》をはかりながら改正交渉を行った。
エ　大久保利通を団長とする使節団が欧米《おうべい》に派遣されたが，条約改正はならなかった。

(4) 次の文のうちに正しいものが3つあります。正しい文を選び，記号で答えなさい。【芝浦工大柏中】 (　　)(　　)(　　)

ア　国会開設《かいせつ》が約束されたので，大隈重信《おおくましげのぶ》は立憲改進党《りっけんかいしんとう》を結成した。
イ　日清《にっしん》戦争の賠償金《ばいしょうきん》をもとに，九州《きゅうしゅう》に八幡製鉄所《やはたせいてつじょ》が建設《けんせつ》された。
ウ　徴兵令《ちょうへいれい》により，20歳《さい》以上の男子のうち希望者が軍隊に入ることが定められていた。
エ　最初の衆議院《しゅうぎいん》議員の選挙では，25歳以上のすべての男子に選挙権が認《みと》められていた。
オ　西郷隆盛や大久保利通は，武力で朝鮮《ちょうせん》を開国させる征韓論《せいかんろん》を主張《しゅちょう》したが，反対されたため，政府から退《しりぞ》いた。
カ　立憲政友会《りっけんせいゆうかい》の原敬《はらたかし》が内閣総理《ないかくそうり》大臣となり，本格的《ほんかくてき》な政党《せいとう》内閣を組織《そしき》した。

(5) 日露《にちろ》戦争の講和《こうわ》会議によって結ばれた条約を，次から1つ選び，記号で答えなさい。【佼成学園中】 (　　)

ア　ベルサイユ条約　イ　ポーツマス条約
ウ　下関条約　エ　天津《てんしん》条約

2 次の問いに答えなさい。

(1) 近代的な産業の発展《はってん》についての説明として誤《あやま》っているものを，次から1つ選び，記号で答えなさい。【世田谷学園中】　(　　)

ア　近代技術《ぎじゅつ》を広めるために，栃木《とちぎ》県に富岡製糸場《とみおかせいしじょう》がつくられた。

イ　日清戦争後，北九州《きたきゅうしゅう》に八幡製鉄所《やはたせいてつじょ》がつくられた。

ウ　第一次世界大戦によって造船業《ぞうせんぎょう》が発達し，成金《なりきん》が現れた。

エ　産業が発展する中で，足尾銅山鉱毒事件《あしおどうざんこうどくじけん》のような公害が発生した。

(2) 第一次世界大戦が終わり，結ばれた条約を次から1つ選び，記号で答えなさい。

【佼成学園中】　(　　)

ア　南京《ナンキン》条約　　イ　樺太《からふと》・千島交換《ちしまこうかん》条約

ウ　ベルサイユ条約　　エ　サンフランシスコ平和条約

(3) 右の資料を読んで，次の問いに答えなさい。

【城西川越中】

> 民本主義という文字は，日本語ではきわめて新しい用例である。今までは民主主義ということばで普通に唱えられていたようだ。場合によって，民衆主義とか平民《へいみん》主義とかよばれたこともある。

①民本《みんぽん》主義を唱えた人物はだれか答えなさい。　(　　　　)

②下線部に関して，普通選挙運動が高まる中で，1925年に普通選挙法を定めたときの内閣総理大臣として，適当なものを次から1つ選び，記号で答えなさい。

(　　)

ア　原敬　　イ　加藤高明《かとうたかあき》　　ウ　犬養毅《いぬかいつよし》　　エ　東条英機《とうじょうひでき》

③②の内閣総理大臣のときに定められた法律《ほうりつ》として，適当《てきとう》なものを次から1つ選び，記号で答えなさい。　(　　)

ア　国家総動員法《そうどういんほう》　　イ　治安警察法《ちあんけいさつほう》

ウ　徴兵令　　エ　治安維持法《いじほう》

(4) 明治《めいじ》時代に積極的に西洋音楽をとり入れようとするなかで，ヨーロッパにわたり西洋音楽を学んだ日本人を，次から1つ選び，記号で答えなさい。

【渋谷教育学園渋谷中】　(　　)

ア　森鷗外《もりおうがい》　　イ　滝廉太郎《たきれんたろう》　　ウ　北里柴三郎《きたさとしばさぶろう》　　エ　野口英世《のぐちひでよ》

(5) 明治・大正《たいしょう》期の文豪《ぶんごう》と作品名の組み合わせとして正しいものを次から選び，記号で答えなさい。【十文字中】　(　　)

ア　夏目漱石《なつめそうせき》－坊《ぼ》っちゃん　芥川龍之介《あくたがわりゅうのすけ》－銀河《ぎんが》鉄道の夜

イ　夏目漱石－坊っちゃん　芥川龍之介－蜘蛛《くも》の糸

ウ　夏目漱石－蜘蛛の糸　芥川龍之介－坊っちゃん

エ　夏目漱石－蜘蛛の糸　芥川龍之介－銀河鉄道の夜

チャレンジ問題 入試発展レベル

解答➡p.637

★は最高レベル

1 次の問いに答えなさい。

(1) 寛政《かんせい》の改革《かいかく》から幕末《ばくまつ》にかけての次の外交関係のできごとを古い順に並《なら》べて，3番目にあたるものを1つ選び，記号で答えなさい。【東京都市大付中】 (　　)

ア　ロシアのラクスマンが根室《ねむろ》に来航《らいこう》し開国と通商を求めた。

イ　江戸幕府《えどばくふ》が異国船打払令《いこくせんうちはらいれい》を出した。

ウ　ロシアのレザノフが長崎《ながさき》に来航し開国と通商を求めた。

エ　モリソン号事件《じけん》が発生した。

(2) 右の文を読んで，次の問いに答えなさい。【学習院中等科・改】

> 江戸幕府はあいつぐ外国船の来航に対して，1825年，[a]令を出して外国船の撃退《げきたい》を命じました。1853年，アメリカの使節である[b]が浦賀《うらが》に来航し，開国を強く要求すると，幕府はこれを拒否《きょひ》することができず，翌年《よくねん》，[c]条約を結ぶことになりました。1858年，大老《たいろう》の[d]は朝廷《ちょうてい》の許《ゆる》しのないまま，アメリカの外交官の[e]との間に[f]条約を結びました。

①a～fにあてはまることばを答えなさい。

a (　　　　)
b (　　　　)
c (　　　　)
d (　　　　)
e (　　　　)
f (　　　　)

②[c]条約《じょうやく》について，この条約の内容《ないよう》に関する説明として誤《あやま》っているものを，次から1つ選び，記号で答えなさい。 (　　)

ア　難破《なんぱ》船の乗組員を救助する。　　イ　下田《しもだ》にアメリカ領事を置く。

ウ　神奈川《かながわ》(のち横浜《よこはま》)・函館《はこだて》を開港する。

エ　燃料《ねんりょう》や食料を供給《きょうきゅう》する。

③[f]条約は日本に関税自主権《かんぜいじしゅけん》を認《みと》めていなかったことから，不平等条約とされていました。では，関税自主権がないことで日本はどのような影響《えいきょう》を受けるのでしょうか。35字以内で説明しなさい。

(　　　　　　　　　　　　　　　　　　　　)

★(3) 開国後の貿易《ぼうえき》について，右の表は，1867年の函館港，横浜港，長崎港で取り引きされた主要輸出品《ゆしゅつひん》の輸出額《がく》の順位を表したものです。このうちイはどの港か，答えなさい。【栄光学園中】

	第1位	第2位	第3位
ア	生糸《きいと》類	蚕卵紙《さんらんし》	茶
イ	茶	石炭	人参《にんじん》
ウ	こんぶ	蚕卵紙	乾燥《かんそう》ナマコ

(石井孝『幕末貿易史の研究』による)

(　　　　)

2 次の問いに答えなさい。

⑴ 蒸気《じょうき》機関を用いた蒸気船でアメリカのペリーが来航し，これをきっかけに日本は開国しました。その後，1858年に結ばれたある条約によりさらにいくつかの場所が開港されました。この条約で決められた開港地を右の地図の**ア**～**オ**からすべて選び，記号で答えなさい。【富士見中】

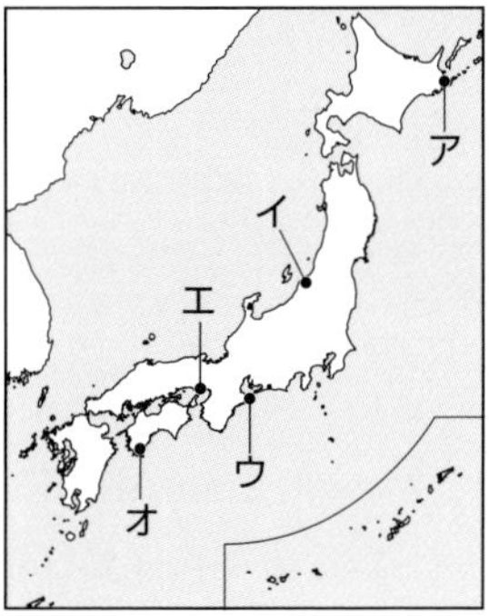

（　　　　　）

⑵ 次のできごとを古い順に並べなさい。【慶應中等部】

（　　→　　→　　→　　）

ア　薩長同盟《さっちょうどうめい》の締結《ていけつ》　　**イ**　大政奉還《たいせいほうかん》
ウ　生麦事件《なまむぎじけん》　　**エ**　日米修好通商条約《にちべいしゅうこうつうしょうじょうやく》の調印

⑶ 日米修好通商条約について，次の問いに答えなさい。【浦和実業学園中・改】

①貿易が始まると日本の国内はどのような影響をうけましたか，次から1つ選び，記号で答えなさい。（　　）

ア　生糸や茶を中心に麦やだいずなども輸出が増加し，日本の経済《けいざい》は大いに発展《はってん》した。

イ　貿易によって安い綿織物《めんおりもの》が輸入されたので，外国製品《せいひん》との競争によって日本の綿織物業も発展をとげた。

ウ　外国の安い綿織物の輸入で国内の綿織物業はおとろえ，さらに生糸《きいと》も品不足となったため，絹《きぬ》織物業もふるわなくなった。

エ　外国製品の大量輸入で国内には品物があふれて物価《ぶっか》は下がり，国産品が売れなくなったので各地で「世直し」一揆《いっき》が起こった。

②第4条は日本の□□□□□を認めていないことで不平等であるといわれ，①の影響にも関連があります。□□□□□にあてはまる語句を漢字5字で答えなさい。（　　　　　）

③第6条の不平等が改正されるのは1894年のことですが，これを成功させた外務《がいむ》大臣はだれですか，漢字で答えなさい。（　　　　　）

⑷ 1868年に明治天皇《めいじてんのう》の名のもとで五箇条《ごかじょう》の御誓文《ごせいもん》が出されました。その内容《ないよう》としてあきらかに誤っているものを，次から1つ選び，記号で答えなさい。【開成中】

ア　政治は会議を開いて，みんなの意見を聞いて決めよう。（　　）
イ　国民が心を合わせ，国の勢《いきお》いをさかんにしよう。
ウ　憲法《けんぽう》をつくって，これまでのよくないしきたりを改めよう。
エ　知識《ちしき》を世界から学んで，天皇中心の国家をさかんにしよう。

3 次の問いに答えなさい。

⑴ 明治政府《めいじせいふ》が太陽暦《たいようれき》を採用《さいよう》した時期を，右の年表中のア～エから1つ選び，記号で答えなさい。【鷗友学園女子中】　（　　）

ア
廃藩《はいはん》置県が行われる
イ
西南戦争が始まる
ウ
第1回衆議院議員総選挙が行われる
エ

⑵ 学制《がくせい》や徴兵令《ちょうへいれい》を説明した文として誤《あやま》っているものを，次から1つ選び，記号で答えなさい。【青山学院横浜英和中】　（　　）

ア　1872年の学制により，満6歳《さい》以上の子《こ》供《ども》を小学校に通わせることになった。

イ　学制制定《せいてい》後の1886年，学校令が発布《はっぷ》され，義務《ぎむ》教育は4年間になった。

ウ　1873年の徴兵令により，満20歳以上の男女が兵役につくことになった。

エ　徴兵令発布後の1877年，不平士族《しぞく》の最後の反乱《はんらん》である西南《せいなん》戦争が起こった。

★⑶ 1873年に行われた税制改革《ぜいせいかいかく》について，次のAとBの資料《しりょう》を見て，この税制改革の名前を答え，改革の目的と税のおさめ方がどのように変化したかについて説明しなさい。【中央大附横浜中】

A 江戸時代の年貢の納入の様子

B この改革で土地をもっている人にわたされた証明書

地券

豊前国上毛郡下河内村
同村
持主　鶴　才四郎
一　耕地二畝《せ》七歩《ぶ》
耕地の金額　一円七十二銭《せん》四厘《りん》
耕地の金額の三%　金五銭二厘を
地租として納めなさい
以上について検査したので
この地券を与《あた》える
明治七年十月三十一日
小倉県知事　小幡高政

名前（　　　　）

説明（　　　　）

⑷ 日本は江戸《えど》時代から明治時代に大きな変化をとげました。どのようなことを目標(スローガン)にかかげてその変化をおし進めましたか。次の【使用語句】を一度は必ず用いて30字以内で説明しなさい。なお，句読点《くとうてん》も1文字とします。【関東学院中】

【使用語句】欧米《おうべい》　殖産興業《しょくさんこうぎょう》

（　　　　）

⑸ 岩倉使節団《いわくらしせつだん》に加わった人物のうち，初代内務卿《ないむきょう》として新政府の基礎《きそ》を固めることに尽力《じんりょく》したものの，新政府に不満をもつ士族によって暗殺された人物はだれですか。次から1つ選び，記号で答えなさい。【東京純心女子中】　（　　）

ア　岩倉具視《ともみ》　イ　板垣退助《いたがきたいすけ》　ウ　伊藤博文《いとうひろぶみ》　エ　大久保利通《おおくぼとしみち》

4 次の問いに答えなさい。

⑴ 明治政府が学校制度をつくったころは,文明開化政策が進んでいました。右の絵の中からうかがえる, 文明開化の具体例を2つ答えなさい。【桐朋中】

(　　　　　　　)(　　　　　　　)

⑵ 明治維新《いしん》以降《いこう》, 日本が初めて対等な条約《じょうやく》を結んだのが中国《ちゅうごく》でした。それから5年後, 朝鮮《ちょうせん》と日朝修好条規《にっちょうしゅうこうじょうき》とよばれる条約を結びました。右の資料はその一部です。この条文は, 中国が朝鮮の政治や外交を管理する権限《けんげん》をもつ関係を否定《ひてい》したとされています。日本がこの条約を結んだ目的を簡潔《かんけつ》に述《の》べなさい。【駒場東邦中】

> 朝鮮国は自主の邦《くに》(独立《どくりつ》の国)であり, 日本国と平等の権利をもっている。

(　　　　　　　　　　　　　　　　　　　　　)

⑶ 日本は明治時代以降, 近代国家建設《けんせつ》のために, 欧米諸国《しょこく》の知識《ちしき》や技術《ぎじゅつ》をとり入れてきました。このうち, ドイツ(プロイセン)の影響《えいきょう》を受けて日本でつくられたものとして正しいものを, 次から選び, 記号で答えなさい。【吉祥女子中】

ア　新橋《しんばし》－横浜間で開通した鉄道の車両　　(　　)

イ　民営《みんえい》の八幡製鉄所《やはたせいてつじょ》　　ウ　6・3・3・4制《せい》の学校制度

エ　天皇《てんのう》が国民にあたえる形で発布《はっぷ》した大日本帝国憲法《けんぽう》

⑷ 帝国議会発足の時期を, 右の年表中のア～エから1つ選び, 記号で答えなさい。【自修館中等教育学校】

(　　)

> ↑ア
> 民撰議院設立の建白書が出される
> ↕イ
> 伊藤博文が初代内閣総理大臣となる
> ↕ウ
> 25歳以上のすべての男子が選挙権をもつようになる
> ↓エ

⑸ 右の図は, 大日本帝国憲法のもとでの国のしくみを表したものです。軍隊は, 図中の**a**～**c**のどこに位置づけられていましたか。記号で答えなさい。

【フェリス女学院中】

(　　)

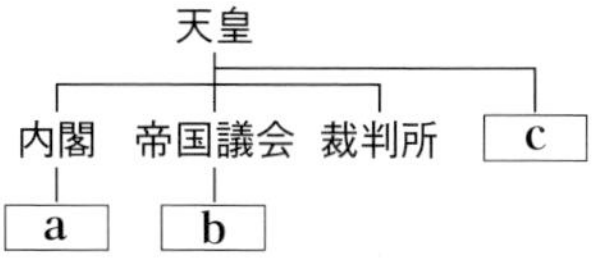

5 次の問いに答えなさい。

(1) 明治《めいじ》時代に起きた2つの戦争に関してまとめた右の表をふまえて，日露《にちろ》戦争に勝利したにもかかわらず，日本国民の不満が高まった理由として考えられることを説明しなさい。

	死者	戦費	賠償金《ばいしょうきん》
日清戦争	約1.4万人	約2.3億円	約3.1億円
日露戦争	約8.5万人	約18.3億円	0円

（「日本長期統計総覧」より作成）

【逗子開成中】

(　　　　　　　　　　　　　　　　　　　　　　　　　　　　)

(2) 日清《にっしん》戦争・日露戦争前後にかけて，日本の近代産業は発展《はってん》していきました。それについて述《の》べた次の文の中で，誤《あやま》っているものを1つ選び，記号で答えなさい。【早稲田中】　(　　　)

ア　日清戦争後，北九州《きたきゅうしゅう》に近代的な設備《せつび》をもつ八幡製鉄所《やはたせいてつじょ》がつくられた。

イ　衆議院《しゅうぎいん》議員の田中正造《たなかしょうぞう》は，足尾銅山《あしおどうざん》から流された鉱毒《こうどく》からの救済《きゅうさい》を国会でうったえた。

ウ　日露戦争後には，日本の綿糸《めんし》の輸出量《ゆしゅつりょう》が世界第1位になった。

エ　日露戦争後には，造船《ぞうせん》や機械などの重工業が発達した。

(3) 次の文は第一次世界大戦での日本の行動について述べたものです。文中の空《くう》欄《らん》にあてはまる語をそれぞれ答えなさい。【芝中】

X(　　　　　　)　Y(　　　　　　)

日本は日英同盟《にちえいどうめい》を理由として第一次世界大戦に参戦し，中国《ちゅうごく》にあるドイツの勢力圏《せいりょくけん》に侵攻《しんこう》し，その権益《けんえき》をドイツからとり上げた。翌年《よくねん》，日本は中国政《せい》府《ふ》にその権益の継承《けいしょう》などを認《みと》めさせる［X］を提示《ていじ》し，その大部分を中国政《せい》府《ふ》に認めさせた。世界大戦の終結後，ドイツの戦後処理《しょり》について定めた［Y］条約《じょうやく》の中で，日本は中国にある旧《きゅう》ドイツの権益の継承を欧米諸国《おうべいしょこく》からも認められた。

(4) 明治時代の文化に関する説明として正しいものを，次から1つ選び，記号で答えなさい。【江戸川学園取手中】　(　　　)

ア　ラジオ放送が始まり，日本放送協会が設立《せつりつ》された。

イ　社会主義《しゃかいしゅぎ》の影響《えいきょう》を受けたプロレタリア文学が現れた。

ウ　ドイツに留学《りゅうがく》した滝廉太郎《たきれんたろう》が「荒城《こうじょう》の月」を作曲した。

エ　湯川秀樹《ゆかわひでき》が日本人で初めてノーベル賞を受賞した。

第4章 現代の日本

1 新しい日本の始まり

学習のポイント

●軍国主義の高まりと敗戦までの流れをおさえているか。 ➡p.469
●占領《せんりょう》下《か》で行われた民主化政策《せいさく》の内容《ないよう》を理解《りかい》しているか。 ➡p.472
●国際《こくさい》関係の変化と日本の独立《どくりつ》を関連づけてとらえているか。 ➡p.475

1 第二次世界大戦と日本

軍国主義《しゅぎ》の発展《はってん》

●**世界恐慌《せかいきょうこう》**…昭和《しょうわ》時代(1926年～)になると，第一次世界大戦後の不景気は，銀行が倒産《とうさん》するなど金融《きんゆう》恐慌へと発展し，さらに1929年にはアメリカで始まった**世界恐慌**が日本にもおしよせてきた。政党への不信が高まる中，国民の一部や軍人の中に軍国主義の考えが強まり，強力な軍事政権をつくろうと考えるようになった。

●**満州事変《まんしゅうじへん》**…軍部は「満州は日本の生命線」と宣伝《せんでん》し，満州への進出を試みた。1931年，満州の柳条湖《りゅうじょうこ》《リウティアオフー》付近で南満州鉄道を爆破《ばくは》した日本軍は，これを中国軍のしわざとして，中国軍を攻撃《こうげき》した。これをきっかけに日本は満州を占領した。翌1932年，日本は**満州国**をつくり，中国から独立《どくりつ》させた。

●**国際連盟《こくさいれんめい》の脱退《だったい》**…中国は，日本の満州での行動を侵《しん》略《りゃく》だと国際連盟にうったえた。国際連盟は，リットンを団長《だんちょう》とする調査団《ちょうさだん》を満州に送り，実情《じつじょう》を調べさせた結果，満州国を認めなかったため，日本は，これを不服として1933年に国際連盟を脱退した。

●**日中戦争**…満州事変のあと，国内では軍部が勢力《せいりょく》を増《ま》し，軍人の内閣がつくられることが多くなった。満州に勢力をのばした日本軍は，1937年，北京《ペキン》近くで

参考

財閥と政党

明治時代から，政府の保護《ほご》をうけた財閥は，銀行や会社をつくって日本の経済を支配《しはい》した。財閥は政党政治が始まると，政党にたくさんのお金を献金《けんきん》して，政治上の利益を得た。

参考

軍人の横暴《おうぼう》

満州事変以後，軍人が政治家を殺す事件が続いた。

- 五《ご》・一五《いちご》事件…1932年5月15日，海軍の青年将校《しょうこう》らが総理《そうり》大臣の犬養毅《いぬかいつよし》を殺した。その結果，政党政治は終わった。
- 二《に》・二六《にろく》事件…1936年2月26日，陸軍の青年将校らが，総理大臣や新聞社を襲《おそ》って東京《とうきょう》の中心部を占領した。この結果，軍部の力はいっそう強まった。

中国軍と衝突《しょうとつ》して盧溝橋《ろこうきょう》《ルーコウチアオ》事件《じけん》が起こった。これをきっかけに，日中戦争が始まった。

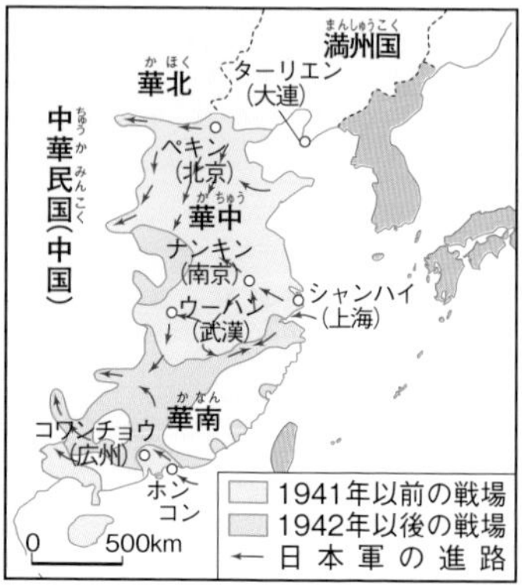

▲日中戦争の戦場：戦いは華北《かほく》から華中《かちゅう》・華《か》南《なん》へと広がった。

戦争の広がり

●**第二次世界大戦**…中国《ちゅうごく》で満州事変が起こったころ，ヨーロッパではナチスをひきいる**ヒトラー**がドイツに現れ，イタリアと結んで勢力《せいりょく》をのばした。1939年，ドイツがポーランドに侵攻《しんこう》すると，ポーランドと同盟《どうめい》を結んでいたイギリス・フランスなどの連合国と戦争が起こった。日本は翌年《よくねん》，ドイツ・イタリアと軍事同盟(**日独伊三国《にちどくいさんごく》同盟**)を結んだ。

●**太平洋《たいへいよう》戦争**…日本とアメリカとの関係は一段《いちだん》と悪化していった。アメリカが日本への石油の輸出《ゆしゅつ》を禁止《きんし》すると，追いつめられた**東条英機《とうじょうひでき》**内閣《ないかく》はアメリカとの戦争を決定した。1941年12月8日，日本軍はハワイの真珠湾《しんじゅわん》でアメリカ軍を攻撃《こうげき》するのと同時に，イギリス領のマレー半島に上陸し，アメリカ・イギリス・フランス・オランダなどを中心とする連合国側の国と開戦した。第二次世界大戦のうち，日本を中心とする太平洋方面の戦いを，太平洋戦争という。

参考

太平洋戦争の流れ

日本は東南アジアから南太平洋方面まで戦線を広げたが，石油などの資源《しげん》にとぼしく，戦いが長びくと勢いがおとろえた。アメリカとのミッドウェー海戦後は各地で敗戦が続き，やがて，国内の工業地帯や大都市などが空襲《くうしゅう》され，戦力を失っていった。

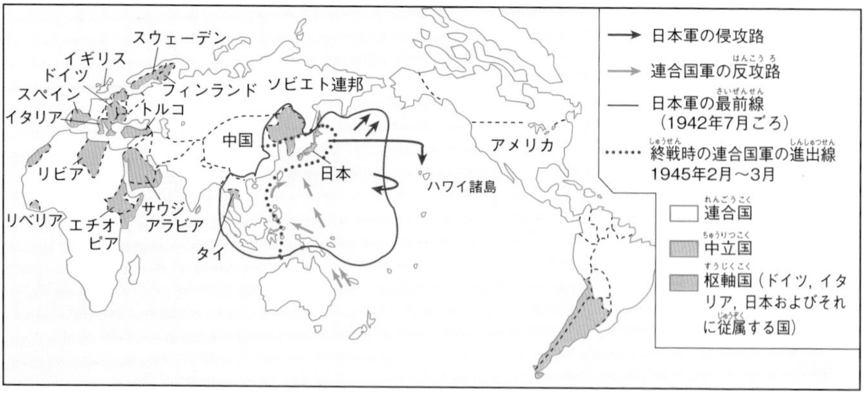

▲第二次世界大戦ごろの世界と太平洋戦争の戦場

入試ポイント

深刻な不景気 政党政治への不信	➡	軍部の進出	➡	満州事変《まんしゅうじへん》・日中《にっちゅう》戦争 太平洋戦争

戦争と国民生活

●日中戦争から太平洋戦争終結まで8年もの間戦争は続き，国民はアメリカやイギリスへの敵意《てきい》を強める一方，苦しい生活にたえた。

▲集団疎開の様子

▲学徒出陣で戦場へかり出される学生たち

●**配給制《はいきゅうせい》**…長びく戦争で物が不足し，米や衣料などの日用品の多くが配給制となり，思うように手に入らなくなった。「ほしがりません，勝つまでは」「ぜいたくは敵《てき》だ」を合いことばに，戦争に協力しなければならないという風潮《ふうちょう》が広がった。

●**学徒出陣《しゅつじん》**…兵士が不足して,学生も戦場へ動員された。

●**勤労《きんろう》動員**…働き手が減《へ》ったので中学生や女子学生は軍需《ぐんじゅ》工場や農村へ動員されて働いた。

●**集団《しゅうだん》疎《そ》開《かい》**…1944年には，東京《とうきょう》や大阪《おおさか》など主要都市が空襲されるようになり，大都市の小学生は危険《きけん》を避《さ》けるため，親と離《はな》れて，先生たちと地方へ集団疎開させられ，寺などで生活した。

太平洋戦争の終わり

●日本軍は東南アジアの多くを占領《せんりょう》したが，1942年のミッドウェー海戦でアメリカ軍に敗れたことをきっかけに勢いを失った。

●日本と同盟を結んでいた国のうち，1943年にイタリアが，1945年5月にドイツが降伏《こうふく》したため，日本は孤立《こりつ》した。

●**沖縄戦《おきなわせん》**…1945年3月にはアメリカ軍が沖縄に上陸し，約20万人もの死者を出した末，6月に沖縄は占領された。

●**原子爆弾《げんしばくだん》**…8月6日には広島《ひろしま》，8月9日には長崎《ながさき》に原子爆弾(原爆《げんばく》)が落とされた。

●**ポツダム宣言《せんげん》**…8月8日，ソ連も日本に宣戦してきて，満州《まんしゅう》や樺太《からふと》は占領された。ついに日本は，ポツダム宣言を受け入れ，8月15日に降伏を発表した。

参考

国民の統制《とうせい》

- 政党《せいとう》はすべて解散《かいさん》し，戦争に協力するための大政翼賛《たいせいよくさん》会《かい》がつくられた。
- 住民どうしの助け合いや監《かん》視《し》を目的とする隣組《となりぐみ》がつくられた。
- 政府は新聞やラジオの情報を統制《とうせい》して，戦況《せんきょう》が不利になっても正しい情報《じょうほう》を伝えなかった。

用語

原子爆弾

原子の核分裂《かくぶんれつ》のときの力を利用した爆弾《ばくだん》。大きなエネルギーが一気に発生し，強力な熱と光が出る。広島では推計《すいけい》約14万人，長崎では約7万人が，1945年末までに亡《な》くなったとされる。

用語

ポツダム宣言

1945年7月，アメリカ・イギリス・ソ連の代表者がドイツのポツダムに集まり，降伏したドイツの管理や日本の問題について相談し，アメリカ・イギリス・中国の名前で発表した宣言をポツダム宣言という。宣言には，日本の無条件降伏や，日本政府は国民の民主主義の傾向《けいこう》を復活させることなどがもりこまれた。

2 新しい日本の出発

連合国の占領《せんりょう》

●**マッカーサーの来日**…日本がポツダム宣言《せんげん》を受け入れて降《こう》伏《ふく》すると，アメリカの**マッカーサー**を最高司令官とする連合国軍が日本を占領した。東京《とうきょう》には**連合国軍最高司令官《さいこうしれいかん》総司令部《そうしれいぶ》(GHQ《ジーエイチキュー》)**が置かれ，日本の民主化のさまざまな改革《かいかく》を進めた。

▲マッカーサー

●**戦犯《せんぱん》の処罰《しょばつ》**…まず軍隊はすべて解散《かいさん》させられた。続いて**極東国際軍事裁判《きょくとうこくさいぐんじさいばん》(東京裁判)**が開かれ，戦争中の指導《しどう》的な軍人や政治家が「平和に対する罪《つみ》」などで有罪《ゆうざい》とされ，処罰《しょばつ》された。戦争中に重要な地位にあった人々は，公職から追放された。

●**苦しい生活**…連合国軍は，日本の軍国主義《しゅぎ》をとりのぞき，民主化を進めた。しかし，戦争直後は物が不足し，物価《ぶっか》が急上昇《じょうしょう》したため，人々の生活は苦しいものとなった。

▶人々は食料を求めて，都市から農村へ買い出しに出て，着るものなどを売って食料を得た。

▲買い出し列車

▶政府が指定した価格《かかく》以外で品物の売り買いをする闇市《やみいち》が広がった。

▶帰国した兵士や植民地などからの引きあげ者をはじめ，仕事のない人々がまちにあふれた。

▶都市では空襲《くうしゅう》で多くの家が焼けたため，多くの人が間借《まが》りをしてくらしていた。

▶戦争末期の満州《まんしゅう》や樺太《からふと》で，多くの人々がソ連軍の捕虜《ほりょ》となり，シベリアへ送られて強制《きょうせい》労働をさせられた。

参考

アメリカによる占領

沖縄《おきなわ》と奄美群島《あまみぐんとう》，小笠原諸島《おがさわらしょとう》はアメリカの軍政《ぐんせい》下におかれた。奄美群島は1953年，小笠原諸島は1968年，沖縄は1972年にそれぞれ返還《へんかん》された。

参考

シベリア抑留《よくりゅう》

日本軍捕虜など約57万5000人が，シベリアなどソ連各地に連行された。捕虜は強制労働を課せられ，寒さと飢《う》えで5万人以上が亡《な》くなったとされる。

戦後の改革

●日本政府は，連合国軍最高司令官総司令部の指令を受けて諸《しょ》改革を進め，日本は民主主義の国としてうまれ変わった。

●政治の民主化

▶**女性参政権《じょせいさんせいけん》**…選挙権は満20歳《さい》以上のすべての男女にあたえられた。女性も政治に参加することができるようになり，女性国会議員も誕生《たんじょう》した。

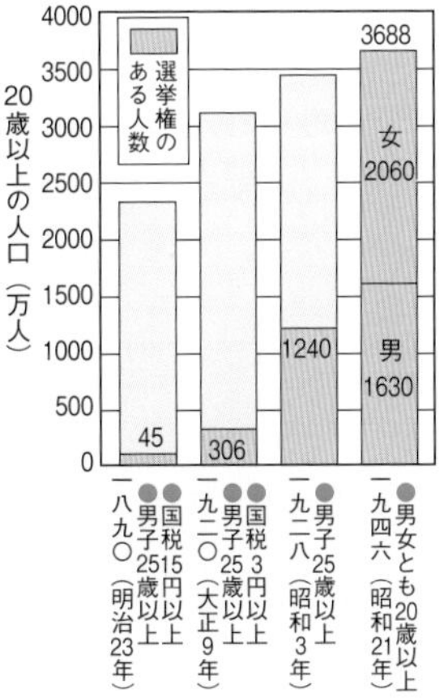

▲選挙権の広がり：グラフ下の性別《せいべつ》・年齢《ねんれい》・税金《ぜいきん》は，選挙権のある人の資《し》格《かく》を表す（現在《げんざい》は満18歳以上）。1946年の選挙は，女性に参政権があたえられて初めての選挙となった。

▶**政党《せいとう》の復活《ふっかつ》**…言《げん》論《ろん》・出版《しゅっぱん》・集会の自由が認《みと》められ，政党政治が復活した。また，治安維《ちあんい》持《じ》法は廃止《はいし》され，自由に政治活動をすることができるようになった。

▶**日本国憲法《けんぽう》の制定《せいてい》**…1946年11月3日公布《こうふ》。**国民主権・平和主義・基本《きほん》的人権の尊重《そんちょう》**の3つを柱とする日本国憲法が制定され，翌《よく》1947年5月3日から施行《しこう》された。

▶**国会の民主化**…国会は衆議院《しゅうぎいん》と参議院《さんぎいん》の二院制《にいんせい》となった。貴族院《きぞくいん》はなくなり，国会議員はすべて国民の投票で選ばれるようになった。

参考

大日本帝国憲法の改正により成立した日本国憲法

日本国憲法の草案は，枢密院《すうみついん》の審査《しんさ》と可決《かけつ》を経《へ》て，帝国議会に提出《ていしゅつ》され，貴族院・衆議院の両方で一部修正《しゅうせい》のうえ可決された。このときはすでに，男女平等の普通《ふつう》選挙による衆議院議員選挙が行われた後だったので，新しい衆議院議員をふくむ国会で憲法改正が可決された。

史料「あたらしい憲法のはなし」

国をおさめてゆく力のことを「主権」といいますが，この力が国民ぜんたいにあれば，これを「主権は国民にある」といいます。こんどの憲法は，いま申しましたように，民主主義を根本の考えとしていますから，主権は，とうぜん日本国民にあるわけです。そこで前文の中にも，また憲法の第1条《じょう》にも，「主権が国民に存《そん》する」とはっきりかいてあるのです。主権が国民にあることを，「主権在民《ざいみん》」といいます。あたらしい憲法は，主権在民という考えでできていますから，主権在民主義の憲法であるということになるのです。

（1947年 文部省《もんぶしょう》 中学1年生用教科書）

●経済《けいざい》・社会の民主化

▶**財閥解体《ざいばつかいたい》**…戦前に，日本経済を支配《しはい》し，政治《せいじ》までも動かしていた三井《みつい》・三菱《みつびし》などの財閥が解体され，その下にある企業《きぎょう》は独立《どくりつ》させられた。その後，**独《どく》占禁止法《せんきんしほう》**を定めて，会社や事業の独占を禁止した。

▶労働者を守る…労働組合が認《みと》められ，**労働組合法**・**労働基準法《きじゅんほう》**が制定《せいてい》されて労働者の権利《けんり》と生活が守られるようになった。

▶**農地改革《かいかく》**…村に住んでいない地主の土地や，村に住んでいても一定以上の広さをもつ地主の土地は政府が買い上げ，安く小作人《こさくにん》に売りわたし，自分の土地をもつ自作農《じさくのう》を増《ふ》やした。これによって農村の民主化が進んだ。

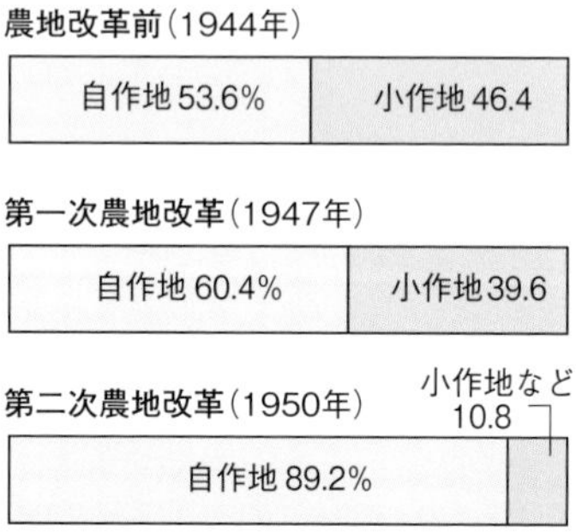

▲農地改革の成果

●社会の民主化

▶**新しい家族制度**…日本国憲法《けんぽう》にもとづいて民法が改正され，父親や長男を中心とするそれまでの家族制度を改め，個人《こじん》の尊重《そんちょう》と男女平等にもとづいた新しい家族制度が定められた。

▶**教育の民主化**…男女共学の6・3・3・4制となり，小・中学校の9年間が義務《ぎむ》教育となった。民主的な教育の原則《げんそく》を示《しめ》した**教育基本法《きほんほう》**も定められ，教育勅語《きょういくちょくご》は失効《しっこう》した。

▲青空教室での授業《じゅぎょう》：空襲《くうしゅう》で校舎《こうしゃ》を失ったため，屋外で行われた授業。民主的でない部分を黒くぬった「墨塗《すみぬ》り教科書」が用いられた。

用語

農地改革

地主の土地を国が買い上げ，実際《じっさい》に田畑を耕《たがや》している小作農に安く売って自分の土地が持てるようにした改革。この結果，小作農が減《へ》り，自作農が増えた。

参考

新しい科目

戦前まで道徳《どうとく》教育を行っていた修身《しゅうしん》の科目は廃止され，新たに社会科と家庭科が設《もう》けられた。

戦後の世界

●**国際《こくさい》連合の成立**…1945年，アメリカのルーズベルト大統領《だいとうりょう》の提案《ていあん》により，連合国は2度の世界大戦を反省して，**国際連合(国連)**をつくった。

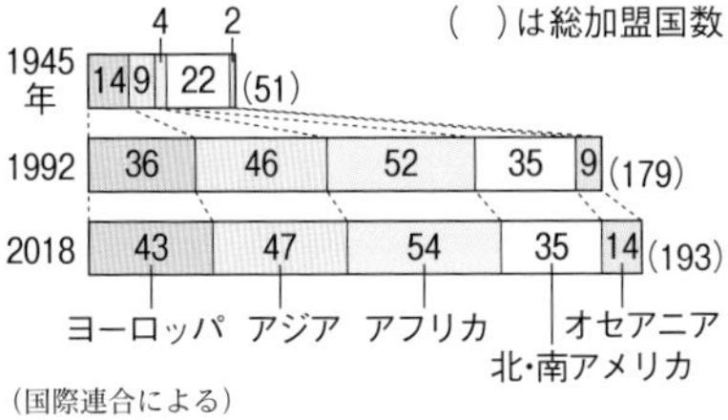

▲国際連合加盟国数の変化

●**対立する2つの世界**…戦後まもなく，世界の国々は，アメリカを中心とする資本主義諸国《しほんしゅぎしょこく》と，ソ連を中心とする社会主義諸国の2つに分かれて，対立した。アメリカとソ連の直接《ちょくせつ》戦火を交えないするどい対立を，「**冷たい戦争(冷戦《れいせん》)**」とよんだ。

▶敗戦国のドイツは，アメリカが支持《しじ》するドイツ連邦《れんぽう》共和国(西ドイツ)と，ソ連が支持するドイツ民主共和国(東ドイツ)に分けられた。日本の植民地支配《しはい》から独立《どくりつ》した朝鮮《ちょうせん》では，南に大韓民国《だいかんみんこく》(韓国《かんこく》)，北に朝鮮民主主義人民共和国(北朝鮮)が成立した。

▶**中立の国々**…米ソのいずれの陣営《じんえい》にも属《ぞく》さない「**第三世界**」とよばれる勢力《せいりょく》もうまれた。第二次世界大戦後に植民地支配から独立した国々は，1955年，インドネシアのバンドンに集まって**アジア・アフリカ会議**を開いた。

●**朝鮮戦争**…冷戦を背景《はいけい》に，1950年に朝鮮戦争が起こった。北朝鮮が韓国へ侵攻《しんこう》すると，韓国はアメリカを中心とする国連軍が，北朝鮮は中華人民共和国《ちゅうかじんみんきょうわこく》の軍がそれぞれを支援《しえん》した。激《はげ》しい戦いは，1953年の休戦まで続いた。

▲朝鮮戦争

参考

国連加盟国数

発足当時は51か国だった。1960年代には，アフリカの国々が次々と独立し，アフリカの加盟国数が急増した。

参考

朝鮮半島の境界線《きょうかいせん》

日本の植民地支配から解放《かいほう》された朝鮮は，北緯《ほくい》38度線を境にして，南をアメリカ，北をソ連に占領《せんりょう》された。現在《げんざい》の軍事境界線も，この緯線《いせん》の周辺に引かれている。

用語

中華人民共和国

大戦後の中国《ちゅうごく》では，国民党と共産党《きょうさんとう》との内戦が起こり，勝利した共産党が1949年に毛《もう》《マオ》沢東《たくとう》《ツォトン》を主席とする中華人民共和国を成立させた。

日本の独立《どくりつ》

●**自衛隊《じえいたい》の成立**…朝鮮《ちょうせん》戦争が始まると，アメリカ軍が朝鮮半島へ出動したため，GHQ《ジーエイチキュー》は日本に警備力《けいびりょく》を強めるよう求めた。これを受けて，1950年に**警察《けいさつ》予備隊《よびたい》**がつくられた。この組織《そしき》は保安隊《ほあんたい》を経《へ》て，1954年に**自衛隊**となった。

●**サンフランシスコ平和条約《じょうやく》**…アメリカは朝鮮戦争をきっかけに，東アジアで社会主義《しゃかいしゅぎ》国の勢力《せいりょく》と対抗《たいこう》するため，日本を独立させて資本《しほん》主義陣《じん》営《えい》の一員にすることを考えた。

▲サンフランシスコ平和条約に調印する吉田茂首相

▶ 1951年，サンフランシスコで連合国と日本との講和《こうわ》会議が開かれ，**吉田茂首相《よしだしげるしゅしょう》**がアメリカなど48か国と平和条約を結び，翌《よく》1952年，日本は独立を回復《かいふく》した。

▶ ソ連は条約の内容《ないよう》に反対し，調印しなかった。中《ちゅう》国《ごく》は講和会議に招《まね》かれず，インド・ビルマ(今のミャンマー)は条約案に反対して参加しなかった。

●**日米安全保障《ほしょう》条約**…サンフランシスコ平和条約と同時に，日本はアメリカと日米安全保障条約(安保《あんぽ》条約)を結んだ。その結果，アメリカ軍は引き続き日本にとどまることになった。

●**ソ連との国交回復**…日本は，ソ連とは個別《こべつ》に平和条約の交渉《こうしょう》を続けた。国際《こくさい》連合加盟《かめい》に反対するソ連とは1956年，**日ソ共同宣言《せんげん》**に調印して国交を回復した。ソ連の同意を得た日本は，国際連合への加盟を認《みと》められ，国際社会の仲間入りをした。しかし，ソ連との間には**北方領土《ほっぽうりょうど》問題**が残り，平和条約が結ばれない状態《じょうたい》が続いている。

史料　サンフランシスコ平和条約

一．日本は朝鮮の独立を認《みと》め，台湾《たいわん》・千《ち》島《しま》列島・南樺《から》太《ふと》を手ばなす。

一．沖縄《おきなわ》は国際連合があずかり，その政治はアメリカが行う。

一．連合国軍はすぐ日本から引きあげる。ただし，日本と特別の約束をした国の軍隊はとどまってもよい。　(部分要約)

用語

日米安全保障条約

日本とアメリカが，たがいの安全を約束し合った条約。アメリカ軍は，日本の安全と東アジアの平和を守るために，日本にとどまることになった。この条約は1960年，岸信介《きしのぶすけ》首相のときに改定され，日米関係はいっそう強まった。

▲北方領土の島々

入試ポイント

〈国際社会への復帰《ふっき》〉

▶ 1951年，**サンフランシスコ平和条約**→日本の独立。

▶ 1956年，**日ソ共同宣言→国際連合への加盟。**

2 現代の日本と世界

学習のポイント

- 高度経済《けいざい》成長の中，国民生活がどのように変化したかとらえているか。 ➡p.477
- 冷戦の前後で国際《こくさい》関係がどのように移《うつ》り変わったか理解《りかい》しているか。 ➡p.479

1 現代の日本と世界

日本の高度経済《けいざい》成長

●**産業の発展《はってん》**…1950 年に起きた朝鮮戦争で，日本はアメリカを始めとする国連軍が使う武器《ぶき》やそのほかの物資の注文を大量に受けた(**特需景気《とくじゅけいき》**)。これがきっかけで日本の産業は活気づき，1955 年ごろから**高度経済成長**とよばれる急速な経済発展が始まった。

▶1960 年に**池《いけ》田勇人《だはやと》**首相が「所得倍増《ばいぞう》」政策《せいさく》を打ち出して，積極的な経済政策を行った。

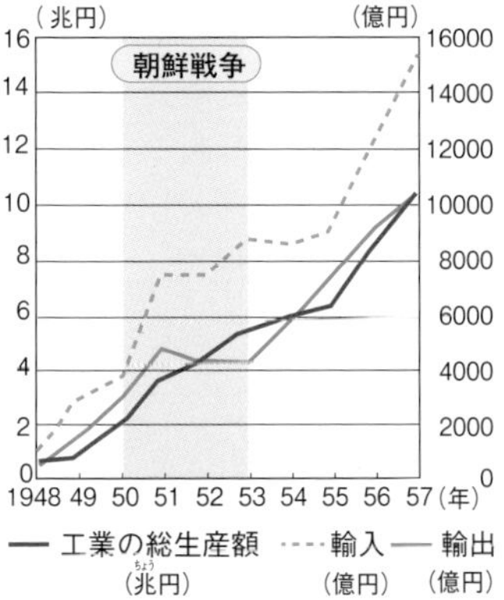

▲日本の工業生産と貿易ののび

▶1960 年代には重化学工業がさかんになり，各地にコンビナートが建設《けんせつ》された。

▶ 1968 年には，GNP《ジーエヌピー》(国民総《そう》生産)が資本主義国中，アメリカに次ぎ第2位となった。

●**交通網《もう》の広がり**…1964 年の**東京《とうきょう》オリンピック・パラリンピック**開催《かいさい》に合わせて，東京と大阪《おおさか》を結ぶ**東《とう》海道新幹線《かいどうしんかんせん》**が開通した。1965 年には愛知《あいち》県と兵庫《ひょうご》県の間に名神《めいしん》高速道路が開通した。1980 年代には東北《とうほく》新幹線，青函《せいかん》トンネル，瀬戸大橋《せとおおはし》が相次いで開通し，2010 年代には北海道《ほっかいどう》に新幹線が開通した。

参考

日本の工業の復興

1948年ごろ，日本の工業の総生産額は約1兆円であった。しかし，朝鮮戦争をきっかけに日本の工業生産は発展《はってん》し，10年後には総生産額はおよそ11倍にものびた。

参考

公害問題

産業や科学の発展にともない，工場から出る有害なけむりや廃水《はいすい》によって1960年代ごろから公害問題が起こった。国土の総合《そうごう》開発は自然を破壊《はかい》し，人口の都市集中により，住宅《じゅうたく》が不足し交通渋滞《じゅうたい》が発生した。

世界の中の日本

●現代の文化

▶**学問**…第二次世界大戦後，学問や思想の自由が認《みと》められると，科学の研究がふたたびさかんになった。1949年に**湯川秀樹《ゆかわひでき》**が日本人で最初のノーベル賞を受けたことは，苦しい生活をしていた日本人に希望をあたえた。

▶**スポーツ・博覧会《はくらんかい》**…1964年には，アジアで最初のオリンピックが東京《とうきょう》で開かれた。また，冬のオリンピックは1972年に札幌《さっぽろ》で，1998年には長野《ながの》で開かれた。1970年に大《おお》阪《さか》で**万国博覧会**が，1975年には沖縄《おきなわ》で海洋博覧会が開かれた。

年	物理学賞	化学賞	生理学・医学	文学賞	平和賞
1949	湯川秀樹《ゆかわひでき》				
1965	朝永振一郎《ともながしんいちろう》				
1968				川端康成《かわばたやすなり》	
1973	江崎玲於奈《えさきれおな》				
1974					佐藤栄作《さとうえいさく》
1981		福井謙一《ふくいけんいち》			
1987			利根川《とねがわ》　進《すすむ》		
1994				大江健三郎《おおえけんざぶろう》	
2000		白川英樹《しらかわひでき》			
2001		野依良治《のよりりょうじ》			
2002	小柴昌俊《こしばまさとし》	田中耕一《たなかこういち》			
2008	南部陽一郎《なんぶよういちろう》 小林《こばやし》　誠《まこと》 益川敏英《ますかわとしひで》	下村《しもむら》　脩《おさむ》			
2010		根岸英一《ねぎしえいいち》 鈴木《すずき》　章《あきら》			
2012			山中伸弥《やまなかしんや》		
2014	赤﨑《あかさき》　勇《いさむ》 天野《あまの》　浩《ひろし》 中村修二《なかむらしゅうじ》				
2015	梶田隆章《かじたたかあき》		大村《おおむら》　智《さとし》		
2016			大隅良典《おおすみよしのり》		
2018			本庶《ほんじょ》　佑《たすく》		
2019		吉野《よしの》　彰《あきら》			

▲日本人のノーベル賞受賞者(受賞時に日本国籍を離脱《りだつ》していた人をふくむ)

●日中国交正常化…1972年，**田中角栄《たなかかくえい》**首相《しゅしょう》が**日中共同声明**に調印し，台湾《たいわん》の中華民国《ちゅうかみんこく》にかわって中華人民共和国《ちゅうかじんみんきょうわこく》を承認《しょうにん》し，国交が正常化された。1978年には**日中平和友好条約《じょうやく》**も結ばれた。2000年前後から中国は急速な経済発展《けいざいはってん》をとげ，日本への工業製品《せいひん》の輸出《ゆしゅつ》が急増《きゅうぞう》した。現在《げんざい》は日本の最大の貿易《ぼうえき》相手国である(2018年)。

●朝鮮《ちょうせん》半島との関係

▶韓国《かんこく》とは1965年に**日韓基本《にっかんきほん》条約**を結び，国交を樹立《じゅりつ》した。

▶北朝鮮とは，まだ国交が結ばれていない。2002年に小泉純一郎《こいずみじゅんいちろう》首相が北朝鮮を訪問《ほうもん》し，日朝首脳《にっちょうしゅのう》会談を行った。

参考

中国の経済発展

中国は資本主義のしくみを一部とり入れながら経済発展をはかった。工業製品の輸出が急増したため「世界の工場」とよばれ，アメリカとの間で貿易摩擦《まさつ》が起こるようになった。

2 冷戦《れいせん》の終わりとその後の世界

冷戦の終わり

●**東西対立の弱まり**…1980年代後半になると，ソ連で**ゴルバチョフ**による**ペレストロイカ**(立て直し・改革《かいかく》)が進められ，アメリカとソ連との対立がしだいにやわらいだ。

●**東ヨーロッパの民主化**…1980年代後半，東ヨーロッパの社会主義国《しゃかいしゅぎこく》で民主化の動きが高まり，各国の社会主義政権《せいけん》は次々とくずれた。東西に分かれていたドイツでも，1989年に**ベルリンの壁《かべ》**が民衆《みんしゅう》の力でくずされた。東西ドイツは1990年に統一《とういつ》された。

●1989年，アメリカのブッシュ大統領とソ連のゴルバチョフ書記長がマルタ島で会談し，冷戦の終わりを宣言《せんげん》した。1991年，ソ連は解体し，ロシアを中心とする11の共和国がCIS《シーアイエス》(独立《どくりつ》国家共同体)を結成した。

▲マルタ会談(左がゴルバチョフ書記長)

●1991年に，イラクとアメリカ軍を中心とする多国《たこく》籍《せき》軍との間で**湾岸《わんがん》戦争**が起こると，日本も紛争解《ふんそうかい》決《けつ》のために貢献《こうけん》することが求められるようになった。そこで翌《よく》1992年に**国際《こくさい》平和協力法(PKO《ピーケーオー》協力法)**を成立させ，自衛隊《じえいたい》が海外の平和維持《いじ》活動に送られるようになった。

●**日本経済のあゆみ**…日本は，1960年代の高度経済成長，1970年代の**石油危機《きき》**をのりこえて経済発展を続け，1980年代には経済大国とよばれるほど豊《ゆた》かになった。しかし，1990年前後の**バブル経済**という過熱《かねつ》した好景気ののち，平成不況《へいせいふきょう》といわれる長期の不景気に苦しんだ。1995年には**阪神《はんしん》・淡路大《あわじだい》震災《しんさい》**，2011年に**東日本大震災**にみまわれた。2020年に東京で2度目のオリンピックが開催《かいさい》*

＊新型コロナウイルス感染症《かんせんしょう》流行の影響《えいきょう》で2020年の開催は延期《えんき》された。

用語

ベルリンの壁

ドイツの首都ベルリンは，第二次世界大戦後，アメリカ・イギリス・フランス・ソ連の4か国によって分割占領《ぶんかつせんりょう》されていた。東西ドイツの成立後も，西ベルリンだけは資本主義陣営《しほんしゅぎじんえい》の飛び地として残った。しかし，東ベルリンから自由を求めて西ベルリンへ脱出《だっしゅつ》する市民が続出したため，1961年，東ドイツは防壁《ぼうへき》を築《きず》いて，人々が移動《いどう》できなくした。これが「ベルリンの壁」で，冷戦の象徴《しょうちょう》とされた。

用語

バブル経済

1980年代後半，企業《きぎょう》が土地や株式《かぶしき》へさかんに投資《とうし》した結果，土地や株式の価格《かかく》が急速に上がり，バブル経済とよばれた。しかし，1990年代にこれらの価格は暴落《ぼうらく》し，投資していた企業や個人《こじん》は大きな痛《いた》手《で》をうけた。

進むグローバル化

● **インターネットの発達**…20 世紀末にはコンピューターどうしを結ぶ情報通信網《じょうほうつうしんもう》である**インターネット**が発達し，大量の情報のやりとりが簡単《かんたん》にできるようになった。交通機関やインターネットの発達は人・資金《しきん》・情報が国境《こっきょう》をこえて活発に移動《いどう》する**グローバル化**をもたらした。

● **地域統合《ちいきとうごう》**…**EU《イーユー》(ヨーロッパ連合)**, **ASEAN《アセアン》(東南アジア諸国《しょこく》連合)** など，いくつもの国が国境をこえて協力する取り組みが進んでいる。アジア・太平洋《たいへいよう》地域では, **APEC(アジア太平洋経済《けいざい》協力会議)** が開かれ，貿易の拡大《かくだい》や地域の協力について話し合っている。

● **核軍縮《かくぐんしゅく》**…1963 年に**部分的核実験禁止条約《きんしじょうやく》**，1968 年に**核拡散防止《ぼうし》条約(NPT《エヌピーティー》)**，1987 年に**中距離《ちゅうきょり》核戦力(INF《アイエヌエフ》)全廃《ぜんぱい》条約**，1996 年に**包括《ほうかつ》的核実験禁止条約(CTBT《シーティービーティー》＝未発効《はっこう》)** が結ばれ，軍縮の動きが進んだ。しかし，2019 年にはアメリカとロシアが中距離核戦力全廃条約離脱《りだつ》を表明した。

● **地球環境《かんきょう》問題**…1997 年，地球温暖化防止京都《おんだんかぼうしきょうと》会議が開かれ，**京都議定書**が採択《さいたく》された。しかし，温室効果《こうか》ガスの最大の排出国《はいしゅつこく》であるアメリカが参加をとりやめる，発展途上国《はってんとじょうこく》に削減義務《さくげんぎむ》が課せられないなどの問題があった。新たな枠組《わくぐ》みとして 2015 年に，アメリカをふくむ各国でパリ協定が結ばれた。しかしアメリカは 2019 年に離脱を通告した。

● **エネルギー問題**…石油は 21 世紀中には枯渇《こかつ》するといわれる。現在《げんざい》の豊《ゆた》かで便利な生活を続けるには，地球環境にもやさしい太陽光・風力・地熱・バイオマスなどを，実用的なエネルギーとしてさらに開発していく必要がある。

● **地域紛争**…冷戦終結後も，1990 年代の湾岸《わんがん》戦争，**ユーゴスラビア紛争《ふんそう》** など，世界各地で地域紛争や民族紛争が起こっている。2001 年にはアメリカで**同時多発テロ**が起こり，多くの犠牲者《ぎせいしゃ》が出た。アメリカはテロ組織《そしき》との対決を理由にアフガニスタンを攻《こう》撃《げき》し，2003 年には**イラク戦争**が起こった。

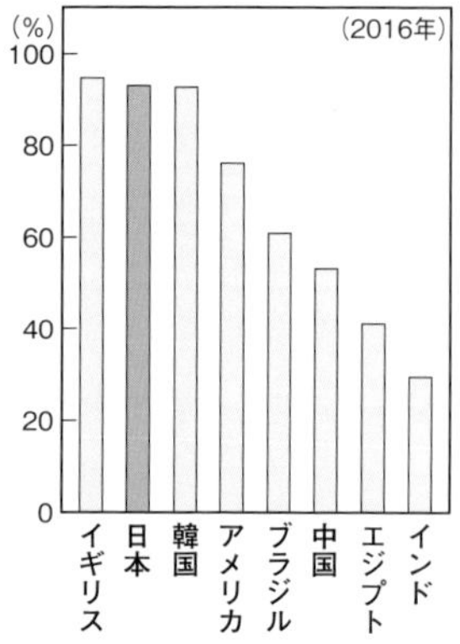

(2018/19年版「世界国勢図会」による)

▲インターネット利用人口割合

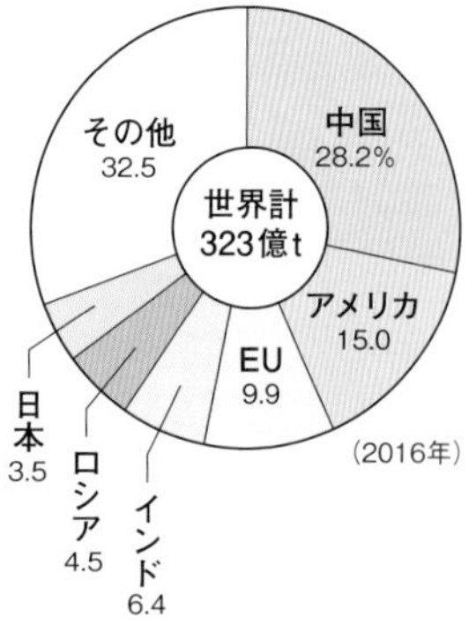

(2019/20年版「日本国勢図会」による)

▲二酸化炭素排出量割合

参考

日本の役割《やくわり》

日本はテロ対策《たいさく》特別措置法《そちほう》やイラク復興支援《ふっこうしえん》特別措置法を制定《せいてい》して，アメリカの軍事行動を支援した。

☑ まとめチェック

知識を整理・確認しよう！

① 第二次世界大戦と日本

□ ① 1931年，満州《まんしゅう》の柳条湖《りゅうじょうこ》《リウティアオフー》付近で南満州鉄道を爆破《ばくは》した日本軍が起こした軍事行動を何というか。

□ ② 1937年，北京《ペキン》近くで日本軍と中国《ちゅうごく》軍が衝突《しょうとつ》した盧溝橋《ろこうきょう》《ルーコウチアオ》事《じ》件《けん》をきっかけに始まった戦争を何というか。

□ ③ 1941年，日本軍がハワイの真珠湾《しんじゅわん》でアメリカ軍を攻撃《こうげき》したことをきっかけに始まった戦争を何というか。

□ ④ 1945年8月に原子爆弾《げんしばくだん》を落とされた都市は，長崎《ながさき》ともう1つはどこか。

② 新しい日本の出発

□ ① 敗戦後の日本で，さまざまな民主化をおし進めた連合国の組織《そしき》を何というか。

□ ② 日本経済《けいざい》を支配《しはい》し，政治《せいじ》までも動かしていた三井《みつい》・三菱《みつびし》などの資本家《しほんか》の組織を解体《かいたい》させた改革《かいかく》を何というか。

□ ③ アメリカを中心とする資本主義諸国《しゅぎしょこく》と，ソ連を中心とする社会主義諸国の間のするどい対立を何というか。

□ ④ 1951年，吉田茂首相《よしだしげるしゅしょう》が調印した，アメリカなど48か国との間の平和条約《じょうやく》を何というか。

③ 現代の日本と世界

□ ① 1955年ごろから始まった，日本の急速な経済発展を何というか。

□ ② 1965年に日本と国交を樹立《じゅりつ》した国はどこか。

□ ③ 1989年に市民によりくずされた，冷戦の象徴《しょうちょう》とされていたベルリン市内の防壁《ぼうへき》を何というか。

□ ④ 土地や株式《かぶしき》への投資《とうし》が過熱《かねつ》して，1980年代後半から発生した好景気を何というか。

□ ⑤ 1992年に成立し，自衛隊《じえいたい》を海外の平和維持《いじ》活動に送ることができるようになった法律《ほうりつ》を何というか。

□ ⑥ 交通機関やインターネットの発達がもたらした，人・資金・情報《じょうほう》が国境《こっきょう》をこえて活発に移動《いどう》する状態《じょうたい》を何というか。

□ ⑦ 2001年に同時多発テロによる被害《ひがい》を受け，テロ組織との対決を理由にアフガニスタンを攻撃した国はどこか。

答え

①

① 満州事変《じへん》

② 日中戦争

③ 太平洋戦争《たいへいようせんそう》

④ 広島《ひろしま》

②

① 連合国軍最高司令官《さいこうしれいかん》総司令部《そうしれいぶ》[ＧＨＱ《ジーエイチキュー》]

② 財閥《ざいばつ》解体

③ 冷たい戦争[冷戦《れいせん》]

④ サンフランシスコ平和条約

③

① 高度経済成長

② 大韓民国《だいかんみんこく》[韓国《かんこく》]

③ ベルリンの壁《かべ》

④ バブル経済

⑤ 国際《こくさい》平和協力法[PKO《ピーケーオー》協力法]

⑥ グローバル化

⑦ アメリカ

力だめしの問題 入試標準レベル

解答➡p.639

1 次の問いに答えなさい。

⑴ 右の年表を見て，次の問いに答えなさい。【大宮開成中】

年代	できごと
1931年	柳条湖《りゅうじょうこ》事件が起こり，満州《まんしゅう》事変が始まる………㋐
1937年	盧溝橋《ろこうきょう》事件が起こり，日中戦争が始まる………㋑
1945年	太平洋戦争が終わる………………………………㋒

①右下の地図を見て，年表中㋐・㋑の事《じ》件《けん》が起きた場所の組み合わせとして正しいものを次から1つ選び，記号で答えなさい。　（　　）

ア　㋐の事件－A　㋑の事件－C

イ　㋐の事件－A　㋑の事件－D

ウ　㋐の事件－B　㋑の事件－C

エ　㋐の事件－B　㋑の事件－D

②次の文章は，年表中㋒に関連した史料をまとめたものです。この史料を出した国の組み合わせとして正しいものをア～エから1つ選び，記号で答えなさい。　（　　）

・日本の領土《りょうど》を本州《ほんしゅう》・四国《しこく》・九州《きゅうしゅう》・北海道《ほっかいどう》とそのまわりの小島にかぎる。

・軍国主義がなくなるまで，連合国軍が日本を占領《せんりょう》する。

・戦争を起こした責任者《せきにんしゃ》を処罰《しょばつ》する。

・国民の基本的人権《きほんてきじんけん》を尊重《そんちょう》し，言論《げんろん》・宗教《しゅうきょう》・思想の自由を守るようにする。

ア　アメリカ・ドイツ・中華民国《ちゅうかみんこく》　　イ　イギリス・ソ連・イタリア

ウ　ソ連・ドイツ・イタリア　　エ　アメリカ・イギリス・中華民国

⑵ 日本は日独伊三国《にちどくいさんごく》軍事同盟《どうめい》を結び，アメリカとの対立を深めていきました。これに対して，アメリカの経済制裁《けいざいせいさい》が強まる中で，□内閣《ないかく》が発足《ほっそく》するとアメリカとの戦争を決意して太平洋《たいへいよう》戦争を始めました。□にあてはまる人物の氏名を漢字で答えなさい。【城北中】　（　　）

⑶ 1942年，太平洋のミッドウェー沖での戦いは，日本軍にとって太平洋戦争開始後初めての大きな敗北でした。次の各文の中で，1942年よりあとに起こったできごとをすべて選び，記号で答えなさい。【早稲田中】（　　）

ア　日本はフランス領《りょう》だった現在《げんざい》のベトナムに兵を進めた。

イ　学童の集団疎開《しゅうだんそかい》が始まった。

ウ　政府《せいふ》は国民や物資《ぶっし》のすべてを統制《とうせい》できる国家総動員法《そうどういんほう》をつくった。

エ　大学生も戦場に向かう学徒出陣《しゅつじん》が始まった。

オ　アメリカは日本に対する石油の輸出《ゆしゅつ》を禁止《きんし》した。

2 次の問いに答えなさい。

⑴ 連合国軍の占領期間に行われていないものはどれですか。次から1つ選び，記号で答えなさい。【清泉女学院中】（　　）

ア　農地改革《かいかく》が行われた。　　イ　自衛隊《じえいたい》が組織《そしき》された。

ウ　新しい憲法《けんぽう》が公布《こうふ》された。　　エ　義務《ぎむ》教育が男女共学になった。

⑵ 右の史料を読んで，次の問いに答えなさい。【獨協中】

> 一．連合国は，日本と周囲の領海《りょうかい》の主権を認《みと》める。
> 一．日本は朝鮮《ちょうせん》の独立を認め，台湾《たいわん》・澎湖《ほうこ》諸島《しょとう》・千島列島《ちしまれっとう》などとそのまわりの島を手ばなす。
> 一．すべての占領軍は，日本から引きあげるが，日本との特別の約束をした国の軍隊はとどまってよい。

①この史料は，日本の独立《どくりつ》のために連合国と日本との間で結ばれた条約ですが，この条約を結ぶために会議が行われた都市はどこですか，答えなさい。（　　　　）

②この条約を結ぶときに国内では，全面講和《こうわ》という考え方と片面《かためん》講和または単独《たんどく》講和という考え方があり対立していました。結局，片面講和または単独講和という考え方で条約が結ばれました。この片面講和または単独講和とは，どのようなことを意味していますか，このころの世界が冷戦という状況《じょうきょう》にあったことや，また，この条約を結んだ国，結ばなかった国の特徴《とくちょう》をふまえて説明しなさい。

（　　　　　　　　　　　　　　　　　　　　）

⑶「自衛隊」のもとになった警察《けいさつ》予備隊《よびたい》が設置《せっち》された時期はいつですか。右の年表の①～⑤の数字で答えなさい。【暁星中】（　　）

1945年8月，日本はポツダム宣言を受け入れた。
↓
①
↓
1947年5月，日本国憲法が施行《しこう》された。
↓
②
↓
1950年6月，朝鮮戦争が始まった。
↓
③
↓
1951年9月，サンフランシスコ平和条約が結ばれた。
↓
④
↓
1956年12月，国連総会で日本の国連加盟が可決された。
↓
⑤

⑷ 高度経済成長が都市におよぼした社会問題について，人口の変化と関係させて説明しなさい。

【自修館中等教育学校】

（　　　　　　　　　　）

⑸ 1971～74年にかけてのできごととして正しいものを，次から1つ選び，記号で答えなさい。【浦和明の星女子中】（　　）

ア　第四次中東《ちゅうとう》戦争が起き，石油危機《きき》が生じた。

イ　ソ連が崩壊《ほうかい》し，CIS《シーアイエス》が成立した。

ウ　オバマ氏がアメリカ大統領《だいとうりょう》となった。

エ　長野《ながの》新幹線《しんかんせん》が開通し，長野オリンピックが行われた。

チャレンジ問題 入試発展レベル

解答➡p.639

★は最高レベル

1 次の問いに答えなさい。

(1) 次のA～Cのことがらを時代の古いものから順に並《なら》べたものを，あとのア～カから1つ選び，記号で答えなさい。【清泉女学院中】 (　　)

A 満州《まんしゅう》国が建国された。

B 日本軍がアメリカの真珠湾《しんじゅわん》を攻撃《こうげき》した。

C ドイツがポーランドを攻撃して第二次世界大戦が始まった。

ア A→B→C　イ A→C→B　ウ B→A→C

エ B→C→A　オ C→A→B　カ C→B→A

(2) 盧溝橋《ろこうきょう》《ルーコウチアオ》事件《じけん》より前に起こったできごとの組み合わせとして正しいものを，あとのア～コから1つ選び，記号で答えなさい。【明治大付中野八王子中】 (　　)

A 日本軍がハワイの真珠湾を奇襲《きしゅう》攻撃した。

B 日本が国際連盟《こくさいれんめい》を脱退《だったい》した。　C アメリカ軍が沖縄《おきなわ》に上陸した。

D 二《に》・二六事件《にろくじけん》が起こった。　E 国家総動員法《そうどういんほう》が制定《せいてい》された。

ア A・B　イ A・C　ウ A・D　エ A・E

オ B・C　カ B・D　キ B・E　ク C・D

ケ C・E　コ D・E

(3) 日中戦争・太平洋《たいへいよう》戦争中の日本国民のくらしを述《の》べている文として誤《あやま》っているものを，次から1つ選び，記号で答えなさい。【カリタス女子中】 (　　)

ア 国民全体が戦争に協力させられる体制《たいせい》がつくられ，多くの国民が兵士として戦地に送られた。

イ くらしに必要なものを，自由に手に入れることができず，国が品物の値《ね》段《だん》を決め，その使用量も制限《せいげん》した。

ウ 隣組《となりぐみ》がつくられ，住民どうしが助け合う一方で，たがいに監視《かんし》しあうようになった。

エ 新聞やラジオが戦争の様子を正しく伝えたため，国民の間には戦争に反対する声が高まった。

(4) 1945年8月に起こったできごととして誤っているものを次から1つ選び，記号で答えなさい。【鎌倉学園中】 (　　)

ア 日本守備《しゅび》軍のみならず沖縄の人々も加わった沖縄戦が終結した。

イ アメリカが初めて開発をした原子爆弾《げんしばくだん》を広島《ひろしま》と長崎《ながさき》に投下した。

ウ ソ連が日ソ中立条約《じょうやく》を破《やぶ》って，日本に宣戦布告《せんせんふこく》をした。

エ アメリカからマッカーサーが来て，GHQ《ジーエイチキュー》による日本占領《せんりょう》が始まった。

2 次の問いに答えなさい。

(1) 戦後の日本の民主化について，正しいものを次から1つ選び，記号で答えなさい。【山手学院中】　(　　)

ア　満18歳《さい》以上のすべての男女に対して，参政権《さんせいけん》があたえられた。

イ　衆議院《しゅうぎいん》と貴族院《きぞくいん》の二院制《にいんせい》となり，すべての議員は国民の選挙によって選ばれることとなった。

ウ　民主的な教育基本法《きほんほう》が定められ，教育勅語《きょういくちょくご》が新たな教育の基本方針《ほうしん》となった。

エ　政治に大きな影響《えいきょう》をあたえていた財閥《ざいばつ》を解体《かいたい》する指令が出された。

(2) 農地改革《かいかく》の説明として正しいものを，次から1つ選び記号で答えなさい。
【東京都市大等々力中】　(　　)

ア　地主のもとに農地を集め，小作人《こさくにん》を使った大規模《だいきぼ》農業を実現した。

イ　地主が所有する農地を小作人に安く売りわたし，自作農《じさくのう》を大幅《おおはば》に増《ふ》やした。

ウ　農地の国有化を推進《すいしん》し，国家の管理のもと農作物の生産目標を定めた。

エ　農業の機械化を推進し農作業を効率化《こうりつか》するとともに，出かせぎをすすめた。

(3)「大日本帝国憲法《けんぽう》」が「日本国憲法」に変わったきっかけとして，もっとも適《てき》当《とう》なものを次から1つ選び，記号で答えなさい。【茗渓学園中】　(　　)

ア　自由民権《じゆうみんけん》運動　　イ　日露《にちろ》戦争　　ウ　第一次世界大戦

エ　第二次世界大戦　　オ　高度経済《けいざい》成長　　カ　天皇《てんのう》の生前退位《たいい》

(4) 戦後改革の時期に，苦しい生活を送っていた人々は生活物資《ぶっし》を得るために，国の統制《とうせい》を無視した取り引きで食料や生活用品を手に入れていました。このような取り引きが行われていた場所を一般《いっぱん》的に何といいますか。【芝中】

(　　　　)

(5) 戦後の日本の国交回復に関して述べた文として誤っているものを，次から1つ選び，記号で答えなさい。【芝中】　(　　)

ア　サンフランシスコ講和《こうわ》会議では，中国《ちゅうごく》は会議に招《まね》かれなかった。

イ　日韓基本条約《にっかんきほんじょうやく》を結んだ際《さい》，日本は韓国《かんこく》を朝鮮《ちょうせん》半島内で唯一《ゆいいつ》の合法政府《せいふ》と認《みと》めた。

ウ　日ソ共同宣言を結んだことによって，両国間の戦争終結と国交回復《かいふく》が実現し，日本の国際《こくさい》連合加盟への道が開かれた。

エ　日中平和友好条約を結んだことで，日本と中華人民共和国《ちゅうかじんみんきょうわこく》が初めて国交を正常化《せいじょうか》した。

3 次の問いに答えなさい。

(1) 国際《こくさい》連合について，正しい文を次から1つ選び，記号で答えなさい。【日本大豊山女子中】

ア　日本は戦争への反省から，常任理事国《じょうにんりじこく》の一員として積極的に活動した。

イ　日本の加盟《かめい》にイギリスが反対したため，平和条約《じょうやく》が結ばれるまで加盟が延期《えんき》された。

ウ　日本は大戦終結から10年を経《へ》て加盟が認《みと》められ，非《ひ》常任理事国を最多の11度つとめた。

エ　朝鮮《ちょうせん》戦争に中国《ちゅうごく》・ロシアを中心とする国連軍が派遣《はけん》され，日本の自衛隊《じえいたい》も参加を要請《ようせい》された。　(　　)

(2) 次のア～エのできごとのうち，1960年代に起きたものを1つ選び，記号で答えなさい。【逗子開成中】　(　　)

ア　湯川秀樹《ゆかわひでき》博士が日本人で初めてノーベル賞を受賞した。

イ　沖縄《おきなわ》がアメリカから返還《へんかん》された。　ウ　東京《とうきょう》オリンピックが開催《かいさい》された。

エ　日本が国際連合に加盟した。

★(3) 右の文を読んで，次の問いに答えなさい。【高輪中】

①下線部**A**について，ある国とはどこか，国名を答えなさい。また，この国の位置を右の地図のア～オから1つ選び，記号で答えなさい。

国名(　　　　)

位置(　　　　)

> 冷戦が終結した1989年から30年がすぎましたが，この間にはさまざまなできごとがありました。世界では，**A**東西に分裂《ぶんれつ》していたヨーロッパのある国の再統一《さいとういつ》，**B**ソ連の解体《かいたい》，**C**アメリカでの同時多発テロなどです。冷戦後に世界規模《きぼ》の戦争は起こっていないものの，紛争《ふんそう》やテロはなくなっておらず，**D**核実験の全面的な禁止も実現していないなど，多くの課題が残されています。

②下線部**B**について，このとき独立《どくりつ》した国を次から1つ選び，記号で答えなさい。　(　　)

ア　アイルランド　　イ　ハンガリー

ウ　ウクライナ　　エ　チェコ

オ　オーストリア

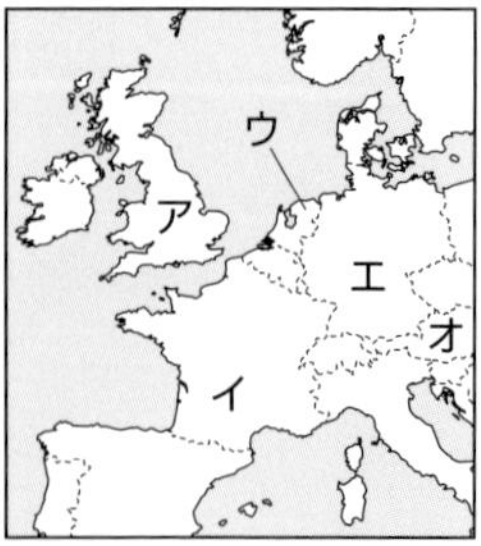

③下線部**C**に関連して，このテロを起こしたとされるオサマ＝ビンラディンを保護《ほご》したとして，アメリカはタリバン政権《せいけん》を攻撃《こうげき》し，崩壊《ほうかい》させました。この政権があった国はどこですか。国名を答えなさい　(　　　　)

④下線部**D**に関連して，1996年に国際連合総会《そうかい》で採択《さいたく》された，包括的核《ほうかつてきかく》実験禁止《きんし》条約の略称《りゃくしょう》をアルファベット4字で答えなさい。　(　　　　)

得点アップゼミ

1 日本の歴史整理年表

●歴史の勉強をするときは，いつも年表を手もとにおいて，どの時代のことがらかを，全体の流れの中でとらえておくことが大切である。入試でも，略《りゃく》年表を使った歴史の総合《そうごう》問題の形で出題されることが多い。その場合，直接《ちょくせつ》的に年代が問われることは少ないが，いくつかのことがらの順番がよく問われる。
●次にあげる整理年表で，日本の歴史の流れをつかみ，とくに赤字の年代やことがらはしっかりおぼえよう。

世紀	時代区分	政治・外交のことがら	社会・文化のことがら
	縄文時代	約1万年前，現在《げんざい》のような日本列島ができる	●打製《だせい》石器をおもに使っていた時代 **<縄文《じょうもん》文化>** 狩《か》りや漁《りょう》の生活 たて穴《あな》住居 石器，骨角器《こっかくき》，**縄文土器**
↑前 紀元－ ↓後	弥生時代	紀元前400年ごろ，**米づくり**が広まり，大陸から金属器《きんぞくき》が伝わる	**<弥生《やよい》文化>** 狩り，漁や農耕《のうこう》の生活 たて穴住居，高床倉庫《たかゆかそうこ》 青銅器《せいどうき》，鉄器，**弥生土器**
1〜3世紀		57　倭《わ》の奴国《なこく》《なのくに》の王が中国の漢《かん》に使いを送り金印をうける 239　**邪馬台国《やまたいこく》**の**卑弥呼《ひみこ》**が中国の魏《ぎ》に使いを送る	
300 4世紀	古墳時代	このころ，**大和朝廷《やまとちょうてい》**の統一《とういつ》が進む 391　朝鮮の高句麗《こうくり》《コグリョ》と戦う	**<古墳《こふん》文化>** 古墳，埴輪《はにわ》
400 5世紀		478　倭王武《わおうぶ》が中国に使いを送る	●漢字・儒教《じゅきょう》や進んだ技術《ぎじゅつ》などが大陸から伝わる
500			

世紀	時代区分	政治・外交のことがら	社会・文化のことがら
6世紀		593 **聖徳太子《しょうとくたいし》**が摂政《せっしょう》となる	●このころ，百済《くだら》《ペクチェ》から仏教が伝わる
600			
7世紀	飛鳥時代	603 聖徳太子が冠位《かんい》十二階の制度《せいど》を定める 604 聖徳太子が**十七条の憲《けん》法《ぽう》**を定める **607** 小野妹子《おののいもこ》を**遣隋使《けんずいし》**として中国の隋に送る 630 第1回の**遣唐使《けんとうし》**を送る **645** **大化《たいか》の改新**が始まる **663** **白村江《はくすきのえ》の戦い**が起こる 672 壬申《じんしん》の乱《らん》が起こる	●**飛鳥《あすか》文化**が栄える 法隆寺《ほうりゅうじ》 法隆寺金堂の釈迦三尊像《しゃかさんぞんぞう》 天皇《てんのう》のよび名が使われ始める 薬師寺《やくしじ》 ●天武天皇《てんむてんのう》のころ**富本銭《ふほんせん》**
700			
8世紀	奈良時代	701 **大宝律令《たいほうりつりょう》**が制定される **710** 都が奈良《なら》(**平城京《へいじょうきょう》**)に移される…元明《げんめい》天皇のとき 718 養老《ようろう》律令がまとめられる 784 都が長岡京《ながおかきょう》に移される **794** 都が京都《きょうと》(**平安京《へいあんきょう》**)に移される…桓武《かんむ》天皇のとき	708 和同開《わどうかい》珎《ちん》《ほう》ができる **743** 墾田永年私財法《こんでんえいねんしざいのほう》 ●**天平《てんぴょう》文化**が栄える 『古事記《こじき》』『日本書紀《にほんしょき》』 聖武《しょうむ》天皇と正倉院《しょうそういん》 752 東大寺《とうだいじ》の大仏《だいぶつ》ができる
800			
9世紀		866 藤原良房《ふじわらのよしふさ》が摂政《せっしょう》となる 887 藤原基経《もとつね》が関白《かんぱく》となる 894 菅原道真《すがわらのみちざね》の意見で**遣唐使が廃止《はいし》**される	805 **最澄《さいちょう》**が天台《てんだい》宗を開く 806 **空海《くうかい》**が真言《しんごん》宗を開く ●国風《こくふう》文化がおこる
900			
10世紀	平安時代	935 平将門《たいらのまさかど》の乱が起こる 936 藤原純友の乱が起こる	『古今和歌集《こきんわかしゅう》』
1000			
11世紀		1016 **藤原道長《みちなが》**が摂政となる 1051 前九年合戦《ぜんくねんかっせん》(前九年の役《えき》) 1083 後三年《ごさんねん》合戦(後三年の役) **1086** 白河上皇《しらかわじょうこう》が**院政《いんせい》**開始	●**国風文化**が栄える 『枕草子《まくらのそうし》』『源氏物語《げんじものがたり》』 平等院鳳凰堂《びょうどういんほうおうどう》 大和絵《やまとえ》・絵巻物《えまきもの》
1100			

世紀	時代区分	政治・外交のことがら	社会・文化のことがら
12世紀	平安時代 鎌倉時代	1156 保元《ほうげん》の乱《らん》が起こる 1159 **平治《へいじ》の乱**が起こる 1167 **平清盛《たいらのきよもり》**が太政大臣《だいじょうだいじん》となる 1185 平氏が滅《ほろ》ぶ **1192** **源頼朝《みなもとのよりとも》**が征夷大将軍《せいいたいしょうぐん》となる	1124 中尊寺金色堂《ちゅうそんじこんじきどう》が建てられる ●平清盛が中国の宋《そう》との貿易(日宋貿易)を進める 1175 法然《ほうねん》が浄土宗《じょうどしゅう》を開く ●このころ，栄西《えいさい》が臨済宗《りんざいしゅう》を広める
1200			
13世紀	鎌倉時代	**1221** **承久《じょうきゅう》の乱**が起こる **1232** **御成敗式目《ごせいばいしきもく》**(貞永式目《じょうえいしきもく》)が制定される 1274 文永《ぶんえい》の役《えき》 ｝**元寇《げんこう》** 1281 弘安《こうあん》の役《えき》 ｝**元寇**	●**鎌倉文化**が栄える 『新古今和歌集』 軍紀物…『平家物語』 1224 親鸞《しんらん》が浄土真宗を開く 1227 道元《どうげん》が曹洞宗《そうとうしゅう》を伝える 1253 日蓮《にちれん》が日蓮宗を開く
1300			
14世紀	鎌倉時代 南北朝時代 室町時代	1333 鎌倉幕府が滅ぶ **1334** **後醍醐天皇《ごだいご》**による建武《けんむ》の新政が始まる **1338** **足利尊氏《あしかがたかうじ》**が征夷大将軍となり，京都に幕府を開く 1378 **足利義満《よしみつ》**が幕府を京都の**室町《むろまち》**に移《うつ》す 1392 南北朝が合一する	『徒然草《つれづれぐさ》』 ●南朝と北朝の対立で混乱《こんらん》 ●このころ，**倭寇《わこう》**が大陸沿岸《えんがん》を荒《あ》らす 1397 足利義満《よしみつ》が**金閣《きんかく》**を建てる…北山文化
1400			
15世紀	室町時代 戦国時代	1428 **正長《しょうちょう》の土《つち》《ど》一揆《いっき》** **1467** **応仁の乱**が起こる →戦国時代の始まり …**下剋上《げこくじょう》**の時代 1485 山城《やましろ》の国一揆《くにいっき》 1488 加賀《かが》の一向一揆《いっこういっき》	1404 日明貿易(**勘合《かんごう》貿易**)が始まる ●このころ市《いち》がさかんとなる ●農村では，村の自治《じち》が進み，一揆が激《はげ》しくなる 1489 足利義政《よしまさ》が**銀閣《ぎんかく》**を建てる…**東山文化**
1500			

世紀	時代区分	政治・外交のことがら	社会・文化のことがら
16世紀	室町時代 戦国時代 安土桃山時代	**1543　ポルトガル人が鉄砲《てっぽう》を伝える** **1549　ザビエルがキリスト教を伝える** 1573　室町幕府が滅ぶ 1582　**太閤検地《たいこうけんち》**が始まる 1588　**刀狩令《かたながりれい》**が出される **1590**　**豊臣秀吉《とよとみひでよし》**が全国を統一する	●南蛮《なんばん》貿易が始まり，西洋文化が伝来する 1576　**織田信長《おだのぶなが》**の安土城 1582　天正遣欧《てんしょうけんおう》少年使節をローマに送る ●**桃山《ももやま》文化**が栄える 茶の湯・大阪城
1600			
17世紀	江戸時代	1600　関ヶ原《せきがはら》の戦い 1603　**徳川家康《とくがわいえやす》**が征夷大将軍となり，江戸幕府を開く 1615　大阪夏の陣で豊臣氏が滅ぶ 武家諸法度《ぶけしょはっと》が出される 1635　**参勤交代《さんきんこうたい》**の制度が定まる 1637　島原《しまばら》・天草一揆《あまくさいっき》が起こる **1641**　オランダ商館を長崎の**出島**に移し，**鎖国《さこく》**が完成 1643　田畑永代売買禁止令《でんぱたえいたいばいばいきんしれい》 1687　生類憐《しょうるいあわれ》みの令	●朱印船《しゅいんせん》貿易が活発になり，東南アジアに日本町が成立 ●キリスト教の禁止が強まる ●街道《かいどう》が発達する ●上方《かみがた》(京都・大阪)を中心に**元禄《げんろく》文化**が栄える 浮世絵《うきよえ》,『奥の細道』
1700			
18世紀		1709　新井白石《あらいはくせき》の政治 **1716**　徳川吉宗《よしむね》の**享保《きょうほう》の改革**が始まる 1772　田沼意次《たぬまおきつぐ》が老中《ろうじゅう》となる **1787**　松平定信《まつだいらさだのぶ》の**寛政《かんせい》の改革**が始まる 1792　ロシアのラクスマンが根《ね》室《むろ》に来航《らいこう》	●キリスト教以外の洋書輸入が解禁され，蘭学《らんがく》がおこる 1774　『解体新書《かいたいしんしょ》』 1782　天明《てんめい》のききんが起こる ●欧米《おうべい》の外国船が日本近海に現れるようになる
1800			
			●工場制手工業が始まる

世紀	時代区分	政治・外交のことがら	社会・文化のことがら
19世紀	江戸時代	1825 異国船打払令《いこくせんうちはらいれい》が出される	●江戸を中心に**化政《かせい》文化**が栄える
		1837 **大塩《おおしお》の乱《らん》**が起こる	『東海道中膝栗毛《とうかいどうちゅうひざくりげ》』
		1839 蛮社《ばんしゃ》の獄《ごく》で，渡辺崋山《わたなべかざん》らが処罰《しょばつ》される	伊能忠敬《いのうただたか》の日本地図 1833 天保のききん
		1841 水野忠邦《ただくに》の**天保《てんぽう》の改革**が始まる	**百姓一揆《ひゃくしょういっき》**や**打ちこわし**が活発となる
		1853 アメリカの使節**ペリー**が浦賀《うらが》に来航《らいこう》	
		1854 日米和親条約《にちべいわしんじょうやく》を結ぶ	●開国後，物価《ぶっか》が上がり，世直しを求める一揆《いっき》が多発
		1858 **日米修好通商《しゅうこうつうしょう》条約**を結ぶ	
		1858 安政《あんせい》の大獄《たいごく》が始まる	尊王攘夷《そんのうじょうい》運動が高まる
		1867 大政奉還《たいせいほうかん》が行われる 江戸幕府《えどばくふ》が滅《ほろ》ぶ	「ええじゃないか」
	明治時代	1868 五箇条《ごかじょう》の御誓文《ごせいもん》が発表される	
		1871 廃藩置県《はいはんちけん》が行われる	●**文明開化**が始まる
		1873 徴兵令《ちょうへいれい》が出される **地租《ちそ》改正**が行われる	「解放令」 ●**自由民権運動**がさかんとなる
		1877 西南戦争が起こる	
		1881 国会開設勅諭《ちょくゆ》	1872 新橋《しんばし》～横浜間に鉄道が開通する。学制の公布《こうふ》。『学問のすゝ《(す)》め』
		1889 **大日本帝国憲法**が発布《はっぷ》される	
		1890 第1回帝国議会	
		1894 **条約改正**－領事裁判権《りょうじさいばんけん》が廃止《はいし》される **日清《にっしん》戦争**が起こる	●このころ，軽工業を中心に産業革命が進む 1890 教育勅語《ちょくご》の発布
		1895 下関《しものせき》条約で清《しん》と講和	1897 志賀潔《しがきよし》が赤痢菌《せきりきん》を発見
1900			
20世紀		1902 **日英《にちえい》同盟**を結ぶ	1905 『吾輩《わがはい》は猫《ねこ》である』
		1904 **日露《にちろ》戦争**が起こる	●このころ，重工業を中心に産業革命が進む
		1905 ポーツマス条約でロシアと講和	
		1910 韓国《かんこく》を併合《へいごう》する	

世紀	時代区分	政治・外交のことがら	社会・文化のことがら
20世紀		1911 **条約改正**－関税《かんぜい》自《じ》主権《しゅけん》を回復する	
	大正時代	**1914** **第一次世界大戦**が起こり，日本も参戦する	●**大正デモクラシー** 普通選挙運動，護憲《ごけん》運動
		1915 中国に二十一か条の要求を出す	
		1918 **原敬**《はらたかし》の政党内閣が成立	1918 **米騒動**《こめそうどう》が起こる
		1920 国際連盟《れんめい》が成立し，日本も加盟する	1923 **関東大震災**《だいしんさい》が起こる
		1925 **治安維持**《ちあんいじ》**法・普通**《ふつう》**選挙法**が定められる	1925 ラジオ放送の開始
	昭和時代	1931 満州事変《まんしゅうじへん》が起こる	**1929** 世界恐慌《きょうこう》で，世界的不景気が広がる
		1933 国際連盟を脱退《だったい》する	1932 五《ご》・一五《いちご》事件
		1937 日中戦争が始まる	1936 二《に》・二六《にろく》事件
		1939 **第二次世界大戦**が起こる	●軍部の力が強まり，国家総《そう》動員法《どういんほう》(1938)などで，国をあげて戦争体制に入る
		1941 太平洋戦争が始まる	
		1945 広島・長崎に原子爆弾《ばくだん》→**ポツダム宣言**を受け入れて無条件降伏《こうふく》する	
		1946 **日本国憲法**の公布	●**財閥**《ざいばつ》**の解体**，**農地改革**など日本の民主化が進む
		1951 **サンフランシスコ平和条約**で，独立を回復 日米安全保障《ほしょう》条約を結ぶ	1953 テレビ放送の開始
		1956 日ソ共同宣言でソ連と国交回復→**国際連合に加盟**	●高度経済成長が始まる
		1965 日韓《にっかん》基本条約を結ぶ	1964 東京オリンピック
		1972 中国との国交が正常化→日中平和友好条約(1978)	1970 大阪で万国博覧会《ばんこくはくらんかい》 1972 沖縄《おきなわ》が返還《へんかん》される
	平成	1991 湾岸《わんがん》戦争	●バブル経済から平成不況《ふきょう》へ
		1992 PKO協力法成立	1995 阪神《はんしん》・淡路《あわじ》大震災《だいしんさい》
2000 21世紀		2001 アメリカで同時多発テロ	2004 自衛隊のイラク派遣
		2003 イラク戦争が起こる	2011 東日本大震災
	令和	2019 大阪サミット	2020 東京オリンピック*

＊新型コロナウイルス感染症《かんせんしょう》流行の影響《えいきょう》で2020年の開催《かいさい》は延期《えんき》された。

2 テーマ別ポイント整理

●政治のしくみの移りかわり

時代		政治の形	おもなことがら
	弥生《やよい》～ 古墳《こふん》時代		「**むら**」をたばねるかしらの出現→小さな「**くに**」の成立→**邪馬《やま》台国《たいこく》**などの大きな国→**大和政権**（**朝廷《ちょうてい》**）の全国統一→物部《もののべ》氏・蘇我《そが》氏などの有力豪族《ごうぞく》が強大化
天皇と貴族の世の中	飛鳥《あすか》時代 ～ 奈良《なら》時代	律令《りつりょう》政治	▶**聖徳太子《しょうとくたいし》の政治**…**冠位《かんい》十二階，十七条の憲法** ▶**大化の改新**…蘇我氏の滅亡《めつぼう》。**公地・公民**など，天皇中心の政治へ→**大宝律令**で制度化
	平安《へいあん》時代	摂関《せっかん》政治	▶**藤原氏**が**摂政《せっしょう》・関白《かんぱく》**の地位を独占し，政治の実権をにぎる。**道長《みちなが》・頼通《よりみち》のころ全盛期**
		院　政	▶天皇が退位して**上皇《じょうこう》**となってからも院で政治
		平氏政権	▶**平清盛**が太政《だいじょう》大臣となって政治の実権をにぎる
武士の世の中	鎌倉《かまくら》時代	武家政治	▶**鎌倉幕府**…中央に**政所《まんどころ》・侍所《さむらいどころ》・問注所《もんちゅうじょ》**，地方に**守護《しゅご》・地頭《じとう》**，京都に**六波羅探題《ろくはらたんだい》** ▶**執権《しっけん》政治**…執権の**北条《ほうじょう》氏**の政治。**御成敗式目《ごせいばいしきもく》**
	（南北朝時代）	建武の新政	▶**後醍醐《ごだいご》天皇**みずから公家《くげ》重視の政治→失敗
	室町《むろまち》時代 （戦国時代）	武家政治 戦国大名の領国支配	▶**室町幕府**…全体的に将軍の力は弱く，守護大名の連合政権。執権のかわりに**管領《かんれい》**
	安土桃山《あづちももやま》時代		▶**織田信長《おだのぶなが》・豊臣秀吉《とよとみひでよし》**の全国統一。**検地《けんち》・刀狩《かたながり》**
	江戸《えど》時代	幕藩《ばくはん》体制	▶**江戸幕府**…将軍の下に**大老・老中《ろうじゅう》・寺社奉行《ぶぎょう》・若年寄《わかどしより》**，**京都所司代《しょしだい》・大阪城代《じょうだい》**など。**武家諸法度《しょはっと》**・参勤交代《さんきんこうたい》などで大名を統制《とうせい》
新しい世の中	明治《めいじ》～ 昭和《しょうわ》初期	天皇中心の立憲政治	▶**大政奉還《たいせいほうかん》**で政権が朝廷（天皇）に返される ▶**大日本帝国《ていこく》憲法**にもとづく議会政治…天皇主権
	第二次世界大戦後	民主政治	▶**日本国憲法**…国民主権，三権分立

●社会・経済の移りかわり

時　代	農業・土地・税に関することがら	その他の特記《とっき》事項	人　口
弥生時代 古墳時代	**米づくり**の始まり…木のくわ，石包《いしぼう》丁《ちょう》，田げた，**高床倉庫《たかゆか》** 鉄製農具が伝来→奈良時代に広まる **豪族《ごうぞく》が土地・人民を私有**	自給自足，物々交換《こうかん》 **登呂《とろ》・吉野ヶ里遺跡《よしのがりいせき》** 渡来人《とらいじん》が大陸から新しい技術を伝える	
飛鳥時代 奈良時代	大化の改新で**公地・公民**に変わる **班田収授法《はんでんしゅうじゅのほう》**により**口分田《くぶんでん》**を支給…**租《そ》・調《ちょう》・庸《よう》**の税や**雑徭《ぞうよう》・防人《さきもり》** 農民の逃亡，口分田の不足→**墾田永《こんでんえい》年私財法《ねんしざいのほう》**→貴族・寺社が開墾《かいこん》	初期の貨幣《かへい》**和同開珎《わどうかいちん》《ほう》**	約 450 万人
平安時代	班田収授法がくずれ，私有地(**荘園《しょうえん》**)が広がる…**藤原氏**が広大な荘園 田植え，水車・からすき	有力貴族の荘園は**不《ふ》輸《ゆ》・不入《ふにゅう》の権**	中期 約 1000 万人
鎌倉時代 室町時代	牛馬による耕作《こうさく》，**二毛作《にもうさく》**の広まり 武士の荘園侵略《しんりゃく》が進む **商品作物**の生産が増《ふ》え，**農村の自治《じち》**(寄合《よりあい》など)も進む→**土一揆《つちいっき》《ど》**	手工業が発達→**定期市**など商業も発達 **座《ざ》**…商工業者の組合 **問《とい》・馬借《ばしゃく》・土倉《どそう》**	鎌倉末期 約 1100 万人 室町末期 約 1800 万人
安土桃山時代	**戦国大名の領国《りょうごく》支配**→荘園領主《しょうえんりょうしゅ》の支配を否定→その仕上げが**太閤検地《たいこうけんち》** **豊臣秀吉の刀狩《かたながり》**…農民の身分が固定	**織田信長**の**楽市《らくいち》・楽《らく》座《ざ》**…商工業の自由な発展	
江戸時代	**年貢《ねんぐ》収入の維持《いじ》のため**…田畑の売買禁止，勝手作《かってづく》りの禁，**五人組**，四公六民から五公五民→**百姓一揆《ひゃくしょういっき》** 新田開発。新しい農具…**備中《びっちゅう》ぐわ・千歯《せんば》こき・千石《せんごく》どおし・とうみ**	**問屋制家内工業《といやせいかないこうぎょう》→工場制手工業**へ発達 **株仲間《かぶなかま》**…同業者組合 **両替商《りょうがえしょう》**から大商人 五街道・宿場町《しゅくばまち》	中期 約 3000 万人
明治時代	**地租《ちそ》改正…地価の3％**を現金で納税《のうぜい》 小作人は苦しい生活→**小作争議《こさくそうぎ》**	**官営工場**→産業革命 (軽工業→重工業)	明治初期 約 3500 万人
昭和時代	**農地改革**…農村民主化，**自作農《じさくのう》**増大	高度経済成長	昭和初期 約 6000 万人

●文化の移りかわり

	文化の名	各時代の文化の特色とおもなことがら
日本文化のおこり	**縄文《じょうもん》文化** **弥生《やよい》文化**	▶厚くてもろい，縄目模様《なわめもよう》の**縄文土器**に特色。**貝塚《かいづか》**。**土偶《どぐう》** ▶うすくてかたい**弥生土器**…ろくろを使用。**銅剣**・**銅鐸《どうたく》**など
	古墳《こふん》文化	▶4～6世紀，大王《おおきみ》や豪族の墓《はか》…**前方後円墳《ぜんぽうこうえんふん》**など。**埴輪《はにわ》** ▶渡来人《とらいじん》により，**漢字**・**儒教《じゅきょう》**・**仏教《ぶっきょう》**など**大陸文化が伝来**
天皇と貴族の文化の栄え	**飛鳥《あすか》文化**	▶**聖徳太子《しょうとくたいし》**(**厩戸皇子《うまやどのおうじ》**)の時代，仏教をもとにうまれた。**法隆寺《ほうりゅうじ》** ▶中国を通じてインド・西アジアの影響《えいきょう》…唐草文様《からくさもんよう》
	天平《てんぴょう》文化	▶奈良《なら》時代，とくに**聖武天皇《しょうむてんのう》**のころ栄えた**仏教中心の文化** ▶国分寺《こくぶんじ》・国分尼寺《こくぶんにじ》や**東大寺大仏**，校倉造《あぜくらづくり》の**正倉院《しょうそういん》**と宝物 ▶**古事記《こじき》**・**日本書紀《にほんしょき》**・**風土記《ふどき》**・**万葉集《まんようしゅう》**など史書・歌集の編集
	国風《こくふう》文化	▶平安《へいあん》時代中期，唐風《とうふう》の文化をふまえながら**日本独自の文化**が発達→**かな文字**…**源氏物語**・**枕草子《まくらのそうし》**。**寝殿造《しんでんづくり》**，**平等院鳳凰堂《ほうおうどう》** ▶**最澄《さいちょう》**…**天台《てんだい》宗**，**空海《くうかい》**…**真言《しんごん》宗**。浄土《じょうど》信仰芸術の発達
武家文化の形成	**鎌倉《かまくら》文化**	▶伝統的貴族文化に，武士の気風に合った**力強く素朴《そぼく》な文化**が加わる→軍記物…**平家物語**。**金剛《こんごう》力士像**。絵巻物《えまきもの》・**似絵《にせえ》** ▶新仏教が発達…**浄土《じょうど》宗**・**浄土真宗**・**日蓮《にちれん》宗**・**曹洞《そうとう》宗**など
	北山《きたやま》文化 **東山《ひがしやま》文化**	▶足利義満《あしかがよしみつ》が京都北山に建てた鹿苑寺《ろくおんじ》**金閣**に代表 ▶足利義政《よしまさ》が京都東山に建てた慈照寺《じしょうじ》**銀閣**に代表。**公家《くげ》と武家の文化がとけ合う**，**禅宗《ぜんしゅう》の影響《えいきょう》**…**わび・さび**の文化
町人文化の発達	**桃山《ももやま》文化**	▶安土《あづち》桃山時代の**豪華《ごうか》で雄大《ゆうだい》な文化**…新興《しんこう》の大名や都市の商人がになない手。天守閣《てんしゅかく》をもつ城。**狩野《かのう》派**の障壁画《しょうへきが》
	元禄《げんろく》文化 **化政《かせい》文化**	▶江戸時代前半，**上方《かみがた》を中心**にした町人文化。現実的で健康・はつらつ。**浮世草子《うきよぞうし》**・**人形浄《じょう》瑠璃《るり》**・**歌舞伎《かぶき》**・**俳諧《はいかい》**などが発達。 ▶江戸時代後期，**江戸を中心**に栄えた円熟《えんじゅく》した町人文化。退《たい》はい的。**浮世絵《うきよえ》**・小説など 江戸時代には学問が発達 儒学の**朱子学《しゅしがく》**が幕府の学問。**国学**・**蘭学《らんがく》**
	明治《めいじ》文化	▶西欧《せいおう》文化が流入(**文明開化**)。**近代市民文化**が発達

3 入試によく出る人物総まとめ

●おもな天皇《てんのう》(上皇《じょうこう》)

人物	おもなことがら	時代
仁《にん》徳《とく》天皇	5世紀ごろ。世界最大級《さいだいきゅう》の墓《はか》，大仙古墳《だいせんこふん》(前方後円墳《ぜんぽうこうえんふん》)の主。	古墳
推《すい》古《こ》天皇	日本最初《さいしょ》の女帝《じょてい》。593年，聖徳太子を摂政《せっしょう》につかせる。	飛鳥
天《てん》智《じ》天皇	645年，中大兄皇子《なかのおおえのおうじ》のとき**大化《たいか》の改新《かいしん》**を始める。	飛鳥
天《てん》武《む》天皇	大海人皇子《おおあまのおうじ》のとき壬申《じんしん》の乱《らん》(672年)で大友皇子《おおとものおうじ》を破《やぶ》り即位《そくい》。	飛鳥
持《じ》統《とう》天皇	天武《てんむ》天皇の皇后《こうごう》。藤原京《ふじわらきょう》をつくり，天皇中心の政治をする。	飛鳥
元《げん》明《めい》天皇	唐《とう》の都長安《みやこちょうあん》にならい**平城京《へいじょうきょう》**(奈良《なら》の都)をつくる。	奈良
聖武天皇	東大寺《とうだいじ》(大仏《だいぶつ》)・国分寺《こくぶんじ》・国分尼寺《こくぶんにじ》をつくる。天平《てんぴょう》文化。	奈良
桓《かん》武《む》天皇	794年，**平安京《へいあんきょう》**(京都)をつくる。律令政治《りつりょうせいじ》の復興《ふっこう》に努《つと》める。	平安
後三条《ごさんじょう》天皇	11世紀後半，藤原氏《ふじわらし》をおさえるため荘園《しょうえん》の整理《せいり》をはかる。	平安
白《しら》河《かわ》天皇	1086年に上皇《じょうこう》となり，藤原氏《ふじわらし》の摂政や関白《かんぱく》をおさえる(**院政《いんせい》**)。	平安
後白河《ごしらかわ》天皇	法皇《ほうおう》。長い間院政《いんせい》を行う。源頼朝《みなもとのよりとも》に平氏《へいし》をうたせる。	平安
後鳥羽《ごとば》上皇	**承久《じょうきゅう》の乱《らん》**(1221年)で北条氏《ほうじょうし》に敗れ，隠岐島《おきのしま》に流される。	鎌倉
後醍醐天皇	北条氏(鎌倉幕府《かまくらばくふ》)をたおし，**建武《けんむ》の新政《しんせい》**を始める。(1334年)	南北朝《なんぼくちょう》
明治天皇	明治維新《いしん》で天皇中心の政治にもどす。五箇条《ごかじょう》の御誓文《ごせいもん》を出す。	明治
昭《しょう》和《わ》天皇	太平洋戦争《たいへいようせんそう》に敗れ，「人間宣言《せんげん》」を出す。	昭《しょう》和《わ》

●政治の実権をにぎった人①(摂政《せっしょう》・関白《かんぱく》など)

人物	おもなことがら	時代
卑《ひ》弥《み》呼《こ》	**邪馬台国《やまたいこく》**の女王として約30国を支配。魏《ぎ》に使者を送る。	弥生《やよい》
聖《しょう》徳《とく》太《たい》子《し》	**十七条《じゅうしちじょう》の憲法《けんぽう》**を制定《せいてい》。遣隋使《けんずいし》(小野妹子《おののいもこ》)を送る。法隆寺。	飛鳥
蘇《そ》我《がの》入《いる》鹿《か》	権力《けんりょく》を独占したが，大化の改新で殺された。	飛鳥
中《なか》臣《とみの》鎌《かま》足《たり》	中大兄皇子とともに**大化の改新**を始める。藤原氏の祖先《そせん》。	飛鳥
藤原《ふじわらの》不《ふ》比《ひ》等《と》	**大宝律令《たいほうりつりょう》**(701年)・養老《ようろう》律令の制定《せいてい》に力をつくす。	飛鳥
道《どう》鏡《きょう》	孝謙上皇《こうけんじょうこう》に重く用いられ，太政大臣禅師《だいじょうだいじんぜんじ》(法王《ほうおう》)となる。	奈良
藤原良《よし》房《ふさ》	9世紀の中ごろ，初めて摂政となる。	平安
藤原道《みち》長《なが》	藤原氏がもっとも栄えたとき(11世紀《せいき》前半)の摂政・太政大臣《だいじょうだいじん》。	平安
藤原頼《より》通《みち》	道長の子。宇治《うじ》に**平等院鳳凰堂《びょうどういんほうおうどう》**を建てる。	平安

●政治の実権をにぎった人②（将軍《しょうぐん》・執権《しっけん》・首相《しゅしょう》など）

人物	おもなことがら	時代
平《たいらの》清《きよ》盛《もり》	源氏《げんじ》をおさえて，平氏《へいし》の繁栄《はんえい》をもたらす（太政大臣《だいじょうだいじん》）。	平《へい》安《あん》
源《みなもとの》頼《より》朝《とも》	1192年征夷大将軍《せいいたいしょうぐん》となり，**鎌倉幕府《かまくらばくふ》**を開く。源義経《よしつね》は弟。	鎌倉
源実《さね》朝《とも》	鎌倉幕府の3代将軍《しょうぐん》。歌人で歌集に『金槐《きんかい》和歌集』がある。	鎌倉
北《ほう》条《じょう》政《まさ》子《こ》	頼朝《よりとも》の妻《つま》で北条時政《ときまさ》の娘。「尼《あま》将軍」とよばれる。	鎌倉
北条時《とき》政《まさ》	鎌倉幕府の最初《さいしょ》の執権。北条政子の父。	鎌倉
北条泰《やす》時《とき》	鎌倉幕府の3代執権。**御成敗式目《ごせいばいしきもく》**（貞永《じょうえい》式目）を定める。	鎌倉
北条時《とき》宗《むね》	鎌倉幕府の8代執権。13世紀後半, 2度の元寇《げんこう》を防《ふせ》ぐ。	鎌倉
足《あし》利《かが》尊《たか》氏《うじ》	後醍醐天皇《ごだいごてんのう》に対して兵をあげ，京都に**室町《むろまち》幕府**を開く。	室町
足利義《よし》満《みつ》	室町幕府の3代将軍。花の御所《ごしょ》・**金閣《きんかく》**を建てる。勘合貿易《かんごうぼうえき》。	室町
足利義《よし》政《まさ》	室町幕府の8代将軍。**銀閣《ぎんかく》**を建てる（東山文化）。応仁《おうにん》の乱《らん》。	室町
足利義《よし》視《み》	義政《よしまさ》の弟。**応仁の乱**の原因《げんいん》をつくる。将軍にはなっていない。	室町
足利義《よし》昭《あき》	室町幕府の15代将軍。織田信長《おだのぶなが》に追われ，室町幕府滅《ほろ》ぶ。	室町
織《お》田《だ》信《のぶ》長《なが》	尾張《おわり》（愛知《あいち》県）の戦国《せんごく》大名。**安土《あづち》城**を建て天下統一をめざす。	安土
豊《とよ》臣《とみ》秀《ひで》吉《よし》	尾張から出て全国統一《とういつ》。太閤《たいこう》**検地《けんち》**・**刀狩《かたながり》**を行う。	桃山《ももやま》
徳《とく》川《がわ》家《いえ》康《やす》	征夷大将軍《せいいたいしょうぐん》となり，豊臣《とよとみ》氏を滅ぼし，**江戸幕府《えどばくふ》**を開く。	江《え》戸《ど》
徳川家《いえ》光《みつ》	江戸幕府の3代将軍。**参勤交代《さんきんこうたい》**を定め，**鎖国《さこく》**のはじまり。	江戸
徳川家《いえ》綱《つな》	江戸幕府の4代将軍。保科正之《ほしなまさゆき》らの補佐《ほさ》で文治《ぶんち》政治をする。	江戸
徳川綱《つな》吉《よし》	江戸幕府の5代将軍。文治政治を進める。犬公方《いぬくぼう》。	江戸
徳川吉《よし》宗《むね》	江戸幕府の8代将軍。**享保《きょうほう》の改革《かいかく》**を行う。米将軍。	江戸
徳川家《いえ》斉《なり》	江戸幕府の11代将軍。松平定信《まつだいらさだのぶ》が**寛政《かんせい》の改革《かいかく》**。	江戸
徳川慶《よし》喜《のぶ》	江戸幕府の15代将軍。**大政奉還《たいせいほうかん》**を行う（1867年）。	江戸
伊《い》藤《とう》博《ひろ》文《ぶみ》	明治政府の中心人物。**初代内閣総理大臣《そうりだいじん》**。憲法《けんぽう》草案を作成。	明《めい》治《じ》
山《やま》県《がた》有《あり》朋《とも》	明治の元老《げんろう》政治家・軍人。**徴兵令《ちょうへいれい》**を制定。	明治
大《おお》隈《くま》重《しげ》信《のぶ》	明治の政治家。日本最初《さいしょ》の**政党内閣《せいとうないかく》**をつくる。早稲田《わせだ》大学。	明治
西《さい》園《おん》寺《じ》公《きん》望《もち》	明治の元老《げんろう》政治家。桂太郎《かつらたろう》と交代で2度内閣をつくる。	明治
原《はら》敬《たかし》	日本**最初の本格的政党内閣**をつくる。平民宰相《へいみんさいしょう》といわれた。	大《たい》正《しょう》
加《か》藤《とう》高《たか》明《あき》	1924年に護憲三派内閣《ごけんさんぱないかく》をつくる。**普通選挙法《ふつうせんきょほう》**・**治安維持法《ちあんいじほう》**。	大正
犬《いぬ》養《かい》毅《つよし》	尾崎行雄《おざきゆきお》らとともに**護憲《ごけん》運動**と普通選挙運動につくす。	大正
近《この》衛《え》文《ふみ》麿《まろ》	3度内閣をつくる。新体制運動《しんたいせいうんどう》や大政翼賛会《たいせいよくさんかい》をつくる。	昭《しょう》和《わ》
吉《よし》田《だ》茂《しげる》	第二次世界大戦後に首相。サンフランシスコ平和条約を結ぶ。	昭和
佐《さ》藤《とう》栄《えい》作《さく》	**沖縄返還《おきなわへんかん》**のときの首相。ノーベル平和賞（1974年）。	昭和

●おもな学者・芸術家・宗教家

人物	おもなことがら	時代
太《おお》安《やす》万《ま》侶《ろ》	元明《げんめい》天皇の命令で，稗田阿礼《ひえだのあれ》と『**古事記《こじき》**』をあらわす。	奈《な》良《ら》
行《ぎょう》基《き》	東大寺《とうだいじ》の大仏《だいぶつ》づくりにつくす。各地の社会事業に活躍《かつやく》。	奈良
鑑《がん》真《じん》	中国(唐《とう》)の高僧《こうそう》だったが，日本に渡来《とらい》し**唐招提寺《とうしょうだいじ》**を建てる。	奈良
最《さい》澄《ちょう》	唐から帰国後，**天台宗《てんだいしゅう》**を開き比叡山《ひえいざん》に**延暦寺《えんりゃくじ》**を建てる。	平安
空《くう》海《かい》	唐から帰国後，**真言宗《しんごんしゅう》**を開き高野山《こうやさん》に**金剛峯寺《こんごうぶじ》**を建てる。	平安
菅《すが》原《わらの》道《みち》真《ざね》	学者・政治家(右大臣《うだいじん》)。**遣唐使《けんとうし》の廃止《はいし》を進言《しんげん》**(894年)。	平安
紫《むらさき》式《しき》部《ぶ》	女性文学者。宮中生活をえがいた小説『**源氏物語《げんじものがたり》**』。	平安
清《せい》少《しょう》納《な》言《ごん》	宮中につかえ，随筆《ずいひつ》『**枕《まくらの》 草子《そうし》**』をあらわす。	平安
兼《けん》好《こう》法《ほう》師《し》	京都の吉田神社の神官で，随筆『**徒然草《つれづれぐさ》**』をあらわす。	鎌倉
雪《せっ》舟《しゅう》	僧・画家。中国にわたり絵を修業《しゅぎょう》，水墨画《すいぼくが》を大成《たいせい》した。	室町
世《ぜ》阿《あ》弥《み》	能楽師《のうがくし》。父の観阿弥《かんあみ》と能を大成。『風姿花伝《ふうしかでん》』。	室町
本《もと》居《おり》宣《のり》長《なが》	国学者《こくがくしゃ》。『**古事記伝《こじきでん》**』をあらわし，国学を大成した。	江戸
杉《すぎ》田《た》玄《げん》白《ぱく》	医者《いしゃ》・蘭学者《らんがくしゃ》。前野良沢《まえのりょうたく》らと『**解体新書《かいたいしんしょ》**』を出版。	江戸
伊《い》能《のう》忠《ただ》敬《たか》	全国の沿岸《えんがん》を測量《そくりょう》し，正確《せいかく》な日本全図をつくる。	江戸
歌《うた》川《がわ》広《ひろ》重《しげ》	浮世絵師《うきよえし》。『東海道《とうかいどう》五十三次《つぎ》』によって風景版画《ふうけいはんが》を大成。	江戸
近松門左衛門《ちかまつもんざえもん》	**浄瑠璃《じょうるり》**のすぐれた脚本《きゃくほん》を書く。『曾根崎心中《そねざきしんじゅう》』などが有名。	江戸
松《まつ》尾《お》芭《ば》蕉《しょう》	すぐれた俳句《はいく》をたくさんつくる。『**奥《おく》の細道《ほそみち》**』が有名。	江戸
井《い》原《はら》西《さい》鶴《かく》	浮世草子《うきよぞうし》(小説)の作家。上方町人《かみがたちょうにん》や武士の生活をえがく。	江戸
福《ふく》沢《ざわ》諭《ゆ》吉《きち》	思想家・教育者。『**学問のすゝ《(す)》め**』をあらわす。慶應義塾《けいおうぎじゅく》。	明治
吉《よし》野《の》作《さく》造《ぞう》	思想家。**民本《みんぽん》主義**を説く。大正デモクラシー。	大正
湯《ゆ》川《かわ》秀《ひで》樹《き》	物理学者。1949年，日本人で最初のノーベル賞《しょう》をうける。	昭和

●明治時代のおもな政治家

人物	おもなことがら
西《さい》郷《ごう》隆《たか》盛《もり》	明治維新《いしん》を指導《しどう》。征韓論《せいかんろん》に敗れ，**西南戦争《せいなんせんそう》**を起こし，自殺《じさつ》。
大久保利通《おおくぼとしみち》	明治維新を指導。明治政府《せいふ》の中心人物で，その基礎《きそ》を築いた。
木《き》戸《ど》孝《たか》允《よし》	明治維新を指導。明治政府の参議《さんぎ》となり，活躍。旧名《きゅうめい》は桂小五郎《かつらこごろう》。
板《いた》垣《がき》退《たい》助《すけ》	明治時代の**自由民権《みんけん》運動**を指導。日本最初の政党の自由党をつくる。
陸《む》奥《つ》宗《むね》光《みつ》	外務大臣《がいむだいじん》として1894年に領事裁判権《りょうじさいばんけん》を廃止。
小村寿太郎《こむらじゅたろう》	外務大臣として1911年に関税自主権を回復。

4 入試によく出る史料総まとめ

●中学入試の歴史の問題では，史料の出題率が高い。しかし，よく出題される史料は，限られているので，それだけをしっかり頭に入れておけばよい。ここでは，そのような必出《ひっしゅつ》史料をまとめているので，声に出して読んで，頭に入れよう。
●なお，以下の史料は，原文《げんぶん》を現在のことばにかえている。〔　〕内は注釈《ちゅうしゃく》を示す。

1 『漢書《かんじょ》』地理志《ちりし》

楽浪郡《らくろうぐん》〔朝鮮《ちょうせん》の地名〕の海のむこうには，日本人が住んでいて，100あまりの国々に分かれている。そして，〔中国の漢《かん》の王朝へ〕定期的にみつぎ物をもってあいさつに来ている。

説明　紀元前1世紀ごろの日本の様子がわかる。

2 『後漢書《ごかんじょ》』東夷伝《とういでん》

建武中元《けんむちゅうげん》2年〔西暦《せいれき》57年〕に，日本の奴《な》の国が，〔中国の後漢《ごかん》の王朝へ〕みつぎ物をもって，あいさつにきた。使いの者は，自分を大臣であるといっている。奴国は，日本の中でいちばん南の端《はし》に位置する。〔後漢《ごかん》の皇帝《こうてい》である〕光武帝《こうぶてい》は，奴国王《なのこくおう》の位を認《みと》め，そのしるしとして，印をあたえた。

説明　紀元1世紀(57年)に中国の皇帝からあたえられた印と考えられる金印《きんいん》が，江戸時代に，福岡《ふくおか》市の志賀島《しかのしま》で発見された。

3 『魏志《ぎし》』倭人伝《わじんでん》

邪馬台国《やまたいこく》は，もとは男の王であった。70～80年たって，国は乱《みだ》れ，何年にもわたって，戦乱《せんらん》が続いた。そこで，1人の女子を立てて王とした。その名を卑弥呼《ひみこ》という。まじないの術がたいへんうまい。卑弥呼が女王になってから，彼女《かのじょ》を見た者は少なく，女の奴隷《どれい》が1000人仕えている。

説明　3世紀中ごろ，邪馬台国というくにが，30ほどの小さなくにをしたがえていたらしい。

4 高句麗《こうくり》の好太王《こうたいおう》の碑文《ひぶん》

〔朝鮮半島南部の〕百済《くだら》と新羅《しらぎ》は，もともと高句麗〔朝鮮北部の国〕に服従《ふくじゅう》し，昔から，貢物を届《とど》けてきていたが，日本が，391年に海をこえてやってきて，百済や新羅を破《やぶ》って，征服《せいふく》してしまった。

説明　4世紀，日本が朝鮮半島に進出したとある。内容についてはいろいろな説があり，はっきりしない。

5 倭王武《わおうぶ》(雄略《ゆうりゃく》天皇)の上表文《じょうひょうぶん》

私の国は，中国からたいへん遠い所にあります。昔から，わたしの祖先は国土を平定《へいてい》するために，みずからよろいやかぶとを身につけ，休むひまもなく山川をかけめぐり，東は蝦夷《えみし》55か国，西は熊襲《くまそ》など66か国，さらに海をわたって北へ進み，朝鮮の95か国を征服《せいふく》して国土を広げました。

説明　中国の『宋書《そうじょ》』倭国伝《わこくでん》にいう倭王武は，雄略《ゆうりゃく》天皇(ワカタケル大王)をさすと考えられている。5世紀ごろの大和《やまと》政権《せいけん》の様子を示す。

6 聖徳太子《しょうとくたいし》(厩戸皇子《うまやどのおうじ》)の「十七条《じゅうしちじょう》の憲法《けんぽう》」

一．人の和《わ》をたいせつにし，争《あらそ》うことのないようにせよ。

二．仏教《ぶっきょう》をあつくうやまえ。

三．天皇の命令には必ずしたがえ。

十二．地方の役人は百姓《ひゃくしょう》から勝手に税をとり立ててはならない。

十七．重大なことは必ず人々と議論して決めよ。

説明　聖徳太子(厩戸皇子)は，604年，役人の心得《こころえ》として，儒教《じゅきょう》や仏教の考え方をとり入れた十七条の憲法を示した。

7 『隋書《ずいしょ》』倭国伝《わこくでん》

大業《たいぎょう》3年〔607年〕，倭国《わこく》の王である天皇が，使者をよこして，貢物を届けてきた。その使者が持ってきた国書には，「日の出《い》ずる国の天子《てんし》が，日の沈《しず》む国の天子に手紙を送ります。お元気ですか。」などと書かれていた。〔隋の〕皇帝の煬帝《ようだい》は，これを見て，はげしくおこった。

説明　聖徳太子《しょうとくたいし》は，7世紀初め，小《お》野妹子《ののいもこ》を遣隋使《けんずいし》として隋《ずい》に送り，対等の立場で国交を求めた。「日の出ずる国」は東の日本，「日の沈む国」は西の中国をさす。

8 貧窮問答歌《ひんきゅうもんどうか》(『万葉集《まんようしゅう》』)

天地は広いというが，わたしだけにはせまくできているのか。太陽や月は明るいというが，わたしのためには照ってくれないのか。せっかく人間と生まれ，人なみに働いて耕作《こうさく》しているのに，自分は綿《わた》のない海草みたいにぼろぼろになったものを着て，つぶれかかって柱も曲がったあばらやの中で，土の上にじかにわらをしき，私の枕《まくら》の方に父母が，足下には妻子《さいし》が，なげき悲しみながらねむる。かまどに火の気はなく，米をむすこしきにはくもの巣ばかり，長い間飯をたくこともない。それなのにむちをもつ里長《りちょう》《さとおや》の税《ぜい》を出せという声が，寝ているところまで聞こえてくる。どうして世の中は，こんなにも生きにくいものなのか。

説明　山上憶良《やまのうえのおくら》の歌で，『万葉集』にのせられている。奈良時代の農民の貧《まず》しい生活ぶりが，よく表れている。

9 防人《さきもり》のよんだ歌(『万葉集』)

着物のすそにとりついて泣く子を家においてきてしまった。母がいないのに，子供《こども》たちは今ごろどうしているだろう。

説明　律令《りつりょう》制度では，農民の負担《ふたん》に兵役《へいえき》があり，関東地方からは，九州北部の大宰府《だざいふ》で国防《こくぼう》につく防人という兵士が集められた。

10 藤原道長《ふじわらのみちなが》のよんだ和歌《わか》

この世の中は自分のためにあるようなものだ。満月が欠《か》けていないように，私は最高に満足している。

説明　11世紀，藤原道長・頼通《よりみち》父子のとき，藤原氏の摂関《せっかん》政治は，全盛《ぜんせい》となった。

11 御成敗式目《ごせいばいしきもく》(貞永《じょうえい》式目)

一．諸国の守護《しゅご》の仕事は，京都の警備《けいび》に出向くよう御家人《ごけにん》にうながすことと，殺害《さつがい》人などのとりしまりであり，そのほかで，国司《こくし》や地頭《じとう》の仕事をさまたげてはならない。

一．国司や荘園《しょうえん》の領主《りょうしゅ》のすることに，鎌倉幕府《かまくらばくふ》からは，口をさしはさんではならない。

一．妻《つま》が夫《おっと》から領地《りょうち》をゆずり受けてから離別《りべつ》されたとき，その理由として妻が重罪《じゅうざい》をおかしたのでなければ，夫が領地をとり返すことはできない。

説明　御成敗式目は，1232年，北《ほう》条泰時《じょうやすとき》が定めた51か条の最初の武家法。貞永《じょうえい》元年に制定されたので，貞永式目ともいう。女性の権利も認《みと》められている点に注目する。

12 正長《しょうちょう》の土一揆《つちいっき》

天下の土民《どみん》〔農民〕が一揆を起こした。徳政〔借金の帳消し〕を唱えて，酒屋《さかや》・土倉《どそう》〔高利貸《こうりがし》〕などをこわし，品物をほしいままに奪《うば》い，借金の証文を，みな，やぶりすてた。日本の国が始まって以来，土民がこのような一揆を起こしたのは，これが初めてである。

説明　1428年，近江《おうみ》(滋賀《しが》県)の坂《さか》本《もと》の輸送《ゆそう》業者であった馬借《ばしゃく》が，徳政を要求したことに始まり，山城《やましろ》(京都府)の農民らが，京都の酒屋・土倉をおそい，大和《やまと》(奈良県)にも広がって，大規模《だいきぼ》な一揆となった。

13 戦国大名の分国法《ぶんこくほう》

一．今川《いまがわ》氏の家臣《かしん》は，主君《しゅくん》の許可《きょか》を得ないで，他国より嫁《よめ》をとったり，むこをとったり，娘《むすめ》を他国へ嫁にやることは，今後，禁止《きんし》する。

〔今川仮名目録《いまがわかなもくろく》〕

一．朝倉《あさくら》家の城のほか，国内に城をつくってはならない。有力な家臣《かしん》は，全員，朝倉氏の城のある一乗谷《いちじょうだに》にひっこしさせ，村々には代官をおく。

〔朝倉孝景《あさくらたかかげ》条々〕

一．けんかは固く禁止する。この命令にそむいてけんかをしたときは，理由のいかんによらず，両方を処罰《しょばつ》する。

〔長宗我部元親《ちょうそかべもとちか》百か条《じょう》〕

説明　各地の戦国大名は，自分の領地を支配するために，それぞれ法《ほう》律《りつ》をつくっておさめた。これらの法をまとめて，分国法《ぶんこくほう》という。

14 豊臣秀吉《とよとみひでよし》の刀狩令《かたながりれい》

一．諸国の百姓《ひゃくしょう》が，刀・弓・やり・鉄《てっ》砲《ぽう》，そのほかの武器《ぶき》を持つことを，固《かた》く禁止する。よけいな武器を蓄《たくわ》え，年貢《ねんぐ》をおさめず，一揆《いっき》をくわだてて領主に反抗《はんこう》する者は，厳《きび》しく罰《ばっ》する。

一．とり上げた刀などは，新しく大仏《だいぶつ》をつくるためのくぎなどに役立てるから，百姓はこの世だけでなく，あの世でも仏に救われることになる。

説明　豊臣秀吉が，1588年に出した刀狩令《かたながりれい》。農民の武器をとり上げ，兵農分離《へいのうぶんり》の政策《せいさく》を進めた。

15 武家諸法度《ぶけしょはっと》

・新しく城を築《きず》いてはいけない。城を修理するときは幕府《ばくふ》の許《ゆる》しを得ること。
・大名どうしの家の結婚《けっこん》には，幕府の許しを得ること。
・学問や武芸にはげむこと。
・参勤交代《さんきんこうたい》をすること。*

＊は家光《いえみつ》のときに追加。

説明　江戸幕府が大名および武士全体の規則《きそく》として定めた法律。特に3代将軍《しょうぐん》の徳川家光《とくがわいえみつ》のときの参勤《さんきん》交代《こうたい》のきまりが重要である。

16 鎖国令《さこくれい》

一．外国へ日本の船をつかわすことは，固く禁止する。
一．日本人を外国へ派遣《はけん》してはならない。かくれてわたろうとすれば死罪《しざい》とする。
一．外国にわたって住みついた日本人が日本に帰国すれば，死罪とする。

説明　1633年から39年までに5回出された鎖国令のうち，1635年のもの。海外との行き来を全面的に禁止したため，朱印船貿易《しゅいんせんぼうえき》は終わった。

17 五箇条《ごかじょう》の御誓文《ごせいもん》

一．政治はみんなの意見を聞いて決める。
一．身分の上下にこだわらず，心を合わせる。
一．国民のだれもが不平のない世の中にする。
一．今までのよくないしきたりを改める。
一．知識を広く世界の国々からとり入れ，りっぱな国にする。

説明　1868年，明治天皇《めいじてんのう》が，新しい政治の大方針《ほうしん》を，天地の神々にちかうという形で明らかにしたもの。以後，明治維新《いしん》の改革が積極的に進められることになった。

18 治安維持法《ちあんいじほう》

第1条　国体《こくたい》を変革《へんかく》しようとしたり，私有財産《しゆうざいさん》制度を否定《ひてい》する目的で団体をつくったり，そのことを知ったうえでその団体に加入した者は，10年以下の懲役《ちょうえき》，または禁固刑《きんこけい》とする。

説明　1925年，普通選挙法成立の前に制定され，社会主義運動などをとりしまるためにつくられた。
1928年には，死刑が加えられた。

5 入試に役立つ歴史地図

●社会科の学習では，出てきた地名は，必ず地図でその位置を確かめておくことがたいせつである。ここでは，歴史上の重要なできごとを地図で示《しめ》してある。道名や旧国名は参考ていどに知っておけばよい。

北海道
(蝦夷《えぞ》)
函館
戊辰戦争
開港
三内丸山遺跡
青森
陸奥《むつ》
陸中
出《で》
秋田
羽後《うご》
前九年合戦
後三年合戦
岩手
陸中《りくちゅう》
羽《わ》
平泉
中尊寺金色堂
山形
宮城
陸《む》
羽前《うぜん》
陸前《りくぜん》
北陸道《ほくりくどう》
佐渡《さど》
佐渡金山
新潟
開港
能登《のと》
石
米騒動の開始
新潟
奥《つ》
会津若松
戊辰戦争
越後《えちご》
岩代《いわしろ》
福
島
東山道《とうさんどう》
一向一揆
川
富山
越中《えっちゅう》
加賀《かが》
磐城《いわき》
上野《こうずけ》
栃木
飛騨《ひだ》
長野
群馬
岩宿遺跡
福
越前《えちぜん》
井
岐
富岡製糸場
下野《しもつけ》
茨城
常陸《ひたち》
阜
美濃《みの》
信濃《しなの》
埼玉
滋
賀
関ヶ原の戦い
秩父事件
平将門の乱
山梨
武蔵《むさし》
安土城
尾張《おわり》
甲斐《かい》
東京
千
下総《しもうさ》
鎌倉《かまくら》・江戸《えど》周辺のくわしい図
愛知
長篠の戦い
相模《さがみ》
三河《みかわ》
静岡
駿河《するが》
神奈川
葉
三重
遠江《とおとうみ》
上総《かずさ》
伊豆《いず》
安房《あわ》
桶狭間の戦い
下田
志摩《しま》
登呂遺跡
開港
箱根の関所
東海道《とうかいどう》
下総《しもうさ》
東京
湯島聖堂
武蔵《むさし》
江戸城
江戸
大森貝塚
東京湾
生麦事件
神奈川
横浜
横浜開港
相模《さがみ》
円覚寺舎利殿
金沢文庫
千葉
鎌倉
上総《かずさ》
浦賀
ペリー来航
旧道界
旧国界
赤文字 旧国名
都道府県界

歴史編　総合問題

解答➡p.640

★は最高レベル

1 右の系図《けいず》を見て，次の問いに答えなさい。【白百合学園中】

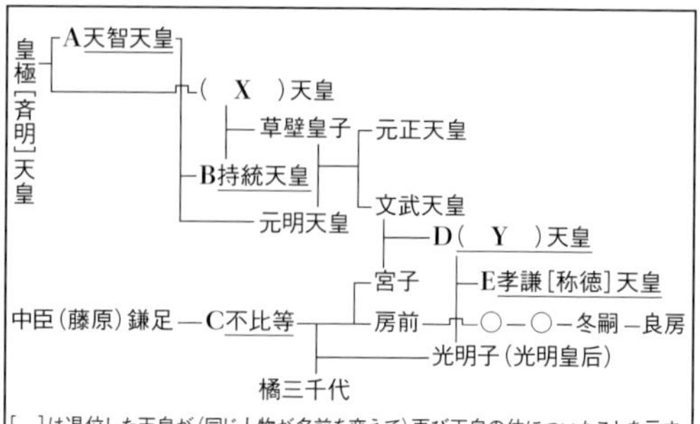

［　］は退位した天皇が（同じ人物が名前を変えて）再び天皇の位についたことを示す。

⑴ 下線部Aの天皇《てんのう》が亡《な》くなると，ア大友皇子《おおとものおうじ》とイ大海人皇子《おおあまのおうじ》との間で皇位をめぐる争いが起きました。

①この争いを何といいますか。（　　　　　）

②この争いに勝ったのはどちらか，ア・イの記号で答えなさい。（　　）

③この勝者は即位《そくい》して何天皇〔系図の空欄《くうらん》（ X ）〕となったか，答えなさい。

（　　　　　）

⑵ 下線部Bの天皇が694年，飛鳥《あすか》から移《うつ》した初めての本格的《ほんかくてき》な都は，何とよばれているか，答えなさい。（　　　　　）

★⑶ 下線部Cは，律令《りつりょう》の作成にかかわったとされています。律令に定められた内容で誤《あやま》っているものを，次から1つ選び，記号で答えなさい。（　　）

ア　6歳《さい》以上の男女に田地を口分田《くぶんでん》としてあたえ，その人が亡くなると田地を国に返させるしくみができた。

イ　租《そ》は口分田に課せられた税《ぜい》のことで，稲《いね》の収穫高《しゅうかくだか》の約3％をおさめさせた。

ウ　庸《よう》は，絹《きぬ》や地方の特産物をおさめさせる税で，成人男子に課せられた。

エ　都には，政策《せいさく》などを決める太政官《だいじょうかん》がおかれた。

オ　成人男子3～4人に1人の割合《わりあい》で兵役の義務《ぎむ》が課せられた。

⑷ 下線部Dの空欄（ Y ）に入る名を答えなさい。（　　　　　）

⑸ 下線部Dの（ Y ）天皇，下線部Eの孝謙《こうけん》天皇の時代を説明した文として誤っているものを，次から1つ選び，記号で答えなさい。（　　）

ア　Yは，全国に国分寺《こくぶんじ》，国分尼寺《こくぶんにじ》を建てるよう命じた。

イ　Yは政治《せいじ》を安定させるため，恭仁京《くにきょう》，難波宮《なにわのみや》，紫香楽宮《しがらきのみや》，長岡京《ながおかきょう》と次々に都を移した。

ウ　行基《ぎょうき》は人々に仏教《ぶっきょう》の教えを広め，橋やため池をつくるなど社会事業にも貢献《こうけん》した。また，大仏造立《だいぶつぞうりゅう》にも協力した。

エ　墾田永年私財法《こんでんえいねんしざいのほう》が出され，開墾地《かいこんち》を永久に私有してもよいことにした。

オ　鑑真《がんじん》が僧《そう》の守るべき正しい規則《きそく》などを伝えるために来日した。

2 **次のできごとが起きたときの年号(元号)を，下から選びなさい。**【慶應中等部】

①政治改革《かいかく》が行われ，日本で初めての年号が定められました。　(　　)

②文武《もんむ》天皇のとき，中国《ちゅうごく》を手本に政治の基本《きほん》がまとめられました。　(　　)

③源氏《げんじ》と平氏《へいし》の対立が表面化し，源 義朝《みなもとのよしとも》に勝利した平 清盛《たいらのきよもり》が政治の実権《じっけん》をにぎりました。　(　　)

④執権北条泰時《しっけんほうじょうやすとき》は，武士《ぶし》の間での土地をめぐる争いを裁《さば》く基準《きじゅん》として法律を定めました。　(　　)

⑤元《げん》の大軍が博多湾《はかたわん》に上陸しましたが，暴風雨《ぼうふうう》によって大損害《だいそんがい》を受けました。　(　　)

⑥京都《きょうと》をおもな戦場とし，足利将軍《あしかがしょうぐん》家や有力大名《だいみょう》が東西ふた手に分かれて大《たい》乱《らん》が始まりました。　(　　)

⑦幕末維新《ばくまついしん》の多くの指導者《しどうしゃ》を育てた吉田松陰《よしだしょういん》が，反幕府《はんばくふ》の思想をとがめられ処刑《しょけい》されました。　(　　)

⑧倒幕《とうばく》運動が高まる中，将軍徳川慶喜《とくがわよしのぶ》は政権《せいけん》を朝廷《ちょうてい》に返しました。　(　　)

⑨初めて「政府」により定められた年号が使われ始めました。　(　　)

ア　安政《あんせい》　　イ　応仁《おうにん》　　ウ　慶応《けいおう》　　エ　貞永《じょうえい》　　オ　大化《たいか》
カ　大宝《たいほう》　　キ　文永《ぶんえい》　　ク　平治《へいじ》　　ケ　平成《へいせい》

3 **右のA～Cを読んで，次の問いに答えなさい。なお,A～Cは一部要約してあります。**【大宮開成中・改】

(1) **A**は，男性《だんせい》がよんだものと推測《すいそく》できます。その理由を考えて，簡潔《かんけつ》に説明しなさい。
(　　　　　　　)

> **A**　から衣　すそに取りつき　泣く子らを　置きてぞ来《き》ぬや　母《おも》なしにして〔防人《さきもり》の歌〕
>
> **B**　一．この城下町を楽市《らくいち》とする。座《ざ》の規制《きせい》や雑税《ざつぜい》などの諸税《しょぜい》はすべて免除《めんじょ》する。
> 　一．徳政令《とくせいれい》が出てもこの町は免除する。
> 　一．他国の出身であっても，この町に住む者は，以前から住んでいたものと同じ待遇《たいぐう》にする。
>
> **C**　此比《このころ》都ニハヤル物，夜討《ようち》・強盗《ごうとう》・謀綸旨《にせりんじ》…(後略《こうりゃく》)
> (注：謀綸旨…にせの天皇の命令)

(2) **B**は，安土城《あづちじょう》の城下町《じょうかまち》に出された法令です。この法令を出した人物として正しいものを次から1つ選び，記号で答えなさい。(　　)

ア　織田信長《おだのぶなが》　　イ　武田信玄《たけだしんげん》　　ウ　豊臣秀吉《とよとみひでよし》　　エ　伊達政宗《だてまさむね》

(3) **C**は，建武《けんむ》の新政の混乱《こんらん》ぶりを批判《ひはん》した「二条河原《にじょうがわら》の落書」です。建武の新政を行った天皇《てんのう》名を書きなさい。　(　　　　　)

4 次の問いに答えなさい。

⑴ 次の文は，縄文《じょうもん》時代と弥生《やよい》時代の，どのようなちがいを根《こん》拠《きょ》としていますか。上の表のア～エから正しいものをすべて選び，記号で答えなさい。【浅野中】　（　　　　　）

	ちがい	具体的な内容
ア	土器	【縄文】縄目《なわめ》の模様《もよう》をつけ，分厚くもろい。色は黒褐色《こっかっしょく》。 【弥生】薄手《うすで》で固く，簡単な模様しかない。色は赤褐色《せきかっしょく》。
イ	墓の構造	【縄文】集落の中に共同墓地がつくられ，人々は埋葬《まいそう》された。 【弥生】地域ごとに墓の構造が統一され，大型の墓が出現した。
ウ	副葬品《ふくそうひん》	【縄文】副葬品の内容に，特徴的《とくちょうてき》なちがいはあまりない。 【弥生】多量の青銅器や鉄器が埋葬された墓が一部で出現した。
エ	道具	【縄文】弓矢《ゆみや》や釣《つ》り針，すり石など。 【弥生】鍬《くわ》や田げた，石包丁《いしぼうちょう》など。

縄文時代は身分の差がない社会であったといわれているが，弥生時代には身分差が生じていたといわれている。

⑵ 7世紀，遣唐使《けんとうし》の情報《じょうほう》をもとにして改革《かいかく》が進められました。この改革はどのような目的で行われましたか。右の資料を参考にして答えなさい。【麻布中】

> 資料　(改革の一部として出された命令)
> 多くの豪族《ごうぞく》が古墳《こふん》をつくってきたが，これからは勝手につくってはならない。また，古墳の大きさや葬式《そうしき》の内容《ないよう》については身分によって差をつけなさい。

（　　　　　）

★⑶ 江戸《えど》時代，葬式《そうしき》以外でも，人々は生活のさまざまな場面で寺院を頼《たよ》るようになりました。幕府《ばくふ》は支配のしくみを整えるため，人々と寺院の結びつきをどのように利用しましたか。【麻布中】

（　　　　　）

★⑷ 1850年代から1890年代まで，日本にやってきて貿易《ぼうえき》を行う西洋人は，横浜《よこはま》，神戸《こうべ》，長崎《ながさき》などの都市の一角に住むことを許《ゆる》され，領事裁判権《りょうじさいばんけん》(治外法権《ちがいほうけん》)なども認《みと》められました。西洋人が住むことや商売することを許された場所を，居留地《きょりゅうち》といいますが，西洋人の活動を居留地に限定《げんてい》したことは，日本にとってどのような利点がありましたか。答えなさい。【麻布中】

（　　　　　）

★⑸ 日本でも海外でも，塩は古くから専売制《せんばいせい》*にされることがありました。日本では，1905年に明治《めいじ》政府が塩を専売制にし，1997年まで続きました。1905年に専売制にされたのは，その前年から起きたできごとと直接《ちょくせつ》関係があります。この時，塩を専売制にしたおもな目的を答えなさい。【駒場東邦中】

（　　　　　）

＊国家が行政上の目的で特定物資の生産・販売をする制度

5 **右の文を読んで，次の問いに答えなさい。**【山脇学園中】

1853年に［ A ］が軍艦《ぐんかん》4隻《せき》をひきいて浦賀《うらが》に来航すると，これに対抗《たいこう》するための大砲《たいほう》や砲弾《ほうだん》をつくる鉄の需《じゅ》要《よう》が増大《ぞうだい》しました。その大量生産のために「たたら製鉄《せいてつ》法」ではなく，西洋製鉄技術《ぎじゅつ》の導入《どうにゅう》がはかられました。㋐江戸時代末期には反射炉《はんしゃろ》の築造《ちくぞう》が行われ，明治政府の下でも西洋製鉄技術の摂取《せっしゅ》が続けられましたが，鉄鋼《てっこう》のほとんどを輸入《ゆにゅう》に頼《たよ》っていました。そこで近代的製鉄所である㋑八幡《やはた》製鉄所の建設《けんせつ》計画が進められました。［ B ］の賠償金《ばいしょうきん》の一部を使って建設された八幡製鉄所は，日本で初めて銑鉄《せんてつ》の生産，製鋼，圧延《あつえん》までを一貫《いっかん》して行いました。㋒日露《にちろ》戦争後には製鉄量を増《ふ》やし，日本の鉄鋼業において中心的な役割《やくわり》をはたしました。太平洋《たいへいよう》戦争で焼け野原となった日本を復興《ふっこう》させるためにも，政府はあらゆる分野の基礎素材《きそそざい》で「産業のコメ」とよばれる鉄の生産に力を入れました。㋓高度経済《けいざい》成長期に鉄鋼業は高い技術力で多くの産業振興《しんこう》を支《ささ》え，㋔1964年にはアメリカ・ソ連に次ぐ世界第3位の製鉄国となりました。

(1) 空欄《くうらん》A・Bに入る語《ご》句《く》を答えなさい。

A（　　　　　）

B（　　　　　）

(2) 下線部㋐について，幕末期に反射炉をつくるなど，藩政《はんせい》改革に成功した藩を1つ漢字で答えなさい。

（　　　　　）

(3) 下線部㋑の場所を，右下の地図中ア～エから1つ選び，記号で答えなさい。

（　　）

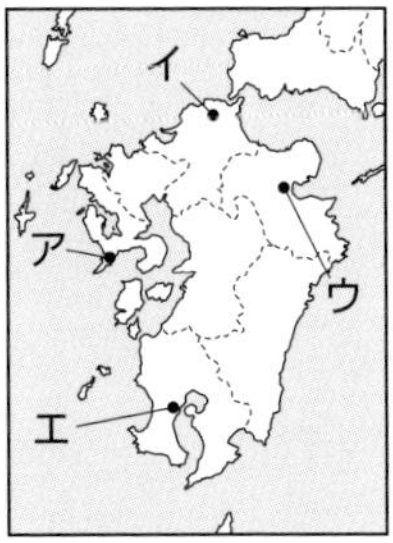

(4) 下線部㋒の講和条約《こうわじょうやく》を何といいますか。地名をつけて答えなさい。（　　　　　）

(5) 下線部㋓について述《の》べた文として誤《あやま》っているものを次から1つ選び，記号で答えなさい。（　　）

ア　政府は国民所得倍増《ばいぞう》計画を発表し，産業を急速に発展させる政策を進めた。

イ　「三種の神器《じんぎ》」とよばれた乗用車・クーラー・カラーテレビが家庭に広まった。

ウ　中学校を卒業した若者《わかもの》は「金の卵《たまご》」といわれ，都会の工場などに集団《しゅうだん》で就職《しゅうしょく》した。

エ　大気汚染《おせん》・水質汚濁《すいしつおだく》などの公害問題がうまれた。

(6) 下線部㋔の年に起こったできごととして正しいものを，次から1つ選び，記号で答えなさい。（　　）

ア　オリンピック東京《とうきょう》大会が開かれる。

イ　国民総生産《そうせいさん》が世界2位となる。

ウ　沖縄《おきなわ》が日本に復帰《ふっき》する。

エ　日米安全保障《ほしょう》条約が結ばれる。

6 右の文を読んで，次の問いに答えなさい。【広尾学園中・改】

> **a** 第二次世界大戦後は，アメリカを中心とする陣営《じんえい》とソ連を中心とする陣営が対立する **b**「冷戦」が続きました。冷戦中にアメリカとソ連による核兵器《かくへいき》の開発競争が行われたため，現在《げんざい》も世界には1万発以上の **c** 核兵器が存在《そんざい》しています。1989年アメリカとソ連の首脳《しゅのう》により開かれたマルタ会談で，ドイツ統一《とういつ》などについて合意がなされ，**d** 冷戦終結が宣言《せんげん》されました。

⑴ 下線部 **a** について，戦後の日本の外交関係をめぐる動きとして，㋐～㋓のできごとと当時の首相《しゅしょう》を下から1つずつ選び，記号で答えなさい。

㋐ 1951年，世界48か国との間でサンフランシスコ平和条約《じょうやく》を結び，主権《しゅけん》を回復《かいふく》した。（　　）

㋑ 1956年，ソ連との間で戦争状態《じょうたい》の終了《しゅうりょう》を確認《かくにん》する日ソ共同宣言を発表して，国交を回復した。（　　）

㋒ 1972年，アメリカとの間で沖縄返還《おきなわへんかん》協定を調印し，沖縄が日本へ返還された。（　　）

㋓ 1972年，中国《ちゅうごく》との間で戦争状態の終了を確認する日中共同声明を発表して，国交を回復した。（　　）

ア 佐藤栄作《さとうえいさく》　イ 田中角栄《たなかかくえい》　ウ 鳩山一郎《はとやまいちろう》
エ 池田勇人《いけだはやと》　オ 吉田茂《よしだしげる》

⑵ 下線部 **b** について，冷戦は「イデオロギー(考え方)の対立」であるといわれています。この対立した2つの考え方を示《しめ》し，なぜこの対立が「冷戦(冷たい戦争)」とよばれているのかを説明しなさい。

（　　　　　　　　　　　　　　　　　　　　　　）

★⑶ 下線部 **c** について，核兵器の軍縮《ぐんしゅく》・廃絶《はいぜつ》に向けたとり組みについて，その内《ない》容《よう》として，誤《あやま》っているものを次から1つ選び，記号で答えなさい。（　　）

ア 核拡散防止《かくさんぼうし》条約(NPT《エヌピーティー》)では，核兵器をもっていない国は核兵器を開発することが禁止《きんし》されている。

イ 爆発《ばくはつ》をともなう核実験をすべて禁止する包括的《ほうかつてき》核実験禁止条約(CTBT《シーティービーティー》)が国連で採択《さいたく》され，多くの国の署名《しょめい》により発効《はっこう》されている。

ウ アメリカのオバマ大統領《だいとうりょう》は，核兵器のない世界をめざす決意を示し，国《こく》際《さい》社会へのはたらきかけが評価《ひょうか》されて，ノーベル平和賞を受賞した。

エ 核兵器を違法《いほう》とする核兵器禁止条約が国連で採択《さいたく》されたが，安全保障《ほしょう》理事会の常任理事国《じょうにんりじこく》5か国や日本は採択に参加しなかった。

⑷ 下線部 **d** について，冷戦終結後のものを次から1つ選びなさい。（　　）

ア 湾岸《わんがん》戦争　イ 朝鮮《ちょうせん》戦争　ウ ベトナム戦争　エ キューバ危機

公民編

第1章 国民の生活と政治

1 日本国憲法と国民生活

学習のポイント

- ●国民の願いを実現するための政治《せいじ》のはたらきをとらえているか。 ➡p.512
- ●社会保障《ほしょう》の実現《じつげん》や公害の防止《ぼうし》のための制度《せいど》を理解《りかい》しているか。 ➡p.514
- ●日本国憲法《けんぽう》に定められている基本原則《きほんげんそく》の内容《ないよう》がわかるか。 ➡p.517

1 民主政治のしくみ

国民の願いを実現する政治

●**民主政治**…日本など多くの国で行われている民主主《しゅ》義《ぎ》にもとづく政治。国民による選挙で選ばれた議員が議会で予算《よさん》や法律《ほうりつ》を決め，国民の願いを実現するための政治を行っている。国民は世《せ》《よ》論《ろん》や請願《せいがん》により願いを国や地方公共団体などにうったえかける。

- ▶**地方公共団体《だんたい》のはたらき**…地域《ちいき》の住民により選ばれた議員が，都道府県や市町村の予算，条例《じょうれい》を決めている。教育・消防《しょうぼう》・水道などのサービスを提《てい》供《きょう》できるように，住民から**税金《ぜいきん》**を集めている。
- ▶**福祉《ふくし》のとりくみ**…地方公共団体は，保健《ほけん》センターや生活支援《しえん》センターを設《もう》け，高齢者《こうれいしゃ》が健康で安全な生活を送れるよう取り組んでいる。
- ▶**国のはたらき**…国会は2つの議院で話し合い，慎重《しんちょう》に法律を決める。国民は裁判を受ける権利をもち，裁判に参加することができる。

●**政治のはたらき**…国民の要望をくみとり，生活の安定をはかる。

- ▶国民はうまれながらにもっている権利を守るため，その一部を政治にゆだねている。
- ▶国民の権利が侵害《しんがい》されないよう，立法《りっぽう》・行《ぎょう》政《せい》・司法《しほう》がたがいにおさえ合っている。

参考

法の支配《しはい》

民主政治は，国民の定めた法にしたがって行われるので，「法の支配」による政治といわれる。かりに国王がいる国でも，国王が国民の定めた法にしたがうのであれば民主政治（「法の支配」による政治）といえる。それに対して，国王が専制《せんせい》政治を行う場合は「人の支配」による政治という。

▲法的トラブル解決の相談窓口「法《ほう》テラス」

民主政治の進め方

● **間接民主制《かんせつみんしゅせい》**…国民全員が話し合って物事を決める**直《ちょく》接《せつ》民主制**が理想だが，一度に大勢の人が集まって話し合ったり，複雑な問題を話し合ったりするには不《ふ》適切《てきせつ》なので，現代の国家では難《むずか》しい。そのため，選挙で代表者を選び，代表者が議会で話し合って政治を行う間接民主制がとられる。

● **多数決と少数意見の尊重《そんちょう》**…全員の意見が一致《いっち》しないときには，多数の人が賛成《さんせい》したものを全体の意見とする(**多数決**)。多数決の決定には，ほかの意見の人々もしたがわなければならない。ただし，多数の人の意見がつねに正しいとはかぎらないので，少数意見の尊重が重要となる。

● **三権分立**…政治を行う力(権力)を立法権・行政権・司法権の3つに分け，たがいにけん制《せい》させるしくみを三権分立という。

▶ **立法**…法律をつくること。その力を立法権といい，日本では国会がもっている。

▶ **行政**…法律にしたがって政治を行うこと。その力を行政権といい，日本では内閣がもっている。

▶ **司法**…法律によって争いごとを解決《かいけつ》したり，犯罪《はんざい》者《しゃ》を裁《さば》いたりすること。その力を司法権といい，日本では裁判所がもっている。

● **人々の願いが実現するまで**

▶ 人々が願いを，署名《しょめい》・請願《せいがん》などで議会・役所・政治家などにうったえる。

▶ デモ行進を行うなど，願いを広くうったえて世論(➡p.545)をつくる。

▶ 自分たちの代表を選挙で選ぶ。

▶ 願いを実現するための法律や条例《じょうれい》が，議会で制定される。

用語

少数意見の尊重

多数決の決定以前に，十分な話し合いをつくし，少数意見でもよいものは多数決の決定にとり入れることである。何よりも十分な話し合いが重要になる。

注意

三権分立の必要性《ひつようせい》

ケーキを切り分けるとき，ケーキを切る人が先に選ぶ権利をもつと，不公平に切り分けるかもしれない。しかし，ケーキを切る人と，先に選ぶ人とが別々であれば，ケーキを切る人はできるだけ公平に切り分けるだろう。これを政治にあてはめると，権力は分けておいたほうが，権力の乱用《らんよう》を防《ふせ》ぐことができる。この考え方は，18世紀のフランスの思想家モンテスキューによって主張《しゅちょう》された。

用語

請願

役所や議会などに国民が希望を申し出ること。

用語

世論

政治などについて，人々の間で広く大きくまとまった意見。

入試ポイント

〈民主政治〉

● 国民による選挙→代表者の議員が議会で法律を制定(**間接民主制**)。

● 国民の権利の保《ほ》護《ご》…**立法**・**行政**・**司法**の権力を分ける**三権分立**。

2 人々のくらしを守る政治《せいじ》

人々の願いと政治

●**共同生活と政治**…わたしたちは，多くの人々とともに生きている。その共同生活をうまく進めていくためのはたらきが政治である。

●**安全なくらし**…人々の生命や財産《ざいさん》の安全を守ること。

▶争いや犯罪《はんざい》を防《ふせ》ぐ。

▶外国と仲よくして戦争が起こらないようにする。

▶交通事故《じこ》や自然災害《さいがい》による被害《ひがい》をできるだけ少なくする。

●**豊《ゆた》かなくらし**…人々が経済的《けいざいてき》にゆとりをもってくらせるようにすること。

▶物価《ぶっか》を安定させる。

▶生産を活発にして失業者を減《へ》らし，国民の所得を増《ふ》やす。

●**人間らしいくらし**…**生存権《せいぞんけん》**(➡p.519)が保障《ほしょう》する，健康で文化的なくらしを実現すること。

▶社会保障の制度《せいど》を充実《じゅうじつ》させる。

▶公害から人々のくらしを守る。

▶だれでも能力《のうりょく》に応《おう》じて教育を受けられるようにする。

▶働く権利を実現する。

▶道路や公園，上下水道など生活に必要なものを整《せい》備《び》する。

●**生き方を選択《せんたく》できる**…自分の生き方や生活について自分自身の意思で決定できる。

▶**インフォームド・コンセント**…病院で治療《ちりょう》されるときに，患者《かんじゃ》は医師《いし》から十分な説明を受けたうえで，同意してから治療を受けることができる。

社会保障と政治

●**社会保障**…すべての国民が健康で文化的な生活を営むことができるように，困《こま》っている人を社会全体で助けるしくみ。

▶**社会保険《ほけん》**…必要なときのために，収入《しゅうにゅう》に応じて一

参考

国と地方の分担《ぶんたん》

犯罪を防ぐ警察《けいさつ》，火事を防ぐ消防《しょうぼう》は，ともに地方公共団体《だんたい》の仕事である。国を守る自衛《じえい》隊《たい》の仕事は，国により行われる。

参考

義務《ぎむ》教育は無償《むしょう》

日本国憲法《けんぽう》の第26条《じょう》には「義務教育は無償とする」ことが定められ，公立の小中学校の授業料《じゅぎょうりょう》はかからないことになっている。

参考

ハローワーク

国が職業《しょくぎょう》を紹介《しょうかい》する施設《しせつ》。仕事を求める失業者などの求職活動に応《おう》じている。

参考

ターミナルケア

近年は，死を前にした患者の終末医療《いりょう》(ターミナルケア)が注目されている。苦痛《くつう》をもたらす延命《えんめい》より，痛《いた》みをやわらげて人間らしく最期《さいご》をむかえることを求める人も多い。このケアを専門《せんもん》に行う医療施設《しせつ》をホスピスという。

定の金額《きんがく》をおさめたり，かけ金などをつみ立てておくしくみ。病気やけがのときのための医療保険(健康保険)，老後の生活のための年金保険，失業にそなえる雇用《こよう》保険，介護《かいご》が必要になったときの介護保険などがある。

▶ **生活保護《ほご》**…さまざまな理由で自分の力だけでは生活できない人々に，国が生活費や教育費，医療費などを援助《えんじょ》するしくみ。**公的扶助《こうてきふじょ》**ともいう。

▶ **社会福祉《ふくし》**…子供《こども》や老人，1人親の家庭，体の不自由な人などの生活を守るしくみ。社会福祉事務所《じむしょ》や相談所が設《もう》けられ，地域《ちいき》の民生委員が相談を受けている。

▶ **公衆衛生《こうしゅうえいせい》**…伝染病《でんせんびょう》の予防，廃水《はいすい》やごみの処理《しょり》などを行い，国民の健康を守るしくみ。

● **社会保障の進んだイギリス**…イギリスでは1942年に「ゆりかごから墓場《はかば》まで」，つまり一生を通して生活を保障しようという考えが発表され，世界でもっとも早くに社会保障制度《せいど》が成立した。

● **日本の社会保障**…第二次世界大戦後に整備《せいび》され，1960年代には国民皆《かい》保険・皆年金(国民のすべてが医療保険と年金保険に加入する制度)が実現した。

● **バリアフリー**…高齢者《こうれいしゃ》や障《しょう》がいのある人たちも利用しやすいように，道の段差《だん さ》をなくしたり，駅にエレベーター，交差点に音の鳴る信号，歩道に点字ブロックなどを設けたりすること。

▲車道との段差がない歩道

参考

医療保険の種類

会社づとめの人は健康保険に入り，農家や商店などの人は国民健康保険に，公務員《こうむいん》の人などは共済組合に入っている。こうして国民のすべてが医療保険に入っている。

参考

年金保険の種類

全国民が国民年金に加入して，会社づとめの人は厚生《こうせい》年金が上積みされる形になっている。

参考

社会保障のための財源《ざいげん》

おもに加入者の保険料である。一方，生活保護のための財源はおもに国民のおさめる税金である。社会保障を充実させると，国民の負担《ふたん》も全体としては重くなる。

参考

超高齢《ちょうこうれい》社会

全人口にしめる高齢者(65歳《さい》以上)の割合《わりあい》が7％をこえると高齢化社会，14％をこえると高齢社会，21％をこえると超高齢社会とされる。日本はすでに超高齢社会である。

注意

ユニバーサルデザイン

設計《せっけい》の段階から，障がいの有無や年齢《ねんれい》，ことばなどに関係なくだれでも利用しやすい製《せい》品《ひん》をつくることなどをめざしたデザインのこと。

入試ポイント

〈社会保障の４本柱〉

- **社会保険**…医療保険・年金保険・雇用保険・介護保険など。
- **生活保護**　● **社会福祉**　● **公衆衛生**

公害の防止《ぼうし》と政治《せいじ》

● **公害**…企業《きぎょう》や人間の活動によって住民の健康や生活がそこなわれること。第二次世界大戦後，わが国の工業は大きく発展《はってん》したが，その反面，1960 年代からは公害による自然破壊《はかい》や健康被害《ひがい》が起こった。

● **四大公害裁判《さいばん》**…公害による健康被害(公害病)に苦しめられた住民が，企業の責任《せきにん》を追及《ついきゅう》する裁判《さいばん》を起こした。1970 年代初めに出た判決《はんけつ》では，すべて企業側に責任《せきにん》が認《みと》められた。

● **国の対策《たいさく》**…1967 年に**公害対策基本法《きほんほう》**を定め，1971 年に公害対策などを専門に行う**環境庁《かんきょうちょう》**ができた。公害対策基本法は 1993 年に**環境基本法**へと変わり，環境庁は 2001 年に権限《けんげん》を強めた**環境省《かんきょうしょう》**となった。

● **地方公共団体《だんたい》の対策**…地方独自の公害防止条例《じょうれい》を定めて，公害防止に努めている。

● **環境を守るとりくみ**…道路やダムなどの開発前に，その影響《えいきょう》をあらかじめ調べる**環境アセスメント**が義《ぎ》務《む》づけられている。また，開発計画のある場所を買いとって保護《ほご》するナショナルトラスト運動も行われてきた。

● **国際的《こくさいてき》な取り組み**

▶ 1972 年に**国連人間環境会議**が開かれ，「かけがえのない地球」を守るための協力体制《たいせい》がつくられた。

▶ 1992 年にはブラジルのリオデジャネイロで**国連環境開発会議(地球サミット)**が開かれ，二酸化炭《にさんかたん》素《そ》などの排出量《はいしゅつりょう》をおさえる地球温暖化《おんだんか》防止条約(気候変動枠組《わくぐみ》条約)が結ばれた。

▶ 1997 年の気候変動枠組条約締約国《ていやくこく》会議で，先進国に二酸化炭素などの排出削減《さくげん》を義務づける**京都《きょうと》議定書**が採択《さいたく》された。

▶ 2015 年の気候変動枠組条約締約国会議で，発展途上国《とじょうこく》をふくむすべての参加国に二酸化炭素排出削減の努力を求める，**パリ協定**が採択された。

参考

公害の種類

環境基本法などでは，公害の種類として，大気の汚染《おせん》・水質《すいしつ》の汚だく・土の汚染・騒音《そうおん》・振《しん》動《どう》・地盤沈下《じばんちんか》・悪臭《あくしゅう》をあげている。四大公害病のうち，四日《よっか》市《いち》ぜんそくは大気の汚染，あとの3つは水質の汚だくによるものである。

参考

琵琶湖富《びわこふ》栄養化防止条例《じょうれい》

滋賀《しが》県では，琵琶湖富栄養化防止条例を定め，赤潮《あかしお》の原因《げんいん》となる合成洗剤《せんざい》の使用を禁止《きんし》したり，リンをふくむ工場廃水《はいすい》を規制したりしている。

用語

ナショナルトラスト運動

自然を守るために，協力者からの募金《ぼきん》によって土地を買いとって，環境保全《ほぜん》を行う。イギリスで始まった運動で，北海《ほっかい》道《どう》の知床《しれとこ》半島や和歌山《わかやま》県の天神崎《てんじんざき》，神奈川《かながわ》県の鎌倉《かまくら》などで行われてきた。

3 日本国憲法《けんぽう》の成立とその特色

日本国憲法の制定《せいてい》

●**憲法は政治のおおもと**…憲法は，国の根本となるきまりで，**国の最高法規《ほうき》**である。法律《ほうりつ》・命令・条例や行政《ぎょうせい》上の処分《しょぶん》などは，憲法にもとづく必要がある。憲法に反するものは，すべて無効《むこう》となる。憲法を頂《ちょう》点《てん》とする法のもとですべてが決定される政治のしくみを「**法の支配《しはい》**」という。

●**日本国憲法の制定**…第二次世界大戦に敗れた日本は，民主的な国家として再《さい》出発するため，それまでの大日本帝国憲法にかわる，新しい**日本国憲法**を定めた。連合国軍最高《さいこう》司《し》令官総《れいかんそう》司《し》令《れい》部《ぶ》(GHQ《ジーエイチキュー》➡p.472)の草案にもとづいて議会で審議《しんぎ》の末，改正案が可決《かけつ》され，1946年11月3日(のちの文化の日)に公布《こうふ》，1947年5月3日(のちの憲法記念日)から施行《しこう》された。

●**日本国憲法の構成《こうせい》**…日本国憲法は，前文と11章103条《じょう》の条文から成り立つ。全体が**国民主権・基本的人権の尊重《そんちょう》・平和主義《しゅぎ》**という3つの原則《げんそく》でつらぬかれている。

参考

日本国憲法制定のいきさつ
－議会で制定－

日本を占領《せんりょう》していた連合国軍最高司令官総司令部が新憲法制定を指導《しどう》した。1946年に最高司令官マッカーサーが憲法の原案を示《しめ》し，日本政府はそれをもとに改正案をつくった。これが帝国議会で審議《しんぎ》，可決されて日本国憲法が公布された。このようにして，大日本帝国憲法を改正して，日本国憲法は制定された。大日本帝国憲法が，天皇が国民にあたえた憲法(欽定憲法)なのに対し，日本国憲法は国会で決められた憲法なので，民定憲法である。

大日本帝国憲法　1889年発布 1890年施行		日本国憲法　1946年11月3日公布 1947年5月3日施行
天皇《てんのう》が定める(欽定《きんてい》憲法)	形式	国民が定める(民定《みんてい》憲法)
国の元首。主権をもつ	天皇	日本国および日本国民統合の象徴《しょうちょう》
天皇の臣民《しんみん》。権利は認《みと》められたが法律で制限された	国民	主権者。 基本的人権が保障されている
帝国議会。衆議院と貴族院から成り立ち，同等の力をもつ	国会	国会。衆議院と参議院からなり，衆議院の方が強い力
各大臣は天皇を助けて政治を行う。 天皇に対して責任を負う。 議会と関係なくつくられた	内閣	国会が内閣総理大臣を指名。国会に対して連帯責任を負う。議院内閣制
天皇の名で裁判	裁判所	国民の裁判所。司法権の独立

▲大日本帝国憲法と日本国憲法の特色

入試ポイント

〈日本国憲法の3つの原則〉

- **国民主権**(国民による政治)
- **基本的人権の尊重**(個人の尊重)
- **平和主義**(国際《こくさい》協調)

国民主権《しゅけん》と天皇《てんのう》の地位

●**国民主権**…日本国憲法《けんぽう》は前文などで，国の政治《せいじ》のあり方を最終的に決める力(主権)は国民にあることを定めている。

▶前文「ここに主権が国民に存《そん》することを宣言《せんげん》し，この憲法を確定《かくてい》する。」

●**天皇は国の象徴《しょうちょう》**…大日本帝国憲法では，天皇を主権者としていたが，日本国憲法では，天皇は日本国と日本国民の統合《とうごう》(まとまり)の象徴であるとされている。

▶第1条《じょう》「天皇は，日本国の**象徴**であり日本国民統合の**象徴**であって，この地位は，主権の存する日本国民の総意《そうい》に基《もとづ》く。」

●**天皇の仕事**…天皇は政治に関する権限《けんげん》はいっさいもたず，憲法に定められた形式的・儀礼《ぎれい》的な**国事行為《こくじこうい》**を行うだけである。しかも，その国事行為も，内閣《ないかく》の助言と承認《しょうにん》にもとづいて行われる。

▶国会の指名にもとづいて，内閣総理《そうり》大臣を任命《にんめい》する。

▶内閣の指名にもとづいて，最高裁判所《さいばんしょ》長官を任命する。

▶憲法改正・法律《ほうりつ》・政《せい》令《れい》・条約《じょうやく》を公布《こうふ》する。

▶国会を召集《しょうしゅう》し，衆議院《しゅうぎいん》を解散《かいさん》する。

▶国会議員の総《そう》選挙を行うことを公示《こうじ》する。

▶国務《こくむ》大臣や法律で定めるおもな公務員《こうむいん》の任免《にんめん》を認証《にんしょう》したり，条約の批准書《ひじゅんしょ》などの外交文書を認証したりする。

▲天皇の国事行為(国会の召集)

▶刑《けい》を軽くしたり，ゆるしたりすることを認証する(恩赦《おんしゃ》)。

▶勲章《くんしょう》などの栄典をさずける。

▶外国の大使や公使をもてなす。

用語

主権

「国民主権」というときは政治のあり方を決める最高の力を意味し，「国の主権」のときは，ほかの国が侵《おか》すことのできない，それぞれの国がもつ，国《こく》際《さい》社会における権利を意味している。

用語

象徴

鳩《はと》が平和を表すように，ばく然とした抽象的《ちゅうしょうてき》なもの(形のないもの)を，具体的な形のあるもので表すこと。

注意

憲法の用語

「指名」は，ある役につく人を名ざしして決めること。「任命」は，ある人がその役につくことを公式に命じること。「認証」は，正しい手続きを経て決まったということを認《みと》めること。少しずつ意味合いがちがうので，憲法の条文通りに，正確《せいかく》に覚えておこう。

基本的人権《きほんてきじんけん》の尊重《そんちょう》

●**基本的人権**…人間として，だれもがうまれながらにもっている権利。日本国憲法は，国民の基本的人権を「侵すことのできない永久《えいきゅう》の権利」として国民に保障《ほしょう》し，「**公共の福祉《ふくし》**」に反しないかぎり，最大に尊重されるとしている。

制限《せいげん》される人権	例
労働者の権利	公務員《こうむいん》によるストライキの禁止《きんし》
財産権	道路などを建設《けんせつ》するときの，国による土地の買いとり
居住・移転の自由	感染症《かんせんしょう》に感染した人の登校や出勤《しゅっきん》の制限

▲公共の福祉による人権の制限

●**平等権**…人種や性別《せいべつ》・社会的身分・家がらなどによって差別されないという権利(**法の下《もと》の平等**)。

●**自由権**…国家にしばられず，自分の考えをもつ権利。

▶**身体の自由**…どれいのようなあつかいを受けたり，生命をおびやかされたりすることがない。

▶**精神《せいしん》の自由**…思想や良心の自由，信教の自由，集会・結社・表現の自由，学問の自由など。

▶**経済《けいざい》活動の自由**…居住《きょじゅう》・移転《いてん》の自由，職業《しょくぎょう》を選ぶ自由，財産権《ざいさんけん》の保障《ほしょう》。

●**社会権**…すべての人が人間らしい生活を送る権利。

▶**生存権**…健康で文化的な最低限度《げんど》の生活を営《いとな》む権利(憲法第 25 条)。

▶**教育を受ける権利**…能力《のうりょく》に応《おう》じて，等しく普通《ふつう》教育を受ける権利がある。

▶**労働者の権利**…働く権利をもつ。そのほか，次の3つの権利(**労働三権**)をもっている。

団結《だんけつ》権	労働組合をつくる権利
団体交渉《こうしょう》権	労働条件《じょうけん》の改善《かいぜん》などを求めて，団体で(労働組合が)使用者と交渉《こうしょう》する権利
団体行動権	ストライキなどの行動を通して団体で要求する権利

▲労働三権

注意

大日本帝国憲法における国民の基本的人権

自由権は，法律の範囲《はんい》内で認《みと》められるだけであり，華族《かぞく》と平民《へいみん》，男と女などのちがいによって権利に差別があるなど，平等権も確立《かくりつ》されていなかった。また，社会権の定めもなかった。

用語

信教の自由

どんな宗教《しゅうきょう》を信じても，または信じなくても各人の自由ということ。さらに憲法では，国が宗教活動をしたり，特定の宗教を保護《ほご》したりすることを認めないと定めている。

●基本的人権《きほんてきじんけん》を守るための権利

▶**参政権《さんせいけん》**…政治《せいじ》に参加する権利。選挙権・被《ひ》選挙権，憲法《けんぽう》改正の国民投票権，最高裁判所裁判《さいばんしょさいばん》官《かん》の国民審査《しんさ》権《けん》，請願権《せいがんけん》など。

▲国民審査の投票用紙：衆議院《しゅうぎいん》議員選挙と同時に，国民によって適任《てきにん》・不適任が審査される。最高裁判所以外の裁判所の裁判官は審査されない。

▶**請求権《せいきゅうけん》**…国民の権利が侵《おか》されたとき，これを国にうったえて，救ってもらう権利。

注意

参政権をあたえられる年齢《ねんれい》

日本では，選挙権（すべての選挙と国民投票・国民審査に投票する権利）は満18歳《さい》以上で統一《とういつ》されているが，被選挙権（立候補《りっこうほ》する権利）は職《しょく》によって満25歳以上，満30歳以上に分かれている。

裁判を受ける権利	裁判所において裁判を受ける権利
国家賠償《ばいしょう》請求権	公務員《こうむいん》の行為《こうい》によって受けた損害《そんがい》に対して賠償を求める権利
刑事補償《けいじほしょう》請求権	一度有罪《ゆうざい》となった人が裁判のやりなおしで無罪とされたときなどに，国に補償を求める権利

▲請求権

●新しい人権

…憲法に規定《きてい》はないが，経済発展《けいざいはってん》や社会生活の急速な変化にともない，近年主張《しゅちょう》されるようになってきた人権。

▶**環境権《かんきょうけん》**…住みよい環境を守る権利。

▶**プライバシーの権利**…私《し》生活をみだりに公開されない権利。

▶**知る権利**…国や地方公共団体《だんたい》に情報公開《じょうほうこうかい》を求める権利。

▶**自己《じこ》決定権**…みずからの生命や生活に関して本人が決定できる権利（➡p.514 のインフォームド・コンセントをふくむ）。

●国民の義務《ぎむ》

…日本国憲法は，**納税《のうぜい》の義務**，**勤労《きんろう》の義務**，**子供《こども》に普通《ふつう》教育を受けさせる義務**を定めている。

入試ポイント

〈基本的人権の種類〉

- **平等権**，**自由権**（身体・精神《せいしん》・経済《けいざい》活動），**社会権**。
- 人権を守るための権利…**参政権**，**請求権《せいきゅうけん》**。

平和主義

●**平和への願い**…第二次世界大戦の悲劇《ひげき》を二度とくりかえさないように，日本国憲法は，世界でもっとも徹底《てってい》した**平和主義《しゅぎ》**をとる憲法の1つである。

●憲法前文では，戦争に対する反省から，政府の行為《こうい》でふたたび戦争が起こることのないようにすることを決意し，国の安全は平和を愛する諸《しょ》国民の公正と信義《しんぎ》にゆだね，永久《えいきゅう》の平和を願うとしている。

●**戦争の放棄《ほうき》**…憲法第9条《じょう》では，「国の起こす戦争や，武力《ぶりょく》によるおどし，または武力を使うことで，国と国との争いを解決するようなことは永久に放棄する(捨《す》てる)」と定め，そのために「戦力をもたず，国の交戦権を認《みと》めない」としている。

●**非核三原則《ひかくさんげんそく》**…日本は，世界でただ1つの核兵器《かくへいき》による被害《ひがい》を受けた国として，「核兵器をもたない，つくらない，もちこませない」とする原則を，国の方針《ほうしん》としている。

▲長崎《ながさき》市の平和祈念像《きねんぞう》

●**現実《げんじつ》の問題**…自衛隊《じえいたい》のもつ武器が「自衛のための最小限度《げんど》の実力」をこえているのではないか，日本に寄港《きこう》するアメリカの軍艦《ぐんかん》に核兵器が積まれているのではないかという批判《ひはん》もある。

▶**自衛隊**は，1950年の朝鮮《ちょうせん》戦争をきっかけに，連合国軍最高司令官総司令部《さいこうしれいかんそうしれいぶ》(GHQ《ジーエイチキュー》)の命令でつくられた警察予備隊《けいさつよびたい》(のち保安隊《ほあんたい》)を発展させ，1954年につくられた。

▶政府は，現在の自衛隊は憲法第9条《じょう》でいう「戦力」にはあたらないとしているが，下級裁判所《さいばんしょ》の判例《はんれい》の中には，自衛隊を憲法違反《いはん》としているものもある。

自衛隊の任務《にんむ》

国の防衛《ぼうえい》	災害派遣《さいがいはけん》	国際協力
日本の平和と独立《どくりつ》を守る	災害発生時に被災者救助などを行う	国際連合の平和維持《いじ》活動などに参加する

▲自衛隊の役割《やくわり》

参考

集団的自衛権《しゅうだんてきじえいけん》

同盟《どうめい》などを結んで密接《みっせつ》な関係にある外国が武力攻撃《こうげき》を受けたときに，自国が直接《ちょくせつ》攻撃されていなくても，その国の防衛活動に参加する権利。2015年に安全保障《ほしょう》関連法が成立し，これまでできなかった集団的自衛権の行使が限定的《げんていてき》に認《みと》められた。

憲法《けんぽう》の改正

●憲法は国の最高法規《ほうき》なので，その改正には法律《ほうりつ》などの場合より厳《きび》しい条件《じょうけん》が設《もう》けられている。

▶**国会が改正案を発議**…憲法の改正案は，各議院で総《そう》議員の3分の2以上の賛成《さんせい》で発議《はつぎ》される。

▶**国民投票で決定**…憲法を改正するかどうかを決めるのは国民である。国会で発議した改正案を国民投票にかけ，過半数《かはんすう》の賛成があれば改正が決まる。

▶**天皇《てんのう》が公布《こうふ》**…憲法改正の公布は，天皇の国事行為《こくじこうい》の1つで，国民の名で公布する。

●2007年に憲法改正国民投票法が定められ，具体的な改正のための国民投票の手続きが定められた。これまで日本国憲法が改正されたことはないが(2019年現在《げんざい》)，社会の状況《じょうきょう》などの変化に応《おう》じて，憲法を改正する必要がうまれることも予想される。

●国民投票の権利《けんり》は，直接民主制《ちょくせつみんしゅせい》の1つである。

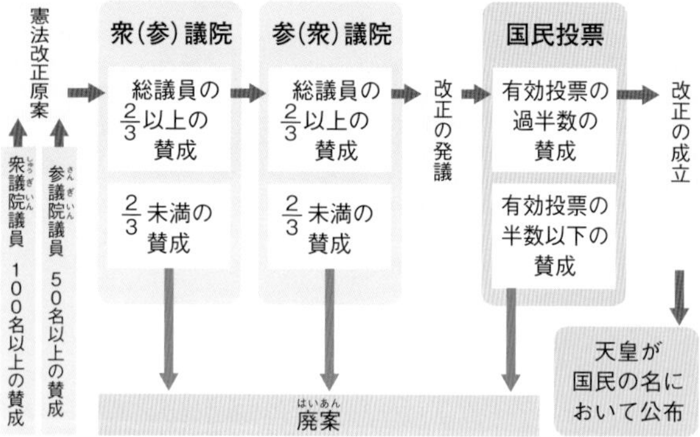

▲憲法改正の手続き

くわしく 憲法改正の論点

具体的には，政府は次のような面で議論《ぎろん》を進めている。

・自衛隊《じえいたい》について…第9条《じょう》に自衛隊を明記する。
・緊急事態《きんきゅうじたい》について…災害《さいがい》や戦争などの緊急時に，内《ない》閣《かく》に権限《けんげん》を集中させる。
・地方議員の選挙について…一票の格差《かくさ》が小さくなるような選挙区の区割《くわ》りをする。
・教育について…教育環境《かんきょう》の整備《せいび》を進める制度《せいど》をつくる。

用語

発議

国民に議案を提案《ていあん》すること。

参考

国民投票の投票権

2014年の国民投票法の改正により，国民投票の投票権が満18歳《さい》以上の国民に認められることになり，2018年6月20日から施行《しこう》された。国会議員などの選挙権年齢《ねんれい》は2016年6月から満18歳以上に引き下げられている。なお，成人年齢は，2022年4月から満18歳以上に引き下げられる。

☑ まとめチェック

知識を整理・確認しよう！

① 民主政治《せいじ》のしくみ

	答え
□ ① 日本など多くの国で行われている民主主義《しゅぎ》にもとづく政治を何というか。	① 民主政治
□ ② 選挙で代表者を選び，代表者が議会で話し合って政治を行うしくみを何というか。	② 間接民主制《かんせつみんしゅせい》
□ ③ 全員の意見が一致《いっち》しないときには，多数の人が賛成《さんせい》したものを全体の意見とすることを何というか。	③ 多数決
□ ④ 政治を進める力(権力)を立法権《りっぽうけん》・行政権《ぎょうせいけん》・司法権《しほうけん》の3つに分割《ぶんかつ》し，たがいにけん制《せい》させるしくみを何というか。	④ 三権分立

② 人々のくらしを守る政治

	答え
□ ① 健康で文化的な生活を実現するため，困《こま》っている人を社会全体で助けるしくみを何というか。	① 社会保障《ほしょう》
□ ② 高齢者《こうれいしゃ》や障《しょう》がいのある人たちも利用しやすいように，段差《だんさ》をなくしたりすることを何というか。	② バリアフリー
□ ③ 患者《かんじゃ》が医師《いし》から十分な説明を受けたうえで，同意してから治療《ちりょう》を受けることができることを何というか。	③ インフォームド・コンセント
□ ④ さまざまな理由で自分の力だけでは生活できない人々に，国が生活費などを援助《えんじょ》するしくみを何というか。	④ 生活保護《ほご》[公的扶助《こうてきふじょ》]
□ ⑤ 感染症《かんせんしょう》の予防や，廃水《はいすい》やごみの処理《しょり》を行い，国民の健康を守るしくみを何というか。	⑤ 公衆衛生《こうしゅうえいせい》

③ 日本国憲法の成立とその特色

	答え
□ ① 日本国憲法の三原則《さんげんそく》のうち，国の政治のあり方を最終的に決める力が国民にあることを何というか。	① 国民主権
□ ② 内閣総理《そうり》大臣の任命《にんめい》など，天皇が行う形式的・儀式的《ぎしきてき》な仕事を何というか。	② 国事行為《こうい》
□ ③ 身体の自由，精神《せいしん》の自由，経済《けいざい》活動の自由からなる人権を何というか。	③ 自由権
□ ④ 生存権《せいぞんけん》，教育を受ける権利，労働者の権利がふくまれる人権を何というか。	④ 社会権
□ ⑤ 日本がかかげている，「核兵器《かくへいき》をもたない，つくらない，もちこませない」とする原則を何というか。	⑤ 非核《ひかく》三原則

力だめしの問題 入試標準レベル

解答➡p.642

❶ 次の問いに答えなさい。

⑴ 右の文を読んで，次の問いに答えなさい。【普連土学園中・改】

①下線部 **a** について，主権とはどのような権利ですか。簡潔《かんけつ》に答えなさい。

（　　　　　　　　）

> 民主主義によって行われる政治を民主政治といいます。**a** 民主政治の担《にな》い手は主権者である国民です。したがって民主政治には，国民の意見，考えが反映《はんえい》されていなければなりません。しかし現代の国家はみな規模《きぼ》が大きく，国民全員で話し合いをして政治のありかたを決めることは不可能《ふかのう》です。したがって，多くの国では［ **b** ］をとり入れています。

②文中の空欄《くうらん》 **b** に入る適切《てきせつ》なことばを答えなさい。（　　　　　　　　）

⑵ 次のお話を読み，多数決というしくみの問題点を説明しなさい。【光塩女子学院中等科】

ある所に働きアリ3匹《びき》，働けない老人アリ1匹《ぴき》，病気のアリ1匹がくらしていました。夏の間に集めた食料の分配方法をめぐり，かれらの間に争いが起こりました。そこで，5匹《ひき》でいくつかの案を出して多数決をとったところ，働きアリは1日にパン6個《こ》，老人アリは2個，病気のアリは1個があたえられるという案に決まりました。

（　　　　　　　　　　　　　　　　　　　　　　　　）

⑶ 日本の社会保障《ほしょう》に関する記述《きじゅつ》のうちもっとも適切《てきせつ》なものを，次から1つ選び，記号で答えなさい。【昭和学院秀英中】（　　）

ア　高齢者《こうれいしゃ》や障《しょう》がい者もふくめ，すべての人がなるべく安く入手できるようにつくられた製品《せいひん》のデザインを，ユニバーサルデザインという。

イ　生活に困《こま》っている人に，国が最低限度《げんど》の生活費や教育費などを援助《えんじょ》するしくみを公的扶助《こうてきふじょ》という。

ウ　介護《かいご》が必要になった人にサービスを提供《ていきょう》する介護保険法は，現在《げんざい》，在宅《ざいたく》サービスではなく，施設《しせつ》サービスを重視《じゅうし》するものとなっている。

エ　災害《さいがい》や事故《じこ》に備《そな》えるための生命保険に，国民全員の加入が義務《ぎむ》づけられている。

⑷ 生存権《せいぞんけん》を定めた次の日本国憲法《けんぽう》第25条《じょう》の条文を読んで，空欄に入る適語を漢字で答えなさい。【逗子開成中】（　　　　　　　　）

すべて国民は，健康で［　　　］な最低限度の生活を営《いとな》む権利を有する。

2 次の問いに答えなさい。

(1) 次の文の中から，正しいものを1つ選び，記号で答えなさい。【早稲田中】(　　)

ア　地球温暖化《おんだんか》は，温室効果《こうか》ガスである二酸化炭素《にさんかたんそ》の排出量《はいしゅつりょう》が多い地域《ちいき》でとくに進行している。

イ　シベリアでは，北極海《ほっきょくかい》の海水面の上昇《じょうしょう》により，沿岸部《えんがんぶ》の大都市が津波《つなみ》による浸水被害《しんすいひがい》にあっている。

ウ　パリ協定では，一部の先進国に対して温室効果ガス削減《さくげん》の具体的な数値《すうち》目標を定めた。

エ　日本は，京都《きょうと》議定書で義務づけられた温室効果ガスの排出量の削減目標を達成した。

(2)「天皇《てんのう》」が日本国憲法ではどのように書かれているか，についての説明として，適当《てきとう》なものを次からすべて選び，記号で答えなさい。【茗渓学園中】

(　　　　　　)

ア　日本国民統合《とうごう》の象徴《しょうちょう》である。

イ　日本が平和を守り続けていくことの象徴である。

ウ　日本国の象徴である。

エ　日本国という組織《そしき》の最高意思決定機関である。

オ　年号を決める権限《けんげん》がある。

(3) 憲法の定める自由権ではないものを次から1つ選び，記号で答えなさい。

【女子美大附中】(　　)

ア　政府の行うことに反対する集会を行う。

イ　おしゃれな部屋が見つかったので引越《ひっこ》す。

ウ　中学校で教育を受ける。　　　エ　自分のえがいた漫画《まんが》を出版《しゅっぱん》する。

(4) ポツダム宣言《せんげん》に示《しめ》された「軍国主義《しゅぎ》の除去《じょきょ》」の条件《じょうけん》に合うように日本国憲法の「平和主義」という原則《げんそく》がつくられました。これは，「[　A　]放棄《ほうき》」「[　B　]の不保持《ふほじ》」「国の交戦権の否認《ひにん》」を特徴《とくちょう》とします。空欄A・Bに入る漢字2字をそれぞれ答えなさい。【女子聖学院中】

A(　　　　　　)　B(　　　　　　)

(5) 次の憲法の条文の空欄にあてはまる語をそれぞれ答えなさい。【法政大二中】

C(　　　　　　)　D(　　　　　　)

第96条　この憲法の改正は，各議院の総議員の[　C　]以上の賛成《さんせい》で，国会が，これを発議し，[　D　]に提案《ていあん》してその承認《しょうにん》を経《へ》なければならない。(以下略《りゃく》)

(6) 日本国憲法に明記されている国民の義務《ぎむ》として正しくないものを，次から1つ選び，記号で答えなさい。【吉祥女子中】(　　)

ア　保護《ほご》する子女に普通《ふつう》教育を受けさせる義務　　イ　勤労《きんろう》の義務

ウ　憲法を尊重《そんちょう》し擁護《ようご》する義務　　エ　納税《のうぜい》の義務

2 日本の政治のしくみ

学習のポイント

- ●国会の権限《けんげん》と種類，はたらきをとらえているか。 ➡p.526
- ●内閣《ないかく》の権限と行政《ぎょうせい》のはたらきを理解《りかい》しているか。 ➡p.531
- ●国会と内閣がどのような形で結びついているかおさえているか。 ➡p.534

1 国会のしくみとはたらき

国会の地位

●国民の代表機関…国会は，国民全体の意思を決定する主権者である国民の直接《ちょくせつ》の代表機関である。

▲国会議事堂

▶前文「日本国民は，正当に選挙された国会における代表者を通じて行動し，…」

▶第 43 条《じょう》①「両議院は，全国民を代表する選挙された議員でこれを組織《そしき》する。」

●国権《こっけん》の最高機関…主権者である国民が選んだ国会議員で構成《こうせい》される国会は，三権の中でもとくに強い権限をあたえられており，**国権の最高機関**である。

▶すべての国会議員は国民による選挙で選ばれるので，国会議員の投票によって選ばれる内閣総理《そうり》大臣も，間接的《かんせつてき》に国民により選ばれていると考えられる。

●ただ1つの立法《りっぽう》機関…国民のための法律《ほうりつ》をつくる権限は国会にのみあたえられているので，国会は**唯一《ゆいいつ》の立法機関**である。

▶第 41 条「国会は，国権の最高機関であって，国の唯一の立法機関である。」

注意

立法機関

法律を制定《せいてい》する力(立法権)をもつ機関のこと。国会以外の機関が法律を定めることはできない。地方議会が定める条《じょう》例《れい》や内閣で定める政令《せいれい》などは，法律とよばないことに注意しよう。

国会のしくみ

● **二院制《にいんせい》**…2つの議院からなる議会を二院制(または両院制)といい，日本の国会は衆議院《しゅうぎいん》と参議院《さんぎいん》からなる二院制をとっている。

- ▶ 1つの議院の行きすぎをおさえることができる。
- ▶ 審議《しんぎ》を十分に行い，多様な意見を反映《はんえい》させることができる。
- ▶ イギリスやアメリカなど多くの国でも，二院制がとられている。

衆議院		参議院
465名 小選挙区 289名 比例代表 176名	議員の定数	**248*名** 選挙区 148名 比例代表 100名
4年。 **解散**がある。	議員の任期	**6年。** 3年ごとに半数改選
25歳《さい》以上	年齢《ねんれい》	**30歳**以上

▲衆議院と参議院のちがい

*2019年の選挙から2022年の選挙までは比例代表《ひれいだいひょう》98人，選挙区147人の合計245人となる。

参考

各国の二院制

イギリス・アメリカともに，上院と下院からなる。

● **衆議院と参議院のちがい**…二院制を生かすために，2つの議院には議員の任期《にんき》，選出方法，選挙区などでちがいが設《もう》けられている。

- ▶ **衆議院**…任期は4年で，定数は参議院より多い。議員の任期が終わる前に，すべての議員の資格を失わせることを解散《かいさん》という。任期が短く解散のある衆議院は国民の意見をより強く反映すると考えられる。
- ▶ **参議院**…任期は6年で，3年ごとに半数が改選される。任期が長いため，落ち着いた審議ができるという特色がある。被《ひ》選挙権を得られる年齢は，衆議院よりも高い。

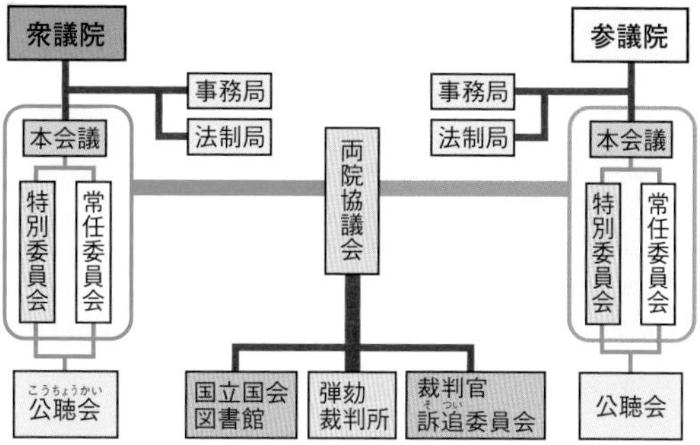

▲国会のしくみ

入試ポイント

〈国会のしくみ〉

- 国会の地位…**国権の最高機関，唯一の立法機関。**
- 国会の構成…**衆議院・参議院**の二院制。

国会の種類

●**常会《じょうかい》(通常《つうじょう》国会)**…毎年1回，1月に召集《しょうしゅう》される。会期は150日で，おもに翌《よく》年度の予算《よさん》の審議《しんぎ》が中心に行われる。

▲常会での施政方針演説

●**臨時会《りんじかい》(臨時国会)**…国の重要な問題があるとき，内閣《ないかく》の要求，または衆議院《しゅうぎいん》・参議院《さんぎいん》どちらかの議院の総《そう》議員の4分の1以上の要求により，臨時に開かれる。

●**特別会《とくべつかい》(特別国会)**…衆議院解散による衆議院議員総選挙が行われたあと，30日以内に召集される。内閣総理《そうり》大臣の指名がもっとも重要な議題となる。

●**参議院の緊急《きんきゅう》集会**…衆議院の解散《かいさん》中に急を要する問題が起こったとき，内閣の求めに応《おう》じて参議院だけで開かれる会議。この集会で決められたことは，次の国会が開かれたとき，10日以内に衆議院の同意が得られないと無効《むこう》となる。

▶衆議院が解散されると，同時に参議院も閉会《へいかい》する。その間にどうしても国会の審議が必要になったとき，参議院の緊急集会が開かれる。

1月	常会(通常国会)の召集 ・国の予算の国会提出《ていしゅつ》 ・内閣総理大臣による施政方針演説《しせいほうしんえんぜつ》 ・代表質問《しつもん》
2月	・予算の審議
3月	・法律《ほうりつ》案・条約《じょうやく》の審議
6月	・常会の会期終了《しゅうりょう》
9月	臨時会(臨時国会)の召集 ・内閣総理大臣による所信表明演説
10月	・代表質問 ・補正《ほせい》予算の審議 ・法律案，条約の審議
11月	・決算の国会提出
12月	・臨時会の会期終了

▲国会の1年(例)

用語

会期

国会が開かれ，活動する期間のこと。常会・臨時会・特別会とも，会期は延長《えんちょう》することができる。

注意

臨時会と特別会

衆議院議員の総選挙が行われたあとには，必ず国会が開かれるが，任期《にんき》満了による総選挙のあとに開かれるのは，臨時会である。特別会は解散による総選挙後にだけ開かれる。

参考

国会議員の地位

国会議員は国民の代表という大きな務《つと》めをはたすために，憲法《けんぽう》では，次のようにその地位を保証《ほしょう》している。

- 議員には，相当額《がく》の歳費《さいひ》や手当が支給《しきゅう》される。
- 議院外での現行犯《げんこうはん》の場合や議院の許《ゆる》しのある場合をのぞいて，国会の開かれている期間(会期中)には議員は逮捕されない。
- 議員は，議院内で行った発言や表決について，議院外で責任《せきにん》を問われない。

国会の仕事

●**法律をつくる**…法律は，国民の生活のよりどころとなるきまりであるから，法律をつくることは国会のもっとも重要な仕事である。

▶法律案は，衆議院と参議院のそれぞれで話し合われ，両議院で可決《かけつ》すれば法律となる。

▶法律案は国会議員または内閣から，議長に対して提出される。衆議院・参議院のどちらに先に提出してもよい。

▶まず，**委員会**で審議され，必要があれば**公聴《こうちょう》会《かい》**が開かれる。委員会での手続きが終われば**本会議**で審議され，可決されれば，法律案は他の議院へまわされる。

▲予算委員会での審議

▶法律が成立すると，天皇《てんのう》が国民に公布《こうふ》する。

●**予算を決める**…内閣がつくった予算の原案について審議し，決定する。

●**決算を認《みと》める**…内閣が提出した国の収入《しゅうにゅう》と支出《ししゅつ》の結果(決算)を審議する(➡p.533)。

●**条約《じょうやく》を認める**…内閣が結んだ外国との条約を認めるかどうかを決める。

●**憲法改正を発議する**…憲法の改正案を国民に提案《ていあん》する。決定するのは国民投票による。

●**内閣総理大臣を指名する**…国会議員の中から内閣総理大臣になる人を選挙で決める。

●**衆議院の内閣不信任決議**…内閣の政治を信頼《しんらい》できないときは，衆議院のみが内閣に対して信任《しんにん》・不信任の決議をすることができる。

●**内閣の政治を調べる**…政治が適切《てきせつ》に行われているかどうか調べることができる(**国政調査権《こくせいちょうさけん》**)。

●**弾劾裁判《だんがいさいばん》を開く**…不正などで適任《てきにん》ではないと思われる裁判官をやめさせるかどうかを判断できる。

参考

内閣提出法案と議員提出法案

日本では省庁《しょうちょう》の役人の役割《やくわり》が大きいため，内閣提出法案の方が成立する件数《けんすう》が多い。

用語

委員会

議員の中から専門《せんもん》の委員を選び，細かな審議をする。予算・法務《ほうむ》・外務《がいむ》などの常任《じょうにん》委員会と，必要に応じて設《もう》けられる特別委員会とがあり，すべての議員が，常任委員会のどれかに所属《しょぞく》する。

用語

公聴会

議員以外の専門家・学識経験者《がくしきけいけんしゃ》や，その問題に利害関係のある人の意見をきく会。

用語

本会議

衆・参各議院での全議員による会議。それぞれ，総議員の3分の1以上の出席で開かれ(定足数《ていそくすう》)，議決は原則《げんそく》として過半数《かはんすう》による。本会議は公開を原則としている。

衆議院《しゅうぎいん》の優越《ゆうえつ》

●日本国憲法《けんぽう》では，参議院《さんぎいん》よりも衆議院に強い権限《けんげん》を認《みと》めている。これを，**衆議院の優越**という。

▶**衆議院が優越する理由**…参議院より任期《にんき》が短く，解散《かいさん》もあって選挙がしばしば行われる衆議院は，国民の意見を反映《はんえい》しやすいと考えられているため。

●予算《よさん》は必ず衆議院で先に審議《しんぎ》する（衆議院の**予算先《せん》議権《ぎけん》**）。

●**内閣不信任案**《ないかくふしんにん》の決議ができるのは衆議院だけである。

●法律《ほうりつ》をつくるとき，両院の意見がくいちがっても，衆議院で出席議員の3分の2以上の多数がもう一度賛成《さんせい》(再可決《さいかけつ》)すれば，衆議院の意見により法律が成立する。

●予算の議決，条約《じょうやく》の承認《しょうにん》，内閣総理《そうり》大臣の指名について両院の意見がくいちがったとき，両院協議会《りょういんきょうぎかい》を開いても意見がまとまらない場合は，衆議院の意見が国会の意見となる。

参考

参議院の存在《そんざい》

参議院ができてまもないころは，作家や学者などの文化人が政党《せいとう》とは別に議員として活躍《かつやく》し，政党中心の衆議院とはちがった特色を見せていた。しかし，近年は参議院も政党が中心となり，衆議院議員になれなかった人や次に衆議院議員をねらう人が立候補《りっこうほ》することが増《ふ》えている。

57年ぶり 衆院再可決
補給支援法が成立
インド洋給油 月内にも出航
予算 次の
賛成340 反対133

▲衆議院による法律案の再可決
（朝日新聞2008年1月12日）

くわしく 国民の祝日

新しい国民の祝日を決定するには，国会での法律の制定《せいてい》が必要である。

1月1日　元日《がんじつ》…年の始めを祝う。

1月の第2月曜日　成人の日…成人した若者《わかもの》を祝《いわ》ってはげます。

2月11日　建国記念の日…国を愛する心を養う。

2月23日　天皇誕生日《てんのうたんじょうび》…天皇の誕生を祝う。

3月21日ごろ　春分の日…自然をたたえ，生き物をだいじにする。

4月29日　昭和《しょうわ》の日…昭和の時代をふり返る。

5月3日　憲法記念日…日本国憲法の施行《しこう》を記念する。

5月4日　みどりの日…自然のめぐみに感謝《かんしゃ》する。

5月5日　こどもの日…子《こ》供《ども》の幸福の実現を願う。

7月の第3月曜日　海の日…海のめぐみに感謝する。

8月11日　山の日…山のめぐみに感謝する。

9月の第3月曜日　敬老《けいろう》の日…お年寄《としよ》りを敬愛《けいあい》する。

9月23日ごろ　秋分の日…祖先《そせん》を敬《うやま》う。

10月の第2月曜日　スポーツの日…スポーツに親しみ，健康な心身を育てる。

11月3日　文化の日…自由と平和を愛し，文化の発展《はってん》をはかる。

11月23日　勤労感謝《きんろうかんしゃ》の日…勤労を尊《とうと》ぶ。

2 内閣のしくみとはたらき

内閣のしくみ

●**国の行政《ぎょうせい》機関**…国会がつくった法律にもとづいて政治を進めることを**行政**といい，国の行政を行うのが各省庁などの行政機関であり，それを指揮監督《しきかんとく》するのが内閣である。内閣は政府ともよばれる。

●**内閣のしくみ**…内閣総理大臣(首相《しゅしょう》)と14人(とくに必要のある場合は17人)以内の国務《こくむ》大臣からなる。

▶ **内閣総理大臣**…行政の最高責任者《せきにんしゃ》。国会議員の中から国会により指名され，天皇が任命する。

▶ **国務大臣**…内閣総理大臣が任命《にんめい》し，天皇がそれを認証《にんしょう》する。過半数《かはんすう》は国会議員でなければならない。

▶ **閣議《かくぎ》**…内閣の方針《ほうしん》を決める会議。内閣総理大臣が開き，全国務大臣が出席する。決定は全会一致《いっち》で行い，その方針に全員がしたがう。

●**行政のしくみ**…内閣の下に府や省《しょう》，庁《ちょう》，委員会がおかれ，それぞれの役所で行政の仕事を分担《ぶんたん》している。内閣から独立《どくりつ》した行政機関として，会計検査院《けんさいん》や人事院がある。

参考

大臣の資格条件《しかくじょうけん》

内閣総理大臣も国務大臣も文《ぶん》民《みん》でなければならない。文民とは現在も過去も軍人でない人のことで，戦前の日本の政治に軍部がかかわったことを反省して，憲法で定められた。

用語

会計検査院

国の収入《しゅうにゅう》・支出《ししゅつ》に不正やむだづかいがないかどうかを調べる役所。

注意

庁の所属《しょぞく》

気象庁は国土交通省《こくどこうつうしょう》に，消防《しょうぼう》庁《ちょう》は総務省《そうむしょう》にそれぞれ所属していることに注意する。

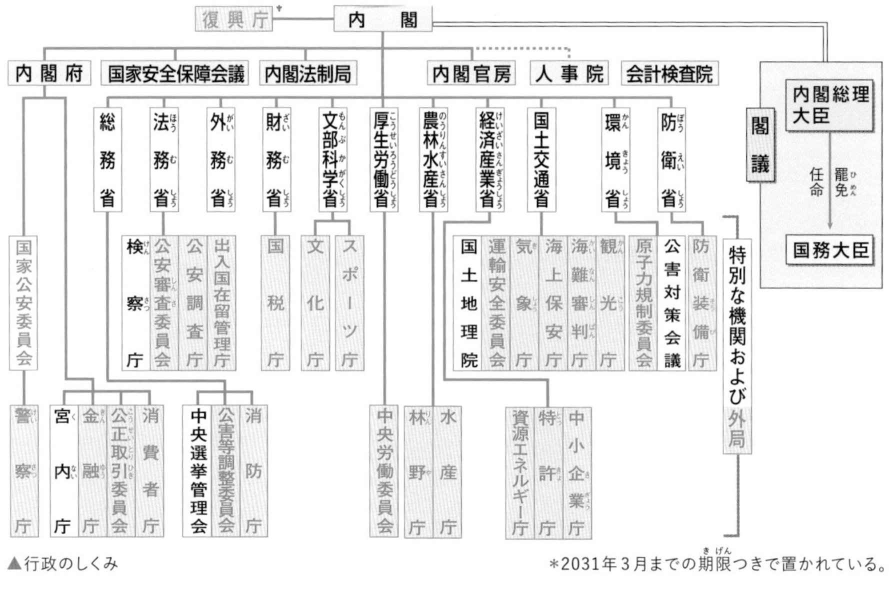

▲行政のしくみ

*2031年3月までの期限《きげん》つきで置かれている。

▲閣議《かくぎ》の様子（会議そのものは非公開）

- **内閣府《ないかくふ》**…各省《かくしょう》との連絡《れんらく》やまとめ，ほかの省で行わない仕事をする。多くの庁《ちょう》を統括《とうかつ》している。
- **法務省《ほうむしょう》**…法律《ほうりつ》の仕事。国民の権利《けんり》と安全を守る。
- **外務省《がいむしょう》**…外国との交際《こうさい》，条約《じょうやく》など外交の仕事。
- **財務省《ざいむしょう》**…予算《よさん》・決算をつくり，税金《ぜいきん》を集める。
- **文部科学省《もんぶかがくしょう》**…教育・学問・芸術《げいじゅつ》などの発展《はってん》をはかる。
- **厚生労働省《こうせいろうどうしょう》**…国民の健康や社会保障《ほしょう》などの充実《じゅうじつ》や失業対策《たいさく》，労働者の生活を高める仕事。
- **農林水産省《のうりんすいさんしょう》**…農業・林業・水産業に関する仕事。
- **経済産業省《けいざいさんぎょうしょう》**…鉱《こう》工業・商業・貿易《ぼうえき》に関する仕事。
- **国土交通省《こくどこうつうしょう》**…交通機関の監督《かんとく》。気象の調査《ちょうさ》，道路・ダムの建設《けんせつ》や都市づくり，観光の仕事。
- **総務省《そうむしょう》**…地方自治を進め，選挙の事務《じむ》をする。消《しょう》防《ぼう》・防災《ぼうさい》などの仕事。放送・通信の監督。
- **環境省《かんきょうしょう》**…環境の保護《ほご》や公害の防止《ぼうし》などの仕事。
- **防衛省《ぼうえいしょう》**…国の安全を守る。災害派遣《はけん》などの仕事。

●**行政改革《ぎょうせいかいかく》**…行政の役割《やくわり》がふくらみすぎたため，さまざまな改革が行われた。

- **省庁再編《さいへん》**…2001 年に多くの省庁が統合《とうごう》された。
- **規制緩和《きせいかんわ》**…民間の企業《きぎょう》の仕事に対して，行政《ぎょうせい》が認《にん》可《か》したり許可《きょか》したりする規制《きせい》をゆるめた。
- **民営化《みんえいか》**…鉄道・郵便《ゆうびん》などの国の仕事を民間へ移《うつ》した。
- **独立《どくりつ》行政法人化**…国が行っていた国立病院や国立大学などの仕事を切りはなした。

用語

人事院

国家公務員《こうむいん》の給料の決定や，採用《さいよう》などに関する仕事をする役所。

参考

内閣総理《そうり》大臣の権限《けんげん》

大日本帝国憲法《けんぽう》の時代には，国務《こくむ》大臣はそれぞれ個別《こべつ》に天皇《てんのう》を補助《ほじょ》したので，内閣のまとまりも内閣総理大臣の力も弱かった。現在《げんざい》の内閣総理大臣の力は強く，閣議の方針《ほうしん》に反対する大臣はやめさせること（罷免《ひめん》）ができる。

参考

規制緩和の結果

薬をコンビニエンスストアで買えるようになった，セルフ式ガソリンスタンドがうまれたなどの変化をもたらした。

内閣の仕事

●**行政のはたらき**…わたしたちの生活のすみずみにまでおよんでいる。そのほかにも，国会や裁判所《さいばんしょ》とのかかわりの中で，さまざまなはたらきをもっている。

▶法律にしたがって政治を行い，各省の仕事を監督する。

▶外国との条約を結ぶなどの外交の仕事をする。

◉外国との条約は，調印→批准（国として条約の内容を最終的に確認すること）という手続きで結ばれる。これは内閣の仕事であるが，国会の承認《しょうにん》を得なければならない。

▲日韓基本《にっかんきほん》条約の調印（1965年）

▶国の予算をつくって国会に提出《ていしゅつ》し，決まった予算を実行する。また，その結果である決算をつくる。

▶法律案を国会に出したり，政令《せいれい》を定めたりする。

◉**政令の制定**…法律を実行していくうえで必要な，法律の範囲内《はんいない》で内閣がつくるきまりを政令という。行政機関が制定する法の中ではもっとも上位の法である。

▶最高裁判所長官を指名し，そのほかの裁判官を任《にん》命《めい》する。

▶臨時会《りんじかい》の召集《しょうしゅう》を決め，参議院の緊急《きんきゅう》集会を開くことを求める。

▶天皇の国事行為《こくじこうい》に助言と承認をあたえる。

◉天皇は国事行為を形式的に行うだけなので，その内容《ないよう》を実際《じっさい》に決めるのは内閣である。したがって内閣の考えにより，衆議院《しゅうぎいん》の解散《かいさん》（天皇の国事行為の1つ）を決定することができる。また，恩赦《おんしゃ》など，天皇の国事行為とされているものの多くが，内閣が決定するものである。

参考

政令の役割

本来，国民の権利や義務《ぎむ》にかかわるきまりを定めることは，法律のみができることになっている。しかし，法律の条文に「これについては政令で定める」とあれば，法律から委任《いにん》された形で政令で国民の権利や義務を制限《せいげん》するきまりを定めることもできる。

議院内閣制《ぎいんないかくせい》

●**議院内閣制**…内閣は，行政《ぎょうせい》について国会に対して連《れん》帯責任《たいせきにん》を負っている。内閣総理大臣は国会で国会議員の中から選ばれ(指名)，国務《こくむ》大臣は過半数《かはんすう》が国会議員でなければならない。こうした国会と内閣の関係を議院内閣制という。

▶議院内閣制が世界でもっとも早く確立《かくりつ》した国はイギリスである。

▶一方で，アメリカの**大統領制**《だいとうりょうせい》は大統領が議会から独立《どくりつ》した権限《けんげん》をもっている。

●**衆議院《しゅうぎいん》の内閣不信任《ふしんにん》**…衆議院で内閣不信任案が可決《かけつ》されるか，または信任案が否決《ひけつ》されると，内閣は総《そう》辞職《じしょく》をするか，10日以内に衆議院を解散して選挙で国民の判断《はんだん》をあおぐか，どちらかを選ばなければならない。

▶主権は国民にあるので，内閣よりも議会，議会よりも国民の方が優位《ゆうい》にある。したがって，内閣と議会(ここでは衆議院)が対立した場合には，衆議院の言い分を聞く(内閣総辞職)か，より優位な国民の声を聞く(解散→総選挙)か，どちらかを選ぶのである。

▶内閣不信任決議以外にも，次のような場合は内閣が総辞職しなければならない。

◉内閣総理《そうり》大臣が欠けたとき。

◉衆議院の総選挙後，初めて国会が召集《しょうしゅう》されたとき。

◉内閣がみずからの判断で総辞職するとき。

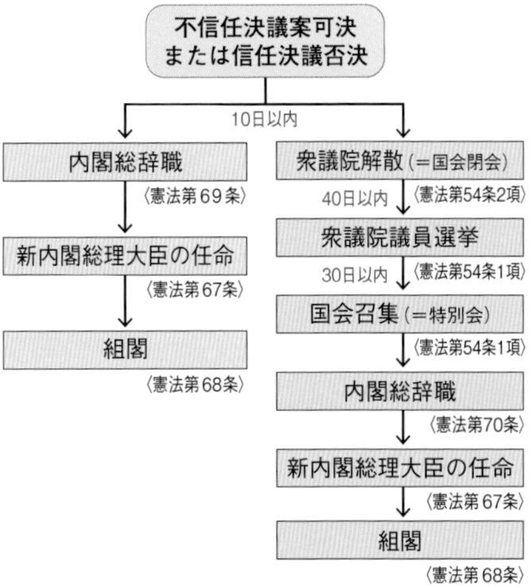

▲不信任決議後の流れ

参考

連帯責任

国会に対する連帯責任の代表的な例が衆議院総選挙後の内閣総辞職であるが，不祥事《ふしょうじ》などの責任を追及《ついきゅう》された国務大臣が個別《こべつ》に辞職することもある。

用語

総辞職

内閣総理大臣とすべての国務大臣が，同時に辞職すること。

注意

解散総選挙の手続き

衆議院解散後の総選挙までの40日間など，期限《きげん》の日数を区別できるようにしておく。

入試ポイント

〈議院内閣制のしくみ〉

- **内閣総理大臣**＝国会議員の中から国会が指名。
  国務大臣＝過半数は国会議員。
- **内閣は国会に対して連帯して責任を負う。**

☑ まとめチェック

知識を整理・確認しよう！

① 国会のしくみとはたらき

- □ ① 国会は，三権の中でもとくに強い権限をあたえられているため，何とよばれるか。
- □ ② 衆議院と参議院《さんぎいん》のように，議会が2つの議院からなる制度を何というか。
- □ ③ 衆議院と参議院のうち，任期《にんき》は6年で，3年ごとに半数が改選される議院はどちらか。
- □ ④ 毎年1回，1月に召集《しょうしゅう》され，翌年度《よくねんど》の予算《よさん》をおもに審議《しんぎ》する会議を何というか。
- □ ⑤ 国会に提出《ていしゅつ》された法律《ほうりつ》案は，まずどこで審議されるか。
- □ ⑥ 内閣を信頼できないとき，衆議院のみが行うことのできる決議は何か。
- □ ⑦ 政治《せいじ》が適切《てきせつ》に行われているかどうか調べることができる国会の権限を何というか。
- □ ⑧ 任期が短く，解散があって選挙がしばしば行われるため，ほかの議院に対して優越《ゆうえつ》した権限をもつ議院はどちらか。
- □ ⑨ 国民の祝日のうち，9月の第3月曜日に設《もう》けられたお年寄《としよ》りを敬愛《けいあい》するための祝日を何というか。

答え

①
① 国権《こっけん》の最高機関
② 二院制《にいんせい》[両院制]
③ 参議院
④ 常会《じょうかい》[通常《つうじょう》国会]
⑤ 委員会
⑥ 内閣不信任決議
⑦ 国政調査権《こくせいちょうさけん》
⑧ 衆議院
⑨ 敬老《けいろう》の日

② 内閣のしくみとはたらき

- □ ① 法律にもとづいて，政治を進めることを何というか。
- □ ② 内閣総理大臣が開き，全国務大臣が出席して内閣の方針《ほうしん》を決める会議を何というか。
- □ ③ 内閣におかれた省のうち，地形図の作成，道路・ダムの建《けん》設《せつ》などを行う省を何というか。
- □ ④ 民間の企業《きぎょう》の仕事に対して，行政が認可《にんか》したり許可《きょか》したりする規制《きせい》をゆるめる改革《かいかく》を何というか。
- □ ⑤ 法律を実行していくうえで必要な，法律の範囲内《はんいない》で内閣がつくるきまりを何というか。
- □ ⑥ 内閣が行政について国会に対して連帯責任を負う制度を何というか。
- □ ⑦ 衆議院で内閣不信任案が可決され，内閣が10日以内に衆議院を解散しないとき，内閣は何をしなければならないか。

②
① 行政
② 閣議《かくぎ》
③ 国土交通省《こくどこうつうしょう》
④ 規制緩和《かんわ》
⑤ 政令《せいれい》
⑥ 議院内閣制
⑦ 総辞職

力だめしの問題 入試標準レベル

解答➡p.643

1 次の問いに答えなさい。

(1) 次の日本国憲法《けんぽう》第41条《じょう》の空欄《くうらん》にあてはまる語句を漢字で答えなさい。【栄東中】

（　　　　　）

国会は，国権《こっけん》の最高機関であって，国の唯一《ゆいいつ》の［　　　］である。

(2) 右の文中のA・Bにあてはまる適切《てきせつ》な語句《ごく》を，次から1つずつ選び，記号で答えなさい。【桜蔭中】

> 日本の国会は，衆議院《しゅうぎいん》と参議院《さんぎいん》とからなる二院制《にいんせい》をとっています。国会の仕事として誤《あやま》っているのは［ A ］ことです。また，衆議院だけの特徴《とくちょう》としてふさわしくないのは［ B ］ことです。

A　あ　憲法改正を国民に提案《ていあん》する
　　い　裁判官《さいばんかん》を裁《さば》く裁判を行う
　　う　内閣総《ないかくそう》理《り》大臣を指名する　　（　　）
　　え　外国と条約《じょうやく》を結ぶ

B　あ　党首討論《とうしゅとうろん》を行う　　い　解散《かいさん》がある　　（　　）
　　う　予算《よさん》を先に審議《しんぎ》する　　え　内閣不信任《ふしんにん》決議権がある

(3) 一般の法律《ほうりつ》案の場合，現在《げんざい》の衆議院で定数全員が出席し投票すると，最低何票あれば衆議院で法律案は可決《かけつ》されますか。算用数字で答えなさい。

【横浜共立学園中】　　（　　　　票）

(4) 内閣総理大臣の指名について述《の》べた文として正しいものを，次から1つ選び，記号で答えなさい。【城北中】　　（　　）

ア　衆議院の指名の議決の後，参議院が10日以内に指名の議決をしない場合は，衆議院の指名の議決を国会の議決とする。

イ　国会議員の3分の2以上の賛成《さんせい》が得られた人物のみが，内閣総理大臣に指名される。

ウ　衆議院と参議院で別々の人物を指名した場合，衆議院で出席議員の3分の2以上の賛成で再可決されれば，その議決を国会の議決とする。

エ　衆議院と参議院で別々の人物を指名した場合，衆議院の求めで両院協議《りょういんきょうぎ》会《かい》を開く。

(5) 新しい天皇《てんのう》が即位《そくい》する5月1日を，2019年に限って祝日にすることが法律で定められました。これについて述べた次の文のうち，正しいものを1つ選び，記号で答えなさい。【日本女子大附中】　　（　　）

ア　国会によって，内閣に提案《ていあん》され，祝日となった。

イ　天皇によって，内閣に提案され，祝日となった。

ウ　国民によって，国会に提案され，祝日となった。

エ　内閣によって，国会に提案され，祝日となった。

2 次の問いに答えなさい。

(1) 内閣について述べた文として誤っているものを次から1つ選び，記号で答えなさい。【早稲田中】　(　　)

ア　内閣は下級裁判所の裁判官を任命《にんめい》する。

イ　内閣は予算を作成し，国会の審議にかける。

ウ　内閣は法律案や政令《せいれい》案を作成し，国会の審議にかける。

エ　内閣での話し合いを閣議《かくぎ》といい，1人でも反対者がいると閣議決定されない。

(2) 省庁《しょうちょう》に関して，仕事内容《ないよう》とそれに関連する日本の省庁の組み合わせとして誤っているものを，次から1つ選び，記号で答えなさい。【横浜女学院中】

ア　貿易《ぼうえき》や商工業の発展《はってん》をうながす仕事－経済産業省《けいざいさんぎょうしょう》

イ　国民の健康や医療《いりょう》に関する仕事－厚生労働省《こうせいろうどうしょう》

ウ　国の財政《ざいせい》や税《ぜい》に関する仕事－総務省《そうむしょう》

エ　教育に関する仕事－文部科学省《もんぶかがくしょう》　(　　)

(3) 天皇の国事行為《こくじこうい》は，ある機関の助言と承認《しょうにん》が必要です。この機関名を漢字で答えなさい。【日本大豊山中】　(　　　　)

(4) 現在《げんざい》の日本の内閣総理大臣（首相《しゅしょう》）の立場として適当《てきとう》なものを次からすべて選び，記号で答えなさい。【茗渓学園中】　(　　　　)

ア　衆議院の議長であり，立法府《りっぽうふ》の長である。

イ　裁判所《さいばんしょ》の判決《はんけつ》に助言と承認をあたえる，司法府《しほうふ》の一員である。

ウ　国務《こくむ》大臣を任命する，行政府《ぎょうせいふ》の長である。

エ　自衛隊《じえいたい》の最高指揮監督権《しきかんとくけん》をもっている。

オ　野党《やとう》第一党の党首である。

(5) 国務大臣の過半数《かはんすう》は国会議員から選ばれなくてはならないということが，日本国憲法第68条に定められています。それはなぜだと考えられますか。説明しなさい。【大妻中野中】

(　　　　　　　　　　　　　　　　　　)

(6) 国会と内閣の関係として誤っているものを次から1つ選び，記号で答えなさい。【東海大付相模高中等部】　(　　)

ア　内閣総理大臣は国会議員でなければならない。

イ　内閣総理大臣は国会が指名し，天皇が任命する。

ウ　内閣総理大臣は参議院を解散《かいさん》することができる。

エ　内閣は連帯して国会に対して責任《せきにん》を負う。

(7) 衆議院のみが提出することのできる「　　　案」が可決されると，10日以内に衆議院が解散されない限り，内閣は総辞職《そうじしょく》しなければなりません。空欄に適する語を漢字で答えなさい。【高輪中】　(　　　　)

3 裁判所のはたらきと三権分立

学習のポイント

- ●最高裁判所《さいばんしょ》や下級裁判所の裁判官はどのようにして任命されるか。 ➡p.538
- ●公正な裁判を行うためにどのようなしくみがとられているか。 ➡p.540
- ●国会・内閣《ないかく》・裁判所の関係を表す三権分立の図が理解《りかい》できているか。 ➡p.542

1 裁判所のしくみとはたらき

裁判所のしくみ

●**司法権《しほうけん》をになう裁判所**…憲法《けんぽう》や法律《ほうりつ》にもとづいて争いや事件《じけん》を解決することを**司法**といい，司法権を受けもつのが裁判所。憲法第76条に「すべて司法権は，最高裁判所及《およ》び(中略《ちゅうりゃく》)下級裁判所に属《ぞく》する。」とあり，裁判所は最高裁判所と下級裁判所に分けられる。

●**最高裁判所**…1人の最高裁判所長官とその他の14人の裁判官の計15人からなる。長官は，内閣の指名にもとづいて天皇《てんのう》が任命《にんめい》し，その他の裁判官は内閣が任命する。

●**下級裁判所**…**高等裁判所・地方裁判所・家庭裁判所・簡易《かんい》裁判所**の4種類。その裁判官は，最高裁判所がつくった名簿《めいぼ》にもとづき内閣が任命する。

参考

特別裁判所の禁止《きんし》

大日本帝国憲法の時代には，行政《ぎょうせい》裁判所や軍部の軍法会議など，裁判所以外の機関にも司法権があって，人権がおかされたので，日本国憲法では，司法権を最高裁判所と下級裁判所だけに認《みと》めた。

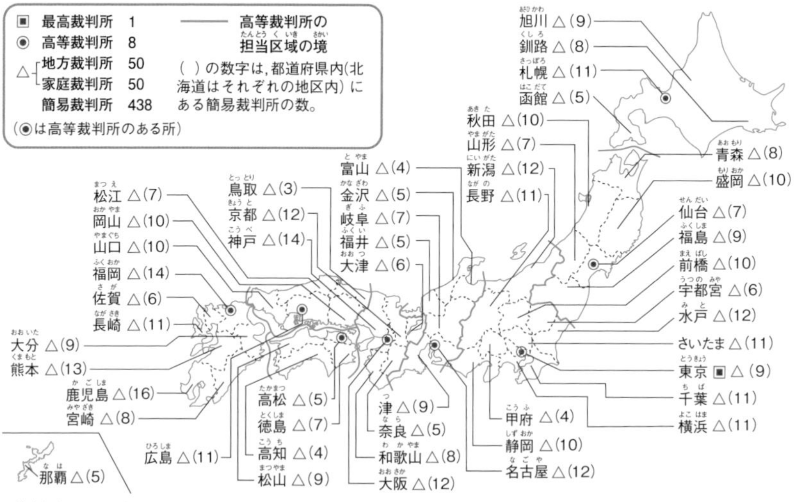

▲裁判所のある所

裁判所の仕事

●**争いごとを裁く**(**民事《みんじ》裁判**)…お金の貸《か》し借りや土地についてのもめごとなど，個人《こじん》と個人(または企業《きぎょう》)の間に起こった争いごとを裁き，どちらが正しいか，どのように解決《かいけつ》したらよいかを決める。

▶**原告《げんこく》・被告《ひこく》**…うったえた側を原告，うったえられた側を被告という。

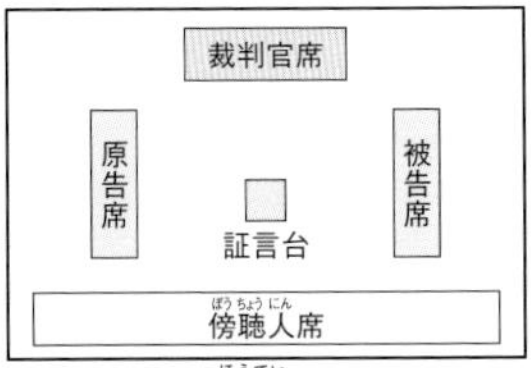

▲民事裁判の法廷《ほうてい》

▶**和解《わかい》・調停《ちょうてい》**…判決前に，たがいにゆずりあって争いをやめる和解や，争いを早く解決する調停が行われることもある。

●**犯罪者《はんざいしゃ》を裁く**(**刑事《けいじ》裁判**)…人を殺した，ぬすみをしたなど，犯罪をおかした疑《うたが》いのある者(被疑者《ひぎしゃ》)を裁き，有罪か無罪か，有罪ならばどのような刑罰《けいばつ》かなどを決める。

▶**起訴《きそ》**…国(検察官《けんさつかん》)が被害者《ひがいしゃ》にかわって被疑者を裁判所にうったえることによって裁判が始まる。

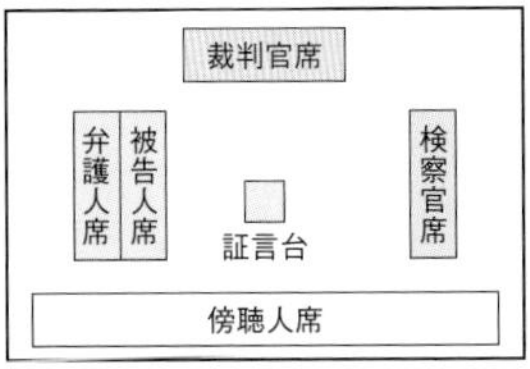

▲刑事裁判の法廷

▶起訴された被疑者は，**被告人《ひこくにん》**となる。

●**行政のまちがいを裁く**(**行政裁判**)…国や地方公共団《だん》体《たい》の行政のまちがいを裁く。民事裁判の一種。国民が原告となって国や地方公共団体をうったえる。

●**憲法違反《いはん》かどうかを審査《しんさ》する**…法律・政令《せいれい》・条例《じょうれい》などが憲法に違反していないかどうかを判断《はんだん》する。この判断をする権限《けんげん》を，**違憲立法《いけんりっぽう》審査権**(**法令審査権**)という。違憲(憲法違反)の判決《はんけつ》が確定《かくてい》した法律や政令などの命令，行政処分《しょぶん》などは，すべて無効《むこう》となる。

▶違憲立法審査権は，すべての裁判所がもつが，最終的な判断は最高裁判所が行う。このことから最高裁判所は「**憲法の番人《ばんにん》**」とよばれる。

▶違憲立法審査権はアメリカからとり入れられたもので，三権分立を実現するうえで重要である。

参考

最高裁判所の裁判官の資《し》格《かく》

識見《しきけん》の高い，法律の素養《そよう》のある40歳《さい》以上の者。15人のうち少なくとも10人は，次の①または②を満たす者でなければならない。

① それまで10年以上，最高裁判所裁判官か高等裁判所長官の職《しょく》にあった者。

② 合計20年以上，高等裁判所長官か裁判官，簡易裁判所裁判官，検察官，弁護《べんご》士《し》，法律学の大学教授《きょうじゅ》・准《じゅん》教授の職にあった者。

用語

検察官

法務省《ほうむしょう》の役人で，警察《けいさつ》と協力して犯罪を捜査《そうさ》し，訴訟《そしょう》を起こす権限《けんげん》をもっている。

判決	判決の内容
薬局どうしの距離《きょり》について(1975年判決)	薬局を開業しようとするときに，ほかの薬局から一定距離以上はなれていないと許可《きょか》しないとする規制《きせい》は，憲法の職業選択の自由に違反《いはん》している。
一票の価値《かち》について(1985年判決)	衆議院議員選挙において，選挙区によって一票の価値に大きな格《かく》差《さ》があるのは，憲法の選挙権の平等に違反している。
子供《こども》の国籍《こくせき》について(2008年判決)	父が日本人で母が外国人の子供が，父が認知《にんち》したにもかかわらず両親が結婚《けっこん》していないために日本国籍が得られないのは，憲法の法の下《もと》の平等に違反している。

▲これまでの違憲判決の例(一部)

公正な裁判《さいばん》

● **司法権《しほうけん》の独立《どくりつ》**…司法権は裁判所《さいばんしょ》だけがもっていて，内閣《ないかく》や国会などそのほかの機関は裁判に口出しすることはできない。

> **くわしく　大津事件《おおつじけん》**
>
> 1891年，来日中のロシア皇太子《こうたいし》が滋《し》賀《が》県の大津市で警備《けいび》にあたっていた巡《じゅん》査《さ》に襲《おそ》われて負傷《ふしょう》した。この大津事件が条約《じょうやく》改正へ影響《えいきょう》することをおそれた明治政府《めいじせいふ》は，犯人《はんにん》を死刑《しけい》にするよう裁判所に圧力《あつりょく》をかけた。しかし，大審院《だいしんいん》長《ちょう》（今の最高裁判所長官）の児島惟謙《こじまいけん》は，政府の圧力をはねのけるように大津地方裁判所をはげました。児島の行いは，政府に対して司法権の独立を守ったといえる。しかしながら，大審院長として地方裁判所の裁判官にアドバイスしたことは，裁判官の独立をそこねたという見方もある。

▶ **裁判官の独立**…裁判官は，裁判をするにあたって憲法《けんぽう》・法律《ほうりつ》のみにしばられ，良心にしたがう。裁判官が独立して裁判を行うことができるように，裁判官の身分は保障《ほしょう》されている。

▶ 裁判官は，次の場合に定年前にやめさせられる。

◉ **国民審査《しんさ》**…最高裁判所の裁判官については，裁判官として適当《てきとう》かどうかを，国民の投票によって審査される(憲法第79条《じょう》)。この国民審査は，裁判官に任命《にんめい》されてから初めての衆議院《しゅうぎいん》議員総《そう》選挙のときに一緒《いっしょ》に行われ，その後10年たつごとに同様に行われる。この投票で過半数《かはんすう》がやめさせたほうがよいと投票したとき，裁判官をやめなければならない。

◉ **弾劾《だんがい》裁判**…裁判官にふさわしくないような悪いことをした裁判官は，国会議員からなる裁判官訴追《そつい》委員会によって国会の弾劾裁判にかけられ，やめさせられることがある。

● **裁判員制度《さいばんいんせいど》**…2009年から，殺人や危険《きけん》運転致死《ちし》,身代金《みのしろきん》目的の誘《ゆう》かいなどの重大事件《じけん》の刑事《けいじ》裁判では，3人の裁判官とともに満20歳《さい》以上の国民から抽選《ちゅうせん》と面接で選ばれた6人の裁判員が参加する制度がとり入れられた。これによって，国民のいろいろな考え方が裁判にいかされることになり，また，これまで時間がかかっていた刑事裁判の時間短縮《たんしゅく》にもつながることが期待された。

● **三審制《さんしんせい》**…裁判の誤《あやま》りを防《ふせ》ぐために，同じ争いや事件について3回まで裁判を受けることができる制度。最初の裁判(第一審《だいいっしん》)の判決《はんけつ》に不満な場合に2回目(第二審)の裁判所にうったえることを**控訴《こうそ》**，2回目から3回目(第三審)の裁判所にうったえることを**上《じょう》告《こく》**という。

● **被告人《ひこくにん》の人権**…現行犯《げんこうはん》でない限り，裁判官の発した令状《れいじょう》がなければ逮捕されない。強制《きょうせい》による自白《じはく》は証《しょう》拠《こ》とされない。被告人は**弁護人《べんごにん》**をつけることができる。弁護人は法律の専門家《せんもんか》である弁護士がなる。被告人には自分に不利になることは話さなくてもよいという権利(**黙秘権《もくひけん》**)がある。

● **被害者《ひがいしゃ》の人権**…犯罪の被害者が，被告人や証人《しょうにん》に質《しつ》問《もん》できる**被害者参加制度**など。

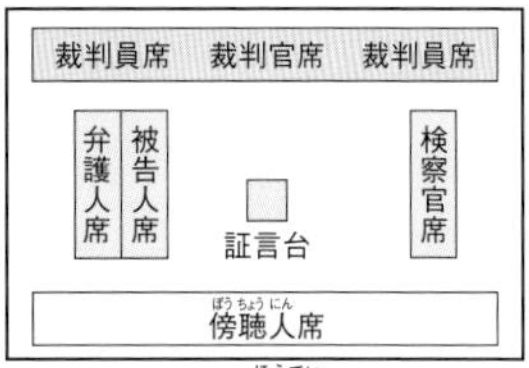

▲裁判員裁判の法廷《ほうてい》

用語

裁判員

有権者の中から抽選と面接で選ばれ，選ばれた人は原則として辞退《じたい》はできない。裁判員は実際《じっさい》の裁判に立ち会い，有罪か無罪か，その量刑《りょうけい》を決める。

参考

再審《さいしん》制度

確定した判決を変えることはできない。ただし，その後，新しい証拠が見つかったときや，重大な事実の誤りがわかったときは，被告人は再審(裁判のやり直し)を求めることができる。無実であるのに犯罪者としてあつかわれることを，えん罪《ざい》という。

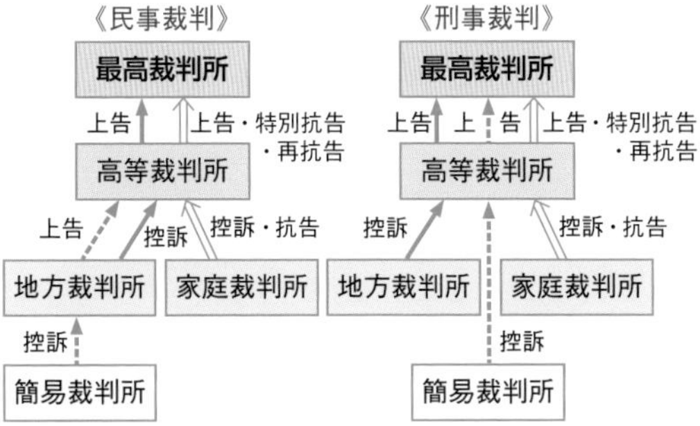

◀各裁判所の仕事

- 簡易裁判所…軽い罪や小さな争いごとを第一審として裁く。
- 家庭裁判所…少年犯罪や家庭内の争いごとを裁く。
- 地方裁判所…一般《いっぱん》の裁判の第一審を行い，民事裁判では，簡易裁判所事件の控訴審を行う。
- 高等裁判所…一般の裁判の控訴審や，簡易裁判から始まる民事裁判の上告審を行う。
- 最高裁判所…終審の裁判所として上告審を行う。

入試ポイント

- 裁判官の独立…**憲法**・**法律**のみにしばられ，**良心**にしたがう。
- 国民の裁判への参加…**裁判員制度**。
- 慎重《しんちょう》な裁判…**三審制**(第一審→〔**控訴**〕→第二審→〔**上告**〕→第三審)。

2 三権分立《さんけんぶんりつ》と国民の権利

三権分立のしくみ

● **国の権力**…立法《りっぽう》・行政《ぎょうせい》・司法《しほう》の三権に分けられ，それぞれ国会・内閣《ないかく》・裁判所《さいばんしょ》が受けもっている。

▶ 1つの機関に権力が集中しないようにすることで，国民の自由や権利を守ることができる。

● 国会の召集《しょうしゅう》や衆議院《しゅうぎいん》の解散《かいさん》は，内閣が決定する。

● 内閣総理《そうり》大臣は国会において指名される。

● 衆議院は内閣不信任《ふしんにん》の決議を行うことができる。

● 国会は憲法《けんぽう》に違反《いはん》する法律《ほうりつ》をつくることはできない。

● 行政機関の仕事が憲法や法令に違反していないかどうか，裁判所による審査《しんさ》を受ける。

● 最高裁判所の長官の指名や裁判官の任命《にんめい》は，内閣により行われる。

● 不正を行った裁判官は，国会における弾劾《だんがい》裁判所でやめさせられることがある。

● 国民は選挙や最高裁判所裁判官の国民審査，世論《せろん》《よ》を通して三権に影響《えいきょう》をあたえている。

参考

日本の三権分立

議院内閣《ぎいんないかく》制をとっている点ではイギリスに似《に》ているが，裁判所に違憲《いけん》立法審査権を認《みと》めている点では，きびしい三権分立を採用《さいよう》しているアメリカ型でもある。

参考

モンテスキュー

フランスの思想家。著書《ちょしょ》『**法の精神《せいしん》**』で，権力がたがいにおさえ合う権力分立の考えを説いた。

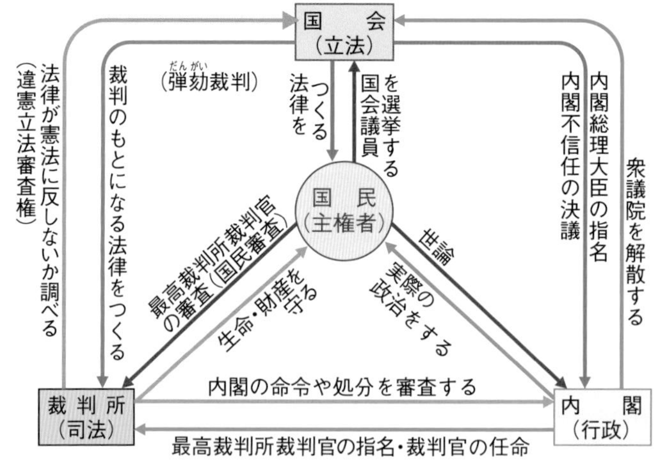

▲三権分立のしくみ

4 選挙と政党

学習のポイント

- ●日本の選挙は，どのような原則で行われているか。 ➡p.543
- ●小選挙区制，比例代表制など選挙制度のちがいがわかっているか。 ➡p.544
- ●政党政治は民主政治のうえでどのような役割をはたしているか。 ➡p.545

1 選挙のしくみ

民主政治と選挙

●**民主的な選挙**…民主政治を進めるため，日本の選挙は次のような原則《げんそく》にしたがって行われる。

▶**普通《ふつう》選挙**…一定の年齢《ねんれい》以上の全国民に選挙権がある(納税額《のうぜいがく》など条件《じょうけん》がある場合は制限選挙という)。

▶**平等選挙**…有権者1人1票の平等な選挙権。

▶**秘密《ひみつ》選挙**…だれがだれに投票したか，わからないようにする(知られると，買収《ばいしゅう》や圧力《あつりょく》など，自分の考えだけで投票できなくなるおそれがあるから)。

▶**直接《ちょくせつ》選挙**…有権者が直接候補者《こうほしゃ》に投票して，代表者を選ぶ。

●**日本の選挙制度の歩み**…明治《めいじ》時代には納税額などによる制限選挙→1925年に満25歳《さい》以上の男子だけの普通選挙→1945年，女性の選挙権が認められ満20歳以上の男女普通選挙が実現→2015年から選挙権は満18歳以上の男女にあたえられた。

●**選挙の問題点**

▶**低い投票率《りつ》**…選挙権がありながら投票しないことは有権者の自由であるが，投票を棄権《きけん》することは一部の人たちによって大切なことが決められてしまい，投票率の低い年代に対しては，不利益《ふりえき》となる政策《せいさく》が行われることになりかねない。

▶**一票の格差《かくさ》**…議員1人あたりの有権者数が，選挙区ごとに開きがある。選挙権の平等に違反するとして違憲判決《はんけつ》が出た結果，議員定数の修正《しゅうせい》が行われてきた。

参考

間接民主制と選挙

間接民主制をとっている日本において，選挙は国民が政治に参加するもっとも重要な機会である。

参考

投票率を上げる努力

期日前《きじつまえ》投票や不在者《ふざいしゃ》投票をやりやすくしたり，おそい時間まで投票できるようにするなどの改革《かいかく》が行われた。

参考

一票の格差

人口の多い大都市で一票の価値《かち》が低く，人口が少ない地方で一票の価値が高い傾向《けいこう》がある。

▶**選挙違反《いはん》**…候補者がお金で票を買収《ばいしゅう》したり，企業《きぎょう》から違法《いほう》な献金《けんきん》を受けたりする(対策《たいさく》として政府は，**政党《せいとう》交付金**によって政治資金《しきん》を補助)。

選挙の運営《うんえい》

●**公職《こうしょく》選挙法**…公正な選挙が行われることを目的に定められた法律《ほうりつ》。選挙は，すべてこの公職選挙法にもとづいて行われる。

●**選挙管理委員会**…選挙の仕事や監督《かんとく》をする行政《ぎょうせい》委員会。都道府県・市町村に置かれ，国の**中央選挙管理会**と協力し合って仕事をしている。

●**選挙のすすめ方**…公示《こうじ》(投票日などの発表)→立候補《りっこうほ》者の届《とど》け出→選挙運動→投票(期日前《きじつまえ》投票なども行われる)→開票→当選者の決定。

●**選挙制度《せいど》**…国会議員の選挙は，次のように選挙区ごとに争うしくみで行われている。

▶**小選挙区制《しょうせんきょくせい》**…1つの選挙区から1名を選ぶ方法。**死票《しひょう》**が多くなる。

▶**大選挙区制《だいせんきょくせい》**…1つの選挙区から2名以上を得票の多い順に選ぶ方法。

▶**比例代表制《ひれいだいひょうせい》**…得票に応《おう》じて政党《せいとう》の議席数を決める。

●**衆議院《しゅうぎいん》議員選挙**…小選挙区制と比例代表制を組み合わせた小選挙区比例代表並立《へいりつ》制である。

●**参議院《さんぎいん》議員選挙**…おもに都道府県ごとに選ぶ選挙区選挙(1つまたは2つの都道府県が1選挙区)と，全国を1つの単位にした比例代表選挙とで行われる。

用語

比例代表制

各政党が獲得《かくとく》した票数に応じて(比例させて)議席をあたえるしくみ。得票数を1，2，3…という整数で割《わ》り，その商の大きい順に定数までが当選するドント式が採用《さいよう》されている。

参考

参議院の比例代表選挙

参議院の比例代表選挙では，政党名でも個人《こじん》名でも投票できる。また，政党が当選者の優先《ゆうせん》順位をあらかじめ決める特定枠《わく》が設《もう》けられている。

用語

死票

落選者に投じられた票のこと。死票が多いと，国民の意思が細かく反映《はんえい》されなくなる。

選挙制度	長所	短所
小選挙区制	・選挙活動にお金がかかりにくい ・大政党に有利で政局が安定しやすい	・死票が出やすい ・一票の格差が大きくなる
比例代表制	・死票が出にくい ・一票の格差が小さい	・選挙活動にお金がかかる ・小政党も議席を得やすく，政党が乱立して政局が不安定になる

▲選挙制度の特色

入試ポイント

〈選挙のしくみ〉

● 民主的な選挙の四原則…**普通選挙・平等選挙・秘密《ひみつ》選挙・直接選挙**。

● 衆議院＝**小選挙区比例代表並立制**，参議院＝**比例代表制**＋**選挙区選挙**。

政党による政治

- **政党**…政治のあり方や進め方について，同じような考えをもつ人が集まってつくる団体。
- **政党と選挙**…政党は，政治に関する自分たちの考え方を，あらかじめ国民にはっきりと示《しめ》しておく。国民は，選挙の時，各政党の公約によって，どの政党に投票するかを判断《はんだん》する。
- **政党による政治**…議会で多数をしめた政党が内閣《ないかく》をつくり，政治を進める。内閣をつくる政党を**与党《よとう》**といい，与党の党首が内閣総理大臣となり，国務《こくむ》大臣もその政党の議員から選ばれることが多い。こうした内閣を**政党内閣**という。議員は政党を中心に活動し，国会の運営も政党を中心として行われる政治が**政党政治**である。
  - ▶1つの政党だけで議会の過半数《かはんすう》を得られないときは，より多数を得た政党を中心に，複数《ふくすう》の政党で内閣をつくる場合がある。複数政党の内閣を**連立内閣**といい，その政権《せいけん》を**連立政権**という。
  - ▶**日本の政党政治**…明治《めいじ》時代，当時の政府に対抗《たいこう》するために，自由党《じゆうとう》や立憲改進党《りっけんかいしんとう》などの政党ができた。大正《たいしょう》時代になると，本格的《ほんかくてき》な政党内閣(1918年，原敬《はらたかし》内閣➡p.458)がうまれ，政党政治が進んだが，昭和《しょうわ》時代に入って軍部の力が強まり，政党の力はおとろえた。第二次世界大戦後は政党政治が復活《ふっかつ》し，現在《げんざい》では多くの政党が活動している。
- **世論《せろん》《よ》**…社会や政治について多くの国民がもっているまとまった意見。民主政治は世論による政治である。世論は選挙を通じて表され，政党や政治家は世論を尊重《そんちょう》する。政治や政治家に関する世論の形成には，テレビ・新聞などマスメディア(➡p.314)の影《えい》響《きょう》が大きいため，国民は正しい情報《じょうほう》を選び，判断する必要がある。

消費税率の8%から10%への引き上げへの意見

賛成のおもな理由	
年金，医療，介護や子育て支援に必要	40.3%
国の借金を増やしてこれからの世代につけを残すべきではない	38.9
幅《はば》広い国民が負担する消費税の割合を増《ふ》やすべきだ	8.0

反対のおもな理由	
消費税には低所得者の負担が重くなる逆進性の問題がある	33.3%
これ以上税金を負担するのは大変だ	22.6
増税は景気に悪影響をあたえる	22.5

▲世論調査《ちょうさ》の例(2019年，日本世論調査会)

用語

公約

政党や立候補者が，「政権を手に入れたときにはこうします」「当選したらこうします」などと国民に約束すること。中でも，政策《せいさく》の実施《じっし》期限《きげん》や数値《すうち》目標など，具体的な施策《しさく》を示したものを政権公約(マニフェスト)という。

用語

与党

内閣(政府)をつくる政党。これに対し，政権を担当せず，政府を批判《ひはん》し，その誤《あやま》りを防《ふせ》ぐのが野党《やとう》である。

注意

政党名と党首(代表者)

内閣総理大臣の名はもちろん，そのときの与党の政党名(連立のときは複数)は，その代表者名と合わせて覚えておきたい。

☑ まとめチェック

知識を整理・確認しよう！

① 裁判所《さいばんしょ》のしくみとはたらき／三権分立《さんけんぶんりつ》

問題	答え
□ ① 憲法《けんぽう》や法律《ほうりつ》にもとづいて争いや事件《じけん》を解決《かいけつ》する権限《けんげん》を何というか。	① 司法権《しほうけん》
□ ② 長官を内閣《ないかく》の指名にもとづいて天皇《てんのう》が任命《にんめい》し，そのほかの裁判官を内閣が任命することとなっている裁判所はどこか。	② 最高裁判所
□ ③ お金の貸《か》し借りや土地についてのもめごとなど，個人《こじん》や企《き》業《ぎょう》の間に起こった争いごとを裁く裁判を何というか。	③ 民事《みんじ》裁判
□ ④ 刑事《けいじ》裁判において，被害者《ひがいしゃ》にかわって被疑者《ひぎしゃ》を裁判所にうったえる人を何というか。	④ 検察官《けんさつかん》
□ ⑤ 法律・政令《せいれい》・条例《じょうれい》などが憲法に違反《いはん》していないかどうかを判断《はんだん》する裁判所の権限を何というか。	⑤ 違憲立法審査権《いけんりっぽうしんさけん》 [法令審査権]
□ ⑥ 重大事件《じけん》の刑事裁判で，3人の裁判官とともに国民から抽《ちゅう》選《せん》などで選ばれた6人の裁判員《さいばんいん》が参加する制度《せいど》を何というか。	⑥ 裁判員制度
□ ⑦ 裁判の誤《あやま》りを防《ふせ》ぐために，同じ争いや事件について3回まで裁判を受けることができる制度を何というか。	⑦ 三審制《さんしんせい》
□ ⑧ 著書《ちょしょ》『法の精神《せいしん》』で，権力がたがいにおさえ合う権力分立の考えを説いた思想家はだれか。	⑧ モンテスキュー

② 選挙と政党《せいとう》

問題	答え
□ ① だれがだれに投票したかわからないようにする，選挙の原《げん》則《そく》を何というか。	① 秘密《ひみつ》選挙
□ ② 議員1人あたりの有権者数が，選挙区ごとに開きがあることを何というか。	② 一票の格差《かくさ》
□ ③ 1つの選挙区から1名を選ぶしくみで，死票が出やすく大政党に有利になる選挙制度を何というか。	③ 小選挙区制《しょうせんきょくせい》
□ ④ 得票に応《おう》じて各政党の議席数を決めるしくみで，死票が少なく小政党も議席を得やすい選挙制度を何というか。	④ 比例代表制《ひれいだいひょうせい》
□ ⑤ 議会の運営が政党を中心として行われる政治を何というか。	⑤ 政党政治
□ ⑥ 1つの政党だけで議会の過半数《かはんすう》を得られないとき，多数を得た政党を中心に，複数《ふくすう》の政党でつくる政権を何というか。	⑥ 連立政権
□ ⑦ 社会や政治について多くの国民がもっているまとまった意見を何というか。	⑦ 世論《せろん》《よ》

力だめしの問題　入試標準レベル

解答➡p.644

❶ 次の問いに答えなさい。

(1) 裁判を公平に行うために，日本では司法権の独立《どくりつ》が憲法に明記されています。司法権の独立について説明している文として誤《あやま》っているものを次から1つ選び，記号で答えなさい。【大宮開成中】　(　　)

ア　裁判官は自己《じこ》の良心にしたがって独立して判断を行う。
イ　行政《ぎょうせい》機関が裁判官に対して制裁を加えることはできない。
ウ　裁判官は，どんな場合でも罷免《ひめん》されることはない。
エ　司法権の独立が侵害《しんがい》されたとして問題となった事件がある。

(2) 右の図は裁判所の種類を簡単《かんたん》に示《しめ》したものです。次の問いに答えなさい。【開成中】

(A) 最高裁判所
(B) 高等裁判所
(C) 地方裁判所　(D) 家庭裁判所
(E) 簡易裁判所

①A～Eの裁判所のうち，違憲審査権をもつ裁判所はどれですか。その組み合わせとして正しいものを，次から1つ選び，記号で答えなさい。　(　　)

ア　Aのみ　　イ　Bのみ　　ウ　Cのみ
エ　AとB　　オ　AとBとC　　カ　A～Eすべて

②A～Eの裁判所のうち，裁判員裁判が行われる裁判所はどれですか。その組み合わせとして正しいものを，上の①のア～カから1つ選び，記号で答えなさい。　(　　)

③刑事裁判において，第一審《だいいっしん》が簡易《かんい》裁判所だった場合，控訴審《こうそしん》はどの裁判所ですか。図中のA～Eから1つ選び，記号で答えなさい。　(　　)

(3) 衆議院《しゅうぎいん》議員総《そう》選挙の際には，国民審査が行われることがあります。国民審査の対象として正しいものを，次から1つ選び，記号で答えなさい。【横浜雙葉中】

(　　)

ア　最高検察庁《けんさつちょう》の検察官　　イ　参議院《さんぎいん》議員　　ウ　衆議院議員
エ　内閣総理大臣　　オ　最高裁判所の裁判官

(4) 近年の司法制度の改革《かいかく》について説明した次の文のうち，誤っているものを1つ選び，記号で答えなさい。【豊島岡女子学園中】　(　　)

ア　司法に国民の意見を反映《はんえい》できるような改革をしている。
イ　弁護士《べんごし》・検察官・裁判官を育成するための大学院を設置《せっち》した。
ウ　裁判を慎重《しんちょう》に行い，誤った判断を減《へ》らすため四審制を検討《けんとう》している。
エ　借金などの問題を法によって解決《かいけつ》するために，必要な情報《じょうほう》やサービスが受けられる機関を設置した。

2 次の問いに答えなさい。

(1) 選挙の原則《げんそく》に関する説明として誤《あやま》っているものを次から1つ選び，記号で答えなさい。【日本大藤沢中】 (　　)

ア 一定の年齢《ねんれい》以上のすべての国民が選挙権《けん》をもつという，一般《いっぱん》選挙である。

イ 1人の有権者が一票を投票する，平等選挙である。

ウ 有権者が候補者《こうほしゃ》に直接《ちょくせつ》投票する，直接選挙である。

エ どの政党《せいとう》や候補者に投票したのか他人に知られないようにする，秘密《ひみつ》選挙である。

(2) 2018年，改正公職《こうしょく》選挙法が成立し，参議院《さんぎいん》の選挙制度《せいど》が変更《へんこう》されました。参議院議員の定数が6増《ふ》え，埼玉《さいたま》県選挙区の改選数は1増えました。この変更の理由について述《の》べた文として，正しいものを次から1つ選び，記号で答えなさい。【共立女子中】 (　　)

ア 埼玉県選挙区は，議員1人あたりの有権者数がもっとも多いため。

イ 埼玉県選挙区は，有権者の数が全国でもっとも少ないため。

ウ 埼玉県選挙区は，投票率《りつ》がもっとも低かったため。

エ 埼玉県選挙区は，議員1人あたりの有権者数がもっとも少ないため。

(3) 比例代表制《ひれいだいひょうせい》では，各党の得票数を1, 2, 3…と整数で順に割《わ》っていき，その商の大きい順に議席を配分するドント式という方法で当選者を決めていきます。今，比例代表制で選ばれる議員の定数が5人で，A～Cの3つの政党が候補者を出し，各党の得票数が右の表のようになった場合，各党が獲得《かくとく》する議席の数を答えなさい。

政党名	A 党	B 党	C 党
得票数	3000	1800	1200
÷ 1	3000	1800	1200
÷ 2	1500	900	600
÷ 3	1000	600	400
÷ 4	750	450	300
÷ 5	600	360	240

【明治大付中野中】 A(　　) B(　　) C(　　)

(4) 小選挙区制《しょうせんきょくせい》の長所に関する説明として正しいものを，次から1つ選び，記号で答えなさい。【栄東中】 (　　)

ア 国民の意見が的確《てきかく》に反映《はんえい》されやすいということがあげられる。

イ 勢力《せいりょく》の小さい政党に有利であり，多数の政党による連立政権が成立しやすいということがあげられる。

ウ 大選挙区制《だいせんきょくせい》と比《くら》べたときに一票の格差が小さくなりやすい。

エ 選挙活動を行う範囲《はんい》がせまいことから，立候補者の選挙費用が比較的《ひかくてき》少なくてすむことがあげられる。

(5) 単独《たんどく》の政党が長い期間，与党《よとう》であり続けると問題が起こりやすくなるといわれます。どのような問題が起こるのか説明しなさい。【学習院女子中等科】

(　　　　　　　　　　)

5 地方自治と国民生活

学習のポイント

- ●地方自治が必要とされる理由は何か。 ➡p.549
- ●地方自治はどのような機関により行われているか。 ➡p.550
- ●地方自治に特有の住民の権利《けんり》には，どのようなものがあるか。 ➡p.551

1 地方自治のしくみとはたらき

地方自治のしくみ

●**地方自治とは**…中央(国)の政治とは別に，都道府県，市(区)町村により地域《ちいき》内の政治が住民の意思にもとづいて行われている。

▶**団体《だんたい》自治**…国から独立《どくりつ》した地方公共団体が，その地域に合った政治を進めること。

▶**住民自治**…住民が，自分たちの手でその地域の政治を進めること。

●**地方自治が必要な理由**

▶地域によって，気候や人口などがちがっている。そこで，毎日のくらしに関係の深いことは，地域の実情《じつじょう》に合わせて地域ごとに決めたほうが，人々の願いを実現しやすい。

▶地方自治は身近な問題にかかわることなので，人々の政治への関心はより高い。

▶**民主主義《しゅぎ》の学校**…住民に，自分たちが政治の主人公であるという気持ちが高まり，民主主義の精神《せいしん》が育てられる。そのため，「地方自治は民主主義の学校」であるといわれている。

●**地方公共団体の仕事**…地方公共団体は，地域の住民の毎日のくらしにかかわりの深い仕事をしている。

▶犯罪《はんざい》・災害《さいがい》・火災などから住民を守る(警察《けいさつ》・消防《しょうぼう》)。

▶病院などをつくり，住民の健康を守る。

▶学校・図書館などの教育・文化に関する仕事。

▶保育所《ほいくじょ》・公民館・公園などの公共施設《しせつ》をつくる。

▶道路や橋などの建設《けんせつ》や修理《しゅうり》などの土木の仕事。

用語

地方公共団体

地方自治が行われる1つひとつの単位(区域)のことで，地方自治体ともいう。都道府県，市町村という普通《ふつう》地方公共団体と，特別区(東京《とうきょう》23区)などの特別地方公共団体がある。特別区は，市とほぼ同じ権限をもつ。

参考

公務員《こうむいん》

都道府県にはそれぞれ都庁《とちょう》・道庁・府庁・県庁が，市町村には，それぞれ市役所・町役場・村役場が置かれる。都道府県知事や市町村長のもとで多くの地方公務員が住民のために仕事をしている。国の省庁などで働く国家公務員と，地方公共団体で働く地方公務員は，いずれも一部の人々のためではなく「全体の奉仕者《ほうししゃ》」として仕事をすることが求められている。

- ▶バス・電車などの交通や水道の仕事。
- ▶農業・工業・商業などの産業を進める仕事。
- ▶ごみの処理《しょり》，下水道，公害防止《ぼうし》などの仕事。
- ▶地方税《ちほうぜい》を集めたり，その会計をまとめる仕事。
- ▶戸籍《こせき》や住民登録に関する仕事。
- ▶失業中の人が職業《しょくぎょう》につくことを助ける仕事。
- ▶高齢者《こうれいしゃ》の世話など社会福祉《ふくし》の仕事。
- ▶生活保護《ほご》や国会議員選挙など，国からたのまれた仕事。
- ▶河川《かせん》を管理する仕事。

地方自治を進める機関

●**地方議会**…都道府県議会や市町村議会があり，ともに一院制《いちいんせい》。議員は住民の選挙で選ばれ，任期《にんき》は4年。議員の被選挙権《ひせんきょけん》は満25歳《さい》以上である。

- ▶**地方議会の仕事**…**条例**《じょうれい》を制定《せいてい》する，予算《よさん》を決めて決算を調べる，知事や市町村長の行う政治を調べる，住民の願いを受けつける，など。

●**執行機関**…都道府県では知事，市町村では市長・町長・村長(東京《とうきょう》23区では区長)が最高責任《せきにん》者(首長《しゅちょう》)として行政《ぎょうせい》を進める。住民の直接《ちょくせつ》選挙で選ばれ，任《にん》期《き》は4年。被選挙権は都道府県知事は満30歳以上，市町村長は満25歳以上である。

●**首長の仕事**

- ▶行政の計画や予算案をつくって議会に提出《ていしゅつ》する。
- ▶議会で決まったことを実行し，役所の職員《しょくいん》(地方公務員《こうむいん》)を監督《かんとく》する。
- ▶地方公共団体《だんたい》の建物・施設《しせつ》を管理する。

●**地方議会と首長との関係**

- ▶議会は，首長の不信任《ふしんにん》を議決することができる。
- ▶不信任決議に対して，首長は議会を解散《かいさん》することができる。ただし，10日以内に解散しないとき，または新しい議会で3分の2以上の多数でふたたび不信任の議決があれば，首長は失職する。
- ▶首長は，議会の決定に対して拒否権《きょひけん》をもつ。

参考

地方自治法

日本国憲法《けんぽう》では，第8章で地方自治に関することを定めており，それにもとづいて地方自治法が制定されている。地方自治は，国の法律《ほうりつ》の範囲《はんい》内で行われる。

参考

都道府県と市(区)町村

都道府県はいくつもの市町村が集まったまとまりであるが，それぞれの仕事はすみ分けをしている。警察《けいさつ》や高校などは原則として都道府県の仕事，小・中学校や消防《しょうぼう》，ごみ処理《しょり》は原則として市町村の仕事になっている。

用語

条例

地域《ちいき》の政治を進めていくうえで必要な法令。その地方公共団体の中だけで通用する法令で，法律の範囲内で制定される。

参考

執行機関

執行機関には，首長を補助《ほじょ》する役職《やくしょく》として知事の下に副知事，市町村長の下に副市町村長が置かれている。また，選挙管理委員会・公安委員会・教育委員会・都道府県労働委員会などの行政委員会も置かれている。

参考

オンブズパーソン(オンブズマン)制度

国民や市民の苦情《くじょう》を受けつけ，行政活動を調査する行政監察官をオンブズパーソンという。1990年に神奈川《かながわ》県川崎《かわさき》市で初めて導入《どうにゅう》された。

地方自治と住民の権利

- **直接請求権《ちょくせつせいきゅうけん》**…直接民主制をとり入れて住民が直接，地方公共団体にいろいろな請求をすることができる権利。
  - 首長・議員その他おもな公務員《こうむいん》を任期《にんき》の途中でやめさせるよう請求できる。**リコール（解職《かいしょく》請求）**という。
  - 議会を解散《かいさん》するよう請求できる。
  - 条例の制定・改正・廃止《はいし》を請求できる。
  - 地方公共団体の仕事や会計について，その内容《ないよう》を調べる監査《かんさ》を請求できる。
- 首長・議員のリコール，議会の解散請求は，有権者の3分の1以上の署名《しょめい》によって選挙管理委員会に請求する。
- 条例の制定・改廃や監査の請求は，有権者の50分の1以上の署名で，条例は首長に，監査は監査委員に請求する。

内　容	必要な署名	請求先
条例の制定，改廃《かいはい》	有権者の50分の1以上	首長
事務の監査		監査委員
議会の解散	有権者の3分の1以上	選挙管理委員会
議員・首長の解職		
主要な職員の解職		首長

▲直接請求に必要な署名数と請求先
（人口が多い地方公共団体では必要な署名数は少なくなる）

- **住民投票**…解職や解散の請求後は，住民投票が行われ，過半数《かはんすう》の賛成《さんせい》があれば解職や解散が決定される。
- **請願権《せいがんけん》**…住民は，地方公共団体の仕事について，地方議会に願い出ることができる。参政権《さんせいけん》の1つとされる。
- **特別法の住民投票権**…国が，特定の地方公共団体だけに適用される特別法を定めようとする場合，その地方の住民による投票で過半数の同意を得《え》る必要がある。

注意

国の政治と地方の政治のちがい

国の政治の議院内閣制《ぎいんないかくせい》では，内閣総理大臣は国民の選んだ国会議員により指名されるが，地方公共団体の首長は住民の直接選挙で選ばれるので，議会に対しても強い力をもっている。また，地方公共団体には司法権と外交権がない。

参考

地方分権

国から地方に権限や財源《ざいげん》を移すこと。2000年に地方分権一《いっ》括法《かつほう》が施行《しこう》され，各地方の実情に合った取り組みを独自に行えるようになった。

用語

住民投票

リコールの後以外にも，市町村合併《がっぺい》，原子力発電所の建設《けんせつ》などの地域の重要な問題について，住民の意見を聞くために行われる。

参考

市町村合併

効率的《こうりつてき》な行政を行うため，まわりの市町村どうしが1つになる市町村合併は，1999年から2010年にかけて急速に進められた。

入試ポイント

〈地方自治のしくみ〉

- 地方議会…一院制。執行機関…**知事・市町村長＝首長。**
- **直接請求権**…首長や議員の**解職請求（リコール）**など。

2 国民生活と財政《ざいせい》

国の財政と予算《よさん》

- **財政**…国や地方公共団体が政治《せいじ》を行うにはお金がかかる。この政治に必要なお金の出し入れを**財政**という。
- **歳入《さいにゅう》と歳出《さいしゅつ》**…1年間の財政の収入《しゅうにゅう》を歳入，支出《ししゅつ》を歳出という。この1年間は，4月1日から翌《よく》年の3月31日までのことで，会計年度とよばれる。
- **予算**…歳入と歳出の見つもり(計画)。国の予算を組むのは内閣《ないかく》の仕事であり，国会がそれを決定する。
- **決算**…歳入と歳出の結果。内閣は，会計検査院《けんさいん》の検査を受けたうえで，決算を国会に提出《ていしゅつ》する。
- **国の歳入と歳出**

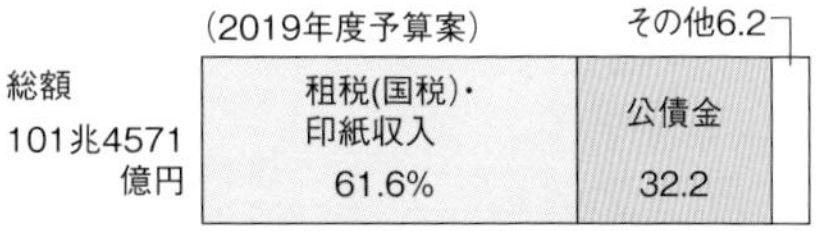

(2019/20年版「日本国勢図会」による)

▲国の歳入のうちわけ：公債金は国債の発行により借りうけた資金《しきん》のこと。

▶**歳入のうちわけ**…租税《そぜい》(税金)，印紙収入，公債金《こうさいきん》(国債《こくさい》)などがある。

◉**国債**は，国の借入金《かりいれきん》で，返すときのお金や利子は税金でまかなわれる。国債の発行が多くなると，将来《しょうらい》の世代に負担《ふたん》を残すことになる。

◉印紙は契約書《けいやくしょ》などにはる証票《しょうひょう》で，政府が発行する。その売り上げが国の収入となる。その他の歳入は，国が行っている事業からの収入，国がもっている財産《ざいさん》からの収入などである。

▶**歳出のうちわけ**

◉**社会保障《ほしょう》関係費**…社会保険《ほけん》・生活保護《ほご》・社会福《ふく》祉《し》・保健衛生《ほけんえいせい》・失業対策《たいさく》に必要な費用。超高齢《ちょうこうれい》社会となり，今後も費用が増《ふ》える。

◉**国債費**…国債で借りているお金を返したり，利《り》子《し》を払ったりするのに必要な費用。

◉**地方財政費**…地方交付税《ちほうこうふぜい》交付金など地方財政の援助《えんじょ》を目的とする費用。

◉**公共事業関係費**…道路や港の整備《せいび》，治山治水《ちさんちすい》，災害《さいがい》対策，住宅《じゅうたく》対策，下水道や環境《かんきょう》の整備《せいび》。

◉**その他**…文教および科学振興《しんこう》費，防衛《ぼうえい》関係費，皇室《こうしつ》関係費，国会や行政《ぎょうせい》機関を運営《うんえい》する費用など。

参考

国債

1970年代の石油危機《きき》から公債金が歳入にしめる割合《わりあい》が増えた。1990年前後に減少《げんしょう》して10%を切ったが，その後の平《へい》成不況《せいふきょう》でふたたび増え，2001年ごろには40%ほどになってしまった。2009年には50%まで悪化したが，2010年代には税収が増えて公債金の割合は減《へ》ってきた。

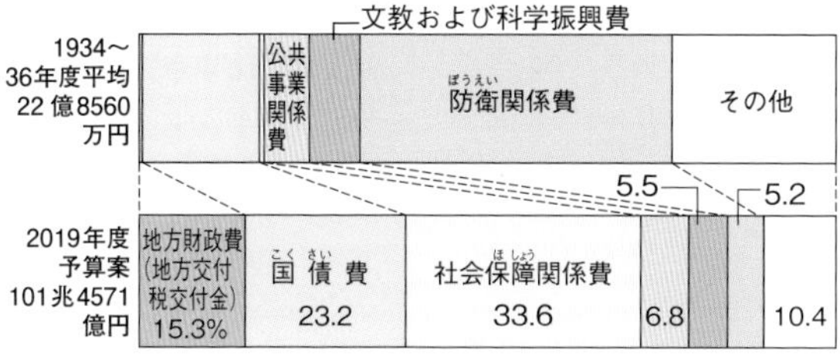

(2019/20年版「日本国勢図会」などによる)

◀国の歳出のうちわけの変化：第二次世界大戦前(1934～36年)では，防衛関係費が大きい。現在《げんざい》は基本的人権《きほんてきじんけん》の尊《そん》重《ちょう》や平和主義《しゅぎ》，地方自治が実現しているので，これらに関係する歳出が増えた。

税金

● **国税と地方税**…国におさめる税金を国税，地方公共団体《だんたい》におさめる税金を地方税という。

● **直接税《ちょくせつぜい》と間接税《かんせつぜい》**…税金を負担する人が直接に納税先(国・地方公共団体)におさめる税が直接税である。品物などを買うことによって，代金の中にふくまれている税金を間接的に負担する税が間接税である。

	直接税	間接税
国税	所得税 法人税 相続税	消費税《しょうひぜい》 酒税 関税 たばこ税
地方税	住民税 固定資産《しさん》税	たばこ税

▲おもな税金の種類

● **おもな国税**

▶ **所得税《しょとくぜい》**…個人《こじん》の収入(所得)にかかる税金。所得が多いほど税は高《こう》率《りつ》となる。国民の公平な税負担をはかるために行われるこのような制度を，**累進《るいしん》課税**という。

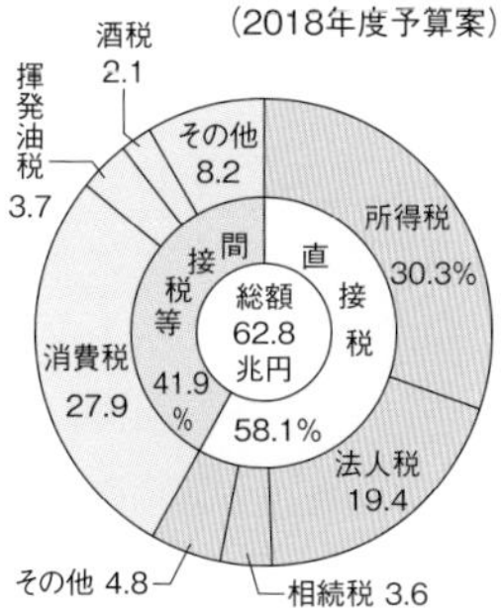

(2019/20年版「日本国勢図会」による)

▲国税の割合

▶ **法人税《ほうじんぜい》**…会社の1年間の所得にかかる税金。会社の種類と規模《きぼ》によって税率が決められている。

参考

防衛関係費

わが国は，GDP《ジーディーピー》(国内総《そう》生産)の1%をこえないことを目安に予算を組んできたが，GDPそのものが大きいために，防衛関係費は世界でも上位に位置している。

注意

直接税と間接税

直接税は，納税者と税を負担する人とが同じだが，間接税は，納税者と税を負担する人とが異《こと》なるので注意。

入試ポイント

〈財政と税金〉

● **歳出**…社会保障関係費・国債費。　**歳入**…税金・公債金。

● **直接税**…所得税・法人税。　**間接税**…消費税。

公民編
第1章 国民の生活と政治
第2章 世界の中の日本

▶ **消費税《しょうひぜい》**…間接税《かんせつぜい》の代表で，商品を買ったとき，その価格《かかく》に一定の率《りつ》を税金としてかける。商品を売った者が税金をおさめる。所得《しょとく》の少ない人ほど負担《ふたん》が重くなる。税率は3％→5％→8％→10％と引き上げられてきた。

参考

源泉《げんせん》課税と申告課税

会社員などの場合のように，給料から直接《ちょくせつ》税金を差し引いて税をおさめさせる方法が源泉課税である。農家や商店の人の場合のように，収入を役所(税務署《ぜいむしょ》)に申告させて，それをもとにして税をおさめさせる方法は申告課税である。

地方財政《ざいせい》

● **歳入《さいにゅう》のうちわけ**…地方税がいちばん多いが，地方交付税《ちほうこうふぜい》交付金・国庫支出金《こっこししゅつきん》など，国からの援助《えんじょ》も多い。地方税の割合《わりあい》が30％程度《ていど》でなかなか増《ふ》えないことから，かつては「三割自治」とよばれた。

総額90兆7975億円　（2019年度歳入計画）

地方税	地方交付税	国庫支出金	地方債	その他
44.3%	18.3	17.0	10.4	10.0

(2019/20年版「日本国勢図会」による)

▲地方公共団体の歳入のうちわけ（全国の合計）

▶ **地方交付税交付金**…地方税の収入の少ない地方公共団体《だんたい》に対して，地方公共団体間の格差をおさえるために国が出す補助金《ほじょきん》。地方公共団体が自由に使いみちを決めて使うことができる。

▶ **国庫支出金**…国が費用の使いみちを決めて地方公共団体に出す補助金。教育費・土木費・生活保護《ほご》費などが中心。

▶ **地方債**…民間からの借金。将来《しょうらい》の税金によって返すことになる。

● **歳出《さいしゅつ》のうちわけ**…住民の生活のために使われる。福祉関連の民生費，教育費や道路などの土木費が多い。

● **地方財政の問題点**…過疎化《かそか》や産業のおとろえなどから，歳入はのびなやんでいる。一方で歳出は高齢化《こうれいか》による社会保障費《ほしょうひ》の増加などでふくらんできている。

参考

GDP(国内総生産)

国内で1年間に生産されたものやサービスの総額《そうがく》。国の経《けい》済《ざい》の規模《きぼ》を表す。

くわしく **ふくらむ国の借金**

国債《こくさい》と借入金《かりいれきん》などを合計した「国の借金」は，2018年12月末現在《げんざい》1100兆5266億円で，過去《かこ》最高となっている(財務省《ざいむしょう》による)。これを人口で割ると国民1人あたりの借金は800万円をこえる。GDP《ジーディーピー》（国内総《そう》生産）に対する割合で見ると250％近くにのぼり，2010年に財政危機《きき》におちいったギリシャをはるかに上まわっている。日本は外国に対する貸《か》しつけが多いこと，政府や国民のもっている資産《しさん》が多いこと，国債《こくさい》が円建てで発行されていることなどから，財政が破《は》たんする可能性《かのうせい》は低いとされている。しかし，手軽に国債にたよると元金《がんきん》と利子《りし》の支払《しはら》いに追われることになり，将来《しょうらい》の世代に負担を先送りにすることになる。

☑ まとめチェック

知識を整理・確認しよう！

① 地方自治のしくみとはたらき

	答え
□ ① 地方自治の原則《げんそく》のうち，住民が自分たちの手でその地域《ちいき》の政治を進めることを何というか。	① 住民自治
□ ② 都道府県議会と市町村議会の議員の被選挙権《ひせんきょけん》は，ともに満何歳《さい》以上か。	② 満25歳以上
□ ③ 都道府県の首長を何というか。	③ 知事
□ ④ 住民が直接，地方公共団体にいろいろな請求《せいきゅう》をすることができる権利を何というか。	④ 直接請求権
□ ⑤ 首長・議員のリコール，議会の解散《かいさん》を請求するとき，住民の有権者のどれくらいの署名《しょめい》が必要か。	⑤ 3分の1以上
□ ⑥ 地域の政治を進めていくうえで必要な，法律《ほうりつ》の範囲内《はんいない》で定められる法令を何というか。	⑥ 条例《じょうれい》
□ ⑦ 地域の重要な問題について，住民の意見を確かめるために行われる投票を何というか。	⑦ 住民投票
□ ⑧ 国民や市民の苦情《くじょう》を受けつけ，行政《ぎょうせい》活動を調査《ちょうさ》する行政監《かん》察官《さつかん》を何というか。	⑧ オンブズパーソン［オンブズマン］

② 国民生活と財政

	答え
□ ① 国の歳入のうち，税金に次ぐ金額をしめる国の借金は，何という債券《さいけん》を発行して集めるか。	① 国債
□ ② 地方公共団体におさめる税金を何というか。	② 地方税
□ ③ 税金を負担《ふたん》する人が直接に政府におさめる税を何というか。	③ 直接税
□ ④ 国民の公平な税負担をはかるために，所得が多いほど税を高率《こうりつ》にする制度を何というか。	④ 累進《るいしん》課税
□ ⑤ 会社の種類と規模によって税率が決められる，会社の1年間の所得にかかる税金を何というか。	⑤ 法人税《ほうじんぜい》
□ ⑥ 商品を買ったとき，その価格に一定の率をかせられる間接税を何というか。	⑥ 消費税
□ ⑦ 国が費用の使いみちを決めて，地方公共団体に出す補助金を何というか。	⑦ 国庫支出金
□ ⑧ 地方税の収入の少ない地方公共団体に対して，国が使いみちを定めずに出す補助金を何というか。	⑧ 地方交付税交付金

力だめしの問題 入試標準レベル

解答➡p.644

1 次の問いに答えなさい。

(1) 住民自治の意味として，正しいものを次から1つ選び，記号で答えなさい。【獨協埼玉中】 （　　）

ア 住む場所を自由に選べるという権利《けんり》のことである。
イ 地方税《ちほうぜい》をおさめなければならないという義務《ぎむ》のことである。
ウ 地域《ちいき》の課題を住民自身が向き合い解決《かいけつ》に努力することである。
エ 国からの指示《しじ》に住民の意思を合わせていくことである。

(2)「地方自治は民主主義《しゅぎ》の学校である」とはどのような考え方ですか。文章で説明しなさい。【洗足学園中】

（　　　　　　　　　　　　　　　　）

(3) 地方公共団体《だんたい》が，地方の政治《せいじ》を進めていく上で，日本国憲法《けんぽう》や法律《ほうりつ》の範囲内《はんいない》で，その地方公共団体だけに適用《てきよう》されるきまりをつくることができます。このきまりを何というか，答えなさい。【鷗友学園女子中】

（　　　　　）

(4) 地方公共団体における首長や議員の解職《かいしょく》について述《の》べた文として正しいものを，次から1つ選び，記号で答えなさい。【城北中】 （　　）

ア 首長や議員の解職を求めるのに必要な署名数《しょめいすう》は，有権者数の50分の1以上である。
イ 解職を求める署名数が有権者数の過半数《かはんすう》となった場合，首長または議員は解職される。
ウ 首長や議員の解職を求める署名の提出先《ていしゅつさき》は，選挙管理委員会である。
エ 解職請求《せいきゅう》が認められ，住民投票にかけられた場合，3分の1以上の賛成《さんせい》があれば，首長または議員は解職される。

(5) 内閣総理《ないかくそうり》大臣には，国会の議決を拒否《きょひ》する権限《けんげん》はありませんが，地方公共団体の首長にはその権限があたえられています。その理由について述べた次の文中の空欄《くうらん》にあてはまることばを，「住民」という語句《ごく》を用いて，15字程度《ていど》で答えなさい。【専修大松戸中】

地方公共団体の首長は，［　　　　　　］から。

（　　　　　　　　　）

(6) 地方公共団体は国から使いみちが指定された給付金の支給《しきゅう》を受けますが，これを何といいますか。次から1つ選び，記号で答えなさい。【横浜共立学園中】

ア 地方譲与税《ちほうじょうよぜい》譲与金　　イ 地方交付税《こうふぜい》交付金
ウ 国庫支出金《こっこししゅつきん》　　エ 地方債《さい》　　（　　）

2 次の問いに答えなさい。

⑴ 右のグラフは，2018年度一般《いっぱん》会計の当初予算《よさん》における日本の歳入《さいにゅう》(収入《しゅうにゅう》)と歳出《さいしゅつ》(支《し》出《しゅつ》)の割合《わりあい》を示《しめ》したものです。次の問いに答えなさい。【横浜雙葉中】

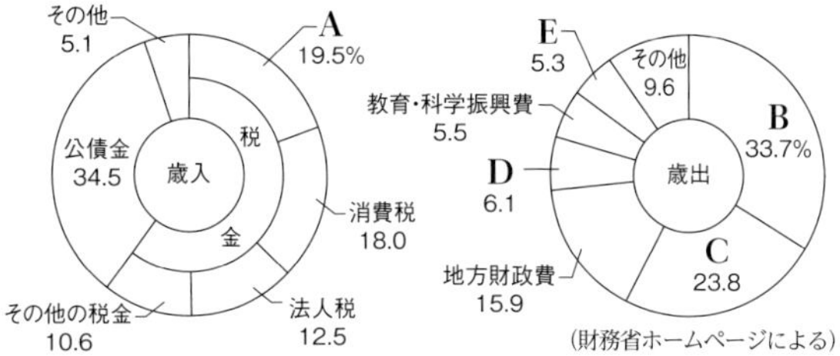

(財務省ホームページによる)

①2018 年度一般会計の当初予算の総額として正しいものを，次から1つ選び，記号で答えなさい。 (　　)

ア　約 80 兆円　　　イ　約 100 兆円

ウ　約 120 兆円　　エ　約 140 兆円

②グラフのAにあてはまる税の名前を答えなさい。 (　　　　　)

③グラフのB～Eは，公共事業関係費，国債費《こくさいひ》，社会保障費《ほしょうひ》関係，防衛《ぼうえい》関係費のいずれかを示しています。国債費を示すものを，1つ選び，記号で答えなさい。 (　　)

⑵ 税金についての説明として誤《あやま》っているものを次から1つ選び，記号で答えなさい。【フェリス女学院中】 (　　)

ア　所得税《しょとくぜい》は，地方におさめる税金で，収入が多くなるほど高い税率《ぜいりつ》になる。

イ　固定資産税《こていしさんぜい》とは，所有する土地や建物に対してかかる税のことである。

ウ　消費税《しょうひぜい》は，商品の価格《かかく》に一定の割合で課せられるため，収入の少ない人ほど負担《ふたん》が大きいと指摘《してき》される。

⑶ 日本の国家予算に関連する説明として正しいものを，次から1つ選び，記号で答えなさい。【ラ・サール中・改】 (　　)

ア　国家の機関の中で，国家予算に関する仕事をする省庁《しょうちょう》は経済財政省《けいざいざいせいしょう》である。

イ　2017 年度国家予算の収入において，借金の額《がく》が徴収《ちょうしゅう》した税金の額を上まわった。

ウ　2017 年度国家予算の収入において，金額が多い順に3つの税金をあげると，所得税・法人税《ほうじんぜい》・消費税となっている。

エ　2017 年度国家予算の支出において，金額が多い順に3つの項目をあげると，社会保障関係費・地方財政費・国債費となっている。

オ　軍事や防衛《ぼうえい》に関連する金額が国家予算の支出額にしめる割合を比較《ひかく》すると，2017 年度の方が 1935 年度よりも高い。

カ　2018 年 12 月に内閣で決定された 2019 年度国家予算案のうち，社会保障関係費の額は 30 兆円以上をしめた。

チャレンジ問題 入試発展レベル

解答➡p.645

★は最高レベル

1 右の図を見て，次の問いに答えなさい。【専修大松戸中】

⑴ 図中のAに入る語句《ごく》について述《の》べた次の文中の①・②にあてはまる語句を，それぞれ答えなさい。

　[①]とは，社会について人々がもっている意見のことで，その形成にはテレビや新聞などの[②]が大きな影響《えいきょう》をおよぼす。

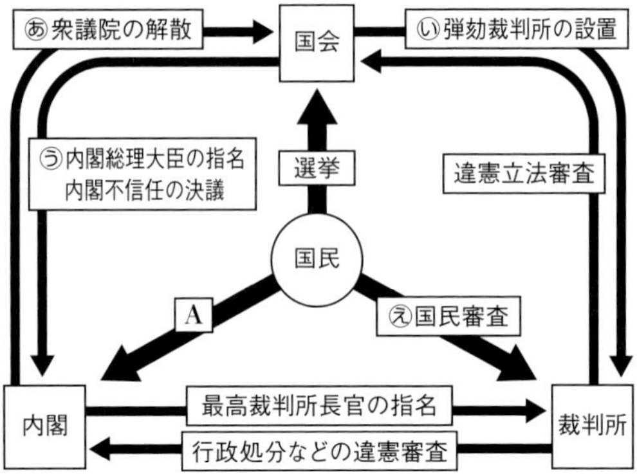

①(　　　　　　　) ②(　　　　　　　)

⑵ 次の文は，2017年10月に行われた衆議院《しゅうぎいん》議員総《そう》選挙について述べた文です。この文の下線部のうち，誤《あやま》っているものを1つ選び，記号で答えなさい。

　この選挙は，ア衆議院議員の任期《にんき》満了にともなって行われた。選挙には小《しょう》選挙区《せんきょく》選挙と比例代表《ひれいだいひょう》選挙の並立制《へいりつせい》が採用され，イ定数は465人とされた。ウ比例代表選挙は拘束名簿式《こうそくめいぼしき》で行われ，エ小選挙区選挙との重複立候補《ちょうふくりっこうほ》が認《みと》められた。 (　　)

⑶ 内閣《ないかく》の仕事としてあてはまらないものを次から1つ選び，記号で答えなさい。

ア 政令《せいれい》を制定《せいてい》する。　イ 条約《じょうやく》を承認《しょうにん》する。 (　　)

ウ 予算《よさん》案を作成する。　エ 天皇《てんのう》の国事行為《こくじこうい》に助言と承認をあたえる。

⑷ 図中のあについて，衆議院が解散《かいさん》されると40日以内に総選挙が行われます。総選挙の日から30日以内に召集《しょうしゅう》される国会を次から1つ選び，記号で答えなさい。 (　　)

ア 通常会《つうじょうかい》　イ 臨時会《りんじかい》　ウ 特別会　エ 緊急《きんきゅう》集会

⑸ 図中のいについて述べた次の文中のa・bに入る語句の組み合わせとして正しいものをあとから1つ選び，記号で答えなさい。 (　　)

　弾劾裁判所《だんがいさいばんしょ》は，裁判官としてふさわしくない言動のあった裁判官を裁《さば》くために設置《せっち》されるもので，[a]権《けん》が行きすぎないよう，[b]権を担当《たんとう》する機関にこれを監視《かんし》し，おさえる役割《やくわり》をあたえている。

ア a－行政《ぎょうせい》 b－立法《りっぽう》　イ a－司法《しほう》 b－立法

ウ a－行政 b－司法　エ a－立法 b－司法

⑹ 図中の㋒について，日本では，政権《せいけん》を担当する□の党首《とうしゅ》が内閣総理《そうり》大臣に選ばれることが一般的《いっぱんてき》となっています。空欄《くうらん》にあてはまる語句を，漢字2字で答えなさい。（　　　）

⑺ 図中の㋓は，最高裁判所裁判官が適任《てきにん》かどうかを国民の投票により審査《しんさ》する制度《せいど》です。これは，国民のもつ権利のうち，どの権利ともっとも関係が深いものですか。次から1つ選び，記号で答えなさい。（　　）

ア　請求権《せいきゅうけん》　　イ　社会権　　ウ　自由権　　エ　参政権

2 次の問いに答えなさい。【田園調布学園中等部・自修館中等教育学校・豊島岡女子学園中】

⑴ 次の日本国憲法条文《けんぽうじょうぶん》の空欄に入る語句を答えなさい。□内に1字とします。

第25条 第1項《こう》 すべて国民は，健康で文化的な□□□□の生活を営《いとな》む権利を有す。（　　　）

⑵ 社会保障《ほしょう》に取り組む行政機関を何とよびますか。次から1つ選び，記号で答えなさい。（　　）

ア　総務省《そうむしょう》　　イ　文部科学省《もんぶかがくしょう》　　ウ　経済産業省《けいざいさんぎょうしょう》　　エ　厚生労働省《こうせいろうどうしょう》

⑶ 労働者と使用者の話し合いがまとまらなければ，ストライキなどの行動をすることができる労働者の権利の名称を漢字5字で答えなさい。（　　　）

⑷ 税金《ぜいきん》はおさめ方によって直接税《ちょくせつぜい》と間接税《かんせつぜい》に分類することができます。たとえば，所得税《しょとくぜい》の分類は負担《ふたん》する人とおさめる人が同じ直接税となります。直接税に分類される税として適当《てきとう》なものを，次から1つ選び，記号で答えなさい。

ア　消費税《しょうひぜい》　　イ　相続税《そうぞくぜい》　　ウ　たばこ税　　エ　関税　（　　）

★⑸ 国や地方公共団体が行う経済活動の1つは，公共のサービスを提供《ていきょう》することです。公共のサービスの例としてもっとも適当でないものを，次から1つ選び，記号で答えなさい。（　　）

ア　夏に猛暑日《もうしょび》が続いたため，公立の小学校に冷房《れいぼう》を設置《せっち》する。

イ　災害《さいがい》によってこわれてしまった橋や道路の建設《けんせつ》を行う。

ウ　社会生活で起きたトラブルを解決《かいけつ》するために，地方裁判所《さいばんしょ》を設置する。

エ　住みやすい街をめざすために，公立図書館の建設を行う。

⑹ 一般に高等裁判所が下した判決《はんけつ》に不服がある場合，最高裁判所にうったえることを何といいますか，漢字で答えなさい。（　　　）

⑺ 裁判員《さいばんいん》に選ばれる条件《じょうけん》として正しいものを，次から1つ選び，記号で答えなさい。（　　）

ア　18歳《さい》以上で税をおさめていること。　　イ　18歳以上で健康であること。

ウ　20歳以上で選挙権をもつこと。　　エ　20歳以上で労働していること。

第2章 世界の中の日本

1 日本と関係の深い国々

学習のポイント

- ●地域《ちいき》別のおもな国々とその特色，日本との関係を理解《りかい》しているか。 ➡p.560
- ●ヨーロッパの地域的統合であるEU《イーユー》の特色がわかるか。 ➡p.569
- ●NGO《エヌジーオー》やオリンピックなど，民間による国際間《こくさいかん》の結びつきをおさえているか。 ➡p.570

1 アジアのおもな国々

東アジアのおもな国々

●中華人民共和国《ちゅうかじんみんきょうわこく》(中国《ちゅうごく》)

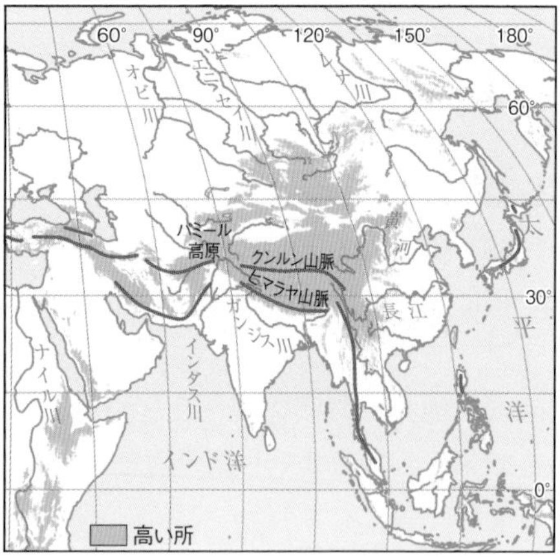

▲アジアの地形

▶**世界一の人口**…中国は，面積で世界第4位(日本の約25倍)，人口は14億人以上(2019年，世界総《そう》人口の約5分の1)で世界一となっている。また，人口増加《ぞうか》をおさえるために「**一人っ子政策《せいさく》**」がとられてきたが，高齢化《こうれいか》が進んできたため2015年に廃止《はいし》され，翌年《よくねん》から「二人っ子政策」が始まった。

▶**国づくり**…4千年以上の古い歴史をもつ。1949年には社会主義《しゃかいしゅぎ》の中華人民共和国となった。台湾《たいわん》には別の政府(中華民国《ちゅうかみんこく》)がある。

▶**都市**…首都はペキン(北京)。南部の**ホンコン**(香港)は長くイギリス領《りょう》であったが，1997年に返還《へんかん》されて資本主義経済《しほんしゅぎけいざい》の地域とされた(一国二制度《せいど》)。シャンハイ(上海)は中国最大級の都市。

▶**めざましい発展《はってん》**…広い国土と豊富《ほうふ》な資源《しげん》，労働力のある中国には，各国の企業《きぎょう》が進出し，「**世界の工場**」としてめざましく経済が発展し，GDP《ジーディーピー》(国

参考

アジアの自然

陸地の平均《へいきん》高度は南極《なんきょく》大陸に次いで高く，とくにチベット高原からヒマラヤ山脈にかけては世界の屋根といわれる。大陸の南東部は季節風《きせつふう》(モンスーン)の影響《えいきょう》が強く，世界有数の米作地帯。大陸内部は乾燥《かんそう》気候である。

内総生産)もアメリカに次ぐ第2位となった(2018年)。2008年にはペキンオリンピック，2010年にはシャンハイ万博が開かれた。

▶**日本との関係**…日本は古くから中国の文化を学び，とり入れてきた。明治《めいじ》時代に日清《にっしん》戦争(➡p.451)，昭和《しょうわ》に入って日中戦争(➡p.469)が起きたが，1972年の日中共同声明で国交を正常化した。日本は中国から機械類や衣類，魚介類《ぎょかいるい》，野菜などを輸入《ゆにゅう》し，機械類を多く輸出している。

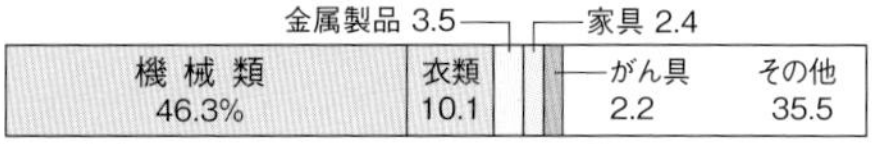

(2018年)　(2019/20年版「日本国勢図会」による)
▲日本の中国からの輸入品

●**朝鮮《ちょうせん》半島の国々**…第二次世界大戦後に日本から独立《どくりつ》後，1948年に北《ほく》緯《い》38度線付近を境《さかい》として南北に分《ぶん》断《だん》された。1950年には南北で朝鮮戦争が起こった。

▶**大韓民国《だいかんみんこく》(韓国《かんこく》)**…首都はソウル。造船《ぞうせん》・鉄鋼《てっこう》・自動車・半導体《はんどうたい》などの重化学工業が発達し，**アジアNIES《ニーズ》**の1つに数えられる。

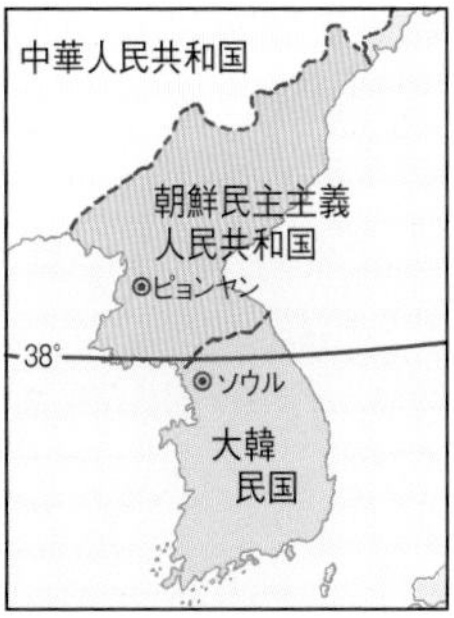

▲朝鮮半島の国々

▶**朝鮮民主主義人民共和国(北朝鮮)**…首都はピョンヤン。社会主義国。

▶**文化**…野菜をとうがらしでつけこむ**キムチ**が有名。儒教《じゅきょう》を重視《じゅうし》し，ソルラルという旧《きゅう》正月を祝う。

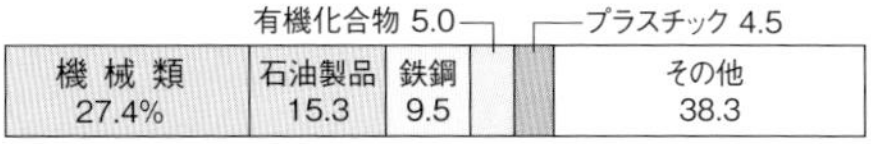

(2018年)　(2019/20年版「日本国勢図会」による)
▲日本の韓国からの輸入品

▶**日本とのつながり**…豊《とよ》臣《とみ》秀《ひで》吉《よし》の朝鮮侵略《しんりゃく》(➡p.403)や，1910年の韓国併合《へいごう》から35年間におよぶ日本の植民地支配《しはい》は，今日もなお残る反日感情《かんじょう》をうんだ。第二次世界大戦後，日本は日韓基《にっかんき》本条約《ほんじょうやく》によって韓国とは国交を正常化したが，北朝鮮とはまだ国交が開かれていない。

▶**朝鮮半島情勢《じょうせい》**…朝鮮戦争は今も休戦中で，南北の対立は続いている。核兵器《かくへいき》開発を進める北朝鮮に対して，ロシア・中国・アメリカがかけひき。

参考

BRICS《ブリックス》

近年の経済発展がいちじるしいブラジル・ロシア・インド・中国・南アフリカ共和国の5か国は，その頭文字をとってBRICSとよばれる。

用語

アジアNIES《ニーズ》

発展途上国《とじょうこく》の中でもとくに経済発展のいちじるしい新興《しんこう》工業経済地域の略称《りゃくしょう》がNIES。その中で韓国・シンガポール・ホンコン・台湾はアジアNIESとよばれる。

参考

朝鮮半島の民族衣装《いしょう》

上着をチョゴリ，スカートをチマ，ズボンをパジといい，女性《じょせい》が着るのをチマチョゴリ，男性が着るのをパジチョゴリという。改まった席で着ることが多い。

東南アジアのおもな国々

- **タイ**…首都のバンコクを中心に，日本の自動車部品などの工場が多数進出している。マングローブが広がる海岸で，日本などへ輸出《ゆしゅつ》するためにえびの養殖場《ようしょくじょう》がつくられている。

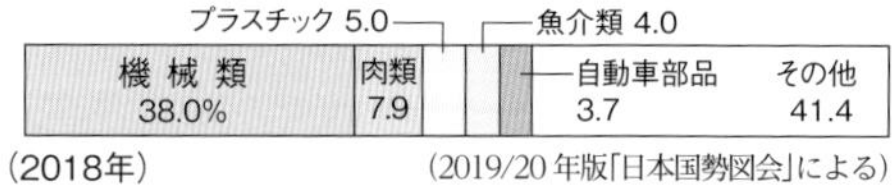

▲日本のタイからの輸入品

- **マレーシア**…首都はクアラルンプール。かつての輸出の中心は天然ゴムや木材。工業団地《だんち》をつくり，外国企業《きぎょう》を積極的に招《まね》いた結果，機械類が輸出の中心となった。
- **インドネシア**…熱帯《ねったい》にあり，約1万3000の島々からなる国。首都はジャワ島にあるジャカルタ。日本へ，石炭・液化《えきか》天然ガスなどを輸出している。
- 東南アジアのインドネシア・タイ・マレーシア・シンガポール・フィリピン・ブルネイ・ベトナム・ラオス・カンボジア・ミャンマーの10か国は，**東南アジア諸国《しょこく》連合（ASEAN《アセアン》）**を組織《そしき》して協力。東アジアの国々とも貿易《ぼうえき》や経済《けいざい》協力の面で深い関係にあり，日本・中国《ちゅうごく》・韓国《かんこく》をふくめたASEAN＋3という会議を開くこともある。

南アジアのおもな国々

- **インド**…世界第2位の人口をもつ。首都はデリー。ヒンドゥー教徒が多く，**カースト**という身分制度《せいど》が根強く残る。南部のバンガロールを中心に情報《じょうほう》通信産業が発達している。
- **バングラデシュ**…より安い労働力を求めて，日本・中国などから工場が進出している。首都はダッカ。

西アジアのおもな国々

- **サウジアラビア**…世界最大の石油輸出国。イスラム教の聖地《せいち》メッカがある。国土の多くが砂漠《さばく》で，海水を淡水《たんすい》に変える工場がある。首都はリヤド。

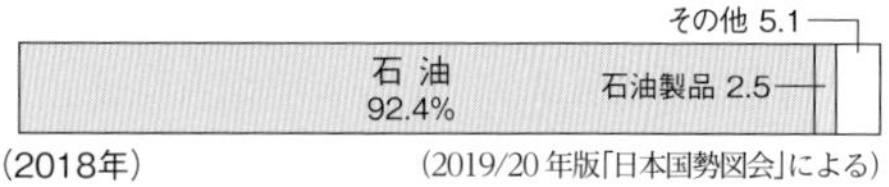

▲日本のサウジアラビアからの輸入品

- **アラブ首長国連邦《しゅちょうこくれんぽう》**…世界の石油産出量にしめる割合《わりあい》は高くないが，日本の主要な石油輸入相手国になっている。首都はアブダビ。

参考

宗教《しゅうきょう》上の配慮《はいりょ》

マレーシア・インドネシア・サウジアラビアなどの国から日本にきたイスラム教徒の人々がくらしやすいよう，日中でも礼拝《れいはい》ができる場所を駅などに設《もう》けたり，教典で禁《きん》じられているぶた肉が入っていない料理を提供《ていきょう》したりする試みが進んでいる。

参考

イスラム教徒の生活

日中は食べ物を口にしないラマダンという断食月《だんじきづき》がある。また，1日5回聖地メッカに向かってお祈《いの》りをしたり，男女は別々の施設《しせつ》を使用したりするなど，教典である「コーラン」にもとづいて生活している。

2 南北アメリカのおもな国々

北アメリカのおもな国々

●アメリカ合衆国《がっしゅうこく》(アメリカ)

▶**広大な国土**…アメリカは，面積は世界第3位で日本の約26倍，人口も世界第3位(2019年)である。本土の48州とカナダをはさんだ飛び地のアラスカ州，および太平洋《たいへいよう》上のハワイ州の計50州からなる。世界各地からの移民《いみん》も多い多民族国家だが，民族間の対立も起きている。

▶**世界有数の工業国**…豊《ゆた》かな資源《しげん》，優《すぐ》れた技術《ぎじゅつ》，大きな経済《けいざい》力によって世界有数の工業国となった。

▶**世界の食料庫**…広い土地で機械を使い，多くの農産物を輸出している。だいず・とうもろこしの生産量は世界一(2017年)。

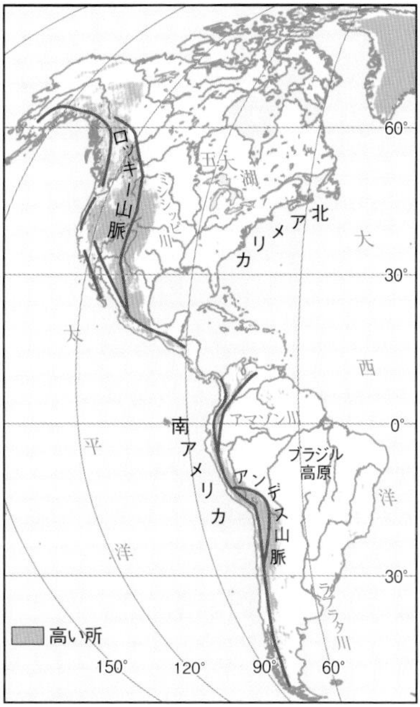

▲南北アメリカの地形

▶**都市**…首都はワシントンD.C.《ディーシー》。ニューヨークは世界経済の中心地で，国際《こくさい》連合の本部が置かれている。ロサンゼルスはアメリカ第2の人口をもつ都市(2017年)。太平洋岸の**シリコンバレー**で情報通信産業が発達。

▶**民族**…ヨーロッパ系《けい》が中心で，スペイン語を話す移民《いみん》の**ヒスパニック**も増《ふ》えている。

▶**日本との関係**…太平洋戦争で戦火を交えるが，戦後は日米安全保障条約《ほしょうじょうやく》を結んで同盟《どうめい》関係となり，日本国内に米軍基地《きち》が置かれている。日本にとっては重要な貿易相手国で，航空機《こうくうき》や肉類などを輸入し，機械製品《せいひん》や自動車などを輸出している。

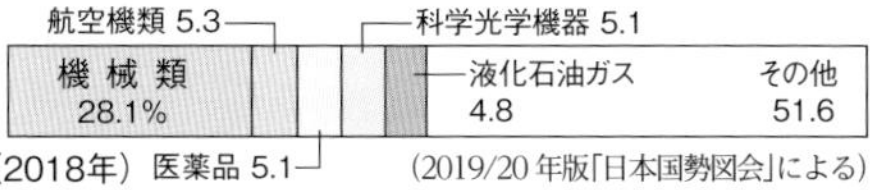

▲日本のアメリカからの輸入品

▶**文化**…コンピューターやインターネットをうみ出したほか，ハンバーガーなどのファストフード，ジーンズなどもアメリカから世界中に広がった。

参考

アメリカ大陸の自然

南北アメリカ大陸とも逆《ぎゃく》三角形で，太平洋側に高く険《けわ》しいロッキー山脈・アンデス山脈が連なる。北アメリカの中央部にはミシシッピ川の流れる低地が広がる。南アメリカでは，アマゾン川流域《りゅういき》の平野に熱帯林，ブラジル高原に熱帯のサバナが広がる。ラプラタ川下流域の平野はパンパとよばれる温帯《おんたい》草原。

●**カナダ**…首都はオタワで，国土面積は世界第2位。気候は寒冷で，国土の約3分の1は森林である。天然ガス・ウランなどの地下資源《しげん》の生産量も多い。農業では，中南部の平原で小麦などの栽培《さいばい》がさかん。日本との貿易《ぼうえき》もさかんで，日本は石炭・肉類・木材などを輸入《ゆにゅう》。

●**メキシコ**…首都はメキシコシティ。アメリカから自動車工場などが進出。アメリカへ移住《いじゅう》した人々はヒスパニックとよばれる。1613年，東北《とうほく》地方の大名《だいみょう》，伊達政宗《だてまさむね》の家来である支倉常長《はせくらつねなが》がローマへ向かう途《と》中《ちゅう》に立ち寄《よ》り，この国を訪《おとず》れた最初の日本人となった。

●アメリカ・カナダ・メキシコは北米自由貿易協定(NAFTA《ナフタ》)を結び，活発な貿易を行っている。

南アメリカのおもな国々

●**ブラジル**…首都はブラジリア。流域《りゅういき》面積世界最大のアマゾン川が流れる。コーヒーの生産が世界一(2017年)。日本からの移民《いみん》が多く，その子孫である日系人《にっけいじん》が多く住む。

▶**日本との関係**…1908年以降《いこう》，仕事を求めてブラジルへ日本から移住する人が増《ふ》え，現在《げんざい》では約160万人ともいわれる**日系人**がくらしている。サンパウロにはとくに日系人が多く，日本語の新聞も発行されている。また，多くの日系ブラジル人が日本へ出かせぎに来ている。ブラジルからは鉄鉱石《てっこうせき》・肉類・コーヒーなどを輸入している。

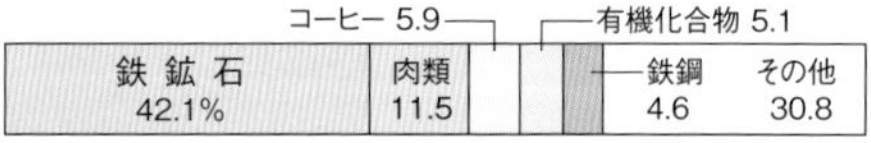

▲日本のブラジルからの輸入品

●**ペルー**…首都はリマ。高地ではとうもろこし・じゃがいもの栽培や，リャマ・アルパカの放牧が行われている。インカ帝国の遺跡《いせき》に日本人も多く訪れる。

参考

アメリカの国旗

アメリカはかつて，イギリスの植民地で，1776年に独立《どくりつ》を宣言した。国旗の赤・白13本の線は独立当時の13州を，星は現在の州の数(50州)を表している。

参考

新しい協定

アメリカの対メキシコ貿易赤字などへの不満からNAFTAの再交渉《さいこうしょう》が進められ，今後は新しい協定であるUSMCA《ユーエスエムシーエー》(アメリカ・メキシコ・カナダ協定)へ移行する。

参考

ラテンアメリカ

メキシコ以南の中南米諸国《しょこく》のこと。ラテン民族の国であるスペイン・ポルトガルの植民地とされ，その影響《えいきょう》を強く受けたので，こうよばれる。これに対し，アメリカとカナダは，アングロサクソン民族であるイギリス人によって開発されたため，アングロアメリカとよばれる。なお，州の区分ではパナマより北側はアメリカと同じ北アメリカにふくまれる。

参考

南アメリカの言語

多くの国ではスペイン語が使われるが，ブラジルではポルトガルの植民地であったことから，ポルトガル語が話される。

入試ポイント

〈アメリカとの結びつき〉

- 日本のおもな貿易相手国…**航空機,肉類・とうもろこし**などの**農産物を輸入**。
- **ジーンズ・ファストフード**などの文化の影響。

3 オセアニア・アフリカのおもな国々

オセアニアのおもな国々

●オーストラリア

▶**日本の真南にある国**…オーストラリアは，赤道《せきどう》をはさんで日本の真南にある。南半球にあるので，季節は日本と反対になる。

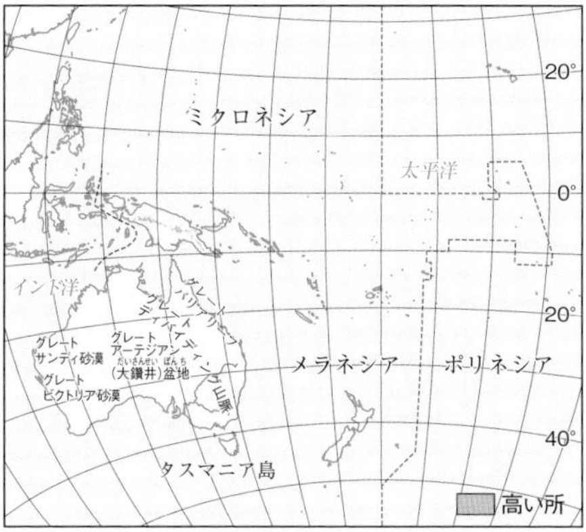

▲オセアニアの地形

▶**豊《ゆた》かな資源《しげん》と産業**…ボーキサイト（アルミニウムの原料）・鉄鉱《てっこう》石《せき》・石炭など鉱産《こうさん》資源が豊かである。農牧業では，羊毛・小麦・牛肉の世界的輸出国でもある。

▶**都市**…大陸の南東部に，首都のキャンベラや，シドニー・メルボルンなどの大都市が集まっている。国全体の人口密度《みつど》は低い。

▶**日本との関係**…オーストラリアにとって日本は中《ちゅう》国《ごく》に次ぐ輸出相手国であり，石炭・液化《えきか》天然ガス・鉄鉱石《てっこうせき》・肉類・アルミニウムなどを輸出している。日本から自動車・石油製品などを輸入している。日本企業《きぎょう》による鉱産資源の開発が進められてきた。

参考

オーストラリアの自然

オーストラリア大陸は，内陸部の砂漠《さばく》を始め，国土の約3分の2は乾燥《かんそう》気候で，北部は熱《ねっ》帯《たい》。南東部の海岸地域は温帯で人口も多い。

●ニュージーランド

…温帯《おんたい》にあり，島国，山がち，火山が多いなど，自然のすがたは日本と似《に》ている。羊毛の生産・輸出はオーストラリアとならんで世界有数である。肉牛の飼育《しいく》や酪農《らくのう》もさかん。首都はウェリントン。

▲日本のオーストラリアからの輸入品

●そのほかの国

…日本の真南にあるパプアニューギニアは，西半分が東南アジア。そのほかのトンガ・フィジー・ツバルなどの島国は，火山活動によってできた**火山島**や，まわりに**さんごしょう**が発達した島々からなる。

▲フィジーのさんごしょう

用語

さんごしょう

水温があたたかく浅い海にすむさんごという動物の骨格《こっかく》や，石灰質《せっかいしつ》のからをもつ生物の死がいがつみ重なってできた地形。

アフリカのおもな国々

●**アフリカの歴史**…19世紀後半から20世紀前半にかけて，ほとんどの地域《ちいき》がヨーロッパの国々の植民地とされた。第二次世界大戦後，とくに1960年代に多くの国が独立《どくりつ》をはたしたが，今でも発展途上国《はってんとじょうこく》が多く，民族紛争《ふんそう》や内戦もあとをたたない。

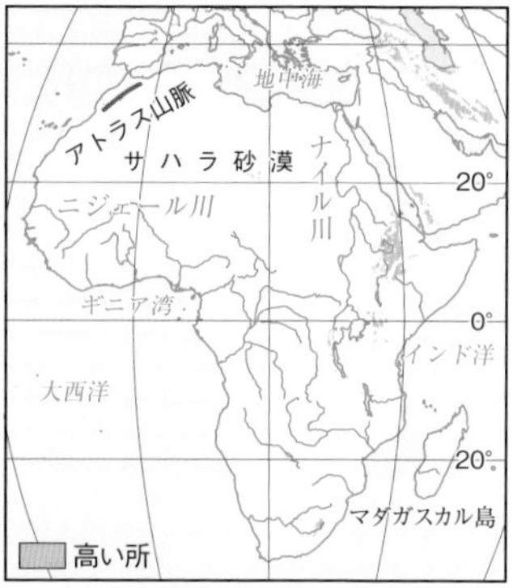

▲アフリカの地形

●**エジプト**…古代文明のおこった国で，ピラミッドやスフィンクスなどの遺跡《いせき》で知られる。国土の大部分は砂漠《さばく》の広がる乾燥《かんそう》地帯であるが，ナイル川の流域では農業が行われ，綿花《めんか》を輸出《ゆしゅつ》している。北東部にフランスにより開かれたスエズ運河《うんが》がある。首都はカイロ。

●**南アフリカ共和国**…アフリカ大陸の南端《なんたん》にあり，温《おん》帯《たい》の気候である。金・ダイヤモンド・ウランなど鉱《こう》産資源《さんしげん》が豊《ゆた》か。長い間，少数の白人が多数の黒人を差別して支配《しはい》する**アパルトヘイト**(人種隔離政策《かくりせいさく》)がとられ，世界から非難《ひなん》されてきたが，1990年代に廃止《はいし》された。2010年にサッカーのワールドカップが開催《かいさい》された。首都はプレトリア。

●**ガーナ**…世界的なカカオの生産国。昭和《しょうわ》時代に野口《のぐち》英世《ひでよ》(➡p.459)が黄熱病《おうねつびょう》の研究をした国である。首都はアクラ。

●**コートジボワール**…ギニア湾《わん》に面し，カカオの生産量は世界第1位(2017年)。首都はヤムスクロ。

●**ナイジェリア**…アフリカで最大級の石油の輸出国で，経済《けいざい》も発展している。アフリカでもっとも人口が多い(2019年)。首都はアブジャ。

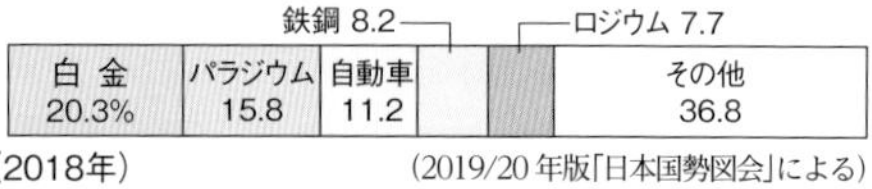

▲日本の南アフリカ共和国からの輸入品

●**コンゴ民主共和国**…レアメタルの生産国。首都はキンシャサ。

●**エチオピア**…アフリカ最古の独立国。人口は1億人をこえる。首都はアディスアベバ。

●**ケニア**…アフリカの最高峰《ほう》キリマンジャロと野生の自然動物公園で有名。首都はナイロビ。

●**モーリタニア**…きれいな海が広がり，日本へ多くのタコを輸出している。首都はヌアクショット。

参考

アフリカの自然

全体として高原状《じょう》の大陸で，海岸近くまでがけがせまり，平野は少ない。川には急流や滝《たき》が多く，河川《かせん》交通に向かない。気候は，中央の赤道《せきどう》付近が熱《ねっ》帯《たい》雨林気候で，その外側に南北ともサバナ気候，さらに乾燥気候が広がる。とくに北部には世界最大の砂漠であるサハラ砂漠が広がっている。

用語

植民地

ほかの国に支配《しはい》されている地域。支配する本国によって，さまざまな権利が奪《うば》われている。

参考

アフリカ連合(AU《エーユー》)

政治や経済の関係強化と紛争防止《ぼうし》を目的とする組織《そしき》。アフリカの大半の国々が加盟《かめい》。

4 ヨーロッパのおもな国々

ヨーロッパの国々

▲ヨーロッパの地形

●**イギリス**…18世紀後半に世界で最初に産業《さんぎょう》革命《かくめい》が起こり，19世紀には「世界の工場」とよばれた。かつてはインドなど多くの植民地を支配した。工業の発達した国で，日本へは機械類・自動車・医薬品・ウィスキーなどを輸出。**北海《ほっかい》油田**がある。首都はロンドン。

●**フランス**…先進工業国の1つであるが，EU最大の農業国でもあり，小麦・ぶどうの生産が多い。美術《びじゅつ》・音楽など芸術がさかんで，日本からの留学生《りゅうがくせい》も多い。首都パリは「花の都」ともよばれる。

●**ドイツ**…第二次世界大戦後，東西2つの国に分かれていたが，1990年，西ドイツが東ドイツを吸収《きゅうしゅう》する形で統一《とういつ》された。首都はベルリン。ライン川沿《ぞ》いにあるルール工業地域を中心に重化学工業が発達した。日本とならぶ工業国で，貿易国《ぼうえきこく》でもある。

●**イタリア**…地中海《ちちゅうかい》につき出た半島の国で，火山や地《じ》震《しん》が多い。北部で工業が発達している。首都は「永《えい》遠《えん》の都」とよばれるローマ。歴史が古い建築物《けんちくぶつ》が多く，観光資源にめぐまれている。

参考

ヨーロッパの自然

ユーラシア大陸の西部，ウラル山脈より西側の地域。北のスカンディナビア半島と南のアルプス山脈との間に平野が広がり，ライン川・ドナウ川などがゆるやかに流れている。北部は冷帯《れいたい》の気候，大西洋岸《たいせいようがん》は西岸海洋性《せい》気候，地中海沿岸は地中海性気候で，黒海《こっかい》・カスピ海の付近には乾燥帯の気候も見られる。

●**オランダ**…江戸《えど》時代に西洋文化を日本に伝えた国。土地が低いため古くから干拓《かんたく》が行われ，排《はい》水《すい》のため風車が用いられてきた。国土の約4分の1は**ポルダー**とよばれる干拓地である。酪農《らくのう》によるチーズ，園芸農業によるチューリップで知られる。首都はアムステルダム。

▲日本のドイツからの輸入品

▶**ベネルクス三国**…オランダのほか，ベルギー・ルクセンブルクの3つの国を合わせたよび方。深いつながりがあり，EC《イーシー》(ヨーロッパ共同体)の発足《ほっそく》に先がけて，共同で関税《かんぜい》を廃止してきた。

●**スイス**…**アルプス山脈**の自然にめぐまれた観光の国。きれいな空気・水を利用して精密《せいみつ》機械工業(時計が有名)が発達。山の斜面《しゃめん》を利用した移牧《いぼく》もさかん。

参考

工業国ドイツと移民

ドイツはヨーロッパ最大の工業国で，国の経済の規模《きぼ》を表すGDP(国内総生産)はヨーロッパ1位。労働力として，とくにトルコからの移民を多く受け入れてきた。ヨーロッパの西側と東側では，西側の方にGDPの高い国が多いため，仕事とよりよい生活を求めて移住する人も多い。

首都はベルン。ジュネーブには，世界保健《ほけん》機関など国際《こくさい》機関の本部が多い。

●**デンマーク**…農牧業の国。やせたせまい国土の土地改良を進め，酪農《らくのう》をとり入れた科学的農業が発達した。首都はコペンハーゲン。

●**スウェーデン**…ノーベル賞が始まった国として知られる。森林・鉄鉱石《てっこうせき》・水力などにめぐまれ，製紙《せいし》・機械などの工業がさかん。社会保障制度《ほしょうせいど》が発達している。首都はストックホルム。

●**ノルウェー**…山地が海岸までせまり，出入りの多い**フィヨルド**(峡湾《きょうわん》)は良港をつくっている。水産業や海運業がさかんで，北海《ほっかい》での石油の生産も多い。首都はオスロ。

●**バチカン市国**…イタリアのローマ市内にある面積が世界最小の国。ローマ教皇《きょうこう》が住むローマ・カトリック教会の中心で，世界に影響《えいきょう》をあたえる。

●**ロシア**…ヨーロッパからアジアにまたがる世界最大の面積の国で(日本の約45倍)，ユーラシア大陸の3分の1近くをしめる。首都はモスクワ。

▶**ソ連の解体《かいたい》**…ロシア革命《かくめい》(➡p.458)で帝政《ていせい》が終わり，1922年に世界初の社会主義国《しゃかいしゅぎこく》として，ソビエト社会主義共和国連邦《れんぽう》(ソ連)がうまれた。第二次世界大戦後は冷戦でアメリカと対立し社会主義諸国《しょこく》をひきいたが，バルト三国の独立《どくりつ》などを経《へ》て1991年にソ連は解体し，ふたたびロシアなどの国々にもどった。ロシアは，旧《きゅう》ソ連の国際的な権《けん》利《り》や義務《ぎむ》を受けつぎ，国際連合でも安全保障理事会の常任理事国《じょうにんりじこく》(➡p.579)となっている。

▶**鉱業《こうぎょう》**…天然ガスの埋蔵量《まいぞうりょう》・産出量がともに世界有数で，石油の産出量は世界第1位(2018年)となっている。エネルギー資源《しげん》を中心に輸出をのばし，BRICS《ブリックス》の1つに数えられるようになった。

▶**日本との関係**…1956年，日本と日ソ共同宣言《せんげん》で国交を結んだが，北方領土《ほっぽうりょうど》をめぐる問題は未解決《みかいけつ》である。

参考

移牧

山地において季節によって家《か》畜《ちく》を垂直《すいちょく》的に移動《いどう》させて行われる酪農。おもにスイスで行われている。夏は山地の牧場で家畜を放牧し，冬は平地の畜舎《ちくしゃ》で飼《か》っている。山地の小屋では，バターやチーズなどがつくられる。

用語

フィヨルド

氷河《ひょうが》によってけずられた深い谷に海水が入って，細長い湾《わん》となった地形。峡湾ともいわれ，両岸は絶壁《ぜっぺき》となっている。スカンディナビア半島の西岸に発達している。

用語

社会主義国

土地や生産のための施設《しせつ》などは社会全体(国)のものとして，国の計画のもとに経済《けいざい》をすすめていくしくみをとる国。これに対して，日本などのような自由経済のしくみをとる国を資《し》本《ほん》主義国という。

参考

東ヨーロッパ

工業の発達したポーランド・チェコ，農業国のハンガリー・ルーマニア・ブルガリアなどの国がある。これらの国々も，以前は社会主義経済であったが，資本主義経済へときりかえられ，多くがEU《イーユー》加盟《かめい》をはたした。

ヨーロッパ連合（EU）

●ヨーロッパ全体の平和や経済の発展《はってん》，アメリカなどの規模《きぼ》の大きな国に対抗《たいこう》するために結成された国際組織《そしき》。EC《イーシー》(ヨーロッパ共同体)が発展したもので，おもな拠点《きょてん》は，ベルギーの首都ブリュッセルなど。

▶**加盟国**…初めは，フランス・西ドイツ・イタリア・オランダ・ベルギー・ルクセンブルクの6か国で結成され，のちに，イギリス・デンマーク・ギリシャ・スペイン・ポルトガル・スウェーデン・オーストリア・ポーランドなども加わった。

▲EUの加盟国（2019年，28か国）

▶**EUの歴史**…1967年にECとして成立。マーストリヒト条約《じょうやく》によって1993年に**ヨーロッパ連合(EU)**になった。

●**EUの発展**…加盟国は北ヨーロッパや東ヨーロッパへ広がった。

▶**国境《こっきょう》**…多くの加盟国の間で，国境でのパスポート検査《けんさ》がなく，自由に通ることができる。

▶**労働**…加盟国ならば他国でも働くことが可能《かのう》で，資格《しかく》も共通している。

▶**物の移動《いどう》**…国境を物が通るときの制限《せいげん》が少ないため，たとえば加盟国間で航空機《こうくうき》部品を分けてつくり，フランスなどで航空機を組み立てている。

●**EUの問題点**

▶もともと加盟していた西ヨーロッパの国々と，あとから加盟した東ヨーロッパの国々の間で，経済格差《かくさ》が大きい。

▶加盟国がユーロでつながっているため，2010年ごろにはギリシャの財政《ざいせい》赤字がEU全体の経済危《けいざいき》機《き》へつながった。

用語

ユーロ

1999年にヨーロッパ連合の一部を除く加盟国で使用され始めた共通通貨。2002年からは，紙幣《しへい》および硬貨《こうか》の使用も開始した。

参考

EUの貿易額《ぼうえきがく》

EUだけで世界の輸出総額の3分の1をこえ(2017年)，世界貿易の中でEUは大きな地位をしめている。

注意

イギリスのEU離脱《りだつ》

イギリスは，2016年に国民投票でEUから抜《ぬ》けることを決めた。離脱の条件《じょうけん》をめぐって，EUとの間で話し合いが長引いていたが，2020年1月31日に離脱し，EU加盟国は27か国になった。

入試ポイント

〈EUの特色〉

● 共通通貨の**ユーロ**。パスポートなしの国境移動。

● **経済格差**→西部は所得が高く，東部・南部は所得が低い。

5 世界と日本の結びつき

さまざまな結びつき

●グローバル化にともない，国どうしの結びつきがいっそう強まっている。日本も，さまざまな面で国《こく》際《さい》社会と結びついている。

●政治《せいじ》

▶国際連合の**非常任理事国**《ひじょうにんりじこく》(➡p.579)に任《にん》じられた回数は加盟国《かめいこく》の中で最多となっている。

▶国際連合の**平和維持**《いじ》**活動(PKO**《ピーケーオー》**)**に自衛隊《じえいたい》などを送り，平和を守る活動をしてきた。

▶**主要国首脳**《しゅのう》**会議(サミット)**の一員として，世界の政治・経済《けいざい》について話し合ってきた。

●経済

▶国際協力機《き》構《こう》(JICA《ジャイカ》)により，**青年海外協力隊**やシニア海外協力隊が発展途上《はってんとじょう》国《こく》へ送られ，経済・社会の発展のためにつくしてきた。

▲青年海外協力隊員の活動(ガーナ)

▶**政府開発援助**《せいふかいはつえんじょ》**(ODA**《オーディーエー》**)**を行い，資金《しきん》・技術《ぎじゅつ》の面で発展途上国の開発を助けてきた。

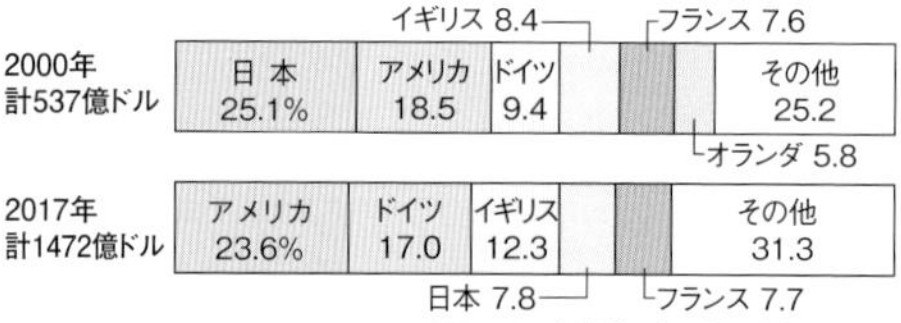

(2019/20年版「日本国勢図会」による)

▲主要国によるODAの援助額の割合

▶**NGO**《エヌジーオー》**(非政府組織**《ひせいふそしき》**)**や**NPO**《エヌピーオー》**(非営利**《ひえいり》**組織)**が，政府と協力して国際的な問題の解決《かいけつ》に取り組んできた。

▶**環太平洋経済連携協定**《かんたいへいようけいざいれんけいきょうてい》**(TPP**《ティーピーピー》**)**を始めとするEPA《イーピーエー》(経済連携協定)に参加し，自由な貿易《ぼうえき》をおし進めてきた。

●**環境**《かんきょう》…気候変動枠組《わくぐみ》(地球温暖化防止《おんだんかぼうし》)条約《じょうやく》などに参加し，二酸化炭素排出量《にさんかたんそはいしゅつりょう》の削減《さくげん》を進めてきた。

用語

主要国首脳会議

アメリカ・イギリス・フランス・ドイツ・イタリア・カナダ・日本およびEUの，各国首脳が集まり，経済や政治の諸《しょ》問題を話し合う会議。1975年から毎年開かれている。

注意

青年海外協力隊とシニア海外協力隊

青年海外協力隊は20歳《さい》から39歳，シニア海外協力隊は40歳から69歳が対象で，ともに給料は支払《しはら》われる。

注意

NGOとNPO

国際的な活動の場合で使用されるのはNGOのほうが多い。2017年には，核兵器禁止《かくへいききんし》条約の実現に中心的な役割《やくわり》をはたしたNGOのICAN《アイキャン》(核兵器廃絶《はいぜつ》国際キャンペーン)がノーベル平和賞を受賞した。

用語

TPP

太平洋《たいへいよう》をとり囲《かこ》む国々が，貿易を自由化するための協定(アメリカは離脱《りだつ》)。

国際理解《りかい》を深める

●**国旗と国歌**…国の理想や連帯感を表すため，各国が定めている。日本の国旗は**日《ひ》の丸《まる》(日《にっ》章旗《しょうき》)**，国歌は**君《きみ》が代《よ》**。ほかの国の国旗と国歌に対しては，自国のものと同等に敬意《けいい》を表さなければならない。

▲健闘《けんとう》をたたえ合う選手たち(2018年ピョンチャン冬季大会)

●**オリンピック・パラリンピック**…1896年に第1回近代オリンピックがギリシャのアテネで開かれた。

- ▶4年に一度開かれ，夏と冬の大会は2年ずらしている。
- ▶スポーツを通じて心身のバランスのとれた人間を育てる，平和な社会を実現することを目的としている。
- ▶3位までの入賞者の国旗をかかげ，優勝者《ゆうしょうしゃ》の国歌を演奏《えんそう》する。
- ▶日本では東京《とうきょう》・札幌《さっぽろ》・長野《ながの》で開かれてきた。
- ▶パラリンピックは障《しょう》がいのある選手が出場できる大会で，オリンピック終了《しゅうりょう》後同じ場所で開かれる。

●**文化**…さまざまな分野で芸術祭《げいじゅつさい》やコンクールが開かれているが，文化に対する日本の予算《よさん》や寄付《きふ》はほかの先進国とくらべると少ない。2025年には，大阪《おおさか》で国際博覧会《はくらんかい》の開催《かいさい》が予定されている。

▲オリンピックが開かれた都市

＊新型コロナウイルス感染症《かんせんしょう》流行の影響《えいきょう》で2020年の開催は延期《えんき》された。

☑ まとめチェック

知識を整理・確認しよう！

① アジアのおもな国々

☐ ①「世界の工場」としてめざましく経済《けいざい》が発展《はってん》し，GDP《ジーディーピー》(国内総《そう》生産)もアメリカに次ぐ第2位となった国はどこか。

☐ ② ソウルを首都とし，アジアNIES《ニーズ》の1つに数えられる国はどこか。

☐ ③ 首都のバンコクを中心に，日本の自動車部品などの工場が多数進出している国はどこか。

☐ ④ 世界最大の石油輸出国《ゆしゅつこく》で，イスラム教の聖地《せいち》メッカがある国はどこか。

② 南北アメリカのおもな国々

☐ ① 日本国内に多くの軍事基地《きち》がある国で，日本が航空機《こうくうき》や肉類，とうもろこしなどを輸入《ゆにゅう》している相手国はどこか。

☐ ② コーヒーの生産が世界一で，日本から移住《いじゅう》した人々の子孫である日系人《にっけいじん》が多い国はどこか。

③ オセアニア・アフリカのおもな国々

☐ ① 日本の真南にあり，日本が石炭・液化《えきか》天然ガス・鉄鉱石《てっこうせき》・肉類・銅鉱《どうこう》などを輸入している相手国はどこか。

☐ ② アフリカ大陸の南端《なんたん》にあり，金・ダイヤモンド・ウランなどの鉱産資源《こうさんしげん》が豊《ゆた》かな国はどこか。

④ ヨーロッパのおもな国々

☐ ① ライン川沿《ぞ》いにあるルール工業地域《ちいき》を中心に重化学工業が発達した，日本とならぶ世界有数の工業国はどこか。

☐ ② 江戸《えど》時代に西洋文化を日本に伝え，現在《げんざい》は酪農《らくのう》や園芸農業がさかんな国はどこか。

☐ ③ ヨーロッパ全体の平和や経済の発展，規模《きぼ》の大きな国に対《たい》抗《こう》するために結成された国際組織《そしき》を何というか。

⑤ 世界と日本の結びつき

☐ ① 先進国の政府《せいふ》により行われる，発展途上国《とじょうこく》への資金《しきん》・技術《ぎじゅつ》の面での援助《えんじょ》を何というか。

☐ ② 国の理想や連帯感を表すため，各国が定めている旗を何というか。

答え

①
- ① 中国《ちゅうごく》 [中華人民共和国《ちゅうかじんみんきょうわこく》]
- ② 韓国《かんこく》 [大韓民国《だいかんみんこく》]
- ③ タイ
- ④ サウジアラビア

②
- ① アメリカ [アメリカ合衆国《がっしゅうこく》]
- ② ブラジル

③
- ① オーストラリア
- ② 南アフリカ共和国

④
- ① ドイツ
- ② オランダ
- ③ EU《イーユー》 [ヨーロッパ連合]

⑤
- ① ODA《オーディーエー》 [政府開発援助]
- ② 国旗

力だめしの問題　入試標準レベル

解答➡p.646

1 右の表を見て，次の問いに答えなさい。【江戸川学園取手中・改】

(1) アメリカ・ドイツ・シンガポールについて，次の問いに答えなさい。

①アメリカについて述《の》べた文として誤《あやま》っているものを，次から1つ選び，記号で答えなさい。　(　　)

ア　イギリスなどからの白人系移民《いみん》が中心だが，近年はフランス語を話すヒスパニックが増《ふ》えている。

イ　小麦やだいず，とうもろこしの輸出量《ゆしゅつりょう》が世界上位である。

ウ　西海岸には情報《じょうほう》通信産業がさかんなシリコンバレーがある。

エ　最大都市のニューヨークには国際連合の本部がある。

② 1980年代に日本とアメリカとの間に生じた貿易摩擦《まさつ》のおもな原因《げんいん》となった製品《せいひん》を，次から1つ選び，記号で答えなさい。　(　　)

ア　米　　イ　コンピューター　　ウ　自動車　　エ　鉄鋼《てっこう》

③ドイツが加盟《かめい》している共同体について述べた文として誤っているものを，次から1つ選び，記号で答えなさい。　(　　)

ア　2018年において加盟国は28か国である。

イ　加盟国内の関税《かんぜい》をなくし，資本《しほん》や労働力の移動《いどう》が自由に行われている。

ウ　本部はイギリスのロンドンにある。

エ　加盟国の増加《ぞうか》にともない，加盟国間の経済格差《かくさ》が課題となっている。

④シンガポールが加盟している，近隣諸国《きんりんしょこく》との地域協力機構《きこう》の名称として正しいものを，次から1つ選び，記号で答えなさい。　(　　)

ア　ASEAN《アセアン》　　イ　AU《エーユー》　　ウ　NAFTA《ナフタ》　　エ　NATO《ナトー》

(2) ODAについて述べた文として誤っているものを，次から1つ選び，記号で答えなさい。　(　　)

ア　ODAとは先進国が発展途上国に対して行う経済援助のことである。

イ　ODAには返済の必要がない無償《むしょう》援助と返済が必要な有償《ゆうしょう》援助がある。

ウ　日本は2018年のODA実績《じっせき》では，アメリカに次いで世界第2位だった。

エ　ODAには資金援助のほかに技術《ぎじゅつ》協力などもふくまれている。

(3) 民間で国際協力活動に取り組んでいる非政府組織《ひせいふそしき》をアルファベットの略称《りゃくしょう》で何とよびますか，3字で答えなさい。

(　　　　)

(4) アメリカのニューヨークは西経《せいけい》75度に位置します。日本が1月5日午後1時のとき，ニューヨークでは何月何日午前・午後何時ですか，答えなさい。

(　　　　)

② 次の問いに答えなさい。

ア　イ　ウ　エ

⑴ 日本国内では近年，右のような標識《ひょうしき》や表示《ひょうじ》が増《ふ》えてきました。図ア～エのうち，宗教的《しゅうきょうてき》な配慮《はいりょ》による表示はどれですか，2つ選びなさい。また，それら2つは何を表しているのか，その宗教的な意味をそれぞれ説明しなさい。【暁星中】

(　　・　　)

(　　・　　)

⑵ 国際《こくさい》連合において，核兵器《かくへいき》の全廃《ぜんぱい》をめざす核兵器禁止条約《きんしじょうやく》が2017年7月に多くの国々の賛成《さんせい》を得て採択《さいたく》されました。核兵器禁止条約の実現には国際NGO団体が中心的な役割《やくわり》をはたしました。その功績《こうせき》により2017年ノーベル平和賞を受賞したNGO《エヌジーオー》団体《だんたい》の名称《めいしょう》をアルファベットで答えなさい。

【浦和実業学園中】　(　　)

⑶ 主要国首脳《しゅのう》会議はおおむね1年に一度開催《かいさい》されていますが，この「主要国首脳会議」を意味する語として正しいものを次から1つ選び，記号で答えなさい。

【神奈川学園中】　(　　)

ア　サミット　**イ**　EU《イーユー》　**ウ**　アセアン　**エ**　TPP《ティーピーピー》

⑷ 近年の日本では，観光客だけではなく外国人労働者の数も増え続けています。その背景《はいけい》として誤《あやま》っているものを次から1つ選び，記号で答えなさい。

【東海大付相模高中等部】　(　　)

ア　日本は少子高齢化《こうれいか》により若《わか》い労働者の数が不足している。

イ　途上国《とじょうこく》からの外国人労働者は自分の国よりも高い賃金《ちんぎん》をもらえる。

ウ　外国人を雇《やと》うことで，会社のグローバル化を進めることができる。

エ　一部の国の外国人はパスポートがなくても働ける制度《せいど》ができた。

⑸ 現在《げんざい》は自由に貿易《ぼうえき》を行うために，各国と話し合い，協定を結ぶ傾向《けいこう》にあります。日本は，環太平洋経済連携《かんたいへいようけいざいれんけい》協定(TPP)の発効《はっこう》(実施《じっし》)に協力してきました。この協定は太平洋をとりまく12か国での協定をめざしていましたが，そのうち1か国が2017年に離脱《りだつ》を表明したため，2018年現在は11か国と結んでいます(TPP11)。離脱した国名を答えなさい。【駒場東邦中】

(　　)

⑹ 2020年の東京《とうきょう》オリンピック大会では，パラリンピックも開催《かいさい》されます。前回のパラリンピックのメダルは，色ごとに異《こと》なる音が鳴るしくみになっていました。その理由を説明しなさい。【日本女子大附中】

(　　)

2 世界の平和と日本

学習のポイント

- 二度の世界大戦の被害《ひがい》は，どのようなものか。 ➡p.575
- 国際《こくさい》連合を通した国際間の結びつきをとらえているか。 ➡p.579
- 世界平和のために日本はどのような役割を果たすべきか。 ➡p.583

1 国際社会と戦争

おそろしい戦争

●二度の世界大戦…20世紀に起こった2度の世界大戦に見られるように，戦争の規模《きぼ》が拡大《かくだい》した。国土や産業は破壊《はかい》され，戦闘《せんとう》に参加しない一般《いっぱん》の国民も苦しい生活を送った。

	第一次世界大戦	第二次世界大戦
交戦期間《こうせんきかん》	1914〜18年	1939〜45年
参戦《さんせん》国数	33か国	72か国
動員《どういん》兵数	7000万人	11000万人
戦死者《せんししゃ》数	1000万人	3200万人
負傷者《ふしょうしゃ》数	2000万人	3500万人

（木村靖二『二つの世界大戦』による）

▲世界大戦での死傷者《ししょうしゃ》数：19世紀までの戦争とはけたちがいの犠牲者《ぎせいしゃ》をうんだ。

●原子爆弾《げんしばくだん》による被害《ひがい》…1945年8月6日，世界で初めて原子爆弾（原爆《げんばく》）が広島《ひろしま》に，続いて8月9日に長崎《ながさき》に落とされた。広島では約14万人，長崎では約7万人の死者が出たとされ，それ以後も，放射線《ほうしゃせん》をあびたことで後遺症《こういしょう》に苦しみ，亡《な》くなった人も多い。

●核兵器の開発…その後，原子爆弾よりさらに強力な水素《すいそ》爆弾（水爆《すいばく》）などもつくられた。全面的な核戦争が起これば，文明が滅《ほろ》びてしまう危険《きけん》もある。

▶核爆弾を運ぶミサイルのうち，ロケットエンジンで大気圏《けん》内を飛ぶものを弾道《だんどう》ミサイルといい，大陸間（ＩＣＢＭ《アイシービーエム》）・中距離《きょり》（ＩＲＢＭ《アイアールビーエム》）・短距離（ＳＲ《エスアール》ＢＭ《ビーエム》）などの区別がある。

▶ジェットエンジンと翼《つばさ》で大気圏内を飛ぶものを，巡航《じゅんこう》ミサイルという。

参考

非核三原則《ひかくさんげんそく》（➡p.521）

日本がとっている，核兵器を「もたず，つくらず，もちこませず」とする政策《せいさく》。日本は，原子爆弾の被害を受けた，ただ1つの国である。原水爆禁止《きんし》運動をすすめるなど，核廃絶《はいぜつ》に向けて積極的な努力が続けられている。

世界大戦と国際《こくさい》平和組織《そしき》

●**第一次世界大戦**…1914～18年。ドイツ・オーストリアなどの同盟《どうめい》国とイギリス・フランス・ロシアなどの連合国との対立から，世界戦争が起きた。

●**国際連盟《こくさいれんめい》**…1920年，第一次世界大戦の反省からつくられた平和のための国際組織。国際連盟の設立《せつりつ》を提案《ていあん》したのはアメリカの**ウィルソン**大統領《だいとうりょう》。本部はスイスのジュネーブに置かれた。その力は弱く，第二次世界大戦を防《ふせ》ぐことはできなかった。

▶第一次世界大戦が起こるまでは，世界の平和は「力のバランス」によって守られると考えられていた。国際連盟は，この考え方を否定《ひてい》し，「集団《しゅうだん》安全保障《ほしょう》(ある国が他国を攻撃《こうげき》したら，他の国々がまとまって制裁《せいさい》を加える)」の考え方に立つ，初の国際組織であった。

▶アメリカが議会の反対で参加せず,ソ連の参加もおくれ,日本・ドイツ・イタリアが途中《とちゅう》で脱退《だったい》するなど大国の参加が十分ではなかった。会議のとり決めは全会一致制《いっちせい》を原則とし,意見がまとまりにくかった。

▶武力《ぶりょく》により制裁《せいさい》する制度《せいど》がなかった。

●**第二次世界大戦**…1939～45年。ドイツ・イタリア・日本の同盟国(枢軸国《すうじくこく》)とイギリス・フランス・アメリカ・ソ連などの連合国との戦争。この戦争は全世界の国々をまきこんだ。連合国側の勝利に終わったが，各国が大きな損害《そんがい》を受けた。

●**国際連合**…1945年，国際連盟の失敗をふまえ，アメリカのフランクリン＝ルーズベルト大統領の提案から，平和のための新しい国際組織として成立した。国際連盟の「集団安全保障」の考え方は，国際連合に引きつがれている。

Qくわしく

第一次世界大戦の新兵器

戦車・飛行機・毒《どく》ガスなどが，第一次世界大戦で初めて使用された。戦車のことをタンクというのは，イギリスが「あれは水を入れるタンクだ」とごまかしたからだといわれている。

入試ポイント

〈国際連盟と国際連合〉

- 第一次世界大戦
  →**国際連盟**…大国の不参加・全会一致制・**制裁手段《しゅだん》がない。**
- 第二次世界大戦
  →**国際連合**…**五大国《ごたいこく》が中心**・多数決制・**武力制裁ができる。**

第二次世界大戦後の世界

- **2つの世界の対立**…戦後の世界は，アメリカや西ヨーロッパなどを中心とする**資本主義《しほんしゅぎ》**の国々と，ソ連と東ヨーロッパなどを中心とする**社会主義**の国々とが対立した(東西対立)。米ソは直接《ちょくせつ》戦うことはなかったが，激《はげ》しく対立したため，「**冷たい戦争(冷《れい》戦《せん》)**」といわれた。
- **朝鮮《ちょうせん》戦争**…1950年，朝鮮戦争が起こった。大韓民《だいかんみん》国《こく》にはアメリカ中心の国連軍が，朝鮮民主主義人民共和国には中国《ちゅうごく》が，軍隊を送って支援した。1953年に休戦協定が結ばれたが，現在も終戦はしていない。
- **冷戦の雪どけ**…1962年の**キューバ危機《きき》**を平和的に解決《かいけつ》してから，米ソの対立はおさまり始めた。軍備《ぐんび》の面では，1963年に**部分的核実験禁止条約《かくじっけんきんしじょうやく》**，1968年に**核拡散防止条約《かくさんぼうし》(NPT《エヌピーティー》)**が結ばれた。
- **第三世界**…社会主義国の中では，1950年代から中国とソ連が対立した。アジアやアフリカで戦後新しく独立《どくりつ》した国々は，米ソどちらの側にも属《ぞく》さず，資本主義や社会主義など政治のしくみに関係なく第三世界を形成した。1955年にはインドのネルー首相《しゅしょう》や中国の周恩来《しゅうおんらい》《チョウエンライ》首相を中心に，第三世界の国による**アジア・アフリカ会議**(バンドン会議)がインドネシアのバンドンで開かれた。
- **冷戦の終わり**…1985年，ソ連の**ゴルバチョフ**政権《せいけん》は**ペレストロイカ**(政治・経済《けいざい》の立て直し政策《せいさく》)を始め，グラスノスチ(情報《じょうほう》公開)を進めた。1989年にはアメリカのブッシュ大統領《だいとうりょう》とのマルタ会談でついに冷戦の終結が宣言《せんげん》された。同じ年，東西対立の象《しょう》徴《ちょう》であったベルリンの壁《かべ》が崩壊《ほうかい》し，東ヨーロッパの国々では社会主義政権がくずれていった。1991年にはソ連が解体《かいたい》してロシア連邦《れんぽう》と11の共和国に分かれ，**CIS《シーアイエス》(独立《どくりつ》国家共同体)**をつくった。
- **民族・宗教《しゅうきょう》の対立**
  - ▶**湾岸《わんがん》戦争**…1980年代のイラン・イラク戦争で経済が悪化したイラクが，隣国《りんごく》のクウェートに侵攻《しんこう》したことから，1991年に湾岸戦争が起こった。

用語

キューバ危機

1962年, 社会主義国のキューバでのソ連のミサイル基地《きち》計画をめぐり, アメリカが海上封《ふう》鎖《さ》をした事件《じけん》。核戦争の一歩手前で, 米ソ首脳《しゅのう》が直接《ちょくせつ》対話したことにより, 核戦争の危機をまぬがれた。

用語

部分的核実験禁止条約

地下以外の地上・水中での核実験を禁止する条約。1963年, アメリカ・イギリス・ソ連の3国間で結ばれた。

用語

核拡散防止条約

核兵器《かくへいき》保有国の増加《ぞうか》を防ぐ条約で, 1968年に成立した。すでに保有していた大国の核保有は認《みと》めてしまう点が批判《ひはん》される。現実にはCTBTをふくめ条約に参加しなければ, パキスタンのように実験や保有が可能《かのう》となる。

アメリカ軍を中心とするイギリス・フランスなどの多国籍軍《たこくせきぐん》によりクウェートは解放《かいほう》された。このとき日本は，資金的《しきんてき》に援助《えんじょ》をした。

▶ **ユーゴスラビア紛争《ふんそう》**…1991 年のユーゴスラビア連邦《れんぽう》の解体後，民族対立からボスニア・ヘルツェゴビナ紛争が起こった。1999 年にも民族対立からコソボ紛争が発生し，国際《こくさい》連合が解決に乗り出した。

▶ **アメリカ同時多発テロ**…2001 年，アメリカで同時多発テロが起こり，アメリカはこれを理由にアフガニスタンを攻撃《こうげき》した。2003 年にはイラク戦争が起こり，日本の自衛隊《じえいたい》は戦後の復興支援《ふっこうしえん》に協力した。

▶ **パレスチナ紛争**…ユダヤ人が建国したイスラエルと，パレスチナ人(アラブ系の人々)を支援する周辺のアラブ諸国《しょこく》との紛争。たび重なる和平への努力も実らず，続いている。

● **核兵器《かくへいき》**…1990 年代には東南アジアやアフリカで非《ひ》核《かく》地帯が設《もう》けられたが，1996 年に採択《さいたく》された**包括《ほうかつ》的核実験禁止条約《きんしじょうやく》(CTBT《シーティービーティー》)**は，批准《ひじゅん》しない国が多く発効《はっこう》されていない。2003 年には北朝鮮《きたちょうせん》が核拡散《かくさん》防止《ぼうし》条約(NPT《エヌピーティー》)からの脱退《だったい》を表明し，核保有《ほゆう》を宣《せん》言《げん》し，その後たび重なる核実験を行った。

参考

自衛隊の海外派遣《はけん》

1991年の湾岸《わんがん》戦争の戦後処《しょ》理《り》のため，自衛隊がペルシア湾に派遣された。1992年には国際平和協力法(PKO《ピーケーオー》協力法)を成立させた。2001年には，同時多発テロをうけてテロ対策《たいさく》特別措置《そち》法を成立させ，アメリカ軍の後方支援を行った。また，2003年にはイラク復興支援特別措置法を成立させ，イラク戦争後のイラクに自衛隊を派遣した。

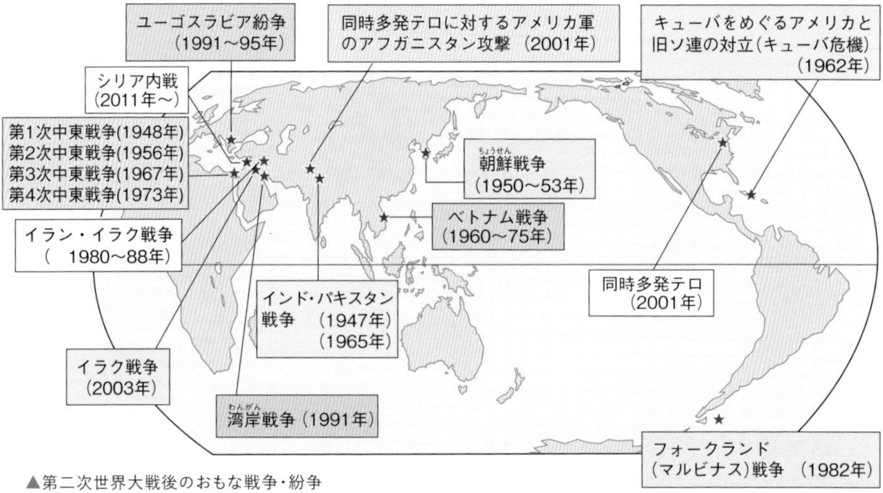

▲第二次世界大戦後のおもな戦争・紛争

2 国際連合のしくみとはたらき

国際連合の成立と目的

●**国際連合(国連)**の成立…1945年4月～6月，第二次世界大戦の連合国50か国が，サンフランシスコで会議を開いて**国際連合憲章《けんしょう》**が起草され，戦後の10月に成立した。本部はアメリカのニューヨーク。

●**国際連合の目的**

▶世界の平和と安全を守り，争いを平和的手段で解《かい》決《けつ》する。違反国《いはんこく》には,国際連合全体で制裁《せいさい》する(集団安全保障《ほしょう》の考え方)。

▶各国とも平等にあつかい，国々が仲よく発展《はってん》していくことを進める。

▶世界の人々の人権《じんけん》と自由を尊重《そんちょう》し，生活や文化を高めるため，国々が協力し合う。

国際連合のおもな機関

●**総会《そうかい》**…全加盟《かめい》国からなる国際連合の最高機関。毎年9月に開かれるほか,重大問題が起こったときは特別総会も開かれる。大きな国も小さな国も平等に1国1票の投票権をもつ。議決方法は，重要問題は出席投票国の3分の2以上，そのほかの問題は過半数《かはんすう》の多数決で議決する。

▲国際連合の旗:青地の中央に,北極を中心とする世界地図が,平和を表すオリーブの枝に囲《かこ》まれて, えがかれている。

●**安全保障理事会**…国際連合の第一の目的である平和と安全を守る仕事をする中心機関。

▶**構成《こうせい》**…5か国の常任理事国《じょうにんりじこく》(アメリカ・ロシア・イギリス・フランス・中国《ちゅうごく》＝五大国《ごたいこく》)と総会で選ばれた10か国の非常任理事国(任期《にんき》2年)の15か国からなる。

▶**議決の方法**…15の理事国のうち，9か国以上の賛成《さんせい》で決められるが，重要問題については，常任

参考

国際連合の加盟国数

初めから国際連合に加盟している国(原加盟国という)は51か国。現在《げんざい》ではほとんどの独《どく》立国《りっこく》である193か国が加盟している(2019年)。

用語

国際連合憲章

世界の安全と平和を守ることなど, 国連の目標が記されている文書。

参考

国連加盟の手続き

国連への加盟は, 安全保障理事会が提案《ていあん》し, 総会で3分の2以上の賛成で決定される。拒否権《きょひけん》を使われると, 加盟できない。日本は, ソ連の反対で加盟できず, 1956年にソ連と国交を回復《かいふく》してから, 加盟が実現した(➡p.476)。

理事国のうち1か国でも反対すれば決定できない(五大国《ごたいこく》の**拒否権**《きょひけん》)。

●**経済《けいざい》社会理事会**…世界の人々の生活や文化を高める仕事をする機関。総会《そうかい》で選ばれた54の理事国からなる。その任期《にんき》は3年で，毎年3分の1ずつ改選される。多くの**専門《せんもん》機関**と連絡《れんらく》をとり，経済の発展《はってん》，文化・教育の向上，科学の発展，発展途上国《とじょうこく》の開発援助《えんじょ》，人種差別や貧《まず》しさの解決《かいけつ》などの仕事に取り組んでいる。

年	条約
1948	世界人権宣言《せんげん》
1951	難民《なんみん》の地位に関する条約
1965	人種差別撤廃《てっぱい》条約
1966	国際人権規約《きやく》
1979	女子差別撤廃条約
1989	子どもの権利条約
1989	死刑廃止《しけいはいし》条約
2006	障《しょう》がい者権利条約

▲国連が採択してきたおもな条約《じょうやく》

●**国際司法裁判所《こくさいしほうさいばんしょ》**…国と国との争いごとを法にもとづき解決する国際連合の機関。本部はオランダのハーグにある。総会と安全保障理事会によって選ばれた15名の裁判官で構成《こうせい》。裁判は，争う両方の国が裁判所にうったえた場合に行われる。

●**事務局《じむきょく》**…国際連合に関するいろいろな事務を行う。責任者《せきにんしゃ》は事務総長《そうちょう》で，総会が任命する。

●**信託統治《しんたくとうち》理事会**…まだ十分に独立《どくりつ》していない地域《ちいき》の人々が，政治的《せいじてき》・経済的に十分に自立し，独立できるように指導《しどう》・監督《かんとく》をする。多くの国が独立をはたしたため，現在は活動を停止《ていし》している。

参考

子どもの権利条約の4つの柱

- 生きる権利
- 育つ権利
- 守られる権利
- 参加する権利

参考

平和のための結集決議

五大国の拒否権のために，決議ができず，国際連合の役割《やくわり》が十分にはたせない場合にそなえて，1950年，総会が平和と安全のために軍事力をふくめた措置《そち》がとれるように，決議された。

参考

事務総長

2019年現在《げんざい》は，ポルトガル出身のグテーレス。

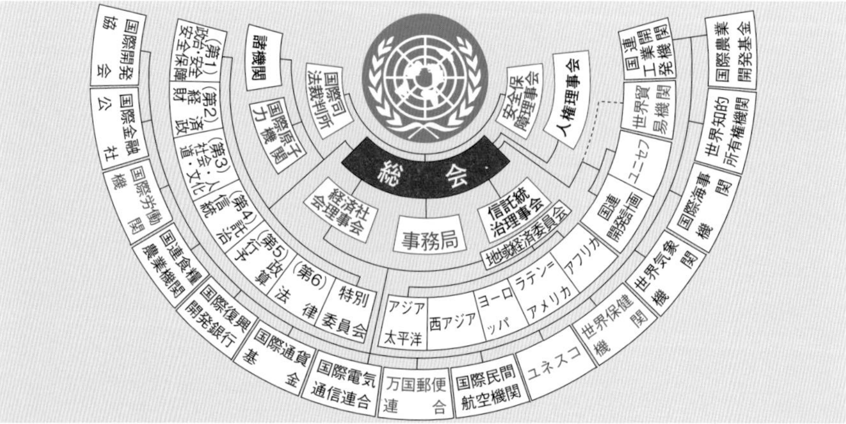

▲国際連合のしくみ：総会をふくむ6つの主要機関を中心にいろいろな機関が協力し合う。

おもな機関の仕事

● **専門機関**…経済社会理事会と協力して，経済・社会・教育・保健《ほけん》・交通などの各分野ごとに国際協力を進めるための機関。

▶ **UNESCO《ユネスコ》(国連教育科学文化機関)**…教育・科学・文化を通して国際理解《りかい》を深め，平和を実現しようとする機関。その精神《せいしん》は，ユネスコ憲章《けんしょう》の前文によく表されている。本部はパリ。

> **史料 ユネスコ憲章(前文)**
>
> 戦争は人の心の中でうまれるものであるから，人の心の中に平和のとりでを築《きず》かなければならない。(中略《ちゅうりゃく》)文化の広い普及《ふきゅう》と正義・自由・平和のための人類の教育とは，人間の尊厳《そんげん》に欠くことのできないものであり，かつ，すべての国民が相互《そうご》の援助および相互の関心の精神《せいしん》をもって，はたさなければならない神聖《しんせい》な義務《ぎむ》である。

▶ **ILO《アイエルオー》(国際労働機関)**…各国の労働条件《じょうけん》を改善《かいぜん》して，労働者の地位を高めようとする機関。国際連盟《れんめい》ができる前にすでに発《ほっ》
足《そく》していた。本部はジュネーブ。1969年にノーベル平和賞を受賞した。

▶ **WHO《ダブリュエイチオー》(世界保健機関)**…「すべての人々が可能《かのう》な最高の健康水準《すいじゅん》に到達《とうたつ》すること」を目標にかかげ，医学の研究，感染症《かんせんしょう》の予防《よぼう》などを行う機関。本部はジュネーブ。

● **そのほかの機関**

▶ **UNICEF《ユニセフ》(国連児童基金《じどうききん》)**…おもに発展途上国の子どもがすこやかに育てる環境《かんきょう》をつくる機関。本部はニューヨーク。1965年にノーベル平和賞を受賞した。

▶ **IAEA《アイエーイーエー》(国際原子力機関)**…核兵器《かくへいき》の拡散《かくさん》を防《ふせ》ぎ，原子力の平和利用を進める機関。2019年まで日本人の天野之弥《あまのゆきや》が事務局長をつとめた。本部はウィーン。2005年にノーベル平和賞を受賞した。

▶ **UNCTAD《アンクタッド》(国連貿易《ぼうえき》開発会議)**…発展途上国の開発をすすめ，先進国との格差《かくさ》を縮《ちぢ》めることを目的とする機関。本部はジュネーブ。

▶ **UNHCR《ユーエヌエイチシーアール》(国連難民高等弁務官《こうとうべんむかん》事務所)**…難民の保護や生活支援《しえん》などの援助をする機関。2000年まで日本人の緒方貞子《おがたさだこ》が高等弁務官をつとめた。本部はジュネーブで，1954年と1981年にノーベル平和賞を受賞した。

用語

国連児童基金

世界中の子どもの幸せのため，貧《まず》しい国や戦争・災害《さいがい》に苦しんでいる国の子供《こども》たちに，薬や食料などを援助している国連機関。1946年につくられ，多くの国から集められたお金をもとに活動している。

用語

難民

人種・宗教《しゅうきょう》・国籍《こくせき》・政治上の意見などの理由で，自国にいると迫害《はくがい》を受けるか，迫害を受けるおそれがあるために他国に逃《のが》れた人々のこと。

▶ **ＷＴＯ《ダブリュティーオー》(世界貿易《ぼうえき》機関)**…自由な貿易を実現するためのさまざまなルールを定め，貿易をめぐる争いを解決《かいけつ》する機関。事務局《じむきょく》はジュネーブ。

▶ **IMF《アイエムエフ》(国際《こくさい》通貨基金《ききん》)**…為替《かわせ》相場を安定させ経済《けいざい》危機《きき》を防止《ぼうし》する機関。本部はワシントンD.C.《ディーシー》。

世界の課題に取り組む国連

●平和の実現への取り組み

▶ **PKO《ピーケーオー》(平和維持《いじ》活動)**…休戦後の紛争地域《ふんそうちいき》で中立の立場で行われる，人権保護《じんけんほご》や停戦・選挙監視《かんし》などの活動。

▶ **PKF《ピーケーエフ》(国連平和維持軍)**…国連のもとでPKOを実行するための軍隊。なお，1950年の朝鮮《ちょうせん》戦争のとき，アメリカ中心の国連軍が出動したが，これは国連の規定《きてい》による正式な国連軍ではなかった。

●これからの発展《はってん》にむけて

▶ **ミレニアム開発目標《もくひょう》**…2000年の国連ミレニアム・サミットで採択《さいたく》された「国連ミレニアム宣言《せんげん》」の示《しめ》した目標。食料不足・環境《かんきょう》問題・感染症《かんせんしょう》などの対策《たいさく》が示されている。略《りゃく》してMDGs《エムディージーズ》という。**国連開発計画(UNDP《ユーエヌディーピー》)**がその実現のために活動している。

▶ **持続可能《かのう》な開発目標**…2015年の国連サミットで採択《さいたく》された「持続可能な開発のための2030アジェンダ」が示した目標。持続可能な社会を実現するための長期的な目標をかかげた。略して**SDGs《エスディージーズ》**という。

▲SDGsとしてかかげた2030年までの17の目標

入試ポイント

〈国際連合の組織〉

- **安全保障《ほしょう》理事会**…常任理事国《じょうにんりじこく》(五大国)と10か国の非《ひ》常任理事国。
- UNESCO《ユネスコ》, UNICEF《ユニセフ》, ＷＴＯ《ダブリュティーオー》などの機関。

3 世界の平和と日本の役割《やくわり》

世界平和への努力

● **赤十字《せきじゅうじ》運動**…戦争のとき，けが人を敵味方《てきみかた》なく助ける運動から始まった。

▶ **赤十字社**…スイスの銀行家アンリ＝デュナンのよびかけで1863年に設立《せつりつ》された。現在《げんざい》，世界の多くの国が参加し，戦争以外にも不幸な人々を助ける仕事をしている。

▶ **日本赤十字社**…1877年の西南《せいなん》戦争(➡p.444)のとき，佐野常民《さのつねたみ》が医療救助団体《いりょうきゅうじょだんたい》の博愛社をおこした。これをもとに，1886年に赤十字条約《じょうやく》に加わり，翌《よく》年，日本赤十字社となった。

くわしく 赤十字社とデュナン

1859年，イタリアとフランスの戦争の戦場を通りかかったデュナンは，傷《きず》ついた兵士《へいし》が死んでいくのを見て，敵味方《てきみかた》の区別《くべつ》なく看護《かんご》した。また，デュナンは「クリミアの天使《てんし》」といわれたナイチンゲールの献身的《けんしんてき》な活動に影響《えいきょう》を受け，赤十字社の結成《けっせい》をよびかけた。

赤十字杜の活動は「人のために進んで役に立つことをしよう」という有志《ゆうし》(ボランティア)の奉仕《ほうし》(サービス)の心でつらぬかれている。

世界平和につくした人々

● **シュバイツァー**…フランスの医者・哲学者《てつがくしゃ》。アフリカでの医療《いりょう》活動をしながら，核兵器《かくへいき》の禁止《きんし》など世界平和をよびかけた。

● **ノーベル**…スウェーデンの化学者。1866年にダイナマイトを発明。そのばく大な財産《ざいさん》をもとに，1901年**ノーベル賞**が設《もう》けられた。物理学，化学，生理学・医学，文学，経済《けいざい》学，世界平和の各分野に授与《じゅよ》される。

人物・団体(受賞年)	理由
アムネスティ・インターナショナル(1977年)	チリ政権《せいけん》の国民弾圧《だんあつ》を告発
マザー・テレサ(1979年)	めぐまれない人々を助ける活動
国連平和維持活動(1988年)	紛争地域の平和回復《かいふく》へ向けての活動
ミハイル＝ゴルバチョフ(1990年)	ペレストロイカによる民主化，冷戦の終結
ネルソン＝マンデラ(1993年)	南アフリカ共和国のアパルトヘイトの終結
地雷禁止《じらいきんし》国際キャンペーン(1997年)	対人地雷を禁止し，とりのぞく運動
バラク＝オバマ(2009年)	「核《かく》なき世界」の提唱《ていしょう》
核兵器廃絶《はいぜつ》国際キャンペーン(2017年)	核兵器禁止条約の実現

▲ノーベル平和賞の受賞者・団体(一部)

日本の役割《やくわり》

●**国連への協力**…日本は平和主義《しゅぎ》とともに，**国連中心主義**の外交を基本《きほん》としてかかげてきた。そのため，多額《たがく》の国連分担金《ぶんたんきん》を負担《ふたん》し，多くの専門《せんもん》機関や特別機関に加《か》盟《めい》し，安全保障《ほしょう》理事会の非常任理事国《ひじょうにんりじこく》にもたびたび選ばれた。

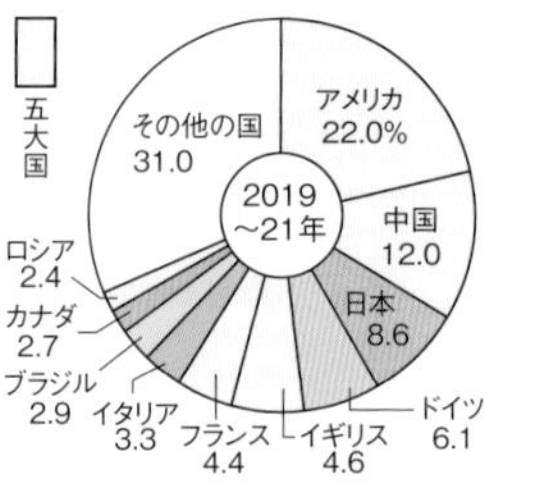

(2019/20年版「日本国勢国会」による)

▲国際連合の予算《よさん》の分担割合《わりあい》

▶**国連分担金**…国連の予算を加盟国が経済力《けいざいりょく》に応《おう》じておさめるお金。1か国は全体の25%を限度《げんど》に分担する。日本はアメリカ・中国《ちゅうごく》に次いで多く分担している(2019年)。

●**持続可能《かのう》な社会**…環境《かんきょう》を破壊《はかい》してしまう開発をやめ，わたしたちの世代だけでなく将来《しょうらい》の世代も質《しつ》の高い生活を送ることができる社会。この社会を実現するため，日本は国際《こくさい》連合とともに環境・貧困《ひんこん》などの問題に取り組んでいる。

●**人間の安全保障**…国家レベルだけでなく1人1人の人間の生命や人権を大切にするという考え方。日本はこれを外交方針《ほうしん》の1つにかかげ，人命救助・災害《さいがい》予防《よぼう》・復興支援《ふっこうしえん》などの国際的な活動を行っている。

参考

日本の安全保障

日米安全保障条約(➡p.476)によって，日本が他国から攻《こう》撃《げき》を受けた場合，アメリカもその防衛《ぼうえい》にかかわることができる。そのため，日本は核保有国であるアメリカの「核のかさ」に，国の安全をたよってきた面がある。「核のかさ」とは，核保有国が同盟国に核兵器の抑《よく》止力《しりょく》を提供《ていきょう》し，その安全を保障すること。

用語

人間の安全保障

国連開発計画(UNDP《ユーエヌディーピー》)が1994年に発表した人間開発報告書《ほうこくしょ》で，初めて提唱《ていしょう》された。軍事力による国家の安全保障だけでなく，人々の生活や安全を守る政策《せいさく》が必要だとしている。

●**フェアトレード**…発展途上国《はってんとじょうこく》の人々がカカオなどの商品作物を生産しても，安い価格《かかく》での取り引きをしいられている。先進国の消費者が，これを適正《てきせい》な価格で継続《けいぞく》して買うことで，発展途上国の人々の生活を支《ささ》えようという運動。

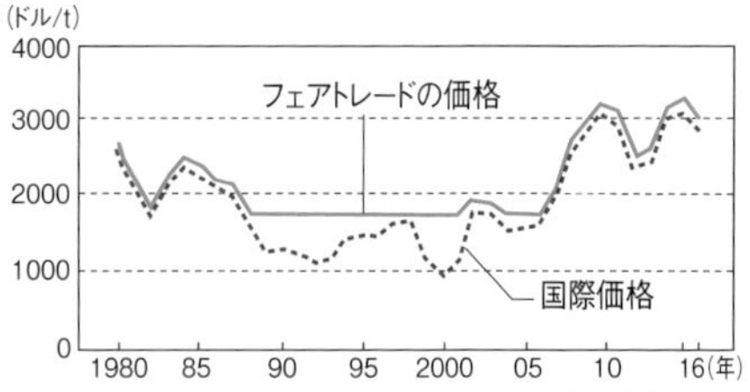

(IMF資料による)

▲フェアトレードによるカカオの価格

入試ポイント

〈日本の外交の基本方針〉

- アメリカとの同盟…**日米安全保障条約。**
- 国際協調…**国連中心主義，人間の安全保障，持続可能な社会。**

☑ まとめチェック

知識を整理・確認しよう！

① 国際社会と戦争

- □ ① 戦車・飛行機・毒《どく》ガスなどの新兵器が初めて使用された世界大戦は何か。
- □ ② 核兵器《かくへいき》を「もたず，つくらず，もちこませず」とする，日本政府の基本方針を何というか。
- □ ③ 国際連盟《こくさいれんめい》では，一国でも反対すると決定が下せなかった。この議決のしかたを何というか。
- □ ④ 1963年，アメリカ・イギリス・ソ連の3国間で結ばれた，地下以外の核実験を禁止《きんし》する条約《じょうやく》を何というか。
- □ ⑤ 1985年にペレストロイカという政策を始め，のちにノーベル平和賞を受賞したソ連の政治家はだれか。

② 国際連合のしくみとはたらき

- □ ① 1945年6月に連合国が議決した，国際連合のしくみを定めた文書を何というか。
- □ ② 全加盟国からなる，国際連合の最高機関を何というか。
- □ ③ 国際連合の第一の目的である平和と安全を守る仕事をする主要機関を何というか。
- □ ④ 国家間の争いを公平に裁《さば》く，国際連合の機関を何というか。
- □ ⑤ 教育・科学・文化を通して国際理解《りかい》を深め，平和を実現しようとする国際連合の専門機関を何というか。
- □ ⑥ 休戦後の紛争地域《ちいき》で国際連合が行う，人権保護《じんけんほご》や選挙監視《かんし》などの活動を何というか。
- □ ⑦ 2015年の国連サミットで採択《さいたく》された「持続可能な開発のための2030アジェンダ」が示《しめ》した目標を何というか。

③ 世界の平和と日本の役割

- □ ① 19世紀に設立され，戦争や自然災害《さいがい》，病気などで苦しむ人々を救うための活動を行っている団体《だんたい》を何というか。
- □ ② 生存や生活をおびやかす紛争・病気などから人々を守るという考え方を何というか。
- □ ③ 先進国の消費者が，発展途上国の産品を適正な価格で継続して買う運動を何というか。

答え

①
- ① 第一次世界大戦
- ② 非核《ひかく》三原則
- ③ 全会一致制《いっちせい》
- ④ 部分的核実験禁止条約
- ⑤ ゴルバチョフ

②
- ① 国際連合憲章《けんしょう》
- ② 総会《そうかい》
- ③ 安全保障理事会
- ④ 国際司法《しほう》裁判所
- ⑤ UNESCO《ユネスコ》[国連教育科学文化機関]
- ⑥ PKO《ピーケーオー》(国連平和維持《いじ》活動)
- ⑦ 持続可能な開発目標[SDGs《エスディージーズ》]

③
- ① 赤十字社
- ② 人間の安全保障
- ③ フェアトレード

力だめしの問題 入試標準レベル

解答➡p.647

1 次の問いに答えなさい。

(1) 核兵器《かくへいき》について述《の》べた文として誤《あやま》っているものを，次から1つ選び，記号で答えなさい。【聖光学院中】 (　　)

ア 包括《ほうかつ》的核実験禁止条約《きんしじょうやく》が国連総会《そうかい》で採択《さいたく》されて以降《いこう》，世界のあらゆる場所で核実験は禁止され，行われていない。

イ 日本は世界で唯一《ゆいいつ》の戦争被爆国《ひばくこく》であり，核兵器を「もたず，つくらず，もちこませず」の非核三原則《ひかくさんげんそく》の立場をとっている。

ウ 核保有《ほゆう》国のうち，核弾頭《だんとう》保有数の上位5か国は，アメリカ・ロシア・イギリス・フランス・中国《ちゅうごく》である。

エ IAEA《アイエーイーエー》(国際原子力機関)は，原子力の平和利用の促進《そくしん》と核物質《ぶっしつ》の軍事利用の防止《ぼうし》を目的として設置《せっち》された。

(2)「核」に対する日本の姿勢《しせい》や立場を説明した内容《ないよう》としてもっとも適当《てきとう》なものを次から1つ選び，記号で答えなさい。【神奈川大附中】 (　　)

ア 「つくらず，もたず，使わず」という非核三原則をかかげている。

イ 日本の安全保障《ほしょう》はアメリカの「核のかさ」にたよってきた側面がある。

ウ 日本国憲法《けんぽう》前文において「核」の平和利用について明文化されている。

エ 核兵器禁止条約の採択に尽力《じんりょく》し，いち早く批准《ひじゅん》した。

(3) 2018年の長崎《ながさき》平和式典には，核保有国8か国をふくむ71か国の大使とともに，国連のトップである事務総長《じむそうちょう》が初めて参列しました。この事務総長はだれですか，人物名を答えなさい。【立教新座中】 (　　　　　　)

(4)「イスラエル」と「パレスチナ」において，もっとも多くの人が信じている宗《しゅう》教《きょう》の組み合わせとして正しいものを次から1つ選び，記号で答えなさい。【学習院中等科】 (　　)

ア イスラエル：イスラム教　パレスチナ：キリスト教

イ イスラエル：イスラム教　パレスチナ：ユダヤ教

ウ イスラエル：キリスト教　パレスチナ：イスラム教

エ イスラエル：キリスト教　パレスチナ：ユダヤ教

オ イスラエル：ユダヤ教　パレスチナ：イスラム教

(5) 1990年代にユーゴスラビア連邦とソビエト連邦《れんぽう》がなくなり，いくつかの独《どく》立《りつ》国が誕生《たんじょう》しました。ユーゴスラビア連邦から独立した国を次から1つ選び，記号で答えなさい。【跡見学園中】 (　　)

ア セネガル　イ ベルギー　ウ クロアチア　エ ロシア

2 次の問いに答えなさい。

(1) 国際《こくさい》連合に関して述べた文として，正しいものを次から1つ選び，記号で答えなさい。【共立女子中】　(　　)

ア　総会は国際連合の最高機関で，年1回開かれる。

イ　安全保障理事会の現在《げんざい》の常任理事国《じょうにんりじこく》は，アメリカ・イギリス・フランス・ドイツ・ロシアの5か国である。

ウ　国際司法裁判所《しほうさいばんしょ》は，ニューヨークに置かれている。

エ　国連平和維持《いじ》活動をPKF《ピーケーエフ》とよぶ。

(2) 国際連合の安全保障理事会において，常任理事国にのみ認《みと》められている特権《とっけん》を漢字3字で答えなさい。【公文国際学園中等部】　(　　)

(3) 国際連合の組織《そしき》の中では，多くの専門《せんもん》機関が活動しています。その中の1つで，諸《しょ》国民の教育，科学，文化の協力と交流を通じて，国際平和と人類の福祉《ふくし》を推進《すいしん》し，「戦争は人の心の中でうまれるものであるから，人の心の中に平和のとりでを築《きず》かなければならない。……」という個別《こべつ》の憲章前文をもつ専門機関を何といいますか，その名称を答えなさい。【立教新座】　(　　)

(4) 子どもの権利条約における4つの柱として誤っているものを，次から1つ選び，記号で答えなさい。【成城中】　(　　)

ア　参加する権利　　イ　育つ権利

ウ　働く権利　　エ　守られる権利

(5) 貿易《ぼうえき》に関するルールを定める国際機関の名称を次から1つ選び，記号で答えなさい。【慶應湘南藤沢中等部】　(　　)

ア　ILO《アイエルオー》　　イ　WHO《ダブリュエイチオー》　　ウ　WTO《ダブリュティオ》　　エ　UNESCO《ユネスコ》

(6) PKO協力法にもとづいて，日本の自衛隊《じえいたい》が派遣《はけん》された国や地域《ちいき》として誤っているものを次から1つ選び，記号で答えなさい。【江戸川学園取手中】　(　　)

ア　カンボジア　　イ　ゴラン高原

ウ　東ティモール　　エ　南アフリカ共和国

(7) 「持続可能《かのう》な開発」とはどのような開発のことですか。「森林の持続可能な開発」を例に，「森林の持続可能な開発とは～開発のこと」の形に合うように50字以内で説明しなさい。その際，次の語句をすべて使用すること。【山手学院中】

自分たち　子孫　資源《しげん》

(森林の持続可能な開発とは，　　　　　　　　開発のこと)

(8) 発展途上国《はってんとじょうこく》の生産物を，その生産者の生活を支援《しえん》するため，適正《てきせい》な価格《かかく》で継《けい》続《ぞく》的に購入《こうにゅう》する取り引きのことを何といいますか。次から1つ選び，記号で答えなさい。【聖光学院中】　(　　)

ア　ステルスマーケティング　　イ　トレードオフ

ウ　フェアトレード　　エ　フリーマーケット

チャレンジ問題 入試発展レベル

解答➡p.648

★は最高レベル

1 右のグラフは第二次世界大戦後のオリンピックの参加国数のグラフです。次の問いに答えなさい。【開智中】

(1) 1976年のモントリオールオリンピックでは，南アフリカ共和国で行われていた人種隔離《かくり》政策《せいさく》に反対して，ほかのアフリカ諸国《しょこく》22か国がボイコットをしたため，参加国が減少《げんしょう》しました。この人種隔離政策をカタカナで答えなさい。 (　　　　)

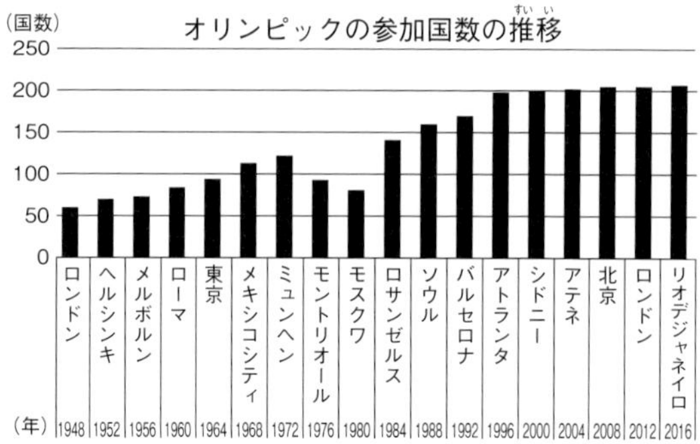

★(2) 1980年のモスクワオリンピックは，さらに参加国が減《へ》りました。前年にソ連がアフガニスタンに侵攻《しんこう》したことが原因《げんいん》です。ソ連の軍事行動が理由で参加をしなかった国はどのような国でしたか。わかりやすく説明しなさい。
(　　　　　　　　　　　　　　　　　　　　　　　　　)

(3) 2016年のリオデジャネイロオリンピックでは，内戦や政治《せいじ》的理由，社会不安などが原因でうまれ育った国をはなれた人々が，特別に選手団《せんしゅだん》をつくりました。こうした人々を何といいますか。漢字2文字で答えなさい。
(　　　　)

(4) 1964年の東《とう》京《きょう》オリンピックでは，初めて「ピクトグラム」が用いられました。右の図は当時のオリンピックに使われたものです。次の問いに答えなさい。

①なぜ，オリンピックで「ピクトグラム」が必要だったのでしょうか。説明しなさい。
(　　　　　　　　　　　　　　　　　　　)

図1

図2

②「ピクトグラム」はさまざまな場面に使われています。右の**図1**はトイレのピクトグラ

ムです。しかし，このピクトグラムには批判《ひはん》もあり，東京都渋谷《しぶや》区では**図2**のようなピクトグラムを使ったトイレが存在《そんざい》します。どうして**図2**のようなピクトグラムをつくるのでしょうか。説明しなさい。

(　　　　　　　　　　　　　　　　　　　　　　　　　　　　　　　　)

2 次の問いに答えなさい。

⑴ 右の表は中国《ちゅうごく》，インド，インドネシアの人口・面積・人口密度《みつど》を表したものです。表中**A**～**C**にあてはまる国名をそれぞれ答えなさい。【浦和明の星女子中・改】

	人口	面積	人口密度
A	約13億5405万人	約329万km²	412人/km²
B	約2億6680万人	約191万km²	140人/km²
C	約14億1505万人	約960万km²	147人/km²

(2018年)　　(2019/20年版「日本国勢図会」による)

A(　　　　　　)　**B**(　　　　　　)　**C**(　　　　　　)

⑵ 右のグラフはアメリカ，サウジアラビア，ドイツへの国際移住《いじゅう》者の出身国を示《しめ》したものです。ドイツにあてはまるものを1つ選び，記号で答えなさい。【浦和明の星女子中】　(　　)

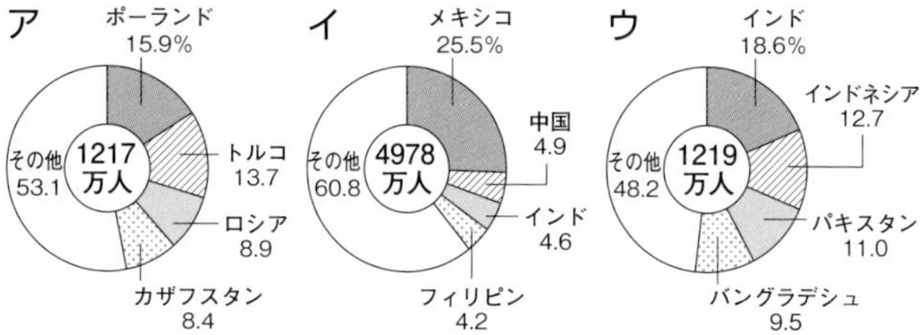

(2018/19年度「世界国勢図会」による)

⑶ ブラジルは現在，豊富《ほうふ》な資源《しげん》と労働力をもったBRICS《ブリックス》の一員として，大きく経済《けいざい》成長をしています。このBRICSに入る国としてふさわしくないものを次から1つ選び，記号で答えなさい。【開智中】　(　　)

ア　ロシア　　**イ**　インドネシア
ウ　中国《ちゅうごく》　　**エ**　南アフリカ共和国

⑷ 当初はアメリカも参加を表明していた環太平洋《かんたいへいよう》経済連携《れんけい》協定(TPP《ティーピーピー》)ですが，2018年3月，アメリカをのぞく11か国が新協定「TPP11」に署名《しょめい》しました。この「TPP11」に参加している国として誤《あやま》っているものを次から1つ選び，記号で答えなさい。【神奈川大附中・改】　(　　)

ア　イギリス　　**イ**　メキシコ　　**ウ**　オーストラリア　　**エ**　ベトナム

⑸ 2011年以降《いこう》，国内外の対立が原因《げんいん》で，多くの難民《なんみん》が発生している地中海《ちちゅうかい》東岸の国を次から1つ選び，記号で答えなさい。【公文国際学園中等部】　(　　)

ア　南アフリカ共和国　　**イ**　ブラジル　　**ウ**　ロシア　　**エ**　シリア

3 右の文を読んで，次の問いに答えなさい。【西武学園文理中・高輪中・江戸川学園取手中】

第二次世界大戦や**a**東西冷戦の反省から，平和のためのさまざまな取り組みが世界各国で行われています。とくに核兵器《かくへいき》に対する取り組みは重要で，**b**国際《こくさい》連合では原子力の平和利用のために核の軍事利用を防止《ぼうし》する機関も置かれています。また，日本では核兵器を「もたず，つくらず，[　　　]」という非核三原則《ひかくさんげんそく》の方針《ほうしん》をとっています。さらに核兵器の問題以外にも，**c**国際連合の一員として運営費《うんえいひ》の一部を負担《ふたん》(国連分担金)したり，その活動の1つである**d**平和維持《いじ》活動に参加したりして世界の平和に貢献《こうけん》しています。一方，世界平和の実現には先進国と発展途上国《はってんとじょうこく》の経済格差《けいざいかくさ》も重要な問題です。そのため先進国は発展途上国に**e**政府開発援助《えんじょ》を積極的に行っています。

(1) 下線部**a**に関連して，アメリカのブッシュ大統領《だいとうりょう》とソ連のゴルバチョフ書記長は，1989年12月に会談を行い，冷戦の終結を宣言《せんげん》しました。この会談が行われた場所はどこですか。次から1つ選び，記号で答えなさい。(　　)

ア サンフランシスコ
イ ジュネーブ
ウ マルタ　　エ ヤルタ
オ モスクワ

(2) 下線部**b**を行う機関として正しいものを，次から1つ選び，記号で答えなさい。(　　)

ア IAEA《アイエーイーエー》　イ UNHCR《ユーエヌエイチシーアール》　ウ UNESCO《ユネスコ》　エ ILO《アイエルオー》

(3) 文中の空欄《くうらん》に入る適切《てきせつ》な語句《ごく》を答えなさい。(　　)

(4) 下線部**c**について，国連分担金の金額《きんがく》がいちばん多い国を，次から1つ選び，記号で答えなさい。(　　)

ア ドイツ　イ 中国《ちゅうごく》　ウ アメリカ　エ ロシア

(5) 下線部**d**について，平和維持活動の説明として正しいものを，次から1つ選び，記号で答えなさい。(　　)

ア 国際連合に加盟《かめい》するすべての国が参加する軍事組織である。
イ 戦争が行われている地域《ちいき》に派遣《はけん》され，停戦の勧告《かんこく》を行う。
ウ 戦争だけでなく，貿易《ぼうえき》をめぐる争いも解決《かいけつ》する組織《そしき》である。
エ 最低限《さいていげん》の武器《ぶき》の使用のみが認《みと》められている。

(6) 下線部**e**の略語《りゃくご》をアルファベット3文字で答えなさい。(　　)

(7) 国際連合では，環境《かんきょう》問題など地球的課題を解決するために，目標をつくりました。その目標がSDGs《エスディージーズ》というもので，加盟国みんなで話し合って決めました。SDGsは，具体的にどこで決定されましたか。次から1つ選び，記号で答えなさい。(　　)

ア 国連サミット　イ 地球サミット
ウ 国連気候変動枠組条約締約国《わくぐみじょうやくていやくこく》会議　エ 国連人間環境会議

公民編　総合問題

解答➡p.649

★は最高レベル

1 次の問いに答えなさい。【芝浦工大柏中】

(1) 三権《さんけん》分立の説明として，正しいものを次から1つ選びなさい。（　　）

ア　国会は，不正や道理に合わないことをした裁判官をやめさせるかどうかについて，裁判をすることができる。

イ　内閣《ないかく》は，衆議院《しゅうぎいん》で不信任《ふしんにん》決議案が可決《かけつ》された場合，30日以内に総辞職《そうじしょく》しなければならない。

ウ　国会が行政権《ぎょうせいけん》を，内閣が立法権《りっぽうけん》を，裁判所が司法権《しほうけん》をもっている。

エ　裁判所は，国会が定めた条例《じょうれい》が憲法《けんぽう》に違反《いはん》していないか，審査《しんさ》する権限《けんげん》をもっている。

(2) 選挙制度《せいど》の説明として，正しいものを次から1つ選びなさい。（　　）

ア　衆議院議員に立候補《りっこうほ》できるのは，満25歳《さい》以上の男性《だんせい》と満30歳以上の女性である。

イ　選挙権は，満18歳以上のすべての国民に認《みと》められている。

ウ　現在《げんざい》の選挙は，どの選挙区においても一票の価値《かち》が等しい平等選挙である。

エ　参議院《さんぎいん》議員選挙は，全国11ブロックで行う比例代表《ひれいだいひょう》選挙と，小選挙区《しょうせんきょく》選挙からなる。

(3) 平和主義《しゅぎ》の説明として誤《あやま》っているものを次から1つ選びなさい。（　　）

ア　日本国憲法の前文で，平和のうちに生存《せいぞん》する権利について記されている。

イ　日本国憲法では，国民主権，基本的《きほんてき》人権の尊重《そんちょう》とならぶ基本原理の1つとなっている。

ウ　日本国憲法第9条《じょう》では，戦争放棄《ほうき》，戦力の不保持《ふほじ》，交戦権の否認《ひにん》を定めている。

エ　2014年の閣議《かくぎ》決定で，集団的自衛権《しゅうだんてきじえいけん》について否決された。

(4) 社会保障制度《ほしょうせいど》の説明として正しいものを次から1つ選びなさい。（　　）

ア　年金保険《ほけん》は，個人《こじん》や企業《きぎょう》があらかじめ保険料を支はらい，失業したときに支給されるしくみである。

イ　介護《かいご》保険は，生活に困《こま》っている人に仕事をあたえるなど，自立をうながすしくみである。

ウ　社会福祉《ふくし》は，児童や母子・父子世帯，高齢者《こうれいしゃ》，障《しょう》がいのある人を保護《ほご》・援助《えんじょ》するしくみである。

エ　公的扶助《こうてきふじょ》は，感染《かんせん》症や生活習慣病《しゅうかんびょう》の予防《よぼう》を支援するしくみである。

2 **和子さんは夏休みの自由研究を「仕事と人権」というテーマに決め，身近な人に話を聞き，右のようなレポートを書きました。これを読んで，次の問いに答えなさい。**【昭和女子大附中】

《1　祖父《そふ》から聞いたこと》
犯罪《はんざい》のうたがいをかけられ，裁判《さいばん》を起こされた人であっても，1つの事件《じけん》について，公正・公平な裁判を受ける権利《けんり》が［A］回まであるそうです。［B］である祖父は，うたがいをかけられた人から話を聞くなどして，その人にかわって言い分を法廷《ほうてい》で述《の》べることもするそうです。

《2　父から聞いたこと》
会社員の父によると，**a** 新しい人の採用《さいよう》や給料などの面で，女性《じょせい》は，男性と同じようにあつかわれていないと感じることが多いそうです。また，**b** 深夜の残業や休日に出勤《しゅっきん》する人もまだまだ多くいて，働きすぎが問題になっているようです。

《3　母から聞いたこと》
福祉施設《ふくししせつ》で働いている母は，憲法《けんぽう》では **c** だれにでも人間らしい生活を送る権利が認《みと》められていると教えてくれました。たとえば **d** 障《しょう》がいのあるなしや，その重い軽いにかかわらずすべての人が平等に生活する社会を実現させたいといっていました。

⑴ 文中の空欄《くうらん》**A**に入る数字を答えなさい。　(　　　)

⑵ 文中の空欄**B**に入る職業《しょくぎょう》としてもっとも適切《てきせつ》なものを，次から1つ選び，記号で答えなさい。　(　　　)

ア　裁判官　　イ　警察官《けいさつかん》
ウ　検察官《けんさつかん》　　エ　弁護士《べんごし》

⑶ 文中の下線部**a**のような状態《じょうたい》を改善《かいぜん》するために，1985年に制《せい》定《てい》された法律《ほうりつ》を，次から1つ選び，記号で答えなさい。　(　　　)

ア　男女雇用《こよう》機会均等法《きんとうほう》
イ　男女共同参画社会基本法《きほんほう》
ウ　国際《こくさい》人権規約《きやく》
エ　女子差別撤廃条約《てっぱいじょうやく》

⑷ 文中の下線部**b**のような状況《じょうきょう》に対し，政府《せいふ》は［C］改革《かいかく》を進めています。空欄**C**に入る語句《ごく》を3字で答えなさい。　(　　　　　)

⑸ 次の文は，文中の下線部**c**について述べた日本国憲法第25条の一部です。空欄**D**に入る語句を答えなさい。　(　　　　　)

「すべて国民は，健康で［D］的な最低限度《げんど》の生活を営《いとな》む権利を有する。」

⑹ 文中の下線部**d**のような考え方をノーマライゼーションといいます。この方法としてふさわしくないものを次から1つ選び，記号で答えなさい。(　　　)

ア　遊園地のアトラクションを，車いすのままでも乗りおりできるデザインにする。
イ　バスの料金を，年齢《ねんれい》にかかわらずだれでも同じ値段《ねだん》にする。
ウ　トイレの男性・女性の表示《ひょうじ》を，文字ではなく絵で示《しめ》すようにする。
エ　美術館《びじゅつかん》のチケットを，音声ガイダンスで購入《こうにゅう》できるようにする。

3 **右の年表を見て，次の問いに答えなさい。**【鎌倉女学院中】

年	できごと
1947	**a** 地方自治法が制定される
1992	（ **b** ）協力法が制定される
1997	（ **c** ）保険法が制定される
1999	**d** 男女共同参画社会基本法が制定される
2003	**e** 個人情報保護法が制定される
2018	（ **f** ）実施法が制定される

⑴ 下線部 **a** に関する次の文を読んで，問いに答えなさい。

2018 年，沖縄《おきなわ》米軍基地《きち》問題に関心をもつ人々の間で，名護《なご》市の［　　　］が基地建設《けんせつ》で埋《う》め立てられることに対する賛否《さんぴ》を問う県民投票を求める声が高まりました。県民投票を行うには，条例《じょうれい》の制定《せいてい》が必要となります。市民団体《だんたい》が県民によびかけたところ，**X** 条例の制定を請求《せいきゅう》するために必要となる数を大幅《おおはば》に上まわる署名《しょめい》が集まりました。

①空欄にあてはまる地名をひらがなで答えなさい。　（　　　　　　）

★ ②下線部 **X** は，どのくらいの数でしょうか。沖縄県内の有権者数を約 116 万人として考え，もっとも近い数字を次から1つ選び，記号で答えなさい。

ア　約1万2千　　イ　約2万3千　（　　）
ウ　約5万8千　　エ　約 12 万

⑵（ **b** ）協力法は，日本が国連平和維持《いじ》活動に協力するために制定されました。空欄 **b** にあてはまる語を，アルファベット（大文字）で答えなさい。

（　　　　　　）

⑶（ **c** ）保険法《ほけんほう》は，歳《とし》をとって身のまわりの世話を必要とする人が，自己負担《じこふたん》をおさえ適切《てきせつ》なサービスを受けられるようにするため制定されました。空欄 **c** にあてはまる語を答えなさい。　（　　　　　　）

⑷ 下線部 **d** に関して，国務《こくむ》大臣をつとめたことがある女性，あるいは現在《げんざい》も在《ざい》任《にん》中の女性を次から1人選び，記号で答えなさい。　（　　）

ア　林文子《はやしふみこ》　イ　黒柳徹子《くろやなぎてつこ》　ウ　野田聖子《のだせいこ》　エ　緒方貞子《おがたさだこ》

⑸ 下線部 **e** は，国民のどのような権利を守るためのものですか。次から1つ選び，記号で答えなさい。　（　　）

ア　プライバシーの権利　　イ　請求権
ウ　知る権利　　エ　自己決定権

★ ⑹ 次の表は，（ **f** ）実《じっ》施法《しほう》に対する賛成《さんせい》・反対それぞれの立場からの意見を整理したものです。これを参考にして，空欄 **f** にあてはまる語を，アルファベット（大文字）2文字で答えなさい。　（　　　　　　）

賛成する理由	反対する理由
・観光客が増え，地域がにぎわう。 ・雇用をうみ出す効果が期待できる。	・地域の治安が悪化する。 ・ギャンブル依存症《いそんしょう》の人が増《ふ》える。

4 次の問いに答えなさい。【筑波大附駒場中・改】

(1) イスラム教について述《の》べた文として正しいものを，次から2つ選び，記号で答えなさい。　(　　)(　　)

ア　聖典《せいてん》「コーラン(クルアーン)」はアラビア語で書かれている。

イ　エジプトにある聖地メッカには，多くの信者が巡礼《じゅんれい》におとずれる。

ウ　1年のうちに一定期間，日中に断食《だんじき》を行うことが信者のつとめとされる。

エ　神アッラーの聖像《せいぞう》に向けて礼拝《れいはい》をすることが信者のつとめとされる。

オ　特定の民族を救済《きゅうさい》する教えであるため，日本人がイスラム教徒になることはできない。

(2) 国境《こっきょう》をこえる人の移動《いどう》や人口の変動に関して述べた文として正しいものを，次から2つ選び，記号で答えなさい。　(　　)(　　)

ア　世界全体の人口は現在《げんざい》も増加《ぞうか》を続けており，今世紀のうちに倍以上になると見こまれる大陸もある。

イ　フランスはヨーロッパの外から移民《いみん》労働者を受け入れてきた歴史をもち，民族や宗教《しゅうきょう》の多様化が進んでいる。

ウ　イスラム教徒は平均的《へいきんてき》に子供《こども》をもつ数が少ないため，ヨーロッパ諸国《しょこく》の人口にしめる割合《わりあい》は減少《げんしょう》する傾向《けいこう》する傾向にある。

エ　中南米からの移民が多いアメリカでは，今世紀半ばにはイスラム教徒の割合が全人口の半分をこえるとされる。

オ　平均寿命《じゅみょう》が長い日本では，高齢化《こうれいか》が進行しつつ，人口は今後もゆるやかに増加していくと予想されている。

(3) 民族・宗教・文化をめぐる共生の課題に関連してのべた文として正しいものを，次から2つ選び，記号で答えなさい。　(　　)(　　)

ア　先進各国では，少数者が多数者の文化や宗教に同化できるように支援《しえん》することが求められている。

イ　近年の日本では，宗教の教えにしたがった食材と調理法でつくられた食品を提供《ていきょう》するビジネスがうまれている。

ウ　日本政府《せいふ》は，民泊《みんぱく》を促進《そくしん》することで，外国人定住者が安定した住居《じゅうきょ》を得て共同で生活できるようにしている。

エ　多様な人に対応《たいおう》するため，公共施設《しせつ》での外国人向け案内表示《ひょうじ》を共通語である英語に統一《とういつ》することが進められている。

オ　日本語がわからない外国籍《せき》の子供に対する識字《しきじ》教育は，基本的人権《きほんてきじんけん》である「教育を受ける権利」の保障《ほしょう》である。

中学入試
総仕上げテスト

第1回 中学入試 総仕上げテスト

時間 45分　合格点 75点
解答➡p.650

1 次の文を読んで，あとの問いに答えなさい。【市川中】

((6)7点，他各4点，(3)～(5)各完答)

2018年の統計《とうけい》では，世界には**A**約76億の人々が生活しています。とくに20世紀以降《いこう》，医学の発達や環境衛生《かんきょうえいせい》の改善《かいぜん》により乳幼児死亡率《にゅうようじしぼうりつ》が低下したことや，食料の増産《ぞうさん》などの理由により，人口が急増《きゅうぞう》しています。世界の人口分布《ぶんぷ》を見ると，アジアの中でも**B**稲作《いなさく》を行っている地域《ちいき》や，**C**ヨーロッパやアメリカの都市部で**D**人口密度《みつど》が高くなっています。これに対して，寒さの厳《きび》しい地域や乾燥《かんそう》のいちじるしい地域では人口密度が低くなっています。アジアやアフリカなどの発展途上国《はってんとじょうこく》では，[1]とよばれる急激《きゅうげき》な人口増加により，食料生産が追いつかない地域や，病院や学校が不足している地域が多くあります。それに対して，ヨーロッパや日本などの先進国では，少子高齢化《こうれいか》が進んでおり，人口減少《げんしょう》が進んでいる国もあります。その中でも，世界有数の長寿国《ちょうじゅこく》である日本は，世界の国々と比《くら》べて，少子高齢化の進展がとくに速くなっています。日本では，高度経済《けいざい》成長期以降，仕事を求めて農村から都市への人々の移動《いどう》が続き，**E**大都市に人口が集中するようになりました。2017年の統計では，東京《とうきょう》23区，横浜《よこはま》市，大阪《おおさか》市，名古屋《なごや》市には200万人をこえる人々がくらしています。その一方で，農村では人口の減少と高齢化が進み，経済活動がおとろえ，公共交通機関がなくなるなど，地域社会を維持《いじ》する機能《きのう》が弱くなっています。このような地域は[2]地域とよばれ，山間地域や離島《りとう》を中心に，全国的に広がっています。

(1) 文中の1・2にあてはまる語句《ごく》は何ですか，漢字で答えなさい。

1(　　　　　)　2(　　　　　)

(2) 下線部**A**について，右の地図中のあ～きのうち，人口の多い上位5か国にあてはまらない国の組み合わせとして正しいものを次から1つ選び，記号で答えなさい。　(　　)

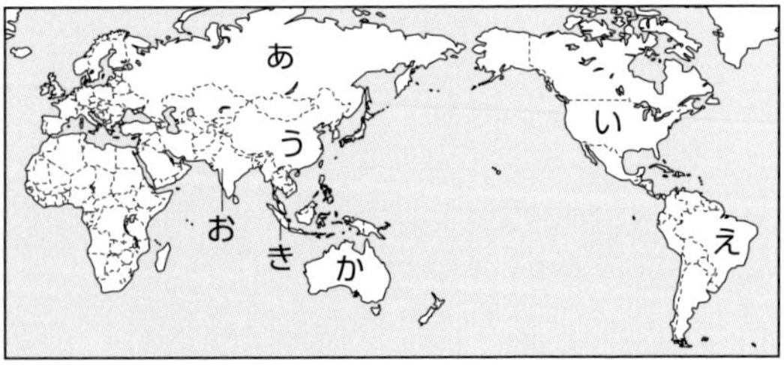

ア　あ・え　　イ　あ・か　　ウ　あ・き
エ　え・お　　オ　え・き　　カ　お・か

(3) 下線部**B**について，日本の稲作事情《じじょう》に関する説明として誤《あやま》っているものを，次からすべて選び，記号で答えなさい。　(　　　　　)

ア　消費量の減少により米があまるようになったため，1970年代に政府《せいふ》は農家に休耕《きゅうこう》や転作《てんさく》をすすめる生産調整を始めた。

イ　日本海《にほんかい》側にふくやませの影響《えいきょう》から，1990 年代前半に東北《とうほく》地方で冷害《れいがい》が起き，米が不作となった。

ウ　政府が米などの価格《かかく》を管理して農家を保護《ほご》する減反政策《げんたんせいさく》が，1990 年代半ばに廃止《はいし》された。

エ　米の輸入《ゆにゅう》自由化が 1990 年代末から始まり，現在《げんざい》ではタイなどから米を輸入している。

オ　現在もっとも多くつくられている稲《いね》の品種は，新潟《にいがた》県などで生産されているコシヒカリである。

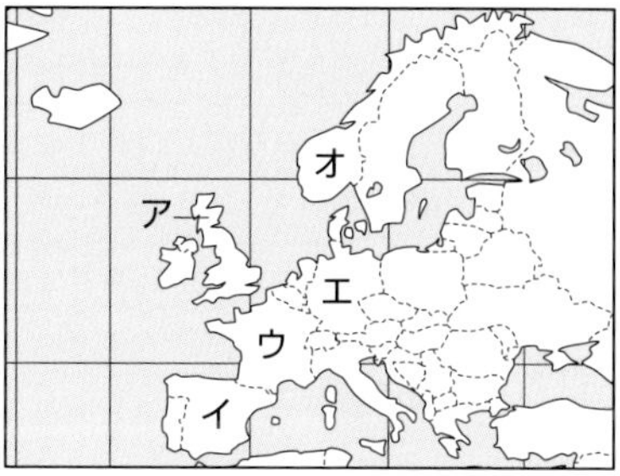

⑷ 下線部**C**について，次の①・②の説明が示《しめ》している国は右の地図中のどこにあたりますか。**ア**～**オ**から1つずつ記号を選び，また，その国名も答えなさい。

①この国は，EU《イーユー》最大の工業国で，第二次世界大戦後，東西に分かれていたが，1990 年に統一《とういつ》された。　**記号**(　　　)　**国名**(　　　　　　　　)

②この国は，EU 最大の農業国で，首都は世界有数の観光地として，古くから芸術《げいじゅつ》が発達している。　**記号**(　　　)　**国名**(　　　　　　　　)

⑸ 下線部**D**について，大都市への人口集中によって起きたことがらとして誤っているものを次からすべて選び，記号で答えなさい。　(　　　　　　　　)

ア　大都市中心部よりもまわりの地域の気温の方が高くなるヒートアイランド現象《げんしょう》が見られるようになった。

イ　大都市中心部の居住《きょじゅう》人口が減《へ》って，郊外《こうがい》で増《ふ》えるドーナツ化現象が起きた。

ウ　大都市中心部で大気汚染《おせん》や騒音《そうおん》，振動《しんどう》などの生活公害が起きた。

エ　大都市中心部の土地の値段が急激に下がった。

オ　大都市中心部でごみ処理場《しょりじょう》が不足するようになった。

⑹ 下線部**E**について，右の表は2015 年の横浜市・大阪市・名古屋市のそれぞれの人口と昼夜間《ちゅうやかん》人口比《ひ》率《りつ》を示しています。これを見ると，横浜市は大阪市，名古屋市と比《くら》べ昼夜間人口比率が低いことがわかります。その理由は何ですか，大阪市，名古屋市と比較《ひかく》して説明しなさい。なお，説明には「昼間《ちゅうかん》人口」の語句を使いなさい。

	人　口	昼夜間人口比率
横浜市	3644 千人	91.7
大阪市	2553 千人	131.7
名古屋市	2194 千人	112.8

(総務省統計局「平成27年国勢調査」による)

(　　　　　　　　　　　　　　　　　　　　　　　　　　　　)

2 次のA～Gは，日本列島に関わる災《わざわ》いを年代の古い順に並《なら》べたものです。よく読んで，あとの問いに答えなさい。【ラ・サール中】　（各4点，(4)完答）

A　今から7300年ほど前，薩摩《さつま》半島と屋久島《やくしま》の間にある海底火山が大噴火《だいふんか》を起こし，南九州《みなみきゅうしゅう》は大きな被害《ひがい》を受けました。南九州の人々は，影響《えいきょう》の比較的《ひかくてき》少なかった海でとれるものをさかんに利用するようになりました。

B　聖武天皇《しょうむてんのう》の時代，天然痘《てんねんとう》という疫病《えきびょう》がはやって多くの人が亡《な》くなり，また貴族《きぞく》の反乱《はんらん》も起こりました。

C　915年に現在《げんざい》の十和田《とわだこ》湖が大噴火を起こしました。米代川《よねしろがわ》の流域《りゅういき》では，噴火の直後に起こった洪水《こうずい》によって埋《う》もれた建物がたくさん見つかっています。

D　1301年にハレー彗星《すいせい》が現れました。人々は災《わざわ》いのまえぶれと考え，□がふたたび攻《せ》めてくるとおそれました。幕府《ばくふ》は，大きな寺院や神社に天下泰平《てんかたいへい》を祈《いの》らせました。

E　1498年，巨大《きょだい》な地震《じしん》が起こりました。淡水湖《たんすいこ》であった浜名湖《はまなこ》と海をへだてていた場所が決壊《けっかい》し，浜名湖は淡水と海水が混《ま》じり合う湖となりました。

F　1596年に関西《かんさい》で起こった大地震によって，豊臣秀吉《とよとみひでよし》のいた伏見城《ふしみじょう》や空海《くうかい》にゆかりの東寺《とうじ》などが倒《とう》かいし，また継体《けいたい》天皇の墓《はか》と考えられている今城塚古墳《いましろづかこふん》(長さ約190mの前方後円《ぜんぽうこうえん》墳《ふん》)の墳丘《ふんきゅう》も大きく壊《こわ》れました。

G　1640年代から60年代に現在の北海道《ほっかいどう》では噴火などが相次ぎました。人々の生活が苦しくなっていくなか，不正な取り引きに対する不満が高まり，シャクシャインを中心にして人々は松前藩《まつまえはん》と戦いましたが，敗れました。

(1) 次の①・②のア～ウから，内容《ないよう》として正しいものをそれぞれ1つ選び，それらをA～Gのどこに位置づけるのが適当《てきとう》かを考えて，○と○の間というかたちで答えなさい。ア～ウの記号は答える必要はありません。

①(　　　　　　　)　②(　　　　　　　)

① ア　中大兄皇子《なかのおおえのおうじ》は，中臣鎌足《なかとみのかまたり》たちと協力して，蘇我馬子《そがのうまこ》らを攻《せ》め滅《ほろ》ぼし，新しい国づくりを進めていった。

イ　織田信長《おだのぶなが》は，りっぱな天守閣《てんしゅかく》をもった安土城《あづちじょう》を築き，天下統一を進めた。

ウ　歌川広重《うたがわひろしげ》がえがいた『富嶽三十六景《ふがくさんじゅうろっけい》』は大人気をはくした。

② ア　足利義政《あしかがよしまさ》は，京都《きょうと》の北山《きたやま》に銀閣《ぎんかく》を建てた。そのそばの東求堂《とうぐどう》には「書院造《しょいんづくり》」という建築《けんちく》様式を用いた。

イ　徳川家光《とくがわいえみつ》は，武家諸法度《ぶけしょはっと》を改め，参勤交代《さんきんこうたい》を制度《せいど》として定めた。

ウ　板垣退助《いたがきたいすけ》・大久保利通《おおくぼとしみち》らは，政府に国会の開設《かいせつ》を求める意見書を提出《ていしゅつ》した。

⑵ 右の絵のうちからAの文章と同じ時代のものを1つ選び，その名前を答えなさい。
(　　　　　　　　)

⑶ Bの災いについて，聖武天皇がその対応《たいおう》のために建てた寺の名前を1つあげ，漢字で答えなさい。 (　　　　　　　　)

⑷ 次のア～オのうち，内容として正しくて，なおかつCとDの間に入れるにふさわしい文章をすべて選び，年代順に並《なら》べかえなさい。 (　　　　　　　　)

ア　平清盛《たいらのきよもり》は，娘《むすめ》を天皇のきさきとし，平氏の一族で朝廷《ちょうてい》の重要な官職を独占《どくせん》して，大きな力をふるった。

イ　紫式部《むらさきしきぶ》は，はなやかな貴族《きぞく》の生活や人の心をえがいた『平家《へいけ》物語』という小説をあらわした。

ウ　朝廷は，幕府《ばくふ》をたおすために兵をあげた。幕府側は北条政子《ほうじょうまさこ》を中心に団結《だんけつ》して，これを破《やぶ》った。

エ　250年以上にわたって派遣《はけん》された遣唐使《けんとうし》が，とりやめになった。

オ　京都の町衆《まちしゅう》が，力を合わせて祇園祭《ぎおんまつり》を復活《ふっかつ》させた。

⑸ Dの空欄《くうらん》に適切《てきせつ》な語を入れなさい。 (　　　　　　　　)

⑹ 下線部の前方後円墳がつくられた時代を説明する文章として誤《あやま》っているものを，次から1つ選び，記号で答えなさい。 (　　　)

ア　大和《やまと》朝廷(政権《せいけん》)は，5世紀末ころまでに，九州から北海道にかけての豪族《ごうぞく》たちをしたがえていった。

イ　多くの渡来人《とらいじん》が移住《いじゅう》してきて，多くの技術や文化を伝えた。

ウ　前方後円墳は，しばしば埴輪《はにわ》や葺石《ふきいし》でかざられた。

エ　古墳の大きさは，そこにほうむられた人物のふるった力の大きさを示《しめ》すと考えられる。

⑺ Gのころの日本と海外との関係について誤っているものを，次から1つ選び，記号で答えなさい。 (　　　)

ア　朝鮮《ちょうせん》の釜山《ふざん》《プサン》には倭館《わかん》が置かれ，そこでは対馬《つしま》藩が，幕府の許可《きょか》を得て貿易を行っていた。

イ　琉球《りゅうきゅう》王国は，薩摩《さつま》藩によって支配《しはい》され，将軍《しょうぐん》や琉球国王の代がわりのたびに，使者を江戸《えど》に送った。

ウ　オランダは，キリスト教を広めない条件で，長崎《ながさき》の出島《でじま》で貿易を行った。

エ　幕府は中国《ちゅうごく》(明《みん》)と正式な国交を開き，貿易を行ってばく大な利益《りえき》を得た。

3 次の会話文を読んで，あとの問いに答えなさい。【法政大二中】 （⑹各３点，他４点）

法子：古新聞を整理しているんだけど，昔の記事を読むのも面白いよ。

政二：どれどれ，a この新聞は「憲法《けんぽう》，今日施行《しこう》70年」っていう見出しがついているね。

法子：こっちの新聞は2016年の参院選の記事だね。ということは，次の参議院《さんぎいん》議員選挙は［ 1 ］年にやるんだね。2018年7月に法改正があったから，［ 2 ］名が選ばれるわけだ。

政二：ぼくたちもそのころには18歳《さい》だから投票できるね。若《わか》い人の投票率《りつ》が低いのは少し悲しいから，がんばりたいな。

法子：投票できる年齢《ねんれい》になるってことは，もうすぐ b 裁判員《さいばんいん》にもなるかもしれないのかな。c 無実の罪《つみ》で死刑判決《しけいはんけつ》を受けた人もいるみたいだね。

政二：d 裁判って e 憲法や法律《ほうりつ》をたくさん知らなきゃだめなのかな。

⑴ 下線部 a に関して，この新聞が発行されたのはいつか，次から1つ選び，記号で答えなさい。 （　　）

ア　2015年5月3日　　イ　2015年11月3日
ウ　2016年5月3日　　エ　2016年11月3日
オ　2017年5月3日　　カ　2017年11月3日

⑵ 1・2にあてはまる数字をそれぞれ答えなさい。

1（　　　　　）　2（　　　　　）

⑶ 下線部 b に関して，裁判員制度について正しく説明したものを次から1つ選び，記号で答えなさい。 （　　）

ア　裁判員裁判では死刑判決を出すことはできない。
イ　選ばれた6名の裁判員は5名の裁判官と一緒《いっしょ》に話し合う。
ウ　裁判員は重大な刑事《けいじ》裁判の第一審《だいいっしん》の判決を出す一員である。
エ　裁判員裁判で出された判決は，控訴《こうそ》できない。

⑷ 下線部 c に関して，無実の罪を何というか答えなさい。 （　　　　　）

⑸ 下線部 d に関して，「弾劾《だんがい》裁判」で裁《さば》かれるのはどのような職業《しょくぎょう》の人か答えなさい。 （　　　　　）

⑹ 下線部 e に関して，あとの問いに答えなさい。

①次の憲法の条文《じょうぶん》の A・B にあてはまることばをそれぞれ答えなさい。

第96条 第1項《こう》 この憲法の改正は，各議院の総《そう》議員の［ A ］以上の賛成《さんせい》で，国会が，これを発議し，［ B ］に提案《ていあん》してその承認《しょうにん》を経《へ》なければならない。

A（　　　　　）　B（　　　　　）

②近年「働き方改革《かいかく》」が話題になっているが，1日の労働時間や男女同一賃《ちん》金《ぎん》などを定めた法律の名称を，漢字で答えなさい。 （　　　　　）

第2回 中学入試 総仕上げテスト

時間 45分 合格点 75点
解答➡p.652

1 次の問いに答えなさい。【お茶の水女子大附中・改】

((5)各3点，他各5点)

(1) 図1はある山の周辺の地形図です。地形図の中の線は同じ高さの場所を結んだ等高線で，10mおきに引かれています。この山の登山道を調べたところ，4つの登山道があることがわかりました。図2で示《しめ》された高低差の登山道を，図1のア～エから1つ選び，記号で答えなさい。ただし，各登山口から頂上《ちょうじょう》(▲)までの，地形図上での直線の長さはすべて同じとします。 (　　)

図1

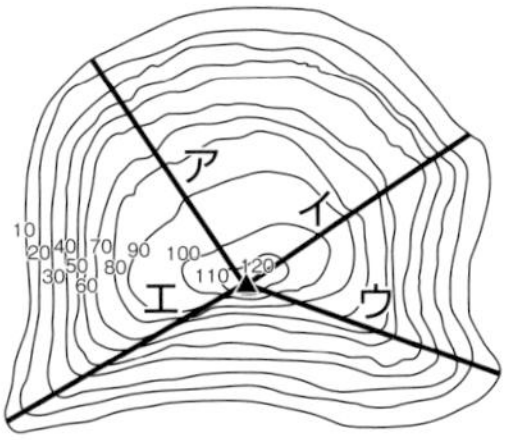

図2

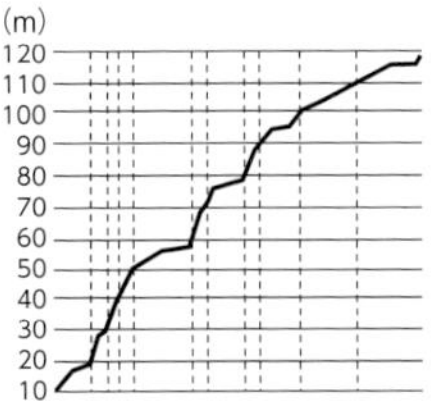

(2) 図3は，農山漁村地域《ちいき》のある場所で見られる看板《かんばん》です。魚《うお》つき保安林《ほあんりん》の役割《やくわり》としてふさわしくないものを，次から1つ選び，記号で答えなさい。 (　　)

ア　魚つき保安林は，土砂《どしゃ》の流出を防《ふせ》いだり，水面に波を起こさないよう風を防いだりする役割をもっている。

イ　魚つき保安林は，陸地からの明かりが水面にあたるのを防ぎ，影《かげ》をつくる役割をもっている。

ウ　魚つき保安林は，川を通って海の漁場に運ばれる養分を育てる役割をもっている。

エ　魚つき保安林は，漁港などの海に面した地域におかれ，定置《ていち》あみが近くにあることを示す役割をもっている。

(3) 図4と図5は日本を訪問《ほうもん》する外国人旅行者に関する資料《しりょう》です。これを見て，資料の説明としてもっともふさわしいものを次から1つ選び，記号で答えなさい。 (　　)

図4 訪日外国人旅行者による消費の変化

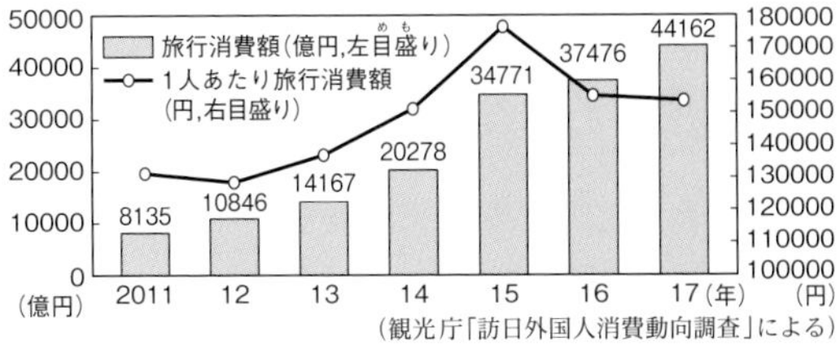

(観光庁「訪日外国人消費動向調査」による)

図5 外国人のべ宿泊数《しゅくはくすう》における地方部のしめる割合《わりあい》の変化

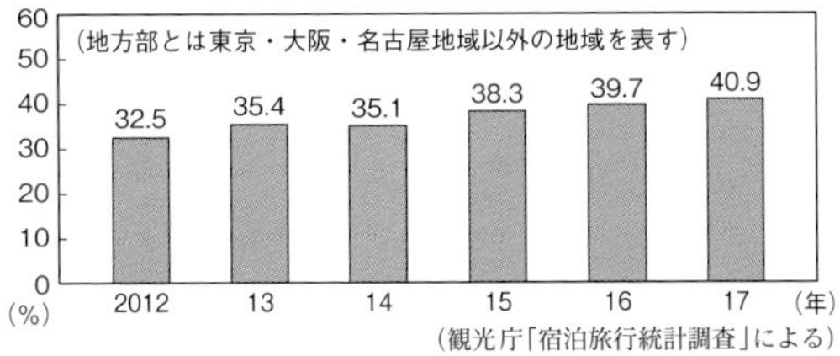

(観光庁「宿泊旅行統計調査」による)

ア　外国人の宿泊数《しゅくはくすう》における地方部のしめる割合《わりあい》の変化は，2012 年と 2013 年の間がもっとも大きい。

イ　2011 年と 2017 年の訪日外国人旅行者による旅行消費額《がく》を比べると，2017 年は 2011 年の約 4 倍となっている。

ウ　訪日外国人 1 人あたりの旅行消費額ののび率《りつ》は，2014 年から 2015 年の間がもっとも高い。

エ　外国人のべ宿泊数の割合は，2012 年から 2017 年までのいずれの年も，三大都市圏《けん》より地方部がしめる割合の方が大きい。

(4) 右の表は岩手《いわて》県と東京《とうきょう》都を比較《ひかく》したものです。表中のあ～えにあてはまる数値《すうち》としてもっともふさわしい組み合わせを，次のア～エから1つ選び，記号で答えなさい。　(　　)

項目《こうもく》／都県	1 住宅あたりのべ面積(m^2)(2015 年)	100世帯あたり乗用車保有台数(台)(2015年)	使用電力量(百万kWh※)(2014 年)	人口増減率《ぞうげん》(%)(2010年から2015年の5年間)
岩手県	(あ)	141.4	(う)	3.8減
東京都	63.5	(い)	(え)	2.7増

※kWhとは，電力量を表す単位　(2017年版「データでみる県勢」などによる)

ア　あ－48.9　い－212.8　う－31207　え－2819

イ　あ－120.7　い－45.7　う－2819　え－28509

ウ　あ－120.7　い－212.8　う－28509　え－2819

エ　あ－160.2　い－45.7　う－31207　え－28509

(5) 次のア～エの文は，**図6**のA～Dのいずれかのジオパークの説明です。**図6**のB～Dのジオパークについて説明しているものを，次から1つずつ選び，記号で答えなさい。

B(　　)　C(　　)　D(　　)

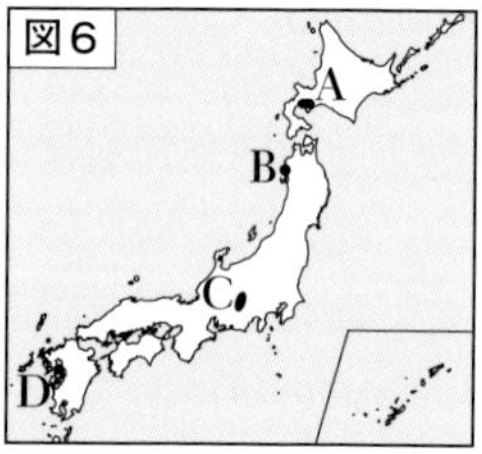

ア　このジオパークは，南北 100km にわたり，3000m をこえる山脈が連なっており，その山から流れる川によってつくられた地形が特徴的《とくちょうてき》です。

イ　このジオパークの一部は，広大なぶな林が広がっており，1993 年より世界自然遺産《いさん》に登録され，人の手が入らない自然をつくっています。

ウ　このジオパークは，「火山と人との共生」がテーマです。1991 年に発生した噴火災害《ふんかさいがい》からの復興《ふっこう》や火山がもたらすめぐみと，人々との関わりを知ることができます。

エ　このジオパークは，大きな噴火でできた湖と火山があります。また，2008 年にはサミットが開かれました。

2 **次の①～⑧はそれぞれ3つの文からできています。それぞれの3つの文を時期の古い方からならべるとどうなりますか。次のあ～かから1つずつ選び，記号で答えなさい。**【暁星中】

(各3点)

①(　　　)　②(　　　)　③(　　　)　④(　　　)
⑤(　　　)　⑥(　　　)　⑦(　　　)　⑧(　　　)

あ　ア→イ→ウ　　い　ア→ウ→イ　　う　イ→ア→ウ
え　イ→ウ→ア　　お　ウ→ア→イ　　か　ウ→イ→ア

①	ア	東日本大震災《だいしんさい》の津波《つなみ》によって，福島《ふくしま》第一原子力発電所で大事故《だいじこ》が発生した。
	イ	消費税《しょうひぜい》の税率《ぜいりつ》が８％になった。
	ウ	民主党《みんしゅとう》にかわり，自民党《じみんとう》が政権《せいけん》に復帰《ふっき》した。
②	ア	PKO《ピーケーオー》協力法が施行《しこう》され，自衛隊《じえいたい》がカンボジアに派遣《はけん》された。
	イ	湾岸《わんがん》戦争が始まった。
	ウ	平成《へいせい》と改元された。
③	ア	第四次中東《ちゅうとう》戦争が始まり，日本経済《けいざい》は大きな打撃《だげき》を受けた。
	イ	東海道新幹線《とうかいどうしんかんせん》が開通した。
	ウ	沖縄《おきなわ》が日本に返還《へんかん》された。
④	ア	日米安全保障条約《ほしょうじょうやく》が調印された。
	イ	テレビ放送が始まった。
	ウ	湯川秀樹《ゆかわひでき》が日本人初のノーベル賞を受賞した。
⑤	ア	犬養毅首相《いぬかいつよししゅしょう》が暗殺された。
	イ	日本の関東《かんとう》軍は奉天郊外《ほうてんこうがい》で鉄道の線路を爆破《ばくは》して，軍事行動開始のきっかけとした。
	ウ	日本が国際連盟《こくさいれんめい》からの脱退《だったい》を宣言《せんげん》した。
⑥	ア	台湾《たいわん》が日本の領土《りょうど》となった。
	イ	南満州《まんしゅう》鉄道株式《かぶしき》会社が設立《せつりつ》された。
	ウ	朝鮮総督府《ちょうせんそうとくふ》が設置《せっち》された。
⑦	ア	大日本帝国憲法《けんぽう》が発布《はっぷ》された。
	イ	イギリスとの間に，領事裁判権撤廃《りょうじさいばんけんてっぱい》の内容《ないよう》をふくむ条約《じょうやく》が初めて調印された。
	ウ	初代内閣総理《ないかくそうり》大臣が誕生《たんじょう》した。
⑧	ア	明治《めいじ》14年の政変《せいへん》で大隈重信《おおくましげのぶ》らが罷免《ひめん》された。
	イ	征韓論《せいかんろん》が否定《ひてい》されると，西郷隆盛《さいごうたかもり》や板垣退助《いたがきたいすけ》らは政府を辞職《じしょく》した。
	ウ	日本銀行が設立された。

3 日本の「国民の祝日」をまとめた次の表を見て，あとの問いに答えなさい。なお，表中の期日はすべて 2018 年のものです。【千葉日本大一中】

（⑷②完答 6 点，⑷④ 8 点，他各 3 点）

祝日名	期日	備考《びこう》
元日	1月1日	・年の始めを祝う。
a成人の日	1月第2月曜	・大人になったことを自覚し，みずから生きぬこうとする青年を祝いはげます。
建国記念の日	（b）	・建国を祝い，国を愛する心を養う。
春分の日	3月21日	・自然をたたえ，生物をいつくしむ。
（c）の日	4月29日	・激動《げきどう》の日々を経《へ》て，復興《ふっこう》をとげた（c）時代を顧《かえり》み，国の将来《しょうらい》を思う。 ・（c）天皇《てんのう》の誕生日《たんじょうび》。
憲法《けんぽう》記念日	5月3日	・d日本国憲法の施行《しこう》を記念し，国の成長を期する。
みどりの日	5月4日	・e自然に親しむとともにその恩恵《おんけい》に感謝《かんしゃ》し，豊かな心をはぐくむ。
（f）の日	5月5日	・（f）の人格《じんかく》を重んじ，（f）の幸福をはかる。
山の日	8月11日	・山に親しむ機会を得て，山の恩恵《おんけい》に感謝する。 ・g2014年に制定《せいてい》され，2016年から祝日になった。
敬老《けいろう》の日	9月第3月曜	・多年にわたり社会につくしてきた老人を敬愛し，長寿《ちょうじゅ》を祝う。
秋分の日	9月23日	・祖先を敬い，亡《な》くなった人々をしのぶ。
体育の日	10月第2月曜	・スポーツに親しみ，健康な心身をつちかう。
文化の日	11月3日	・自由と平和を愛し，文化をすすめる。
勤労《きんろう》感謝の日	11月23日	・勤労をたっとび，生産を祝い，国民がたがいに感謝しあう。
天皇誕生日	12月23日	・h天皇の誕生日を祝う。

注：2020年から，天皇誕生日は2月23日，体育の日は「スポーツの日」に変更になる。

⑴ 下線部 **a** の成人について，日本では 2022 年から成人年齢《ねんれい》が 18 歳《さい》以上に引き下げられることが決まっています。現在《げんざい》の日本で 18 歳以上に認《みと》められていることを，次から1つ選び，記号で答えなさい。（　　）

ア　都道府県知事の選挙に立候補《りっこうほ》できるようになる。

イ　国政《こくせい》選挙の選挙権《けん》が認められるようになる。

ウ　内閣総理《ないかくそうり》大臣の選挙に立候補することができるようになる。

エ　国会議員の選挙に立候補できるようになる。

⑵ 文中の **b** にあてはまる日付を答えなさい。（　　　　　）

(3) 文中の **c** にあてはまる語句《ごく》を次から1つ選び，記号で答えなさい。　(　　　)

ア　明治《めいじ》　　イ　昭和《しょうわ》　　ウ　平成《へいせい》　　エ　大正《たいしょう》

(4) 下線部 **d** の日本国憲法に関して，次の問いに答えなさい。

①「一切の法律，命令，規則又《きそくまた》は処分《しょぶん》が憲法に適合《てきごう》するかしないかを決定する権限《けんげん》を有する終審裁判所《さいばんしょ》である。」と定められている裁判所の名前を答えなさい。　(　　　　　)

②日本の国会は二院制《にいんせい》をとっていますが，この二院制としてふさわしいものを次から2つ選び，記号で答えなさい。　(　　　)(　　　)

ア　枢密院《すうみついん》　　イ　参議院《さんぎいん》　　ウ　貴族院《きぞくいん》　　エ　衆議院《しゅうぎいん》

③日本国憲法第9条《じょう》で定められており，争いを解決《かいけつ》する手段《しゅだん》として戦争を行わないという原則《げんそく》を何主義《しゅぎ》といいますか。　(　　　　　)

④右のポスターは，どのような国民の権利に，どのような点で反していますか。次の日本国憲法で規定されている人権の一覧《いちらん》を参考に説明しなさい。

(　　　　　　　　　　　　　　　　)

ファミリーレストランむらなか

アルバイト
大募集

☆週2回からOK　☆未経験歓迎
☆時給1000円から　☆高校生不可
☆男性おことわり　☆フリーター歓迎

【日本国憲法で規定されている人権】
思想や学問の自由　　男女の平等　　言論や集会の自由　　裁判を受ける権利
健康で文化的な生活を営《いとな》む権利　　教育を受ける権利　　政治に参加する権利

(5) 下線部 **e** の自然について，地球温暖化《おんだんか》の原因《げんいん》である自動車や工場の排出《はいしゅつ》ガスなどのことをまとめて何とよびますか。　(　　　　　)

(6) 文中の **f** にあてはまる語句を答えなさい。　(　　　　　)

(7) 下線部 **g** の 2014 年と 2016 年に日本の内閣総理大臣をつとめていた人物はだれですか。　(　　　　　)

(8) 下線部 **h** の天皇について，次の問いに答えなさい。

①天皇は日本国憲法において，どのような存在《そんざい》であると定められていますか。漢字2字で答えなさい。　(　　　　　)

②天皇のおもな仕事として適当《てきとう》でないものを次から1つ選び，記号で答えなさい。　(　　)

ア　内閣総理大臣を任命《にんめい》する。　イ　総《そう》選挙を行うことを国民に知らせる。
ウ　外国の大使《たいし》などをもてなす。　エ　法律《ほうりつ》案を国会に提出《ていしゅつ》する。

(9) 表にない「国民の祝日」を答えなさい。　(　　　　　)

解答と解き方

地理編

第1章 身近な地域のくらし

1 わたしたちのまち

力だめしの問題

❶ (1)A…オ　B…エ　C…イ
(2)イ　(3)ウ

解き方　(2)地図の左下にあるめもり(100m)の約2倍の長さがあるので200m。
(3)ア…まちの人に話しかけることは聞き取り調査《ちょうさ》の1つである。イ…建物などの写真をとって資料《しりょう》とする。

❷ (1)南西　(2)イ　(3)平らな地形

解き方　(1)方位記号がない場合，地図の上が北。Aから見てBは左下なので，方位は南西にあたる。
(2)地図中の▨は，建物の集まった所を表している。
(3)土地の高低を示《しめ》す等高線がほとんど見られないので，地形は平らである。

2 働く人たちの様子

力だめしの問題

❶ (1)ア　(2)ウ

解き方　(1)コンビニエンスストアの多くは24時間営業《えいぎょう》であるが，近年は勤務体系《きんむたいけい》の見直しが進んでいる。スーパーマーケットは夜9～11時くらいに閉《し》まることが多い。
(2)ア…大きな文字で書いて見やすくしている。イ…通路は安全のために広くしている所が多い。エ…多くの県から仕入れることで，品切れを防《ふせ》ぐなどしている。

❷ (1)イ
(2)例 花らいが縮《ちぢ》まった状態《じょうたい》を保《たも》つため。
(3)病気

解き方　(1)香川《かがわ》県がある瀬戸内《せとうち》の気候は，中国《ちゅうごく》山地と四国《しこく》山地で季節風《きせつふう》がさえぎられるため，1年を通して雨が少ない。
(3)同じ耕地《こうち》で同じ農作物を続けてつくると，土地の養分が減《へ》って病気になりやすい。

❸ (1)エ　(2)エプロン

解き方　(1)図①は肉を液体《えきたい》につけこんだあとの作業。ウ→エ→イ→アの順。
(2)作業着によごれがつかないようにするため，エプロンをつける。

3 くらしのうつりかわり

力だめしの問題

❶ (1)ウ→ア→イ　(2)イ　(3)井戸《いど》
(4)電気
(5)例 水を入れたたらいに衣服を入れ，石けんをつけて，洗濯板《せんたくいた》のみぞの上でこするようにして洗《あら》う。

解き方　(2)Aは炊飯器《すいはんき》，Bはかまど。
(3)日本ではほとんどの地域《ちいき》で上水道が利用されているが，山間部などでは井戸水を利用する地域もある。
(5)約100年前まで使われていた，洗濯板《せんたくいた》とたらいを示《しめ》している。

❷ (1)①イ　②イ　③ア
(2)例 高すぎる建物や，はでなデザインの建物を規制《きせい》している。

解き方　(2)歴史的な街並《まちな》みには，木造《もくぞう》で低い建物が多いので，新しい建物が街並みと調和するように高さやはでな色を制限《せいげん》している。

4 安全なくらし

力だめしの問題

❶ (1)①ウ　②エ　③ア　(2)ウ
(3)例 交通の法律《ほうりつ》が厳《きび》しくなったため。[運転者の交通安全への意識《いしき》が高くなったため。]
(4)イ

解き方 (2)当番の日は約24時間も働くので，次の日は非番《ひばん》となる。
(3)飲酒運転に対するとりしまりが厳《きび》しくなるなどの変化にともなって，運転者の安全意識も高まっていった。
(4)道路に蛇行《だこう》するようなカーブをつけると，スピードを出しにくい。

❷ (1)①ウ　②ア　(2)津波《つなみ》

解き方 (1)①は兵庫《ひょうご》県南部地震《じしん》，②は東北《とうほく》地方太平洋沖《たいへいようおき》地震により引き起こされた。
(2)土地の高さを知らせていること，波の絵がかかれていることから考える。

5 健康なくらし

力だめしの問題

❶ (1)A…エ　B…イ　C…ア
(2)ウ　(3)反応《はんのう》タンク

解き方 (1)A…薬品を水に入れて，にごりをかたまりにかえて沈《しず》める。B…沈《ちん》でん後も残ったごみを，砂《すな》などを通してとり除《のぞ》く。
(2)埼玉《さいたま》県は関東《かんとう》地方の県。利根川《とねがわ》は関東地方の各県を流れている。
(3)反応タンクでは，微生物《びせいぶつ》に下水中のよごれを食べさせ，沈《しず》みやすいかたまりにする。

❷ (1)例 ごみの排出《はいしゅつ》が規制《きせい》されたから。[市民の環境《かんきょう》問題に対する意識《いしき》が高まったから。][正しく分別回収《かいしゅう》されているかを調べる検査《けんさ》が厳《きび》しくなったから。]
(2)ウ　(3)アルミニウム[銅《どう》]　(4)エ

解き方 (1)1990年代から，ごみを資源《しげん》と考える資源循環《じゅんかん》型の社会が目指されるようになった。
(2)アは金属《きんぞく》・ガラス・電球など，イはペットボトル・新聞など。
(3)くだいた粗大《そだい》ごみの中から，磁石《じしゃく》などで鉄やアルミニウムなどの金属を回収する。
(4)アはペットボトル以外のプラスチック製《せい》容器《ようき》，イはスチール缶《かん》，ウはアルミ缶についている。

6 地域の開発につくした人たち

力だめしの問題

❶ (1)①イ　②ア　③エ　④ウ
(2)③　(3)イ　(4)ウ

解き方 (1)見沼代《みぬまだい》用水は埼玉《さいたま》県，通潤橋《つうじゅんきょう》は熊本《くまもと》県，那須野ヶ原《なすのがはら》は栃木《とちぎ》県，吉田新田《よしだしんでん》は神奈川《かながわ》県である。
(2)那須野ヶ原の開発は1880年代から。明《めい》治《じ》時代は1868年から始まった。
(3)扇状地《せんじょうち》の中央部は，水がしみこみやすいため水を得にくい。そのことが那須野ヶ原開発のきっかけとなった。

❷ (1)①ウ　②イ　(2)棚田《たなだ》

解き方 (1)①は吉田新田で，埋《う》め立てと干《かん》拓《たく》という2つの方法を使って陸地をつくった。②は通潤橋で，サイフォンのしくみを利用した。
(2)通潤橋と白糸《しらいと》台地の棚田は，重要文化的景観に指定されている。

7 日本の諸地域《しょちいき》

力だめしの問題

❶ (1)①北海道《ほっかいどう》地方　②九州《きゅうしゅう》地方
③東北《とうほく》地方　④関東《かんとう》地方
⑤中国《ちゅうごく》・四国《しこく》地方　⑥中部《ちゅうぶ》地方
⑦近畿《きんき》地方
(2)④　(3)⑥
(4)**A**…群馬《ぐんま》　**B**…香川《かがわ》　**C**…兵庫《ひょうご》

解き方 (1)県名と県庁《けんちょう》所在地名がちがう都道府県は，関東地方でもっとも多いことがわかる。
(2)「都」は東京《とうきょう》のみ。「府」は大阪《おおさか》と京都《きょうと》の2つある。
(3)フォッサマグナの西の端《はし》は，新潟《にいがた》県糸魚《いとい》川《がわ》市と静岡《しずおか》県静岡市をつないだ線にあたる。

❷ (1)**A**…ウ　**B**…ア　**C**…オ
(2)やませ　(3)対馬《つしま》海流
(4)イ　(5)ア

解き方 (1)イは**B**と**C**の間に，エは近畿地方に位置する。
(2)冷たくしめった北東の風で，霧《きり》による日照不足と低温をもたらす。
(3)東シナ海から北上して流れる暖流《だんりゅう》。
(4)アは青森《あおもり》県，ウは群馬県，エは和歌山《わかやま》県が1位となる。
(5)**F**の京浜《けいひん》工業地帯，**G**の中京《ちゅうきょう》工業地帯はともに，機械工業の割合《わりあい》が高い。

❸ (1)琵琶湖《びわこ》　(2)瀬戸内海《せとないかい》
(3)エ　(4)ウ
(5)①エ　②ア　③ウ
(6)アメリカ(合衆国《がっしゅうこく》)

解き方 (1)琵琶湖の水は，飲料水や工業用水，農業用水として利用されている。
(3)香川県と岡山《おかやま》県を結ぶのは瀬戸大橋《せとおおはし》。橋がかかっている瀬戸内海《せとないかい》の名前とあわせておさえておく。残る2つの連絡橋《れんらくきょう》を結ぶ県の組み合わせは兵庫県と徳島《とくしま》県，広《ひろ》島《しま》県と愛媛《えひめ》県である。
(4)九州地方では桜島《さくらじま》(御岳《おんたけ》)や阿蘇山《あそさん》など，中国地方では大山《だいせん》などが分布《ぶんぷ》している。
(5)①畜産《ちくさん》産出額《がく》が最大であることから，エの鹿児島《かごしま》県。②卸売業販売額《おろしうりぎょうはんばいがく》が最大なのでアの大阪府。③輸送《ゆそう》用機械出荷額《しゅっかがく》が最大なので，宮若《みやわか》市などで自動車工業がさかんなウの福岡《ふくおか》県。④いずれの数値《すうち》も少ないことから，イの高知《こうち》県である。
(6)日本にあるアメリカ軍基地《きち》の面積のうち，約7割《わり》が沖縄《おきなわ》県にある。このことは，第二次世界大戦の敗戦後，1972年まで沖縄県がアメリカの占領下《せんりょうか》にあったことが背景《はいけい》にある。

チャレンジ問題

1 (1)エ　(2)ウ

解き方 (1)老人ホームの地図記号は，建物の中に杖《つえ》がえがかれている。アは博物館・美術館《びじゅつかん》，イは城あと，ウは図書館の記号。
(2)市役所の地図記号は◎で，「うすき駅」の真上からやや左側に位置する。方位記号がない場合，地図の上が北を示《しめ》すので，市役所の方位は北西(北北西)となる。ア…日豊《にっぽう》本線はＪＲ《ジェイアール》線である。JR線の単線(1本しか線路がない路線)は━▭━，複《ふく》線《せん》(2本の線路がある路線)は━▭━▭━で表す。イ…おもに山麓《さんろく》に果樹園《かじゅえん》の地図記号(♁)が多数見られる。エ…建物の集まった所は▧で表され，「臼杵《うすき》港」の西側に広がっている。この地域《ちいき》には「3.3m」の標高点(水準点《すいじゅんてん》，地図記号は⊡)が見られる。

2 (1)ウ　(2)イ・オ　(3)ア・ウ

解き方 (1)水道は地方公共団体《だんたい》が行う公共的な仕事だが，事業を成り立たせるため有料で供給《きょうきゅう》されている。ア…近年は災害《さいがい》で水道が断水《だんすい》したときのため，井戸が見直されてきている。井戸をほるには，地方公共団体の許可《きょか》が必要な地域と必要でない地域がある。

(2)凝集剤《ぎょうしゅうざい》は⑥，塩素《えんそ》は⑫，砂《すな》の壁《かべ》は⑩に見られる。ア…水源《すいげん》はダム・河川《かせん》・湖で，いずれも淡水《たんすい》(塩水ではない水)である。ウ…事業主体はおもに県と市町村となっている。エ…送水と配水が逆《ぎゃく》。

(3)イ…焼却灰《しょうきゃくばい》をガラス状《じょう》に固めたものが，土木工事などに再利用《さいりよう》されている。エ…家電リサイクル法にもとづき，テレビなどの家電製品《せいひん》はリサイクル料金を払《はら》って回収《かいしゅう》してもらう必要がある。オ…人口の多い地域では，ごみ処分《しょぶん》場が足りないため，ほかの地方公共団体の処分場にごみが運ばれて埋《う》め立てられることもある。

3 (1)あ…G　い…H　う…E　え…D
お…A　か…F　き…C　く…B
(2)C

解き方 Aは千葉《ちば》県，Bは兵庫《ひょうご》県，Cは鹿児島《かごしま》県，Dは長崎《ながさき》県，Eは静岡《しずおか》県，Fは沖縄《おきなわ》県，Gは長野《ながの》県，Hは山梨《やまなし》県を表している。(1)あ…最高地点が3000 mをこえ，もっとも多くの都道府県と接《せっ》することから，内陸の山岳《さんがく》地帯に位置するGの長野県。長野県では諏訪湖《すわこ》周辺に電子工業が発達している。河川は千曲川《ちくまがわ》で，下流の新潟《にいがた》県では信濃川《しなのがわ》という名称《めいしょう》にかわる。い・う…最高地点の3776 mは富士山《ふじさん》の標高にあたることから，Eの静岡県かHの山梨県。2つの政令《せいれい》指定都市(静岡市，浜松《はままつ》市＝楽器・オートバイ生産)のある，うが静岡県である。山梨県の甲府盆地《こうふぼんち》には扇状地《せんじょうち》が広がる。お…最高地点がもっとも低いことから，山地・山脈《さんみゃく》が存在《そんざい》しないAの千葉県と判断《はんだん》する。千葉県はらっかせいの全国一の生産県。か…どの都道府県とも接していないことから，まわりを海に囲《かこ》まれた沖縄県か北海道《ほっかいどう》。政令指定都市がないので，Fの沖縄県とわかる。残った表中B・C・Dと，え・き・くを照らし合わせると，Bは標準時子午線《ひょうじゅんじしごせん》から兵庫県，Cは火山灰《かざんばい》(シラス台地)と旧《きゅう》国名(薩摩《さつま》)の産物(さつまいも)から鹿児島県，Dは島が多いことと火砕流《かさいりゅう》(雲仙岳《うんぜんだけ》)から長崎県とわかる。隣接《りんせつ》県が4つで政令指定都市が1つのくが兵庫県，隣接県が2つのきが鹿児島県，隣接県が1つのえが長崎県となる。

第2章 わたしたちの国土

1 世界の中の日本の国土

力だめしの問題

❶ (1)緯線《いせん》　(2)経線《けいせん》　(3)ウ

解き方 (1)・(2)地球儀《ちきゅうぎ》を，北を上にして置いた場合，横の線が緯線，縦《たて》の線が経線。

(3)インド洋は，ユーラシア大陸，アフリカ大陸，オーストラリア大陸などに囲《かこ》まれている。

❷ (1)①北アメリカ大陸
②ユーラシア大陸
③南アメリカ大陸
(2)①ア　②ウ　(3)ア・ウ・オ(順不同)
(4)環太平洋造山帯《かんたいへいようぞうざんたい》　(5)イ

解き方 (2)本初子午線《ほんしょしごせん》は0度の経線。日付変《ひづけへん》更線《こうせん》は180度の経線に沿《そ》って引かれている。

(3)Aから右へ，ヨーロッパ州・アジア州・北アメリカ州の順に位置する。

(4)日本列島・ロッキー山脈《さんみゃく》・アンデス山脈などがふくまれる。

(5)経線に対する航路の角度が正しいため，航海に用いられる。

3 (1)A…ウ　B…ア　C…エ
D…イ
(2)①ア　②エ

解き方 (1)アフリカ大陸を赤道《せきどう》から北へ向かうにつれ，熱帯《ねったい》→乾燥帯《かんそうたい》→温帯《おんたい》の順に広がる。冷帯《れいたい》は北半球にのみ分布《ぶんぷ》するので，ユーラシア大陸北部の分布に注目する。

(2)イは中国《ちゅうごく》，ウはアメリカを流れる。

4 (1)①エ　②イ
(2)A…ロシア(連邦《れんぽう》)
B…中国[中華人民共和国]
C…韓国《かんこく》[大韓民国]
(3)C　(4)排他的経済水域《はいたてきけいざいすいいき》
(5)水産資源《しげん》[魚]

解き方 (1)①北方領土《ほっぽうりょうど》のうち最大の島である択捉島《えとろふとう》。②沖ノ鳥島《おきのとりしま》が波に削《けず》られて沈《しず》んでしまうと，約40万km^2もの日本の排他的経済水域が失われることになる。このため護岸《ごがん》工事が行われた。

(2)A…ロシアは，ソ連の時代から北方領土を占拠《せんきょ》し続けてきた。

(5)排他的経済水域では，沿岸《えんがん》の国に水産資源・鉱産《こうさん》資源(海底下の石油など)を管理する権利《けんり》がある。

2 地形の特色と人々のくらし

力だめしの問題

1 (1)①ウ　②エ　③カ
④ク　⑤コ
(2)ウ

解き方 (1)②飛騨《ひだ》・木曽《きそ》・赤石《あかいし》山脈の日本アルプスのうち，木曽山脈は中央に位置する。

(2)ウの三陸《さんりく》海岸の南部のほか，志摩《しま》半島や若狭湾岸《わかさわんがん》にリアス海岸が広がる。

2 (1)A…オ・エ　B…ア・カ
C…ウ・イ
(2)エ　(3)ア

解き方 (2)国土面積の約4分の3をしめるのは山地・丘陵地《きゅうりょうち》である。

(3)東シナ海での分布から，アが大陸棚《たいりくだな》(水深200 mまでの浅い海底地形)とわかる。

3 (1)①濃尾《のうび》平野　②越後《えちご》平野
(2)①エ　②イ　(3)輪中《わじゅう》
(4)大河津《おおこうづ》分水路
(5)例洪水《こうずい》を防《ふせ》ぐため。

解き方 (3)輪中には，海抜《かいばつ》高度が0 m以下の地域《ちいき》が広がっている。

(4)洪水を防ぐためのこうした分水路の整備《せいび》は，北上川《きたかみがわ》でも行われた。

4 (1)イ
(2)①B　②A　③B　④A　⑤B

解き方 (1)嬬恋《つまごい》村は標高700～1400 mほど，田子《たっこ》町の畑地はおもに標高200～350 mほどに位置する。

(2)キャベツとちがって，にんにくは乾燥《かんそう》などの作業がある。

3 気候の特色と人々のくらし

力だめしの問題

1 (1)A…カ　B…ア　C…イ
D…オ　E…エ　F…ウ
(2)やませ　(3)対馬《つしま》海流
(4)イ　(5)A　(6)C

解き方 (1)Aは南西諸島《しょとう》の気候で，年平均《へいきん》気温がもっとも高いカの那覇《なは》市。Bは瀬《せ》戸内《とうち》の気候で，アの岡山《おかやま》市。Cは日本海《にほんかい》側の気候で，冬に降水量《こうすいりょう》が多いイの新潟《にいがた》市。Dは中央高地《ちゅうおうこうち》の気候で，オの長野《ながの》市。

Eは太平洋《たいへいよう》側の気候で，夏に降水量が多い**エ**の静岡《しずおか》市。**F**は北海道《ほっかいどう》の気候で，年平均気温がもっとも低い**ウ**の札幌《さっぽろ》市である。

(4)**ア**…梅雨《つゆ》は稲《いね》の生育に重要な雨をもたらす。**ウ**…北海道では梅雨は見られない。**エ**…北アメリカでハリケーンとよばれるのは熱帯低気圧《ねったいていきあつ》で，日本では台風《たいふう》とよばれる。

(5)しっくいで固めたかわら屋根や，石垣《いしがき》の塀《へい》は，台風による強風を防《ふせ》ぐためにある。

(6)日本海を発達した低気圧が通るとき，日本海側にフェーンがふく。風が山を上り下りするとき，気温が上下する割合《わりあい》がちがうため，風下《かざしも》側で高温となる。

2 (1)**A…ウ　B…カ**

(2)例 川が短くて流れが速いので，雨水はほとんど海に流れてしまうため。

(3)エイサー　(4)イ

(5)①エ　②イ

解き方 (1)**A**…パイナップルは熱帯産のくだものである。**B**…沖縄《おきなわ》県はかつて，アメリカに占領《せんりょう》されていたことから考える。

(2)沖縄島は日本の島の中では大きいほうだが，約 1200km^2 しかなく，細長い。このため，河川《かせん》が水をたくわえる力が弱い。

(3)江戸《えど》時代に琉球《りゅうきゅう》で始まった念仏歌《ねんぶつうた》が，エイサーのおこりだといわれる。

(4)**ア**は東北《とうほく》地方北部，**ウ**は熊本《くまもと》県など，**エ**は山口《やまぐち》県などに見られる。

(5)①は東北地方の日本海側，②は北海道東部があてはまる。**ア**は愛知《あいち》県西部，**ウ**は沖縄県。

チャレンジ問題

1 **(1)①ウ・オ**

②緯度…北緯《ほくい》35度

経度…東経《とうけい》115度

(2)南極《なんきょく》大陸　(3)北方

(4)①四国《しこく》　②イ　③ア

解き方 (1)① **X**は緯度《いど》0度の赤道《せきどう》で，経度《けいど》45度分の長さがある。赤道を起点に同じ角度分ある**オ**の経線は，これと同じ長さになる。また，緯線は緯度が高くなるにつれ短くなるので，**ア・イ**はあてはまらない。緯度60度の円の半径(または円《えん》周《しゅう》)は赤道の半分になるので，経度90度分の長さのある**ウ**が**X**と同じ長さである。

②対せき点は緯度の数字はそのままで南《なん》緯《い》と北緯を入れかえ，経度は180度からその数字を引き，西経《せいけい》と東経を入れかえる。

(2)北極を中心にえがいた正距方位《せいきょほうい》図法の地図だが，外周にある南極大陸はカットされている。

(3)現在《げんざい》，北方領土《ほっぽうりょうど》は実質的《じっしつてき》にはロシアが占《せん》拠《きょ》しており，日本人は住んでいない。

(4)①本州《ほんしゅう》・北海道《ほっかいどう》・九州《きゅうしゅう》・四国の順に面積が大きい。

②ユーラシア大陸→アジア州→東アジアという順に，区分の範囲《はんい》が小さくなっていく。シベリアは東アジアの北側に位置する地域《ちいき》区分。

③**C**の亜熱帯《あねったい》は熱帯に近い気候で，沿岸《えんがん》にはさんごしょうが発達している。

2 **(1)エ**

(2)a…海溝《かいこう》　b…三陸《さんりく》　c…リアス

(3)ア　(4)フィリピン海プレート

(5)例 日本の河川《かせん》は長さが短く，流れが急である。

解き方 (1)アの扇頂《せんちょう》部は谷の水にめぐまれ，集落が形成される。イの扇央《せんおう》部では水田ではなく果樹園《かじゅえん》の利用が多い。ウの扇端《せんたん》部は水を得やすいため，集落が発達する。

(2) **a**…プレートがほかのプレートに沈《しず》みこむ境界《きょうかい》で発生する地震《じしん》である。**c**…リアス海岸のせまい入《い》り江《え》では，波のエネルギーが高まる。

(3)四国には活発な火山はない。

(4)西日本の南には，厚《あつ》さ30～40kmのフィリピン海プレートがあり，伊豆《いず》半島はその東の端《はし》に位置する。

(5)アマゾン川などの世界の大河《たいが》のほうが高い位置から流れているが，日本の川は流れる距離《きょり》が短いため，急流となっている。このため，洪水《こうずい》などの自然災害《さいがい》が起きやすい。

3 (1)エネルギー　(2)エ　(3)イ
(4)エ　(5)例冬の降水量《こうすいりょう》が多くなる。

解き方 (1)冬の間にためた雪や氷を保管《ほかん》し，夏に利用することを雪氷熱《せっぴょうねつ》利用という。豪雪《ごうせつ》地帯では冬に雪を捨《す》てるだけでも多くの費用がかかるので，これをエネルギーとして利用した。

(2)アは秋田《あきた》市，イは青森《あおもり》市，ウは盛岡《もりおか》市。エは冬の気温の高さと冬の降水量《こうすいりょう》の少なさから，東北《とうほく》地方以外(高松《たかまつ》市)。

(3)あたたかい海水が蒸発《じょうはつ》して，地球の自転の働きでうずを巻《ま》きながら成長し，熱帯低気圧《ていきあつ》となる。

(4)アは夏の降水量が最多なので太平洋《たいへいよう》側の気候の高知《こうち》市，イは冬の降水量が最多なので日本海《にほんかい》側の気候の富山《とやま》市，ウは冬の気温が0℃を下回ることから北海道の気候の札幌《さっぽろ》市。残るエが奈良《なら》市となる。

(5)暖流《だんりゅう》の対馬《つしま》海流の上を，北西からの季節《きせつ》風《ふう》がわたるときに，水蒸気《すいじょうき》をたくさんふくみ，日本海側に雪を降《ふ》らせる。

第3章 食料生産と人々のくらし

1 農業と人々のくらし

力だめしの問題

1 (1)生産調整[減反政策《げんたんせいさく》]
(2)アメリカ　(3)イ　(4)イ

解き方 (1)生産調整は，米づくりから麦・野菜などに切りかえる転作や，米の作付面積を減《へ》らす減反政策により行われた。

(2)南半球のオーストラリアの小麦は，北半球とは逆《ぎゃく》の季節に収穫《しゅうかく》される。また，アメリカでは収穫期のずれた2種類の小麦を生産している。

(3)肉牛は1位が北海道《ほっかいどう》で，2位以下に九州《きゅうしゅう》の県が名を連ねる。アは肉用若鶏《わかどり》(ブロイラー)，ウはぶた，エは乳牛《にゅうぎゅう》。

(4)イ…小さな耕地《こうち》を統合《とうごう》して，大型の農業機械を利用しやすくしている。

2 (1)エ　(2)エ　(3)ウ
(4)①長野《ながの》(県)　②抑制栽培《よくせいさいばい》

解き方 (1)最上川《もがみがわ》が流れる山形《やまがた》県の平野は，庄内《しょうない》平野である。

(2)冬に雪が多い地域《ちいき》では，積雪のため裏作《うらさく》ができず，年に米を1度だけ収穫する水田単作《たんさく》が特色となっている。

(3)ウ…米は東北《とうほく》や北海道地方で生産されたものが大都市へ運ばれている。小麦は大部分を輸入《ゆにゅう》にたよっている。

(4)①レタス・はくさいとも，高原野菜として栽培されることの多い葉物《はもの》野菜で，長野県が上位に入る。

②群馬《ぐんま》県と長野県にまたがる浅間山《あさまやま》の山《さん》麓《ろく》などは，高原なので夏でもすずしい気候である。この条件《じょうけん》を生かして，キャベツやレタスなどの野菜を夏から秋にかけ

て出荷している。

❸ (1)イ　(2)エ　(3)ウ　(4)エ
(5)エ

解き方 (1)さくらんぼは明治《めいじ》時代に伝わり，霜害《そうがい》や台風《たいふう》の風水害が少ない山形県でさかんに栽培されるようになった。

(3)沖縄《おきなわ》県では同じ砂糖《さとう》の原料となるさとうきびの栽培がさかん。てんさいの産地は北海道である。

(4)**A**…九州南部の県が上位で，北海道が下位に入るのはぶた。**B**…乳牛は北海道が1位で，九州南部の県は上位に入らない。

(5)エ…品質《ひんしつ》を保証《ほしょう》するため，「和牛統一《とういつ》マーク」などが定められているが，外国産畜産物《ちくさんぶつ》の輸入制限《ゆにゅうせいげん》は設《もう》けられていない。ただし，感染症《かんせんしょう》が発生した場合は，輸入が制限されることがある。

2 かわっていく日本の農業

力だめしの問題

❶ (1)**A**…カ　**B**…ケ　**C**…ウ　**D**…イ
E…ア　**F**…キ　**G**…オ
(2)ウ　(3)ア　(4)産地直送

解き方 (1)北海道《ほっかいどう》が上位をしめる**A**・**C**・**G**は家畜《かちく》か畑作物か米，南九州《みなみきゅうしゅう》の県が上位をしめる**A**は家畜，青森《あおもり》県や愛媛《えひめ》県が上位をしめる**B**・**F**はくだもの，群馬《ぐんま》県や千葉《ちば》県，愛知《あいち》県，鹿児島《かごしま》県が上位をしめる**D**・**E**は野菜や工芸作物だと考えられる。

(2)キャベツが2位のアは愛知県，ピーマンが1位のイは茨城《いばらき》県である。ウの埼玉《さいたま》県はほうれんそうに特色がある。

❷ (1)熊本《くまもと》県…ウ　静岡《しずおか》県…エ
(2)イ
(3)例 世帯あたりの農業従事者《じゅうじしゃ》数が少なくなり，人手不足だから。
[農業従事者の高齢化《こうれいか》が進み，農業就業人口も減って人手不足だから。]

解き方 (1)いちごが1位のアは栃木《とちぎ》県，茶が1位のエは静岡県，みかんが1位のクは和歌山《わかやま》県，なすが1位のコは高知《こうち》県である。残るイ・ウ・オ・カ・キ・ケ・サの中からいちご・みかん・なすのいずれも上位に入っているウを熊本県と判断《はんだん》する。

(2)土を運びこむのではなく，海をしめ切り，中の海水を排水《はいすい》して陸地をつくるのが干《かん》拓《たく》である。

(3)上の表の実数(計)の変化から，農業従事者が大幅《おおはば》に減《へ》っていること，65歳《さい》以上の割合《わりあい》が上がっていること，下の表の農家世帯員数から，農家の家族の数も減っていることが読み取れる。

3 日本の水産業

力だめしの問題

❶ (1)記号…エ　語句…静岡《しずおか》県
(2)くふう…例 多くの照明がともされている。
効果《こうか》…例 いかは光っているほうへ寄《よ》っていく習性《しゅうせい》があり，漁船に集まってくる。
(3)ウ　(4)イ

解き方 (1)まぐろの水あげは静岡県・宮崎《みやざき》県・宮城《みやぎ》県の順に多い(2017年)。代表的な水あげ港は焼津《やいづ》港。

(2)いかは光に集まる習性があるため，集魚《しゅうぎょ》灯《とう》で光を照らし，効率よく漁獲《ぎょかく》する。

(3)ウ…さんまやいわしは「とる漁業」。おもに沿岸《えんがん》漁業でとれる。

(4)2つのグラフの縦軸《たてじく》の数値《すうち》のとり方はちがうので注意する。現在《げんざい》の生産量はア・エ・ウ・イ・オの順に多い。1970年代から排他的経済水域《はいたてきけいざいすいいき》が定められると，近海にある外国の漁場での漁が制限《せいげん》された遠洋漁業は，急速に生産量が減《へ》っていった。アは沖合《おきあい》漁業，ウは沿岸漁業，エは海面養殖業《ようしょくぎょう》，オは内水面《ないすいめん》漁業・養殖業。イの遠洋漁業は海面養殖業にも抜《ぬ》かれた。

❷ (1)例 寒流と暖流《だんりゅう》が出合う潮目《しおめ》[潮《しお》境《ざかい》]がある。
(2)a…オ　b…ア　c…イ
d…エ　e…ウ
(3)ウ　(4)オ

解き方 (1)Aは日本周辺の北西太平洋《たいへいよう》漁場で黒潮《くろしお》と親潮《おやしお》が，Bは北アメリカ東側の北西大西洋《たいせいよう》漁場でメキシコ湾流《わんりゅう》とラブラドル海流がぶつかっている。

(2)青森《あおもり》県が1位のcはほたて貝(陸奥湾《むつわん》)，広島《ひろしま》県が1位のdはかき(広島湾)，佐賀《さが》県が1位のeはのり(有明海《ありあけかい》)とわかる。あとは，ぶり＝鹿児島《かごしま》県，まだい＝愛媛《えひめ》県の区別をつけておく。

(3)ア…海に放流する方法は栽培《さいばい》漁業にあたる。イ…とくに北海道《ほっかいどう》・東北《とうほく》地方でほたて貝・こんぶなどの養殖がさかんである。エ…天然もののほうが貴重《きちょう》だと考えられるようになり，価格《かかく》が高い。

(4)ア…沖合漁業の落ちこみがもっとも激《はげ》しい。イ…定置網《ていちあみ》漁やさし網漁は，おもに沿岸漁業で行われている。ウ…いけすでおとなになるまで育てるのは養殖業。エ…魚《うお》つき林《りん》でなくマングローブ。

4 日本の資源《しげん》

力だめしの問題

❶ (1)ア　(2)ウ　(3)カナダ
(4)X…生活用水　Y…工業用水
Z…農業用水

解き方 (1)ア…間伐《かんばつ》のされない人工林は増《ふ》えているが，荒《あ》れたままでも人工林に分類されるので急速に減《へ》ったということはない。人工林は今も森林全体の約3分の2をしめている。

(2)全体では人工林が約3分の2，天然林が約3分の1をしめている。人工林では針《しん》葉樹《ようじゅ》，天然林では広葉樹《こうようじゅ》が中心。

(3)日本の木材輸入《ゆにゅう》先は，かつての東南アジアから，北アメリカへと変わった。

(4)いずれの地域でも使用量が最大のZは農業用水である。東海《とうかい》で比較的割合《ひかくてきわりあい》が高いYは工業用水。

5 日本の食料生産とくらし

力だめしの問題

❶ (1)鶏卵《けいらん》…A　野菜…D
(2)①だいず…エ　牛肉…ウ
②アメリカ(合衆国《がっしゅうこく》)　(3)イ

解き方 (1)鶏卵は米に次ぐ高い自給率《じきゅうりつ》を保《たも》っている。生鮮品《せいせんひん》が多い野菜はそれに次ぐ自給率のD。小麦はB，くだものはC。

(2)①だいずは10%を割《わ》っているエ。牛肉は1991年に輸入《ゆにゅう》が自由化されたため，1985年以降《いこう》に自給率が大幅《おおはば》に減《へ》ったウである。アは米，イは野菜。
②だいず・とうもろこし・小麦はいずれも，アメリカが最大の輸入相手国。

⑶イ…消費者の需要《じゅよう》を背景《はいけい》に輸入を進める動きは，民間の業者には見られるが，政《せい》府《ふ》が米を中心とする輸入を推進《すいしん》しているわけではない。

2 ⑴a…ア　b…ウ
c…イ(a・bは順不同)
⑵エ　⑶エ　⑷ア

解き方 ⑴食料自給率は，国内生産量が国内供給量《きょうきゅうりょう》にしめる割合のことで，国内供給量とは国内で増えた農産物の量(国内生産＋輸入)から，減った農産物の量(輸出)を引いて，前年までの在庫《ざいこ》の増減《ぞうげん》を調整したものである。

⑵同じくアメリカが1位のア・イ・エのうち，アはブラジルがあるのでとうもろこし，イはデンマークがあるのでぶた肉とわかる。ウは牛肉。

⑶農畜産物《のうちくさんぶつ》の生産には，さまざまな資源《しげん》や飼料《しりょう》が必要とされている。エ…「世界的な人口増加により供給が足りなくなり食料不足となる」が正しい。

⑷イ…アジアの国々の栄養不足人口の割合は，5％を上回っている国が多い。ウ…日本の食品ロスの量は，WFP《ダブリュエフピー》による食料援《えん》助量《じょりょう》の約2倍となっている。エ…日本の食料自給率は40％を下回っているが，アメリカとオーストラリアは100％以上ある。

チャレンジ問題

1 ⑴①山形県《やまがた》　②イ　⑵イ
⑶ア…×　イ…○　ウ…×　エ…○
⑷例 企業《きぎょう》が農作物をつくり，さらに加工したものを販売《はんばい》する。[工場内の畑で自動的に水やりや温度管理をして野菜を育てる。]

解き方 ⑴②奥羽山脈《おううさんみゃく》をこえて湿気《しっけ》を失った季節風《きせつふう》は，かわいた風になって日本海《にほんかい》側の庄内《しょうない》平野にふき下ろし，ぬれた稲《いね》の葉がかわいて病気にかかりにくくなる。

⑵ア…米の収穫量《しゅうかくりょう》1位は新潟《にいがた》県，2位は北海道，3位は秋田《あきた》県であるが，地方別で見ると東北《とうほく》地方が約4分の1をしめて1位となっている(2018年)。ウ…国内消費量の4％(現在《げんざい》は約7％)を最低限《さいていげん》輸入《ゆにゅう》するとした約束がミニマム・アクセスなので，米の輸入量はほぼ一定。エ…減反《げんたん》政策《せいさく》は2018年に廃止《はいし》された。

⑶ア…米の生産量は1990年代以降《いこう》は年間1000万t《トン》を下回るようになった。ウ…3～4月に田植えが行われているのは九州《きゅうしゅう》地方のみである。

2 ⑴①裏作《うらさく》　②チューリップ
⑵山梨《やまなし》県…ウ　山形県…ア
⑶①扇状地《せんじょうち》　②ウ
⑷イ　⑸エ

解き方 ⑴中心となる農作物を表作《おもてさく》，その収穫後に植える農作物を裏作という。富《と》山《やま》県は，冬の地中の温度は一定に保《たも》たれること，雪どけ水と日照時間にめぐまれていることから球根栽培《さいばい》に向いている。

⑵イは和歌山《わかやま》県，エは栃木《とちぎ》県，オは熊本《くまもと》県が1位である(2017年)。

⑶①山地をけずって流れてきた川は，あらい土砂《どしゃ》を山麓《さんろく》に積もらせる。
②近郊《きんこう》農業は大都市に近い地域《ちいき》で行われている。

⑷キャベツの1位は群馬《ぐんま》県(2017年)。

⑸砂糖《さとう》のおもな原料はさとうきびとてんさい。このうち，さとうきびはブラジル・インドなどあたたかい地域《ちいき》，てんさいはロシア・フランスなどすずしい地域が主産地となっている。

3 (1)オ
(2)例 大消費地《だいしょうひち》から遠いため，日もちのする乳製品《にゅうせいひん》に加工したほうが有利だから。
(3)ア　(4)エ　(5)イ

解き方 (2)北海道の生乳《せいにゅう》をフェリーで輸送《ゆそう》すると，東京《とうきょう》まで丸1日かかる。生乳には新鮮《しんせん》さが必要なため，本州《ほんしゅう》以南の消費地は本州以南から，北海道の消費地は道内から供給《きょうきゅう》される。
(3)イ・エは北海道，ウは長崎《ながさき》県が漁獲量《ぎょかくりょう》1位である(2017年)。
(4)志摩《しま》半島の英虞湾《あごわん》がある三重《みえ》県がふくまれていることから，真珠《しんじゅ》とわかる。
(5)八戸《はちのへ》港が表中で1位であること，北海道の釧路《くしろ》港でも水あげされるが，焼津《やいづ》港や銚子《ちょうし》港では水あげされないことから，イのさけとわかる。アはまだい，ウはまあじ，エはまぐろ。

4 (1)例 食料が不足した戦後にアメリカが小麦を支援《しえん》したため，パン食や洋食が広まり，より小麦を求めるようになったから。
(2)例 ビニールハウスの中をあたためるのに必要なエネルギーの自《じ》給率《きゅうりつ》が低く，外国からの輸入にたよっているから。

解き方 (1)上段《じょうだん》の資料《しりょう》から，戦前(昭和《しょうわ》2年)の給食は米が中心，戦後(昭和25年)の給食はパンが中心となっている。下段の資料から，敗戦後の日本は食料不足におちいり，占領軍《せんりょうぐん》から小麦の配給を受けたことがわかる。
(2)野菜のハウス栽培も，ハウスをあたためる燃料《ねんりょう》となる原油を輸入にたよっている。

第4章 工業生産と人々のくらし

1 さまざまな工業

力だめしの問題

1 (1)機械　(2)①豊田《とよた》市
②A…ウ　B…エ　C…オ

解き方 (1)重化学工業は機械工業・金属《きんぞく》工業・化学工業のいずれか。1960年から今日まで常《つね》に出荷額割合《しゅっかがくわりあい》の1位をしめてきたいは機械工業である。あは金属工業，うは化学工業。
(2)①愛知《あいち》県の中央部に位置する豊田市で，その都市名は自動車会社の社名から名づけられた。
②Aは千葉《ちば》県や瀬戸内海沿岸《せとないかいえんがん》，北九州《きたきゅうしゅう》に立地することから，ウの製鉄所。Bは愛知県や静岡《しずおか》県，関東《かんとう》地方，九州地方北部に立地することから，エの自動車工場。Cは内陸部にも多く立地していることからオのIC《アイシー》工場。アのセメント工場は，山口《やまぐち》県や福岡《ふくおか》県，埼玉《さいたま》県など，原料の石灰石がとれる地域《ちいき》に工場が立地する地図になる。

2 (1)エ　(2)ウ→ア→イ→エ　(3)イ
(4)ア　(5)ハイブリッドカー

解き方 (1)人の手による操作《そうさ》がほとんど必要なく，機械が自動的に大半の作業を行うしくみである。アは関連する工場が結びついて原料や製品《せいひん》をやりとりして生産するしくみ。イは必要なときに必要な量だけ製品を調達するしくみ。ウは根釧《こんせん》台地などで1950年代以降《いこう》に開かれた実験農場である。
(2)鉄板を自動車のボディの形に成形するプレスが，最初の作業となる。
(3)急速に台数ののびたイが海外生産台数で，

2000年代後半に国内生産台数を追い抜《ぬ》いた。国内生産台数の中から国内販売《はんばい》されるもの，輸出《ゆしゅつ》されるものに分かれるので，少ない**ウ**が輸出台数である。

⑷**イ**…自動車の組み立て工場は，高速道路の走る内陸部につくられることが多い。**ウ**…海外の工場で生産された日本の自動車が，海外で販売されている。**エ**…ハイブリッドカーや電気自動車は，騒音《そうおん》や排気《はいき》ガスの害は少ない。

2 日本の伝統《でんとう》工業

力だめしの問題

❶ ⑴経済産業省《けいざいさんぎょうしょう》　⑵イ　⑶ウ　⑷イ
⑸エ　⑹ア　⑺イ　⑻B

解き方 ⑴経済・産業の発展《はってん》やエネルギーの確保《かくほ》にとりくむ省庁《しょうちょう》である。伝統マークには，伝統的工芸品の類似品《るいじひん》の販売《はんばい》を防《ふせ》ぐ目的もある。

⑵青森《あおもり》県の津軽塗《つがるぬり》は，塗《ぬ》りを厚《あつ》く重ねることが特色である。秋田《あきた》県の曲げわっぱは，秋田すぎを薄《うす》くはぎ，熱湯につけて曲げ，桜《さくら》の皮で縫《ぬ》った器《うつわ》である。

⑶鯖江《さばえ》はめがねフレームが正しい。これらの産業は，一定の地域《ちいき》に特定の業種の中小企業《きぎょう》が集中して立地したもので，地場産業とよばれる。

⑷**ア**は福島《ふくしま》県，**イ**は石川《いしかわ》県，**ウ**は兵庫《ひょうご》県，**エ**は山形《やまがた》県なので，富山《とやま》県ととなり合う**イ**を選ぶ。

⑸**ア**は岩手《いわて》県，**イ**は広島《ひろしま》県，**ウ**は高知《こうち》県，**エ**は鹿児島《かごしま》県。

⑹**ア**は秋田《あきた》県，**イ**は山形県，**ウ**は岩手県，**エ**は福島県。

⑺西から順に，有田焼《ありたやき》(佐賀《さが》県)→西陣織《にしじんおり》(京《きょう》都《と》府)→加賀友禅《かがゆうぜん》(石川県)→津軽塗(青森県)となる。

⑻益子《ましこ》焼は栃木《とちぎ》県益子町でつくられてきた伝統的工芸品である。

❷ ⑴ア　⑵ウ　⑶エ　⑷イ
⑸ウ→イ→エ→ア　⑹エ

解き方 ⑴西陣織は京都府，有田焼は佐賀県，土佐《とさ》和紙は高知県である。

⑵久留米《くるめ》がすりとよばれる。

⑶うるしの木からとった樹液《じゅえき》を，木の器に塗り重ねたものを漆器《しっき》という。

⑷信楽《しがらき》焼は滋賀県の陶磁器《とうじき》である。

⑸有田焼(佐賀県)→西陣織(京都府)→会津《あいづ》塗(福島県)→南部鉄器《なんぶてっき》(岩手県)の順。

⑹**エ**の農林水産大臣は経済産業大臣の誤《あやま》り。**ア**の後継者《こうけいしゃ》の不足と高齢化《こうれいか》は，伝統工業だけでなく，農林水産業にも共通する問題である。

3 工業生産と工業地域《ちいき》

力だめしの問題

❶ ⑴中京《ちゅうきょう》工業地帯　⑵エ
⑶太平洋《たいへいよう》ベルト　⑷ウ

解き方 ⑴機械工業が出荷額《しゅっかがく》の約3分の2をしめているのは，中京工業地帯である。**A**は京浜《けいひん》工業地帯，**B**は阪神《はんしん》工業地帯，**D**は北九州《きたきゅうしゅう》工業地域。

⑵**ア**…機械工業以外の工業が1位をしめるのは，全国で京葉《けいよう》工業地域のみ。**イ**…出荷額×金属《きんぞく》の割合《わりあい》÷100で計算すると，**B**は約62827億円，**C**は約50160億円なので正しい。**ウ**…**A**は−8465億円，**B**は10922億円，**C**は25229億円，**D**は10835億円なので正しい。**エ**…**D**ではなく**C**が正しい。

⑶太平洋ベルトには，工場だけでなく人口や商業施設《しせつ》も集まっている。

⑷高岡《たかおか》市のアルミニウム工業などに代表される北陸《ほくりく》工業地域である。

❷ ⑴ Ⅰ…ウ・F　Ⅱ…オ・D
Ⅲ…ア・B　Ⅳ…キ・G
⑵①例 筑豊《ちくほう》炭田に近く，原料の鉄《てっ》鉱石《こうせき》を中国《ちゅうごく》から輸入《ゆにゅう》していたため，製鉄所《せいてつじょ》がつくられ，それをきっかけに工業が発達した。
②イ
⑶ア

解き方　⑴ Ⅰ…千葉《ちば》県の東京湾岸《とうきょうわんがん》に成立した京葉《けいよう》工業地域。Ⅱ…長野《ながの》県中央部の様子。中央自動車道などを使って製品が輸送される。Ⅳ…この公害病は新潟水俣病《にいがたみなまたびょう》とよばれる。

⑵①北九州工業地域をさしている。明治《めいじ》時代に近くの炭田を背景《はいけい》に，官営《かんえい》の八幡《やはた》製鉄所がつくられた。当時の石炭のおもな輸入先は，オーストラリアではなく中国だったことに注意する。

②アは化学工業の割合《わりあい》が高いので瀬戸内《せとうち》工業地域，ウは機械工業の割合が高いので中京《ちゅうきょう》工業地帯。残るイが北九州工業地域で，食料品工業の割合の高さに特色がある。

⑶阪神工業地帯では，神戸《こうべ》市・尼崎《あまがさき》市などに金属工業が立地している。

4　日本の工業の特色と問題

力だめしの問題

❶ ⑴エ　⑵石油危機《きき》　⑶ア
⑷例 アジアの国々の工業化が進んだから。日本企業《きぎょう》が海外に移転《いてん》し，製品《せいひん》を逆輸入《ぎゃくゆにゅう》するようになったから。
⑸ウ

解き方　⑴オーストラリアは鉄鉱石のおもな輸入相手国であるとともに，日本の自動車の輸出先でもある。

⑵ 1973 年に第四次中東《ちゅうとう》戦争が起こると，産油国が石油の生産量を減《へ》らすなどしたため，石油の価格《かかく》が上がった。この結果，石油を利用する遠洋漁業や重化学工業が痛手《いたで》を受けた。

⑶イ…ドーナツ化現象は，都心《としん》の人口が減って郊外《こうがい》の人口が増《ふ》えること。ウ…部品の一部の生産を海外に預《あず》けることと，製品そのものを海外で生産することの両方が行われている。

⑸従業者《じゅうぎょうしゃ》 299 人以下の工場が中小工場とされるが，その中でも 29 人以下の工場が事業所数で最多をしめている。しかしこの規模《きぼ》の工場の出荷額《しゅっかがく》はもっとも少なく，1人あたり現金給与《きゅうよ》も最低となっている。アは 300 人以上，イは 29 人以下。

❷ ⑴例 鉄鋼《てっこう》の割合《わりあい》は 2016 年にかけて半分以下になっているが，輸出額《がく》の合計が 50 倍以上増えているので，割合が減ったことだけをとり上げてさかんではなくなったと主張《しゅちょう》するのは，適切《てきせつ》ではないと判断《はんだん》したから。
⑵ア　⑶イ　⑷ア

解き方　⑴ 1960 年の鉄鋼の輸出額は 14596 × 9.6 ÷ 100 により約 1401 億円。2016 年は 814788 × 4.2 ÷ 100 により約 34221 億円。2018 年の輸出額のほうがはるかに多くなっている。

⑵ア…阿賀野川流域《あがのがわりゅういき》では新潟水俣病《にいがたみなまたびょう》が起こった。イタイイタイ病は神通川《じんづうがわ》流域。川の名前と合わせて覚える必要がある公害病はこれら2つ。四大公害病のうち，残る2つは，四日市《よっかいち》市の四日市ぜんそく，水俣湾沿岸《わんえんがん》の水俣病。

(3) 1967年に定められたアを発展《はってん》させる形で環境基本法《かんきょうきほんほう》がつくられた。ウは1997年，エは1999年。

(4)空を向いたパネルが多数並《なら》んでいる。太陽光をエネルギーに変える太陽光発電所である。

5 工業生産を支《ささ》える運輸《うんゆ》・貿易《ぼうえき》

力だめしの問題

❶ (1)ウ

(2)例 二酸化炭素《にさんかたんそ》などの温室効果《こうか》ガスの排出削減《はいしゅつさくげん》につながる。交通渋滞《じゅうたい》の緩和《かんわ》や交通事故《じこ》の防止《ぼうし》につながる。[トラック運転手の過重《かじゅう》労働や人手不足を解消《かいしょう》できる。]

(3)エ

解き方 (1)旅客1人あたりの輸送距離《きょり》がもっとも長いエは航空《こうくう》とわかる。アの旅客船も1本の航路《こうろ》が長いので輸送《ゆそう》距離は長い。自動車による旅客輸送はおもに都市交通として整備《せいび》されたバス・タクシーなので，もっとも距離が短いウが自動車とわかる。なお，旅客輸送量で比《くら》べると自動車が1位となる。

(2)この輸送方法の変化をモーダルシフトという。宅配便《たくはいびん》をはじめとする貨物の増加《ぞうか》に反して，運転手が不足していることも，モーダルシフトが進む背景《はいけい》にある。

(3)ほかの3空港のすべてに対して旅客数が多いAが，首都東京にある羽田《はねだ》空港である。羽田との間の旅客数が最大のBは新《しん》千歳《ちとせ》空港。羽田－新千歳間の旅客数は国内最大である。Cの伊丹《いたみ》空港(大阪《おおさか》)は，近畿《きんき》地方では最大の旅客数があるが，東京－大阪間の移動には新幹線《しんかんせん》を使う旅行者が多いため，新千歳・那覇《なは》・福岡《ふくおか》空港より旅客数は少ない。

❷ (1)エ　(2) 9　(3) a

解き方 (1)エ…住宅地や活断層《かつだんそう》のある地域《ちいき》をできるだけ避《さ》けて，このルートが決定した。京都《きょうと》市や大阪市では，新幹線は地下を走ることになる。ア…2017年ではなく2012年のこと。イ…モーダルシフトなどの影響《えいきょう》で，JRの収益《しゅうえき》は黒字化した。ウ…九州《きゅうしゅう》新幹線の開業は2004年，北海《ほっかい》道《どう》新幹線の開業は2016年。

(2)(東京都)→神奈川《かながわ》県→静岡《しずおか》県→愛知《あいち》県→岐阜《ぎふ》県→滋賀《しが》県→京都府→大阪府→兵庫《ひょうご》県→岡山《おかやま》県→(広島《ひろしま》県)の順。

(3)都道府県内の移動《いどう》人数が最多だが航空機による移動が少ないあは東京都。東京都との間で航空機による移動がもっとも多いいは，国内最大の航空路線(新千歳－羽田)をもつ北海道。県内の島どうしの移動に航空機が多く使われているうは，離島《りとう》の沖縄《おきなわ》県。都道府県内の移動人数，航空機による移動ともに最小のおは島根《しまね》県とわかる。

6 商業と貿易

力だめしの問題

❶ (1) a…イ　b…ア　c…ウ

(2)エ　(3)ア

(4)インフレーション[インフレ]

解き方 (1)販売額《はんばいがく》の落ちこみがもっともはげしいcは百貨店である。売り場面積がもっともせまいaはコンビニエンスストア，もっとも広いbは総合《そうごう》スーパーマーケットとなる。

(2)①冷夏で米の収穫量《しゅうかくりょう》(供給)が減《へ》るので，米の価格は高くなる。②長雨は野菜の生育をさまたげるので，供給は減り，価格は高くなる。

(3)イ・ウ・オ…不景気《ふけいき》のときに起こる。

エ…好景気がゆきすぎて景気の後退《こうたい》へ向かうときの様子。経済《けいざい》はこのように，好景気→景気の後退→不景気→景気の回復《かいふく》→好景気の順にめぐっている。

(4)デフレーションとは逆《ぎゃく》に，商品価値《かち》が上がり通貨価値が下がることを，インフレーション(インフレ)という。

2 (1)ウ　(2)ウ　(3)ア

(4)例 円高《えんだか》が進むと輸出《ゆしゅつ》が不利となり，海外で生産するほうが利益《りえき》となるので，工場などの生産拠点《きょてん》が国内から海外に移《うつ》っていった。

解き方 (1)**A**は輸出，輸入とも日本の最大の貿易《ぼうえき》相手国であることから中国《ちゅうごく》とわかる。**B**は第2位の貿易相手国であるアメリカで，日本の大はばな黒字となっていることから横軸《じく》が輸出額《がく》，縦《たて》軸が輸入額となる。

(2)ア…自動車と自動車部品の合計は5453589(百万円)で，機械類におよばない。イ…輸入額を2倍すると輸出額を上回ってしまう。エ…航空機《こうくうき》部品の輸出額の割合《わりあい》は約2.4％，航空機類の輸入額の割合は約5.3％。

(3)イ・ウは自動車，エは石油製品《せいひん》が最大の輸出品(2018年)。

(4)たとえば1ドル＝110円が1ドル＝100円へ変化することを円高という。アメリカへの輸出品が1ドルで売れると110円手に入っていたのが，100円しか得られなくなるので，輸出には不利になる。

チャレンジ問題

1 (1)ウ　(2)オ　(3)ウ

解き方 (1)**A**の京浜《けいひん》工業地帯はかつて，日本最大の工業地帯だったが，1990年代に中京《ちゅうきょう》工業地帯に出荷額《しゅっかがく》を追い抜《ぬ》かれ，その後，**B**の北関東《きたかんとう》工業地域《ちいき》にもぬかれた。**C**の北関東工業地域は機械工業が中心，**D**の京葉《けいよう》工業地域は化学工業が中心である。

(2)**A**は化学工業の出荷額が全国一なので京葉工業地域のある千葉《ちば》県。**B**・**C**は食料品・電気機械では区別がつかないので，輸送用機械を見る。輸送用機械の出荷額が3位の**C**は，自動車の製造がさかんな神奈川《かながわ》県である。

(3)伝統的《でんとうてき》工芸品の条件《じょうけん》の1つとして，機械による大量生産を行っていない点がある。

2 (1)**A**…ク　**B**…ア　**C**…ウ
D…コ　**E**…オ　**F**…エ
G…カ　**H**…サ

(2)四日市《よっかいち》ぜんそく

解き方 (1)**A**…筑豊《ちくほう》炭田を背景《はいけい》に八幡製鉄《やはたせいてつ》所《じょ》がつくられた北九州《きたきゅうしゅう》工業地域である。**B**…金属工業の割合《わりあい》が高いことから阪神工業地帯である。**C**…楽器・オートバイ・紙の生産がさかんなことから東海《とうかい》工業地域である。**D**…一宮《いちのみや》市の綿織物《めんおりもの》，瀬戸《せと》市の陶磁器《とうじき》に特色があり，日本最大の中京工業地帯。**E**…石油化学工業が発達している京葉工業地域。**F**…ジーンズの生産がさかんなのは岡山《おかやま》県倉敷《くらしき》市。**G**…石油化学工業の割合が低いのは，内陸に位置し，原料の石油の輸入《ゆにゅう》港から遠いため。**H**…印刷業がさかんなことから，情報《じょうほう》・文化の中心地をふくむ京浜工業地帯。

(2)石油化学コンビナートから出された亜硫《ありゅう》酸《さん》ガスが原因《げんいん》となって，四日市ぜんそくが発生した。

3 **(1)ウ　(2)ア**
(3)例小型，軽量で価格《かかく》が高いもの。

解き方 (1)線路の上を運行表にしたがって走行するため，鉄道は遅《おく》れが少ない。しかし線路や電線を設《もう》けるのに費用がかかる。**ア**は船，**イ**は自動車，**エ**は航空機。

(2) 1990年代初めのバブル経済《けいざい》の崩壊《ほうかい》後，急速に販売額《はんばいがく》が減っていった**A**が百貨店である。**A**にかわり1位となった**B**は大型スーパーマーケット。近年の成長がもっともめざましい**C**はコンビニエンスストア。

(3)航空輸送には，集積回路・医薬品・スマートフォンなどの小型・軽量のわりに価格の高いものが適《てき》している。

第5章 情報産業とわたしたちのくらし

1 情報とくらし

力だめしの問題

❶ (1)メディア　(2)光ファイバー
(3)イ　(4)ウ　(5)イ

解き方 (1)情報《じょうほう》の大量伝達(マス・コミュニケーション)を行う機関のこと。国民の知る権利《けんり》を支《ささ》えている。

(2)電気信号を光に変えて情報を伝達する通信網《もう》で，これまでの銅線《どうせん》のケーブルより細くて安く，高速通信ができる。ただし銅線より壊《こわ》れやすいという欠点がある。

(3)**ア**は大規模《だいきぼ》集積回路，**ウ**は情報技術《ぎじゅつ》，**エ**は高速道路の料金所を止まらずに通過《つうか》することができるシステム。

(4)いかにも本当であるかのように見えるうそのニュースをフェイクニュースという。近年は，他人への偏見《へんけん》や憎《にく》しみにあふれた表現などもSNS《エスエヌエス》上で事実確認《かくにん》を行うことなく拡散《かくさん》され，問題となっている。

(5) 60代の利用時間がもっとも少なく，10代，20代で利用時間が最大となっている**イ**がインターネットである。30代～60代で利用時間が最大の**ア**はテレビ，**ウ**は新聞，**エ**はラジオ。

チャレンジ問題

1 **(1)イ　(2)ア　(3)ウ**
(4)メディアリテラシー

解き方 (1)かわら版《ばん》→新聞→ラジオ→テレビ→インターネットの順に現れた。

(2)利用者率《りつ》が高い**a**・**d**・**e**は先進国のアメリカ・ドイツ・日本のいずれか。利用者率はほぼ同じととらえると，インターネット利用者数が多い順に総《そう》人口も多いことになるので，**e**はアメリカ，**a**は日本，**d**はドイツとなる。利用者率が約54%ながら利用者数がもっとも多い**b**は，人口が最大の中国《ちゅうごく》。利用者率が最低の**c**はインドである。

⑶世代間(若者《わかもの》はインターネット利用者率が高く，高齢者《こうれいしゃ》は低い)の情報格差《かくさ》と，地《ち》域《いき》間(都市部は通信網が整備《せいび》され，山間部は整備が遅《おく》れている)の情報格差がある。

⑷「読みとく力」のことをリテラシーという。

2 ⑴**イ**　⑵**ウ**　⑶**ア**

解き方　⑴**B**…国内荷物の増加《ぞうか》については正しいが，郵便局《ゆうびんきょく》数は2000年度以降《いこう》減《へ》ってきている。

⑵**ウ**…仮想《かそう》通貨は，インターネット上で価《か》値《ち》をやりとりするときに用いられる，デジタル化された通貨。日本銀行や政府《せいふ》が発行した通貨のような信用はないため，給料の支《し》はらいや納税《のうぜい》に用いられることはない。

⑶情報通信技術《ぎじゅつ》の普及《ふきゅう》に関する統計《とうけい》を選ぶ。

地理編　総合問題

1 ⑴**エ**

⑵①Ⅰ…**ウ**　Ⅱ…**エ**　②**○**　③**エ**

解き方　⑴**エ**…老人ホームを示《しめ》す⌂は見られるが，市街地も広がっているので高齢《こうれい》者《しゃ》の割合《わりあい》が高いといいきれない。

⑵①Ⅰ…**B**と**C**の間は，道路がもっとも多く集まり，沿線《えんせん》に病院や郵便局《ゆうびんきょく》が集まっていることから，町役場の立地に適《てき》している。Ⅱ…製品《せいひん》の輸送《ゆそう》に便利な高速道路のインターチェンジに近い**C**の東側が，工場の立地に適している。

③消防署《しょうぼうしょ》を示すYの記号は見られない。

2 ⑴**イ**　⑵**ウ**　⑶**ウ**

⑷①**イ**　②**経済水域《けいざいすいいき》**　③**ウ**

解き方　⑴**イ**…#7119番は，救急車をよんだほうがいいかどうかなどを尋《たず》ねる救急相談サービスである。

⑵①はふろ・シャワー，③は料理(炊事《すいじ》)，④は洗濯《せんたく》，⑤は洗面そのほか。

⑶ア・イ・エは一切プラスチック製品《せいひん》を使わないとりくみだが，**ウ**はビニール製のごみが出てしまう。

⑷③排他的《はいたてき》経済水域では，沿岸国が水産資《し》源《げん》や海底の鉱産《こうさん》資源などを管理することができる。外国船の通航《つうこう》は自由である。

3 **A**…**オ**　**B**…**セ**　**C**…**ア**　**D**…**ス**

E…**イ**　**F**…**ウ**　**G**…**シ**　**H**…**コ**

I…**サ**　**J**…**ケ**

解き方　**A**…日米修好通商条約《にちべいしゅうこうつうしょうじょうやく》の開港地はオ・キ・サ・セと函館《はこだて》港。雪が多いことから日本海《にほんかい》側の新潟《にいがた》港である。**B**…江戸《えど》時代には長崎《ながさき》港に限《かぎ》って，オランダ・中《ちゅう》国《ごく》との貿易が行われていた。**C**…釧路《くしろ》港の背後《はいご》に広がる根釧《こんせん》台地で酪農《らくのう》がさかん。**D**…八幡製鉄所《やはたせいてつじょ》の原料となる鉄鉱石《てっこうせき》が輸《ゆ》入《にゅう》された門司《もじ》港。**E**…青函《せいかん》トンネルの開通で青函連絡船《れんらくせん》が廃止《はいし》された青森《あおもり》港。**F**…秋田《あきた》すぎなどの積出港《つみだしこう》だった能代《のしろ》港。**G**…泉佐野《いずみさの》市の沖合《おきあい》につくられた関西国《かんさいこく》際《さい》空港。**H**…輸出額1位は名古屋《なごや》港，輸入額1位は成田《なりた》国際空港。**I**…阪神《はんしん》・淡《あわ》路大震災《じだいしんさい》で被害《ひがい》を受けた神戸《こうべ》港。**J**…天然の良港として利用されてきた敦賀《つるが》港。

4 ⑴もも　⑵ア　⑶ア　⑷エ

⑸暖流《だんりゅう》…黒潮《くろしお》[日本海流]

寒流…親潮《おやしお》[千島《ちしま》海流]

⑹例 水田の形を長方形に整えることにより，大型の農業機械の使用が可能《かのう》になったから。

⑺イ　⑻エ　⑼ウ

⑽**A**…え　**B**…お　**C**…あ

D…い　**E**…う

解き方　⑴**A**は岡山《おかやま》県で，おとぎ話の「桃太郎《ももたろう》」ゆかりの地である。山梨《やまなし》県・福島《ふくしま》県が上位にあることから，ももである。

⑵板ガラスはセメント，陶磁器《とうじき》，れんがなどとともによう業にふくまれる。

⑶**B**は群馬《ぐんま》県で，嬬恋《つまごい》村で高原野菜のキャベツが栽培《さいばい》されている。**イ**…熊本《くまもと》県の説明。**ウ**…こんにゃくいもも群馬県の特産品だが，直射日光や風のあたらない，水はけのよい場所で栽培される。**エ**…高原ではレタスは夏から秋にかけて収穫《しゅうかく》される。

⑷東京《とうきょう》都と新潟県を結ぶ高速道路。**ア**は中央高地を，**イ**は北陸《ほくりく》を，**ウ**は北関東や東北地方を通っている。

⑸**C**は岩手《いわて》県。三陸《さんりく》海岸沖《おき》の潮目《しおめ》では栄養分が豊かなため，多くの種類の魚が集まるよい漁場となっている。

⑹小さく複雑《ふくざつ》な形の田を，規則《きそく》正しい形に統合《とうごう》して，整然と区画した。これによって，大型の農業機械が使えるようになり，農作業の効率《こうりつ》がよくなった。なお，**D**は山形《やまがた》県である。

⑺**ア**は新潟県，**ウ**は宮城《みやぎ》県，**エ**は秋田県でうまれたブランド米。

⑻**ア**…工場数は中小企業《きぎょう》が大部分をしめている。**イ**…従業者数《じゅうぎょうしゃすう》は大工場は約3割。**ウ**…大工場の工業生産額は約5割。なお，**E**は三重《みえ》県で，北部の四日市《よっかいち》市の石油化学工業，南部の志摩《しま》半島の真珠養殖《しんじゅようしょく》に特色がある。

⑼**ウ**…日本産のすぎの価格は，世界的に見ても最低水準《すいじゅん》まで落ちこんでいる。その原因としては，間伐《かんばつ》された木材や台風《たいふう》で倒《たお》れた木材が市場に出回ったことなどが考えられる。

5 ⑴①イ　②ク

⑵例 インターネットを通じてモノどうしがつながるIoT《アイオーティー》が一般的になり，たとえば，ビッグデータを分析《ぶんせき》するAI《エーアイ》が積極的《せっきょくてき》に活用される社会になる。

⑶①**A**…ウ　**B**…オ　②新聞

③例 自分がだれであるかを相手に知られる可能性《かのうせい》が少ないから。

④例 情報《じょうほう》を得るときは発信者が信用のおける機関・人物かを確認《かくにん》する。

解き方　⑴**イ**…テレビは，インターネットや携帯《けいたい》電話が普及《ふきゅう》する前からあるメディア。**ク**…小学校の通知表はプライバシーとして保護《ほご》される。

⑵防犯《ぼうはん》カメラの映像《えいぞう》が自動的にクラウド上に保存《ほぞん》されるなど，多くの電気製品でIoTが実現している。

⑶①**A**…フェイクは「にせもの」という意味。SNS《エスエヌエス》上の情報は裏《うら》づけをとることなく拡散《かくさん》されやすい。

②近年は，新聞社もインターネット上で記事を配信するウェブ版《ばん》を発行するようになった。

③インターネット上の情報は昼夜を問わず更新《こうしん》され続けるため，常《つね》に相手より優位《ゆうい》に立とうという意識《いしき》から攻撃性《こうげきせい》が高まっていくという点も指摘《してき》されている。

歴史編

第1章 原始・古代の日本

2 日本のあけぼの

力だめしの問題

❶ (1)エ　(2)①イ　②ア
(3)ウ　(4)ウ
(5)例 大陸から稲作《いなさく》が伝わり，米の収穫量《しゅうかくりょう》の差が生じて，たくわえの差もうまれたから。(37字)

解き方 (1)野尻湖《のじりこ》の湖底からナウマンゾウなどの化石とともに打製《だせい》石器が発掘《はっくつ》され，数万年前に人々が大型の動物の狩《か》りを行っていたことがわかった。

(2)①三内丸山遺跡《さんないまるやまいせき》の掘立柱《ほったてばしら》建物は柱穴が直径約2m，深さ約2mあり，建物の高さは15〜20mだったと考えられている。ア・ウは弥生《やよい》時代，エは縄文《じょうもん》時代の遺跡。
②三内丸山遺跡には500人もの人々が住んでいたと考えられ，アのような遊牧《ゆうぼく》は行われていない。

(3)鉄器は弥生時代から。マンモスやナウマンゾウは旧石器《きゅうせっき》時代なので**X**は誤り。**Y**は正しい。

(4)アは佐賀《さが》県，イは福岡《ふくおか》県にある弥生時代の遺跡。エは群馬《ぐんま》県にある旧石器時代の遺跡。

(5)米は保存《ほぞん》しておける農作物だったため，その蓄《たくわ》えの差が貧富《ひんぷ》の差，身分の差をうんだ。

❷ (1)エ
(2)①吉野ヶ里《よしのがり》遺跡　②卑弥呼《ひみこ》　③ア
(3)ア
(4)①稲荷山《いなりやま》　②ワカタケル
(5)ア・イ

解き方 (1)1世紀，倭《わ》の奴国《なこく》の王が，漢に使いを送り，光武帝《こうぶてい》から金印をさずけられた。

(2)①物見《ものみ》やぐらは，敵《てき》が攻《せ》めてくるのを見はるためなどに使われた。
②卑弥呼は3世紀に邪馬台国《やまたいこく》の女王として30ほどのくにをしたがえた。
③イには5世紀，ウには紀元前1世紀ごろ，エには1世紀の日本の様子がえがかれている。

(3)ア…土偶《どぐう》は，縄文時代に豊《ゆた》かなめぐみを祈《いの》るためなどにつくられた土の人形。

(4)朝廷《ちょうてい》のあった大和《やまと》(奈良《なら》県)の古墳《こふん》と同じような副葬品《ふくそうひん》が発掘された地域《ちいき》には，大和朝廷の支配《しはい》がおよんでいたと考えられる。

(5)ア・イは紀元前4世紀ごろ。

3 天皇《てんのう》と貴族《きぞく》の政治

力だめしの問題

❶ (1)蘇我馬子《そがのうまこ》　(2)ア
(3)イ→エ→ア→ウ
(4)イ　(5)エ　(6)ア

解き方 (1)法興寺《ほうこうじ》は日本最初の本格的《ほんかくてき》な仏《ぶっ》教《きょう》寺院。大化《たいか》の改新《かいしん》ではこの近くで蘇我氏が暗殺された。

(2)ア…794年のできごとなので記されていない。イは672年，ウは645年，エは604年。

(3)イは6世紀半ば，エは7世紀初め，アは7世紀半ば，ウは8世紀初め。

(4)中大兄皇子《なかのおおえのおうじ》が即位《そくい》して天智《てんじ》天皇となり，その死後に皇位をめぐって壬申《じんしん》の乱《らん》が起こった。

(5)ア…桓武《かんむ》天皇は聖武《しょうむ》天皇の誤《あやま》り。イ…行《ぎょう》基《き》は鑑真《がんじん》の誤り。ウ…平安《へいあん》時代。

(6)アは鎌倉《かまくら》時代に書かれた。

2 (1)イ　(2)エ
(3)①聖武天皇　②ウ　③ア
(4)例 男性《だんせい》には重い税《ぜい》が課されるので，調《ちょう》や庸《よう》の負担《ふたん》からのがれるために，女性《じょせい》として届《とど》け出る者が多かった。
(5)藤原道長《ふじわらのみちなが》

解き方 (1)法隆寺《ほうりゅうじ》を建てたのは聖徳太子《しょうとくたいし》。アは白河上皇《しらかわじょうこう》，ウは大海人皇子《おおあまのおうじ》，エは桓武天皇。
(2)ア…聖徳太子が行った。イ…天智天皇の死後に，子の大友皇子《おおとものおうじ》が，天智天皇の弟の大海人皇子と戦った。ウ…藤原不比等《ふひと》などがつくった。
(3)①「天平《てんぴょう》」は聖武天皇のころの年号である。②ア・エは平安時代初めの僧《そう》，イは東大寺《とうだいじ》の大仏《だいぶつ》の造立《ぞうりゅう》に協力した僧。
(4)資料《しりょう》1を見ると，男に比《くら》べて女が多すぎる。資料2で成年男子に調・庸が課せられていたことから，課税《かぜい》を避《さ》けるために，実際《じっさい》には男性である家族を女性であると偽《いつわ》っていたと考えられる。
(5)藤原氏による摂関《せっかん》政治の栄える様子をうたったもの。

チャレンジ問題

1 (1)(当時の)海岸(線)　(2)ウ
(3)小野妹子《おののいもこ》　(4)エ　(5)イ
(6)桓武天皇

解き方 (1)人々が貝がら・骨《ほね》・壊《こわ》れた土器などを捨《す》てた場所が貝塚《かいづか》となった。海水産の貝が残る貝塚は海岸近くに，淡水《たんすい》産の貝が残る貝塚は河口《かこう》近くにあったと考えられる。縄文《じょうもん》時代の初めには海面が上がり，海岸に入《い》り江《え》がたくさんできたため，魚や貝がよくとれた。
(2)アは静岡《しずおか》県，オは佐賀《さが》県にある弥生時代の遺跡。イは縄文時代，エは旧石器時代の遺跡。
(3)小野妹子は対等な国交を求める国書をもって，隋《ずい》を訪《おとず》れた。
(4)中大兄皇子は近江国《おうみのくに》の大津宮《おおつのみや》に都を移《うつ》し，即位して天智天皇となった。アは持統《じとう》天皇，イは桓武天皇，ウは聖武《しょうむ》天皇がつくった都。
(5)鑑真《がんじん》は行基《ぎょうき》の誤《あやま》り。鑑真は航海《こうかい》の失敗をのりこえて来日し，唐招提寺《とうしょうだいじ》を開いた唐《とう》の僧《そう》である。
(6)桓武天皇は，政治《せいじ》に口出しをする仏教勢力《ぶっきょうせいりょく》からのがれるため，平城京《へいじょうきょう》から長岡京《ながおかきょう》へ，次いで平安京へ都を移した。

2 (1)①佐賀県　②絹織物《きぬおりもの》　③卑弥呼《ひみこ》
(2)例 渡来人《とらいじん》の技術《ぎじゅつ》や文化を積極的にとり入れて，くにづくりに役立てた。
(3)エ
(4)①エ　②行基

解き方 (1)①なお，奴国《なこく》は福岡県にあった。
②蚕《かいこ》の出す糸をつむいで生糸《きいと》にして，それを織《お》って絹織物がつくられた。
③卑弥呼はまじないによって，30ほどのくにをおさめた。
(2)渡来人は，漢字を使って政治の文書をつくるなど朝廷《ちょうてい》の仕事にあたった。
(3)ワカタケルは5世紀の大王《おおきみ》で，朝鮮《ちょうせん》半島南部の軍事的な指揮権《しきけん》などを中国《ちゅうごく》の皇帝にみとめてもらうため，中国の宋《そう》(南朝《なんちょう》)へ手紙を送った。
(4)①蘇我入鹿《そがのいるか》は小野妹子の誤り。蘇我氏は聖徳太子《しょうとくたいし》の死後，独裁的《どくさいてき》な政治を行ったため，蘇我蝦夷《えみし》・入鹿の親子は大化《たいか》の改新《かいしん》でたおされた。
②行基は民衆《みんしゅう》の間で布教《ふきょう》し，橋や用水路をつくって民衆の信頼《しんらい》を得ていたため，人々を動員する力をもっていた。朝廷は行基に高い位をあたえ，東大寺《とうだいじ》の大仏《だいぶつ》の造立《ぞうりゅう》にたずさわらせた。

3 (1)寝殿造《しんでんづくり》

(2)①(右図)

②例 床《ゆか》が地面からはなれているので，洪水《こうずい》や湿度《しつど》の影響《えいきょう》をおさえられ，ねずみ返しがあるので動物に食べられない。

(3)エ

(4)好太王《こうたいおう》[広開土王《こうかいどおう》]

(5)法隆寺《ほうりゅうじ》

解き方 (1)寝殿造の様子は，『源氏物語絵巻《げんじものがたりえまき》』にもえがかれている。

(2)①弥生《やよい》時代に米を保存《ほぞん》するためにつくられた建物は，高床《たかゆか》倉庫。床が地面から高い所にあること，柱にねずみ返しとよばれる，ねずみが入ることを防《ふせ》ぐしかけがあることがポイント。倉庫に入るには，はしごでのぼるため，はしごをえがいてもよい。ただし掘立柱《ほったてばしら》建物のような高層《こうそう》の建物にはしないこと。

②床を高くするつくりは，現在《げんざい》の東南アジアなど，熱帯《ねったい》の蒸《む》し暑く雨の多い地域《ちいき》でも見られる。

(3)登呂遺跡《とろいせき》と吉野ヶ里《よしのがり》遺跡は，ともに弥生時代の遺跡である。登呂遺跡では12棟《むね》の住居《じゅうきょ》と2つの倉庫，水田のあとなどが見つかった。吉野ヶ里遺跡では広大な環濠《かんごう》(むらを囲《かこ》む濠《ほり》)や物見《ものみ》やぐらのあとが見つかった。アは縄文時代，イ・ウは旧石器時代。

(4)高句麗《こうくり》は朝鮮《ちょうせん》半島の北部にあった国。好太王の碑《ひ》には，高句麗がたびたび倭《わ》の軍を破《やぶ》ったことが記されている。5世紀の倭の大王たちは中国の皇帝の力を借りて，高句麗に対して優位《ゆうい》に立とうとした。

(5)法隆寺の建築物《けんちくぶつ》は，1993年に「法隆寺地域の仏教建造物《けんぞうぶつ》」としてユネスコの世界文化遺産に登録された。

4 (1)**a**…ウ　**b**…カ

(2)ア　(3)カ

(4)①エ　②イ

解き方 (1)**a**…6世紀なかば，仏教が朝鮮半島の百済《くだら》から正式に伝えられた。

b…空海《くうかい》と同じころ天台宗《てんだいしゅう》をもたらしたキと区別する。オ・クは鎌倉《かまくら》時代に新しい仏教の宗派《しゅうは》を開いた。

(2)大和《やまと》朝廷は，古墳《こふん》時代のころから百済と連合して，高句麗や新羅《しらぎ》と戦っていた。イ…飛鳥《あすか》時代の初め。ウ・エ奈良《なら》時代の半ば。

(3)**C**…794年に桓武《かんむ》天皇が平安京《へいあんきょう》に都を移したことから，平安時代初めのできごととわかる。**B**…平安京ができてからちょうど100年後の894年，遣唐使《けんとうし》が停止された。**A**…藤原《ふじわら》氏が摂政《せっしょう》や関白《かんぱく》の地位につくようになったのは9世紀半ばで，11世紀には全盛《ぜんせい》をむかえた。

(4)①聖武天皇と光明皇后《こうみょうこうごう》は，東大寺《とうだいじ》に大仏《だいぶつ》をつくることによって，仏教の心を広め，国家の平安を実現しようとした。これを鎮護《ちんご》国家という。

②藤原頼通《ふじわらのよりみち》は，阿弥陀仏《あみだぶつ》の浄土《じょうど》をこの世に表現するために平等院鳳凰堂《びょうどういんほうおうどう》をつくった。アは鎌倉時代の日蓮《にちれん》，ウは鎌倉時代の禅宗《ぜんしゅう》について。

第2章 中世・近世の日本

1 武士の政治

力だめしの問題

1 (1)ウ
(2)例 白河上皇《しらかわじょうこう》が初めて行った，上皇(法皇《ほうおう》)がみずから行う政治《せいじ》のこと。
(3)2番目…ウ　4番目…オ
(4)①ウ　②オ

解き方 (1)いずれも朝廷《ちょうてい》の政治に不満をもつ武士《ぶし》や豪族《ごうぞく》を中心とする反乱《はんらん》である。瀬戸内海《せとないかい》で反乱を起こした藤原純友《ふじわらのすみとも》は，清和天皇《せいわてんのう》の子孫にあたる源氏《げんじ》におさえられた。

(2)上皇は，幼《おさな》い子や孫を天皇に立てて，政治の実権《じっけん》をにぎった。この点では，幼い天皇の摂政や関白となって摂関《せっかん》政治を行った藤原氏の方法と共通する。

(3)イ(1086年)→ウ(1156年の保元《ほうげん》の乱)→ア(1159年の平治《へいじ》の乱)→オ(1167年)→エ(1180年，源平《げんぺい》の戦いの始まり)の順。

(4)① 源 義朝《みなもとのよしとも》は頼朝《よりとも》の父である。保元の乱ではともに天皇方について戦った平 清盛《たいらのきよもり》と源義朝は，平治の乱では敵対《てきたい》して戦った。
②平清盛が進めた日宋貿易《にっそうぼうえき》では，宋銭《そうせん》が輸入《ゆにゅう》され，貨幣《かへい》の流通がさかんになった。明銭《みんせん》は室町《むろまち》時代に輸入されるようになった。

2 (1)①例 将軍のために命がけで戦う。
②(一)《いっ》所《しょ》(懸)《けん》命《めい》
③例 牛を使って耕すようになった。
④例 御恩《ごおん》としての土地がもらえず，幕府《ばくふ》に不満をもつようになったから。
(2)イ　(3)イ　(4)ア

解き方 (1)①図1は，走る馬の上から的《まと》に矢を射《い》る，笠懸《かさがけ》という訓練《くんれん》である。武士《ぶし》は領地《りょうち》にあるやしきに住み，武芸の訓練にはげんで戦いにそなえた。
②一所は「一つの所(自分の領地《りょうち》)」のこと，懸命は「命をかける」ことを表す。今では一生懸命と書くことも多い。
③牛にすきをひかせている。鎌倉《かまくら》時代には，牛や馬を使うこうした「牛馬耕《ぎゅうばこう》」が行われるようになった。
④元寇《げんこう》は外国との戦いだったため，新たな領地が得られず，御家人《ごけにん》に対する恩賞《おんしょう》が少なかった。

(2)エは1221年，アは1232年，イは1274・81年，ウは1297年。承久《じょうきゅう》の乱で鎌倉幕府が西日本へ勢力《せいりょく》を広げた後，最初の武家法《ぶけほう》である御成敗式目《ごせいばいしきもく》が定められた。

(3)円覚寺《えんがくじ》は，北条《ほうじょう》氏を始めとする武士にうけ入れられた禅宗《ぜんしゅう》の寺院である。アは岩手《いわて》県，ウは奈良《なら》県，エは京都《きょうと》府。

(4)「南無阿弥陀仏《なむあみだぶつ》」は念仏《ねんぶつ》とよばれる。念仏をとなえることをすすめた宗派《しゅうは》は，法然《ほうねん》によるアの浄土宗《じょうどしゅう》のほか，親鸞《しんらん》による浄土真宗《しんしゅう》，一遍《いっぺん》による時宗《じしゅう》がある。イは平安《へいあん》時代初めに空海《くうかい》が，ウは鎌倉時代に道元《どうげん》が，エは鎌倉時代に日蓮《にちれん》がおこした。

3 (1)A…ウ　B…イ　C…オ
(2)①建武《けんむ》の新政《しんせい》
②例 後醍醐《ごだいご》天皇が公家《くげ》を優先《ゆうせん》し，武家社会のならわしを無視《むし》したことに対して武士が不満をもったため。
(3)地名…吉野《よしの》　県名…奈良県
(4)イ
(5)戦乱…応仁《おうにん》の乱
説明…例 室町幕府の力が弱まり，多くの守護大名《しゅごだいみょう》にかわって，その家臣などが戦国《せんごく》大名となり，下剋上《げこくじょう》の風潮《ふうちょう》が広まった。

解き方 (1)A…足利尊氏《あしかがたかうじ》は，鎌倉幕府《かまくらばくふ》をたおす戦いを起こした後醍醐天皇に味方した人物。建武の新政が始まると，これに反発した。

B…足利義満《よしみつ》は尊氏の孫。義満が3代将軍になったころから，南朝《なんちょう》と北朝《ほくちょう》の戦いもおさまっていった。

C…足利義政《よしまさ》の弟と子の間で将軍の座《ざ》をめぐる争いが起こり，守護大名の細川《ほそかわ》氏と山名《やまな》氏の対立が結びついて応仁《おうにん》の乱が起こった。

(2)後醍醐天皇は武士の協力で鎌倉幕府をたおしたにもかかわらず，公家を重視して武士の政治を否定《ひてい》した。

(4)書院造《しょいんづくり》は禅宗の寺院の建築《けんちく》様式が，武家の住居にとり入れられたもの。アは安土《あづち》桃山《ももやま》時代，ウは江戸《えど》時代，エは鎌倉時代。

(5)応仁の乱で室町幕府の力がおとろえる一方，地方の武士が力をのばしていった。

チャレンジ問題

1 (1)①白河《しらかわ》　②イ　③エ
(2)エ　(3)ウ

解き方 (1)①藤原《ふじわら》氏が全盛《ぜんせい》をむかえたのは11世紀前半で，同じ世紀の後半には，藤原家をおさえて院政《いんせい》がしかれた。

②徳川《とくがわ》氏と豊臣《とよとみ》氏は，戦国《せんごく》時代から栄えた氏族である。

(2)白河上皇《しらかわじょうこう》は，「鴨川《かもがわ》の洪水《こうずい》，双六《すごろく》の目，延《えん》暦寺《りゃくじ》の僧兵《そうへい》は手に負えない」となげいていたとされる。

2 (1)①ウ
②例先祖《せんぞ》伝来の土地を保証《ほしょう》したり，新たな領地《りょうち》をあたえたりすること。
③北条政子《ほうじょうまさこ》
(2)①執権《しっけん》　②イ　(3)イ

解き方 (1)①ア・イ・エは壇ノ浦《だんのうら》の戦いにいたるまでの間に，京都《きょうと》や瀬戸内海沿岸《せとないかいえんがん》で起こった源平《げんぺい》の戦いである。

②御家人《ごけにん》が御恩《ごおん》に対してむくいるため，戦いに参加するなどしたのは奉公《ほうこう》。

③北条政子は 源《みなもとの》 頼朝《よりとも》の妻《つま》で，頼朝の死後は，政子とその実家の北条氏が幕府の実権をにぎった。

(2)①将軍《しょうぐん》を助けて政治を行う職《しょく》。室町《むろまち》幕府の管領《かんれい》と区別する。

②Y…地頭《じとう》は守護《しゅご》の誤《あやま》り。地頭は荘園《しょうえん》・公領《こうりょう》の土地の管理を行った。

(3)ア…7世紀の白村江《はくすきのえ》の戦いについて。ウ…16世紀の朝鮮侵略《ちょうせんしんりゃく》について。エ…19世紀の日清《にっしん》戦争について。

3 (1)エ　(2)ウ　(3)エ　(4)イ

解き方 (1)室町幕府の将軍を助ける職は管《かん》領《れい》なので，イ・ウはあてはまらない。「鎌《かま》倉府《くらふ》の組織は室町幕府とほぼ同じで，権《けん》限《げん》も大きかった」とあるので，管領と同等の位置にあるエを選ぶ。鎌倉府は関東《かんとう》地方のほか，伊豆《いず》(静岡《しずおか》県)，甲斐《かい》(山梨《やまなし》県)，陸奥《むつ》・出羽《でわ》(東北《とうほく》地方)をおさめた。鎌倉府の長官の鎌倉公方《くぼう》には足利《あしかが》氏の一族がついた。

(2)足利義満の政治《せいじ》は14世紀後半から15世紀初め。ア・イは15世紀後半の足利義《よし》政《まさ》のころ。エは15世紀末。

(3)足利義満の保護《ほご》をうけた観阿弥《かんあみ》・世阿弥《ぜあみ》が，能《のう》を大成した。ア…平安《へいあん》時代のこと。イ…銀閣《ぎんかく》は金閣《きんかく》の誤り。ウ…法隆寺《ほうりゅうじ》は龍《りょう》安寺《あんじ》などの誤り。

(4)ウは1398年，エは1404年でともに足利義満のころである。イは1428年。正《しょう》長《ちょう》の土《つち》《ど》一揆《いっき》は初めて起こった土一揆である。アは1467年で，このころから戦国時代が始まった。

2 信長《のぶなが》・秀吉《ひでよし》・家康《いえやす》の天下統一

力だめしの問題

❶ (1)長篠《ながしの》の戦い
(2)ア　(3)エ　(4)ア
(5)例 南蛮貿易《なんばんぼうえき》での利益《りえき》が得られるから。
(6)長崎《ながさき》　(7)イ

解き方 (1)鉄砲《てっぽう》を導入《どうにゅう》したのは，織田《おだ》信長と徳川《とくがわ》家康の連合軍。このころ武田《たけだ》軍は戦国《せんごく》最強といわれていたが，柵《さく》の背後《はいご》から入れかわり立ちかわり鉄砲を発射《はっしゃ》する織田・徳川軍に敗れた。この後，鉄砲が戦いの主要な武器となった。

(2)ポルトガル人などの南蛮人は，鉄砲・火薬・中国《ちゅうごく》の生糸《きいと》などをもたらし，銀などをもち帰った。**イ**…桶狭間《おけはざま》の戦いは長篠の戦いの誤《あやま》り。**ウ**…ザビエルはスペイン出身。**エ**…出島《でじま》で貿易が続けられたのはオランダである。

(3) 1549 年に鹿児島《かごしま》にきたザビエルは，その後，平戸《ひらど》・山口《やまぐち》・大分《おおいた》・堺《さかい》などでキリスト教を布教《ふきょう》した。

(4)**イ**～**エ**は，南蛮貿易のときの輸出品《ゆしゅつひん》。

(5)キリスト教徒となった大名《だいみょう》を，キリシタン大名という。宣教師《せんきょうし》は貿易船でやってきたため，布教を許《ゆる》すことで貿易を広げることができた。大名にとっては，南蛮人がもたらす鉄砲や火薬を手に入れる必要があった。

(6)南蛮人が最初に来航《らいこう》したのが九州《きゅうしゅう》。長崎は江戸《えど》時代初めの鎖国《さこく》後も，ヨーロッパに対するただ1つの窓口《まどぐち》として栄えた。

(7)天正遣欧《てんしょうけんおう》少年使節を送ったキリシタン大名は，大友《おおとも》・大村《おおむら》・有馬《ありま》の3氏である。**ア**もキリシタン大名だが，使節には関係がない。**ウ**・**エ**は朝鮮侵略で功績《こうせき》をあげた大名。

❷ (1)ア　(2)エ　(3)エ　(4)エ
(5)明智光秀《あけちみつひで》　(6)イ→エ→ア→ウ

解き方 (1)楽市《らくいち》令である。商工業の発展《はってん》をうながすため，城下《じょうか》では商人たちに市の税《ぜい》を免除《めんじょ》し，自由な営業《えいぎょう》を認《みと》めた。

(2)京都に入った織田信長は，足利義昭《よしあき》を室町幕府《むろまちばくふ》の 15 代将軍《しょうぐん》に立てて勢力《せいりょく》を強めたが，その後義昭と対立し，1573 年に義昭を京都から追放して幕府を滅《ほろ》ぼした。**ア**は室町幕府3代将軍，**イ**は 13 代将軍，**ウ**は8代将軍。

(3)**ア**…騎馬《きば》による戦法と鉄砲による戦法が逆《ぎゃく》である。**イ**…石山本願寺《いしやまほんがんじ》の跡地《あとち》には，豊臣《とよとみ》秀吉が大阪《おおさか》城を築《きず》いた。**ウ**…織田信長は座の特権《とっけん》をとり上げた。**エ**…一方，豊臣秀吉は最初キリスト教の布教を認めたが，のちに禁止した。

(4)**エ**は 1560 年，**ウ**は 1571 年，**ア**は 1573 年，**イ**は 1582 年。桶狭間の戦いの勝利で織田信長は名をあげ，東海《とうかい》地方での勢力を強めた。

(5)織田信長が家臣である明智光秀の反逆によりたおされたこのできごとを，本能寺《ほんのうじ》の変という。

(6)**イ**(1575 年，長篠の戦い)→**エ**(1582 年)→**ア**(1587 年)→**ウ**(1590 年)の順。豊臣秀吉の全国統一は，関東の北条《ほうじょう》氏を滅ぼし，奥州《おうしゅう》(東北地方)をおさえることで成しとげられた。

❸ (1)①刀狩令《かたながりれい》　②大仏《だいぶつ》
③例 百姓《ひゃくしょう》の一揆《いっき》を防《ふせ》ぎ，年貢《ねんぐ》を確実《かくじつ》におさめさせる。
(2)兵農分離《へいのうぶんり》　(3)エ　(4)ウ
(5)大阪の陣《じん》　(6)イ

解き方 (1)①刀狩令は，1588 年に発せられた。

②豊臣秀吉は，京都の方広寺《ほうこうじ》に大仏をつくるくぎなどに金属《きんぞく》を利用すると理由をつけて，刀をとりあげた。

③「年貢などを…おさめず」「一揆をくわだて」の部分に注目する。百姓を耕作《こうさく》に専念《せんねん》させようとした。

(2)Aの刀狩令により，百姓が武力《ぶりょく》をふるうことを禁止《きんし》し，Bの太閤検地《たいこうけんち》により，百姓は石高《こくだか》に応《おう》じて年貢をおさめることとした。

(3)ア…桶狭間の戦いではなく山崎の戦い。イ…上杉《うえすぎ》氏ではなく北条氏。ウ…清《しん》は明《みん》の誤り。

(4)関東を領地《りょうち》としていた徳川家康が勢力《せいりょく》をのばし，豊臣政権を守ろうとした石田三《いしだみつ》成《なり》らと戦った。

(5) 1615 年，徳川家康は大阪の陣で豊臣氏を滅ぼした。

(6)加賀《かが》の前田氏は，関ヶ原《せきがはら》の戦いのころから徳川氏にしたがった外様《とざま》大名である。親藩《しんぱん》の尾張《おわり》・紀伊《きい》・水戸《みと》は，とくに「御《ご》三家《さんけ》」とよばれて重んじられた。

3 江戸《えど》時代の社会の発展

力だめしの問題

❶ (1)①徳川家光《とくがわいえみつ》　②ア

(2)エ　(3)エ　(4)オ

解き方 (1)② 1635 年，3代将軍《しょうぐん》の徳川家光が出した武家諸法度《ぶけしょはっと》で参勤交代《さんきんこうたい》が制度《せいど》化された。イの鎖国令《さこくれい》も，家光のとき出されたもの。

(2)エ…鎖国の間，正式な国交があったのは朝鮮《ちょうせん》で，オランダ・中国《ちゅうごく》とは通商関係が続いた。アの朱印船貿易《しゅいんせんぼうえき》は，徳川家光が日本人の海外渡航《とこう》と帰国を禁止《きんし》したことでとだえた。

(3)徳川綱吉《つなよし》は徳川家光の誤《あやま》り。島原《しまばら》・天草《あまくさ》一揆《いっき》は 1637 年に九州《きゅうしゅう》の島原・天草地方で始まり，翌年《よくねん》，幕府《ばくふ》の大軍にしずめられた。

(4)江戸《えど》時代には公家《くげ》・武士《ぶし》・百姓《ひゃくしょう》・町人《ちょうにん》のほか，「えた」「ひにん」として差別されていた人々がいたことをおさえておく。オの歌舞伎《かぶき》の芝居小屋《しばいごや》は，江戸の3か所のみが公認《こうにん》されていた。

❷ (1)ウ　(2)イ

(3)例 大名《だいみょう》の妻子《さいし》が江戸から逃亡《とうぼう》したり，武器《ぶき》が江戸に入るのを防《ふせ》ぐこと。

(4)ウ

(5)(右図)

(6)イ

解き方 (1)ウ…琵琶湖《びわこ》と大阪湾《おおさかわん》を結ぶ淀川《よどがわ》など，河川《かせん》も交通路としてさかんに利用された。また，西廻《にしまわ》り航路や東廻《ひがしまわ》り航路を始めとする航路が開かれた。

(2)東京《とうきょう》都から内陸の長野県などを通り，京《きょう》都《と》府へいたることから，中山道《なかせんどう》とわかる。東海道《とうかいどう》の場合は，太平洋《たいへいよう》岸の静岡《しずおか》県などを通る。

(3)参勤交代の制度《せいど》により，大名の妻子は人《ひと》質《じち》として江戸に移《うつ》し，大名は1年おきに江戸と領地《りょうち》に住むこととされていた。この妻子が江戸から逃亡することなどを，幕府は警戒《けいかい》した。

(4)京都は文芸や手工業の中心地。大阪は商業の中心地として「天下の台所」とよばれた。将軍の住む江戸は「将軍のおひざもと」とよばれた。これら3都市を三都《さんと》とよぶ。

(5)酒田《さかた》から日本海《にほんかい》岸を南西へむかい，下関《しものせき》を経由《けいゆ》し瀬戸内海《せとないかい》に入り，大阪へ向かう航路をえがく。

(6) **b** …享保《きょうほう》の改革《かいかく》の内容《ないよう》。松平定信《まつだいらさだのぶ》ではなく徳川吉宗《よしむね》である。**c** …小林一茶《こばやしいっさ》の句《く》である。

3 **(1)ウ　(2)ウ→エ→イ→ア**
(3)イ　(4)松尾芭蕉《まつおばしょう》　(5)イ
(6)オランダ　(7)弘道館《こうどうかん》

解き方 (1)年代順では，享保の改革→寛政《かんせい》の改革→天保《てんぽう》の改革の順に行われた。Ⅰ…水野忠邦《みずのただくに》は，株仲間《かぶなかま》が商品の流通を独《どく》占《せん》していることが物価《ぶっか》の上昇《じょうしょう》の原因《げんいん》と考えた。Ⅱ…徳川吉宗の行ったこの政策《せいさく》を，上《あ》げ米《まい》の制《せい》という。Ⅲ…松平定信は湯島《ゆしま》の聖堂学問所を昌平坂《しょうへいざか》学問所とあらため，幕府の学校として，武士に朱子学《しゅしがく》を学ばせた。

(3)元禄《げんろく》のころ，近松門左衛門《ちかまつもんざえもん》は武士や町人のくらしを人形浄瑠璃《じょうるり》や歌舞伎の脚本《きゃくほん》に書いた。アは俳諧《はいかい》，ウは浮世草子《うきよぞうし》を書いた。エは歌舞伎役者。

(4)連歌《れんが》から起こった俳諧は，松尾芭蕉によって芸術性《げいじゅつせい》が高められた。

(5)菱川師宣《ひしかわもろのぶ》は浮世絵《うきよえ》の祖《そ》とよばれる。ア…『東海道中膝栗毛《ひざくりげ》』はこっけいな読み物である。ウ・エ…『富嶽三十六景《ふがくさんじゅうろっけい》』は葛《かつ》飾北斎《しかほくさい》の浮世絵，『東海道五十三次《ごじゅうさんつぎ》』は歌川広重《うたがわひろしげ》の浮世絵である。

(6)オランダ語をもとに，西洋の学問を学ぶことを，蘭学《らんがく》という。杉田玄白《すぎたげんぱく》や前野良《まえのりょう》沢《たく》は，オランダ語で書かれたドイツの医学書を苦心の末に翻訳《ほんやく》し，『解体新書《かいたいしんしょ》』として出版《しゅっぱん》した。

(7)水戸《みと》の弘道館のほか，薩摩《さつま》の造士館《ぞうしかん》，長《ちょう》州《しゅう》の明倫館《めいりんかん》などが有名である。

チャレンジ問題

1 **(1)①え　②お　③あ**
(2)カ　(3)キリスト

解き方 (1)①イは 1584 年の小牧《こまき》・長久手《ながくて》の戦い。ウの関白就任《かんぱくしゅうにん》は 1585 年。アの朝《ちょう》鮮侵略《せんしんりゃく》は 1592～98 年。イ・ウの区別はむずかしいが，対立していた徳川家康《とくがわいえやす》とこののち手を結んだことで，豊臣秀吉《とよとみひでよし》が全国統一《とういつ》を達成できたことをおさえておく。

②ウは桶狭間《おけはざま》の戦いで 1560 年。アによって室町幕府《むろまちばくふ》が滅亡《めつぼう》したのは 1573 年。イは長篠《ながしの》の戦いで 1575 年。

③アは鉄砲《てっぽう》の伝来で 1543 年。イはキリスト教の伝来で 1549 年。ウの川中島《かわなかじま》の戦いは 1553～1564 年。

(2) **A** …ザビエルは最初，鹿児島《かごしま》に上陸した。**B**…鎖国《さこく》の間も貿易《ぼうえき》が行われたのは長崎《ながさき》。**C**…オランダ商館が平戸《ひらど》から長崎の出島《でじま》に移《うつ》されたことで，平戸での貿易《ぼうえき》は終わった。

(3)スペイン・ポルトガルはいずれもカトリックの国で，キリスト教の布教《ふきょう》と貿易を目的に来航《らいこう》した。一方でオランダはプロテスタントの国で，布教を目的としなかったために鎖国の間も貿易を許《ゆる》された。

2 **(1)ウ　(2)ア・ウ　(3)イ　(4)イ**
(5)例 明《みん》を征服《せいふく》する目的で，朝鮮に出兵した。

解き方 (1)ア…①の資料《しりょう》から，刀の生産技《ぎ》術《じゅつ》が鉄砲に利用されたことがわかる。イ…②の資料から，火薬の原料のうち，硫《い》黄《おう》と木炭は国内で手に入ったことがわかる。ウ…南蛮貿易はキリシタン大名《だいみょう》の領《りょう》内《ない》でも行われたが，おもな貿易港だった平戸はそうではない。エ…資料④から，南蛮貿易では中国《ちゅうごく》産の生糸《きいと》・絹織物《きぬおりもの》も輸入されていた。

(2)**イ**…武田信玄《たけだしんげん》ではなく武田勝頼《かつより》。**エ**…延暦寺《えんりゃくじ》は真言宗《しんごんしゅう》ではなく天台宗《てんだいしゅう》の本山。**オ**…小田原城《おだわらじょう》の北条《ほうじょう》氏を攻《せ》め落としたのは豊臣秀吉である。

(3)長崎の土地がキリシタン大名から宣教師《せんきょうし》の団体《だんたい》へおくられていたことを知った豊臣秀吉は，キリスト教を禁《きん》じることにした。

(4)**ア**の北条早雲《そううん》は15～16世紀に戦国《せんごく》大名としての北条氏の祖《そ》となった人物。**ウ**・**エ**は鎌倉《かまくら》時代に執権《しっけん》を代々ついだ一族で，戦国大名の北条氏とは直接《ちょくせつ》のつながりはない。

(5) 16世紀末の朝鮮侵略によって，日本と朝鮮・明との国交はとだえた。

3 (1)**阿国《おくに》**　(2)**a…ウ**　**b…オ**
(3)**イ→ア→ウ**
(4)例**オランダ商館長が幕府に提出《ていしゅつ》した「オランダ風説書《ふうせつがき》」から得た。[清国から長崎にもたらされた海外情報《じょうほう》から得た。朝鮮通信使《つうしんし》がもたらした知識《ちしき》から得た。琉球《りゅうきゅう》王国の使節がもたらした海外情報から得た。]**
(5)**イ**　(6)**シャクシャイン**　(7)**エ**

解き方 (1)阿国は出雲《いずも》大社の巫女《みこ》を名のっていた女性《じょせい》。

(2)参勤交代《さんきんこうたい》の制度《せいど》は，①大名は1年ごとに領地《りょうち》と江戸《えど》を往復《おうふく》する，②大名の妻子《さいし》はずっと江戸屋敷《やしき》に住む，の2点をおさえておく。妻子も1年おきに領地へ帰れたわけではないので注意する。

(3)**イ**(1635年)→**ア**(1639年)→**ウ**(1641年)の順。

(4)たとえばオランダ商館長から提供《ていきょう》された「オランダ風説書」は，翻訳《ほんやく》されて老中《ろうじゅう》のもとに届《とど》けられた。

(5)**ア**の松前藩《まつまえはん》はアイヌの人たち，**エ**の薩摩《さつま》藩は琉球王国と貿易を行っていた。

(6)シャクシャインは，戦いをやめるための話し合いの場で，松前藩によって殺害された。

(7)徳川綱吉《つなよし》は，貨幣《かへい》にふくまれる金を減《へ》らすとともに大量の貨幣を発行した。この結果，価値《かち》が下がる一方で，物価《ぶっか》が上がり，人々を苦しめる結果となった。

4 (1)**ウ**　(2)**エ→ウ→ア→イ**　(3)**ウ**
(4)**①ア**　**②ウ**　**③イ**

解き方 (1)**ア**…寛政《かんせい》の改革《かいかく》，天保《てんぽう》の改革にあてはまる説明。**イ**…享保《きょうほう》の改革の内容《ないよう》として正しい。政治《せいじ》の引きしめは，のちの寛政の改革，天保の改革でもめざされた。**ウ**…上《あ》げ米《まい》ではなく囲米《かこいまい》が正しい。上げ米は大名に一定量の米をおさめさせるかわりに，参勤交代をゆるめた制度《せいど》で，享保の改革で行われた。**エ**…天保の改革の内容として正しい。なお，寛政の改革では旧里帰農令《きゅうりきのうれい》によって農民が村に帰ることをすすめた。

(2)**エ**(1657年)→**ウ**(1718年)→**ア**(1783年)→**イ**(1837年)の順。**ウ**の町火消《まちびけし》は享保の改革で設置《せっち》された。**ア**の老中は田沼《たぬま》意次《おきつぐ》，**イ**の元役人は大塩平八郎《おおしおへいはちろう》のこと。

(3)「大量に運ぶ」点から，海上輸送《ゆそう》を選ぶ必要があるので，**ア**・**オ**を除《のぞ》く。川だけで江戸・大阪《おおさか》間は結ばれていないので，**エ**は除く。**イ**の西廻《にしまわ》り航路は東北《とうほく》地方から日本海《にほんかい》・瀬戸内海《せとないかい》をまわって大阪へいたる航路なのであてはまらない。17世紀の中ごろから，江戸・大阪間にはさまざまな廻船《かいせん》が定期的に往復《おうふく》していた。

(4)①さとうきびは琉球王国でつくられていた。②滝沢馬琴《たきざわばきん》は化政《かせい》文化のころ『南総《なんそう》里見《さとみ》八犬伝《はっけんでん》』をあらわした。③菱川師宣《ひしかわもろのぶ》は元禄《げんろく》文化のころの絵師《えし》である。**ア**・**ウ**のころ，浮世絵《うきよえ》は錦絵《にしきえ》として発達した。

5 (1)**松平定信《まつだいらさだのぶ》**
(2)**イ** (3)**エ**
(4)例 **くり返し刷《す》れる版画《はんが》であり，安く大量に作成できたため。**
(5)**イ・エ**
(6)**a…ア b…イ c…イ d…ア**

解き方 (1)松平定信が老中となったころには，それまでの田沼意次のわいろ政治を批判《ひはん》して「田や沼や よごれた御代《みよ》を改めて 清くそすめる 白河《しらかわ》の水」という狂歌《きょうか》がよまれた。ところが，松平定信の改革で社会がきびしく統制《とうせい》されると，資料《しりょう》の「(白河藩主だった)松平定信の厳《きび》しすぎる政治より，汚職《おしょく》はあったがはなやかだった田沼時代がなつかしい」という意味の狂歌がよまれた。

(2)ア…『東海道五十三次《とうかいどうごじゅうさんつぎ》』は歌川広重《うたがわひろしげ》の浮世絵。ウ…『曾根崎心中《そねざきしんじゅう》』は近松門左衛《ちかまつもんざえ》門《もん》の人形浄瑠璃《じょうるり》の脚本《きゃくほん》。エ…『世間胸算《せけんむねさん》用《よう》』は井原西鶴《いはらさいかく》の浮世草子《うきよぞうし》。

(3)エ…江戸時代後半の近松門左衛門は人形浄瑠璃《じょうるり》や歌舞伎《かぶき》の脚本を書いた人物である。

(4)浮世絵は木版画であり，元禄文化の最初のころは，墨《すみ》一色で刷ったものに，筆で色をつけていた。18世紀半ばになると，版木を分けて色を重ねていく多色刷《たしょくず》りの版画(錦絵)となり，大量に発行できるようになった。

(5)ア…室町時代の文化。ウ…明治《めいじ》時代の文化。オ…平賀源内《ひらがげんない》ではなく本居宣長《もとおりのりなが》。カ…滝沢馬琴ではなく近松門左衛門。キ…安土桃山《あづちももやま》時代の文化。

(6)寺子屋《てらこや》では，僧《そう》や神主《かんぬし》，武士，百姓《ひゃくしょう》などが子供《こども》たちを教えた。

第3章 近代の日本

1 近代日本のあゆみ

力だめしの問題

1 (1)**オ** (2)**イ** (3)**ウ，版籍奉還《はんせきほうかん》**

解き方 (1)a…ラクスマンはアメリカではなくロシアの使節。来航《らいこう》したのは長崎《ながさき》ではなく根室《ねむろ》である。来航した1792年当時の幕府《ばくふ》では，松平定信《まつだいらさだのぶ》による寛政《かんせい》の改《かい》革《かく》が行われていた。

(2)日本はアメリカに，イの領事裁判権《りょうじさいばんけん》(治外《ちがい》法権《ほうけん》)を認《みと》めた。ア・ウ・エは，日米修好《にちべいしゅうこう》通商条約《つうしょうじょうやく》の4年前に結ばれた日米和親《にちべいわしん》条約の内容《ないよう》である。

(3)ウ…1869年，版《はん》(土地)と籍《せき》(人民)を朝廷へ返させる版籍奉還が行われた。この改革が不十分だったため，2年後に廃藩《はいはん》置県《ちけん》が行われた。

2 (1)**ア・イ** (2)**イ** (3)**ア** (4)**エ**
(5)①**天皇《てんのう》** ②**伊藤博文《いとうひろぶみ》**
③例 **君主の権力が強い点。**
④**自由民権《じゆうみんけん》運動**

解き方 (1)文明開化《ぶんめいかいか》七つ道具としては，郵《ゆう》便《びん》・蒸気船《じょうきせん》のほか，新聞社・ガス灯・鉄道などが考えられる。ウは明治《めいじ》時代後期，エは大正《たいしょう》時代，オは明治時代後期に登場した。

(2)最初の鉄道は，新橋《しんばし》(東京《とうきょう》都)・横浜《よこはま》間に開通した。横浜は，開港後に最大の貿易《ぼうえき》港として発展《はってん》していた。

(3)五箇条《ごかじょう》の御誓文《ごせいもん》では「万機公論《ばんきこうろん》」がかかげられ，人々の意見を広く集め，何事も公の場で議論して決めようという方針《ほうしん》が示《しめ》されたのでアは誤《あやま》り。しかし，実際《じっさい》には一部の藩の出身者が実際の権力をにぎっていた。

⑷エ…地租《ちそ》改正のこと。最初，地租の税率《ぜいりつ》は地価《ちか》の3％とされた。

⑸①大日本帝国憲法《けんぽう》では，天皇が国の元首として軍隊をひきいて，外国と条約を結ぶなどの強い権限《けんげん》をもった。

②③伊藤博文は，ドイツへ行って君主権の強い憲法を学んで帰国し，憲法草案をつくるとともに，内閣制度《ないかくせいど》など憲法に関するさまざまな制度をつくった。

④自由民権運動は，国民が選んだ議員からなる国会の開設《かいせつ》を求めた。

2 日清《にっしん》・日露《にちろ》戦争と日本

3 第一次世界大戦と日本の動き

力だめしの問題

❶ ⑴①オ　②イ　⑵イ
⑶ウ　⑷ア・イ・カ　⑸イ

解き方 ⑴下関条約《しものせきじょうやく》で日本が手に入れたのはイの遼東《りょうとう》《リャオトン》半島，オの台湾《たいわん》と澎湖諸島《ほうこしょとう》である。このうち，遼東半島は，満州《まんしゅう》に勢力を広げたいロシアとドイツ，フランスの三国干渉《さんごくかんしょう》により清に返した。

⑵岩倉使節団《いわくらしせつだん》のるすを守った西郷隆盛《さいごうたかもり》や板垣退助《いたがきたいすけ》は，征韓論《せいかんろん》を主張《しゅちょう》し，帰国した大久保利通《おおくぼとしみち》らと対立するようになった。

⑶井上馨《いのうえかおる》は，鹿鳴館《ろくめいかん》での舞踏会《ぶとうかい》に外国の外交官を招《まね》くなどの欧化政策《おうかせいさく》をとった。ア…伊藤博文は陸奥宗光《むつむねみつ》の誤《あやま》り。イ…陸奥宗光は小村寿太郎《こむらじゅたろう》の誤り。エ…大久保利通は岩倉具視《ともみ》の誤り。

⑷ウ…本人の希望に関係なく，また，士《し》族《ぞく》・平民《へいみん》の区別なく兵役につくことを義《ぎ》務《む》づけられた。エ…直接国税《ちょくせつこくぜい》15円以上をおさめる満25歳《さい》以上の男子に選挙権が認《みと》められた。オ…大久保利通は板垣退助の誤り。征韓論は，武力を使ってでも朝鮮《ちょうせん》を開国させようという主張である。

⑸アは第一次世界大戦，ウは日清戦争，エは1858年のアロー戦争中に清が欧米諸《おうべいしょ》国《こく》と結んだ条約と，1885年に日本と結んだ条約がある。

❷ ⑴ア　⑵ウ
⑶①吉野作造《よしのさくぞう》　②イ　③エ
⑷イ　⑸イ

解き方 ⑴富岡製糸場《とみおかせいしじょう》は群馬《ぐんま》県につくられた。

⑵第一次世界大戦の講和《こうわ》条約として，1919年，ベルサイユ条約が結ばれた。この結果，ドイツは巨額《きょがく》の賠償金《ばいしょうきん》を課せられ，軍備《ぐんび》を縮小《しゅくしょう》された。

⑶①吉野作造は，英語のデモクラシーを「民主主義《しゅぎ》」と訳《やく》すと，主権が国民にあるように見えて，当時の天皇主権の体制《たいせい》を否定《ひてい》してしまうと考え，「民本《みんぽん》主義」ということばを使った。

② 1924年に第二次護憲《ごけん》運動が起こり，加藤高明《かとうたかあき》が政党《せいとう》内閣をつくり，翌年普通《よくねんふつう》選挙法を成立させた。アは米騒動《こめそうどう》後に就《しゅう》任《にん》し，1918年に初の本格的《ほんかくてき》な政党内閣をつくった首相。ウは1932年に五《ご》・一《いち》五事件《ごじけん》で暗殺された首相。エは1941年に太平洋《たいへいよう》戦争を開始した時の首相。

③同じ1925年，天皇制を否定する考えや社会主義運動をとりしまるため，治安《ちあん》維持《いじ》法を定めた。アは1938年，イは1900年，ウは1873年に出された。

⑷滝廉太郎《たきれんたろう》は欧米の表現をとり入れて，『荒城《こうじょう》の月』や『花』などを作曲した。アは『舞姫《まいひめ》』などを書いた小説家。ウは破傷風《はしょうふう》の血清療法《けっせいりょうほう》を発見した医学者。エは黄熱病《おうねつびょう》の研究をした医学者。

⑸夏目漱石《なつめそうせき》は，西洋化が進む中で日本人としての生き方を探《さが》し求めた。芥川龍之介《あくたがわりゅうのすけ》は人間の本性《ほんしょう》を短編《たんぺん》にえがいた。『銀河《ぎんが》鉄道の夜』は宮沢賢治《みやざわけんじ》の童話。

チャレンジ問題

1 (1)イ

(2)① **a**…異国船打払《いこくせんうちはらい》

b…ペリー　**c**…日米和親

d…井伊直弼《いいなおすけ》　**e**…ハリス

f…日米修好通商《にちべいしゅうこうつうしょう》

②ウ

③例 日本国内に外国から安い製《せい》品《ひん》が輸《ゆ》入《にゅう》されて，国内産の製品が売れなくなる。(34字)

(3)長崎《ながさき》港

解き方 (1)ア(1792年)→ウ(1804年)→イ(1825年)→エ(1837年)の順。ラクスマンとレザノフはロシア，モリソン号はアメリカによる接近である。

(2)① **a**…ロシアのほかにも，イギリスの軍《ぐん》艦《かん》が長崎に侵入《しんにゅう》するなどの事件《じけん》が起こったため，江戸幕府《えどばくふ》は異国船打払令を発した。**b・c・e**…ペリーとの間に結ばれたのが日米和親条約《わしんじょうやく》，ハリスとの間に結ばれたのが日米修好通商条約である。**d・f**…朝廷《ちょうてい》の許《ゆる》しのないまま日米修好通商条約を結んだ井伊直弼は，尊王攘夷派《そんのうじょういは》の反感を買った。

②ウ…日米和親条約で開港したのは，函《はこ》館《だて》と下田《しもだ》である。

③関税自主権は，輸出入品にかける関税率《りつ》を自由に決定する権利のこと。輸入品に高い関税をかけることで，安い輸入品の流入を防《ふせ》いで国産品を守る政策《せいさく》は，現《げん》在《ざい》の世界貿易《ぼうえき》でも行われている。

(3)生糸《きいと》・茶は開国後の日本の主要輸出品であり，当時の最大の貿易港は横浜《よこはま》港だったことから，アが横浜港だと考えられる。ウはこんぶなどの海産物が多いことから，蝦夷地《えぞち》の函館港。残るイは長崎港となる。

2 (1)イ・エ　(2)エ→ウ→ア→イ

(3)①ウ　②関税自主権

③陸奥宗光《むつむねみつ》

(4)ウ

解き方 (1)イの新潟《にいがた》，エの兵庫《ひょうご》(神戸《こうべ》)のほか，函館・神奈川《かながわ》(横浜)・長崎の計5港が開港された。これにともなって，日米和親条約で開港された下田は閉鎖《へいさ》された。

(2)エ(1858年)→ウ(1862年)→ア(1866年)→イ(1867年)の順。日米修好通商条約が朝廷の許しのないまま結ばれたため，薩摩藩《さつまはん》などでは攘夷論《じょういろん》が高まり，外国人をおそう生麦事件《なまむぎじけん》を引きおこした。

(3)①関税自主権が認《みと》められなかったため，外国の綿織物《めんおりもの》に高い関税をかけることができなかった。この結果，安い輸入品がでまわり，国内の綿織物業がおとろえた。また，輸出にまわされた生糸《きいと》は品不足となった。

③外国人が罪《つみ》をおかしたとき，その外国の領事《りょうじ》が犯罪《はんざい》者の裁判《さいばん》を行う権利を領事裁判権という。1894年にイギリスとの間で領事裁判権の撤廃《てっぱい》に成功した。

(4)ウ…憲法《けんぽう》の制定《せいてい》が求められるようになったのは，1874年に自由民権《じゆうみんけん》運動が起こってから。

3 (1)イ　(2)ウ

(3)名前…地租《ちそ》改正

説明…例 政府《せいふ》の財政《ざいせい》を安定させるため，米でおさめさせた年貢《ねんぐ》にかわり，地主に地価《ちか》の3%を現金でおさめさせた。

(4)例 富国強兵《ふこくきょうへい》や殖産興業《しょくさんこうぎょう》によって，国力を欧米諸国《おうべいしょこく》に近づけること。

(29字)

(5)エ

解き方 (1)太陽暦《たいようれき》の採用《さいよう》は1872年のことで，廃藩置県《はいはんちけん》(1871年)，西南《せいなん》戦争(1877年)の間である。

(2)学制《がくせい》の6歳《さい》，徴兵令《ちょうへいれい》の20歳，第1回衆議《しゅうぎ》院《いん》議員選挙の25歳の，3種類の年齢規《ねんれいき》定《てい》を区別できるようにしておく。ウ…兵役の義務《ぎむ》を負ったのは男子のみである。

(3)**A**から，江戸時代の税《ぜい》が米をおさめる年貢だったことがわかる。**B**から，明治《めいじ》政府が地価を定めて，土地の所有者に地券《ちけん》を発行したことがわかる。地租は当初，地価の3％と定められ，土地所有者に現金でおさめさせることとした。

(4)官営《かんえい》工場の設立《せつりつ》，徴兵令などがこの政策にあてはまる。

(5)大久保利通《おおくぼとしみち》と西郷隆盛は，ともに薩摩藩の中心人物で，江戸時代末には倒幕《とうばく》運動を進めた。

4 (1)例 れんがづくりの建物[ガス灯《とう》]が見られる。馬車[人力車《じんりきしゃ》]が走っている。

(2)例 中国《ちゅうごく》の影響力《えいきょうりょく》を弱め，日本が朝鮮《ちょうせん》に勢力《せいりょく》を広げるため。

(3)エ　(4)ウ　(5)**c**

解き方 (1)こうもり傘《がさ》をさした，洋装《ようそう》の人が歩いている点を書いてもよい。

(2)朝鮮は，国交を開こうとする日本の求めを断《ことわ》っていた。明治政府は，朝鮮と日朝《にっちょう》修好条規《しゅうこうじょうき》を結ぶことで朝鮮と清《しん》の朝貢《ちょうこう》関係を終わらせ，朝鮮と新しい関係を結ぼうとした。

(3)ドイツの憲法の君主が強い権力をもつ点を，大日本帝国憲法にとり入れた。

(4)民撰議院設立《みんせんぎいんせつりつ》の建白書《けんぱくしょ》(1874年)→伊藤《いとう》博文《ひろぶみ》が初代内閣総理《ないかくそうり》大臣となる(1885年)→帝国議会が発足《ほっそく》する(1890年)→25歳以上のすべての男子に選挙権(1925年)の順となる。

(5)大日本帝国憲法においては，天皇に主権があり，国の統治権《とうちけん》をもつだけでなく軍隊を指揮《しき》・統率《とうそつ》する権限《けんげん》をにぎっていた。

5 (1)例 日清《にっしん》戦争と比較《ひかく》して死者も戦費も多く，負担《ふたん》が大きかったのにもかかわらず，賠償金《ばいしょうきん》が得《え》られなかったから。

(2)ウ

(3)**X**…二十一か条の要求

Y…ベルサイユ

(4)ウ

解き方 (1)死者・戦費とも，日露《にちろ》戦争のほうが日清戦争より多かった。しかし，日清戦争で得られた賠償金が日露戦争では得られなかった。

(2)産業革命《さんぎょうかくめい》が起こると，綿糸《めんし》生産量が輸入《ゆにゅう》量を上まわり，日清戦争後には，清や朝鮮にも輸出されるようになった。

(3)二十一か条の要求の受け入れに不満をもった中国の人々は，1919年に五《ご》・四《し》運動を起こした。

(4)ア…ラジオ放送の開始は大正《たいしょう》時代の1925年。イ…プロレタリア文学は小林《こばやし》多喜二《たきじ》の『蟹工船《かにこうせん》』などがあてはまり，これも大正時代。エ…物理学者の湯川秀《ゆかわひで》樹《き》がノーベル賞を受賞したのは1949年。

第4章 現代の日本

1 新しい日本の始まり

2 現代の日本と世界

力だめしの問題

❶ (1)①ア　②エ　(2)東条英機《とうじょうひでき》
(3)イ・エ

解き方 (1)①柳条湖《りゅうじょうこ》は満州《まんしゅう》(中国《ちゅうごく》東北部)，盧溝橋《ろこうきょう》は北京郊外《ペキンこうがい》にあった。

②1945年7月，アメリカ・イギリス・ソ連の首脳《しゅのう》がドイツのポツダムで会談し，日本の降伏《こうふく》の条件《じょうけん》を示《しめ》すポツダム宣言《せんげん》をアメリカ・イギリス・中国の名で発表した。当初日本は無視《むし》し，原子爆弾《げんしばくだん》を投下された後にこれを受け入れた。

(2)1941年10月に東条英機が首相《しゅしょう》となると，アメリカから厳《きび》しい要求をつきつけられて，交渉《こうしょう》がまとまらず，12月に太平洋《たいへいよう》戦争が開戦した。

(3)ア…フランス領《りょう》インドシナ(現在のベトナム)北部に軍を進めたのは，太平洋戦争開戦前の1940年。イ…空襲《くうしゅう》が激《はげ》しくなった1944年，集団疎開《そかい》が始まった。ウ…日中戦争開戦の翌年《よくねん》の1938年，国家総《そう》動員法《どういんほう》が定められた。エ…1943年に学徒出陣《しゅつじん》が始まった。オ…1941年，日本がインドシナ南部にまで軍を進めると，アメリカは日本への石油輸出《ゆしゅつ》を禁止《きんし》した。

❷ (1)イ　(2)①サンフランシスコ
②例 日本が条約を結んだ国は，アメリカを中心とする資本主《しほんしゅ》義《ぎ》の国々で，ソ連など社会主義諸国《しょこく》とは結ばなかったこと。
(3)③
(4)例 高度経済《けいざい》成長によって農村から都市に仕事を求めて移動する人が増《ふ》え，都市では交通渋滞《じゅうたい》や公害の発生など，過密《かみつ》の問題が深刻化《しんこくか》した。
(5)ア

解き方 (1)1951年にサンフランシスコ平和条約が結ばれて，翌年，日本が独立《どくりつ》を回復《かいふく》したことによって連合国軍最高司令《さいこうしれい》官総司令部《かんそうしれいぶ》(GHQ《ジーエイチキュー》)による占領《せんりょう》は終わった。自衛隊《じえいたい》の発足《ほっそく》は独立後の1954年。

(2)①アメリカ西部の都市，サンフランシスコである。

②早く経済の再建《さいけん》をはかりたい日本は，アメリカ側の国々との単独講和《こうわ》を選んだ。結局，中国などは会議に招《まね》かれず，ソ連などは平和条約への調印を拒否《きょひ》した。

(3)1950年に朝鮮《ちょうせん》戦争が始まり，日本駐留《ちゅうりゅう》のアメリカ軍が朝鮮半島に出動すると，日本国内の治安《ちあん》を守るためとして，GHQの指令で警察予備隊《けいさつよびたい》がつくられた。

(4)都市への人口集中による過密について説明する。

(5)アは1973年，イは1991年，ウは2009年，エは1997～1998年。

チャレンジ問題

1 (1)イ　(2)カ　(3)エ　(4)ア

解き方 (1)**A**(1932年)→**C**(1939年)→**B**(1941年)の順。

(2)盧溝橋《ろこうきょう》事件は，日中戦争の原因《げんいん》となった1937年のできごと。1933年の**B**，1936年の**D**がこれより前になる。

(3)エ…政府が情報を統制《とうせい》していたので，新聞やラジオは戦況《せんきょう》が不利になっても，正しい情報《じょうほう》を知らせなかったため，国民は「正しい戦争」の勝利を信じて戦争に協力した。

⑷ア…沖縄戦《おきなわせん》は1945年6月に終わった。

2 **⑴エ　⑵イ　⑶エ**
⑷闇《やみ》市　⑸エ

解き方　⑴財閥解体《ざいばつかいたい》によって，経済《けいざい》の民主化をはかった。ア…18歳《さい》ではなく20歳。イ…貴族院《きぞくいん》は参議院《さんぎいん》の誤《あやま》り。ウ…教育勅《きょういくちょく》語《ご》は廃止《はいし》された。

⑵地主の農地を安い価格《かかく》で強制的《きょうせいてき》に買い上げ，小作人《こさくにん》に売りわたし，自作農《じさくのう》にした。この結果，日本の農業は小規模化《しょうきぼか》した。

⑶第二次世界大戦の敗戦後，GHQ《ジーエイチキュー》の指導《しどう》の下《もと》，憲法《けんぽう》草案がつくられ，大日本帝国憲法を改正する形で日本国憲法が成立した。

⑷敗戦直後の日本では，焼けあとなどに露《ろ》店《てん》が立ち，これを闇市《やみいち》とよんだ。ここでは，政府《せいふ》が指定した価格《かかく》によらずに品物が売り買いされた。

⑸エ…日中平和友好条約《じょうやく》(1978年)ではなく，日中共同声明(1972年)で国交を正《せい》常化《じょうか》した。

3 **⑴ウ　⑵ウ**
⑶①国名…ドイツ　位置…エ
②ウ　③アフガニスタン
④CTBT《シーティービーティー》

解き方　⑴ア…常任理事国《じょうにんりじこく》は戦勝国のアメリカ・ソ連(現在はロシア)・イギリス・フランス・中国《ちゅうごく》。イ…ソ連の反対により，1956年の日ソ共同宣言まで日本の国際《こくさい》連合加盟《かめい》は実現しなかった。エ…1950年に朝鮮《ちょうせん》戦争が起こった当時は，自衛隊《じえいたい》は存在《そんざい》しなかった(1954年に発足《ほっそく》)。

⑵アは1949年，イは1972年，ウは1964年，エは1956年なので，ウがあてはまる。

⑶① 1990年，東ドイツが西ドイツに組みこまれて東西ドイツが統一《とういつ》した。

②現在《げんざい》のロシアと東ヨーロッパの国々，中央アジアの国々の多くが旧《きゅう》ソ連にあたる。

③アフガニスタン攻撃《こうげき》の結果，多くの難《なん》民《みん》がうまれた。

④アメリカや中国が批准《ひじゅん》していないため，CTBTはまだ発効《はっこう》していない。

歴史編　総合問題

1 **⑴①壬申《じんしん》の乱《らん》　②イ**
③天武《てんむ》(天皇《てんのう》)
⑵藤原京《ふじわらきょう》　⑶ウ
⑷聖武《しょうむ》(天皇)　⑸イ

解き方　⑴天智《てんじ》天皇が亡《な》くなると672年に，弟の大海人皇子《おおあまのおうじ》と子の大友皇子《おおともおうじ》が皇位をめぐって争い，壬申の乱が起こった。

⑵中国《ちゅうごく》にならってつくられた，道路で整然と区画された都である。

⑶ウ…調の説明である。庸《よう》は本来は労役《ろうえき》であるが，実際《じっさい》には労働するかわりに布をおさめた。

⑷光明皇后《こうみょうこうごう》と結婚《けっこん》していることから，聖武天皇とわかる。

⑸孝謙《こうけん》天皇は，東大寺《とうだいじ》の大仏《だいぶつ》が完成した750年代を中心に在位《ざいい》した天皇。イ…長《なが》岡京《おかきょう》は桓武《かんむ》天皇が784年に築《きず》いた都である。ア・エは740年代で聖武天皇の時代，ウの大仏が完成した年，オの鑑真《がんじん》の来日は750年代。

2 **①オ　②カ　③ク　④エ**
⑤キ　⑥イ　⑦ア　⑧ウ
⑨ケ

解き方　① 645 年，中国にならって初めての年号である大化《たいか》が定められたとされる。この年，大化の改新《かいしん》が起こった。

② 701 年に定められた大宝律令《たいほうりつりょう》について述《の》べている。

③ 源 義朝《みなもとのよしとも》と平 清盛《たいらのきよもり》は，保元《ほうげん》の乱ではともに天皇方についた。平治《へいじ》の乱では2人は戦い，平清盛が勝利した。

④ 1232 年に定められた御成敗式目《ごせいばいしきもく》のことで，これを貞永《じょうえい》式目ともいう。

⑤元軍の1度目の襲来《しゅうらい》は，1274 年の文永《ぶんえい》の役《えき》。2度目の襲来は 1281 年の弘安《こうあん》の役である。

⑥ 1467 年からの応仁《おうにん》の乱である。

⑦日米修好通商条約《にちべいしゅうこうつうしょうじょうやく》を朝廷《ちょうてい》の許《ゆる》しなく結んだことと貿易《ぼうえき》開始に反対する運動が起こり，江戸幕府《えどばくふ》による弾圧《だんあつ》を受けた。これを安政《あんせい》の大獄《たいごく》という。

⑧ 1867(慶応《けいおう》3)年 10 月，徳川慶喜《とくがわよしのぶ》が政権《せいけん》を朝廷《ちょうてい》に返すことを発表した。これを大《たい》政奉還《せいほうかん》という。

⑨第二次世界大戦前の年号(昭和《しょうわ》まで)は，天皇の命令(詔書《しょうしょ》)により発表された。

3 **(1)例 防人《さきもり》は男子に課せられた兵役《へいえき》であるから。**
(2)ア　(3)後醍醐《ごだいご》天皇

解き方　(1)防人が，故郷《こきょう》からはなれて家族と別れる悲しみをうたったもの。

(2)織田信長《おだのぶなが》が安土城下《あづちじょうか》に出した楽市《らくいち》・楽座《らくざ》である。

(3)落書《らくしょ》では，「朝廷は能力《のうりょく》のあるなしにかかわらず，だれでも役人にしようとする。」などと建武《けんむ》の新政《しんせい》を批判《ひはん》している。

4 **(1)イ・ウ**
(2)例 身分の上下をはっきりさせて，天皇中心の国家をつくる目的。
(3)例 戸籍《こせき》のかわりとして，ある地域《ちいき》の人口を把握《はあく》することができた。
(4)例 日本人と外国人が自由に接触《せっしょく》するのを防《ふせ》ぐことができた。
(5)例 塩に課税《かぜい》して，日露《にちろ》戦争の戦費を調達するため。

解き方　(1)大型の墓《はか》には，身分の高い者が葬《ほうむ》られ，貴重《きちょう》な品であった金属器《きんぞくき》を副葬《ふくそう》品《ひん》としたと考えられる。

(2)豪族《ごうぞく》の権威《けんい》を示《しめ》す建造物《けんぞうぶつ》としては，古墳《こふん》にかわって寺院がつくられるようになった。

(3)江戸幕府は，キリスト教とりしまりのために，すべての家がいずれかの寺に属することとし，仏教徒であることを寺に証《しょう》明《めい》させた。

(4)外国人には領事裁判権《りょうじさいばんけん》(治外法権《ちがいほうけん》)が認められていたため，日本人と外国人のトラブルを防ぐ必要があった。

(5) 1904 年に日露戦争が始まり，ぼう大な戦費に苦しんだ政府《せいふ》は，塩を専売《せんばい》制にするほか，増税《ぞうぜい》，外国からの借金などで戦費をまかなった。

5 **(1)A…ペリー**
B…日清《にっしん》戦争[下関条約《しものせきじょうやく》]
(2)薩摩藩《さつまはん》[長州《ちょうしゅう》藩，肥前《ひぜん》藩]　(3)イ
(4)ポーツマス条約　(5)イ　(6)ア

解き方　(1)B…清から得た賠償金《ばいしょうきん》は，軍事費や官営《かんえい》工場の建設費《けんせつひ》にあてられた。

(2)反射炉《はんしゃろ》は大砲《たいほう》などをつくるための溶鉱炉《ようこうろ》の一種。薩摩藩のあった鹿児島《かごしま》県などの反射炉跡《あと》は，世界文化遺産《いさん》の一部となっている。

(4)アメリカのポーツマスで講和《こうわ》会議が開かれ，ポーツマス条約が結ばれた。

(5)イ…「三種の神器《じんぎ》」は，1950年代から広まった電気洗濯機《せんたくき》・電気冷蔵庫《れいぞうこ》・白黒テレビのこと。乗用車(カー)・クーラー・カラーテレビは「3C《シー》」とよばれ，1960年代後半から普及《ふきゅう》した。

(6) 2020年の東京《とうきょう》オリンピック・パラリンピックは，1964年から56年ぶりとなる。**イ**は1968年，**ウ**は1972年，**エ**は1951年である。

6 (1)㋐オ　㋑ウ　㋒ア　㋓イ

(2)例 資本主義《しほんしゅぎ》と社会主義の対立で，直接《ちょくせつ》戦火を交えなかったことから冷たい戦争[冷戦《れいせん》]とよばれた。

(3)イ　(4)ア

解き方 (1)㋐吉田茂《よしだしげる》は1946年に首相《しゅしょう》となり，日本国憲法《けんぽう》の制定《せいてい》やサンフランシスコ平和条約の調印などにたずさわった。㋑鳩山一郎《はとやまいちろう》は，自由民主党《じゆうみんしゅとう》を中心とする「55年体制《たいせい》」が始まったときの首相である。㋒佐藤栄作《さとうえいさく》は，日韓基本《にっかんきほん》条約・非《ひ》核三原則《かくさんげんそく》・沖縄返還《おきなわへんかん》に関連しておさえておく。㋓米中国交正常化《せいじょうか》をうけて，田中《たなか》角栄《かくえい》が訪中《ほうちゅう》して日中共同声明に調印した。

(2)アメリカなどが資本主義陣営《じんえい》，ソ連などが社会主義陣営である。

(3)**ア**の核拡散防止《かくかくさんぼうし》条約(1968年)は発効《はっこう》しているが，**イ**の包括的《ほうかつてき》核実験禁止《きんし》条約(1996年)，核兵器禁止条約(2017年)は発効していない。2016年にはオバマ大《だい》統領《とうりょう》は，アメリカにより原子爆弾《げんしばくだん》を投下された広島《ひろしま》を，アメリカ大統領として初めて訪問した。

(4)冷戦終結は1989年。**イ**は1950年，**ウ**は1960年代から，**エ**は1962年，**ア**は1991年である。

公民編

第1章 国民の生活と政治

1 日本国憲法と国民生活

力だめしの問題

1 (1)①例 国の政治《せいじ》のありかたを最終的に決める権利《けんり》。

②間接民主制《かんせつみんしゅせい》

(2)例 少数派の社会的弱者の意見が無視《むし》されてしまう危険《きけん》がある。

(3)イ　(4)文化的

解き方 (1)①国民に主権がある日本国憲法《けんぽう》の原則《げんそく》を，国民主権という。②国民が選んだ代表者が議会に集まり，話し合って決めるしくみ。日本国憲法前文の「日本国民は，正当に選挙された国会における代表者を通じて行動」の部分に，このしくみが示《しめ》されている。

(2)働くことのできない老人アリ，病気のアリは社会的弱者。今後，高齢化《こうれいか》がいっそう進む日本では，働きアリが減《へ》り老人アリが増《ふ》える社会となるので，政府が負担《ふたん》と給付《きゅうふ》のバランスのとれた政策《せいさく》を実施《じっし》していく必要がある。

(3)**ア**…「安く入手できるようにつくられた」ではなく，「だれもが利用しやすく設計《せっけい》された」である。**ウ**…介護保険法《かいごほけんほう》では，それまでの老人福祉法《ふくしほう》とちがい，在《ざい》宅《たく》サービスの充実《じゅうじつ》に重点がおかれた。**エ**…生命保険は民間の保険会社が販売《はんばい》する，任意《にんい》の保険である。

(4)「健康」「文化的」「最低限度《げんど》」の3つのことばをおさえておく。

2 ⑴エ ⑵ア・ウ ⑶ウ
⑷A…戦争 B…戦力
⑸C…３分の２ D…国民 ⑹ウ

解き方 ⑴日本は1990年に比《くら》べて2008～2012年に６％の温室効果《こうか》ガスの排出量削《さく》減《げん》を義務《ぎむ》づけられ，これを達成した。ア…温暖化《おんだんか》は地球全体の温室効果ガスの濃《のう》度《ど》が高くなることで起こる。イ…海水面上昇による浸水《しんすい》は，海抜《かいばつ》の低い島国などで見られる。ウ…先進国だけでなく発展《はってん》途上国《とじょうこく》にも削減目標が定められた。

⑵天皇《てんこう》は国の象徴《しょうちょう》であるだけでなく，国民全体の象徴でもあるが，外国に対して国家を代表する「元首《げんしゅ》」ではない。

⑶ウの教育をうける権利は，社会権にふくまれる。アは集会の自由，イは居住・移《い》転《てん》の自由，エは表現の自由。

⑷A…平和主義《しゅぎ》の原則《げんそく》は，戦争を否定《ひてい》し，平和を崇高《すうこう》な理想としている。B…政府は，自衛《じえい》のための必要最小限《さいしょうげん》の実力は憲法で禁《きん》じられておらず，自衛隊は憲法が禁止する「戦力」にはあたらないとしている。

⑸憲法改正には，法律《ほうりつ》の制定《せいてい》より厳《きび》しい条《じょう》件《けん》が定められている。

⑹ウは天皇や国務大臣，国会議員，公務員《こうむいん》などの義務。

2 日本の政治のしくみ

力だめしの問題

1 ⑴立法《りっぽう》機関 ⑵A…え B…あ
⑶233（票） ⑷ア ⑸エ

解き方 ⑴国会は，法律《ほうりつ》をつくることのできるただ1つの機関である。

⑵A…条約《じょうやく》を結ぶのは内閣《ないかく》の仕事。国会はその条約を認《みと》める（承認《しょうにん》する）。B…党首《とうしゅ》討論《とうろん》は両議院で行われる。う・えは衆議《しゅうぎ》院《いん》の優越《ゆうえつ》にあたる。

⑶衆議院の定数は465人（2019年現在《げんざい》）。表決は過半数《かはんすう》によるので，465÷2＝232.5により233票以上が必要。

⑷イ…原則《げんそく》として各議院で過半数の賛成《さんせい》が必要。ウ…衆議院の優越によって，両院《りょういん》協議会《きょうぎかい》でも不一致のときは衆議院の指名した人物が内閣総理《そうり》大臣になる。エ…両院協議会は衆議院の求めによるものではなく，開催《かいさい》が義務づけられている。

⑸法律案は内閣または国会議員によって国会に提出《ていしゅつ》され，国会の議決により成立する。

2 ⑴ウ ⑵ウ ⑶内閣 ⑷ウ・エ
⑸例 選挙で選ばれた国会議員が国《こく》務《む》大臣をつとめることで，民意を政治《せいじ》により反映《はんえい》させるため。
⑹ウ ⑺（内閣）不信任《ふしんにん》

解き方 ⑴ウ…政令《せいれい》は内閣が定めるきまりで，国会の審議《しんぎ》を必要としない。

⑵ウ…財政《ざいせい》や税《ぜい》に関する仕事は財務省《ざいむしょう》が行う。総務省《そうむしょう》は電気通信・放送などを担当《たんとう》する。

⑶国事行為《こくじこうい》については，内閣がその責任《せきにん》を負うことになる。法律の公布《こうふ》などの手続きは，その多くが天皇《てんのう》の国事行為によって完了する。

⑷ア…内閣総理大臣は行政の最高責任者で行政府の長といえる。国会の議長は国会議員の中から選ばれる。イ…裁判所《さいばんしょ》の判《はん》決《けつ》に助言・承認をあたえる機関はない。オ…与党《よとう》第一党の党首が内閣総理大臣となることが多い。

⑸議院内閣制《ぎいんないかくせい》のしくみの1つ。内閣総理大臣は，国会議員の中から国会の議決により指名される。

⑹内閣が衆議院のみの解散を決定できる。

3 裁判所のはたらきと三権分立

4 選挙と政党

力だめしの問題

❶ (1)ウ
(2)①カ　②ウ　③B　(3)オ　(4)ウ

解き方 (1)ウ…心身の故障《こしょう》か国会による弾《だん》劾裁判《がいさいばん》，国民審査《しんさ》によって，裁判官はやめさせられることがある。

(2)①違憲《いけん》審査権は，最高裁判所とすべての下級裁判所がもっている。
②裁判員裁判は，重大な犯罪に関する刑《けい》事《じ》事件の第一審《だいいっしん》(地方裁判所)のみで行われる。
③刑事裁判の場合，簡易《かんい》裁判所からの控《こう》訴審《そしん》(第二審)は高等裁判所で，民事《みんじ》裁判の場合，簡易裁判所からの控訴審は地方裁判所で行われる。第二審の判決《はんけつ》にも不服があれば，さらに上級の裁判所へ上告《じょうこく》できる(三審制)。

(3)最高裁判所の裁判官は，衆議院《しゅうぎいん》議員総《そう》選挙のときに，罷免《ひめん》するかどうか，国民の投票で審査される。

(4)アは裁判員制度や検察《けんさつ》審査会，イは法科大学院，エは日本司法支援《しほうしえん》センター(法テラス)の説明。

❷ (1)ア　(2)ア
(3)A… 3　B… 1　C… 1　(4)エ
(5)例 特定の業界や団体との関係が深い議員が増《ふ》え，政治不信が高まる。

解き方 (1)ア…この原則《げんそく》を普通《ふつう》選挙という。

(2)議員1人あたりの有権者数が多いということは，一票の価値《かち》が低いということになる。議員1人あたりの有権者数が少ない地域《ちいき》との一票の格差《かくさ》を小さくするため，埼玉《さいたま》県選挙区の定数を増やすことで議員1人あたりの有権者数を減《へ》らした。

(3)商の大きな順に，A党《とう》(3000)，B党(1800)，A党(1500)，C党(1200)，A党(1000)となる。

(4)ア…小選挙区《しょうせんきょく》制では死票(落選者に投じられた票)が多いため，民意が反映《はんえい》されにくい。イ…小選挙区制は大政党に有利で，二党制がうまれやすい。ウ…大選挙区制の一種である中選挙区制から，小選挙区制が導入された1994年以来，一票の格差は拡大《かくだい》していった。

(5)自由民主党《じゆうみんしゅとう》が単独《たんどく》で政権をにぎる「55年体制」が続き，1990年以降は，汚職などにより政治不信が深まっていった。

5 地方自治と国民生活

力だめしの問題

❶ (1)ウ
(2)例 身近な問題をあつかう地方自治に取り組むことによって，民主政治《せいじ》に参加する姿勢《しせい》が少しずつ育つという考え方。
(3)条例《じょうれい》　(4)ウ
(5)例 住民の直接《ちょくせつ》選挙によって選ばれる(15字)
(6)ウ

解き方 (1)地域《ちいき》の政治が住民自身の意思にもとづいて運営されることを「住民自治」，地域の政治が国から独立した地方公共団体《だんたい》によって行われることを「団体自治」という。

(2)地方自治は，住民自身の手によって行われる部分が多いので，住民が民主主義《しゅぎ》を学ぶよい機会となる。

(3)条例《じょうれい》は地方議会が制定《せいてい》するきまりで，その地方公共団体のみに適用《てきよう》され，罰則《ばっそく》をつけることも可能《かのう》である。

(4)首長や議員の地位は選挙に関連するので，選挙管理委員会が請求先《せいきゅうさき》となる。ア…3分の1以上が正しい。イ・エ…首長・議員の解職《かいしょく》は3分の1以上の署名《しょめい》を集めて請求したうえで，住民投票が行われ，過《か》半数《はんすう》の賛成《さんせい》があれば解職される。

(5)地方公共団体の首長は，議会に審議《しんぎ》のやり直しを求めたり，議会の議決を経《へ》ないで処分《しょぶん》する(専決《せんけつ》処分)ことができる。このような強い権限《けんげん》があたえられているのは，首長が住民により直接選挙されているためである。

(6)ウは教育費など使いみちを指定されて国から支給《しきゅう》される。

2 (1)①イ　②所得税《しょとくぜい》　③C
(2)ア　(3)カ

解き方 (1)①この翌年《よくねん》，2019年度の当初予《よ》算《さん》は初めて100兆円をこえた。
②これまで最大の税収《ぜいしゅう》をあげてきたのが，個人《こじん》の収入に対してかけられる所得税である。2019年度には消費税率《しょうひぜいりつ》が10%に引き上げられたため，今後はこの順位が変わる可能性《かのうせい》があるので注意しておく。
③歳出《さいしゅつ》の1位(B)は社会保障《ほしょう》関係費，2位(C)が国債費《こくさいひ》である。Dは公共事業関係費，Eは防衛《ぼうえい》関係費。

(2)ア…所得税は国におさめる国税。

(3)ア…経済財政省《けいざいざいせいしょう》ではなく財務省《ざいむしょう》。経済財政省は存在しない。イ…税収は58兆円，公債金《こうさいきん》は約36兆円で，借金のほうが税収より少ない。ウ…所得税・消費税・法《ほう》人税《じんぜい》の順となる。エ…社会保障関係費・国債費・地方財政費の順。オ…軍国主義が高まっていた1930年代のほうが，軍事費(防衛関係費)の割合《わりあい》は高かった。

チャレンジ問題

1 (1)①世論《せろん》《よ》　②マスメディア
(2)ア　(3)イ　(4)ウ　(5)イ
(6)与党《よとう》　(7)エ

解き方 (1)テレビや新聞などのマスメディアは，世論や政治に大きな影響《えいきょう》をあたえるため，立法《りっぽう》・行政《ぎょうせい》・司法《しほう》に次ぐ「第四の権力《けんりょく》」ともいわれる。

(2)衆議院《しゅうぎいん》の任期《にんき》満了の約1年前，消費増税《しょうひぞうぜい》などの問題に関して国民の意見を問うため，衆議院が解散《かいさん》され，衆議院議員総《そう》選挙が行われた。

(3)イ…条約《じょうやく》の承認《しょうにん》は国会の仕事。

(4)アは毎年1回開かれる。イは内閣《ないかく》またはどちらかの議院の総議員の4分の1以上の要求で開かれる。エは衆議院の解散《かいさん》中に緊急《きんきゅう》の必要が生じたときに参議院《さんぎいん》で開かれる。

(5)弾劾裁判《だんがいさいばん》は，司法権(裁判所)に対する立法権(国会)の抑制《よくせい》である。

(6)政権を担当《たんとう》する政党を与党，それ以外の政党を野党《やとう》という。

(7)国民審査《しんさ》は，直接《ちょくせつ》民主制のしくみの1つである。

2 (1)最低限度《げんど》　(2)エ　(3)団体《だんたい》行動権
(4)イ　(5)ウ　(6)上告《じょうこく》　(7)ウ

解き方 (1)最低限度の生活を保障《ほしょう》し自立を助けるため，生活保護《ほご》の制度《せいど》がある。

(2)国民の健康を守り，社会保障・労働条件《じょうけん》の整備《せいび》を行う省庁《しょうちょう》である。

(3)争議権《そうぎけん》ともいう。労働を行わないで自分たちの要求を通そうとすることをストライキという。

(4)相続税《そうぞくぜい》は，親などの財産を相続した人が，直接国へおさめる。ア・ウ・エは，消費者などが税をふくむ代金を業者へ支払《しはら》い，業者が税を国などへおさめる。

(5)公共サービスには**ア**・**イ**・**エ**のほか，警《けい》察《さつ》・消防《しょうぼう》・水道・教育・医療《いりょう》などがあてはまる。

(6)三審制《さんしんせい》において，最高裁判《さいばん》所にうったえられる審理《しんり》は，一般に上告審(第三審)である。

(7)衆議院議員の選挙権をもつ者のうち20歳《さい》以上の中から抽選《ちゅうせん》で裁判員が選ばれる。つまり，18・19歳の有権者は対象とならない。

第2章 世界の中の日本

1 日本と関係の深い国々

力だめしの問題

❶ (1)①ア　②ウ　③ウ　④ア
(2)ウ　(3)NGO《エヌジーオー》
(4)1月4日午後11時

解き方 (1)①ヒスパニックはメキシコや中・南アメリカから移住《いじゅう》してきた，スペイン語を話す人々である。
② 1980年代に，日本の自動車工場の海外移転が進んだことから考える。この変化には，アメリカとの間の貿易摩擦《ぼうえきまさつ》を解《かい》決《けつ》する目的もあった。
③ドイツが加盟《かめい》している共同体はEU《イーユー》(ヨーロッパ連合)で，本部はベルギーのブリュッセルにある。経済危機《けいざいきき》におちいった加盟国を，経済的に豊《ゆた》かな加盟国が援助《えんじょ》しなければならないなど，格差《かくさ》をめぐる問題をかかえている。
④東南アジア諸国《しょこく》連合である。**イ**はアフリカ連合，**ウ**は北米自由貿易協定，**エ**は北大西洋条約機構《きたたいせいようじょうやくきこう》の略称《りゃくしょう》。

(2)**ウ**…日本のODA《オーディーエー》実績《じっせき》(2018年)は，アメリカ・ドイツ・イギリスに次いで4位。日本は2000年までは世界一の援助国だったが，財政《ざいせい》の悪化から援助額《がく》は減《へ》った。

(3)NGO(非政府組織《ひせいふそしき》)には，国境《こっきょう》をこえて活動している団体《だんたい》が多い。NPO《エヌピーオー》(非営利《ひえいり》組織)も公共の利益《りえき》のために自発的に活動する団体だが，国内の問題にたずさわっていることが多い。

(4)標準時子午線《ひょうじゅんじしごせん》の経度《けいど》が15度ずれるごとに，1時間の時差がうまれる。日本の標準時子午線は東経《とうけい》135度なので，(135＋75)÷15＝14により，日本より14時間前の時刻《じこく》となる。

❷ (1)例 イ…祈《いの》り・瞑想《めいそう》・思索《しさく》などの精神《せいしん》活動ができる場所。ウ…イスラム教の戒律《かいりつ》に合った食べ物であることを表している。
(2)ICAN《アイキャン》　(3)ア　(4)エ
(5)アメリカ
(6)例 視覚障《しかくしょう》がい者でも，音でメダルの色のちがいがわかるようにするため。

解き方 (1)**イ**…ひざまずいて祈る様子を表した標識《ひょうしき》。イスラム教徒には，1日5回礼拝《れいはい》をする義務《ぎむ》がある。
ウ…アラビア語などで「ハラル」と書かれた標識である。イスラム教ではぶた・酒などの飲食が禁《きん》じられている。いずれの標識も，イスラム圏《けん》からの旅行者が増《ふ》えてきたことから，つくられるようになった。

(2)ICANは核兵器廃絶国際《かくへいきはいぜつこくさい》キャンペーンの略称である。

(3)**イ**はヨーロッパ連合，**ウ**は東南アジア諸国連合，**エ**は環太平洋《かんたいへいよう》経済連携《れんけい》協定の略称。

(4)外国人労働者が日本で働くには，パスポートや在留《ざいりゅう》カードが必要である。

(5)TPP《ティーピーピー》は太平洋をとり囲《かこ》む国々において，貿易や投資《とうし》の自由化を進めるとともに，知的財産《ざいさん》・金融《きんゆう》などはば広い分野でルールをつくるための協定である。アメリカは保護主義政策《ほごしゅぎせいさく》をとって国内の産業を守るために，TPPから離脱《りだつ》した。

(6)パラリンピックは，身体障がい者を対象としたスポーツ競技《きょうぎ》大会。2016年のリオデジャネイロ大会では，メダルをふると色ごとにちがう音が鳴って，目が不自由な人でもメダルの色がわかるようになっていた。

2 世界の平和と日本

力だめしの問題

❶ (1)ア　(2)イ　(3)グテーレス
(4)オ　(5)ウ

解き方 (1)ア…包括的核《ほうかつてきかく》実験禁止《きんし》条約《じょうやく》の採《さい》択《たく》後も，インド・パキスタン・北朝鮮《きたちょうせん》などが核実験を行ってきた。

(2)日米安全保障《ほしょう》条約にもとづき，国内に多くのアメリカ軍基地を置くかわりに，アメリカ軍がもつ核兵器の抑止力《よくしりょく》を借りている。これを「核のかさ」という。

(3)グテーレスはポルトガル出身で，2017年に国際《こくさい》連合事務総長《じむそうちょう》になった。

(4)第二次世界大戦後，ユダヤ人がイスラム教徒であるアラブ系《けい》の人々が住むパレスチナにイスラエルを建国した。この後，イスラエルと周辺のアラブ諸国《しょこく》との間で4度の中東《ちゅうとう》戦争が起こった。

(5)ユーゴスラビアからはクロアチア・スロベニア・マケドニアなどの国々が独立した。

❷ (1)ア　(2)拒否権《きょひけん》
(3)UNESCO《ユネスコ》 [国連教育科学文化機関]
(4)ウ　(5)ウ　(6)エ
(7)例 (森林の持続可能《じぞくかのう》な開発とは，)乱伐《らんばつ》をせず計画的に伐採《ばっさい》し，自分たちの子孫も十分に森林を使えるようにする資源《しげん》(開発のこと) (37字)
(8)ウ

解き方 (1)イ…ドイツは中国《ちゅうごく》の誤《あやま》り。ウ…ニューヨークではなくオランダのハーグにある。エ…国連平和維持《いじ》活動はPKO《ピーケーオー》という。PKF《ピーケーエフ》は国連平和維持軍。

(2)安全保障理事会では，常任理事国《じょうにんりじこく》のうち1か国でも反対すると決議は成立しない。これを拒否権という。

(3)ユネスコは世界遺産《いさん》や無形文化遺産の登録などの事業を行っている。

(4)働く権利ではなく生きる権利(防《ふせ》げる病気などで命を失わないこと)である。

(5)世界貿易機関(WTO《ダブリュティーオー》)は1995年に設立《せつりつ》された。アは国際労働機関，イは世界保《ほ》健《けん》機関，エは国連教育科学文化機関。

(7)現代《げんだい》に生活している人々が利益《りえき》を受けながら，将来《しょうらい》の世代も開発のめぐみを得ることができるようにしなければならない。

(8)発展途上国《はってんとじょうこく》では，農作物などの生産者が販売《はんばい》ルートをもたないため，不当に安く産品を買われてしまうことが多い。

チャレンジ問題

1 (1)アパルトヘイト
(2)[例]冷戦《れいせん》下でソ連と対立していたアメリカを中心とした資本主義《しほんしゅぎ》の国々。
(3)難民《なんみん》
(4)①[例]日本語を読むことができない外国人に，見たい競技《きょうぎ》がどこで行われているかを示《しめ》すため。
②[例]男女には区分できない性同一《せいどういつ》性障《せいしょう》がいの人に配慮《はいりょ》するため。

[解き方] (1)南アフリカ共和国では，少数の白人が大多数の有色人種に対して，住む場所を区別するなどの人種隔離政策《かくりせいさく》を1990年代初めまで続けていた。
(2)アメリカ・日本をふくむ60か国が，モスクワオリンピックをボイコットした。
(3)シリア・南スーダンなどの母国をのがれ，外国などでくらす選手たちが難民選手団《だん》を結成し，オリンピック委員会がブラジルまでの交通費などの費用を負担《ふたん》した。
(4)①ピクトグラムは絵文字のこと。国土地《こくどち》理院《りいん》も，外国人観光客の増加《ぞうか》をうけて，だれもが一目で意味がわかる新しい地図記号を2017年に制定《せいてい》した(外国人向けの地図のみに使用)。
②**図1**には男性《だんせい》と女性《じょせい》，**図2**には男性と女性と，その中間に「オールジェンダー」とよばれる性同一性障がいの人を示すマークがかかれている。オールジェンダートイレは，性別に関係なくだれもが利用することができる。

2 (1)A…インド　B…インドネシア
C…中国《ちゅうごく》
(2)ア　(3)イ　(4)ア　(5)エ

[解き方] (1)人口・面積とも，中国・インド・インドネシアの順に大きい。ただし人口密度《みつど》はインドがもっとも高い。
(2)ドイツへの移住者《いじゅうしゃ》は，隣国《りんごく》のポーランドのほか，トルコからが多い。**イ**は隣国のメキシコが1位のアメリカ，**ウ**は南アジア・東南アジア諸国《しょこく》が中心のサウジアラビア。
(3)BRICS《ブリックス》はブラジル，ロシア，インド，中国，南アフリカ共和国の5か国。
(4)太平洋《たいへいよう》をとりまく(環太平洋《かんたいへいよう》)国々なので，イギリスはあてはまらない。
(5)シリアでは，政府《せいふ》と民主化を求める国民の間で対立が激化《げきか》した。

3 (1)ウ　(2)ア　(3)もちこませず
(4)ウ　(5)イ　(6)ODA　(7)ア

[解き方] (1) 1945年に連合国が開いたヤルタ会談とまちがえないようにする。
(2)正式名称を国際《こくさい》原子力機関という。**イ**は国連難民高等弁務官事務所《こうとうべんむかんじむしょ》。
(4)アメリカは国連予算《よさん》の割《わ》りあて額《がく》(国連分担金《ぶんたんきん》)は最大であるが，未納《みのう》を続けている。
(5)**ア**…これまで110か国以上がPKOに参加してきた。**ウ**…停戦や選挙を監視《かんし》して，紛争《ふんそう》後の平和を実現することが目的である。**エ**…2001年の法改正前の日本の状《じょう》態《たい》。それまで自衛隊《じえいたい》は自衛のための最低限度《げんど》の武器《ぶき》の携帯《けいたい》のみがゆるされていた。
(7)SDGs《エスディージーズ》(持続可能《かのう》な開発目標)は，2015年の国連サミットで採択《さいたく》された「持続可能な開発のための2030アジェンダ」に記された。

公民編 総合問題

1 (1)ア (2)イ (3)エ (4)ウ

解き方 (1)アの裁判《さいばん》を弾劾《だんがい》裁判という。イ…30日以内ではなく10日以内。ウ…国会は立法権《りっぽうけん》，内閣《ないかく》は行政権《ぎょうせいけん》をもっている。エ…条例《じょうれい》は法律《ほうりつ》の誤《あやま》り。

(2)ア…男女ともに満25歳《さい》以上で立候補《りっこうほ》できる。ウ…議員1人あたりの有権者数は，選挙区によってまちまちである。エ…参《さん》議院《ぎいん》ではなく衆議院《しゅうぎいん》の選挙。

(3)エ…集団的自衛権《しゅうだんてきじえいけん》を容認《ようにん》した。

(4)ア…年金保険《ほけん》ではなく雇用《こよう》保険。イ…介《かい》護《ご》保険は介護が必要になったときに介護サービスを受けられるしくみ。エ…公的《こうてき》扶助《ふじょ》ではなく公衆衛生《えいせい》。

2 (1) 3 (2)エ (3)ア (4)働き方 (5)文化 (6)イ

解き方 (1)三審制《さんしんせい》について述《の》べている。

(2)被疑者《ひぎしゃ》の利益《りえき》を守ることから，弁護士《べんごし》とわかる。ウは刑事《けいじ》裁判で被疑者を，被告《ひこく》人《にん》として起訴《きそ》する。

(3)男女雇用《こよう》機会均等法《きんとうほう》では，労働者として性別《せいべつ》によって差別されることがないよう求めている。男女共同参画社会基本法では，男女のちがいを認《みと》めた上で，男女がともに対等に参加し活動できる社会をめざしている。

(4)長時間労働をやめること，正社員と非正《ひせい》規《き》社員の格差を縮《ちぢ》める，高齢者《こうれいしゃ》を雇用する，の3つが働き方改革《かいかく》の柱となっている。

(6)ノーマライゼーションのための取り組みとして，生活に不便な障壁《しょうへき》をなくすこと(バリアフリー)や，初めからだれもが利用しやすい設計《せっけい》にすること(ユニバーサルデザイン)がある。イ…バスの料金は子《こ》供《ども》料金と大人料金があるが，これを同じ値段《ねだん》にすることはノーマライゼーションに関係ない。

3 (1)①へのこ ②イ (2)PKO (3)介護 (4)ウ (5)ア (6)IR《アイアール》

解き方 (1)② 116(万)÷50で計算する。沖《おき》縄《なわ》県では住民投票を実施《じっし》する条例の制定《せいてい》が請求《せいきゅう》され，有権者の50分の1の約4倍の署名《しょめい》を集めた。住民投票の結果，埋《う》め立てに反対する票が7割《わり》をこえたが，投票結果には法的な拘束力《こうそくりょく》はない。

(2) 1991年の湾岸《わんがん》戦争で，日本も人的な貢《こう》献《けん》を求められたため，政府は翌年《よくねん》に国際《こくさい》平和協力法(PKO《ピーケーオー》協力法)を制定し，自《じ》衛隊《えいたい》を海外に派遣《はけん》するようになった。

(3)介護に必要な費用を，40歳以上の人が支《し》払《はら》う介護保険料と，国民の税金《ぜいきん》でまかなう制度が設《もう》けられた。

(4)アは横浜《よこはま》市長(2019年現在《げんざい》)，イは芸能《げいのう》人《じん》・ユニセフ親善大使《しんぜんたいし》，エは元国連難民《なんみん》高等弁務官《こうとうべんむかん》。

(5)集められた個人情報《こじんじょうほう》(プライバシー)が流出したり悪用されたりすることのないように管理を義務づける法律である。

(6)観光客を増《ふ》やすために，カジノ(賭場《とば》)をふくむ統合型《とうごうがた》リゾート施設《しせつ》をつくるためのIR実施法《じっしほう》が2018年に制定された。法律では，カジノの設置《せっち》を全国3か所に限定し，指定された場所以外でのカジノ広《こう》告《こく》の掲示《けいじ》を禁止《きんし》した。

4 (1)ア・ウ (2)ア・イ (3)イ・オ

解き方 (1)イ…メッカはサウジアラビアにある。エ…聖像《せいぞう》を崇拝《すうはい》することはかたく禁じられている。オ…民族を限定されない。

(2)ウ…労働者や難民としてヨーロッパに移《い》住《じゅう》するイスラム教徒が増《ふ》えている。エ…中・南アメリカの多くの国でキリスト教が信仰《しんこう》されている。オ…2005年に戦後初めて減少《げんしょう》し，2008年からは毎年減《へ》り続けている。

(3)ア…カナダやオーストラリアでは，少数者の文化や宗教《しゅうきょう》を尊重《そんちょう》する政策《せいさく》がとられている。ウ…民泊《みんぱく》は外国人観光客の急増《きゅうぞう》に対応《たいおう》して広まり，文化交流にも貢献《こうけん》している。エ…日本語・英語・中国語《ちゅうごくご》など多言語による表示《ひょうじ》が進められている。

第1回 中学入試 総仕上げテスト

1 (1)1…人口爆発《ばくはつ》　2…過疎《かそ》

(2)イ　(3)イ・ウ

(4)①記号…エ，国名…ドイツ

②記号…ウ，国名…フランス

(5)ア・エ

(6)例 大阪《おおさか》市や名古屋《なごや》市はほかの市から学校や仕事場にくる人が多いので，昼間人口《ちゅうかんじんこう》が多くなる。横浜《よこはま》市は東京《とうきょう》などの学校や仕事場に行く人が多いため，昼間人口が夜間《やかん》人口に比《くら》べ少なくなるから。

解き方 (1)1…とくにアフリカの人口増加《ぞうか》率《りつ》が高い。2…山間地域《ちいき》や離島《りとう》の過疎化が進む一方で，都市部は過密《かみつ》になった。

(2)人口上位5か国はうの中国《ちゅうごく》，おのインド，いのアメリカ，きのインドネシア，えのブラジル。

(3)イ…やませは太平洋《たいへいよう》側にふく。ウ…減反《げんたん》政策は食糧《しょくりょう》管理制度《せいど》の誤《あやま》り。

(4)①西ドイツと東ドイツが，1990年に統《とう》合《ごう》してドイツとなった。②フランスの首都パリは芸術《げいじゅつ》の都とよばれる。

(5)ア…ヒートアイランドは，自動車やエアコンの熱で，大都市中心部の気温が高くなる現象《げんしょう》である。エ…もともと大都市中心部の土地は限られており，そこに人口が集中することで土地の需要《じゅよう》が高まり，地価《ちか》は上昇《じょうしょう》した。

(6)昼夜間《ちゅうやかん》人口比率《ひりつ》は，昼間人口÷夜間人口×100で計算する。比率が低いことは，夜間人口に対して昼間人口が少なくなることを意味する。横浜市では，仕事場や学校のある東京へ昼間移動《ひるまいどう》する人が多いため，昼間の人口が夜間より少なくなる。大阪市と名古屋市は，東京と同じ役割《やくわり》をもつ中心都市なので，横浜市とは逆《ぎゃく》の傾《けい》向《こう》を示《しめ》す。

2 (1)① **E**と**F**の間　② **F**と**G**の間
(2)土偶《どぐう》
(3)東大寺《とうだいじ》[国分寺《こくぶんじ》，国分尼寺《こくぶんにじ》]
(4)ア・ウ
(5)モンゴル[元《げん》，蒙古《もうこ》]
(6)ア　(7)エ

解き方 (1)①**ア**の蘇我馬子《そがのうまこ》は蘇我蝦夷《えみし》・入《いる》鹿《か》の誤り。**ウ**の歌川広重《うたがわひろしげ》は葛飾北斎《かつしかほくさい》の誤り。**イ**は1576年で**E**と**F**の間にあたる。②**ア**の北山《きたやま》は東山《ひがしやま》の誤り。**ウ**の大久保利《おおくぼとし》通《みち》は江藤新平《えとうしんぺい》の誤り。**イ**は1635年で，**F**と**G**の間にあたる。

(2) 7300年前は紀元前5300年ごろで，**エ**の土偶がつくられた縄文《じょうもん》時代にあたる。**ア**は石包丁《いしぼうちょう》(弥生《やよい》時代)，**イ**は銅鐸《どうたく》(弥生時代)，**ウ**は埴輪《はにわ》(古墳《こふん》時代)。

(3)仏教《ぶっきょう》の力で国家を守ろうと考えた聖武天《しょうむてん》皇《のう》は，都に東大寺《とうだいじ》，地方に国分寺・国分尼寺を建てた。

(4)**ア**は12世紀後半，**ウ**は1221年。**イ**はこの時期にあたるが，『平家《へいけ》物語』は『源《げん》氏《じ》物語』の誤り。**エ**は894年，**オ**は15世紀。

(5)直前の1274年，1281年の二度元が来襲《らいしゅう》した。このころ鎌倉幕府《かまくらばくふ》のおとろえや，各地で登場した悪党《あくとう》などで，社会の不安が高まっていた。

(6)**ア**…5世紀の大和朝廷《やまとちょうてい》の勢力《せいりょく》は，九州《きゅうしゅう》から東北《とうほく》地方南部まで。

(7)**G**は江戸《えど》幕府が鎖国《さこく》を行っているころにあたる。このころ外国への窓口《まどぐち》として対馬藩《つしまはん》(朝鮮《ちょうせん》)，薩摩《さつま》藩(琉球《りゅうきゅう》王国)，長崎《ながさき》(オランダ・中国)があった。**エ**…中国とは朝鮮侵略《しんりゃく》で国交はとだえ，商人による貿易《ぼうえき》のみが行われていた。

3 (1)オ　(2)1…2019　2…124
(3)ウ　(4)えん罪《ざい》　(5)裁判官《さいばんかん》
(6)① **A**…3分の2　**B**…国民
②労働基準法《きじゅんほう》

解き方 (1) 1947年の70年後が2017年となる。11月3日は日本国憲法公布《けんぽうこうふ》日。

(2)1…参議院《さんぎいん》議員の任期《にんき》は6年で，3年ごとに半数が改選される。よって2016年の3年後は2019年となる。
2…参議院の定数は248人で，一度の選挙で半数の124人が改選される。

(3)**ア**…重大な刑事事件《けいじじけん》が裁判員裁判の対象で，死刑判決《しけいはんけつ》もありうる。**イ**…3名の裁判官が審理《しんり》に参加する。意見がまとまらない時の評決《ひょうけつ》は多数決だが，多数側に裁判官が1人以上ふくまれなければならない。**エ**…裁判員裁判は第一審《だいいっしん》で行われるため，その後の控訴《こうそ》・上告《じょうこく》で判決がくつがえされることもある。

(4)えん罪を防《ふせ》ぐため，拷問《ごうもん》などによる自白《じはく》は証拠《しょうこ》とならないことや，単にうたがわしいというだけでは被告人《ひこくにん》を有罪《ゆうざい》にすることができない原則《げんそく》が定められている。また，被告人が裁判で無罪《むざい》となった場合，国に補償《ほしょう》を求めることができる(刑事補償請求権《せいきゅうけん》)。

(5)衆議院《しゅうぎいん》と参議院から7名ずつ選ばれた，合計14名の国会議員が裁判員となり，重大な誤ちのあった裁判官をやめさせるかどうかを決める。

(6)① **B**…国会の発議をうけて行われる憲法改正の国民投票では，有効《ゆうこう》投票の過半数《かはんすう》の賛成《さんせい》が必要である。
②労働基準法では，労働時間は週40時間，1日8時間以内，毎週最低1日の休日，男女同一賃金《ちんぎん》の原則，労働条件《じょうけん》の決定では労働者と使用者は対等とするなどの原則が示《しめ》されている。

第2回 中学入試 総仕上げテスト

1 (1)イ　(2)エ　(3)ウ　(4)イ
(5)**B**…イ　**C**…ア　**D**…ウ

解き方　(1)点線の間隔《かんかく》がせまい標高20～50 m，60～70 m，80～90 mの斜面《しゃめん》では傾《けい》斜《しゃ》が急になっている。また，標高90 mをこえるとゆるやかな斜面となる。この条件《じょうけん》にあてはまる斜面は**イ**となる。

(2)**エ**…魚《うお》つき保安林《ほあんりん》の多くは海岸線近くに分布《ぶんぷ》するが，漁具の場所を示《しめ》すためのものではない。また，内陸部にも魚つき保安林はある。

(3)**ア**…外国人の宿泊数《しゅくはくすう》における地方部のしめる割合《わりあい》は，2014～15年にかけてもっとも大きく変化した。**イ**…44,162÷8,135により約5.4倍となっている。**エ**…三大都市圏《けん》以外の外国人のべ宿泊数の割合は，最大でも40.9％なので，三大都市圏は少なくともつねに50％以上であることがわかる。

(4)**あ**…1住宅《じゅうたく》あたりのべ面積は1戸建ての多い岩手《いわて》県のほうが多い(**イ**・**ウ**・**エ**)。**い**…100世帯あたり乗用車保有台数も岩手県のほうが多い(**イ**・**エ**)。**う**・**え**…使用電力量は人口の多い東京《とうきょう》都のほうが多い(**イ**)。これらの条件《じょうけん》を重ねあわせると，**イ**があてはまる。

(5)動植物や生態系《せいたいけい》について学び，楽しむことができる場所を，ジオパークとして指定している。**B**…秋田《あきた》県と青森《あおもり》県の県境《けんざかい》に広がる白神《しらかみ》山地である。人の手が加えられていない広大なぶなの原生林《げんせいりん》が残っている。**C**…長野《ながの》県南部に連なる赤石山《あかいしさん》脈《みゃく》である。**D**…長崎《ながさき》県の島原《しまばら》半島である。1991年に噴火《ふんか》した火山は雲仙岳《うんぜんだけ》。**エ**は**A**の洞爺湖《とうやこ》・有珠山《うすざん》。

2 ①い　②か　③え　④お
⑤う　⑥あ　⑦お　⑧う

解き方　①**ア**…東日本大震災《だいしんさい》は2011年。**ウ**…自由民主党《じゆうみんしゅとう》が公明党とともに与党《よとう》に復《ふっ》帰《き》したのは2012年。**イ**…2014年に消費《しょうひ》税率《ぜいりつ》が5％から8％に引き上げられた。

②**ウ**…平成《へいせい》元年は西暦《せいれき》では1989年にあたる。**イ**…1991年に湾岸《わんがん》戦争が起こった。**ア**…湾岸戦争の翌《よく》1992年にPKO《ピーケーオー》協力法を制定《せいてい》した。

③**イ**…1964年に東海道新幹線《とうかいどうしんかんせん》が開通した。**ウ**…1972年に沖縄《おきなわ》が返還《へんかん》された。**ア**…1973年に第四次中東《ちゅうとう》戦争と石油危機《きき》が起こった。

④**ウ**…1949年に湯川秀樹《ゆかわひでき》がノーベル賞を受賞した。**ア**…1951年に日米安全保障《ほしょう》条約《じょうやく》が調印された。**イ**…1953年にテレビ放送が始まった。

⑤**イ**…1931年の満州事変《まんしゅうじへん》について。**ア**…1932年の五《ご》・一五《いちご》事件について。**ウ**…満州からの撤退《てったい》を勧告《かんこく》された日本は，1933年に国際連盟《こくさいれんめい》からの脱退《だったい》を通告した。

⑥**ア**…日清《にっしん》戦争の結果，1895年に台湾《たいわん》が日本領《りょう》とされた。**イ**…1906年に南満州《みなみまんしゅう》鉄道株式《かぶしき》会社が発足《ほっそく》した。**ウ**…1910年の韓国併合《かんこくへいごう》とともに朝鮮総督府《ちょうせんそうとくふ》が置かれた。

⑦**ウ**…内閣制度《ないかくせいど》が設《もう》けられた1885年である。**ア**…1889年に大日本帝国憲法《ていこくけんぽう》が発《はっ》布《ぷ》された。**イ**…1894年に領事裁判権《りょうじさいばんけん》を撤廃《てっぱい》した。

⑧**イ**…1873年のことで，これを明治《めいじ》六年の政変《せいへん》という。**ア**…1881年のことで，この翌年《よくねん》，大隈重信《おおくましげのぶ》は立憲改進党《りっけんかいしんとう》をつくった。**ウ**…日本銀行は1882年に設立《せつりつ》された。

3 ⑴イ　⑵2月11日　⑶イ

⑷①最高裁判所　②イ・エ

③平和主義

④例「男性《だんせい》おことわり」の部分が，男女の平等に反している。

⑸温室効果《こうか》ガス　⑹こども

⑺安倍晋三《あべしんぞう》

⑻①象徴《しょうちょう》　②エ

⑼海の日

解き方　⑴国政《こくせい》選挙の選挙権は，2016年の選挙から満18歳《さい》以上に引き下げられたが，成人年齢《ねんれい》は20歳のままだった。このずれは2022年まで続くことになる。ア…知事選挙へ立候補《りっこうほ》できるのは満30歳以上。ウ・エ…内閣総理《そうり》大臣の指名選挙に立候補できるのは国会議員。衆議院《しゅうぎいん》議員の年齢規定《きてい》の満25歳以上が内閣総理大臣の資格《しかく》ということになる。なお参《さん》議院《ぎいん》議員は満30歳以上。

⑵初代天皇《てんのう》とされる神武《じんむ》天皇が即位《そくい》した日と伝えられるのがこの2月11日で，明治政府が「紀元節《きげんせつ》」として祝日に定めた。敗戦後は廃止《はいし》されたが，高度経済《けいざい》成長のころ，改めてこの日が「建国記念の日」として祝日になった。

⑶昭和《しょうわ》時代には，4月29日は天皇誕生日《たんじょうび》として祝われていた。昭和天皇の没後《ぼつご》は，いったん「みどりの日」に改められたが，平成《へいせい》の後半に「昭和の日」と名づけられ，みどりの日は5月4日へ移動《いどう》した。

⑷①「憲法に適合《てきごう》するかしないかを決定する権限《けんげん》」を違憲審査権《いけんしんさけん》という。この権限はすべての裁判所がもっているが，最終的な判断を下すのは最高裁判所である。

②アは明治時代に天皇の相談にこたえるために設置《せっち》された。ウは帝国議会で衆議院とともに二院制《にいんせい》をかたちづくった。

③憲法第9条《じょう》では，戦争を放棄《ほうき》し，戦力をもたず，交戦権《こうせんけん》を認《みと》めないと定めている。

④男女雇用《こよう》機会均等法《きんとうほう》によって，雇用における女性《じょせい》差別だけでなく，男性差別も禁止《きんし》されている。

⑸二酸化炭素《にさんかたんそ》・メタン・一酸化二窒素《いっさんかにちっそ》などの6種類のガスが，太陽からの熱を地球にとどめる温室効果ガスとされる。

⑺安倍晋三は2012年に二度目の内閣総理大臣となり，2019年8月には佐藤栄作《さとうえいさく》を抜《ぬ》いて在職《ざいしょく》日数が戦後最長となった。

⑻①形のないものを表現するために，具体的に形のあるものを用いることを象徴《しょうちょう》という。

②法律案《ほうりつあん》の提出《ていしゅつ》は，内閣か国会議員によって行われる。ア…内閣総理大臣と最高裁判所長官は，天皇により任命される。イ…国会議員の総選挙の施行《しこう》の公示《こうじ》のこと。ウ…外国の大使《たいし》や公使を接受《せつじゅ》する(受け入れる)こと。

⑼海の日は7月の第3月曜日である。

さくいん

あ

い

う

え

お

か

き

く

け

こ

さ

し

す

せ

そ

た

ち

つ

て

と

な

に

ぬ

ね

の

ま

み

ら

り

る

れ

ろ

わ

□ 執筆協力　菊地聡　新田正昭　水谷安昌

□ 編集協力　稲葉友子　岡田亜由美　小南路子　三尾正子

□ 本文デザイン　㈱ライラック

□ 図版作成　㈲デザインスタジオエキス．㈱ウエイド

□ イラスト　㈱ウエイド　ふるはしひろみ　田中雅信

□ 写真提供　アフロ（飯田信義　石田義正　岩沢勝正　岩本圭介　エムオーフォトス　大塚知則　小川和夫　学研　川北茂貴　河口信雄　近現代PL　国立歴史民俗博物館　小早川渉　坂本照　佐藤浩治/JICA　衆議院憲政記念館　新海良夫　首藤光一　高槻市　孝森まさひで　田中秀明　千葉直　つのだよしお　東阪航空サービス　東峰村役場農林観光課　縄手英樹　西垣良次　西田高生　福井県立歴史博物館　藤井吉一　毎日新聞社　幕張ファーム・ベチカ　松岡幸月　三木光　森英継　矢部志朗　山下 暢之　山梨将典　山本忠男　読売新聞　ロイター　渡部まなぶ　AFP/WAA　akg-images　AP　ASS　David Wall　Everett Collection　HIROYUKI OZAWA　KONO KIYOSHI　Mary Evans Picture Library　Natsuki Sakai）

愛知県陶磁器工業協同組合　朝日新聞社　石川県立歴史博物館　オイシックス・ラ・大地（株）　大泉町　大阪府弥生文化博物館　大阪歴史博物館　海上保安庁　合角ダム管理所　（株）NTTドコモ　菊地聡　岐阜県恵那市　灸まん美術館　京セラ（株）　京都国立博物館　宮内庁　宮内庁三の丸尚蔵館　高知県中土佐町　高知県立埋蔵文化財センター　神戸市教育委員会　国土地理院　国立劇場　国立国会図書館　埼玉県下水道局　埼玉県立さきたま史跡の博物館　佐賀県　薩摩川内市川内歴史資料館　三内丸山遺跡センター　JA香川県　正倉院正倉　真正極楽寺　住江織物（株）　川内カトリック教会　田子町　田原市博物館　東京国立博物館　東大寺　東北歴史博物館　東洋計量史資料館（東洋計器）　徳川美術館　©徳川美術館イメージアーカイブ　（独）自動車事故対策機構　トヨタ自動車（株）　トヨフジ海運（株）　長崎歴史文化博物館　那須野が原博物館　奈良国立博物館　奈良文化財研究所　鳴門塩業（株）　新潟県長岡市教育委員会　日本銀行貨幣博物館　日本製鉄（株）八幡製鉄所　平等院　福岡市博物館　文化庁　防府天満宮　町田市立博物館　まりーな　三重県総合博物館　矢板市教育委員会　山口大学遺跡保存公園　横浜市歴史博物館　米沢市上杉博物館　龍安寺　dekoboko　DNPartcom　IOC　Kobe City Museum　NASA　PIXTA　U.S. National Library of Medicine

---

シグマベスト
完全理解 小学社会

編　者　文英堂編集部
発行者　益井英郎
印刷所　図書印刷株式会社
発行所　株式会社文英堂
〒601-8121　京都市南区上鳥羽大物町28
〒162-0832　東京都新宿区岩戸町17
（代表）03-3269-4231

●落丁・乱丁はおとりかえします。